고위공직자범죄수사처
법과 제도의 이해

각국의 검찰제도와 비교법적 관점에서

정웅석 저

박영사

　　형사사법제도와 관련하여, 2020년 한해를 한 단어로 정리하면 '검찰개혁'일 것이다. 검찰개혁의 미비로 형사사법의 모든 문제가 발생한다는 입장으로 보이지만, '어떻게 개혁해야 하는가'라고 물으면 돌아오는 대답은 무소불위의 권력을 가진 검찰제도를 해체해야 한다거나 고위공직자범죄수사처(이하 '공수처'로 약칭함)를 설치해야 한다는 등 총론적인 논의만 있을 뿐 각론적인 내용이 없다.

　　박근혜 대통령 탄핵을 거치면서, 촛불집회를 계기로 집권한 문재인 정부 역시 학계의 심도 있는 논의를 거치지 않고, 수사구조 개편과 관련된 형사소송법의 대폭 개정(수사권/기소권 분리) 및 고위공직자범죄수사처의 설치 등 고강도의 검찰개혁을 추진하였으며, 이러한 변화는 종료된 것이 아니라 앞으로도 계속 진행될 것으로 보인다. 그런데 권력형 부패범죄 사건을 공수처로 분산시키고, 일반 형사사건에 대한 수사권은 경찰에게 분산시켜 검찰이 제대로 자신의 역할을 수행하게 하겠다는 주장은 검찰을 공수처 사건을 제외한 일반 형사사건의 '기소청' 정도로 축소하겠다는 말과 다름없다. 이는 사실상 대륙법계 국가들의 전통인 검찰제도를 폐지하겠다는 것으로, 이러한 논의는 영미법계 사법제도에 대한 치밀한 고민 없이 실제 우리나라 형사사법의 근간이 되었던 대륙법계 사법제도를 후진적인 시스템으로 폄하하는 확증편향에 기인한 것 같다.

　　물론 사회의 모든 분야가 국민을 위한 시스템으로 변모해 가는 과정에서 건전한 사회형성과 튼튼한 국가경제발전의 기반이 되는 부패방지를 위해서 상시적인 부패감시 시스템을 가동하자는 데에 어느 누구도 반대하는 사람은 없을 것이다. 공수처 설치 역시 부패범죄에 대한 수사를 보다 효율적으로 행사하도록 함으로써 우리나라에 만연해 있는 부패범죄를 발본색원할 수 있는 개선방안을 마련하자는 데 그 의미가 있다고 볼 수 있다. 다만, 권위주의정부 시절 우리나라 검찰이 국민의 인권보호와 사회정의를 위한 균형추의 역할을 잘하였는지 당위성은 별론으로 하고, 과연 독일에서 검찰제도가 도입될 당시에 주장되었던 검찰의 기본이념, 즉 "검찰은 권력의 의지를 실현하는 것이 아니고 법과 정의를 실현한다"는 이념과 전통에 충실한 제도적 설계를 했다고 말할 수 있는지는 의문이다. 더욱이 공수처 설치가 애초에는 고위공직자의 부패행위를 방지하기 위한 제도적 장치로 고안된 것이었으나, 지금에 이르러서는 마치 검찰을 견제하기 위한 제도적 장치로 추진되고 있는 분위기이다.

그러나 검찰을 믿을 수가 없어서 공수처를 만든다고 하면서 공수처장 역시 검찰총장과 마찬가지로 현 집권층(대통령)의 의도대로 임명하는 법률을 두고 정치권력으로부터 정치적 중립성 및 독립성을 유지하는 새로운 수사기관을 설치하기 위한 대안이라고 하기는 어려울 것이다. 그보다는 검찰이 권력 실세의 의도를 잘 따르지 않으니 확실하게 순종적인 수사기관을 하나 만들어보자는 의도가 아닌가 의심할 수밖에 없다. 현재의 검찰이 그나마 조금이라도 독립적인 행보를 걷는 것처럼 보이는 것은 지금까지 정치권의 눈치를 보다가 너무나 많은 비난을 받아서 검찰 스스로 노력하여 이룬 성과라고 보기 때문이다. 따라서 고위공직자의 부정부패를 척결하기 위해서 독립된 수사기관이 필요하다고 한다면 이는 현재 운용되고 있는 수사기관이 독립성을 유지하지 못하고 있음을 의미한다. 즉, 현행 형사소송법상 수사의 주재자는 '검사'인데, 검사들로 구성된 전국 단일 조직인 검찰이 독립성을 확보하고 있지 못하다는 말이다. 이처럼 검찰이 독립성을 확보하지 못하고 있다면 정치권력의 최상층부를 구성하는 집단으로부터 자유롭지 못하다는 것 외에 다른 현상은 있을 수 없다. 검찰이 무소불위의 권력을 가지고 있다고 하는데, 실제로는 정치권 실세의 눈치를 보는 것이 문제가 되고 있으며, 이는 정치권력의 핵심인 대통령이 검찰에 대한 인사권을 가지고 있기 때문이다.

법이론적으로 볼 때, 현재 논의되는 공수처 논란은 수사는 대륙법 체계를 취하고 있는 반면, 재판은 공판중심주의라는 미명하에 영미법 체계를 추종하는 데서 발생하고 있다. 따라서 이러한 논의의 전제조건으로 우리나라 형사사법체계를 영미법 체계로 할 것인지 아니면 대륙법 체계로 할 것인지를 먼저 결정한 후, 만약 수사도 영미법 체계로 변경하고자 한다면, 영미의 반부패 특별수사기구처럼 새로운 기구의 신설도 의미가 있을 것이다. 반면에 대륙법 체계를 고수한다면 새로운 기구의 신설보다는 현재보다 더 검찰의 사법기관성을 회복하는 방안을 모색해야 할 것이다. 즉, 검찰개혁은 새로운 기구의 신설에 대한 새로운 논의가 아니라 검찰본연의 모습인 **'준사법기관으로서의 성격'**을 회복하는 데서 출발해야 한다. 책 내용 중 대륙법계 검찰제도의 기능 및 역할을 장황할 정도로 소개한 이유도 여기에 있다. 따라서 굳이 새로운 기구를 신설하고자 한다면, 차라리 법무부 외청으로 설치하면서 일부 국가처럼 부패전담수사청을 두는 것이 바람직할 것이다. 수사의 이원화를 방지하면서도, 검찰의 정치적 중립성을 보장하는 방안으로 보이기 때문이다.

결국 검찰보다 더 센 기관을 만들어서 검찰을 견제하겠다는 발상에서 출발한 공수처 설치는 사법개혁과 정반대되는 방향으로 한 걸음을 내딛는 것이라는 점을 경고하면서, 공수처가 권력에 휘둘리지 않는 공정하고 불편부당한 기관이 되는 것만이 태생적 한계를 극복하는 방안일 것이다.

끝으로 책을 집필하는 과정에서 공수처와 관련된 일부 논문이 검색되지만, 그 논문 역시 공수처의 신설에 대한 각자의 찬/반의 입장을 밝히고 있을 뿐, 공수처법의 구체적인 해석과 관련된 내용은 별로 없었다. 이러한 상황에서 한 국가의 형사사법제도의 근간인 검찰제도와 비교법적 관점에서 공수처의 유래 및 공수처법에 대한 해설서를 집필한다는 것은 매우 어려운 작업이 될 수밖에 없었다. 또한 책을 집필하는 도중 공수처법이 개정되고, 헌법재판소의 합헌결정(2021. 1. 28.)이 선고되면서, 순간순간 내용을 변경하는 작업 역시 책의 출간을 늦어지게 만든 요인이 되었다. 아무쪼록 본 책을 시작으로 갓 출범한 공수처에 대한 다양한 논의가 전개되기를 기대해 본다.

어려운 출판여건 속에서도 전문서적의 출간을 허락해 준 박영사와 까다로운 편집작업을 세심하게 수행해 주신 장유나 과장님 및 오치웅 대리님께 깊은 감사의 말씀을 드린다.

2021. 3. 1.
저 자 정 웅 석

CONTENTS
차 례

❺ 사회적 효용성 및 국민 대다수의 공감대 형성   191

❻ '옥상옥' 아닌 '옥외옥' 기관   191

Ⅱ. 합헌론의 이론적 근거   192

❶ 헌법에 근거없는 독립된 강제기구의 설치도 가능   192

❷ 헌법상 영장청구권자의 침해문제   194

Ⅲ. 헌법재판소의 입장   195

❶ 구 공수처법 제2조 및 공수처법 제3조 제1항에 대한 판단   195

❷ 공수처법 제8조 제4항에 대한 판단   199

제 3 절 ┃ 헌법이론적 문제점(위헌성 여부) 분석   201

Ⅰ. 공수처의 설치·운영과 관련한 헌법적 근거의 부재   201

❶ 헌법규정의 합리적 해석   201

❷ 검찰청법상의 검사와 공수처검사의 비교   207

❸ 국가인권위원회 및 상설 특검법과의 비교   210

Ⅱ. 헌법상 영장청구권자의 침해   212

❶ 문제점   212

❷ 검사경유원칙의 입법 경위   214

❸ 검사경유원칙의 헌법규정으로 편입 과정   219

    (1) 1962년 제5차 개헌   219

    (2) 1987년 제9차 개헌의 정당성 인정 필요   220

Ⅲ. 헌법상 검사의 영장청구 규정의 삭제 논의   221

❶ 삭제론   221

    (1) 비교법적 관점   221

    (2) 사정변경론   222

    (3) 영장발부절차와 영장청구절차의 분리론   223

    (4) 입법사항론   223

❷ 의미부여론   224

    (1) 논의의 전제조건   224

    (2) 영장발부절차와 영장청구절차의 분리론에 대하여   225

    (3) 수사의 신속성을 방해한다는 주장에 대하여   226

    (4) 피의자 인신구금기간이 1-2일 길어지는 폐단이 있다는
        주장에 대하여   226

         본 기능과 역할 ·· 377

제 1 절 │ 서 설   379

제 2 절 │ 대륙법계 국가의 입법체계   381

    Ⅰ. 서 설   381

        ❶ 의 의   381
        ❷ 기본원리   381
            (1) 직권주의 소송구조   381
            (2) 이론적 배경   382
            (3) 사법경찰의 개념 및 수사지휘의 형태   383

    Ⅱ. 동아시아 2개국   383

        ❶ 대한민국(Korea)   383
            (1) 헌법 규정   383
            (2) 형사소송법 규정   384
        ❷ 일 본(Japan)   386
            (1) 헌법 규정   386
            (2) 검찰제도의 성립   386
            (3) 구(舊)형사소송법(大正刑事訴訟法)   389
            (4) 패전후의 형사절차(新형사소송법; 1948년 형사소송법)   391
            (5) 형사소송법 및 검찰청법 규정   396
            (6) 운영실태 및 평가   402

    Ⅲ. 서아시아 2개국   405

        ❶ 터 키(Turkey)   405
            (1) 헌법 규정   405
            (2) 형사소송법 규정   407
        ❷ 이스라엘(Israel)   408

    Ⅳ. 서유럽 7개국   409

        ❶ 독 일(Germany)   409
            (1) 헌법 규정   409
            (2) 형사소송법 규정   410

──── 제1장

총 설

제1절 ┃ 서 설

I. 연구의 목적

❶ 의 의

　사회는 다양한 이해관계를 가진 사람들로 구성되고, 그 사람들은 때로는 화합하고 때로는 갈등한다. 화합과 갈등, 그 안에서의 공존을 위해 규칙이 만들어지고, 그 규칙들은 하나의 법질서를 이룬다. 이렇게 형성된 법질서는 사회구성원들의 평화로운 공존을 위해서 존중되어야 하며, 이는 소수자 및 사회적 약자에게도 동일하게 적용되어야 한다. 즉 소수자나 사회적 약자를 차별해서는 안 되며, 그들의 차이와 특수성을 존중하여야 한다. 따라서 인간의 존엄성을 침해하는 법질서는 지양되어야 하고, 사회 발전에 따라 변화하고 넓어지는 인간다운 삶의 기준에 뒤떨어진 법질서는 새로이 정립되어야 한다. 영국의 철학자 존 로크도 "자신의 권리를 보다 효율적으로 누릴 수 있기 위해서는 법과 정부가 필요하다"라고 말하였다. 즉 사람들 사이의 분쟁을 해결하고 진정한 권리를 보호하기 위해서는 먼저 분쟁을 해결할 수 있는 기준이 있어야 하고(법의 필요성), 그 기준을 적용하여 진정한 권리자를 가려 줄 사람이 있어야 하며(법관의 필요성), 나아가 진정한 권리자의 권리를 보호하고 보장해 줄 권력이 있어야 한다(집행력의 필요성)는 것이다. 이를 달리 표현해 보면, 사회는 '법의 지배' 위에서만 유지·존속될 수 있다고 말할 수 있다.

　이러한 '법의 지배' 속에서 형사절차법(Strafverfahrensrecht)은 개인에 대한 국가의 형벌권을 구체적으로 실현하기 위한 절차를 규율하는 법으로서 다른 법의 경우와 마찬가지로 궁극적으로 정의를 실현하는 데 그 목적이 있고, 다만 그러한 목적을 형사사법을 통하여 이룬다는 점에 그 특색이 있다. 즉, 형사절차법은 죄 있는 자를 벌하고 죄 없는 자가 무고하게 벌을 받는 일이 없도록 함으로써, 형사사법을 통한 정의를 실현하여 판결의 실질적 정당성을 확보하는 데 그

목적이 있다. 이러한 형사절차는 수사절차·소추절차·재판절차·집행절차로 단
계적으로 구분되어 있으므로, 공정한 재판을 통한 형벌권의 적정한 실현을 위
해서는 그 전(前)단계인 수사절차와 소추절차가 공정하게 이루어지지 않으면 안
된다.

그런데 소추절차의 적정성은 재판절차를 통하여 통제가 이루어질 수 있으
나, 수사절차의 적정성을 사후에 재판절차를 통하여 통제한다는 것은 명백히
한계가 있으므로 검사제도를 갖고 있는 대부분의 국가에서는 소추권을 갖고 있
는 검사가 사법경찰관리에 대한 수사지휘·감독권자로서 직접 수사절차를 통제
하도록 하고 있다. 더욱이 사법경찰관에게 독자적인 수사행위의 주체성을 부여
하고 또 사건의 상당부분이 사법경찰관리에 의해 수사되는 우리나라의 현실에
비추어 볼 때, 검사의 수사지휘·감독권이 적정하게 행사되고 있느냐는 우리나
라 형사사법절차의 적정한 운용을 판가름하는 시금석이 된다고 할 것이다.

그런데 일부에서는 고위공직자범죄수사처(이하 법문상으로는 '수사처'로 되어
있지만,[1] 세간의 의미대로 '공수처'로 약칭함) 및 수사/기소 분리(수사권독립)야말로 수
사권 배분을 통한 법치국가이념의 실현 및 수사권의 정치적 중립성 확보, 실체
적 진실발견과 사법정의의 실현, 수사기관 간의 견제와 균형을 통한 피의자의
인권보호, 수사현실과 법제도의 불일치 제거, 사법경찰조직의 발전 등을 위하여
반드시 성취되어야 할 형사사법 분야의 중요한 개혁과제 중의 하나로 보고 있
다. 이에 따라 경찰은 검사의 지휘·감독권을 규정하고 있는 형사소송법 조문을
'노예법규'라고 주장하면서 정권교체기마다 소위 「수사권독립」이라는 명제하에
검사의 수사지휘를 더 이상 받지 않겠다고 끊임없이 요구해 온 바 있으며, 시민
단체는 공수처의 설치야말로 검찰개혁의 요체라고 주장하고 있다. 다만, 이러한
논의는 경찰대가 신설(1981년)[2]된 이후부터 본격적으로 주장되었다는 점에서,
시대사적 논의 경과를 다음과 같이 구분하고자 한다.

---

1   고위공직자범죄수사처 설치 및 운영에 관한 법률 제3조(고위공직자범죄수사처의 설치와 독
    립성) ① 고위공직자범죄등에 관하여 다음 각 호에 필요한 직무를 수행하기 위하여 고위공
    직자범죄수사처(이하 "수사처"라 한다)를 둔다.
2   경찰대학교는 1979. 12. 28. 법률 제3172호로 경찰대학법이 제정·공포되어 설립되었으며,
    1981년도에 경찰대 제1기생이 선발되었다.

❷ 검찰개혁 논의 경과

(1) 1980년-1990년대 중반(권위주의 정부 시절)

수사권독립과 1980년대 상황을 살펴보면, 경찰은 10·26 사태 이후 유신헌법의 민주적 개정이 부각되자「대한경우회」명의로 1980. 2. "경찰의 정치적 중립과 독자수사권 확립을 위한 제도적 장치 마련 건의"제하의 헌법개정에 대한 건의서를 발표하고, 경찰의 정치적 중립을 위하여는 유신헌법의 잔재인 검사의 영장청구권 조항의 폐지가 필요하다고 주장한 바 있다.

그러나 이에 대하여 대한변호사협회의 반대성명과 반대여론이 비등하자, 경찰은「수사권독립」주장을 포기하였다고 해명한 바 있으며, 1980. 4. 4. 경찰이 국회의원(주로 내무위원회 소속 국회의원)에 대한 로비자료로 만들어 서장급 이상 간부들에게 배포한 '대화자료' 제하의 문건이 언론에 공개되어 다시 논란이 제기되었는데, 동 '대화자료'에는 경찰이 권력에의 예속에서 벗어나기 위해서는 수사권독립이 이루어져야 한다고 전제하면서 "① 수사지휘권은 선진 미국·일본 등에서는 찾아볼 수 없다. ② 검찰의 수사지휘권 때문에 자주적 수사가 불가능하고 이에 따라 권력형 부조리에는 손을 댈 엄두도 내지 못한다. ③ 수사권과 공소권을 독점하는 현행제도는 민주주의 원칙에 위배된다. ④ 검사의 지휘가 계속되는 한 경찰이 강력범을 신속히 검거한다는 것은 거의 불가능하다"고 주장하였고, 이에 대하여 검찰에서 '소위 경찰 대화자료의 허구성'이라는 자료를 공표하고, 공화·신민 양당 대부분의 의원들이 인권보호 및 시기상조 등을 이유로 반대의사를 표명함에 따라 경찰의 시도가 무산된 바 있다.

그런데 1988년 노태우 대통령이 취임하자 다시「수사권독립」주장을 제기하면서, 경찰의 영장청구권을 주장하는 등 검찰의 수사지휘권에서 벗어나기 위한 시도를 계속해 오던 중 부정적인 여론에 부딪히자 1990년대 이후에는 검찰의 수사지휘권을 전면 부정하는 대신 수사지휘권 중 일부를 무력화시키려는 주장을 한 바 있는데, 예를 들면, 1994년 형사소송법 개정문제가 제기되자 "공소권 없는 교통사고 사건에 대한 경찰의 수사종결권 부여" 또는 "공소제기를 필요로 하지 않는 모든 사건에 대한 경찰의 수사종결권 부여"를 주장한 바 있다.

문제는 경찰이 박종철 고문치사사건으로 국민의 신뢰를 잃은 반면, 검찰은 이른바 '범죄와의 전쟁'을 거치면서, 국민의 전폭적인 신뢰를 바탕으로 수사의 전면에 등장하였다는 점이다. 즉, 민주화가 진행되면서 국군보안사(현 국군정보사령부) 및 국가안전기획부(현 국가정보원)나 경찰의 불법적 사찰, 체포·구금 등이 곤란해짐에 따라 이들 조직의 역할이 축소된 반면, 검찰이 전체 공안사건 처리의 주역으로 떠오르게 된 것이다.3 이에 초임검사가 현장에서 음주단속이나 배기가스 단속을 직접할 정도로 경찰작용까지 개입하게 된 검찰은 정치권력(집권세력)과의 결탁을 통해 반대세력을 억압하면서 자신들의 지위를 공고히 하였으며, 1996년 참여연대가 공수처 신설 취지의 부패방지법안을 최초로 발의하게 된 계기가 된 것이다.

(2) 1990년 후반-2000년대 중반(국민의 정부 및 참여정부 시절)

경찰은 1998. 2. 김대중 대통령 취임을 전후하여 "경미사건에 대한 경찰의 수사종결권"을 주장한 이래, 경찰대 출신을 중심으로 같은 취지의 주장을 한 바 있으며, 특히 '국민의 정부'가 공약으로 내걸었던 「자치경찰제」를 '참여정부' 역시 강력히 추진하자 경찰 또한 과거의 부정적 태도와는 달리 자치경찰제 추진 의사를 대통령직인수위원회 보고에서 공식적으로 밝히면서, 행정자치부 자치경찰제실무추진단은 2005. 9. 2. 자치경찰법안 공청회를 개최한 바 있다.

하지만 수사권독립에 대한 여론의 호응이 크지 않자, 경찰은 다시 교통사고·폭력·절도 등을 「민생치안범죄」라고 지칭하면서 이러한 사건에 국한하여 검사의 수사지휘 배제와 사건종결권을 요구하였다. 즉 절도·폭력·교통사고 등

---

3 문민정부 출범후 5, 6공 시절의 '관계기관 대책회의'가 사실상 형해화되었으며, 특히 1996년 연세대 한총련 통일축전 사건을 계기로 검찰이 공안업무의 중심축을 담당하게 되었는데, 그 대표적인 것이 1996년 9월 '한총련좌익합동수사본부'의 발족이었으며, 이것이 1997년 5월에는 '좌익사업합동수사본부'로 개편되었고, 다시 1998년에는 '공안합동수사본부'로, 그리고 1999년에는 '공안대책협의회'로 전환되었는데, 이 공안대책협의회는 의장인 대검 공안부장이 매달 1회씩 소집하고, 경찰·국정원·국군기무사·노동부 등 13개 정부부처와 기관의 국장급 간부들이 참여한 것으로 확인된 바 있다(1999년 국정감사자료).

민생치안범죄에 대하여 경찰에 독자적인 수사권 부여를 추진하겠다는 것으로, 이는 경미한 정형적 범죄에 대하여 일선 수사기관인 경찰이 검사의 수사지휘를 받지 않고 독자적으로 수사한 후 사건을 종결할 수 있도록 하여 국민의 불편을 해소하자는 것이다. 그 근거로 경찰은 그동안 사법고시 및 행정고시합격자, 경찰대 학생, 법학과 및 경찰행정학과 졸업생, 간부후보생 등 우수한 인재들의 양성과 유치를 위하여 꾸준히 노력을 기울인 결과, 상당한 성과를 거두어 이제는 옛날과 같이 '자질미달'이나 '역량부족' 등의 문제가 더 이상 일어나지 않는다는 점을 들었다.

더욱이 노무현대통령이 2004. 10. 21. 경찰의 날 기념식에서 "지금 논의되고 있는 수사권 조정문제는 자율과 분권이라는 민주주의 원리와 국민 편익을 고려해서 반드시 실현될 수 있도록 하겠다"거나, 2005. 3. 16. 경찰대학 졸업식에서 "민주사회에서 권력기관은 국민을 위한 봉사기관이 되어야 하고, 그러자면 견제와 균형의 원리가 작동되어야 하며, 경찰이 책임감있게 범죄에 대응할 수 있도록 제도를 정비할 필요가 있다"고 언급하면서, 수사권조정문제가 정치권으로 공이 넘어간 계기가 되었다.

다만, 부패수사와 관련하여, 1999년 9월 30일 「한국조폐공사 노동조합 파업 유도 및 전 검찰총장 부인에 대한 옷 로비 의혹 사건 진상규명을 위한 특별검사 임명 등에 관한 법률」의 제정 및 시행(제15대 국회)으로 우리나라에서 최초로 개별특검이 임명되어 활동했다는 점은 의미가 크다고 할 것이다.

(3) 2000년 후반-2010년 중반(이명박-박근혜 정부 시절)

이명박 정부가 들어서면서 사법제도에 대한 국민의 신뢰를 회복하기 위하여 구성된 사법제도개혁특별위원회는 2010년 2월부터 2011년 6월까지 1년 4개월여에 걸친 논의를 통해, 피의자·피고인의 인권침해를 최소화하며, 수사현실과 법률규정이 부합하도록 현행법을 정비하는 한편, 누구든지 확정된 형사사건의 판결서와 증거목록 등을 인터넷 등 전자적 방법으로도 열람 및 등사할 수 있도록 함으로써 판결서 등에 대한 접근성을 높여 재판의 공개원칙이 실질적으로 보장되도록 형사소송법의 일부 조문을 개정하였으며, 검찰의 정치적 중립성

과 독립성을 강화하고, 수사의 공정성을 확보하기 위하여 검찰 인사제도를 개
선하며, 사법경찰관리로 하여금 검사의 명령에 복종하도록 하는 조항을 삭제하
여 검찰과 경찰의 관계 재정립을 도모하고자 검찰청법을 개정하였다.4

　　특히 검찰과 경찰의 관계 재정립과 관련하여, 개정 형사소송법 제196조 제
2항은 「사법경찰관은 범죄의 혐의가 있다고 인식하는 때에는 범인, 범죄사실과
증거에 관하여 수사를 개시·진행하여야 한다」고 규정하면서도, 동조 제3항은
「사법경찰관리는 검사의 지휘가 있는 때에는 이에 따라야 한다. 이 경우 검사
의 지휘에 관한 구체적 사항은 대통령령으로 정한다」라고 규정하여 사법경찰관
의 수사개시·진행권 및 검사의 수사지휘권을 모두 인정하고 있는데, 이의 해석
과 관련하여 많은 논란이 있었다.

　　수사체제에 관한 형사소송법 개정의 시발점은 2011. 3. 9. 국회 사법제도
개혁특별위원회(이하 사개특위라 함)의 간사였던 주성영, 김동철 위원의 6인 소위
합의사항 발표였다. 당시 두 간사는 수사권조정과 관련하여 경찰 수사개시권
명문화와 검찰청법 제53조의 명령복종의무의 삭제를 합의하였다고 발표하였는
데, 그 취지는 첫째, 현재는 수사권조정 단계는 아니라는 결론이나 대신에 현재
경찰이 대부분의 사건에서 검사의 지휘없이도 수사를 개시하는 현실을 규범화
하여 경찰의 수사개시권을 명문화하자는 것, 둘째, 검찰청법 제53조의 명령복종
의무 규정은 복종이라는 용어가 구태의연한 표현이고, 수사지휘규정이 있으므
로 중복되어 불필요한 조항이라는 것이다.5

4　법무부장관이 검찰총장을 제청할 때에는 검찰총장후보추천위원회의 추천을 받도록 하되 추
　천위원회는 위원장 1명을 포함한 9명의 위원으로 구성하고, 검찰총장후보자를 3명 이상 추
　천하도록 하였으며(검찰청법 제34조의2 신설), 현재 대통령령으로 위임되어 있는 검찰인사
　위원회의 구성과 심의사항을 법률로 정하되 검찰인사위원회 위원 11명중 8명을 외부인사
　로 하고, 검사의 사건 평가와 관련하여 무죄사건이나 사회적 이목을 끈 사건 등을 심의사항
　에 추가하고(동법 제35조 제2항, 제3항부터 제6항까지 신설), 검사의 근무성적과 자질을 공
　정하게 평정하기 위하여 관련 평정규정을 신설하며(동법 제35조의2 신설), 사법경찰관리가
　검사의 직무상 명령에 복종하도록 한 규정을 삭제하였다(동법 제53조 삭제).
5　2011. 3. 11. 국회 사법제도개혁특별위원회 제11차 회의에서 주성영 위원의 6인 소위 합
　의사항 중 수사권조정에 대한 설명은 다음과 같다. "경찰 수사권 조정은 우리 6인 소위원회
　나 검찰관계법 소위원회에서도 수사권 조정단계가 아니다 하는 결론을 내려 놨습니다. 다
　만, 이 명문화하는 규정은 현재도 경찰에 수사권이 있습니다. 경찰이 검사도 수사할 수 있

결국 현재의 수사체제를 변화시키지 않으면서도 경찰이 검사에게 일일이 지휘를 받지 않고도 수사를 개시하고 있는 현실을 규범화한다는 것이었다.[6] '수사현실의 반영'이라는 이러한 6인소위 합의의 취지는 개정된 형사소송법의 해석 및 그 위임을 받은 대통령령의 제정에 있어 중요한 잣대가 되었다.

그런데 18회에 걸친 사개특위 검찰소위가 난항을 겪은 데에는 기존의 형사소송법 제196조 제1항 「수사관, 경무관, 총경, 경감 및 경위는 사법경찰관으로서 검사의 지휘를 받아 수사하여야 한다」는 규정을 개정할 것인지, 개정한다면 어떻게 개정할 것인지에 관한 논란이 거의 전부였다고 해도 과언이 아니다. 경찰 측은 위 조항과 관련하여 형사소송법 제196조 제1항의 문구가 검사의 지휘가 없으면 경찰이 수사를 할 수 없다는 의미라고 주장하며, 그 개정을 주장하였고, 검찰의 수사지휘권 배제론자들도 대부분의 범죄에 대한 수사개시는 경찰의 독자적 판단으로 이루어지고 있는데도 법률상 수사주체가 검사로 되어 있어 현실과 법규범이 괴리되어 있으므로 이를 개선해야 한다[7]고 주장하였다. 만약 사법경찰이 검사의 지휘를 받아서만 수사해야 한다는 법규범을 엄격히 적용한다면, 경찰이 처리하는 우리나라 수사의 97%가 사실상 불법수사가 된다는 것이다.[8]

그리고 이 시기부터 경찰은 수사권 독립을 위하여 검사의 영장청구와 관련된 헌법규정의 삭제를 지속적으로 추진한 것으로 보인다. 즉 2010. 1. 28. 세계일보가 경찰청 내부자료 '2010년도 성과관리 시행계획' 수사구조 개혁편에 검찰

　고 국회의원도 수사할 수 있습니다. 수사할 수 있는 수사개시권이 있음에도 불구하고 형사소송법에는 마치 없는 것처럼 되어 있기 때문에 이걸 명문화해주는 겁니다. 두 번째 검찰청법에 규정되어 있는 경찰의 복종의무를 삭제하는 것은 형사소송법에도 검사의 수사지휘 권한이 명시되어 있고, 검찰청법 제4조에도 수사지휘 규정이 명시되어 있습니다. 또 중복해서 검찰청법 제53조에 똑같은 규정이 들어있기 때문에 이 규정을 삭제하는 것입니다."라고 한다. 제298회 국회(임시회) 사법제도개혁특별위원회회의록(제11호), (2011.3.11), 3면.

6　이완규, 「개정 형사소송법상 수사체제」, 법조 통권 660호(2011. 9.), 법조협회, 3면.

7　서보학, 「수사권의 독점 또는 배분? – 경찰의 수사권 독립 요구에 대한 검토」, 형사법연구 제12권, 한국형사법학회, 1999, 405면.

8　1995년 총 범죄 검거건수 127만여 건 중 120만여 건을 경찰이 검거처리하여 경찰의 사건처리율이 94.7%라고 하는데(경찰대학, 경찰수사론, 1998, 4면), 2008년 총범죄 발생건수 2,189,452 중 검거건수가 1,914,469(2,322,822명)이므로(2009 범죄백서, 법무연수원, 2009, 47면) 동일한 비율이 적용될 것으로 보인다.

이 독점적으로 영장을 청구할 수 있는 근거인 헌법 제12조 제3항과 제16조의 삭제를 추진하고 있다고 보도한 바 있는데,9 이처럼 경찰이 다시 수사권독립에 적극 나선 데는 정치권이 추진 중인 사법개혁 논의에 기댄 측면이 있는 것 같다.10 특히, 2010년 김광준 서울고검 검사의 '10억원대 뇌물수수 사건'을 시작으로 피의자와 부적절한 성관계를 맺은 '성추문 검사', '향응수수 검사' 등 계속된 검찰 내부비리·비위사건이 터지면서, 검찰이 자체 개혁안을 내놓은 바 있는데, 이 과정에서 '중수부 폐지'문제를 둘러싸고 최재경 대검 중앙수사부장 등이 공개적으로 반발하는 등 소위 '검란'이 발생하였다. 이에 한상대 검찰총장이 전격 사퇴하면서 사태가 일단락됐지만, 검찰의 권위는 땅에 떨어졌다.

특히, 2016년에 들어와서, 진경준 전 검사장의 주식대박사건과 서울남부지검 김 모 검사의 자살사건을 계기로 또다시 검찰개혁이 화두로 등장하였다. 즉, 검찰의 막강한 권한을 통제하기 위하여, 정치권을 중심으로 공직자비리수사처를 신설하자는 주장,11 시민단체를 중심으로 검사장을 직선하자는 주장, 학자들을 중심으로 대배심 내지 기소배심(Grand Jury)을 신설하여 검찰의 기소권을 통제하자는 주장 등 백가쟁명식 개혁안이 쏟아져 나오고 있다. 그리고 이에 편승하여 경찰에서는 다시 검·경 수사권조정을 강력하게 밀어붙였으며,12 검찰에서

9　2009년 경찰백서(경찰청) 165면도 "헌법에 명시된 검사의 영장청구권 독점규정은 지난 1962년 5차 개헌당시 추가된 것으로 헌법이 정한 절차에 의한 개정이 아니라 비상입법기구인 국가재건최고회의에서 마련된 개정안에 근거한 것이며 비교법적으로도 유래를 찾아볼 수 없을 뿐만 아니라, 영장의 법관발부 원칙을 실질적으로 제약하여 영장주의의 본질을 왜곡시키고 검찰의 경찰에 대한 수사지휘권 강화의 논리적 배경이 되었던 조항으로 새로이 정비되는 헌법에는 반드시 삭제되어야 할 규정이다"라고 기술하고 있다.

10　2009년 민주당 김희철 의원 등은 "경찰은 1차적 수사주체, 검찰은 2차적 보완적 수사주체"로 규정하는 형사소송법 개정안을 발의한 바 있으며, 국회의장 직속 헌법연구자문위원회는 영장청구권의 검사독점 조항 개정을 다수의견으로 채택한 바 있다.

11　국회 세미나 「검찰 개혁 방향과 과제」,(2016년 7월 18일 국회 의원회관 2층 제1세미나실)라는 주제로 발표자는 한상훈 교수(연세대), 패널토론자는 오병두 교수(홍익대), 정웅석 교수(서경대), 이민 변호사(대한변호사협회), 차동언 변호사(법무법인 화우), 김태규 기자(한겨레신문), 박근용 사무처장(참여연대), 이건령 검사(부산지검) 등이며, 금태섭/백혜련/송기헌/조응천 의원 등이 주최자로 참여하였다.

12　국회 세미나 「검경 개혁과 수사권 조정, 공수처 설치 방향」,(2016년 8월 10일 국회 의원회관 제1소회의실)라는 주제로 발제자는 김희수 변호사/이창무 교수(중앙대 산업보안학과)/박

는 대검찰청 산하 형사정책자문위원회13 및 검찰개혁추진위원회14를 신설하여, 이러한 주장들의 수용 여부를 검토한 바 있다.

(4) 현재 논의(문재인 정부 시절)

박근혜 대통령 탄핵을 거치면서,15 촛불집회를 계기로 집권한 문재인 정부는 수사구조의 개편(수사권/기소권 분리) 및 고위공직자범죄수사처의 설치 등 고강도의 검찰개혁을 추진하고자 초대 민정수석에 조국 서울대학교 법학전문대학

노섭 교수(한림대 국제학부)가, 토론자는 한상훈 교수(연세대), 박근용 사무처장(참여연대), 오창익 사무국장(인권연대), 최종상 수사연구관(경찰청), 정웅석 교수(서경대), 이윤제 교수(아주대), 황운하 경찰대학 교수부장 등이며, 표창원 의원이 주최자로 참여하였다.

13 대검찰청 형사정책자문위원회는 법령의 제·개정, 형사정책의 결정 등 검찰 업무와 관련된 제반 사항에 대한 학계의 자문을 구하기 위하여 검찰총장의 자문기구로 설치되었는데(대검찰청 훈령 제212호 '형사정책자문위원회 운영규정' 참조), 위원장에 손동권 교수(건국대), 위원으로 오영근 교수(한양대), 김정오 교수(연세대), 박광민 교수(성균관대), 김상겸 교수(동국대), 박노형 교수(고려대), 노명선 교수(성균관대), 정현미 교수(이화여대), 장영수 교수(고려대), 오경식 교수(강릉원주대), 정웅석 교수(서경대), 원혜욱 교수(인하대), 조홍식 교수(서울대), 이효원 교수(서울대), 김희균 교수(서울시립대), 박균택 대검 형사부장(검사장) 등이 참여하고 있다.

14 대검찰청 검찰개혁추진위원회는 국민의 눈높이에 맞는 검찰 조직문화와 제도의 개선 등 검찰 개혁 방안의 수립 및 추진 등에 대한 사회 각계각층의 의견을 수렴·반영하기 위하여, 기존의 검찰미래발전위원회의 명칭을 검찰개혁추진위원회로 변경하고 검찰개혁추진단 상정 안건에 대하여 심의·의결한 후 검찰총장에게 개혁안을 권고하는 기구로 설치되었는데(대검찰청 훈령 제213호 '검찰개혁추진위원회 운영규정' 참조), 위원장에 정갑영 교수(연세대 총장), 위원으로 최정표 교수(건국대 상경대학, 경제정의실천시민연합 공동대표), 박균성 교수(경희대), 조현정 비트컴퓨터 회장(한국소프트웨어산업협회 회장), 이철수 교수(서울대), 공병호 경영연구소장(전 자유경제원 초대 원장), 정웅석 교수(서경대), 정병두 변호사(전 법무부 법무실장), 송우철 변호사(전 서울고법부장판사 겸 서울행정법원 수석부장판사), 강대희 교수(서울대 의대), 권도균 프라이머 대표, 이은경 변호사(한국여성변호사회 회장), 박순애 교수(서울대 행정대학원), 임지봉 교수(서강대), 최종학 교수(서울대 경영대), 우민호 영화감독(영화 '간첩', '내부자들' 등 제작), 박지은 방송작가('별에서 온 그대', '프로듀사' 등 극본 집필), 김주현 대검차장, 윤웅걸 대검 기획조정부장(검사장) 등이 참여하였다.

15 박근혜 전 대통령은 물론 검찰출신인 김기춘 전 청와대 비서실장 및 우병우 전 민정수석 등이 구속·기소되어 유죄판결을 받았다.

원 교수 및 초대 법무부장관에 박상기 연세대학교 법학전문대학원 교수를 임명하였다. 경찰에서도 경찰권 비대화에 대한 우려의 목소리가 높아짐에 따라 내부의 입장에서 벗어나 국민의 시각에서 현 경찰 조직을 객관적으로 진단하고 경찰이 나아갈 방향과 전략을 추진할 필요가 있다고 판단해 2017년 6월 민간전문가들을 위원으로 한 경찰개혁위원회[16]를 공식 출범시켰다.

  그리고 경찰개혁위원회에서 논의된 사항을 중심으로 2018년 3월 5일 이철성 경찰청장이 국회 사법개혁특별위원회(위원장 정성호)에 검·경 수사권 조정 등 경찰 개혁과 관련한 업무보고를 하였는데, 이날 업무보고에서 경찰청장은 여야 사개특위 위원들에게 △검사의 수사지휘권 폐지 △검사 작성 피의자신문조서의 증거능력 개선 △경찰의 수사종결권 부여 △검사의 직접수사권 폐지 △검사 독점적 영장청구제도 개선 △긴급체포에 대한 검사 승인제 개선 △압수물 처분 주체 변경 △변사자 검시 주체 변경 등 수사구조 개혁 방안을 설명했다고 한다.

  특히 고(故)노무현 전(前)대통령의 사망에 대한 트라우마가 있는 현 정부는 더 이상 미룰 수 없는 국정개혁을 위한 제1과제로 검찰개혁을 설정하면서, 지난 3년 7개월 동안 검찰을 둘러싼 제도와 시스템을 행정·입법으로 바꾸거나 인사권을 행사하면서 지속적으로 추진하였다.

  물론 김대중/노무현 전(前)대통령때부터 검찰개혁의 문제는 사법개혁의 일환으로[17] 또는 검경 수사권조정 문제와 맞물려서 현재 여당 및 시민단체[18]를 중

---

16 위원장에 초대 유엔 대한민국 인권대사를 역임한 박경서 동국대 석좌교수가, 18명의 위원들은 인권보호 분과(권영철 CBS 보도국 선임기자, 문경란 인권정책연구소 이사장, 박찬운 한양대 법학전문대학원 교수, 오창익 인권연대 사무국장, 이찬희 서울지방변호사회 회장, 최경희 이화여자대학교 교수), 자치경찰 분과(김효선 여성신문 대표이사, 박재율 지방자치발전위원회 위원, 안영훈 한국지방행정연구원 대외협력단장, 양영철 제주대학교 행정학과 교수, 이세리 김앤장 법률사무소 변호사, 이창무 중앙대학교 산업보안학과 교수), 수사개혁 분과(김선택 고려대학교 법학전문대학원 교수, 김희수 법무법인 리우 변호사, 박래용 경향신문 논설위원, 박봉정숙 한국여성민우회 이사, 서보학 경희대 법학전문대학원 교수, 최강욱 법무법인 청맥 변호사) 등 3개로 나누어 활동한 바 있다(다음뉴스 2017. 06. 16.).

17 경실련/참여연대/한국공법학회/한국헌법학회 공동주최, 「국민을 위한 사법개혁 대토론회」 (1999. 2. 23.); 사법개혁국민연대, 「참여정부의 출범과 사법개혁의 과제」, 2003; 사법개혁 실현을 위한 인권시민사회단체 공동대책위원회/박영선의원/김학재의원/신건의원 공동주최, 「권력형 비리로 본 검찰개혁의 필요성과 대안 토론회」(2011. 6. 9.); 금태섭의원/백혜련의원/

심으로 끊임없이 제기되었으며, 과거 최순실 사태와 관련한 특검수사가 검찰수사의 성과와 비교되면서 검찰개혁과 관련된 특단의 조치가 필요하다는 공감대가 형성되었고, 정권이 바뀐 지금 공수처 설치 법안이 개혁의 상징물처럼 치부되고 있다. 즉, 과거 공수처 설치에 대한 반대 논거들이 타당하지 않다는 것이 아니라, 오히려 이제는 개혁 없는 검찰을 최악의 상태로 느끼면서 상당한 대가를 치르더라도 검찰개혁을 해야만 한다는 요청이 분출한 것이다.[19]

이에 2018년 1월 14일 박종철 열사 서거 30주년을 맞이하여 조국 청와대 민정수석이 현 정부의 '권력기관 개편방안'을 발표하면서 검찰은 특수사건(경제, 금융 등)을 제외하고는 2차적·보충적 수사만을 하도록 검찰개혁을 발표한 바 있으며, 2018년 6월 21일 이낙연 국무총리, 박상기 법무부 장관, 김부겸 행정안전부 장관이 모여서 '검/경 수사권조정 합의문'(이하 '정부합의문'이라고 약칭함)을 발표하였다.

송기헌의원/조응천의원 공동 주최, 「검찰 개혁 방향과 과제」(2016. 7. 18.); 더불어민주당 정책위원회 민주주의회복 TF(표창원 의원) 주최, 「검경개혁과 수사권 조정, 수사처 설치방안」토론회(2016. 8. 10.); 민주사법연석회의/노회찬의원/이용주의원 공동주최, 「제2차 민주적 사법개혁 연속토론회: 검찰개혁 이렇게 하자」(2016. 11. 11); 민병두의원/소병훈의원/금태섭의원/민주사회를 위한 변호사모임 공동 주최, 「견제와 균형을 위한 검찰 개혁 어떻게 할 것인가?」(2017. 1. 24.); 한국형사정책연구원/한국형사소송법학회 공동 주최, 「한국의 형사사법개혁 I : 검찰개혁」(2017. 2. 13.); 국회입법조사처 주최, 「검찰권에 대한 통찰 및 정책적 과제」(2017. 2. 23.); 한국형사정책연구원/서울대학교 법학연구소/한국공법학회 공동 주최, 「한국의 형사사법개혁 II : 강제처분의 현대적 의미와 인권보호」(2017. 3. 24.); 법조언론인클럽 주최, 「국민을 위한 법조개혁, 어떻게 할 것인가?」 법조언론인클럽 10주년 기념 세미나(2017. 7. 12.); 제364회 국회(정기회), 검·경 수사권 조정에 관한 공청회(2018. 11. 14.), 국회 사법개혁특별위원회; 수사처 어떻게 설치할 것인가, 「신속처리안건에 대한 건설적 비판을 중심으로」, 국회의원 박지원/박주민/여영국/수사처설치촉구공동행동, 참여연대 사법감시센터 주관, 국회의원회관 제6간담회실(2019. 7. 10.); 대한변호사협회/한국형사소송법학회 공동주최, 「개정 형사소송법의 평가(개정방향)」(2019. 12. 20.); 대한변호사협회 주최, 국민을 위한 수사개혁방향 심포지엄, 대한변협회관 14층 대강당(2020. 7. 17.).

18 참여연대의 입법제안의 경위에 관한 상세한 설명은 윤태범, "권력형 부패에 대한 효과적 대응을 위한 제도적 개선방안: 고위공직자비리조사처 설치를 중심으로", 여의도연구소 주최 토론회 자료집(2010), 여의도연구소, 22~27면 참조.

19 장영수, 「독립적 특별수사기구 도입 논의」, 한국의 형사사법개혁1: 검찰개혁, 2017년 한국형사정책연구원/한국형사소송법학회 공동학술세미나 자료집(2017. 2. 13.), 102면.

그 핵심은 첫째, 사법경찰관은 모든 사건에 대하여 '1차적 수사권'을 가지고, 둘째, 사법경찰관이 수사하는 사건에 관하여 검사의 송치 전 수사지휘는 폐지하며, 셋째, 검사는 송치 후 공소제기 여부 결정과 공소유지 또는 경찰이 신청한 영장의 청구에 필요한 경우 사법경찰관에게 보완수사를 요구할 수 있고, 사법경찰관은 정당한 이유가 없는 한 검사의 보완수사요구에 따라야 하며, 넷째, 사법경찰관이 정당한 이유 없이 검사의 보완수사요구에 따르지 않은 경우 검찰총장 또는 각급 검찰청검사장은 경찰청장을 비롯한 징계권자에게 직무배제 또는 징계를 요구할 수 있고, 징계에 관한 구체적 처리는 '공무원 징계령'(대통령령) 등에서 정한 절차에 따른다는 것이다. 반면, 검사는 ① 경찰, 공수처 검사 및 그 직원의 비리사건, 부패범죄, 경제·금융범죄, 공직자범죄, 선거범죄 등 특수사건20 및 이들 사건과 관련된 인지사건(위증·무고 등)에 대하여는 경찰과 마찬가지로 직접적 수사권을 가지며, ② ①항 기재 사건 이외의 사건에 관하여 검찰에 접수된 고소·고발·진정 사건은 사건번호를 부여하여 경찰에 이송한다는 내용이다. 이는 일반수사는 경찰, 일반수사에 대한 기소 및 공소유지는 검찰, 특수수사 및 권력형 비리는 특별기구(고위공직자범죄수사처)에 맡기는 '수사 3륜' 체제를 갖춰, 수사기관 간 견제와 균형을 확보하고자 한 것으로 보인다.

이러한 일련의 과정에서 2019. 12. 24. 형사소송법 일부개정법률안에 대한 수정안(박주민의원 대표발의)이 통과된 후, 2019년 12월 30일 검찰개혁의 일환으로 독립된 수사기관인 고위공직자범죄수사처법 역시 통과되었다. 그 후, 2020년 1월 13일 국회는 발의된 법률안의 내용 등을 수렴한 「형사소송법」과 「검찰청법」의 개정법률을 통과시켰는데, 수사구조와 관련된 가장 실질적인 제도적 변화로는 검사의 수사지휘가 폐지되고 직접수사 범위가 특정범죄로 제한되었다는 점과 사법경찰 단독으로 불송치 결정을 내리고 사건을 잠정적으로 종결할

---

20 부패범죄(뇌물, 알선수재, 배임수증재, 정치자금, 국고등손실, 수뢰 관련 부정처사, 직권남용, 범죄수익 은닉 등), 경제범죄(사기, 횡령, 배임, 조세 등(기업·경제비리 등)), 금융·증권범죄(사기적 부정거래, 시세조정, 미공개정보이용 등/ 인수합병비리, 파산·회생비리 등), 선거범죄(공직선거, 공공단체등위탁선거, 각종 조합 선거 등), 기타(군사기밀보호법(방산 비리 관련), 위증, 증거인멸, 무고 등(사법방해 관련)) 등이다.

수 있는 권한이 인정된 부분을 꼽을 수 있다. 그리고 각각 법률 제16924호와 제16908호로 개정된 두 법률은 2020년 8월 7일 입법예고된 「형사소송법·검찰청법 일부개정법률의 시행일에 관한 규정 제정(안)」에 의해 2021년 1월 1일부터 시행되는 것으로 정해진 상황이다.[21]

그런데 공수처장 후보자를 추천하기 위한 공수처장후보추천위원회의 의결정족수와 관련하여, 그동안 여당과 야당이 계속 대치하다가 2020. 12. 10. 기존의 위원 6인 이상의 찬성 규정(공수처법 제6조 제5항)을 제7항으로 옮기면서 "위원 6인 이상의"를 "재적위원 3분의 2 이상의"로 하는 내용 등 「고위공직자 범죄수사처 설치 및 운영에 관한 법률」 일부개정법률안(대안)이 통과되었다. 이에 따르면, 위원 7인 중 5인 이상이면, 공수처장 추천이 가능하므로 야당의 비토권은 사실상 무의미하게 되었다고 볼 수 있다.

물론 사회의 모든 분야가 국민을 위한 시스템으로 변모해 가는 과정에서 건전한 사회형성과 튼튼한 국가경제발전의 기반이 되는 부패방지를 위해서 상시적인 부패감시 시스템을 가동하자는 데에 어느 누구도 반대하는 사람은 없을 것이다. 다만, 후술하는 것처럼 검찰 통제를 위하여 수사권은 경찰에 부여하고 검찰은 기소권만 갖도록 해야 한다고 그토록 주장하면서, 수사권과 기소권(판/검사 및 경무관 이상 경찰공무원)을 전속적으로 갖는 공수처를 탄생시키는 근거는 무엇이며,[22] 공직비리는 상당부분 민간부문의 부패와 연계되는데, 이를 무 자르듯 잘라 공수처와 검찰이 나눠 수사를 할 수 있는지 의문이다. 왜냐하면 이는 수사권의 이원화가 초래될 뿐만 아니라 수사의 역동성을 훼손시켜 부패 공직자들이 빠져나갈 기회만 주게 될 우려도 있으며, 기존의 수사권다툼(경찰과 검찰의 수사권조정)과 동일한 문제가 발생하기 때문이다.

더욱이 권력형 부패범죄를 공수처로 분산시키고, 일반 형사사건에 대한 수사권은 경찰에게 분산시켜 검찰이 제대로 자신의 역할을 수행하게 하겠다는 주장은 검찰을 공수처 사건을 제외한 일반사건의 '기소청' 정도로 축소하겠다는

---

21 다만 「형사소송법」 제312조 제1항만은 2022년 1월 1일에 시행한다.
22 후술하는 것처럼, 우리나라 공수처의 모태로 보이는 중국의 감찰위원회도 수사권만을 보유하고 있다(중국 감찰법 제45조).

말과 다름없다. 이는 사실상 대륙법계 국가들의 전통인 검찰제도를 폐지하겠다는 말로 들린다. 그러나 법원과 함께 형사사법의 한 축을 형성하고, 형사사법의 입력부(수사개시여부 및 기소여부 등)를 관할함으로써 국가권력의 남용을 감시하며, 국민의 인권을 지켜내는 검찰제도를 사실상 없애겠다는 것이 과연 타당한 것인지 검찰제도에 대한 근본적인 성찰이 필요하다고 본다. 왜냐하면 수사권 조정문제 역시 우리나라에서 논의할 때 빠뜨려서는 안 되는 관점은 경찰의 자질론이나 수사권의 형평분배가 아니라 치안을 담당하는 비법률가인 경찰이 독자적인 수사권(수사종결권)을 갖고 시민사회에 사법(司法)작용을 담당하는 검찰이나 법관과 비슷한 모습으로 등장해도 좋으냐 하는 점이기 때문이다.23 물론 검찰도 국민의 신뢰를 받기에 부족한 점이 있는 것은 사실이지만, 이러한 문제점을 개선하는 방안으로 검찰청을 없애고 공소청을 신설하면서24 치안을 담당하는 경찰에게 '사법기능'까지 담당시키는 것이 과연 타당한 해결책인지 의문이 든다. 그동안 검찰의 본질적 문제는 검사의 직접수사(인지수사, 특수수사) 기능이 1990년 '범죄와의 전쟁'을 계기로 계속 확대됨으로써 상대적으로 소홀하게 된 경찰에 대한 법치국가적 통제, 즉 일반 형사사건(민생침해사건 등)에 대한 사법적 통제가 잘 이루어지지 않은 점에 있기 때문이다. 따라서 검찰개혁은 이러한 검찰의 문제점을 개혁하는 방향으로 가는 것이 올바른 것이지, 경찰에 대한 통제를 지금보다 약화시켜 국민을 더 쉽게 수사하고 더 쉽게 구속할 수 있게 만들자는, 소위 **'수사의 효율성 확보'**와 동일시되어서는 안 될 것이다. 과연 영장청구권자가 지금보다(검사 2,200명 정도) 20배 이상(수사경찰 20,000명 정도＋특별사법경찰 20,000명 정도) 늘어나는 시스템이 어떻게 국민의 인권보호에 충실한

---

23 조국, "실사구시의 원칙에 선 검찰·경찰 수사권조정 방안", 「검·경 수사권조정에 관한 공청회」 자료집(2005. 4. 11.), 수사권조정자문위원회, 248면(**수사에 있어서 검사의 우월적 지위는 비법률가인 경찰이 수사의 합목적성을 추구하는 과정에서 발생할 수 있는 각종의 불법, 탈법행위를 법률가이자 '준(準)사법기관'인 검사가 감독·통제하고 법률적용의 정확성을 담보하라는 법치국가적 요청의 결과이다**. 이러한 요청의 정당성은 현 시기에도 여전히 정당하다. 물론 이러한 검사의 우위성은 사법경찰관리의 범죄수사에 한정되는 것이지, 경찰 전체에 대한 검찰의 우위성을 인정하는 것은 아니다).

24 2020. 12. 29. 김용민 의원이 대표발의한 공소청법안(의안번호 6976) 및 검찰청법 폐지법률안(의안번호 6977)이 대표적이다.

것인지 알 수가 없다.25

결국 핵심은 검찰의 구조 자체를 개혁하는 혁명적인 방안(권력기관을 새로 만들어 권력을 제어하는 방안)을 강구할 것인지 아니면 검찰에 대한 외부적 통제를 강화함으로써 검찰권 행사의 객관성과 공정성을 확보하는 방안을 강구할 것인지에 달려 있다고 본다. 전자는 선행하는 정치적 독립성만이 권력기관의 정치적 중립성을 보장하는 조치라고 보는 반면,26 후자는 위헌의 문제 등 많은 문제점이 제기되므로 정치적(물적/조직적) 독립성보다는 실질적인 기능적 독립성 및 정치적 중립성을 최대한 보장하는 방안을 우선시하는 것으로 보인다.

그런데 검찰조직의 독립성과 중립성을 지켜주지 못한 정치권력이 공수처라는 새로운 독립된 조직을 만든다고 해서, 그 조직의 정치적 독립성과 중립성이 보장될 것이라고 기대하는 것은 권력기관의 속성을 너무 간과한 것으로 보인다. 그것이 가능하다면 지금 검찰을 그렇게 독립적이고 중립적으로 만드는 방법을 택하는 것이 여러 가지 점에서 쉽고 경제적인 길일 것이기 때문이다.

❸ 공수처 설치과정

공수처는 고위공직자와 그 가족의 범죄를 척결하고 사회의 신뢰성을 높이기 위하여 설치된 독립적인 수사·기소기관이다. 이러한 공수처 설치와 관련된 논의는 지난 1996년 11월에 참여연대에서 「부패방지법안」을 마련하여 고위공직자에 대한 비리를 전담하는 기관의 설치를 주장하였고, 같은 해 12월 류재건

---

25 조국, 앞의 논문, 254면(우리 사법경찰관은 10일간의 피의자구속권, 피의자신문권, 구속영장신청권 등 다른 현대 민주주의 국가의 경찰이 갖지 못한 권한을 보유하고 있다는 점도 유념해야 한다. 이러한 현실에서 경찰수사에 대한 검사의 지휘권은 폐지될 수 없다고 본다. 공소제기후 법원에 의한 경찰수사에 대한 사후적 통제는 증거배제 차원에서 이루어지는 데 그칠 수밖에 없고, 시민단체나 언론에 의한 경찰수사에 대한 통제도 한계를 가질 수밖에 없기 때문에, **공소의 책임자이자 법률가인 검사가 경찰수사를 지휘하는 장치를 유지하는 것은 실체적 진실발견과 피의자의 인권보호에 유리한 제도적 환경을 강화할 것이다**).

26 김성돈, 「검찰외 독립된 특별기구 신설의 필요성과 구체화방안」, 제13회 월송기념 학술심포지엄, 헌법과 형사법, (재)유기천교수기념사업출판재단, 2017, 203면 이하.

의원 등 80명이 국회에 고위공직자비리조사처의 설치에 관한 내용이 포함된 법
안을 최초로 제출한 것이 시작이었다.

　　이후, 박근혜 대통령의 탄핵으로 2017년 5월 출범한 문재인 정부는 적폐
및 부패 청산을 위한 주요 수단으로 공수처 설립을 100대 국정과제 중 하나로
선정하였고, 법무부는 '법무·검찰개혁위원회'의 제안 등을 종합하여 정부안을
발표하였으며, 상설특검 및 특별감찰관제 구성과 맞물려 논의가 거듭되었는데,
20대 국회에서 제출된 공수처 관련 법률안만 10여 개에 달했다. 이러한 과정을
거쳐서 2019년 12월 30일 '고위공직자범죄수사처 설치 및 운영에 관한 법률안'
이 국회 본회의를 통과하였고, 2020년 1월 7일 국무회의를 통해 공포되었다. 이
에 정부는 2020년 7월 15일로 예정된 공수처 출범에 발맞추어 국무총리 소속으
로 '고위공직자범죄수사처 설립추진단'[27]을 발족시킨 바 있으며, 2020. 12. 10.
공수처법 일부개정으로 공수처장후보추천위원회의 의결정족수가 완화됨에 따라
공수처장후보자 2인(김진욱 헌법재판소 선임연구관, 이건리 국민권익위원회 부위원장)의
추천 및 그중 대통령이 지명한 1인(김진욱 헌법재판소 선임연구관)에 대한 인사청문
회를 거쳐 대통령이 임명하는 등 후속작업이 발빠르게 진행될 것으로 보인다.

　　따라서 이하에서는 역대 공수처법의 발의 경과 및 공수처 신설의 필요성
여부를 살펴본 다음 공수처법의 해석을 둘러싼 위헌적인 요소는 무엇인지를 검
토한 후, 각 조문별 해설 및 문제점을 분석하고자 한다.

27　추진단장에 남기명 전 법제처장이 임명되었으며, 9개 부처 25명(조직·법령·행정분과로 구
　　분)을 파견받아 2020년 2월 10일 국무총리 소속으로 발족한 이후, 법 시행일인 7월 15일
　　에 맞춰 공수처가 출범할 수 있도록 업무처리체계 설계, 조직 구성, 법령 정비, 청사 마련
　　등 인적·물적 시스템을 구축하여 출범 준비를 마무리하였다. 현재 공수처 청사는 정부과천
　　청사 5동에 마련되어 있다.

제 2 절 ｜ **역대 국회 공수처법(안) 발의경과**

Ⅰ. 제도 개혁 관련 논의 및 입법의 경과[28]

❶ 제도특검 도입을 위한 법안 제출

우리나라에서 검찰청으로부터 독립하여 수사권 및 공소권을 행사할 수 있는 제도를 도입하고자 하는 입법적 노력은 제도특검[29] 도입을 위한 법안 제출로부터 시작되었다. 최초로 국회에 제출된 법안은 제13대 국회(여소야대)에서 1988년 12월 3일 조승형 의원이 대표발의한 「특별검사의 임명과 직무 등에 관한 법률」안(의안번호 130296)이다. 제13대 국회는 '5·18 광주민주화운동 진상조사 특별위원회'와 '5공화국에 있어서의 정치권력형 비리 조사 특별위원회'를 구성하여 5공 청산 작업을 수행했는데, 정부와 검찰이 소극적인 입장을 견지하여 5공 비리와 같은 '정치적 사건(국회가 고발 또는 조사 요청을 한 사건)'을 수사 및 기소할 독립기구로서 특별검사를 임명하는 법안을 발의하는 데 그쳤으며, 특별검사는 국회의 추천으로 대통령이 임명하도록 했다.

그 이후 제13대 국회에서 1989년 2월 16일 박상천 의원 대표발의로 「특별검사의 임명과 직무 등에 관한 법률」안(의안번호 130427)[30]이 제출되었고, 제14대

28 　김선수, 「독립적 고위공직자비리 수사·공소기구(약칭 '공수처')법안 검토」, 고위공직자 비리 수사처 입법토론회(2016. 8. 30.), 민변/박범계·이용주·노회찬 의원 공동주최, 6–15면 참조

29 　특별검사 제도는 개별특검, 제도특검, 기구특검으로 구분할 수 있다. ① 개별특검은 특별검사를 임명할 때마다 특별법을 제정하여 특별검사의 임명절차와 구체적인 직무범위 등을 별도로 정하는 것을 말한다. ② 제도특검은 특별검사를 임명하기 위한 요건과 절차 등을 법률로 정해놓고, 특별검사의 임명은 구체적인 특정사건에 대해 법률에 정해진 절차에 따르도록 하는 것을 말한다. ③ 기구특검은 특별검사를 임기를 정하여 임명하고 상시적 기구로 존재하면서 직무를 수행하도록 하는 것을 말한다.

30 　3년 한시의 제도특검 도입을 내용으로 한다. 특검이 처리할 사건은 '정치적 중립성이 특별히 요청되는 사건'으로서 국회 본회의 또는 국정조사 상임위원회와 특별위원회가 인정한 사건을 말한다. 특검의 임명절차는 '국회가 대통령에게 특검 임명 요청 → 대통령은 법무부장관에게 대한변협에 특검 후보 추천 의뢰하도록 지시 → 대한변협은 2배수 특검 후보를 순위를 정하여 법무부장관에게 추천 → 법무부장관 제청으로 대통령이 특검 임명'이다.

국회 및 제15대 국회에서도 제도특검 도입을 위한 「특별검사의 임명과 직무 등
에 관한 법률」안들[31]이 제출되었다. 그러나 모두 입법에는 실패하고 임기만료
로 폐기되었다.

[표 1-1] 제도특검 법안 내역

순번	의안번호	의안명	제안일자
1	130296	특별검사의 임명과 직무 등에 관한 법률안 (조승형 의원 등 5인 외 67인)	1988-12-03
2	130427	특별검사의 임명과 직무 등에 관한 법률안 (박상천 의원 등 4인 외 163인)	1989-02-16
3	140539	특별검사의 임명과 직무 등에 관한 법률안 (이원형 의원 등 8인 외 89인)	1993-11-25
4	141161	특별검사의 임명 등에 관한 법률안 (조홍규 의원 등 14인 외 53인)	1995-09-22
5	150235	특별검사의 임명 등에 관한 법률안 (박상천 의원 등 17인 외 112인)	1996-11-05
6	151160	특별검사의 임명과 직무 등에 관한 법률안 (이국헌 의원 등 2인 외 131인)	1998-08-31

❷ 개별특검의 입법 및 시행

(1) 개별특검의 시행

특별검사라는 명칭이 처음으로 국회에 도입된 것은 1988년이다. 전술한 것
처럼, 당시 조승형 의원 등 5인 외 67인은 12월 3일 '정치적 사건'을 담당할 특
별검사의 임명을 위한 「특별검사의 임명과 직무 등에 관한 법률안」[32]을 국회에

---

31 이원형 의원 대표발의(1993. 11. 25. 의안번호 140539), 조홍규 의원 대표발의(1995. 09.
    22. 의안번호 141161), 박상천 의원 대표발의(1996. 11. 5. 의안번호 150235), 이국헌 의
    원 대표발의, 1998. 8. 31. 의안번호 151160) 등.
32 동 법률(의안번호: 제130296호)은 특별검사에게 정치적 사건 중 국회가 특별검사의 처리
    를 명시한 사건 등에 대한 조사, 수사, 기소권한을 부여하였다.

제출하였으나, 동 법률안은 소위원회 심사과정에서 철회된 것이다.

그 후 개별특검 법안으로는 최초로 제14대 국회에 1995년 12월 1일 「5·18 사건 및 92년 대선자금 수사를 위한 특별검사의 임명에 관한 법률」안(유수호 의원 등 2인 외 23인)이 제출되었는데, 동 법안 역시 임기만료로 폐기되고 말았다. 제15대 국회에서 1999년 9월 30일 「한국조폐공사 노동조합 파업 유도 및 전 검찰총장 부인에 대한 옷 로비 의혹 사건 진상규명을 위한 특별검사 임명 등에 관한 법률」의 제정 및 시행으로 우리나라에서 처음으로 개별특검이 임명되어 활동했다. 1999년부터 2018년까지 개별사안에 대한 특별검사법은 총 13번 국회 본회의의 문턱을 통과하였으며, 각 법률에 따라 임명된 특별검사는 〈표 1-2〉와 같다.

[표 1-2] 개별특검 법안 내역

순번	의안번호	의안명	의결일	특별검사
1	152090	한국조폐공사노동조합 파업유도 및 전 검찰총장부인에 대한 옷 로비 의혹 사건 진상규명을 위한 특별검사의 임명 등에 관한 법률안(박상천 의원 등 6인 외 286인)	1999-09-20	강원일 최병모
2	161182	주식회사 지앤지 대표이사 이용호의 주가조작 횡령사건 및 이와 관련된 정관계로비 의혹사건 등의 진상규명을 위한 특별검사의 임명 등에 관한 법률안(이재오 의원 등 7인 외 261인)	2001-11-22	차정일
3	162083	남북정상회담 관련 대북뒷거래의혹 사건 등의 진상규명을 위한 특별검사 임명 등에 관한 법률안(이규택 의원 외 150인)	2003-02-26	송두환
4	162407	남북정상회담 관련 대북비밀송금 의혹사건 및 관련 비자금 비리의혹사건 등의 진상규명을 위한 특별검사 임명 등에 관한 법률안(이규택 의원 외 152인)	2003-07-31	대통령 거부권행사로 재의결 추진후 부결
5	162850	노무현 대통령의 측근 최도술 이광재 양길승 관련 권력형 비리사건 등의 진상규명을 위한 특별검사의 임명 등에 관한 법률안(김용균 의원 외 147인)	2003-11-10	김진홍

순번	의안번호	의안명	의결일	특별검사
6	171636	한국철도공사 등의 사할린 유전개발사업 참여 관련 권력형 외압과 불법뒷거래 등의 의혹사건 진상규명을 위한 특별검사의 임명 등에 관한 법률안(강재섭 의원 등 4인 외 138인)	2005-06-30	정대훈
7	177943	삼성 비자금 의혹 관련 특별검사의 임명 등에 관한 법률안(대안)	2007-11-23	조준웅
8	177991	한나라당 대통령후보 이명박의 주가조작 등 범죄혐의 진상규명을 위한 특별검사의 임명 등에 관한 법률안(윤호중 의원 등 54인 외 87인)	2007-12-17	정호영
9	1808261	검찰고위간부 박기준 한승철 등의 불법자금 및 향응수수사건 진상규명을 위한 특별검사의 임명 등에 관한 법률안(이강래 의원 등 5인 외 92인)	2010-06-29	민경식
10	1814645	2011. 10. 26. 재보궐선거일 중앙선거관리위원회와 박원순 서울시장 후보 홈페이지에 대한 사이버테러 진상규명을 위한 특별검사의 임명 등에 관한 법률안(대안)	2012-02-09	박태석
11	1901425	이명박 정부의 내곡동 사저부지 매입의혹 사건 진상규명을 위한 특별검사의 임명 등에 관한 법률안(박범계 의원 등 11인)	2012-09-03	이광범
12	2003604	박근혜 정부의 최순실 등 민간인에 의한 국정농단 의혹사건 규명을 위한 특별검사의 임명 등에 관한 법률안(우상호 의원 등 209인)	2016-11-17	박영수
13	2013660	드루킹의 인터넷상 불법 댓글 조작사건과 관련된 진상규명을 위한 특별검사의 임명 등에 관한 법률안(법제사법위원장)	2018-05-21	허익범

개별특검 법안 심의과정에서 반대론과 위헌론이 제기되었지만 그 주장에 근거가 없다고 보고 법안은 의결되었고, 또 시행과정에서 아무런 문제도 없었다.

【표 1-3】 특검제 도입 여부에 관한 찬반론33

논점별	찬성론	반대론
한국현실에 부합여부	• 현행 한국 검찰의 기소독점주의 및 기소편의주의에 대한 제도적 견제장치로서 검찰의 미흡한 수사 및 불기소처분 등에 대하여 특히 그 필요성이 인정됨 • 정치적 사건 등의 수사에 대한 가외성 장치의 마련을 통해 검찰의 인권침해 방지 및 국가체제의 안정성 확보를 위해 도입되는 것이 바람직함	• 특검제는 정치적 고려에 의하여 검사가 임명되는 미국의 상황에서 인정되는 예외적 제도로서 검찰의 신분과 정치적 중립성이 헌법과 법률에 의하여 보장되는 한국의 현실에는 부적합한 제도임
검찰수사와의 관계	• 정치적 사건 등에 관하여는 여야 대다수 의원 및 고위공직자 등이 연루될 가능성이 높다는 점을 고려한다면, 대통령에 의하여 임명되는 검찰총장에 의해 수사가 지시되는 상황에서는 독립적인 수사가 불가능하여 특검제에 의한 공정한 수사가 필요	• 특검제 수사가 관행화된다면 검찰에 의한 기소독점주의 원칙이 붕괴되고 국가소추기관이 이원화됨으로써 기존의 형사법체계가 흔들림
특별검사의 도입필요성과 한계	• 독립적(중립적)이고 공정한 수사를 통하여 진상규명을 함으로써 정의를 실현하고 국민의 의구심을 해결 • 권력형 부정사건 및 정치적 성격이 강한 사건 등에 대하여 법의 공정성 및 사법적 정의의 확보	• 군중심리에 의한 정치적 여론재판이 지속될 경우 정책결정 및 집행과정에서의 책임 있는 국정수행에 대한 혼란을 초래할 가능성이 있음 • 정치적 의혹사건 등에 대하여 정략적 차원에서 특검제를 계속 요구하고 이를 무기로 하여 정치적 혼란을 가중할 가능성도 있음

【표 1-4】 특검법안에 대한 위헌론 및 합헌론

논점별	위헌론	합헌론
특별검사의 임명	• 대한변협이 후보 2명을 추천하여 대통령이 그중 한 명을 임명하도록 강제하는 것은 수사 및 기소권을 본질적으로 침해하는 것으로서 이는 헌법	• 현행 법제상 검찰의 기소독점권은 헌법상의 원칙이 아닌 법률상의 원칙이며 특검제의 설치 여부는 입법정책의 문제

33　국회 법사위 수석전문위원(김회선), "주식회사 지앤지 대표이사 이용호의 주가조작·횡령사건 및 이와 관련된 정·관계 로비의혹 사건 등의 진상규명을 위한 특별검사의 임명 등에 관한 법률안 검토보고서," 2001. 11.

논점별	위헌론	합헌론
	상 권력분립 원칙에 위배(임명제청권은 법무부장관에 부여하고 국회는 제청요청권을 갖도록 해야 함)	• 복수추천자를 대통령이 임명하는 것은 행정수반으로서 대통령의 임명권을 보장한 것으로서 합헌 • 국회가 특검법을 제정한 것을 두고 특검 임명을 주도했다고 보는 것은 논리비약
수사대상과 범위의 결정	• 법무부장관(검찰총장)의 관여없이 국회가 임의로 수사대상과 범위를 정하는 것은 권력분립 원칙에 위배(수사대상과 범위는 법무부장관이 특검 제청시 엄격하게 정하여 제청하도록 해야 함)	• 기능적 권력분립론에 비추어 볼 때 수사대상과 범위 등을 국회가 특검법에서 규정하는 것은 권력분립의 본래적 의미에 부합함 • 특검의 필요성 여부는 법체계 및 타 국과의 비교가 아니라 그 나라의 정치문화적 사법풍토에서 찾아야 함

과거 2007. 12. 28. 법률 제8824호로 제정된「한나라당 대통령후보 이명박의 주가조작 등 범죄혐의의 진상규명을 위한 특별검사의 임명 등에 관한 법률」에 대해 특별검사 수사대상 사건의 참고인 또는 피고발인들이 헌법재판소에 위헌확인 헌법소원을 제기한 바 있는데, 이에 대하여 헌법재판소는 참고인에 대한 동행명령조항에 대해서만 위헌 결정을 하고, 나머지 조항들에 대해서는 합헌 결정을 했다.[34]

위 결정은 우리나라에 미국식 특별검사제도[35]를 도입하는 것이 타당한지에 관한 찬반론을 다음과 같이 정리했다. "이를 찬성하는 논거는, ① 현행 우리 검찰의 기소독점주의 및 기소편의주의에 대한 제도적 견제장치로서 검찰의 미흡한 수사 및 불기소처분 등을 보정하기 위하여 필요하고, ② 권력형 부정사건

---

34 헌법재판소 2008. 1. 10. 선고 2007헌마1468 결정.

35 미국의 특별검사제는 초기에는 특별한 법률 규정 없이 법무부 외의 인사를 특별검사로 임명하여 수사하여 오다가, 1972년 'Watergate'사건에서 특별검사로 임명된 콕스(Cox)에 대한 부당 해임 논란 이후, 제도적인 특별검사에 관한 도입이 논의되어 1978년 연방법률(5년 한시법)로 상설특별검사제가 도입되었다. 그 후, 20년 동안 고위공무원 사건에 대하여 카터 대통령이 2번, 부시 대통령이 4번, 클린턴 대통령이 각 7번의 특검을 발동한 바 있으나, 정치적으로 악용될 수 있고, 비경제적인 제도라는 이유 등으로 민주/공화 양당 합의 하에 특검법이 폐지되었다. 현재는 법무부장관이 임명하는 특임검사제를 도입하여 시행 중에 있다.

및 정치적 성격이 강한 사건에서 대통령이나 정치권력으로부터 독립된 특별검 사에 의하여 수사 및 공소유지가 되게 함으로써 법의 공정성 및 사법적 정의를 확보할 수 있으며, ③ 국민의 기본권 보장 및 권력남용 방지라는 차원에서 볼 때 권력분립원칙을 실질적으로 확보하는 것이라고 한다. 이에 대하여 반대하는 논거는, ① 특별검사제도는 검사의 신분과 정치적 중립성이 헌법과 법률에 의 하여 보장되는 우리나라에 적합하지 않고, ② 정략적 차원에서 특별검사제를 실시하여 정치적 여론재판이 지속될 경우 정치적 혼란이 가중되고 국정수행에 방해가 될 우려가 있으며, ③ 권력분립원칙이 훼손되고 특별검사의 무리한 수 사로 국가기밀누설 및 인권침해의 우려가 있다는 것이다."

나아가 위 결정은 "특별검사제도의 장단점 및 우리나라 특별검사제도의 연 혁에 비추어 볼 때, 검찰의 기소독점주의 및 기소편의주의에 대한 예외로서 특 별검사제도를 인정할지 여부는 물론, 특정 사건에 대하여 특별검사에 의한 수 사를 실시할 것인지 여부, 특별검사에 의한 수사대상을 어느 범위로 할 것인지 는, 국민을 대표하는 국회가 검찰 기소독점주의의 적절성, 검찰권 행사의 통제 필요성, 특별검사제도의 장단점, 당해 사건에 대한 국민적 관심과 요구 등 제반 사정을 고려하여 결정할 문제로서, 그 판단에는 본질적으로 국회의 폭넓은 재 량이 인정된다고 보아야 할 것이다. 따라서 특별검사제도에 관한 국회의 결정 이 명백히 자의적이거나 현저히 부당한 것으로 인정되지 않는 한 존중되어야 할 것"이라며 합헌 판단을 했다.

(2) 개별특검의 한계

개별특검제도는 제도상의 한계와 정치권에 의해 정략적 목적 달성을 위한 수단으로 남용 내지는 악용되는 경우가 빈번하여 국민적 의혹을 해소하고 권력 형 비리에 대한 반부패기구로서 성공하지 못했다는 평가를 받아왔다.[36] 그 실례 로 '삼성 비자금 사건(2008)'에서 특별검사팀은 삼성 전·현직 임직원 등의 명의

---

36 국회 법사위 전문위원(임종호) 검토보고서, "상설특별검사 임명 등에 관한 법률안(최원식 의 원 대표발의안 및 서기호 의원 대표발의안)", 2013. 6.

인 3,800여개의 계좌 중에서 1,199개의 계좌를 차명계좌로 확정했으나 이는 삼성이 스스로 제출한 차명계좌 목록(827개)과 차이가 없고 비자금의 조성 경위에 대해서는 밝혀내지 못한 사례, '이용호 게이트(2005)'사건에서 특별검사팀이 김봉호 전 민주당 의원의 5천만 원 수수사실만을 밝혀낸 사례, 'BBK 주가 조작 사건(2007)'에서 당시 검찰과 특검 모두 이명박 당시 대선 후보에게 혐의가 없다고 결론내린 사례, '서울시장선거 투표방해 선관위 홈페이지 디도스 공격 사건(2011)'에서 특별검사팀도 검찰과 마찬가지로 국회의원과 국회의장의 비서들에게 사건을 지시한 인물을 밝히지 못한 사례 등을 들고 있다.

　　반면에 특별검사팀의 성과로 평가받는 실례로 '최순실 등 민간인에 의한 국정 농단 사건(2016)'에서 특별검사팀이 검찰이 발견한 박근혜 전 대통령의 8개 혐의에 뇌물수수, 직권남용(3건), 의료법 위반 등 5개 혐의를 추가로 적용한 사례, '어버이 연합 불법 자금 지원 의혹 사건(2016)'에서 특별검사팀이 관제시위 사실과 자금지원 규모가 검찰이 밝힌 것보다 많은 70억여 원임을 밝힌 사례, '삼성물산－제일모직 합병 관련 국민연금공단 배임혐의 사건(2015)'에서 검찰의 수사는 진전되지 않았으나 특별검사팀이 K스포츠재단 설립을 위해 삼성의 기금 출연과 정유라의 승마훈련 자금을 지원하는 대가로 합병에 찬성할 것을 박근혜 전 대통령이 지시한 것을 밝힌 사례, '이명박 대통령 내곡동 사저부지 매입 사건(2013)'에서 특별검사팀이 검찰 수사 당시 이시형씨가 제출한 서면 진술서가 허위였다는 점을 확인한 사례, '옷 로비 사건(1999)'에서 법원이 '구속된 남편을 구하기 위해 이 씨가 벌인 자작극'이라는 검찰의 결론을 부인하고 특별검사의 수사결과를 수용한 사례도 있다.[37]

　　이에 참여정부의 「공직부패수사처의 설치에 관한 법률」안은 그 제출배경으로 '개별특검제는 그동안 정치권에 의해 정략적 목적을 달성하는 수단으로 남용 내지는 악용됨으로써 국민적 의혹 해소에 기여하기는 커녕 막대한 국가예산을 들여 오히려 사회적 혼란만 가중시키는 제도로 전락했다'고 설명한 바 있다. 개별특검의 한계로는 다음과 같은 점들이 지적된다.[38]

37　박준휘/김영중/문준영/소병도, 고위공직자범죄수사처에 관한 연구, 한국형사정책연구원(2019), 93면.

38　김인회, 앞의 글, 344-345면.

첫째, 발동의 제한으로 인한 한계다. 개별사건마다 국회의 입법을 거쳐야 하므로 그 발동이 어렵고, 정치적 논란에서 자유로울 수 없으며, 사건이 극소수로 제한될 수밖에 없다. 사건의 중대성이나 사회에 미치는 영향이 고려되지 못하고 정쟁의 대상이 됨으로써 특별검사 제도에 대한 피로와 불신의 원인이 되기도 한다.

둘째, 수동성의 한계다. 법률에 의하여 수사 대상이 특정되어 수동적으로 주어진 사건만 수사를 할 수 있을 뿐이기 때문에 수많은 권력형 비리사건 중 극히 일부만이 국회의 논의 대상이 되고 그중에서도 일부만이 특별검사에 의하여 수사가 가능하다. 이러한 구조로는 부정부패에 대해 제대로 대응할 수 없다.

셋째, 짧은 구성 기간으로 인한 한계다. 특별검사의 임명이나 수사조직의 구성 등이 짧은 기간 내에 진행되기 때문에 독립성, 능력 등에 대하여 충분한 검증을 하기가 어렵다. 매번 급조하다보니 특별검사와 팀원들 간의 협업능력이 준비되지 않은 상태에서 출발하여 수사 중 팀원 간 불화가 발생하기도 했다.

넷째, 비상설로 인한 한계다. 짧은 수사기간, 주요 수사 인력의 검찰로부터의 파견, 일상적인 비리 제보 및 정보수집 기능의 부재 등의 문제로 인해 그 효율성에 의문이 제기되었다. 검찰의 이전 수사 결과를 의식하게 되어 과잉 수사로 흐를 가능성도 있다. 특별검사 팀의 출범에 최소 30일 정도의 시간이 걸려 그 사이에 증거인멸과 범죄은폐를 위한 시간을 합법적으로 보장해주기도 했다.

❸ 독립적 기구 설치 법안 연혁 및 현황

(1) 제16대 국회

개별특검의 한계를 극복하기 위해 독립적 기구(기구특검)를 도입해야 한다는 시민사회의 요구가 있었고, 이를 위한 법안이 제16대 국회부터 제출되기 시작했다.

즉, 제15대 국회에서 공수처 신설 취지의 부패방지법안39이 최초로 발의되

---

39 1996년 참여연대의 '부패방지법' 입법청원에 포함되어 있던 '고위공직자비리조사처' 신설

었으나 철회되었으며, 제16대 국회에서는 2002년 10월 25일 신기남 의원(민주당) 대표발의로 「고위공직자비리조사처 설치법안」('신기남 의원안')이 제출되었으나, 임기만료로 폐기되었다. 대신 부패방지법안(대안)이 통과되어 부패방지위원회가 신설되었다. 주요 내용을 살펴보면, 고비처를 대통령 소속으로 하고 수사권과 기소권을 모두 부여하는 기구를 설치할 것 등이다.

【표 1-5】 부패방지 법안의 주요 내용

- 고위공직자의 비리를 예방하고 척결하기 위하여 대통령 소속 하에 고위공직자비리조사처를 설치함.
- 고위공직자비리조사처의 직무 대상은 국무총리, 국회의원, 행정각부의 장·차관, 감사원장, 감사위원 및 사무총장, 국가정보원 원장 및 차장, 광역지방자치단체장, 경찰청장과 차장, 지방경찰청장, 법관 및 검사, 군장성 등이며, 이에 해당하는 자의 범죄와 부패방지위원회가 고발한 사건에 대한 수사와 공소유지 및 이에 필요한 사항으로 함.
- 고위공직자비리조사처장은 대법원장의 추천으로 국회의 동의를 거쳐 대통령이 임명하고, 임기는 5년으로 하며, 자격은 변호사 경력 15년 이상의 경력을 요건으로 함.
- 특별검사는 5년 이상의 경력이 있는 변호사 중에서 처장의 추천을 거쳐 대통령이 임명하고, 처장의 지휘·감독을 받도록 명시함으로써 검찰로부터의 독립성을 확보함.
- 특별검사는 검찰청법 제4조 규정에 의한 검사의 권한을 가지는 동시에 수사, 공소의 제기, 형의 집행에 관한 권한을 행사함.

(2) 제17대 국회

2002년 대선 과정에서 노무현 대통령은 독립적 기구 설치를 공약으로 제시했고, 이를 이행하기 위해 2004년 11월 정부안으로 「공직부패수사처의 설치에 관한 법률안」('참여정부안')을 국회에 제출했다.[40] 국가청렴위원회 소속으로 하고, 수사권만 인정하며 수사 종결 후 검찰에 송치하여 검찰이 기소 및 공소유

안이 국민회의의 부패방지법(안)의 내용으로 국회에 상정된 것이다; 당시 입법청원 전후 사정에 대한 분석으로는 조국, "특별검사제 도입에 관한 一考", 형사법연구 제12호(1999), 한국형사법학회, 422-426면.

40 공직부패수사처의 성립경위와 내용에 관하여는 김인회, "견제와 분산을 위한 검찰개혁과제 재검토", 민주법학 제43호(2010), 민주주의법학연구회, 374-376면.

지를 담당하도록 하는 것을 주요 내용으로 한다.

【표 1-6】 참여정부안의 주요 내용

- 고위공직자의 범위: 차관급 이상 공무원, 국회의원, 지방자치단체의 장, 법관 및 검사, 장관급 (將官級) 장교, 감사원 및 국세청 등 사정기관의 국장급 이상 공무원.
- 고위공직자 가족의 범위: 공직부패수사처의 수사대상에 고위공직자의 배우자, 직계존·비속 및 형제자매를 포함.
- 공직부패수사처의 설치 및 구성: 공직부패수사처를 국가청렴위원회 소속으로 두고, 공직부패 수사처에 정무직인 처장 1인과 특정직인 차장 1인을 둠.
- 공직부패수사처장의 임명: 국가청렴위원회 위원장의 제청으로 대통령이 국회의 인사청문을 거 쳐 임명하되, 15년 이상 법관·검사 또는 변호사의 직에 있었던 자와 변호사의 자격이 있는 자 로서 15년 이상 반부패수사 또는 반부패정책업무에 종사하던 자 중에서 임명하도록 하고, 탄 핵 또는 금고 이상의 형의 선고에 의하지 아니하고는 파면·퇴직되지 아니하도록 함.
- 특별수사관의 임명: 변호사의 자격을 가진 자 중에서 임명하도록 하고, 특정직공무원으로 함.
- 사법경찰권의 부여 등: 특별수사관과 수사업무에 종사하는 직원은 그 직무를 수행함에 있어 사법경찰관리 또 는 군사법경찰관리의 직무를 수행하도록 하고, 특별수사관이 작성하는 피의 자신문조서 등은 검사 또는 검찰관이 작성한 조서와 동등한 증거능력을 부여하도록 함.
- 정치적 중립의 보장: 공직부패수사처는 정치적으로 중립을 지키며 그 권한에 속하는 직무를 수행함에 있어서 외부로부터 어떠한 지시나 간섭을 받지 아니하도록 함.
- 다른 기관으로부터의 수사 의뢰: 국회·감사원·대검찰청 또는 국방부는 공직부패수사처에서 수사하는 것이 상당하다고 인정되는 사건에 대하여는 공직부패수사처에 수사를 의뢰할 수 있 도록 함.
- 수사결과의 처리: 공직부패수사처 수사한 사건은 무혐의 사건이라 하더라도 이를 지체 없이 관할 검찰청 또는 군검찰부에 송치하여 이들 기관으로 하여금 종결하도록 함.
- 재정신청에 관한 특례: 공직부패수사처장은 검찰에 송치한 사건에 관하여 검사 또는 검찰관으 로부터 공소를 제기하지 아니한다는 통보를 받은 때에는 관할 고등법원 또는 고등군사법원에 그 당부에 관한 재정신청(裁定申請)을 할 수 있도록 함.

참여정부의 독립기구 설치에 대해 당시 검찰과 한나라당이 강력하게 반대 했고, 김성조 의원 대표발의(30인 참여)로 '고위공직자비리조사처 신설 추진 계 획 백지화 촉구 결의안'(의안번호 179275)을 국회에 제출하기도 했다.[41]

41　주문은 다음의 사항을 대통령과 정부에 권고한다는 것이다. "1. 대통령과 정부는 고비처 신 설 계획을 전면 백지화해야 한다. 2. 제2의 검찰, 제2의 사직동팀이 될 수밖에 없는 고비처 가 집권세력의 권력기반 공고화 수단으로 전락할 것임이 분명한바, 대통령과 정부는 집권 세력의 권력 장악을 위한 어떠한 시도나 기도를 버려야 한다. 3. 대통령과 정부는 고비처와

【표 1-7】고위공직자비리조사처 신설 추진 계획 백지화 촉구 결의안 제안이유

〈제안이유〉

① 더 이상 제왕적 대통령의 탄생을 묵과할 수 없음. 고비처 신설은 대통령이 행정부와 입법부에 이어 사법부까지 장악함으로써 아무도 견제할 수 없는 무소불위의 권력을 행사하겠다는 것이며, 자신의 정적을 제어할 수 있는 기구를 만들어 틀어쥐겠다는 정략적 발상에 지나지 않음.

② 강력한 제4의 권력기관의 출현을 결코 좌시할 수 없음. 기소권이 없는 수사기관으로서의 고비처는 그 역할에 한계가 분명히 존재할 것인바, 정부로서는 실질적 기능과 역할을 담보하기 위해 기소권이 아니라 하더라도 수사권 강화를 포함한 고비처의 위상 강화에 주력할 것임. 권한과 기능이 보다 확대된 고비처가 또 다른 권력기관이 될 가능성이 높음에 주목함.

③ 야당 탄압의 기도를 좌시할 수 없음. 현재 정부안대로라면 고비처는 대통령과 측근들, 정부 고위공무원에 대한 비리수사에는 분명 한계가 있을 것이며, 결국 야당 국회의원 등에 대한 수사에 집중하게 될 것이 분명함. 따라서 이는 법적·제도적으로 보장되는 신종 야당 탄압의 수단이 될 것임.

④ 고비처가 정치적 중립성과 독립성을 가질 수 없는 태생적 한계를 갖는 기관임을 지적하지 않을 수 없음. 부방위 자체가 이미 중립성 시비에서 자유로울 수 없는 기구인바, 그 산하에 설치될 어떠한 기관도 마찬가지일 것임은 분명함. 고비처 처장은 헌법상 공무원 임면권이 대통령에게 있으므로 대통령이 임명하게 될 것인바, 설령 부적합한 인물이 내정되더라도 이를 제어하고 견제할 수 있는 수단이 없음에 주목함. 고위공직자에 대한 사정을 검찰이 아닌 대통령 직속기관이 담당한다면 정치적 시비가 더욱 들끓게 됨으로써 국가와 국민을 혼란에 빠뜨리는 과오를 범하게 될 것임.

⑤ 유관기관 간 대립과 알력을 조장하고, 책임 소재 불분명으로 인한 책임 떠넘기기, 행정력의 낭비, 불필요한 혈세 낭비를 묵과할 수 없음.

⑥ 고비처 신설이 검찰개혁은 아니므로 다른 기관을 신설하기보다 실질적인 검찰개혁에 앞장서기를 촉구함. 새로운 기구 신설 여부보다는 검찰이 국민의 신뢰를 회복할 수 있는 현실성 있는 방안을 심도 있게 논의해야 할 것임. 검찰개혁은 외부의 힘이 아닌 자율로 이루어질 때 진정한 의미에서의 독립성과 중립성이 보장될 수 있기 때문임.

결국 참여정부 차원의 수사권만을 갖는 독립기구 설치 시도는 검찰과 야당의 반대로 무산되었다. 법안 및 백지화 촉구 결의안은 모두 임기만료로 폐기되었다.

같은 실효성 없는 별도 기구의 신설에 주력할 것이 아니라, 아래에서 제시하는 바와 같이 검찰개혁 방안을 즉각 마련해야 한다. 가. 검찰의 중립성을 법적·제도적으로 보장하라. 검찰을 향해 사정의 칼날을 세울 것이 아니라 절대적인 권력으로부터의 중립성과 독립성을 보장해야 한다. 나. 진솔하고 실현가능한 개혁을 통해 국민에게 신뢰받을 수 있는 검찰로 거듭날 수 있도록 해야 한다. 다. 검찰총장에 대한 인사청문회를 제도적으로 보장해야 한다. 4. 대통령과 정부는 자신의 권력기반 공고화보다 진실로 국가와 국민을 위한 상생의 정치실현에 앞장서야 한다.”

(3) 제18대 국회

독립기구 법안은 제18대 국회에서도 제출되었다. 양승조 의원 대표발의 고위공직자비리조사처 설치 및 운영에 관한 법률안(2010. 4. 9. 의안번호 1808137), 이정희 의원 대표발의 고위공직자비리조사처 설치 및 운영에 관한 법률안(2010. 5. 18. 의안번호 1808490), 김동철 의원 대표발의 고위공직자비리수사처 설치 및 운영에 관한 법률안(2010. 11. 9. 의안번호 1809842) 등이 그것이다.

한편, 제18대 국회는 2010년 사법제도개혁특별위원회를 구성하였는데, 2011년 3월 사개특위의 위임을 받은 6인 특별소위원회는 광범위한 사법제도개혁방안 합의안을 발표하였는데, 여기에 대검찰청 소속으로 '특별수사청'을 두되, 인사와 예산 및 수사 독립을 보장한다는 내용이 들어 있었다. 다만, 이러한 합의안에 대해 당시 한나라당이 합의사항을 부인하고 검찰이 조직적으로 반발하면서 아무런 소득이 없이 6월 사법제도개혁특별위원회는 마무리되었다. 그러자 여당인 한나라당과 야당인 민주당의 법사위 간사로 활동하였던 주성영, 박영선 의원이 각각 법률안을 발의하였으나,[42] 모두 임기만료로 폐기되고 말았다. 내용적인 차이점은 김동철, 이정희, 양승조, 박영선 의원안은 고위공직자 범죄에 대한 수사권과 기소권까지 갖는 독립기구 설치를 주요 내용으로 하는 반면, 주성영 의원안은 법무부 소속으로 수사권과 기소권을 갖는 외청으로 특별수사청을 설치하는 것을 주요 내용으로 한다.

(4) 제19대 국회

제19대 국회에서도 김동철 의원 대표발의 고위공직자비리수사처 설치 및 운영에 관한 법률안(2012. 7. 4. 의안번호 1900505),13),[43] 양승조 의원 대표발의 고

---

42 ④ 주성영 의원 등 11인이 제안한 "특별수사청의 설치 및 운영에 관한 법률안(의안번호: 1812303, 제안일자 2011. 6. 21.)"과 ⑤ 박영선 의원 등 11인이 제안한 "특별수사청 설치 및 운영에 관한 법률안(의안번호: 1812307, 제안일자 2011. 6. 22.)"이다.

43 제18대 국회에서 김동철 의원 대표발의안과 동일.

위공직자비리조사처 설치 및 운영에 관한 법률안(2012. 7. 13. 의안번호 1900679),[44]
이상규 의원 대표발의 고위공직자비리조사처 설치 및 운영에 관한 법률안(2012.
9. 6. 의안번호 1901619)15)[45] 등이 발의되었으나, 모두 임기만료로 폐기되었다.
세 법안 모두 수사권과 기소권을 갖는 독립기구 설치를 주요 내용으로 하며, 구
체적인 내용은 아래 표와 같다.

【표 1-8】 제19대 국회에서 발의된 공수처법안 비교

	김동철(1900505)	양승조(1900679)	이상규(1901619)
명 칭	고위공직자비리수사처	고위공직자비리조사처	고위공직자비리조사처
독립성	권한에 속하는 임무를 독립하여 수행한다.	동일	동일
고위공직자의 범위	대통령실 소속 대통령실장·정책실장·수석비서관 장관급 이상 공무원 국회의원 법관 및 검사 감사원·국가정보원·금융위원회·공정위원회 국세청의 1급 이상 공무원 치안감급 이상 경찰공무원 5급 이상 검찰수사관 금융감독원의 원장 부원장 부원장보 및 감사 (현직 공직자 또는 퇴임 2년 이내 전직 공직자)	대통령실 소속 대통령실장·정책실장·수석비서관·기획관·보좌관·비서관·선임행정관·경호처장과 차장 국무총리·국무총리실장·국무차장과 사무차장 특임장관·행정각부의 장관 및 차관 법제처장 및 차장·국가보훈처장 및 차장 감사원·국가정보원·금융위원회·공정거래위원회·국세청의 1급 이상 공무원 금융감독원의 원장·부원장·부원장보 및 감사 치안감급 이상 경찰공무원 광역지방자치단체의 장 법관·검사 국회의원 장관급(將官級) 장교	차관급 이상의 공무원 국회의원 지방자치단체의 장 법관 및 검사 교육감 장관급(將官級) 장교 경무관급 이상의 경찰공무원 대통령실의 비서관과 대통령실 경호처의 처장급 이상의 공무원 「공직자윤리법」 제3조제1항 제12호에 따른 공직유관단체의 장으로서 대통령이 임명하는 자(전직·현직 공직자)

44   제18대 국회에서 양승조 의원 대표발의안과 동일.
45   이상규 의원안의 주요 내용은 제18대 국회의 이정희 의원안과 거의 동일.

	김동철(1900505)	양승조(1900679)	이상규(1901619)
직무범위	고위공직자나 그 친족의 범죄행위, 관련범죄에 대한 수사 및 공소의 제기와 그 유지에 필요한 행위	고위공직자 및 그 친족의 범죄행위, 국회의원 재적 3분의1 이상의 결의로 수사를 요청한 자의 범죄행위, 국민권익위원회가 고발한 사건에 대한 수사·공소제기와 그 유지 및 이에 필요한 사항	고위공직자나 그 가족의 범죄행위, 관련범죄, 국회·감사원·대검찰청 또는 국방부에서 의뢰한 사건에 대한 수사 및 공소의 제기와 그 유지에 필요한 행위
처장임명, 자격, 절차, 임기 등	• 15년 이상 변호사 자격이 있는 자 • 고위공직자비리 수사처장 추천위원회의 추천을 받은 후보자 중에서 대통령이 임명. 국회의 인사청문 • 정무직. 임기 5년, 중임 불가	• 변호사의 자격이 있는 사람으로서 15년 이상의 경력이 있는 사람 • 대법원장의 추천과 국회의 동의를 받아 대통령이 임명 • 정무직(국무위원 보수와 동액) • 임기 5년, 중임 불가	• 15년 이상 법관·검사 또는 변호사의 직에 있던 자 • 대법원장이 추천하는 자를 국회의 인사청문회를 거쳐 대통령이 임명 • 정무직. 임기 3년, 1차에 한하여 연임 가능
차장	• 10년 이상 변호사 자격이 있는 자 중에서 처장의 제청으로 대통령이 임명 • 특정직. 임기 5년, 중임 불가	• 변호사의 자격이 있는 사람으로서 10년 이상의 경력이 있는 사람 가운데 대법원장의 추천으로 대통령이 임명 • 정무직(차관 보수와 동액) • 임기 5년, 중임 불가	• 10년 이상 법관·검사 또는 변호사의 직에 있던 자 중에서 처장의 제청으로 대통령이 임명 • 특정직 공무원
특별수사관/ 특별검사/ 특별조사관 등	• 특별수사관 정원 100명 • 특정직 공무원 • 5년 이상 변호사 자격이 있는 자 중에서 처장 제청으로 대통령이 임명 • 「검찰청법」 제4조에 따른 검사의 직무 수행	• 3명 이내의 특별검사 • 변호사의 자격이 있는 사람으로서 5년 이상의 경력이 있는 사람 가운데 처장의 추천에 의하여 대통령이 임명 • 고등검사장의 예에 준하는 보수와 대우 • 「검찰청법」 제4조에 따른 검사 권한 행사	• 특정직공무원 • 변호사의 자격을 가진 자 중에서 처장의 제청으로 대통령이 임명 • 정년 60세 • 「검찰청법」 제4조에 따른 검사의 직무 및 「군사법원법」 제37조에 따른 검찰관 직무 수행
수사관	처장이 임명 특정직 공무원 정년 60세 검찰청수사관 직무 수행	• 변호사의 자격을 가진 사람 중에서 처장이 임명 • 특정직 공무원. 정년 60세 • 수사 및 공소제기된 사	직원에 대한 특별 규정 없음

	김동철(1900505)	양승조(1900679)	이상규(1901619)
기타		건에 관하여 법정에 출석하여 공소유지와 관련된 행위를 할 수 있음	
	• 처장, 차장, 특별수사관은 파면 또는 퇴직 후 2년 이내 관련 공무원 임용 금지 • 직무 중복 다른 기관의 직무는 수사처로 이관 • 처장의 국회 출석 및 보고 • 재정신청 특례 • 인천지방검찰청 정도 규모 예상(전체 인원 600여 명)	• 처장의 국회 출석 및 보고 • 업무 중복 다른 기관의 업무는 조사처로 이관 • 기소강제주의	• 처장은 파면 또는 퇴직 후 3년 간 공직임용 금지 • 현직검사의 처장, 차장, 특별조사관 임명 금지 및 조사처 파견 금지 • 전년도 업무보고서 및 해당 연도 계획안 국회 제출, 처장의 국회 출석 및 보고 • 재정신청 특례

이후 19대 국회에서도 공수처법안 4건이 발의되었으나 각각 임기만료로 폐기되고, 그 대안으로 제도특검을 법제화하고 특별감찰관 제도가 도입되었다.[46]

【표 1-9】 기구특검(고비처) 법안 내역

순번	의안번호	의안명	제안일자
1	161904	고위공직자비리조사처 설치법안 (신기남 의원 등 28인)	2002-10-25
2	170766	공직부패수사처의 설치에 관한 법률안(정부)	2004-11-09
3	1808137	고위공직자비리조사처 설치 및 운영에 관한 법률안 (양승조 의원 등 14인)	2010-04-09

46 자세한 내용은 김선수, 「독립적 고위공직자비리 수사·공소기구(약칭 '공수처')법안 검토」, 고위공직자비리수사처 입법토론회(2016. 8. 30.), 민변/박범계·이용주·노회찬 의원 공동주최, 4–18면 참조; 김선화, 「검찰개혁과 독립수사기관 설치에 관한 검토」의 토론문, 한국의 형사사법개혁1: 검찰개혁, 2017년 한국형사정책연구원/한국형사소송법학회 공동학술세미나 자료집(2017. 2. 13.), 132–134면.

순번	의안번호	의안명	제안일자
4	1808490	고위공직자비리조사처 설치 및 운영에 관한 법률안 (이정희 의원 등 10인)	2010-05-18
5	1809842	고위공직자비리수사처 설치 및 운영에 관한 법률안 (김동철 의원 등 10인)	2010-11-09
6	1812303	특별수사청의 설치 및 운영에 관한 법률안 (주성영 의원 등 11인)	2011-06-21
7	1812307	특별수사청 설치 및 운영에 관한 법률안 (박영선 의원 등 11인)	2011-06-22
8	1900505	고위공직자비리수사처 설치 및 운영에 관한 법률안 (김동철 의원 등 36인)	2012-07-04
9	1900679	고위공직자비리조사처 설치 및 운영에 관한 법률안 (양승조 의원 등 10인)	2012-07-13
10	1901619	고위공직자비리조사처 설치 및 운영에 관한 법률안 (이상규 의원 등 10인)	2012-09-06
11	2001057	고위공직자비리수사처 설치에 관한 법률안 (노회찬 의원 등 11인)	2016-07-21
12	2001461	고위공직자비리수사처 설치 및 운영에 관한 법률안 (박범계 의원 등 2인 외 69인)	2016-08-08

(5) 제20대 국회

제20대 국회에서도 공수처 법안이 4건[47]이 발의되었으며, 2017. 9. 18. 법무부 법무·검찰개혁위원회에서 '고위공직자범죄수사처 설치와 운영에 관한 법률(안)'을 발표하였다. 각 법안의 구체적인 세부사항은 다음 표와 같다.

---

47 2016. 7. 21. 정의당 노회찬 의원 외 10인이 발의한 「고위공직자비리수사처 설치에 관한 법률안」, 2016. 8. 8. 더민주당 박범계 의원 및 국민의당 이용주 의원이 더민주당/국민의당 합의안으로 대표발의한 「고위공직자비리수사처 설치 및 운영에 관한 법률안」, 2016. 12. 14. 더민주당 양승조 의원 외 9인이 발의한 「고위공직자비리조사처 설치 및 운영에 관한 법률안」, 2017. 10. 31. 바른정당 오신환 의원 외 9명이 발의한 「고위공직자부패방지처 법안」 등이 여기에 해당한다.

가. 공수처장 임명절차

양당합의안, 노회찬안 및 양승조안의 공통점은 첫째, 독립기관으로 설치한다는 점, 둘째, 수사대상이 고위공직자 및 그 가족으로 광범위하다는 점, 셋째, 공수처에 전속적·우선적 관할권을 부여한다는 점, 넷째, 공수처장의 국회출석·보고의무 등을 인정한다는 점 등이다. 반면에 주요 차이점은 양당 합의안의 경우 국회 소속 추천위에서 단수 추천한 후보자를 대통령이 임명하지만, 노회찬안은 대법원장이 후보자 2명을 추천하면 대통령이 임명하도록 규정(양승조안은 국회 인사청문회를 거쳐 대통령이 임명)하였다는 점이다.

【표 1-10】 공수처장 임명절차

노회찬안	3년 단임(법조경력 15년 이상)/대법원장 추천(2명) → 대통령 지명(1명) → 국회동의 → 대통령 임명
양당합의안	3년 단임(법조경력 또는 법학교수 15년 이상; 비법조인 가능/ 국회 추천위원회(7명: 법무부장관, 법원행정처장, 대한변협회장, 국회추천 4명) 단수 추천 → 인사청문회 → 대통령 임명
양승조안	5년 단임(법조경력 15년 이상)/국회 인사청문회 → 대통령 임명
위원회권고안	3년 단임(법조경력 또는 변호사 자격있는 법학교수 15년 이상)/ 국회 추천위원회(7명: 법무부장관, 법원행정처장, 대한변협회장, 국회추천 4명) 2명 추천 → 대통령 지명(1명) → 인사청문회 → 대통령 임명
법무부안	3년 단임(법조경력 또는 변호사 자격있는 법학교수 15년 이상)/ 국회 추천위원회(7명: 법무부장관, 법원행정처장, 대한변협회장, 국회추천 4명) 2명 추천 → 국회 1명 선출 → 대통령 임명
오신환안	3년 단임(법조경력 또는 법학교수 15년 이상 또는 경찰공무원으로서 경무관 이상의 직; 비법조인 가능/ 국회 추천위원회(7명: 법무부장관, 법원행정처장, 대한변협회장, 국회추천 4명) 2명 추천 → 대통령 지명(1명) → 인사청문회 → 대통령 임명

그러나 첫째, 노회찬 의원안은 대법원장이 사실상 공수처장을 임명한 후 그 처장의 기소내용을 다시 사법부가 판단하는 형태인데, 이것 역시 헌법상 삼권분립 원칙을 정면으로 위반하는 문제점이 발생한다.

둘째, 양당 합의안 및 오신환 의원안은 대통령의 공수처장 임면권을 사실상 박탈하여 헌법상 삼권분립 원칙을 위반하는 문제점이 발생한다. 특히 양당

합의안은 후보 단수추천권을 국회의장 주도로 구성되는 추천위원회에 부여하고, 국회의원 부패수사를 공수처가 전담하게 함으로써 국회의원에 대한 수사를 사실상 봉쇄하는 결과를 초래할 것이다.

셋째, 법무부 및 법무위원회 권고안은 국회에서 추천하는 인원이 과반수가 넘는데, 과연 이것이 대통령이 법무부장관과 검찰총장을 임명하는 것과 무엇이 다른지 의문이다. 그리고 이러한 상황은 다수당의 의도대로 공수처장이 임명될 것이므로 이에 따른 정치적 중립성 내지 편파성이 끊임없이 제기될 가능성이 있다.

한편, 양당 합의안, 오신환 의원안 및 법무위원회 권고안에 따르면 공수처장의 임명을 위하여 국회에 추천위원회를 두도록 되어 있는데(제6조), 당연직 위원 3명 중 대통령이 임명하는 법무부장관과 대통령이 임명하는 대법원장의 영향하에 있는 법원행정처 처장이 포함되어 있으며, 국회에서 추천하는 4인도 다수당이 여당인 상태라면 적어도 2명은 여당 몫인데, 과연 이러한 상태에서 대통령(집권여당)의 영향을 벗어난 중립적이고 독립적인 공수처의 조직과 활동이 가능할지도 의문이다. 더욱이 공수처장의 국회 출석·보고 의무까지 감안하면, 여야 대립이 극심한 정치현실에서 공수처가 언제든지 국정 통제수단 또는 정적 제거 수단으로 활용되는 등 정쟁도구가 될 가능성도 배제할 수 없다.

반면, 대의민주주의의 기본은 모든 권력기관이 궁극적으로 대의기관인 국회를 통해 국민에게 책임을 지는 것인데, 검찰권의 행사에 따른 검찰총장에 대한 탄핵소추나 검찰의 지휘감독권자인 법무부 장관에 대한 해임건의제도와 달리 공수처장에 대해서는 탄핵소추 이외에는 아무런 견제수단이 없어 공수처의 막강한 권력에 대해서 어떤 책임추궁의 방법이 있는지 의문이 든다. 더욱이 처장의 국회출석·보고의무(권고안 제14조 제2항), 처장의 국무회의 출석·발언권한 및 대통령에 대한 의안 제출 건의권한(동안 제14조 제3항)까지 부여하고 있다는 점에서 신중한 검토를 요한다.

결국 정치권 영향력을 차단하는 객관적 평가에 따른 인사시스템을 만드는 것만이 검찰이 바로 서고,[48] 정치적 중립성도 지키는 방법일 것이다.

---

48 1988년 검찰총장 임기제가 도입된 이후로 임명된 - 문무일 현 검찰총장 이전의 - 21명의 검찰총장 중에서 2년 임기를 채운 총장은 8명(김기춘, 정구영, 김도언, 박순용, 송광수, 정

나. 공수처 구성 및 임기

양당 합의안은 20인 이내의 특별검사를 두는 반면, 위원회권고안이 30인 이상─50인 이내, 노회찬안은 10명이고, 양승조안은 3명 이내의 특별검사를 두 도록 하고 있다.

【표 1-11】 공수처 구성

노회찬안	차장 1명(특정직)/특별검사 10인 이내/특별수사관 45인 이내
양당합의안	차장 1명(3년 단임, 특정직)/특별검사 20인 이내(특정직)
양승조안	차장 1명(5년 단임, 정무직)/특수검사 3인 이내/수사관 30인 이내
위원회권고안	차장 1명(3년 단임, 특정직)/수사처검사(6년, 연임 가능) 30인 이상─50인 이내/ 수사관 50인 이상─70인 이내
법무부안	차장 1명(3년 단임, 특정직)/수사처검사(3년, 3회 연임 가능) 25인 이내/직원 50명 (수사관 30명, 일반직원 20명 이내)
오신환안	차장 1명/특별조사관(특정직 공무원) 30인 이내/특별수사관(특정직 공무원)

법무부안을 제외한 안에 따라 현 정권에서 공수처 검사를 임명하게 되면, 정권의 교체여부와 상관없이 공수처의 모든 사건을 특정세력이 독점하게 되는 데(임기가 6년이지만, 정년까지 연장 가능), 과연 야당에서 이러한 권고안을 찬성할 수 있을지 의문이다. 물론 검찰청 특수부 인사의 경우 1년(부장검사) 또는 2년(평검사)마다 대통령이 행사하는 반면, 공수처 인사의 경우 정권에 따른 인사 내지 임기 만료가 없다는 점(수사처장 및 차장 제외)에서 어느 정도 정치적 독립성은 확보될 수 있는 장점은 있다. 그러나 전(前) 정권에서 임명한 모든 공수처 검사들에 대하여, 정치적 중립성 및 책임 추궁을 위한 끝없는 정쟁에 휩싸일 가능성도 배제할 수 없을 것이다.

상명, 김진태, 문무일)에 불과하다.

다. 대상자

【표 1-12】공수처 대상자

노회찬안	고위공직자(전직은 퇴임 후 3년 이내)/ 준고위공직자(대통령이 임명하는 공직유관단체의 장/ 가족(일반 배우자, 직계존비속, 형제자매; 대통령 배우자, 4촌이내 친족)
양당합의안	고위공직자(전직 대통령 포함)/ 준고위공직자(금감원 원장, 부원장, 부원장보, 감사)/ 가족(일반 배우자, 직계존비속, 형제자매; 대통령 배우자, 4촌이내 친족)
양승조안	고위공직자(전직은 퇴임 후 3년 이내)/ 준고위공직자(대통령이 임명하는 공직유관단체의 장/ 가족(일반 배우자, 직계혈족; 대통령 배우자, 직계혈족, 4촌이내 친족)
위원회권고안	고위공직자(대통령 포함)/ 준고위공직자(금감원 원장, 부원장, 부원장보, 감사)/ 가족(일반 배우자, 직계존비속, 형제자매; 대통령 배우자, 4촌이내 친족)
법무부안49	고위공직자(대통령 포함, 전직은 퇴임 후 2년 이내)/ 가족(일반 배우자, 직계존비속, 형제자매; 대통령 배우자, 4촌이내 친족)
오신환안	고위공직자(대통령 포함)/ 준고위공직자(금감원 원장, 부원장, 부원장보, 감사)/ 가족(일반 배우자, 직계존비속, 형제자매; 대통령 배우자, 4촌이내 친족

모든 법률안에 공통적으로 포함되어있는 직군으로는 국회의원, 법관, 검사, 일정 직급·직위 이상의 공무원 등이 있고, 나머지 대상군들은 개별 법률안마다 포함범위에 있어서 광협의 차이가 있다. 그런데 이러한 대상자범위를 어떻게 확정할 것인가의 문제는 기존의 법률안에서 공수처의 지위·위상에 관한 문제와 직·간접적으로 연결되어 있다. 공수처의 적용대상과 그에 따른 비리·범죄의 범위가 확장되면 될수록 공수처는 수사와 기소권을 가지고 있는 검찰의 권한을 대체하는 결과가 될 것이므로, 그 조직 자체의 헌법·법률적 합법성과 정당성의 문제에 직면할 수 있는 것이기 때문이다. 따라서 지금까지 대한민국사

---

49 법무부안은 첫째, 중앙행정기관 등의 고위공무원단을 정무직공무원으로 축소한 점, 둘째, 비공직자 성격이 강한 금감원을 제외한 점, 셋째, 장성급 장교는 군사법원 관할 등 문제로 전직에 한하는 것으로 축소한 점에서 법무위원회의 권고안과 차이가 있다.

회, 특히 정치권이나 권력자 층에서의 부정부패 문제를 해결하는 데 검찰에 희망을 걸 수 없다는 이유로 모든 부정부패의 문제, 그와 연관된 경제·금융·기업범죄 등의 문제를 특별기구에 맡기겠다는 생각으로 검찰의 수사·기소대상에서 분리해 내겠다고 한다면 기존의 어떤 대상자의 어떤 사건이 검찰에 의해 제대로 해결되지 못했는지에 대한 설득력 있는 자료가 제시되고, 그에 대한 독립된 수사·기소청이 필요하다는 이유가 합리적으로 논증될 수 있어야 할 것이다.

라. 대상범죄

양당 합의안과 노회찬안은 대상자의 일정 범죄만을 대상으로 하는 반면, 양승조안은 대상자의 모든 범죄를 대상으로 하고 있다.

【표 1-13】공수처 대상범죄

노회찬안 양당합의안	**고위공직자의 재직 중 범죄**(수뢰·직권남용 등 형법상 공무원 직무범죄, 직무관련 횡령·배임, 특가법(알선수재), 특경법(수재), 범죄수익은닉규제법, 변호사법, 청탁금지법, 정치자금법, 조세범처벌법 및 그 공범, 범인은닉·위증·허위감정·증거인멸·무고) 및 **가족의 고위공직자 직무관련 범죄**
양승조안	대상자(차관급 이상, 광역자치단체장, 법관·검사, 국회의원, 경무관급 이상, 장관급 장교)의 모든 범죄 및 국민권익위 고발사건
위원회권고안	**고위공직자의 재직 중 범죄**(수뢰·직권남용 등 형법상 공무원 직무범죄, 공용서류등무효, 허위공문서작성, 강요, 공갈, 횡령·배임, 특가법(알선수재), 특경법(수재), 범죄수익은닉규제법, 변호사법, 정치자금법, 국가정보원법(정치관여), 공직선거법(선거운동), 국회에서의 위증) 및 **가족의 고위공직자 직무관련 범죄/ 수사기관공직자범죄**(검사 또는 경무관급 이상 경찰공무원 모든 범죄)
법무부안	**고위공직자 및 가족이 고위공직자 재직 중 범한 특정범죄**(수뢰·직무유기 등 형법상 공무원 직무범죄, 문서 등 위변조·동행사, 허위공문서작성 등 직무관련범죄, 직무관련 횡령·배임, 특가법(알선수재), 특경법(수재), 범죄수익은닉규제법, 변호사법, 정치자금법, 국가정보원법) 및 **관련범죄**(고위공직자의 직무범죄에 대한 형법총칙상 공범·대향범, 범죄관련 범인은닉·위증·허위감정·증거인멸·증인은닉·무고·국회에서의 위증범죄 및 고위공직자 직무관련 수사과정에서 인지된 직접 관련범죄), 단 가족은 공직자 본인 직무관련성 필요
오신환안	**고위공직자의 재직 중 부패범죄**(수뢰·직권남용 등 형법상 공무원 직무범죄, 직무관련 횡령·배임, 특가법(알선수재), 특경법(수재), 범죄수익은닉규제법)와 **관련범죄**(공범, 범인은닉·위증·허위감정·증거인멸·무고·수사 또는 공소 중 인지범죄) 및 **가족의 고위공직자 직무관련 범죄**

　　법무위원회 권고안 제2조 제3호에 따르면, 적용대상범죄가 너무 광범위할 뿐만 아니라, 동조 제4호 '수사기관공직자범죄'[50]의 경우 모든 범죄가 적용대상이므로, 수사기관공직자범죄 대상자의 경우 본인의 사소한 범죄까지 포함되는데, 이것이 부패범죄와 어떤 관련성이 있는 것인지 의문이다. 또 법무위원회 권고안 제2조 제5호 라목은 "고위공직자범죄 또는 수사기관공직자범죄의 수사 또는 공소 중에 인지된 범죄"로 그 적용대상을 대폭 확대하고 있는데, 이에 따르면 '수사 또는 공소중에 인지되기만 하면' 민간인에 대한 모든 수사가 가능할 것이다. 그러나 민간인에 대한 수사의 문이 대폭 열리는 순간, 고위공직자의 부패범죄를 수사하기 위한 특별기구를 설치한다는 이념과는 달리 홍콩의 염정공서(ICAC)나 싱가포르의 탐오조사국(CPIB)처럼 민간인에 대한 수사기구로 전락할 위험성을 배제할 수 없을 것이다.

　　마. 우선적 관할권 및 다른 기관 이첩문제

[표 1-14] 공수처 우선적 관할권 및 다른 기관 이첩문제

노회찬안	공수처의 직무와 중복되는 사건은 공수처 이관/처장 판단으로 검찰 이첩 가능/공수처 직원·친족범위는 제외
양당합의안	공수처의 직무와 중복되는 사건은 공수처 이관/처장 판단으로 검찰 이첩 가능/공수처 직원비리 등은 검찰 수사
양승조안	공수처의 직무와 중복되는 사건은 공수처 이관/처장 판단으로 검찰 이첩 가능
위원회권고안	수사기관이 고위공직자 등 수사에 착수한 경우 지체없이 그 요지를 처장에게 통지/처장은 사건의 이첩 요구 가능/공수처의 직무와 중복되는 사건은 공수처 이첩/처장 판단으로 검찰 이첩 가능
법무부안[51]	처장이 이첩을 요청하는 경우 이첩/처장 판단으로 검찰 이첩 가능
오신환안	공수처의 직무와 중복되는 사건은 부패방지처 이관/처장 판단으로 검찰 이첩 가능/부패방지처 직원비리 등은 검찰 수사

50　권고안 제4조 제4호 "수사기관공직자범죄"란 검사 또는 경무관급 이상 경찰공무원이 범한 죄를 말한다.

51　법무부 안건은 공수처장의 요청이 없어도 반드시 공수처장에 이첩하게 한 양당 합의안 및 고위공직자 수사 중인 기관에 공수처 통지의무를 부과한 법무위원회 권고안과 큰 차이가 있다.

노회찬 의원·양당 합의안·양승조 의원안·오신환 의원안은 고위공직자 부패범죄에 대한 검찰 등 기존 사정기관의 수사권을 제도적으로 배제하고 공수처에 전속수사권을 부여하고 있으나, 선진국 어디에도 검찰 수사권을 직접적으로 배제하는 입법례는 없다.

법무위원회는 법무위원회 권고안에 대하여 공수처, 검찰, 경찰의 3개 수사기관이 정립(鼎立)하여 상호견제를 이루는 삼각형 수사생태계를 구상하였다52고 한다. 즉, 검찰이 경찰에 대한 지휘기관이지만, 적어도 고위공직자범죄 등에 대하여는 공수처를 통하여 공수처, 검찰, 경찰이 비슷한 힘을 가지고 서로를 견제할 수 있도록 하였다는 것이다. 그러나 법무위원회 권고안은 ① 중복성 판단기준·주체, ② 기존 수사기관의 이관·이첩 시기, ③ 기존 수사기관이 공수처 전속 관할 사건을 수사·기소한 경우 그 효력 등에 대한 규정이 없어 실무상 혼란 내지 비효율이 예상된다. 예컨대, 검찰이 수사를 통해 고위공직자, 하급공무원의 공동 부패범죄를 확인한 경우, 하급공무원은 검찰이 계속 수사하고 고위공직자만 수사를 중단하고 공수처로 이첩할 경우, 고위공직자의 수사만 지연되면서 말을 맞추는 등 수사가 방해받게 되어, 결국 고위공직자의 처벌만 곤란해지는 문제가 발생할 것이기 때문이다. 더욱이 '그 밖의 특별한 사정'에 대한 해석과 관련하여, 기관간의 갈등상황 촉발시 실무상 문제점이 제기될 수밖에 없을 것이다.

무엇보다도 고위공직자 수사에 착수하는 순간 공수처에 통지해야 한다면, 과연 공직자에 대한 수사가 지금보다 잘 이루어질 수 있을지 의문이다. 왜냐하면 일반인 수사를 하다가 고위공직자 부패가 발견되는 순간 자신의 수사기록을 공수처에 이첩해야 한다면, 적극적으로 수사를 할 검사는 없을 것이기 때문이다.53

---

52 이윤제, 「국민의 공수처 VS 검찰의 공수처」, "검찰개혁방안과 고위공직자범죄수사처(가칭)
     의 신설여부", 2017년 5개학회 연합 특별세미나 자료집(2017. 11. 10.), 한국형사법학회,
     한국비교형사법학회, 한국형사정책학회, 한국피해자학회, 한국형사소송법학회, 8면.
53 일요신문 2017. 10. 15.자 인터뷰 참조(검사 출신인 구본진 법무법인 로플렉스 대표 변호
     사는 "기업이 정치인이나 공무원에게 돈을 주고 사업 관련 특혜를 받는 사건이 검찰 특수
     수사 사건의 대표적인 범죄 구조인데, 공수처가 고위 공직자에 대한 수사 권한을 다 가지
     고 가면 검찰이 기업 부분만 수사하고 더 이상 수사하려 하지 않을 것"이라며 "공수처가
     사건을 달라고 해도 검찰 입장에서 공들인 수사를 쉽사리 넘길 리가 없지 않나, 검찰 개혁
     은 꼭 필요하지만, (공수처 권고안으로 설치되는 것은) 손해"라고 지적했다).

반면에 공수처 처장이 이첩을 요구하더라도 다른 수사기관이 '강제처분을 행하는 경우'에는 이에 응할 의무가 없으므로(제20조 제2항) 가급적이면 신속하게 강제처분(영장의 청구 등)을 하려고 할 것이므로 국민의 인권보장에 오히려 역행할 것이다.

　　바. 권한(수사 및 기소권 부여문제)

【표 1-15】 공수처 권한

노회찬안	수사권/기소권
양당합의안	
양승조안	
위원회권고안	
법무부안	
오신환안	수사권

　　오신환 의원안을 제외한 공수처 법안은 모두 특별기구가 수사권과 기소권 모두를 가져야 한다는 입장이다. 그 이유로 권력형비리사건의 경우 기소권을 기존의 검찰이 가지는 한, 정치종속적인 검찰이 기소유예나 불기소결정을 내릴 권한을 가지고 있을 뿐만 아니라, 기소하더라도 소극적인 자세로 공소유지에 임할 수 있기 때문이라는 것이다. 따라서 검찰이 정치종속성으로부터 벗어날 수 없는 권력형비리사건의 경우에는 사건단위별로 수사권뿐만 아니라 기소권까지도 검찰로부터 분리, 독립시켜 이를 독립된 특별기구에 맡기는 것이 권력분할과 권력통제를 동시에 수행할 수 있는 방안이라고 본다.[54]

　　이에 대하여 검찰이 수사권과 공소권을 독점하는 것 자체가 세계에서 유례

54 김지미, 「기소독점주의의 폐해와 개혁방안」, 견제와 균형을 위한 검찰 개혁 어떻게 할 것인가?, 국회의원 민병두/소병훈/금태섭/민주사회를 위한 변호사모임 주최 자료집(2017. 1. 24.), 10면.; 김인회, 「견제와 분산을 위한 검찰개혁과제의 재검토」, 민주법학, 제43호, 2010, 404-405면: 김인회, 「상설 특별검사제 도입 법률안 시론」, 법학연구, 제16집 제2호, 인하대학교 법학연구소, 2013, 349면; 이호중, 「검찰개혁의 방향, 과제, 전망」, 법과사회 제44호, 2013, 53면.

가 없는 근본적인 문제이므로 이를 분리해야 하지만, 현재 검찰이 수사권과 공소권을 독점하고 있는 상황에서는 불가피하다는 입장도 있다.55 따라서 검찰의 수사권과 공소권이 분리된다면 공수처가 수사한 사건에 대해서도 수사권을 갖지 않는 검찰 또는 공소청에서 공소의 제기 및 유지를 담당하는 방안도 고려해 볼 수 있으나, 그것은 장래에나 고려해볼 수 있다는 것이다. 검찰 권한을 분산하고 검찰 권력을 견제하기 위해서는 검찰과 단절할 필요가 있는데, 이를 위해서는 공수처가 검찰의 수사지휘로부터 벗어나야 하기 때문이라는 견해도 동일한 입장으로 볼 수 있다.56

그러나 검찰에 대한 통제 내지 견제를 위하여 그렇게 수사/기소 분리를 주장하면서,57 공수처에 한하여 수사 및 기소권을 주는 정당성은 어디에 있는지 의문이다. 그동안 수사/기소 분리론자들이 수사·소추·재판 절차를 입법·행정·사법과 같이 서로 분리시키고 견제와 균형의 원리를 도입하여 수사는 경찰, 소추는 검찰, 재판은 법원이 담당토록 권한을 분산하여 검찰권의 남용을 방지해야 한다고 주장하면서, 검사는 공소관으로서의 직무에 전념하여 기소·불기소 결정권과 공소활동의 권한만을 갖고 예단을 방지하기 위하여 수사활동에는 관여하지 않아야 한다58고 일관되게 주장하였기 때문이다.59 더욱이 법무부는 수

---

55 김선수, 앞의 논문, 34면.

56 김인회, 「상설 특별검사제도 도입 법률안 시론」, 인하대학교 법학연구 제16권 제2호(2013. 7.), 349면.

57 김인회, 「견제와 분산을 위한 검찰개혁과제의 재검토」, 민주법학, 제43호, 2010, 404-405면: 김인회, 「상설 특별검사제 도입 법률안 시론」, 법학연구, 제16집 제2호, 인하대학교 법학연구소, 2013, 349면 이하 참조; 김희수, 「검찰 개혁 방안」, 검찰개혁과 수사권 조정, 공수처 설치 방안 토론회(더불어민주당 정책위원회 민주주의회복 TF), 2016. 8. 10., 17-30면 참조.

58 김인회, 「검찰개혁과정에서 발생하는 몇 가지 의문, 불안에 대하여」, 법조언론인클럽 10주년 기념 세미나(2017. 7. 12.) "국민을 위한 법조개혁, 어떻게 할 것인가?", (사)법조언론인클럽 자료집, 52-54면 참조; 서보학, "수사권의 독점 또는 배분? - 경찰의 수사권 독립 요구에 대한 검토", 형사법연구 제12권, 한국형사법학회, 1999, 407면; 서보학, "글로벌 스탠더드에 부합하는 수사·기소 분리", 「견제와 균형을 위한 검찰 개혁 어떻게 할 것인가?」, 국회의원 민병두/소병훈/금태섭/민주사회를 위한 변호사모임 주최 자료집(2017. 1. 24.), 58면 이하 참조.

59 전(前)법무부 장관인 박상기교수도 '독립된 수사권의 행사대상범죄를 제한하고 이 경우 검

사권 조정을 통해서 수사권을 경찰에 이양한다는 입장을 천명하고 있는데, 왜 고위공직자사건만 공수처가 수사 및 기소권을 갖도록 하는 것인지도 의문이다. 왜냐하면 전술한 것처럼, 검찰이 비난받는 대부분의 사건이 일반 형사사건에 대한 수사지휘가 아니라 검찰의 인지수사(직접수사)사건이기 때문이다.

사. 수사개시

국회의 수사요청과 관련하여, 양당 합의안은 국회 재적 1/10 이상 동의로 수사요청을 하는 반면, 노회찬안은 1/4 이상 동의로 수사의뢰가 가능하도록 되어 있다(양승조안은 규정 없음).

수사개시의 단서인 고소·고발과 관련하여, 양당 합의안은 공수처에 고소·고발할 수 없도록 규정한 반면, 법무부안·위원회권고안·노회찬안은 고소·고발을 허용하고 있으며, 양승조안은 이에 관한 규정이 없다.

[표 1-16] 공수처 수사개시

노회찬안	인지 및 고소·고발/수사의뢰(감사원, 대검, 국방부/국회 재적 1/4 이상, 국감법상 조사위 의결)
양당합의안	인지(고소·고발 제외)/ 수사의뢰(감사원, 권익위, 인권위, FIU) 수사요청(국회 재적 1/10 이상 연서)
양승조안	규정 無
위원회권고안	인지 및 고발/수사의뢰나 고발(감사원, 권익위, 인권위, 국세청, 금융위, 금감원, 공정위, 특별감찰관)
법무부안	
오신환안	인지 및 고발/수사의뢰(감사원, 권익위, 인권위, 국세청, 금융위, 금감원)

수사대상에 국회 사정기능을 담당하는 검사와 최종 심판기능을 담당하는 판사까지 포함시키고, 양당 합의안은 국회의원 1/10(30명)만 동의하면(노회찬안은 1/4, 75명) 수사요청을 할 수 있도록 하여, 행정·사법부에 대해 국회가 사실상

찰은 공소제기와 공소유지를 담당하도록 하여야 한다'는 입장이므로 동일한 방안으로 볼 수 있다(「한국검찰, 무엇이 문제인가?」, 연세법학연구 제9집 제2권(통권 제14호), 연세법학회(2003. 2), 65면).

수사권을 행사하게 되는 문제가 발생한다. 더욱이 2002. 병풍사건, 2007. BBK 사건, 2012. 국정원댓글 사건처럼 향후 대선에서도 중요한 정치쟁점이 형사사건화 될 우려가 있을 뿐만 아니라 그런 상황에서 국회가 실질적인 구성권을 행사하고, 수사요청도 가능한 공수처가 정치적 중립성을 지키는 것은 사실상 불가능하기 때문이다. 수사개시와 관련된 내용은 현행법의 해석에서 자세히 다루고자 한다.

아. 불기소 특례

기소법정주의와 관련하여, 양당 합의안은 기소법정주의인 반면, 양승조안은 기소강제주의(＝기소법정주의)를 규정하고 있으며, 법무부안·위원회권고안·노회찬안은 이에 관한 규정이 없다.

재정신청과 관련하여, 양당 합의안은 감사원, 권익위 등 수사의뢰 기관에게 재정신청권을 부여한 반면, 법무부안·위원회권고안은 고소·고발인에게도 재정신청권을 부여하고 있고, 노회찬안은 고소·고발인 外 수사의뢰 기관에게도 재정신청권을 부여하고 있으며, 양승조안은 재정신청 제도를 규정하고 있지 않다.

【표 1-17】 공수처 불기소특례

노회찬안	재정신청(고소·고발·수사의뢰 기관장)
양당합의안	기소법정주의/불기소심사위(처장 위촉 11-15인, 사전심사, 기속력 無)/재정신청(수사의뢰 기관장)
양승조안	기소강제주의(기소법정주의)
위원회권고안	재정신청(고소·고발인)
법무부안	재정신청(고소·고발인)/불기소심사위 설치
오신환안	재정신청(처장)

그러나 기소강제주의 내지 기소법정주의는 현행 형사소송법 체계와 충돌하므로 기소편의주의로 하되, 기소배심 내지 대배심을 설치하는 것이 타당하다고 본다.

자. 인사위원회의 설치

양당합의안·위원회권고안·오신환안은 인사위원회 설치를 규정하고 있는 반면, 법무부안·노회찬안·양승조안은 규정이 없다.

【표 1-18】 공수처 인사위원회 구성

노회찬안	규정 無
양당합의안	인사위(위원장 포함 7명: 처장, 차장, 법무부차관, 법원행정처차장, 국회의장과 각 교섭단체대표의원이 협의하여 추천한 3명)
양승조안	규정 無
위원회권고안	인사위(위원장 포함 9명: 처장 및 수사처 검사 2인, 국회의장 추천 변호사자격이 없는 3인, 법무부장관 추천 검사, 법원행정처장 추천 판사, 대한변호사협회장 추천 변호사 1인)
법무부안	특별한 내용 無
오신환안	인사위(위원장 포함 7명: 차장, 법무부장관 추천 검사, 법원행정처장 추천 판사, 경찰청장 추천 경찰공무원, 대한변호사협회장 추천 변호사 1명, 국회 추천 2명)

양당 합의안에 따르면 공수처장 및 차장, 법무부차관, 국회의장, 다수당이 추천한 국회의장 및 다수당 몫 1명 이상 등으로 인사위원회를 구성하게 되며, 위원회권고안은 이보다 더 정권에 종속적인 형태로 되어 있는데, 과연 정치적 독립성 및 중립성이 있다고 볼 것인지 의문이다.

(6) 신속처리안건(일명 패스트트랙) 및 최종안

2019. 4. 22. 민주당·바른미래당·정의당·민주평화당은 권역별 연동형 비례대표제를 도입하는 공직선거법 개정안 및 고위공직자비리수사처 설치 및 검경수사권 조정 관련 3개 법률안(고위공직자비리수사처 설치법, 검찰청법 개정안, 형사소송법 개정안)으로 이루어진 정치 및 검찰 관계 4법의 여야 4당 합의안을 신속처리안건(일명 패스트트랙)으로 지정할 것을 합의하였고, 같은 달 30일 백혜련 의원이 대표발의한 '고위공직자범죄수사처 설치 및 운영에 관한 법률안'(의안번호: 2020029, 제안일자: 2019. 4. 26.)과 권은희 의원이 대표발의한 '고위공직자부패수사

처 설치 및 운영에 관한 법안'(의안번호: 2020037, 제안일자: 2019. 4. 29.)을 국회법 제85조의2 제2항에 따라 신속처리대상안건으로 지정하였으며, 2019. 12. 24. 윤소하 의원이 수정발의한 「고위공직자범죄수사처 설치 및 운영에 관한 법률안」[60]이 백혜련 의원 대표발의안을 대체하여 현재의 공수처법에 이르게 된 것이다.

    이 수정안에서는 공수처에 판사, 검사, 경무관급 경찰의 부패·직무범죄에 대해 수사 및 기소권을 부여하였으며, 후보추천위원회의 의결요건 강화, 공수처 검사의 자격요건 추가, 인사위원회의 구성 및 임기 명시, 검사 정원 확대, 공수처 수사관에 대한 청렴성 및 도덕성 요건 추가, 타 수사기관의 고위공직자범죄 등 인지의 경우 통보의무 등의 내용이 추가되었다.

❹ 제도특검과 특별감찰관 도입

(1) 제도특검

    제18대 대통령선거 과정에서 박근혜 후보는 상설특검과 특별감찰관 제도 도입을 공약으로 내걸었고, 제19대 국회에서 2014년 2월 28일 「특별검사의 임

---

60 수정이유는 다음과 같다(국회는 고위공직자의 직무 관련 부정부패를 엄정하게 수사하기 위한 독립된 수사기구를 신설하기 위해 「고위공직자범죄수사처 설치 및 운영에 관한 법률안」을 신속처리안건으로 지정한 바 있음. 공직자의 부정부패는 국민의 정부에 대한 신뢰를 훼손하고 공공부문의 투명성과 책임성을 약화시키는 중요한 원인이 되고 있음. 실제 이런 취지와 기조로 설치된 홍콩 염정공서, 싱가포르 탐오조사국은 공직자 비위 근절과 함께 국가적 반부패 풍토 조성에 성과를 거두고 있는 것으로 나타나고 있음. 고위공직자의 직무 관련 부정부패를 독립된 위치에서 엄정수사하고 판사, 검사, 경무관급 이상 경찰에 대해서는 기소할 수 있는 기관인 고위공직자범죄수사처(이하 "공수처"라 함)를 설치하여 고위공직자의 범죄 및 비리행위를 감시하고 이를 척결함으로써 국가의 투명성과 공직사회의 신뢰성을 높이려는 것임. 그러나 지난해 발의된 동 법안 원안은 공수처의 독립성과 대통령의 관여금지, 고위공직자범죄수사처장후보추천위원회의 의결요건, 공수처 검사의 자격요건 및 인사위원회, 공수처 수사관의 자격요건, 결격사유 그리고 공수처와 다른 수사기관과의 관계, 관련사건의 처리, 징계사유, 조직·운영 등 필요한 사항을 정하는 자율적인 규칙제정권 등과 관련하여 원안에 대한 일부 수정이 반드시 필요한 상황임. 이에 여야 간 협의와 피해당사자의 의견 수렴을 통해 수정안을 마련하여, 공수처를 합리적으로 설치하여 운영하고자 함).

명 등에 관한 법률」(약칭 '특검법')과 「특별감찰관법」이 국회를 통과하고 같은 해 3월 18일 공포되어 6월 18일부터 시행되고 있다.

【표 1-19】특검법 주요 내용

1. 수사대상
   특별검사는 국회가 정치적 중립성과 공정성 등을 이유로 특별검사의 수사가 필요하다고 본회의에서 의결한 사건, 법무부장관이 이해충돌이나 공정성 등을 이유로 특별검사의 수사가 필요하다고 판단한 사건을 수사의 대상으로 함(제2조 제1항).
2. **특별검사의 임명**
   특별검사의 수사가 결정된 경우 대통령은 특별검사후보추천위원회에 지체 없이 2명의 특별검사 후보자 추천을 의뢰하고 추천을 받은 날부터 3일 내에 추천된 후보자 중에서 1명을 특별검사로 임명함(제3조 제1항, 제3항).
3. **특별검사의 임무**
   특별검사는 60일 이내에 담당사건에 대한 수사를 완료하고 공소제기 여부를 결정하여야 하고, 기간 내에 수사를 완료하지 못하거나 공소제기 여부를 결정하기 어려운 경우에는 대통령에게 그 사유를 보고하고 대통령의 승인을 받아 수사기간을 한 차례만 30일까지 연장할 수 있으며, 수사를 완료하지 못하거나 공소제기 여부를 결정하지 못한 경우 수사기간 만료일부터 3일 이내에 사건을 관할 지방검찰청 검사에게 인계하여야 함(제10조 제2항, 제3항, 제5항).
4. **특별검사후보추천위원회**
   특별검사후보추천위원회는 국회에 두고, 위원은 법무부 차관, 법원행정처 차장, 대한변호사협회장, 기타 학식과 덕망이 있고 각계 전문 분야에서 경험이 풍부한 사람으로서 국회에서 추천한 4명 중에서 국회의장이 임명하거나 위촉함(제4조).
5. **특별검사의 해임**
   대통령은 결격사유가 발견된 경우, 직무수행이 현저히 곤란한 신체적 정신적 질환이 있다고 인정되는 경우 등의 사유가 있을 경우 외에는 특별검사나 특별검사보를 해임할 수 없음(제15조).

상설특검은 기구특검 형태로 도입되어야 했으나, 크게 후퇴하여 제도특검 형태로 도입되었다. 국회는 2014년 4월 29일 「특별검사후보추천위원회 구성 및 운영 등에 관한 규칙」을 제정했다. 그러나 현재까지 특검은 아직 단 한 차례도 임명되지 않고 있는바, 임명요건이 복잡하고 대통령의 관여가 지나치다는 지적이 있는 등 전혀 제 기능을 발휘하지 못하고 있다.

(2) 특별감찰관

2013년 4월 25일 박범계 의원은 「특별감찰관 임명 등에 관한 법률안」(의안번호 제1904663호)을 대표 발의하였는데, 동 법률안의 제안자인 민주당의 박범계·전해철 의원 등은 대통령 측근 등의 권력형 비리근절을 위해 독립성이 보장되는 특별감찰관이 필요함을 제안이유로 들었다. 다만, 제322회 국회(임시회) 제3차 법안심사 제1소위원회는 박범계, 김도읍 의원의 안을 각각 본회의에 부의하지 않고 법안심사소위원회에서 마련한 대안을 위원회 안으로 제안하였다(2014. 2. 28. 「특별감찰관법안」). 이후, 특별감찰관법은 2014년 6월 18일부터 시행되었으나, 특별감찰관의 임명은 2015년 3월 27일에야 이루어져 이석수 특별감찰관이 활동한 바 있다.

【표 1-20】 특별감찰관법 주요 내용

1. 감찰대상
   특별감찰관은 감찰대상에 해당하는 자가 계약을 가명으로 하는 행위, 공기업이나 공직 유관단체와 수의계약하는 행위, 인사 관련 등 부정한 청탁을 하는 행위, 부당하게 금품을 주고받는 행위, 공금을 횡령하거나 유용하는 행위 등을 하는지 여부를 감찰 대상으로 함(제2조).
   감찰대상자는 대통령의 배우자 및 대통령의 4촌 이내의 친족, 대통령 비서실의 수석비서관 이상의 공무원으로 함(제5조).
2. **특별감찰관의 권한**
   특별감찰관의 소속은 대통령 직속기관으로 하되, 직무에 관하여는 독립의 지위를 가지도록 함(제3조).
   특별감찰관은 감찰대상자의 비위행위 여부를 확인하기 위해 필요한 경우 관계기관의 장에게 협조와 지원을 요청할 수 있고, 필요한 자료 등의 제출이나 사실조회를 요구할 수 있음(제16조).
   특별감찰관은 감찰대상자에게 출석·답변 요구 및 자료제출을 요구할 수 있으며(제17조), 필요한 경우 감찰대상자 이외의 자에게 출석·답변 요구 및 자료제출을 요구할 수 있음(제18조).
   특별감찰관이 고발한 사건 중 처분이 이루어지지 아니하고 90일이 경과하거나 불기소처분이 이루어진 경우 검찰청법 제10조에 따라 항고를 제기할 수 있음(제20조).
3. **특별감찰관의 임명**
   국회는 3명의 특별감찰관 후보를 추천하고 대통령은 그중 1명을 인사청문회를 거쳐 특별감찰관으로 임명함(제7조).
   특별감찰관의 임기는 3년으로 함(제8조).
   특별감찰관은 그 직무를 수행함에 있어서 필요한 경우에는 1명의 특별감찰관보와 10명 이내의 감찰담당관을 임명할 수 있음(제9조).

4. 특별감찰관의 의무

특별감찰관은 감찰대상의 행위가 범죄혐의가 명백하여 형사처벌이 필요하다고 인정한 때에는 검찰총장에게 고발하고, 범죄행위에 해당한다고 믿을 만한 상당한 이유가 있고 도주 또는 증거인멸 등을 방지하거나 증거확보를 위하여 필요하다고 인정한 때에는 검찰총장에게 수사의뢰를 하여야 함(제19조).

특별감찰관은 1년 이상 아무런 감찰 실적도 내지 못하다가 최근에 우병우 청와대 민정수석에 대해 감찰을 실시하여 검찰총장에게 수사를 의뢰한 바 있다. 특별감찰관은 상시기구이기는 하지만 수사권과 기소권이 인정되지 않는다는 점에서, 권력형 비리에 대한 강도 높은 감찰을 진행하는 것이 원천적으로 불가능한 구조이다.[61]

결국 검찰에 수사를 의뢰하는 감사원 감사, 선거관리위원회 조사, 민정수석실이나 국무총리실의 특별점검이나 직무감찰에 준하는 정도의 의미를 지닐 뿐이지만, 이 조차도 문재인정권이 들어선 후 현재까지 특별감찰관이 임명되지 않고 있다.

❺ 검 토

개별특검은 별론으로 하고, 기구특검과 제도특검 중 우리나라 실정에 어느 것이 더 적합한 것인지를 판단하는 것은 쉬운 일이 아니다. 다만, 검찰개혁과 관련하여, 정치적 독립성을 강조하는 입장에서는 기구특검을 선호하는 반면, 정치적 중립성을 강조하는 입장에서는 제도특검을 선호하는 것으로 보인다. 이와 관련하여, 대한변호사협회는 2014년 2월 5일 '상설특별검사 관련 법안에 대한 종합의견'을 통해 '제도특검'의 도입에 찬성하고, 고위공직자비리수사처(공수처)와 같은 형태인 '기구특검'의 도입에 반대하는 의견을 표명한 바 있는데, '성명서'의 내용은 다음과 같다.

---

61 성중탁, "특별검사의 임명 등에 관한 법률, 특별감찰관법에 대한 입법평가", 입법학연구 제14집 제1호(2017), 한국입법학회, 112면.

성 명 서
– 고위공직자비리수사처 설치를 반대한다 –

대한변호사협회는 2014년 2월 5일 '상설특별검사 관련 법안에 대한 종합의견'을 통해 상설특별검사제도 중 현행 '특별검사의 임명 등에 관한 법률'에 의한 특검과 같은 형태인 '제도특검'의 도입에 찬성하고 고위공직자비리수사처(공수처)와 같은 형태인 '기구특검'의 도입에 반대하는 의견을 표명한 바 있다. 대한변협의 의견과 동일한 취지로 2014년 3월 18일 '특별검사의 임명 등에 관한 법률'이 제정되어 시행되고 있다.

대한변호사협회는 공수처와 같은 기구특검의 경우 특검 임명과정에서 정치적 중립성이 훼손될 우려가 크고 제2의 검찰로 검찰권을 분리하는 옥상옥에 불과할 뿐 아니라, 현행 '특별검사의 임명 등에 관한 법률'을 제대로 활용해 보지도 않은 상태에서 여러 문제점이 거론되는 '기구특검'을 도입하는 것은 적절치 않다는 점에서 공수처에 대하여 기존의 반대의견을 유지한다.

이 반대의견은 대한변호사협회 법제위원회가 오랜 기간 심도 깊은 검토를 거쳐 내린 결론으로 근거를 아래와 같이 밝힌다.

1. 특정 사건이 발생할 때마다 한시법을 제정하여 특정 범죄에 대한 수사와 기소권 가진 특별검사를 임명하는 임시특검에 반해, 상설특검은 일반적 법률을 제정하여 미리 특별검사를 임명하고 특정 사건이 발생하면 국회의 고발절차 등 일정한 절차를 거쳐 특별검사가 주도하여 사건을 수사하고 처리할 수 있는 제도이다. 여기에는 '제도특검'과 '기구특검'이 있다. 제도특검은 일반법에 특별검사의 근거만을 두고 특검 사무소는 특검 사안이 발생할 때마다 꾸리게 되는 제도로 2014년 도입한 '특별검사의 임명 등에 관한 법률'에 의한 특검이고, 기구특검은 현재 논의 중인 공수처 법안에 의한 특검이다.

제도특검은 특검이 미리 임명되지 않아 정치적 외압이 작용할 가능성이 작고, 수사인력을 유지하는 데 많은 비용이 들지 않아 경제적이라는 장점이 있으나, 사건이 발생한 후에야 특검이 임명되므로 수사의 밀행성과 신속성이 떨어지고 행정부가 담당하는 수사권과 관련하여 입법부가 관여함으로써 권력분립에 반하는 측면이 있다. 기구특검은 공수처라는 별도의 수사기관에 의해 검찰을 견제하는 기능이 있고 상시적으로 운영되어 수사의 전문성을 축적할 수 있는 장점이 있지만, 특검 임명과정에서 정치적 중립성을 훼손할 우려가 있고, 제2의 검찰로 검찰권을 분리하는 옥상옥에 불과하다는 단점이 있다.

2014년 '특별검사의 임명 등에 관한 법률'은 고위공직자가 특정의 범죄를 저지를 것에 대비해 국회가 미리 일반법 즉 특정범죄행위를 처리하는 항구적인 법률을 만들어 두고 그에 근거하여 특별검사를 바로 임명하므로 고위공직자가 특정범죄를 저지른 경우 여야의 합의로 그 사건을 처리하는 특검법을 별도로 제정할 필요가 없고 특별검사를 임명하는 별도의 절차도 필요 없어 상설특검으로 하여금 즉각 수사를 진행하게 할 수 있다. 그 결과 임시특검에 비해 범죄에 대한 증거가 인멸되거나 세탁될 개연성이 낮다는 장점이 있다는 이유로 제정됐다. 따라서 현행 '특별검사의 임명 등에 관한 법률'을 제대로 활용해 보지도 않은 상태에서 공수처를 도입하면 급격한 변화를 초래할 우려가 있다.

2. 공수처를 도입할 경우 특별검사의 임명 과정에서 정치적 중립성을 침해하거나 공수처의 수사가 오히려 정치화할 우려가 있다.

3. 공수처를 제2의 검찰로 하여 검찰권을 분리하는 결과가 되므로 이는 옥상옥에 불과하다.

4. 공수처의 수사기준과 검찰의 수사기준이 다를 경우 나타나는 수사의 차별성은 평등의 원칙에 반한다.

5. 정치권은 현행 '특별검사의 임명 등에 관한 법률'에 의한 제도특검이 있음에도 이를 불신하여 개별법에 의한 특검(박근혜 정부의 최순실 등 민간인에 의한 국정농단 의혹사건 규명 특검)을 실시하고 있다. 여기에 공수처를 만든다고 하더라도 공수처를 불신하여 개별법에 의한 특검을 만들 우려도 있다. 정파적 이해관계에 따라 3종류의 특검이 만들어지면 특검제도에 심각한 혼란이 야기된다. 이렇게 되면 공수처는 세계적으로 유례가 없는 후진적 제도로 전락할 것이다.

6. 공수처의 직무집행상 공정성을 높이기 위해 공수처가 수사한 사건에 대해 기소 또는 불기소 결정을 할 경우 대통령에게 보고하도록 하는 것은 사전에 대통령의 의중을 헤아려 수사를 꿰맞춘다는 의심을 받게 될 것이므로 특검의 독립성을 심히 침해한다.

7. 검찰의 중립성과 독립성을 의심하여 공수처를 도입하려 한다면 차라리 검사장 직선제를 추진하여 원천적으로 하명수사가 불가능하도록 검찰제도를 개혁하는 편이 낫다.

위와 같은 이유로 대한변호사협회는 법제위원회의 오랜 기간의 연구와 일관성 있는 이론적 근거에 의해 공수처의 신설을 반대한다.

2017. 2. 15.

대한변호사협회 협회장   하창우

Ⅱ. 공수처 신설의 필요성 여부

❶ 공수처 신설의 이론적 배경

(1) 검찰이 정치권력의 도구로 쓰인다는 데 대한 불신

검찰은 그동안 국민전체에 대한 봉사자가 아니라 특정집단(정치·경제)을 위한 봉사자로 의심받아왔으며, 민주화가 이루어진 지금까지도 국민들은 검찰에 대하여 의심의 눈초리를 보내고 있다.

2012. 12. 10.자 한겨레신문을 보면,[62] "1948년 10월 '여순사건' 당시 좌익 소탕작전을 핑계로 경찰이 나무꾼을 사살하는 일이 일어나자 광주지검 순천지청 박찬길 검사는 해당 경찰관을 기소해 징역 10년을 구형했다. 이 사건으로 박 검사를 '좌익검사'로 낙인찍은 경찰은 여순사건 경찰토벌대를 통해 박 검사를 체포한 뒤 재판 절차도 없이 총살했다. 동료 검사가 재판도 없이 살해당했지만, 이승만 정권의 눈치만 살피던 검찰은 이 사건을 불문에 부쳤고, 이후 아무도 처벌받지 않았다. 범죄를 눈앞에 두고도 정권의 눈치를 보며 몸을 사리는 검찰의 나쁜

---

62   2012. 12. 10.자 한겨레신문.

습성은 검찰의 역사와 함께 시작됐다. 박정희 정권 아래에서 검찰은 1961년 거
창 민간인 학살 유족회 사건, 1964년 인민혁명당 사건, 1967년 동백림(동베를린)
사건, 1968년 태영호 납북어부 사건, 1974년 민청학련 사건과 인혁당 재건위 사
건 등에서 경찰·중앙정보부와 함께 사건 조작과 사법살인에 가담해 무고한 희생
자를 낳았다. 전두환·노태우 정부 시절도 마찬가지였다. 1987년 1월 대한변호사
협회 인권위원회는 최근 개봉한 영화 〈남영동 1985〉의 실제 주인공인 김근태 민
청련 의장을 고문한 경찰들을 검찰에 고발했지만, 서울지검은 무혐의 결정을 했
다. 1986년 부천경찰서 성고문 사건이 터졌을 땐 가해 경찰관을 기소유예하면서
'급진좌파 사상에 물들고 성적도 불량하여 가출한 자가 성적 모욕이라는 허위사
실을 날조 왜곡해 공권력을 무력화시키려는 의도'라는 허위 보도자료를 발표하
기도 했다. 1993년 문민정부를 표방한 김영삼 정부가 들어섰지만 검찰의 인식
수준은 군사독재 시절에 머물러 있었다. 정승화 전 육군참모총장 등 12·12 군사
쿠데타의 피해자들이 1993년 7월 전두환·노태우 전 대통령을 내란목적 살인죄
등으로 고소했지만, 검찰은 기소유예였다. '14년간 우리나라를 통치하면서 국가
발전에 기여한 점을 인정하지 않을 수 없고', '과거에 집착하여 미래를 그르치는
것은 결코 바람직하지 아니하며' 등 갖은 미사여구를 들이댔다. 오직 법률에 의
해서만 판단하고 수사해야 할 검찰이 스스로 정치검찰임을 드러냈다........ 불과
2년 뒤 5·18 특별법이 제정되자 검찰의 태도는 180도 바뀌었다. 검찰은 전두환·
노태우 전 대통령을 내란목적 살인죄 등으로 구속 기소했고, 각각 무기징역과
징역 17년이 확정됐다. 이즈음 검찰 안에선 '우리는 물라면 물고, 물지 말라면
안 무는 개'라는 자조가 터져나왔다."고 기술하고 있다.

> 2011년 현직 여검사가 사표를 제출하면서 올린 "......역사적 연원 등 여러 가지 이
> 유가 있겠지만, 현재 검찰이 국민들로부터 신뢰를 얻지 못하고 비판의 대상이 되
> 는 가장 큰 원인은 국민적 관심사가 집중되는 큰 사건, 정치적 중립성과 독립성이
> 고도로 요구되는 사건들의 처리에 있어 저희 검찰이 엄정하게 정치적 중립성과
> 독립성을 지키며 제대로 된 사건처리를 하지 못하고 있는 것에 기인한다고 생각
> 합니다. ......아무리 형사부에서 수만 건의 고소사건을 공정하게 처리해도 국민들의
> 이목이 집중되는 단 하나의 사건을 공정하게 제대로 처리를 하지 못하면 검찰이
> 쌓아올린 신뢰는 바로 무너져 버리는 것이 현실입니다 ......어찌하다 저희 검찰이

여당 국회의원에게조차 '정치를 모르는 정치검찰'이라는 말을 듣게 되었는지 모르
겠습니다."라는 검사 사직의 변[63]이 검찰의 당시 주소를 웅변적으로 표현하고 있
다고 본다.

한편 군사정권에 직접 참여한 검사들이 원조 '정치검사'였다면 민주화 이
후 검찰이 막강해지자, 수사를 통해 권력에 아부하는 새로운 '정치검사'의 유형
이 등장했다. 즉, 이명박/박근혜 정부시절 집권권력에는 솜방망이수사, 야당에는
표적수사를 해주면, 권력집단은 인사특혜로 보답하는 '기브앤테이크'(주고받기)
관계에 있는 '검찰유형'이 등장한 것이다.

(2) 검찰권 행사가 편파적이고 불공정하다는 의심

검찰의 수사가 표적사정이라거나 기획사정이 아닌가 라는 문제가 계속 제
기되는데, 이는 특정한 정치목적을 달성하려고 하거나 정치보복을 하고자 할
때 가장 손쉬운 수단인 검찰을 통해 그 비리를 추적하는 관행이 이어져 내려왔
기 때문이다.[64] 특히 권력형 부정부패사건이 발생할 때마다 '살아있는 권력'인
집권층의 비리의혹에 대해서는 검찰이 의혹해소 차원에서 애초에 소극적으로
수사에 임하거나 '봐주기수사'로 관대하게 처리하는 반면, 집권층의 반대세력에
대해서는 검찰수사가 처음부터 정적 제거의 정치적 수단으로 악용된다는 의혹
속에서 '표적수사'라는 비판이 자주 제기된다. 예컨대 BBK사건이나 MB 내곡동
사저 매입사건, 민간인 불법사찰사건[65] 등 여당과 관련된 사건에서 검찰이 보여

---

63 다만, 사직의 변을 올린 백혜련 검사조차도 2011년 검사 사직 후, 2012년 정계에 진출했
고, 현재는 더불어민주당 추천으로 20대 국회의원에 당선되어 국회 법제사법위원회 위원으
로 활동 중이라는 사실이 아이러니하다.

64 한인섭, 「한국 검찰의 정치적 중립성 – 풀리지 않는 숙제? –」, 서울대 법학 제40권 제3호
(1999), 서울대학교 법학연구소, 192면.

65 공직자윤리지원관실을 설치한 지 한 달 뒤인 2008년 8월 28일 진경락 전 총괄과장이 작
성한 '공직자윤리지원관실의 업무 추진 지휘체계' 문건에 따르면 이명박 정부는 공직윤리
지원관실을 국무총리 산하에 두는 1안과 BH(청와대) 민정비서관 산하에 두는 2안의 장단
점을 비교한 끝에 국무총리 산하에 설립하면서도 **'VIP께 일심(一心)으로 충성하는 별도 비
선을 통해 총괄 지휘'**하며 **'운용의 묘를 살려, 특명 사항은 VIP께 절대 충성하는 친위 조직**

준 수사역량과 한명숙 전 국무총리 뇌물사건 등 야당과 관련된 사건에서 검찰이 보여준 수사역량은 너무나 이율배반적이어서, 검찰의 수사 및 기소권 행사가 편파적이고 불공정하다고 의심을 하는 것이다. 즉, 국민적 관심이 집중된 사건에서 검찰은 줄곧 '법과 원칙'을 강조했지만, 외관상 국민들 눈높이에 한참 부족한 사건처리가 반복되어 국민불신이 고조된 상황인 것이다. 이에 따라 항상 집권층의 반대세력은 검찰의 정당한 소추활동마저 정치사정이라고 강변하여 자신의 잘못을 중화하려고 함으로써 검찰의 신뢰도는 논란의 소용돌이 속에 계속 함몰되어 있을 수밖에 없었던 것이 지난날 검찰의 모습이다.66

(3) 검찰권 행사에 성역이 존재한다는 의심

국민이 가장 원하는 것은 현재의 권력형 범죄를 엄정하게 처단하는 검찰의 역할이다. 즉 권력과 돈이 집중되어 있는 정치집단이나 재벌그룹들의 범죄행위에 대한 단호한 법집행을 원하는 것이다. 그러나 그동안 검찰은 권력핵심의 비리에 대하여는 제대로 접근조차 못하거나 접근하더라도 여론의 공세에 못 이겨 마지못해 접근하였으며,67 발표한 수사결과도 축소수사라는 비난을 받아왔다. 이처럼 지나치게 권력에 굴종하는 행태를 보여 줌으로써 국민들은 검찰이 '권력의 시녀'로 전락했다고 생각하는 것이다.

(4) 한국 검찰의 무소불위의 권력 견제 수단

공수처 설치를 찬성하는 논지의 근저에는 아래 표에서 보는 것처럼, 한국의 검찰은 기소권을 독점할 뿐만 아니라 수사권과 수사지휘권, 영장청구권, 공소유지권, 형집행권 등 형사사법의 핵심권한을 배타적 독점적으로 행사하고 있

이 비선에서 총괄 지휘한다'는 단서를 달았다고 한다.

66 선거가 끝난 후, 공직선거법 위반자의 사법처리 과정에 대하여 여당과 야당의 반응은 극명하게 갈린다.

67 최순실 사건에 대한 초기의 미숙한 대응 등이 여기에 해당한다.

는 막강한 권한의 집단으로서 세계적으로 유래를 찾아보기 힘들다는 점,68 그리고 집권당은 이를 통해 반대세력을 견제하거나 자신의 부패를 감추는 데 검찰을 이용하려는 유혹에 빠지기 쉽고, 검찰 또한 정치권력에 예속되거나 공생관계를 유지하며, 부패에 둔감한 특권계급이 되어 간다는 것이다. 따라서 이러한 무소불위의 검찰권을 견제하기 위해서는 또 다른 권력기관을 설치하여 이를 견제하는 수밖에 없다는 것이다.

　　그런데, 외국의 입법례를 소개하는 대부분의 표가 구체적인 입법내용에 대한 설명이나 근거 없이 한국 검찰에 대해서는 막강한 권한을 가진 기관으로 표현하는 반면, 대륙법계를 포함한 외국 검찰에 대해서는 아무런 권한이 없거나 '기소청' 수준 정도로 권한을 비교하고 있다는 점이다.69 다만, 이러한 각 표의 시시비비를 가리는 것이 본 책의 의도가 아니므로, 이하에서는 기자, 민변소속 변호사, 대표적인 경찰수사권 독립론자인 교수의 표만을 소개하도록 한다.

【표 1-21】 한국과 주요국 검찰 권한 비교70

구 분	한국	일본	미국	독일	프랑스	영국
기소 독점	○	○	X	○	X	X
수사권	○	○	○	○	X	X
수사종결권	○	△	X	○	X	X
공소취소권	○	○	○	X	X	○
긴급체포 사후승인	○	X	X	X	X	X
체포·구속 피의자 석방 지휘권	○	X	X	X	X	X
경찰 수사지휘권	○	△	X	○	X	X

68 김희수/서보학/오창익/하태훈, 「검찰공화국, 대한민국」, 삼인, 2011, 142면; 이윤제, 「고위공직자비리수사처 설립방안에 관한 연구」, 중소기업과 법 제5권 제2호, 아주대학교 법학연구소, 2014, 4-8면.

69 일례로, 구속 피의자 석방지휘권이 외국 검찰에 없는 이유는 경찰의 구속권한이 없기 때문이며, 긴급체포 사후승인이나 체포 피의자 석방지휘권이 외국 검찰에 없는 이유도 경찰에 체포된 피의자가 곧바로 판사와 검사에게 인계되기 때문이다.

70 [출처: 중앙일보] 영국 수사 주체는 경찰, 미국선 검찰이 경찰 지휘 안 해(오이석·송승환 기자), http://news.joins.com/article/20625103(2016. 9. 23.).

【표 1-22】각국 검사의 수사권과 기소권 및 검사의 수사상의 지위 비교[71]

구 분		한국	프랑스	영국	미국	독일	일본
수사권		O	△	X	O	O	O
수사지휘권		O	△	X	X	O	△
수사종결권		O	△	X	X	O	△
자체 수사인력		O	X	X	O	X	O
검찰과 경찰의 조서의 증거능력 차이		O	X		X	X	O
수사권의 중앙집권여부		O	O	O	X	O	O
기소권	기소권 여부	O	O	O	O	O	O
	기소독점주의	O	X	X	X	O	O
	기소편의주의	O	O	O	O	X	O
공소유지권		O	O	O	O	O	O

【표 1-23】각국 검찰의 수사·기소권 비교[72]

구 분	기 소 권				수 사 권			
	수사종결권	기소독점주의	기소편의주의	공소취소권	수사권	수사지휘권	자체 수사력	검경조서의 증거능력 차등
우리나라	O	O	O	O	O	O	O	O
일 본	△	O	O	O	O	△	O	X
독 일	O	O	X	X	O	O	X	X
프랑스	△	X	O	X	△	△	X	X
미 국	X	X	O	O	X	X	X	X
영 국	X	X	O	X	X	X	X	X

---

71 김지미(민변소속), 「기소독점주의의 폐해와 개혁방안」, 견제와 균형을 위한 검찰 개혁 어떻게 할 것인가?, 국회의원 민병두/소병훈/금태섭/민주사회를 위한 변호사모임 주최 자료집(2017. 1. 24.), 3면.

72 서보학, 「글로벌 스탠더드에 부합하는 수사·기소 분리」, 견제와 균형을 위한 검찰 개혁 어떻게 할 것인가?, 국회의원 민병두/소병훈/금태섭/민주사회를 위한 변호사모임 주최 자료집(2017. 1. 24.), 55면.

❷ 한국 검찰은 무소불위의 권력을 가진 집단인가?

전술(前述)한 것처럼, 흔히들 한국 검찰은 무소불위의 권력을 가진 집단이라고 한다. 그러나 '나는 새도 떨어뜨린다'는 국가안전기획부(현 '국가정보원')가 있던 시절에 국가안전기획부가 수사권, 기소권, 형집행권을 가지고 있어서 위세를 떨쳤는가? 바로 수사권(정보권 포함)을 가지고 있었기 때문에 모든 국민이 무서워한 것이다. 이처럼 수사권은 그 자체에 내재하는 적극적 권력, 즉 법원의 재판권처럼 검사의 기소가 있어야 재판을 행사할 수 있고, 그 권한도 주로 판단권에 중심이 있는 것이 아니라 스스로 범죄를 찾아 절차를 개시할 수 있고, 나아가 수사에 의해 증거를 수집하여 사건을 형성하여 나가는 권력적 성격 때문에 무서운 힘을 발휘하는 것이다. 우리나라를 포함한 많은 국가에서 수사기관의 조사에 강력한 통제장치[헌법상 '무죄추정의 원칙'(헌법 제27조 제4항) 및 영장제도(동법 제12조 제3항, 제16조), 형사소송법상 불구속수사의 원칙(형사소송법 제198조 제1항)이나 소위 'Miranda'원칙[73](동법 제244조의3), 위법수집증거배제원칙(동법 제308조의2) 등]를 마련하는 이유도 여기에 있다. 따라서 검찰이 무소불위의 권력을 가진 당연한 집단이 아니라 수사권을 가지고 있다는 점에서, 또는 '수사권' 자체가 무서운 것이다. 즉, 검찰이 막강해서가 아니라 수사권이라는 권한 자체의 속성일 뿐이다. 왜냐하면 경찰에 관한 외국의 입법례를 피상적으로 비교하면 동일한 이야기가 가능하기 때문이다.

【표 1-24】 각국 경찰의 권한비교

순번	주요 권한	한국	미국	영국	일본	프랑스	독일
1	중앙집권조직	○	×	×	×	△	×
2	경찰 자체 구속기간	○	×	×	×	×	×
3	구속영장 신청권	○	×	×	×	×	×
4	피의자신문조서 작성 권한	○	×	×	×	△ (보호유치)	○

[73] Miranda v. Arizona, 384 U.S. 436, 478-79 (1966).

순번	주요 권한	한국	미국	영국	일본	프랑스	독일
5	독자적 기소권 행사 (즉결심판권)	○	×	△	×	×	×
6	검찰의 인사관여 배제	○	○	○	○	×	△
7	검찰의 징계관여 배제	○	○	○	×	×	○
8	행정경찰의 사법경찰 지휘	○	×	×	×	×	×
9	경찰대학(간부임용 특혜)	○	×	×	×	×	×

이에 따라 검찰이 직접수사(인지사건)를 하는 경우 정치적 타격을 입을 수밖에 없는 정치세력은 "정치검찰"이라는 슬로건으로, 경찰은 "검찰과 경찰이 무엇이 다른가?"라는 비난을 끊임없이 제기하는 과정 속에서, 검찰의 신뢰도는 점점 추락할 수밖에 없는 구조인 것이다.

【표 1-25】 체포·구속 관련 각국 경찰 권한 비교

순번	주요 권한	한국	미국	영국	일본	프랑스	독일
1	경찰 현행범 체포권	○	○	○	○	○	○
2	경찰 체포영장 신청(청구)권	○	○	○	○	×	×
3	**경찰 구속영장 신청권**	○	×	×	×	×	×
4	**경찰 자체 구속기간**	○	×	×	×	×	×

비교법적으로도, 우리나라 검찰만이 기소권·수사권·수사지휘권·영장청구권 등을 배타적 독점적으로 행사하고 있는지에 대하여는 위의 표에서 보는 것처럼, 논란이 많다.[74]

---

74 일부 견해는 공소유지권 및 형집행권을 검찰의 권한으로 예시하고 있으나, 공소유지권은 권한이 아니라 공소유지의무로 분류하는 것이 타당할 것이다. 왜냐하면 공소권의 주체로서 검사의 객관의무가 인정되기 때문이다(이재상/조균석, 형사소송법 제11판, 박영사, 2017, 107면; 정웅석/최창호, 형사소송법, 대명출판사, 2017, 65면). 형집행권도 행형의 개념을 의미한다면, 이는 법무부 소속의 교정본부 사무이며, 단순히 법원이 선고한 형을 집행하는 집행지휘를 의미한다면 이는 검사의 권한인 동시에 의무(직무)로 보아야 할 것이다(형사소송법 제460조; 검찰청법 제4조 제1항 제4호 참조). 결국 검찰권한의 핵심은 수사권과 기소권의 보유여부로 한정하는 것이 타당할 것이다.

그러나 OECD 35개 회원국 중 접근이 가능한 국가들의 헌법만을 개관해 보더라도(후술), 적어도 14개국 이상의 국가에서 검사의 독립성, 검사의 중립성, 검사의 사법기관성, 검사의 존재가치 등을 헌법에 규정하고 있고, 심지어 압수명령(영장발부)권까지도 헌법에 규정하고 있으며, 헌법 혹은 법률에 검사의 수사권을 명문으로 규정하고 있는 나라도 27개국, 약 77%에 이르고 있다.[75] 검사의 수사지휘에 대해서도 OECD 회원국 중 28개국이 헌법이나 법률에 명문으로 규정하고 있는데,[76] 주로 대륙법계 국가들이고, OECD 회원국의 약 80%에 해당하는 비율이다. 그리고 21세기에 들어 수사 및 기소제도를 전면적으로 개혁한 나라는 오스트리아[77]와 스위스[78]인데, 이 두 나라는 모두 개혁입법을 통해 기존에는 인정되지 않았던 검사의 수사 권한과 사법경찰에 대한 수사지휘 권한을 새로이 확립하였다.

더욱이 개정 형사소송법에 따르면, 검찰의 권한은 대폭 축소되는 반면, 경찰의 권한은 막강해진다는 점에서 검찰을 견제하기 위한 새로운 기구인 공수처를 신설할 필요성은 적다고 할 것이다. 무엇보다도 가장 큰 문제점은 일본의 사법경찰직원[79] 및 중국의 공안기관[80]처럼 수사를 하는 경찰의 수가 대폭 확대된

---

75 김성룡, 「헌법상 검사 영장청구권의 현대적 의미」, 한국의 형사사법개혁Ⅱ : 강제처분의 현대적 의미와 인권보호, 한국형사정책연구원/서울대학교 법학연구소/한국공법학회 공동학술세미나(2017. 3. 24.) 자료집, 80면 이하 참조.

76 신태훈, "이른바 '수사와 기소 분리론'에 대한 비교법적 분석과 비판, 형사법의 신동향 통권 제57호(2017. 12.), 대검찰청 미래기획단, 104면.

77 자세한 내용은, 이경렬, "오스트리아 검찰의 헌법상 지위와 수사절차에서의 검·경 관계", 형사법의 신동향 통권 제59호(2018. 6.), 대검찰청 미래기획단, 123면 이하 참조.

78 이원상, "스위스 형사사법개혁 취지를 통해 살펴본 한국의 검찰개혁", 비교형사법연구 제19권 제3호(2017. 10.), 한국비교형사법학회, 211면 이하 참조.

79 일본 경찰법 제62조 경찰관의 계급(장관을 제외한다)은 警視總監, 警視監, 警視長, 警視正, 警視, 警部, 警部補, 巡査部長 및 巡査로 한다.
일본 형사소송법 제189조(司法警察職員) ① 경찰관은 각각 다른 법률 또는 國家公安委員會 혹은 都道府縣公安委員會가 정하는 바에 의하여 사법경찰직원으로서 직무를 행한다.

80 중국 형사소송법 제113조.
공안기관은 이미 입건한 형사사건에 대하여 수사를 진행하여야 하며, 범죄피의자의 유죄 또는 무죄, 죄의 경중에 관한 증거자료를 수집하고, 조사하여야 한다. 현행범이나 중대한 범죄피의자에 대하여는 법에 따라 우선 체포할 수 있고, 구속요건에 부합하는 범죄피의자는 법에 따라 구속하여야 한다.

다는 점이다.81

[표 1-26] 한국·일본·중국 검찰/경찰(공안82기관) 수사권 비교

구 분	한국(현행)	일 본	중 국	한 국 (개정법)
검찰 수사범위	모든 범죄	모든 범죄83	공무원 직무범죄84 (감찰위원회 이전)85	특정범죄 (5대 특별수사)
검찰 수사지휘권	인정	인정86	부정 (보충수사 요청)87	부정 (보완수사 요구)

81 정웅석, "우리나라 수사절차 구조 개편에 관한 연구", 형사소송 이론과 실무 제10권 제1호 (2018), 한국형사소송법학회, 54면 이하 참조.

82 중국법상 공안과 경찰은 별도의 개념으로서, 공안이란 국무원 소속 경찰의 일종이다. 중국의 경찰은 크게 국무원 소속 경찰과 사법기관 소속 경찰(法警)로 구분되는데, 법경은 사법기관의 일상적인 업무수행 안전과 질서유지를 담당하며, 수사권한이 없다.

83 일본 형사소송법 제191조
   ① 검찰관은 필요하다고 인정하는 때에는 스스로 범죄를 수사할 수 있다.
   ② 검찰사무관은 검찰관의 지휘를 받아 수사를 하여야 한다.

84 중국 형사소송법 제18조.
   법률에 별도의 규정이 있는 경우를 제외하고, 형사사건의 수사는 공안기관이 한다.
   공무원의 부패뇌물사건, 국가공무원의 독직범죄, 국가기관 공무원이 직권을 이용하여 저지른 불법구금, 고문에 의한 자백의 강요, 보복모함, 불법수사로 공민의 인신에 대한 권리를 침해하는 범죄 및 공민의 민주권리를 침해하는 범죄는 인민검찰원이 입건, 수사한다. 국가기관 공무원의 직권을 이용하여 저지른 그 밖의 중대한 범죄사건에 대하여 인민검찰원이 직접 수리할 필요가 있는 경우, 성급 이상 인민검찰원의 결정을 거쳐 인민검찰원이 입건, 수사할 수 있다. 자소사건은 인민법원이 직접 수리한다.

85 후술(後述)하는 것처럼, 2018년 헌법개정을 통해 검찰원의 직무범죄(공무원범죄) 수사부를 감찰위원회로 이전하였다. 따라서 중국 검찰은 헌법 제134조의 '중화인민공화국 인민검찰원은 국가의 법률감독기관이다'라는 규정과 헌법 제136조의 '인민검찰원은 법 규정에 따라서 검찰권을 실행한다'는 규정에 따라 수사감독권, 심판감독권, 집행감독권, 체포 허가권, 기소권 및 공소유지권, 항소권 등이 인정되는데, 검찰의 권한에서 수사권을 배제함으로써 보다 '객관적인 관청'(법률감독기관)으로 만든 것이다.

86 일본 형사소송법 제193조
   ① 검찰관은 그 관할구역에 따라 사법경찰직원에 대하여 그 수사에 관하여 필요한 일반적 지시를 할 수 있다. 이 경우의 지시는 수사를 적정하게 하고, 기타 공소의 수행을 완전하게 하기 위하여 필요한 사항에 관한 일반적 준칙을 정하는 것에 의하여 행한다.

구 분	한국(현행)	일 본	중 국	한 국 (개정법)
경찰 수사종결권	부정 (일부 경미사건 외 전건 검찰송치)	부정 (일부 경미사건88 외 전건 검찰 송치)	인정89 (무혐의·불기소 의견 사건종결)90	인정 (무혐의 의견 사건 종결)

② 검찰관은 그 관할구역에 따라 사법경찰직원에 대하여 수사의 협력을 요구하기 위하여 필요한 일반적 지휘를 할 수 있다.

③ 검찰관은 스스로 범죄를 수사하는 경우에 필요한 때에는 사법경찰직원을 지휘하여 수사의 보조를 하도록 할 수 있다.

④ 전3항의 경우에 사법경찰직원은 검찰관의 지시 또는 지휘에 따라야 한다.

87 중국 형사소송법 제171조.

인민검찰원은 사건을 심사함에 있어 공안기관에 법정재판에 필요한 증거자료의 제공을 요구할 수 있다. 본 법 제54조에서 규정하고 있는 불법적인 방법으로 증거를 수집한 상황이 있을 수 있다고 인정하는 경우에는 증거 수집의 합법성에 대하여 설명할 것을 요구할 수 있다.

인민검찰원은 사건을 심사함에 있어 보충수사가 필요한 경우에 대하여 공안기관에 반려하여 보충수사를 하게 할 수도 있고 스스로 수사할 수 있다.

보충수사를 하는 사건에 대하여는 1개월 이내에 보충수사를 완료하여야 한다. 보충수사는 2차에 한하여 할 수 있다. 보충수사가 완료되어 인민검찰원에 송치된 후 인민검찰원은 새로이 기소심사기간을 계산한다.

보충수사를 한 사건에 대하여 인민검찰원이 여전히 증거가 부족하여 기소요건에 부합하지 않다고 인정하는 경우에는 불기소결정을 할 수 있다.

88 일본의 경찰은 검찰관이 미리 지정한 경미한 사건에 대해서는 송치하지 않을 수 있는데(일본 형사소송법 제246조 단서), 이 경미사건에 대한 불송치처분을 미죄처분(微罪處分)이라고 한다. 검찰관이 지정한 사건은 지역에 따라서 차이가 있지만, 통상 범정(犯情), 피해금액이 특히 경미한 절도·사기·횡령사건, 도품 등에 관한 죄의 사건, 도박사건 등인데, 이러한 미죄처분한 사건에 대해서는 1개월마다 한데 모아서 경찰은 검찰관에게 보고서를 제출해야 한다. 그러나 피의자를 통상체포 또는 긴급체포한 사건, 고소·고발 또는 자수가 있은 사건은 제외된다고 한다(입문 일본형사수속법, 신동운 역, 24면).

89 중국 형사소송법 제3조

형사사건에 관한 수사, 체포, 구속의 집행, 예심은 공안기관이 담당한다. 검찰, 구속의 비준, 검찰기관이 직접 수리한 사건에 대한 수사와 공소의 제기는 인민검찰원이 담당한다. 재판은 인민법원이 담당한다. 법률에 특별한 규정이 있는 경우를 제외하고는 어떠한 기관이나 단체, 개인도 위와 같은 권력을 행사할 권한이 없다.

인민법원, 인민검찰원과 공안기관은 형사소송을 진행함에 있어서 본 법과 그 밖의 법률의 관련규정을 엄격히 준수하여야 한다.

90 중국 형사소송법 제160조.

구 분	한국(현행)	일 본	중 국	한 국 (개정법)
구속영장 기각 (구속불비준)에 대한 불복	부정	부정	인정 (상급검찰원에 재심사 요청)[91]	인정 (고등검찰청에 이의신청)[92]

이하에서는 대표적인 대륙법계 국가(프랑스, 독일)와 영미법계 국가(영국, 미국)로 구분하여 검사의 (직접)수사의 개념과 경찰에 대한 검찰의 수사지휘권을 조문 중심으로 소개하고자 한다.

III. 대륙법계 형사사법 구조

❶ 이론적 배경

검사제도가 시작된 프랑스와 이를 계승한 독일, 이탈리아, 스코틀랜드 등 대륙법계 국가에서는 검사의 수사권 및 사법경찰에 대한 수사지휘권이 확립되어 있다. 왜냐하면 수사는 범죄 발생 이후에 사법적으로 국가 형벌권의 존부를

공안기관이 수사를 종결한 사건은 범죄사실을 명백히 하고, 증거가 확실하고 충분해야 하며 또 기소의견서를 작성하여 사건기록자료, 증거와 함께 동급 인민검찰원에 송치하여, 심사, 결정하게 하는 동시에 사건송치 상황을 범죄피의자와 그의 변호사인 변호인에게 고지하여야 한다.

91 중국 형사소송법 제90조.
공안기관은 인민검찰원의 구속불비준 결정에 대하여 잘못이 있다고 인정하는 경우에는 재심의를 요구할 수 있다. 다만, 피체포자를 즉시 석방하여야 한다. 만약 의견이 받아들여지지 아니할 경우에는 직근 상급 인민검찰원에 다시 재심사를 제청할 수 있다. 상급 인민검찰원은 즉시 재심사하여 변경여부의 결정을 하고 하급 인민검찰원 및 공안기관에 통지하여 집행하게 하여야 한다.

92 정부합의문 2-바. 검사가 정당한 이유 없이 영장을 청구하지 않는 경우 경찰은 관할 고등검찰청에 설치된 영장심의위원회(가칭)에 이의를 제기할 수 있다. 영장심의위원회는 중립적 외부인사로 구성하되, 경찰은 심의과정에서 의견을 개진할 수 있다.

규명·확정하는 절차인 『검찰권(Justiz)』에 속하는 권능으로, 치안유지 내지 위험 방지 등을 목적으로 하는 『경찰권(Polizei)』 작용과는 근본적으로 다른 것임이 확고히 인식되어 있기 때문이다. 즉, 권력분립상 수사는 본질적으로 행정작용이 아니라 사법작용이므로 수사권은 사법관(수사판사, 치안판사 등)이나 준사법관인 검사에게 귀속되는 것으로 본다.

【표 1-27】 대륙법계 국가에서의 행정경찰과 사법경찰의 차이점

범죄발생 및 수사권발동 이전	범죄발생 및 수사권발동 이후
행정권	사법권
(경찰)행정작용(Polizei)	(형사)사법작용(Justiz)
현장성 중시	절차과정 중시
치안 유지·위험 방지를 위한 질서확립· 범죄예방·진압 활동	형벌권의 존부 확인을 위한 수사·기소·재판 활동
행정경찰(Schutzpolizei)이 담당	검사 및 그 지휘를 받는 사법경찰(Kriminalpolizei)이 담당
연방경찰청(Bundespolizeiamt)	연방수사청(BundesKriminalamt)

이에 따라 대륙법계 국가에서는 규문주의 형사사법의 폐해를 해결하기 위하여 소추시점을 전후로 전(前)단계 사실규명(수사)의 책임은 검사에게, 그 후 단계 사실확정의 책임은 판사에게 맡겨 검사와 법원이 서로 견제토록 하는 "사법권력의 분할"에서 그 방안을 찾았던 것이다. 다만, 소수인 검사가 모든 수사 활동을 직접 담당할 수 없으므로 수사를 보조할 인력이 필요하게 되며, 이 보조 인력이 바로 「사법경찰」로서 행정경찰과 엄격히 구별되는 개념인 것이다. 그리고 이러한 사법경찰의 구성방법으로는 사법기관 내에 별도로 설치하는 방법과 행정경찰 일부를 사법경찰로 지명하는 방법이 있는바, 우리나라를 비롯한 대부분 대륙법계 국가가 후자방식을 채택하고 있다. 따라서 검사의 수사지휘가 전제되지 않는 사법경찰의 수사란 성립될 수 없는 것이며, 사법경찰이 수사권을 보유하고 수사주체로 활동하는 근거가 바로 검사의 수사지휘에 있는 것이다.

❷ 프랑스[93]

(1) 사법경찰과 행정경찰의 분리

사법경찰의 개념은 두 가지로 정의되는데, 하나는 형법상 범죄를 인지하고 증거를 수집하며 예심수사가 개시되기 전 범인수색을 하는 행위의 총체이고, 다른 하나는 위와 같은 행위를 하는 공무원을 호칭하는 개념으로서의 사법경찰을 의미한다. 이러한 사법경찰의 임무는 형사상 제재규정의 준수여부를 감시하고 그에 위반한 범죄를 인지하며, 범죄인지를 위해 권한있는 기관에 의해 위임된 증거수집, 피의자수색 등 모든 행위를 집행하고 특히 수사판사의 수사지휘 사항을 집행하는 것이므로, 사법경찰의 직무가 발생한 '범죄의 진압'을 위한 수사(investigation répressive) 등 제재적 활동을 주로 의미하는 반면, 행정경찰(police administrative)은 사회의 안전과 위생, 평온의 유지 등 공공질서유지를 위한 활동과 '범죄예방'과 관련된 직무를 주로 수행한다. 따라서 행정경찰과 사법경찰은 엄격히 구분되며 행정경찰은 행정권에 속하고, 사법경찰은 사법권의 영역에 속한다.

일찍부터 프랑스는 1790년 8월 16-24 법률을 통해 행정권과 사법권을 엄격히 분리하여 행정경찰행위와 관련된 사안의 법원에의 수리가 금지되었고, 행정관리에 의한 법원의 사법적 행위에 대한 관여도 금지되었으며, 1795. 10. 5. 형법전(le Code des délits et des peines du 3 Brumaire de l'An Ⅳ) 제1편(livre premier)에 최초로 규정되었다.

그런데 사법경찰과 행정경찰을 엄격히 구별해야 하는 이유는 바로 행정경찰은 소속행정기관에 의하여 직무상 감독과 지휘를 받지만, 사법경찰은 검사에 의해 지휘를 받고 관련규정에 따른 통제가 따르기 때문이다. 이는 현실적으로 경찰조직내 지휘계통에 따라 사법경찰의 직무수행에 대해 조직내 상관인 행정경찰의 부당한 관여나 통제로부터 배제되어야 한다는 당위성의 측면에서도 인권보장과 수사의 공정성확보와 관련하여 매우 중요한 의미를 갖는다. 인사와 예산권

---

93 자세한 내용은 한제희, 「프랑스 검사의 지위와 기능 - 최근 동향을 중심으로」, 형사소송 이론과 실무 제9권 제1호(2017), 한국형사소송법학회, 31-83면 참조.

【표 1-28】 프랑스 행정경찰과 사법경찰 관련 형사소송법 규정

제16조 경찰은 공공질서, 개인의 자유와 재산, 안전을 보호하기 위하여 설립된다. §16 La police est institée pour maintenir l'ordre public, la liberté, la propriété, la sûreté individuelle.
제17조 경찰의 주된 임무는 순찰이다. 　전체적으로 보았을 때 사회는 경찰의 보호 대상이다. §17 Son caractère principal est la vigilance. 　La société, considérée en masse, est l'objet de sa sollicitude.
제18조 경찰은 행정경찰과 사법경찰로 구분된다. §18 Elle se divise en police administrative et en police judiciaire.
제19조 행정경찰은 각 일반 행정기관에 소속되어 각 소관사무에 관한 통상적인 공공질서를 유지하는 것을 목표로 한다. §19 La police administrative a pour objet le maintien habituel de l'ordre public dans chaque lieu et dans chaque partie de l'administration générale.
제20조 사법경찰은 행정경찰이 예방하지 못한 (경)범죄를 수사하고, 증거를 수집하며, 법률에 따라 형사처벌을 담당하는 법관에게 범인을 송치한다. §20 La police judiciaire recherche les délit que la police administrative n'a pas pu empêcher de commettre, en rassemble les preuves, et en livre les auteurs aux tribunaux chargés par la loi de les punir.

을 가지고 있는 경찰조직의 수장이 이를 바탕으로 사법경찰의 수사에 부당히 개입할 소지나 위험성은 언제나 존재하기 때문이다. 또한 법리적으로도 행정권을 행사하는 행정경찰이 사법권의 영역인 수사권을 행사하는 사법경찰을 지휘통제하게 되면 헌법상 규정하고 있는 권력분립에 정면으로 반한다는 문제도 있다.

　　다만 경찰의 어떤 직무행위가 행정경찰적 행위인지 또는 사법경찰적 행위인지의 구분은 위와 같은 의미에서 중요하다 아니할 수 없지만, 그 구분은 양자가 복합되어 이루어지는 경우도 많다는 점에서 그에 대한 법이론적 견해도 매우 복잡하고 다양하게 전개되고 있다. 통상 사법경찰과 행정경찰을 구분하는 기준으로는 수행한 행위의 목적에 따라 구분하는 견해가 다수를 차지하는 바, 공공질서의 유지 내지 범죄예방적 행위인지 또는 발생한 범죄의 진압을 위한 수사와 관련된 행위인지에 따라 구별한다[94]고 한다. 판례도 행위의 목적에 따라

94　김종민, 「각국의 사법경찰제도에 관한 연구」, 검찰미래기획단, 2006, 22면.

양자를 구분하는 견해를 주로 취하고 있으며, 최근에는 '권한의 범주'(blocs de compétence)라는 개념으로 해석하는 경우가 많다고 한다.

현재 프랑스의 사법경찰관리는 일반 경찰공무원 중에서 임명하도록 되어 있는데,[95] 권한범위에 따라 사법경찰관,[96] 사법경찰리,[97] 보조사법경찰리[98]의

---

95 프랑스의 사법경찰조직은 행정경찰과 사법경찰을 조직상으로 구분하지 않고 행정경찰기관에 사법경찰의 기능을 겸무(兼務)시키는 일원주의를 채택하고 있다.

96 형사소송법(CPP) 제16조는 ① 시장 및 그 보조원, ② 헌병장교 및 하사관, 3년 이상 헌병대에서 근무하고 위원회의 동의를 얻어 법무부장관과 국방부장관의 명령에 의하여 개별적으로 지명받은 헌병병사, ③ 국가경찰의 경찰청장, 차장, 지방경찰청장, 수사경찰서장, 국가경찰의 지휘관·간부 직단에 속하는 공무원으로서 위원회의 동의를 얻어 법무부장관과 내무부장관의 명령에 의하여 개별적으로 지명된 자 및 지휘관, 간부직위를 부여받은 수습공무원으로서 위원회의 동의를 얻어 법무부장관과 내무부장관의 명령에 의해 지명된 자, ④ 국가경찰의 기동대에서 3년 이상 근무한 공무원으로서 위 3호에서 말한 위원회의 동의를 얻어 법무부장관과 내무부장관의 명령에 의해 지명된 자, 내무부장관에 속하는 사법경찰의 국장 또는 차장의 임무를 행하는 자 및 국방부장관에 직속하는 헌병대의 국장 또는 차장의 직무를 행하는 자도 사법경찰관의 자격을 갖는다. 제2호 내지 제4호에 규정된 공무원이 그 사법경찰관으로서의 자격에 따른 권한을 유효하게 행사하거나 또는 그 자격을 이용할 수 있는 것은 그 자가 그 권한의 행사를 수반하는 직에 배속되어 있고, 또 고등검사장의 결정에 의하여 개별적으로 그 자격이 부여된 경우에 한한다. 그 권한의 행사는 부대원으로서 치안유지활동에 참가하고 있는 동안은 일시적으로 정지된다. 이들 공무원이 하나의 항소원의 관할구역을 초과하는 관할을 갖는 부분에 속하고 있는 때에는 그 자격부여의 결정은 그 직무를 행하는 지역의 항소원의 고검장이 이를 행한다. 단 제4호에 규정된 공무원은 법무부장관 및 내무부장관 명령으로 확정된 명단에 명시되고, 제15-1조에 따라 결정된 기관이나, 예외적으로 같은 명령에서 언급된 기관이나 조직에 배속되어야 전항의 사법경찰관 자격을 부여받을 수 있다.

97 형사소송법(CPP) 제20조 사법경찰리는 다음의 자로 한다.
1. 헌병사병으로서 사법경찰관의 자격을 갖지 아니한 자
2. 국가경찰지휘관·간부직단에 속하는 공무원으로서 사법경찰관의 자격을 갖지 아니한 자 및 동 직단의 수습생과 치안감독관의 후보생
3. 국가경찰견습·실습직단에 속하는 공무원으로서 당해 자격으로서 2년 이상 근무한 자, 단 제4호 및 제5호에 규정된 공무원에 관한 규정의 적용을 방해하지 아니한다.
4. 구(舊)국가경찰순사·순사부장직단에 속하고 있던 경찰관으로서, 1985. 12. 31. 이전에 수습생에 임명되어 당해 자격에서 2년간 근무하고 또는 국참사원령이 정하는 조건하에서 기능시험에 합격하거나 또는 상위직급으로 보직이 가능한 직업자격을 갖는 자
5. 구(舊)수사형사 직단에 속하고 있던 경찰관으로서 1979.3.1. 이전에 수습생에 임명되어 당해 자격에서 2년간 근무하고 또 사법경찰 및 중죄법원 배심원에 관한 형사절차의 개

세 가지로 분류되고 있으며, 이 중에서 사법경찰리와 보조사법경찰리가 사법경
찰관을 보조하는 임무를 수행하고 있고, 그 밖에 특정 사법경찰권을 가진 공무
원이 있다.**99** 따라서 사법경찰리는 수사판사의 권한대리인이 될 수 없으며, 보호
유치를 할 권한도 없고, 그 기본권한은 기초조사와 일반적으로 사법경찰관을 보
조하는 것이므로(CPP 제21조 제2항) 사법경찰관의 권한보다 현저히 적다. 물론 보
조사법경찰리도 조서작성권을 가지나 이들이 작성한 조서는 단순한 보고서로서
의 가치만 있을 뿐이므로 결국 이들의 임무는 사법경찰관리를 보조하는 것이다.

(2) 검찰의 독립성 논쟁

가. 검사 개인의 지위

프랑스에서 판사와 검사는 '사법관(magistrat)'**100**이라는 용어로 통칭되는데, 사

정에 관한 1978.7.28. 법률 제78-788호에 규정된 적격조건을 충족하거나 또는 국참사
원령이 정하는 조건하에서 기능시험에 합격하거나 또는 상위직급으로 보직이 가능한 직
업자격을 갖는 자
〈단 제1호부터 제5호까지의 공무원이 그 사법경찰직원의 자격에 붙여진 권한을 유효하
게 행사하거나 또는 그 자격을 이용하는 것이 가능한 것은 그 자가 그 권한행사를 수반
하는 직에 배속되어 있는 경우에 한한다. 단 그 자가 사법경찰직무가 아닌 치안유지활
동에 종사하고 있는 동안은 그 권한의 행사는 일시적으로 정지된다〉.

98 형사소송법(CPP) 제21조는 ① 국가경찰의 실질업무에 종사하는 공무원으로서 제20조에
규정된 요건을 충족하지 아니하는 자, ② 헌병대에서 군무원 자격이 있는 지원병, ③ 공공
안전의 방침과 프로그램에 관한 1995년 1월 21일 법률 제95-73호 제36조에 명시된 공안
공무원, ④ 파리지방감시국 직원, ⑤ 지방자치단체의 경찰리를 보조사법경찰리로 규정하고
있다.

99 산림 또는 공공재산을 훼손하는 경죄와 위경죄에 대하여는 수림기사(水林技士)·기원(技員)·
지역장(地域長)·산림감시원(山林監視員)이 수사권을 행사하며, 세무사범에 대하여는 세무
담당공무원, 관세사범에 대하여는 관세담당공무원, 공도로(公道路)에 피해를 준 위경죄에
대하여는 교량·도로관리 공무원이 수사권을 행사한다(CPP 제22조-제29조)고 한다(이의권,
「프랑스 형사사법상 검사의 지위 및 권한」, 해외파견검사연구논문집 제4집, 법무부, 1983,
239면).

100 판사의 경우 'magistrat du siège' 혹은 'juge'라 불리고, 검사의 경우 'magistrat du
parquet' 혹은 'procureur'라 불린다. 한편 변호사의 경우에는 사법관과는 다른 별도의 선
발절차 및 연수과정을 거친다.

법관이 되기 위한 선발절차와 연수과정이 동일하고, 사법관으로의 임용 후에도 동일한 지위를 가지고 있다. 판사와 검사가 몸담고 있는 조직도 사실상 동일하다. 법무부 내에 대법원을 비롯한 각급 법원이 소속되어 법무부가 법원의 예산이나 조직 등 행정적 관리를 담당하고 있고, 검찰은 법원과 다른 별개의 기관이 아니라 각급 법원에 소속된 하나의 부서로서 설치되어 있다. 즉, 우리나라의 판사와 검사는 법원과 검찰이라는 별개의 기관에 소속되어 사법기관과 준사법기관이라는 표현만큼 그 성격이 다르나, 프랑스의 판사와 검사는 법원이라는 같은 기관에서 같은 지위의 '사법관'일 뿐이다. 따라서 사법관의 판사 또는 검사로서의 직위는 일종의 보직 개념처럼 취급되어, 고위사법관을 제외하고는 둘 사이에 보직이동이 있기도 한다.

다만, 프랑스 판사와 검사도 둘 사이에 중대한 차이가 존재하는데, 이는 판사에게 신분보장은 물론 독립성이 인정되어 법무부장관이 판사의 재판 업무에 관여할 수 없는 반면, 검사에게는 이러한 신분보장이나 독립성이 인정되지 않고 법무부장관을 정점으로 한 위계조직 내에 위치하여 상급자의 지시에 따를 의무가 있으며, 특히 최고사법관회의의 기속력 있는 의견에 따른 법무부장관이 제청(법원장과 대법원 판사에 대해서는 최고사법관회의가 제청)을 받아 대통령이 인사를 하는 판사와 달리, 검사는 최고사법관회의의 기속력 없는 단순의견만을 받은 법무부장관의 제청으로 대통령이 인사를 한다는 점이다.

프랑스 헌법은 판사에 대한 '부동성 원칙'(不動性, inamovibilité)[101]을 규정하고(제64조 제4항), 사법관의 지위에 관한 사항은 법률로써 정하도록 위임하고 있다(제64조 제3항).[102] 이에 따라 사법관의 지위에 관한 기본법률인 '사법관의 지위에 관한 위임입법'(Ordonnance n° 58-1270 du 22 décembre 1958, Ordonnance portant loi organique relative au statut de la magistrature) 제4조도 판사는 그의 동의 없이는 전보나 승진이 불가능하다고 규정하고 있다.[103] 다만, 검사에 대해서는 이러한 부동성 원칙이 인정되지 않고, '사법관의 지위에 관한 위임입법' 제5조

---

101 판사와 재판의 독립을 보장하기 위하여 판사는 법률에 정한 징계절차에 의하지 아니하고는 본인의 의사에 반하여 전보되거나 승진되지 않는다는 원칙이다.

102 "Une loi organique porte statut des magistrats".

103 "Les magistrats du siège sont inamovibles. En conséquence, le magistrat du siège ne peut recevoir, sans son consentement, une affectation nouvelle, même en avancement".

[표 1-29] 조직 구성 개요104

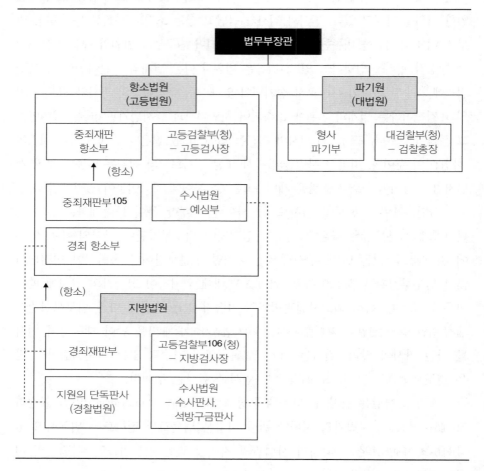

에서 다음과 같이 규정하고 있다.

---

104 프랑스는 대법원(cour de cassation) 1개, 항소법원(cours d'appel) 36개, 지방법원(tribunaux de grande instance) 164개, 지원(tribunaux d'instance et tribaux de police) 307개이고, 그 외 소년법원 등 다양한 전문법원이 있다.

105 중죄법원은 고등법원 부장판사 또는 고등법원 판사가 재판장이 된다(프랑스 형소법 제244 조). 고등법원은 고등검사장의 청구에 따라 필요한 수만큼의 재판부를 둘 수 있다(프랑스 형소법 제233조).

106 프랑스 법무부에서 지방법원의 검찰에 대해 사용하는 용어로는 'le parquet de tribunaux

　　제5조 검찰의 사법관은 법무부장관에 소속되어, 위계조직상 상급자의 지시와 통제를 따른다. 법정에서의 발언은 자유롭다.[107]

　　개개의 판사가 독자적으로 재판권을 행사하는 법원과 달리, 검찰의 경우 제1심을 관할하는 각 지방검찰청의 수장을 'Procureur de la République', 직역하면 '공화국 검사'라고 하고, 그 밑으로는 우리로 치면 부장검사급인 Vice-Procureur(직역하면 '부검사')와 평검사급인 Substitut(직역하면 '대리인')가 배치되어 있다. 그리고 형사소송법상 각 검찰청별로 1명씩의 '공화국 검사'가 검찰권을 행사하도록 되어 있고, 다만 위계조직 구조에 의해 그의 지시와 통제에 따라 Vice-Procureur와 Substitut가 대리인으로서 우리의 개개 검사와 같은 임무를 수행하는 구조이다. 검찰권은 각 공화국 검사가 행사할 수 있고 이를 위임받아 Vice-Procureur와 Substitut가 대리하여 행사하게 되므로, 대리행사자인 이들이 상급자의 지시와 통제에 따르게 되는 것은 당연한 이치인 것이다.[108]

　　그리고 고등검찰청의 수장은 'Procureur Général'(직역하면 '검사장')이라고 하는데, 역시 위계조직상 우리로 치면 고등검찰청 부장검사급인 'Avocat Général'과 고등검찰청 검사급인 'Substitut Général'이 그 대리인으로서 검찰권을 행사하고, 그 관할 내 각 지방검찰청의 공화국 검사들은 고등검찰청 검사장의 지시와 통제에 따른다. 다만, 프랑스는 우리의 검찰총장과 같이 전체 검찰을 지휘·감독한다는 개념의 직급이나 직위는 존재하지 않고, 각 고검장들이 우리의 검찰총장과 같은 역할을 각 관할별로 수행하고 있으며, 이 여러 고검장들을 지휘·감독하는 것은 대검찰청에 있는 검찰총장이 아니라 법무부장관이다. 즉, 프랑스의 대검찰청의 검찰총장도 여러 명의 고검장들 중 하나에 불과하고, 그는 대검찰청에 근무하는 검사들만을 지휘·감독할 뿐 각 고등검찰청이나 지방검찰청의 검

---

　　de grande instance'이 있는데, 이를 그대로 풀이하면 '지방재판소 검찰부' 정도의 의미이므로 우리의 '지방검찰청' 정도로 해석이 가능할 것이다.

107 "Les magistrats du parquet sont placés sous la direction et le contrôle de leurs chefs hiérarchiques et sous l'autorité du garde des sceaux, ministre de la justice. A l'audience, leur parole est libre".

108 한제희, 앞의 논문, 68면.

사를 지휘·감독할 권한은 없으며, 단지 검찰총장이 전체 검찰을 대표한다는 상징적인 지위만 갖고 있을 뿐이다.

결국 위 제5조에서 말하는 '검찰의 사법관'이란 바로 지방검찰청 공화국 검사와 고등검찰청 검사장을 제외한, 지방검찰청과 고등검찰청에 소속되어 있는 사법관들을 말하는 것이다. 나아가 각 고등검찰청 검사장들은 법무부장관에 소속되어 있어, 결국 법무부장관을 정점으로 하는 피라미드 구조로 검찰이 구성되어 있다.109

나. 법무부장관과 검찰의 관계

고등검찰청 검사장은 위계조직상 법무부장관의 하부에 위치하고 있어 그의 지시와 통제를 따르기는 하지만, 법무부장관의 대리인이라거나 그의 권한을 위임받아 행사하는 것이 아니라, 단지 법무부장관이 행정부의 각료로서 행사하는 행정상의 지시와 통제에 따르는 것이다.

법무부장관과 검찰과의 관계를 더 살펴보면, 종전 형사소송법(CPP) 제1-1장은 '법무부장관의 권한에 관하여'라는 제목의 장에 제30조를 두고 다음과 같이 규정하고 있었다.

제30조
제1항 법무부장관은 정부의 공소수행과 관련된 정책을 집행한다. 이를 위하여 국내 모든 관할구역에서의 법 적용을 감독한다.
제2항 이를 위하여 법무부장관은 검찰의 사법관들에게 공소수행에 관하여 일반적인 지시를 한다.
제3항 법무부장관은 그가 인지한 사건 및 지시받은 사건에 대해서는 의견을 담은 문서로써 또는 정식 서류로써 고등검찰청 검사장에게 인계하여 직접 소추 또는 소추를 하게 하거나, 장관이 적절하다고 판단하는 조치를 할 수 있는 관할권 있는 법원에 회부하도록 한다.110

---

109 한제희, 앞의 논문, 68면.

110 "Le ministre de la justice conduit la politique d'action publique déterminée par le
      Gouvernement. Il veille à la cohérence de son application sur le territoire de la Ré

법무부장관은 정부가 국가의 정책을 결정하고 지도한다는 헌법 제20조 제1
항의 규정에 따라 행정권의 일부인 검찰을 지휘하여 공소수행에 관한 정책을 집
행한다. 국민주권주의 이념에 비추어 법무부장관이 검찰을 지휘하여 법집행작용
을 하는 것은 당연한 일이다.111 또한 검찰권은 사회와 개인에 미치는 영향이 매
우 큰 중요한 권한이고 검사가 행사할 수 있는 권한도 광범위하여 검사 개개인
이 독단에 빠져 사건을 잘못 처리하는 경우 국민들에게 미칠 피해가 막대할 것
이므로, 이를 적절히 통제하고 시정하기 위해서라도 개개 검사에 대한 위계조직
상의 지시와 통제, 검찰에 대한 법무부장관의 지휘권이 필요한 것이다.112

법무부장관은 고등검찰청 검사장을 통해 검찰이 수사 중인 사건에 관한 정
보를 제공받고 있는데,113 법무부장관의 검찰 지휘에는 개별 사건과 관련 없는
일반적인 내용의 지휘와 개별 사건에 관한 구체적인 내용의 지휘가 있다. 법무부
장관의 일반적 지휘권은 대개 일반훈령(circulaire)의 형태로 행사되고, 종래 개별
사건에 관한 구체적 지휘권은 종래 고등검찰청 검사장에게 서면지휘로써 그 사건
에 대해 소추하거나 소추하도록 할 것을 명하는 방법으로 행사되고 있었다.114

다시 말하면, 법무부장관의 고등검찰청 검사장에 대한 구체적 지휘권은 오
직 개별 사건이 범죄혐의가 있을 경우 기소명령권을 행사할 수 있음에 그치는
것이고, 법무부장관이 그 사건에 대해 피의자의 구속 여부에 관하여 지휘하거
나 불기소처분을 하도록 지휘하는 것은 허용되지 않는다.115 법무부장관에게

publique.
A cette fin, il adresse aux magistrats du ministère public des instructions générales
d'action publique.
Il peut dénoncer au procureur général les infractions à la loi pénale dont il a
connaissance et lui enjoindre, par instructions écrites et versées au dossier de la procé
dure, d'engager ou de faire engager des poursuites ou de saisir la juridiction compé
tente de telles réquisitions écrites que le ministre juge opportunes".
111 이완규, 검찰제도와 검사의 지위, 성민기업(2005), 301면.
112 이완규, 앞의 책, 280면.
113 김종구/김종민 외, 「검찰제도론」, 법문사, 2011, 33면.
114 김종구/김종민 외, 앞의 책, 32면.
115 김종구/김종민 외, 앞의 책, 33면.

기소명령권을 인정하는 이유는 범죄혐의가 명백함에도 부당하게 불기소되는 것을 방지하기 위한 것이다.116 이처럼 법무부장관의 검찰에 대한 지휘는 개별 사건에 관한 한 제한된 범위에서 소극적인 형태로 행사되고 있는 것이었고, 이마저도 검찰의 독립성을 보장한다는 취지로 마련된 '형사정책과 공소권 행사에서의 법무부장관과 검찰의 권한에 관한 2013년 7월 25일자 법률 제2013-669호'에서 법적으로 금지되고 말았다(CPP 제30조 제3항 삭제).

다. 검찰의 독립성과 검사의 지위

프랑스 검찰은 우리와 마찬가지로 행정부에 속해 있고 법무부장관을 정점으로 한 위계조직 속에 놓여 있는 관계로, 수시로 정치적 중립성과 관련한 논쟁의 대상이 되고 있다. 예를 들어, 2010년에는 빌팽(Villepain) 전 총리 사건의 무죄판결에 대해 그와 정치적으로 반대편 입장에 서 있던 당시 대통령 사르코지가 개입하여 파리 검찰로 하여금 항소하게 하였다는 의혹이 제기된 사례 등이 그것이다.117

앞에서 본 바와 같이 판사는 부동성의 원칙으로 상징되는 지위의 독립성이 명시적으로 인정되고 있어, 판사 개개인이 편향적인 판결로 인해 정치적 중립성 시비에 오르내리는 경우는 있어도 법원조직 자체가 그 조직구성 형태로 말미암아 정치적 중립성 논란을 불러일으키는 경우는 드물다. 반면, 검사는 법무부장관에 소속되어 있고 상급자의 지휘에 따라야 하는 구조상, 검사 개개인은 몰라도 검찰조직 자체가 정치적 중립성 시비에 상대적으로 취약하게 되어 있다.

이에 정치적 중립성이 취약한 검찰에 소속되어 있는 검사들에게 판사와 동일한 성격의 '사법관'으로서의 지위를 인정해도 되는 것인지, 검사가 사법관임을 근거로 강제처분권을 행사하거나 판결의 성질을 가지는 처분을 행하는 것이 적정한 것인지에 대해 종종 의문이 제기되고, 국제법원이나 국내법원에 의해 제동이 걸리는 경우도 있었다.118

---

116 김종구/김종민 외, 앞의 책, 34면.

117 Bastien Bonnefous, "Justice: un parquet à rénover", 〈http://www.slate.fr/story/30109/parquet-justice-contestations, Slate〉.

118 문준영, "검찰제도의 연혁과 현대적 의미", 비교형사법연구 제8권 제1s호, 한국비교형사법학회(2006), 695면.

특히, 2010년 11월 23일 유럽인권법원[119]과 프랑스 대법원이 우리의 긴급체포와 유사한 강제처분인 '보호유치'의 적법성 여부가 문제된 사건에서, "사법 분야의 사법관 조직이 헌법 제66조에서 말하는 사법권을 대표한다면, 검사가 그러하듯이 판사를 다른 권력에게 종속되게 한다는 것은 내부법의 영역에 속한다. 검사는 위계조직상 상급자인 법무부장관에게 종속되는데, 법무부장관은 정부의 구성원이다. 판사의 경우와는 달리, 검사는 헌법 제64조가 정하는 신분보장이 적용되지 않는다. 검사는 검찰의 위계조직상 그 상급자와 법무부장관의 지휘감독에 종속된다. 형사소송법 제33조에 따라, 검사는 그가 정의를 위해 필요하다고 판단하는 의견을 구두로 자유롭게 개진할 수 있다 하더라도, 제36조, 제37조, 제44조에서 정한 요건에 따라 자신에게 부여된 지시에 부합하도록 서면으로 업무를 수행하여야 한다."고 하면서, "유럽인권법원은 법무부장관과 검찰 사이의 효과적인 의존관계를 내부적인 논의의 목적으로 삼는 것을 도외시하지 않는다. 그러나 국가권력 내부의 논의에 대해 입장을 밝히는 것은 유럽인권법원의 권한에 속하지 않는다. 유럽인권법원은 사실상 유럽인권협약 제5조 제3항에 관한 유일한 해석, 그리고 여러 규정과 관련된 기존 판례에 따라 발전된 개념들을 검토하였다. 이러한 관점에서 유럽인권법원은 프랑스 검찰의 지위는 행정권으로부터의 독립성을 충족하지 못하여 제5조 제3항이 의미하는 '사법관'의 개념을 충족할만한 객관성 개념이 부족하다고 판단한다"고 선고하였는데, 이는 프랑스 검사가 '독립성과 객관성 있는 사법기관'이 아니라는 취지의 판결이므로 아직까지 프랑스 법조계에서 논란이 일고 있다.

이 사건의 실제 사실관계는 좀 복잡하지만 간단하게 요약하면, 2005년 4월 13일 '프랑스 물랭'(France MOULIN)이라는 이름의 여성 변호사가 수사기밀 누설 혐의로 사법경찰에 의해 보호유치되었고(이 사건은 예심수사판사가 사법경찰에 수사지휘한 사건이다), 4월 14일 예심수사판사가 별도의 신문이나 면담 없이 보호유치 연장결정을 하였고, 4월 15일 예심수사판사가 본격적인 예심수사를 위해 보호유치를 종료하고 구인영장을 발부하자 관할 검찰청의 검사가 구치소에 대한 수용지휘를 위

---

119 CEDH 23/11/2010, Moulin c/ France, n°37104/06.(프랑스의 검사는 독립성과 객관성을 인정할 수 없어 인신구속을 통제할 권한이 있는 사법기관으로 볼 수 없다).

해 이 변호사를 면전에 인치하였다가 구치소에 수용하였고, 4월 18일 이 변호사가 처음으로 예심수사판사의 면전에 인치되어 제1회 피의자신문을 받은 사안이다.

유럽인권법원의 설치근거인 유럽인권협약(Convention de sauvegarde des droits de l'homme et des libertés fondamentales) 제5조 제3항은, "동조 제1항 c호 규정에 따라 체포 또는 구금된 모든 사람은 법관 또는 법률에 의하여 사법권을 행사할 권한을 부여받은 다른 사법관에게 신속히 인치되어야 한다"[120]라고 규정하고 있다.

이 사건에서 MOULIN 변호사는, 보호유치된 때로부터 신속하게 사법관 면전에 인치되어야 함에도 보호유치 된 지 5일 만에 예심수사판사의 면전에 인치되었고 비록 보호유치된 지 2일 만에 검사의 면전에 인치되기는 하였으나 검사는 위 인권협약에서 말하는 '사법권을 행사할 권한을 부여받은 사법관'이 아니므로 결국 자신에 대한 보호유치가 위법하다고 주장하며 유럽인권법원에 이 사건을 제소하였던 것이다.

이에 대해 유럽인권법원은, '사법관'의 핵심 개념요소는 '독립성'(indépendance)과 '객관성'(impartialité)인데, 프랑스의 검사는 법무부장관을 정점으로 하는 위계조직으로 구성되어 있어 독립성과 객관성을 인정할 수 없고 기소하는 측의 일방당사자이므로, 결국 위 인권협약 제5조 제3항에서 말하는 사법관으로 볼 수는 없다고 판시한 것이다. 유럽인권법원은 이미 2008년 마약사범에 대한 구속의 적법성 여부가 쟁점이 되었던 Medvedyev et autres c. France 사건에서도 유럽인권협약 제5조 제1항과 제3항에 관하여 "검찰은 유럽인권법원 결정에서 말하는 의미에서의 '사법권'에 해당하지 않는다. 검찰은 특히 행정권에 대한 관계에서 독립성이 부족하다"는 취지의 판결을 선고한 적이 있다.

한편, 체포 또는 구금 후 사법관의 면전에 대상자의 인치가 이루어져야 하는 시한인 '신속히'의 개념에 대해서는, 유럽인권법원은 과거 체포 또는 구금일로부터 3일째부터 4일째 사이에는 사법관 면전에의 인치가 이루어져야 한다고

---

120 "Toute personne arrêtée ou détenue, dans les conditions prévues au paragraphe 1.c du présent article, doit être aussitôt traduite devant un juge ou un autre magistrat habilité par la loi à exercer des fonctions judiciaires".

판단한 사례121 및 4일 미만인 경우에는 적법하다고 판단한 사례 등이 있는데, 이번 MOULIN 사건에서 5일 만의 인치는 지나치게 길다고 판단한 것이다. 이에 프랑스 대법원도 유럽인권법원의 위 판결취지를 반영하여, 그 직후인 2010년 12월 15일 "검사가 유럽인권협약이 요구하는 독립성과 객관성에 대한 보장이 없고 기소하는 측의 당사자임에도 불구하고, 원심인 고등법원 예심부가 검사를 유럽인권협약 제5조 제3항의 사법관에 해당하는 것으로 인정한 것은 잘못이다"122라는 취지로 판시하였던 것이다. 이 사건은 보호유치를 24시간 연장한 검사의 처분이 유효한지 여부가 다투어진 사안인데, 대법원은 위와 같이 판단하면서도 검사의 연장처분 자체는 적법하다고 인정하여 청구인의 상고를 기각하였다.123

이러한 유럽인권법원과 대법원의 판결에 따라 검찰의 독립성을 보완토록 하는 입법이 필요한 상황이 되었으나, 이후 보호유치와 관련한 형사소송법(CPP) 개정과정에서 보호유치 절차를 통제하는 검사의 권한에 대해 특별한 변화가 생기지는 않았고, 다른 입법에서도 검찰의 독립성과 검사의 지위에 관한 변화는

---

121 CEDH Brogan c/ RU, 29/11/1988; CEDH Varga c/ Roumanie, 01/04/2008.

122 Crim. 15/12/2010, n°10-83.674.

123 파리고등검찰청의 검사장 프랑수와 팔르티(François Falletti)는 위 대법원 판결 직후인 2010년 12월 16일 일간지 '르 피가로'(Le Figaro)지와의 인터뷰에서, "이번 대법원의 판결을 존중하고, 검사는 앞으로도 본연의 임무를 계속 수행해 나갈 것입니다. 다만, 보호유치 절차에 있어서 검사의 통제는 반드시 유지되어야 합니다. 누구도 검사에게 불기소처분을 명령하지 못하고, 최고사법관회의가 임명권 행사 등을 통해 검사의 권한을 통제하고 있습니다. 정의를 가장 위협하는 것은 검사를 도구화하고 희화화하는 것입니다. 검사는 진실 발견과 개인의 자유 보호에 관심이 있음에도, 너무나 자주 공격을 당하고 있습니다"라고 말하며 최근의 판결과 검찰에 대한 우호적이지 않은 여론에 대해 답답한 심경을 밝히기도 하였다(Le Figaro, "Le parquet est souvent violemment attaqué", 〈http://www.lefigaro.fr/actualite-france/2010/12/16/01016-20101216ARTFIG00637-le-parquet-est-souvent-violemment-attaque.php.〉).
또한, 2011년 1월 7일 신임 검찰총장 장루이 나달(Jean-Louis NADAL)은 취임사에서 "검찰에 대한 의심을 없애기 위해서는 정치권과의 연결고리를 끊고, 검사의 임명과 관련한 최고사법관회의의 결정에 법무부장관이 관여할 여지를 줄일 필요가 있습니다"라는 의견을 제시하여, 향후 검찰의 독립성 회복을 위한 대책이 필요함을 강조하기도 하였다(Jean-Louis NADAL, 〈http://libertes.blog.lemonde.fr/files/2011/01/nadal.1294467963.pdf.〉).

현재까지는 이루어진 것이 없다.

사실 이미 그 이전에도 법무부장관과의 관계에 있어 검찰의 독립성과 관련한 논란이 종종 있어왔는데, 1997년에는 검찰을 법무부로부터 완전히 독립시켜 정치성을 배제시키고 검찰의 독립성을 보장하자는 내용의 개정안이 시도되었다가 정치권의 이해충돌 등의 이유로 실패로 끝나고 만 일이 있었다.[124] 1999년에는 법무부장관의 기소에 관한 지휘권을 전면 폐지하는 내용의 형사소송법 개정안이 제안되기도 하였다.[125]

그리고 최근에는 검찰의 독립성과 객관성을 강화하기 위해 '형사정책과 공소권 행사에서의 법무부장관과 검사의 권한에 관한 2013년 7월 25일자 법률 제2013-669호'[126]가 마련되었다. 이미 2012년 9월 19일 법무부장관의 형사정책에 관한 일반훈령(Circulaire JUS D. 1234837 C / CRIM 2012-1/E 19. 09. 20. 2012)[127]에 명시되어 있었던 사항이긴 하나, 이 새로운 법률에서는 법무부장관이 검찰에 개별 사건에 관한 지시를 하는 것을 금지하였고,[128] 검찰이 공소권을 행사할 때 객관성 원칙(principe d'impartialité)을 존중하도록 하였다.

즉, 앞에서 본 종전 형사소송법 제30조 제3항의 "법무부장관은 그가 인지

---

124 백원기, "검찰제도에 관한 가치론적 고찰", 형사법의 신동향 통권 제31호, 대검찰청(2011), 237면.

125 문준영, 앞의 글, 696면.

126 Loi n° 2013-669 du 25 juillet 2013 relative aux attributions du garde des sceaux et des magistrats du ministère public en matière de politique pénale et de mise en œuvre de l'action publique.

127 2012년 5월 프랑스 대통령 선거에서 당선된 올랑드 후보는 선거운동 과정에서 검찰에 대한 구체적 지휘권을 행사하지 않겠다고 공약하였고, 이후 올랑드 행정부의 법무부장관이 검찰에 대해 구체적 지휘권을 행사하지 않겠다는 방침을 이 일반훈령을 통해 명시적으로 밝힌 것인데, 위 일반훈령의 내용을 요약하면, 법무부장관이 검찰을 상대로 개별 사건에 대한 구체적 지휘는 하지 않는 대신, 고검장으로부터 중요 사건에 대한 보고는 받고, 고검장으로부터 받는 보고를 통해 필요한 경우 전국적인 형사정책 사항을 결정하여 다시 고검장을 상대로 일반적 내용이 지휘를 하겠다는 것이다.

128 dalloz-actu-etudiant.fr, "Les nouvelles règles de compétences respectives du garde des Sceaux et du parquet", 〈http://actu.dalloz-etudiant.fr/a-la-une/article/les-nouvelles-regles-de-competences-respectives-du-garde-des-sceaux-et-du-parquet/h/ba2b713cf654096dc7e102af0d0c203c.html.〉).

한 사건 및 지시받은 사건에 대해서는 의견을 담은 문서로써 또는 정식 서류로써 고등검찰청 검사장에게 인계하여 직접 소추 또는 소추를 하게 하거나, 장관이 적절하다고 판단하는 조치를 할 수 있는 관할권 있는 법원에 회부하도록 한다"라는 부분을 모두 삭제하고, 다음과 같이 새로운 내용의 제3항을 마련함으로써 개별 사건에 관한 구체적 지휘를 아예 금지한 것이다.

> 제30조 제3항 그(법무부장관)는 그들(고등검찰청 검사장)에게 개별 사건에 대해서는 어떠한 지시도 할 수 없다.[129]

그리고 "검사는 공소를 수행하고 법률의 적용을 청구한다"[130]라고 규정하고 있었던 종전 형사소송법 제31조도 "검사는 객관성 원칙을 존중하면서 공소를 수행하고 법률의 적용을 청구한다"[131]라는 내용으로 개정함으로써, 검사로 하여금 업무수행 과정에서 객관성, 중립성, 공정성을 담보하도록 하였다.

(3) 검사와 사법경찰관리의 관계

검사는 수사의 주재자로서 보조자인 사법경찰관리에 대한 지휘권을 가지고 있을 뿐만 아니라 사법경찰관리에 대한 감독·통제권을 가지고 있어 강력한 상명하복관계를 유지하고 있다. 즉 프랑스의 사법경찰관리는 지방검찰청 검사장의 지휘를 받아 업무를 수행하고(CPP 제12조), 관할 고등검찰청 검사장의 감독을 받으며(CPP 제75조 제2항), 관할 고등법원 예심수사부의 통제를 받고 있다(CPP 제13조, 제244조).

---

129 "Il ne peut leur adresser aucune instruction dans des affaires individuelles".

130 "Le ministère public exerce l'action publique et requiert l'application de la loi".

131 "Le ministère public exerce l'action publique et requiert l'application de la loi, **dans le respect du principe d'impartialité auquel il est tenu**".

(4) 검사의 권한규정

가. 수사권

▸ 제12-1조 검사와 예심수사판사는 재량에 따라 사법경찰권을 행사할 기관을 특정할 수 있다.

▸ 제16조 제4항 제1항 제2호 내지 제4호에 규정된 공무원(사법경찰관)이 실제로 사법경찰직을 수행하고 있고, 고등검찰청 검사장의 결정에 따라 개별적으로 그 자격이 부여된 경우에만 사법경찰관의 권한을 유효하게 행사하거나 사법경찰관의 자격을 주장할 수 있다.

▸ 제35조 제5항 고등검찰청 검사장은 그 직무를 행함에 있어 필요한 경찰력을 요구할 수 있다.

▸ 제42조 검사는 그 직무를 행함에 있어 직접 경찰력을 청구할 권리를 갖는다.

나. 수사종결권

프랑스 검사는 자신이 접수한 사건에 대해 재판법원에의 기소, 예심수사판사에의 예심수사 개시 청구 또는 불기소 처분 등의 방법으로 수사를 종결하고 있다.

다. 긴급체포 사후 승인

프랑스에는 긴급체포와 유사한 제도로서 흔히 '보호유치'(garde à vue)로 번역되는 제도가 있는데, 사법경찰은 피의자를 보호유치한 경우 즉시 검사에게 이를 보고하여야 하고, 24시간 이상 보호유치를 연장하고자 하는 경우에는 검사의 승인을 받아야 하며, 석방하는 경우에도 검사의 지휘를 받아야 한다.

▸ 제62-3조 제4항 검사는 언제든지 보호유치된 자를 면담하거나 석방할 수 있다.

▸ 제63조 제1항 사법경찰은 직권으로 또는 검사의 지휘에 따라 사람을 보호유치할 수 있다. 사법경찰은 보호유치를 시작하자마자 어떤 방법으로든지 검사에게 이를 보고한다. (중략)
제2항 보호유치의 기간은 24시간을 초과할 수 없다. 다만, 피의자가 중죄 또는 1년 이상의 징역형에 처할 수 있는 경죄를 저지른 것으로 의심되고 보호유치가 제62-2조 제1호부터 제6호까지 규정된 목적을 달성할 수 있는 유일한 수단인

경우, 보호유치는 검사의 이유를 기재한 서면승인에 의해 24시간 연장될 수 있다. 검사는 피의자를 면담한 후에만 연장승인을 할 수 있는데, 화상면담도 가능하고, 예외적인 경우에는 면담 없이 승인할 수도 있다.

▶ 제41조 제3항 검사는 보호유치를 감독한다. 검사는 최소한 1년에 1회 이상, 또 필요하다고 판단하는 경우 보호유치장소를 감찰하여야 한다. 검사는 이를 위하여 각기 다른 장소에서 취해진 보호유치의 수와 빈도를 일목요연하게 기재한 대장을 작성한다. 검사는 매년 보호유치장소와 보호유치 조치에 관한 사항을 고등검찰청 검사장에게 보고하고, 보고서는 고등검찰청 검사장을 경유하여 법무부장관에게 제출된다. 법무부장관은 보호유치에 대한 보고내용을 총괄하여 연차보고서 형태로 일반에 공개한다.

라. 영장청구 및 체포·구속 피의자 석방지휘권

프랑스 형사소송법상 인신구금과 관련한 영장으로는, ① 체포유치영장(mandat de recherche), ② 소환영장(mandat de comparution), ③ 구인영장(mandat d'amener),[132] ④ 체포영장(mandat d'arrêt), ⑤ 구속영장(mandat de dépôt) 등이 있다.

앞의 네 가지 영장은 예심수사판사가 발부하고, 마지막의 구속영장은 석방구금판사가 발부하며, 필요시 직권으로 발부하는 것이 원칙이다. 다만, 체포유치영장은 수사판사뿐만 아니라 검사도 중죄 현행범과 구금형 3년 이상의 경죄 현행범의 경우 발부할 수 있는데(제70조, 제77조의4), 판사의 개입 없이 초동수사 단계에서 직접 검사가 영장을 발부하게 하여 중범죄자를 강제수사할 수 있도록 권한을 강화한 것이다(2004. 3. 9. 도입, L. n° 2004 – 204 du 9 mars 2004).[133]

▶ (현행범수사) 제70조 제1항 제73조가 적용되는 경우(현행범체포)를 제외하고, 3년 이상의 징역에 처할 중죄 또는 경죄의 현행범 수사에 필요한 경우, 검사는 범죄를 범하였거나 범하려고 하였다는 의심이 들게 하는 하나 또는 수개의 사유가 있는 자에 대하여 체포유치영장을 발부할 수 있다.

---

132 체포영장이 주거가 일정하지 않고 도주한 피의자에 대한 것인 반면, 구인영장은 주거가 일정한 피의자에 대한 것이다. 판사는 구인된 피의자를 즉시 심문하여야 하고, 그렇지 못한 경우에는 최대 24시간 동안 구치소에 구금할 수 있다.

133 김종구/김종민 외, 검찰제도론, 법문사(2011), 70면.

▶ (예비수사) 제77-4조 제1항 3년 이상의 징역에 처할 중죄 또는 경죄의 수사에 필요한 경우, 검사는 범죄를 범하였거나 범하려고 하였다는 의심이 들게 하는 하나 또는 수개의 사유가 있는 자에 대한 체포유치영장을 발부할 수 있다.

예심수사가 진행 중인 체포·구속 피의자에 대해서는 물론 검사가 석방이든 무엇이든 관여할 여지는 없지만, 예심수사가 진행 중인 사건이 아닌 이상 사법경찰이 체포·구속한 피의자에 대해 검사는 석방을 지휘할 권한이 있다. 사법경찰의 체포·구속은 검사의 사전 지휘 또는 사후 승인에 따라 이루어지는 것이므로, 당연히 석방을 지휘할 권한도 포함하고 있기 때문이다.[134]

마. 경찰 수사지휘권

▶ 제12조 사법경찰권은 검사의 지휘 하에 본편에 정하는 사법경찰관, 공무원 및 사법경찰리가 행사한다.

▶ 제13조 사법경찰은 각 고등법원 관할구역별로 고등검찰청 검사장의 감독을 받고, 제224조 이하에 정한 바에 따라 고등법원 예심부의 통제를 받는다.

▶ 제19조 제1항 사법경찰관이 중죄·경죄 및 위경죄를 인지한 경우에는, 지체 없이 이를 검사에게 보고하여야 한다. 사법경찰관이 임무를 완료한 경우에는 작성한 조서의 원본 및 그 인증등본 1통을 직접 검사에게 제출하여야 하고, 일체의 관련 서류 및 기록, 압수한 물건 등도 동시에 검사에게 송부하여야 한다.

▶ 제19-1조 사법경찰관에 대한 고등검찰청 검사장의 근무평정은 승진 결정에 참고한다.

▶ 제39-3조[135] 제1항 사법경찰을 지휘하는 영역에서, 검사는 사법경찰에게 일반적인 지시나 구체적인 지시를 할 수 있다. 검사는 사법경찰에 의해 행해지는 수사절차의 적법성, 사실관계의 본질과 중요도에 따른 수사행위의 비례성, 수사의 방향 및 수사의 질 등을 통제한다.

제2항 검사는 피해자, 고소인, 피의자의 권리를 존중하는 범위 내에서, 수사가

---

134 한제희, 앞의 논문, 49면.
135 2016년 6월 3일자로 형사소송법 제39-3조를 신설하여, 검사에게 사법경찰의 수사를 통제할 핵심적 역할이 있음을 재차 확인하고, 아울러 검사의 수사주재자로서의 역할을 더욱 강조하였다고 한다(한제희, 앞의 논문, 54면).

실체적 진실을 증명하는 데 이르고 있는지, 이들에게 불리한 내용이든 유리한 내용이든 수사가 수행되고 있는지 감독한다.

▸ 제41조 제1항 검사는 형벌법규에 반하는 범죄의 수사 및 소추를 위하여 필요한 일체의 처분을 행하거나 또는 이를 행하게 한다.[136]
  제2항 전항의 목적을 위하여 검사는 그 지방법원 관할구역 내에서 사법경찰관 및 사법경찰리의 활동을 지휘한다.

▸ 제54조 제1항 중죄의 현행범이 발생하여 사법경찰관이 그 통지를 받은 때에는 즉시 이를 검사에게 보고하여야 한다.

▸ 제74조 제1항 사체를 발견한 경우, 그 사인이 불명하거나 의심스러운 때에는 변사인지 여부를 불문하고 사법경찰관은 즉시 검사에게 이를 보고하여야 한다.

▸ 제75조 제1항 사법경찰관 및 그 감독 하에 있는 제20조의 사법경찰리는 검사의 지휘에 기하여 또는 직권으로 예비수사를 행한다.
  제2항 전항의 수사는 고등검찰청 검사장의 감독을 따른다.

▸ 제75-1조 제1항 검사가 사법경찰관에게 예비수사를 명할 때에는 예비수사가 실시될 기간을 정한다. 검사는 사법경찰관이 제시하는 이유를 검토하여 그 기간을 연장할 수 있다.
  제2항 예비수사가 직권으로 시작된 경우 사법경찰관은 6월이 경과한 때에 검사에게 수사의 진행상황을 보고한다.

▸ 제75-2조 중죄 또는 경죄에 관한 예비수사를 실시하는 사법경찰관은 혐의자의 인적사항이 확인된 때에는 이를 검사에게 보고한다.

▸ 제151조 제1항 예심수사판사가 사법경찰에게 수사지휘를 할 경우 지휘를 받은 사법경찰은 그 사실을 검사에게 보고하여야 한다.

(5) 최고사법관회의법 개정 논의

프랑스는 현재 검찰의 독립성과 객관성을 제고하기 위하여 최고사법관회의의 권한을 강화시켜 검찰의 독립성과 객관성을 확보하고자 하는 방안이 시도되고 있다. '최고사법관회의' 또는 '고등사법위원회'(Conseil supérieur de la magistrature,

---

136 이는 자신이 수사를 할 수도 있고, 사법경찰에게 수사를 시킬 수도 있다는 의미이다.

이하에서는 '최고사법관회의'라고 한다)는 사법권의 독립을 제도적으로 보장하기 위해 헌법 제65조 제2항에 의해 설치된 헌법기관으로, 사법관의 인사와 징계 업무 등을 담당하는 조직이다.

최고사법관회의는 판사 분과와 검사 분과로 구성되어 있다. 인적 구성을 보면, 판사 분과는 대법원장을 위원장으로 하여 5명의 판사와 1명의 검사, 1명의 국사원(Conseil d'état, 최고심 행정법원) 판사, 1명의 변호사, 총리와 상하원 의장에 의해 지명된 6명(법학전문가 등)으로 구성되고, 검사 분과는 검찰총장을 위원장으로 하여 5명의 검사와 1명의 판사, 1명의 국사원 판사, 1명의 변호사, 판사 분과와 같은 6명의 지명자로 구성된다.

종래 최고위급 판사는 최고사법관회의의 추천에 의해 정부에서 임명이 이루어지고, 나머지 판사는 최고사법관회의의 구속력 있는 의견에 따라 임명된다. 반면, 검사의 임명, 전보, 징계 등 인사와 관련해서는 최고사법관회의의 의견은 구속력이 인정되지 않는다.[137]

검사의 경우 판사와 같은 부동성 원칙이 인정되지 않고 법무부장관을 정점으로 한 위계조직에 위치하여 그 지시를 따르도록 되어 있는데, 인사권도 법무부장관에게 전적으로 부여되어 있는 구조여서 지속적으로 인사의 공정성과 검찰의 독립성 논란이 제기되어 왔고, 검사의 인사에 관여하는 최고사법관회의의 역할도 재고되어야 한다는 논의가 있어 왔다. 특히, 2010년에는 당시 사르코지 대통령이 최고사법관회의의 반대의견에도 불구하고 필립 쿠루와(Phillipe Courroye)를 낭떼르 지방검찰청 검사장으로 임명하자, 당시 두 사람의 친분이 이러한 결과에 이른 것이고 그 때문에 행정부로부터 검찰을 독립시켜야 한다는 논란이 다시 제기되기도 하였다.

이러한 논란을 일부 반영하여, 종래에는 최고사법관회의의 의장과 부의장이 대통령과 법무부장관으로 되어 있어 최고사법관회의의 의사결정과정에 행정

137 Le Monde, "Comprendre le projet de réforme du Conseil supérieur de la magistrature", 〈http://www.lemonde.fr/police-justice/article/2016/04/05/comprendre-le-projet-de-reforme-du-conseil-superieur-de-la-magistrature_4896245_1653578.html.〉); 김종구/김종민 외, 앞의 책, 44면.

부가 직접적으로 영향력을 미칠 수 있는 구조였으나, 2008년 7월 23일 개정법에서 사법권 독립을 보장하는 최고기관으로서의 독립성을 보장한다는 취지로 현재와 같이 대법원장과 검찰총장이 각 분과의 의장을 맡도록 하고 그 구성원도 사법관 7명과 외부위원 8명으로 다양화하였다.[138]

또한, 직전 정부의 올랑드 대통령도 취임 이후 검찰의 독립성을 강화하기 위한 방안을 검토한 끝에, 2016년 1월 13일 최고사법관회의법 개정안(Projet de loi constitutionnelle portant réforme du Conseil supérieur de la magistrature)을 의회에 제출하였다.

그 주요 내용은 판사의 임명방식과 마찬가지로 검사의 임명에 관한 최고사법관회의의 의견에 구속력을 인정하여 정부가 이를 의무적으로 따르도록 한 것이다. 검사의 징계 역시 현재는 최고사법관회의가 구속력 없는 단순의견만 개진할 수 있으나, 개정안에 따르면 검사의 징계를 결정할 수 있는 유일한 기관은 최고사법관회의가 될 것이다.[139] 이러한 내용의 최고사법관회의법 개정을 통해 국민들에게 사법권이 정의의 실현을 위해 행사된다는 신뢰를 주고 사법관이 외부의 개입, 특히 정부의 개입 없이 자신의 임무를 다하는 것을 보장할 수 있도록 최고사법관회의의 권한을 강화함으로써 결국 최고사법관회의의 개입에 의해 사법권의 독립성을 강화한다는 것이 이번 개정안의 목적이다.[140]

2017년 5월 새로 집권한 마크롱 정부 역시 전임 정부의 이러한 정책을 그대로 이어가고 있다. 마크롱 정부는 2018년 3월 새로운 헌법개정안을 발표했는데, 그 내용 중에는 검찰의 독립성 보장을 위해 검사의 인사와 징계를 최고사법관회의의 의견에 기속되도록 하는 방안이 포함되어 있다. 따라서 이러한 변

---

138 김종구/김종민 외, 앞의 책, 43면.

139 Le Monde. 앞의 기사.; 프랑스 법무부, "L'indépendance de la justice mérite un congrès", 〈http://www.justice.gouv.fr/le-garde-des-sceaux-10016/lindependance-de-la-justice-merite-un-congres-28846.html〉; 프랑스 법무부, "La réforme du Conseil supérieur de la magistrature", 〈http://www.presse.justice.gouv.fr/archives-discours-10093/discours-de-2016-12822/la-reforme-du-conseil-superieur-de-la-magistrature-28849.html〉.

140 프랑스 법무부, 법안 개정이유서, 〈https://www.legifrance.gouv.fr/affichLoiPreparation.do;jsessionid=645 F4D2B4D4C651A0656213443249E17.tpdila14v_2?idDocument=JORFDOLE000027174144&type=expose&typeLoi=&legislature〉.

화는 그동안 프랑스 검찰의 독립성에 비판적인 시각을 가져온 유럽인권법원에
도 어느 정도 호응을 보내주는 계기가 될 것이라는 평가가 있다.[141]

❸ 독 일

(1) 사법경찰과 행정경찰의 분리

독일의 경우 경찰의 수사는 행정경찰에 주어진 초동수사권에 의한 초동수
사와 검찰의 보조공무원으로서의 경찰이 행하는 수사로 나누어지지만, 현실에
서는 조직상 하나인 '경찰'에서 양자가 전부 행하여진다. 따라서 초동수사 후에
즉시 사건을 검찰에 송치하는 것이 아니고 같은 경찰 내의 사법경찰이 수사를
계속할 수 있는바, 이는 검찰로부터 특별한 위임이 없어도 추정적인 위임이 있
다고 전제되어 왔다고 한다.

그런데 수사 현실에서는 이러한 위임이 있다는 전제하에서 경찰이 검찰의
관여없이 광범위한 영역에서 독자적으로 수사를 행하였고, 이에 따라 검찰은
특히 중한 범죄가 아닌 한 대부분 송치 후에야 비로소 사건에 대하여 알게 되
었을 뿐만 아니라 중죄인 경우에도 영장청구 단계에서야 비로소 검찰이 경찰수
사에 관여하게 되는 것이 일반적이었다.

이러한 수사현실에 기초하여 경찰은 1971. 8. 4. 뮌헨에서 발생한 은행강
도 인질사건을 계기로 검찰의 수사를 받지 않는 독자적인 수사권을 주장하고
나섰다. 즉 1971. 8. 4. 뮌헨의 Prinzregenten가에 있는 독일은행 지점에 폐점
직전 2명의 강도가 침입하여 200만 마르크의 석방금을 요구하면서 5명의 은행
직원과 13명의 고객을 인질로 하여 경찰과 대치하는 상황이 벌어지자, 사건 현
장에서 한 부장검사가 범인체포를 위한 경찰의 진입을 지시하였고 경찰이 총기
를 사용한 체포작전 도중 인질 1명이 총격을 받아 사망하였는데, 이 사건[142]을

---

141   La Criox, "La réforme du parquet relancée", 〈http://www.la-croix.com/France/Justice/
      La-reforme-parquet-relancee-2016-01-14-1200731254〉.
142   2명의 무장 강도 중 1인은 돈이 실려 있는 도주차량에 은행 창구 여직원을 동승시켰으나

계기로 위험예방과 범죄소추가 동시에 추구되는 현장에서 "검사가 경찰의 작전 및 총기사용에 관한 지휘를 하는 것이 타당한가"라는 논쟁과 함께 경찰권과 검찰권의 한계에 대한 논쟁을 불러 일으켰다[143]고 한다. 당시 검찰과 경찰 간에 의견대립은 없었으나, 현장을 지휘하던 부장검사의 진압작전 개시 명령이 너무 성급한 것이었다는 비난이 제기되었는데, 이러한 상황은 경찰이 예방적 관점에서는 내무부장관 휘하에, 검찰의 수사공무원의 지위에서는 법무부장관의 예하에 있다는 명령하달 체계의 혼선에서 비롯된 것으로, 이는 경찰법과 소송법, 실체법이 상호 교착하는 어려운 문제였다.

이에 따라 1975. 10. 법무장관회의, 1975. 12. 내무장관회의를 거쳐 검찰과 경찰의 공동위원회가 구성되고 이 위원회에서 경찰과 검찰의 관계를 새롭게 정립하기 위한 규준(Leitsätze)이 만들어져 향후의 입법을 위한 방향이 제시되었으며,[144] 그 내용을 보면 다음과 같다.[145]

  1. **검찰과 경찰은 조직상 독립된 기관으로서** 효율적인 범죄투쟁을 위하여 범죄소추를 행함에 있어 상호신뢰를 가지고 긴밀하게 협력한다. 양기관의 협력사항에 속하는 것으로서 상호간의 정보제공이 포함된다. 상호간의 정보제공을 위하여

경찰 진압 과정에서 차량에 탑승한 강도는 중상 이후 숨졌고, 동승한 인질 역시 5발의 총상을 입고 사망하였으며, 나머지 인질과 함께 은행에 잔류한 다른 강도 1명은 경찰과의 총격전 끝에 체포된 사안인데, 전후 발생한 최초의 은행인질강도 사건이었다는 점, 사건이 발생하고 사건 현장 근처에서 약 5,000명의 시민들이 사건진행을 목도하였고, 나아가 총격전을 포함한 진압과정이 TV를 통해 생중계되어 독일 사회에 커다란 충격을 주었다. 특히 도주차량에 강도뿐만 아니라 인질이 동승하고 있었음에도 경찰이 총격을 가했다는 점, 강도 1인이 17인의 인질과 함께 은행에 잔류하고 있었음에도 진압 작전이 개시되었다는 점에서 거센 비판이 있었다.

143 Günter Hertweck, Staatsanwalt und Schieβbefehl, DRiZ 1971, S.308f.

144 독일에 있어서 검찰과 경찰의 관계에 관한 당시의 논의상황에 대해서는 1976년 10월 12일부터 10월 15일까지 독일 연방범죄수사청에서 열린 학술회의의 발표문과 결과를 수록한 책자인 Bundeskriminalamt, Polizei und Justiz, Arbeitstagung des Bundeskriminal- amtes Wiesbaden vom 12. bis 15. Oktober 1976.(BKA - Vortragsreihe Band 23)에 기술되어 있다.

145 Kuhlmann, 「Gedanken zum Bericht über das Verhältnis "Staatsanwaltschaft und Polizei"」, DRiZ, 1976, S.266.에 원문이 게재되어 있다.

법무부(Justiz)와 경찰은 각각 자신들이 보유하고 있는 정보 및 의사전달체계에 상대기관이 참여할 수 있도록 보장하여야 한다.

2. **검찰은 수사절차 전체에 대한 책임을 진다.** 검찰의 전적인 책임은 경찰에게 독자적으로 행동할 수 있는 권한이 부여되어 경찰도 책임을 부담하는 경우라 할지라도 영향을 받지 않는다.

3. 경찰은 이 지침이 제시한 기준에 따라서 범죄행위를 수사할 권한과 의무가 있다. 이 의무와 권리는 지체할 수 없는 조치에 제한되지 않는다. **경찰은 검찰이 달리 지휘하지 않는 한도와 범위에서 수사활동의 종류와 범위, 그리고 그 실행방법의 종류와 범위를 결정한다.**

4. 경찰은 다음과 같은 사안에 대하여는 알게 된 범죄행위와 행한 조치를 검찰에 즉각적으로 보고하여야 한다.

   a) 법률적 또는 사실적 관점에서 해결이 어렵거나 중요한 사안

   b) 검찰이 개별사안에 대하여 또는 절차법상의 이유나 형사정책적인 이유에서 일정한 유형의 사건에 대하여 보고를 요구한 경우

5. 검찰이 경찰을 수사에 개입시키지 아니하였기 때문에 경찰이 즉시 알지 못한 사건이 있을 경우에 검찰은 그 사건에 대하여 수사개시한 사실을 경찰에게 통지하여야 한다.

6. **경찰은 수사를 종료한 때에는 즉시 검찰에 수사결과를 송치하여야 한다.** 법률적 또는 사실적인 이유로 경찰이 더 이상 수사를 계속할 수 없는 때에도 같다.

7. **경찰은 다음 각 경우에는 수사가 종결되기 전이라도 검찰에 사건을 송치하여야 한다.**

   a) **검찰이 사건의 송치를 요구한 경우**

   b) 법관의 영역 또는 검사의 영역에 속하는 수사활동을 할 필요가 있는 경우. 다만 **검찰이 개별사안에서 송치하지 않도록 지휘한 경우에는 그러하지 아니한다.**

   c) 범행건수가 많거나 용의자가 다수이어서 사건에 대한 수사가 특별히 확대되거나 **사건이 법률적으로 해결하기 어려운 경우**. 다만 검찰이 개별사안에서 송치하지 않도록 지휘한 경우에는 그러하지 아니한다.

   d) 경찰에 고발이 접수된 시점 또는 통상적인 경우라면 경찰이 범죄사건이라고 인지하기에 충분한 단서가 존재한 시점으로부터 10주가 경과하도록 검찰에

사건을 송치하지 아니한 경우; 검찰은 특별한 유형의 사건들이나 개별사건의 경우에 송치기간을 더 부여할 수 있다.

8. <u>검찰은 언제든지 수사의 전체 또는 일부를 직접 할 수 있으며, 일반적 지시 또는 개별사건에 대한 구체적 지시를 통하여 경찰 수사의 종류나 범위를 결정할 수 있다. 검찰은 이 경우 개별수사행위의 실행에 대하여도 개별적이고 구체적인 지시를 할 수 있다. 검찰은 지시를 함에 있어 경찰이 보유하고 있는 수사기법상의 전문지식을 존중하여야 한다. 경찰은 검찰의 지시를 이행하여야 할 의무가 있다.</u> 검찰이 경찰에게 직접 강제력의 사용을 지시하는 경우에는 '검찰의 지시에 의한 경찰의 직접적 강제수단의 적용에 관한 연방 및 주 법무장관과 내무장관의 공동규칙'(Gemeinsame Richtlinien der Justizminister/-senotoren und der innenminister/-senotoren über die Anwendung unmittelbaren Zw- anges durch Polizeibeamte auf Anordnung des Staatsanwalts)[146]의 원칙에 따른다.

---

146 제1조 (1) 수사절차에 대한 검사의 책임완수, 이를 위한 철저한 수사 및 적법절차에 의한 수사를 위하여 경찰에 대한 검사의 지휘 및 지시권한은 직접강제에 대한 지시권한을 포함한다. 다만 위험예방은 경찰의 직무영역이며 이 영역에서는 검사의 지시권한이 존재하지 않는다.

(2) 직접강제방법의 사용에 대한 지시권한의 실행을 위하여 형사소송법 제161조(검사의 지휘권 및 경찰의 복종의무에 대한 규정) 및 법원조직법(GVG) 제152조(검사의 보조관)에 저촉되지 않는 한도에서 다음과 같은 업무처리지침을 준수하여야 한다.

① 검사는 특정 경찰공무원이 특정사건의 처리를 담당하고 있지 않는 한, 원칙적으로 관할 경찰서에 지시한다. 어떤 한 사건에서 다수의 경찰관이 지시권한이 있는 특정 경찰공무원 휘하에 있을 경우 검사는 그 지시권한이 있는 특정 경찰공무원에게 지시한다. 지시를 받은 자는 그가 법원조직법 제152조에 규정된 검사의 보조관인지 여부에 관계없이, 자신의 휘하에 있는 경찰공무원에게 그 실행을 지시한다. 경찰의 투입이 결정되었을 경우 해당 직접강제행위의 유발에 관여한 검사가 투입행위의 지시에 관여한다. 검사는 경찰투입행위에 대하여 총체적 책임을 지는 경찰관서의 투입지시자에 대하여 지시를 한다. 투입지시가 여러 단계를 거칠 경우 검사는 모든 단계의 지시에 대하여 관여한다. 검사의 지시를 받을 자가 하위직 지시권한자인 경우 검사는 그 하위직 지시권한자의 재량이 허용되는 범위 내에서 그 하위직 지시자의 상급자의 위치에서 지시를 한다.

② 직접강제수단의 종류와 방법에 대하여 검사는 일반적인 지시만을 하며 그 실행은 경찰이 하도록 한다. 다만 ⅰ) 경찰이 구체적인 지시를 요청하는 경우, ⅱ) 법적인 이유로 구체적 지시가 불가피한 경우, ⅲ) 직접 강제권의 행사가 향후 수사절차에 영향을 미칠 경우에는 검사가 직접 강제의 구체적인 종류와 방법을 지시한

9. 수사기록에 대한 열람의 허용여부는 검찰이 결정한다. 경찰이 사건을 송치하기 전에는 경찰은 원칙적으로 사실적 성격의 내용(Auskünfte tätsachlicher Art)을 범죄행위로 인한 손해배상청구권, 보험회사 및 기타 관련자(sonstige Beteiligte) 들에게 알려줄 수 있다. 다만 피의자 및 그의 변호인에 대한 정보의 제공은 할 수 없다. 그 이외의 경우에는 검찰이 정보의 제공여부를 결정한다. 언론기관에 대한 정보의 제공 및 보고의무에 관한 규정들은 본조에 의하여 영향을 받지 아니한다.

10. **검찰은 지시를 함에 있어 지원요청(Ersuchen: StPO 제161조 제2문)의 형식으로 원칙적으로 경찰관청에 대하여 행하여야 한다.** 특별한 사정이 존재하여 예외적으로 특정한 경찰공무원에게 사건의 수사를 맡기면 좋겠다는 검사의 지시는 가능한 한 존중되어야 한다.

경찰관서에 의하여 일정한 개별사건을 담당할 경찰공무원이 지정되어 있는 경우에는 검찰은 그 경찰공무원에게 직접 지시(Auftrag)를 할 수 있다.

지체의 위험이 있는 경우에는 검찰은 사물관할권 및 토지관할권이 있는 기관에 소속된 개별 경찰공무원에게 직접 지시의 형식으로 할 수 있다.

11. 검찰은 사물관할권 및 토지관할권이 있는 경찰관서에 대하여 지원요청(Ersuchen)을 행하여야 한다.

중대한 사유가 있어서 예외적으로 원래의 토지관할권을 가진 경찰관서가 아닌

다. 위 두 번째 혹은 세 번째의 경우 그 전제조건의 충족여부는 검찰이 결정하도록 정하고 있다. 구체적이고 개별적인 지시는 직접 강제방법의 실행가능성 및 개개의 상황에 대한 정확한 인식을 전제로 한다. 이는 투입현장 혹은 투입지시현장에 임할 것을 통상 요구한다. 무기사용을 위한 구체적, 개별적 지시를 위하여 투입현장의 참여는 불가피하다. 개별적, 구체적 지시를 할 경우 검사는 해당 경찰의 특별한 전문적 지식을 고려하여야 한다.

③ 어떤 특정한 상황에서 형사소추와 위험예방직무가 동시에 그리고 직접적으로 발생하였을 경우 검찰과 경찰은 자신들의 직무수행을 위하여 필요한 조치를 취할 권한이 있다. 이러한 상황에서는 검찰과 경찰간의 긴밀하고도 상호 신뢰할만한 협조가 특별히 요구된다. 검사가 참여할 경우 검사와 경찰은 가능한 한 조화롭게 행동하여야 한다. 이 원칙은 양자의 직무를 동시에 적절히 수행하는 것이 불가능한 경우에도 역시 유효하다. 만약 그러하다면 개개의 구체적인 상황에서 형사소추와 위험예방 중 어떤 것이 보다 중요한 법익인지 여부가 이익과 의무의 비교형량의 원칙에 따라 결정되어져야 한다.

다른 기관을 상대로 검찰이 수사에 대한 지원요청을 하는 경우에 대비하여 각 주는 그 요건을 주법률로 규정하여야 한다.

12. 협의의 경찰영역에 대하여는 검찰의 보조공무원제도를 폐기한다.

일정한 최소요건을 구비한 경찰공무원들은 현행법상 지체의 위험이 있는 경우 (Gefahr im Verzug)에 검찰의 보조공무원으로서의 신분을 가진 경찰에게 부여 된 권한들을 법률상 당연히 보유하여야 한다.

13. 경찰공무원에 대한 이의에 대하여는 원칙적으로 경찰이 결정한다. 이의 내용 으로 형사소송법적 조치, 조치의 거부 또는 부작위로 인하여 피해를 입었다는 주장이 있는 경우는 검찰이 결정한다.

이의 내용을 시정할 경찰의 권한은 검찰의 판단권에 의하여 영향을 받지 아니 한다.

이의가 검사의 지시에 따른 경찰의 조치를 대상으로 하는 경우에는 그 지시의 한도에서 검찰이 결정한다.

14. 경찰공무원이 진술을 행하는 경우에 그 진술에 대한 승인은 경찰관서가 행한 다. 경찰공무원의 진술이 검사의 지시에 기초한 처분을 그 내용으로 하는 경우 에는 경찰관서가 검찰과 합의하여 그 진술의 승인여부를 결정한다. 경찰공무원 의 진술이 수사목적을 위태롭게 할 여지가 있는 사건의 경우에도 경찰관서는 합의에 기하여 진술의 승인여부를 결정한다.

15. 형사소추 이외의 사항으로서 검찰이 형사사법의 영역에서 수행하여야 할 의무 및 다른 업무영역에서 법률에 의하여 검찰에게 위임된 임무를 검찰이 수행하는 경우에는 검찰은 경찰의 지원을 받는다. 검찰의 지원요청이 있으면 경찰은 이를 이행한다.

검찰은 검찰 자체의 보유인력을 동원하거나 경찰 이외의 다른 기관에 대한 공 조요청을 하더라도 특히 직접강제력을 행사하여야 할 필요성 때문에 지원요청 의 대상이 된 목적을 효율적으로 달성할 수 없거나 또는 경찰의 지원을 받는 경우와 대등한 정도의 효율성을 가지고 목적달성을 할 수 없는 경우에 한하여 경찰의 지원을 요청할 수 있다.

이 권고안에 대하여 독일 학계에서는 여러 가지 상이한 평가가 나타났는 데, 우선 국가가 수행하는 수사업무가 사법활동의 영역에서 행정부로 이관되는 우려할 만한 현상이 이 권고안에 나타나고 있다고 지적하면서 검찰조직 내부에 수사경험이 많은 경찰관들로 구성된 지원부서를 설치하여 검사의 지휘를 받아 수사하도록 하는 견해가 제시되었는데,[147] 이처럼 사법경찰을 검찰에 소속시키자는 구상에 따르면 검찰조직 내에 배치된 수사경찰관들이 검사의 지휘에 따라 수사를 행하되 필요한 경우에 기타의 경찰기관으로부터 보조를 받도록 함으로써 검사가 경찰을 직접적으로 지휘할 수 있게 된다는 것이다. 반면에 검찰과 경찰이 상호간 조직상의 독립성을 유지하면서 검사가 수사절차에 대하여 법적으로 전체적 책임을 지도록 하는 현행체계를 고수하여야 한다는 견해[148] 및 여기에서 한 걸음 더 나아가 현재의 일선실무를 존중하여 경찰에서 범죄사건의 실체규명을 위한 독자적 수사권한을 부여하자는 견해[149]도 있는데, 이는 경찰에게 독자적 수사권을 인정하되 수사권의 행사에 있어서 보다 광범위하게 검사의 통제를 받도록 하자는 것이다.

그 후 1978. 11. 17. 연방법무부에서 검찰과 경찰의 관계에 관한 법률 예비초안(Vorentwurf eines Gesetzes zum Verhältnis von Staatsanwaltschaft und Polizei)[150]이

---

147 Claus Roxin, Strafverfahrensrecht, 24.Auf., S.62.

148 Rüpping, 「Das Verhältnis von Staatsanwaltschaft und Polizei」, ZStW 95(1983), S.894.

149 Rupprecht, Keine Bedenken gegen die Leitsätze zum Verhältnis Staatsanwaltschaft – Polizei, ZRP 1977, S.275.

150 형사소송법 및 법원조직법상의 검찰과 경찰에 관한 규정을 개정하는 내용으로 주요 내용은 다음과 같다.

형사소송법(StPO)

제161조 제1항 검찰은 사실관계 조사를 위하여 모든 공공기관에 사실조회를 할 수 있으며, 모든 종류의 수사를 스스로 하거나 경찰로 하여금 하게 할 수 있다. 검찰은 경찰에 의한 수사시 수사의 종류나 범위 및 개개 수사활동의 종류와 방식을 결정할 수 있다.

제2항 검찰은 관할 경찰관청에 대해 협조의뢰(Ersuchen)를 한다. 지체의 위험이 있는 경우에는 그 관청의 개별 경찰관에 대하여 직접 지시할 수 있다. 일정 경찰관이 사건을 담당하고 있는 경우에도 직접 지시할 수 있다. 경찰은 검찰의 지시를 이행할 의무가 있다.

제163조 경찰은 범죄혐의를 알게 된 때에는 즉시 스스로 사실을 조사하여야 한다. 검찰이 지시하지 않는 한 경찰이 수사의 종류와 범위 및 수사행위의 종류와 방법을 결정한다. 제160조 제2항 및 제3항의 1문도 준용된다. 특히 중요한 사건은 지체없이 검찰에 보고하여야 한다.

제163조의a 제1항 경찰은 수사를 종료한 때 즉시 검찰에 수사결과를 송치하여야 한다. 다음 각 경우에는 수사종료전이라도 송치하여야 한다.

a) 검찰이 송치를 요구하는 때

마련되는 등 검찰과 경찰의 관계에 대한 논의가 광범위하게 행해졌는데, 다수의 의견은 오히려 경찰의 비대화에 따른 통제의 필요성을 강조하였고, 위 초안과 규준은 입법안으로 제출되지도 못한 채 1990년대 초반에 이미 그 동요가 가라앉았으며, 그 후의 논의도 정보화·국제화 사회에 있어 정보력을 독점한 경찰력의 비대화에 대한 우려와 검찰의 실질적 통제의 필요성 및 이를 위한 방안들이 제시될 뿐이었다고 한다.[151]

그런데 독일에서 주장되었던 경찰의 독자적 수사권에 대한 찬성론의 논거는 첫째, 다발범죄(Bagatelldelikte)에 있어 대부분의 사건이 검찰의 지휘를 받지 않은 채, 경찰 독자적으로 수행되어 검찰이 수사의 주재자임을 정한 형사소송법의 규정과는 괴리되어 있다는 것이다. 즉 사회의 변화 및 기술적 진보, 그리고 정보화에 따라 사회가 경찰에게 바라는 경찰상이 변화되었고, 규범적으로는 경찰이 검찰의 지휘를 받아 수사를 하는 것으로 되어 있지만, 현실적으로 거의 모든 사건을 경찰이 송치시까지 독자적으로 수사하고 있으므로 이러한 현실에 맞게 규범도 바꿀 필요가 있으며 그렇게 함으로써 경찰도 이제 '검찰의 보조자'가 아닌 독자적인 수사권을 가진 기관이 되어야 한다는 것이다.[152] 둘째, 현대

---

    b) 수사가 특별히 광범위한 때(besonderen Umfang annehemen) 또는 법률적 또는 사실적으로 어려운 사건

    c) 경찰이 사건을 인지한 후 검찰에 수사결과를 제시하지 않고 10주를 경과한 때

제2항 판사의 영역 또는 검사의 영역의 수사활동을 필요로 하는 경우에도 경찰은 검찰에 수사결과를 송치하여야 한다(2문 생략).

법원조직법

제152조 주정부는 경찰의 일정 공무원군을 형사소송상 일정한 권한을 행사할 자로 정할 수 있다.

제152조의a 제1항 검찰은 그 임무의 수행을 위하여 형사소추의 영역에 있어 다른 공무원 및 공공기관의 소속원들의 보조를 받을 수 있다. 보조공무원은 관할 검찰 및 그 상급공무원의 지시를 이행하여야 한다. 보조공무원은 다른 규정이 없는 한 법 제152조에 의한 경찰 공무원군에 속한 권한을 갖는다.

151 Lilie, 「Das Verhältnis von Polizei und Staatsanwaltschaft in Ermittlungsverfahren」, ZStW 106, S.625; Roxin, a.a.O., S.109; Hans Christoph Schäfer, 「zur Entwicklung des Verhältnisses Staatsanwaltschaft–Polizei」, Festschrift für Ernst Walter Hanack, 1999, S.191; Schünemann, Polizei und Staatsanwaltschaft, Kriminalistik, 74(1999), S.146.

152 R. Rupprecht, a.a.O., S.275.

법치국가에 있어서는 경찰도 법정주의(法定主義)의 제약을 받고 있고, 셋째, 위험예방과 범죄진압 및 수사행위는 공통적인 과제로서 1개의 기관에 통일시키는 것이 바람직하며, 넷째, 경찰이 검찰의 요구에 따라 수사를 할 경우, 자신의 책임으로 이 요구를 실행할 것인가의 여부를 결정하여야 하며, 그 요구를 맡은 기관이 그 조력의 종류와 방법을 결정하고, 또한 외부에 대하여 책임을 지는 법적 기구에 의하여 수행되어야 하므로, 이를 위하여 검사의 구체적인 지시가 배제되어야 할 뿐더러, 다섯째, 범죄행위에 대한 대책은 수사전략과 수사기술을 요하는 것으로서 원래 내부행정에 속하는 문제임에도 입법자들이 이러한 업무의 분담을 무시하여 공공질서의 유지임무를 맡지 않은 후견인(검찰) 밑에 둔 것이라는 점 등을 내세우고 있다.153

    이에 대하여 반대론의 논거는 첫째, 역사적 관점에서 검찰제도가 도입된 이유가 경찰의 통제와 이를 통한 수사절차의 사법적 형성(Justizförmigkeit)이었다는 점을 들고 있다. 즉 19세기 전반기에 초동수사권에 의한 경찰의 수사형태도 이미 초동수사를 넘어 거의 모든 사건을 독자적으로 수사하여 수사종료후 형사법원으로 넘기는 식이 되었고, 이에 따라 경찰은 거의 아무런 통제없이 수사를 하게 되어 피의자는 경찰의 재량과 자의에 맡겨지게 되었고, 심지어 공판전에 경찰이 수개월간 경찰구금 상태에 둘 수 있었는데, 바로 이러한 폐단을 시정하기 위하여 검찰제도가 도입되었고 법무부에 속한 검찰이 수사를 맡아 법치국가적으로 수사를 수행토록 하였던 것이며,154 그럼에도 불구하고 당시 경찰을 검찰 예하에 두지 않고 조직적으로 분리된 채로 단지 검찰의 지휘를 받게 한 체계를 택한 이유 때문에 현실적으로 수사에 있어 경찰의 영향력이 강화되고 검찰의 통제력이 약화되는 것은 다시 19세기 전반기의 상황처럼 되어 가는 것으로 이는 바람직한 방향이 아니라는 것이다.155

    둘째, 법과 법현실을 일치시키는 것은 국가적 과제인데, 이러한 과제를 법의 실현을 맡지 않은 국가기관의 손에 맡기게 된다면 유해하므로 이러한 과제를

---

153 Weyer, 「Zum Verhältnis Staatsanwaltschaft–Polizei」, Die Neue Polizei, 1972, S.50f.
154 Schünemann, a.a.O., S.76.
155 Roxin, a.a.O., S.120; Schäfer, a.a.O., S.205.

수행하기 위하여는 특별히 법률상 책임있는 공적기관이 필요하다는 것이다.[156]

셋째, 경찰의 수사활동은 예방경찰적 활동영역 외에서도 합목적적인 범죄대응이라는 미명하에 모든 국가권력에 부여된 정의에의 기속을 무시하기 쉬우므로 경찰의 활동에 대하여 지속적인 통제를 가할 필요가 있다는 것이다. 물론 경찰도 헌법과 법률에 기속되어 활동해야 하는 것은 당연하지만, 범죄행위를 수사하고 국가와 사회를 범죄자로부터 보호하는 것과 다른 한편으로 피의자의 권리를 보장하는 것의 대립관계는 지속적인 법적 검토와 고려를 요청하는 것으로 경찰이 맡고 있는 임무의 중요성을 감안할 때, 경찰의 활동에 대해 지속적인 통제를 할 필요가 있으며 이 법적 통제는 어떠한 경우에도 완화되어서는 안 된다는 것이다.[157] 특히 조직범죄에 대한 대책 등과 같이 예방적 활동과 소추활동이 복합적으로 이루어져야 하는 영역이 증대하면서 형사소추에 있어 경찰의 권한확대가 주장되고 있고 또 경찰의 이러한 목적성 및 힘에의 지향성이 공공의 안녕과 질서유지라는 포괄적인 임무를 등에 업고는 司法(Justiz)을 넘어서려 하고 국민들에게 '형사사법의 인간화가 범죄로부터의 사회보호를 어렵게 한다'는 주장을 하기까지 하고 '정의를 추구하는 형사소추보다는 사회방어가 우선한다'거나 '경찰법에 대한 형사소송법의 우위성이 폐기되어야 한다'는 등의 주장까지 대두되고 있는바, 이러한 생각이 경찰 내에 있다는 것 자체가 경찰조직에 내재한 힘과 합목적성 추구의 우위성을 보여주는 것이고 그 자체가 바로 통제의 필요성을 보여주는 것이라고 한다는 것이다.

넷째, 수사의 목표는 공소제기에 있으며 공소제기여부의 결정권이 검찰에 있으므로 이에 따라 검사는 전체 경찰수사에 대한 법적 통제를 하게 되고 이에 대한 책임을 지는 것이며, 경찰수사의 사법적 형성을 위한 지휘를 할 의무를 지는 것으로, 수사절차에서 이미 적정한 판결을 위한 기초가 광범위하게 형성되고 또 경찰수사에서 이루어진 오류를 공판절차에서 시정하는 것은 매우 어렵기 때문에 검찰로부터 자유로운 경찰의 수사영역이 존재해서는 안 된다는 것이다.[158]

156 김원치, 한독검찰제도의 비교연구 – 우리 검찰제도의 입법론적 과제를 위하여 –, 해외파견 검사연구논문집 제4집, 법무부, 389면.

157 Kuhlmann, a.a.O., DRiZ, 1976, S.265.

158 Josef Römer, Zukünftige rechtliche Ausgestaltung des Verhältnisses Staatsanwalts- chaft–Polizei–aus der Sicht der Justiz, Kriminalistik 6/79 S.275ff.

다섯째, 경죄 영역(Klein und Mittelkriminalität)에 대한 경찰의 독자적 수사론에 대하여도 이를 일축하면서 겉으로 보기에 중요하지 않은 사건도 수사가 부적절하게 이루어졌을 경우 공소유지가 어렵게 되므로 경미한 범죄라고 하여 일률적으로 경찰에게 맡기자는 주장은 잘못된 것으로서, 공소제기 여부를 결정하고 공판활동에서 그 수사의 적정성까지도 책임을 지게 되는 검찰에 모든 수사를 맡기는 것이 타당하다는 것이다.159

실제로 수사에 있어 검찰의 통제적 기능이 어떠한가를 법사회학적으로 연구·검증한 결과에 의하면,160 재산범죄 등 다발범죄에 있어 경찰은 그 자신 독자적으로 수사를 행하며, 검찰은 극히 예외적인 경우에만 재수사지시를 통하여 보충적으로 수사에 관여하는 반면, 강력범죄·경제범죄·정치범죄·마약범죄 등 중요범죄에 있어서는 검찰의 수사주재자적 성격이 뚜렷하게 입증되었다고 한다. 즉 실증적인 조사결과 경찰은 통상 자발적으로 독립하여 수사를 행하고 있었으며, 검사는 매우 드물게("sehr wenig") 직접 수사하였고 제한된 범위에서만 경찰에 직접적인 지시를 하고 있었다고 한다. 또 사소한 사건 혹은 중급 정도의 사건에 있어서 검찰은 경찰이 수사를 완료한 후에야 비로소 그 절차의 존재에 대하여 보고를 받았으며, 검사가 경찰에 재수사지시를 하는 경우는 극히 적었고, 설령 그러한 처분이 있었다 하더라도 이는 수사결과를 변경하기 위해서라기보다는 검사의 공소제기결정을 보다 확실히 뒷받침하기 위한 경우가 대부분이었다고 한다.

결국 법이 예상하였던 검사의 모습은 대량으로 발생하는 범죄현실에 직면하여 상당부분 변화되어 사소한 사건이나 중급 정도의 사건의 경우 경찰이 사실상 '수사의 주재자'가 된 것이었다.161 특히 범죄수사에 있어서 경찰은 인적·물적 지원도 충분할 뿐만 아니라 정보를 독점함으로써 그 자신의 주도하에 수

---

159 Armin Schoreit, 「Staatsanwaltschaft und Polizei im Lichte fragwürdiger Beiträge zur Reform des Rechts der Staatsanwaltschaft」, ZRP, 1982, S.289.

160 1978년 막스플랑크연구소(Max-Planck-Institut für ausländisches und internationales Strafrecht)에서 8개 검찰청을 상대로 한 법사실적인 연구결과를 내놓은 바 있다(Blankenburg/ Sessar/Steffen, "Die Staatsanwaltschaft im Proze β strafrechtlicher Sozialkontrolle", 1978).

161 Volker Krey, Strafverfahrensrecht, 1988, S.198.

사를 실행할 수 있게 되었다. 즉 경찰의 전산망(INPOL)과 같은 현대의 전산정보 기술 및 데이터수집 시스템들은 경찰의 권한을 훨씬 더 강화시켰는데, 이러한 정보를 갖추지 못한 검찰이 광범위한 수사기법상의 재량을 경찰에게 위임함으로써 경찰은 그 자신의 주도하에 수사를 실행할 수 있게 된 것이다. 따라서 몇몇 영역을 제외하고는 독일의 수사현실에 있어 경찰이 수사를 지배하고 있으며, 그 결과 경찰이 독립적으로 수사하여 그 결과를 검사에게 보내면 검사는 이를 기소할지 여부만을 결정하는 것이 흔히 있는 일이며, 검사는 이로 인하여 상당수의 경우 수사기관이 아니라 '서류작업기관'(Aktenbearbeitungsbehörde)이 되었다[162]고 한다. 이러한 연구결과에 대하여, 독일학계는 경찰이 사실상 수사절차의 대부분을 지배하게 된 현실상황이 부당하다는 견지에서 검찰의 경찰에 대한 통제기능을 회복시키는 방향으로 논의를 진행하게 된 것이다.

(2) 수사절차 개혁에 관한 선택초안(AE-EV)

독일에서의 수사절차 논의와 관련하여 Roxin, Weigend, Wolter, Maihofer 등 독일, 오스트리아, 스위스 학자들 20명이 함께 연구를 하여 2001년도에 발표한 '수사절차 개혁에 관한 선택초안'[163]에서도 검사의 수사주재자로서의 지위를 확고히 인정하면서, 경찰수사에 대해서는 검사가 언제든지 개입할 수 있고, 검사는 경찰이 가지고 있는 현재의 형사절차 또는 장래의 범죄소추관련 개인자료에 언제든지 접근할 수 있으며, 검사가 경찰에게 수사를 위임하면서 독자적으로 수사하도록 지시한 경우를 제외하고는 지체없이 기록내용도 제출하도록 규정함으로써, 검사의 수사상 책임성과 주재성을 강조하고 그러한 규범이 현실에 있어서도 관철될 수 있도록 제도장치를 마련하고자 한 바 있다. 즉 수사절차에 있어서의 검사의 수사주재성을 전제로 하여 그 한계 안에서의 경찰의 자율적

162 Lars hendrik Schröder, Das verwaltungsrechtlich organisatorische Verhältnis der strafverfolgenden Polizei zur Staatsanwaltschaft, 1995, S.51.

163 Arbeitskreis deutscher, österreichischer und schweizerischer, Alternativ- Entwurf Reform des Ermittlungsverfahrens(AE-EV), Verlag C.H.Bcck, München, 2001.

수사를 인정하자는 것이다.

　먼저 경찰의 수사권에 관하여 독일 형사소송법상의 초동수사권 개념을 그
대로 유지하여 사건인멸방지를 위한 급박한 조치로서의 '초동수사'를 검사의 요
청이나 위임이 없이도 행할 수 있다는 식으로 초동수사의 '독자개시권'을 명확
히 하여 경찰의 초동수사권을 부여하나(AE-EV 제162조 제1항), 선택초안(AE-EV)
제162조의a 제2항[164]은 경찰이 수사에 착수하는 경우에는 검사가 자신의 수사
를 위임하면서 독자적으로 수사하도록 지시하여 이에 따라 독자적으로 수행하
게 된 경우를 제외하고는 지체없이 범죄혐의와 행해진 수사활동을 보고하고 기
록내용을 제출하여야 한다고 규정하고 있다. 즉 선택초안(AE-EV) 제161조 제3
항과 제4항에 규정된 검사의 경찰에 대한 지시권한과 관련하여 제162조의a는
최초의 혐의가 존재하는 경우 초동조치를 할 경찰의 의무를 부과하고 있는 것
으로, 동 규정에 의하여 현행법에 대한 내용상 변경이 있는 것은 아니며, 형사
소추기관의 임무와 권한을 형사소송 체계상 충분히 구분하고자 하는 입장에 따
라 제162조의a 제1항에서 경찰의 수사의무를, 그리고 제162조의b[165]에서는 경

164　§ 162a. Eigenständige Ermittlungspflicht der Polizei.

　　(1) Werden Der Polizei zureichende tatsächliche Anhaltspunkte dafür bekannt, dass eine verfolgbare Straftat begangen worden ist, so sind die Behörden und Beamten des Polizeidienstes auch ohne Ersuchen oder Auftrag der Staatsanwa- ltschaft verpflichtet, Ermittlungen vorzunehmen, Beweise zu sichern und alle keinen Aufschub gestattenden Anordnungen zu treffen.

　　(2) Wenn die Polizei die Ermittlungen nicht nach § 161 Abs.4 selbstständig vornimmt, informiert sie die Staatsanwaltschaft unverzüglich über den bekannt gewordenen Tatverdacht und die ergriffenen Ermittlungshan- dlungen und übermittelt ihr den Akteninhalt.

　　제162조의a 경찰의 독자적 수사의무

　　제1항 소추 가능한 범죄행위가 행하여졌다는 충분한 사실적 근거를 알게 된 때에는 경찰임무를 담당하는 관청과 공무원은 검사의 의뢰나 지시가 없더라도 수사를 행하고, 증거를 보전하며 모든 지체할 수 없는 조치를 취해야 할 의무가 있다.

　　제2항 경찰이 제161조 제4항에 의하지 아니하고 독자적으로 수사에 착수한 때에는 지체없이 검사에게 알게 된 범죄혐의와 행해진 수사행위를 보고하고 검사에게 기록내용을 송부하여야 한다.

165　§ 162b. Ermittlungsbefugnis der Polizei.

찰에게 인정되는 권한에 대해 규정하고 있을 뿐이며, 제162조의a 제2항은 경찰이 초동조치를 취한 경우에도 수사절차에 대한 전체적 책임은 검사에게 있다는 점을 인정하여 경찰에게 알게 된 범죄혐의를 검사에게 지체없이 보고하고 기록 내용을 송부할 의무를 부과하고 있으며, 이에 대한 예외로 검사가 사전에 지정하여 경찰이 독자적으로 수사할 수 있도록 한 경우에만 제161조 제4항에 의하여 경찰이 독자적으로 수사할 수 있도록 규정하고 있는 것이다.

또한 선택초안(AE-EV) 제163조 제1항은 검사가 수사절차를 주재한다는 선언적 규정을 둔 후, 제2항에는 경찰이 수사를 진행하는 한 검사는 그 수사를 언제든지 스스로 할 수 있다고 하여 검사의 개입가능성을 열어놓고 있으며, 제3항에는 경찰이 수사를 종료하거나 검사가 개입하면 즉시 기록을 검사에 송치하도록 하고 있고, 나아가 제4항에서는 검사가 언제든지 경찰이 가지고 있는 현재의 형사절차 또는 장래의 범죄소추와 관련된 개인적 관련자료에 접근할 수 있도록 하였다.[166]

---

(1) Zu dem in § 161 Abs.3, 4 und § 162a Abs.1 bezeichneten Zweck dürfen die Behörden und Beamten des Polizeidienstes Ermittlunhandlungen vorzunehmen.

(2) Die Behörden und Beamten des Polizeidienstes sind befugt, von allen öffentlichen Behörden die Erteilung von Auskünften sowie nach Maßgabe von § 492 Abs.3 Satz 2 und Abs.6 die Übermittlung von Daten zu verlangen.

제162조의b 경찰의 수사권한

제1항 제161조 제3항, 제4항과 제162조의a 제1항의 목적을 위하여 경찰임무를 담당하는 관청과 공무원은 수사행위를 할 수 있다.

제2항 경찰임무를 담당하는 관청과 공무원은 모든 공공기관에 조회하여 필요한 사항의 보고를 요구할 수 있고, 제492조 제3항 제2문과 제6문에 따라 자료의 인도를 요구할 수 있다.

166 § 163. Gesamtverantwortung der Staatsanwaltschaft

(1) Die Staatsanwaltschaft leitet das Ermittlungsverfahren.

(2) Sofern die Polizei Ermittlungen durchführt, kann die Staatsanwaltschaft die Ermittlungen jederzeit an sich ziehen.

(3) Sobald die Ermittlungen von der Polizei abgeschlossen oder von der Staatsanwaltschaft übernommen worden sind, übersendet die Polizei die Akten an die Staatsanwaltschaft. Ingeeigneten Fällen soll sie eine zusammenfassende Sachdarstellung geben.

(4) Die Staatsanwaltschaft hat jederzeit Zugang zu personenbezogenen Daten, die im Zusammenhang mit einem Strafverfahren oder einer allfälligen künftigen Strafverfolgung

그런데 동 초안(AE-EV)의 의미에 대하여 경찰측 자료는 「검찰과 경찰의 관계에 있어서 검사가 수사의 중심이 된다는 법률적인 의미는 살리되, 중요범죄를 제외하고 경찰에게 독자적 수사권을 인정하는 방향으로 형사소송법을 개정하여 법과 현실간의 괴리를 좁히고자 한 것이며, 동 초안은 경찰에게 완전한 수사권 부여와 검사에 의한 세세한 지시 사이의 절충점을 찾고자 했던 것으로 평가받고 있다」[167]고 하거나, 「검찰은 여전히 수사절차상의 주재자로 남아야 하지만, 단순한 사건(einfachere Faelle)들과 피의자불명 사건들(Unbekanntsachen)에 대해서는 경찰이 독자적으로 처리할 수 있도록 이양해야 하는데, 이러한 내용은 독일경찰의 정보독점권과 관련되어 경찰의 사실상의 독자적인 수사를 인정하고자 하는 독일 전반적인 분위기를 보여준다고 할 수 있다」고 주장하는 견해[168]도 있다.

그러나 이러한 주장은 동 초안의 의미를 제대로 이해하지 못하고 있는 것으로 보인다. 왜냐하면 동 초안(AE-EV)에 관여한 Wolter교수에 따르면, 검찰·경찰간의 관계는 기본적으로 형사소송법상의 문제로서, 선택초안(AE-EV) 제163조 제2항에서 경찰의 자율적 수사영역을 인정하되 그 범위는 검사가 지정하고, 송치 전에도 검사의 지휘 및 개입은 언제든지 가능하다고 한 규정은 현실을 반영한 의미밖에는 없다고 언급하면서, 선택초안 제161조가 검사의 일반적·구체적 권한에 대해 자세히 규정하고 있다[169]는 점을 강조하고 있기 때문이다. 더욱이

erlangt und gespeichert worden sind. Dies gilt auch für Daten, die in Dateien der Polizei gespeichert worden sind.
제163조 검찰의 전체적 책임
제1항 검사는 수사절차를 주재한다.
제2항 경찰이 수사를 실행하는 경우 검사는 언제든지 그 수사를 직권인수할 수 있다.
제3항 경찰의 수사가 종료되었거나 검사에게로 인계된 경우에는 경찰은 즉시 기록을 검사에게 송부한다. 필요한 경우에는 경찰은 사건개요를 보고하여야 한다.
제4항 검사는 언제든지 형사절차 또는 장래 이루어질 형사소추와의 관련하여 획득되고 보관되어 있는 개인관련 자료에 접근할 수 있다. 경찰의 자료시스템에 보관되고 있는 자료에 대해서도 같다.
167 「합리적인 수사권 조정방향 – 경찰의 수사주체성 인정 및 검·경간 상호협력관계 설정」, 경찰청, 143면.
168 임준태, 독일형사사법론, 21세기사, 2004, 381-382면.
169 § 161. Ermittlungsbefugnis der Gesamtverantwortung der Staatsanwaltschaft; Beauftragung

경찰권한과 관련하여 Wolter교수는, 경찰은 검사의 연장된 팔로서 경찰에 대하여도 수사상 특별한 규정이 있고, 경찰은 검사의 일반적인 지휘·감독하에서 수사의 일반적인 권한을 갖고 사실을 조사하고 있는 것이며, 선택초안(AE-EV) 제163조도 경찰이 자율적으로 수사할 수 있는 범위를 검사가 지정해 주도록 하고 있을 뿐 독일법체계하에서 경찰이 완전히 독자적으로 수사를 할 수는 없으며, 다만, 검찰의 업무 가중, 경찰의 정보 장악 등의 이유로 경찰이 사실상 독자적으로 수사를 개시·진행하고 있는 것이 현실이라고 한다. 즉 독일에서는 원칙적으로 검사의 지휘하에서만 수사가 가능하므로 송치전 지휘배제는 불가하며, 선택초안(AE-EV)에서도 검사가 사전에 지정하여 경찰이 독자적으로 수사할 수 있도록 인정한 경찰의 수사영역에 있어서도 검찰은 언제든지(Jederzeit) 관여할 수 있는 것이 전제가 되고 있다는 것이다.

이처럼 Wolter교수에 따르면 선택초안(AE-EV) 제163조 제2항을 특별히 규정한 이유로 수사의 현실을 반영한 의미밖에 없었으나, 그럼에도 불구하고 위 규정이 독일 법조계 및 학계에 매우 센세이셔널하게 받아들여졌으며, 법조

der Polizei
(1) Zur Erforschung des Sachverhalts darf die Staatsanwaltschaft Ermittlun- gshandlungen vornehmen.
(2) Die Staatsanwaltschaft ist befugt, von allen öffentlichen Behörden die Erteilung von Auskünften sowie nach Ma β gabe von § 492 Abs. 3 Satz 2 und Abs. 6 die Übermittlung von Daten zu verlangen.
(3) Die Staatsanwaltschaft kann Ermittlungshandlungen durch die Polizei vo- rnehmen lassen. Die Behörden und Beamten des Polizeidienstes sind verpflichtet, dem Ersuchen oder Auftrag der Staatsanwaltschaft nachzu- kommen.
(4) Die Staatsanwaltschaft kann Sachverhalte benenen, die sie der Polizei zur selbstständigen Ermittlung überlässt.
제161조 검사의 수사권한; 경찰에의 위임
제1항 사실관계의 조사를 위하여 검사는 사실행위를 할 수 있다.
제2항 검사는 모든 공공기관에 조회하여 필요한 사항의 보고를 요구할 수 있고 제492조 제3항 제2문과 제6항에 따라 자료의 인도를 요구할 수 있다.
제3항 검사는 경찰로 하여금 수사행위를 행하도록 할 수 있다. 경찰의 임무를 담당하는 관청과 공무원은 검사의 의뢰 또는 지시를 이행할 의무가 있다.
제4항 검사는 사안을 지정하여 경찰이 독자적으로 수사하도록 위임할 수 있다.

계 및 다수 학자에 의하여 채택되지 못하였다는 점이다.[170]

　　동 초안(AE-EV)자체의 원문을 살펴보면, 「초안의 본질적인 특징은 검사의 법적인 수사주재권한을 강조하면서 경찰의 사실적인 주도적 역할을 제한하고 수정하려는 데에 있다. 검사와 경찰의 관계에 있어서의 균형은 기본적으로 변화되어서는 안 되지만, 수사절차에서의 검사의 지도적 역할수행의 부활이라는 의미에서 새롭게 균형을 맞추어 정비되어야 한다. 상이한 행정조직 체계를 가지고 있는 검찰과 경찰이라는 두 개의 독립된 기관의 관계를 새롭게 정립함에 있어서, 그간에 경찰 수사활동의 독립성이 증가한 것에는 법률적 측면에서보다는 여러 가지의 사실적인 측면의 상황들과 발전들의 상호작용이 오히려 더 중요한 역할을 하였다는 것을 간과하지 않았다. 이러한 상황들로는 경찰이 인적·범죄 수사학적·기술적 그리고 공학적으로 개선된 점, 수사를 위한 인적·물적 자원의 투입이나 어디에 수사활동의 중점을 설정할 것인가가 검사가 아닌 경찰에 의해 결정된다는 점, 경찰이 검찰과는 달리 전자적 정보처리장치(컴퓨터)에 의한 광범위한 자료들을 가지고 있으며 (다양한 항목들의 Inpol-System), 이 자료들로 인하여 검사에 비해 현저한 정보우위를 가능하게 하는 점, 또한 경찰은 검찰과는 달리 국제적인 영역에서도 광범위한 정보자료와 정보시스템(인터폴, 유로폴, Schengener정보시스템)[171]을 사용할 수 있는 점, 그리고 거의 대부분의 수사가 경찰에 행해지는 신고에 의해 개시되는 바 이에 따라 "초동수사"라는 규정에 양적으로 현저한 비중이 부여되게 된 점 등을 들 수 있다. 따라서 이러한 전개과정을 수정하는 것은 법집행이라는 실무적인 측면에서 접근하여야 할 것이며 법률적인 원칙의 측면에서 접근할 것은 아니다」라고 언급하면서, 「시안 준비모임의 생각으로는 검사로 하여금 경찰이 가지고 있는 개인관련 자료와 전자적 정보처리장치 내의 자료들에 대하여 접근하는 문제가 형사소추의 목적에 기여하는 한 특별한 의미를 가진다고 생각하였다. 현재에는 검사가 경찰의 자료들에 접근할 수 없고 협소한 범위에서 자신이 수집한 자료들을 이

170　뮌헨대학의 Schaefer교수에 따르면, Wolter교수의 선택초안(AE-EV) 자체도 독일의 다수 법률가 및 학자들이 반대하여 채택되지 못했다고 한다(정웅석, 수사지휘에 관한 연구, 대명출판사, 2011, 106면 이하 참조).

171　이에 관한 상세한 논의에 대해서는 Riegel, in Erbs/Kohlhaas, Strafrechtliche Nebengesetze, BKAG, § 1 Anm. III 2 b 참조.

용할 수 있을 뿐이기 때문에 검사는 전자적 정보처리장치에 근거한 혐의발견에 관하여 주도권에서 배제되어 있다(Lilie, ZStW 106(1994), 634 참조). **검사는 경찰이 피의자에 대하여 부여한 혐의가 어떤 자료를 근거로 한 것인지를 통제할 수 없으며, 경찰에 의해 피의자로 지정되지 않은 다른 사람에게도 혐의가 부여되지 않았었는지 등에 대하여 통제할 수 없다. 또한 검사는 경찰의 자료들에 접근할 수 없는 결과, 기본권과 관련이 있는 일정한 수사처분(내지는 이러한 처분의 청구나 이러한 처분에 대한 승인)을 명함에 있어서 그 처분명령의 조건이 존재하는지 특히 그 필요성이 있는지 여부를 독자적으로 자신의 책임하에 판단할 수 있는 상황에 있지 않다**(Lilie, ZStW 106 (1994), 639f; Roxin, DRiZ(1997), 120 참조). 또한 비밀수사요원 처분과 관련하여 항상 검토하여야 하는 문제, 즉 "사실관계의 수사가 … 다른 방법에 의하는 경우에는 실효성이 극히 낮거나 매우 어렵게 될 때(형사소송법 제98조의a 제1항 제2문)"에 해당하는지는 다른 대체적인 수사방법이 알려져 있고 개별적인 수사처분의 효율성을 평가할 수 있는 경우에만 판단할 수 있다. 형사소송법 제492조 이하의 규정에 의한 검찰의 사건자료시스템은 이러한 사건들에 있어서는 모든 경우 수사절차의 주재자로서의 역할을 수행하기 위하여 경찰의 협조에 의존할 수밖에 없다. 따라서 검사에게 경찰의 전자적 정보처리장치에 저장된 자료들에 접근할 수 있는 독자적인 권리를 인정하는 것이 법치국가적 근거에서 볼 때 중요하며 필요하다. 그리하여 제4항 제1문은 경찰이 가지고 있는 개인과 관련된 자료와 전자적 정보처리장치 내지 자료들에 대한 검사의 독자적인 접근권한을 규정하고 있다. **경찰의 자료들에 있는 정보는 범죄발생 후의 사후진압적인 형사소추와 형사소추의 준비를 위한 정보(시안 제150조)뿐만 아니라 예방적 위험방지나 범죄예방이라는 의미에서의 범죄에 대한 사전예방적인 투쟁을 위한 정보들을 포함하고 있는 반면, 검사의 임무는 이미 밝혀진 범죄행위에 대한 소추와 장래에 일어날 또는 아직 밝혀지지 않은 범죄행위에 대한 소추의 준비에 제한되므로, 법문에 어떤 범주의 정보들에 대하여 검사가 접근할 수 있는가에 대하여 명확하게 규정해야만 한다.** 그렇기 때문에 제4항 제2문은 형사절차와 관련하여 경찰에 의해 획득된 개인과 관련된 자료(사후진압적 자료)와 경찰이 장래의 형사소추를 목적으로 보관한 자료(준비적 자료)에 대한 검사의 접근을 허용할 것을 제안하고 있다. 이 두 범주의 정보들은 그 성질상 범죄행위에 대한 소추와 관련이 있는 자료들이다(Lilie, ZStW 106(1994), 634ff; Siebrecht, Rasterfahndung, 1997, 164ff)). 이러한 자료들을 순수하게 예방적인 경찰의 자료와 구분하는 것은 어느 정도 기술적인 비용이 소요될 것이다(Ringwald, ZRP, 1988, 183 참조). 그러나 법적인 관점에서는 이에 대해 심각한 장애가 존재하지 않는다. 경찰의 예방적 자료와 이러한 자료들을 형사소추의 목적으로 이용하는 권한에 관하여는 시안 제163조의g가 적용된다(시안 제161조 제2항)」고 보고 있는데, 결론적으로 「**수사절차에서의 경찰의 개별적인 권한을 강화하는 것은 초안의 기본입장에 배치되는 것이며 초안의 기본입장은 경찰의 권한을 제한하고 경찰의 권한에 강한 통제를 두는 것을 목적으로 하고 있다. 다만 경찰측에서 자주 표명한 것으로, "검찰의 보조공무원(Hilfsbeamten der Staatsanwaltschaft (법원조직법 제152조)"이라는 용어가 여러 가지 면에서 차별적인 인상을 주므로 이 용어를 없애야 한다는 의견은 받아들여야 할 것이다. 그래서 초안에서는 "수사공무원(Ermittlungsbeamten)"이라는 중립적으로 적정한 개념을 선택할 것을 제안하였다**」는 입장이다.

덧붙여 Wolter교수는 경찰의 임무는 미래 범죄를 예방하는 것과 이미 발생한 범죄를 추적하는 두 가지로 분류될 수 있고, 두 번째 기능은 검사의 보조자로서 하는 것이므로, 경찰 전산망에 검사가 기술적으로 들어갈 수는 없게 되어 있지만 검사의 수사지휘권에 기초하여 경찰 정보에 접근할 수 있는 것이고, 더욱이 검사가 수사주재자이므로, 경찰의 자료를 변경하지 않는다는 전제하에 반드시 경찰 정보자료에 대한 접근권이 있어야 한다고 주장하면서,172 선택 초안은 검사가 수사의 주재자로서 반드시 경찰의 정보에 접근할 수 있어야 한다는 점을 명시하고 있고, 또 검찰의 지휘하에 경찰이 독자적인 수사영역을 가지도록 규정하고 있는데, 이는 경미한 범죄에 대해 경찰이 독자적으로 수사하고 검찰이 마지막에 결정하고 감찰하는 현실(검사가 다른 결정도 가능)을 반영한 것이

---

172 독일 학자들 사이에서도 경찰 전산자료를 치안예방적 자료와 형사소추절차자료로 나누어 형사소추적 자료에만 검찰의 접근권을 인정하자는 견해(Schaler, Zur Entwicklung des Verhältnisses Staatsanwaltschaft–Polizei, FS–Hanack, 1999, S.191ff.)가 있는 반면, 현대 사회에서 예방적 범죄투쟁활동과 사후진압적인 형사소추활동은 밀접불가분의 관계에 있으므로 이를 구분하지 말고 검찰이 이 자료에 접근할 수 있어야 한다는 견해(Lilie, Das Verhältnis von Polizei und Staatsanwaltschaft im Ermittlungsverfaren, ZStW 106, 1994, S.625ff.)도 있다.

라고 한다. 다만 경찰에 독자적인 수사영역을 열어줄 경우 경찰이 사건을 독자적으로 종결해 버릴 위험도 있으나 그런 일이 있어서는 안 된다고 하면서, 독일 경찰은 법적인 교육이 부족하고 법률가가 아니기 때문에 관계자를 소환하여 신문하는 등의 권한을 가지고 있지 않은 바, 경찰이 자기의 권한과 능력을 벗어나는 competence를 추구해서는 절대 안 되며, 검찰은 사법수호자로서의 지위를 반드시 유지해야 한다고 언급하였다.

　　그리고 2000년 법원조직법 개정 당시 "Hilfsbeamte"의 명칭을 "Ermittlung-sperson"[173]으로 변경하게 된 이유는 존중의 의미(경찰에 대한 예우)를 담으려고 한 것일 뿐 검사와 경찰의 관계가 변경된 것은 전혀 없으며, 현행 형사소송법 제163조 제1항 제2문에 경찰의 임무가 추가된 이유도, 종래 의무 형태로 규정되어 있던 부분을 권한(general competence) 형태로 규정한 것일 뿐이며, 선택초안도 이를 권한을 가지는 형태로 규정하고 있는데 그렇다고 하더라도 경찰 수사는 항상 검찰의 통제 하에 놓이는 것이며, 경찰을 독자적 수사주체로 인정한 것은 아니라는 것이다. 따라서 선택초안이 경찰의 독자적인 수사권을 인정한 것이라고 해석하는 것은 잘못된 것이다.[174]

---

173 독일의 경우 형사소송법상 사법경찰이란 용어는 나타나지 않고, 검찰의 수사요원(Ermittlung-spersonen der Staatsanwaltschaft)이라는 용어가 사용된다. 즉 이들이 하는 수사가 검사의 수사를 도와주는 것이라는 독일법상의 관념이 이 용어에 배어 있다. 이 용어는 종래의 보조공무원(Hilfsbeamte)이라는 용어를 2000년도 개정시에 바꾼 것인데, 이는 보조공무원이라는 용어가 주는 명예감에 있어서의 불만감 때문에 변경되었다고 한다. 이 검찰의 수사요원은 경찰의 일부 중에서 수사업무를 담당하는 경찰관들(우리나라 형사소송법상 사법경찰의 개념에 해당한다)과 일반 행정관청에서 수사업무를 담당하는 사람들(우리나라 형사소송법상 특별사법경찰의 개념에 해당한다)이 모두 포함되는 개념이다. 이에 따라 초동수사권의 권한을 가진 자도 경찰에 한정하지 않고 「경찰임무를 담당하는 관청 및 공무원」(Die Behörden und Beamten des Polizeidienstes)으로 쓰고 있으며, 이에는 경찰 및 경찰공무원뿐 아니라 일반행정관청 및 특별사법경찰의 업무를 담당하는 공무원이 모두 포함되는 것이다.

174 Arbeitskreis deutscher, österreichischer und schweizerischer, a.a.O., S.120.

【표 1-30】 수사권 규정과 관련된 입법권고안/예비초안(1978)/선택초안(2001) 비교175

수사권 규정		당시 현행	입법권고안 (1975)	예비초안 (1978)	대안적 초안 (2001)
직접수사권		○	○	○	○
수사 지휘	위임권	○	○	○	○
	위임대상	경찰관청 경찰공무원	원칙: 경찰관청 예외: 특정 경찰공무원 • 경찰의 존중 의무 경찰관청이 지정하는 경우 특정경찰공무원에 직접지시	원칙: 경찰관청 예외: 지체의 위험이 있는 경우 특정경찰공무원에 직접지시 특정 경찰공무원이 사건담당하는 경우 직접지시	경찰관청 경찰공무원
	이행의무	○	○	○	○
수사 인수		항시 가능	항시 가능	항시 가능	항시 가능
경찰의 수사권	인정여부	○	○	○	○
	개 시	범죄 인지시 수사 개시	범죄 인지시 수사 개시	범죄 인지시 수사 개시	범죄 인지시 수사 개시
	보고의무	즉시 보고	해결이 어려운 사건 검찰 요구시	특별히 중요한 사건인 경우	즉시 보고
송치의무		수사 종료시 검찰 요구시	수사 종료시 검찰 요구시 검찰 영역의 수사 해결이 어려운 사건 인지 후 10주가 경과한 사건	수사 종료시 검찰 요구시 해결이 어려운 사건 인지 후 10주가 경과한 사건	수사 종료시 검찰 요구시
수사 종결권		검 찰	검 찰	검 찰	검 찰
수사의 주재자 지위		검 찰	검 찰	검 찰	검 찰

---

175 차종진/이경렬, 「1970년대 독일의 수사권 조정 논의와 시사점」, 형사법의 신동향 통권 제 60호(2018. 9.), 대검찰청 미래기획단, 60면.

위의 입법권고안(1975), 예비초안(19780), 선택초안(2001) 모두 검찰과 경찰의 관계 설정에 있어서 '수사절차의 주재자'로서 검찰의 지위를 박탈하거나 약화하려는 시도는 어디에도 보이지 않는다는 점이다.176 더욱이 실질적으로 수사를 담당하고 있는 경찰에게 수사종결권을 부여하고자 하는 시도 역시 적어도 어떤 개정안에서도 찾아볼 수 없다는 점이다.177

다만, 〈표 1-30〉의 수사의 위임과 관련하여, 검찰이 경찰에 수사를 요청 내지 위임할 수 있는 권한을 명시적으로 두고 있지만, 위임의 대상에서는 차이를 보이고 있다. 즉, 종전에는 검찰이 특정 수사관에게 직접적인 수사지시를 할 수 있었던 반면, 1975년의 입법권고안과 1978년의 예비초안에서는 원칙적으로 경찰관청에 요청하고, 예외적인 경우에만 특정 경찰공무원에 대한 개별적 직접 지시를 규정하고 있다. 입법권고안(1975)에서는 검찰의 경찰공무원에 대한 직접 지시의 의사 표명을 한 경우 경찰에게 이를 존중할 의무만을 규정하고 있으며, 예비초안(1978)에서는 지체의 위험이 있는 경우로 한정하여 직접 지시를 허용하고 있다.178 양 제언 모두 경찰관청에 의하여 특정 경찰공무원이 개별 사건을 담당하고 있는 상황에서는 검찰의 직접 지시를 허용하고 있는데, 이는 특정 경찰공무원이 개별 사건에서 이미 경찰관청에 의하여 지정되어 수사를 담당하고 있는 경우라면 검찰의 직접 지시를 용인한다는 것으로 해석할 수 있는 것이다.179

이렇게 규정한 이유는 경찰이 예방적 관점에서는 내무부장관 휘하에, 검찰의 수사공무원의 지위에서는 법무부장관의 예하에 있다는 명령하달 체계(이중적 명령체계)의 혼선을 어느 정도 일원화시키려는 시도로 보인다. 즉, 신속성 또는 내밀성이 요구되는 수사에서 매번 경찰관청을 통한 지시는 자칫 비효율성을 야기할 수 있으므로, 일단 구체적 사건의 담당 경찰공무원이 정해지는 경우에는 직접 지휘할 수 있도록 규정한 것이다.

결국 검사의 주된 임무는 검사가 경찰에 대한 법치국가적 통제로 기능하는

---

176 이완규, 검찰제도와 검사의 지위, 성민기업, 2005, 348면.

177 차종진·이경렬, 앞의 논문, 61면.

178 앞의 표 1. 입법권고안 제9항 및 표 2. 예비초안 제161조 제2항 참조.

179 차종진·이경렬, 앞의 논문, 61면.

데 있는 것으로, 이러한 의미에서 검사는 국가권력을 행사하기 위한 수단이 아니라 국가권력으로부터 국민의 자유를 보장하기 위한 제도로 등장한 것이며, 따라서 정의에 대한 국가의 의지를 상징하는 법치국가원리의 대변인(Vertreter des rechtsstaatlichen Prinzips)[180] 또는 법률 감시인(Wächter des Gesetzes)[181]으로 기능하는 것이고, 이는 사법경찰에 대한 수사지휘를 통해서 실현되는 것이다.[182] 독일에서 "세상에서 가장 객관적인 기관"(Staatsanwaltschaft als "objektivste Behörde der Welt")[183]으로서의 검찰을 논하는 이유도 여기에 있으며, 객관적 요청의 법률적 근거규정으로 법원조직법 제150조[184] 및 형사소송법 제160조 제1항의 "실체적 진실발견의 의무"와 제2항의 "불리한 사정뿐만 아니라 유리한 사정도…" 규정[185]을 들고 있다.[186]

---

180 Eb. Schmidt, "Die Rechtsstellung der Staatsanwälte", DRiZ 57, S.278.

181 Eb. Schmidt, Einfürung in die Geschichte der deutschen Strafrechtspflege. 3. Aufl. 1965, S.330f.; auch Schlühter, Das Strafverfahren, 2. Aufl. 1983, Rn 61.3("Bindung an Wahrheit und Gerechtigkeit").

182 사법경찰이 수사하여 송치하는 사건은 연간 150만 건(전체 사건의 98%)인데, 그중 경찰이 혐의 있다고 판단하여 독자적으로 수사 개시·진행하였으나, 검찰에서 무혐의 처분된 사건이 2011년에 10만 명에 해당한 반면, 2015년에는 15만 명으로, 50%나 증가하여 '죄 없는 국민'에 대한 경찰 수사가 계속 증가하는 추세에 있다.

183 Franz von Liszt, DJZ 1901, 179, 180.

184 법원조직법(GVG) § 150 GVG: „Die Staatsanwaltschaft ist in ihren amtlichen Verrichtungen von den Gerichten unabhägig."(검찰은 공적 업무상 법원으로부터 독립해 있다).

185 독일형사소송법(StPO) § 160 Abs. 1 und 2 StPO: Abs. 1(Pflicht zur Ermittlung der materiellen Wahrheit) und Abs. 2(nicht nur die zur Belastung, sondern auch die zur Entlastung dienenden Umstäde…).

186 Friedrich Carl v. Savigny, Promemoria die Revision des Strafprozesses betreffend, 1846, gemeinsam mit v. Uhden(Die Staatsanwaltschaft soll „ls Wähter des Gesetzes befugt sein, bei dem Verfahren gegen den Angeklagten von Anfang an dahin zu wirken, dass üerall dem Gesetz Genüe gescheh… Der Staatsanwalt ist eben so sehr zum Schutze des Angeklagten als zu einem Auftreten wider denselben verpflichtet… Die Einlegung von Rechtsmitteln ist nur eine der dem Staatsanwalte obliegenden Funktionen… **Seine Wirksamkeit als Wähter der Gesetze hat nicht erst mit der Üerweisung eines Angeklagten an die Gerichte, sondern schon bei den vorbereitenden Operationen der Polizeibehöde einzusetzen**.": 검찰은 "법률의 감시자로서 절차에서 피고인에 대하여 처음부터 어디든 법률에 충만하도록 작용하는 권한을 가져야 한다… 검사는 피고인에 맞서

문제는 독일에서 왜 이러한 입법례를 취하고 있는가이다. 그 이유에 대하여 1994. 11. 4. Trier대학에서 개최된 '형사소송법상 검찰과 경찰의 관계에 대한 국제 심포지움'에서, 크라이(Krey)교수는 "검사의 절차적 주재성이 없으면 위험예방 업무영역과 범죄수사 업무영역을 모두 갖는 경찰은 법치국가적으로 허용할 수 없는 거대권력(Übergewalt)이 될 것이다. 형사소송에 있어 경찰, 검찰, 법원간의 권력적 균형은 현실에 있어 권력분권의 가장 중요한 부분이라 할 수 있다. 검찰의 권한을 약화시키고 대신에 경찰의 권한을 강화함으로써 이 균형성을 흔들려고 하는 사람은 일반적으로는 법치국가성에 대해, 그리고 특히 시민의 기본권 보호에 있어 적절하지 않은 생각을 하는 것이다"라고 결론을 내린 바 있다.187

또 하나 주목해야 할 점은 초동수사시에 경찰의 보고의무에 어느 정도 차이가 나타난다는 점이다.188 종전 형사소송법에서 경찰이 범죄를 인식하고 수사를 개시한 경우 검찰에 대한 즉각적인 보고의무를 규정한 반면, 입법권고안(1975)과 예비초안(1978)에서는 일반적 보고의무를 삭제하고 해당 사건이 난해하거나 중대한 경우와 검찰의 요구가 있는 등 예외적인 경우에만 보고의무를 인정하고 있다.189 이에 따르면 경찰이 수사를 개시하고 위의 예외적인 상황에 해당하지 않는다면 검찰보고 없이 수사를 자율적으로 종료시까지 진행하고, 종료한 후 검찰에 송치할 수 있을 것이다. 이는 많은 사건에서 검찰이 종료 후 검찰 송치에서 사건을 인지한다는 현실을 어느 정도 반영하여, 입법권고안(1975년)과 예비초안(1978년)은 이러한 규범에 합치하지 않는 수사 실무에 법적 근거를 부여하고자하는 것으로 해석된다. 이에 따르면, 경찰은 초동수사를 개시하고 예외적인 상황을 제외하고는 합법적 근거를 가지고 종료시까지 수사 활동을 수행할 수 있게 되는 것이다.

야 하는 의무도 있지만, 피고인을 보호해야 하는 의무도 가진다... 상소제기는 검사에게 의무로서 주어진 기능 중 하나이다... **법률감시자로서 검찰의 작용은 피고인을 법원에 송치함으로써 시작되는 것이 아니라 이미 경찰기관의 준비활동에서부터 시작되어야 한다**").

187 Juristen Zeitung, Tagungsbericht(1995. 10.), S.503.
188 차종진/이경렬, 앞의 논문. 62면.
189 앞의 표 1. 입법권고안 제3항과 제4항 및 표 2. 예비초안 제163조 참조.

결론적으로 입법권고안(1975년)과 예비초안(1978년) 그리고 선택초안(2001년)에 따르면, 경찰이 초동수사를 개시하고 일정 범위에서 수사 종료시까지 검찰의 지휘 없이 독자적인 수사를 할 수 있는 법적 근거가 확보된 것은 사실이다.190 하지만 이것이 종전의 수사절차와 비교하여 검찰의 지휘권 약화를 초래했는지의 여부는 의문이다. 모든 제언에서 검찰은 여전히 언제든 사건을 인수할 수 있고, 검찰이 요구하는 경우 경찰은 사건의 종류를 불문하고 보고 내지 송치해야할 의무를 부담하고 있으며, 경찰이 검찰의 지시에 복종할 의무를 명시적으로 적시하고 있고, 나아가 범죄인지 후 10주가 경과한 사건에 대하여 검찰 송치의무를 규정하고 있기 때문이다.191 따라서 독일의 수사권 조정 논쟁은 경찰의 '독자적 수사권' 확보라는 목적을 지향했다기보다는 종전에 이어져 오던 경찰의 수사 실무에 대한 법적 근거를 마련함으로써 규범합치적 수사의 가능성을 넓혀준 것으로 판단된다. 나아가 경찰의 자율적 수사권의 내용과 범위를 더욱 명확히 하는 것에 비례하여 검찰의 수사지휘권 행사범위도 명확해지는 만큼, 이에 대한 실질적 통제 가능성의 확대를 꾀한 것이라 할 것이다.

(3) 검사의 지위

독일은 우리나라 검찰청법과 같은 별도의 규정없이 법원조직법(GVG)에 법원과 함께 검찰청의 조직에 관한 규정을 두고 있는데, 이에 따르면 검찰청은 각급 법원에 대응하여 설치되며($\overset{\text{GVG}}{\S\,141}$), 그 관할구역은 법원의 경우와 동일하다는 규정($\overset{\text{GVG}}{\S\,143}$) 등 검찰에 관한 규정은 불과 13개($\overset{\text{독일법원조직법}}{\text{제141조 – 제152조}}$) 조문에 불과하다. 다만 여기서 '각급 법원에 대응하여 설치한다'는 의미는 법원에 대하여 기관적으로 독립적인 검찰기관을 설치한다는 의미가 아니라 각급 법원에 대응하는 검찰업무를 처리하는 권한을 가진 1인 또는 다수의 공무원을 두어야 한다는 의미로서 수개의 법원에 대하여 1개의 공통적인 검찰기관을 설치할 수도 있으므로 특히 본 규정은 구(區)법원의 검찰조직을 위하여 특별한 의미를 가질 것이다. 다만

---

190   앞의 표 1. 입법권고안 제3항 및 표 2. 예비초안 제163조 참조.
191   앞의 표 1. 입법권고안 제7항 및 표 2. 예비초안 제163a조 참조.

연방국가인 독일의 경우도 연방검찰청과 주검찰청이 있으나, 연방검찰청은 우리나라의 대검찰청과는 달리 고등검찰청의 상위(上位)에 있는 것이 아니라 법관과 마찬가지로 연방정부의 법무부에 소속되어 법률에 규정된 일정한 권한을 행사하는 독립된 검찰청이다. 즉, 연방검찰청은 법원조직법 등에 규정된 특정한 사항, 예컨대 국가보안 관련사건, 연방법원에 계류 중인 상고사건, 주검찰청 간의 관할쟁의가 있는 경우 관할검찰청의 결정 등의 업무만 처리할 뿐, 일반 형사사건에 대하여는 주검찰청이 관할권을 가지므로 연방검찰청은 주검찰청의 상급기관이 아니다. 검사는 물론 판사의 인사와 행정, 즉 국내의 법원행정처의 역할까지도 함께 하는 독일 연방 법무·소비자보호부 장관(BMJV)은 연방검찰총장과 연방검찰에 대한 지휘감독권을, 주의 검사와 법관의 인사와 행정을 총괄하는 주사법행정부(주법무부; Justizverwaltung)는 해당 주의 모든 검찰에 대한 지휘감독권을 가지고(법원조직법 제147조), 주최고법원과 주법원에 상응하는 검찰청의 검사장(die erste Staatsanwaltschaft)에게 해당 구역의 모든 검찰공무원의 지휘감독권이 주어지는 것이다.

결국 독일연방과 각 주의 법무부와 검찰조직은 서로 독립적이므로 연방법무부장관이나 연방검찰총장은 주법무부나 주검사들에게 지휘·감독권이 없다.

법원조직법 제10장(GVG Zehnter Titel)

제141조[소재지] 각 법원에 대응하여 하나의 검찰청이 설치되어야 한다.

제142조[검찰청의 관할] ① 검찰의 직무는 다음 각 호의 사람에 의하여 수행된다.

1. 연방대법원에서는 연방검찰총장 및 한 명 또는 수 명의 연방검사

2. 고등주법원과 주법원에서는 한 명 또는 수 명의 검사

3. 구법원에서는 한 명 또는 수 명의 검사 또는 구검사

② 구검사의 관할은 구법원이 아닌 다른 법원의 관할에 속하는 형사사건에 있어서 공소의 준비를 위한 구법원의 절차에는 미치지 않는다.

③ 사법관시보는 구검사의 임무 및 개개의 사건에 있어서 검사의 임무를 그 감독 하에 위임받을 수 있다.

제142조a[연방검찰총장] ① 연방검찰총장은 제1심에서 고등주법원의 관할에 속하는 형사사건(제120조 제1항 및 제2항)에 있어서 검찰의 직무를 이러한 법원에서도 수행한다. 제120조 제1항의 사안에서 주의 검찰 공무원과 연방검찰공무원이 그들

중 누가 소추를 담당할 것인가에 대해 합의할 수 없는 경우에는 연방검찰총장이 이를 결정한다.

② 연방검찰총장은 다음 각 호의 경우 그 절차를 공소장 또는 신청서류(형사소송법 제440조)의 제출전에 주검찰에 인도한다.

1. 다음의 범행을 그 목적으로 하는 경우:

  a) 형법 제82조, 제83조 제2항, 제98조 또는 제102조에 따른 범행,

  b) 그 행위가 주의 기관 또는 기관의 구성원에 대하여 이루어지는 경우, 형법 제105조 또는 제106조에 따른 범행,

  c) a에 규정된 형벌규정과 관련된 형법 제138조에 따른 범행 또는,

  d) 특허법 제52조 제2항, 특허법 제52조 제2항과 관련된 실용신안법 제9조 제2항 또는 실용신안법 제9조 제2항 및 특허법 제52조 제2항 관련된 반도체관련법 제4조 제4항에 따른 범행,

2. 중요성이 낮은 사건인 경우

③ 주검찰에의 인도는 다음 각 호의 경우 중지된다.

1. 그 행위가 특별한 정도로 연방의 이익에 관련되는 경우 또는

2. 법통일의 이익에서 연방검찰총장이 그 행위를 소추할 것이 요구되는 경우

④ 연방검찰총장은 사안의 특별한 의미가 더 이상 존재하지 않을 경우에는 제120조 제2항 제2호 또는 제3호 또는 제74조의a 제2항에 따라 인수하였던 사건을 다시 주검찰에 인도한다.

제143조[토지관할] ① 검찰공무원의 토지관할은 그에 대응하여 설치된 법원의 토지관할에 의하여 정하여진다.

② 관할이 없는 검찰공무원은 지체의 위험이 있고 그의 관내에서 행하여져야만 하는 직무행위를 담당하여야 한다.

③ 여러 주의 검찰공무원이 그들 중 누가 소추를 담당할 것인가에 대해 합의할 수 없는 경우에는 그들의 공통 상관인 검찰공무원이 결정하고, 그렇지 않으면 연방검찰총장이 결정한다.

④ 검찰공무원에게는 다수의 주법원 또는 고등주법원의 관할구역을 위하여, 그것이 절차의 적절한 촉진 또는 신속한 처리를 위하여 합목적적인 한 특정 유형의 형사사건 소추, 그러한 사건에서의 형집행 및 이 법의 공간적 적용범위를 벗어난 장소에서의 법률상 원조 요청의 담당을 위한 관할이 배정될 수 있다. 이러한 사안에

서 검찰공무원의 토지관할은 그에게 배정된 사건에서 이러한 사건이 배정된 관할 구역의 모든 법원에까지 미친다.

제144조[검찰청의 조직] 어느 법원에 대응하는 검찰이 다수의 공무원으로 구성되는 경우, 그 수장에게 부속된 사람이 그의 대리인으로 행동한다; 그는 대리시에 모든 직무수행을 특별한 위임의 증명없이 할 수 있는 권한이 있다.

제145조[직무승계권 및 직무이전권] ① 고등주법원 및 주법원에 대응하는 검찰의 수장은 그 관할구역의 모든 법원에서 검찰의 직무수행을 스스로 담당하거나 이미 관할하고 있는 공무원이 아닌 다른 사람에게 그 대리를 위탁할 수 있는 권한이 있다.

② 구검사는 단지 구법원에서만 검찰의 직무를 수행할 수 있다.

제146조[지시권] 검찰의 공무원은 상관의 직무상 지시에 따라야 한다.

제147조[직무감독권] 감독 및 지휘권은 다음 사람에게 있다:

1. 연방검찰총장과 연방검사에 대하여는 연방법무부장관
2. 관계된 주의 모든 검찰공무원에 대하여는 주법무부
3. 그 관할구역의 모든 검찰공무원에 대하여는 고등주법원 및 주법원에 대응하는 검찰청의 수장

제148조[자격] 연방검찰총장과 연방검사는 공무원이다.

제149조[연방검사의 임명] 연방검찰총장과 연방검사는 연방법무장관의 제청에 따라 연방참의원의 동의를 얻어 연방대통령에 의하여 임명된다.

제150조[법원으로부터의 독립] 검찰은 그의 직무수행에 있어서 법원으로부터 독립되어 있다.

제151조[판사적 업무의 배제] 검사는 판사적 업무를 담당할 수 없다. 또한 그에게 판사에 대한 직무감독이 위임되어서도 아니된다.

제152조[검사의 수사요원] ① 검사의 수사요원은 그러한 자격에서 그 관할구역 검찰 및 그 상급자의 명령에 복종할 의무가 있다.

② 주정부는 법규명령에 의해 이러한 규정이 적용될 수 있는 공무원 및 직원집단을 정할 수 있는 권한이 있다. 직원은 현재 공직에 있어야 하고, 만 21세 이상이어야 하며 최소한 2년간 정해진 공무원 또는 직원집단에서 근무한 경력이 있어야 한다. 주정부는 법규명령에 의해 그 수권을 주법무부에 위임할 수 있다.

한편 독일에서 검찰의 조직구성에 관한 가장 세부적인 통일규정은 '검찰청

의조직및운영에관한규정'(Anordnung über Organisation und Dienstbetrieb der Staatsanwaltschaft: OrgStA)이며, 이를 기초로 각 주에서 독자적인 검찰청의 조직 및 운영에 관한 규정을 주 법률로 제정하여 시행하고 있다. 그러므로 일반적으로 검찰청의 조직은 주의 권한에 속하고, 주검찰청으로는 고등검찰청, 지방검찰청과 동 지청이 있다. 따라서 수사현장에서 직접 대부분의 수사를 담당하고 있는 지방검찰청검사의 사무분담을 살펴보면, 6명 이상의 검사가 있는 검찰청의 경우 검사장은 검찰총장의 허가를 받아 부(部)를 구성할 수 있으며, 부원(部員)은 부장검사의 지휘감독을 받는다. 부의 편성은 검찰청의 규모에 따라 다르지만 일반적으로 공안부·경제부·일반형사부·소년부·교통부 등이 있는데, 일반형사사건은 각 부에 지역적으로 나누어지고, 각 부원은 피의자의 이름의 알파벳 순으로 그 관할이 결정된다. 그러나 소년범·공안범·경제범·교통범 등 특수범죄는 전담검사에 의하여 처리하도록 되어 있다($\binom{검찰청조직규정}{제27조}$).

이처럼 독일의 검사는 수사권과 수사지휘권 및 수사종결권을 가지고 범죄를 수사하는 수사의 주재자이다. 즉 검사는 고소 또는 고발을 즉시 접수하고($\binom{StPO}{제158조}$), 범죄의 혐의가 인정되는 때에는 공소제기 여부를 결정하기 위하여 사건의 진상을 수사하여야 하며($\binom{StPO}{제160조}$),192 이를 위하여 다른 기관에게 정보를 요구하거나 사법경찰관리로 하여금 수사하게 할 수 있고($\binom{StPO}{제161조}$), 사법경찰관리가 범죄를 수사한 때에는 지체없이 검사에게 송치할 의무를 부과함으로써($\binom{StPO}{제163조 제2항}$) 수사절차를 지휘하는 검사의 지위에 중점을 둔 것이다.

결국 검사는 수사절차에 있어서의 적법성과 허용성에 대하여 책임이 있으므로 수사권과 수사지휘권은 독일 검찰의 가장 본질적인 권한이라고 할 수 있다. 따라서 검사는 중요사건이나 법률적으로 복잡한 사건에 있어서는 직접 수사

---

192 형사소송법 제160조(검사의 임무) ① 검사는 고발 또는 기타의 방법으로 어떤 범죄행위의 혐의에 관하여 알게 되는 즉시 공소를 제기하여야 할 것인지의 여부를 결정하기 위하여 사건의 진상을 규명하여야 한다.
② 검사는 책임을 가중시키는데 도움이 되는 사정뿐만 아니라 감경할 만한 사정도 수사하여야 하며, 또 멸실할 우려가 있는 증거를 조사하여야 한다.
③ 검사는 그 행위에 법적 효과를 결정하는데 있어서 중요한 사정에 대하여도 수사하여야 한다. 이 경우 검사는 사법보조(Gerichtshilfe)를 받을 수 있다.

하고 피의자와 참고인을 신문해야 하며, 사법경찰관리로 하여금 수사하게 한 때에도 검사는 수사를 지휘해야 하고 수사의 방향과 범위를 지정하거나 구체적·개별적 지시를 할 수 있다(형사사건처리기준 제3조, 제5조 제2항). 물론 경찰이 수사기술 및 수사전략의 영역에서는 전문지식(Sachkunde)을 가지고 있으므로 수사절차에서 세부사항을 경찰에 위임하는 것 또한 수사지휘권의 내용에 포함된다.

(4) 검사의 권한 규정

독일 형사소송법(StPO) 제163조 제1항은 「경찰관청과 경찰공무원은 범죄행위를 조사하여야 하며, 사건의 증거인멸을 방지하기 위하여 지체해서는 안 될 모든 조치를 하여야 한다」라고 하여 소위 검사의 지휘를 받는 사법경찰뿐만 아니라 행정경찰을 포함한 경찰임무를 담당하는 모든 관청과 공무원의 초동수사권을 규정하고 있다. 따라서 모든 경찰공무원은 검찰의 보조공무원의 자격여부에 상관없이 초동수사를 할 수 있으며, 최근에는 이 초동수사권으로 할 수 있는 수사활동에 관한 범위를 명확히 하기 위하여 2000년도 형사소송법 개정시 종래 학계에서 해석론으로 인정되던 임의수사활동, 즉 모든 관청에의 사실조회의뢰권(긴급한 경우는 요청권)과 다른 법률에 그 권한을 달리 정함이 없는 한 모든 종류의 수사활동을 할 수 있다는 문장이 부가되었다.[193] 이처럼 독일 형사소송법이 2000년도에 개정되어 제2문이 추가된 것은 사실이지만,[194] 그것은 종래의

---

[193] 이 개정으로 경찰은 지금까지 그 독자적 수사가 법적으로 초동수사에만 한정되어 있던 범위에서 벗어나 모든 영역에 걸쳐 수사권의 행사가 가능하게 되었다(경찰의 수사주체성 및 검·경 상호협력관계 정립방향. -「수사권 조정 토론회」참고자료(2005. 2. 24) -, 경찰청, 30면)고 소개하고 있는데, 이 개정의 취지나 실질적 내용을 오해한 것으로 보인다.

[194] 독일 형사소송법 제163조(경찰의 임무) ① 경찰관청과 경찰공무원은 범죄행위를 조사하여야 하며, 사건의 증거인멸을 방지하기 위하여 지체해서는 안 될 모든 조치를 하여야 한다. **이 목적을 위해 경찰관청 및 경찰공무원은 다른 법률에 그 권한을 달리 규정하고 있지 않는 한 모든 관청에 사실관계를 조회할 수 있으며, 급박한 경우는 조회결과를 요구할 수 있고 모든 종류의 수사행위를 할 수 있다**(alle Behörden um Auskunft zu ersuchen, bei Gefahr im Verzug auch, die Auskunft zu verlangen, sowie Ermittlungen jeder Art vorzunehmen, soweit nicht andere gesetzliche Vorschriften ihre Befugnisse anders

초동수사권 규정이 초동수사를 할 의무만 규정하고 있을 뿐 초동수사로서 어떠한 행위를 할 수 있는지에 대한 권한규정이 없어서 논란이 있었으므로 종래 해석상 인정되어 오던 것을 입법적으로 규정한 것에 불과할 뿐이다.

그런데 원래 초동수사권은 범죄예방적 업무라는 경찰업무와 발생한 범죄의 수사라는 사법적 업무의 한계에 대하여 범죄대처에 있어서의 효율성을 기하기 위하여 예방적 업무를 수행하는 경찰적 기관에 초동적 조치를 할 권한을 부여한 것이므로 초동적 조치를 한 후에는 그 수사가 검사의 지휘권 안으로 들어와 검사의 지시대상이 됨은 물론이다. 즉, 경찰의 위험예방활동과 범죄행위에 대한 조치가 '현장'에서 같이 이루어져야 하는 경우가 많기 때문에 초동수사는 경찰이 할 수 있게 하되, 초동수사 이후는 수사의 본래 담당자인 '사법'(Justiz)기관이 해야 한다는 원리에 입각하고 있는 것이다. 따라서 초동수사권에 의한 수사라고 하여 검사의 통제를 전혀 받지 않는 경찰의 독자적 수사영역이라고 주장하는 것은 잘못된 것으로, 검사의 수사주재자로서의 지위를 규정한 제160조, 검사의 수사를 규정한 제161조와 경찰의 초동수사를 규정한 제163조의 관계에 관한 독일문헌의 원문을 번역하면 다음과 같다.

> 「먼저 수사의 개시여부에 대하여는 원칙적으로 검사가 결정을 하여야 한다. 다만 제163조에 의하여 경찰적 관청이 초동수사를 개시할 수 있는데, 이에 근거하여 (검사의 승인없이) 일정한 사람에 대하여 피의자로서 소송법적인 외적 조치를 행하였다면(피의자신문, 참고인신문, 압수수색, 체포 등) 검사는 수사절차의 단일성과 불가분성으로 인하여 관련자의 이익을 고려하여 경찰에 의해 개시된 수사절차를 스스로 개시한 수사절차와 마찬가지로 취급하여야 한다(따라서 **경찰적 수사절차는 존재하지 않는다!**). 검사는 수사절차에 대하여 책임을 지며 따라서 경찰수사를 지도하고 감독할 권한을 가질 뿐만 아니라 의무를 진다.[195] (사법)경찰은 제163조의

regeln).
② 경찰관청과 경찰공무원은 모든 수사결과물을 지체없이 검사에게 송부하여야 한다. 판사의 신속한 조사행위가 필요하다고 인정하는 때에는 모든 수사자료를 직접 구법원에 이송할 수 있다.

195 Wache, StPO—Karlsruher Kommentar, C. H. Beck, 2003, § 163 Rn.2(Über die Einleitung eines Ermittlungsverfahrens entscheidet grundsätzlich die StA. Hat die Polizei indessen

영역에 있어서도 검사의 수사기관이며 그 활동도 검사의 직접수사활동과 마찬가지로 검사에게 부과되어 있는 공소제기여부 결정을 위한 준비로서의 검사의 수사활동을 위한 것이다. 따라서 검사는 경찰이 제163조에 의하여 <u>스스로</u> 활동을 한 경우에도 경찰수사에 대한 사법형성적 사건지휘를 할 권한을 가지며 의무를 진다. 따라서 경찰수사에 대하여 항상 살피고, 때로는 적절한 지시를 하여 수사가 법적으로 문제없고 사안에 적절하게 행해지도록 보장하여야 한다.[196] <u>이러한 통제와 지휘권한에 의하여 검사는 언제든지 제163조 제1항에 의한 경찰의 초동수사 활동에 대하여도 개별적 지시를 하여 개입할 수도 있고 그 사건을 검사에게 보내게 하여 직접 수사할 수도 있다」.</u>[197]

결국 위에서 언급한 것처럼 독일 형사소송법(StPO) 제163조 제1항이 경찰의 초동수사권(Recht und Pflicht des ersten Zugriff der Polizei)을 규정하고 있으므로, 모든 경찰공무원은 검찰의 보조공무원의 자격여부에 상관없이 초동수사를 할 수 있지만, 그 수사활동의 범위는 초동수사에 그치며, 그 수사활동도 또한 개시되면 검사의 통제와 지휘의 범위 안에 들어오는 것이다. 따라서 초동수사 후 경찰은 지체없이 검사에게 수사결과를 송부해야 하며(StPO 제163조 제2항), 검사는 이러한 초동수사 이후의 수사를 직접 할 수도 있고 검찰의 보조공무원인 경찰로 하여금 하게 할 수도 있는 것이다. 따라서 독일 형사소송법상의 이러한 초동수사권 규정을 근거로 경찰에게 독자적인 1차적 수사권을 보장하고 있다고

(ohne abstimmung mit der StA) nach §163 bereits strafprozessuale Massnahme mit aussenwirkung gegen eine bestimmte Person als Beschuldigten getroffen (Beschuldigte— oder Zeugenvernehmung, Durchsuchung, vorl. Festnahme ua.), so hat auch die StA wegen der Einheit und nteilbarkeit des ermittlungsverfahrens(<u>es gibt kein polizeiliches Vorverfahren!</u>) und mit Rücksicht auf die Interessen des Betroffenen das von der Polizei eingeleitete ermittlungsverfahren als solches zu behandeln).

196 Wache, a.a.O., § 163 Rn.2(Die (Kriminal) Polizei ist auch im Rahmen des §163 Ermittlungsorgan der StA; ihre Tätigkeit dient ebenso wie die eigene Ermittlungstätigkeit der StA der Vorberitung der der StA obliegenden Entscheidung darüber, ob die öffentliche Klage zu erheben oder das Verfahren einzustellen ist).

197 Wache, a.a.O., § 163 Rn.3(<u>In Ausübung ihrer Kontrollund Leitungsbefugnis kann die StA sich jederzeit in die Tätigkeit der Polizei nach §163 Abs.1, durch einzelne Anordnungen einschaten oder das Ermittlungsverfahren an sich ziehen</u>).

보는 견해198는 독일 형사소송법 해석의 일반적인 이론이 아니다.

　　문제는 우리나라에서 경찰수사권독립을 주장하는 사람들 중 일부가 이러한 독일의 초동수사권 규정을 마치 경찰이 독자적인 수사개시·진행권의 근거조항인 동시에 검사의 지휘가 배제되는 영역이라고 주장하면서, 경찰의 독자적 수사의 한 입법례로 소개하고 수사권독립의 근거로 내세우고 있다는 점이다. 왜냐하면 경찰이 초동수사를 하는 경우, 특히 행정경찰과 사법경찰의 구분이 명확하지 않는 우리나라에서 검사의 지휘를 받지 않는 초동수사와 그 이후의 수사를 동일한 사법경찰이 계속하는 경우에 그 한계가 불명확해질 수밖에 없는데,199 바로 이 점 때문에 검사의 사법경찰에 대한 수사지휘가 논란이 될 수 있기 때문이다. 즉 우리나라에서는 초동수사권이 검사의 지휘를 받지 않고 수사를 개시할 수 있는 개념이라는 점을 이용하여 사법경찰 자신이 사건을 수사하여 송치할 때까지 모든 수사를 스스로 하면서(강제처분 등 특별히 검사의 지휘를 받아야 할 필요가 없다면 이런 경우가 대부분일 것이다) 송치할 때까지의 그 수사는 초동수사라고 주장하고 따라서 송치이전에는 검사가 지휘를 할 수 없다고 주장할 소지가 있는 것이다. 따라서 이 초동수사권이 본래의 의미 내지 취지와 달리 '송치전 수사=초동수사'라는 식으로 묶어지고, '송치전 수사=지휘받지 않는 독자수사'라는 식으로 이상하게 변형된 주장의 수단으로 오용될 가능성이 농후한데,200 이 점에 대하여 독일에서는 이 경우도 경찰이 개시한 수사는 검사의 지휘영역 안으로 들어온다고 하여 이를 해결하고 있는 것은 앞에서 소개한 바와 같다.

　　한편 독일 형사소송법(StPO) 제161조 제1항은 「수사를 위하여 검사는 모든

198　손동권, 「수사독립권, 경찰에게 보장하여야 한다」, 시민과 변호사(1994. 11), 204면.

199　2011년 개정 형사소송법 제196조 제3항의 대통령령에 대한 '총리실 조정안'에 불만을 품은 사법경찰들이 '수사경과제'를 반납하고 행정경찰(교통, 경비 등)로 돌아가겠다고 하는 것을 보더라도 우리나라에서 행정경찰과 사법경찰의 구분이 얼마나 모호하며, 부실한 것인지를 알 수 있다. 왜냐하면 수사경과제는 수사경찰을 일반경찰(행정경찰)과 분리하여 수사부서에서 평생 근무를 통해 수사분야의 전문성 제고와 역량 강화를 위해 만들어진 제도이기 때문이다.

200　경찰의 수사주체성 및 검·경 상호협력관계 정립방향, -「수사권 조정 토론회」 참고자료 (2005. 2. 24) -, 경찰청, 31면.

공공기관에 대하여 정보를 요구할 수 있으며, 모든 종류의 수사를 스스로 행하거나 경찰관청 및 경찰공무원으로 하여금 이를 행하게 할 수 있다. 경찰관청 및 경찰공무원은 검사의 이러한 요청 및 지시에 응할 의무가 있다」라고 규정하고 있는데, 이는 검사가 자신의 수사를 행함에 있어 경찰을 통해 행하려고 할 때 적용된다.201 여기서 '요청'(Ersuchen, 촉탁)은 검사의 보조공무원이 아닌 일반 경찰관서(die allgemeinen Polizeibehörden)에 해당되며, '위임'(Auftrag)은 검사의 보조공무원(die Hilfsbeamten der StA)에 대한 것으로서 모두 검사의 지시권(Weisungsrecht)의 범주에 속하기 때문에 구속력이 인정된다.202 이 경우 검사는 특정한 보조공무원이 구체적 사안을 담당하고 있지 않는 한, 기본적으로 경찰서에 요청해야 하지만(직접강제에 관한 일반처분에 상응), 담당자가 정해지면 그 담당자에게 직접 지시권을 행사할 수도 있다.

　전술(前述)한 법원조직법(GVG) 제152조 제1항도 검사의 수사요원은 '검찰의 명령'에 복종할 의무가 있다고 규정하고 있는바, 이는 검사의 수사요원이 제161조에 의하여 검사의 요청이나 위임에 의하여 검사의 수사를 실행하는 경우뿐만 아니라 앞에서 언급한 것처럼 제163조에 의하여 초동수사권을 근거로 스스로 수사를 개시한 경우에도 적용된다. 따라서 형사소송법 제161조의 규정이 검사와 경찰관청 및 경찰공무원 등에 대한 기관간의 외부적 관계를 규정한 것이라면, 법원조직법 제152조 제1항은 검사와 수사요원간의 내부적 관계를 규정한 것이라고 할 수 있다. 이에 따라 검사는 그 관할구역 수사요원에게 개별적으로 실행을 요구할 수도 있다. 그리고 그 동일한 권한을 그 지역 검찰의 상관인 공무원도 가지며, 연방검찰총장의 관할구역은 독일연방 전체에 미치므로 그는 모든 수사요원들에게 구속력 있는 지시를 할 수 있다. 이러한 특정공무원에 대한 특별한 지시는 범행장소나 검증장소와 같이 긴급한 경우 그리고 그 밖에 중요한 사유가 있는 경우에 역할을 한다. 왜냐하면 법원조직법(GVG) 제152조의 의미에 따라 수사요원들이 다른 경찰공무원들보다 검찰에 더 강하게 구속되기 때문이다.

201　Wache, a.a.O., § 161 Rn.29.
202　Roxin, Strafverfahrensrecht, 24.Auf., S.53.

결국 검사는 수사의 주재자이며, 사법경찰관리는 검사의 보조기관이다. 따라서 검사는 사법경찰관리에 대하여 수사지휘권(Leitungsbefugnis)을 가지며, 사법경찰관리는 검사의 명령에 복종하여야 한다. 범죄수사에 있어서 검찰의 기능을 사법경찰의 그것과 비교하면 검사는 '손이 없는 머리'(Kopf ohne Hände) 내지 '몸체 없는 머리'(Kopf ohne Körper)이며, 사법경찰관리는 소위 '검사의 연장된 팔'(verlängter Arm der Staatsanwaltschaft)이라고 할 수 있는데, 이러한 연장된 팔로서의 관계는 제163조에 의한 경찰의 초동수사에도 미친다. 이에 대하여 수사권의 주체가 검찰이고 검찰의 경찰에 대한 수사지휘권이 인정되고 있음에도 불구하고 양기관간의 관계는 수평적이고 대등한 관계로 보는 견해도 있다.203 그 이유로 독일의 검찰이 자체 수사인력을 확보하고 있지 않고 언제나 경찰의 도움을 받아서만 수사를 할 수 있으며, 따라서 독일의 검찰을 "손·발 없는 머리"라고 하는데, 이는 우리나라 검찰이 자체 수사인력을 확보한 상태에서 경찰을 완전히 배제하고 독자적으로 수사를 할 수 있는 것과는 전혀 다른 상황이라는 것이다. 즉 수사를 지휘할 수는 있지만 반드시 손과 발이라고 할 수 있는 경찰의 도움을 받아서만 수사를 할 수 있다면 양자의 관계는 협조적·수평적이 되지 않을 수 없는 것이며, 이런 점에서 독일의 검·경 관계는 오히려 미국이나 일본식의 관계에 가깝다고 평가할 수 있다는 것이다.

그러나 대륙법계 형사사법체계의 수사절차는 공판에 회부할 사건을 선택하기 위하여 공판전 수사절차를 만들고 또 그 수사절차에서 공판정에서의 조사절차를 준비하게 되며, 그 수사를 할 자로 사실심 법원과 분리된 판사 내지 판사에 준하는 사법적 성격을 가진 광의의 사법기관인 검사를 만든 것이다. 그러므로 예심판사제도를 두지 않는 한, 수사는 오히려 검사가 하는 것이 원칙적인 모습인 것이다. 다만 모든 사건을 검사가 직접 하고 모든 수사활동을 검사가 다 할 수는 없으므로 이를 보조할 인력으로 사법경찰을 두어 일반적인 수사활동을

---

203 서보학, "글로벌 스탠더드에 부합하는 수사·기소 분리", 「견제와 균형을 위한 검찰 개혁 어떻게 할 것인가?」, 국회의원 민병두/소병훈/금태섭/민주사회를 위한 변호사모임 주최 자료집(2017. 1. 24.), 49면; 서보학, 「검찰·경찰간의 합리적 수사권 조정방안」, 검·경 수사권조정에 관한 공청회 자료집(2005. 4. 11.), 수사권조정자문위원회, 200면.

맡기고 중요한 경우는 지휘하는 방식으로 수사권을 행사하는 것이며, 필요한 경우에만 직접 수사활동을 하는 방식으로 제도화된 것이므로 본질적으로 독일의 검·경 관계에서는 협조적·수평적이라는 개념이 성립될 수 없는 것이다.

　　더욱이 독일에서의 수사권논쟁은 사실상 대부분의 사건을 경찰이 처리하는 현실인식에 기초하면서도 수사절차에 있어서의 **'검사의 주재자성'**(Herr des Ermittlungsverfahrens)은 결코 훼손할 수 없는 원칙임을 전제로 하여 그 안에서 현실적인 문제로서 사법경찰관의 자율성을 얼마만큼 인정하여 줄 것인가에 관한 찬/반 논의인 것으로, 우리나라에서 주장하는 것처럼 검사의 수사지휘를 배제하는 논의는 결코 아니다. 즉 수사의 개시와 진행에 있어서도 강제처분 등 기본권침해의 위험이 있는 부분이나 사건이 복잡한 경우, 중요한 경우 등 일정한 경우는 사건의 송치 이전에 검찰이 개입할 수 있고 검찰의 지휘를 받아야 하는 경우를 인정하는 점에는 전혀 이견(異見)이 없으며, 다만 이를 어떤 식으로 범위를 정하여 나머지 영역에서의 수사의 개시와 진행에 있어서의 경찰의 자율성을 부여할 것인가의 논쟁일 뿐이다. 전술(前述)한 것처럼, 독일에서도 1970~80년경 경찰이 사실상 독자적으로 수사하고 있다는 이유로 검찰의 통제를 배제한 경찰의 독자적 수사권을 주장하여 현재 우리나라 상황과 유사한 수사권 논쟁204이

---

204 Karl Heinz Gössel, "Überlegung über Stellung der Staatsanwaltschaft im rechtsstaatlichen Strafverfahren und über ihr Verhältnis zur Polizei", GA 1980, S.325(In einem "Vorentwurf eines Gesetzes zum Verhätnis von Staatsanwaltschaft und Polizei" werden z. T. einschneidende Gesetzesänderungen vorgeschlagen: wegen der Entwicklung der Polizei u. a. "in organisatorischer Hinsicht", aber auch hinsichtlich der "technischen Ausstattung" und "der fachlichen Aus- und Firtbildung" wird vor allem die grundsätzliche Abschaffung des unmittelbaren Weisungsrehts der Staatsanwaltschaft gefordert sowie das Recht der Polizei zu grundsätzlich selbständigen Ermittlungen aufgrund eigener Entscheidung und damit zugleich das weitere Recht, die polizeilichen Ermittlungsvorgänge grundsätzlich erst nach deren Abschluß an die Staatsanwaltschaft zu übersenden; 「검찰과 경찰의 관계에 관한 법률 초안」에서 부분적으로 영향력 있는 법률개정이 제안되었는바: "조직적 관점에서" 경찰의 발전 그리고 "기술 장비"와 "전문적인 교육 및 재교육" 등을 이유로 검찰의 직접 지시권의 원칙적 폐지를 요구하였을 뿐만 아니라 경찰 자체의 결정에 근거한 경찰의 원칙적인 독자적 수사권 및 그와 동시에 원칙적으로 수사종료 후에야 검찰에게 경찰의 수사관련서류를 송부하는 권리가 요구되었다).

제기된 바 있으나,205 그런 경찰의 주장은 국민의 인권보장에 심각한 위험을 야기할 우려가 있고 검찰제도의 존재 자체를 부정하는 결과를 초래한다는 이유로 주목을 받지 못하고 학계의 거센 반대로 배척되었으며,206 오히려 그러한 주장은 경찰에 대한 검찰의 통제력이 약화되어 경찰이 사실상 독자적인 수사권을 행사하고 있다는 현실에 대한 비판인식을 확산시켰고, 이러한 경찰력 비대화에 대한 우려와 함께 검찰의 경찰에 대한 통제력을 회복시키고 실질적 통제가능성을 확보하는 방안에 대한 논의를 유발시켜 그 이후에는 검찰과 경찰의 관계에 대한 논의가 주로 이에 중점을 두고 있다.

결국 우리 검찰제도의 모체가 된 독일의 검찰제도는 그 탄생시부터 경찰기능에 대한 법치국가적 통제를 위하여 창설되었으며, 검사의 지휘에 대한 경찰의 복종의무를 규정한 것 역시 바로 이 법치국가적 이념을 형사절차의 전 과정을 통하여 관철하려는 목적에서 비롯된 것으로, 수사지휘와 무관한 사법경찰의 '독자적인 수사개시·진행권' 및 '독자적인 수사종결권'은 인정되지 않는다고 할 것이다. **2004년에 열린 제65차 독일 법률가대회에서도 "경찰과의 관계에서 검찰에 의한 절차의 지휘가 유지되어야 하는가에 대해 '만장일치'로 긍정하였으며, 경찰의 독자적인 수사종결권도 규정될 수 없다는 점에 절대다수가 동의하였다"207** 고 한다.

---

205 Auf der Grundlage des "Gesamtbericht(s) zur Klarstellung und teilweisen gesetzlichen Neuregelung des Verhätnisses von Staatsanwaltschaft und Polizei" einer von den Konferenzen der Justiz und Innenminister (−senatoren) eingesetzten Gemeinsamen Kommission; Stand: 17. November 1978.

206 Lilie, 「Das Verhältnis von Polizei und Staatsanwaltschaft in Ermittlungsverfahren」, ZStW 106, S.625; Hans Christoph Schäfer, 「zur Entwicklung des Verhältnisses Staatsanwaltschaft−Polizei」, Festschrift für Ernst Walter Hanack, 1999, S.191; Schünemann, Polizei und Staatsanwaltschaft, Kriminalistik, 74(1999), S.146.

207 65 Deutscher Juristentag Bonn 2004 Beschlüsse, S. 15(www.djt.de/fileadmin/downloads/65/beschlüsse.pdf).

(5) 개정 형사소송법의 내용

2017년 8월 17일 독일연방 대통령, 수상, 사법(법무) 및 소비자보호부장관, 내무부장관, 그리고 환경·자연보호·건설 및 원자력안전부장관은 이른바 「형사절차를 보다 더 효율적이고 실무에 적합하도록 구성하기 위한 법률인 "형사절차의 실효성과 실무적합적 형성을 위한 법률을 통한 법률변경"(Gesetzesänderung durch das Gesetz zur Effektivierung und praxisgerechteren Ausgestaltung des Strafverfahrens)에 최종 서명하였고, 동 법률은 8월 23일 연방법률공보에 공포되었다.[208] 이 법률은 연방법무부에서 정부안으로 제출한 「형법, 소년법원법 그리고 형사소송법의 개정을 위한 법률안(Entwurf eines Gesetzes zur Änderung des Strafgesetzbuches, des Jugendgerichtsgesetzes und der Strafprozessordnung)」을 흡수하는 방식으로 통합하여 완성된 법률이다.[209] 그중 수사절차와 관련된 주요 내용을 중심으로 살펴보면 다음과 같다.

가. 수사기관 소환에 대한 참고인의 출석의무 확대

현행 형사소송법(StPO) 제163조 제3항을 삭제하고, 제3항부터 제7항까지 4개의 항을 추가하는 개정[210]을 통해 증인·참고인이 검사의 수사요원(Ermittlungsperson)의 소환에 응하고 사안에 대해 진술할 의무를 도입하였다. 이는 '검사의 위임(Auftrag)에 근거한 경우'에는 증인(참고인)에 대한 법원과 검사의 신문과 달리 사법경찰관의 출석요구에 응하거나 진술할 의무가 없으므로 진술의무가 없는 경찰에서의 진술과 진술의무가 있는 검사 앞에서의 진술의 신빙성(Verlässlichkeit)이

---

208 Bundesgesetzblatt Jahrgang 2017 Teil Ⅰ Nr. 58, ausgegeben zu bonn am 23. August 2017, S. 3202ff.; Drucksache 18/11277.

209 김성룡, 「독일 형사소송법 최근 개정의 형사정책적 시사 – 수사절차를 중심으로 –」, 형사정책 제29권 제3호(2017. 12.), 한국형사정책학회, 247면.

210 StPO 제163조(수사절차에서 경찰의 임무) (3) 증인은 검사의 수사요원의 출석요구가 검찰의 위임에 근거하는 경우에 그 출석요구에 따라 검사의 수사요원에게 출석하여 사안에 관하여 진술할 의무가 있다. 달리 정한 바가 없는 한, 제1편 제6장의 규정을 준용한다. 선서에 의한 신문은 법원에 유보되어 있다.

달리 평가되고 증인의 행동에 따라 국가의 인적 자원이 증인신문에 묶이게 되고, 결국 사법자원의 효율적 분배와 절차의 신속성에 반하는 결과가 나타난다는 것이다. 이에 증인이 정당한 이유 없이 출석을 거부하거나 진술을 거부하는 경우에 강제수단의 활용여부에 대한 결정은 여전히 검사에게 있음을 명확하게 하여 검사의 통제권(Kontrolle der Staatanwaltschaft)을 유지한 것이라면, 위임에 의한 출석·진술의무의 인정은 오히려 검사의 통솔·지휘기능(Leitungsfunktion)을 더욱 강화하는 것이 될 것이며, 이를 통해 일반적인 사건지휘권의 의미에서 법치국가적이고 공정하며 합법적인 수사절차에 대한 모든 책임(Geamtverantwortung)은 여전히 검사에게 있음을 다시 확인할 수 있다는 것이다.[211]

나. 피의자의 최초신문의 영상녹화규정 신설

형사소송법 제136조에 제4항을 신설하여[212] 피의자신문을 영상녹화(audiovisuelle Aufzeichnung)할 수 있도록 하고, 특히 몇 가지 사례에서는 영상녹화를 의무화하는 조치를 취했다. 즉 "피의자신문은 영상과 음성으로 기록될 수 있다. 신문은 만약 1. 고의의 살인죄가 절차의 기초가 되고 영상녹화(기록)가 신문의 외적 사정들이나 특별한 시급성에 저촉되지 않은 경우; 2. 18세 미만의 피의자의 보호가치 있는 이익, 제한된 정신능력 혹은 중대한 정신적 장애를 겪고 있는 피의자의 보호가치 있는 이익이 기록을 통해 더 보장될 수 있는 때에는 녹화되어야만 한다"라고 하여 의무적인 녹화대상도 규정하였다.

물론 피의자신문을 영상녹화하는 것이 개정전 법률(제163조a)에 의해서도 가능했지만, 앞으로는 고의의 살인죄가 문제되거나 피의자에 대한 특별한 보호 필요성이 있는 경우에는 의무적으로 영상녹화를 하도록 한 것이다. 특히 연방 사법(법무) 및 소비자보호부는 이 조항을 통해 살인죄와 같이 중한 범죄에서 영상녹화가 진실발견을 향상시키는 데 얼마나 기여할 수 있는지 5년 정도 지켜보고, 다른 중대범죄로 확대할지 여부를 결정하겠다는 복안을 밝혔는데, 이는 직

---

211 세부적인 내용은 Gesetzesentwurf der Bundesregierung, S.31-32.
212 동 조항은 직접적으로는 법관의 피의자신문에 적용되는 규정이지만, 제163조a에 의하여 검사와 경찰의 피의자신문에도 준용된다(BT Drs. 18/11277, S.26).

접대화나 대화의 기록인 문서보다는 영상녹화물이 진실발견에 보다 적합하고 왜곡을 줄일 수 있는 방법이라는 인식에 기초하고 있는 것이다.[213] 의무적 녹화 대상 중 예외로 들고 있는 경우는, 피의자가 진술할 준비는 되어있으나, 유독 카메라 앞에서는 진술하지 않겠다고 하거나, 급속을 요하는 경우, 또는 범죄 장소나 그 주변에서 바로 신문이 이루어져야 하는 급박한 경우이지만 녹화설비장치가 없거나 기술적인 장애가 있는 경우 등이다.

❹ 검찰의 직접수사 사례

[표 1-31] 국내언론에 소개된 대륙법계 검찰의 수사사례

- 프랑스 검찰, 리우·도쿄올림픽 유치 비리의혹 수사('16. 3. 2.자 연합뉴스)
- 독일 검찰, 폴크스바겐 前 CEO 시장조작 혐의로 수사('16. 6. 21.자 연합뉴스)
- 스위스 검찰, 독일 축구영웅 베켄바우어 수사 개시('16. 9. 1.자 SBS)
- 이탈리아 검찰, 지진 복구 과정 마피아 이권개입 수사('16. 8. 29.자 연합뉴스TV)
- 러시아 검찰, '도핑 스캔들' 수사 착수('16. 5. 20.자 KBS)
- 중국 검찰, 선전 산사태 불법행위 수사착수('15. 12. 27.자 연합뉴스)
- 브라질 룰라 전 대통령, 비리 혐의로 검찰 수사('15. 7. 17.자 연합뉴스)
- 독일검찰, 2016년 5월부터 최순실 일당 자금세탁 수사('16 11. 1. TV조선)
- 덴마크 검찰, 정유라에 대한 구속기간 연장 청구('17. 1. 27. 매일경제)
- 프랑스 검찰, 대선후보 피용 횡령의혹 수사착수('17. 2. 25. 연합뉴스)
- 대만 성폭행기사, 검찰 조사받다(한국인 관광객 성폭행) ('17. 1. 17. 연합뉴스)
- 일본 검찰, 아베 직접수사 착수... '벚꽃 모임' 전야제 의혹 관련('20. 12. 3. 서울신문)
- 일본 검찰, 총리 특보도 검찰 수사망에 ... 스가 덮친 '계란 스캔들'('20. 12. 10. 조선일보)

---

213 BT Drs. 18/11277, S.24.

Ⅳ. 영미법계 형사사법 구조

❶ 이론적 배경

영미법계의 '검사'는 대륙법계의 검사와는 달리 수사절차의 주재자가 아니라 피해자 내지 경찰을 대리한 소송의 일방 당사자에 불과하므로 검사가 수사상 경찰을 지휘할 필요도 적은 것이며, 그러한 연유로 영미법계에서는 본래의 행정경찰과 구별되는 사법경찰이라는 개념 자체가 존재하지 않은 대신, 경찰 자체를 여러 개의 수사기관으로 분리하는 방식을 취한다. 후술하는 미국의 연방경찰(FBI)과 주 경찰, 국토안보부(테러수사), 마약수사청(DEA), 연방증권위원회(SEC, 증권 관련 수사) 등으로 경찰권을 분산하고, 영국도 런던 인근을 관할하는 수도경찰, 중대조직범죄수사청(SOCA), 중대부정수사처(SFO) 등으로 권한을 분산시켜 놓고 있는 것이다.

❷ 영 국

(1) 경찰의 지위

영국214의 경찰조직은 중앙정부의 직속인 경시청(수도경찰대: Metropolitan Police Force)215과 철도경찰 등 특별경찰을 제외한 나머지 일반경찰은 그 지방의

---

214 영국은 Great Britain의 세 영역인 잉글랜드(England), 웨일즈(Wales), 스코틀랜드(Scotland)와 북아일랜드(Northern Ireland)의 네 지역으로 구성되어 있으며, 이 네 지역을 모두 합한 공식 명칭은 United Kingdom이지만(통상 대영제국으로 칭함), 각 지방은 정치·경제·사회·문화 등이 다소 상이한 결과 독자적인 사법제도를 가지고 있다. 그중 스코틀랜드(Scotland) 지방에서는 이미 16세기 경부터 검찰이 수사의 주재자로서 경찰에 대하여 강력한 수사지휘권을 행사하는 대륙법계통의 검찰제도를 확립하고 있다. 따라서 여기서는 영미법계 제도를 채택하고 있는 잉글랜드와 웨일즈(이하에서는 편의상 영국이라고 함)를 중심으로 설명하기로 한다.

215 경시청은 내무부장관 소속의 국가경찰로서 수도경찰대장은 내무부장관의 제청으로 국왕이 임명하며, 런던 수도지역의 치안유지와 범죄수사 및 형사소추를 담당하고 있다.

회에 설치된 경찰위원회 또는 공안위원회 등의 경찰관리기관(Police Authority)216 의 통제를 받으면서 지방자치단체별로 운용되고 있다.217 그러나 각 경찰서도 실제로는 중앙정부의 강력한 영향을 받고 있으며, 잉글랜드와 웨일즈 지방에 설치되어 있는 43개의 지방경찰서(Local Police Force)는 사실상 내무부장관의 책임하에 운용된다. 따라서 영국 경찰은 경찰관리기관과 내무부장관, 경찰서장 등 3개 기관의 상호 견제와 균형에 의하여 조직되어 운용되고 있다. 위 3자의 상호관계는 1964년에 제정된 경찰법(Police Act)에서 규정하고 있는 바와 같이 경찰관리기관은 관할지역 경찰서의 적정하고 능률적인 조직의 유지·관리를 담당하고, 내무부장관은 경찰제도의 확립을 위한 책임을 지며, 경찰서장은 자신의 지휘·감독하에 여타 기관이나 조직에서 독립하여 경찰서를 독자적으로 운용하는 관계이다. 이로써 수도경찰, 런던시경찰 외에 43관할구로 구분되는 카운티, 카운티 특별시 및 내무부장관의 지방경찰 통합권한에 의하여 설치하게 된 통합경찰이 존재하게 되었으나, 그 후 1972년 지방자치법 개정에 의하여 카운티 특별시는 폐지되고 주에 일원화 된 것 및 맨체스터가 대도시 카운티가 된 것에 수반하여 현재는 런던 이외의 경찰관할구역이 41개가 되었다218고 한다. 이처럼 영국은 우리와 같이 중앙집권화된 경찰 조직이 별도로 없어 자치경찰이 주로 지역치안을 책임지고 있으며, 그 외 국가수사청(NCA),219 국세청 등 다양한

---

216 각 경찰위원회는 치안판사 3명, 독립위원 5명, 지역 선출위원 9명 등 총 17명으로 구성되는데, 일반적으로 경찰위원회는 일상적인 경찰청의 운영에 대해서는 관여하지 못한다. 특히 공소제기를 할 것인가의 여부에 대한 경찰의 재량권 행사에 대해 관여하지 못한다(반지, "영국의 검찰과 경찰 상호간의 관계", 국외훈련검사 연구논문집 제32집(Ⅲ), 2017, 158면)고 한다.

217 2007년 조사에 의하면 잉글랜드와 웨일즈에는 141,892명의 경찰이 있고, 지역사회에서 지원하는 경찰과 같은 역할을 하는 공무원(Community support officers, CSOs)도 16,000명에 이른다고 한다(정은혜, 「케임브리지대학교의 형사절차에 있어 당사자들에 대한 수강결과 보고서」(2009) 참조).

218 영국은 각 지역마다 경찰청이 존재하였으나, 1974년 4월 내무부는 기존 경찰청을 총 43개(41개의 County에 각 1개, 런던에 2개) 경찰청으로 통폐합하였다.

219 NCA(National Crime Agency)는 내무부 소속 수사기관으로서 ① 자치경찰이 수행하기 어려운 조직범죄, 자금세탁 등 경제범죄, 인신매매·아동성착취 범죄 등 수사(crime—reduction function) ② 이와 관련된 정보를 수집·보관·분석·전파(criminal intelligence function)를 담

법집행기관들(law enforcement agencies)이 별도로 존재한다.

현재 영국의 경찰은 광범위한 체포권을 보유하고 있어 많은 경우 영장 없이 피의자를 체포하는 것이 가능하다. 우선, 피의자가 죄를 범하였다고 의심할 만한 합리적인 이유가 있고,220 그 범죄가 체포가능범죄(arrestable offences)221에 해당하는 경우 피의자를 영장 없이 체포할 수 있으며, 체포가능범죄가 아니더라도 피의자가 가명이나 허위주소를 대는 등 법원의 소환장에 따른 후속절차가 부적절할 것으로 여겨진다거나, 현행범인 경우와 같이 공공의 안녕이 침해를 받고 있다면 체포가 가능하다. 즉 모든 범죄의 수사는 원칙적으로 일반 경찰이 담당하고, 특별 경찰은 그 소속기관내의 범죄나 관련범죄 등 제한된 범위내에서 수사할 수 있을 뿐이다. 따라서 국가기관 중에서 경찰관만이 불심검문권, 압수·수색권, 체포·구금권, 피의자신문(24시간 동안 유치가 가능하므로 그동안 경찰서에 마련된 신문실에서 피의자신문을 하게 됨)과 참고인 진술청취,222 경미범죄에 대한 경고처분(caution), 사건종결권 등의 권한을 가지고 있다.223

    당한다.

220 Police and Criminal Evidence Act 1984(PACE법) 24(Arrest without warrant for arrestable offences). 6. "Where a constable has reasonable grounds for suspecting that an arrestable offence has been comitted, he may arrest without a warrant anyone whom he has reasonable grounds for suspecting to be guilty of the offence."(경찰관이 체포 가능한 범죄가 행하여졌다고 믿을 만한 합리적인 근거가 있는 경우, 그는 그 범죄에 대하여 혐의가 있다고 의심할 만한 합리적인 근거를 갖고 있는 어떤 사람도 영장없이 체포할 수 있다).

221 '1967년 형사법(Criminal Law Act 1967)'에서 처음 나타나 '1984년 경찰및형사증거법(Police and Criminal Evidence Act 1984)에 반영된 분류로서, 원칙적으로 21세 이상의 초범에게 5년 이상의 징역형 선고가 가능한 범죄를 말한다.

222 1996년 형사절차및수사법(Criminal Procedure and Investigation Act) 이후에는 검찰도 정보제공을 거부하는 참고인을 소환할 수 있으며, 그로 하여금 치안판사 앞에서 선서하고 신문에 답하게끔 할 수 있게 되었다.

223 1984년 PACE법 및 PACE법에 의해 제정된 '경찰관집무규칙'(Code of Practice)이 경찰수사의 세부적인 절차 및 권한을 규정하고 있는데, 동규칙은 모두 5부분으로 구성되어 있으며, Code A는 경찰관의 검문검색권(stop and search), Code B는 경찰의 장소수색 및 사람이나 장소에서 발견된 물품의 압수권한, Code C는 경찰관의 체포·구금 및 신문권한, Code D는 경찰관에 의한 신원확인, Code E는 경찰관이 경찰관서에서 피의자를 신문할 때 그 내용을 녹음·녹화하는 절차와 과정을 규정하고 있다.

(2) 검사의 지위

가. 1985년 이전의 검찰제도

영국에서는 국민이 범죄에 대하여 다른 국민을 소추할 권리를 보유한다는 것이 소추제도의 기본을 이루고 있었다. 즉 대륙법계에서는 개인에 의한 고소가 검사의 공소제기를 촉진하는 역할을 할 뿐이지만, 영국에서의 범죄에 대한 소추는 원칙적으로 개인에게 맡겨져 있으므로, 사인이 직접 법원에 소추를 제기함으로써 형사재판절차가 개시되는 것이다. 물론 경찰은 사인의 소추에 협력할 의무가 있었으므로 피고인의 소환과 체포는 경찰이 수행하였다.

그러나 사회가 근대화되면서, 사인소추 제도의 불합리한 부분이 점점 드러나면서, 로버트 필 경(Sir Robert Peel)이 창설한 신경찰(new police force)이 그 빈자리를 메워갔고, 형사소추 업무를 담당하였다. 이에 범죄 피해자들이 범인 추적과 증거수집에 점점 더 경찰에 의존하는 현상이 나타나면서, 경찰도 점점 효율적으로 형사소추 업무를 담당하게 되었으나, 수사 종료 후 피해자가 형사소추를 하지 않겠다고 결정하면, 범죄자를 추적한 경찰의 노력은 모두 물거품이 되는 현상도 나타났다.

로버트 필 경을 포함하여 수많은 개혁가들이 스코틀랜드의 독립적 공적소추기관 제도를 영국에 도입하려고 노력하였으나, 당시 형사법원(Crown Court)에서 피해자 및 경찰로부터 사건을 수임하는 대가로 부를 축적하던 법정변호사(barrister)들의 반대에 부딪혀 번번이 무산되었다. 또한 당시 귀족계층에게 중앙정부의 역할과 권한이 커지는 것은 곧 자신들의 자유에 대한 침해를 의미하였으며, 결국 사인소추(私人訴追)는 이를 감당할 수 있는 부를 가진 사람을 위해서는 여전히 그 효용이 높았던 것이다.[224]

이처럼 공판중심주의, 당사자주의를 근간으로 한 사인소추를 위주로 형사절차가 진행되다가 19세기에 이르러 법규의 다양화, 인구의 도시집중으로 인한 범죄의 격증으로 그 한계를 맞게 되자, 사인소추는 사실상 그 모습을 감추고 경

---

224 조용후, "영국 검찰과 경찰의 관계 연구", 국외훈련검사 연구논문집(Ⅱ) 제29집, 법무연수원, 404면.

찰이 사인을 대신하여 소추행위를 맡게 되었다. 그러나 경미한 범죄는 경찰관이 법정활동을 할 수 있으나 사건이 폭주할 뿐더러 법정활동은 그 자체 고도의 전문지식을 요구하는 업무이므로 경찰관이 이 활동을 맡는 것이 부당하지 않느냐라는 문제가 제기되었으며, 이에 따라 각급 경찰서별로 공소제기에 대한 결정과 공판의 준비에 대하여 경찰관에게 조언을 할 수 있는 공설변호사(公訴辯護士)를 임용하라고 정부에서 권유하기에 이르렀다고 한다. 이렇게 각 경찰서에 신설된 Prosecuting Solicitor의 기구가 Solicitor's Department in Police(경찰서 내 변호사부)이다. 물론 1870년경 경찰 소추제도에 대한 반대의 목소리는 중대범죄사건에서 법무총감의 명령을 받아 국가를 대표하여 형사소추를 담당할 공공소추국(Office of the Director of Public Prosecutions: DPP)을 설립하는 1879년 범죄소추에관한법률(Prosecution of Offences Act 1879)의 제정으로 일단락이 되었지만, 그 하부조직은 여전히 존재하지 아니하였다. 이후 많은 위원회가 만들어져 소추방식의 문제점에 대한 지적이 끊이지 않았고, 1970년 사법위원회(Committee of Justice)에서 경찰의 소추가 사법에 관한 일반인의 인식을 위태롭게 할 뿐 아니라 사법의 질적 수준을 저하시키게 될 위험이 있다고 강조하였다. 이처럼 경찰의 강압수사 내지 경찰 소추의 문제점이 사회문제로 대두되던 중 1975. 경찰 허위자백 때문에 오심판결에 이른 Maxwell Confait 살인사건[225]이 발생하자, 1977. 필립스(Cyril Philips) 경을 의장으로 하는 형사절차에 관한 왕립위원회(Royal Commission)가 구성되었고, 1981. 모든 범죄에 대한 소추를 담당하는 독립된 소추기관의 설립을 권고하면서,[226] 1985년 범죄소추법(Prosecution of Offences Act

---

[225] 위 사건은 1972년 영국런던에서 맥스월 콘페라는 남창(男娼)이 불탄 집에서 질식사한 채로 발견된 후 3명의 청소년들이 경찰에서 범행을 자백하여 살해혐의로 기소되었으나, 재판과정에서 그 사인(死因)이 피의자들의 행위로 인한 것이 아니라 경찰에서의 자백이 허위로 밝혀져 무죄가 선고된 사안이다(Henry Fisher, Report of an Inquiry into the circumstances leading to the trial of three persons on charges arising out of the death of Maxwell Confait and the fire at 27 Dogget Read, London SE6, HMSO, 1977).

[226] 필립스 위원회의 주된 권고 내용은 "a) 수사와 소추의 역할의 결합은 하나의 조직에 너무 많은 힘과 책임을 주는 것이라는 우려, b) 대중의 신뢰(공신력)라는 관점에서 보면, 그리고 균형 잡힌 형사사법제도를 보장하기 위해서는 수사와 소추의 기능을 분리시키는 일이 바람직함, c) 전국적으로 볼 때 일관성 없는 소추정책 그리고 너무 많은 사건들이 불충분한 증

1985), 검사직무규칙(The Code for Crown Prosecutors) 등 법제를 정비하고 왕립검찰청을 창설하는 등 1986. 10. 1.부터 검찰제도를 도입하게 된 것이다. 다만, 초창기에는 검사들이 치안판사 법원에서의 변론권만 인정되어서 형사법원 사건의 경우에는 법정변호사를 선임하고 사건에 대해 공소유지 업무를 위임하면서 필요한 보완 작업과 지시를 하는(instruction) 업무를 수행하였을 뿐이다.

나. 1985년 이후의 검찰제도

영국 검찰(C.P.S.)은 정부의 독립된 부처로서 책임자는 공소국장(the Director of Public Prosecutions; D.P.P.)이며, 법무총감(Attorney General)[227]의 감독을 받는데, 공소국장은 10년 이상의 변호사자격을 갖고 있는 자 중에서 법무총감이 임명하며,[228] 공소국장의 권한 및 의무는 범죄소추법에 규정되어 있다.[229] 반면에 검사는 공소국장이 임명하며, 변호사의 자격이 있어야 한다.

영국 검찰은 공소국장을 정점으로 13개 권역, 42개의 지방검찰청으로 조직되어 있는데, 지방검찰청은 당초 31개에서 출발하였으나 1999년 법무총감 존 모리스(Jhon Morris) 취임 이후 보다 효과적인 소추권 행사를 위하여 각급 지방 검찰청을

거를 토대로 소추되었다는 우려, 그리고 d) 검사에 대한 보다 큰 책임과, 개방성, 그리고 공통의 기준을 향한 요구." 등을 들고 있다(Criminal Justice Review Group, Northern Ireland, Review of the Criminal Justice System in Northern Ireland, Belfast: Stationery Office, 2000, pp. 69-70).

227 법무총감(Attorney General)은 에드워드(Edward) 1세(1272-1307)때, 국왕의 법무관으로 시작되어 국왕과 왕족을 위한 민사소송의 대리, 정부입법에 대한 참여, 국가이익에 중대한 영향이 있다고 인정되는 반역죄나 중죄에 대한 소추를 담당하였으며, 종래 하원에 의석이 있는 변호사 중에서 임명하며 귀족이 아니면 임명과 동시에 knighthood의 작위를 수여받았다. 귀족원장이 유급치안판사와 상급법원 판사 임명시 Attorney General과 협의하는 것이 관례이며, 직무상 당연히 변호사단의 단장이 되는데, 국왕, 수상 또는 내각에 대한 법률자문관으로서의 역할만 하고 우리나라의 법무부장관과 같은 권한이 없었다. 그 후, 기존의 헌정부(법원행정)와 내무부(형법개정, 양형), 국립교정청의 기능을 분리하여, 법무부가 신설된 것이다.

228 범죄소추법(1879년)이 제정되어 공소국장을 둘 수 있는 법적 근거가 마련된 이래, 초기에는 내무부장관이 임명하고 법무총감의 감독을 받았으나, 그 후 법무총감이 공소국장을 임명, 감독하는 내용으로 범죄소추법이 개정(1985년)되었다.

229 Prosecution of Offences Act. 1985. § 3.

경찰서 소재지와 일치하게 42개 구역230으로 나누어 확대·재편되었다고 한다.

　　한편 지방검찰청 이외에 런던과 요크에 있는 검찰청 본부(Headquarters in London & York)에 중앙송무부(Central Casework)를 두어 특이하거나 사회적으로 민감한 사건들을 처리하고 있다. 이러한 지방검찰청은 검사장(Chief Crown Prosecutor)이 책임자이고, 검사장은 공소국장에 의하여 임명된다. 현재 13개 권역에는 이를 대표하는 검사장(CCP, Chief Crown Prosecutors)에 의하여 사건이 처리되는데, 각 지방 경찰청에 대응한 42개 지부는 15명-25명의 검사와 사무국으로 구성되어 있으며, 검사는 7개의 직급으로 되어 있고, 법학사 취득자로서 1년의 연구 및 시험과정과 1년의 실무수습 과정 등 2년간의 연수과정을 이수하여 사무변호사나 법정변호사의 자격을 취득한 사람 중에서 공무원 임용위원회의 면접을 거쳐 임명된다231고 한다.

　　이처럼 영국 검찰은 전국규모의 통일적인 조직체이지만 한국의 검찰처럼 공소국장을 정점으로 한 상명하복관계의 일사분란한 피라미드 형태의 조직체는 아니며, 법원의 심급에 대응하여 단계별 구조로 되어 있지도 않다. 따라서 공소국장은 지방정부나 정부 각 부처의 기소권 행사, 공소유지에 대하여 관여하지 못한다.

　　한편 검사는 소추행위와 관련하여 공소국장이 갖고 있는 모든 권한을 행사할 수 있으나, 공소국장의 지시에 따라야 하고 검사가 행한 소추행위는 공소국장이 행한 것으로 간주되는데, 공소국장은 검사의 소추행위와 관련하여 검사직무규칙을 정하여 시행하고 있다.232

　　이처럼 영국은 처음에는 경찰만 존재하다가 경찰의 권력집중과 남용을 방지하고 개선하고자 검찰을 창설하였다. 그러나, 영국에서 사인소추의 전통과 검찰보다 경찰이 먼저 창설되어 검찰의 역할을 대신하였다는 전통들이 결합하여 대륙법계 국가들의 검찰제도의 장점들이 충분히 나타나지 못하였다.

　　예를 들어 1985년 범죄소추법에 의하면, 영국 검찰은 프랑스나 스코틀랜드

230　경찰은 43개의 경찰청으로 구성되는데, 런던에 런던시 경찰청과 수도경시청이 있고, CPS London은 런던시 경찰청과 수도경시청을 모두 관할하도록 하였다.
231　한상진, "영국 검찰의 권한 변화와 전망 – 경찰에 대한 통제 및 수사지휘권을 중심으로 –", 해외연수검사 연구논문, 2006, 12면.
232　Prosecution of Offences Act, 1985, § 10.

의 검찰과 비교하여 한계가 뚜렷하였다고 한다.

첫째, 영국 검찰은 충분한 증거가 갖춰지지 못한 사건에서 경찰로 하여금 보완 조사를 하도록 지휘할 수 없었다고 한다. 이는 영국 검찰의 기소권이 공익적 기능을 온전히 발휘할 수 없었다는 것을 의미한다고 평가할 수 있다.

둘째, 영국 검찰은 처음에는 공판회부(charging)를 결정할 권한이 없었으며, 단지 공소취소결정권만을 보유하고 있었다.

셋째, 영국 검찰은 피의자나 참고인을 직접 조사할 권한이 없었기 때문에 경찰에서 제공하는 정보에 의존할 수밖에 없었다.[233]

현재도 사인소추제도를 취하고 있는 영국에서는 피해자인 사인이 경찰에 고소하거나 직접 치안판사에게 고소장을 제출하고 법정에 나가 검사의 역할을 수행해야 하며, 형사법원에 회부될 사건에 대해서는 법정변호사(Barrister)[234]를 선임해야만 한다. 이 경우 소송비용은 국가가 부담하며 대개 범죄발생지의 자치단체의 예산으로 충당되지만, 사건이 중대하고 복잡한 경우에는 사인소추자는 소송비용을 스스로 부담하여야만 유능한 법정변호사를 확보할 수 있다[235]고

---

233 김한수, 영국 검사의 지위와 기능", 형사소송법학회 학술대회 자료집, 2016, 140면
234 영국의 변호사는 사무변호사(solicitor)와 법정변호사(barrister)로 나뉘어 있으며, 따라서 변호사협회도 사무변호사들로 구성된 The Law Society와 법정변호사들로 구성된 The General Council of Bar의 두 개가 존재한다. 법정변호사(barrister)의 경우 경찰에 고용되는 것이 아니고 사건별로 수임하는 형태로 업무를 처리해왔으며, 그 경우에도 단순한 사건의뢰인인 경찰의 대변인이 되어 수단방법을 가리지 않고 의뢰인의 이익을 추구하는 것이 아니라 사법제도와 공익의 수호자로서 의뢰인인 경찰의 주장내용을 검토하여 법적으로 정당한지 여부를 확인하고 법정에서 변론을 하는 것이 전통이라고 한다(안경환, 「영국법과 미국법의 비교연구(Ⅲ)」, 법학 제32권 3·4호(1991), 130면). 다만 현재는 '1990년 법원및법률서비스에관한법률(the Court and Legal Service Act 1990)' 제정 이후, 사무변호사(solicitor)도 하급법원에서 변론이 가능한 것은 물론 상급법원에서도 추가적인 자격만 획득하면 변론이 가능하게 되었으므로 이제는 법정변호사, 사무변호사라는 명칭은 적합한 것이라고 보기 어려우며, 더구나 barrister의 공익성 등을 이유로 반드시 solicitor를 통하여 사건내용을 설명받고 수임하던 과거와 달리, barrister들도 특허 등 일정한 분야에서는 직접 일반 의뢰인과 접촉하여 수임계약을 체결하는 것이 허용된 상태이므로 barrister와 solicitor 양자간의 벽도 점차 허물어져 가는 추세로 보인다(The Times(2004. 1. 20), student law section, p.11 참조)고 한다(김한수, 앞의 논문, 563면).
235 김종구 외, 검찰제도론, 법문사, 2011, 183면.

한다. 따라서 검사들이 공소유지를 담당하는 치안법원 사건과 달리 형사법원의 정식재판에 회부된 사건에 대해서는 법정변호사(Barrister)만이 기소측을 대리하여 공소를 유지할 수 있으며, 검사는 형사법정에 출두할 수 없다.

물론 영국에서도 검사는 점차 소추기관으로서의 역할을 확대해 가면서 전통적인 영국 경찰이 담당하던 것을 분담하여 법률전문가로서 역할을 담당해 나가고 있다. 즉, 영국 검찰은 영국 경찰이 공판회부한 모든 형사재판 사건에 대해 공소유지를 담당하면서, 사건을 지속적으로 검토하여 증거 기준이나 공익적 기준에 부합하지 못하는 경우라고 판단하면 공소취소를 할 수 있는 재량이 있다. 영국 검찰은 사인소추에 의해 진행되는 사건에 대해서도 검사로 하여금 소송을 인수하게 할 수 있다.

다. 법무부장관(Lord Chancellor)과 법무총감236(검찰총장직, Attorney General)의 차이

의원내각제 국가인 영국의 경우는 과거 대법원이나 법무부가 없었다. 최고법원의 역할은 상원(House of Lords) 상고심위원회(Appellate Committee) 소속 상임상고법관(Lords of Appeal in Ordinary)이 담당해 왔으며, 법무부의 역할은 대부분 내무부(Home Office)가 담당하였다. 2005년 헌정개혁법(Constitutional Reform Act)에 따라, 2009년 10월 대법원(Supreme Court)이 설립되면서, 각각 선임 상임상고법관(Senior Lord of Appeal in Ordinary)이 대법원장(president)의 직을 맡게 되고, 사법부의 수장은 항소법원형사부수석법관(Lord Chief Justice)이 맡게 되었다. 2005년 헌정개혁 이전에는 대법원장(Lord Chancellor)이 상원의장인 동시에 사법부의 수장으로서, 내각에서는 사법행정을 관할하는 헌정부(Department for Constitutional Affairs)의 장관을 담당했다. 2005년 헌법개혁법으로 종래 상원의장(Lord Chancellor)은 최고법원장이나 대법관의 역할을 수행하지 않게 되었으며, 신설된 법무부(Ministry of Justice) 장관(Secretary of Justice)으로서 법무행정을 총괄하며, 사법정책, 법원인사정책, 입법정책의 최고책임자가 된다. 즉, 법무부장관(Lord Chancellor)은

---

236 '법무장관'으로 번역하는 책도 있으나, 앞의 법무부장관(Lord Chancellor)의 개념과 혼동되므로 본서에서는 '법무총감'으로 통일하기로 한다.

내각으로서 법원, 교도소, 보호관찰소, 갱생센터 등의 업무를 총괄하는 사법·법무행정 영역을 담당한다. 그러나 소추기관에 대한 지휘, 감독권은 없다.[237]

　　법무총감(Attorney General)은 법무행정을 총괄하는 장관급 정무직(minister)으로서 법무차장(Solicitor General), 공소국장(Director of Public Prosecutor), 중대부정수사처장(Director of Serious Fraud Office), 북아일랜드 공소국장(Director of Public Prosecutions in Northern Ireland)을 임명한다. 법무총감은 의회에 대해 검찰청(Crown Prosecution Serivce)의 업무에 대한 책임을 진다. 검찰의 기소권한의 감독권 행사에 있어서 법무총감은 행정부로부터 독립된 지위를 보장받는다.

　　그런데 'BAE Systems'사건[238]으로 법무총감(General Attorney)과 형사소추기관 간의 권한과 책임을 명확히 할 필요가 있다는 주장이 제기되었고, 이는 2009년 7월 1일 '영국 법무총감과 형사소추기관 간의 규약(Protocol between the Attorney and Prosecution Department)' 제정으로 이어졌다. 위 규약에 따라 법무총감은 검사의 독립을 보호하여야 할 책임이 있고, 형사소추 여부(중대부정수사처의 경우는 수사 및 기소여부)는 준사법작용인 것을 고려하여 영국 검찰업무지침에 따라 전적으로 검사에 의하여 공정하게 이루어져야 하며, 법무총감은 국가안전보장에 관계된 사안이 아닌 한 개별 사안에 대하여 지휘를 하지 않는다는 원칙을 천명하였다. 즉, 공판회부에 법무총감의 동의가 필요한 사건은 법률로 명확하게 규정하도록 하였으며, 그 동의권한을 대부분 공소국장(DPP) 등 형사소추 기관에게 이양하였다. 국가안보와 관련된 사안에 대해서는 여전히 개별적 지휘가 가능하나 이 경우 형사소추 기관장의 의견을 사전에 청취하여야 하고, 국회의원, 정당 등이 관련된 정치적으로 민감한 사안에 대해서는 의견을 제시할 수 없다. 다만, 형사사법 정책과 밀접한 관련이 있는 사건, 양형 재심사 요청 등 법

237　우리나라와 비교한다면, 우리 법무부의 법무행정 일부와 법원행정처의 사법행정 일부를 합친 것이 영국의 법무부(Ministry of Justice)에 해당하고, 우리 법무부의 검찰청 지휘, 감독 영역은 영국의 법무총감(Attorney General)이 담당하고 있다.

238　BAE Systems는 영국의 최대 군수물품, 무기 제조회사로, 2006년 칠레, 체코, 사우디아라비아 등 외국에 무기를 판매하며 뇌물을 제공한 혐의로 중대사기범죄수사청(SFO, Serious Organised Office)의 수사를 받았으나, 당시 법무총감 Lord Goldsmith는 국가안보를 이유로 수사중단을 명하였고, 이로 인해 여론의 거센 비판을 받은 사건이다.

무총감의 고유권한과 관련된 경우, 형사소추 기관장이 협의를 요청하는 경우, 사건의 법률적 쟁점이 복잡한 경우는 개별 사건에 대한 보고를 받거나 의견을 제시할 수 있다.239

(3) 검사와 경찰의 관계

오랫동안의 영국의 형사실무 관행상 경찰이 공판회부결정을 내린 사건에 대해 검찰이 증거가 빈약한 사건을 적극적으로 사건을 공소취소하는 등의 조치를 잘 하지 못하였다. 이 경우 일단 재판을 진행해본 후 법원이나 배심원의 태도 여하에 따라 공소장 변경이나 공소취소 등을 하는 방식을 택하였다. 이는 검찰력의 낭비나 비효율적인 재판 진행이 빈발하는 문제점으로 지적되었다고 한다.

1980년대 이후로 영국에서 길포드 4인조(Gilford four) 폭탄공격사건240 등 형사사법에 대한 국민의 신뢰를 무너뜨리는 유명한 무죄사건이 빈발하였다. 1991년 3월 영국 내무부장관은 형사사법에 관한 왕립위원회를 설립하여 형사사법에서 무고한 자에 대한 무죄 선고를 확보할 수 있는 효율적인 형사사법체계를 연구하도록 하였다.

이에 1993년 7월 왕립위원회의 보고서가 영국의회에 제출되었다. 보고서에서는 검찰과 경찰의 관계에 대해서 대륙법계와 달리 검사가 수사권을 갖지 않는 영국에서도 검찰이 공판절차를 개시할 권한을 가지도록 하는 것은 수사담당기관과 공판담당기관을 명확하게 구분시켜 준다는 장점이 있다고 지적하였다. 다만, 영국의 위 보고서는 당시 각 경찰서에서 이같은 권한을 즉시 행사하

---

239 조용후, 앞의 논문, 452면.
240 1974년 IRA 폭탄공격에 직접 관여하였다는 Guildford Four(Paul Michael Hill, Gerard "Gerry" Conlon, Patrick "paddy" Armstrong, Carole Richardson)의 자백에 기초하여 이들에게 무기형이 선고되었는데, 그 후 이들의 자백이 가족에 대한 위협을 포함해서 경찰의 협박과 고문 때문으로 밝혀져 유죄가 파기된 사안이다(David Waddington, *The Interim Report on the Maguire Case: The Inquiry into the circumstances surrounding the convictions arising out of the bomb attacks in Guild and Woolwich in 1974*, House of Commons, 1990).

도록 할 배치할만한 검사의 인원이 부족한 상태인 등 제반 여건이 마련되지 않은 상태라는 이유로 일단 기존 제도대로 경찰이 공판회부결정권을 행사하게 하자는 잠정적 결론을 내렸다.

1997년 Narey 보고서에서는 영국 형사사법제도의 구조를 개혁하기 위해서는 영국 검찰과 경찰의 협력의 필요성을 강조하였는바, 위 보고서의 권고에 따라 '경찰서 내 검사 상주 제도'(LAPS, Lawyers At Police Station)를 도입할 수 있게 되었다.

1998년 Glidewell 보고서는 영국 검찰 관할 구역을 경찰과 대응하여 종래 13개에서 43개 지부로 재편성하고, 각 경찰서에 검사가 파견되어 기관간 연락, 업무 중복 방지를 목적으로 하는 형사사법팀(CJU, Criminal Justice Unit)을 설치하자는 제안이 제시되었다.

2001년에는 경찰의 공판회부(charge) 결정 권한이 검찰로 이전되는 영국 형사사법체계의 큰 변화를 초래한 보고서가 발표되었는데, 대법관 Auld경이 주책임자로 관여한 Auld 보고서(Review of the Criminal Courts of England and Wales)가 그것이다. Auld 보고서는 "형사법원에서의 절차의 간소화, 효율성 증대, 형사사법체계 전반에 걸친 형사법원과 다른 기관간의 관계 강화, 피해자와 증인을 비롯한 모든 이해당사자의 이익 고려 등의 방법을 통해, 공정한 정의 실현을 목표로 형사법원의 실무, 절차, 증거법칙 등을 검토하여 법치주의에 대한 대중의 신뢰를 증진"할 목적으로 작성되었다.

위 보고서 제10장에서는 형사사건에 대한 충분한 검토를 통해 효율적으로 사건을 처리하기 위해서는 쟁점을 신속히 파악하는 것이 중요한데, 이를 위하여 강력한 독립 검찰, 유능하고 적절한 보수가 지급된 변호사, 구금된 피의자의 신속한 변호인 접견, 현대적인 의사소통 시스템 등 네 가지 요소가 필수적이라고 주장하였다. 특히 위 보고서 제10장 제12절 '강력하고 독립된 검찰(A Strong and independent prosecutor)'편에서 Auld경은 검찰은 공판회부(charge) 단계 또는 그 이전 단계에서 사건에 대한 장악력을 가져야 하는데, 이를 위해서는 검찰이 특히 공판회부(charge) 단계 또는 그 이전 단계부터 완전하고 효율적으로 사건을 장악할 수 있도록 충분한 지원을 받아야 한다고 권고하였다. 특히 소송당사자의 재판 준비와 법원의 효율적인 재판 진행을 위해 사건 초기에 올바른 판단(charge)이 중요한데, 경찰의 공판회부(charge) 결정은 개별 경찰청장의 감독 하에 이루어지고 검찰과 경찰의 소추기준이 동일하지 않다는 점을 지적하면서, 검찰은 경미하고 일상적인 범죄 또는 특별한 경우를 제외한 모든 범죄에 대한 공판회부(charge) 결정 권한을 보유해야 한다고 권고하였다. 이에 영국 정부는 2002년 2월부터 5개 검찰청 관내를 시범지역으로 선정하여 검찰이 공판회부(charge) 결정 권한을 행사토록 하였고, 그 결과 유죄율 증가, 공판회부(charge) 이후의 공소취소율 감소, 신속한 공판회부(charge) 여부 결정으로 인한 각종 비용 감소 등 고무적인 성과를 거두게 되었다.

　　Auld 보고서 이후 영국 정부는 "Justice for All"이라는 백서를 발표하였는데, 위 보고서를 통해 영국 정부는 피의자의 권리 보호나 적법절차 준수의 맹목적 강조보다는 효율적 공판회부 결정을 통해 범죄의 효과적 통제에 형사사법 절차 개혁의 지향점이 있음을 분명히 하였다. 위 보고서는 다음과 같이 분석하였다.

> 「우리는 형사사법체계가 범죄 수사, 기소절차, 유죄 및 양형 절차에 있어 보다 효율적으로 변화될 것이라는 확실하고도 가능한 신호를 보낼 필요가 있다. 더 나은 수사를 위하여 근본적인 경찰 개혁에 착수하여야 한다. 더 많은 범죄자를 법정에 세우기 위해 부족한 준비와 부적절한 공판회부 결정으로 실패하지 않도록 경찰과 검찰 사이에 보다 밀접한 협력이 있어야 한다.」[241]

　　이처럼 경찰의 권한에 대한 사법적 감독의 필요성의 인식에 따라 2002. 11. 21. 영국 하원에서 채택된 'Criminal Justice Bill 2002'에서는 경찰의 charge[242] 결정에 대한 검찰의 통제를 도입할 것을 정하였고, 이에 따라 제정된 '2003 형사사법법(Criminal Justice Act 2003)'의 Part 4. 제28조 및 이에 대한 Schedule 2에 의해 1984년의 PACE상 경찰의 입건결정권이 수정되어 검찰의 통제를 받게 되

241　the Secretary of State for Home Department, "Justice for All", p.26.
242　charge란 경찰이나 다른 공소기관이 피고발자를 범죄혐의로 법원에 고발하는 절차를 의미하는데, 위 경찰의 Charge는 사인(私人)의 자격으로 행한 것일 뿐, 경찰에게만 부여된 특별한 권한이 아니다. 일반적으로 영미에 있어서는 경찰 또는 검사(public prosecutor)가 법원에 범죄혐의자에 대한 재판을 청구하는 것을 보통 'charge' 또는 'lay information'이라 하지만, 이를 대륙법계제도와 비교하여 검사의 '기소'로 보는 것보다는 범죄의 피해자 또는 경찰이 법원에 고소 내지 고발하는 것으로 보는 것이 상당하다(김종구 외, 검찰제도론, 법문사, 2011, 408면). 여기서는 '공판회부'로 번역하기로 한다.

었다.243 즉, 종래에는 수사를 하여 소추를 진행할 것인지, 즉 입건을 할 것인가는 전적으로 경찰의 판단에 의하며 이 영역에 대하여 검찰이 관여하지 않았으나, '2003년 형사사법법'에 의하여 검찰은 소추지침(The Director's Guidance on Charging)을 정하고, 경찰이 소추 결정시 검찰청(the Crown Prosecution Service, 이하 CPS)의 소추지침을 준수하고, 경찰이 소추 결정시 공소국장(Director of Public Prosecution, DPP)의 사전 승인을 얻도록 규정한 것이다.244 즉, 경범죄를 제외한 그 외 범죄의 경우 그동안 공판회부 결정 권한을 행사하여 왔던 유치담당 경찰관(Custody Officer)은 공판회부함이 상당하다고 판단되더라도 검찰에 통보하여야 하며, 경찰의 통보를 받은 검찰이 기소 여부를 서면으로 회신하면, 이에 따라 경찰이 공판회부(charge)를 하게 된다. 물론 공판회부 결정과 관련하여, 검찰은 경찰에게 보강수사를 요구할 수도 있다. 그러나 공소국장(DPP) 등의 동의를 요하는 사건, 사망사건, 테러활동이나 공공기밀이 관련된 사건, 증오범죄나 가정폭력으로 분류된 사건, 폭력을 수반한 질서파괴범죄나 공공장소에서의 폭행, 심각한 상해를 야기한 사건, 18세 미만자가 범하거나 18세 미만자를 대상으로 한 성범죄, 라이센스법(Licensing Act 2003) 위반사건 등은 경찰이 독자적으로 공판회부를 할 수 없고, 검찰의 공소결정을 따라야 한다. 물론 개정된 법률에 따르더라도 법문상 여전히 경찰은 자체적으로 범죄혐의가 인정되지 않는다고 판단하는 사안에 대해서는 검찰의 조언을 구하지 않고 불기소 결정을 내리는 것이 가능하다. 이러한 과정에서 경찰은 검찰에게 조언을 구하거나 통제를 받을 아무런 의무가 없다.

---

243 Criminal Justice Act 2003, Schedule 2(Charging or release of persons in police dentention) 에서 Police and Criminal Evidence Act 1984(PACE) 37(7)을 수정하고, 37A, 37B를 신설
  • 37 Duties of custody officers before charge **(7) Subject to section 41(7) below**, if the custody officer determines that he has before him **sufficient evidence to charge** the person arrested with the offence for which he was arrested, **the person arrested—(a) shall be (ⅰ) released without charge and on bail, or (ⅱ) kept in police detention, for the purpose of enabling the Director of Public Prosecutions to make a decision under section 37B below**, (b) shall be released without charge and on bail but not for that purpose, (c) shall be released without charge and without bail, or (d) shall be charged.

244 John Sprack, *CRIMINAL PROCEDURE*, 12th. Ed., p.40.

　　기소유예 권한도 사실상 검찰로 이관되었다. 즉, 종래에는 수사를 하여 소
추를 진행할 것인지 여부, 다시 말해 입건을 할 것인지 여부는 전적으로 경찰의
판단에 의하며 이 영역에 대하여 검찰이 관여하지 않았으나, 2003년 형사사법
법(Criminal Justice Act 2003)에 의하여 검찰은 입건의 일반적 기준을 정하고, 체포
한 후 입건하지 않은 상태에서 보석석방된 자에 대한 입건 여부를 검찰에서 결
정하도록 하는 등 기소유예의 권한을 인수하게 된 것이다.245 이에 따라 그동안
경찰서에서 공판회부 결정권을 행사해왔던 구금담당경찰관이 해당사건에 대해
서 증거가 충분하여 공판회부결정을 하는 것이 타당하다고 판단되는 경우 곧바
로 이를 처리할 수 없으며, 이를 검찰에 통보하여 공판회부에 관한 결정을 받아
야 하며,246 검사는 수사기록을 검토하여 기소·불기소 등의 결정을 하게 되고,
이때 검사의 결정은 경찰관에게 서면으로 행하여야 하는데,247 이러한 결정은
단순한 조언이 아니라 최종적인 것으로서 경찰관이 반드시 따라야 하는 것이
다. 즉, 정식기소 범죄와 복수관할 범죄 중 치안판사법원에서 선고 가능한 형량
을 벗어나는 사건이나 유죄답변이 예상되지 않는 사건에 대해서는 공판회부 결
정권이 검사에게 있으므로 위와 같은 사건에 대해 경찰이 기소 의견을 가지고
있다면 반드시 검사의 조언을 구하여야 한다. 그리고 이와 같은 조언은 성폭력,
살인 등 주요 사건의 경우 대체로 경찰관이 필요한 서류를 준비한 후 직접 검
사를 대면하여 받게 되며, 그 이외의 사건의 경우는 CPS Direct라고 불리는 전
담 검사 조직을 통해 365일 24시간 내내 중단 없이 전화나 전자적인 서류 송부
를 통해 조언을 받게 된다248고 한다.

　　결국 위에서 살펴본 것처럼 경찰의 독점적 수사권 행사로 인한 각종 폐해

245　John Sprack, *A Practical Approach to Criminal Procedure*, 12th ed., Oxford University
　　　Press, 2008, p. 40.

246　2003년 형사사법법(Criminal Justice Act 2003) Schedule 2 Charging or release of persons
　　　in police detention 참조.

247　2003년 형사사법법(Criminal Justice Act 2003) Schedule 2 para. 3. PACE법 제37조의 B.
　　　(4) 개정사항 참조.

248　김한수, "영국 검사의 지위와 기능", 「검찰제도의 비교법적 검토를 통해서 본 한국검찰의
　　　나아갈 방향」, 한국형사소송법학회 2016년도 동계학술대회 자료집, 2016, 112면.

를 방지하기 위하여 형사소추 개시권한249 및 기소유예 권한의 검찰에의 이전, 경찰관서 주재 검사의 경찰에 대한 법률조언제도 내지 검사의 소추적격심사제도 등 각종 수사권 통제제도를 마련하여 '수사권은 경찰에게, 기소권은 검찰에게'라는 그동안의 명제는 더 이상 영국의 형사법체계에 적용할 수 없는 단계에 이르렀으며, 학계 및 실무관행도 검찰이 수사과정에 적정하게 관여하는 것을 허용하고 있는 것으로 보인다. 영국의 검사직무규칙 제4조의3 '검찰은 경찰과 긴밀하게 협조하여 함께 일하지만, 기소할 것인지, 사건수사를 계속할 것인지 여부에 대한 최종적인 책임은 검찰에게 있다'250는 규정이 최근 영국에서의 변화된 검찰과 경찰의 관계를 잘 표현하고 있다고 할 것이다.

물론 이번 법률개정 이후에도 단순교통사범을 중심으로 한 간단하고 (straightforward) 중하지 않은(minor) 범죄에 대해서는 계속해서 경찰이 공판회부결정을 행사하는 것은 물론 자체적으로 범죄혐의가 인정되지 않는다고 판단하는 사안에 대해서는 검찰의 조언을 구하지 않고 불기소 결정을 내리는 것이 가능하다.

현재 영국 경찰은 경범죄 전체,251 치안판사 법원에서 선고가능한 형량 이내로 선고가 될 것으로 예상되는 상점 절도나 상점 절도 미수 범죄, 치안판사 법원에서 선고가능한 형량 이내로 선고가 될 것으로 예상되고 피고인의 유죄

---

249 Criminal Justice Act 2003. 제29조(새로운 절차개시 수단)
  (1) 검사는 피소추자를 범죄로 소추하는 서류(공판회부통지서, written charge)를 발부함으로써 형사절차를 개시할 수 있다.
  (2) 검사는 공판회부통지서를 발부할 경우, 그와 동시에 피소추자에게 소추된 범죄사실에 답변하기 위해서 치안판사 앞에 출석하도록 하는 서류(출두요구서 내지 소환장, requisition)를 발부하여야 한다.

250 The Crown Prosecution Service and the police work closely together, but the final responsibility for the decision whether or not a charge or a case should go ahead rests with the Crown Prosecution Service(The Code For Crown Prosecutors 4.3).

251 경찰 단독으로 Charge가 가능한 범죄(경미범죄)에 대해서는 공소국장의 소추지침(The Director's Guidance on Charging)에서 별도로 규정하고 있다. 즉, 경찰은 ① 유죄 인정 여부의 답변과 무관하게 약식기소 범죄(형사 피해가 5,000파운드 미만인 경우)에 대하여, ② 유죄 인정 여부의 답변과 무관하게 치안판사법원(최대 선고 형량은 12개월의 구금형 또는 5,000파운드의 벌금형; CJA 2003 §154)에서 선고되는 것이 적절한 소액절도 범죄에 대하여, ③ 유죄 인정 답변이 예상되고 치안판사법원에서 선고되는 것이 적절한 선택기소 범죄(triable either way offences)에 대하여 법원에 바로 공판회부(charge)를 할 수 있다.

인정이 기대되는 일부 복수관할 범죄에 대해 검찰의 공판회부 판단을 받지 않고 직접 공판회부를 할 수 있다.[252]

(4) 검찰의 권한규정

가. 수사관련 권한

▶ 형사사법법(The Criminal Justice Act 1987) 제1조 제3항 SFO(중대부정수사처; '특별수사청'이라고도 함)국장은 중요하거나 복잡한 경제범죄와 관련된 상당한 근거가 있다고 여겨지는 어떠한 의심스러운 범죄를 수사할 수 있다.

▶ 경찰의 입건결정권에 대한 검찰 통제(공판회부결정): '2003 형사사법법(Criminal Justice Act 2003)'의 Part 4. 제28조 및 Schedule 2.

나. 실무 규정

▶ SFO 공식 홈페이지(www.sfo.gov.uk) 소개 내용: "1970년대와 1980년 초 중대하거나 복잡한 경제범죄에 대한 수사와 기소 관련 영국 시스템에 대한 상당한 일반대중의 불만이 있어" 1988년 Attorney General(법무총감, 검찰총장 겸임) 산하에 SFO(Serious Fraud Office)가 신설되었는데, "사건 초기부터 검사(prosecutor)가 수사관(investigator)과 함께 일하는 조직구조"이다.

❸ 미 국

(1) 경찰의 지위

미국의 경찰은 흔히 자치체 경찰(municipal police)이라고 한다. 미국내에는 통일된 조직으로서의 국립경찰은 없으며, 다만 연방(Federal), 주(State), 카운티

---

252 The Director's Guidance on Charging 2013, 15. Police Charging Decisions 참조. 영국 검찰청 홈페이지, https://www.cps.gov.uk/publications/directors_guidance/dpp_guidance_5.html#a15.

(County),253 시(City)별로 다양한 경찰조직을 갖고 있기 때문이다. 즉 전국적으로 40,000여개의 각자 독립된 법집행기관인 경찰기구에 50여만명의 경찰관이 재직하고 있으며, 이 중 39,700여개는 시나 카운티 등 지방정부를 위한 자치경찰이며, 200여개는 주정부의 경찰이고, 중앙에 본부를 둔 연방수사기관만도 50여개가 된다.254 이처럼 연방정부, 주정부 그리고 지방정부(city, township, county 등)에 매우 다양하고 복잡하게 분산되어 있을 뿐만 아니라 대부분의 조직이 지방정부에 설치되어 있는 점 등을 미국경찰제도의 특징으로 볼 수 있다. 따라서 연방의 경찰은 연방법만을 집행하고 주나 지방의 법률은 집행할 수 없고 반대로 주나 지방의 경찰은 연방법을 집행할 수 없으며, 연방의 경찰이라고 하여 주나 지방의 경찰에 대하여 하등의 권한이 없고 지방의 경찰이라고 하여 주나 연방경찰의 요구에 대하여 응하여야 할 아무런 의무도 없는 것이 원칙이다. 이와 같이 미국의 경찰이 철저히 분열될 수밖에 없는 이유는 미국정부의 바탕인 지방자치가 경찰제도에도 근본적으로 작용하기 때문이라고 한다.255

미국의 경찰은 원래 범죄를 예방하여 거리의 안전을 유지할 목적으로 뽑은 시민의 경비원으로서 수사를 하기 위한 기구는 아니었다. 그러나 예방목적을 수행하는 경찰이 범인과 가장 먼저 접하게 되므로 이러한 경찰에 범인의 체포의무와 권한을 주고 범죄의 피해를 당하거나 목격한 시민이 범인을 체포할 때 이에 조력

---

253 미국의 각 주에는 행정구역단위로 County가 있는데, 미국의 주를 하나의 국가로 볼 때, 도(道)의 개념에 해당하는 것이 County이고, County 안에 City가 있다. County는 주 정부가 그 공권력을 지역적으로 행사하기 위하여 인위적으로 획정한 행정구역으로서 당초부터 독립한 법원의 설치 단위로 획정되어 행정적인 권한은 크지 않고, 사법부의 관할단위라는 특징을 갖고 있다. 예컨대 캘리포니아주에는 58개 County가 있으며, 실리콘밸리로 유명한 산타크라라 County의 인구는 130만 명이며 9개 시(City)가 소속되어 있다. County의 행정은 주민의 선거에 의하여 선출되는 임기 4년의 5명의 위원으로 구성되는 합의체에서 운영되고 있다. 샌프란시스코와 같이 County와 City가 겹치는 곳도 있다. 특이하게도 뉴욕은 다른 지역과 달리 주와 City사이에 뉴욕City를 관할하는 County가 없고, 오히려 City안에 독립구인 5개의 borough가 있으며, 검찰청도 City 전체를 관할하는 기구는 없고 각 borough를 관할하는 검찰청만 두고 있다고 한다(김종구 외, 앞의 책, 395면).

254 윤종남, 「미국의 사법경찰제도」, 법무자료 제98집, 각국의 사법경찰제도, 401–402면.

255 Waldron, *The Criminal Justice System*(Law Enforcement in the United States), An Introduction Third Edition, P.140.

할 의무가 주어지게 된 것이다.256 그리하여 체포경찰관의 가장 큰 임무는 형사사법 절차에서 중요한 증인이 되는 것이다. 따라서 사건을 수사하여 피의자를 체포한 경찰이 검사와 처음 접촉할 때 검사는 수사상황을 보고 받고 그 사건의 소추행위를 계속할 것인지 여부를 판단하는 것이지만, 보고하는 경찰관은 범인의 체포경위, 조사 당시 피의자의 행동 등을 법정에서 증언하게 될 중요한 증인인 것이다. 이러한 본래의 일반경찰은 순찰경찰(Patrol)이라 불리며 정복(Uniform)근무가 원칙이다. 대도시인 뉴욕시에서는 경찰본부 아래 시의 구역(Zone)을 다시 작은 구역(Precinct)으로 나누어 경찰서를 두고 있으며 순찰대 소속인 총경이 서장이다.

(2) 검찰의 지위

연방 및 지방검사가 진행하는 주요직무의 내용은 관할 범죄에 대한 소추를 독점하여 기소·불기소 결정권 및 공소유지를 담당하면서, 지정사건에 대하여 직접 수사를 하고, 개별사건 수사를 협의하는 과정에서 경찰의 수사방향과 증거수집 등에 대하여 실질적인 수사지휘를 하는 것이다. 다만 검사가 예외적으로 수사를 개시할 필요가 있는 경우에도 우리나라와 같이 스스로 수사를 개시하지는 않으며 다른 수사기관에 수사를 요청하거나 대배심 등의 수사기관을 활용하고 있을 뿐인데, 이와 같이 미국의 검사가 직접 수사에 나서지 않은 배경에는 첫째, 미국은 형사사법절차에 있어서 공판중심주의를 택하고 있어 수사관이

---

256 영미법계 국가에서는 '고소권'이라는 개념 자체가 없다. 통상 미국은 범죄피해자를 당한 사람이 수사기관에 범죄피해를 신고(Report)하면, 범죄피해자로서 보호를 받을 뿐이지 고소인으로서 어떠한 권리 — 항고권 등 —가 보장되지는 않는다. 따라서 범죄신고를 하더라도 검사가 해당 범죄를 저지른 재(혹은 범죄라고 주장된 행위를 한 자)를 기소하지 않기로 결정하였다면 이에 불복할 만한 수단이 마땅치 않으므로 타인의 불법행위로 인한 피해에 대해 권리를 보호받고 싶은 사람은 필연적으로 민사절차에 의존할 수밖에 없다. 우리나라에서 범죄피해자에 대한 보호와는 별개로 고소인을 제도적으로 보호하고 있는 것과는 큰 차이이이다. 물론 악의적인 불법행위의 경우 가해자에게 피해액을 초과하는 배상을 명령하는 '징벌적 손해배상'제도가 있으므로 굳이 수사기관의 손을 거치지 않더라도 피해자는 가해자에게 극심한 경제적인 고통을 줄 수 있는 동시에 자신이 받은 피해를 초과하는 금액을 배상받을 수는 있다.

직접 법정에서 증언을 하게 되는 경우가 허다하며 만일 검사가 직접 수사를 하였을 경우 검사가 공소관이면서 동시에 증언을 하게 되는 모순으로 귀착되고 이것은 명백히 불합리하며,257 둘째 공판중심주의 구조상 공판은 사건의 실체를 가리는 유일한 장이므로 검사들은 공판준비에 전력을 기울이게 되는데, 미국의 증거법과 공판절차는 복잡하고 중첩적으로 구성되어 있어 공판에 임하는 검사는 어렵고 지루한 과정을 감내하여야 할 뿐만 아니라 각별한 노력을 필요로 하므로 현실적으로 검사는 1차적인 수사를 경찰 등 다른 기관에 맡기고 공판에 노력을 집중할 수밖에 없으며,258 셋째 검사가 직접 사건수사에 관여할 경우 준사법적 업무수행에 따르는 절대적 면책이 부정되고 손해배상책임을 부담하는 경우가 생길 수 있는데,259 일반적으로 검사의 업무 중 기소와 관련된 부분은 준사법적 성격이 널리 인정되므로 손해배상에 관하여 절대적 면책이 인정되나 수사에 관한 업무는 경찰의 수사행위와 마찬가지로 민사책임에 노출되어 있어서260 검사들이 직접 수사를 꺼리는 것은 당연하고,261 넷째 형사절차상 검

---

257 미국의 검찰제도(Ⅰ), 앞의 책, 52·54·262면 참조.

258 NDAA의 기소기준 P.51.

259 NDAA의 기소기준 p.41·p.111.

260 미국 연방대법원은 Imbler v. Pachtman사건(Imbler v. Pachtman, 424 U.S. 409, 96 S.Ct. 984, 47 L.Ed.2d 128(1976))에서 근거없는 소송으로 괴롭힘을 당하게 되면 검사의 노력이 낭비되어 그 의무를 다하기 어려워지고, 검사가 공공의 신뢰에 의해 요구되는 대로 독립적인 판단을 하기보다는 이러한 소송으로 인해서 판단에 영향을 받을 우려가 있다는 점을 근거로 검사를 상대로 민사소송이 제기된 경우에 절대적 면책이 인정된다고 판시하면서, 그 근거로 검사가 의도적으로 헌법상의 권리를 침해했을 때에는 형사기소를 당할 수도 있고, 징계에 회부될 수도 있기 때문이라는 점을 들고 있다. 다만 Imbler사건에서 연방대법원은 면책은 검사의 행위가 "형사절차에 있어서 사법적 단계와 밀접한 관련이 있는 경우" 예컨대 "공소의 제기나 공소유지"가 이에 해당한다고 보면서, 이러한 면책이 검사가 "법률가라기보다는 행정관이나 수사관의 역할을 담당하는 경우에도 적용되는 것인지는 판단하지 않았다"고 덧붙였는데, 그 후 연방대법원은 검사가 체포에 필요한 상당한 이유가 있는지 여부에 대하여 경찰에 법률적인 조언을 할 때(Burns v. Reed, 500 U.S. 478, 111 S.Ct. 1934, 114 L.Ed.2d 547(1991)), 혐의자를 체포할지 결정하기 위해서 수사를 할 때(Buckley v. Fitzsimmons, 509 U.S. 259, 113 S.Ct. 2606, 125 L.Ed.2d 209(1993)), 영장을 발부받기 위해서 제시한 기초사실이 진실한 것이라고 선서할 때(Kalina v. Fletcher, 522 U.S. 118, 118 S.Ct. 502, 139 L.Ed.2d 471(1997))에만 면책이 인정된다고 판시하였다.

261 NDAA의 기소기준 p.111·p.114.

사에게는 판사와 같이 소환대상자에게 법적인 출두의무를 부과하는 소환방법이
부여되어 있지 아니하므로 굳이 직접수사를 원한다면 대배심의 subpoena를 활
용할 수밖에 없으며,262 다섯째 검사에게 한 진술이나 경찰관에게 한 진술이 증
거법상의 취급에서 아무런 차이가 없다는 것263 등 궁극적으로 혐의자, 참고인
들에 대한 조사를 토대로 사건의 실체적 진실을 가리는 것은 검사의 몫이라기
보다는 법정에서 배심 또는 판사가 담당할 수밖에 없도록 형사사법제도와 절차
가 맞추어져 있는 점에 기인한다고 한다.

　　실무적으로도 피의자에게는 자기부죄금지원칙과 묵비권이 인정되므로 공
소관인 검사 앞에서 피의자가 스스로 불리한 진술을 하지 않게 마련이며 변호
인 또한 그러한 진술을 거부하도록 조언하므로 실제 피의자를 상대로 하는 수
사가 이루어질 수 없다264고 한다. 즉 미국은 철저한 공판중심주의와 당사자주
의 소송구조를 가지고 있기 때문에 거의 모든 증거는 최종적으로 법정에 직접
제출해야 하며, 공판중심주의의 특성상 현출된 피의자의 자백이나 진술조서 등
서증이 Miranda 법칙이나 Hearsay Rule 등에 의하여 거의 무용지물이 되므로
검사가 수사기관이 확보한 증거를 다시 조사하거나 조서를 작성하는 것은 거의
의미가 없게 되는 것이다.265 따라서 미국의 검사들은 피의자나 참고인을 정식
으로 조사하지 아니하고 증언이 예정된 참고인들을 미리 인터뷰하여 그 신빙성
을 점검하는 정도에 그치는 것이 보통이라고 한다.266

262　실제 대부분의 주에서는 검사의 subpoena발부권을 부정하나 Florida, North Dakoka주에서
　　는 검사에게 직접 subpoena를 발부하는 권한을, Kansas주에서는 법원의 통제하에 특정한
　　범죄에 대하여만 이를 발부하는 권한을 검사에게 부여하고 있다(NDAA의 기소기준 pp.121-
　　122)고 한다.

263　미국의 검찰제도(Ⅲ), 앞의 책, 52면.

264　미국의 검찰제도(Ⅱ), 앞의 책, 54면.

265　김종구 외, 앞의 책, 398면.

266　표성수, 미국의 검찰과 한국의 검찰, 육법사, 98면.

(3) 검찰과 법무부의 관계

　　1798년 건국의회에서 제정한 사법제도에 관한 법률(The Judiciary Act)에 따라 연방의 검찰총장(Attorney General)과 각 지역의 연방검사들(U.S.Attorneys)이 임명되었으며, 초기 Attorney General의 임무는 연방대법원의 관할에 속하는 사건 중 연방정부가 관계된 민·형사사건의 소송을 수행하고 대통령이나 각 부처 장관의 요청에 따라 법률문제에 대한 의견을 개진하고 조언하는 것으로 상당한 독립성이 보장되었다. 이처럼 연방 검찰기구의 설립초기 연방검찰청은 중앙기구의 특별한 지휘·감독을 받지 아니하였으나, 남북 전쟁후 중앙집권의 강화로 1870년 법무부설치에 관한 법률(An Act to establish the Department of Justice)에 따라 연방 법무부가 신설되면서 Attorney General은 내각의 일원이 되기에 이르렀으며, 연방검사에 대한 광범위한 지휘·감독권을 행사하게 되었다[267]고 한다.

　　우리나라의 법무부장관 겸 검찰총장의 기능을 수행하고 있는 연방 법무부장관(Attorney General)은 상원의 동의를 얻어 대통령이 임명하는데, 집권당의 유력 변호사 중에서 임명되는 것이 관례라고 한다. 이러한 연방 법무부장관(검찰총장)은 연방 법무부(Department of Justice: DOJ)의 장으로서 또한 연방정부 제1의 집행관으로서 법무부 직원 및 연방검찰청을 비롯한 산하기관 전부에 대하여 지휘·감독권을 행사하고, 특히 일반적 지휘·감독권 외에 구체적인 사건에 대한 지휘권도 행사할 수 있으며, 법률문제에 대하여 미 연방정부를 대표하는데, 법무부장관 산하에는 연방검찰은 물론 연방수사국(FBI), 마약청(DEA), 이민국(INS) 등의 수사기구들이 있다.[268] 또 연방법무국에는 소관업무를 처리하는 부서가

267　Bill Isaeff 외 3인, *The Attorney General*(소병철 역), p.77.

268　28 U.S. Code § 533 - Investigative and other officials; appointment
　　법무부장관(Attorney General)은 (1) 미국연방 범죄를 수사, 기소하는, (2) 대통령실 직원 보호를 지원하는, (3) 법무부장관실 직원 보호를 지원하는, (4) 법무부장관의 지시에 따라, 법무부와 국무부 감독 아래에 있는 공무원 문제와 관련된 수사를 수행하는, 공무원을 임명할 수 있다.
　　The Attorney General may appoint officials-
　　(1) to detect and prosecute crimes against the United States;
　　(2) to assist in the protection of the person of the President; and
　　(3) to assist in the protection of the person of the Attorney General.

설치되어 있는데, 그중 형사국(Criminal Division)에서 법무부장관의 일반적 감독
과 법무차관의 지휘에 따라 연방정부와 관련된 모든 민사·형사·행정사건 업무
를 수행하며 연방검찰에 대한 지휘·감독업무를 수행하고 있다.269

(4) 검사와 경찰의 관계

　　미국의 검사와 경찰의 관계는 형식적으로는 상호 협력관계이다. 이는 연방
이나 자치단체의 경우 모두 마찬가지이다. 즉, 경찰은 검사의 보조기관이 아니고
독자적인 수사권을 보유하고 있다. 그러나 대부분의 사건에 있어서 검사는 초동
단계에서부터 수사에 관하여 경찰의 업무를 조정하고 지도하는 중요한 기능을 행
사하고 있다고 한다. 왜냐하면 경찰은 자신이 담당하는 사건의 기록을 검사로부
터 사전에 검토받아 사전구속영장이나 압수·수색영장을 신청하고, 공소제기 여
부를 검토하는 과정에서나 공소유지과정에서 계속적으로 검사의 지휘를 받아 조
사를 하고 있기 때문이다. 물론 제도상으로는 경찰관이 직접 법원에 체포영장을
청구할 수 있으나, 이러한 경우 치안판사는 법률전문가인 검사의 검토를 거치지
않았다는 이유로 영장을 반려하는 것이 관례라고 한다.270 따라서 사실상 경찰관
이 검찰을 거치지 않고 직접 영장을 청구하는 사례는 거의 없고 검사의 사전 기
록검토를 받게 되는데,271 그 과정에서 검사는 경찰의 수사를 실질적으로 지휘·
감독하게 된다. 즉 실무상 경찰이 검사의 검토없이 영장을 청구하는 경우는 거의
없고, 인권보장·적법절차 준수·수사의 효율성·엄격한 증거법칙 등을 이유로 검사

---

(4) to conduct such other investigations regarding official matters under the control of
　　the Department of Justice and the Department of State as may be directed by the
　　Attorney General.

This section does not limit the authority of departments and agencies to investigate
crimes against the United States when investigative jurisdiction has been assigned by
law to such departments and agencies.

269　미국형사법, 사법연수원, 16–17면.

270　석진강, 「왜 검사의 수사지휘가 필요한가」, 시민과 변호사(1995.1), 241면.

271　체포영장 청구에 필요한 수사개시서(complaint)는 연방수사관 이름으로 서명하지만, 연방검
　　사가 꼼꼼히 사전검토하여 승인한 이후에 체포영장을 청구한다.

의 경찰수사에 대한 조언 및 지도 관행이 점차 입법화·제도화를 통해 수사지휘의
형태로 강화되고 있는 추세이다. 심지어는 검사보들이 경찰서에 상주하면서 사건
수사에 관한 조언을 하거나 경찰의 수사를 지도하며, 부당한 인권침해사례가 발생
하는지를 감독하기도 한다. 예컨대 워싱턴주의 King county검찰의 경우 develop
unit라는 이름으로 경찰서에 상주하면서 경찰을 지도하는 검사보들을 두고 있는
데, 이들은 경찰서에 상주사무실을 두고 사건수사에 관하여 지도를 하거나 부당한
인권침해사례가 발생하지 않도록 경찰의 수사를 감시하는 기능을 하고 있으며, 심
지어는 경찰의 마약수사현장에도 출동하여 수사를 지도하고 있다[272]고 한다.

　　또한 뉴욕, 시카고 등 대도시 검찰청에서는 중요범죄 담당부서(Felony Re-
view Units)를 설치하여 경찰의 수사에 대한 자문을 해 주고 있다고 한다. 왜냐
하면 경찰이 사건수사에 있어 엄격한 민·형사적 책임을 지는 관계로 미국의 복
잡한 증거법 등 적법절차의 숲을 헤쳐 나가야 하는 경찰로서는 매 사건을 검찰
로 가지고 가서 일일이 법률전문가인 검사의 검토·지휘를 받을 수밖에 없기 때
문이다.[273] 이러한 방법으로 검사는 경찰의 수사개시에 관여함은 물론 수사절
차 전체에 관하여 사실상 지휘·감독관계를 형성하고 있다고 한다.

　　한편 주와 지방수준의 검찰에 있어서도 검찰의 수사기능 및 경찰에 대한 감
독기능을 강화해 나가고 있는데, 예컨대 캘리포니아주·하와이주·펜실베이니아주

272　미국의 검찰제도(Ⅰ), 앞의 책, 350면.

273　Jacoby, "*The American Prosecutor: A Search for Identity*", LexingtonBooks, 1980, p.107
　　　(Intake is the first stage of prosecution and probably the most important with respect to
　　　the prosecutor's discretionary power. It is during this stage that the prosecutor is
　　　notified of the occurrence of a crime and the arrest of a defendant. **He reviews the**
　　　facts and/or the evidence available, evaluates the case, and ends the process
　　　with a charging decision. .... Optimally, an efficient and effective intake process is
　　　one where all the relevant information reaches the prosecutor as quickly as possible
　　　after an arrest or criminal event so that the facts of the case can be properly reviewed
　　　and analyzed prior to a charging decision or the intiation of any court proceeding. **Of**
　　　all the areas of prosecutorial activity, the screening and charging functions at the
　　　intake stage have generated the most interest. It is here that the prosecutor's
　　　discretionary power is first utilized in the charging decision, that prosecutorial policy is first
　　　implemented, and that the character of the justice system is first set by this gatekeeper.

등 대부분의 주에서는 카운티의 지방검사가 수사관(investigator)을 임명하여 직접 범죄수사를 하고, 경찰의 업무수행에 관하여 검사에게 보고하도록 규정하고 있으며 또한 지방검사들이 정규경찰관을 아예 검찰에 흡수시켜 초동수사나 보조수사를 담당하게 하는 것도 늘어나고 있다고 한다. 또한 이러한 검찰의 수사권과 수사기능이 크게 확대·강화되고 있는 외에 검찰의 경찰에 대한 일반적인 지휘·감독권을 인정하는 주가 점차 늘어가는 추세에 있는데, 예컨대 캘리포니아주법은 「주 검찰총장은 필요한 경우 주내의 지방검사(District Attorney), 보안관(Sheriff), 경찰장(Chief of police)에 대하여 직접 지휘·감독을 할 수 있다. 주 검찰총장은 필요한 경우 관내의 수사·처벌의 상황에 관하여 서면의 보고를 요구할 수 있다. 주 검찰총장은 공공의 이익을 위하여 필요하다고 인정하는 경우에는 개개의 보안관의 활동에 대하여 범죄의 수사에서부터 소환장, 체포영장의 송달·집행까지 직접 지휘를 행할 수 있다」274라고 규정하여 주 검찰총장은 58개의 카운티 지방검사장, 보안관 및 캘리포니아 내 모든 사법경찰관에 대한 일반적 지휘·감독권을 인정하고 있다.

뉴욕의 퀸즈 검찰청(Queens District Attorney's Office)에는 자체 수사관도 있지만 아예 뉴욕 검찰청 소속 수사경찰서를 하나 만들어 두고 사실상 검찰의 지휘를 받도록 하고 있는데, 이를 검찰청 기동대(District Attorney's Squad)라고 하며, 뉴욕의 브롱스 검찰청(Bronx District Attorney's Office)은 검사가 약 400명이고 그중 여성검사가 55% 가량 되는 검찰청인데, 특별수사부(Investigation Division)에 약 60명의 검사가 소속되어 50여명의 검찰수사관과 30여명의 파견 경찰관을 지휘하면서 부정부패사범·경제사범 등 중요사건에 대한 조사와 기소 및 재판을 담당하고 있다275고 한다.

---

274 California State Government Code, Sections 12560(The Attorney General has direct supervision over the sheriffs of the several counties of the State, and may require of them written reports concerning the investigation, detection and punishment of crime in their respective jurisdictions. Whenever he deems it necessary in the public interest he shall direct the activities of any sheriff relative to the investigation or detection of crime within the jurisdiction of the sheriff, and he may direct the service of subpenas, warrants of arrest, or other processes of court in connection therewith).

275 특수부는 브롱스 검찰청 전체사건의 약 10%에 해당하는 연간 약 7,000건 정도를 처리하고 있는데, 경찰송치사건의 약 70%를 차지하고 행정기관의 고발이나 검찰 인지 등으로 인

특이한 것은 경제범죄에 대한 수사로서 경제범죄는 원래 경찰의 수사영역이 아니므로 L.A.의 경우 경찰이 정보를 입수하여도 검찰청 대형사기전담과(Major Fraud Division)의 검사와 함께 합동하여 수사하고 공소유지도 함께 하는데, 우리의 경우 경제사건이라면 사기·횡령·배임사건을 생각하게 되지만, 미국에서는 그러한 사건들은 당사자주의 및 사인소추의 전통에 따라 일반 민사사건으로 해결하므로 검찰 경제부의 주된 임무는 일반 소비자의 보호에 있는 것으로, 주로 독점금지법위반사건과 허위광고에 의한 소비자우롱사건 등을 많이 다룬다고 한다. 다만 수사결과 범법자를 형사사건으로 소추하는 것이 아니라 민사소송을 제기하는 것이 특이한데, 이는 형사소송은 너무나 빠져나갈 틈이 많으므로 증거관계의 입증이 훨씬 수월한 민사소송을 택함으로써 형사사법제도가 해결할 수 없는 한계점을 합리적이고 실용적인 방법으로 극복하고자 하는 것이다. 즉 주민을 대표해서 검찰이 판매행위 금지와 손해배상을 청구하는 민사소송을 제기함으로써 우선 영업을 정지시켜 결정적인 타격을 줄 수 있고, 민사벌로써 거액을 청구하여 카운티의 수입도 올리고 실질적인 응징도 하는 방법을 택하고 있는 것이다.276

결국 미국의 경우 경찰에 대한 수사지휘권을 검사가 법률상 확보하고 있지 아니하므로 개개사건에 대하여 지휘권을 행사할 수 없다는 점을 고려하면, 검사와 경찰의 관계가 형식적으로 상호 협력관계로 볼 수 있지만, 경찰의 수사방향·증거수집·법률적용 등에 있어서 의견을 제시하고 체포영장, 압수·수색영장을 검사가 사전에 검토한 후 법원에 청구하는 등 실질적으로는 우리 검찰과 유사하게 경찰의 수사를 지도하고 있다고 볼 수 있다. 다시 말하면 우리 검찰은 수사지휘권의 바탕위에 권한을 갖추어 경찰을 지휘하는데 반하여, 미국의 검사들은 현실적인 필요에 의하여 경찰을 실질적으로 지도하고 있으며 따라서 형식은 다르나 실질적인 운영의 범위와 형태는 상당히 유사하므로 미국의 검찰을 오로지 공소기관에 한정시키는 우리의 시각은 상당히 잘못된 것으로 실질적인

한 직접조사사건이 약 30%를 차지하며, 중대범죄인 경우 연방검사와 합동으로 조사하고 기소하기도 한다고 한다(백종수, 「뉴욕 검찰 운용 및 사건처리에 관한 실무적 고찰」, 법조 562호(2003. 7), 185–186면).

276 이문재, 공무해외여행귀국보고(1987. 4), 99–101면.

장악력은 미국 검찰이 훨씬 더 강하다고 볼 수 있다.277 왜냐하면 미국의 경우
‘징벌적 손해배상’이 일반적으로 인정되어 경찰관의 직무상 불법행위(false arrest,
false imprisonment 등)로 인한 손해배상 액수가 매우 다액이고,278 고액 변호사 비
용까지 경찰관이 부담하는 등 매우 강한 민사책임이 부과될 수 있기 때문이다.

(5) 검사의 권한규정

영미법계 국가에서 수사는 기본적으로 경찰이 하지만, 미국의 경우 검찰이
직접수사(기능)를 하는 법규정이 많이 존재하고 있다. 예컨대 미국 연방 검찰의
직제279와 기능을 자세히 검토해 보면, 연방 검찰의 형사국(Criminal Division)이
연방 범죄들의 수사와 기소를 담당하고 있는데, 실무상으로 많이 접할 수 있는
대표적인 연방범죄로는 조직범죄, 마약유통범죄, 부정부패범죄, 사기범죄, 은행
강도 등이 있다. 한국의 수사권조정 찬성론자 대부분은 ‘미 연방 검찰은 독립된
수사권한이 없고, 오로지 공소유지 기능만 담당한다’고 평가하지만, 국내에서
널리 알려진 바와는 달리, 미 연방 검찰의 중요한 기능 중 하나가 바로 수사
(Investigation)기능이다.

예컨대 뉴욕 맨하탄을 관할하는 뉴욕남부 연방검찰청(U.S. Attorney's Office
of Southern District of New York)의 형사국은 테러 및 국제마약범죄(Terrorism and
International Narcotics) 수사부, 증권 및 상품사기(Securities and Commodities) Task
Force, 복잡한 형태의 사기사건을 관할하는 Complex Fraud Unit, 조직범죄
(Organized Crime) 수사부, 공직자 부정부패(Public Corruption) 수사부 등을 둠으

---

277 미국의 검찰제도(Ⅰ), 앞의 책, 260–263면.

278 참고로 미국에서 2009. 4. – 2010. 6.까지 국가경찰의 불법행위(Misconduct)가 5,986건이
보고되었고, 이의 조정 및 해결을 위하여 347,355,000 달러($)가 지불되었다고 한다(The
National Police Misconduct Statistics and Reporting Project(NPMSRP) was started in
March of 2009 as a method of recording and analyzing police misconduct in the
United States through the utilization of news media reports to generate statistical and
trending information).

279 미 연방 법무부의 상세한 직제에 관하여는 미 연방 법무부 홈페이지 참조
(〈http://www.justice.gov/agencies/index-list.html〉).

로써 특정한 유형의 범죄들에 대해서는 소추 기능뿐만 아니라, 수사권한을 가지고 있음을 명백하고 하고 있다. 즉, "형사국은 증권범죄, 국내 및 국제 마약범죄, 테러범죄, 조직범죄, 공직자 부패범죄...등의 범죄에 관하여 수사 및 소추권한을 가진다"는 점을 밝히고 있다.[280]

주 검찰청 역시 대부분의 중요한 사건들에 대해서는 직접 수사기능을 담당하고 있다. 예컨대 뉴욕의 브룩클린 지방검찰청의 경우에는 부패사범 수사부(Corruption Bureau), 마약수사부(Major Narcotics Investigation Bureau), 조직범죄수사부(Gang Bureau), 자금세탁수사부(Money Laundering Bureau), 중요사기범죄 및 방화사범 수사부(Major Fraud and Arson Bureau) 등을 두고 있다. LA 카운티 검찰청 수사국의 경우도 약 300여명의 검찰수사국이 연간 약 3,000건의 복잡한 사건을 직접 수사하고 있으며, 쿡카운티 검찰청 수사국에서는 약 120명의 검찰수사관이 경찰이 수사하지 않는 공직비리, 선거범죄, 복잡한 금융범죄 등을 수사한다고 웹사이트에 명시하고 있다.[281]

하버드 로스쿨에서 발간하는 자료에 따르더라도, 미국 연방 검사는 기소 및 공소유지 권한 외에도 직접 수사기능을 담당하고 있음이 명백하며,[282] 실무

---

280 The Division **investigates** and prosecutes crimes, including: financial and securities fraud; domestic, international, and narco-terrorism; cyber crime; international and traditional organized crime; RICO enterprises; international drug cartels; domestic drug trafficking organizations; violent street gangs; public corruption at the local, state and national level; tax evasion and fraud; sex trafficking; credit card fraud; identity theft; and, immigration fraud."; 뉴욕남부 연방검찰청 홈페이지 참조〈http://www.justice.gov/usao/nys/divisions.html〉.

281 Cook County State's Attorney. **Investigations Bureau**.
The Investigations Bureau consists of more than 120 sworn officers who provide investigative and logistical support to Assistant State's Attorneys in their preparation and presentation of cases. Investigators also complement and supplement local law enforcement efforts by providing them with investigative assistance, expertise and technical resources. Working with prosecutors in the Criminal Prosecutions and Special Prosecutions Bureau. Investigators also launch investigations of very specialized crimes that may not be handled by other law enforcement agencies, such as official misconduct, public integrity, election fraud, child support, and complex financial crimes.

282 Harvard law school. "*The Fast Track to a U.S. Attorney's Office*"(2008), p.3.

에서도 활성화되어 있다.

가. 수사권

【표 1-32】 법무부 연방 검사 직무규정

U.S. Attorney's Mannual
9-2.010조 수사(Investigation)

연방검사는 해당 관할 구역에서 최고 법집행기관으로서, 적절한 연방수사기구 등에 대하여 연방 법위반 사건의 수사를 개시할 것을 명할 수 있다.

이 경우 해당 사건의 수사는 통상 연방 검사가 직접 감독하는 것이 아닌 해당 연방수사기구 자체 적으로 수행을 한다.

수사를 명받은 수사기구가 적절한 기한까지 사건수사결과보고를 하지 않는 경우, 법무부 형사부 의 협조를 요청할 수 있다. 이 경우 연방검사는 해당 수사기구 등으로 하여금 수사팀을 편성하여 수사하도록 할 수 있다.283

연방검사의 수사에는 대배심이 이용될 수 있는 바, 이 경우 관할 수사기구 등과의 상의 후에 사 건을 공개할 수 있다.284

> ▶ 전국검사협회 표준검찰규범(National Prosecution Standards, Third Edition (2009), p.44). 3-1.1 Authority to Investigate: "검사는 범죄혐의에 관한 수사 를 개시하는 데 있어서 재량권이 있어야 한다."285

---

283 The United States Attorney, **as the chief federal law enforcement officer** in his district, is **authorized to request the appropriate federal investigative agency to investigate** alleged or suspected violations of federal law. The federal investigators operate under the hierarchical supervision of their bureau or agency and consequently are not ordinarily subject to direct supervision by the United States Attorney. If the United States Attorney requests an investigation and does not receive a timely preliminary report, he may wish to consider requesting the assistance of the Criminal Division. In certain matters the United States Attorney may wish to request the formation of a team of agents representing the agencies having investigative jurisdiction of the suspected violations.

284 **The grand jury may be used by the United States Attorney to investigate** alleged or suspected violations of federal law. Unless circumstances dictate otherwise, a grand jury investigation should not be opened without consultation with the investigative agency or agencies having investigative jurisdiction of the alleged or suspected offense.

285 **A prosecutor should have the discretionary authority to initiate investigations of**

▸ 연방법 규정(28 USC §547)[286]: '수사한 결과' 형사절차를 진행하는 것이 정의에
부합하지 아니한다고 보일 때에는 벌금의 징수, 처벌의 부과, 범죄수익의 환수 등
의 절차에 나아가지 않을 수 있다는 규정도 검사의 수사기능을 예정한 규정이다.
▸ 미국 변호사협회(American Bar Association)의 '검사의 기능에 관한 형사절차
기준'(Criminal Justice Standards for Prosecution Function) 검찰의 수사기능
을 명백하게 규정하고 있다.[287]

【표 1-33】 검사의 기능에 관한 형사절차 기준

3-1.2	**[검사의 기능과 의무]** (b) **검사의 최우선 의무는 단순히 기소를 함에 있는 것이 아니라** 법의 범위 내에서 정의를 구현하는 것이다. (f) 검사는 사건을 단순히 진행시키는 사람이 아닌 **형사사법정의구현에 책임이 있는 문제해결사이어야 한다.** (Functions and Duties of the Prosecutor) (b) The primary duty of the prosecutor is to seek justice within the bounds of the law, not merely to convict. (f) The prosecutor is not merely a case-processor but also a problem-solver responsible for considering broad goals of the criminal justice system.

criminal activity in his or her jurisdiction. The exercise of this authority will depend
upon many factors, including, but not limited to, available resources, adequacy of law
enforcement agencies' investigation in a matter, office priorities, and potential civil liability.

286 28 USC §547.
Except as otherwise provided by law, each United States attorney, within his district, shall—
(1) prosecute for all offenses against the United States; (중략)
(4) institute and prosecute proceedings for the collection of fines, penalties, and forfeitures
incurred for violation of any revenue law, unless satisfied on investigation that
justice does not require the proceedings;

287 ABA, "Standards for Criminal Procedure", Standard 3-3-1(a). Prosecution Function
PART III. INVESTIGATION FOR PROSECUTION DECISION
Standard 3-3-1 Investigative Function of Prosecutor
(a) A prosecutor ordinarily relies on police and other investigative agencies for investigation
of alleged criminal acts, but the prosecutor has an affirmative responsibility to
investigate suspected illegal activity when it is not adequately dealt with by
other agencies.

3-2.3	**[수사자원과 전문가지원]** 검사가 업무를 함에 있어서는 **검사의 수사를 위해 필요한 자금이 충분히 지원되고 수사관을 고용하고 기타 포렌식 등 관련 전문가를 고용**할 수 있는 충분한 지원이 이루어져야 한다. (Investigative Resources and Experts) The prosecutor should be provided with funds for qualified experts as needed for particular matters. When warranted by the responsibilities of the office, funds should be available to the prosecutor's office to employ professional investigators and other necessary support ersonnel, as well as to secure access to forensic and other experts.
3-4.1	**[검사의 직접수사기능]** (a) **검사가 직접수사를 함에 있어서는, 검사는 '검사의 수사에 관한 기준'을 숙지하여야 한다.** (b) 검사가 직접수사를 함에 있어서는, 불법적으로 또는 비윤리적인 방법으로 증거를 수집하여서는 안 된다. (Investigative Function of the Prosecutor) (a) When performing an investigative function, prosecutors should be familiar with and follow the ABA Standards on Prosecutorial Investigations. (b) A prosecutor should not use illegal or unethical means to obtain evidence or information, or employ, instruct, or encourage others to do so. Prosecutors should research and know the law in this regard before acting, understanding that in some circumstances a prosecutor's ethical obligations may be different from those of other lawyers.

나. 실무 규정

▶ 뉴욕(맨해튼) 지방검찰청 책자소개: to investigate and prosecute[288]

▶ 대배심(The Grand Jury)을 이용한 직접수사기능: 미국 검찰의 직접수사기능은 대부분 대배심과 그에 부여된 Subpoena Power에 의하여 이루어진다.[289] 왜냐하면 대배심 절차를 이용할 경우 경찰 단계에서는 불가능한 여러 가지 이점이

---

288 뉴욕(맨해튼)지방검찰청을 소개하는 책자를 보면 "The Office of the District Attorney of the County of New York has the responsibility and authority to investigate and prosecute crimes in the borough of Manhattan"(맨해튼 검찰은 범죄를 수사하고 공소를 제기하는 업무를 수행한다)라고 기재되어 있다(New York County District Attorney's Office, *Criminal Justice in New York County*, 2015, p.1).

289 미 연방 대배심 절차를 규정한 것으로는 Federal Criminal Procedure §§ 8.1-8.15 참조.

있기 때문이다. 첫째, 연방검사는 제한 없이 수사의 개시와 진행을 할 수 있다는 점, 둘째, 증인소환명령(Subpoena *Ad Testificandum*)과 증거제출명령(Subpoena *Duces Tecum*)이 증언과 증거제출을 강제한다는 점, 셋째, 증언에 대한 면책(Immunity)이 부여된다는 점, 넷째, 연방 대배심의 경우에는 전문법칙(Hearsay)의 제한을 받지 아니한다[290]는 점 등이다.

다. 판례의 입장

▶ 캘리포니아 항소법원 판례, Pearson v. Reed, 6 Cal.App.2d 277, 286 (Cal.App. 1935): "검사는 수사에 관해서 무제한적인 권한을 가지며, 그것은 그의 자유재량에 달려있다."

❹ 검찰의 직접수사 사례

[표 1-34] 국내언론에 소개된 영미법계 검찰의 수사사례

- 미국 검찰, 엑손모빌 기후변화 왜곡 여부 수사('15. 11. 6.자 연합뉴스)
- 영국 SFO, 우나오일 조사중...뇌물과 돈세탁 등 혐의('16. 7. 20. 뉴스1)
- 뉴욕주 검찰, 트럼프 재단 조사 착수('16. 9. 15. 미주 중앙일보)
- 미국 연방검찰, 반기문 전 총장 동생 기소('17. 1. 11. 다음뉴스)
- 미 검찰, 바이든 차남 수사 본격화... 탈세 돈세탁 추적('20. 12. 10. 국민일보)
- '칼 갈아온' 檢, 퇴임만 기다렸다.. '끈 떨어진' 트럼프 정조준('21. 1. 23. 중앙일보)

---

290 United States v. Calandra, 414 U.S. 338 (1974).

V. 검 토

❶ 검사의 지위와 기능

2018년 발간된 유럽 평의회 산하 '사법의 효율성을 위한 유럽위원회'(European Commission for the Efficuency of Justice; CJPEJ)[291]의 보고서, "유럽사법체계의 효율성과 정의의 품질"(European Judicial System. Efficuency and quality of Justice, CEPEJ Studies No. 26, 2018 Edition(2016 data))의 보고서 자료를 소개한다. 총 46개국 회원국의 현황을 격년으로 정리 발행하는 보고서인데, 이스라엘과 모로코를 포함하면 총 48개국이다. 전술한 것처럼, UK(England & Wales, Scotland), 러시아, 덴마크, 핀란드, 아일랜드, 몰타, 슬로베니아를 제외하고는 모든 국가의 검찰은 경찰의 수사를 지휘 또는 감독하고, 13개국을 제외하고는 33개 국가의 검찰은 직접 수사를 한다. 또 이스라엘과 모로코를 합하면 전체 48개국 중 40개국으로 약 84%의 국가의 검사는 사법경찰관의 수사를 지휘·감독한다. 수사상 필요한 경우 법원에 대해 영장(강제처분)을 신청할 수 있는 권한을 검사에게 부여한 나라가 46개국 중 35개국, 이스라엘과 모로코를 포함하면 48개국 중 37개국이다.

검사에게 기소권을 부여하고 있는 국가가 46개국 중 43개국, 공판정에 참석하여 소송수행역을 검사에게 부여한 국가는 100%이며, 형집행기관의 집행을 감독하는 권한을 부여한 국가도 46개국 중 24개국에 이른다. 사실상 러시아, 대영제국 전통의 국가를 제외하고는 대부분 유럽국가의 검사는 직접수사, 경찰의 수사에 대한 지휘감독, 영장청구권을 전속적으로 행사하고 있다[292]고 할 것이다.

결국 우리나라 검찰이 무소불위의 권력을 가지고 있다는 프레임은 **'정치적인 구호'**로서는 의미가 있을지 몰라도, 다른 국가들에 비하여 큰 차이는 없다고 할 것이다.

---

291 사법의 효율성을 위한 유럽위원회는 유럽평의회의 각료위원회에서 2002년 설치, 현재 47개국의 대표로 파견된 해당 분야 전문가들의 위원회이다.

292 김성룡, "수사권한이 조정의 대상인가?", 형평과 정의 제33집(2018), 대구지방변호사회, 182면.

【표 1-35】 2016년 기준 유럽 46(48)개국 검사의 역할

국가/독립단체	검사의 역할(Role of public prosecutors)							
	경찰수사의 지휘 혹은 감독	수사	필요시 법관에게 수사처분 청구	기소	법정공판참석	구형	항소	집행절차 감독
알바니아								
안도라								
아르메니아								
오스트리아								
아제르바이잔								
벨기에								
보스니아 헤르츠고비나								
불가리아								
크로아티아								
사이프러스								
체코공화국								
덴마크								
에스토니아								
핀란드								
프랑스								
조지아								
독일								
그리스								
헝가리								
아이슬란드								
아일랜드								
이탈리아								
라트비아								
리투아니아								
룩셈부르크								
몰타(Malta)								
몰도바								
모나코								
몬테니그로								

국가/독립단체	검사의 역할(Role of public prosecutors)							
	경찰수사의 지휘 혹은 감독	수사	필요시 법관에게 수사처분 청구	기소	법정공 판참석	구형	항소	집행 절차 감독
네덜란드								
노르웨이								
폴란드								
포르투갈								
루마니아								
러시아 연방								
세르비아								
슬로바키아								
슬로베니아								
스페인								
스웨덴								
스위스								
마케도니아								
터키								
우크라이나								
영국(UK–Eng. and Wales)								
스코틀랜드								
이스라엘(47)								
모로코(48)								
Total	46	46	46	46	46	46	46	46
Yes	38	33	35	43	46	38	45	24
No or NAP	8	13	11	3	0	8	1	22
Nb of NA	0	0	0	0	0	0	0	0

　　문제는 우리나라 검찰이 다른 나라의 검찰에 비하여, 자체 수사 인력을 보유하면서, 직접수사(인지수사)를 하고 있다는 점이다. 그러나 검찰제도의 탄생배경이 법원 및 경찰에 대한 법치국가적 통제를 위하여 만들어진 것인 만큼 검찰이 직접수사를 한다면 검찰의 존재이유가 사라지게 될 것이다.

　　그런데 그동안 검찰은 직접수사사건(이른바 직수사건)에 대한 영역을 점점 확대해 왔으며, 이것 때문에 경찰과도 자주 충돌이 일어났다고 볼 수 있다. 즉, 검찰이 직접수사를 하는 경우 불이익을 받는 정치집단에서는 "정치집단"이라는 슬로건으로, 경찰은 "검찰과 경찰이 무엇이 다른가?"라는 비난 내지 비판이 끊임없이 제기될 수밖에 없는 구조인 것이다. 따라서 일선 지검의 직접수사 기능을 대폭 축소하거나 또는 고등검찰청 단위로 통합하여 검찰의 직접수사를 최소화할 필요가 있다.

생각건대 검찰을 바라보는 국민의 시각은 복합적인 것으로 보인다. 검찰에 대한 개혁을 요구하면서도, 다른 한편으로 '검찰권에 대한 과도한 제약이나 통제'로 인하여 힘 있는 자에 대한 검찰권의 또 다른 형태인 '권력의 시녀화'도 원하지 않는 것이다. 즉, 국민은 무소불위의 권력을 휘두르는 검찰을 원하지도 않지만, 우리나라처럼 학연·혈연·지연 및 이념적 갈등이 첨예하게 대립된 나라에서 갈등조정의 능력을 상실한 검찰은 더욱 원하지 않는 것이다. 이는 고소·고발사건을 경찰이 아닌 검찰에 접수하기를 더 원하는 것만 보아도 알 수 있다.

그간 검찰개혁과 관련된 논의의 대부분도 정치적 의혹사건의 부실처리,[293] 각종 검찰관련 게이트사건,[294] 법조비리 사건[295] 등에서 촉발되었는데, 이를 내용에서 본다면 많은 부분이 **'검찰의 정치적 중립성 및 수사의 공정성 확보'**에 집중되었다고 볼 수 있다. 이는 국민이 바라는 검찰개혁의 방향에 대한 YTN 국민신문고 "바로 서는 대한민국, 2017人에게 묻다" 여론조사 결과, 수사의 공정성 확보(34.5%), 검찰권한 축소(27.0%), 비리 전담기구 설치(19.3%), 인사권 독립(15.4%)의 순위로 응답이 이루어진 것은 물론, 과거 민주당 법제사법위원회 소속 의원들이 대한변호사협회 소속 변호사 323명을 대상으로 공동 설문조사를 벌인 결과, 응답자의 78.8%가 검찰이 '중립적이지 못하다'고 답했으며, 검찰의

---

293 무리한 법 적용의 결과 무죄판결을 초래한 'MBC PD 수첩사건', 'KBS 정연주 전 사장사건', 'YTN 노조사건', '미네르바 사건', '시국선언 전교조 교사사건', 부실수사로 인하여 특검으로 이어진 'MB 내곡동 사저매입 사건', 'BBK 사건', 박근혜 대통령 탄핵의 단초를 제공한 '정윤회 문건'에 대한 무혐의 처리 등을 들 수 있다.

294 진경준 검사장의 주식대박 사건이나 벤츠 여검사 사건 등을 들 수 있다.

295 홍만표 변호사의 수십 억대 수임사건 등을 들 수 있다.

수사관행에 대해서도 응답자의 76.1%가 '부적절하다'고 답한 통계296도 별반
다르지 않다.

　　문제는 검찰 스스로 정치적으로 행동하는 것도 있지만, 정치권이 스스로
합의와 토론에 의해 해결책을 모색하는 것이 아니라 극단적으로 대립하다가,
모든 중요한 사안을 고소·고발에 의해 해결하고자 하기 때문에 정치적으로 검
찰의 영향력이 커질 수밖에 없는 구조일 뿐만 아니라 어떤 결론을 내리더라도
반대편으로부터 비난을 받는 양면성을 무시할 수는 없다297고 할 것이다. 왜냐
하면 대통령이 막강한 권한을 갖고 있는 국가에서 사회·정치적으로 큰 영향력
을 가지고 있는 적극적 권력인 검찰의 수사 및 기소권이 정의의 이념에 따라
공정하게 행사되지 않고 스스로 사회·정치적 영향력을 강화한다든지 어느 한편
을 들어 편파적으로 행사되면 반대편의 입장에서는 재기불능의 상태에 빠질 수
밖에 없기 때문에 지금보다 더 필사적으로 저항할 수밖에 없는 구조적 한계를
지니고 있기 때문이다.298 따라서 현재 검찰의 모습만을 순간순간 대중적으로
바꾼다고 해결될 문제가 아니라 원론적으로 형사사법체계에서의 검찰의 기능과
역할에 대한 진지한 고민이 있어야 할 문제이다. 그런데 공수처의 신설의 목적
이 대통령의 정책 또는 법무부장관의 지휘·감독권으로 대표되는 정치와 검찰작
용(수사 및 기소 작용)을 철저히 분리하는 것에 있다면(공수처법 제3조 제3항), 먼저
선결문제로 논의되어야 할 것은 정치와 수사 및 기소작용을 분리하는 것이 과
연 가능하고 바람직한지 여부이다. 만약 정치와 수사 및 기소작용의 효율적 지
휘·감독체계를 유지하는 것이 국가운용을 위해 필요한 것이고, 정치와 수사 및
기소작용을 완전히 분리하는 것이 불가능하고 비효율적이라면 공수처와 같은
특별수사기구를 새롭게 만드는 것은 논의할 필요가 없을 것이기 때문이다. 따

296　한겨레 2009. 10. 11.자 신문.
297　최근 민주사회를 위한 변호사모임이나 참여연대는 물론 더불어민주당도 개혁작업의 최일
　　선으로 검찰개혁을 들고 있으며, 과거 박근혜 대통령도 "탄핵 기각시 국민 힘으로 언론 및
　　검찰을 정리하겠다"고 하여 진보는 물론 보수 양 진영에서 검찰을 비난하고 있다.
298　YTN 뉴스(2020.10.17.), 검찰·야당으로 번진 로비 의혹…"수사처 필요한 이유" vs "황당한
　　주장"; 동아닷컴(2020.10.17.), 김봉현 옥중서신…與 "수사처 출범 시급" 野 "특검에 수사
　　맡겨야"등.

라서 검찰의 구조 자체를 개혁하는 혁명적인 방안(권력기관을 새로 만들어 권력을 제어하는 방안)을 강구한다고 하더라도 특별수사기구 역시 민주적 정당성과 책임 정치의 원리에 비추어 통제를 받아야 한다는 점은 부정할 수 없는 헌법적 요청이라고 할 것이다.

그런데 그동안 검찰이 정치적 중립성을 지키지 못했다는 비난의 가장 큰 원인 중의 하나는 국회에서 정치적 통합을 통해 해결해야 할 사건을 사법적인 영역으로 들여오는 것이었다. 즉, 국회폭력 사건,[299] 국회 내 발언과 관련된 명예훼손 논란, 증거 없이 의혹 차원의 사안을 고소하는 사건 등 정치권에서 정치적 통합과정을 통해 해결해야 할 정치적 사안 또는 의혹 차원의 사건들을 검찰에 고소·고발을 통해 떠 넘기는 사례들이 종종 있었다. 이에 검찰이 정치적 사건을 수사하면 할수록 고소·고발자 또는 피고소인·피고발인 어느 한쪽에서는 수사결과가 정치적이고, 그 사건을 수사한 검찰 또한 역시 정치적이라고 보일 수밖에 없는 구조인 것이다.

결국 '정치적인 것'의 특성은 '네편이냐, 내편이냐'라는 동지와 적의 관계를 속성으로 하므로,[300] '결정의 합리성과 논리적 설득력'을 그 내용으로 하는 사법의 속성인 '정치적 중립성'과는 처음부터 양립할 수 없다는 점에서, 검찰의

---

299 2019년 4월 국회에서 연동형 비례대표제를 담은 선거법 개정안과 고위공직자범죄수사처(공수처) 설치법 등을 패스트트랙으로 처리하는 과정에서 물리적 충돌이 발생했는데, 검찰은 당시 자유한국당 나경원·황교안·윤한홍 등 전, 현직 국회의원과 당직자 등 27명 및 더불어민주당 박범계·김병욱·박주민 민주당 의원, 이종걸·표창원 전 의원 등 10명에 대하여 폭력행위등처벌에관한법률(공동폭행) 위반 등의 혐의로 2020년 1월 불구속 기소한 바 있다.

300 지금 전방위적으로 모든 적폐청산을 하겠다는 검사들의 직접수사 형태를 보라. 그런데 그동안 그토록 검찰의 직접수사를 비난한 인사들(김인회, 「검찰개혁 원리와 형사소송법 개혁과제」, "검찰권에 대한 통찰 및 정책적 과제", 국회 입법조사처, 2017, 31면; 서보학, 「청와대의 하명기구로 전락한 검찰 조직 - 박근혜정부 검찰 2년 평가 -」, 박근혜정부 2년 검찰보고서, 참여연대 사법감시센터, 2014, 8면 등) 중 그 누구도 검찰의 과거 정권에 대한 무차별적 직접수사에 대하여 문제점을 지적하는 사람이 없다가 조국 전 법무부장관에 대한 수사를 계기로 검사개혁을 부르짖고 있는 것은 너무도 아이러니한 모습이다. 더욱이 그토록 불구속수사 및 기소를 주장하다가 갑자기 일부 인사에 대한 판사의 영장기각을 비판하거나 공공기관장의 임기제 준수를 그토록 주장하다가 갑자기 현 정부가 임기가 남아있는 기관장에게 사표를 강요(?)하는 것을 적폐청산의 일환으로 정당하다고 강변하는 등 정권이 바뀔 때마다 동일한 일들이 반복되고 있다.

바람직한 방향을 정립하는 것은 새로운 논의가 아니라 검찰본연의 모습을 찾는
데서 출발해야 한다. 즉 후술(後述)하는 검찰 본연의 모습(사법기관성)을 찾는 것
이야말로 검찰이 나아가야 할 미래인 것이다.

❷ 수사권과 기소권의 분리문제

수사와 기소의 분리를 원칙적 목표라고 하는 입장도 상설특검이든 수사처
든 검찰외 독립된 특별기구의 신설과 관련해서는 이 신설될 특별기구가 수사권
과 기소권(이하 '공소유지권'도 포함한다) 모두를 가져야 하는 것임이 당연한 것인
양 전제하고 있다.301

수사는 기소를, 기소는 다시 법선언(Rechtssprechung)이라는 의미의 판결을
향해 진행되어가는 역동적인 국가권력적 행위라면, 본질상 사법의 일종으로서 불
가분의 관계에 있는 것이다. 수사역할을 담당하는 경찰을 '사법'경찰이라고 불러
왔던 것도 이러한 맥락적 차원 때문이다. 이와 같이 수사는 - 기소와 함께 -
사법의 영역이었거나 사법의 영역에 근접해 있는 것이므로 사법과 마찬가지로
다른 권력으로부터의 독립성이 관건이지, 그 수사권을 어느 특정 주체에게 분점
시키는 것은 관건이 아닌 것이다. 수사 및 기소와 재판은 긴밀하게 연관되어 있
어 따로 분리되기 어려운 속성을 가지고 있기 때문에 기소뿐만 아니라 수사의
독립성이 침식되는 만큼 사법의 독립성도 그만큼 제한된다는 점은 자명하다.302

---

301 단계적 조정을 제안하면서도 그리고 상설특검이나 수사처의 경우에는 예외적으로 혹은 별
도로 수사와 기소가 통합되어야 한다고 하면서도, 여전히 양자의 분리 원칙을 목표점으로
설정하는 태도로는 김인회, "견제와 분산을 위한 검찰개혁과제의 재검토", 민주법학, 제43
호, 2010, 404–405면: 김인회, "상설 특별검사제 도입 법률안 시론", 법학연구, 제16집 제
2호, 인하대학교 법학연구소, 2013, 349면; 이호중, "검찰개혁의 방향, 과제, 전망", 법과사
회 제44호, 2013, 54면.

302 김성돈, 「검찰외 독립된 특별기구 신설의 필요성과 구체화방안」, 제13회 월송기념 학술심
포지엄, 헌법과 형사법, (재)유기천교수기념사업출판재단, 2017, 219면.

【표 1-36】 주요 선진국 검찰의 수사 및 기소권한 비교표

구 분	한국	프랑스	독일	일본	미국	영국
수사권	○	○	○	○	○	△
수사지휘권	○	○	○	○	△	X303
기소권	○	○	○	○	○	○
영장청구권	○	○	○	○	○	○

후술(後述)하는 것처럼, 연역적으로 보더라도 수사와 기소는 서로 분리되지 않은 채, 사법의 영역에 속해 있었다. 영미법계 국가에서의 수사와 기소의 분리는 그들 국가의 고유한 역사와 문화라는 배경하에서 전개된 필연적인 결과이지 검찰권력의 분산이라는 개혁방향과는 전혀 다른 차원을 가지고 있다.304 최근에는 영국에서도 검사가 경찰의 수사절차에 개입하고, 경찰 역시 수사상 법률적 자문을 얻기 위해 검찰의 도움을 필요로 하여 경찰과 검찰이 수사단계에서부터 협력적 관계가 강조되는 경향성이 대세가 되고 있는 등 수사와 기소의 엄격한 분리원칙은 과거지사가 되고 있다. 미국에서도 수사권을 둘러싼 경찰과 검찰의 다툼은 없고, 경찰과 검찰은 협력관계 내지 검찰의 "실질적인 수사지휘"를 통해 공소유지 및 유죄판결을 받아내기에 힘쓰고 있다.305

요컨대 영미법계 국가에서 수사와 기소의 분리원칙은 검찰제도가 확립되

---

303 영국 검찰지도 규칙(Legal Guidance: CPS Relations with the Police)은 원칙 항목에서 「검찰과 경찰의 기능은 완전히 다르며, 검사는 경찰에 수사상 조언을 하는 과정에서 수사관 역할을 하려 하거나 경찰을 지휘하려 해서는 안 된다」(The functions of the CPS and the police are different and distinct. In giving advice to the police, you must not assume the role of investigator or direct police operational procedures)고 명시하고 있다. 다만 2003년 형사사법법(Criminal Justice Act 2003) 제정을 통해 영국 검사의 수사상 조언 제도를 확대하게 된 배경을 감안하면, 검찰의 수사상 조언 제도는 경찰이 수사를 모두 마친 뒤에 '기소여부' 결정 등 법률적 결정이나 법률적 조언만을 법률가에게 맡기기 위해 만들어진 제도가 아니고, 가능한 한 수사 초기부터 법률가가 사실관계도 포함하여 수사에 개입할 수 있어야 적정한 사건 수사와 처리가 가능하다는 입장에서 만들어진 것임을 이해할 수 있다는 견해로는 김한수, 「영국 검사의 지위와 기능」, 검찰제도의 비교법적 검토를 통해서 본 한국검찰의 나아갈 방향, 2016년도 동계 공동학술대회 자료집,(2016. 12. 16.), 110면 이하 참조.
304 정웅석, "검찰개혁의 바람직한 방향", 형사법의 신동향 통권 제54호(2017), 19면.
305 정웅석, 앞의 논문, 23면.

지 않았던 과거시대에 기소권이 경찰로부터 분리되는 현상을 포착한 것이고, 검찰이 가지고 있었던 수사권을 경찰에게 맡겨 검찰은 오직 소추권만 행사하도록 검찰력을 제한하는 차원이 아니었다. 뿐만 아니라 영미법계에서도 특수범죄 영역을 담당하는 기관 또는 하부조직이 만들어지면 수사와 기소는 분리되기는 커녕 언제나 통합적으로 운용되어 온 전통을 가지고 있다.

이와 같이 수사와 기소의 본질적 측면, 연혁적 관점 외에도 현실적·제도론적 차원에서 보더라도 수사와 기소를 분리독립하여 수사권을 경찰에게만 일임하는 방향은 목적달성과 더욱 멀어져 간다. 권력형비리사건의 경우 문제해결의 출발점이 정치 또는 자본권력으로부터의 독립이라면 수사의 '독립성'은 수사권이 검찰에게서 경찰에게 넘어간다고 해서 조금도 나아질 수 없기 때문이다. 만약 수사권을 경찰에게만 독자적으로 부여한다면, 수사가 검찰로부터만 독립성을 쟁취할 수 있을 뿐, 경찰이 정치적 영향력으로부터 독립될 수 없다는 점에서 볼 때는 수사의 외부적 독립성이라는 목표에는 한 발자욱도 더 나아가기 어렵다. 법제도적인 차원에서 보더라도 경찰은 이러한 차원의 독립성 측면에서 검찰과 비교할 때 훨씬 더 취약성을 보이는 국가기관이라고 해도 과언이 아니다.306 경찰 단독수사권보장은 외부권력으로부터의 수사 독립성이라는 목표에는 오히려 멀어져 간다. 왜냐하면 경찰과 달리 검사에게는 객관의무가 부과되어 있을 뿐 아니라 검찰의 정치적 중립성을 담보하기 위한 규정도 있으며, 검찰의 수사권 및 기소권에 대해서는 법원의 통제장치가 마련되어 있지만, 검찰의 인사권과 예산권을 쥐고 있는 강력한 대통령제 국가에서 검찰권 역시 외부권력으로부터 중립적으로 행사하기 힘든 구조적 문제점을 가지고 있기 때문이다.

전술(前述)한 것처럼, 대륙법계 국가인 프랑스와 독일은 이러한 검찰의 문제점을 해결하기 위하여 이미 수백 년간 검찰의 정치적 중립성에 관하여 논의해왔다. 그 과정에서 프랑스는 수사, 소추, 재판의 분리 및 사소(私訴)제도307의

---

306 2013년 4월 국정원 직원의 댓글사건과 관련하여 경찰의 태도와 검찰의 태도는 정반대의 태도를 보여주었음이 단적인 사례라고 할 수 있다. 그러나 그 후, 검찰도 결국 대통령과 법무장관의 합세 그리고 국정원의 정치공작 등에 의한 정치적 압력에 굴복하고 말았다.

307 타인의 범죄행위로 피해를 입은 사람이 수사기관에 고소를 제기하는 방법 이외에 일정한 요건 하에 예심수사판사 또는 재판법원에 가해자를 상대로 직접 소추를 제기할 수 있는데

보충적 적용이라는 제도를 통해 검찰의 정치적 중립성과 독립성 및 일반 시민의 대리인으로서 검찰의 당사자성을 강조한 반면, 독일은 기소법정주의와 검사의 객관의무 강조라는 제도를 통해 정치적 중립성을 달성하려고 했다고 볼 수 있다. 영미법계 국가인 미국은 선거에 의한 검사선출 및 특별검사제도를 통해 정치적 중립성을 달성하려고 한 것이다. 더욱이 후술(後述)하는 것처럼, OECD 회원국은 헌법 및 법률규정은 통해서 검사의 기능과 역할을 강조하고 있으며, 유럽평의회는 2000. 10. 6. 각료위원회에서 권고 제19호로 '형사사법체계에서 검찰의 역할'을 채택하여 검찰의 독립성, 검찰과 타 기관 간의 관계 등 검찰제도 전반에 걸친 기준을 정립하여 각 회원국의 검찰제도가 이 권고에 부합되게 개혁되도록 권고하였으며, 유럽평의회의 한 기구인 '법을 통한 민주주의를 위한 유럽위원회'(이른바 베니스위원회)는 2011. 1. 3. '사법체계의 독립성과 관련한 유럽표준'에서 일반적으로 검찰이 경찰에 대하여 수사지휘를 하는 등 수사를 통제하고 있으며, 수사와 기소를 분리하는 것이 검찰의 권한남용을 줄일 수는 있지만, 경찰이 권한을 남용하게 될 더 큰 위험을 만들어낸다고 경고한 바 있다. 유럽검사자문회의 역시 2015년에 발표한 의견 제10호인 '형사사건의 수사에서 검사의 역할'에서 검사와 경찰의 관계를 집중적으로 조명한 바 있다. 그리고 2020. 3. 30. 발간된 2019년판 유럽회의·평의회(Council of Europe)의 회원 국가들의 검찰·검찰청의 독립성과 중립성(the independence and impartiality of the prosecution services)에 관한 보고서에 따르면, 유럽검찰자문위원회는 유러피언 스탠더드(european standards)로 ① 행정권, 입법권 그리고 다른 권한 자들로부터 검찰청의 조직적 독립성(Organisational independence of the prosecution services from the executive and legislative powers and other actors)과 ② 검사의 임명과 정년보장 (Functional independence: appointment and security of tenure of prosecutors) 등 기능

(형사소송법 제2조). 다만 이러한 예심수사판사에 대한 사소청구가 곧바로 허용되는 것은 아니다. 피해자가 직접 사법경찰 또는 검사에게 고소장을 접수하여 검사가 이를 허용한 경우, 피해자가 검사에게 고소장을 제출하여 접수증을 받거나 배달증명우편 영수증을 받은 후 3개월이 경과하였음을 증명한 경우, 사법경찰에게 고소장을 제출하고 그 사본을 검사에게 송부한 후 3개월이 경과하였음을 증명한 경우에만 피해자가 예심수사판사에게 직접 고소장을 제출하여 사소청구인이 될 수 있다(동법 제85조).

적 독립성을 강조하고 있다.

　　그런데 이러한 세계입법의 추세에도 불구하고, 검찰 본연의 모습을 찾는 작업이 아닌 별도의 권력기관 창설을 통한 검찰권의 통제 내지 견제가 검찰개혁에 더 바람직한 것인지 의문이다. 즉, 검찰을 개혁하기 위하여, 그 기관의 정치적 독립성과 중립성을 보장하는 방향이 아니라 다른 권력기관의 신설을 통한 통제가 더 타당한 것인지에 대한 충분한 논의가 선행되어야 할 것이다.

　　따라서 이하에서는 공수처를 설치함으로써 기대되는 부패수사의 효율성 등의 효과가 권한이전의 결과로서 제기되는 헌법이론적 문제점(공수처 설치의 위헌성 문제)을 무시할 수 있을 만큼 설득력이 있는지 여부와 관련하여, 공수처법의 해석 및 OECD 회원국의 검사와 관련된 헌법규정 등을 살펴본 후, 외국 특별수사기구의 실태를 법이론적 관점에서 분석하고자 한다.

—————제2장

공수처 설치의
위헌성 문제

제1절 ┃ **위헌론**

I. 공수처 설치 반대의 이론적 배경

❶ 의 의

　　공수처 설치를 반대하는 사람들의 요지를 살펴보면,[1] 첫째, 현재의 상황은 별론으로 하고 공수처가 고위공직자 부패사건을 처리하는 데에 있어서 오랜 세월동안 정치적 중립성을 위해서 투쟁해 온 검찰보다 더 중립성이 보장될 수 있는지 의문이고, 둘째, 검찰 권력에 대한 견제기능은 법원이 행사하는 것이 헌법상 원칙으로, 법원의 기능을 충분히 활용하도록 함이 헌법체계에 부합하며, 셋째, 공수처를 독립된 기구로 상설화하여 검찰과 함께 수사할 수 있도록 한다면 필연적으로 수사권이 이원화될 수밖에 없는데, 인권을 다루는 국가기관의 업무에 사기업과 같은 경쟁의 원리를 도입할 수는 없으며, 넷째, 대통령 직속 사정기관으로 변질될 경우 오히려 입법부와 사법부에 대한 통제에 더욱 주력할 우려가 있고, 독립기구로 설치하더라도 그 장을 선거직으로 하지 않는 이상 임명권자로부터 자유로울 수 없으며, 임명직으로 하는 경우 여야간 이해관계가 대립하여 임명 자체가 어려울 수 있으며 향후 수사에 있어서도 정치적 중립성이 지속적으로 문제될 수 있고, 다섯째, 고위공직자와 그 가족에 대한 부당한 차별로 평등원칙에 위배될 여지가 있으며, 여섯째, 행정작용을 담당하는 기구를 입법·사법·행정부 어디에도 속하지 않는 독립기구로 설치할 헌법적 근거가 없다는 점이다.

　　즉 헌법 제86조 제2항은 국무총리는 대통령의 명에 따라 행정각부를 통할

1　김주덕, 「수사처 설치 운영상의 문제점」, 법률신문(2004. 7. 7.); 김진환, 「사법개혁의 방향」, 저스티스 통권 제118호(2010. 8.), 한국법학원, 72-74면; 이헌, 「초법적 수사기구 도입으로 민주주의 후퇴 가능성」, 국회보 제524호(2010. 7.), 126면.

하도록 하고 있는 바, 감사원과 같이 직접 헌법에 근거를 두어 예외로 지정되어
있는 기관을 제외하고는, 행정기능을 갖는 기관을 국무총리의 관할 외에 설치
하는 것은 위헌의 소지가 있다는 것이다. 이에 따라 후술하는 것처럼, 헌법상·
실무상 문제점은 물론 이론적인 면에서 많은 문제점이 노출되므로 공수처 설치
보다는 검찰 자체 내 개혁이 더 바람직하다는 입장이다.[2]

종래 법무부의 의견(1996. 11.)도 대동소이하다.[3]

> a. 사건 총량에는 변동이 없음에도 특별사정기구(특별검사, 특별감찰관)를 추가로
>   설치해 형사사법집행기관의 총량만 증가시키는 옥상옥 기구가 된다. 특별검사와
>   특별감찰관 제도를 정비해 문제점을 보완하는 것이 선행되어야 한다.
> b. 첨단화 되는 현대범죄에 상응하는 수사인력 및 장비에 대한 중복투자 및 세금
>   낭비가 예상된다.
> c. 기업범죄 수사권 부재로 독자적 비리 발견이 어렵다. 소규모의 공수처 조직이
>   복잡한 부패범죄를 제대로 다루기 힘들다.
> d. 성과를 위해 특정인 대상으로 불법사찰 및 도감청을 하여 인권침해적 상시 사
>   찰기구가 될 수 있다. 홍콩의 염정공서 사례가 있다.
> e. 수사 및 기소권은 행정작용이기에 현행 헌법상 행정부소속으로 해야 하는데, 공
>   수처의 소속이 불분명해 위헌의 소지가 있다.
> f. 홍콩은 인구가 약 730만 이며 공수처 역할을 하는 염정공서는 1200여 명으로
>   구성되어 있지만, 기소 인원이 연평균 3명 수준에 불과하다.
> g. 소규모 조직인 공수처가 고위 공직자 비리를 수사하면서 기존의 검찰과 경찰이
>   수사를 할 수 없게 되면 국가적 차원에서 구조적 부패사건에 대한 대응능력이
>   현저히 떨어진다.
> h. 해외 주요 선진국 사례와 비교해 보면 부패범죄를 전담하는 특별수사기구가 없
>   다. 홍콩, 싱가포르 등 소수의 영미법계 국가만 기소권 없는 부패범죄 전담 특

---

2 최순실 국정농단사건을 수사 중인 구성원들의 면면을 보면, 박영수 특별검사도 검사출신이
   고, 특별검사보 5명 중 4명이 검사출신이며, 검사 20명이 검찰청에서 파견되어 수사가 이
   루어진 바 있다.

3 제346회 국회(정기회) 법제사법위원회 회의록(법안심사 제1소위원회) 제1호, 국회사무처(2016.
   11. 15.), 15면.

별수사기구를 운영하고 있다.

i. 지난 20여년 동안 12개의 관련 법안이 1996년 부패방지법 발의 이후 논의되었지만 다양한 (헌법적, 실효적 등)문제점이 확인되어 폐기되었다.

j. 각 부처(기획재정부, 행정자치부, 인사혁신처, 국방부, 국정원 등)가 문제점을 인식해 반대하고 있다.

k. 검찰과 경찰 등의 정치적 중립성과 공정성에 대한 제고를 위해 발의된 의안이지만, 공수처가 조직의 생리상 확대를 해나갈 수밖에 없고 이러한 경우에는 역설적으로 검찰의 공정성과 정치적 중립성이 더 침해되게 된다.

❷ 이론적 문제점

(1) 제왕적 대통령제 강화 수단

공수처가 입법·사법·행정 어디에도 속하지 않는 독립기관으로 설치되고, 법무부 지휘·감독을 받는 검찰과 달리 아무런 통제·견제를 받지 않아 '주요 고위공직자'를 대상으로 무소불위의 권력을 휘두를 수 있다.[4] 즉, 대통령이 공수처장만 장악하면, 공수처를 통해 '주요기관 전체'를 장악할 수 있어 제왕적 대통령제의 폐해가 악화될 수 있기 때문이다. 더욱이 기존 검찰 조직이 가지고 있었던 정치적 종속성 문제를 해결하기 위한 제도적 장치가 강구되어 있지 않다는 점에서, 본질적으로 다를 바 없는 조직을 검찰청 밖에다 만들자는 시도에 불과할 뿐이기 때문이다.

이는 문재인 정부의 검사장에 대한 첫 인사를 보면 잘 알 수 있다. 즉, 문재인 정부는 전(前)정권에서 역할을 해 온 고위 검사들에 대하여, 사건 처리과정에서 어떻게 부적절했는지, 근무성적이 얼마나 나빴는지 하는 객관적인 조사

---

4 일반적으로 권력분립원리는 다음과 같은 두 가지를 주요 내용으로 하는 헌법원리이다. 첫째, 국가권력을 입법권·행정권·사법권으로 분할하고, 이들 권력을 각각 입법부·행정부·사법부에게 부여한다. 둘째, 각 부(府, branch)는 다른 부의 권한을 침해할 수 없다. 권력분립원리의 궁극적 취지는 물론 이러한 권력의 분할과 견제와 균형을 통해 국민의 자유와 권리를 보장하는 데 있다(Black's Law Dictionary(7th ed.), West Group, 1999, pp. 1369-70).

내지 결과 없이,5 청와대에서 자기들이 보기에 부적절하다고 생각하는 검사장들 전부의 옷을 벗긴 반면, 기수 파괴를 하면서까지 코드에 맞는 윤석열 검사를 서울중앙지검장 그리고 검찰총장에 임명했다.6

　　이러한 상황에서 문재인 정부가 정치적 편향성을 갖춘 공수처장 및 특별검사를 임명하는 경우 과연 차기 정권을 포함한 누가 승복을 하겠으며, 이들 특별검사들이 정치적 중립성을 지킨다고 생각할 것인지 의문이다. 이는 2002년 병풍사건, 2007년 BBK사건, 2012년 국정원댓글사건, 2016년 박근혜 전 대통령 탄핵사건처럼 향후 대선에서도 중요한 정치쟁점이 형사사건화 될 수밖에 없는 구조이므로, 그런 상황에서 현직 대통령이 임명한 공수처 처장(3년 임기) 및 9년 임기(연임 가능)의 공수처 검사가 수사를 한다면 공수처의 정치적 중립성문제는 계속 논란이 제기될 것이다.

　　이와 관련하여 공수처가 권력기관 소속 고위공무원이 아닌 야당 국회의원들을 표적으로 수사하게 되면 '국민의 지지와 신뢰를 바로 상실'하게 될 수밖에 없음을 간과하면 안 된다는 주장이 있다.7 국민의 지지와 신뢰를 곧바로 상실하게 될 것이기 때문에 절대로 공수처는 그와 같은 행동을 하지 않을 것이라는

5　다음뉴스(2017. 07. 29), '정윤회 문건 수사' 유상범 검사, 떠나며 한 말. "진실이 결국 밝혀질 것을 믿고 밖에서 기다리겠다"고 말했다. 유 검사장은 이날 검찰 내부망인 '이프로스'에 올린 사직의 글에서 "사의를 표명한 이 순간, 저는 3차장으로 수사를 지휘하며 오로지 진실을 밝히고자 혼신의 노력을 다했고 문서의 진위와 유출 경위에 대해 역량이 되는 한 빠짐없이 모든 진상을 밝혔다고 감히 말씀 드린다"고 항변했다. 그는 "(정윤회 문건 수사에) 부끄러운 일이 없었는지, 빠진 것이 없었는지 무수히 자문했다"면서 "수사와 관련된 오해를 해소하기 위한 노력 속에서 검찰에 대한 불신이 얼마나 큰 것인지 절실히 깨닫기도 했다"고 덧붙였다. 그는 사직의 글에서 검찰 외부의 따가운 시선을 의식한 듯 "불신의 광풍이 부는 와중에…" "오해와 편견이 크다고 해도…" "당당함과 의연함을 잃지 않겠다" 등의 표현을 사용하며, 사건처리에 문제가 없었다는 입장을 여러 차례 강조했다. 유 검사장은 지난달 창원지검장에서 광주고검 차장검사로 '찍어내기' 인사를 당한 데 이어, 전날 수사업무와 무관한 법무연수원 연구위원으로 다시 인사가 났다. 현직 검사장이 연구위원으로 인사가 난 전례가 없어 검찰 내부에선 '나가라'는 신호로 받아들여졌다. 그는 앞서 창원지검을 떠날 때도 정윤회 문건 수사에 대해 "결코 부끄러움 없이 사건을 처리하고자 노력했다"고 밝혔었다.
6　문재인정권이 임명한 윤석열 총장과 전 조국 법무부장관 및 현 추미애 법무부장관과의 갈등을 보면, 정치가 검찰을 얼마나 장악하고자 하는지 잘 알 수 있다.
7　정한중, 공수처가 필요한 네 가지 이유, 프레시안, 2018. 3. 5.

말인데, 공수처장을 국회가 추천하고 대통령이 임명하는 구조 아래에서는 설득력이 없어 보인다. 자신을 임명하는 사람이 국민들이면 모르겠지만 대통령이 임명을 하는 마당에 대통령의 눈치를 보지 국민의 눈치를 보지는 않을 것이기 때문이다.

(2) 수사만능주의를 심화시키는 정쟁의 블랙홀

정치이슈를 대화와 타협이 아닌 형사사건으로 해결하려는 수사만능주의 풍토 하에서 상대 정치세력 등에 대한 고소·고발·수사의뢰가 난무하는 정쟁의 장이 될 것이다. 더욱이 다수당의 힘의 논리에 따라 정치적 소용돌이에 휘말릴 우려가 있는 야당의 비토권을 없앤 공수처법 개정안을 볼 때, 공수처가 고위공직자 부패사건을 처리하는 데에 있어서 검찰보다 더 중립성이 보장되는 것이 아니라 수사만능주의를 심화시키는 정쟁의 블랙홀이 될 수도 있다.

즉, 지금도 기존의 학연·지연·혈연을 넘어 이념적·세대적 갈등으로까지 정치적 이해관계가 확대된 우리나라의 특수한 상황에서 권력을 가진 사람은 수사와 기소를 담당하는 검찰권을 장악하여 자기에게 유리한 환경을 만들고 싶은 욕망을 추구하는 반면, 권력을 잃고 그 권력을 다시 찾으려는 사람은 반대의 입장에서 검찰권을 자신의 편으로 만들고 싶거나 적어도 중립성을 요구하기 위하여 끊임없이 검찰을 비난하는 상황에서, 전선이 국회로까지 확대되는 것인데, 과연 공수처가 공정성 시비에서 자유로울 수 있을 것인지 의문이다. 왜냐하면 사회·정치적으로 큰 영향력을 가지고 있는 적극적 권력인 공수처의 수사 및 기소권이 정의의 이념에 따라 공정하게 행사되지 않고 스스로 사회·정치적 영향력을 강화한다든지 어느 한편을 들어 편파적으로 행사되면 반대편의 입장에서는 재기불능의 상태에 빠질 수밖에 없기 때문에 지금보다 더 필사적으로 저항할 수밖에 없는 구조이기 때문이다.

(3) 정계진출을 위한 편파수사 가능성

공수처의 정치적 중립성을 위하여 공수처법은 처장·차장에 대해 각각 퇴임 후 일정 공무원 직위에 대한 임용제한 규정을 두고 있으나(공수처법 제16조), 공수처 검사는 각자가 단독관청(논란 있음)이므로 공수처 검사의 정치적 편향성을 어떻게 극복할 수 있는지 의문이다.8 즉, 수사와 기소는 국민의 기본권을 침해하는 권익침해적 권력작용임에도 불구하고 입법·사법·행정 어디에도 속하지 않고 아무런 견제를 받지 않는 독립기관으로 설치하는 것은 권력기관의 속성을 간과한 것이다. 왜냐하면 공수처 검사는 세 번 연임이 가능한 9년 동안 과거 대검찰청 중앙수사부처럼 통제되지 않는 권한을 부여받지만, 탄핵을 제외하고는 어떠한 견제장치도 없기 때문이다.

반면에 공수처 검사가 향후 정치적 입지를 다지기 위하여 정치적 편향성을 나타내는 경우 역시 문제가 아닐 수 없다. 즉, 처장·차장·공수처검사의 정계진출에 대한 제한이 없으므로 정치적 사건을 편파수사한 후, 정계진출을 도모할 우려도 배제할 수 없기 때문이다. 이는 사회 각계에서 명망을 얻은 대부분의 명망가들이 정치로 뛰어든 우리나라 현실을 볼 때, 공수처 검사들의 정계진출 가능성이 더 있을 것으로 보이기 때문이다. 결국 공수처를 독립적 기구로 하건, 종속적 기구로 하건 현재의 검찰문제(정치적 중립성)를 해결하기 위한 대안이 될 수 없다고 본다.

더욱이 기존 검찰의 정치적 편향성 때문에 공수처를 필요로 한다면, 공수처가 검찰보다 더 독립적이고 중립적으로 대통령 측근이나 여권 실세의 비리에 대해서도 더 엄정하게 수사나 기소를 할 수 있다고 보는 근거가 무엇인지 의문이다.

(4) 권력기관 총량만 증가시키는 옥상옥 기구문제

2016. 9. '청탁금지법'의 시행으로 검찰 공무원은 물론 모든 공직자들의 대가성 없는 금품수수까지 형사처벌할 수 있게 됨으로써 공직자의 부패범죄를 걸러낼 사회적 그물망이 촘촘히 형성되었으므로(진경준 전 검사처럼 거액을 수수하고

---

8 헌법재판소처럼 합의제기관의 경우(대통령 3명 임명, 국회 3명 선출, 대법원장 3명 지명)에는 재판관 개개인이 정치적 편향성을 가지고 있다고 하더라도 전체적인 관점에서 재판관 개인의 의사가 희석되어 나타나므로 큰 문제가 되지 않는다.

서도 '대가성'이 없다는 이유로 처벌을 면하는 사례는 더 이상 발생하지 않음) 검찰로서도 공직자 부패범죄에 더욱 엄정하게 대응하여야 할 수밖에 없는 상황이 만들어졌기 때문에 검찰 외 추가로 공무원 부패범죄를 수사할 기구를 설치할 필요가 반감되었다고 할 수 있다. 또한 공수처를 설치하지 않더라도 이미 시행 중인 특검법, 특별감찰관제도를 잘 활용하면 공수처를 설치한 것과 같은 효과를 거둘 수 있으나, 정치권 협의로 이러한 제도를 만들고서도 제대로 활용해 본 적이 없다. 따라서 현 특검·특감제의 보완 없이 또 다른 권력기관을 창설하는 것은 권력기관의 총량만을 증가시키는 '옥상옥'에 불과하고, 사정기관 상호간의 주도권 다툼도 예상되며,9 인력·장비의 중복 등에 따른 국민혈세의 낭비가 불가피할 것으로 보인다.

이는 기존의 수사기관인 검찰 조직과 신설하자고 하는 공수처 조직만을 비교해 보면 본질적으로 다른 점이 없다. 표로 비교해 보면 다음과 같다.

【표 2-1】 검찰 조직과 공수처 조직의 비교

비교대상	검찰 조직	공수처 조직
조직대표 임명권자	대통령	대통령
조직대표 추천위원회	검찰총장후보추천위원회	공수처장후보추천위원회
수사의 주체	검사 및 수사관	공수처검사 및 공수처수사관
영장청구의 주체	검사	공수처검사
공소제기 및 유지	검사	공수처검사 또는 검사

〈표 2-1〉에서 보는 것처럼, 검찰총장후보추천위원회는 검찰청법 제34조의2에 따라 법무부장관이 구성하는데 비해 공수처장후보추천위원회는 국회에서 구성하도록 되어 있다는 점 외에는 별다른 차이점을 찾을 수 없다. 또한 대법원

---

9 헌법상 기관이 아닌 법률에 의해 설치된 국가기관은 권한쟁의심판의 당사자능력이 인정되지 아니한다는 헌법재판소의 결정(헌법재판소 2010. 10. 28. 선고 2009헌라6 결정, 판례집 22-2하, 1 참조)을 고려할 때, 법률로 공수처를 설치할 경우 검찰과의 관할권 충돌을 어떻게 해결할 수 있을지 의문이다.

장, 대법관, 판사, 검찰총장, 검사, 경무관 이상 경찰관에 관한 사건에 대해서는 공수처 검사가 직접 공소제기와 유지를 담당하지만, 나머지 고위공직자에 관한 사건은 공수처에서 수사만 하고 공소제기 및 유지는 검찰에서 담당하도록 하고 있다. 조직의 속성도 다르지 않고 기존 검찰 조직과의 연결성이 완전히 제거되어 있는 것도 아니다.

　이러한 점을 감안하면 고위공직자범죄를 전담하여 수사할 검찰조직을 검찰청 내에 만드는 대신 외부에 설치하는 것 이상도 이하도 아닌 것으로 보인다. 검찰청 내 고위공직자범죄 전담 수사부가 아니라 검찰청 외 '옥외옥' 형태의 고위공직자 전담 수사부가 되는 것이다.[10] 기존 검찰 조직이 가지고 있었던 정치적 종속성 문제를 해결하기 위한 제도적 장치가 강구되어 있지 않다는 점에서 근원적으로 다를 바 없는 조직을 검찰청 밖에다 만들자는 시도에 불과하다고 할 수 있다.

　이에 대하여 공수처는 검찰 위에서 검찰을 통제하려는 것이 아니라 검찰 외부에 독립적인 공수처를 만들어서 권력형 부정비리와 뇌물사건을 중립적이고 공정하게 담당하도록 하는 것이므로 옥외옥(屋外屋)이라거나[11] 고비처(공수처)의 관할은 인적으로는 고위공직자, 범죄로서는 권한남용, 부패범죄를 대상으로 하므로 검찰의 권한을 제한적으로 분리하여 수사를 하는 기구에 불과할 뿐이라는 견해[12]도 있다.

　그러나 정경유착 관행의 잔존 및 대규모 국책사업·개발사업 등 대형 권력

10　공수처 조직을 '옥상옥'으로 보는 견해도 있지만(이근우, "옥상옥, 펜트하우스가 될 것인가 옥탑방이 될 것인가?", 『형사정책』(한국형사정책학회) 제31권 제1호(2017), 43면 이하), 검찰조직에서 벗어나 존재하고자 하고 있으므로 '옥외옥'이라고 하는 것이 타당하다는 견해도 있다(김성천, "고위공직자범죄수사처의 형사사법체계 정합성에 관한 고찰", 중앙법학 제21권 제4호(2019), 중앙법학회, 57면).

11　한상훈, 「검찰개혁과 고위공직자비리수사처의 신설에 대한 토론문」, 한국의 형사사법개혁1: 검찰개혁, 2017 한국형사정책연구원/한국형사소송법학회 공동학술세미나(2017. 2. 13.), 124면.

12　김인회, 「검찰개혁과정에서 발생하는 몇 가지 의문, 불안에 대하여」, 법조언론인클럽 10주년 기념 세미나(2017. 7. 12.) "국민을 위한 법조개혁, 어떻게 할 것인가?", (사)법조언론인클럽 자료집, 55면.

형 비리가능성이 상존하는 현 상황에서, 독자적인 디지털포렌식센터는 물론 범죄정보 수집기능(첩보기능)도 없는 공수처 검사가 60년 이상의 역사를 가진 검찰보다 더 부패행위를 근절할 만큼 제반여건이 갖추어질 수 있다고 보는 것인지 의문이다.13 따라서 정치적 중립성을 상실한 채 막강한 권한을 행사한다는 비판을 받고 있는 검찰을 견제하기 위하여, 즉 국가기관의 잘못된 권한 행사를 견제하기 위하여 또 하나의 권력기관을 탄생시킬 것이 아니라, 국가권력의 총량을 증가시키지 않는 범위 내에서 '국민'에 의한 견제가 가능하도록 하는 방법을 찾는 것이 더 타당할 것이다.

(5) 상시 사찰기구화 또는 무능한 수사기관화의 위험성

고위공직자 비리는 주로 기업범죄 등 경제범죄 수사에서 단서가 확보되나, 공수처는 기업범죄 수사권이 없어 독자적 비리 적발이 어려울 것으로 예상된다. 후술하는 것처럼, 최근 5년 홍콩 염정공서, 싱가포르 탐오조사국 기소인원의 88.2%, 90%가 각각 일반 국민이며, 특히, 별도의 반부패 전담수사기구로서 역사가 가장 오래된 홍콩 염정공서의 수뢰공무원 기소도 연 평균 3명에 불과하다. 따라서 이처럼 수사단서의 확보가 어려운 상황에서 가시적 성과 도출이라는 조직생존 논리에 따라, 공수처는 고위공직자 등을 표적으로 미행, 함정수사를 하는 비정상적 사찰기구가 될 우려가 높다.

이러한 위험성은 ① 법무부장관의 지휘를 받는 검찰과 달리 공수처는 그 어디의 통제도 받지 않는다는 점, ② 검찰의 대표적인 특수수사 부서인 서울중앙지검 특수부의 경우 검사 연속 근무연한이 통상 1년, 최장 2년인 것에 비교할 때, 공수처 검사는 3 연임시 최장 9년(공수처법 제8조 제3항), 공수처 수사관은 연임시 정년까지(동법 제10조 제3항) 특수 수사부서에서 근무한다는 점에서 더욱 커진다. 이처럼 검찰과 달리 공수처는 정기인사가 없어 공수처 검사 및 수사관 등

---

13 최순실 사건을 조사한 서울중앙지검 특별수사부의 경우 파견을 포함하여 55명의 베테랑 검사가 참여하였다. 그런데 통상 서울중앙지검 특별수사부 검사로 근무하기 위해서는 수사경력 7–8년 이상이 되어야 하며, 수사관도 10년 이상이 되어야 근무할 수 있다고 한다.

직원들이 계속 동일 보직에 장기 근무함에 따라 당연히 부패가 발생할 가능성
이 상존하고, 표적수사, 청탁수사나 무제한 수사, 보복수사 등이 뒤따를 우려도
있다. 반면에 위와 같이 비정상적인 수사방법을 동원하지 못한다면, 공수처는
수사역량이 축적된 검찰에 비해 고위공직자 등 부패사범에 대한 수사능력이 현
저히 떨어지므로 무능한 수사기관으로 전락할 가능성 또한 부인할 수 없을 것
이다.

결국 역대 특검 대부분이 그러했듯이, 투입된 시간과 노력, 비용에 비해
성과는 생각했던 것보다 높지 않을 가능성이 크고, 그로 인하여 장기적으로는
국민들에게도 외면당할 가능성이 높다고 할 것이다.

(6) 권한 과다의 위험성

공수처에는 기존 검찰이나 경찰에 존재하는 최소한의 견제수단이 없다. 경
찰은 영장청구권을 비롯해서 검찰의 통제를 받는다. 검찰은 법무부장관의 지휘
를 받고, 인사·예산·조직 등에 있어서 정부조직 원리에 따라 책임을 진다. 반
면 공수처는 대통령을 비롯한 어느 누구의 명령이나 지시, 간섭도 받지 않고 권
한을 행사한다. 대통령과 비서실 소속 공무원은 업무보고나 자료제출 요구 등
을 할 수 없다(공수처법 제3조 제3항). 인사에 있어서도 실권이 없는 검찰총장과
달리 공수처장은 공수처 차장, 공수처 검사에 대해 인사제청권이 있고(동법 제7조
제1항, 제8조 제1항), 공수처 수사관에 대해서는 임명권이 있다(동법 제10조 제1항).14
검찰총장의 임기는 2년이지만, 공수처장의 임기는 3년이다(동법 제7조 제3항). 더
욱이 검찰과 달리 공수처는 정기인사가 없어 간부·직원들이 계속 동일 보직에
장기 근무함에 따라 당연히 부패가 발생할 것이고, 표적수사, 청탁수사나 무제
한 수사, 보복수사 등이 뒤따를 것이다.

따라서 위에서 언급한 것처럼, 공수처장이 정치적 야심 등의 이유로 편파
적인 수사를 하거나 무리한 기소를 하는 경우, 어떻게 견제를 할 것인지 의문이
들지 않을 수 없다.

---

14 검찰총장은 대검찰청 차장검사, 검사, 수사관에 대해서 인사권이 없다.

(7) 평등권 위배

고위공직자와 그 가족은 공수처의 수사를 받고 그 외의 국민은 검찰 수사를 받게 되어 신분에 따라 처우를 달리하므로 헌법상 평등원칙에 위배되고, 부패범죄에 대한 형사사법의 통일성이 저해될 것이다.

II. 위헌론의 근거

❶ 공수처의 설치·운영과 관련한 헌법적 근거의 부재

국가의 모든 행정작용에 대한 권한과 책임을 국민이 직접 선출한 대통령에게 부여하고, 대통령을 정점으로 하는 내각에서 행정을 전담하도록 한 것이 대통령 직선제와 삼권분립의 헌법정신이다.[15] 즉, 행정부는 '총리와 행정 각 부'로 구성하고, 수사·기소는 준사법행위이면서 권익침해적 권력작용이므로 그 담당기관을 삼권분립의 원칙에 따라 '법무부' 소관으로 두고 있다. 한편, 헌법에 따른 정부조직법은 국무총리나 행정 각부의 하위기관으로 처·청을 두고 있고,[16] 처는 국무총리 산하에, 청은 행정 각부 산하에 두고 있으므로 공수처를 정부조직의 단위로서 처로 하려면, 국무총리 산하로 설치해야 하는데,[17] 공수처가 담당할 수사와 공소의 업무는 국무총리가 수행하는 정부의 통할 업무와는 거리가 있을 뿐만 아니라 공수처의 직무수행에 대해 국무총리가 국회에 책임을 져야

---

15 헌법 제66조 제4항 행정권은 대통령을 수반으로 하는 정부에 속한다.

16 정부조직법 제2조 제2항은 중앙행정기관의 명칭은 특별한 규정(국정원)이 없는 한 부·처·청으로 한다고 규정되어 있는바, 반대 해석상 부·처·청은 중앙행정기관으로 반드시 대통령, 총리, 행정각부 중 한 곳에는 소속되어야 한다.

17 처는 헌법상의 기관단위가 아니므로 처를 설치하려면 헌법상 기관인 국무총리나 행정 각부 산하로 편성해야 하는데, 현행법의 체제는 국무총리 소속으로 처를 두는 것으로 하고 있다. 현재 정부조직법상 법제처(제23조), 국가보훈처(제22조의2), 인사혁신처(제22조의3), 식품의약품안전처(제25조)가 국무총리 산하에 설치되어 있다.

하는 문제가 발생한다.

그런데 공수처법에 따르면 국민의 기본권을 제한할 수 있는 권력기관인 공수처(수사·기소권 행사)를 입법(헌법 제40조)·사법(동법 제101조 제1항, 제111조)·행정(동법 제66조 제4항) 중 어디에도 속하지 않고, 아무런 견제도 받지 않는 독립기관으로 설치하고 있다. 즉, 헌법은 대통령, 총리, 국무위원, 행정 각부, 감사원, 법원,[18] 헌법재판소, 선거관리위원회, 지방자치단체 및 의회 등의 설치만을 예정하고 있는데, 공수처는 헌법상 설치근거가 명확한 검찰청·검찰총장·검사 등과 달리 헌법상 설치근거가 전무할 뿐만 아니라 법제처·인사혁신처·식약처 등과 달리 정부조직법에도 설치가 예정되어 있지 않다.[19]

결국 현행 헌법상 공수처는 행정 각부에 편성되어야 민주주의 원리에 따른 실질적·민주적 정당성의 문제가 해결될 수 있으므로 공수처를 '수사부'로 하여 그 수장을 장관으로 하거나 공수처를 특정한 부의 장관의 소속으로 하는 방법을 고려할 수밖에 없는데, 공수처법에는 소속 관련규정이 전무하다는 점에서 헌법상 통제와 견제를 본령으로 삼는 권력분립원칙과 삼권분립원칙에 반하여 위헌이라는 것이다.[20] 더욱이 공수처는 입법·사법·행정 중 어디에도 속하지 아

---

18 검사에 대해서는 논란이 있으나, 법원이 헌법기관이라는 점에 대해서는 아무런 논란이 없는데, 그 헌법기관을 전속적으로 수사 및 기소하는 기관을 헌법적 근거 없이 설치가 가능한 것인지 의문이다.

19 김진환, 「사법개혁의 방향」, 저스티스 통권 제118호(2010. 8.), 한국법학원, 74면; 전태희, "주요국 공직자비리수사기구의 현황과 시사점", 국회입법조사처(2010. 11. 16), 70면.

20 2019년 10월 25일자 조선일보, 허영 경희대 법학전문대학원 석좌교수 [시론] 공수처 설치는 위헌(우리 헌법에 국무회의 심의를 거쳐서 임명하는 수사기관의 장은 검찰총장이 유일하다(제89조 제16호). 검찰총장은 헌법에 근거를 둔 법률상의 기관이다. 검찰총장은 검사의(제12조 제3항) 총책임자이며 헌법상 범죄 수사와 기소의 총책임자이다. 그렇기 때문에 헌법에 근거가 없이 검찰총장보다 상위 슈퍼 수사기관을 두는 것은 명백한 위헌이다. 어떻게 위헌적인 공수처가 헌법에 근거를 두고 수사권을 책임지는 검찰총장의 수사권까지 제한할 수 있는가. 개헌 없이는 검찰총장의 수사지휘권을 박탈하거나 제한할 수 있는 슈퍼 공수처의 설치는 불가능하다. 또 수사권과 기소권을 갖는 검찰과 공수처를 함께 두는 것은 정부 조직의 기본 원칙인 효율성과 중복 설치 금지 원칙에 위배한다. 나아가 공무담임권을 갖는 국민이 고위공직자가 되었다고 일반 국민과는 다르게 정치색 짙은 별도의 기관에서 수사를 받으라고 하는 것은 법 앞의 평등 원칙과도 어긋난다. 고위공직자가 직무 관련 범죄에 대하여 국민보다 중하게 처벌받는 것은 헌법에서 정한 국민에 대한 봉사자로서의 청

니하여 공수처장에 대한 국회의 해임 의결이 불가능[21]할 뿐만 아니라 헌법기관이 아니어서 권한쟁의심판의 당사자적격도 없는 등 공수처법에 대한 위헌법률심판 외에는 헌법적 통제도 곤란하다는 점이다. 즉, 후술하는 공수처장의 임명에 관한 조직적·인적 정당성의 취약성 이외에 실질적·민주적 정당성 측면에서 볼 때, 공수처의 권한행사에 관한 통제의 필요성이 더욱 강화될 필요성이 있음에도 불구하고 공수처법은 탄핵의결권과 공수처장의 국회에 출석·보고의무만이 규정되어 있을 뿐, 공수처장에 대한 해임건의 등의 내용은 없는 상황이다. 더욱이, 국회의 위와 같은 통제방법은 기본적으로 사후적 통제에 그칠 수밖에 없어 사전적·사후적 통제가 모두 가능한 검찰의 수사·기소 권한에 대한 법무부의 통제보다 상당히 약화되어 있고,[22] 실효성 측면에서도 국회의 통제는 이미 기본권 침해가 발생한 후에야 개입할 수 있기 때문에 실질적·민주적 정당성의 정도 측면에서도 많은 문제점을 드러내고 있다는 것이다. 이에 따르면, 공수처가 권력을 남용하거나 부당한 업무수행을 하는 경우에 국민의 대표인 국회가 이에 대해 통제하고 정치적 책임을 물을 수 있어야 하는데, 그러한 장치가 결여되어 있으므로 공수처는 헌법상 민주주의 원칙에서 도출되는 실질적·민주적 정당성을 결여하여 위헌이라는 것이다.[23]

❷ 헌법상 영장청구권자의 침해문제

공수처법은 공수처검사에게 고위공직자범죄등의 수사권과 그중 일부 범죄

림 의무를 어긴 점에 대한 법적 책임을 지는 것이다. 그렇다고 해서 수사까지 따로 받아야 하는 것은 아니다. 고위공직자의 부패 방지를 감시할 국가기관은 지금도 충분하다).

21 국회에 대한 정치적 책임이라는 점에서는 해임건의가 중요하며, 우리 헌법은 행정권을 행사하는 행정부를 국무총리와 행정각부로 구성하도록 하고 있고(헌법 제2절), 행정각부의 장관은 국무위원 중에서 대통령이 임명한다(헌법 제94조). 따라서 우리 헌법상 행정권의 행사와 관련하여 국회에 대해 책임을 지는 것은 국무총리와 국무위원이다(헌법 제63조).

22 김태우, 「고위공직자비리수사처 입법론 검토」, 형사법의 신동향 통권 제54호(2017. 3.), 대검찰청 미래기획단, 83면.

23 이완규, 2020년 검찰개혁법 해설, 박영사, 2020, 55면.

(법원, 검찰, 경찰)에 대한 기소권 및 공소유지권을 부여하고 있다. 즉, 대법원장·대법관·검찰총장·판사 및 검사·경무관 이상의 경찰공무원에 대해서는 공수처가 수사권과 기소권을 보유(이하 '기소가능 범죄'로 약칭함)하고 있다.

그런데 공수처에 독자적인 영장청구권을 부여할 경우, 영장청구권자를 검사로 한정한 헌법 제12조 및 제16조 위반의 소지가 있다. 즉, 헌법상의 '검사의 신청'(형사소송법상 '청구'의 의미임)의 의미가 검찰청법상(조직법상)의 검사24가 아니라 검사라는 명칭을 가진 모든 사람으로 해석한다면, 사실상 검찰·경찰 간의 수사권조정25은 물론 특별사법경찰관리26도 검사라는 직책을 법률규정으로 만들기만 하면(심지어 비법조인을 임명하더라도 무관), 수사 및 기소권을 행사할 수 있다는 문제가 생긴다.

결국 검사를 영장청구권자로 규정한 헌법조항과 검찰총장 임명을 국무회의 심의사항으로 규정한 헌법조항 등을 고려하면, 영장청구권자로서의 검사는 검찰총장의 지휘를 받는 검사로 보아야 한다.

24 검찰청법 제29조 검사의 임명자격
    검사는 다음 각 호의 사람 중에서 임명한다.
    1. 사법시험에 합격하여 사법연수원 과정을 마친 사람
    2. 변호사 자격이 있는 사람
25 경찰관직무집행법에 검찰청법 제29조와 같은 임명자격을 두면 굳이 헌법상 "검사의 청구"라는 문구 삭제에 그토록 집착할 필요가 없을 것이다.
26 현재 '사법경찰관리의 직무를 수행할 자와 그 직무범위에 관한 법률'이 인정하는 특별사법경찰관리는 ㉠ 이 법에서 당연직 사법경찰관리로 규정하는 경우와 ㉡ 이 법에서 규정하고 있는 자 중 근무지를 관할하는 지방검찰청검사장의 지명절차를 거쳐야 하는 경우로 나눌 수 있다. ㉠의 경우는 교도소·구치소·소년원의 장이나 출입국관리업무에 종사하는 4급 내지 9급 국가공무원(동법 제3조), 산림보호에 종사하는 임업직 공무원(동법 제4조), 근로감독관(동법 제6조의2), 선장·기장(동법 제7조), 국립공원관리공단 임·직원(동법 제7조의2), 국가정보원직원(동법 제8조) 등이고, ㉡의 경우는 이 법 제5조 각 호에서 구체적으로 나열하고 있는데, 2015. 12. 기준으로 중앙 및 지방 43개 기관에 총 17,117명의 특별사법경찰관들이 있다.

제 2 절 ｜ 합헌론

I. 공수처 설치 찬성의 이론적 배경

❶ 무소불위의 검찰권의 견제

공수처 설치를 찬성하는 사람들의 요지를 살펴보면,27 첫째, 권력형 부패 사건에 대한 검찰의 정치적 중립성 및 공정성 문제를 해결하고, 검찰의 수사권, 기소독점·편의주의 등 막강한 재량권을 견제할 수 있다는 것이다. 즉, 우리나라 검찰이 기소독점주의와 기소편의주의를 기반으로 다른 나라에서 유례를 찾아볼 수 없는 막강한 그리고 견제받지 않는 권력을 가지고 있기 때문에 고위공직자에 대해서 독립적이고 공정한 수사를 하지 못하고 있다28고 한다. 법무위원회안도 "특별감찰관 제도 등 기존 제도가 고위공직자의 권력형 비리를 제대로 방지하지 못한 사실은 국정농단 사건, 검찰간부 비리사건 등에서 입증되었기에 권력으로부터 독립된 공수처 설치는 반드시 필요하며", "검찰비리는 경찰이 수사하기 어렵고 검찰의 경우 제 식구 감싸기라는 비판이 있어 공수처가 검찰비리를 방지할 수 있는 가장 효과적인 대안"이라는 입장이다.29 특히 "중립적 성격의 추천위원회가 공수처장을 추천하고 공수처 검사는 인사위원회를 통해 임

---

27 윤동호, 「고위공직자비리수사처 신설의 정당성과 필요성」, 형사정책연구 제22권 제1호(2011. 3.), 65–84면 참조; 김희수, 「검찰 개혁 방안」, 검찰개혁과 수사권 조정, 공수처 설치 방안 토론회(더불어민주당 정책위원회 민주주의회복 TF), 2016. 8. 10., 17–30면 참조; 한상희, 「검찰개혁의 현실과 방향」, 황해문화 제78호(2013. 3), 299–318면 참조; 오병두, 「독립적 특별수사기구의 도입방안에 대한 연구 – '고위공직자비리수사처' 법안들을 중심으로–」, 형사정책 제24권 제2호(2012. 8.), 31–56면; 곽병선, 「특별수사청 설치의 필요성과 구체적 방안」, 법학연구 제48권(2012. 11.), 한국법학회, 1–25면; 김선수, 「독립적 고위공직자비리 수사·공소기구(약칭 '공수처')법안 검토」, 고위공직자 비리수사처 입법토론회(2016. 8. 30.), 민변/박범계·이용주·노회찬의원 공동주최, 4–39면 참조; 한상훈, 「검찰개혁과 고위공직자비리수사처의 신설에 대한 토론문」, 한국의 형사사법개혁1: 검찰개혁, 2017 한국형사정책연구원/한국형사소송법학회 공동학술세미나(2017. 2. 13.), 119–125면 참조.
28 곽병선, 위의 논문, 12면.
29 법무·검찰개혁위원회 제2차 권고안(공수처 신설) 참조.

명되므로 높은 정치적 중립성 및 독립성을 가질 수 있다"는 것이다.

　　둘째, 수사권과 기소권을 가지고 있는 검찰과 영장심사권과 재판권을 가지고 있는 법원이라는 권력기관을 견제하기 위해서는 검찰의 간섭을 받지 않는 공수처라는 독립된 기관이 필요하다는 것이다. 즉, 권력기관 사이의 견제와 균형(check and balance)이 필요하다는 것이다.

❷ 사정기관의 권력분점

　　사정기관의 권력분점으로 경쟁을 높임으로써 검찰의 정치적 부담을 덜고 검사를 비롯한 고위공직자들의 부패행위를 효율적으로 엄벌하자는 것이다.[30] 즉, 현 특별검사제는 정치적 도구로 활용될 수 있을 뿐만 아니라 대상·기간 한정으로 성과에 한계가 있다는 것이다. 이는 최근 민정수석 사건에서 보듯이, 특별감찰관 제도가 한계를 노출했다는 것이다. 따라서 권력분할과 권력통제를 동시에 충족시키기 위해서는 수사와 기소의 분리라는 방향성, 즉 수사권 및 수사주체의 분할 내지 분점이 아니라 수사 대상사건을 분할하여 수사권과 함께 기소권까지도 검찰과 독립된 특별기구에게 분점하게 하는 방향성이 오히려 타당하다는 것이다.[31]

❸ 검사에 대한 수사를 담당할 검사의 필요성

　　검찰비리는 경찰이 수사하기 어렵고 검찰의 경우 제 식구 감싸기라는 비판이 있으므로 공수처를 설치하여 검찰비리를 수사 및 기소하는 것이 검찰비리를 방지할 수 있는 가장 효과적인 대안이라는 것이다.[32] 검찰 자신의 비리에 대한

30　경향신문(2019. 11. 09), 윤동호 교수 "공수처, 한 마리 괴물보다 세 마리 괴물이 서로 싸우게 해야"(http://news.khan.co.kr/kh_news/khan_art_view.html?art_id=201911091029001#csidx9dc0aeac93a5fd991f01dcb3e675c49).

31　김성돈, 앞의 논문, 217면.

32　법무·검찰개혁위원회 제2차 권고안(공수처 신설) 참조..

수사를 비롯하여 검찰에 직접적인 영향력을 미칠 수 있는 고위공직자에 대한 수사는 검찰 스스로 담당하는 것에 구조적인 한계가 있다는 견해[33]도 동일한 입장으로 볼 수 있다.

물론 범죄를 수사하여야 할 검사가 범죄를 저지를 가능성이 분명히 존재한다. 그러나 검찰에 대한 주된 비판은 소속 검사들이 빈번하게 범죄를 저지르는 데 있는 것이 아니라 막강한 권력을 가진 사람들이 저지르는 범죄를 제대로 수사하지 않고 놔두는 데 있다. 그래서 검사의 범죄를 수사할 검사가 필요하다는 점은 검찰의 정치적 종속성과 관련된 문제의 핵심은 아니다. 물론 그렇더라도 검사의 범죄를 수사할 검사가 필요하다는 점은 부인할 수 없어 보인다.

그런데 이 문제는 검찰만 가지고 있는 것이 아니라, 경찰도 마찬가지이다. 검사이건 사법경찰관이건 아니면 특별사법경찰관이건 수사를 하는 사람이 스스로 범죄를 저지를 가능성은 항상 존재한다. 이들이 저지르는 범죄는 뇌물수수와 같은 경우 증뢰자와 수뢰자가 모두 함구하기 때문에 고위공직자범죄와 마찬가지로 알아내기가 힘들다. 그러다가 문제가 터지면 뇌물장부 등이 발견되면서 연루자가 발각이 된다. 그것이 수사기관 종사자일 수도 있다.

바로 이 순간 검사가 검사를, 경찰이 경찰을 수사하게 되는지 여부가 문제된다. 수사대상이 되어야 할 혐의대상자가 평검사, 일반 경찰이라면 수사가 분명히 개시될 것이다. 수사가 개시되기 어려운 경우는 우병우 전 민정수석이나 김학의 전 법무부차관 또는 경찰청장 정도가 혐의대상자인 경우이다. 즉, 권력의 핵심에 위치한 혐의대상자들에 대한 수사를 방해하는 세력은 살아있는 권력층으로, 살아있는 권력은 수사를 개시하고자 하는 자를 결코 좌시하려 하지 않기 때문이다.

이러한 상황에서 정의감에 불타는 검사가 수사를 개시하려고 하면 감내하기 어려운 현실적인 고통이 몰려올 것이다. 반면 적당히 눈을 감고 넘어가면 아무 탈도 없게 된다. 바로 이 점이 문제의 핵심이다.[34] 정의를 구현하는 데에는

33 윤영철, 「검찰개혁과 독립된 특별수사기관의 신설에 관한 소고」, 홍익법학 제13권 제1호 (2012), 64면.
34 김성천, "고위공직자범죄수사처의 형사사법체계 정합성에 관한 고찰", 중앙법학 제21권 제

현실적으로 감내하기 어려운 불이익이 따르고 불의에 눈을 감으면 아무런 뒤탈도 없는데 누가 감히 수사를 하려고 나서겠는가.[35]

이 문제는 또 하나의 검찰 조직을 만드는 것으로는 결코 해결할 수 없다. 그보다는 불의에 눈을 감는 행위가 형사처벌 대상이 되어야 비로소 해결의 단초를 찾을 수 있는 문제이다. 검사가 혐의를 발견하면 수사를 개시하여야 할 법적 의무를 부과하고,[36] 그 의무를 아예 이행하지 않거나 이행하더라도 제대로 이행하지 않는 경우에는 형사처벌을 함으로써 수사의무의 실효성을 확보하여야 할 것이다.

이러한 근본적인 해결방안이 강구되지 않는 한, 고위공직자에 대한 별도의 수사기관을 만든다고 이 문제가 해결될 수는 없다. 수사기관의 독립성 확보를 위한 근본적인 제도적 장치가 없는 상태에서 공수처가 신설된다면 현재의 검찰과 마찬가지로 강고한 힘을 가진 살아있는 권력에 대해서는 칼을 휘두르지 못할 것이다.

❹ 부패척결의 미흡

2018년도 국가별부패인식지수(CPI)에 따르면 우리나라는 100점 만점에 57점, 조사대상국 180개국 중 45위로 전년보다는 상승했지만, OECD 36개국 중 30위로 최하위권에 머물고 있으며, OECD 평균 점수인 68.1점과도 여전히 차이가 크다.[37] 이는 현재 우리나라의 부패통제기구가 효과적으로 작동하고 있지 못

    4호(2019), 59면.

35   김성천, 위의 논문, 59면.

36   형사소송법 제195조가 "검사는 범죄의 혐의 있다고 사료하는 때에는 범인, 범죄사실과 증거를 수사하여야 한다"고 정하고 있지만 이를 이행하지 아니할 경우에 부과될 제재의 내용은 구체화 되어 있지 않다. 형법 제122조의 직무유기죄 규정을 생각할 수 있지만, 법적 작위의무의 불이행은 완전 불이행이어야 하기 때문에(대법원 1991. 6. 11. 91도96; 대법원 1994. 2. 8. 93도3568; 1997. 4. 11. 96도2753) 사건을 건성으로 취급함으로써 실질적인 면죄부를 주는 행위는 이 조항을 통해서 처벌할 수 없다. 이처럼 실효성을 강제할 법적 장치가 없다는 측면에서 법적 의무가 아니라고 할 여지가 있다.

37   조선일보, https://news.chosun.com/site/data/html_dir/2019/01/29/2019012902856.html.

하는 현실을 반영한다고 할 수 있다. 특히 권력형 비리는 사회에 미치는 해악이 클 뿐 아니라, 우리나라 부패의 전형적 형태가 권력형 엘리트와 재계의 결합으로 나타나는 것을 고려한다면,[38] 국가청렴도 개선을 위해서는 대통령, 국무총리, 장관, 국회의원, 검사 등의 고위공직자에 대한 권력통제가 중요하다고 볼 수 있다. 그러나 내부의 자발적 개혁방식을 추진했던 검찰개혁은 검찰의 반발로 실패했고, 고위직 부패를 수사해야 할 검찰 자신이 검찰 내부 고위직의 부패행위와 정치 권력화 현상으로 개혁의 대상이 되는 현실에 직면하고 있다[39]는 것이다.

❺ 사회적 효용성 및 국민 대다수의 공감대 형성

해외사례를 볼 때 고위공직자에 대한 독립사정기구를 설치하는 경우 사회적 효용이 큰 것으로 나타났을 뿐만 아니라 공수처 설치의 필요성에 대하여 국민 대다수가 공감한다는 것이다.[40] 서울지방변호사를 대상으로 실시한 설문조사에서도 답변자 중 과반수 이상이 찬성에 긍정적인 태도를 보였다[41]고 한다.

❻ '옥상옥' 아닌 '옥외옥' 기관

공수처가 고위공직자에 대한 우선적 수사권을 가지고 있다는 '옥외옥'이라는 우려가 제기되는 것으로 보이나, 공수처의 설립목적은 검찰 위에 군림하려

---

38 우리나라는 정부 주도형 경제성장을 추진해오는 과정에서 정경유착과 정치자금 조성을 위한 대형 부패사건들이 계속되어 왔기 때문에, 권력형 비리의 뿌리가 깊다(오필환, "대리인 이론의 적용을 통한 반부패 정책연구", 55면).

39 김인회, "견제와 분산을 위한 검찰개혁과제 재검토", 민주법학 제43호, 민주주의법학연구회, 2010, 366-369면.

40 법무·검찰개혁위원회 제2차 권고안(공수처 신설)에 따르면, 공수처 신설 여론조사 결과 국민의 87% 찬성(한국리서치, 2017. 2.), 국민의 86% 찬성(조원씨엔아이, 2017. 5.)한다고 한다.

41 리걸타임즈, http://www.legaltimes.co.kr/news/articleView.html?idxno=50005.

는 데 있는 것이 아니라는 점에서 타당하지 않다. 왜냐하면 별도의 조직에서 검찰이 잘못해왔던 일부 고위공직자의 부패사건 등을 독립적으로 수사하고 기소할 수 있게 한 것에 그 설립의 의미가 있기 때문이다. 이런 의미에서 '옥외옥'이라고 보는 것이 적절하다는 견해도 있다.[42]

II. 합헌론의 이론적 근거

❶ 헌법에 근거없는 독립된 강제기구의 설치도 가능

행정작용을 하는 기구를 행정·입법·사법에 속하지 않는 독립기구로 설치하는 것은 입법정책의 문제[43]로서 헌법위반이라고까지 할 수 없다는 입장으로, 현재 독립기구로 국가인권위원회가 있고, 개별특검의 경우에도 독립하여 직무를 수행했다는 점을 근거로 들고 있다. 즉, 국민의 기본권 보장 및 권력남용 방지라는 최종 목표의 차원에서 볼 때 실질적인 권력분립 원칙의 확보를 위한 견제장치로서 독립기구가 기능할 수 있으며, 기능적 권력분립론 입장[44]에서 볼 때

---

42 김남준, "고위공직자범죄수사처 설치의 의미와 앞으로의 방향", 국민을 위한 수사개혁방향 심포지엄(2020. 7. 17.), 대한변호사협회 발표자료집, 12면.

43 헌법재판소 1994. 4. 28. 선고 89헌마221 결정은 "헌법 제86조 제2항은 그 위치와 내용으로 보아 국무총리의 헌법상 주된 지위가 대통령의 보좌기관이라는 것과 그 보좌기관인 지위에서 행정에 관하여 대통령의 명을 받아 행정각부를 통할할 수 있다는 것을 규정한 것일 뿐, 국가의 공권력을 집행하는 행정부의 조직은 헌법상 예외적으로 열거되어 있거나 그 성질상 대통령의 직속기관으로 설치할 수 있는 것을 제외하고는 모두 국무총리의 통할을 받아야 하며, 그 통할을 받지 않은 행정기관은 법률에 의하더라도 이를 설치할 수 없음을 의미한다고는 볼 수 없을 뿐만 아니라, 헌법 제94조, 제95조 등의 규정 취지에 비추어 정부의 구성단위로서 그 권한에 속하는 사항을 집행하는 모든 중앙정부기관이 곧 헌법 제86조 제2항 소정의 '행정각부'라고 볼 수도 없다."고 판단했다.

44 헌법재판소 2008. 1. 10. 선고 2007헌마1468 결정은 "헌법상 권력분립의 원칙이란 국가권력의 기계적 분립과 엄격한 절연을 의미하는 것이 아니라, 권력 상호간의 견제와 균형을 통한 국가권력의 통제를 의미하는 것이다. 따라서 특정한 국가기관을 구성함에 있어 입법부, 행정부, 사법부가 그 권한을 나누어 가지거나 기능적인 분담을 하는 것은 권력분립의 원칙에 반하는 것이 아니라 권력분립의 원칙을 실현하는 것으로 볼 수 있다."고 판단했다.

독립기구로 공수처를 설치하는 것은 아무런 문제가 없다[45]는 것이다. "대통령 직속기구로 보든 독립기구로 보든 이미 우리나라에는 선례격이 되는 기구들이 설치돼 있다"고 하면서, "공수처가 독립기구라 쳐도 국가인권위원회도 독립기구"라며 "국가인권위원회도 헌법에 명시되지 않았다"는 점을 지적하면서, "모든 대통령 직속기구는 헌법에 명시돼 있지 않는데, 그럼 모든 대통령 직속기구는 위헌인가"라는 의견[46]도 동일한 입장으로 보인다.

　더욱이 제18대, 제19대 국회에서 제안된 공수처 법안은 모두 독립기구 형태였는데, 이들 법안에 대해 법사위 전문위원 검토보고서는 권력분립 원칙에 위배되어 위헌이라고 지적한 바는 전혀 없었고, 단지 공수처의 설치 및 법률안에서 규정하고자 하는 사항은 입법정책적으로 결정할 사항이라고 지적했을 뿐이라는 것[47]이다. 무엇보다도 국민의 대표기관인 국회의 법률에 근거를 두고 있고, 헌법기관이 그 기관의 장의 임명에 관한 권한을 분산할 뿐 아니라 사후적 책임을 묻는 방식으로 권한통제의 가능성을 인정하고 있다. 이러한 한, 그 특별기구가 일시적이든 영구적이든 그 민주적 정당성 및 권력분립원칙에의 위반여부를 달리보는 논리전개는 설득력이 없다는 것이다.[48] 더욱이 권력분립의 헌법정신이 권력간 통제와 견제에 있는 것이라면, 기존의 무소불위의 권력기관인 검찰을 통제하기 위해 조직적 독립성이 아니라 기능적 독립성을 보장하게 하는 차원에서 새로운 상설적 독립된 특별기구를 신설하더라도 권력분립의 헌법정신에 전혀 배치되지 않는다는 것이다.[49]

45　김선수(민주사회를 위한 변호사모임 전 회장), "독립적 고위공직자비리 수사·공소 기구(약칭 '공수처') 법안 검토", 고위공직자비리수사처 입법토론회(2016. 8. 30.), 공동주최: 민주사회를 위한 변호사모임/더불어민주당 박범계 의원실/국민의당 이용주 의원실/정의당 노회찬 의원실, 발표자료집, 22면.

46　이주경제, [공수처 후폭풍] 류영재 판사 "공수처법 위헌 주장…의문점있다", 2019. 12. 31.자

47　법사위 수석전문위원(이한규), "고위공직자비리조사처 설치 및 운영에 관한 법률안(이상규 의원 대표발의) 검토보고," 2012. 11.

48　김성돈, '검찰외 독립된 특별기구' 신설의 필요성과 구체화방안, 제13회 월송기념 학술심포지엄, 헌법과 형사법, (재)유기천교수기념사업출판재단, 227면.

49　김성돈, 위의 논문, 244면.

❷ 헌법상 영장청구권자의 침해문제

헌법상 영장청구권의 의미와 관련하여, 각 특별검사설치법에 따라 임명되었던 특별검사들은 검찰청에 소속되어 검찰청법의 적용을 받는 검사가 아님에도 불구하고 형사소송절차에서 검사가 행하는 강제처분 권한을 법률로 부여받아 행사하는 것이므로 영장청구권을 행사할 수 있는 '검사'는 반드시 검찰청에 소속되어 검찰청법의 적용을 받는 검사로 한정할 필요가 없다[50]는 것이다. 헌법이 군검찰관의 영장청구권에 대해 언급하지 않고 있더라도 군형사절차에서 군검찰관이 영장청구권을 행사하고 있는 것(군사법원법 제232조의2, 제238조)도 동일한 맥락으로, 만약 검찰이 헌법상의 규정을 근거로 영장청구권이 여전히 '검찰청 소속의 검사'들만의 전속권한이라고 주장한다면, 그동안 및 현재의 특별검사와 군검찰관제도는 모두 위헌이라는 판단을 내릴 수밖에 없다[51]는 것이다.

그 근거로 헌법재판소가 특별검사 제도를 대법원장이 임명하도록 한 것이 권력분립원칙에 반한다는 헌법소원 사건에서, "특별검사제도는 검찰의 기소독점주의 및 기소편의주의에 대한 제도적 견제장치로서 권력형 부정사건 및 정치적 성격이 강한 사건에서 대통령이나 정치권력으로부터 독립된 특별검사에 의하여 수사 및 공소제기·공소유지가 되게 함으로써 법의 공정성 및 사법적 정의를 확보하기 위한 것이다. 이처럼 본질적으로 권력통제의 기능을 가진 특별검사제도의 취지와 기능에 비추어 볼 때, 특별검사제도의 도입 여부를 입법부가 독자적으로 결정하고, 특별검사 임명에 관한 권한을 헌법기관 간에 분산시키는 것이 권력분립의 원칙에 반한다고 볼 수 없다."[52]라고 결정한 바 있다는 점을 들고 있다.

---

50 서보학, "각국 영장제도 비교분석에 따른 시사점 및 입법론적 대안", 「국가형사사법체계 정상화를 위한 헌법적 과제」 토론회 – 영장청구권을 중심으로 –, 강창일 의원/헌법이론실무학회/비교형사법학회 공동정책토론회(2017. 3. 3.), 29면.

51 이에 대한 상세한 비판적 견해는 이경렬, 「강제처분에 대한 검사의 영장청구권 규정의 함의」, 형사법의 신동향 통권 제56호(2017. 9.), 대검찰청 미래기획단, 5면 이하 참조.

52 헌법재판소 2008. 1. 10. 선고 2007헌마1468 결정.

III. 헌법재판소의 입장

헌법재판소는 2021년 1월 28일 재판관 5(합헌): 3(위헌): 1(각하)의 의견으로, 구 고위공직자범죄수사처 설치 및 운영에 관한 법률 제2조, 고위공직자범죄수사처 설치 및 운영에 관한 법률 제3조, 제8조 제4항이 청구인들의 기본권을 침해하지 않고, 나머지 심판청구는 부적법하다는 결정을 선고하였다[기각, 각하].53

이에 대하여 구 고위공직자범죄수사처 설치 및 운영에 관한 법률 제2조, 고위공직자범죄수사처 설치 및 운영에 관한 법률 제3조, 제8조 제4항에 대한 심판청구는 부적법하다는 재판관 이선애의 반대의견, 구 고위공직자범죄수사처 설치 및 운영에 관한 법률 제2조, 고위공직자범죄수사처 설치 및 운영에 관한 법률 제3조 제1항, 제24조 제1항이 권력분립원칙에 위반되고, 위 제24조 제1항은 적법절차 원칙에도 위반된다는 재판관 이은애, 재판관 이종석, 재판관 이영진의 반대의견, 구 고위공직자범죄수사처 설치 및 운영에 관한 법률 제2조, 고위공직자범죄수사처 설치 및 운영에 관한 법률 제3조가 사법권의 독립 및 평등권을 침해한다는 재판관 이종석, 재판관 이영진의 반대의견, 고위공직자범죄수사처 설치 및 운영에 관한 법률 제24조 제1항이 권력분립원칙 및 적법절차원칙에 위반되지 않고 구 고위공직자범죄수사처 설치 및 운영에 관한 법률 제2조 및 고위공직자범죄수사처 설치 및 운영에 관한 법률 제3조 제1항이 사법권의 독립을 침해하지 않는다는 재판관 이석태, 재판관 문형배, 재판관 이미선의 법정의견에 대한 보충의견이 있었다. 구체적인 내용을 살펴보면 다음과 같다.

❶ 구 공수처법 제2조 및 공수처법 제3조 제1항에 대한 판단

헌법재판소 다수의견은 「헌법 제66조 제4항은 "행정권은 대통령을 수반으

---

53 헌법재판소 2021. 1. 28. 선고 2020헌바264, 681(병합) 결정(고위공직자범죄수사처 설치 및 운영에 관한 법률 위헌확인).

로 하는 정부에 속한다."고 규정하고 있다. 여기에서의 '정부'의 의의에 대하여
헌법이 명시적으로 밝히고 있지는 않으나, 헌법은 제4장에서 '정부'라는 표제
하에 대통령(제1절)과 행정부(제2절)를 통합하여 규정하고 있고, 헌법 제66조 제4
항이 헌법 제40조(입법권) 및 제101조 제1항(사법권)과 함께 헌법상의 권력분립
원칙의 직접적인 표현인 점을 고려할 때, 헌법 제66조 제4항에서의 '정부'란 입
법부와 사법부에 대응하는, 넓은 개념으로서의 집행부를 일컫는다 할 것이다.
나아가 헌법은 대통령의 명을 받은 국무총리가 행정각부를 통할하도록 규정하
고 있으나(제86조 제2항), 대통령과 행정부, 국무총리에 관한 헌법 규정의 해석상
국무총리는 행정에 관하여 독자적인 권한을 가지지 못하고 대통령의 명을 받아
행정각부를 통할하는 기관으로서의 지위만을 가지며 행정권 행사에 대한 최후
의 결정권자는 대통령으로 보아야 할 것이므로, 국무총리의 통할을 받는 '행정
각부'에 모든 행정기관이 포함된다고 볼 수 없다(헌재 1994. 4. 28. 89헌마221 참조).
다시 말해 정부의 구성단위로서 그 권한에 속하는 사항을 집행하는 중앙행정기
관을 반드시 국무총리의 통할을 받는 '행정각부'의 형태로 설치하거나 '행정각
부'에 속하는 기관으로 두어야 하는 것이 헌법상 강제되는 것은 아니라 할 것이
므로, 법률로써 '행정각부'에 속하지 않는 독립된 형태의 행정기관을 설치하는
것이 헌법상 금지된다고 할 수 없다」고 하면서, 「공수처법은 수사처의 직무수
행상의 독립을 명시하면서(제3조 제2항), 대통령 및 대통령비서실의 공무원은 수
사처의 사무에 관하여 업무보고나 자료제출 요구, 지시, 의견제시, 협의, 그 밖
에 직무수행에 관여하는 일체의 행위를 하여서는 아니 된다고 규정하고 있다(제
3조 제3항). 그러나 공수처법에 의하면, 수사처장은 추천위원회에서 추천한 2명
중 1명을 대통령이 지명한 후 인사청문회를 거쳐 임명하고, 차장은 수사처장의
제청으로 대통령이 임명하며, 수사처검사는 인사위원회의 추천을 거쳐 대통령
이 임명한다(제5조 제1항, 제7조 제1항, 제8조 제1항). 또한 수사처검사 뿐만 아니라
수사처장과 차장도 징계처분의 대상이 되고(제14조), 징계처분 중 견책은 수사처
장이 하지만 해임·면직·정직·감봉은 수사처장의 제청으로 대통령이 한다(제42
조 제1항). 이처럼 대통령은 수사처장과 차장, 수사처검사의 임명권과 해임권 모
두를 보유하고 있는데, 이들을 임명할 때 추천위원회나 인사위원회의 추천, 수
사처장의 제청 등을 거쳐야 한다는 이유만으로 대통령이 형식적인 범위에서의

인사권만 가지고 있다고 볼 수는 없고(헌재 2019. 2. 28. 2017헌바196 참조), 수사처 구성에 있어 대통령의 실질적인 인사권이 인정된다고 할 것이다. 또한 공수처법 제17조 제3항에 의하면 수사처장은 소관 사무와 관련된 안건이 상정될 경우 국무회의에 출석하여 발언할 수 있는 한편, 그 소관 사무에 관하여 독자적으로 의안을 제출할 권한이 있는 것이 아니라 법무부장관에게 의안의 제출을 건의할 수 있다. 이상의 점들에 비추어 보면, <u>수사처가 직제상 대통령 또는 국무총리 직속기관 내지 국무총리의 통할을 받는 행정각부에 속하지 않는다고 하더라도 대통령을 수반으로 하는 행정부에 소속된 행정기관으로 보는 것이 타당하다.</u> 공수처법이 대통령과 대통령비서실의 공무원에 대하여 수사처의 직무수행에 관여하는 일체의 행위를 금수사처 직무의 독립성과 정치적 중립성을 보장하기 위한 것으로, 위 규정을 들어 수사처가 행정부 소속이 아니라고 볼 수 없다」는 입장이다.

결국 <u>수사처의 소속에 대하여 정부조직법에는 아무런 규정을 두고 있지 않지만, 다른 법령54에서 수사처를 '행정기관'으로 규정하고 있으므로 행정업무를 수행하면서도 입법부·행정부·사법부 어디에도 속하지 않는 기관이 아니라, 그 관할권의 범위가 전국에 미치는 행정부 소속의 중앙행정기관으로 보아야 한다</u>는 것이다.

이에 대하여 소수의견은 독립행정기관을 창설하는 입법도 헌법이 규율하는 국가형태 및 기능에 관한 기본적 원칙과 체계를 준수하여야 하므로, 다음과 같은 권력분립원칙에 따른 헌법적 기준과 한계를 가진다는 입장이다.

첫째 헌법 제66조 제4항은 행정권은 "대통령을 수반으로 하는 정부에 속한다."고 규정하고 있다. 여기서 '대통령을 수반으로 하는 정부'란 좁게는 국무총리, 국무위원, 국무위원이 장으로 있는 행정각부를 말하고, 넓게는 감사원 및

---

54 예컨대 '공공감사에 관한 법률' 제2조 제2호에서는 중앙행정기관을 '정부조직법 제2조에 따른 부·처·청과 감사원, 국가인권위원회, 국민권익위원회, 공정거래위원회, 금융위원회, 방송통신위원회 및 그 밖에 대통령령으로 정하는 기관'으로 정의하면서, 동법 시행령 제2조에서 수사처를 그중 하나로 규정하고 있다. 공직자윤리법 제5조 제1항에서도 공직자가 재산을 등록하여야 하는 등록기관을 구분하면서 제5호에서 '정부의 부·처·청(대통령령으로 정하는 위원회 등의 행정기관을 포함한다) 소속 공무원은 그 부·처·청'에 등록하는 것으로 규정하였는데, 동법 시행령 제4조의3 제1항 제6호의2에서 수사처도 위에서 말하는 '대통령령으로 정하는 위원회 등의 행정기관'에 포함되는 것으로 규정하고 있다.

각종 자문기관을 포함하는 개념이다(헌법 제86조부터 제100조 참조). 헌법 제66조 제4항의 의미와 관련하여, 적어도 행정권의 핵심영역이나 전통적으로 행정부의 영역에 해당하는 전형적 행정업무는 헌법에서 따로 규정하고 있지 않는 한 '대통령을 수반으로 하는 정부인 행정각부'에 속하여야 한다고 보는 것이 타당하다. 따라서 국회가 법률을 제정하여 독립행정기관을 설치하더라도 해당 독립행정기관에게 행정권의 핵심영역 또는 전통적인 행정부의 영역으로 인정되는 행정업무의 전부 또는 일부를 취급하도록 허용하는 것은 헌법 제66조 제4항에 위반된다.

둘째, 국회가 행정의 비대화를 방지하고 행정의 효율성을 증대하기 위하여 법률로써 독립행정기관을 설치하고 새로운 기술적·전문적 영역이나 행정부 내부의 이해관계 충돌이 있는 영역에서 비전형적 업무에 관한 권한을 부여한다고 하여도, 그 권한 행사는 행정부 내부의 다른 조직 및 다른 국가기관과 상호 협력적 견제를 유지하도록 하여야 한다. 만약 독립행정기관 설치 법률이 해당 독립행정기관에게 일방적 우위의 지위를 부여하고 다른 국가기관의 핵심적 기능을 침해하는 권한을 행사하도록 하고 있다면 이는 권력분립원칙에 위반된다.

셋째, 독립행정기관이 헌법적으로 정당화되기 위해서는 독립행정기관의 조직, 운영 및 권한 등에 있어서 독립성이 충분히 보장되어야 한다. 만약 국회가 '행정권의 비대화 방지'라는 독립행정기관의 설치 목적을 도외시한 채 특정 분야와 관련된 업무를 외견상 독립행정기관으로 이전시키면서도 해당 업무와 관련된 실질적 권한을 부여하지 않거나 독립성을 확보하는 입법을 제대로 하지 않는다면, 대통령 및 기존 행정관청은 이러한 독립행정기관을 이용하여 손쉽게 업무 영역을 확장하면서 자의적 결정을 내릴 수가 있어 오히려 행정권의 비대화를 심화시키고 권력분립원칙에 역행하는 부작용을 초래하게 된다.

넷째, 독립행정기관은 법률에 의해 독립적 권한을 보장받아야 하지만, 다른 한편으로는 이에 상응하는 책임도 함께 부담하여야 헌법에 부합한다고 할 것이다. 만약 독립행정기관이 독립성만을 부여받고 국민에 대하여 아무런 책임을 지지 않는다면, 이는 국민의 기본권 보장에 위협이 될 뿐만 아니라 국가기능의 효율성을 저해할 위험성도 크게 된다. 따라서 국회가 법률로써 독립행정기관을 구체적으로 형성할 때는 그 권한행사 과정에서 절차적인 공정성을 확보하도록 하여야 하고, 행정부 내부의 협력과 통제는 물론 입법부와 사법부에 의한 적절한 견제가 함께 이루어지도록 하여야 한다. 특히 독립행정기관에 대한 민주적 정당성 및 책임성을 구현하기 위해서는 입법자인 국회에 의한 견제와 감독은 매우 중요하다고 할 것이다.

❷ 공수처법 제8조 제4항에 대한 판단

헌법재판소 다수의견은 「우리 헌법이 영장주의를 실현하는 과정에서 수사단계에서의 영장신청권자를 검사로 한정한 것은 검찰의 다른 수사기관에 대한 수사지휘권을 확립시켜 종래 빈번히 야기되었던 검사 아닌 다른 수사기관의 영장신청에서 오는 인권유린의 폐해를 방지하고, 반드시 법률전문가인 검사를 거치도록 함으로써 다른 수사기관의 무분별한 영장신청을 막아 기본권침해가능성을 줄이는 데에 그 목적이 있다(헌재 1997. 3. 27. 96헌바28등 참조). 이처럼 영장신청권자를 검사로 한정한 취지를 고려할 때, 영장신청권자로서의 '검사'는 '검찰권을 행사하는 국가기관'인 검사로서 공익의 대표자이자 인권옹호기관으로서의 지위에서 그에 부합하는 직무를 수행하는 자를 의미하는 것이지, 검찰청법상 검사만을 지칭하는 것으로 보기 어렵다. 실제로 군사법원법 및 '특별검사의 임명 등에 관한 법률' 등에 의하여 검찰청법상 검사 외에 군검사와 특별검사도 영장신청권을 행사한다. 군검사와 특별검사는 검찰청법상 검사에 해당하지는 않으나 검찰권을 행사하는 국가기관으로서 수사단계에서 다른 수사기관을 지휘·감독하여 수사대상자의 인권을 보호하는 역할을 하고 법률전문가로서의 자격 또한 갖추고 있으므로, 검찰청법상 검사와 마찬가지로 수사단계에서 영장을 신청할 수 있도록 규정되어 있다 할 것이다. 따라서 헌법에 규정된 영장신청권자로서의 '검사'가 '검찰청법상 검사'에 한정된다고 할 수 없다」고 보면서, 「수사처검사는 직무를 수행함에 있어 검찰청법 제4조에 따른 검사의 직무 및 군사법원법 제37조에 따른 군검사의 직무를 수행할 수 있는데(공수처법 제8조 제4항), 검찰청법 제4조 제1항은 검사가 '공익의 대표자'로서 직무를 수행한다는 점을 명시하고 있다. 검찰청법 제4조 제1항에 규정된 직무를 수행하는 수사처검사 또한 공익의 대표자로서, 다른 수사기관인 수사처수사관을 지휘·감독하고, 단지 소추권자로서 처벌을 구하는 데에 그치는 것이 아니라 피고인의 이익도 함께 고려하여 공정한 재판을 구하는 등 수사대상자의 기본권을 보호하는 인권옹호기관으로서의 역할을 한다고 할 것이다. 또한 수사처검사는 변호사 자격을 일정 기간 보유한 사람 중에서 임명하도록 되어 있으므로(공수처법 제8조 제1항), 법률전문가로서의 자격도 충분히 갖추었다. 이처럼 수사처검사의 지위와 직무 및 자격의 측면에서 볼 때, 수사처검사는 고위공직자범죄등 수사를 위하여 영장신청권자로서의 검사의 지위와 권한에 따라 직무를 수행한다고 볼 수 있으므로, 수사처검사의 영장신청권 행사가 영장주의원칙에 위반된다고 할 수 없다」는 입장이다.

결국 공소제기 및 유지행위가 검찰청법상 검사의 주된 직무에 해당한다고 할 것이나, 헌법에서 검사를 영장신청권자로 한정한 취지는 검사가 공익의 대표자로서 인권을 옹호하는 역할을 하도록 하는 데에 있고, 검사가 공소제기 및 유지행위를 수행하기 때문에 검사를 영장신청권자로 한정한 것으로 볼 수는 없다는 것이다. 즉 헌법상 공소권이 있는 검사에게만 반드시 영장신청권이 인정되어야 하는 것은 아니며, 수사처검사가 공익의 대표자로서 수사대상자의 기본권을 보호하는 역할을 하는 한 수사처검사가 영장신청권을 행사한다고 하여 이를 영장주의원칙에 위반된다고 할 수 없고, 공소권의 존부와 영장신청권의 행사 가부를 결부시켜야 한다는 주장은 직무와 지위의 문제를 동일하게 본 것으로 받아들이기 어렵다는 입장으로 정리할 수 있을 것이다.

제3절 ┃ 헌법이론적 문제점(위헌성 여부) 분석

I. 공수처의 설치·운영과 관련한 헌법적 근거의 부재

❶ 헌법규정의 합리적 해석

현행 헌법은 대통령, 총리, 국무위원, 행정 각부, 감사원, 법원, 헌법재판소, 선거관리위원회, 지방자치단체 및 의회는 물론 검찰청, 검찰총장, 검사 등[55]에 대하여 헌법상 설치 근거를 명확히 하고 있는 반면, 공수처에 대해서는 헌법상 설치 근거가 전무(全無)한 것이 사실이다. 따라서 기능적 권력분립론 입장에서 볼 때, 실질적인 권력분립 원칙의 확보를 위한 견제장치로서 상설적인 독립된 강제기구를 설치하는 것이 헌법적 가치에 부합하는가에 달려있다고 할 것이다.

그런데 헌법 제1조 제1항은 대한민국을 민주공화국으로 선언하여 국가권력구조의 형태로서 민주주의와 공화주의를 선언하고 있으며, 제2항은 대한민국의 주권은 국민에게 있고, 모든 국가권력은 국민으로부터 나온다고 규정하여 국민주권주의를 선언하고 있다. 즉, 국민주권주의는 국가권력의 보유자가 국민이며 정치적으로 권력기관의 설치와 조직이 국민으로부터 나오는 정당성과 국민의 결정에 기인할 것을 요구한다.

한편 민주주의는 국민이 국가권력을 행사한다는 원리가 핵심이므로 국민의 권력행사를 현실에서 구현하기 위해 국가권력의 조직이나 정부조직을 그러한 원리를 구현할 수 있도록 구성할 것을 요구한다. 그런 의미에서 헌법이 규정하고 있는 민주주의는 국가권력 및 정부형태를 규정하는 의미도 가지며 나아가 국가권력의 보유 및 행사에 대한 조직원리라고 할 수 있을 것이다.[56] 이에 우리

---

[55] 검사는 헌법 제12조(신체의 자유), 제16조(주거의 자유), 검찰총장은 제89조(국무회의 심의사항)에 명확한 설치근거가 존재한다.

[56] 정종섭, 『헌법학 원론』, 박영사(2014), 132면; Böckenförde, "Demokratie als Verfassungsprinzip", Handbuch des Staatsrechts der Bundesrepublik Deutschland(HdBStR) Bd II, C.F.Müller, 2004, §24. Rndr. 9.

헌법도 주권을 다시 입법권, 행정권과 사법권으로 3분 하면서, 입법권은 국회 (헌법 제40조)에, 행정권은 대통령을 수반으로 하는 정부(헌법 제66조 제4항)에, 사법권은 법관으로 구성된 법원(헌법 제101조 제1항)에 속하도록 하여, 3권의 담당 기구에 대한 헌법규정을 통해 이들 기관의 헌법상 기구적 정당성을 부여한 후, 정부조직법·국회법·법원조직법 등 헌법의 위임규정에 따른 법률에 따라 구체적 기구들을 설치함으로써 그 정당성을 이어가고 있다.

결국 헌법상 행정권력에 대한 실질적 정당성의 구현 체제를 보면, 헌법은 국민의 대의기구로서 국회를 두면서, 첫째, 각부 장관인 국무위원이 행정권력의 행사에 대해 국회에 대해 책임을 지는 체제를 구성하며, 둘째, 행정권력이 각부 장관의 지휘체계 안에 들어오게 구성함으로써 실질적인 민주적 정당성을 구현하고 있는 것이다.57

그런데 현행 헌법상 공수처가 행사하는 수사, 기소권은 행정권에 속하므로 그 귀속처는 정부로 볼 수밖에 없는데, 공수처법은 공수처의 소속을 어디에도 두고 있지 않다. 즉, 공수처법은 헌법과의 연결고리가 없다는 점에서 헌법상 근거를 상실하고 있을 뿐만 아니라, 국회의 통제를 받지 않아 실질적인 민주적 정당성을 결여한 기관으로 되어 있다는 점에서 위헌적 요소가 다분하다고 본다. 왜냐하면 권력분립의 원리란 국가권력을 입법권, 행정권, 사법권으로 분리하고, 분리된 권력을 각각 별개의 기관에 분속시킴으로써, 권력에 의한 권력의 억제와 균형을 통해 국민의 자유와 권리를 보장코자 하는 헌법상의 통치기관 구성 원리58이기 때문이다.

더욱이 헌법은 국회에 전속된 법률 제·개정을 제외하고, 대통령(제75조), 총리 및 행정 각부(제95조), 대법원(제108조), 헌법재판소(제113조), 선거관리위원회(제114조), 지방자치단체(제114조)에만 위임 입법권을 부여하고 있으므로, 공수처가 대통령, 총리, 행정 각부에 속하지 않는 이상 규칙 제정권을 인정하는 것

57 이완규, "고위공직자범죄수사처법의 해석과 운영방향" 토론문, 한국형사소송법학회 2020년 6월 월례발표회 자료집, 한국형사소송법학회, 80면.
58 한충록, "권력분립의 원리" 사회과학연구 제20권 제2호, 조선대학교 사회과학연구원, 1999, 20면.

은 곤란할 것이다. 즉, 동법 제9조 인사위원회 구성과 운영 등 필요한 사항을 공수처규칙으로 정하는 이외에,[59] 헌법상 공수처규칙 제정권의 근거가 존재하지 않는다는 점에서 과연 독립된 강제기구를 설치하는 것이 헌법상 타당한지 의문이 든다.[60]

　　이에 대하여 공수처 합헌론자들은 뢰벤슈타인(Loewenstein)의 기능적 권력분립론이 권력분립의 현대적 의미를 가지는 것이라고 소개하면서, 오늘날 권력분립을 '기능의 분립'(separation of function)으로 보고, 권력행사의 효율성(efficiency)을 증대시키기 위한 '분업의 원리'로 이해하는 경향[61]이 있다거나 현대자유민주국가의 통치구조에서는 기계적이고 획일적인 '권력분리'에서 목적지향적이고 유동적인 '기능분리'로, 그리고 권력간의 '대립적인 제한관계'가 '기관간의 협동적인 통제관계'로 바뀌었고, 권력분립의 주안점이 '형식적인 권력분리'에서 '실질적인 기능통제'로 옮겨졌다는 설명[62] 등을 소개하면서, 공수처도 이러한 입장에서 이해할 수 있다는 입장[63]이다.

　　그러나 오늘날 권력분립주의를 정부와 의회의 여당을 한 축으로 하는 국민들의 이해관계와 의회의 야당을 한 축으로 하는 국민들의 이해관계를 어떻게 합리적으로 견제시키고 균형을 갖추어 갈 것인가에 대하여 조직적인 해답을 찾

59　더불어민주당 백혜련 의원이 2020. 6. 1. 국회법 일부개정법률안과 인사청문회법 일부개정법률안, 고위공직자범죄수사처장후보추천위원회의 운영 등에 관한 규칙안을 대표발의했는데, 국회법 일부개정법률안은 공수처 소관 상임위원회를 법제사법위원회로 하고 인사청문 대상에 고위공직자범죄수사처장을 추가하는 것이 골자이며, 인사청문회법 일부개정법률안은 인사청문 절차상 국회가 법정기간 내에 공직후보자에 대한 인사청문회를 마치지 못해 대통령 등이 인사청문경과보고서를 송부해 줄 것을 국회에 요청할 수 있는 공직후보자 대상에 고위공직자범죄수사처장을 추가하는 내용이다. 공수처장후보추천위 운영 등에 관한 규칙안은 공수처장 추천위의 운영 등에 필요한 사항을 규정하기 위한 국회규칙이다.

60　우리나라 공수처의 모태로 보이는 중국의 감찰위원회도 「중화인민공화국 각급 감찰위원회는 국가의 감찰기관이다」라는 조항을 헌법에 넣고 국가기관 제1장에 감찰위원회를 추가한 헌법 개정안이 통과된 후 설치되었다.

61　윤명선, "권력분립원리에 관한 재조명" 미국헌법연구 제18권 제1호, 미국헌법학회, 2007, 5면.

62　허영, 한국헌법론, 박영사, 2011, 709쪽

63　"공수처법의 해석 및 운영방안"과 관련하여, 한국형사소송법학회가 주최한 6월 월례발표회(2020. 6. 19.)에서 임지봉 교수가 주장한 내용이다.

는 문제로 귀결된다고 본다면,64 오늘날 권력분립은 의회의 야당으로 하여금 정부와 의회 여당이 행하는 국가권력 행사를 어떠한 범위 내에서 어떻게 견제할 수 있도록 할 것인가의 문제라고 볼 수 있다. 더욱이 칼 뢰벤슈인의 3분법(정책결정/정책집행/정책통제)에 따르더라도 새로운 삼분법의 핵심은 세 번째 기능, 즉 정책통제에 있다.65

그런데 전술한 것처럼, 공수처에 대한 어떠한 통제장치도 존재하지 않는다는 점에서 기능적 권력분립론의 관점에서도 문제가 있다고 본다. 왜냐하면 대통령을 정점으로 하는 내각에서 행정을 전담하도록 한 것이 대통령 직선제, 삼권분립의 헌법정신임에도, 공수처는 입법·행정·사법 등 그 어디에도 속하지 않는 독립기관으로 설치될 뿐만 아니라, 법무부장관의 지휘·감독을 받는 검찰과 달리 아무런 통제나 견제도 받지 않는 무소불위의 '초헌법적 권력기관'이기 때문이다. 더욱이 공수처 처장의 정치적 성향 및 대통령과의 관계, 국회 의석분포에 따라 '제왕적 대통령'의 탄생을 야기할 수도 있다.

과거 국가안전기획부를 대통령직속기관으로 한 정부조직법 제14조가 행정각부를 국무총리의 통할하에 두도록 한 헌법 제86조 제2항에 위반하는지 여부와 관련하여, 헌법재판소 다수의견(5인)이 「헌법 제86조 제2항은 그 위치나 내용으로 보아 국무총리의 헌법상 주된 지위가 대통령의 보좌기관이라는 것과 그 보좌기관인 지위에서 행정에 관하여 대통령의 명을 받아 행정각부를 통할할 수 있다는 것을 규정한 것일 뿐, **국가의 공권력을 집행하는 행정부의 조직은 헌법상 예외적으로 열거되어 있거나 그 성질상 대통령의 직속기관으로 설치할 수 있는 것을 제외하고는 모두 국무총리의 통할을 받아야 하며, 그 통할을 받지 않는 행정기관은 법률에 의하더라도 이를 설치할 수 없음을 의미한다고는 볼 수 없을 뿐만 아니라,** 헌법 제94조, 제95조 등의 규정취지에 비추어 정부의 구성단위로서 그 권한에 속하는 사항을 집행하는 모든 중앙행정기관이 곧 헌법 제86

---

64 황도수, "현대국가의 권력분립 – 예산의 수립과 통제를 중심으로 –, 일감법학 제35호(2016년), 건국대학교, 2016. 111면.

65 자세한 내용은 칼 뢰벤슈타인 지음, 김기범 옮김, 현대헌법론, 동아법학 (74), 2017, 195–511면 참조.

조 제2항 소정의 "행정각부"라고 볼 수도 없으므로, 결국 정부조직법 제14조가 국가안전기획부를 대통령직속기관으로 규정하고 있다 하더라도 위 규정이 헌법 제86조 제2항에 위반된다 할 수 없다」고 본 반면, 별개의견(3인)은 「정부기관으로부터 수사권을 분리시키는 것이 반드시 헌법적 지시라고까지는 할 수 없으나 정보기관이 수사권까지 가지는 것은 바람직스러운 것은 아니므로 그 수사권은 필요한 최소한에 그쳐야 할 뿐만 아니라 그 권한의 남용을 막을 수 있는 적절한 견제장치가 마련되어 있어야 함에도 불구하고, 이 사건 심판대상규정은 **국가안전기획부를 대통령 소속하에 두어 국무위원 아닌 자를 그 장에 보합수 있게 함으로써 국회의 국가안전기획부에 대한 견제기능을 현저히 약화시킨데다가** 개정 전의 구(舊)국가안전기획부법은 국회의 관여를 여러 가지로 제한하는 특례규정을 두고 국가안전기획부로 하여금 그 본래의 직무내용에 비추어 과도한 수사권을 부여하는 등 법상 실효성 있는 견제장치가 없었으므로, 이 사건 심판대상규정은 구(舊)국가안전기획부법을 논리적 전제로 하는 한 헌법체계부조화 상태에 있었다」는 입장이며, 반대의견(1인)은 「국가안전기획부는 행정부의 권한에 속하는 사항을 집행하는 중앙행정기관으로서 성질상 국무총리의 통할하에 두어야 할 "행정각부"에 속하는 것이 명백하므로, **국가안전기획부를 행정각부에 넣지 않고 대통령의 직속하에 두어 국무총리의 지휘, 감독을 받지 않도록 한 행정조직법 제14조 제1항은 헌법 제86조 제2항 및 제94조에 위반된다**」는 입장을 취한 바 있다.

결국 9명의 헌법재판관 중 4인이 수사권한을 가지고 있는 기구가 대통령 직속 기구로 소속되어 있는 것에 대해 정부조직원리 및 국회 통제에 반한다고 하면서, 헌법체계에 부적합하다고 결정을 내린 것이다(6인이 위헌을 인정해야 위헌결정이 가능함). 이는 비록 수사권을 가진 기구를 대통령 직속으로 두는 것이 단정적으로 위헌은 아니라고 하더라도, 헌법정신에 들어맞거나 헌법체계와 조화를 이루는 것은 아니라는 것을 확인하는 의미로 볼 수 있다. 다만, 대통령 직속의 국가정보원(구(舊)국가안전기획부)을 설치해도 헌법에 반하지 않는다는 다수의견에 따를 경우 대통령 직속 행정기구를 임의로 창설하더라도 헌법적으로 문제가 없다는 논리인데, 경우에 따라서 이는 대통령은 중요한 행정기능을 국무위원이 아닌 별도의 기구로 하여금 담당하게 함으로써 국회의 통제 및 책임을 배제할 수 있다는 논리로 귀결될 수 있다. 즉, 여당이 과반 다수를 장악하고, 대통령이 여당을 통해 이러한 법률을 통과시켜 행정각부에 최소한의 핵심 기능만 남기고, 중요한 기능은 모두 대통령 직속으로 설치하여 대통령이 직접 지휘하여 국회의 통제를 받지 않게 하더라도 위헌으로 볼 수는 없을 것이다. 물론 국가정보원의 경우 대통령의 헌법수호책무(헌법 제66조 제2항, 제69조)와 직접적인 관련이 있는 헌법 적대적·헌법 파괴적 행위의 봉쇄를 목적으로 하는 업무를 담당하는 정보기관으로서 비밀취급을 그 속성으로 한다는 점에서 볼 때, 정보수집 및 보안업무에 관한 국가정보원을 대통령 직속기관으로 설치하여 국회에 의한 정부견제기능에 예외를 두고 있다고 하여 헌법체계상 문제가 될 것으로 보이지는 않는다.

그러나 헌법규정이나 특별한 사유가 있는 예외적인 경우[66]가 아닌 한, 국회에 의한 견제(제65조의 탄핵소추권, 제62조의 국무총리·국무위원 등의 국회 출석 및 답변요구권, 제63조의 해임건의권, 제61조의 정부에 대한 국정감사 및 조사권 등)가 정부조직상 중요한 지위를 차지하는 행정기관에 미치도록 하는 것이 헌법체계와 조화를 이루는 것이다. 따라서 수사기구는 국회 통제를 받는 행정각부에 소속되어야 함이 원칙이고, 다만, 검찰의 지휘·감독이 있다면 행정각부에 속하지 않는 특별사법경찰로서의 기능이 인정될 수 있을 뿐이다. 그런데 수사권한을 가진 공수처는 행정권을 항시 행사하면서도 행정부에 속하지 않는 독립기구로서 입법·사법·행정과는 별도의 제4부에 해당함에도 헌법적 근거가 없고, 국회에 의한 통제는 물론 어떠한 행정권에 의한 통제장치가 없어 정부조직 원리 및 국회 통제원리에 반할 소지가 크다는 점에서, 헌법체계 부조화의 문제는 매우 심각하다고 할 것이다. 설령 위헌 선언에 이를 정도는 아니라고 하더라도 헌법정신에 부합한다고 보기는 어려울 것이다.

한편, 일부 견해는 상설특검이나 국가인권위원회를 근거로 헌법에 근거가 없는 공수처를 설치하는 것이 위헌이 아니라는 주장도 있으므로 각각의 기관을 비교하고자 한다.

---

66 감사원과 같이 헌법적 근거가 있는 기구이거나 한시적·예외적인 기구 또는 자문(권고)·보좌·연구·지원기능과 같은 비침입적 행정기능이나 고도의 기술이나 전문지식을 필요로 하는 경우와 같이 권력적 성격이 적은 행정기능 등을 들 수 있다.

❷ 검찰청법상의 검사와 공수처검사의 비교

[표 2-2] 검찰청법상의 검사와 공수처검사의 비교

구 분	검사(검찰청)	공수처검사(공수처)
법률용어	검사	공수처검사(공수처법 제29조, 제30조, 제43조의 **검사 의제규정은 검사와 공수처검사가** 별도 의제규정이 없는 한 법률상 동일하지 않은 별개 개념임을 의미) ※ 공수처법 제2조, 제5조, 제12조, 제13조, 제16조도 검사와 공수처검사를 엄격히 구분
헌법상 근거	헌법 제12조, 제16조	없음
최종 감독자 및 헌법상 근거	법무부장관(구체적 사건은 검찰총장) 헌법 제96조(법무부장관) 헌법 제89조(검찰총장)	공수처장 없음
최종 감독자에 대한 입법부의 통제	헌법 제63조(국회의 해임건의) ※ 헌법상 국회 출석 및 보고 의무 등 (헌법 제62조)	없음 ※ 법률상 국회 출석 및 보고 의무 등 (공수처법 제17조)
소속기관 및 법적 근거	검찰청 ※ 헌법(제96조)의 위임에 따라 정부조직법(제32조)에 근거를 마련하고, 이에 따라 검찰청법으로 설치	공수처 ※ 헌법과 정부조직법에 설치 근거나 위임 없고, 공수처법이 유일한 설치근거
권력분립원칙에 따른 소속 영역 (입법, 행정, 사법)	검찰청은 헌법과 정부조직법에 따라 행정각부(행정부)인 법무부의 외청(즉 행정부 소속)	공수처는 헌법과 정부조직법에 설치 근거가 없고, 공수처법(제3조, 제22조)에 따르면 입법, 사법, 행정 어떤 영역에도 속하지 아니한 독립조직
직무권한	① 모든 범죄수사(일부 수사개시만 한정), 공소제기 및 유지 ② 특별사법경찰지휘감독 ③ 법령의 정당한 적용 청구 ④ 재판집행 지휘·감독 ⑤ 국가의 법률대리인 ⑥ 다른 법령에 정한 권한 ※ 개정 검찰청법과 개정 형사소송에 따르더라도 검사의 사법경찰에 대한 사법통제(보완수사요구 등) 권한은 형태를 달리하여 유지	① 고위공직자범죄(등) 수사, 고위공직자범죄 중 법원, 검찰, 경찰 범죄 공소제기 및 유지 ② 법령의 정당한 적용 청구 ③ 다른 법령에 정한 권한 ※ ②③은 ①수행을 위해 필요한 범위로 한정(공수처법 제8조, 제20조) ※ 공수처검사는 재판집행 지휘·감독 권한이 없는 바, 재판은 판결, 결정, 명령을 포함하는 개념으로 영장 청구에 대한 판사의 결정도 재판에

구 분	검사(검찰청)	공수처검사(공수처)
		해당하므로(2006모646), 형집행은 물론 영장집행도 재판집행에 포함
직무권한의 주체	검사	공수처(공수처법 제3조)
직무권한의 본질	직무(의무)이자 권한 ※ 검찰청법 제4조 제1항 '직무와 권한이 있다'고 규정하여 직무(의무)이자 권한임을 명시	권한 ※ 공수처법 제8조 제4항 '직무를 수행할 수 있다'고 명시되어 있어 의무 부과 없이 권한만 부여
국민 전체에 대한 봉사자 규정	헌법 제7조 검찰청법 제4조 제2항	공수처법 제22조(정치적 중립만 규정) ※ 공수처법 제22조에 국민전체에 대한 봉사자 지위를 미부여(헌법 제7조에 따라 공무원으로서 지위 부여) ※ 공수처법 제8조 제4항은 '검사의 직무(검사의 직무는 검찰청법 제4조 제1항에 규정)를 수행할 수 있다'고 명시하여 검찰청법 제4조 제2항을 준용하지 않음이 명백
직업공무원제도와 신분보장	임용 후 정년보장 별도 임기 제한 없음 특정직 공무원	임용 후 정년보장 없음 임용 후 임기 3년, 3회 연임 한도 특정직 공무원
인권옹호 직무	정부조직법 제32조(법무부 분장 사무에 인권옹호 명시) 형법 제139조(검사의 인권옹호직무) 검찰청사무기구에관한규정 제9조의3(인권부 분장사무)	관련 근거 전무하여 직무 부여 인정 곤란
불기소결정에 대한 국민의 불복수단	항고(검찰청법), 재정신청(형소법)	재정신청(공수처법)

결국 위의 〈표 2-2〉를 고려해 볼 때, '단기간에 걸쳐 운영되는 특별검사'에 대해서는 타당할 수 있어도 영구적인 인적·물적 조직을 갖추어 대통령과 국무총리, 법무부장관 모두의 지휘·감독권을 영구적으로 배제하고, 누구의 통제도 받지 않는 조직형태인 공수처에 그대로 적용할 수는 없다고 본다.

위의 헌법재판소의 결정67도 권력형 부정사건이나 정치적 성격이 강한 사

---

67   헌법재판소법 2008. 1. 10. 선고 2007헌마1468 결정.

건에 대해 일시적으로 단기간에 걸쳐 운영되는 특별검사에 대한 결정으로, 영구적인 인적·물적 조직을 갖추어 대통령과 국무총리, 법무부장관 모두의 지휘·감독권을 영구적으로 배제하고, 누구의 통제도 받지 않는 조직 형태인 공수처에 그대로 적용할 수는 없다[68]고 본다. 즉, 특검은 그 권한 행사가 일시적이고, 대통령, 국무총리나 법무부의 지휘·감독권을 일시적으로 그리고 부분적으로만 제한하기 때문에 국민의 기본권을 침해할 정도로 권력이 남용되거나, 자의적으로 행사될 위험이 비교적 적고 대통령의 헌법질서수호를 위한 행정부 수반으로서의 권한을 상시적·영구적으로 침해한다고까지는 볼 수 없지만,[69] 상시적·영구적 기구로서 대통령이나 법무부장관의 지휘·감독권한을 완전히 배제하는 방법으로 공수처의 권한이 부여된다면, 그 권한은 남용되거나, 자의적으로 행사되거나, 부패하기 쉬운 권력으로 변화하여 조직의 영속성을 위해 권한을 행사할 위험성이 크기 때문에 다른 차원에서의 합헌성 판단 접근이 필요하다고 본다. 더욱이 위 헌법재판소 결정은 '권력통제의 필요성'만을 특검제도의 합헌성 근거로 추상적으로 언급하고 있을 뿐, 권력분립의 원칙과 그 원칙을 훼손할 만한 특검제도를 통해 달성되는 법의 공정성이나 사법적 정의로 언급되는 중대한 공익과의 이익 형량의 구체적인 기준에 대해서는 침묵하고 있다는 점에서 모든 형태의 독립수사 및 공소제기기구에 대해 결코 일반화되기는 어렵다고 본다.

또한 군검찰관의 문제도 우리 헌법 제110조가 군사재판을 관할하기 위하여 특별법원으로서 군사법원을 둘 수 있고, 군사법원의 상고심은 대법원에서 관할하며, 군사법원의 조직·권한 및 재판관의 자격은 법률로 정한다고 규정하여, 헌법에 직접 특별법원으로서 군사법원을 설치할 수 있는 근거를 두고 있다는 점에서 위헌으로 볼 수는 없다. 헌법재판소도 "군 임무의 특성상 전시에는 말할 것도 없고 평시에도 적의 동태나 작전계획에 따라 자주 이동하고, 급박하

---

68 김태우, 「고위공직자비리수사처 입법론 검토」, 형사법의 신동향 통권 제54호(2017. 3.), 대검찰청 미래기획단, 84면.

69 과거 몇 차례 도입된 특별검사의 임명절차를 살펴보면, 검사의 임명과 동일하게 대통령에 의하여 임명되었으며, 그 자격요건 역시 법원조직법 제42조 제1항 제1호의 직(판사, 검사, 변호사)에 있었던 자로 엄격히 제한되었다.

게 상황이 변화하므로 이에 대응하여 언제, 어디서나 신속히 예외법원적인 군사법원의 군사재판을 할 수 있어야 한다"[70]고 판시하여 이를 인정한 바 있다.

❸ 국가인권위원회 및 상설 특검법과의 비교

합헌론의 입장에서 주로 거론하는 것이 국가인권위원회와 상설특검이므로 차례로 검토하기로 한다.

먼저, 국가인권위원회를 살펴보면, 국가인권위원회의 경우 그 권한에 속하는 업무를 독립하여 수행하고(법 제3조 제2항), 위원에 대한 신분보장도 인정되어 있다(법 제8조). 그러나 국가인권위원회는 위원장과 상임위원은 정무직공무원이며, 위원장과 상임위원을 포함한 11명의 위원(국회선출 4명(상임위원 2명), 대통령 지명 4명(상임위원 1명), 대법원장 지명 3명)에 대한 임명권한도 대통령에게 있다. 이와 같이 국가인권위원회가 정부조직법상 어디에도 편제되어 있지도 않아 3권 중 어디에 소속되지 않은 독립기관이라고 말할 수는 있다.

그러나 국가인권위원회의 경우 입법부·행정부·사법부와 독립된 기관이지만, 헌법 제10조[71]에 근거한 기본권 보장기관이며, 필연적으로 기본권 침해를 수반하는 수사기관인 공수처와는 본질적으로 상이한 조직이다. 더욱이 국가인권위원회는 집행기능은 없고 권고만 수행하는 독립기관에 불과하다는 점에서 공수처와는 차원을 달리하는 문제라고 본다. 즉, 헌법적 근거없이 독립기관으로 설치된 '국가인권위'의 경우 국민의 기본권을 제한하거나 다른 국기기관에 대한 기속력 있는 행위는 할 수 없고 시민단체와 같은 권고적 기능만 보유하고 있을 뿐이다. 즉, 국가인권위원회는 국가기관의 인권침해사례에 대해 조사 및 권고기능을 수행함에 있어 국민에 대해 강제적 조사권한까지 가지고 있지 않기 때문이다. 이처럼 국가인권위원회는 기본적 제한적 권한 내지 처분권을 가지고 있지 않다는 점에서, 수사권과 기소권이라는 적극적 '처분권'을 가지게 될 특별기

---

70 헌법재판소 1996. 10. 31. 선고 93헌바25 결정.

71 헌법 제10조 후단(국가는 개인이 가지는 불가침의 기본적 인권을 확인하고 보장할 의무를 진다).

구와의 단순 비교가 곤란한 것이다. 뿐만 아니라 형식적으로는 행정부에 소속
되어 있지 않으면서 동시에 대통령에 의해 임명되는 국가인권위원회의 체계적
지위에 관해서는 행정법학에서도 법리적으로 전혀 해결되지 않은 난제로 취급
되고 있는 상황이다.

　　현재 국가인권위원회를 제외하고, 행정기관인 방통위(대통령), 국민권익위,
금융위, 공정위(각 총리), 중앙노동위(노동부) 등은 모두 행정부에 소속되어 있다.

【표 2-3】 공수처와 국가인권위원회 비교72

구 분	공수처	국가인권위원회
헌법적 근거	없음	헌법 제10조
기관의 성격	고위공직자범죄수사 및 기소 (본질상 기본권침해 기관)	인권 및 기본권 보호 (기본권 보호·보장기관)
주요 권한	• 형소법에 따른 모든 수사 방법 • 거부시 체포, 압수수색 등 강제수사	• 조사, 사실조회, 자료제출 요구 **※ 국기기관장의 거부권 보장** • 질문, 검사, 진술서 등 요구 • 거부시 강제력 없고 처벌규정 없음
	• 사건이첩요청권 또는 이첩권	• 수사의뢰 또는 고발
	• 공소제기	• 구제조치 등 권고 • 법률구조 요청
권한의 본질	• 기본권 침해를 수반하는 강제처분	• 기본권보장을 위한 임의 처분
위임입법 범위	• 공수처법에 규정되지 아니한 조직과 운 　영에 관한 사항을 공수처규칙에 위임	• 법에 규정되지 아니한 조직 및 권한과 　관련한 내용은 대통령령에 규정하도록 　위임 • 세부 운영 등 절차만 규칙에 위임
권한의 한계	• 수사대상 범죄 등만 제한	• 국가기능 수행 방해 금지 • 사생활 침해 금지 • 재판, 소추 관여 금지

　　둘째, 상설 특검법은 특별 검찰청을 설치하는 것이 아니라, 특정 사건에
대해 수사, 기소 및 공소유지를 수행하는 한시적·한정적 검사를 임명하는 것으
로 기구를 신설하는 공수처법과는 본질적으로 상이하다.

72　국가인권위원회도 공수처와 같이 입법, 행정, 사법 중 어디에도 속하지 않는 독립기관이라
　　는 점은 동일하다.

【표 2-4】 공수처법과 상설 특검법73 비교

구 분	공수처법	상설 특검법
입법 목적	공수처라는 새로운 **기구의 신설과 운영** 고위공직자범죄의 척결	특정사건을 한정된 시간에 수사, 기소하는 독립적 **검사(특별검사)의 임명**
주요 내용	• 헌법상 입법, 행정, 사법(헌재 포함) 중 어떤 영역에도 속하지 않는 공수처라는 기구의 신설	• 별도 조직 설치 없이 검찰청 검사와 동일한 독립관청인 검사 등을 임명
	• 인적·범죄 단위로 수사대상 특정	• 개별 사건 단위로 수사대상 특정
	• 공수처장 등 지휘부와 공수처검사, 수사관의 임명, 징계, 신분보장 등	• 특별검사 등의 보수, 퇴직 및 신분보장
	• 이첩요청권, 검찰 등의 사건통보의무 등 특별권한 부여	• 특별권한은 없고, 검사 권한과 동일
	• 주로 권한 행사 측면에서 검찰청법(일부), 형소법 준용	• 권한 및 의무에 관한 조항 모두 검찰청법, 형소법 포괄 준용
	• 공수처 자체의 규칙 제정을 통한 하위 입법	• 대통령령 또는 국회규칙 제정을 통한 하위 입법
검사의제 규정	• 있음(검사와 공수처검사 동일성 부정)	• 없음(특별검사는 검사임을 전제)
헌법상 본질적 차이	• 헌법상 공수처 설치 근거 없음 • 특별 권한 등 신설 • 규칙 등 위임 입법권 보유	• 헌법상 검사 임명 근거 있음 • 특별 권한은 없음 • 위임 입법권 부재

II. 헌법상 영장청구권자의 침해

❶ 문제점

미국·독일·프랑스·일본 등 일부 국가는 헌법에서 검사의 지위와 권한 등을 규정하고 있지 않는 반면, 스페인·이탈리아·오스트리아 등 일부 국가에서는 그 조직과 구성, 운영과 권한을 헌법에서 명문으로 규정하고 있다. 그런데,

---

73 「특별검사의임명등에관한법률」은 검찰청과 독립된 별도의 검사를 임명하는 절차를 규정하고 있다.

우리 헌법은 검사에 대해 '제2장 국민의 권리와 의무' 제12조 제3항에서 "체포·구속·압수 또는 수색을 할 때에는 적법한 절차에 따라 검사의 신청에 의하여 법관이 발부한 영장을 제시하여야 한다"는 규정과 "주거에 대한 압수나 수색을 할 때에는 검사의 신청에 의하여 법관이 발부한 영장을 제시하여야 한다"는 제16조 규정 및 동법 제89조 제16호에서 검찰총장의 임명을 국무회의의 심의를 거쳐야 할 사항으로만 규정하고 있어서, 검찰조직이 헌법기관인지 논란이 있다. 즉, 사법부에 속하는 법관의 헌법적 지위와 비교해 볼 때, 헌법이 사법부의 조직과 구성, 법관의 자격과 신분보장, 사법권의 독립 등을 명확하게 규정하고 있는 것과 달리, 검사에 대해서는 그 조직과 신분보장 등을 직접 규정하고 있지 않기 때문이다.

그러나 우리 헌법이 영장주의와 관련해서는 인신구속의 절차에 있어서 반드시 필요한 국가기관임을 선언하고 있으므로, 검사와 검찰권이 헌법에 의하여 필수적으로 요구되는 국가기관과 국가권력이라는 점을 부인할 수는 없다. 따라서 영장주의와 관련되는 범위에서는 검찰총장을 정점으로 하는 검사제도 자체를 부정할 수 없으며, 우리 헌법은 체포·구속·압수 또는 수색을 할 때에는 반드시 검사의 신청을 경유하도록 하여 법관이 임의대로 영장을 발부하는 것을 허용하지 않는다는 것을 분명하게 밝히고 있다.

그런데 경찰 및 일부에서는 헌법상 검사의 영장청구권 규정이 영장주의의 본질이 아니라거나 판사에 의한 영장발부로 충분하다는 등의 주장을 하고 있는데, 이것이 국민의 인권보호에 어떤 도움이 되는지 의문이다. 왜냐하면 국민의 기본권은 가능하면 두텁게 보호하는 것이 우리 헌법 및 형사소송법이 추구하는 이념이므로 국민의 기본권을 최소한도로 보장하면 충분하다는 식의 논리는 헌법이나 형사소송법 어디를 살펴봐도 존재하지 않기 때문이다. 즉, 헌법에서 검사의 영장청구권을 삭제하고, 사법경찰이 직접 법원에 영장을 청구하도록 하게 해주자는 주장은 (사법)경찰의 강제수사에 대하여 지금보다 통제를 적게 하고, 국민을 쉽게 구속할 수 있는 구조로 가자는 의견과 같다. 그렇게 되면, 억울하게 구속되는 국민이 지금보다 늘어나게 될 가능성은 훨씬 크다고 할 것이다.

따라서 이하에서는 우리나라 헌법에 규정되어 있는 영장청구권 규정이 법이론적 관점에서 어떤 의미를 갖는지 살펴보고자 한다.

❷ 검사경유원칙의 입법 경위

우리나라에 영장주의가 최초로 도입된 것은 1948. 3. 20. 공포된 미군정법령 제176호("형사소송법의 개정", 시행일: 1948. 4. 1.)이었다.74 그런데, 위 법령에서는 영장주의만 도입이 되었을 뿐, 영장의 청구절차에 대해서는 별다른 규정이 없었다. 이러한 점이 논란되자, 위 법령의 공포 직전인 1948. 3. 31. 공포된 미군정법령 제180호(형사소송법의 보충규정, 시행일: 1948. 4. 1.)에서는 검사는 직접 법원에 영장을 청구하되, 사법경찰관은 검사를 경유하여 법원에 청구할 것을 규정하였다.75 이것이 우리나라에서 사법경찰관 영장의 "검사경유원칙"이 최초로 모습을 나타낸 규정이었다. 다만 법원, 검찰청이 설치되어 있지 않은 지역은 영장발부권한을 부여받은 특별심판원(치안관)에게 직접 영장 발부를 신청할 수 있도록 하였다(형사소송법 보충규정 제6조). 이에 따라 사법경찰관은 검찰청이 설치된 지역에서는 검사를 통하여 영장을 신청하고, 검찰청이 설치되지 않은 지역에서는 검사를 경유하지 않고 직접 특별심판원에게 영장발부를 신청할 수 있는 2개의 절차가 병행하게 된 것이다.

그런데, 1954년 제정 형사소송법에서는 어찌된 일인지 검사와 사법경찰관이 병렬적으로 영장청구권자로 규정된 것으로 나타났다.76 해방직후부터 경찰의 인권유린 수사관행, 이승만 정권 하에서 정치세력과의 유착 등의 문제로 사

---

74 미군정법령 제176호(형사소송법의 개정) 제3조 누구든지 구속당할 자의 성명 및 피의사건을 기재한 재판소가 발한 구속영장 없이는 신체의 구속을 받지 아니한다. 그러나, 다음 사항의 1에 해당하며 또한 긴급을 요하는 경우에는 그렇지 아니하다...(이하 생략)...(신양균 편저, 형사소송법 제·개정자료집(상), 한국형사정책연구원, 제3면 참조).

75 미군정법령 제180호(형사소송법의 보충규정) 제5조 구속영장 또는 수색영장의 신청 수속은 다음과 같다.
    가. 검찰관은 그 소속 재판소에 신청한다.
    나. 사법경찰관 및 기타 관헌은 **소관 검찰관에게 청구하며**, 그 검찰관은 이를 재판소에 신청한다.(신양균 편저, 형사소송법 제·개정자료집(상), 한국형사정책연구권, 제9면 참조).

76 1954년 제정 형사소송법 제201조 ① 피의자가 죄를 범하였다고 의심할만한 상당한 사유가 있고, 제70조 제70조 제1항 각호의1에 해당하는 사유가 있을 때에는 **검사 또는 사법경찰관**은 관할 지방법원 판사의 구속영장을 받아 피의자를 구속할 수 있다(형사소송법 제215조 압수수색영장에서도 동일).

법경찰에 대한 검사의 통제강화 필요가 법조계의 일치된 인식이었다는 시대적
배경에 비추어보면, 위 제정 형사소송법상 사법경찰관에게 독자적인 영장청구
권을 부여하는 입법은 지금 시각에서도 선뜻 납득이 되지 않는다.[77] 제정 형사
소송법 초안과 관련한 국회 공청회, 정기회의 속기록 등을 살펴봐도 사법경찰
관이 영장청구권자로 등장하게 된 배경이나 설명을 찾기가 어렵다. 오히려 제
정 형사소송법의 정부안 검토과정에 참여한 김병로 대법원장은 당시 국회 정기
회의에서 다음과 같이 발언한다.

> "... 그 다음에 문제는 세상에 항상 말썽되는 영장문제인데,...(중략)... 이 안에 있어
> 서는 법제사법위원회에서 역시 그 점에 있어서 퍽 신중한 고려를 한 결과 이 안이
> 전체적으로 되기를 물론 영장은 법관이 그것을 발행하고 경찰을 경유해서 검찰이
> 청구해서만 영장을 교부하게 되었습니다...(이하 생략)..."[78]

　1954년 제정 형사소송법에서 검사경유원칙이 후퇴한 이유나 배경은 명확
하지 않은 가운데, 이 문제에 대하여 문성도 교수는 박사학위 논문에서 다음과
같이 분석하고 있다.

> "정부안에서는 검사경유원칙을 규정하고 있었고, 법사위안이나 추가수정안에서도 이
> 에 대한 수정이 이루어지지 않았는데, 공포된 제정 형사소송법에 이에 대한 내용이
> 없었다. 본회의 통과 후 법사위 자구 정리 과정에서 누락된 것으로 보인다. 이것이

---

77 "...경찰을 제외한 법조계의 인식이 일치하는 부분이 있었다. 바로 검사의 사법경찰에 대한
수사지휘가 실효적으로 이루어질 수 있도록 제도개선이 이루어져야 한다는 것이었다. 그
제도적 실현형태는 검찰직속의 사법경찰기구를 창설하는 것, 궁극적으로 사법경찰을 행정
경찰에서 분리해 완전히 검찰에 직속시키는 것이었다. 그 자체만 놓고 보면, 얼핏 검찰의
이해관계만 반영된 것 같지만, 당시에는 검사의 수사지휘권 강화, 검찰중심의 일원적 수사
체계가 수사민주화를 위한 개혁과제로 인식되고 있었다. 해방 이후 한국경찰은 예전보다
훨씬 중앙집권적인 조직으로 재편되었고, 고문 등 심각한 인권유린을 자행했으며, 정치권력
(미군정, 이승만 정권)에 기대어 법원과 검찰의 통제로부터 벗어나려 하고 있었다. 때문에
사법경찰을 확고하게 검찰의 통제 아래 두어야 한다는 인식이 힘을 얻었다. 검찰청법과 형
사소송법에 담긴 검찰 통제장치들은 단순히 대륙형 형사사법제도가 연속된 것으로서가 아
니라, 이 시기 강렬한 경찰불신의 산물로서도 이해할 수 있다."(문준영, 법원과 검찰의 탄
생. 역사비평사, 제683면).
78 신양균 편저, 앞의 책, 제155면.

입법과정상의 착오였는지 아니면 일부러 누락시킨 것인지 궁금하지 않을 수 없다"[79]

다시 말해, 1954년 제정 형사소송법상 검사경유원칙이 무너지고, 사법경찰관에게 독자적인 영장청구권자의 지위를 부여한 것은 당시 입법자의 진정한 의사가 아니라는 의미이다. 이는 당시 경찰에 대한 비판적 여론에 비추어보면, 지극히 상식적인 추측이다. 이러한 결론을 다시 한 번 확인해주는 객관적 자료가 있는데, 당시 국회 법사위에서 제정 형사소송법안을 심의한 서일교 전문위원은 그의 저서에서 영장청구 절차와 관련한 전체 형사소송법을 다음과 같이 해석하고 있다.

> "...(이상 생략)... 이상의 규정에 의하여 신청을 받은 판사는 상당하다고 인정할 때에는 구속영장을 발부한다. 그 신청을 기각한 때에는 그 취지를 기재하여 신청한 검사에게 교부한다. 따라서 구속영장의 신청은 검사만이 할 수 있는 것으로 사법경찰관은 검사를 경유하여야 한다. 이는 사법경찰관이 범죄의 수사에 있어서 검사의 지휘감독을 받는 현 제도하에서는 당연하다 하겠다(196조 1항 참조, 검5조 2호 참조). 검사는 사법경찰관의 영장청구에 대하여 수사의 지휘권에 기하여 이를 거부할 수 있다...(이하 생략)..."[80]

1954. 9. 23. 제정 형사소송법이 공포된 날과 같은 날 정부는 다시 형사소송법 개정안을 국회에 제출한다. 그 형사소송법 개정안에는 영장청구 절차와 관련하여, 사법경찰관은 검사를 경유하여 영장을 청구하도록 하는 "검사경유원칙"이 포함되어 있다.[81] 위 검사경유원칙과 관련한 위 정부안의 제안이유를 보

---

79 문성도, 영장주의의 도입과 형성에 관한 연구 – 1954년 형사소송법의 성립을 중심으로 –, 서울대학교 대학원 법학박사 학위논문(2001. 2.), 제249면.

80 서일교, 신형사소송법(1954), 일한도서출판사, 제200면(문성도, 앞의 논문, 제250면에서 재인용).

81 "제201조 제1항 본문을 다음과 같이 한다.
피의자가 죄를 범하였다고 의심할만한 상당한 이유가 있고, 제70조 제1항 각호의 1에 해당하는 사유가 있을 때에는 검사는 관할 지방법원 판사의 구속영장을 받아 피의자를 구속할 수 있고, 사법경찰관은 **검사에 청구하여** 관할 지방법원 판사에 구속영장을 받아 피의자를 구속할 수 있다.
...(중략)...
제215조를 다음과 같이 한다.

면, 이와 같이 불분명한 이유로 형사소송법에서 누락된 "사법경찰관 영장의 검사경유원칙"을 재확립하려는 의사를 명확히 알 수 있다.

> "제201조 제1항과 제215조는 사법경찰관이 검사를 경유하지 않고, 직접 판사의 영장을 청구하여 강제수사를 할 수 있게 되었는데, 이것은 우리 형사소송제도의 취지에 반하는 것이며, 검사가 범죄수사의 주동이 되고, 사법경찰관리는 검사의 보조자로서 검사의 지휘를 받게 되어 있는데, 사법경찰관리가 검사를 경유치 않고 직접 판사의 영장을 받어 강제수사를 할 수 있다며는 검사가 범죄수사의 책임자에서의 임무를 다할 수 없게 되는 결과가 되는 것이므로 검사부지(不知)의 강제수사가 없게 하여야 할 것이다."[82]

이와 같은 "검사경유원칙"은 1956년 국회 법사위의 수정안에서도 그대로 유지가 된다. 결국 위 1954년 형사소송법 개정안(정부안), 1956년 형사소송법 개정안(국회 법사위 수정안),[83] 1957년 다시 제출된 형사소송법 개정안(정부안)에서는 모두 "검사경유원칙"을 담고 있다.[84] 이러한 입법적 노력이 1950년대에 계속되

---

① 검사는 범죄수사에 필요한 때에는 지방법원 판사가 발부한 압수, 수색영장에 의하여 압수, 수색 또는 검증할 수 있다.
② 사법경찰관이 범죄수사에 필요한 때에는 **검사에게 청구하여** 지방법원 판사가 발부한 압수, 수색영장에 의하여 압수, 수색 또는 검증할 수 있다."(신양균 편저, 앞의 책, 제 221-222면).

82 신양균 편저, 앞의 책, 제224면.

83 〈1956년 국회 법제사법위원회 수정·개정안 제안이유, 주요 골자〉
- 형사절차상 피의자 및 범법자의 인권과 직접 관계된 조항을 개정하여 이들의 권익이 법익과 조리에 맞게 보호될 수 있도록 하기 위하여.
- 사법경찰관은 판사의 구속영장을 받아 피의자를 구속할 수 있게 되어 있는 현행법을 구분하여 검사는 판사의 영장에 의하여, 사법경찰관은 검사에 청구하여 판사의 구속영장을 받아 피의자를 구속할 수 있도록 하는 동시에...
- 제198조의 2를 신설하여 지방검찰청 검사장 또는 동지청장은 불법구속의 유무를 조사하기 위하여 검사로 하여금 매월 1회 이상 관하경찰서와 피의자의 구속장소를 감찰하게 하여야 하며..
- * 정부개정안 수용. 나아가 검사의 구속장소 감찰규정도 국회 심의과정에서 신설됨.

84 검사경유원칙을 규정하게 된 이유로 당시 사법경찰의 인신구속영장 남발에 대한 비판여론을 들 수 있을 것이다.
〈1950년대 당시의 언론기사〉

다가, 1961년 형사소송법이 개정되면서 앞서 제출된 형사소송법안상의 조문형
식과 내용 그대로 형사소송법에 도입하게 된 것이다.[85] 즉, 1961년 형사소송법
개정시에 "검사경유원칙"이 도입하게 된 것은 1961. 5. 16. 군사쿠데타와는 별
다른 관련이 없고, 그 이전부터 정부와 국회에서 지속적으로 논의된 내용이 그
대로 반영된 것에 불과하다.

　　오히려, 1954년 제정 형사소송법 심의과정에서 사법경찰관을 독자적인 영
장청구권자로 인정하려는 어떠한 논의나 배경이 발견되지 않고, "검사경유원
칙"이 무너진 원인이 '자구누락'으로 의심되는 상황, 제정 형사소송법이 공포된
직후인 1954년 정부의 형사소송법 개정안[86]에서도 "검사경유원칙"을 재확립하
려는 목적이 있었던 상황 등에 비추어 당시의 입법자들의 진정한 의사 속에는
사법경찰관에게 독자적인 영장청구권자 지위를 부여할 생각은 전혀 없었다고
보는 것이 타당할 것이다.

- 1957. 3. 4.자 법률신문(제239호): <u>구속영장의 신청 및 발부 후에 불기소 또는 석방된
  인원이 7할 가량</u>이라 함은 구속영장의 막연한 청구와 그 남발이라는 평을 면치 못할 것.
  <u>경찰로서 구속영장 청구에 있어 검사를 경유하지 않고 직접 청구하는 현실이라면 영장</u>
  <u>의 남발상태는 여전히 지속될 것.</u>
- 1959. 11. 16.자 법률신문(제368호): <u>구속사건 석방율 44%.</u> "인신구속영장 남발(濫發)
  경향 여전. 사건의 경미 또는 무혐의인 자 18,312명이 구속을 당하였던 것.."

85　〈1961. 9. 1. 개정 형소법 제201조 및 제198조의 2〉
- 제201조 **사법경찰관은 검사에게 청구하여** 관할지방법원 판사의 구속영장을 받아 피의자
  를 구속할 수 있다.
- 제198조의 2 ① 지방검찰청 검사장 또는 지청장은 불법구속의 유무를 조사하기 위하여
  검사로 하여금 매월 1회 이상 관하 **경찰국, 경찰서**의 피의자의 **구속장소를 감찰하게 하**
  여야 한다. 감찰하는 검사는 피구속자를 심문하고 구속에 관한 서류를 조사하여야 한다.
  ② **검사**는 피구속자가 **불법으로 구속된 것이라고 의심**할 만한 **상당한 이유**가 있는 경우
  에는 **즉시 사건을 검찰에 송치**할 것을 **명하여야** 한다.
86　〈1954년 및 1957년 정부의 형소법 개정안 제안이유〉
- 이 법의 <u>시행과정에서 노정된 모순점을 정정키 위하여 수사의 일원화를 기하고. 사법경</u>
  <u>찰관리가 검사를 경유치 않고 직접 판사의 영장을 받아 강제수사를 할 수 있다며는 검사</u>
  <u>가 범죄수사의 책임을 다할 수 없게 되는 결과</u>가 되는 것이므로 <u>검사不知의 강제수사가</u>
  <u>없게</u> 하여야 할 것이다.

❸ 검사경유원칙의 헌법규정으로 편입 과정

(1) 1962년 제5차 개헌

1962년 제5차 헌법개정안[87]에 대한 공식 설명자료("헌법개정과 국민투표")에 의하면, 검사경유원칙을 헌법규정에 도입하려는 이유에 대하여 다음과 같이 명확하게 밝히고 있다.

> "…체포·구금·압수·수색에는 검찰관의 신청에 의하여 법관의 영장을 發하도록 하여 법관에 대한 영장의 신청은 반드시 검찰관이 행하게 함으로써 사법경찰관의 영장신청에 의한 인권침해를 막으려고 하는 현행 형사소송법의 규정을 헌법에 규정하여 그 효력을 높이었다(안 제10조)."[88]

또한, 당시 헌법개정안 마련을 위하여 구성된 "헌법심의위원회"에서도 위 규정의 도입배경을 알 수 있는 의견이 제시되었다.

> "(전문위원 이경호) 그래서 저도 법조계의 의견을 들어 봤는데, 특히 신체의 자유에 관해서 형사소송에 채택되고 지금 시행되고 있는 원칙 중에서 중요한 것이 외국헌법상에도 규정되어 있는데, 역시 우리나라 헌법상에도 규정하는 것이 좋겠다는 얘기입니다. 지금 현재는 헌법에 없더라도 법률에 있으니까 그것이 보장되는데, 어떻게 사태가 나중에 변해가지고 법률이 개정되고 헌법에 없을 적에는 어떻게 하느냐? 그래서 그러는 것이 좋고, 따라서 신체의 자유 같은 데에 상세히 규정하는 것이 좋다는 그런 의견입니다."[89]

추가로, 우리나라 헌법의 대표적인 기본권 조항으로 고문금지 규정(헌법 제

---

[87] 1962년 제5차 개정헌법에서 검사(검찰관)라는 용어가 처음으로 사용되었는데, 이는 검찰제도를 채택하고 있는 우리 법제에서 검사의 헌법적 근거를 처음으로 마련하였다는 데에도 그 의의가 있다(이금로, 「헌법상의 인신구속제도에 대한 소고」, 형사법과 헌법이념, 박영사, 2006, 159면).

[88] 공보부, 헌법개정과 국민투표(1962), 제29면 참조.

[89] 대한민국 국회, 헌법개정심의록(2007) 제1편, 제358면 참조.

12조), 인간의 존엄과 가치 규정(동법 제10조)이 있고, 위 규정이 가지는 객관적 의미, 헌법적 가치에 대해서는 누구도 함부로 낮게 평가하지는 못할 것이다. 그런데, 위 규정들은 모두 1962년 제5차 개헌시 최초로 우리나라 헌법에 도입된 규정들이다. 따라서 위 규정들을 1961. 5. 16. 군사쿠데타와 연관지어 헌법적 가치를 의심하거나 국민들의 헌법적 결단이 아니라는 식의 해석을 하는 것은 적어도 일반적인 해석론은 아니라고 본다.

(2) 1987년 제9차 개헌의 정당성 인정 필요

　　1987년 제9차 헌법(현행 헌법)은 우리나라가 민주화 운동 이후의 성과를 바탕으로 마련되었고, 국민투표로 국민들의 의사를 확인받아 개정된 헌법이기에 대다수 국민들과 많은 학자들도 현행 헌법의 민주적 정당성을 의심하지는 않는다. 이에 1987년에 개정된 제9차 헌법은 당시의 정치협상의 결과였고, 영장청구권 주체에 관한 충분한 논의가 불가능한 상황이었으며, 검사영장청구권 규정도 논의된 흔적이 없다는 이유로 실질적인 국민의 의사가 반영된 것으로 보기 어렵다는 견해도 있다.[90] 그러나 이러한 주장은 현행 헌법 개정과정에 대한 일반적인 인식과는 동떨어진 주장이고, 헌법개정안에 대한 국민투표 결과 명백히 확인된 국민의 의사를 아무런 근거없이 폄훼하고 있는 것이다.
　　또한, 검사 영장청구권 규정과 관련해서도 제9차 헌법개정안의 주요골자 제6항에서는 다음과 같은 내용이 명확하게 포함되어 있다.

　　　"6. 법률과 적법한 절차에 의하지 아니하고는 처벌, 보안처분 또는 강제노역을 받지 아니하도록 하였으며, 체포, 구속, 압수수색에는 적법한 절차에 따라 검사의 신청에 의하여 법관이 발부한 영장을 제시하도록 함(안 제12조 제1항 및 제3항)"

　　이처럼 헌법개정안 서두의 주요골자에 명백히 포함되어 국민투표로 국민

---

90 김선택, "헌법상 영장청구 주체규정의 개정방향", 국회의원 강창일/헌법이론실무학회/비교형사법학회 공동정책토론회, 「국가형사사법체계 정상화를 위한 헌법적 과제」(2017. 3. 3.), 발표자료집, 28면, 38면.

의 의사를 확인한 내용을 국민의 의사가 명확히 확인되지 않았다고 주장한다면, 도대체 어떤 방식으로 확인해야 국민의 의사가 확인되었다고 인정할 것인지 반문하지 않을 수 없다.

그리고, 1987년 민주화운동은 전두환 군사정권의 오랜 억압에 대한 국민적 반감이 밑바탕에 작용하고 있었지만, 보다 직접적인 촉발의 계기는 "박종철군 고문치사 사건"이었음은 모두가 익히 알고 있는 사실이다. 당시 경찰은 남영동 치안본부 대공분실에서 물고문으로 박종철군을 숨지게 한 후, "책상을 탁 치니, 억 하고 죽었다"고 발표하였다. 그러나, 그 이후 경찰이 물고문을 한 사실이 밝혀졌고, 많은 국민들이 이에 분노를 표출하면서, 1987년 민주화운동의 도화선이 된 것이다.[91]

이러한 당시 상황에서 검사의 영장청구권 규정을 헌법에서 삭제하고, 경찰에게 독자적인 영장청구권을 인정해주자는 견해는 전혀 가당치 않은 주장이었다. 1987년 헌법 개정 논의시에 검사의 영장청구권 규정이 논의되지 않은 것은 시간이 짧았다는 등의 이유가 아니라, 그런 논의를 할 필요가 없었을 만큼 국민적 의사가 확고했기 때문으로 보는 것이 정확한 분석일 것이다.

III. 헌법상 검사의 영장청구 규정의 삭제 논의

❶ 삭제론

(1) 비교법적 관점

영장청구권자를 검사로 한정한 현행 헌법 제12조 제3항 및 제16조 제2문에 대하여, "당해 국가가 처한 정치적, 경제적, 역사적, 문화적 사정이나 국민의 정신적, 정서적 가치관에 따라 매우 중요한 의미를 가지고 있어서 헌법적 지위

---

91 이에 대한 최근의 언론기사로는 "박종철 고문사 밝힌 검사와 의사, 30년 만에 만났다" (2017. 1. 13.자 한겨레 기사 참조).

를 부여하고자 할 경우, 이를 정당화할 만한 특별한 사정이 한국에만 존재한다는 전제하에서만 정상적인 입법이라고 할 수 있고", "비교헌법적으로 외국에 동일한 또는 유사한 입법례가 있느냐 없느냐 하는 것은 참고의 가치가 있기는 하지만, 그 자체만으로 한국 헌법에서도 마찬가지로 입법할 것이 반드시 요구된다고 할 수는 없다"고 보면서, "이러한 헌법상 검사의 전속적인 영장청구권 규정 도입은 국가재건최고회의의 의심스런 의도가 가려진, 입법의 구체적인 이유를 알 수 없는 불법이며, 검사의 수사지휘권 확보를 위한 만들어 낸 작품"이라는 견해[92]가 있다.

(2) 사정변경론

일부 견해는 검사의 영장청구권 규정이 수차례 개정된 헌법에서도 전혀 진지하게 논의대상이 된 적이 없었다는 점을 전제한 후, 국민적 결단을 다시 받을 필요가 있다는 주장을 하고 있다. 또한, 일제 강점기 시대와 비교해서 경찰의 수준 향상 등의 사정변경을 이유로 새로이 국민의 결단을 받아보아야 한다[93]고 주장한다.

물론 검사의 영장청구권 규정이 "검찰을 통한 또 한 차례의 스크린이 국민의 입장에서 유리한 측면이 있음은 부정할 수 없을 것"이라는 점은 동의하고 있다. 그러나 이러한 국민의 인권보장 기능에도 불구하고, ① 수사기관 내부의 절차에 불과하고, ② 수사의 신속성 방해, ③ 피의자의 인신구금기간이 1~2일 길어지는 폐단, ④ 권력분립 원리에 위배, ⑤ 신체의 자유 판단주체에 대한 오해를 초래한다는 등의 주장을 내세우면서 국민의 입장에서는 이익은 명백하지 않고, 불이익이 분명하다는 결론을 내리고 있다.

---

92 김선택, "헌법상 영장청구 주체규정의 개정방향", 국회의원 강창일/헌법이론실무학회/비교형사법학회 공동정책토론회, 「국가형사사법체계 정상화를 위한 헌법적 과제」(2017. 3. 3.), 발표자료집, 28면.
93 김선택, 위의 논문, 41면.

(3) 영장발부절차와 영장청구절차의 분리론

영장주의의 본질은 인신의 자유를 제약하는 강제수사에 있어서 수사의 당사자가 아닌 제3자로서 사법권독립에 의하여 그 신분이 보장됨으로써 객관적인 입장에서 공정하게 판단할 수 있는 법관에게 그러한 강제처분의 위법성 및 부당성 여부를 판단하게 하자는 것이며, 이것이 '강제처분의 법관유보'라고 주장한다. 이에 따르면 법관의 사법판단 영역에 속하는 영장발부절차와 수사기관의 판단 영역에 속하는 영장청구절차를 분리하여, 전자의 경우 영장주의의 본질적인 부분이라고 할 수 있지만 후자의 경우는 영장주의의 본질적 부분에는 해당하지 않는다는 것이다. 결국 한국헌법처럼 영장청구의 주체를 별도로 규정하는 것은 영장주의의 헌법적 보장과 필연적인 관련이 없다[94]는 것이다.

(4) 입법사항론

일부 견해는 영장청구권의 주체에 관한 규율은 수사 권한과 절차에 관한 구체적 입법이라고 할 수 있는 형사소송법 등의 형사절차법의 영역이라고 할 수 있고, 따라서 국회 등 입법자가 구체적인 국가 사정을 고려하여 정할 입법사항이므로 오히려 국회법률 이하의 차원에서 규율하는 것이 더 바람직하다[95]고 주장한다. 그 근거로 영장주의 규정은 신체의 자유라는 국민의 기본권을 보장하기 위한 규정이므로 실질적 의미의 헌법에 해당하는 사항으로 볼 수 있는 반면, 영장청구권을 누구에게 귀속시키느냐 하는 문제는 수사절차상 수사기관의 권한문제이고 현행 헌법이 규정하고 있는 검사의 경우, 국정운영에 있어서 주도적 위치에 있는 헌법기관 또는 헌법이 명문으로 규정할만한 핵심적인 국가기관으로 보기 어려우므로 '실질적 의미의 헌법에 해당하는 사항'이 아니라는 것이다. 즉, 인신구속을

---

94 김선택, 앞의 논문, 31면; 서보학, 「각국 영장제도 비교분석에 따른 시사점 및 입법론적 대안」, 국회의원 강창일/헌법이론실무학회/비교형사법학회 공동정책토론회, 「국가형사사법체계 정상화를 위한 헌법적 과제」(2017. 3. 3.), 발표자료집, 53면.

95 김선택, 앞의 논문, 37면.

비롯한 수사기관의 강제처분은 검찰에 의하든 경찰에 의하든 다 신체의 자유의
침해를 의미하는 것이고 따라서 법관에 의한 사법판단의 대상이 되어야 마땅하며
그 점에서는 차이가 없다는 점을 근거로, 영장청구 주체를 누구로 하느냐, 영장
청구 절차를 어떻게 짜느냐 하는 문제는 수사기관 내부의 문제인 것이고, 따라서
여러 사정을 고려하여 입법자가 법률로 규정하면 될 사항인데도 이것을 굳이 헌
법전에 명문으로 검사로 한정해 놓을 실익이 없다[96]고 주장한다.

❷ 의미부여론

(1) 논의의 전제조건

　　헌법상 검사 영장청구 규정을 삭제하자는 헌법학자의 주장을 살펴보면, 기
본적으로 검사를 수사기관으로 인식하고 있으며,[97] 검사의 지휘를 받는 경찰도
개별적인 사법경찰이 아니라 경찰이라는 집단[98]으로 생각하는 것 같다. 즉, 검
찰/경찰 수사권문제와 관련된 논의를 할 때마다 일부 헌법학자들은 모든 경찰
작용이 마치 검찰에 예속된 것처럼 이야기를 하고 있다. 그러나 경찰작용에는
보안·교통·작전·경비·통신·정보활동 등 많은 부분이 있는데, 이러한 경찰활
동에 대하여는 아무런 검사의 지휘를 받지 않는다. 오로지 구체적 범죄사건이
발생했을 때, 경찰보다는 법률전문가인 검사의 지휘를 받아서 사건을 처리하라
는 것이고, 그 근저에는 국민의 인권을 침해하는 이러한 경찰작용에 부조리나
부패가 작용할 수 있으니까 17만 경찰(의경을 제외하면 12만)의 약 10분의 1(1만
7천명)에 해당하는 사법적 경찰작용(특별사법경찰 작용 포함)에 대하여 통제를 가하
여 국민에 대한 인권침해의 소지를 줄이자는 것이다.[99] 따라서 엄밀한 의미에서

96   김선택, 앞의 논문, 40면; 서보학, 앞의 논문, 52면 이하; 박노섭, 「사법경찰관의 수사에 관
      한 일반근거조항과 검사의 사법적 통제」, 비교형사법연구 제7권 제1호(2005), 241면.
97   김선택, 앞의 논문, 40면.
98   김선택, 앞의 논문, 45면.
99   안미영, 「우리 헌법상 검사의 영장신청권 조항의 의의」, 형사법의 신동향 통권 제24호

는 '독립'(獨立)이라는 용어자체도 문제의 소지가 있는 말이다. 왜냐하면 '독립'이
라는 말은 일제시대때 우리나라의 독립운동처럼 추구해야 할 가치를 전제해 두
고 현재의 상태는 잘못되었기 때문에 무조건 지양해야 할 그 무엇으로 생각하게
만들기 때문이다. 따라서 수사권의 독립이란 표현도 검사의 경찰에 대한 지휘·
감독이 마치 신분적 예속관계에 있는 듯한 오해를 불러 일으켜 이것을 언젠가는
쟁취해야 할 필연적인 가치로 볼 수 있도록 만들 우려가 있다. 이런 정치적 맥락
에서 일부 학자들도 문제를 꼼꼼히 분석하거나 비판적으로 성찰하는 이성을 잃
어버리고, 지금 현 상태는 무언가 잘못되었기 때문에 경찰의 수사권을 독립시키
는 것만이 사회정의를 실현하는 일이라고 생각하는 것 같다. 그러나 수사권문제
는 '국민의 권리를 어떻게 더 보호할 것인가'라는 법적 정의의 관점에서 바라보
아야지 어떤 권력을 뺏고 뺏기는 투쟁의 문제가 아니라는 사실이다.100

(2) 영장발부절차와 영장청구절차의 분리론에 대하여

영장발부절차와 영장청구절차를 분리하여 전자만이 영장주의의 본질적이
라는 주장은 각 나라의 역사적 환경을 무시한 발상으로 보인다. 왜냐하면 독일
에서는 과거 나치 정권하에서 경찰이 국민의 인권을 침해한 역사를 반복하지
않기 위해서 헌법에 "경찰은 누구든지 체포한 다음 날이 종료할 때를 초과하여
구금할 수 없다"고 규정(독일헌법 제104조②)을 두고 있는데, 이 규정을 잘못이라
고 지적하는 학자는 없기 때문이다. 즉, 각 나라의 역사적 환경에 따라 하위법
규에 표현되어도 좋을 특유한 세부적 사항을 헌법에 규정할 수도 있으며, 이는
헌법제정권자의 결단에 해당하는 사항이다. 그런데 우리나라의 경우 제1공화국
시대 경찰의 무분별한 영장청구에 대한 역사적 경험을 토대로 본 조항이 신설
된 것으로, 헌법에 규정된 내용을 비본질적 부분으로 치부할 수는 없다고 본다.

(2010. 2.), 대검찰청 미래기획단, 25-26면.
100 정웅석, 수사지휘에 관한 연구, 대명출판사, 2011, 6면 이하 참조.

(3) 수사의 신속성을 방해한다는 주장에 대하여

검사의 영장심사 규정은 수사의 적법성을 통제하기 위해서 마련된 절차이지, 수사의 신속성을 위하여 도입된 절차가 아니다. 즉, 애초에 수사의 신속성보다는 수사의 적법성, 특히 경찰의 강제수사를 법치주의적 관점에서 통제하고 조정하기 위하여 도입된 규정이라는 점을 간과한 주장이다. 국민의 기본권 보호가 헌법의 최고이념이기에 수사의 신속성보다는 국민의 신체의 자유 보호 내지 인권보호가 당연히 우위에 있는 가치임은 지극히 당연하다.

(4) 피의자 인신구금기간이 1-2일 길어지는 폐단이 있다는 주장에 대하여

이는 현재 검찰과 법원의 실무를 전혀 알지 못한 주장에 불과하다. 현행 형사소송법 제201조의2에 따르면, 법원은 구속영장이 청구된 다음날 피의자 심문기일로 지정하도록 규정하고 있고, 법원의 실무도 위 규정대로 이루어지고 있다. 검찰도 사법경찰로부터 구속영장이 신청된 날 즉시 법원에 영장을 청구하거나 기각하는 결정을 하고 있기에 피의자의 구금기간이 1−2일 늘어난다는 주장은 성립하기 어렵다. 게다가 검찰이 신청된 구속영장을 기각함으로써 억울한 구속을 방지하거나 조기에 석방시켜주는 사람이 연간 5,000−6,000명에 달한다는 사실을 간과하고 있는 것으로 보인다.

(5) 권력분립 원리에 어긋난다는 주장에 대하여

권력분립 원리는 국가작용의 원활한 수행과 개인의 기본권보장을 위하여 입법·행정·사법 등의 국가기능이 상호 독립성을 유지하는 가운데 각기 상이한 기관이 담당하게 하는 것이 합리적이라는 데에 기초한 이론이다.101 한편, 국가형벌권의 행사절차는 수사개시와 수사종결에 이어 소추절차로 연속적으로 이어지게 되고, 재판절차가 완결되면 비로소 형벌이 과하여지게 되는데, 그 일관된 과

---

101 성낙인, 헌법학(제16판, 2016), 법문사, 제339면

정을 三分하여야 한다는 이론은 입법·행정·사법의 정립된 삼권을 나누는 삼권분
립의 원리와는 전혀 무관한 주장이다. 후술하는 것처럼, 수사는 범죄 발생 이후
에 사법적으로 국가 형벌권의 존부를 규명·확정하는 절차인 『검찰권(Justiz)』에
속하는 권능으로, 치안유지 내지 위험방지 등을 목적으로 하는 『경찰권(Polizei)』
작용과는 근본적으로 다른 것임이 확고히 인식되어 있기 때문이다. 즉, 권력분
립상 수사는 본질적으로 행정작용이 아니라 사법작용이므로 수사권은 사법관
(수사판사, 치안판사 등)이나 준사법관인 검사에게 귀속되는 것으로 본다.

　　이처럼 수사와 공판은 엄연히 형사사법의 문제로 보아야 하는데도 불구하
고, 왜 (사법)경찰에게 수사권, 영장청구권을 나누어 주자는 행정부 내 기관 간
의 권한의 배분문제로 변질시켜, 견제와 균형이라는 논리를 내세워 치안과 위
험예방을 담당하는 경찰과 그를 지휘하는 검찰의 권한을 분배하는 권력분립의
논리로까지 전개하는지 이해하기 어렵다. 결국 수사를 경찰에 맡기자는 주장은
사법권의 일부인 수사권을 행정권에 전속시키는 것과 같고, 이는 오히려 권력
분립의 기본정신에 반하는 주장과 다름없다고 본다.

(6) 신체의 자유 판단주체에 대한 오해를 불러일으킨다는 주장에 대하여

　　신병지휘를 통한 경찰영장신청의 문제는 강제수사에 대한 통일적 기준을
적용할 필요가 있다는 점을 간과하고 있다. 동일한 유형의 동일한 범주에 있는
사건인데도 수사주체가 경찰, 검찰로 나뉘어져 있다고 해서 구속 여부도 달리
결정되어서는 안 될 것이다. 긴급체포(형사소송법 제200조의3)에 대한 사후영장의
대체문제도 현행 형사소송법 법률규정의 문제이지, 검사의 지휘나 헌법상 영장
청구권 문제와는 별개의 문제이다.[102] 또한 법원에 대하여 영장청구(특히 체포영
장)에 대하여 영장이 형식적 하자만 없으면 자동적으로 발부되리라고 기대하는
경향이 있어서 법원의 영장발부 권한을 형해화했다는 주장도 어떤 합리성이나
논리성을 찾기 힘든 주장이다.

　　분명히 검사는 사법경찰관으로부터 신청받은 구속영장, 체포영장, 압수수

---

[102] 정웅석/최창호, 형사소송법, 대명출판사, 2017, 5-6면 참조.

색영장을 심사하면서 부당한 강제수사에 대해서는 사전에 이를 기각함으로써 국민의 인권보호에 기여하고 있다. 아래 통계는 사법경찰관이 신청한 체포·구속·압수영장에 대한 검사의 기각 건수와 검사가 직접 판사에게 청구한 영장기각 건수를 비교한 것이다.

【표 2-5】 사법경찰관 신청 체포영장 검사 기각률

	사법경찰 신청		검사 청구	
	영장신청 인원	검사 기각	영장청구 인원	판사 기각
2015	48,390	5,853(12.0%)	42,446	552(1.3%)
2016	46,778	5,787(12.3%)	40,932	528(1.2%)
2017	43,857	5,600(12.7%)	38,219	516(1.3%)

〈표 2-5〉를 살펴보면, 사법경찰은 연간 45,000건 내외의 체포영장을 신청하는데, 이에 대하여 검사가 연간 5,700건 내외 기각을 하고 있다. 따라서 사법경찰 신청의 체포영장 중 "검사기각＋판사기각"률은 약 13~14%에 해당한다고 볼 수 있으나, 수사단계에서 검사 기각률이 압도적으로 많은 것을 볼 때, 적어도 검사의 사법경찰에 대한 영장통제가 국민의 인권보호에 매우 기여하고 있다는 사실을 부인할 수는 없다고 본다.

【표 2-6】 사법경찰관 신청 구속영장 기각률

	사법경찰 신청		검사 청구	
	영장신청 인원	검사 기각	영장청구 인원	판사 기각
2015	37,097	5,695(15.3%)	31,357	5,314(16.9%)
2016	38,033	6,088(16.0%)	31,918	5,383(16.8%)
2017	35,782	6,580(18.3%)	29,183	5,202(17.8%)

〈표 2-6〉을 살펴보면, 사법경찰은 연간 37,000건 내외의 구속영장을 신청하는데, 이에 대하여 검사가 연간 6,000건 내외 기각을 하고 있다. 따라서 사법경찰 신청의 구속영장 중 "검사기각＋판사기각"률은 약 32~36%에 해당한다고

볼 수 있으나, 수사단계에서 검사 기각률이 압도적으로 많은 것을 볼 때, 적어
도 검사의 사법경찰에 대한 영장통제가 국민의 인권보호에 매우 기여하고 있다
는 사실을 부인할 수는 없다고 본다.

[표 2-7] 사법경찰관 신청 압수영장

	사법경찰 신청		검사 청구	
	영장신청 건수	검사 기각	영장청구 건수	판사 기각
2015	190,441	14,837(7.7%)	175,460	1,415(0.8%)
2016	194,419	14,439(7.4%)	179,851	1,446(0.8%)
2017	212,441	15,588(7.3%)	196,781	1,740(0.8%)

〈표 2-7〉을 살펴보면, 사법경찰은 연간 20만 건 내외의 압수영장을 신청
하는데, 이에 대하여 검사가 연간 15,000건 내외를 기각하고 있다. 따라서 사법
경찰 신청의 압수영장 중 "검사기각＋판사기각"률은 약 8%에 해당하지만, 수사
단계에서 검사 기각률이 압도적으로 높은 것을 볼 때, 적어도 검사의 사법경찰
에 대한 영장통제가 국민의 인권보호에 매우 기여하고 있다는 사실을 부인할
수는 없다고 본다.

이와 관련하여, 일부에서는 법원의 구속영장 기각률이 경찰보다 검찰의 직
접수가 현저히 높아서, 검찰이 영장청구권 독점의 주된 근거로 "인권보호"를 내
세울 명분이 없다는 견해도 있다.[103] 즉, 다음 〈표 2-8〉에서 보는 것처럼 검찰
이 청구한 영장에 대한 기각률(2015년 기준 23.4%)이 경찰이 신청한 영장의 기각
률(2015년 기준 16.7%)보다 더 높다는 사실자료가 있는 데도 불구하고 검사가 경
찰보다 인권보호 내지 인권친화적인 기관이라고 감히 말할 수 있는가라고 묻고
있는 것이다.

---

[103] 진선미, "법원의 구속영장기각율, 경찰보다 검찰의 직접수사사건이 현저히 높아", 법률신문
2018. 04. 02.자.

【표 2-8】 사법경찰의 영장신청 및 검찰의 영장청구 기각률

구속영장104	검찰이 직접 청구한 영장				경찰이 신청한 영장			
	접수 건수	발부 건수	발부율	기각률	접수 건수	발부 건수	발부율	기각률
2013년	7,339	5,407	73.7%	**26.2%**	25,526	21,519	84.3%	**15.6%**
2014년	8,109	6,078	75.0%	**25.0%**	27,478	22,221	80.9%	**19.0%**
2015년	7,272	5,567	76.6%	**23.4%**	30,581	25,429	83.2%	**16.7%**

그러나 첫째, 경찰이 신청한 구속영장을 검사가 기각한 경우(2015년 기준 15.4)를 산정하고 있지 않다는 점이다(2015년 검사+판사 기각률 29.7%). 그리고 이러한 추이는 아래 〈표 2-9〉에서 보는 것처럼, 최근까지 계속되고 있다.

【표 2-9】 검사 및 판사의 기각률

연도	사법경찰							검찰		
	영장 신청	검사 기각	검사 기각률 (%)	영장 청구	판사 기각	판사 기각률 (%)	검사+판사 기각률 (%)	영장 청구	판사 기각	기각률 (%)
2015	37,097	5,695	15.4	31,357	5,309	16.9	29.7	7,013	1,528	21.8
2016	38,033	6,088	16.0	31,918	5,375	16.8	30.1	8,165	1,812	22.2
2017	35,782	6,574	18.4	29,183	5,197	17.8	32.9	5,899	1,485	25.2

둘째, 위 통계자료에 등장하는 경찰의 신청건수는 경찰이 신청한 영장을 정식으로 기각하지 않고 수사지휘 과정에서 반려한 건수가 누락되어 있고, 이 경우에 속하는 사안은 주로 그 자리에서 수정하여 처리할 수 없는 경우, 즉 쉽게 하자를 고치기 어려운 경우임을 말한다. 형식적 하자가 너무 많거나 영장종류를 착각했거나, 엉뚱한 범죄사실을 첨부했거나, 영장 필수적 기재사항 자체를 누락하는 등 짧은 시간에 수정이 불가능하거나 정식으로 기각하여 기록에 첨부

---

104 조순열, 「국가형사사법체계 정상화를 위한 헌법적 과제」 – 영장청구권을 중심으로 –, 강창일 국회의원/헌법이론실무학회/비교형사법학회 공동정책토론회(2017. 3. 3.), 자료집 토론문, 146면; 황운하, 동 자료집 토론문, 164면의 통계(법원행정처 자료로 인용)를 통합한 것임.

되면 수사내용 자체의 신뢰성이 의심받을 수 있기 때문에 이를 공식화할 수 없는 경우에는 경찰에 전화해서 취지를 설명한 뒤 영장을 반려하고 다시 신청하도록 하곤 한다105는 것이다. 이러한 암수까지 모두 반영한다면 검찰과 경찰의 영장청구건수에 대한 기각률의 차이는 약 7%가 아니라 상당한 수준으로 벌어질 것이라는 것이다.

셋째, 영장 기각률이 양적 비교에 그쳐서는 안 되는 또 다른 중요한 이유로 검찰과 경찰이 현재 처리하는 대상 범죄의 질적 차이와 수사 및 증거수집의 난이도 차이를 고려해야 하기 때문이라는 지적도 있다. 즉, 경찰의 경우 사실 1차 수사기관으로서 민생치안사범들에 대한 초동수사업무가 다수를 차지하고 있고, 예를 들어 교통사범, 폭력, 강·절도, 성폭력 사건 등이 주를 차지하고 있고, 상대적으로 사건 자체의 복잡성이 덜하고, 혐의 유무도 명확하여 통상 경찰이 영장을 신청하면 검사나 판사가 특별히 기각하기 어려운 사건들이 많다106는 것이다. 반면에 검사의 경우 수사인력의 한계는 물론 민생치안사범보다는 대규모 재산범죄, 뇌물수수, 부정부패사범, 조직폭력, 마약사범, 방위(비리)사범, 다량의 개인정보유출사범 등 상대적으로 수사하기 쉽지 않고 법리가 복잡한 사건들을 다루게 되는 경향이 있다107는 것이다. 따라서 그런 사건의 특성으로 인해 영장기각률이 상대적으로 다소 높아질 수 있다는 점도 감안한다면 기각률의 양적 차이는 더 크게 벌어질 수 있다는 것이다.

결론적으로 경찰에게 독자적인 수사종결권을 부여하자고 주장하는 것은 검사의 경찰에 대한 영장통제기능을 포기하는 것으로, 이는 국민의 인권보호 및 신체의 자유에 대한 명백한 후퇴이다. 일각에서는, 검사비리 사건 등 국민의 요구에 부응하지 못하는 일부 사례를 들어 검사 영장청구 조항 자체의 삭제를 주장하나, 이는 국민의 눈높이에 맞는 별도 개선방안을 마련하는 것으로 해결할 문제이지, 국민전체의 인권과 맞바꿀 수는 없다고 본다.

---

105 권상대, 앞 자료집 토론문, 5면.
106 권상대, 앞 자료집 토론문, 5면.
107 권상대, 앞 자료집 토론문, 5면.

(7) 검사의 영장심사가 수사기관들 내부절차라는 주장108에 대하여

검사는 법률상 수사권을 가지고 있지만, 그 외에도 공소관으로서 기소권을 보유하고 있고, 판사에 준하는 법률전문가로서 사법경찰관의 수사를 지휘하고, 통제하는 임무도 담당하고 있다. 이러한 검사의 지위와 역할을 사법경찰관의 지위와 역할과 동일하게 인식하는 것은 전제가 잘못된 주장이다. 물론, 우리나라의 검찰이 중요사건에 대한 직접수사에 많이 나서면서 우리나라의 많은 국민들은 검찰을 수사기관으로 인식하고 있는 측면이 있으나, 이는 이미지가 왜곡된 현상에 불과하다. 검찰은 특수부 검사보다 형사부 검사의 수가 훨씬 많고, 사건 수에 있어서도 사법경찰로부터 송치받은 사건 수가 90% 이상이다. 그렇다고 검찰의 직접수사를 지금처럼 유지해야 한다는 주장은 결코 아니다. 검찰도 직접수사는 지금보다 줄이고, 사법경찰 수사를 통제하고 지휘하는 수사지휘기관으로서의 역할에 보다 충실할 필요가 있다. 따라서 검찰의 직접수사가 지나치게 많다는 점을 지적하고 싶다면, 그러한 문제를 직접적으로 지적해서 검찰이 바로 서도록 올바른 방향을 제시하는 것이 바람직하다고 본다. 잘못된 현상은 고치지 않은 채, 이를 바탕으로 사법경찰의 강제수사에 대한 통제를 해제하는 것은 매우 잘못된 처방이다. 무엇보다도 검사를 행정기관으로 만들어 그 중립성과 공익성을 말살하겠다는 의도가 아니라면, 좀 더 신중하게 그 본질을 보아야 할 것이다.109

---

108 검사에 의한 영장통제는 사법적 통제일 수 없고, 행정기관끼리의 내부통제인 행정통제에 불과하다는 견해로는 서보학, "각국 영장제도 비교분석에 따른 시사점 및 입법론적 대안", 「국가형사사법체계 정상화를 위한 헌법적 과제」 토론회 – 영장청구권을 중심으로 –, 강창일 의원/헌법이론실무학회/비교형사법학회 공동정책토론회(2017. 3. 3.), 20면 이하.

109 김성룡, 「헌법상 검사 영장청구권의 현대적 의미」, 한국의 형사사법개혁Ⅱ : 강제처분의 현대적 의미와 인권보호, 한국형사정책연구원/서울대학교 법학연구소/한국공법학회 공동학술세미나(2017. 3. 24.) 자료집, 111면.

❸ 소 결

검사의 영장청구권 규정이 '실질적 의미의 헌법에 해당하는 사항'이 아닌 '법률사항'에 불과하므로 이를 삭제하자는 주장은 타당하지 않다.[110] 만약 위 규정을 삭제하기 위해서는 지금의 시스템보다 국민의 인권보호를 위하여 더 나은 제도나 대안이 있는 상태에서 삭제를 논의해야 한다. 그러한 방안이나 대안 없이 규정을 삭제하는 것은 국민의 인권보호, 신체의 자유에 대한 명백한 후퇴이기 때문이다. 더욱이 헌법상 검사경유원칙을 삭제하고 법률사항으로 만든 후, 법률개정을 통해 경찰이 직접 영장을 청구하는 방식을 취하는 경우 우리나라 법체계상 논리적 모순이 발생한다. 우리나라는 과거 독재정권의 인권탄압을 경험한 이후, 다른 나라에 없는 특이한 영장실질심사제도를 두고 있기 때문이다. 그런데 경찰이 영장을 청구한다면, 최근 삼성 이재용 부회장의 사례에서 보듯이, 구속영장실질심사때 경찰이 들어가 삼성측 변호사와 법리적 다툼을 해야 하는데 이것이 타당한 논리인지 의문이다.

결국 위에서 언급한 것처럼, 헌법 제12조, 제16조의 '검사경유의 원칙'은 경찰에 대한 법치국가적 통제에 기반한 검찰제도의 본질적인 사항으로, 절차법적 측면에서 인권보호의 기능을 하게 하는 규정으로 보아야 한다.[111] 즉, 단순히 영장청구권의 부여규정이 아닌 기본권의 보장규정으로, 입헌자가 이를 헌법적 사항으로 격상시켜 규정한 것이다.

헌법재판소의 결정도 이러한 취지를 반영한 것으로 보인다.

> "헌법 제12조 제3항은 "…… 구속 …… 을 할 때에는 …… 검사의 신청에 의하여 법관이 발부한 영장 ……"이라고 규정함으로써 마치 모든 구속영장의 발부에는 검사의 신청이 필요한 것처럼 규정하고 있다. 이와 같은 규정은 제헌헌법에는 구속영

---

110 이경렬, 「강제처분에 관한 검사의 영장청구권 규정의 함의」, 형사법의 신동향 통권 제56호 (2017. 9.), 대검찰청 미래기획단. 10–33면 참조.

111 검사에 의한 영장통제는 사법적 통제일 수 없고, 행정기관끼리의 내부통제인 행정통제에 불과하다는 견해로는 서보학. "각국 영장제도 비교분석에 따른 시사점 및 입법론적 대안". 「국가형사사법체계 정상화를 위한 헌법적 과제」 토론회 – 영장청구권을 중심으로 –, 강창일 의원/헌법이론실무학회/비교형사법학회 공동정책토론회(2017. 3. 3.), 20면 이하.

장의 발부에 관하여 "체포, 구금, 수색에는 법관의 영장이 있어야 한다"(제9조)라
고만 되어 있던 것이 1962. 12. 26. 제5차 개정헌법에서 처음으로 "······ 구금 ······
에는 검찰관의 신청에 의하여 법관이 발부한 영장을 제시하여야 한다."(제10조 제
3항 본문)라는 규정에 의하여 처음 도입된 이래 현행 헌법에 이르기까지 표현에
있어 약간의 차이는 있지만 같은 내용으로 존속되어 온 것이다.

위와 같이 제5차 개정헌법이 구속영장의 발부에 관하여 "검찰관의 신청"이라는 요
건을 추가한 이유는 1961. 9. 1. 형사소송법의 개정과 관련하여 이해할 수 있다.
즉, 형사소송법이 처음 제정(1954. 9. 23. 법률 제341호)될 당시에는 수사기관의
영장신청에 관하여 "피의자가 죄를 범하였다고 의심할 만한 상당한 이유가 있고
제70조 제1항 각 호의 1에 해당하는 사유가 있을 때에는 검사 또는 사법경찰관은
관할지방법원판사의 구속영장을 받어 피의자를 구속할 수 있다"(제201조 제1항
본문)라고 규정함으로써 검사뿐만 아니라 사법경찰관에게도 영장신청권을 주고 있
던 것이 1961. 9. 1. 형사소송법 개정(법률 제705호)으로 "피의자가 죄를 범하였다
고 의심할 만한 상당한 이유가 있고 제70조 제1항 각 호의 1에 해당하는 사유가
있을 때에는 검사는 관할지방법원판사의 구속영장을 받아 피의자를 구속할 수 있
다"(제201조 제1항 본문)로 개정되어 영장신청권자를 검사로 한정하였는데, 위와
같은 형사소송법의 개정내용이 1962년의 헌법 개정에 반영된 것이다.

그렇다면 제5차 개정헌법이 영장의 발부에 관하여 <u>"검찰관의 신청"이라는 요건을
규정한 취지는 검찰의 다른 수사기관에 대한 수사지휘권을 확립시켜 종래 빈번히
야기되었던 검사 아닌 다른 수사기관의 영장신청에서 오는 인권유린의 폐해를 방
지하고자 함에 있다</u>고 할 것이고, 따라서 현행 헌법 제12조 제3항 중 "검사의 신
청"이라는 부분의 취지도 모든 영장의 발부에 검사의 신청이 필요하다는 것이 아
니라 수사단계에서 영장의 발부를 신청할 수 있는 자를 검사로 한정한 것으로 해
석함이 타당하다. 즉, <u>수사단계에서 영장신청을 함에 있어서는 반드시 법률전문가
인 검사를 거치도록 함으로써 다른 수사기관의 무분별한 영장 신청을 막아 국민의
기본권을 침해할 가능성을 줄이고자 함</u>에 그 취지가 있는 것이다."[112]

그런데 전술한 것처럼, 헌법상 '검사' 청구의 의미를 검찰청법상(조직법상)의

---

[112] 헌법재판소 1997. 3. 27. 선고 96헌바28 결정(형사소송법 제70조 제1항 위헌소원 등).

검사가 아니라 검사라는 명칭을 가진 모든 사람으로 해석한다면, 사실상 검찰·경찰 간의 수사권조정은 물론 특별사법경찰관리도 검사라는 직책을 법률규정으로 만들기만 하면,[113] 영장청구권을 청구할 수 있다[114]는 문제가 생긴다.[115]

더욱이 상위법인 헌법상 검사의 개념을 조직법상의 검사가 아니라고 본다면, 하위법인 형사소송법상 검사의 개념도 동일하게 보아야 할 것이다. 따라서 이에 따르면, 영장의 청구(형사소송법 제201조, 제215조)는 물론, 종래 검사에게만 인정된 권리인 증거보전청구권(동법 제184조), 증인신문청구권(동법 제221조의2), 피의자에 대한 감정유치청구권(동법 제221조의3), 감정처분허가청구권(동법 제221조의4), 체포·구속장소감찰(동법 제198조의2), 긴급체포시 사후승인권(동법 제200조의3 제2항) 등도 모두 인정되어야 할 것이다.

결국 검사의 영장청구권 규정은 우리나라의 1950년대 경찰의 인권침해적

---

[113] 경찰개혁위원회가 경찰은 수사를, 검찰은 기소와 공소유지를 각각 담당하는 수사권·기소권 분리 방안을 권고하면서, "개헌 전이라도 검찰이 부당하게 영장을 청구하지 않을 때 이의를 제기할 수 있도록 하거나, **경찰 소속의 '영장검사' 제도를 도입하는 법 개정을 추진하도록 하겠다**"는 내용을 발표한 바 있다(2017. 12. 7.).

[114] 찬성하는 견해로는 정태호, 「권리장전의 개정방향」, 공법연구 제34집 제4호 제2권, 한국공법학회(2006. 6.), 123면("검사만이 영장을 신청할 수 있도록 한 현행 영장신청제도(제12조 제3항, 제16조)에 대한 수정이 필요하다. 인신구속의 오남용을 방지하기 위하여 영장은 신분이 보장된 독립적인 법관의 심사를 거쳐 발급된다. 따라서 검사에게만 영장신청권을 부여하여야 할 필연적인 이유가 없다. 검사의 영장신청권은 1962년 헌법에 처음으로 명시된 뒤에 그 필요성 여부에 대한 진지한 검토 없이 계속 유지되고 있다. 그러나 한때 검토 대상이 되었던 고위공직자비리공수처의 수사관이나 경찰청 소속의 수사경찰관도 검사를 경유하지 않고 법관에게 영장을 청구할 수 있도록 '검사의 신청에 의하여'라는 문구를 삭제하는 것이 향후의 수사구조의 변경을 보다 용이하게 하는 길이다").

[115] "사법경찰관리의 직무를 수행할 자와 그 직무범위에 관한 법률 제8조(국가정보원 직원) 국가정보원 직원으로서 국가정보원장이 지명하는 자는 「국가정보원법」 제3조제1항제3호 및 제4호에 규정된 범죄에 관하여 사법경찰관리의 직무를 수행한다"와 "국가정보원법 제16조(사법경찰권) 국정원 직원으로서 원장이 지명하는 사람은 제3조 제1항 제3호 및 제4호에 규정된 죄에 관하여 「사법경찰관리의 직무를 수행할 자와 그 직무범위에 관한 법률」 및 「군사법원법」의 규정에 따라 사법경찰관리와 군사법경찰관리의 직무를 수행한다"라고 규정하고 있는데, 이 문구에 "**사법경찰관리 및 검사(변호사 자격이 있는 자 중에서 임명함)와 군사법경찰관리의 직무를 수행한다**"로 변경한다고 하여, 과연 이 문구만으로 국정원 직원이 영장청구까지 할 수 있다고 해석할 수 있을지 의문이다.

수사, 1987년 경찰의 박종철군 고문치사 사건 등과 같은 역사적 사건을 배경으로, 판사와 더불어 국민에 대한 강제수사를 이중으로 점검하는 이중보호장치로서, 국민들의 헌법적 결단이 반영된 규정으로 보아야 한다.116

　　다른 나라에서도 그 나라의 고유한 역사적 배경에 따라서 형사절차 중 특별히 중요한 규정은 헌법으로 명문화하고 있다. 우선 독일의 경우, 전술한 것처럼 헌법(기본법) 제104조 제2항에서 경찰의 구금기간을 체포일의 익일로 제한하고 있는데, 이는 나치 정부하에서 경찰의 불법구금을 경험한 독일 국민들이 경찰의 구금기간을 법률로 늘리지 못하도록 아예 헌법에 규정해둔 독일 국민의 헌법적 결단이다. 일본 헌법 제33조117에서는 현행범체포만을 영장주의의 예외로 인정하고 있는데, 이것도 제국주의 시대 경찰의 인권침해 수사를 경험한 일본 국민들의 헌법적 결단이 반영된 것이다. 미국의 경우에는 연방 수정헌법 제4조에서 불합리한 압수·수색 및 체포의 금지,118 제6조에서 배심재판을 받을 권리 및 자기에게 불리한 증인과 대질신문을 받을 권리 등을 규정하고 있다. 이처럼 세계 각국에서는 각 나라마다 고유한 사정에 따라 형사절차 중 특별히 중요한 규정은 헌법에 둠으로써 법률개정으로 이를 바꾸지 못하도록 하고 있다.

116　이완규, 「헌법상 검사의 영장청구권 규정의 연혁과 의의」, 형사소송 이론과 실무 제9권 제1호(2017. 6.), 한국형사소송법학회, 24면.

117　제33조(체포에 대한 보장) 누구든지, 현행범으로서 체포되는 경우를 제외하고는 권한을 가진 사법 관헌이 발행하고, 또한 이유가 되는 범죄를 명시한 영장에 의하지 않으면 체포되지 아니한다.

118　미국 수정헌법 제4조는 영장제도에 관하여 규정하고 있으나, 영장청구권자에 대하여는 규정하고 있지 않다. 즉, 수정헌법 제4조는 「신체, 주거, 서류 및 소유물에 대한 불합리한 압수·수색 및 체포로부터 안전하여야 할 인민의 권리는 침해되어서는 안 되고, 어떠한 영장도 선서 또는 확약에 의해 뒷받침된 상당한 이유에 근거하지 않거나 수색 장소 내지 체포·압수될 사람 내지 물건을 특정하여 표시하지 않고서는 발부되어서는 안 된다」고 규정하고 있다.

【표 2-10】해외국가의 헌법규정

순 번	해외국가	헌법 규정
1	독일	제104조② **경찰**은 자기의 권한으로 누구라도 **체포의 익일을 초과하여 구금할 수 없다.**
2	미국	제6조 피고인은... **배심**에 의한 신속한 공판을 **받을 권리**.. 자기에게 불리한 증인과 **대질심문을 받을 권리**... 가 있다.
3	스페인	제126조 **사법경찰**은 범죄수사와 범인의 발견 및 체포에 관한 업무수행에 있어 법률이 정하는 바에 따라 판사, 재판부와 **검찰에 종속**한다.
4	이탈리아	제109조 **사법부(법원, 검사)는**... **사법경찰을 직접적으로 이용**할 수 있다.
5	오스트리아	제90조a 검사는 사법기관이다. **검사**는 사법적으로 형사처벌가능한 행위로 인한 절차에서 **수사**와 공소를 담당한다.
6	벨기에	제151조 **검사는**... **개별 수사** 및 기소에 있어 독립적이다.
7	헝가리	제29조 검찰총장 및 **검찰**은 다음의 의무가 있다. a. **수사와 관련된 권한을 행사**한다.
8	칠레	제83조 독립적이고 계급적 조직인 **검찰**은 범죄를 구성하는 사실.. 피고인의 무혐의를 입증하는 사실에 대한 **수사를 독점적으로 지휘**하고, 법률에 정하는 바에 따라 소추한다.
9	멕시코	제21조 경찰과 함께 **범죄를 수사하는 것은 검찰의 책임**이며 **경찰은 검찰의 지시에 따라 활동**한다. 법원에 공소를 제기하는 것은 검찰의 배타적인 활동이다.

따라서 검사의 영장청구권 규정이 세계적으로 유례가 없는 규정이라고 주장하는 것은, 국민의 인권보호를 위해서 경찰수사를 통제하거나 형사절차를 강화한다는 기본정신은 살피지 않은 채, 규정의 조문과 방식만을 비교하는 것으로 매우 편협한 주장이다. 독일 헌법의 경찰 구금기간 제한규정이나 미국 연방헌법의 배심제 규정은 세계적으로 매운 드문 입법례이지만, 모두 국민의 기본권을 보호하기 위하여 각 나라 국민들의 헌법적 결단을 통해서 도입된 규정들이기에 그 헌법적 가치는 존중되어야 하며, 전술한 것처럼 스페인, 이탈리아, 오스트리아 등 국가의 헌법이 검사의 직무와 독립성 등에 관한 조문을 두고 있는데, 헌법에 검사의 직무 등에 관한 규정을 두는 것이 일반적이지 않다고 하여 이들 국가 헌법의 검사와 관련된 규정들을 이상하고 부적절하다고 할 수는 없는 것이다.

그런데 공수처법에는 공수처검사에게 인권옹호 기능이 있다고 인정할 수 있는 근거가 전혀 없어 공수처검사를 인권옹호기관으로 보기는 곤란하다는 점이다. 더욱이 공수처법 제47조는 공수처검사가 행하는 검사의 직무 중 특별사법경찰 지휘감독, 재판집행 지휘·감독, 국가의 법률대리인 관련 규정의 준용을 배제하고 있으므로 범죄수사 등 기능만을 수행하는 공수처검사는 검사와 본질적 직무가 상이한 것으로 보인다. 즉, 공수처검사는 일부 범죄를 제외하고 수사권만 보유하고 있어 고위공직자범죄등에 관해 제한된 수사권을 가진 (특별)사법경찰관에 불과하기 때문이다. 일부 인정되는 기소권 역시 형사소송법 제246조 검사 기소의 예외로 경찰서장 등이 청구하는 즉결심판과 본질적으로 동일하다고 보아야 할 것이다.

결국 현실적 비판과는 별론, 제도상으로는 검사에 의한 영장청구는 인권옹호기관이라는 검사의 법적 지위에서 도출된다고 보아야 하는데, 검찰청법상의 검사 이외에 다른 법률로서 검찰총장의 지휘하에 있지 않은 검사를 규정하여 그에게 영장청구권을 부여하는 것은 헌법적 가치에 합당한 것으로 보이지 않는다. 다만, 공수처검사가 소추권을 가지고 있고, 검사직무의 핵심이 소추인 이상 소추기관으로서 지위를 완전히 부정하기는 곤란하다고 본다. 따라서 공수처검사가 '검사의 직무를 수행할 수 있다'는 내용의 공수처법 제8조는 공수처검사의 직무수행 범위(즉 고위공직범죄등에 대한 수사 또는 기소권을 가진 범죄에 대한 수사 및 기소)에 따라 개별적, 이중적으로 적용됨을 이미 전제한 규정으로 보는 것이 타당하다고 본다. 즉, 공수처검사는 기소권을 가진 범죄에 대하여는 소추기관으로서의 지위를,[119] 송치대상 범죄에 대하여는 특별사법경찰과 동일한 이중적 지위를 보유한다고 보는 것이 체계적 해석에 부합할 것이다. 물론 공수처법에서는 공수처수사관을 사법경찰관으로 보고, 공수처검사의 지휘·감독을 받는다고 규정하고 있으므로 공수처검사를 사법경찰의 일종으로 보는 것은 모순이라는 견해도 가능하지만, 그것은 내부관계일뿐 형사소송법이 적용되는 외부관계에서는 가능하다고 본다.

---

119 다만, 검사와 유사한 지위를 가진다고 하더라도 이는 소추권한에 국한된 것으로 소추와 영장청구가 별개인 이상 소추기관이라고 하여 영장청구권이 곧바로 인정된다고 보기는 곤란할 것이다.

제 4 절 ┃ 검찰의 정치적 중립성 확보방안

Ⅰ. 서 설

❶ 의 의

　　우리에게 검찰은 어떤 존재일까? TV 드라마나 영화에선 진실과 비리를 파
헤치는 정의의 사도로 그려지기도 하지만, 현실에서는 정치권과 시민사회로부터
그 공정성을 의심받는 '정치집단', '권력의 하수인'이라는 비난이 끊이지 않고 있
다. 이는 수사와 기소권에 내재하는 적극적 권력, 즉 법원의 재판권처럼 검사의
기소가 있어야 재판권을 행사할 수 있고 그 권한도 주로 판단권에 중심이 있는
것이 아니라 스스로 범죄를 찾아 절차를 개시할 수 있고, 나아가 수사에 의해 증
거를 수집하여 사건을 형성하여 나가는 권력이라는 성격에 기인한다고 본다.

　　이에 따라 기존의 학연·지연·혈연을 넘어 이념적·세대적 갈등으로까지
정치적 이해관계가 확대된 우리나라의 특수한 상황에서 권력을 가진 사람은 수
사와 기소를 담당하는 검찰권을 장악하여 자기에게 유리한 환경을 만들고 싶은
욕망을 추구하는 반면, 권력을 잃고 그 권력을 다시 찾으려는 사람들에게는 반
대의 입장에서 검찰권을 자신의 편으로 만들고 싶거나 적어도 중립성을 요구하
기 위하여 끊임없이 검찰을 비난할 수밖에 없을 것이다.[120] 왜냐하면 사회·정
치적으로 큰 영향력을 가지고 있는 적극적 권력인 검찰권이 정의의 이념에 따
라 공정하게 행사되지 않고 스스로 사회·정치적 영향력을 강화한다든지 어느
한편을 들어 편파적으로 행사되면 반대편의 입장에서는 재기불능의 상태에 빠

---

[120]　과거에는 야당측이 주로 검찰개혁을 주장하였는데, 지금은 상황이 역전되어 박근혜 대통령
　　　탄핵심판 대리인측 손범규 변호사가 검찰을 비난하는 것을 보면, 얼마나 이율배반적인 문
　　　제인가를 알 수 있다(손범규 변호사는 2017년 2월 7일 CBS 라디오 인기 시사프로그램
　　　'김현정의 뉴스쇼'에 출연해서 박근혜-최순실 게이트에 대한 검찰 수사에 대하여, "우리 국
　　　<u>민들은 검찰을 제일 믿을 수 없는 기관이라고 한다</u>"면서도 "검찰의 공소장이라는 건 검찰
　　　의 의견일 뿐이고 검찰의 수사자료라는 건 그 의견을 뒷받침하기 위해서 검찰이 밀실에서
　　　만든 자료일 뿐"이라고 폄하하였다).

질 수밖에 없기 때문이다.

❷ 우리나라 검찰의 존재이유

　　우리나라 모든 교과서는 검찰제도의 일차적 탄생배경으로, "검사에게 '법률의 감시자'로서 경찰에 대한 법적 통제에 의하여 피의자의 소송법적 권리를 보호하는 보호기능을 수행하도록 한 것"이라고 설명하고 있다. 이에 덧붙여, 국민들은 검찰이 엄정한 법집행을 통해 범죄를 처벌하는 사회적 정의의 수호자로서, 또한 범죄에 취약한 일반 서민을 안전하게 보호하는 법적 울타리로서, "범죄에 대한 국가적 대응"이라는 본연의 임무를 충실히 수행할 것을 요구하고 있다. 이는 고소·고발사건을 경찰이 아닌 검찰에 접수하기를 더 원하는 것만 보아도 알 수 있다. 특히, 과학기술의 급속한 발전으로 인하여 각종 첨단·신종 범죄(해킹, 바이러스 유포, 사이버폭력, 보이스 피싱 등)들이 발생하는 상황에서, 검찰이 사건의 실체를 규명하고 국가형벌권을 행사하여 국민의 재산과 안전을 지켜주기를 바라는 것이다. 즉, **'행복의 최대화'**를 요구하는 것이 아니라 **'불행의 최소화'**에 중점을 두고, 그 역할의 중심에 검찰이 있기를 바라는 것이다. 따라서 국민들이 분노하는 이유는 일부 몰지각한 검사가 거악척결을 하라고 준 권한을 '재벌' 등 거대집단과 결탁하여 개인적 이익을 챙겼다는 점에 있다고 본다.

　　그렇다면 검찰에 대한 개혁은 이 두 가지 기능을 잘 할 수 있도록 제도를 개선하는 것이 개혁이지, 이러한 분노를 표출하는 방식이 오히려 개악으로 가는 것은 문제가 있다고 본다. 따라서 검찰에 대한 개혁도 경찰에 대한 법치국가적 통제와 범죄에 대한 국가적 대응을 더 잘할 수 있는 쪽으로 방향을 잡는 것이 타당하다고 본다.

II. 검찰의 정치적 중립성 확보방안

❶ 정치권의 인식 변화

1993년 검찰에서 검사 및 검찰직원을 대상으로 한 설문조사에서 21세기 검찰의 기본목표로서 '검찰권의 중립성 확보'(1550명)가 가장 높았으며, 그 다음으로 '최고수사기관으로서의 역량강화'(450명), '검찰조직 및 인사제도의 개편'(350명), '인권옹호 및 대민봉사기능의 내실화'(150명), '통일에 대비한 조직의 정비와 역량비축'(60명)으로 의견이 제시된 바 있다.[121] 이처럼 검찰내부에서도 검찰의 정치적 중립성에 대한 의구심이 검찰불신의 핵심으로 지목된 지 오래다. 물론 그동안 '권력의 시녀'라는 국민적 비판에 직면하여 검찰의 정치적 중립성을 확보하기 위한 방안으로 검찰총장임기제의 도입(1988), 검찰총장 인사청문회 제도의 도입(2003), 검찰인사위원회의 심의기구화 및 검사적격심사위원회의 도입(2004), 검사동일체원칙의 완화(2004), 검찰총장후보추천위원회의 신설 및 검찰인사위원회의 개선(2011) 등이 이루어졌으며, 사회 전반의 민주화 및 인권의식의 성장 등으로 어느 정도 검찰이 정치권력의 외압에서 벗어날 수 있는 제도적 장치는 마련되어 있다고 볼 수 있다.

그러나 검찰의 정치적 중립성을 확보하기 위해서는 정치검찰의 존재여부를 떠나서 정치권과 검찰상층부의 유착관계를 차단하는 작업이 이루어져야 한다. 이를 위해서는 검찰총장 임기제(2년)와 같은 정치적 중립장치가 철저히 지켜질 수 있도록 해야 하며, 검찰총장도 퇴직후 '더 높은 자리'로 가기 위한 발판으로 삼아서는 안 될 것이다.[122] 왜냐하면 국민 입장으로 볼 때, 검찰고위직 인사가 퇴임후 집권당의 정무직 혹은 정치권으로 진출한다는 것은 그의 재직중 활동의 정치적 중립성을 의심케 하기에 족하기 때문이다. 무엇보다도 후술

---

121 검찰21세기연구기획단, 1993년도 연구결과 종합보고, 대검찰청(1994), 42면.

122 1997. 1. 검찰청법에 '검찰총장은 퇴직일로부터 2년 이내에는 공직에 임명될 수 없고 정당의 발기인이 되거나 당원이 될 수 없다'는 규정이 신설되었으나, 같은 해 7월 헌법재판소에서 위헌결정이 난 후, 2004.1. 동 규정이 삭제되었다.

하는 것처럼 정치권력으로부터의 인사권 독립이야말로 정치적 중립성을 지키기 위한 시대적 사명이라고 본다.

　　문제는 보수정권인 MB정권 및 박근혜정권은 말할 것도 없고, 현 문재인 정부의 기반인 참여정부 아래서 검찰개혁을 일관되게 추진했고, 뚜렷한 목표와 방향을 가졌다고 자부하는 사람들의 이야기를 들어보면, 수사나 기소의 전 영역에 불편부당의 공정성과 진실발견으로 정의를 세우고자 하는 사법적 이념에서 출발하는 것이 아니라 소위 이념적 가치를 공유하는 차원에서 검찰개혁을 시작했다는 점이다. 예컨대 사람사는 세상(노무현 전 대통령 공식 홈페이지)에 실려 있는 "법무부 장관은 정치권에서 구할 수 있으니 괜찮은데 검찰총장은 정말 쉽지 않습니다. **문제는 총장을 꿈꾸는 사람은 전부 보수적입니다.**"(이호철 전 민정수석), "장관은 인사를 통해 권력을 보여줄 때 자리를 잡을 수 있습니다. 언제 이 조직이 장악되는구나 하고 느꼈느냐면, 제가 2004년 5월에 인사를 하고 난 다음이었습니다. 그러고 나니 느낌이 확 오더라고요. 충성하는 분위기를 느낄 수 있었습니다. **인사권을 행사하고 검찰총장보다 장관이 힘이 세다는 것을 보여주니 검찰이 완전히 충성하기 시작했습니다**. 그때는 제대로 개혁할 수 있었지요."(강금실 전 법무부장관), "검찰이 왜 반발했을까요? 강정구 교수를 불구속하는 것이 도저히 정의감에서 견딜 수가 없어서? 검찰의 인식은 뭐냐? 검찰권이라는 것은 우리 꺼야, 우리 검사들이 국가를 위해 가지고 있는 우리 권한이야, 근데 우리 조직이 갖고 있는 권한을 검사도 아닌 놈이 와서 관여를 해? 나는 이런 이유로 그 사람들이 반발했다고 생각합니다. 자기들의 기득권 지키기예요. **검사들은 자신의 수장이 검찰총장이 어떤 사람이 되어야 한다고 믿느냐 하면 우리의 권익을 지켜줄 사람, 자기들이 직접 말하지는 않겠지만 검찰의 기득권을 지켜줄 사람이 총수가 되어야 한다고 생각합니다.**"(천정배 전 법무부 장관) 등의 말속에서 검찰을 바라보는 당시 집권권력층의 현주소를 잘 알 수 있다.

❷ 대통령의 독점적 검찰인사권 개선

　　검사와 법관은 전국을 단위로 순환보직을 하고 있는데, 서울선호도가 특히 높은 한국사회의 분위기 속에서 검사와 판사는 서울에서 먼 지방에서 근무하게 될 때 가족을 서울에 두고 혼자 떠나는 경우가 적지 않다. 따라서 주중에는 혼자 지방에서 근무하고 주말에는 가족이 있는 서울로 복귀하는 불편한 일상생활에서 인사제도야말로 검찰에게 영향을 끼치는 가장 중요한 변수가 될 수밖에 없다. 물론 인사권자의 뜻에 거역하는 사람이 있지만, 한동훈 검사장의 사례에서 보듯이 그러한 사람은 그 자리를 유지할 수 없게 마련이고, 따라서 현실세계에서는 그런 사람을 찾는 것이 쉽지 않다. 왜냐하면 인사권을 가진 사람은 자신의 뜻에 따라 잘 움직여 줄 사람을 임명하고, 사람을 잘못 보아 임명한 사람이 예상과 달리 말을 잘 안 듣게 되면 기회를 봐서 곧바로 경질시키기 때문에 인사제도는 인사권자의 눈치를 보게 만드는 방향으로 작동될 수밖에 없기 때문이다. 이러한 현실은 '인사앞에 장사없다'는 말로 통칭된다.

그런데 검찰의 경우 이 인사권이 법무부장관에게 일임되며, 결국은 법무부장관을 임명한 대통령에게 귀속된다. 현행 검찰청법 제34조에 '검사의 임명 및 보직은 법무부장관의 제청으로 대통령이 행한다'고 하여 대통령을 최종적인 인사권자로 규정하고 있기 때문이다.[123] 이처럼 모든 검사들의 공통 관심사인 검사인사권이 검찰 내부에 존재하지 않고, 장관 및 대통령에게 일임된 상황 속에서 보직과 승진을 위해 정치권의 눈치보기나 줄서기, 그리고 연줄망 형성에 신경을 쓰지 않을 수 없게 될 것이다. 따라서 후술(後述)하는 것처럼, 검찰과 법원을 통괄하는 '최고사법회의' 같은 기구를 두기 전까지는 검찰총장 직속의 독립된 인사위원회(검찰인사위원회)에 검찰총장을 제외한 검찰인사[124]에 대한 1차적 권한(심사권, 추천권 등)을 부여하는 것이 타당하며,[125] 부차적인 문제이지만 검사

---

123 문재인 정부가 들어서면서 돈봉투사건을 계기로 이영렬 서울 중앙지검장 및 안태근 검찰국장이 좌천되었으며, 언론에서 우병우 사단으로 지목된 일부 검사장들이 면직된 후 사표를 제출하였다. 대신 국정원 댓글사건에서 '사람에 충성하지 않는다'는 유명한 말을 남긴 윤석열 대전고검 검사가 기수를 뛰어넘어 서울중앙지검장에 임명된 후, 2019. 6. 17. 검찰총장에 임명되었다. 당시 4명의 검찰총장 후보 중 가장 기수(23기)가 낮았는데, 전임 문무일 검찰총장(18기)보다 다섯 기수나 아래로 기수 문화가 남아있는 검찰에서는 파격적인 인사였다.

124 검찰청법 제6조(검사의 직급) 검사의 직급은 검찰총장과 검사로 구분한다.

125 검찰청법 제35조(검찰인사위원회) 제1항은 법무부에 검찰인사위원회를 두도록 규정되어 있다.

의 청와대,126 국정원 등 민정·사정관련 타 기관의 파견근무도 실질적으로 금
지해야 할 것이다. 예컨대 퇴직후 2년 이내에는 대통령 비서실이나 국정원에서
근무할 수 없으며, 대통령 비서실이나 국정원에서 근무한 자는 2년 이내에 검
사로 근무할 수 없도록 제도화하는 것이다. 아울러 대검찰청의 주요 보직에 대
하여는 일정한 가이드라인(예컨대 그 분야의 전문성 등)을 제시한 후, 공모제를 통
해 선발하는 것이 타당할 것이다.

이와 관련하여 현재 검찰청법 제35조(검찰인사위원회)는 위원장 1인을 포함
한 11명의 위원으로 구성하도록 하였으며, 법무부장관이 임명할 수 있는 최대
인원을 5명으로 제한하여 과반수가 넘지 않도록 규정하고 있으나,127 법원행정

---

126 1997. 1. 검찰청법상 검사의 청와대 파견금지 규정이 신설된 바 있다.
127 제35조(검찰인사위원회)
　① 검사의 임용, 전보, 그 밖의 인사에 관한 중요 사항을 심의하기 위하여 법무부에 검찰인
사위원회(이하 "인사위원회"라 한다)를 둔다. 〈개정 2011.7.18〉
　② 인사위원회는 위원장 1명을 포함한 11명의 위원으로 구성하고, 위원장은 제3항에 따른
위원 중에서 법무부장관이 임명하거나 위촉한다. 〈개정 2011.7.18〉
　③ 위원은 다음 각 호의 어느 하나에 해당하는 사람을 법무부장관이 임명하거나 위촉하되
임기는 1년으로 한다. 〈신설 2011.7.18〉
**1. 검사 3명. 다만, 제28조 및 제30조에 해당하는 자격을 가진 검사를 제외한 검사가 1명
　이상이어야 한다.**
2. 법원행정처장이 추천하는 판사 2명. 다만, 제4항제2호의 검사의 신규 임명에 관한 심의
　에만 참여한다.
3. 대한변호사협회장이 추천하는 변호사 2명
4. 사단법인 한국법학교수회 회장과 사단법인 법학전문대학원협의회 이사장이 각각 1명씩
　추천하는 법학교수 2명
**5. 학식과 덕망이 있고 각계 전문 분야에서 경험이 풍부한 사람으로서 변호사 자격을 가지
　지 아니한 사람 2명**
　④ 인사위원회는 다음 각 호의 사항을 심의한다. 〈신설 2011.7.18〉
1. 검찰인사행정에 관한 기본계획의 수립 및 검찰인사 관계 법령의 개정·폐지에 관한 사항
2. 검사의 임용·전보의 원칙과 기준에 관한 사항
3. 검사의 사건 평가와 관련하여 무죄사건이나 사회적 이목을 끈 사건으로 위원 3분의 1
　이상이 심의를 요청한 사항
4. 그 밖에 법무부장관이 심의를 요청하는 인사에 관한 사항
　⑤ 인사위원회는 재적위원 과반수의 찬성으로 의결한다. 〈신설 2011.7.18〉
　⑥ 그 밖에 인사위원회의 구성과 운영 등에 필요한 사항은 대통령령으로 정한다. 〈신설

처장이 추천하는 판사 2명은 검사의 신규 임명에 관한 심의에만 참여하도록 함으로써 사실상 중요한 자리의 임명에는 법무부장관의 형식적 거수기 역할을 할 가능성도 상존하고 있다. 즉 동조 제2호를 제외하면, 9명 중 5인을 법무부장관이 임명하고, 위원장도 법무부장관이 임명하거나 위촉하는 구조이므로 과연 공정한 인사가 이루어질 것인지 의문이다.

　　한편, 검찰청법 제34조의2는 법무부장관이 제청할 검찰총장 후보자의 추천을 위하여 법무부에 검찰총장후보추천위원회[128]를 두도록 하고 있는데, 위원 9명 중 법무부장관이 임명할 수 있는 4인(동조 제1항 제1호 및 제7호)과 동조 제1항 제2호(법무부 검찰국장)를 합하면 과반수가 넘기 때문에 사실상 법무부장관의 의도대로 임명될 가능성을 부인할 수 없다. 법무부장관이 검찰총장후보추천위

128　제34조의2(검찰총장후보추천위원회)

　　① 법무부장관이 제청할 검찰총장 후보자의 추천을 위하여 법무부에 검찰총장후보추천위원회(이하 "추천위원회"라 한다)를 둔다.

　　② 추천위원회는 법무부장관이 검찰총장 후보자를 제청할 때마다 위원장 1명을 포함한 9명의 위원으로 구성한다.

　　③ 위원장은 제4항에 따른 위원 중에서 법무부장관이 임명하거나 위촉한다.

　　④ 위원은 다음 각 호의 어느 하나에 해당하는 사람을 법무부장관이 임명하거나 위촉한다.

1. 제28조에 따른 대검찰청 검사급 이상 검사로 재직하였던 사람으로서 사회적 신망이 높은 사람

2. 법무부 검찰국장

3. 법원행정처 차장

4. 대한변호사협회장

5. 사단법인 한국법학교수회 회장

6. 사단법인 법학전문대학원협의회 이사장

7. 학식과 덕망이 있고 각계 전문 분야에서 경험이 풍부한 사람으로서 변호사 자격을 가지지 아니한 사람 3명. 이 경우 1명 이상은 여성이어야 한다.

　　⑤ 추천위원회는 법무부장관의 요청 또는 위원 3분의 1 이상의 요청이 있거나 위원장이 필요하다고 인정할 때 위원장이 소집하고, 재적위원 과반수의 찬성으로 의결한다.

　　⑥ 추천위원회는 검찰총장 후보자로 3명 이상을 추천하여야 한다.

　　⑦ 법무부장관은 검찰총장 후보자를 제청하는 경우에는 추천위원회의 추천 내용을 존중한다.

　　⑧ 추천위원회가 제6항에 따라 검찰총장 후보자를 추천하면 해당 위원회는 해산된 것으로 본다.

　　⑨ 그 밖에 추천위원회의 구성과 운영 등에 필요한 사항은 대통령령으로 정한다.

원회의 인사권을 장악함으로써 동 위원회가 형식적인 기구로 전락하게 되는 문제가 있는 것이다. 따라서 법무부장관이 임명하는 검찰총장후보추천위원 역시 과반수를 넘길 수 없도록 한 다음(동조 제1항 제2호 삭제), 가칭 '평검사협의회'129를 법정기구로 신설하여 이 기구의 추인을 거쳐 대통령이 임명하는 절차로 제도가 개선되어야 할 것이다.

❸ 법무부 장관의 구체적 사건에 대한 지휘권 폐지

(1) 제도적 취지

검찰청은 행정조직상으로 법무부에 소속되어 있으므로 검찰권의 행사에 관하여 궁극적으로는 행정부가 책임을 져야 한다. 여기서 검찰사무에 관한 최고감독권을 어떠한 행태로든 법무부장관에게 인정할 필요가 있다. 그러나 검찰사무는 형사사법의 운용에 중대한 영향을 갖고 있으므로 검찰권의 행사는 항상 공익의 대표자로서 공정하게 행하여져야 하며, 행정부의 정치적 세력, 여당의 정략, 특정인의 이해 등에 의하여 좌우되는 것을 방지하여야 한다(검찰청법 제4조 제2항). 이러한 견지에서 법률은 검사에 대한 법무부장관의 지휘·감독권에 제한을 두고 있다. 즉 법무부장관은 검찰사무의 최고감독자로서 일반적으로 검사를 지휘·감독할 수 있으나, 구체적 사건에 대하여는 검찰총장만을 지휘·감독할 수 있도록 규정하고 있다(동법 제8조). 이는 임기제에 의하여 신분이 보장된 검찰총장을 완충대로 하여 행정부 또는 법무부장관으로부터의 부당한 간섭을 저지하여 검찰권의 독립을 보장하자는 데 그 취지가 있다.

---

129 가칭 '평검사협의회'는 고(故)노무현정부때 대통령이 검사와의 대화에서 약속한 사안인데, 현재까지 상설화되고 있지 않다. 그러나 어떤 조직이건 그 내부구성원이 정확하게 조직의 인물 및 상황 등을 알고 있으므로 모든 구성원의 추인 정도는 거치도록 하는 것이 제도적 정당성은 물론 조직의 청렴도 내지 염결성 차원에서 가장 바람직한 제도라고 본다.

(2) 법무부와 검찰청과의 관계

전술(前述)한 것처럼, 대륙법계 국가의 경우 법무부에 법원이 소속되어 있고, 검찰청은 부치되어 있으므로 법무장관 밑에 대법원장과 검찰총장이 있다.130 따라서 기능적으로 법원과 검찰청이 독립되어 있다는 점을 제외하고는 검찰은 법무부 소속이며, 법무부의 사무를 수행한다. 다만 법원이 법무부 산하에 있다고 하더라도 법무부장관은 법원의 재판에 관여하지 못하고, 법관은 재판권을 독립적으로 행사한다. 법무부는 법원의 인사, 예산 등 법원행정에만 관여할 뿐이다. 즉, 법원행정은 행정부인 법무부에서 관장하고 있지만, 재판에는 관여하지 않는 것으로 재판권의 독립이 보장된다.

반면에 영미법계 국가 중 미국의 경우는 삼권분립에 따라 법원만 별도로 분리되어 있을 뿐 연방검사 모두가 연방법무부 소속이며, 별도의 외청 조직이 아니다. 따라서 연방의 법무부가 우리나라의 법무부와 대검찰청의 역할을 담당하며(연방 법무부장관이 동시에 검찰총장임), 대검찰청과 고등검찰청을 따로 두고 있지 않다. 영국의 경우는 법무부장관 밑에 대법원장과 검찰총장이 있지만, 전술(前述)한 것처럼 형사소추 여부는 준사법작용인 것을 고려하여 영국 검찰업무지침에 따라 법무부장관은 국가안전보장에 관계된 사안이 아닌 한 개별 사안에 대하여 지휘를 하지 않는다.

(3) 구체적 사건에 대한 지휘·감독

법무부장관이 검찰총장에 대해 구체적 사건에 관한 지휘를 한 경우 검찰청법 제8조의 자구(字句)만을 보면, 법무부장관이 지휘권을 가지고 있는 결과 검찰총장에게는 이에 복종할 의무가 있으므로, 그 지휘가 위법한 것이 아닌 한 이에 따라 직접 사무를 처리하거나 부하검사에게 명령하여 처리하도록 해야 할

---

130 연방검찰청은 우리나라의 대검찰청과 달리 고등검찰청의 상위(上位)에 있는 것이 아니라 법관과 마찬가지로 연방정부의 법무부에 소속되어 법률에 근거한 일정한 권한을 행사하는 독립된 관청이다.

것이다. 이에 따라 법무부장관이 검찰총장에 대해 구체적 사건에 관하여 지휘할 수 있는 권한을 속칭 '지휘권'이라고 부르고 법무부장관이 그 권한을 행사하는 것을 '지휘권발동'이라고 한다. 그러나 검찰권은 사법권과 밀접불가분의 관계에 있고, 사법권의 적정한 실현을 위해서는 검찰권이 공정하게 행사될 것이 불가결한 전제가 된다. 따라서 사법권의 독립을 확보하기 위해서는 검찰권의 입법권 및 다른 행정권으로부터의 독립이 담보되어야 할 것인바, 오늘날 우리나라와 같은 정당정치체제하에서는 특히 그 필요성이 크다.[131]

　　원래 법무부장관은 검찰총장의 '상사'(上司)에 해당한다. 따라서 법무부장관이 구체적 사건에 관해서 검찰총장을 지휘할 경우에는 국가공무원법 제57조(복종의 의무)의 규정에 따라 통상적인 경우 검찰총장이 그 지휘에 따라야 하는 것은 당연하다. 그러나 검찰청법 제8조의 존재이유는 단순히 법무부장관과 검찰총장의 명령복종의 관계를 규정한 것에 그치지 않고 행정부 내지 그 일원인 법무부장관과 검찰권의 접촉점에 관한 이상적인 상태를 규정한 것으로 이해해야 한다. 불행하게도 법무부장관의 지휘에 관해서 법무부장관과 검찰총장의 의견이 다른 경우에 검찰권의 대표자인 검찰총장이 법무부장관의 지휘가 위법이 아닌 한 이를 무조건 따라야 한다고 해석하는 것은 문제가 있다. 따라서 양자의 의견이 상이한 경우, 우선 검찰총장으로서는 소신에 따라 상세하게 법무부장관에게 의견을 개진함과 동시에 법무부장관의 진의를 파악하도록 최대한의 노력을 다해야 할 것이며, 그와 같은 사실상의 조치에도 불구하고 최종적으로 상호 의견이 대립된 경우에는 검찰총장은 ㉠ 불복이지만 법무부장관의 지휘에 따르든지, ㉡ 지휘에 따르지 않고 스스로 이에 반하는 처리를 하거나 부하검사에게 법무부장관의 지휘에 반하는 지휘를 하든지, ㉢ 관직을 사임하든지의 세 가지

131　松尾浩也, 형사소송법(상), 보정제4판, 홍문당, 1998, 25면은 「검찰관의 직무독립에 관해 곤란한 문제를 제공하는 것은 행정권의 주체인 내각과의 관계이다. 검찰에 관한 사항은 법무부의 소관사무로 되어 있고, 그 장인 법무부장관은 행정조직상의 원리만에 의하면, 검찰권의 행사를 완전하게 통제할 수 있다. 그러나 정당정치의 정점에 서 있는 내각의 의사가 법무부장관을 통해서 검찰권의 활동을 마음대로 지배하게 되면 사법권의 운영 그 자체가 정치 내지 행정일반의 힘에 흔들릴 위험이 생긴다. 그래서 검찰청법은 검찰사무에 관한 법무부장관의 지휘감독권에 대해 미묘한 제약을 두었다.」「형식상으로는 권한을 정한 것이나 단서의 실질은 지휘권발동에 대한 제한에 지나지 않는다」라고 서술하고 있다.

태도를 취할 수밖에 없을 것이다.[132]

그런데 현행 검찰청법 제8조는 위와 같은 극단적인 경우에 검찰총장이 어떻게 대처해야 할 것인가에 대하여는 규정하고 있지 않으므로 결국 검찰총장이 어떠한 태도를 취할 것인가는 당해 사안의 성질, 내용, 지휘의 내용과 목적, 파급효과, 나아가 검찰총장의 인생관과 처세관 등에 따라 좌우될 것이며, 그 이상은 검찰청법 제8조의 해석론의 범위를 벗어나는 것으로 보인다.

(4) 한 계

입법자가 국가공무원법 제57조(복종의 의무)의 규정과 별도로 검찰청법 제8조를 규정한 이유는 검찰총장에게 법무부장관과 대등한 지위에서 지휘의 적법성 및 타당성에 대하여 스스로의 책임하에 검토해야 할 권한과 의무를 부여한 것이다. 따라서 만약 검찰총장이 법무부장관의 위법한 지휘를 따라 그 지휘를 일선에 행한다면, 최종적인 책임은 검찰총장이 진다고 보아야 할 것이다. 이와 같이 검찰청법 제8조는 법무부장관과 검찰총장의 관계를 다른 행정기관과 달리 규정하고 있는 특별규정이므로 법무부장관의 지휘·감독권 역시 검찰권의 행사가 위법한 경우 내부적인 지휘체계로도 그 불법상황이 해결되지 않는 예외적인 상황에서 적법성통제를 위해서만 행사되어야 할 것이다(내재적 한계). 왜냐하면 검찰총장의 지휘권이 박탈된 경우, 해당 수사의 지휘권이 누구에게 갈 것인지 모호할 뿐더러 이를 인정한다면 장관이 수사주체를 결정하게 되는 상황이 초래되기 때문이다.

결국 검찰청법 제8조의 취지가 검찰총장의 일차적 지휘권을 전제조건으로 하고 있다는 점에서 검찰총장의 권한을 '박탈하는 지휘'는 할 수 없으며, 이는 검찰청법 제8조의 한계를 벗어난 것으로 보아야 할 것이다.[133] 기본적으로 정무

---

[132] 일본의 경우 사선업계가 정부에 구제금융을 요청하면서 집권당인 자유당 정치인들에게 뇌물을 건넨 1954년 4월 조선의옥사건(造船疑獄事件)에서 일본 역사상 유일무이한 법무상의 지휘권발동이 이루어졌는데, 이 사건으로 체포된 사람은 71명이나 되었으나, 기소된 사람은 34명에 그쳤고 이 중 정치가는 5명에 불과하였지만, 당시 지휘권을 발동한 요시다정권도 '외압'이라는 비판여론에 시달리다 총리와 법무상이 사임하는 등 정권이 붕괴되었다.

직 공무원인 법무부장관에게 준사법기관인 검찰에 대한 민주적 통제의 역할을 맡기는 것 자체가 정치적 논란을 부를 수 있다는 점에서, 입법적으로는 법무부장관에게 검사에 대한 일반적인 지휘·감독권만을 부여하고 구체적인 사건에 대하여는 지휘할 수 없도록 하는 것이 바람직할 것이다.134

다음 표는 2018년 발간된 유럽 평의회 산하 '사법의 효율성을 위한 유럽위원회'(CJPEJ)의 보고서, "사법의 효율성과 품질"의 보고서의 자료를 소개한다. 총 46개국 회원국의 현황을 격년으로 정리 발행하는 보고서인데, 이스라엘과 모로코를 포함하면 총 48개국이다.

---

133 법무부장관이 구체적 사건에 대해 검찰총장에게 지휘한 것은 ① 1949. 4. 이승만 정부때 이인 법무부장관이 임영신 상공부장관 등의 독직사건에서 권승렬 검찰총장에게 불기소지시를 하였으나 기소를 하는 바람에 이인 장관이 사임한 사건, ② 2005. 10. 노무현 정부때 천정배 법무부장관이 강정구 동국대 교수에 대한 국가보안법 위반사건에서 김종빈 검찰총장에게 불구속 수사를 하도록 수사지휘한 결과 검찰총장이 이를 수용하는 대신 사퇴하고 강정구 교수는 불구속 수사를 받게 된 사건, ③ 2020. 6. 문재인 정부때 추미애 법무부장관이 윤석열 검찰총장에게 '한명숙 전 총리 사건 위증교사의혹' 사건과 관련하여 참고인 한모씨를 서울중앙지검 인권감독관이 아닌 대검 감찰부에서 조사하도록 하고, 이어서 '검·연유착의혹' 사건과 관련하여 대검 전문수사자문단 소집절차를 중단하고 서울중앙지검장이 지휘 중인 수사에 관하여 검찰총장으로 하여금 수사지휘를 하지 못하도록 한 사건이 있다. 또한 2020. 10. 추미애 장관은 윤석열 총장에게 라임사건 및 윤석열 총장의 가족 관련 사건에서 수사지휘권을 배제하는 지휘를 한 바 있다.

134 천정배 전 법무부장관의 경우처럼, 국회의원으로서는 시민단체인 참여연대의 입법청원을 받아들여, 구체적 사건에 있어서는 법무부장관의 검찰총장에 대한 수사지휘·감독권을 폐지해야 한다고 주장하였으나, 막상 본인이 장관이 된 후에는 2005년 강정구 교수의 구속수사와 관련하여, 최초의 수사지휘권을 발동함으로써 검찰수사팀과의 갈등 및 검찰총장의 퇴임을 불러왔는데, 검찰수사에 대한 정치권의 직접 개입이라는 좋지 못한 선례를 남기게 되었다.

【표 2-11】 2016년 기준 유럽 46(48)개국 검사의 지위[135]

국가/독립단체	검사의 역할(Role of public prosecutors)			
	법률상 독립	법무장관 산하 혹은 다른 중앙관청산하	기타	기소여부에 대한 구체적 지휘를 금지하는 규정
알바니아				
안도라			■	
아르메니아				■
오스트리아				
아제르바이잔	■		■	
벨기에				■
보스니아 헤르츠고비나	■		■	
불가리아	■			
크로아티아				■
사이프러스	■			
체코공화국				
덴마크		■		
에스토니아		■		
핀란드				
프랑스		■		
조지아	■			
독일	■			
그리스	■			
헝가리	■			
아이슬란드	■			
아일랜드	■			
이탈리아				■
라트비아				■
리투아니아				
룩셈부르크				
몰타(Malta)				
몰도바			■	
모나코		■		
몬테니그로			■	■
네덜란드		■		

국가/독립단체	검사의 역할(Role of public prosecutors)			
	법률상 독립	법무장관 산하 혹은 다른 중앙관청산하	기타	기소여부에 대한 구체적 지휘를 금지하는 규정
노르웨이				
폴란드				
포르투갈				
루마니아				
러시아 연방				
세르비아				
슬로바키아				
슬로베니아				
스페인				
스웨덴				
스위스				
마케도니아				
터키				
우크라이나				
영국 (UK-Eng. and Wales)				
스코틀랜드				
이스라엘(47)				
모로코(48)				
Total	46	46	46	46
Yes	30	14	9	28
No or NAP	16	32	37	18
Nb of NA	0	0	0	0

위 〈표 2-11〉에서 보듯이 검찰이 법무부에 배속되거나 혹은 다른 중앙부처에 속해 있는 국가들 중에서 헌법이나 법률에서 그 독립성을 규정하거나 검사에 대한 구체적인 지시를 금지하는 규정을 두고 있는 경우가 유럽 46개국 중 41개국이다. 단지, 5개국, 즉 오스트리아, 덴마크, 모나코, 네덜란드, 노르웨이(회원국이 아닌 경우는 모로코)가 헌법이나 법률에 검찰의 독립성 규정을 두고 있는 것도 아니고, 장관의 구체적 지시를 금하는 규정도 두지 않은 경우이다. 하지만 이런 나라들에서도 형식적·조직적 종속과 달리 기능적인 독립성은 당연히 보장

되고 있다는 점에서,136 사실 검찰의 독립이 보장되지 않은 국가가 법치국가와 인권보장을 말하는 것은 명칭사기이며 기만인 것이다.137

❹ 검찰의 사법기관성 인정

(1) 문제점

전술(前述)한 것처럼, 대륙법계 형사법체계에서 검사의 활동은 사법적 성격을 띠고 있다. 그 이유는 검찰권은 분류상 행정권의 일종으로 사법권과 구별되지만, 범죄수사, 공소의 제기와 수행, 재판의 집행 등을 내용으로 하고 있으므로 사법권과 밀접한 관련을 맺고 있다는 점에서, 수사절차 및 재판절차에서 사법적 중요성(Justizförmigkeit)이 매우 중요시되고 있기 때문이다. 이러한 검찰권의 사법적 속성 때문에 그 공정성을 담보하기 위해 검사의 자격요건에 법관과 같은 수준의 엄격한 요건을 필요로 하고, 그 신분도 일반 행정공무원에 비해 강력하게 보장하는 등의 조치를 취하고 있다. 그래서 독일에서는 법관에 대한 자격, 임명, 직무외 법률업무취급의 금지, 징계 등의 규정이 검사에게도 준용되고 있는 것이다(독일 법관법 제122조).

물론 독일 형사소송법 제160조 제2항에 의해 검찰은 피의자에 대하여 유리한 사항과 불리한 사항을 동등하게 수사하여야 할 의무를 진다는 점에서 제160조 제2항으로부터 객관성에 대한 실질적 의무가 도출된다. 즉, 검사는 객관적으로 정의와 진실이라는 법가치실현에 봉사해야 할 임무를 맡고 있기 때문에 피의자·피고인에게 불리한 사정만 조사할 것이 아니라 그에게 이익이 되는 사정도 조사해야 한다. 또한 피고인에게 유리한 증거신청이나 공판심리 도중이라도 피고인의 무죄가 확실히 번복되기 어려운 객관적인 사정이 발견된다면 그의 무죄를 위한 변론도 행하여야 하며, 피고인의 이익을 위한 상소제기와 재심의

---

136 CEOEJ, STUDES NO. 26, Edition 2018(2016 data), p.126-127.

137 김성룡, "수사권한이 조정의 대상인가?", 형평과 정의 제33집(2018), 대구지방변호사회, 187면.

청구도 해야 한다. 이러한 의미에서 검사는 객관적 지위에 있으며, 검사의 이러한 지위를 '객관의무'라고도 부른다.

이와 관련하여, 검사가 '사법기관'으로서의 속성을 갖기 위해서는 ① 행정부로부터 독립성, ② 상급자로부터 자율성, ③ 사건관계자로부터 중립성이 보장되어야 하는데, 우리나라 검찰은 ① 행정부 소속, ② 상급자 지휘·감독, ③ 피의자·피고인과 대립하는 당사자로, 어떤 점에서도 객관적인 제3자라 볼 수 없어 검사를 준사법기관으로 볼 수 없다는 견해도 있다.138 그리고 입법례로 유럽인권재판소가 유럽인권협약 제5조 제3항에 규정된 사법관이 되려면, 행정부와 소추당사자에 대하여 독립성을 가져야 하며, 검사는 행정부에 대하여 특히 독립성이 결여되어 사법기관이 아니라고 판시한 바 있으며,139 독일 연방헌법재판소도 2001년 검사의 긴급수색행위는 반드시 법원의 심사를 받아야 한다고 결정하면서, 그 근거로 검사의 행위는 결코 사법행위가 될 수 없으며, 검찰은 행정기관에 속한다고 명시했다140는 점을 들고 있다.

물론 독일 검찰이 일반적인 공무원법상의 사건적합의무 하에 있는 위계적 구조의 관청이라는 점과 검찰은 다른 관청들과 비교할 때 법무부장관에 대하여 더 큰 독립성을 갖는 관청의 장, 즉 검찰총장을 가지고 있지만 그럼에도 불구하고 형식적으로든 내용적으로든 판사적인 독립성에 가까이 이르지는 못하고 있다.141 특히 법관은 후술(後述)하는 형법상의 법왜곡죄 규정에 의해 일반적인 특권을 누리고 있는데, 그 규정은 법관의 잘못된 행위가 극단적인 사례에 이르는 경우에만 책임을 규정하고 그와 동시에 그 이외의 모든 잘못에 대해서는 민사적으로든 형사적으로든 그 책임을 지지 않는 것으로 하고 있는 반면, 검사들은 이러한 민사적 책임이 인정되는 한 단지 "보통의" 공무원과 같이 취급되는 것이다.142

---

138 서보학, '정부 수사권 조정 합의문'의 함의와 바람직한 개선 방안, 검·경 수사권 조정에 관한 공청회(2018. 11. 14.), 국회 사법개혁특별위원회, 29면.

139 CEDH, 10 juillet 2008, Medvedyev. c. France.

140 NJW 2001, S.1121.

141 독일의 경우 통상적으로 임관 자격을 갖춘 사람이 먼저 검사로서 사법직무를 행하며, 몇 년간 근무를 한 후 비로소 법관직을 선택할 수 있는 선택권이 주어진다.

142 독일의 공무원법에 의하면 공무원은 잘못을 한 경우에 고의가 있거나 중대한 과실이 있는

이에 따라 독일 연방대법원 판례도 수사절차에서 불기소처분을 지체한 경우,[143] 범죄혐의가 흠결되었음에도 구속영장을 청구한 경우,[144] 의무에 위반한 공소제기[145]에 검사의 민사법적인 손해배상책임을 긍정한 바 있다.

다만, 검찰이 담당하는 사건들 중의 많은 부분에 있어 검사가 고유의 권한으로 종국적으로 처리한다는 점을 고려할 필요가 있다. 이는 형사소송법(StPO) 제170조 제2항에 의해 범죄혐의의 불충분으로 인한 불기소의 경우에만 한정된 것이 아니라, 오히려 검찰은 기소편의주의적 관점에서 부여된 권한 범위 내에서, 기소함에 충분한 혐의가 있는 사건들의 거의 절반을 비공식적으로, 즉 기소하지 않고 또는 공판 종료에 따르는 판결을 받지 않게 하면서 처리한다는 점이다. 물론 이러한 결정이 진정한 의미에서의 기판력은 가지고 있지 않지만, 그럼에도 불구하고 절차를 사실상 종결하게 된다는 점에서 법원의 판결과 유사하다. 이러한 점에서 검사의 준판사적 활동이 있는 것이며, 이는 검사의 업무 성질을 판단함에 있어서 간과해서는 안 될 사항이라고 할 것이다.

독일 헌법재판소도 일찍부터 검찰의 법률기속성을 강조하고 행정기관으로서 검찰의 지위를 보다 중요시한 것은 사실이지만, 검찰이 형사재판에서 갖는 사법기관으로서의 속성을 전면 배제한 것은 아니다. 즉, 수사절차와 형사재판 등 법원과의 사법공동작용에서 검찰권의 특수성을 인식하고 있으며,[146] 검찰의 주된 임무가 바로 형사소추와 형사절차에 기여하는 데 있다는 점을 주목하고 있다.

독일에 검찰제도가 도입된 지 약 120년 지난 1968년, 독일 법관신문에 실린 독일법관 연합 소관위원회의 이름으로 '제3의 권력(사법부)에서의 검사'라는 제목의 글이 실렸는데,[147] 그 글 초입을 옮겨보면 다음과 같다.[148]

경우에만 개인적인 책임을 지고, 그 이외의 경우는 기본법 제34조, 민법 제839조에 의하여 국가가 그를 대신하여 책임을 진다.

143 BGH NJW 1989, 96.

144 BGH NJW 1998, 751; StV 2004, 330.

145 BGH 2000, 2672.

146 BVerfGE 9, 223, 338.

147 Die Kommission für die Angelegenheiten der Staatsanwälte im Deutschen Richterbund, "Der Staatsanwalt in der Dritten Gewalt", Deutsche Richterzeitung, 1968, S. 357.

148 김성룡, "헌법상 영장청구권 검사전속 규정의 현대적 의미와 검찰개혁을 위한 올바른 개헌

독일 검찰은 3월 혁명에 이르기까지의 개혁과 1848년 3월 혁명에서 표현된 민주주의와 자유주의의 사상이 낳은 자식이다. 검찰의 탄생은 규문주의절차의 종말을 뜻하며, 법관이 수사와 심판을 모두 하던 낡고 흠결 가득한 절차를 마감하는 것이었다. 형사절차는 비밀리에 이루어지고 참심(Laienrichter)이 전혀 개입할 수 없었기에 그 해악은 더욱 커졌고, 독일 국민들은 항소심을 순전히 참심만으로 이루어진 절차로 도입하자는 극단적 주장에 이르렀다. 양면을 가진 법관의 이원주의가 검찰의 창설로 인해 제거되고, 사건을 밝히는 수사활동은 배타적으로 검찰이라는 사법(법무)기관(Justizbehörde)에게 옮겨간 것이다. 독일 검찰의 모범은 프랑스 검사제도였고, 프랑스 사법체계 내에서 검찰의 역할은 그 예를 찾기 어려울 정도로 강력한 지위로 표현된다. 나폴레옹 지배기를 거치면서 독일 라인 왼편의 프로이센, 바이에른, 헤센에서부터 도입되기 시작한 검찰제도는 독일 전역으로 확대되게 된다. 독일 검찰이 사전절차(Vorverfahren)에서 법관의 역할을 하게 되었다는 것으로 지금까지 법관의 과제가 행정의 과제로 변경되지는 않았다. 만약 그런 의미였다면, 수사활동은 검사가 아니라 경찰에게 넘겨졌을 것이다. 만약 그렇게 되었다면 사법 영역에 경찰국가적 요소들을 도입하는 것이 되었을 것이고, 그것은 가장 강력한 반발에 부딪혔을 것이다. 경찰국가에서 탈피하여 법치국가로 가자는 것이 해결책이었고, 이러한 관점에서 모든 오해를 피하기 위해 검찰은 내무부도 경찰부도 아닌 사법(법무)부장관(Justizministerium)하에 설치되었던 것이다. 전체적인 형사영역(Kriminalbereich)에서 경찰국가적 사고를 법치국가적 방법들로 극복하는데 기여하는 법적 해결책이 바로 검찰제도의 도입이었던 것이다.

검사는 행정의 일부가 아니라 사법기구로 구성되었고, 분할되지 않은 사법의 새로운 일원이 되었고, 그 사법에 통합된 것이다. 1959년 3월 19일 독일연방헌법재판소는 '검사는 사법의 일부이며, 법원과 검찰이 함께 사법을 지키는 과제를 충족하는 것이 바로 법치국가의 가장 본질적인 요소의 하나'임을 확인했다.

공판을 개시·진행하기 위해서는 검사의 공소제기가 있어야 하고, 절차의 진행을 위해서는 공판정에 검사가 참여해야 한다는 것은 검사가 사법기관임을 다시 확인해 주는 것이고, 검사에게 피고인에게 유리한 증거를 수집하고, 피고인에게 유리한 상소를 제기할 수 있도록 하는 등 객관의무와 권한을 부여한 것도 사법기구로서의

방향", 형사법연구 제29권 제4호(2017 겨울·통권 제73호), 한국형사법학회, 74-75면.

검사의 위상을 확인해 주는 것이다.

생각건대 검사는 국가의 형사사법기관으로서 범죄수사(수사기관)와 형사소추(소추기관)라고 하는 법의 요구를 객관적으로 정당하게 수행할 임무는 있지만, 민사소송의 대립당사자처럼 자기의 주관적 이익이나 목적을 추구하는 것이 아니다. 형사소송절차에서 범인과 공소사실이 특정되어 있지만, 그것은 어디까지나 단지 소송의 대상(Prozeßgegenstand)에 불과할 뿐 계쟁물(Streitsache)이 아니다. 형사소송에는 민사소송에서와 같은 계쟁물이 없으며, 계쟁물을 둘러싼 대립당사자도 없다. 더욱이 형사소송은 이미 무죄추정이라는 전제에서 출발하고 있기 때문에 입증책임도 검사가 부담한다. 이 점 때문에 독일의 통설은 검사가 소송주체(Prozeßsubjekt)이지만, 소송당사자(Prozeßpartei)는 아니라는 데 의견이 일치하고 있다. 더욱이 독일 형사소송법상 강제수사 및 강제처분은 피의자 개인의 자유제한과 인권침해적 요소가 크기 때문에 그 절차과정을 법률로 정하여 놓았을 뿐만 아니라, 그 절차의 중요한 부분은 법관 또는 검사의 법률적 판단을 거치도록 되어 있다. 특히 강제처분에서 법관의 명령을 기다릴 여유가 없는 긴급한 상황 하에서는 검사가 우선 그것을 대신할 수 있다는 규정이 산재해 있는 실정이다.

반면에 우리나라의 경우 당사자주의적 소송구조를 기본으로 하고 있으므로 검사와 피고인은 소송당사자라고 하는 견해가 우세하지만, 피고인과 검사가 소송당사자인가라는 문제는 사실상 소송구조 여하에 달려있는 것이 아니다. 직권주의 또는 당사자주의는 소송주체간의 소송상의 역할분배에 관한 원칙일 뿐이기 때문이다. 왜냐하면 당사자주의를 기본적 구조로 삼는다고 할 때, 그것은 한 소송절차 내에서 소송상의 역할이 법관보다 주로 검사와 피고인의 양 소송주체에게 부여되어 있다는 의미를 내포할 뿐 민사소송처럼 검사와 피고인이 계쟁물을 둘러싼 진정한 의미에서의 대립당사자(kontradiktorische Partei)가 된다는 의미는 아니기 때문이다. 특히 우리나라에서 검사를 준사법기관(Quasi-Richter)이라고 칭하고 있는 이유는 검찰권이 그 공정성이라는 측면에서 사법권에 준하는 성격을 갖고 있지만, 검사동일체의 원칙에 따른 직무이전권(Substitutionsrecht)과 직무승계권(Devolutionsrecht)이 주어져 있을 뿐만 아니라 헌법상 법관과 같은 신분보장은 되지 않는다는 점에서, 법관의 신분상 독립성과 다른 제도적 특징을 갖고 있기 때문이다.

결국 사법적 요식성이 중요시되는 수사절차에서 준사법기관으로서 검찰의 역할이 강조되는 것은 검사의 법률가신분성에 대한 시민적인 신뢰와 이를 뒷받침하는 법문화적인 배경이 깔려있기 때문이다. 특히 중죄사건에 대해 원칙적으로 예심제도를 통용했던 독일 형사소송법이 1974년 개정시 이를 폐지하면서 중죄사건 수사담당자였던 수사판사의 역할은 대부분 검찰의 몫이 되었다. 따라서 우리나라의 검찰행태에 대한 비판은 별론으로 하고, 우리나라 검찰도 법의 적정한 운용과 실현에 관여한다는 점에서 사법기관이며, 검사가 공익대표자로서의 지위, 인권옹호기관으로서의 지위 그리고 법령의 정당한 적용을 청구하는 청구권자의 지위를 갖는다는 종래의 단편적 성격규정들은 독자적인 사법기관이라는 포괄적인 용어의 구체적인 내용들인 셈이다.[149] 물론 여기서 말하는 사법기관이란 재판권의 담당기관인 사법부의 일부라는 의미가 아니다. 사법(Rechtspflege)은 법질서에서 정의와 법적 안정성 그리고 인간존엄성의 보장요구를 진실발견의 절차를 통해 실현하는 영역이며, 이런 의미의 사법영역, 특히 형사사법에서 활동하는 기관으로는 법원은 물론 검찰과 변호인도 포함된다.

(2) 대륙법계 국가

가. 이탈리아

검찰을 행정부 소속이 아닌 사법기관으로 인정하는 입법례로는 이탈리아를 들 수 있는데, 이탈리아는 이미 1908년 사법부를 국가권력으로부터 독립시키기 위해 최고사법회의(Consiglio Superiore della Maistratura)를 설립했다.[150] 이

---

149 이에 대하여 "한국의 검사는 수사기관이고 기소기관이므로 피의자를 위한 수사활동은 기대할 수 없으며, 그럼에도 준사법기관론으로 검사에게 법관과 유사한 지위를 주어 인권침해 행위에 면죄부를 부여, 나아가 수사기관 사이에서는 상하의 차이가 없는 것이 원칙인데도 경찰에 대한 통제의 기반이 되고 있다"면서, "검찰의 준사법기관론은 하나의 신화에 불과하다"는 견해도 있다(문재인/김인회, "검찰을 생각한다", 60면).

150 이에 관해서는 Antoinette Perrodet, "The public prosecutor", European Criminal Procedures (Mireille Delmas-Marty and J.R.Spencer(Ed), Cambridge university press, 2002, pp. 429.

후, 파시스트 정권이 끝난 1948년 헌법개정을 통하여 검찰을 최고사법의회 아래 두어 법원(Corte Suprema di Cassazione인 대법원은 순수 재판업무만 담당)과 병존시킴으로써 검찰의 독립성을 보장하고 있다. 물론 과거 이탈리아 검찰도 중앙집권적 검찰로 행정부에 완전히 소속된 상명하복 구조로 출발하였다.

그러나 2차대전 당시 파시스트 정권 때 검찰이 정권의 도구로 이용되는 역사적 경험을 거치면서, 1946년 사법권 보장에 관한 법률로 법무부장관의 검찰 지휘권을 폐지하고 감독권으로 대체한 것이다. 즉, 1948년 헌법 제107조 제4항에 "검사는 사법조직법이 정하는 바에 따른 보장을 받는다"라고 규정하면서부터 검사가 사법부에 소속되면서 판사와 완전히 동등한 지위를 가지게 된 것이다. 정부 (법무부)로부터 독립된 이탈리아 검찰은 1992년부터 시작된 마니폴리테(깨끗한 손) 바람을 일으켜 정권의 비리를 파헤친 결과, 당시 기민당 기사당 연립정권을 붕괴시켰으며, 2010년에는 현직 총리 베를루스코니 총리를 기소하기도 했다.[151]

나. 프랑스

전술(前述)한 것처럼, 프랑스는 검사인사의 독립성과 객관성을 보장하기 위하여 헌법기관으로 최고사법평의회(Conseil supérieur de la Magistrature)가 설치되어 있으며, 2013년 7월 25일 법률로 법무부장관의 구체적 사건에 관한 검찰지휘권을 폐지하였다(형사소송법 제30조 개정). 아울러 2016년 6월 프랑스가 형사소송법 제39-3조[152]를 신설하여, 검사에게 사법경찰의 수사를 통제할 핵심적인

---

[151] 판사와 검사의 임명과 인사이동은 모두 최고사법회의 관할이다. 판사가 검사가 되기도 하고 검사가 판사가 되기도 한다. 최고사법회의는 위원 33명으로 구성된다. 그중 3분의 2는 다양한 심급에 속한 모든 평법관들에 의해 선출되고, 3분의 1은 15년 이상의 경력을 가진 법학교수와 변호사 중에서 국회의 상하원 합동회의에서 선출된다. 위원회는 국회에서 선출된 위원중에 위원회의 부의장을 선임한다. 선출직 위원의 임기는 4년이고, 연임할 수 없다. 위원(33인) 중 3인은 대법원장, 검찰총장, 그리고 대통령(의장이 된다)이다(이상 헌법 제104조). 이탈리아 검찰은 제도적으로 외부(정부)로부터 독립되어 있을 뿐 아니라 내부적으로도 독립적 단위로 움직인다. 즉 159개 지방검찰 당국도 자율성을 가지고 있기 때문에 검사동일체의 원칙이 적용되지 않는다. 전국적 수사를 할 수 있는 조직은 마피아수사국(DNA) 정도이다.

[152] 프랑스 형사소송법(Code de procédure pénale) 제39-3조 ① 사법경찰(police judiciaire)을 지휘하는 영역에서, 검사는 수사관(enquêteur)에게 일반적인 지시나 구체적인 지시를 할 수 있다. 검사는 수사관에 의해 행해지는 수사절차의 적법성, 사실관계의 본질과 중요도에 따

역할을 확인하고, 검사의 객관의무를 확인한 이유도 여기에 있다.

다. 독 일

독일 역시 법관에 대한 자격, 임명, 직무외 법률업무취급의 금지, 징계 등의 규정은 검사에게도 준용됨을 정하고 있다(DRiG 제122조).[153] 물론 '검사를 법관법에 포함시켜야 하는가' 하는 문제와 관련하여 독일법관법 초안이 발표되었을 당시에는 여러 가지 상반된 견해들이 존재하였다.

문제는 검사는 비록 헌법에서 보장하는 신분보장이나 사법권의 독립과 같은 보장은 받지 못하고 있지만, 수사의 주재자로서 또는 공소관으로서의 활동을 포함한 검찰사무의 집행을 통하여 독자적으로 법을 실현하고 구체화하는 점에서 정의실현을 목적으로 삼는 사법사무의 범주를 벗어날 수 없다는 점이다. 이에 검사는 법의 수호자라는 공익적 지위에서 피의자·피고인의 정당한 이익을 옹호해야 하며, 이를 통하여 실질적 변호를 해야 할 의무가 있다는 점, 수사종결에 즈음하여 기소여부에 관하여 법관에 앞서 법관과 유사한 성격의 사법적 판단을 내려야 한다는 점 그리고 법원에 대하여 법령의 정당한 적용을 청구할 수 있는 권한을 갖는다는 점에서 검찰도 '법원과 동등한 지위를 갖는 사법의 기관', 즉 독자적인 사법기관(selbständiges Organ der Rechtspflege)의 일종으로 보는 것이 독일연방대법원[154] 및 독일의 통설적인 견해[155]이다. 물론 연방대법원은

른 수사행위의 비례성, 수사의 방향 및 수사의 질 등을 통제한다.

② 검사는 피해자, 고소인, 피의자의 권리를 존중하는 범위 내에서, 수사가 실체적 진실을 증명하는데 이르고 있는지, 이들에게 불리한 내용뿐만 아니라 유리한 내용에 대해서도 수사가 이루어지고 있는지를 감독한다.

153   제1항: 법관의 자격을 가진 자 중에 검사를 임명한다.

      제2항: 종신검사가 되기 위하여는 최소한 3년 이상 검사 업무에 종사하여야 한다(동법 제10조 제1항 준용).

      제3항: 검사는 업무외적인 법률감정이나 유상의 법률상담을 할 수 없다(동법 제41조 제1항 준용).

      제4항: 검사에 대한 징계절차는 법관직무법원(Dienstgericht für Richter)에서 결정한다.

154   BGHSt 24, 171.

155   Roxin/Schünemann, Strafverfahrensrecht, 28. Aufl., §9 Rn. 10.

어떤 근거에 의해 이러한 견해를 취하였는지, 그리고 이런 견해가 구체적으로 어떠한 효과를 가지는지에 대해서는 언급하지 않았다.

(3) 영미법계 국가

영미법계 국가에서는 검사를 행정기관으로 보는바, 이러한 논의 자체가 없다.

(4) 검 토

우리나라 검찰의 준사법기관성을 긍정하는 입장은 검찰제도를 탄생시킨 이념 및 연혁을 근거로 삼아 긍정적인 해석론을 전개하지만, 그러한 역할과 기능이 제도론적으로 충분히 뒷받침되고 있지 않다. 검찰청법상의 정치적 중립성 선언도 선언적 프로그램에 불과하고, 형사소송법상의 객관의무에 관한 규정도 마찬가지이다. 검사의 임명, 예산 및 인사가 행정부(대통령과 법무장관)에 완전히 종속되어 있기 때문이다. 더욱이 후술(後術)하는 것처럼, 구체적 사건에 대한 법무부장관의 지휘권이 존재하는 한, 그리고 법무부장관에 대한 임명권을 대통령이 좌지우지 할 수 있는 한, 법무부장관을 매개로 한 정부(정치)로부터의 외풍을 막을 방도가 없으며, 이러한 문제는 공수처의 경우에 더욱 심하게 작용할 것으로 보인다.

결국 검찰의 사법기관성을 회복하는 방법은 헌법상 검찰을 법원과 나란히 사법부로 독립시키고 검찰과 법원을 통괄하는 '최고사법회의' 같은 기구를 두면서 그 최고사법회의에서 검사와 판사의 임용 및 신분보장을 하고, 기능적으로만 검찰과 법원이 분리되도록 설계한다면, 검찰의 독립성이 가장 강도높게 보장될 것은 분명해 보인다. 그런데 현재 검찰사무의 기획업무가 법무부 검찰국과 대검찰청 기획조정부로 이원화되어 있을 뿐더러, 평가기능도 대검 총무부와 감찰부, 법무부 검찰국으로 분산되어 있다. 더욱이 검찰인사에 관한 실무업무를 정치적 임명직인 법무부장관이 직접 관할하는 법무부 검찰국에서 담당함으로써 검찰권의 독립성마저 저해할 소지가 있다.

그러므로 법무부는 권력기관으로서의 성격을 탈피하여 대국민 서비스 제공기관으로서의 성격을 확립해야 하며, 종래 검찰 위주의 조직과 운영에서 탈피하여 민간부문과의 협력체계를 강화해야 할 것이다. 따라서 헌법개정이 필요한 '최고사법회의'가 도입되기 전까지, 한시적으로 법무부 검찰국의 인사기능을 폐지하고 검찰국 업무의 대부분을 검찰로 이관156시키는 한편, 감찰권은 오히려 법무부로 통합하여 검찰총장을 제외한 검사인사권은 검찰(검찰총장)에, 감찰권은 법무부로 분리하는 방안이 타당하다고 본다. 아울러 법무부와 검찰간 인사교류를 최소화하고 법무부에 개방형 임용제를 도입하여 전문성을 제고해야 할 것이다.157

❺ 기소편의주의에서 기소법정주의로의 전환문제

한국의 경우 그동안 기소독점주의, 기소편의주의(Opportunitätsprinzip)158에 더하여 검사동일체의 원칙까지 인정되어 검찰의 기소재량권에 대한 효과적인 통제수단이 존재하지 않았다. 이에 대하여 검사의 불기소처분에 대한 통제장치로서, 독일처럼 기소법정주의로 전환을 주장하는 견해가 있다. 그동안 기소독점주의와 함께 기소권이 권력일 수 있도록 지탱해 주는 또 하나의 축으로서 아직 유지되고 있는 것이 기소편의주의라는 것이다.159 따라서 기소를 하지 않을 수

---

156 '법무부와그소속기관직제'에 의하면 법무부의 행정제도 개선업무를 총괄하고, 정책 및 기획을 조정·심사평가하며, 인사·예산·행정관리 및 시설관리에 관한 사무를 관장하기 위하여 기획조정실을 두고, 운영지원과, 법무실, 검찰국(.2006.2.20. 검찰국 산하의 각 과 명칭을 변경하고 '형사법제과'를 신설함), 범죄예방정책국(2008.3. 보호국이 범죄예방정책국으로 개편되어 검사장이 국장을 맡고 있음), 인권국(2006.5. 인권국이 신설됨), 교정본부(2007.11. 교정국이 교정본부로 확대 개편됨) 및 출입국·외국인정책본부(2007.5. 출입국관리국이 출입국·외국인정책본부로 승격됨)를 두고 있으며, 장관 밑에 감찰관 1인 및 장관정책보좌관 2인을 두고 있다.

157 2008년 말에는 '법무부와 그 소속기관 직제시행규칙'이 개정되어 출입국·외국인정책본부장과 인권국장을 개방직에서 자율직으로 바꿔 검사장급을 배치할 수 있도록 하였다.

158 형사소송법 제247조는 검사가 형법 제51조의 사항을 참작하여 공소를 제기하지 아니할 수 있도록 정하고 있다. 형법 제51조는 양형조건에 관한 규정인데 여러 가지 측면을 종합해서 범죄혐의가 확인되더라도 기소하지 않을 수 있는 것이다.

159 이석연, 검사의 불기소처분의 헌법적 통제를 위한 시론 – 기소편의주의에 대한 반성적 측면에서, 『법과 사회』(법과사회이론학회) 제6권 (1992), 107면 이하.

있다는 규정을 기소를 하여야 한다는 내용으로 개정하고 기소를 하지 않음이 마
땅한 사안을 유형화 하여 기소편의주의가 아니라 기소법정주의(Legalitätsprinzip)
를 원칙으로 하자는 것이다.160 기소법정주의가 원칙이 되면 기소권을 행사하
지 말라는 정치권 고위공직자의 압력을 피할 수 있는 좋은 핑계가 될 것이기
때문이다.

물론 독일 형사소송법(StPO)은 검찰이 공소를 제기한다고 하여 기소일원주의
(우리나라에서는 '기소독점주의'로 번역됨)를 규정하고 있다(형소법 제152조, 제170조).161
다만 이에 대한 예외로서, 조세범 사건에 있어서 '세무관청의 약식명령 청구권'
이 인정되고(독일 조세법 제399조 제1항, 제499조), 독일 형사소송법 제374조162에

---

160 김성천, 앞의 논문, 72면.

161 제152조 ① 공소제기는 검사의 권한에 속한다. ② 법률에 다른 규정이 없는 때에는, 검사
는 충분한 사실적 근거가 존재하는 모든 형사소추 가능한 범죄행위에 대하여 공소를 제
기하여야 한다.
제156조 공판절차개시 이후에는 공소를 취소할 수 없다.
제160조 ① 검사는 고발이나 그 밖의 방식으로 범죄행위의 혐의에 대하여 알게 되는 즉시
공소제기 여부를 결정하기 위하여 사실관계를 조사하여야 한다. ② 검사는 책임을 가중
시키는 것 뿐 아니라 감경시키거나 면제하는 사정에 대하여도 수사하여야 하며, 멸실의
우려가 있는 증거의 조사를 위한 조치를 마련하여야 한다. ③ 검사는 행위의 법적 효과
를 확정하는 데 중요한 의미가 있는 사정에 대해서도 수사하여야 한다. 이를 위하여 검
사는 사법보조관을 이용할 수 있다. (이하 생략)
제163조 ① 경찰기관과 경찰공무원은 범죄행위를 조사하여야 하고, 사실관계가 불분명해
지지 않도록 예방하기 위해 지체해서는 안 될 모든 명령을 내려야 한다. 이러한 목적에
서 경찰기관과 경찰공무원은 다른 기관에 대해 정보제공을 의뢰할 권한이 있고, 긴급을
요하는 경우에는 정보를 요구할 수 있으며, 다른 법률규정에 권한과 관련하여 별도로 규
정하고 있지 않는 한 모든 종류의 수사를 행할 권한이 있다. (이하 생략)
제170조 ① 수사결과 공소제기를 위한 충분한 근거가 밝혀진 경우 검사는 관할법원에 공
소장을 제출함으로써 공소를 제기한다. ② 그렇지 않을 때에는 검사는 절차를 중지한다.
(이하 생략)

162 독일 형사소송법 제374조 제1항에 따라 사소가 가능한 범죄는 주거침입죄(형법 제123조),
모욕죄(형법 제185조 내지 제189조) 가운데 형법 제194조 제4항에 규정된 정치단체에 대
한 것이 아닌 경우, 서신비밀침해죄(형법 제202조), 상해죄(형법 제223조 및 제229조), 스
토킹죄(형법 제238조 제1항) 또는 협박죄(형법 제241조), 업무상 수뢰 또는 증뢰죄(형법 제
299조), 재물손괴죄(형법 제303조), 형법 제323조a에 따른 행위로서 그 행위가 명정상태에
서 저질러진 위 죄들에 해당하는 경우, 부정경쟁방지법 제16조 내지 제19조에 따른 범죄

따라 일정한 경죄나 사적 영역 보호의 성격이 강한 범죄에 대하여 '사소(私訴)'
가 인정되고 있다. 또 기소법정주의를 원칙으로 하고 있으나, 형사소송법 제150
조 제2항에 "법률에 다른 규정이 없는 때에는"이라는 예외를 열어놓고, 이에 따
라 합리적인 사정이 있는 때에는 기소하지 않을 수 있는 '기소합리주의' 규정들
이 개별조항163 차원에서 많이 도입되어 있다.

【표 2-12】 독일의 기소유예 처분현황164

구 분 연 도	전체 처리 사건 수	조건부 기소유예	단순 기소유예	기소유예 비율 (조건부+단순 기소유예 /전체사건 수)
2011	4,609,786	197,024	1,085,270	27.82%
2012	4,556,600	188,657	1,080,499	27.85%
2013	4,537,363	183,333	1,094,682	28.17%
2014	4,696,112	180,811	1,191,546	29.22%
2015	4,989,559	174,956	1,421,570	31.99%

　　그러나 기소편의주의를 채택한 우리나라의 기소유예 비율(건수 기준)이
2011년 12.1%, 2012년 12.4%, 2013년 12.2%, 2014년 12.5%, 2015년 14.1%인
반면, 독일의 경우 기소법정주의의 예외로서 기소유예 처분 건수는 점차 증가

행위, 특허법 제142조 제1항, 실용신안법 제25조 제1항, 반도체보호법 제10조 제1항, 종
자보호법 제39조 제1항, 상표법 제143조 제1항과 제143조a 제1항과 제144조 제1항과 제
2항, 의장법 제51조 제1항, 제65조 제1항, 저작권법 제106조 내지 제108조b 제1, 2항 및
조형미술과 사진작품 저작권관련법 제33조에 따른 범죄행위이다.

163 　형사소송법 제153조, 제153조a, 제153조b, 제153조c, 제153조d, 제153조e, 제153조f, 제
154조, 제154조a, 제154조b, 제154조c, 제376조, 소년법원법 제45조, 마약류관리법 제31
조 등.

164 　Statistisches Bundesamt, 「Fachserie 10 Reihe 2.6, Rechtspflege, Staatsanwaltschaften
2015」 pp. 26; Statistisches Bundesamt, 「Fachserie 10 Reihe 2.6, Rechtspflege,
Staatsanwaltschaften 2014」 pp. 26; Statistisches Bundesamt, 「Fachserie 10 Reihe 2.6,
Rechtspflege, Staatsanwaltschaften 2013」 pp. 26 등(독일 연방통계청 통계시리즈, 사법
통계의 검찰 관련 통계 중 2011.~2015.).

추세에 있으며, 위의 〈표 2－12〉에서 보는 것처럼 우리나라보다 그 비율이 더 높다. 다만, 기소편의주의가 경직된 형사사법권 행사를 피할 수 있는 유용한 제도라고 하더라도 그것이 유전무죄 무전유죄 현상을 불러오는 요인이 된다면 형사사법체계에 대한 신뢰의 붕괴를 가져올 뿐 구체적 정의를 이루기 위한 도구라고 할 수 없다. 지금까지는 검찰의 기소권 행사가 권력이나 금력을 가진 사람에게 유리하게 운용되는 것으로 비춰져 비난이 일어났기 때문이다.

결국 권력형 범죄나 독직 및 직권남용 등의 범죄·법조비리·선거관련 사건 등에 대하여 기소법정주의를 채택하자는 주장도 일리가 있으나, 정치인 또는 고위공직자 부패사건, 재벌·금융 등 경제관련사건 등 국민들의 이목을 집중시키는 사건에 대하여 일본식의 검찰심사회제도나 소추심사위원회 같은 시민적 통제방안 내지 미국식의 대배심제도를 도입하는 것이 검찰의 기소재량권의 남용을 통제하는 동시에 검찰의 정치적 중립성에도 도움이 될 것이다. 왜냐하면 사법기관에 대한 국민참여는 이제 거스를 수 없는 시대적 대세이며, 검찰업무에 대한 투명성과 객관성을 높여주는 지름길이기 때문이다.

❻ 법왜곡죄 신설

검사와 판사는 형사사건의 피고인이나 피의자를 소추하고 재판하는 업무를 담당한다는 점에서 고도의 객관성, 도덕성 및 청렴성이 요구된다. 이에 대륙법계 형사사법시스템을 갖고 있는 국가에서는 법관이나 검사의 직무규정이나 윤리규정 이외에 법왜곡 행위에 대한 형사처벌의 규정을 두고 있다. 독일 형법 제339조에서 정하는 법왜곡(Rechtbeugung)죄란 "법관, 기타 공직자 또는 중재인이 법률사건을 지휘하거나 결정함에 있어 일방 당사자에게 유리하거나 또는 불리하게 법을 왜곡하는 것"으로,[165] 이러한 입법[166]은 과거 법관이나 검찰이 정

---

[165] 독일형법 제339조(법왜곡) 법관, 기타 공직자 또는 중재인이 법률사건을 지휘하거나 결정함에 있어 당사자 일방에게 유리하게 또는 불리하게 법을 왜곡한 경우에는 1년 이상 5년 이하의 자유형에 처한다.

[166] 직권남용죄의 구성요건을 통하여 법관의 법왜곡 행위를 처벌하는 입법례로는 오스트리아

권유지를 돕기 위해 부당하게 법을 왜곡해서 적용했던 역사적 사실에 기인한다. 이러한 법왜곡은 정당하지 못한 법률적용이나 재량권 행사의 남용뿐만 아니라 사실관계를 잘못 확정하는 경우에도 법왜곡행위에 해당하며, 적극적이고 능동적인 행위는 물론 소극적인 부작위를 통해서도 가능하다고 본다.167

이에 우리나라에서도 기소독점주의와 기소편의주의를 보완하는 수단으로 이러한 법왜곡죄를 신설하자는 주장이 있다.168 법왜곡죄가 신설되면, 기소를 하여야 할 사건임에도 검사가 법을 왜곡하여 기소를 하지 않으면(불기소처분) 형사처벌 대상이 된다는 점에서, 처벌의 위험을 무릅쓰고 법을 왜곡할 검사는 없을 것이라는 점을 근거로 든다.

생각건대 법왜곡죄의 신설이 법관의 독립을 침해할 가능성도 배제할 수 없으나, 형사사법기관에게는 고도의 객관성 및 도덕성이 요구된다는 점에서 도입을 고민할 시기가 되었다고 본다.

❼ 직선제 방안

참여연대 등 일부 시민단체에서는 지방검사장 직선제야말로 선출 주민 및 병렬적인 다른 검찰청과 잠재적 검사장 경쟁자에 의한 감시에 노출되어 부패의 진원지로 되고 있는 현재의 검찰의 모습에 일대 혁신을 기대할 수 있다고 주장한다. 그러나 18개 지방검찰청장을 직선제로 선출한다고 가정할 경우, 그 소속 검사는 어떻게 임명할 것인지, 광역수사의 경우169 어떻게 처리할 것인지, 예산

형법 제302조(직권남용), 스위스 형법 제312조(직권남용), 프랑스 형법 제432-4조(타인의 권리행사방해죄)와 제434-7-1조(재판거부죄) 등이 있고, 독자적인 법왜곡죄의 구성요건을 명시하고 있는 입법례로는 독일 형법 제339조, 스페인 형법 제446-449조, 노르웨이 형법 제110조 등이 있다.

167 BGHSt 47, 105[113ff].

168 이진국, "독일 형법상 법왜곡죄의 구성요건과 적용", 비교형사법연구 제21권 제1호(2019), 한국비교형사법학회, 163면 이하 참조.

169 광역수사의 문제점에 관해서는 정웅석, 「사법경찰의 광역수사에 대한 통제방안」, 법조 통권 650호(2010.11), 법조협회, 128-172면 참조.

및 직원은 어떻게 할 것인지 등 많은 문제점을 안고 있다. 더욱이 직선제로 선출할 경우, 지금보다 더 큰 문제가 발생할 가능성도 있다. 예컨대 지방자치단체장 선거와 동일하게 치를 경우, 다수파가 지방행정권력 및 입법권력은 물론 사법권력까지 장악하게 되므로 오히려 지금보다 더 정치적 소용돌이에 함몰될 가능성도 배제할 수 없기 때문이다.

통상 선출직의 대표적인 나라로 미국을 들고 있으나, 미국 형사절차의 두드러진 특색은 연방과 주의 이원적 법체계를 중심으로 하고 있다는 점을 고려해야만 한다. 즉 미국의 모든 제도가 연방, 주 및 지방별로 다양하고 복잡하여 이해하기가 매우 어렵듯이, 검찰제도도 예외는 아니어서 연방과 주 및 지방별로 설치배경과 근거, 선임방법과 기능 등에 있어 차이를 보이기 때문에 한마디로 단정할 수는 없다. 다만, 구태여 표현한다면 U.S. Attorney General은 연방정부의, State Attorney General은 주정부의, 그리고 County나 City등 지방정부 수준에서는 그 칭호대로 District Attorney 혹은 District Prosecutor 또는 City Attorney 등이 각 형사절차에 있어서 소속 정부를 대표하는 최고법집행기관이다.

그런데 주 검찰총장이나 지방검사의 경우 대륙법계 제도하의 검사와 달리 지방정부의 공무원으로서 정부의 다른 단계로부터의 감독을 받지 않으며, 관할 내 최고의 법집행공무원으로서 거의 심사받지 않는 재량을 행사하는 대신, 대륙의 경우와 달리 임명직이 아니고 선거직인 것이 특징이다. 왜냐하면 미국은 주(州) 및 county별로 독립된 예산과 치안 등 주민자치가 활성화되어 있기 때문이다. 그러나 주간을 뛰어넘는 연방사건을 다루는 연방검사의 경우 대통령이 임명하되 상원의 동의를 얻어야 되며(28 U.S.C. § 541), 임기는 4년이고, 그 밑에 수 명 내지 수십 명의 연방검사보(Assisant U.S. Attorney)들이 있다(예컨대 로스앤젤레스의 경우 250명, 샌프란시스코의 경우 80여명, 새크라멘토의 경우 43명). 연방검사보들은 민사·형사·항소·특별 등 여러 부서(Division)로 나누어져 있고, 각 부서는 또 몇 개의 작은 단위부서(Unit)로 나누어지며, 각 부서에는 우리나라의 차장검사·부장검사에 해당하는 중간책임자들이 있는데, 연방검사의 추천으로 법무부장관이 임명하고(28 U.S.C. § 542) 연방검사의 지휘·감독을 받아 직무를 처리한다.[170]

---

[170] 정웅석, 수사지휘에 관한 연구, 대명출판사, 2011, 159면.

즉 주정부 내지 county권력과 연방정부의 이원적 권력 가능성이 상존할 뿐만
아니라 의회도 상·하원(연방 및 각 주)으로 구성되어 있고, 통일된 조직으로서의
국립경찰은 없으며, 다만 연방(Federal), 주(State), 카운티(County), 시(City)별로 다
양한 경찰조직을 갖고 있을 뿐이다. 즉 전국적으로 40,000여개의 각자 독립된
법집행기관인 경찰기구에 50여만명의 경찰관이 재직하고 있으며, 이 중 39,700
여개는 시나 카운티 등 지방정부를 위한 자치경찰이며, 200여개는 주정부의 경
찰이고, 중앙에 본부를 둔 연방수사기관만도 50여개가 된다.171 따라서 검찰의
정치적 중립성을 위하여 지방검찰청 검사장에 대한 직선제 방안은 깊은 연구를
한 후, 신중하게 고려해야만 할 것이다.

III. 소 결

　　위에서 언급한 것처럼, 검찰을 바라보는 국민의 시각은 복합적인 것으로 보
인다. 검찰에 대한 개혁을 요구하면서도, 다른 한편으로 '검찰권에 대한 과도한
제약이나 통제'로 인하여 힘 있는 자에 대한 검찰권의 또 다른 형태인 '권력의
시녀화'도 원하지 않는 것이다. 즉, 국민은 무소불위의 권력을 휘두르는 검찰을
원하지도 않지만, 우리나라처럼 학연·혈연·지연 및 이념적 갈등이 첨예하게 대
립된 나라에서 갈등조정의 능력을 상실한 검찰은 더욱 원하지 않는 것이다.
　　그런데 전술(前述)한 것처럼, 공수처 설치 찬성론자들은 우리나라 검찰이
기소독점주의와 기소편의주의를 기반으로 다른 나라에서 유례를 찾아볼 수 없
는 무소불위의 막강한 권력을 가지고 있기 때문에 고위공직자에 대해서 독립적
이고 공정한 수사를 하지 못하고 있다는 입장이다. 이와 관련하여, 검찰이 일반
인을 대상으로 엄정한 수사를 하지 않는다는 지적은 찾아볼 수 없으므로, 핵심
은 고위공직자에 대한 수사 부작위, 즉 고위공직자의 부패범죄를 인지하고도
모르는 척 한다는 점에 집중되어 있다고 할 것이다.172

171　윤종남, 「미국의 사법경찰제도」, 법무자료 제98집, 각국의 사법경찰제도, 401-402면.
172　김성천, 앞의 논문, 52면.

그런데 검찰이 실제로 견제받지 않는 막강한 수사권력을 가지고 있다면, 공수처 찬성론자들의 주장대로 왜 고위공직자에 대해서만 칼날이 무뎌지는 것인지 살펴보아야 한다. 특정 대상에 대해서 칼날이 무뎌진다면 이는 그 사람들과 아주 친하거나 아니면 그 사람들을 건드렸다가는 큰일이 나기 때문일 것이다. 물론 검사도 고위공직자이므로, 검사들끼리는 동료관계 때문에 봐주는 경향이 있을 수 있다. 그러나 이 문제는 공수처를 신설해서만 해결될 문제가 아니며, 다른 제도적 장치를 통해서도 충분히 해결이 가능하다고 본다.

그러면 남은 문제는 검사를 제외한 나머지 고위공직자들에 대해서 같은 식구도 아님에도 불구하고 왜 칼날이 무뎌지는가 하는 점인데, 누누이 보았듯이 살아있는 권력에 손을 대는 순간 인사권 등을 통해 집권층의 보복이 이루어지기 때문이다. 형법상의 내란 및 군형법상의 반란 행위를 통해서 정권을 장악했던 신군부 집단의 예를 들어 보더라도 12·12 군사반란과 5·18 내란 행위에 대한 고소·고발 사건을 당시 검찰은 불기소처분으로 종결처리한 바 있는데,173 군사반란과 내란으로 정권을 장악한 집단이 권력을 유지하고 있는 동안 검찰이 그 집단의 구성원을 기소하는 것이 사실상 가능했을 것이라고 보는 사람은 없을 것이다. 헌법재판소 역시 노태우 정권이 끝나는 1993년 2월 24일까지 신군부 집단의 12·12 군사반란과 5·18 내란 행위 사건에 대한 공소시효가 정지되었다고 보는 특별법의 성격에 대하여 '형성적 법률'이 아니라 '확인적 법률'이라고 동일한 판단을 한 바 있다.174 이는 검찰이 살아있는 권력을 수사하고 기소하는 것은 사실상 불가능한 일이라는 점을 헌법재판소가 확인하였던 것인데, 그 이후 지금까지 검찰제도에 근본적인 변화는 없었다. 여전히 검찰총장은 검찰청법 제34조 제2항에 따라 대통령이 임명하며, 같은 법 제8조에 따라 법무부장관으로부터 구체적 사건에 대한 지휘를 받아야 한다. 한동훈검사장 사건을 보더라도, 자신을 임명하고 법무부장관을 통해 자신을 지휘하는 대통령과 그 주변의 권력 실세들을 검찰총장의 지휘 아래 있는 검찰조직이 수사하고 기소를

---

173 당시 검찰은 5·18 고소고발 사건에 대한 1년 2개월에 걸친 수사를 마친 후 종결 처리하면서, 1995년 7월 18일에 '공소권 없음'이라는 결론을 내린 바 있다.

174 헌법재판소 1996. 2. 16. 96헌가2 판결문 80면.

한다는 것은 가능한 일이 아니다.

결국 고위공직자의 부패행위를 근절하고 공직사회의 투명성을 높이려는 목적추구성에 대해서는 높이 평가하지만, 사정기구를 새로 하나 만든다고 해서 부정부패가 씻은 듯이 없어지는 것은 아니다. 더욱이 한국사회의 부패문제는 어떤 제도의 미비에 있는 것이 아니라 한국적인 혈연·지연·학연의 연고주의와 선물·접대문화,175 과정과 절차를 무시한 집단이기주의, 관료적 무사안일주의 등 만성화된 사회구조적 측면에 기인하는 경우가 상당히 많다. 따라서 이의 극복을 위해서는 투명한 사회·경제시스템, 공정한 인사제도 및 능력에 합당한 처우 그리고 무엇보다도 국민의식의 대전환을 위한 교육 등 종합적이고 체계적인 대책만이 그 해결책이 될 것이다.

---

175 2016. 9. 28.자로 소위 '김영란법'이라고 알려진 「부정청탁및금품등수수의금지에관한법률」이 시행되고 있지만, 여러 상황으로 사실상 사문화되어 있는 실정이다. 차라리 이번 기회에 프랑스에서 입법화된 '범죄수익의 추정규정'을 도입하는 방안을 검토하는 것이 타당할 것이다(자세한 내용은 정웅석, 「한국의 범죄수익 환수(몰수) 관련 입법 현황 및 문제점」, 2016 5개국 국제학술대회 "범죄수익의 동결과 박탈" 자료집, 한국형사정책연구원/한국형사소송법학회, 39면 이하 참조).

─── 제3장

고위공직자범죄 수사처법의 주요 내용

제1절 총　칙
제2절 조　직
제3절 직무와 권한
제4절 수사와 공소의 제기 및 유지
제5절 징　계
제6절 보　칙

제1절 ┃ 총 칙

Ⅰ. 공수처법의 목적

❶ 법률규정

제1조(목적) 이 법은 고위공직자범죄수사처의 설치와 운영에 관하여 필요한 사항을 규정함을 목적으로 한다.

❷ 해 설

고위공직자 등의 범죄는 정부에 대한 신뢰를 훼손하고, 공공부문의 투명성과 책임성을 약화시키는 중요한 원인이다. 따라서 고위공직자 등의 범죄를 독립된 위치에서 수사할 수 있는 고위공직자범죄수사처의 설치 근거와 그 구성 및 운영에 필요한 사항을 정함으로써 고위공직자 등의 범죄를 척결하고, 국가의 투명성과 공직사회의 신뢰성을 높이려는 것이다.[1]

본 규정은 본 법의 목적에 대한 형식적 내용만을 담고 있으나, 제정문에 의하면 공수처를 설치하고 운영하는 목적이 고위공직자 범죄척결, 국가운영의 투명성과 공직사회 신뢰성 제고에 있다는 것이다.

정부의 정책자료에 따르면, 2020년 1월 공수처법 제정은 도입 논의 20년만에 결실을 맺은 것으로, 권력기관에 대한 견제와 균형의 기반이라는 데 그 의미가 깊다는 것이다. 공수처는 입법·행정·사법 어디에도 속하지 않는 독립적인 부패 수사기구로서, 성역 없는 수사가 가능하게 돼 국가 전체에 부패범죄에

---

[1] 고위공직자범죄수사처 설치 및 운영에 관한 법률 [법률 제16863호, 2020. 1. 14. 제정] 제정문.

대한 대응 역량이 강화된다는 것이다. 전술(前述)한 것처럼, 정부는 2020년 2월 10일 공수처 출범을 위해 국무총리 소속 고위공직자범죄수사처 설립준비단을 발족하고, 본격적인 업무에 착수했다.[2]

II. 공수처법상 용어의 정의

❶ 법률규정

제2조(정의) 이 법에서 사용하는 용어의 정의는 다음과 같다.

1. "고위공직자"란 다음 각 목의 어느 하나의 직(職)에 재직 중인 사람 또는 그 직에서 퇴직한 사람을 말한다. 다만, 장성급 장교는 현역을 면한 이후도 포함된다.

   가. 대통령

   나. 국회의장 및 국회의원

   다. 대법원장 및 대법관

   라. 헌법재판소장 및 헌법재판관

   마. 국무총리와 국무총리비서실 소속의 정무직공무원

   바. 중앙선거관리위원회의 정무직공무원

   사. 「공공감사에 관한 법률」 제2조제2호에 따른 중앙행정기관의 정무직공무원

   아. 대통령비서실·국가안보실·대통령경호처·국가정보원 소속의 3급 이상 공무원

   자. 국회사무처, 국회도서관, 국회예산정책처, 국회입법조사처의 정무직공무원

   차. 대법원장비서실, 사법정책연구원, 법원공무원교육원, 헌법재판소 사무처의 정무직공무원

   카. 검찰총장

   타. 특별시장·광역시장·특별자치시장·도지사·특별자치도지사 및 교육감

   파. 판사 및 검사

---

2 대한민국 정책브리핑, 공수처(고위공직자범죄수사처) ‐ (http://www.korea.kr/special/policy CurationList.do).

하. 경무관 이상 경찰공무원

거. 장성급 장교

너. 금융감독원 원장·부원장·감사

더. 감사원·국세청·공정거래위원회·금융위원회 3급 이상 공무원

2. "가족"이란 배우자, 직계존비속을 말한다. 다만, 대통령의 경우에는 배우자와 4촌 이내의 친족을 말한다.

3. "고위공직자범죄"란 고위공직자로 재직 중에 본인 또는 본인의 가족이 범한 다음 각 목의 어느 하나에 해당하는 죄를 말한다. 다만, 가족의 경우에는 고위공직자의 직무와 관련하여 범한 죄에 한정한다.

　　가. 「형법」 제122조부터 제133조까지의 죄(다른 법률에 따라 가중처벌되는 경우를 포함한다)

　　나. 직무와 관련되는 「형법」 제141조, 제225조, 제227조, 제227조의2, 제229조(제225조, 제227조 및 제227조의2의 행사죄에 한정한다), 제355조부터 제357조까지 및 제359조의 죄(다른 법률에 따라 가중처벌되는 경우를 포함한다)

　　다. 「특정범죄 가중처벌 등에 관한 법률」 제3조의 죄

　　라. 「변호사법」 제111조의 죄

　　마. 「정치자금법」 제45조의 죄

　　바. 「국가정보원법」 제18조, 제19조의 죄

　　사. 「국회에서의 증언·감정 등에 관한 법률」 제14조 제1항의 죄

　　아. 가목부터 마목까지의 죄에 해당하는 범죄행위로 인한 「범죄수익은닉의 규제 및 처벌 등에 관한 법률」 제2조 제4호의 범죄수익등과 관련된 같은 법 제3조 및 제4조의 죄

4. "관련범죄"란 다음 각 목의 어느 하나에 해당하는 죄를 말한다.

　　가. 고위공직자와 「형법」 제30조부터 제32조까지의 관계에 있는 자가 범한 제3호 각 목의 어느 하나에 해당하는 죄

　　나. 고위공직자를 상대로 한 자의 「형법」 제133조, 제357조 제2항의 죄

　　다. 고위공직자범죄와 관련된 「형법」 제151조 제1항, 제152조, 제154조부터 제156조까지의 죄 및 「국회에서의 증언·감정 등에 관한 법률」 제14조 제1항의 죄

　　라. 고위공직자범죄 수사 과정에서 인지한 그 고위공직자범죄와 직접 관련성이

　　　　있는 죄로서 해당 고위공직자가 범한 죄

　5. "고위공직자범죄등"이란 제3호와 제4호의 죄를 말한다.

❷ 해　설

　　공수처 설치와 관련하여 권력형 비리사건을 구체적으로 어떻게 규정할 것
인지에 대하여, 사건단위, 즉 행위별로 규율할 것인지 인적 단위, 즉 행위자별
로 규율할 것인지 논란이 있었다. 고위공직자 범죄 방지 차원에서는 미국식 행
위자별 규율방식3이 효과적이라고 할 수 있지만, 종래 사안별 특검법은 사건단
위별로 특정되어 있었다.

　　그러나 이는 수사대상의 인적 범위가 특정되어 있지 않아 그 수사범위가 특
검의 재량에 의해 가변적일 수 있다는 점에서, 죄형법정주의의 대원칙인 명확성
의 원칙은 물론 검찰과의 관할을 분명히 한다는 차원에서 본다면 대상범죄를 특
정하는 방식이 바람직할 것이다.4 그런 점에서 공수처법이 사건단위(대상범죄)와
수사대상(인적 범위)을 동시에 규율하고 있는 점은 타당한 입법으로 보인다.

　　구체적으로 살펴보면, 다음과 같다.

3　미국의 특별검사제 하에서는 수사대상을 "대통령, 영부인, 비서실장, 고위 보좌관, 각부 장
　관과 약 70여명의 고위공직자들과 국회의원 기타 범법혐의자로서 법무장관의 판단에 법무
　부가 직접수사를 할 경우 친분상, 재정상 또는 정치적인 이익 충돌이 발생할 우려가 있는
　자"로 정해두고 특검대상자를 철저하게 수사하고 또한 그와 관련된 모든 사건을 수사하도
　록 규정하고 있다. 이 때문에 미국의 특검법 하에서는 예컨대 일단 수사대상이 된 대통령의
　직무수행 중 성적 행위와 같은 극히 사생활적인 성격의 행위조차도 특검의 재량에 따라 관
　련사건으로 추가되어 수사될 수 있다(임병규, "한국과 미국의 특별검사제도", 인권과 정의
　제379호(2008), 178-179면)고 한다.
4　김성돈, 「검찰외 독립된 특별기구 신설의 필요성과 구체화방안」, 제13회 월송기념 학술심
　포지엄, 헌법과 형사법, (재)유기천교수기념사업출판재단, 2017, 241면.

(1) 고위공직자

대통령, 국무총리, 장관·차관 등 「공공감사에 관한 법률」 제2조 제2호5에 따른 행정부 정무직공무원(3급 이상), 국회의장 및 국회의원, 국회사무처·국회도서관·국회예산정책처·국회입법조사처 등 입법부 정무직공무원, 대법원장(대법관) 및 법관, 헌법재판소장 및 헌법재판관, 대법원장비서실·사법정책연구원·법원공무원교육원·헌법재판소 사무처 등 사법부 정무직공무원, 대통령비서실·국가안보실·대통령경호처·국가정보원 소속의 3급 이상 공무원, 중앙선거관리위원회의 정무직공무원, 장성급 장교, 특별시장·광역시장·특별자치시장·도지사·특별자치도지사 및 교육감, 금융감독원 원장·부원장·감사 등이 여기에 해당된다. 수사기관으로는 검찰총장, 검사, 경무관 이상 경찰공무원이 수사대상이다.

(2) 가 족

수사대상 가족의 범위에 대하여, 일반 고위공직자의 경우에는 배우자와 직계존비속을, 대통령의 경우에는 배우자와 4촌 이내의 친족을 규정하고 있다. 대통령의 경우에만 그 범위가 다소 넓게 규정되어 있는데, 이는 대통령의 특수한 권한과 책임의 정도를 고려한 규정으로 보인다. 현행 특별감찰관법의 경우도 특별감찰관의 감찰대상자로 대통령의 배우자 및 4촌 이내 친족으로 규정하고 있다(제5조).

(3) 고위공직자범죄

고위공직자범죄란 고위공직자로 재직 중에 본인 또는 본인의 가족이 범한 범죄로서 각각 형법, 특정범죄가중처벌법, 변호사법, 정치자금법, 국가정보원법,

---

5　「공공감사에 관한 법률」 제2조 제2호 "중앙행정기관"이란 「정부조직법」 제2조에 따른 부·처·청과 감사원, 국가인권위원회, 국민권익위원회, 공정거래위원회, 금융위원회, 방송통신위원회 및 그 밖에 대통령령으로 정하는 기관을 말한다.

국회증언·감정법, 범죄수익은닉처벌법 규정에 해당하는 범죄를 뜻한다.

　　직무범죄와 관련하여, 형법상 직무유기(제122조), 직권남용(제123조), 불법
체포·불법감금(제124조), 폭행·가혹행위(제125조), 피의사실공표(제126조), 공무상
비밀의 누설(제127조), 선거방해(제128조), 공용서류 등의 무효·공용물의 파괴(제
141조), 공문서등의 위조·변조(제225조), 허위공문서작성등(제227조), 공전자기록
위작·변작(제227조의 2), 위조등 공문서의 행사(제229조), 국가정보원법상 정치관
여죄(제18조) 및 직권남용죄(제19조), 국회 증언·감정법상 위증 등의 죄(제14조 제
1항) 등이 여기에 해당된다.

　　부패범죄와 관련하여, 형법상 수뢰·사전수뢰(제129조), 제3자뇌물 제공(제
130조), 수뢰후부정처사·사후수뢰(제131조), 알선수뢰(제132조), 뇌물공여 등(제133
조), 횡령·배임(제355조), 업무상의 횡령과 배임(제356조), 배임수증재(제357조), 특
정범죄가중처벌법상 알선수재(제3조), 변호사법상 청탁 또는 알선(제111조), 정치
자금법상 정치자금부정수수죄(제45조), 범죄수익은닉처벌법상 범죄수익등의 은
닉 및 가장(제2조, 제3조) 및 범죄수익등의 수수(제4조) 등이 여기에 해당된다.

(4) 관련범죄

　　첫째, 고위공직자와 공동정범(형법 제30조)·교사범(제31조)·종범(제32조)의
관계에 있는 자가 범한 고위공직자범죄, 둘째, 고위공직자를 상대로 한 자의 뇌
물공여등(형법 제133조) 및 배임증재(제357조 제2항), 셋째, 고위공직자범죄와 관련
된 범인은닉·도피(형법 제151조 제1항), 위증 및 모해위증(제152조), 허위의 감정·
통역·번역(제154조), 증거인멸 등과 친족간의 특례(제155조), 무고(제156조) 및
「국회에서의 증언·감정 등에 관한 법률」상 위증 등의 죄(제14조 제1항), 넷째,
고위공직자범죄 수사과정에서 인지한 그 고위공직자범죄와 직접 관련성이 있는
죄로서 해당 고위공직자가 범한 죄를 말한다.

❸ 문제점

(1) 고위공직자(적용대상)로서 대통령

공수처법 제2조 제1호 가목에 따르면 '대통령'이 적용대상에 포함되어 있다. 반면, 헌법 제84조는 "대통령은 내란 또는 외환의 죄를 범한 경우를 제외하고는 재직중 형사상의 소추를 받지 아니한다"고 규정하고 있다. 따라서 이에 따르면 현직에 있는 대통령의 경우 소추는 불가능하지만, 임의수사는 물론 강제수사가 가능한지 여부가 문제될 수 있다.[6]

고위공직자인 대통령은 내란 또는 외환의 죄를 범하지 않는 한 재직 중에는 공수처의 수사대상이 될 수 없으며, 이는 검찰이나 공수처나 다를 바가 없다. 내란 또는 외환의 죄는 공수처의 수사대상인 고위공직자범죄도 아니다. 물론 공수처법상 고위공직자는 재직중인 사람 또는 그 직에서 퇴직한 사람을 말하므로 퇴직한 대통령의 경우 고위공직자범죄에 대해서는 공수처가, 그 밖의 범죄에 대해 검찰이나 경찰의 수사대상이 되는 것은 당연하다. 다만, 공수처는 제도적으로 정치적 독립성을 확보할 수 있는 제도적 장치가 부족한 상태에서 구성된 수사 및 기소기관이라는 점에서, 공수처의 수사대상인 고위공직자에 대통령을 포함시킨 것은 공수처가 성역 없이 수사할 것임을 천명하는 선언적 의미에 그친다고 할 것이다.

(2) 수사대상자

공수처 수사대상인 고위공직자는 가족·친족을 제외하고 7,000~8,000명으로 추정되며,[7] 이 중 5,500명 가량이 판사·검사이므로 수사대상의 2/3 수준에

---

6   자세한 내용은 서울지방변호사회 주최, 「현직 대통령에 대한 강제수사의 허용범위와 한계」 심포지엄(2016. 12. 20) 참조.

7   이에 해당하는 대상자는 7,000–8,000명(가족, 친족 제외) 가량 된다(금태섭, "고위공직자범죄수사처 설치의 의미와 앞으로의 방향", 「국민을 위한 수사개혁방향 심포지엄」, 토론문 (2020. 7. 17.), 대한변호사협회, 21면).

해당한다. 구체적으로 살펴보면, 2020년 11월 현재 대통령(1명), 국회의장과 국회의원(300명), 경무관 이상 경찰관(112명), 군인 장성급장교(420명), 검찰총장을 포함한 검사(2,390명), 대법원장 및 대법관을 포함한 판사(3,228명), 헌법재판소장과 헌법재판관(9명), 대통령 비서실 안보실 경호처 3급 이상(176명), 국회사무처(7명), 국무총리와 국무총리비서실장(국무총리실 정무직) 및 각 부 장관·처장 등 중앙행정기관(정부부처) 정무직(108명), 중앙선거관리위원회 정무직(3명), 17개 시·도의 특별·광역시장·도지사 등 지방자치단체장과 교육감(34명) 등 7,245명이며 이 중 기소 대상은 판사, 검사, 경무관급 이상 경찰관만 해당된다. 이처럼 공수처법의 적용 대상, 그것도 수사는 물론 기소대상인 판·검사가 총 5,618명으로 전체의 약 78%를 차지하고 있다는 사실은 공수처법이 사법부와 준사법기관인 검찰을 주 타깃으로 삼고 있다는 것을 말해준다. 따라서 공수처는 사실상 법률가를 대상으로 하는 수사 및 기소기관이라고 할 수 있는데, 이는 사법부 독립과 검찰권 행사의 중립성에 큰 영향을 미친다.

생각건대 어느 나라도 법원의 오판 가능성, 수사 및 기소기관의 편파적인 권한행사에 대한 염려가 있다고 하더라도, 법원이나 검찰을 주된 대상으로 하는 수사 및 기소기관을 두고 있는 예는 없다. 왜냐하면 그러한 기관의 존재 및 운영이 가장 중립적, 객관적이어야 할 사법부와 소추기관의 독립성을 해칠 수 있기 때문이다. 공수처 제도 구상의 주요한 계기가 잘못된 검찰권 행사를 교정하겠다는 것이기는 하더라도 사법의 독립성 및 중립성을 침해할 우려는 피할 수 없을 것이다. 조재연 법원행정처장이 "수사 및 기소 대상 약 절반(3,228명)이 법관으로, 재판위축 우려가 있다"고 우려를 표명한 이유도 여기에 있으며, 야권에서도 "문재인 정부가 공수처를 통해 집권 후반기 '권력형 비리'수사를 막으려는 것"이라고 주장한다.

한편, 공수처법 제2조 제1호가 '고위공직자' 개념에 재직 중인 사람은 물론 그 직에서 퇴직한 사람(장성급 장교는 현역을 면한 이후도 포함)까지 포함시키고 있다. 그렇다면 첫째, 공수처법 '시행 전에' 퇴직한 전직 고위공직자도 대상에 포함되는 것인지, 둘째, 만약 그렇다면 소급처벌 금지 원칙에 위반될 소지는 없는 것인지 문제가 된다. 또한 소급을 하지 않더라도 첫 번째 경우와 관련하여, 시행전의 의미를 공수처법이 국무회의를 통해 공포된 2020년 1월 7일을 기준으로 하는 것인지, 아니면 법적인 공수처 출범일 2020년 7월 15일을 기준으로 하는 것인지 아니면 실제로 공수처가 업무를 개시하는 날을 기준으로 하는 것인지는 법률상 명확한 규정이 있어야 할 것이다.

본 법상 퇴직 고위공직자와 관련하여서는 법안논의 과정에서 노회찬안 및 양승조안에는 3년 이내, 법무부 안에는 2년 이내와 같은 시간적 제한이 있었다. 이 경우 수사 개시 이후에 "퇴직 후 2년"의 기간이 경과한 경우 공수처가 계속해서 수사할 수 있는지 여부와 공소제기 후 그 기간을 경과한 경우에 공수처 검사가 계속하여 공소유지를 할 수 있는지 여부가 명확하지 않은 문제점이 있어서 이를 삭제한 것으로 보인다.[8]

물론 공수처법의 고위공직자의 범위를 '현직 공직자'로만 제한한다면 공수처의 수사 중 전격사임과 수리의 경우 공수처의 수사권에 허점이 발생할 수 있다. 반면, 현직의 고위공직자에 대한 정치적 압력은 물론 보복수단으로 작용할 가능성도 크다. 따라서 퇴임 후 2-3년 정도의 기간을 설정한 후, 이 제한기간이 도래하기 전에 공수처가 당해 퇴직공무원에 대하여 공소의 제기 및 유지하는 동안은 공수처의 관할이 된다는 규정을 법률에 명확히 정하는 것이 타당할 것이다.

이와 관련하여, 헌법재판소[9] 다수의견은 「공수처법상 별도의 경과규정이 없으므로 공수처법이 시행되기 전에 고위공직자의 직에서 퇴직한 사람이라 하더라도 재직 당시 고위공직자범죄등을 범한 사실이 확인되는 경우 공소시효가 완성되지 않는 한 수사처 수사 등의 대상이 될 수 있다. 그런데 비고위공직자가 퇴직한 후 재직 당시 범죄를 범한 사실이 발견된 경우에도 공소시효가 완성되지 않는 한 검찰이나 경찰의 수사 또는 기소의 대상이 되는 것은 마찬가지이므로, 퇴직한 고위공직자가 수사처에 의한 수사 등의 대상이 될 경우에도 그 주체를 수사처로 달리할 뿐이다」라고 보면서, 합리적 재량범위를 벗어나 고위공직자를 비고위공직자에 비하여 차별취급하고 있다고 볼 수 없으므로, 위 조항들은 청구인들의 평등권을 침해하지 아니한다는 입장이다.

---

8 공수처법안 검토보고서 참조.
9 헌법재판소 2021. 1. 28. 선고 2020헌바264, 681(병합) 결정(고위공직자범죄수사처 설치 및 운영에 관한 법률 위헌확인).

반면에 소수의견은 공수처법이 퇴직시기에 관한 경과규정을 두지 않은 것은 공수처법에 의한 고위공직자범죄등에 대한 척결의 필요성이 중요하다는 점을 감안하더라도 합리적인 재량의 범위 내라고 보기는 어렵다는 입장이다. 즉, 공수처법이 모든 퇴직한 고위공직자를 현재 재직 중인 자와 동일하게 취급하여 일률적으로 수사권과 공소권의 대상으로 규정한 것은, 퇴직시기, 퇴직 후 경과한 기간, 퇴직한 고위공직자와 공직사회의 관계 등 구체적인 사정을 전혀 고려하지 않고 고위공직자로 재직하였다는 과거의 사실에만 근거하여 퇴직 후에도 상당한 기간 동안 재직 중인 고위공직자와 동일하게 취급하는 것으로, 차별취급의 기간이 지나치게 길고, 형식적인 논리로 차별취급을 확대하는 것이므로 합리적인 이유가 있다고 할 수 없다는 것이다.

(3) 대상범죄

공수처법 제2조 제3호에 따르면, 적용대상 범죄가 너무 광범위할 뿐만 아니라, 동조 제4호 라목의 경우 '고위공직자범죄 수사과정에서 인지한 그 고위공직자범죄와 직접 관련성이 있는 죄로서 해당 고위공직자가 범한 죄'도 적용대상이므로, 고위공직자범죄와 직접 관련성을 요건으로 하더라도 수사과정에서 인지한 본인의 사소한 범죄까지 포함하고 있다는 점에서 과도한 제한으로 보인다. 반면에 고위공직자가 권력을 이용하여 성추행 또는 성매매 범죄를 저지르거나 지탄받을 범죄를 범하더라도 위의 고위공직자범죄와 직접 관련성이 없다면, 동법의 수사대상이 아니므로 해당 범죄에 대하여 수사할 수도 없고, 처벌대상으로 할 수도 없다. 따라서 '직접 관련성'의 개념을 어떻게 정의할 것인지 문제되는데, 판례는 「형사소송법 제215조 제1항은 "검사는 범죄수사에 필요한 때에는 피의자가 죄를 범하였다고 의심할 만한 정황이 있고 해당 사건과 관계가 있다고 인정할 수 있는 것에 한정하여 지방법원판사에게 청구하여 발부받은 영장에 의하여 압수, 수색 또는 검증을 할 수 있다."라고 정하고 있다. 따라서 영장 발부의 사유로 된 범죄 혐의사실과 무관한 별개의 증거를 압수하였을 경우 이는 원칙적으로 유죄 인정의 증거로 사용할 수 없다. 그러나 압수·수색의 목적이 된 범죄나 이와 관련된 범죄의 경우에는 그 압수·수색의 결과를 유죄의 증거로 사용할 수 있다. 압수·수색

영장의 범죄 혐의사실과 관계있는 범죄라는 것은 압수·수색영장에 기재한 혐의
사실과 객관적 관련성이 있고 압수·수색영장 대상자와 피의자 사이에 인적 관련
성이 있는 범죄를 의미한다. 그중 혐의사실과의 객관적 관련성은 압수·수색영장
에 기재된 혐의사실 자체 또는 그와 기본적 사실관계가 동일한 범행과 직접 관련
되어 있는 경우는 물론 범행 동기와 경위, 범행 수단과 방법, 범행 시간과 장소
등을 증명하기 위한 간접증거나 정황증거 등으로 사용될 수 있는 경우에도 인정
될 수 있다. 이러한 객관적 관련성은 압수·수색영장에 기재된 혐의사실의 내용과
수사의 대상, 수사 경위 등을 종합하여 구체적·개별적 연관관계가 있는 경우에만
인정된다고 보아야 하고, 혐의사실과 단순히 동종 또는 유사 범행이라는 사유만
으로 객관적 관련성이 있다고 할 것은 아니다」10라고 판시한 바 있다.

　　결국 직접 관련성은 '고위공직자범죄'를 전제로 하여 수사의 대상, 수사 경
위 등을 종합하여 구체적·개별적 연관관계가 있는 경우에만 인정된다고 보아야
하므로 관련성을 결정할 때에는 반드시 '배경정보'가 객관적으로 고려되어야 할
것이다.

(4) 대상 건수의 문제

　　실제 고위공직자 범죄는 일 년에 몇 건이 되지 않는다. 따라서 외국의 입
법례에서 보듯이 사찰하고, 정보를 수집하고, 뒷조사하는 기구로 전락할 가능성
이 다분하다고 본다.

【표 3-1】 고위공무원범죄 통계(피의자 원표 기준으로 기소, 불기소 무관)11

소 속	직 급	죄 명	2011	2012	2013	2014	2015	합 계
중앙부처	1급	뇌물범죄	0	2	0	0	0	2
		직무관련범죄	0	2	2	1	2	7
	2급	뇌물범죄	0	3	5	2	4	14
		직무관련범죄	0	8	1	18	2	29

10　대법원 2020. 2. 13. 선고 2019도14341, 2019전도130 판결.
11　출처: 범죄분석(대검찰청 발행 2011-2015년).

소 속	직 급	죄 명	2011	2012	2013	2014	2015	합 계
	3급	뇌물범죄	0	2	1	2	3	8
		직무관련범죄	0	5	7	0	1	13
국회	3급 이상	뇌물범죄	2	0	0	2	4	8
		직무관련범죄	1	0	1	0	0	2
법원	3급 이상	뇌물범죄	1	4	1	4	12	22
		직무관련범죄	0	0	0	0	0	0
검찰	3급 이상 (검사, 검찰직 고위공무원)	뇌물범죄	0	0	0	0	0	0
		직무관련범죄	3	6	10	5	0	24
경찰	3급 이상 (경무관)	뇌물범죄	0	2	0	0	0	2
		직무관련범죄	1	0	0	0	0	1
계			8	34	28	34	28	

그런데 〈표 3-1〉을 보면, 2015년 기준 고위공직자에 대한 수사상황을 보면, 중앙부처 1급은 2명(뇌물범죄 및 직무관련범죄 포함), 2급은 6명(뇌물범죄 및 직무관련범죄 포함), 3급은 4명(뇌물범죄 및 직무관련범죄 포함)이므로 기소된 건수는 훨씬 적을 것이다. 2015년 기준 3급 이상 수사기관(검찰 및 경찰) 고위공직자범죄의 경우는 0명이다. 따라서 매우 적은 고위공직자에 대한 부패수사를 이유로 공수처를 설치하는 것이 타당한 것인지 의문이다.

III. 공수처의 설치와 독립성

❶ 법률규정

제3조(고위공직자범죄수사처의 설치와 독립성) ① 고위공직자범죄등에 관하여 다음 각 호에 필요한 직무를 수행하기 위하여 고위공직자범죄수사처(이하 "수사처"라 한다)를 둔다.
1. 고위공직자범죄등에 관한 수사
2. 제2조 제1호 다목, 카목, 파목, 하목에 해당하는 고위공직자로 재직 중에 본인

또는 본인의 가족이 범한 고위공직자범죄 및 관련범죄의 공소제기와 그 유지

② 수사처는 그 권한에 속하는 직무를 독립하여 수행한다.

③ 대통령, 대통령비서실의 공무원은 수사처의 사무에 관하여 업무보고나 자료제출 요구, 지시, 의견제시, 협의, 그 밖에 직무수행에 관여하는 일체의 행위를 하여서는 아니 된다.

❷ 해 설

(1) 직무 및 직무수행의 독립성

공수처법 제3조 제2항은 「수사처는 그 권한에 속하는 직무를 독립하여 수행한다」고 규정하여 직무의 독립성을, 제3항은 「대통령, 대통령비서실의 공무원은 수사처의 사무에 관하여 업무보고나 자료제출 요구, 지시, 의견제시, 협의, 그 밖에 직무수행에 관여하는 일체의 행위를 하여서는 아니 된다」고 규정하여 대통령 및 대통령비서실로부터의 구체적인 직무수행의 독립성을 규정하고 있다. 이는 공수처가 권력기관의 개입 없이 중립적이고 공정하게 고위공직자와 검찰 등 수사기관에 대한 수사와 기소의 직무를 다하기 위해서는 조직과 소속의 독립성이 필수적이라는 점을 고려한 것으로 보인다. 검찰외 독립된 특별수사기구(공수처)는 행정부 소속으로 정치권력의 파이프라인에 직간접적으로 연결되어 있었던 기존의 검찰과는 달리 높은 수준의 독립성을 구가하면서 권력형비리사건의 수사와 기소에 있어서 외부권력의 영향력을 차단할 때에만 개혁이 실현될 수 있다고 보는 것이다.

(2) 수사와 기소대상자의 분리

공수처법에 따르면 공수처는 ① 고위공직자범죄등에 관한 수사와 ② 그 수사대상자를 정한 공수처법 제2조 제1호 다목(대법원장 및 대법관), 카목(검찰총장), 파목(판사 및 검사), 하목(경무관 이상 경찰공무원)에 해당하는 고위공직자로 재

직 중에 본인 또는 본인의 가족이 범한 고위공직자범죄 및 관련범죄의 공소제
기와 그 유지를 그 임무로 한다. 이처럼 공수처검사는 공수처법 제2조에 규정
된 고위공직자가 범한 일정한 범죄군에 대해 수사권을 행사할 수 있는 반면, 대
법관(대법원장 포함) 및 법관·검찰총장 및 검사·경무관 이상 경찰공무원과 그 가
족이 범한 범죄에 대해서는 공소권을 행사할 수 있는 권한을 가지고 있다.

　　결국 일반사건에 대한 수사를 담당하는 경찰, 이에 대한 기소와 공소유지
를 맡게 되는 검찰, 그리고 고위공직자에 대한 수사와 기소를 담당하는 공수처
가 상호간에 견제와 균형을 이룰 때 우리나라의 부정부패를 근절하고 수사기관
의 공정성을 확보할 수 있을 것[12]이라는 권력기관의 분점론에 근거를 두고 있
다고 할 것이다.

❸ 문제점

(1) 공수처의 수사권과 공소권의 불일치에 따른 영장청구 문제

　　이 규정은 종래 검찰개혁을 위한 방안으로 수사와 기소의 분리를 주장하는
어떤 견해도 상설특검이든 공수처든 검찰외 독립된 특별기구의 신설과 관련해
서는 특별기구가 수사권과 기소권 모두를 가져야 한다는 입장[13]을 일부 수정하
여, 판/검사 및 고위 경찰공무원에 한정하여 기소권을 부여한 것이다. 권력형비
리사건의 경우 기소권을 기존의 검찰이 가지는 한, 정치종속적인 검찰이 기소
유예나 불기소결정을 내릴 권한을 가지고 있을 뿐만 아니라, 기소하더라도 소
극적인 자세로 공소유지에 임할 수 있다는 점을 우려한 것으로 보인다. 따라서

12　박준휘 외, 고위공직자범죄수사처에 관한 연구, 한국형사정책연구원, 2019, 326면.
13　김지미, 「기소독점주의의 폐해와 개혁방안」, 견제와 균형을 위한 검찰 개혁 어떻게 할 것인
　　가?, 국회의원 민병두/소병훈/금태섭/민주사회를 위한 변호사모임 주최 자료집(2017. 1. 24.),
　　10면.; 김인회, 「견제와 분산을 위한 검찰개혁과제의 재검토」, 민주법학, 제43호, 2010,
　　404-405면: 김인회, 「상설 특별검사제 도입 법률안 시론」, 법학연구, 제16집 제2호, 인하
　　대학교 법학연구소, 2013, 349면; 이호중, 「검찰개혁의 방향, 과제, 전망」, 법과사회 제44
　　호, 2013, 53면.

검찰이 정치종속성으로부터 벗어날 수 없는 권력형비리사건의 경우에는 사건단 위별로 수사권뿐만 아니라 기소권까지도 검찰로부터 분리, 독립시켜 이를 독립된 특별기구에 맡기는 것을 권력분할과 권력통제를 동시에 수행할 수 있는 방안으로 보는 것 같다.

　문제는 검찰에 대한 통제 내지 견제를 위하여 그렇게 수사/기소 분리를 주장하면서,14 공수처에 한하여 (제한된 범위이지만) 수사권 및 기소권을 주는 정당성은 어디에 있는지 의문이다. 그동안 수사/기소 분리론자들이 수사·소추·재판절차를 입법·행정·사법과 같이 서로 분리시키고 견제와 균형의 원리를 도입하여 수사는 경찰, 소추는 검찰, 재판은 법원이 담당토록 권한을 분산하여 검찰권의 남용을 방지해야 한다고 주장하면서, 검사는 공소관으로서의 직무에 전념하여 기소·불기소 결정권과 공소활동의 권한만을 갖고 예단을 방지하기 위하여 수사활동에는 관여하지 않아야 한다15고 일관되게 주장하였기 때문이다.16

　무엇보다도 '검사'의 의미를 형식적 명칭으로 '검사'라고 부른다고 하여 검사일 수는 없고, 그 실질에 있어 공소권을 행사하는 기관이어야 검사라고 할 수 있으므로 공소권을 행사하는 한도에서는 검사라고 할 수 있으나, 공소권이 없

14　김인회, 「견제와 분산을 위한 검찰개혁과제의 재검토」, 민주법학, 제43호, 2010, 404–405면: 김인회, 「상설 특별검사제 도입 법률안 시론」, 법학연구, 제16집 제2호, 인하대학교 법학연구소, 2013, 349면 이하 참조; 김희수, 「검찰 개혁 방안」, 검찰개혁과 수사권 조정, 공수처설치 방안 토론회(더불어민주당 정책위원회 민주주의회복 TF), 2016. 8. 10., 17~30면 참조.

15　김인회, 「검찰개혁과정에서 발생하는 몇 가지 의문, 불안에 대하여」, 법조언론인클럽 10주년 기념 세미나(2017. 7. 12.) "국민을 위한 법조개혁, 어떻게 할 것인가?", (사)법조언론인클럽 자료집, 52~54면 참조; 서보학, "수사권의 독점 또는 배분? – 경찰의 수사권 독립 요구에 대한 검토", 형사법연구 제12권, 한국형사법학회, 1999, 407면; 서보학, "글로벌 스탠더드에 부합하는 수사·기소 분리", 「견제와 균형을 위한 검찰 개혁 어떻게 할 것인가?」, 국회의원 민병두/소병훈/금태섭/민주사회를 위한 변호사모임 주최 자료집(2017. 1. 24.), 58면 이하 참조.

16　2020. 10. 20. 국민의힘 유상범 의원은 보도자료를 통해 "독소조항을 삭제한 고위공직자범죄수사처 설치 및 운영에 관한 법률(공수처법) 개정안을 대표 발의했다"고 밝혔는데, 주요 내용으로 판사·검사와 달리 헌법적 근거가 없는 공수처 검사에게 기소권을 부여하는 것은 헌법 원리에 반할 뿐 아니라 수사와 기소 분리라는 검찰개혁 방향에도 모순된다는 점을 근거로 공수처 검사의 기소권을 삭제하였다.

는 나머지 대상자의 범죄에 대해서는 검사라고 할 수 없고, 단순한 수사기관의 하나일 뿐이다.[17] 물론 검사를 정부조직 내에 여러 기관에 두고 운영할 수 있다고 해석하는 견해도 있는데, 이렇게 해석하면 경찰 소속으로 검사를 두고 경찰 소속 검사가 영장청구권을 행사하도록 할 수 있을 것인데, 이는 '검사'라는 기관의 본질에 반하여 헌법에서 공소권을 행사하는 검사와 다른 수사기관을 구분하여 공소권을 행사하는 검사로 하여금 영장청구 여부를 심사하도록 한 헌법의 입법취지에 반한다. 따라서 검찰청법상 검사 이외의 검사에게도 영장청구를 인정할 수 있다는 견해에 따르더라도 공수처검사는 기소권을 행사할 수 있는 사건에 대해서는 영장청구권을 행사할 수 있으나, 기소권을 행사할 수 없는 사건에 대해서는 영장청구를 할 수 없으며 (조직법상) 검사에 신청하여 검사의 청구로 영장을 발부받아야 할 것이다.

(2) 대상자의 수사기관 선택권의 문제

통상 뇌물사건을 수사할 때, 먼저 공여자인 민간인을 조사한 후 고위공직자 등을 소환하여 조사하게 된다.[18] 그런데 검찰이 민간인에 대한 기초조사를 끝내고 고위공직자를 소환하더라도 고위공직자가 뇌물죄에 대한 우선관할이 공수처에 있다고 주장하면서 소환에 불응할 경우, 어떻게 조사할 수 있을지 의문이다. 반대로 공수처에서 뇌물사건을 수사할 경우, 먼저 뇌물공여자인 민간인을

---

17 중앙선데이 2017. 9. 24.자 동인 이완규 변호사 인터뷰 참조(헌법이 검사에게 영장청구권을 일원화한 것은 국민 인권보호 차원에서다. 강제처분은 적어도 법률전문가에게 맡기자는 취지다. 여기서 말하는 검사는 검찰청법이 규정한 검찰청의 검사다. 그런데 이번 법률안을 보면 공수처는 수사권과 기소권을 다 갖고 있으며 영장도 청구할 수 있다. 공수처에 공수처 검사를 둔다고 규정했기 때문이다. 이건 헌법을 아전인수 격으로 해석한 것이다. **이 권고안처럼 한다면 경찰과 검찰의 수사권 조정도 필요 없다. 그냥 경찰청 소속 검사를 두면 된다. 그렇게 되면 경찰이 영장도 청구하고 기소도 가능해진다. 그런데 아무도 그렇게 하지 않는다. 헌법에서 말하는 검사의 영장청구권은 검찰청 소속 검사에게 있기 때문이다**).

18 실제로 수원지검에서 수사한 하남시장 뇌물사건, 서울중앙지검에서 수사한 김모 판사 뇌물사건, 부산지검에서 수사한 전(前) 대통령비서실 정무수석 뇌물사건 등도 모두 브로커나 기업범죄 수사 중 수사단서를 포착한 것이다.

조사해야 하는데, 반대로 민간인이 공수처에 우선관할권이 없다고 주장하면서 소환에 불응할 경우에도 동일한 문제가 발생한다. 따라서 수사에 대한 구체적인 시뮬레이션을 할 경우, 뇌물대상자가 수사기관의 선택권을 악용한다면 너무나 불합리한 결과가 발생한다.

제2절 ¦ 조 직

Ⅰ. 처장·차장 등

❶ 법률규정

> **제4조(처장·차장 등)** ① 수사처에 처장 1명과 차장 1명을 두고, 각각 특정직공무원으로 보한다.
> ② 수사처에 수사처검사와 수사처수사관 및 그 밖에 필요한 직원을 둔다.

❷ 해 설

동조는 공수처에 처장 1명과 차장 1명을 두고, 각각 특정직공무원으로 보한다는 내용 및 공수처에 공수처검사와 공수처수사관 및 그 밖에 필요한 직원을 둔다는 것으로 원칙적인 내용을 규정하고 있다.

II. 처장의 자격과 임명

❶ 법률규정

> **제5조(처장의 자격과 임명)** ① 처장은 다음 각 호의 직에 15년 이상 있던 사람 중에서 제6조에 따른 고위공직자범죄수사처장후보추천위원회가 2명을 추천하고, 대통령이 그 중 1명을 지명한 후 인사청문회를 거쳐 임명한다.
> 1. 판사, 검사 또는 변호사
> 2. 변호사 자격이 있는 사람으로서 국가기관, 지방자치단체, 「공공기관의 운영에 관한 법률」 제4조에 따른 공공기관 또는 그 밖의 법인에서 법률에 관한 사무에 종사한 사람
> 3. 변호사 자격이 있는 사람으로서 대학의 법률학 조교수 이상으로 재직하였던 사람
> ② 제1항 각 호에 규정된 둘 이상의 직에 재직한 사람에 대해서는 그 연수를 합산한다.
> ③ 처장의 임기는 3년으로 하고 중임할 수 없으며, 정년은 65세로 한다.
> ④ 처장이 궐위된 때에는 제1항에 따른 절차를 거쳐 60일 이내에 후임자를 임명하여야 한다. 이 경우 새로 임명된 처장의 임기는 새로이 개시된다.

❷ 해 설

(1) 공수처장 임명절차

대통령은 고위공직자범죄수사처장후보추천위원회가 [1. 판사, 검사 또는 변호사, 2. 변호사 자격이 있는 사람으로서 국가기관, 지방자치단체, 「공공기관의 운영에 관한 법률」 제4조에 따른 공공기관 또는 그 밖의 법인에서 법률에 관한 사무에 종사한 사람, 3. 변호사 자격이 있는 사람으로서 대학의 법률학 조교수 이상으로 재직하였던 사람]으로서 15년 이상 있던 사람 중 2명을 공수처장으로 추천하면,[19] 그 중 1명을 지명한 후 인사청문회를 거쳐 임명한다. 처장

---

19 검찰청법 제27조(검찰총장의 임명자격) 검찰총장은 15년 이상 다음 각 호의 직위에 재직하

의 임기는 3년으로 하고 중임할 수 없으며, 정년은 65세로 한다. 처장이 궐위된 때에는 제1항에 따른 절차를 거쳐 60일 이내에 후임자를 임명하여야 하며, 이 경우 새로 임명된 처장의 임기는 새로이 개시된다.

(2) 단임 임기

공수처장 및 차장의 임기가 3년이고 중임을 불가능하게 한 것은 문제라는 견해가 있다.[20] 어렵게 모신 중립적 공수처장 및 차장을 3년마다 다시 뽑는다는 것은 낭비이고, 중립성에 위험요인이 될 수 있다는 것이다. 이에 공수처장의 임기를 4년 정도로 하고 중임을 허용하며, 정년도 70세 정도로 한 후, 다만 장기 집권에 따른 권한남용이나 부패의 위험이 있으므로 국회의원 선거와 동시에 공수처장에 대한 신임투표를 하는 방안(4년마다 신임투표에서 투표자의 50% 이상이 불신임을 하면 퇴임)을 생각해 보자는 것이다.

였던 사람 중에서 임명한다.
1. 판사, 검사 또는 변호사
2. 변호사 자격이 있는 사람으로서 국가기관, 지방자치단체, 국·공영기업체, 「공공기관의 운영에 관한 법률」 제4조에 따른 공공기관 또는 그 밖의 법인에서 법률에 관한 사무에 종사한 사람
3. 변호사 자격이 있는 사람으로서 대학의 법률학 조교수 이상으로 재직하였던 사람
20 한상훈, 공수처 어떻게 설치할 것인가, 「신속처리안건에 대한 건설적 비판을 중심으로」, 국회의원 박지원/박주민/여영국/공수처설치촉구공동행동, 참여연대 사법감시센터 주관, 국회의원회관 제6간담회실(2019. 7. 10.), 36면.

Ⅲ. 고위공직자범죄수사처장 후보추천위원회

❶ 법률규정

【표 3-2】 신·구조문대비표

현　　행	개　정　법
제6조(고위공직자범죄수사처장후보추천위원회) ① 처장후보자의 추천을 위하여 국회에 고위공직자범죄수사처장후보추천위원회(이하 "추천위원회"라 한다)를 둔다. ② 추천위원회는 위원장 1명을 포함하여 7명의 위원으로 구성한다.	제6조(고위공직자범죄수사처장후보추천위원회) ①·② (현행과 같음)
③ <u>위원장은 제4항 각 호의 위원 중에서 호선</u>한다.	③ <u>위원장은</u> ────────────────── ───.
④ 국회의장은 다음 각 호의 사람을 위원으로 임명하거나 위촉한다. 　　1. 법무부장관 　　2. 법원행정처장 　　3. 대한변호사협회장 　　4. 대통령이 소속되거나 소속되었던 정당의 교섭단체가 추천한 2명 　　5. 전 호의 교섭단체 외 교섭단체가 추천한 2명	④ (현행과 같음)
〈신　설〉	⑤ <u>국회의장은 제4항제4호 및 제5호에 따른 교섭단체에 10일 이내의 기한을 정하여 위원의 추천을 서면으로 요청할 수 있고, 각 교섭단체는 요청받은 기한 내에 위원을 추천하여야 한다.</u>
〈신　설〉	⑥ <u>제5항에도 불구하고 요청받은 기한 내에 위원을 추천하지 않은 교섭단체가 있는 경우, 국회의장은 해당 교섭단체의 추천에 갈음하여 다음 각 호의 사람을 위원으로 위촉한다.</u> 　　<u>1. 사단법인 한국법학교수회 회장</u> 　　<u>2. 사단법인 법학전문대학원협의회 이사장</u>
⑤ <u>추천위원회는 국회의장의 요청 또는 위원 3분의 1 이상의 요청이 있거나 위원장이 필요하다고 인정할 때 위원장이 소집하고, <u>위원 6인 이상의</u> 찬성으로 의결한다.	⑦ ────────────────── ────────────────── ─────────────재적위원 3분의 2 이상의 ──────────.
⑥ 추천위원회 위원은 정치적으로 중립을 지키	⑧ ~ ⑩ (현행 제6항부터 제8항까지와 같음)

현 행	개 정 법
고 독립하여 그 직무를 수행한다. ⑦ 추천위원회가 제5조제1항에 따라 처장 후보자를 추천하면 해당 추천위원회는 해산된 것으로 본다. ⑧ 그 밖에 추천위원회의 운영 등에 필요한 사항은 국회규칙으로 정한다.	

❷ 해 설

　　2020년 8월 4일 「고위공직자범죄수사처장후보추천위원회의 운영 등에 관한 규칙안」이 국회 본회의에서 의결되었다. 동 규칙에 따르면, 국회의장은 고위공직자범죄수사처장후보추천위원회를 지체 없이 구성하여야 하되, 추천 교섭단체에 기한을 정하여 위원의 추천을 서면으로 요청할 수 있고, 각 교섭단체는 요청받은 기한 내에 위원을 추천하여야 한다(제2조). 고위공직자범죄수사처장후보추천을 위한 심사대상자는 위원회의 위원이 제시한다(제5조). 위원회는 후보자 2명을 대통령에게 서면으로 추천하여야 한다(제7조).

　　검찰총장후보추천위원회는 검찰청법 제34조의2[21]에 따라 법무부장관이 구

21　제34조의2(검찰총장후보추천위원회)
　　① 법무부장관이 제청할 검찰총장 후보자의 추천을 위하여 법무부에 검찰총장후보추천위원회(이하 "추천위원회"라 한다)를 둔다.
　　② 추천위원회는 법무부장관이 검찰총장 후보자를 제청할 때마다 위원장 1명을 포함한 9명의 위원으로 구성한다.
　　③ 위원장은 제4항에 따른 위원 중에서 법무부장관이 임명하거나 위촉한다.
　　④ 위원은 다음 각 호의 어느 하나에 해당하는 사람을 법무부장관이 임명하거나 위촉한다.
　　1. 제28조에 따른 대검찰청 검사급 이상 검사로 재직하였던 사람으로서 사회적 신망이 높은 사람
　　2. 법무부 검찰국장
　　3. 법원행정처 차장
　　4. 대한변호사협회장
　　5. 사단법인 한국법학교수회 회장
　　6. 사단법인 법학전문대학원협의회 이사장

성하는 반면, 공수처장후보추천위원회는 국회에서 구성하도록 되어 있다는 점
외에는 별다른 차이점을 찾을 수 없다. 다만, 공수처법 제6조에 따르면 공수처
장의 임명을 위하여 국회에 고위공직자범죄수사처장후보추천위원회를 두도록
되어 있으며, 동조 제5항에 따르면 위원 6인 이상의 찬성으로 의결하도록 되어
있으므로 당연직 위원 3명 중 대통령이 임명하는 법무부장관과 대통령이 임명
하는 대법원장의 영향하에 있는 법원행정처 처장이 포함되어 있고, 대통령이
소속되거나 소속되었던 정당의 교섭단체가 추천한 2명도 여당몫으로 본다면,
결국 제5호의 '전 호의 교섭단체 외 교섭단체가 추천한 2명'이 중요한 의미를
가질 것으로 보인다. 그런데 현 21대 국회의원 의석분포상, 제4호를 제외한 교
섭단체는 국민의힘 이외에는 없으므로 국민의힘에서 2명을 추천할 수밖에 없을
것이다.22

　　물론 야당이 자신에게 유리한 후보자가 나올 때까지 무제한적으로 거부권
을 남용하거나 또는 공수처를 무력화시키기 위한 방편으로 공수처장 추천을 지
연하는 전략을 구사한다면, 공수처창 임명절차는 무력화될 가능성이 있다. 이러
한 문제 때문에 2020년 6월 발의되었던 「고위공직자범죄수사처장후보추천위원
회의 운영 등에 관한 규칙안」 제2조 제3항은 국회의장이 고위공직자범죄수사처
장 후보자의 추천을 위하여 고위공직자범죄수사처장후보추천위원회를 지체 없
이 구성하여야 하고, 교섭단체에 기한을 정하여 위원의 추천을 서면으로 요청

---

7. 학식과 덕망이 있고 각계 전문 분야에서 경험이 풍부한 사람으로서 변호사 자격을 가지
　　지 아니한 사람 3명. 이 경우 1명 이상은 여성이어야 한다.
⑤ 추천위원회는 법무부장관의 요청 또는 위원 3분의 1 이상의 요청이 있거나 위원장이
　　필요하다고 인정할 때 위원장이 소집하고, 재적위원 과반수의 찬성으로 의결한다.
⑥ 추천위원회는 검찰총장 후보자로 3명 이상을 추천하여야 한다.
⑦ 법무부장관은 검찰총장 후보자를 제청하는 경우에는 추천위원회의 추천 내용을 존중한다.
⑧ 추천위원회가 제6항에 따라 검찰총장 후보자를 추천하면 해당 위원회는 해산된 것으로
　　본다.
⑨ 그 밖에 추천위원회의 구성과 운영 등에 필요한 사항은 대통령령으로 정한다.

22　현재와 같이 야당에 거부권(veto)을 부여하는 것이 정치적으로 편향되지 않은 공수처장을
　　임명하기 위한 절차로서 바람직하다는 견해로는 한상훈, "공수처 어떻게 설치할 것인가 –
　　신속처리안건에 대한 건설적 비판을 중심으로 –", 참여연대 사법감시센터 주관 발표자료집
　　(2019. 7. 10.), 36면.

할 수 있으며, 기한까지 추천이 없을 때에는 국회의장은 교섭단체를 지정하여 위원추천을 요청할 수 있도록 하였다.[23]

그러나 고위공직자범죄수사처장후보추천위원회 구성에 있어서 여당과 야당 각각 2명씩 추천하도록 함으로써 공수처장의 독립성을 보장하도록 한 공수처법 취지를 하위규칙으로 변경한다면 법률체계의 정당성을 부인하는 일이다. 이에 2020년 7월 국회운영위원회는 「고위공직자범죄수사처장후보추천위원회의 운영 등에 관한 규칙안」에 대한 수정안을 가결하였으며,[24] 이에 따라 규칙안 제2조 제3항이 삭제되면서 수정안이 국회 본회의에서 가결되었다.[25]

결국 여당과 야당의 타협으로 원만하게 구성될 것인지 아니면 힘겨루기 속에서 처음부터 잡음이 날 것인지 여부는 누가 공수처장으로 추천되는가에 달려 있다고 할 것이다.

그런데 공수처장후보추천위원회가 우여곡절 끝에 법 시행 107일 만에 공식 출범하였지만 야당의 거부권 행사로 3차례 표결에도 선정이 무산되자, 여당에서는 야당의 비토권을 무력화 하기 위한 법개정에 착수하였으며, 2020. 12. 10. 고위공직자범죄수사처 설치 및 운영에 관한 법률 일부개정법률안(대안; 제안자 법제사법위원장)을 통과시켰다. 제안이유로는 "고위공직자범죄수사처가 신속하게 출범할 수 있도록 고위공직자범죄수사처장 후보추천 관련 규정을 정비하고,

---

23 고위공직자범죄수사처장후보추천위원회의 운영 등에 관한 규칙안 (의안번호 210016호 백혜련 의원 대표발의 2020. 6. 1.) 제2조(위원회의 구성) ① 국회의장은 고위공직자범죄수사처장 후보자의 추천을 위하여 고위공직자범죄수사처장후보추천위원회를 지체 없이 구성하여야 한다.
② 국회의장은 법 제6조 제4항 제4호 및 제5호에 따른 교섭단체에 기한을 정하여 위원의 추천을 서면으로 요청할 수 있고, 각 교섭단체는 요청받은 기한 내에 위원을 추천하여야 한다.
③ 제2항의 기한까지 추천이 없을 때에는 국회의장은 교섭단체를 지정하여 위원추천을 요청할 수 있다.
24 수정이유 및 주요내용: 국회의장이 교섭단체에 기한을 정하여 위원의 추천을 요청하고, 기한까지 추천이 없을 때에는 국회의장은 교섭단체를 지정하여 위원추천을 요청할 수 있도록 하였으나, 이 중 국회의장이 교섭단체를 지정하여 요청할 수 있도록 하는 내용을 삭제함(국회운영위원장, 고위공직자범죄수사처장후보추천위원회의 운영 등에 관한 규칙안에 대한 수정안).
25 제830회 국회(임시회) 본회의회의록 제8호 (2020년 8월 4일).

고위공직자범죄수사처가 수사인력을 원활하게 확보할 수 있도록 수사처검사의 임용요건을 정비하며, 현행 법제도와의 정합성 등을 고려하여 고위공직자범죄수사처장의 재정신청에 관한 특례 규정을 삭제함"이다.

공수처장후보자추천위원회와 관련된 개정내용을 살펴보면, 첫째, 고위공직자범죄수사처장 후보추천위원회의 위원구성시 국회의장이 추천기한을 10일 이내로 정하여 각 교섭단체에 추천위원의 추천을 요청할 수 있도록 하고, 추천기한 이내에 추천이 이루어지지 않은 경우에는 국회의장이 직권으로 사단법인 한국법학교수회 회장과 사단법인 법학전문대학원협의회 이사장을 추천위원으로 위촉할 수 있도록 하였으며(공수처법 제6조제5항, 제6항), 둘째, 고위공직자범죄수사처장 후보추천위원회의 의결정족수를 현행 6인 이상에서 재적위원(7인)의 3분의 2 이상으로 완화조정(동법 제6조 제7항)하는 내용이다.

❸ 문제점

야당의 비토(거부)권을 무력화한 개정법에 따르면, 공수처장의 임명이 집권여당에 절대적으로 유리한 방향으로 흐르게 될 것이라는 점이다. 왜냐하면 처장후보추천위원회의 당연직 위원인 법무부장관은 대통령이 임명한 대통령의 참모이며, 대법원장도 대통령이 임명하므로 법원행정처장 역시 대통령의 의중을 헤아리는 사람이라고 볼 수 있고, 국회에서 추천하는 4명 가운데 2명은 집권 여당에서 추천하도록 규정되어 있기 때문이다. 결국 7인의 위원 가운데 4명이 집권 여당의 몫이라면 처장 후보를 복수로 추천할 때 집권 여당을 동지로 생각하는 사람이 포함될 수밖에 없다. 그럼에도 불구하고 집권 여당 편에 서 있는 후보를 대통령이 선택하지 않을 것이라고 기대하는 것은 어불성설이다.[26] 결국 대한변호사협회장이 캐스팅 보트(Vote)를 가지게 될 가능성이 농후하게 보인다.[27]

---

26 김성천, "고위공직자범죄수사처의 형사사법체계 정합성에 관한 고찰", 중앙법학 제21권 제4호(2019), 50면.

27 실제로 대한변호사협회 이찬희 협회장이 추천한 2명(김진욱 헌법재판소 선임연구관, 이건리 국민권익위원회 부위원장)이 최종 공수처장 후보로 결정되었다.

【표 3-3】 추천위원별 공수처장 심사대상자 제시 결과

연 번	이 름 (나이)	학 력 (연수원기수)	주요 경력	비 고
1	최운식 (61년생)	한양대학교 법학 (사법연수원 22기)	• 대구지검 김천지청 지청장 • (現) 법무법인 대륙아주 대표변호사	조재연 위원장
2	전현정 (66년생)	서울대학교 법학 (사법연수원 22기)	• 서울중앙지방법원 부장판사 • (現) 대한변호사협회 양성평등센터장	추미애 위원
3	김진욱 (66년생)	서울대학교 인문대학 (사법연수원 21기)	• 서울지방법원 판사 • (現) 헌법재판소 선임헌법연구관	이찬희 위원
4	이건리 (63년생)	서울대학교 법학 (사법연수원 16기)	• 대검찰청 공판송무부 부장 • (現) 국민권익위원회 부위원장	
5	한명관 (59년생)	서울대학교 법학 (사법연수원 15기)	• 서울동부지방검찰청 검사장 • (現) 법무법인 바른 변호사	
6	권동주 (68년생)	고려대학교 법학 (사법연수원 26기)	• 서울고등법원 판사 • (現) 법무법인 화우 변호사	김종철·박경준 위원 (더불어민주당 추천)
7	전종민 (67년생)	서울대학교 법학 (사법연수원 24기)	• 서울행정법원 판사 • (現) 법우법인 공존 변호사	
8	강찬우 (63년생)	서울대학교 법학 (사법연수원 18기)	• 수원지방검찰청 검사장 • (現) 법무법인 평산 변호사	이헌 위원 (국민의힘 추천)
9	김경수 (60년생)	연세대학교 법학 (사법연수원 17기)	• 대구고등검찰청 검사장 • (現) 법무법인 율촌 변호사	
10	석동현 (60년생)	서울대학교 법학 (사법연수원 15기)	• 서울동부지방검찰청 검사장 • (現) 법무법인 대호 변호사	임정혁 위원 (국민의힘 추천)
11	손기호 (59년생)	서울대학교 법학 (사법연수원 17기)	• 의정부지방검찰청 고양지청 지청장 • (現) 법률사무소 유어사이드 변호사	

　　문제는 공수처장이 공수처 소속 검사를 추천하는 인사위원회 위원장이 되므로 공수처 조직의 핵심인 공수처 검사가 공수처장(최종적으로는 대통령)의 의중에 따라 구성될 것이라는 점이다.28 그러면 공수처는 결국 집권 여당에게 절대적으로 유리한 방향으로 수사권을 행사하게 될 것이 당연한 이치이다.

28　이근우, 옥상옥, 펜트하우스가 될 것인가 옥탑방이 될 것인가?, 『형사정책』(한국형사정책학회) 제31권 제1호 (2017), 54면.

그런데 전술(前述)한 것처럼, 그동안 검찰권 남용에 대한 비난의 핵심이 다른 모든 사건에 대해서는 엄정한 수사를 하면서 유독 권력 실세가 연루된 사건에 대해서는 수사를 하지 아니하거나 해도 대충하고 불기소 처분 등으로 마무리하여 면죄부만 주었다는 것인데, 지금 법률대로 공수처가 구성된다면 집권 여당에게 유리한 방향으로 수사권을 행사하게 될 것이 명약관화하다. 이는 집권 여당에게 유리한 수사권 행사는 곧 수사와 공소제기 측면에서 권력의 실세들이 저지르는 범죄행위에 대해서는 힘이 닿는 데까지 수사를 미루면서 버티고 할 수 없이 수사를 개시하더라도 기소를 하지 않는 방향으로 결론을 도출할 것임을 의미한다.

그러나 고위공직자범죄에 대한 수사권을 독점하는 국가기관이 그러한 범죄에 의한 피해자(종국적으로는 국민) 보호를 제대로 하지 않는다면 그 존립의 의미를 인정할 수 없는 것이다. 왜냐하면 고위공직자범죄로부터 국민을 보호하여야 할 국가의 의무가 이루어지지 않는 것이고, 이러한 의무위반은 국민에 대한 기본권 침해로 규정할 수 있기 때문이다.[29]

더욱이 대의민주주의의 기본은 모든 권력기관이 궁극적으로 대의기관인 국회를 통해 국민에게 책임을 지는 것인데, 검찰권의 행사에 따른 검찰총장에 대한 탄핵소추나 검찰의 지휘감독권자인 법무부 장관에 대한 해임건의제도와 달리 공수처장에 대해서는 탄핵소추 이외에는 아무런 견제수단이 없어 공수처의 막강한 권력에 대해서 어떤 책임추궁의 방법이 있는지 의문이 든다. 더욱이 처장의 국회출석·보고의무(제17조 제2항), 처장의 국무회의 출석·발언권한 및 대통령령에 대한 의안 제출 건의권한(제14조 제3항)까지 부여하고 있다는 점에서 신중한 검토를 요한다.

반면에 국회에서 추천하는 4명의 위원에 대해서는 자격요건도 없으므로 국회의원들의 의사에 따라 아무런 제한 없이 임명이 될 것이다. 이렇게 되면 공수처장 임명에 정치권의 의사가 가장 중요하게 작용할 것으로 예상할 수 있다. 이에 따라 정치권의 이해를 대변하는 사람이 공수처장에 임명될 수밖에 없어

---

29 헌법재판소 1989. 4. 17. 88헌마3 전원재판부 판결에서 검사의 부당한 불기소 처분이 기본권침해에 해당한다고 하면서 그 이유를 설명한 내용을 고위공직자범죄에 대입하였다.

보인다. 문제는 공수처장이 정치권의 이해를 대변하는 사람으로 임명이 되면, 결국 고위공직자 가운데 정치권에 강하게 연결되어 있는 사람이 수사상 혜택을 볼 수밖에 없는 구조가 될 것이라는 점이다.[30] 특히 국회가 주도하여 공수처장을 추천하게 되므로 국회의원들에 대한 수사는 강도가 아주 약화된 형태로 이루어질 것으로 생각된다. 검찰의 정치적 종속성을 이유로 별도의 수사기관을 설치하면서 검찰보다 구조적으로 더 정치적 종속성이 강할 수밖에 없는 조직을 탄생시키는 셈이다. 이처럼 정치권에 가까운 사람일수록 유리하게 취급할 가능성이 농후한 수사기관이 형사사법 체계 내에 자리를 잡는다면 이는 헌법 제11조가 정하는 '법 앞의 평등'이라는 원칙을 심각하게 훼손하는 일이 된다.

헌법재판소 소수의견도 공수처법이 수사처의 직무상 독립 내지 수사처 소속 공무원의 정치적 중립성과 직무상 독립에 관한 규정을 두고 있기는 하지만(동법 제3조 제2항, 제22조), 다음과 같은 사정들을 종합적으로 고려하면 수사처가 그 권한을 공정하게 행사하기 위한 정치적 중립성과 직무상 독립을 충분히 보장받고 있다고 보기 어렵다는 입장이다.

첫째, 공수처법은 가장 중요한 수사처장의 임명과 관련하여, 법무부장관, 법원행정처장, 대한변호사협회장 3인과 여당 및 야당 소속 각 교섭단체가 2명씩 추천한 4인 등 총 7명으로 구성된 추천위원회에서 2명을 추천하여 그 중 1명을 대통령이 지명한 후 인사청문회를 거쳐 임명하도록 규정하고 있다(제5조 제1항, 제6조). 그런데 수사처장후보추천 단계부터 국회 교섭단체가 추천한 위원이 4명이나 포함됨으로써 필연적으로 수사처장 선출이 정치적 영향을 받을 수밖에 없다.

둘째, 공수처법은 고위공직자범죄등을 수사하고 공소를 제기하는 업무를 수행하는 수사처검사의 임용과 관련하여 수사처 내의 인사위원회의 추천을 거쳐 대통령이 임명하도록 규정하고 있고(제8조 제1항), 처장과 차장을 제외한 수사처검사의 전보, 그 밖에 인사에 관한 중요사항에 대한 심의·의결도 인사위원회가 담당하도록 규정하고 있다(제9조 제1항). 그런데 인사위원회의 구성을 보면 처장, 차장, 처장이 위촉한 1명 등 3인, 여당 및 야당 소속 각 교섭단체가 2명

---

30 김성천, "고위공직자범죄수사처의 형사사법체계 정합성에 관한 고찰", 중앙법학 제21권 제4호(2019), 67면.

씩 추천한 4명 등 총 7명으로 되어 있고, 재적위원 과반수의 찬성으로 의결하도록 하여(제9조), 결국 수사처검사의 임용 등 인사 역시 정치적 영향을 받을 수 있는 가능성을 남겨두고 있다.

셋째, 헌법 제7조 제1항은 '공무원을 국민 전체의 봉사자'라고 규정하여 공무원의 전체 국민에 대한 공익실현의무를 선언하고 있고, 제2항은 공무원의 공익실현의무로부터 불가결하게 요청되는 '공무원의 정치적 중립성 보장'과 함께, 이러한 정치적 중립성 보장의 필수적 전제로서 '공무원의 신분 보장'을 규정하고 있다. 공수처법 제8조 제2항에 따르면, 수사처검사는 특정직 공무원이므로 헌법 제7조 제1항에 따른 '전체 국민에 대한 공익'을 실현할 의무를 진다. 그럼에도 공수처법 제8조 제3항은 수사처검사의 임기를 3년으로 정하고 3회에 한정하여 연임이 가능하도록 하고 있다. 이처럼 공수처법이 수사처검사로 하여금 검찰청법 제4조에 따른 검사의 직무를 수행할 수 있도록 하면서도(제8조 제4항), 다른 특정직 공무원인 판사나 검사와는 달리 임용기간을 지나치게 단기로 규정한 것은 그 자체로 수사처검사의 신분 보장을 매우 취약하게 만들어서 정치적 중립성에도 부정적 영향을 미친다. 수사처검사는 연임을 위해서 자신이 행한 수사 및 공소제기 등의 업무실적에 대하여 매 3년마다 인사위원회로부터 심사를 받아야 하는데, 인사위원회의 구성 및 의결정족수 등의 문제점을 고려하면 수사처검사의 정치적 중립성 및 직무상 독립성을 침해할 가능성이 매우 높다. 따라서 공수처법이 특정직 공무원인 수사처검사의 임기를 단기로 정하고 연임도 최대 3회로 제한한 것은 수사처검사의 정치적 중립성 및 직무상 독립성을 침해하고 입법형성의 한계를 일탈하여 헌법 제7조에서 정한 공무원제도를 사실상 형해화하고 있다고 볼 것이다.

이와 관련하여 공수처가 권력기관 소속 고위공무원이 아닌 야당 국회의원들을 표적으로 수사하게 되면 '국민의 지지와 신뢰를 바로 상실'하게 될 수밖에 없음을 간과하면 안 된다는 주장이 있다.[31] 국민의 지지와 신뢰를 곧바로 상실하게 될 것이기 때문에 절대로 공수처는 그와 같은 행동을 하지 않을 것이라는 말인데, 공수처장을 국회가 추천하고 대통령이 임명하는 구조 아래에서는 설득

---

31 정한중, 공수처가 필요한 네 가지 이유, 프레시안, 2018. 3. 5.

력이 없어 보인다. 자신을 임명하는 사람이 국민들이면 모르겠지만, 대통령이 임명을 하는 마당에 대통령의 눈치를 보지 국민의 눈치를 보지는 않을 것이기 때문이다.

한편, 고위공직자범죄수사처장 후보추천위원회의 위원구성시 국회의장이 추천기한을 10일 이내로 정하여 각 교섭단체에 추천위원의 추천을 요청할 수 있도록 하고, 추천기한 이내에 추천이 이루어지지 않은 경우에는 국회의장이 직권으로 사단법인 한국법학교수회 회장과 사단법인 법학전문대학원협의회 이사장을 추천위원으로 위촉할 수 있도록 하였는데(공수처법 제6조 제5항, 제6항), 한국법학교수회 회장은 법학전문대학원 교수들끼리 선거로,32 법학전문대학원협의회 이사장은 로스쿨 원장끼리 돌아가면서 하는 구조라는 점에서 별다른 차이가 없는 두 단체의 장을 공수처장추천위원회 위원으로 위촉할 필요가 있는지 의문이 든다. 차라리 형사법관련 5개 학회33에 공동추천을 의뢰하는 것이 더 타당할 것이다.

Ⅳ. 차장의 자격과 임명

❶ 법률규정

> **제7조(차장)** ① 차장은 10년 이상 제5조 제1항 각 호의 직위에 재직하였던 사람 중에서 처장의 제청으로 대통령이 임명한다.
> ② 제5조 제2항은 차장의 임명에 준용한다.
> ③ 차장의 임기는 3년으로 하고 중임할 수 없으며, 정년은 63세로 한다.

---

32 제15대 한국법학교수회 회장 선거에서도 120명 대의원 중 74명이 로스쿨 대의원인 반면, 비로스쿨 대의원은 46명에 불과했으며, 선거에 참여한 108명 대의원(12명 기권) 중 로스쿨 대의원은 2명만 기권한 반면, 비로스쿨에서는 10명이 기권하였다.

33 한국형사법학회/한국비교형사법학회/한국형사정책학회/한국형사소송법학회/한국피해자학회는 매년 "한국형사학대회"를 공동으로 개최하고 있는데, 2020년 제9회째 공동세미나를 개최한 바 있다.

❷ 해 설

공수처차장은 [1. 판사, 검사 또는 변호사, 2. 변호사 자격이 있는 사람으로서 국가기관, 지방자치단체, 「공공기관의 운영에 관한 법률」 제4조에 따른 공공기관 또는 그 밖의 법인에서 법률에 관한 사무에 종사한 사람, 3. 변호사 자격이 있는 사람으로서 대학의 법률학 조교수 이상으로 재직하였던 사람]으로서 10년 이상 재직하였던 사람 중에서 공수처장의 제청으로 대통령이 임명한다. 차장의 임기는 3년으로 하고 중임할 수 없으며, 정년은 63세로 한다.

V. 공수처검사의 자격과 임명

❶ 법률규정

【표 3-4】 신·구조문대비표

현 행	개 정 법
제8조(수사처검사) ① 수사처검사는 변호사 자격을 10년 이상 보유한 자로서 재판, 수사 또는 수사규칙으로 정하는 조사업무의 실무를 5년 이상 수행한 경력이 있는 사람 중에서 제9조에 따른 인사위원회의 추천을 거쳐 대통령이 임명한다. 이 경우 검사의 직에 있었던 사람은 제2항에 따른 수사처검사 정원의 2분의 1을 넘을 수 없다.	제8조(수사처검사) ① ———————————— ——7년 이상 변호사의 자격이 있는 자 중에서- ———————————————————————— ———————————————————————— ———————————————————————— ———————————————————————— ———————————————————————— ———————.
② 수사처검사는 특정직공무원으로 보하고, 처장과 차장을 포함하여 25명 이내로 한다.	②~④ (현행과 같음)
③ 수사처검사의 임기는 3년으로 하고, 3회에 한하여 연임할 수 있으며, 정년은 63세로 한다.	
④ 수사처검사는 직무를 수행함에 있어서 검찰청법 제4조에 따른 검사의 직무 및 군사법원법 제37조에 따른 군검사의 직무를 수행할 수 있다.	

❷ 해 설

(1) 공수처검사

개정 공수처법 제8조에 따르면, 기존법에 있었던 "재판, 수사 또는 공수처 규칙으로 정하는 조사업무의 실무를 5년 이상 수행한 경력이 있는 사람" 규정이 삭제되었으므로 공수처검사는 변호사 자격을 7년 이상 보유한 자 중에서 인사위원회의 추천을 거쳐 대통령이 임명하면 족하다. 이 경우 검사의 직에 있었던 사람은 공수처검사 정원(25명 이내)의 2분의 1을 넘을 수 없도록 규정하고 있다.[34] 따라서 법상으로는 공수처 검사를 임명할 때 검찰청 검사로 근무한 사람은 정원의 1/2을 넘지 못하게 되어 있으므로 해석상 1명도 뽑지 않더라도 위법은 아니다.

임기는 3년이고, 3회에 한하여 연임할 수 있으며, 정년은 63세이다. 따라서 정권이 바뀌어도 전 정권에서 임명된 소수의 검사들이 계속 유지되므로 정치적으로 중립적이고 객관적인 검찰기관을 별도로 만들자는 취지와는 전혀 다르게 결과는 어떤 정치세력이 공수처를 장기간동안 장악하는 지극히 정치적인 검찰기관이 나타날 위험성 또한 상존하고 있다.

(2) 인 원

공수처검사는 특정직공무원으로 보하고, 처장과 차장을 포함하여 25명 이내이다. 임기는 3년이고, 3회에 한하여 연임할 수 있으며, 정년은 63세이다. 따라서 총 9년동안 공수처검사로 활동할 수 있다.

---

34 「검사정원법」은 제1조에서 검사의 정원을 정하고 있고 제2조에서 검찰청별 검사의 정원을 「검사정원법 시행령」으로 정함을 규정하고 있다. 2019년 11월 18일 기준 검사의 총원은 2,292명이다.

❸ 문제점

(1) 인 원

공수처의 업무 범위에 비추어 볼 때 공수처의 검사(처장 및 차장 포함 최대 25명)와 수사관(최대 40명)의 규모가 너무 적다는 견해가 있다.[35] 행정인원을 합쳐도 100명이 되지 않아 검찰조직에 비하여 너무 적은 규모이므로, 1기 법무부 법무·검찰개혁위원회의 공수처 설치 권고안(공수처 검사 30명 이상 50명 미만, 공수처 수사관 50명 이상 70명 이내) 수준으로 되어야 한다는 것이다.

그러나 '방대한 수사역량이 필요한 사건, 고도의 보안·신속한 의사결정 및 관계기관과의 긴밀한 협조가 필요한 사건을 직접 수사'하던 과거 대검 중앙수사부(이하 중수부라고 약칭함)를 살펴보면, 수사기획관실과 3개 과로 이루어져 있으며, 각 과는 부장검사 1명과 수사사무관 2—4명을 포함한 검찰 일반직원 10여 명으로 구성되어 있었다.

그럼에도 불구하고, 과거 「사법개혁 실현을 위한 인권시민사회단체공동대책위원회 성명」은 "……청와대와 검찰은 중수부가 없으면 정치인·재벌 비리 수사가 불가능하고 국회가 법률을 개정하여 중수부의 수사기능을 폐지하는 것은 검찰의 정치적 중립성을 훼손한다는 이유를 대고 있다. 그러나 중수부가 담당해온 수사는 각 지검 특수부가 담당하면 되고, 특별히 전국적 수사가 필요한 사안이 발생하면 검찰총장이 합동수사본부를 만들고 검사를 파견하면 충분히 수사를 할 수 있다. 검찰은 지검 특수부가 정치적 외압에 취약하기 때문에 공정한 수사를 할 수 없다고 주장하나, 이는 검찰이 정치적 중립성과 독립성을 갖추지 못한 무능한 조직임을 스스로 시인한 것에 불과하다. 게다가 지금까지 대검 중수부는 정치적으로 전혀 중립성과 독립성을 확보하지 못하고 공정하지 못한 수사를 일삼아왔다. 이는 검찰총장이 직접 대검 중수부의 범죄수사를 명령·지휘함에 따라 정치적 외압에 흔들릴 수밖에 없는 구조적 요인에 기인한 것이다.

---

35 김남근, "고위공직자범죄수사처 설치의 의미와 앞으로의 방향", 「국민을 위한 수사개혁방향 심포지엄」, 대한변호사협회 주최 발표자료집, 14면.

　그렇다고 대검 중수부가 수사를 잘하는 것도 아니다. 2004년부터 2008년 사이 5년간 대검 중수부는 264명 기소하여 28명이 1심에서 무죄를 선고받았다. 1심 무죄율이 10.6%이다. 2008년만을 따로 살펴보면 전체 형사사건의 무죄율은 0.31%인 반면, 대검 중수부의 무죄율은 27.3%이다. 항소심과 상고심은 더욱 심각하다. 대검 중수부의 무죄율은 32%에 이른다. 이러한 통계는 대검 중수부가 가장 수사를 잘 하는 곳이라는 주장이 그야말로 허구에 불과함을 증명하고 있다. 따라서 대안으로 고위공직자의 비리를 독립적으로 수사·기소하는 상설 수사기관(고위공직자비리조사처)의 신설이 필요한 것이다. 국회 사법개혁특위가 판, 검사 및 국회의원을 포함한 고위공직자의 비리를 독립적으로 수사하는 특별수사청 설치를 논의하는 이유가 바로 여기에 있다. 지검 특수부가 정치적 중립성과 독립성이 없다고 하면서 고비처나 특별수사청 신설에 반대하는 것은 검찰의 자기모순일 뿐이다.......”라고 비판한 바 있다.

(2) 임 기

　공수처검사의 임기를 3년으로 하고, 연임을 3회로 제한할 경우 일반검사와 비교하여 불리한 조건이어서 우수한 검사가 지원할 것인지 의문이라는 견해가 있다.[36] 이에 검사의 경우 임기를 없애고 정년을 65세까지 보장하며, 다만 5년이나 7년마다 적격심사를 도입하는 방안을 고려하자는 것이다. 다만, 이럴 경우 공수처검사나 수사관의 경우 너무 오래 근무하게 되므로 부패할 수 있거나 젊은 사람들이 진입할 수 없는 등 문제점이 있을 수 있으나, 이는 적격심사와 내부고발을 강화하고, 최초 임용시에 연령대를 고르게 분포하여 정년퇴직이 순차적으로 이루어질 수 있도록 하면 해결될 수 있다는 것이다.

　그러나 이러한 주장을 살펴보면, ‘공수처의 설립이 곧 개혁의 진전’이라는 전제 아래 논의를 하고 있다. 즉, 다른 기관에 대해서는 비관적이면서, 공수처의 활동에 대해서는 지나치게 낙관적인 시각을 가지고 있다.

　그러나 사실상 예전의 대검찰청 중수부나 현재의 서울중앙지검 특수부와

36　한상훈, 앞의 논문, 41면.

유사한 성격을 가지고 있는 공수처의 본질을 생각해보면, 공수처의 설치는 검사들과 검찰수사관들에게 하나의 경력상의 경로(career path)를 제공하는 측면이 있다. 검찰에서 근무하다가 공수처로 갈 수 있고, 원래대로 다시 복귀할 수도 있다. 그렇다면 이들 중 적어도 일부는 기존의 친분관계, 변호사 개업 이후 등 향후의 상황을 고려하여 기존 검찰과 긴밀한 관계를 유지할 가능성이 있다고 보아야 한다.

물론 이러한 문제점을 인식하여 검찰 출신을 한 명도 임명하지 않는 방안도 있을 수 있다. 그러나 복잡한 계좌 추적, 포렌식 작업은 물론 피의자나 참고인을 조사하는 기법에 있어서 그 시점에 벌어지는 실제 사건들을 수사하는 전문가를 따라갈 사람을 찾기는 어려울 것이다. 과거 한시적으로 운영되었던 특별검사 제도의 실태를 보더라도 실질적인 수사의 대부분은 기존 검찰조직에서 온 파견검사, 파견수사관들에 의해서 이루어졌기 때문이다. 이는 뇌물, 직무유기 등 고위공직자의 직무관련 범죄를 주로 수사하는 공수처의 사정도 다르지 않을 것이므로 공수처 출범 이후 상당기간은 총원의 1/2에 달할 수 있는 검사 출신 특별검사와 비율의 제한이 없는 검찰출신 특별수사관이 공수처 수사의 주도권을 쥘 확률이 매우 높다고 본다.

(3) 경 력

공수차장은 '법조경력 10년 이상'만을 요구하고 있는데, 종래 공수처 검사에게는 '변호사자격 10년 이상 보유 조건에 더하여 5년 이상 재판·수사·조사 업무 실무경력'을 요구하는 것은 차장과 공수처 검사와의 관계에 비추어 볼 때, 공수처 검사에게 지나치게 높은 자격요건을 요구하고 있다는 비판이 있었다.

그러나 공수처검사의 경력과 관련하여, 첫째, '5년 이상 재판·수사·조사 업무 실무경력'을 제외한다면 특정기구 출신(예컨대 민변 등)들이 공수처에 들어올 가능성이 매우 높다는 점, 둘째, 인사위원회는 재적위원(7명)의 과반수(4명)의 찬성으로 의결하도록 되어 있는데, 처장·차장 및 처장이 위촉한 1명과 집권당 소속 추천 2명만으로 과반수가 되므로, 공수처법 제9조 제3항 제5호의 교섭단체 추천 2명은 별다른 의미가 없다는 점에서 타당한 개정인지 의문이 든다.

VI. 인사위원회

❶ 법률규정

제9조(인사위원회) ① 처장과 차장을 제외한 수사처검사의 임용, 전보, 그 밖에 인사에 관한 중요 사항을 심의·의결하기 위하여 수사처에 인사위원회를 둔다.

② 인사위원회는 위원장 1명을 포함한 7명의 위원으로 구성하고, 인사위원회의 위원장은 처장이 된다.

③ 인사위원회 위원 구성은 다음 각 호와 같다.

1. 처장

2. 차장

3. 학식과 덕망이 있고 각계 전문 분야에서 경험이 풍부한 사람으로서 처장이 위촉한 사람 1명

4. 대통령이 소속되거나 소속되었던 정당의 교섭단체가 추천한 2명

5. 제4호의 교섭단체 외 교섭단체가 추천한 2명

④ 제3항 제3호부터 제5호까지에 규정된 위원의 임기는 3년으로 한다.

⑤ 인사위원회는 재적위원 과반수의 찬성으로 의결한다.

⑥ 그 밖에 인사위원회의 구성과 운영 등에 필요한 사항은 수사처규칙으로 정한다.

❷ 해 설

처장과 차장을 제외한 공수처검사의 임용, 전보, 그 밖에 인사에 관한 중요 사항을 심의·의결하기 위하여 공수처에 인사위원회를 두는데, 인사위원회는 위원장 1명을 포함한 7명의 위원으로 구성하고, 위원장은 처장이 된다.

인사위원회 7명의 위원은 처장, 차장, 학식과 덕망이 있고 각계 전문 분야에서 경험이 풍부한 사람으로서 처장이 위촉한 사람 1명, 대통령이 소속되거나 소속되었던 정당의 교섭단체가 추천한 2명, 대통령이 소속되거나 소속되었던 정당의 교섭단체 외 교섭단체가 추천한 2명으로 구성되는데, 처장 및 차장을 제외하고는 임기는 3년이다. 인사위원회는 재적위원 과반수의 찬성으로 의결한

다. 그 밖에 인사위원회의 구성과 운영 등에 필요한 사항은 공수처규칙으로 정한다.

Ⅶ. 공수처수사관의 자격과 임명

❶ 법률규정

제10조(수사처수사관) ① 수사처수사관은 다음 각 호의 어느 하나에 해당하는 사람 중에서 처장이 임명한다.

1. 변호사 자격을 보유한 사람
2. 7급 이상 공무원으로서 조사, 수사업무에 종사하였던 사람
3. 수사처규칙으로 정하는 조사업무의 실무를 5년 이상 수행한 경력이 있는 사람

② 수사처수사관은 일반직공무원으로 하며, 40명 이내로 한다. 다만, 검찰청으로부터 검찰수사관을 파견받은 경우에는 이를 수사처수사관의 정원에 포함한다.

③ 수사처수사관의 임기는 6년으로 하고, 연임할 수 있으며, 정년은 60세로 한다.

❷ 해 설

(1) 공수처수사관의 자격

공수처수사관은 첫째, 변호사 자격을 보유한 사람, 둘째, 7급 이상 공무원으로서 조사, 수사업무에 종사하였던 사람, 셋째, 공수처규칙으로 정하는 조사업무의 실무를 5년 이상 수행한 경력이 있는 사람 중에서 공수처장이 임명한다. 공수처수사관은 40명 이내의 일반직 공무원으로, 임기는 6년으로 연임할 수 있으며, 정년은 60세이다.

(2) 공수처수사관의 임명과 임기

연임할 수 있는 규정과 관련하여, 1번만 가능한 것인지 논란이 있으나, 공수처검사는 3회까지 연임이 가능하다(법 제8조 제3항)는 점에서, 직업공무원제(법 제12조 제4항)의 취지에 비추어 볼 때, 60세 정년까지는 제한없이 연임이 가능하다고 보아야 할 것이다.

결국 최초 설치시 임명된 수사관들이 정년까지 갈 것으로 보이므로 최초 임명된 구성원들의 성향이 계속 유지될 것으로 보인다. 이는 공수처검사의 경우보다 더 심각하고 어떤 정치세력이 공수처를 장악하는 지극히 정치화된 기관이 될 위험성이 있다.

VIII. 그 밖의 직원

❶ 법률규정

> **제11조(그 밖의 직원)** ① 수사처의 행정에 관한 사무처리를 위하여 필요한 직원을 둘 수 있다.
> ② 제1항에 따른 직원의 수는 20명 이내로 한다.

❷ 해 설

수사처의 행정에 관한 사무처리를 위하여 20명 이내의 필요한 직원을 둘 수 있다. 다만, 공수처의 소속이 불분명한 관계로 직원 선발시 어느 기관이 담당해야 하는지 논란이 있을 수 있다.

IX. 보수 등

❶ 법률규정

> **제12조(보수 등)** ① 처장의 보수와 대우는 차관의 예에 준한다.
> ② 차장의 보수와 대우는 고위공무원단 직위 중 가장 높은 직무등급의 예에 준한다.
> ③ 수사처검사의 보수와 대우는 검사의 예에 준한다.
> ④ 수사처수사관의 보수와 대우는 4급 이하 7급 이상의 검찰직공무원의 예에 준한다.

❷ 해 설

공수처법은 처장의 보수와 대우는 차관의 예에 준하며, 차장의 보수와 대우는 고위공무원단 직위 중 가장 높은 직무등급의 예에 준한다. 공수처검사의 보수와 대우는 검사의 예에 준하며, 공수처수사관의 보수와 대우는 4급 이하 7급 이상의 검찰직공무원의 예에 준하도록 규정하고 있다.

❸ 문제점

공수처 처장의 대우는 차관의 예에 준하도록 하고 있는데, 처장은 업무수행 과정에서 대검찰청 등 관계기관의 장에게 수사협조를 요청할 권한이 부여되어 있다는 점(법 제17조 제4항), 공수처가 실질적으로 검찰권의 견제를 담당하는 기관인데, 검찰총장과 달리 차관의 예에 준하도록 하는 이러한 차이가 검찰권의 견제를 무디게 할 수 있다는 점을 우려하는 견해[37]도 있다. 특히 국회에 경찰청장을 장관급으로 격상시키는 법률안이 상정되어 있는데, 권한 및 지위 등

---

37 김남근, "고위공직자범죄수사처 설치의 의미와 앞으로의 방향", 「국민을 위한 수사개혁방향 심포지엄」, 대한변호사협회 주최 발표자료집, 14면.

을 고려할 때, 앞으로 논의가 되어야 할 것이다.

X. 결격사유 등

❶ 법률규정

> **제13조(결격사유 등)** ① 다음 각 호의 어느 하나에 해당하는 사람은 처장, 차장, 수
> 사처검사, 수사처수사관으로 임명될 수 없다.
> 1. 대한민국 국민이 아닌 사람
> 2. 「국가공무원법」 제33조 각 호의 어느 하나에 해당하는 사람
> 3. 금고 이상의 형을 선고받은 사람
> 4. 탄핵결정에 의하여 파면된 후 5년이 지나지 아니한 사람
> 5. 대통령비서실 소속의 공무원으로서 퇴직 후 2년이 지나지 아니한 사람
> ② 검사의 경우 퇴직한 후 3년이 지나지 아니하면 처장이 될 수 없고, 퇴직한 후
> 1년이 지나지 아니하면 차장이 될 수 없다.

❷ 해　설

　　공수처법 제13조 제1항은 검사임용의 결격사유38와 동일하게 [1. 대한민국
국민이 아닌 사람, 2. 국가공무원법 제33조 각 호의 어느 하나39에 해당하는 사

38　검찰청법 제33조(결격사유) 다음 각 호의 어느 하나에 해당하는 사람은 검사로 임용될 수
　　없다.
　　1. 「국가공무원법」 제33조 각 호의 어느 하나에 해당하는 사람
　　2. 금고 이상의 형을 선고받은 사람
　　3. 탄핵결정에 의하여 파면된 후 5년이 지나지 아니한 사람
　　4. 대통령비서실 소속의 공무원으로서 퇴직 후 2년이 지나지 아니한 사람
39　국가공무원법 제33조(결격사유) 다음 각 호의 어느 하나에 해당하는 자는 공무원으로 임용
　　될 수 없다.
　　1. 피성년후견인 또는 피한정후견인

람, 3. 금고 이상의 형을 선고받은 사람, 4. 탄핵결정에 의하여 파면된 후 5년이 지나지 아니한 사람, 5. 대통령비서실 소속의 공무원으로서 퇴직 후 2년이 지나지 아니한 사람]은 처장, 차장, 공수처검사, 공수처수사관으로 임명될 수 없다고 규정하고 있다. 동조 제2항은 "검사의 경우 퇴직한 후 3년이 지나지 아니하면 처장이 될 수 없고, 퇴직한 후 1년이 지나지 아니하면 차장이 될 수 없다"고 규정하고 있다. 현직을 면한 검사가 바로 공수처장이나 차장에 올 수 없도록 통제장치를 둠으로써 검찰의 입김을 차단하려는 의도로 보인다.[40]

2. 파산선고를 받고 복권되지 아니한 자
3. 금고 이상의 실형을 선고받고 그 집행이 종료되거나 집행을 받지 아니하기로 확정된 후 5년이 지나지 아니한 자
4. 금고 이상의 형을 선고받고 그 집행유예 기간이 끝난 날부터 2년이 지나지 아니한 자
5. 금고 이상의 형의 선고유예를 받은 경우에 그 선고유예 기간 중에 있는 자
6. 법원의 판결 또는 다른 법률에 따라 자격이 상실되거나 정지된 자
6의 2. 공무원으로 재직기간 중 직무와 관련하여 「형법」 제355조 및 제356조에 규정된 죄를 범한 자로서 300만원 이상의 벌금형을 선고받고 그 형이 확정된 후 2년이 지나지 아니한 자
6의 3. 「성폭력범죄의 처벌 등에 관한 특례법」 제2조에 규정된 죄를 범한 사람으로서 100만원 이상의 벌금형을 선고받고 그 형이 확정된 후 3년이 지나지 아니한 사람
6의 4. 미성년자에 대한 다음 각 목의 어느 하나에 해당하는 죄를 저질러 파면·해임되거나 형 또는 치료감호를 선고받아 그 형 또는 치료감호가 확정된 사람(집행유예를 선고받은 후 그 집행유예기간이 경과한 사람을 포함한다)
　가. 「성폭력범죄의 처벌 등에 관한 특례법」 제2조에 따른 성폭력범죄
　나. 「아동·청소년의 성보호에 관한 법률」 제2조 제2호에 따른 아동·청소년대상 성범죄
7. 징계로 파면처분을 받은 때부터 5년이 지나지 아니한 자
8. 징계로 해임처분을 받은 때부터 3년이 지나지 아니한 자

40 1997. 1. 검찰청법상 검사의 청와대 파견금지 규정이 신설된 바 있다.

XI. 신분보장

❶ 법률규정

제14조(신분보장) 처장, 차장, 수사처검사는 탄핵이나 금고 이상의 형을 선고받은 경우를 제외하고는 파면되지 아니하며, 징계처분에 의하지 아니하고는 해임·면직·정직·감봉·견책 또는 퇴직의 처분을 받지 아니한다.

❷ 해 설

공수처법 제14조는 검찰청법 제37조[41]와 동일하게, 처장, 차장, 공수처검사는 탄핵이나 금고 이상의 형을 선고받은 경우를 제외하고는 파면되지 아니하며, 징계처분에 의하지 아니하고는 해임·면직·정직·감봉·견책 또는 퇴직의 처분을 받지 아니한다고 규정하고 있다.

XII. 심신장애로 인한 퇴직

❶ 법률규정

제15조(심신장애로 인한 퇴직) 수사처검사가 중대한 심신상의 장애로 인하여 직무를 수행할 수 없을 때 대통령은 처장의 제청에 의하여 그 수사처검사에게 퇴직을 명할 수 있다.

---

[41] 검찰청법 제37조(신분보장) 검사는 탄핵이나 금고 이상의 형을 선고받은 경우를 제외하고는 파면되지 아니하며, 징계처분이나 적격심사에 의하지 아니하고는 해임·면직·정직·감봉·견책 또는 퇴직의 처분을 받지 아니한다.

❷ 해 설

공수처법 제15조는 검찰청법 제39조의2[42]와 동일하게, '심신장애로 인한 퇴직'을 규정하고 있다. 즉, 공수처검사가 중대한 심신상의 장애로 인하여 직무를 수행할 수 없을 때, 대통령은 처장의 제청에 의하여 그 공수처검사에게 퇴직을 명할 수 있는데, 이는 임명권자인 대통령에게 퇴직도 명할 수 있도록 규정한 것이다.

XIII. 공직임용 제한 등

❶ 법률규정

> **제16조(공직임용 제한 등)** ① 처장과 차장은 퇴직 후 2년 이내에 헌법재판관(헌법 제111조 제3항에 따라 임명되는 헌법재판관은 제외한다), 검찰총장, 국무총리 및 중앙행정기관·대통령비서실·국가안보실·대통령경호처·국가정보원의 정무직공무원으로 임용될 수 없다.
> ② 처장, 차장, 수사처검사는 퇴직 후 2년이 지나지 아니하면 검사로 임용될 수 없다.
> ③ 수사처검사로서 퇴직 후 1년이 지나지 아니한 사람은 대통령비서실의 직위에 임용될 수 없다.
> ④ 수사처에 근무하였던 사람은 퇴직 후 1년 동안 수사처의 사건을 변호사로서 수임할 수 없다.

❷ 해 설

공수처법 제16조는 처장과 차장은 퇴직 후 2년 이내에 헌법재판관(헌법 제

---

42 검찰청법 제39조의2(심신장애로 인한 퇴직) 검사가 중대한 심신상의 장애로 인하여 직무를 수행할 수 없을 때 대통령은 법무부장관의 제청에 의하여 그 검사에게 퇴직을 명할 수 있다.

111조 제3항에 따라 임명되는 헌법재판관은 제외), 검찰총장, 국무총리 및 중앙행정기관·대통령비서실·국가안보실·대통령경호처·국가정보원의 정무직공무원으로 임용될 수 없으며, 처장·차장·공수처검사는 퇴직 후 2년이 지나지 아니하면 검사로 임용될 수 없을 뿐만 아니라 공수처검사로서 퇴직 후 1년이 지나지 아니한 사람은 대통령비서실의 직위에 임용될 수 없도록 규정하고 있다. 아울러 공수처에 근무하였던 사람은 퇴직 후 1년 동안 공수처의 사건을 변호사로서 수임할 수 없다는 수임제한규정까지 두고 있다. 이는 공수처검사(처장 및 차장 포함)의 공직임용 제한 등을 통해 공수처의 정치적 독립성 및 중립성을 확보하기 위한 의도로 보인다.

제 3 절 | 직무와 권한

Ⅰ. 처장의 직무와 권한

❶ 법률규정

> **제17조(처장의 직무와 권한)** ① 처장은 수사처의 사무를 통할하고 소속 직원을 지휘·감독한다.
> ② 처장은 국회에 출석하여 수사처의 소관 사무에 관하여 의견을 진술할 수 있고, 국회의 요구가 있을 때에는 수사나 재판에 영향을 미치지 않는 한 국회에 출석하여 보고하거나 답변하여야 한다.
> ③ 처장은 소관 사무와 관련된 안건이 상정될 경우 국무회의에 출석하여 발언할 수 있으며, 그 소관 사무에 관하여 법무부장관에게 의안(이 법의 시행에 관한 대통령령안을 포함한다)의 제출을 건의할 수 있다.
> ④ 처장은 그 직무를 수행함에 있어서 필요한 경우 대검찰청, 경찰청 등 관계기관의 장에게 고위공직자범죄등과 관련된 사건의 수사기록 및 증거 등 자료의 제출과 수사활동의 지원 등 수사협조를 요청할 수 있다.

⑤ 처장은 제8조에 따른 수사처검사의 직을 겸한다.

⑥ 처장은 수사처의 예산 관련 업무를 수행하는 경우에 「국가재정법」 제6조 제2항
에 따른 중앙관서의 장으로 본다.

❷ 해 설

공수처법 제17조는 공수처장의 직무와 권한을 규정하고 있다. 즉, 공수처
장은 공수처의 사무를 통할하고 소속 직원을 지휘·감독하며, 국회에 출석하여
공수처의 소관 사무에 관하여 의견을 진술할 수 있고, 국회의 요구가 있을 때에
는 수사나 재판에 영향을 미치지 않는 한 국회에 출석하여 보고하거나 답변하
여야 한다.

한편, 공수처장은 소관 사무와 관련된 안건이 상정될 경우 국무회의에 출
석하여 발언할 수 있으며, 그 소관 사무에 관하여 법무부장관에게 의안(이 법의
시행에 관한 대통령령안을 포함한다)의 제출을 건의할 수 있다. 아울러 공수처장은
그 직무를 수행함에 있어서 필요한 경우 대검찰청, 경찰청 등 관계기관의 장에
게 고위공직자범죄등과 관련된 사건의 수사기록 및 증거 등 자료의 제출과 수
사활동의 지원 등 수사협조를 요청할 수도 있다.

❸ 문제점

(1) 공수처의 지휘체계

국가권력에 관한 의사를 결정하고 외부적으로 표시할 수 있는 기관, 즉 처
분을 할 수 있는 기관을 관청이라고 한다. 이와 같이 처분을 할 수 있는 것은
관청이므로 수사주체가 되려면 '관청'이어야 한다.

그런데 공수처의 직무(제3조)는 공수처법 제17조 제1항에 따라 처장이 그
사무를 통할하므로 공수처의 직무에 관한 관청은 공수처장이다. 따라서 공수처
에서 행하는 수사, 기소의 주체는 공수처장이다. 공수처법은 공수처의 직무를

관장하는 관청으로 공수처장을 두고, 그 보좌기관으로 차장을 두도록 하고 있으며(동법 제18조), 공수처의 직원으로 공수처검사(동법 제8조)와 공수처수사관(동법 제10조)을 두고 있는데, 이들은 관청이 아니고 관청인 공수처장의 보조기관들이다. 따라서 공수처검사들이 그 직무수행에 있어 피의자신문, 참고인조사, 공판 관여 등 개별적 행위 등은 공수처검사 명의로 할 수 있지만, 사건 자체에 대한 처분, 즉 수사권만 있는 범죄에 있어서의 검사에의 송치, 기소권이 있는 범죄에 있어서의 기소, 불기소의 처분은 공수처장 명의로 행하여야 하며, 공수처명의로 할 수는 없다는 점이다.[43] 왜냐하면 검찰청법은 검찰청법 제4조에서 수사, 기소의 직무를 '검사의 직무'라고 하고 있다는 점에서, 검사가 관청이 되며, 검찰청은 관청인 검사들이 모인 관서에 불과하기 때문이다.

흔히 세간에서는 검/경 수사권조정과 관련하여, 수사지휘의 내용을 검사가 사법경찰에게 사실관계 내지 증거를 더 찾도록 요청하여 실체적 진실에 보다 접근하고자 하는 기능개념으로 오해하는 경향이 있다. 그러나 이는 검사가 수사를 직접하거나(직수사건) 사법경찰을 통한 간접수사를 하는 정도의 차이밖에 없는 것으로, 이러한 점 때문에 검사는 제2차적 보완수사에 그쳐야 한다는 개념 등이 등장하는 것이다.

그러나 검사의 주된 임무는 검사가 경찰에 대한 법치국가적 통제로 기능하는 데 있는 것으로, 이러한 의미에서 검사는 국가권력을 행사하기 위한 수단이 아니라 국가권력으로부터 국민의 자유를 보장하기 위한 제도로 등장한 것이다.

이러한 이유로 모든 검사는 검찰사무를 단독으로 하는 단독관청이며, 법관에 준하는 임용자격 및 신분보장이 인정[44]되고 있는 것이다. 즉 일반 행정기관에서는 1인의 장만이 권한을 가진 행정관청이고, 그 산하의 국장·과장 등은 보조기관으로서 그 장의 권한을 분장하고 있는 데 불과하다. 예컨대 행정작용인 '치안'은 "대통령 → 행안부장관 → 경찰청장 → 치안정감 → 치안감 → 경무관 → 총경 → 경정 → 경감 → 경위 → 경사 → 경장 → 순경"으로 이어지는 행정 지휘

---

43 이완규, 2020년 검찰개혁법 해설, 박영사, 2020, 68면.

44 검찰청법 제37조(검사는 탄핵 또는 금고 이상의 형을 받거나 징계처분 또는 적격심사에 의하지 아니하면 파면·퇴직·정직 또는 감봉 등의 처분을 받지 아니한다).

계통의 '명령'에 좇아 집행되도록 규정하고 있다.

    그러나 사법작용인 '수사'는 "대통령 → 법무부장관 → (절연장치) → 검찰총장 → 검사 → 사법경찰관 → 사법경찰리"로 이어지는 준사법적 지휘계통에 의해 '실체적 사실관계'를 좇아 집행되도록 규정하고 있으며, 그 과정에서 '명령'이 지배하는 행정부와 준사법기관인 검찰을 단절하는 장치로서 검찰청법은 법무부장관의 개개 검사에 대한 지휘체계를 절연시키는 한편(검찰청법 제8조), 형사소송법은 검사를 개개 결정의 주체이자 '단독관청'으로 규정하고 있는 것이다. 즉, 검찰청은 검사의 사무를 통할하는 관서에 불과할 뿐 검찰청이 직접 검찰권을 행사하는 주체로 되는 것이 아니며, 검찰청의 장도 소속 검사에 대한 지휘·감독권을 가지고 있으나 그 지휘·감독권과 검찰권은 엄연히 구별되어 검찰권의 주체는 어디까지는 개개의 검사라는 점에서 조직상 본질적인 차이가 있는 것이다. 따라서 검사가 외부기관 파견 등으로 '사법' 지휘 계통을 벗어나게 되면 그 즉시 형사소송법상 수사권한을 상실하는 것처럼, '사법'경찰관리 또한 '사법' 지휘계통에 속하기 때문에 '사법'경찰인 것이지 이 지휘계통을 벗어나는 순간 '사법' 공직을 상실하여 형사소송법상 '사법' 수사권도 동시에 상실하게 되는 것이다.[45] 다시 말하면, 사법경찰권의 '수사권'은 위와 같이 우리 법체계(형사소송법 제196조 제1항)[46]가 채택하고 있는 '사법' 지휘 계통 안에서만 인정되는 것이지, 그 계통을 벗어난 채 '자율적'이나 '독자적'으로 이루어지는 수사권이라는 개념 자체가 존재할 수 없는 것이다.

    따라서 공수처법 규정상, 사법경찰에 대한 수사지휘권이 없는 공수처검사의 본질이 무엇인지 논란이 될 수밖에 없는 구조이다. 왜냐하면 공수처법과 검찰청법을 비교해 볼 때, 공수처법에서는 공수처장을 관청으로 하고 공수처검사를 처장의 보조기관으로 규정하고 있으므로 사건에 대한 처분을 관청인 처장 명의로 하여야 하는 반면, 검찰청법상 검사는 단독제 관청으로서 검사장과 마

---

45 정웅석, "수사지휘에 관한 쟁점과 과제", 형사법의 신동향 통권 제58호(2018. 3.), 대검찰청, 17면.

46 현재는 형사소송법 제196조 제1항이 '경무관, 총경, 경정, 경감, 경위'까지만 사법경찰관으로 지정하여 수사권을 위임(Auftrag)하고 있으므로(수사행위의 주체 인정) 그 위 계급인 치안감, 치안정감, 치안총감(경찰청장)은 사법경찰관이 아니다.

찬가지로 관청이므로 자신의 명의로 권한을 행사한다는 점에서 본질적인 차이점이 존재하기 때문이다.

(2) 공수처장의 국회 출석 및 답변

현행법상 검찰권한 행사의 중립성을 보장하기 위하여 검찰총장에게 국회에의 출석을 의무화하고 있지 않은 점과 비교해 볼 때, 공수처장이 국회에 출석·답변하는 제도가 공수처장의 독립성과 쉽게 조화될 수 있는지 의문이다. 더욱이 헌법에서 국무총리, 국무위원 또는 정부위원 외의 자에게 국회에 출석·답변하도록 하는 것은 기본적으로 대통령제 하에서는 예외적인 제도인데, 국무총리나 국무위원이 아닌 공수처장에게 국회에의 출석·답변을 요구하는 것이 입법과 행정의 분리라는 삼권분립 차원에서 헌법과 합치되는지 여부도 의문이다.

II. 차장의 직무와 권한

❶ 법률규정

> **제18조(차장의 직무와 권한)** ① 차장은 처장을 보좌하며, 처장이 부득이한 사유로 그 직무를 수행할 수 없는 때에는 그 직무를 대행한다.
> ② 차장은 제8조에 따른 수사처검사의 직을 겸한다.

❷ 해 설

공수처 차장은 처장을 보좌하며, 처장이 부득이한 사유로 그 직무를 수행할 수 없는 때에는 그 직무를 대행한다. 공수처 차장은 공수처검사의 직을 겸한다.

Ⅲ. 공수처검사의 직무의 위임·이전 및 승계

❶ 법률규정

제19조(수사처검사 직무의 위임·이전 및 승계) ① 처장은 수사처검사로 하여금 그 권한에 속하는 직무의 일부를 처리하게 할 수 있다.
② 처장은 수사처검사의 직무를 자신이 처리하거나 다른 수사처검사로 하여금 처리하게 할 수 있다.

❷ 해 설

제19조는 검찰청법 제7조의2[47]를 모방하여 규정한 것으로 보인다.

❸ 문제점

(1) 검사동일체의 원칙의 채택여부

우리나라와 같이 검사에 의한 기소독점주의·기소편의주의 등의 원칙이 적용되는 경우에 검찰권의 행사가 입법권 또는 검찰권 이외의 행정권의 부당한 간섭에 의해 좌우된다고 하면, 사법권의 독립은 유명무실하게 되어버릴 것이다. 따라서 검찰권의 행사에 대한 이러한 간섭을 방지하기 위해 검찰청법은 개개의 검사를 각각 단독관청으로 하고, 검사의 신분을 보장하는 등 배려를 해서 검사의 독립성을 담보하는 반면, 검찰권도 행정권의 일부이므로 검찰권의 행사에

---

47 제7조의2(검사 직무의 위임·이전 및 승계)
① 검찰총장, 각급 검찰청의 검사장(검사장) 및 지청장은 소속 검사로 하여금 그 권한에 속하는 직무의 일부를 처리하게 할 수 있다.
② 검찰총장, 각급 검찰청의 검사장 및 지청장은 소속 검사의 직무를 자신이 처리하거나 다른 검사로 하여금 처리하게 할 수 있다.

대하여도 국가의 올바른 행정의사가 통일적으로 반영될 필요가 있을 뿐만 아니라 검찰권의 행사가 전국적으로 균형있게 이루어지는 것은 국민의 기본적인 권리의무에 관한 일인 만큼 극히 중요하기 때문에 이러한 요청을 충족시키는 가장 적절한 방안의 하나로서 검사동일체의 원칙을 인정한 것이다. 즉, 검찰청법 제7조의2는 단독관청인 개개의 검사들의 의사의 통일성을 이루기 위한 상명하복관계, 그리고 (준)사법기관으로 이해되면서도 법관과 달리 검사의 교체가 있는 경우에 절차갱신을 요하지 않고 대리 등이 허용되는 근거인 직무이전 및 직무승계 등의 제도를 설명하기 위하여 마련된 보완적 개념이 검사동일체의 원칙인 것이다.

그런데 공수처는 입법·사법·행정 어디에도 소속되어 있지 않을 뿐만 아니라 재판관할도 서울중앙지방법원을 대상으로 하므로(법 제31조) 공수처 권한의 행사가 전국적으로 불균형하게 이루어지는 것을 방지하기 위한 '검사동일체의 원칙'과 같은 제도적 장치를 둘 필요가 없다고 본다.

(2) 공수처검사가 단독관청인지 여부

전술(前述)한 것처럼, 공수처법은 공수처의 직무를 관장하는 관청으로 공수처장을 두고, 그 보좌기관으로 차장을 두도록 하고 있고(법 제18조), 공수처의 직원으로 공수처검사(법 제8조)와 공수처수사관(법 제10조)을 두고 있다는 점에서, 이들은 관청이 아니고 관청인 공수처장의 보조기관에 불과하다고 보아야 할 것이다. 따라서 단독관청임을 전제로 하는 직무의 위임·이전 및 승계 규정을 두는 것이 타당한 것인지 의문이다. 왜냐하면 단독관청인 개개의 검사들의 의사의 통일성을 이루기 위한 상명하복관계, 그리고 (준)사법기관으로 이해되면서도 법관과 달리 검사의 교체가 있는 경우에 절차갱신을 요하지 않고 대리 등이 허용되는 근거인 직무이전 및 직무승계 등의 제도를 설명하기 위하여 마련된 보완적 개념이 검사동일체의 원칙인 것이기 때문이다.

Ⅳ. 공수처검사의 직무와 권한

❶ 법률규정

> **제20조(수사처검사의 직무와 권한)** ① 수사처검사는 제3조 제1항 각 호에 따른 수사와 공소의 제기 및 유지에 필요한 행위를 한다.
> ② 수사처검사는 처장의 지휘·감독에 따르며, 수사처수사관을 지휘·감독한다.
> ③ 수사처검사는 구체적 사건과 관련된 제2항의 지휘·감독의 적법성 또는 정당성에 대하여 이견이 있을 때에는 이의를 제기할 수 있다.

❷ 해 설

공수처법 제20조 제1항은 공수처검사가 수사권 및 공소권을 가지고 있다는 점을 천명한 규정이다. 이에 대하여 공수처가 가진 검찰의 기소독점주의에 대한 폐해 방지 및 검찰의 권한 분산이라는 목적을 고려하면, 공수처 수사대상 전체에 대하여 기소권을 행사할 수 있도록 법률을 개정할 필요가 있다는 견해[48]도 있다. 반면에 제20조 제1항 및 제2항은 검찰청법 제7조[49]의 규정을 모방한 것으로 보인다.

---

48 김남근, "고위공직자범죄수사처 설치의 의미와 앞으로의 방향", 「국민을 위한 수사개혁방향 심포지엄」, 대한변호사협회 주최 발표자료집, 15면.
49 제7조(검찰사무에 관한 지휘·감독)
    ① 검사는 검찰사무에 관하여 소속 상급자의 지휘·감독에 따른다.
    ② 검사는 구체적 사건과 관련된 제1항의 지휘·감독의 적법성 또는 정당성에 대하여 이견이 있을 때에는 이의를 제기할 수 있다.

❸ 문제점

(1) 수사와 공소제기 및 유지의 권한 인정문제

전술(前述)한 것처럼, 검찰에 대한 통제 내지 견제를 위하여 수사/기소 분리를 주장한 사람들이 공수처 권한에 대해서는 수사권과 기소권 모두를 가져야 한다는 입장이다.50 권력형비리사건의 경우 기소권을 기존의 검찰이 가지는 한, 정치종속적인 검찰이 기소유예나 불기소결정을 내릴 권한을 가지고 있을 뿐만 아니라, 기소하더라도 소극적인 자세로 공소유지에 임할 수 있기 때문이라는 것이다.51 이러한 관점에서 보면 권력형비리사건의 경우 수사권 뿐 아니라 기소권까지도 검찰에게서 분리시켜야 할 필요성과 당위성이 더욱 높은 수준으로 인정되는 것이며, 기소권 뿐만 아니라 수사권까지도 외부권력의 영향력으로부터 벗어나게 하여야 한다는 차원에서 독립성을 확보하는 방안이 검찰의 비대성과 검찰의 중립성을 모두 해결해주는 방안이라고 볼 수 있다는 것이다. 결론적으로 권력분할과 권력통제를 동시에 수행할 수 있는 검찰권을 할당받은 독립된 특별기구만이 — 일종의 문지기에 대한 감시자로서 — 검찰 자체의 권력까지 통제할 수 있다는 것으로 요약할 수 있을 것이다.

물론 범죄수사란 범죄가 발생한 경우에 범인 및 범죄의 증거를 발견·수집·보존해서 그 범인의 형사책임을 추궁하는 절차를 말하므로 본질상 법원에 공소를 제기할 것인지 여부를 결정하기 위한 준비행위로서의 성격을 가진다. 따라서 국가형벌권의 한 측면인 소추권이 적정하게 행사되기 위해서는 반드시 적정한 수사가 선행되어야 한다. 왜냐하면 적정한 수사에 의하여 밝혀진 실체적 진

---

50 김인회, 「견제와 분산을 위한 검찰개혁과제의 재검토」, 민주법학, 제43호, 2010, 404-405면; 김인회, 「상설 특별검사제 도입 법률안 시론」, 법학연구, 제16집 제2호, 인하대학교 법학연구소, 2013, 349면 이하 참조; 김희수, 「검찰 개혁 방안」, 검찰개혁과 수사권 조정, 공수처 설치 방안 토론회(더불어민주당 정책위원회 민주주의회복 TF), 2016. 8. 10., 17-30면 참조.

51 김성돈, '검찰외 독립된 특별기구' 신설의 필요성과 구체화방안, 제13회 월송기념 학술심포지엄, 헌법과 형사법, (재)유기천교수기념사업출판재단, 220면.

실을 기반으로 하여야만 올바른 소추권의 행사가 가능하므로 수사의 목적은 소추에 있고, 소추는 수사를 기본으로 하는 일체 불가분적 관계에 있다고 볼 수 있기 때문이다.

그런데 왜 검찰에서는 문제되는 수사 및 기소의 인정이 공수처에서는 전혀 문제되지 않는다는 것이며, 반대로 공수처에서는 수사 및 기소의 인정이 왜 검찰에서는 문제가 된다는 것인지 의문이다.

(2) 공수처검사의 이의제기권 문제

검찰청법상 검사는 준사법기관으로 '단독관청으로서의 지위'를 가지는 동시에 행정기관으로서의 '검사동일체의 원칙'이 적용되는 양면적 지위를 가진다. 따라서 이 양면성의 조화를 어떻게 이룰 것인지의 여부가 중요한데, 원칙적으로 합법성의 범위내에서는 검사동일체의 원칙에 의하여 검사는 소속 상급자의 지휘·감독에 복종해야 할 것이다. 왜냐하면 검사동일체의 원칙은 검사의 자의적인 기소·불기소를 방지함으로써 단독관청으로서의 기능을 다하는 개별 검사와 조직으로서 검사와의 조화를 도모하기 위한 제도이기 때문이다. 다만 이를 인정하더라도 검찰조직 내부에서만 효력이 인정될 뿐이고, 외부적으로 표시한 검사의 처분이나 결정은 단독관청의 판단이므로 대외적 효력이 당연히 인정된다. 따라서 검사가 상급자의 명령에 위반하거나 결재를 받지 아니하고 공소를 제기하거나 불기소처분을 하더라도 그 처분의 효력에는 영향이 없다. 물론 이 경우 검사는 구체적인 사건과 관련된 상급자의 지휘·감독의 적법성 또는 정당성 여부에 대하여 이견이 있는 때에는 이의를 제기할 수 있다.

문제는 단독관청이 아닌 공수처검사에게 이러한 이의제기권을 인정하는 것이 타당한 것인지 논란이 예상된다. 왜냐하면 공수처검사의 단독관청성을 부인한다면, 공수처검사는 처장의 적법한 지휘·감독에 무조건 복종해야 하기 때문이다.

(3) 공수처수사관 지휘·감독권 문제

검사와 경찰과의 관계에서 지휘·감독권의 부당성을 주장하면서, 공수처에서는 공수처검사에게 공수처수사관에 대한 지휘·감독권을 인정하는 근거가 무엇인지 의문이다. 전술(前述)한 것처럼, 즉 공수처설치를 주장하는 사람들이 대부분 검/경 수사권조정에서는 수사·소추·재판 절차를 입법·행정·사법과 같이 서로 분리시키고 견제와 균형의 원리를 도입하여 수사는 경찰, 소추는 검찰, 재판은 법원이 담당토록 권한을 분산하여 검찰권의 남용을 방지해야 한다고 주장하면서, 검사는 공소관으로서의 직무에 전념하여 기소·불기소 결정권과 공소활동의 권한만을 갖고 예단을 방지하기 위하여 수사활동에는 관여하지 않아야 한다는 입장이었기 때문이다.[52]

그러나 검찰이 행사하는 검찰권, 즉 수사와 기소에 관한 권리는 형사처벌을 위해 형사절차를 개시하고 재판을 받게 하는 적극적 권한이다. 왜냐하면 대부분 범죄의 경우 한쪽에 범죄자가 있고, 다른 한쪽에는 법익을 침해당한 주체가 있으므로 양자 간에 범죄의 존부, 즉 유·무죄와 처벌의 양, 즉 형량에 대하여 첨예한 이해관계가 대립되는데, 재판 결과의 대부분은 수사단계에서 수집되는 증거들에 의하여 결정되기 때문이다. 따라서 재판뿐만 아니라 수사나 기소의 전 영역에 불편부당의 공정성과 진실발견으로 정의를 세우고자 하는 '**사법적 이념**'이 필요한 것이다. 그래서 전술한 것처럼, 대륙법계에서는 재판뿐만 아니라 수사와 기소도 광의의 의미에서 사법(Justiz)에 포함시켜 제도를 만들어 온 것이다. 즉, 규문시대에 판사가 모두 관장하던 재판과 수사 및 기소에 대하여 프랑스 혁명 후에 검찰제도가 도입되면서 판사와 마찬가지의 사법관인 검사를 도입하여 수사와 기소를 맡게 한 것이다.

그런데 법원이 기관적으로 검찰과 함께 법무부에 속하여 판사와 검사의 사

---

52 서보학, "수사권의 독점 또는 배분? – 경찰의 수사권 독립 요구에 대한 검토", 형사법연구 제12권, 한국형사법학회, 1999, 407면; 서보학, "글로벌 스탠더드에 부합하는 수사·기소 분리", 「견제와 균형을 위한 검찰 개혁 어떻게 할 것인가?」, 국회의원 민병두/소병훈/금태섭/민주사회를 위한 변호사모임 주최 자료집(2017. 1. 24.), 58면 이하 참조.

법관적 성격을 제도적으로 유지하고 있는 프랑스53나 독일54과 달리, 우리나라나 일본은 제2차 대전 후에 법원을 행정부로부터 분리하여 법원을 '사법부'라고 부르게 되면서, '사법권'하면 법원의 재판권을 의미하는 것으로 되어 수사나 기소의 사법적 성격에 대한 이해가 점점 희박해진 경향이 있다. 앞에서 언급한 '수사는 경찰이, 기소는 검찰이 전담'하도록 하는 주장도 이러한 연유에서 나오고 있는 것 같다.

그러나 범죄가 발생하면 국가형벌권이 행사되어야 하는 것이 국가적 요청이며, 이러한 국가형벌권의 행사절차는 수사개시와 수사종결에 이어 소추절차로 연속적으로 이어지게 되고, 재판절차가 완결되면 비로소 형벌이 과하여지게 되는데, 그 일관된 과정을 삼분(三分)하여야 한다는 이론은 입법·행정·사법의 정립된 삼권을 나누는 삼권분립의 원리와는 전혀 무관한 주장이다.

결국 우리나라 검찰의 행태에 대한 비판은 별론으로 하고, 수사나 기소와 같은 분쟁해결적 성격이나 정의의 이념에 따른 공정 및 객관성 유지의 필요성 등을 감안하면 그 성격에 대한 특별한 이해가 필요한 것이며, 어떻든 이러한 이유로 대륙법계 국가에서는 검사를 '(준)사법기관'으로 부르고 있는 것이다.

---

53 프랑스의 경우 우리나라의 대법원에 해당하는 파기원(Cour de cassation)을 비롯한 각급 법원은 모두 법무부 소속이며, 프랑스의 각급 검찰청도 지방법원 이상의 각급 법원과 대치(對置)되어 있는 것이 아니라 파기법원, 고등법원, 지방법원에만 부치(附置)되어 있다(Code de Procédure Pénale,; 이하 CPP라고 함 제32조 제1항). 즉 파기법원·고등법원·지방법원으로 구성되는 법원조직에 맞춰 우리의 대검찰청에 해당하는 파기원 부치 검찰청(parquet près de la cour de cassation), 고등검찰청에 해당하는 고등법원 부치 검찰청(parquet près de la cour d'appel), 지방검찰청에 해당하는 지방법원 부치 검찰청(parquet du tribunal de grande instance)이 각 법원 내에 설치되어 있는 것이다(정웅석, 수사지휘에 관한 연구, 대명출판사, 2011, 49면).

54 독일의 경우 우리나라 검찰청법과 같은 별도의 규정없이 법원조직법(GVG)에 법원과 함께 검찰청의 조직에 관한 규정을 두고 있는데, 이에 따르면 검찰청은 각급 법원에 대치하여 설치되며(GVG 제141조), 그 관할구역은 법원의 경우와 동일하다는 규정(GVG 제143조) 등 검찰에 관한 규정은 불과 13개 조문(법원조직법 제141조 – 제152조)에 불과하다(정웅석, 위의 책, 89면).

V. 공수처수사관의 직무

❶ 법률규정

제21조(수사처수사관의 직무) ① 수사처수사관은 수사처검사의 지휘·감독을 받아 직무를 수행한다.
② 수사처수사관은 고위공직자범죄등에 대한 수사에 관하여 「형사소송법」 제196조 제1항에 따른 사법경찰관의 직무를 수행한다.

❷ 해 설

공수처수사관은 공수처검사의 지휘·감독을 받아 직무를 수행하며, 고위공직자범죄등에 대한 수사에 관하여 형사소송법 제196조 제1항에 따른 사법경찰관의 직무를 수행한다.

❸ 문제점

(1) 형사소송법에 따른 사법경찰에 대한 사법통제 기능의 부재

공수처 내에 독자적인 수사 인력을 두고, (일반)사법경찰에 대한 지휘·감독권이 없다면, 전술(前述)한 것처럼 과연 공수처검사의 본질이 무엇인지 논란이 제기될 수밖에 없다. 검사는 경찰이 신청한 영장을 청구 또는 기각하는 것이 가능하고, 사법통제도 가능하지만, 공수처검사는 사법경찰과의 관계에서 사건의 이첩요청 또는 이첩만 가능하기 때문이다. 어쨌든 사법경찰이 공수처검사에게 영장을 신청하지 아니하는 것은 공수처법 해석상 명백하므로 공수처검사에게 사법경찰 영장의 통제기능이 없는 이상 헌법상 영장청구권을 인정하는 것은 곤란하다고 본다.

(2) 공수처수사관의 성질

　　공수처법 제21조 제2항은 "공수처수사관은 고위공직자범죄등에 대한 수사에 관하여 「형사소송법」 제196조 제1항[55]에 따른 사법경찰관의 직무를 수행한다"고 규정하여, 공수처수사관을 일반사법경찰관리로 취급하는 것으로 보인다. 그러나 개정 형사소송법 제197조 제1항(구 형사소송법 제196조 제1항)[56]은 검사의 사법경찰에 대한 수사지휘권을 부정하고 있으므로 공수처검사와 공수처수사관의 관계도 이에 따라 변경이 되는 것인지 아니면 개정법상 특별사법경찰관리[57]로 보고 여전히 수사지휘가 가능한 것인지 논란이 될 것이다.

VI. 정치적 중립 및 직무상 독립

❶ 법률규정

> **제22조(정치적 중립 및 직무상 독립)** 수사처 소속 공무원은 정치적 중립을 지켜야 하며, 그 직무를 수행함에 있어 외부로부터 어떠한 지시나 간섭을 받지 아니한다.

55　제196조(사법경찰관리) ① 수사관, 경무관, 총경, 경정, 경감, 경위는 사법경찰관으로서 모든 수사에 관하여 검사의 지휘를 받는다.

56　제197조(사법경찰관리) ① 경무관, 총경, 경정, 경감, 경위는 사법경찰관으로서 범죄의 혐의가 있다고 사료하는 때에는 범인, 범죄사실과 증거를 수사한다.

57　제245조의10(특별사법경찰관리) ① 삼림, 해사, 전매, 세무, 군수사기관 기타 특별한 사항에 관하여 사법경찰관리의 직무를 행할 특별사법경찰관리와 그 직무의 범위는 법률로 정한다.
　　② 특별사법경찰관은 모든 수사에 관하여 검사의 지휘를 받는다.
　　③ 특별사법경찰관은 범죄의 혐의가 있다고 인식하는 때에는 범인, 범죄사실과 증거에 관하여 수사를 개시·진행하여야 한다.
　　④ 특별사법경찰관리는 검사의 지휘가 있는 때에는 이에 따라야 한다. 검사의 지휘에 관한 구체적 사항은 법무부령으로 정한다.
　　⑤ 특별사법경찰관은 범죄를 수사한 때에는 지체 없이 검사에게 사건을 송치하고, 관계 서류와 증거물을 송부하여야 한다.
　　⑥ 특별사법경찰관리에 대하여는 제197조의2부터 제197조의4까지, 제221조의5, 제245조의5부터 제245조의8까지의 규정을 적용하지 아니한다.

❷ 해　설

공수처법 제22조는 검찰청법 제4조 제2항[58]과 동일하게 공수처 소속 공무원은 정치적 중립을 지켜야 하며, 그 직무를 수행함에 있어 외부로부터 어떠한 지시나 간섭을 받지 아니한다고 규정하고 있다.

❸ 문제점

검사는 직제상 법무부의 감독을 받지만, 공수처는 그 직무를 수행함에 있어서 누구의 지시나 간섭을 받지 아니하므로 통제불능의 기관으로 작동할 수 있다.

제4절 | 수사와 공소의 제기 및 유지

I. 공수처검사의 수사

❶ 법률규정

제23조(수사처검사의 수사) 수사처검사는 고위공직자범죄의 혐의가 있다고 사료하는 때에는 범인, 범죄사실과 증거를 수사하여야 한다.

---

[58] 제4조 ② 검사는 그 직무를 수행할 때 국민 전체에 대한 봉사자로서 정치적 중립을 지켜야 하며 주어진 권한을 남용하여서는 아니 된다.

❷ 해 설

공수처법 제23조는 규정형식이 제196조(사법경찰관리) 제2항59이 아닌 형사
소송법 제195조(검사의 수사)60와 동일하게, 공수처검사는 고위공직자범죄의 혐의
가 있다고 사료하는 때에는 범인, 범죄사실과 증거를 수사하여야 한다고 규정하
고 있다. 이는 공수처검사를 검찰청법상의 검사와 동일하게 보는 것으로 보이지
만, 전술(前述)한 것처럼 영장 및 영장청구 등에서 많은 차이를 보이고 있다.

II. 다른 수사기관과의 관계

❶ 법률규정

> **제24조(다른 수사기관과의 관계)** ① 수사처의 범죄수사와 중복되는 다른 수사기관
> 의 범죄수사는 처장이 수사의 진행정도 및 공정성 논란 등에 비추어 수사처에서
> 수사하는 것이 적절하다고 판단하여 이첩을 요청하는 경우 해당 수사기관은 이를
> 응하여야 한다.
> ② 다른 수사기관이 범죄를 수사하는 과정에서 고위공직자범죄등을 인지한 경우
> 그 사실을 즉시 수사처에 통보하여야 한다.
> ③ 처장은 피의자, 피해자, 사건의 내용과 규모 등에 비추어 다른 수사기관이 고위
> 공직자범죄등을 수사하는 것이 적절하다고 판단될 때에는 해당 수사기관에 사건을
> 이첩할 수 있다.
> ④ 제2항에 따라 고위공직자범죄등 사실의 통보를 받은 처장은 통보를 한 다른 수
> 사기관의 장에게 수사처규칙으로 정한 기간과 방법으로 수사개시 여부를 회신하여
> 야 한다.

---

59 제196조 ② 사법경찰관은 범죄의 혐의가 있다고 인식하는 때에는 범인, 범죄사실과 증거
　　에 관하여 수사를 개시·진행하여야 한다.
60 제195조(검사의 수사) 검사는 범죄의 혐의 있다고 사료하는 때에는 범인, 범죄사실과 증거
　　를 수사하여야 한다.

❷ 공수처법 제24조 제1항(공수처장의 이첩요청)의 요건

(1) 문제점

공수처법 제24조 제1항은 공수처장은 공수처의 범죄수사와 중복되는 검찰 등의 범죄수사에 대하여 이첩을 요구할 수 있고, 검찰 등은 이에 응하여야 하는 의무를 부과하고 있으므로 범죄수사 중복과 관련된 법적 문제 및 이첩요청의 행사요건을 검토할 필요가 있다.

다만, 공수처법 제24조 제1항 및 제2항에 대한 위헌심판청구에서, 헌법재판소[61] 다수의견은 「공수처법 제24조 제1항, 제2항은 수사처의 범죄수사와 중복되는 다른 수사기관의 범죄수사에 대하여 수사처장이 이첩을 요청하는 경우 해당 수사기관은 이에 응하여야 하고, 다른 수사기관이 범죄를 수사하는 과정에서 고위공직자범죄등을 인지한 경우 그 사실을 즉시 수사처에 통보하여야 한다고 규정하고 있는데, 위 조항들은 수사처와 검찰 등 다른 수사기관 사이의 권한 배분에 관한 사항을 규정한 것으로서 청구인들의 법적 지위에 어떠한 영향을 미친다고 볼 수 없으므로, 기본권침해가능성이 인정되지 않는다」고 판시한 반면, 소수의견은 비록 수사처를 독립행정기관으로 보더라도 권력분립원칙에 따른 헌법적 기준과 한계에 비추어 보면, 수사처와 다른 수사기관 사이의 수사관할 배분을 수사처장의 일방적 결정에 일임하는 결과를 초래하는 공수처법 제24조 제1항 또한 권력분립원칙에 위반된다는 입장이다.

그 근거로 소수의견은 「공수처법 제24조 제1항이 규정한 이첩 요청사유인 '수사의 진행 정도'와 '공정성 논란'은 추상적이어서 명확하다고 할 수 없고, 위 사유에 해당하는지를 판단할 객관적 기준이 마련되어 있지 않아서 수사처장의 주관적 판단에 의하여 이첩 요청이 이루어질 수 있다. 더욱이 수사처장의 이첩 요청에 대하여 요청받은 수사기관은 반드시 응하여야 하며, 다른 수사기관이 '수사의 진행 정도 및 공정성 논란' 등을 고려할 때 이첩이 부적절하다고 판단

---

[61] 헌법재판소 2021. 1. 28. 선고 2020헌바264, 681(병합) 결정(고위공직자범죄수사처 설치 및 운영에 관한 법률 위헌확인).

하는 경우 수사처장의 이첩 요청을 거부할 수 있는지, 수사 관할에 대하여 수사
처장과 협의하거나 조정할 수 있는지 등에 관하여 전혀 규정하고 있지 않다. 결
국 공수처법 제24조 제1항에 의하면, 수사처장이 이첩을 요청할 경우 다른 수
사기관은 이미 공정하게 상당한 정도로 수사한 경우에도 예외 없이 그 요청에
응하여야 하므로, 이첩 여부가 수사처장에 의하여 일방적이고 자의적으로 결정
될 여지가 있다. 이와 같이 공수처법은 실질적으로 고위공직자범죄등의 수사와
관련하여 수사처장에게 일방적으로 이첩을 요청할 권한을 부여하고, 상대 수사
기관은 여기에 예외없이 따르도록 의무를 부과하고 있으며, 이러한 수사처장의
자의적인 이첩 요청 권한 행사를 통제할 수 있는 아무런 규정이 존재하지 않는
다. 이로써 수사처는 사실상 고위공직자범죄등에 관한 수사권 행사에서 행정부
내의 다른 수사기관보다 일방적 우위를 차지하게 되고, 수사기관 사이의 수사
관할 배분에 있어 수사처장의 판단에 다른 수사기관이 따르도록 함으로써 그
권한의 행사 과정에서 다른 수사기관과의 상호 협력적 견제관계를 중대하게 훼
손하게 된다」는 입장이다.

(2) 범죄수사 중복과 관련한 법적 문제

첫째, 공수처법 제24조는 검찰 등과 수사처의 불필요한 중복수사를 방지하
여 수사의 효율성을 제고함과 동시에 사건관계인의 인권을 보장하기 위한 규정
이다. 따라서 검찰 등이 이미 수사를 개시하였음에도 인지 통보에 따라 수사처
가 수사를 개시하여 중복상태를 창조하는 것은 검찰 등의 기능을 저해하고 사
건관계인의 인권을 침해하는 것으로 권한남용에 불과하고, 당연히 중복으로 보
기 곤란할 것이다. 왜냐하면 공수처법 제24조의 조문체계에 비추어 보면, ②③
④항에는 '중복'이라는 단어가 없지만 ②항(인지 범죄 수사처 통보)이 ①항의 중복
여부를 판단하기 위한 규정임이 명백하기 때문이다. 만약 ②항이 범죄수사의
중복여부를 판단하기 위한 규정이 아니라면 ①항 다음에 있을 이유가 없고, 수
사기밀 누설 등 문제에도 불구하고, 공수처가 검찰 등이 인지한 사건을 통보받
을 이유도 없을 것이다. 따라서, ③④항 역시 ①항의 수사중복이 이미 형성된
상황을 전제로 하는 규정이라고 보는 것이 상당하다고 본다. 결국 ②,④항 규정

을 이용하여 ①항의 중복상황을 만드는 것은 불가능하다고 본다.

　　또한 수사중복 상황이 아님에도 인지통보를 받고 수사처가 수사를 개시하여 중복상황을 만든 후 이첩요청도 할 수 있게 허용하면 피의자 등 사건관계인들의 방어권 행사에도 중대한 침해가 우려된다. 즉, 공수처의 검찰 송치 대상 사건의 경우(공수처로의 이첩을 강제한다면) 검찰에서 이미 수사를 개시·진행한 사건을 공수처로 이첩하고 공수처에서 수사한 후 다시 검찰에 송치하는 등 절차의 대혼란이 발생할 우려가 있는 것이다. 더욱이 검찰에서 수사개시한 사건의 경우 피의자 입장에서는 만약 구속되더라도 20일이 지나면 구속기소 또는 석방될 것이라는 예측이 가능한데, 대상 사건을 공수처로 이첩해야 한다면 피의자 입장에서는 공수처장의 임의적 결정에 의해 피의자의 구속기간이 최대 30일까지 연장될 수 있는 법적 불안정성이 초래되어 피의자의 방어권과 예측가능성을 침해할 수도 있다. 즉, 극단적으로 검찰에서 수사개시하여 구속한 사건을 공수처로 이첩한다면 20일 내로 기소 또는 석방될 수 있는 피의자는 공수처장의 임의적 처분으로 인해 구속기간이 30일까지 연장되는 현실적인 인권침해가 발생하는 것이다. 나아가 제주 등 지방검찰청에서 수사하는 사건이 공수처로 이첩될 경우 제주 등에 거주하는 피의자 등은 원거리로 인해 심각한 방어권의 침해가 발생한다.

　　결국 인지 통보에 따라 공수처가 동일한 범죄를 수사개시하여 수사중복 상황을 만들고 이첩을 요구하는 것은 신뢰보호 원칙 위반 등 심각한 재량권 일탈 또는 권한 남용에 해당한다고 본다. 따라서 형사소송법 제13조(관할 경합시 먼저 공소를 받은 법원이 심판), 행정절차법 제4조(신의성실 및 신뢰보호 원칙) 등을 고려하여, 수사중복은 인지 통보 전(前)에 이미 공수처가 별도로 수사를 개시하고 있는 경우에만 성립이 가능하다고 보아야 할 것이다.

　　둘째, 중복되는 '범죄'의 개념과 관련하여, 공수처법이 형사소송법 등 다른 법령과 달리 '범죄사실'이라고 규정하지 아니하고 '범죄' 수사라고 규정하고 있고 범죄와 범죄사실은 서로 다른 개념이므로 범죄사실 개념의 원용은 불가능하다고 본다. 다만, 공수처의 수사가능 범죄가 '죄명'을 기준으로 제한적으로 열거되어 있으므로 죄명의 동일성이 중복 여부의 1차적 판단기준이 되는 것은 불가피하다. 따라서 공수처와 검찰 등이 죄명과 범죄사실(일시, 장소, 대상과 구성요건)

이 완전히 동일한 범죄를 대상으로 수사할 경우에만 중복이 가능하다고 본다. 이에 따르면 상상적 경합 관계라도 죄명이 일치하지 아니하면 범죄 수사의 중복은 불성립하고, 죄명이 일치하더라도 경합범 관계에 있는 경우에는 범죄수사의 중복이 불성립되는 것이다.

결국, 공수처의 직무 범위 구분은 공수처법 제3조에 따라 범죄사실이 아닌 죄명으로 특정되어 있으므로 죄명을 포함한 중복 여부 판단이 중요할 것이다. 그런데 공수처법이 '수사처에서 수사하는 범죄사실과 동일한 범죄사실을 검찰 등이 수사하는 경우 그 범죄사실에 대한 수사에 대하여'라고 규정하지 않고 '수사처의 범죄수사와 중복되는 검찰 등의 범죄수사에 대하여'라고 규정하고 있으므로 결국 죄명까지 중복되지 아니하는 이상 수사의 중복은 불가능하다고 본다.

(3) 이첩요청권의 일반적 행사요건

가. 내 용

① 공수처의 범죄수사와 검찰 등의 범죄수사가 중복되는 경우, ② 수사의 진행 정도 및 공정성 논란 등을 고려, ③ 공수처장이 공수처에서 수사하는 것이 적절하다고 판단한 경우로서, '수사진행 정도'는 관계인의 절차 참여 정도, 구체적인 증거 확보 여부, 이첩요청에 따른 피의자의 예측가능성 침해 여부와 피의자의 방어권행사에 대한 유·불리를 기준으로 판단하여야 할 것이다. 따라서, 주거지 압수수색 등 강제처분이 진행되거나 피의자신문조서 작성, 피의자의 증거물 임의제출 등 피의자가 수사의 개시·진행을 인식하고 방어권 행사를 개시하는 등 형사절차에 참여한 경우에는 이첩요청이 부적절하다고 보는 것이 타당할 것이다. 다만, 피의자가 예측가능성과 방어권을 포기하고 공수처에서 수사를 받기를 원하는 경우에는 공수처의 이첩요청이 가능할 것으로 볼 여지가 있으나, 이러한 경우 오히려 공수처가 공정성 논란에 휩싸일 가능성은 농후하다고 본다.

나. 공정성 논란

여기서 '공정성'은 수사과정의 인권침해나 이른바 '봐주기 수사', '편파 수사' 여부에 대한 가치평가를 의미한다고 봄이 상당하고, '논란'은 사전적 의미로 '여럿이 서로 다른 주장을 내며 다툰다'는 뜻일 뿐, 확립된 법률용어가 아니어서 자의적 해석을 차단할 필요가 있다.

결국, 공정성 논란은 수사과정에서의 폭행·협박 등 공정성에 의심을 제기할 수 있는 확인된 사실관계를 기초로 하여 수사준칙 등 법령위반, 수사권의 사적 이용 및 남용 등 명확한 법적 근거를 구비한 주장이 여럿 제기되는 상황을 의미한다고 보는 것이 타당할 것이다.

다. 공수처에서 수사하는 것이 적절

공수처법에 따르면, 전국적 규모로 방대한 조직과 인력을 보유하고, 국제사법공조 능력까지 겸비한 검찰 등 수사기관과 달리 공수처는 최대 25명의 공수처검사(처장 등 포함)와 40명의 공수처수사관으로 구성하도록 규정되어 있다. 따라서, 공수처의 인적, 물적 수사역량을 고려하여 당해 사건의 신속하고 효율적인 수사가 가능함은 물론 이미 수사 중이거나 추후 진행될 수 있는 다른 사건 수사에도 영향이 없어야 한다는 의미로 해석하여야 할 것이다.

결국, 공수처의 구성원만으로는 당해 사건에 대한 수사를 개시, 진행할 인적·물적 역량이 부족하거나, 공수처에서 당해 사건을 수사하는 경우 다른 사건을 수사할 수 없는 상황이라면 이첩요청은 불가하다고 본다. 다만, 공수처의 이첩요청은 논란이 된 '공정성을 담보'하기 위한 것이므로 공수처 수사의 공정성을 확보할 수 있는 담보장치가 필요하므로 오히려, 이첩요청으로 인해 새로운 공정성 논란이 야기·예상되는 경우에는 이첩요청이 불가능하다고 보아야 할 것이다.

라. 재량행위로서 이첩요청권 행사의 한계

공수처장의 이첩요청은 공수처의 재량행위로 볼 수 있으나, 재량권을 남용하고 한계를 일탈한 이첩요청권 행사는 위법 논란의 소지가 있다. 따라서 헌법원리 등에 근거하여 헌법재판소 및 대법원 판례 등으로 확립된 재량권의 남용·일탈 기준으로 ① 평등 원칙(99두2611, 98헌마363), ② 비례의 원칙(2017두67416), ③ 신뢰보호의 원칙(2001두1512), ④ 적법절차 원칙(2012두911), ⑤ 권한남용(정치적 또는 사적인 목적과 동기에 따른 권한행사) 금지의 원칙(2016두47659), ⑥ 권한의 행사가 불합리하여 사회적 타당성을 현저히 상실한 경우(2015두48846) 등에 따라 처리하는 것이 타당할 것이다.

❸ 공수처법 제24조 제2항(통보조항)의 해석

(1) 입법과정

동 조문은 더불어민주당 백혜련 의원이 대표발의한 "고위공직자범죄공수처 설치 및 운영에 관한 법률안"(2019. 4. 26)에는 없던 내용인데, 정의당 윤소하 의원이 수정발의한 "고위공직자범죄공수처 설치 및 운영에 관한 법률안에 대한 수정안"(2019. 12. 24.)에서 들어간 내용으로, 중국 감찰법 제34조62에 동일한 내용이 규정되어 있다. 반면에 2020. 10. 20. 국민의힘 유상범 의원이 대표발의한 "고위공직자범죄수사처 설치 및 운영에 관한 법률(공수처법) 개정안"은 공수처가 검찰, 경찰의 상위 기관이 아님에도 타 수사기관을 상대로 강제이첩권을 부여해 부실수사 및 사건 은폐가 가능하다는 점 등을 근거로 범죄수사 강제이첩권을 삭제하였다.

(2) 문제점

가. 통보 요건으로서 인지의 개념

공수처법은 검찰 등이 범죄를 수사하는 과정에서 고위공직자범죄등을 인지한 경우 그 사실을 공수처장에게 통보할 의무를 부과하고 있다. 따라서 검찰 등의 통보의무가 발생하는 '인지'의 개념, 기준, 절차 등에 대한 검토가 필요하

---

62 감찰법 제34조. 인민법원, 인민검찰원, 공안기관, 회계감사기관 등 국가 기관은 횡령, 뇌물수수, 직무유기 등 직무상의 위법행위 또는 직무범죄 혐의를 받는 공직자에 대한 단서를 발견하면 감찰기관에 이송해야 한다. 감찰기관에서 법에 따라 조사하고 처리해야 한다. 피조사인이 직무상의 심각한 위법행위 혹은 직무범죄 혐의를 받는 동시에 다른 위법 범죄 혐의도 받을 경우 감찰기관은 주요 조사기관이며 다른 기관은 협조해야 한다.

다. 먼저 고소·고발이 제외되는 것은 법률규정의 해석상 명확하게 보인다. 왜냐하면 공수처법 제24조 제2항이 통보대상을 '범죄를 수사하는 과정에서 고위공직자범죄등을 인지한 경우'로 특정하고 있으므로 인지한 사건이 아닌 고소·고발장 및 수사의뢰서 접수 등은 제외된다고 보는 것이 합리적이기 때문이다.63 더욱이 검·경에 고소·고발한 사건을 공수처가 이첩받아 불기소하는 경우 고소·고발인은 재정신청만 가능하므로 검사가 불기소결정한 경우와 달리 항고권 등을 행사할 수 없는 바, 고소·고발 사건까지 통보하여 이첩할 경우에는 항고권 등의 침해가 불가피하다. 결국, 공수처법 제24조 제2항이 수사중복과 이첩요청 여부를 판단하기 위한 규정인 점을 고려할 때 고소·고발 사건은 제외된다고 보는 것이 기본권에 합치되는 해석이라고 할 것이다.

나. '고위공직자범죄등을 인지한 경우'의 시기

인지의 기준 시점과 관련하여, 공수처법에 통보대상을 '범죄수사과정에서 고위공직자범죄등을 인지한 경우'로 명백히 규정하고 있으므로 검·경 수사준칙 제16조 및 검찰사건사무규칙에 따라 인지사건을 수리한 때로 보는 것이 타당할 것이다. 왜냐하면 공수처법이 '알게 된 때'가 아니라 '인지한 경우'로 특정하고 있으므로 인지 전(前) 단계로 확대해석 하는 것은 곤란하기 때문이다.64 나아가, 공수처에 대한 인지 통보는 수사중복 여부를 판단하기 위한 것이므로 내사 등 수사의 전 단계에서는 수사중복이 발생할 여지가 없는 바, 수사준칙 등에 따라 최소한 인지(입건)하여 수사가 시작된 상태에서 통보하는 것이 상당하다고 본다. 더욱이 통보 및 이첩 등을 위해서는 사건번호를 부여하는 것이 불가피하므로 실무적 차원에서도 인지사건을 수리한 때로 볼 수밖에 없을 것이다.

---

63 검찰청법의 하위 법령으로서 수사처법 제정 전(前) 이미 시행 중인 검찰사건사무규칙은 인지와 고소·고발의 개념을 명확히 구분하고 있다.

64 국가공무원법(제83조 제3항)은 공무원 수사개시 통보의 요건으로 "감사원과 검찰·경찰, 그밖의 수사기관은 조사나 수사를 시작한 때와 이를 마친 때에는 10일 내에 소속 기관의 장에게 그 사실을 통보하여야 한다."로 규정하고 있어 그 요건이 "인지한 경우"인 수사처법 제24조 제2항과 법문의 내용이 명백히 상이하다.

다. 즉시 통보하지 않은 경우 강제력(벌칙규정의 부재) 및 다른 수사기관이 공수처에 통보한 후, 수사를 계속한 경우의 효력 문제

다른 수사기관이 즉시 통보하지 않았다고 하더라도 아무런 벌칙규정이 없을 뿐만 아니라 검사가 고위공직자를 수사 및 기소하였다고 하여 무효로 볼 수도 없을 것이다.[65]

한편, 다른 수사기관이 공수처에 통보한 후, 수사를 계속한 경우 위법하다고 볼 수는 없을 것이다. 개정 형사소송법 제196조(검사의 수사)에 규정된 "검사는 범죄의 혐의가 있다고 사료하는 때에는 범인, 범죄사실과 증거를 수사한다"는 규정이 있기 때문이다.

그런데 만약 공수처의 수사와 다른 수사기관의 수사가 동시에 인정된다고 볼 경우, 동일한 범죄에 대한 양 기관의 수사권이 동시에 발동될 수 있어 양 기관의 수사권이 충돌하게 될 것이다. 그러나 이는 국가 수사권 체계의 난립상을 초래할 뿐만 아니라 국민의 자유와 권리를 심각하게 침해할 가능성이 농후하다. 왜냐하면 고위공직자 범죄에 대한 수사도 첫 출발점은 뇌물공여자, 사건 목격자 등 일반 국민일 수밖에 없는데, 공수처가 정치적 중립성을 잃고 다수 정당 또는 정권의 의지대로 그 권한을 행사하는 경우, 애초의 설립취지와는 달리 권한의 재분배가 아닌 보다 강력한 권력기관의 탄생으로 연결되기 쉬우며, 그 피해는 고스란히 국민에게 돌아갈 것이다.

라. 고위공직자는 공수처에서, 하위공직자 내지 민간인은 '검찰 등'에서 수사할 것인지

공수처 이외의 다른 수사기관이 수사를 통해 고위공직자, 하급공무원의 공

---

65 범죄수사규칙 제21조는 '특별사법경찰관리의 직무범위에 해당하는 범죄를 수사 중인 경찰관은 해당 사건 수사시 특별사법경찰관리가 행하는 수사와 경합될 때에는 경찰관서장의 지휘를 받아 해당 특별사법경찰관리와 그 수사에 관하여 필요한 사항을 협의하여야 하며, 경찰관은 이 경우 필요하다고 인정할 때에는 관할 지방 검찰청 또는 지청의 검사에게 보고하여 그 조정에 관한 지휘를 받을 수 있다'라고 규정하고 있으나. **공수처와 검찰의 관할경합이 문제되는 경우에는 두 기관의 조정을 담당할 상급관청이 존재하지 않을 뿐만 아니라 헌법재판소가 공수처에 대하여 당사자적격을 인정할 것인지도 의문이다.**

동 부패범죄를 확인한 경우, 하급공무원은 다른 수사기관이 계속 수사하고 고위공직자만 수사를 중단하고 공수처로 이첩할 경우, 고위공직자의 수사만 지연되면서 말을 맞추는 등 수사가 방해받게 되어, 결국 고위공직자의 처벌만 곤란해지는 문제가 발생할 우려는 없는지 문제된다. 더욱이 공직자에 대한 수사를 뒤집어보면, 상대방은 대부분 기업 등 거대한 사기업일 경우가 많은데, 이 경우 공직자에 대한 뇌물사건과 횡령·배임사건이 여러 건 있을 경우 공직자와 연결된 범죄는 공수처가, 공직자와 연결되지 않은 사건은 경찰 내지 검찰이 한다는 것인데, 이를 어느 시점에서 판단을 할 것인지, 만약 경찰 내지 검찰이 공수처의 범죄수사와 중복되지 않는다고 판단하여 이첩하지 않으면 어떻게 할 것인지 의문이다.

한편, 경찰(다른 수사기관)이 범죄를 수사하는 과정에서 고위공직자범죄를 인지한 경우 검찰을 패싱하고, 그 사실을 즉시 공수처에만 통보하는 것인지, 또 헌법상 영장신청권은 조직법상의 '검사'에게만 인정하고 있는데, 이 규정을 어떻게 해석할 것인가. 또 고위공직자의 범죄가 불분명할 경우(통상 뇌물을 준 자는 자백하지만, 받은 자는 부인하는 것이 인지상정임) 과연 하위공직자에 대한 기소를 할 수 있는가. 더욱이 고위공직자 수사에 착수하는 순간 공수처에 통지해야 한다면, 과연 공직자에 대한 수사가 지금보다 잘 이루어질 수 있을지도 의문이다. 왜냐하면 일반인 수사를 하다가 고위공직자 부패가 발견되는 순간 자신의 수사기록을 공수처에 이첩해야 한다면, 적극적으로 수사를 할 경찰 및 검사는 없을 것이기 때문이다.

마. 이첩의 시기

공수처법 제24조(다른 수사기관과의 관계) 제1항은 "수사처의 범죄수사와 중복되는 다른 수사기관의 범죄수사는 처장이 수사의 진행정도 및 공정성 논란 등에 비추어 수사처에서 수사하는 것이 적절하다고 판단하여 이첩을 요청하는 경우 해당 수사기관은 이에 응하여야 한다"고 규정하고 있다. 이 경우 이첩의 시기 및 '수사처의 범죄수사와 중복'된다는 의미를 어떻게 해석할 것인지 논란이 있을 수 있다. 이에 대하여 김남준 법무부 법무검찰개혁위원회 위원장은 수사가 진행된 상태에서 이첩을 받는 것보다는 최소 인지단계에서 통보를 받는

것이 효율적인 방안이라고 보고 있다.[66]

바. 수사개시 여부 회신규정의 입법체계적 정당성

공수처법 제24조 제4항은 "동조 제2항에 따라 고위공직자범죄등 사실의 통보를 받은 처장은 통보를 한 다른 수사기관의 장에게 수사처규칙으로 정한 기간과 방법으로 수사개시 여부를 회신하여야 한다"고 규정하고 있다. 그런데 입법체계상 공수처규칙으로 형사소송법 제196조(검사의 수사)에 규정된 "검사는 범죄의 혐의가 있다고 사료하는 때에는 범인, 범죄사실과 증거를 수사한다"는 규정을 배제할 수 있는지 의문이다.

Ⅲ. 공수처검사 및 검사 범죄에 대한 수사

❶ 법률규정

> 제25조(수사처검사 및 검사 범죄에 대한 수사) ① 처장은 수사처검사의 범죄 혐의를 발견한 경우에 관련 자료와 함께 이를 대검찰청에 통보하여야 한다.
> ② 수사처 외의 다른 수사기관이 검사의 고위공직자범죄 혐의를 발견한 경우 그 수사기관의 장은 사건을 수사처에 이첩하여야 한다.

❷ 해 설

공수처법 제25조는 공수처장은 공수처검사의 범죄 혐의를 발견한 경우에 관련자료와 함께 이를 대검찰청에 통보하여야 하며, 공수처 외의 다른 수사기관이 검사의 고위공직자범죄 혐의를 발견한 경우 그 수사기관의 장은 사건을 공수처에 이첩하여야 한다고 규정하고 있다. 공수처 설치의 목적이 종래 검찰

---

66 김남준, "고위공직자범죄수사처 설치의 의미와 앞으로의 방향", 「국민을 위한 수사개혁방향 심포지엄」, 대한변호사협회 주최 발표자료집, 13면.

이 표적수사, 부실수사 등을 하더라도 처벌하기 어렵다는 점을 고려할때, 큰 의미를 갖는 규정이라고 할 수 있다.

한편, 검찰도 공수처 수사관의 범죄행위에 대해서 수사를 할 수 없으므로 사건을 마음대로 암장하는 것이 어려울 것이다.

Ⅳ. 공수처검사의 관계 서류와 증거물 송부 등

❶ 법률규정

제26조(수사처검사의 관계 서류와 증거물 송부 등) ① 수사처검사는 제3조 제1항 제2호에서 정하는 사건을 제외한 고위공직자범죄등에 관한 수사를 한 때에는 관계 서류와 증거물을 지체 없이 서울중앙지방검찰청 소속 검사에게 송부하여야 한다. ② 제1항에 따라 관계서류와 증거물을 송부받아 사건을 처리하는 검사는 처장에게 해당 사건의 공소제기여부를 신속하게 통보하여야 한다.

❷ 해 설

공수처검사는 제3조 제1항 제2호에서 정하는 사건(기소대상사건)을 제외한 고위공직자범죄 등에 관한 수사를 한 때에는 관계 서류와 증거물을 지체 없이 서울중앙지방검찰청 소속 검사에게 송부하여야 한다. 그리고 관계서류와 증거물을 송부받아 사건을 처리하는 서울중앙지방검찰청 소속 검사는 공수처장에게 해당 사건의 공소제기여부를 신속하게 통보하여야 한다.

❸ 공수처검사의 수사종결권

(1) 문제점

공수처법 제26조 제1항은 공수처검사는 '제3조 제1항 제2호에서 정하는 사건(기소가능범죄)을 제외한 고위공직자범죄등에 관한 수사를 한 때에는 관계 서류와 증거물을 지체 없이 서울중앙지검 검사에게 송부하여야 한다'고 규정하고 있다. 반면, 동법 제27조는 공수처장은 고위공직자범죄에 대하여 불기소 결정을 하는 때에는 해당 범죄의 수사과정에서 알게 된 관련범죄 사건을 대검찰청에 이첩하도록 규정하도록 규정하고 있다. 따라서 일응 충돌하는 두 가지 규정을 합리적, 체계적으로 해석하여 공수처검사가 검찰 송치없이 불기소결정할 수 있는 사건의 범위 등을 검토할 필요가 있다.

(2) 공수처검사의 수사종결 가능 범위

가. 기소권이 없는 사건을 수사한 경우

공수처검사의 지위를 특별사법경찰로 해석한다면(개정 형사소송법을 준용하지 않거나, 준용하더라도 특별사법경찰로 해석할 경우), 공수처법 제26조 제2항은 사법경찰의 모든 사건 송치의무를 규정한 현행(개정 전) 형소법 제196조 제4항 「사법경찰관은 범죄를 수사한 때에는 관계 서류와 증거물을 지체 없이 검사에게 송부하여야 한다」는 조문 내용과 일치한다.[67] 특히, 공수처법은 개정 형사소송법과 달리 송부(송치) 대상 사건에 대해 기소, 불기소(의견)를 구분하여 사건 송치 또는 불송치(기록 송부)한다는 취지의 규정도 없어 개정 전(前) 형소법에 따르면 사건을 모두 검찰에 송치하여야 할 것이다. 따라서, 기소권을 가진 사건을 제외하고 나머지 사건은 기소(의견), 불기소(의견)를 불문하고 모두 검

---

67 특별사법경찰 관련 개정 형소법 제245조의10 제5항은 「특별사법경찰관은 범죄를 수사한 때에는 지체 없이 검사에게 사건을 송치하고, 관계 서류와 증거물을 송부하여야 한다.」라고 규정하고 있다.

찰에 의무적으로 송치할 필요가 있다. 물론 공수처법 제47조(형소법 준용)에 따라 불기소 사건은 공수처 자체 종결이 가능하다(사법경찰과 동일한 1차 종결권을 보유한다는 이유)는 반론이 있을 수 있으나, 형사소송법 등 준용은 공수처법 규정에 반하지 아니하는 경우에만 가능하므로 사법경찰의 종결권 준용은 불가능하다고 보는 것이 상당할 것이다.

반면, 공수처법 제47조에 의해 개정 형사소송법이 준용된다고 해석할 경우(개정 형사소송법을 준용하여 사법경찰로 해석할 경우), 공수처검사는 기소의견 사건은 검찰에 송치하고, 불송치(불기소의견) 사건은 기록과 증거물을 검찰에 송부할 의무(검사는 불송치 사건을 90일간 검토)가 발생한다. 이에 따라 검사는 사법경찰관과 동일한 지위를 가진 공수처검사에 대하여 보완수사요구, 시정조치요구, 재수사요청 등이 가능하고, 요건이 구비된 경우 징계요구도 가능하다고 본다. 물론 형사소송법 등 준용은 공수처법 규정에 반하지 아니하는 경우에만 가능하므로 사법경찰의 종결권 준용은 불가능하다는 반론도 가능할 것이다.

나. 기소권을 가진 사건을 수사한 경우

기소권을 가진 사건에 대하여는 소추권과 불기소결정권은 불가분이므로 불기소결정권을 보유한다고 보는 것이이 타당할 것이다. 이에 따라 공수처법 제27조의 '불기소결정'은 '기소권을 가진 범죄에 대해 불기소결정을 하는 때'로 해석함이 상당하다고 본다.

(3) 공수처 송치 사건과 검사의 직접(보완) 수사권

공수처에서 검찰로 송치된 사건(이하 '공수처 송치 사건')을 검사가 직접보완수사할 수 있는지 여부에 대해 공수처법에는 아무런 명문규정이 없다. 따라서 공수처 송치 사건에 대하여는 검사의 직접 수사가 불가능하고, 검사는 기소·불기소 여부만 판단 가능하다는 주장이 제기될 가능성(수사·기소 분리)이 상존한다.

그러나 검사의 수사권은 공수처법이 부여하는 것이 아니라, 검찰청법 제4조와 형사소송법 제196조에 의해 부여되는 것이므로 공수처 송치사건에 대하여도 당연히 기소여부 결정을 위한 수사권을 보유한다고 보아야 할 것이다. 왜냐하면 형사소송법에도 사법경찰 송치사건에 대해 검사가 직접 수사할 수 있다는 명문규정이 없으나, 검찰청법 제4조 및 형사소송법 제196조에 근거하여 수사가 진행되고 있기 때문이다. 따라서, 공수처법 등 다른 법률에 검사의 수사권을 제한하는 규정이 없는 이상 공수처 송치사건에 대한 검사의 수사권 제한 등은 어렵다고 본다. 더욱이 공수처법 제26조 제2항과 제30조에 따르면 공수처에서 송치(송부)한 사건에 대해 검사가 불기소결정을 할 수 있음을 전제로 공소제기 여부에 대한 통보규정과 검사의 불기소처분에 대한 공수처장의 재정신청권을 인정하고 있다. 따라서, 검찰청법 및 형사소송법, 공수처법의 체계적 해석상 검사는 공수처에서 송치(송부)된 사건에 대해 불기소결정권과 보완수사권을 보유한다고 보는 것이 타당할 것이다.

V. 관련인지 사건의 이첩

❶ 법률규정

> 제27조(관련인지 사건의 이첩) 처장은 고위공직자범죄에 대하여 불기소 결정을 하는 때에는 해당 범죄의 수사과정에서 알게 된 관련범죄 사건을 대검찰청에 이첩하여야 한다.

❷ 해 설

(1) 내 용

공수처법 제27조는 공수처장은 고위공직자범죄에 대하여 불기소 결정을 하는 때에는 해당 범죄의 수사과정에서 알게 된 관련범죄 사건을 대검찰청에 이첩하여야 한다고 규정하고 있다. 전술(前述)한 것처럼, 동법 제26조는 기소대상사건(제3조 제1항 제2호)을 제외한 고위공직자범죄등에 관한 수사를 한 때에는

관계 서류와 증거물을 지체 없이 서울중앙지방검찰청 소속 검사에게 송부하도
록 규정하면서, 동법 제27조에서는 불기소결정을 한 경우 대검찰청에 이첩하도
록 규정하고 있는 것이다. 따라서 대검찰청 이첩의무의 발생 요건인 '불기소 결
정을 하는 때'의 의미와 이첩 대상인 '관련범죄' 사건의 의미에 대해 검토할 필
요가 있다.

(2) '고위공직자범죄에 대하여 불기소결정을 하는 때'의 의미

첫째, 공수처법은 '고위공직자범죄'와 '고위공직자범죄등'을 엄격히 구분하
고 있으므로 관련 범죄를 제외한 고위공직자범죄에 대한 불기소결정만이 해당
한다고 보아야 한다. 왜냐하면 문언상 '고위공직자범죄'에 국한됨이 명백하기
때문이다.

둘째, '불기소결정을 하는 때'의 의미와 관련하여, 공수처검사는 기소권을
가진 범죄를 제외한 나머지 범죄는 검찰에 송치하므로, 결국 '불기소 결정을 하
는 때'란 기소권을 가진 범죄에 대해 불기소결정을 하는 때를 의미한다고 본다.

(3) '수사과정에서 알게 된'의 의미

문언상 '수사과정'이란 '고위공직자범죄 수사과정'임이 명백하며, '알게 된'
의 의미는 '인지한 경우', '발견한 경우'를 이미 다른 조문에서 별도로 사용하고
있는 점에 비추어 볼 때, 인지 또는 발견과는 별개의 개념으로 보는 것이 타당
할 것이다. 결국, 형사소송법상 특별사법경찰의 수사개시 요건인 '인식하는 때'
와 유사한 의미인 '인식하여 알게 된'으로 해석하는 것이 타당할 것이다.[68]

---

68 형사소송법 제245조의10 제3항은 「특별사법경찰관은 범죄의 혐의가 있다고 인식하는 때
에는 범인, 범죄사실과 증거에 관하여 수사를 개시·진행하여야 한다」라고 규정하고 있다.

(4) '관련범죄 사건'에서 '관련범죄'의 의미

공수처법 제27조의 '관련범죄'는 제2조 제4호의 '관련범죄'와 용어가 정확히 일치하고, 같은 법률의 같은 용어는 동일하게 해석할 수밖에 없으므로 '관련범죄'는 제2조 제4호의 '관련범죄'로 해석하는 것이 타당하다고 본다. 따라서 공수처검사가 고위공직자범죄를 불기소결정하는 경우 고위공직자범죄가 아닌 관련범죄에 대하여는 공수처법 제23조에 따라 공수처검사의 수사개시 의무가 없으므로 대검찰청으로 이첩해야 할 것이다. 공수처법 제23조에 따르면 공수처검사에게 수사의무가 부과된 대상은 '고위공직자범죄' 혐의이며, 관련 범죄를 포함한 '고위공직자범죄등' 혐의가 아니기 때문이다.

VI. 형의 집행

❶ 법률규정

제28조(형의 집행) ① 수사처검사가 공소를 제기하는 고위공직자범죄등 사건에 관한 재판이 확정된 경우 제1심 관할지방법원에 대응하는 검찰청 소속 검사가 그 형을 집행한다.
② 제1항의 경우 처장은 원활한 형의 집행을 위하여 해당 사건 및 기록 일체를 관할 검찰청의 장에게 인계한다.

❷ 해 설

공수처검사가 공소를 제기하는 고위공직자범죄등 사건에 관한 재판이 확정된 경우 제1심 관할지방법원에 대응하는 검찰청 소속 검사가 그 형을 집행하며, 이 경우 공수처장은 원활한 형의 집행을 위하여 해당 사건 및 기록 일체를 관할 검찰청의 장에게 인계한다.

Ⅶ. 재정신청에 대한 특례

❶ 법률규정

> **제29조(재정신청에 대한 특례)** ① 고소·고발인은 수사처검사로부터 공소를 제기하지 아니한다는 통지를 받은 때에는 서울고등법원에 그 당부에 관한 재정을 신청할 수 있다.
>
> ② 제1항에 따른 재정신청을 하려는 사람은 공소를 제기하지 아니한다는 통지를 받은 날부터 30일 이내에 처장에게 재정신청서를 제출하여야 한다.
>
> ③ 재정신청서에는 재정신청의 대상이 되는 사건의 범죄사실 및 증거 등 재정신청을 이유 있게 하는 사유를 기재하여야 한다.
>
> ④ 제2항에 따라 재정신청서를 제출받은 처장은 재정신청서를 제출받은 날부터 7일 이내에 재정신청서·의견서·수사 관계 서류 및 증거물을 서울고등법원에 송부하여야 한다. 다만, 신청이 이유 있는 것으로 인정하는 때에는 즉시 공소를 제기하고 그 취지를 서울고등법원과 재정신청인에게 통지한다.
>
> ⑤ 이 법에서 정한 사항 외에 재정신청에 관하여는 「형사소송법」 제262조 및 제262조의2부터 제262조의4까지의 규정을 준용한다. 이 경우 관할법원은 서울고등법원으로 하고, "지방검찰청검사장 또는 지청장"은 "처장", "검사"는 "수사처검사"로 본다.

❷ 해 설

공수처법 제29조 제2항은 형사소송법 제260조(재정신청) 규정을 모방한 규정이다. 다만, 관할과 관련하여, 고위공직자범죄 등 사건의 제1심 관할이 서울중앙지방법원인 점을 감안하여, 서울고등법원에 그 당부에 관한 재정을 신청할 수 있도록 규정하고 있다.

❸ 문제점

(1) 수사개시 단서로 '고소, 고발'의 인정여부

　　공수처 검사의 수사개시 단서로 '고소·고발'을 명시적으로 규정하고 있지 않지만, 고소·고발을 수사권 발동 사유로 인정하지 않는 것은 국민의 고소·고발권을 정당한 이유 없이 제한하는 것으로 평등권을 침해하여 위헌의 소지가 있고, 부정부패와 권한남용을 예방하고자 하는 공수처 설치 취지에 부합하지 않을 수 있다. 왜냐하면 고소·고발을 수사권 발동사유로 인정하지 않으면, 국민이 고소·고발을 하더라도 이는 인지권 발동을 촉구하는 의미 정도밖에 없어 공수처가 인지하지 않으면 이에 대해 불복할 방법이 없기 때문이다.

　　그러나 일본에서의 고소는 범죄의 신고와 그 법적 취급이 다르지 않은 반면, 우리나라에서는 고소와 동시에 상대방은 피의자의 신분을 갖기 때문에 고위공직자(특히 수사기관 종사자 및 판사)의 처우에 불만을 갖는 사람들의 남소가 예상되는 부작용이 있다. 구체적 통계를 보면, 2016년 한해 고소·고발된 인원은 약 74만 명으로, 인구 10만 명 당 고소·고발 인원은 일본의 150배인 반면 기소율은 20%에 불과하고,**69** 이에 따라 인구비율 대비 무고·위증사범은 일본의 20배이다.**70** 따라서 아무런 죄를 저지르지 않은 국민이라도 누군가의 고소·고발로 수사대상이 될 수 있고, 무고·위증 등 상대방의 교묘한 거짓말로 억울한 옥살이를 할 가능성이 언제든지 존재하는 상황이다.

　　다만, 위에서 언급한 것처럼 공수처법이 수사개시 단서로 '고소·고발'을 명시적으로 규정하고 있지 않으나, 제29조는 고소·고발인의 재정신청 특례를 규정하고 있다. 따라서 개인이나 시민단체의 고소·고발이 수사개시 단서가 되는지 논란이 될 것이며, 이것이 인정된다면 수사 및 재판에 관한 불만으로 사건 당사자 또는 시민단체가 담당검사나 담당판사를 고소·고발하는 사건이 공수처 사건의 대부분이 될 가능성도 높아 보인다.

69　2017. 5. 15. 헤럴드경제 '무고에 멍든 사회'.
70　2015. 11. 28. 한국일보 '뒤틀린 세 치 혀에.. 거짓말 공화국'.

　　이는 헌법재판소 출범 후 몇 년간 전체 헌법소원 심판사건 중 검사의 기소
유예처분에 대한 헌법소원이 다수를 점하여 헌법해석 기능은 뒷전이었다가 결
국 불기소처분을 헌법소원 대상에서 제외한 경험이 있기 때문이다.

(2) 공수처검사의 불기소결정에 대한 통제수단 결여

　　현행 형사소송법은 검사의 부당한 불기소처분을 규제하기 위하여 검사가
불기소처분을 한 때에는 고소인 또는 고발인에게 불기소처분의 취지와 이유를
고지하게 하는 것 이외에(동법 제258조, 제259조) 검찰청법상의 검찰항고(동법 제10
조) 및 헌법소원, 그리고 재정신청(형사소송법 제260조)을 인정하고 있다. 그런데
공수처법에는 재정신청 특례규정(동법 제29조) 이외에 아무런 통제수단이 없다.
　　문제는 전술(前述)한 것처럼 공수처검사를 특별사법경찰에 불과하다고 본
다면, 기소가능범죄가 아닌 사건에 대하여 수사를 종결하는 경우 사실상 검사
의 불기소처분과 동일한 효력을 인정할 수 있는가이다. 검사의 불기소처분은
독자적인 수사종결처분으로서 '준사법적 처분'에 해당하므로 이에 대해서는 행
정소송을 제기할 수는 없다는 것이 대법원판례의 입장이기 때문이다.
　　결국 공수처검사의 수사종결처분에 불복이 있는 경우 행정소송의 대상이
되는 행정처분(행정행위)이 된다고 보고, 공수처검사가 행정소송의 상대방 당사
자로서 법정에 들어와야 할 것인데, 공수처법 제47조는 검찰청법 제4조 제5호
를 제외하고 있으므로 누가 법정에 들어와야 하는지 문제가 될 것이다.

Ⅷ. 처장의 재정신청에 대한 특례

❶ 법률규정

【표 3-5】 신·구조문대비표

현 행	개 정 법
제30조(처장의 재정신청에 대한 특례) ① 처장은 제26조 제2항에 따라 검사로부터 공소를 제기하지 아니한다는 통보를 받은 때에는 그 검사 소속의 지방검찰청 소재지를 관할하는 고등법원(이하 "관할 고등법원"이라 한다)에 그 당부에 관한 재정을 신청할 수 있다. ② 처장은 공소를 제기하지 아니한다는 통보를 받은 날부터 30일 이내에 지방검찰청검사장 또는 지청장에게 재정신청서를 제출하여야 한다. ③ 재정신청서에는 재정신청의 대상이 되는 사건의 범죄사실 및 증거 등 재정신청을 이유 있게 하는 사유를 기재하여야 한다. ④ 제2항에 따라 재정신청서를 제출받은 지방검찰청검사장 또는 지청장은 재정신청서를 제출받은 날부터 7일 이내에 재정신청서·의견서·수사 관계 서류 및 증거물을 관할 고등검찰청을 경유하여 관할 고등법원에 송부하여야 한다. 다만, 신청이 이유 있는 것으로 인정하는 때에는 즉시 공소를 제기하고 그 취지를 관할 고등법원과 처장에게 통지한다. ⑤ 이 법에서 정한 사항 외에 재정신청에 관하여는 「형사소송법」 제262조, 제262조의2 및 제262조의4의 규정을 준용한다. 이 경우 "지방검찰청검사장 또는 지청장"은 "처장", "검사"는 "수사처검사"로 본다.	〈삭 제〉

❷ 해 설

　　재정신청제도는 정부에 어떤 사람을 기소해달라고 요청한 고소, 고발자가 검사의 불기소처분에 대해 불복하여 고등법원에 재정을 구하는 제도이다. 즉,

재정신청은 정부의 권한 행사에 대해 법원에 불복하는 것이지 정부 내부의 기관들이 서로 다투면서 정부의 권한행사를 어떻게 할 것인지를 묻는 제도로 구성할 수는 없다.71

공수처법은 일정 대상자(판사, 검사, 경무관 이상 경찰공무원)에 대하여는 공수처가 기소권까지 행사하지만, 나머지 사건에 있어서는 검사에게 사건을 송치하고 기소여부를 검사가 결정한다(법 제26조 제1항). 따라서 공수처장은 검찰에 송치한 사건에 대한 검사의 불기소처분에 대해 불복하여 고등법원에 재정신청을 할 수 있다는 구(舊)공수처법 규정은 공수처가 단순한 고발기관이 아니라 스스로 수사하는 기관인 점에서 매우 부적절한 발상이었다. 왜냐하면 현재 형사소송법에서 재정신청을 할 수 있는 것은 범죄피해자인 고소인 및 고발인(공무원의 직권남용범죄)이고, 개별법에서 기관들에서 재정신청을 할 수 있는 선거관리위원회 등은 정부 내부가 아니라 정부 밖의 기관들이기 때문이다.72

이러한 점을 고려할 때, 처장의 재정신청에 대한 특례 규정을 삭제한 것은 타당한 개정으로 보인다.

IX. 재판관할

❶ 법률규정

제31조(재판관할) 수사처검사가 공소를 제기하는 고위공직자범죄등 사건의 제1심 재판은 서울중앙지방법원의 관할로 한다. 다만, 범죄지, 증거의 소재지, 피고인의 특별한 사정 등을 고려하여 수사처검사는 「형사소송법」에 따른 관할 법원에 공소를 제기할 수 있다.

---

71 이완규, 앞의 책, 73면.
72 이 조문은 공수처가 정부 소속기관이 아닌 것을 전제로 만든 것으로 보이는데, 공수처를 정부 소속으로 하지 않는 것 자체에 대한 위헌논의가 있다는 점은 앞에서 설명하였다.

❷ 해　설

　　공수처법 제31조는 공수처검사가 공소를 제기하는 고위공직자범죄등 사건의 제1심 재판은 서울중앙지방법원의 관할로 규정하고 있다. 다만, 범죄지, 증거의 소재지, 피고인의 특별한 사정 등을 고려하여 공수처검사는 형사소송법에 따른 관할 법원에 공소를 제기할 수도 있다.

❸ 문제점

　　공수처법 제31조에 따르면, 원칙적으로 공수처검사가 공소를 제기하는 고위공지자범죄등 사건의 제1심 재판은 서울중앙지방법원의 관할이다. 이에 따르면, 공수처 검사가 제1심·제2심·제3심의 기소 및 공소유지를 모두 책임지는 형태이다. 그렇다면 제1심 기소 및 공소유지를 담당했던 검사가 제2심 및 제3심도 모두 담당한다는 것인지 아니면 새로운 공수처 검사가 담당하는 것인지, 그렇다면 기존의 검찰과 동일하게 공수처도 심급제도에 맞춰서 재구성해야 하는 것은 아닌지 등 실무상 난제가 있다. 후술하는 것처럼, 단심이 원칙인 영미법계 일부 도시국가에서만 특별부패기구가 존재하는 것도 이러한 연유에서 기인한 것으로 공수처는 3심제인 한국의 사법시스템과 맞지 않는 제도이다.

　　또한 위 조항 본문에 의하여 수사처검사가 공소를 제기하면 판사 및 검사 등의 고위공직자범죄등에 대하여는 범죄지 또는 피고인이 된 고위공직자의 주소, 거소 또는 현재지(형사소송법 제4조에 의한 토지관할)가 아닌 경우에도 서울중앙지방법원에서 재판을 받아야 한다. 물론 공수처법 제31조 단서에 의하여 형사소송법이 정한 토지관할이 있는 법원에서 재판을 받을 가능성이 있을 수도 있으나, 위 단서의 문언상 수사처검사에게 재량을 인정하는 것으로 볼 수밖에 없고, 피고인이 된 고위공직자가 공수처법 제31조가 규정한 토지관할에 관하여 이의신청권을 가진다고 볼 수도 없으며, 수사처검사가 위 단서 조항에 따라 범죄지, 증거소재지, 피고인의 특별한 사정 등을 고려하지 않고, 위 조항 본문에 따라 서울중앙지방법원에 공소를 제기하더라도 그 효력에 흠결이 있다고 할 수는 없다.

한편 형사소송법 제8조는 '법원은 피고인이 관할구역 내에 현재하지 아니하는 경우에 특별한 사정이 있으면, 결정으로 피고인의 현재지 관할법원으로 이송할 수 있다'고 규정하고 있으나, 위 조항은 법원이 직권 결정으로 이송할 수 있음을 규정한 것으로 피고인이나 검사에게는 이송신청권이 없고, 이송신청이 있더라도 직권발동을 촉구하는 의미에 불과하다고 해석되므로, 수사처검사가 서울중앙지방법원에 일단 공소를 제기한 이상, 특단의 사정이 없는 한 피고인은 서울중앙지방법원에서 재판을 받을 수밖에 없을 것이다. 결국 공수처가 공소를 제기하는 경우 형사사법절차에 관한 일반법인 형사소송법이 규정한 토지관할 규정을 배제하고 원칙적으로 서울중앙지방법원을 재판관할로 정한 것은, 공수처법 제3조 제1항 제2호 등이 수사처에 판사 및 검사 등의 고위공직자범죄등에 대한 공소권을 부여한 효과에 따른 것이라 할 것이고, 그와 같은 특별한 토지관할 규정으로 인하여 공수처법에 의한 판사 및 검사 등에 대한 차별취급은 토지관할에 관하여 형사소송법이 적용되는 경우보다 한층 심화될 것이다.[73]

물론 특별검사법 제18조도 특별검사의 담당사건에 관한 제1심 재판의 관할을 서울중앙지방법원 합의부 전속관할로 규정하고 있다. 그러나 특별검사제도는 특정된 수사대상을 제한된 시간 내에 수사하고 공소제기하기 위하여 통상의 검찰기능을 그대로 두되 예외적이고 한정된 사안에 대하여만 수사권과 공소권을 행사하는 예외적·보충적 제도이고, 특별검사법이 직접 담당사건을 특정의 단일사건으로 분명하게 확정하고 있으며(제2조 제1항), 재판도 다른 재판에 우선하여 신속하게 진행하도록 규정하고 있는 것(제11조 제1항)과 아울러 예외적으로 위와 같은 재판관할에 관한 특별규정을 두고 있는 것이다. 반면에, 수사처는 상시적으로 설치·운영되며 상당한 범위의 고위공직자와 그 가족의 고위공직자범죄등에 대한 수사권과 판사 및 검사 등에 대한 공소권을 가지는 등 일정한 범위의 수사권과 공소권을 검찰로부터 사실상 분리·이관시키는 제도이므로 특별검사의 공소제기에 관한 토지관할과 수사처검사의 공소제기에 관한 토지관할을 동일하게 볼 수는 없다고 본다.

---

73 헌법재판소 2021. 1. 28. 선고 2020헌바264, 681(병합) 결정 소수의견(고위공직자범죄수사처 설치 및 운영에 관한 법률 위헌확인).

제 5 절 ǀ 징 계

Ⅰ. 징계사유

❶ 법률규정

> **제32조(징계사유)** 수사처검사가 다음 각 호의 어느 하나에 해당하면 그 수사처검
> 사를 징계한다.
> 1. 재직 중 다음 각 목의 어느 하나에 해당하는 행위를 한 때
>   가. 정치운동에 관여하는 일
>   나. 금전상의 이익을 목적으로 하는 업무에 종사하는 일
>   다. 처장의 허가 없이 보수를 받는 직무에 종사하는 일
> 2. 직무상의 의무를 위반하거나 직무를 게을리하였을 때
> 3. 직무 관련 여부에 상관 없이 수사처검사로서의 체면이나 위신을 손상하는 행위
>   를 하였을 때

❷ 해 설

공수처검사가 첫째, 재직 중 정치운동에 관여하거나,[74] 금전상의 이익을
목적으로 하는 업무에 종사하거나, 처장의 허가 없이 보수를 받는 직무에 종사
하는 일을 해당하는 행위[75]를 한 때, 둘째, 직무상의 의무를 위반하거나 직무를
게을리하였을 때, 셋째, 직무 관련 여부에 상관없이 공수처검사로서의 체면이나
위신을 손상하는 행위를 하였을 때에는 그 공수처검사를 징계한다.[76] 검사징계

---

[74] 국가공무원법 제65조(정치 운동의 금지) ① 공무원은 정당이나 그 밖의 정치단체의 결성에
관여하거나 이에 가입할 수 없다.

[75] 국가공무원법 제64조(영리 업무 및 겸직 금지) ① 공무원은 공무 외에 영리를 목적으로 하
는 업무에 종사하지 못하며 소속 기관장의 허가 없이 다른 직무를 겸할 수 없다.
② 제1항에 따른 영리를 목적으로 하는 업무의 한계는 대통령령등으로 정한다.

[76] 국가공무원법 제78조(징계사유) ① 공무원이 다음 각 호의 어느 하나에 해당하면 징계 의

법 제2조77와 동일하다.

Ⅱ. 공수처검사징계위원회

❶ 법률규정

> **제33조(수사처검사징계위원회)** ① 수사처검사의 징계 사건을 심의하기 위하여 수사처에 수사처검사징계위원회(이하 "징계위원회"라 한다)를 둔다.
> ② 징계위원회는 위원장 1명을 포함한 7명의 위원으로 구성하고, 예비위원 3명을 둔다.

❷ 해　설

공수처검사의 징계사건을 심의하기 위하여 공수처에 공수처검사징계위원회(이하 "징계위원회"라 한다)를 두고 있다. 징계위원회는 위원장 1명을 포함한 7명의 위원으로 구성하고, 예비위원 3명을 둔다. 검사징계법 제4조78와 동일하다.

결을 요구하여야 하고 그 징계 의결의 결과에 따라 징계처분을 하여야 한다.
1. 이 법 및 이 법에 따른 명령을 위반한 경우
2. 직무상의 의무(다른 법령에서 공무원의 신분으로 인하여 부과된 의무를 포함한다)를 위반하거나 직무를 태만히 한 때
3. 직무의 내외를 불문하고 그 체면 또는 위신을 손상하는 행위를 한 때

77 검사징계법 제2조(징계사유) 검사가 다음 각 호의 어느 하나에 해당하면 그 검사를 징계한다.
1. 「검찰청법」 제43조를 위반하였을 때
2. 직무상의 의무를 위반하거나 직무를 게을리하였을 때
3. 직무 관련 여부에 상관없이 검사로서의 체면이나 위신을 손상하는 행위를 하였을 때
검찰청법 제43조(정치운동 등의 금지) 검사는 재직 중 다음 각 호의 행위를 할 수 없다.
1. 국회 또는 지방의회의 의원이 되는 일
2. 정치운동에 관여하는 일
3. 금전상의 이익을 목적으로 하는 업무에 종사하는 일
4. 법무부장관의 허가 없이 보수를 받는 직무에 종사하는 일

78 검사징계법 제4조(검사 징계위원회) ① 징계사건을 심의하기 위하여 법무부에 검사 징계위

Ⅲ. 징계위원회 위원장의 직무와 위원의 임기 등

❶ 법률규정

> **제34조(징계위원회 위원장의 직무와 위원의 임기 등)** ① 징계위원회의 위원장은 차
> 장이 된다. 다만, 차장이 징계혐의자인 경우에는 처장이 위원장이 되고, 처장과 차
> 장이 모두 징계혐의자인 경우에는 수사처규칙으로 정하는 수사처검사가 위원장이
> 된다.
> ② 위원은 다음 각 호의 사람이 된다.
> 1. 위원장이 지명하는 수사처검사 2명
> 2. 변호사, 법학교수 및 학식과 경험이 풍부한 사람으로서 위원장이 위촉하는 4명
> ③ 예비위원은 수사처검사 중에서 위원장이 지명하는 사람이 된다.
> ④ 제2항 제2호의 위원 임기는 3년으로 한다.
> ⑤ 위원장은 징계위원회의 업무를 총괄하고, 회의를 소집하며, 그 의장이 된다.
> ⑥ 위원장이 부득이한 사유로 직무를 수행할 수 없을 때에는 위원장이 지정하는
> 위원이 그 직무를 대리하고, 위원장이 지정한 위원이 부득이한 사유로 직무를 수
> 행할 수 없을 때에는 위원장이 지명하는 예비위원이 그 직무를 대리한다.

❷ 해 설

　　징계위원회의 위원장은 공수처차장이 되지만, 차장이 징계혐의자인 경우에
는 공수처장이 위원장이 되고, 처장과 차장이 모두 징계혐의자인 경우에는 공
수처규칙으로 정하는 공수처검사가 위원장이 된다. 공수처위원은 [1. 위원장이
지명하는 공수처검사 2명, 2. 변호사·법학교수 및 학식과 경험이 풍부한 사람
으로서 위원장이 위촉하는 4명] 등 총 6명으로 구성되며, 임기는 3년이고, 위원
장은 징계위원회의 업무를 총괄하고, 회의를 소집하며, 그 의장이 된다.

> 원회(이하 "위원회"라 한다)를 둔다.
> ② 위원회는 위원장 1명을 포함한 7명의 위원으로 구성하고, 예비위원 3명을 둔다.

위원장이 부득이한 사유로 직무를 수행할 수 없을 때에는 위원장이 지정하는 위원이 그 직무를 대리하고, 위원장이 지정한 위원이 부득이한 사유로 직무를 수행할 수 없을 때에는 위원장이 지명하는 예비위원이 그 직무를 대리하는데, 예비위원은 공수처검사 중에서 위원장이 지명하는 사람이 된다. 검사징계법 제5조79와 동일하다.

Ⅳ. 징계위원회의 사무직원

❶ 법률규정

> **제35조(징계위원회의 사무직원)** ① 징계위원회에 간사 1명과 서기 몇 명을 둔다.
> ② 간사는 위원장이 지명하는 수사처검사가 되고, 서기는 수사처 소속 공무원 중에서 위원장이 위촉한다.
> ③ 간사 및 서기는 위원장의 명을 받아 징계에 관한 기록과 그 밖의 서류의 작성 및 보관에 관한 사무에 종사한다.

---

79 검사징계법 제5조(위원장의 직무와 위원의 임기 등) ① 위원장은 법무부장관이 된다.
② 위원은 다음 각 호의 사람이 된다.
1. 법무부차관
2. 법무부장관이 지명하는 검사 2명
3. 법무부장관이 변호사, 법학교수 및 학식과 경험이 풍부한 사람 중에서 위촉하는 각 1명
③ 예비위원은 검사 중에서 법무부장관이 지명하는 사람이 된다.
④ 제2항 제3호의 위원의 임기는 3년으로 한다.
⑤ 위원장은 위원회의 업무를 총괄하며, 회의를 소집하고 그 의장이 된다.
⑥ 위원장이 부득이한 사유로 직무를 수행할 수 없을 때에는 위원장이 지정하는 위원이 그 직무를 대리하고, 위원장이 지정한 위원이 부득이한 사유로 직무를 수행할 수 없을 때에는 위원장이 지명하는 예비위원이 그 직무를 대리한다.

❷ 해 설

　　징계위원회의 사무직원으로 징계위원회에 간사 1명과 서기 몇 명을 두도
록 규정하고 있으며, 간사는 위원장이 지명하는 공수처검사가 되고, 서기는 공
수처 소속 공무원 중에서 위원장이 위촉한다. 간사 및 서기는 위원장의 명을 받
아 징계에 관한 기록과 그 밖의 서류의 작성 및 보관에 관한 사무에 종사한다.
검사징계법 제6조[80]와 동일하다.

V. 징계의 청구와 개시

❶ 법률규정

> **제36조(징계의 청구와 개시)** ① 징계위원회의 징계심의는 처장(처장이 징계혐의자
> 인 경우에는 차장을, 처장 및 차장이 모두 징계혐의자인 경우에는 수사처규칙으로
> 정하는 수사처검사를 말한다. 이하 이 조 및 제38조 제1항, 제39조, 제40조 제2항,
> 제43조 제1항에서 같다)의 청구에 의하여 시작한다.
> ② 처장은 수사처검사가 제32조 각 호의 어느 하나에 해당하는 행위를 하였다고
> 인정할 때에는 제1항의 청구를 하여야 한다.
> ③ 징계의 청구는 징계위원회에 서면으로 제출하여야 한다.

❷ 해 설

　　징계위원회의 징계심의는 처장(처장이 징계혐의자인 경우에는 차장을, 처장 및 차

80　검사징계법 제6조(위원회의 사무직원) ① 위원회에 간사 1명과 서기 몇 명을 둔다.
　　② 간사는 법무부 검찰국 검찰과장이 되고, 서기는 법무부 검찰국 검찰과 소속 공무원 중
　　에서 위원장이 위촉한다.
　　③ 간사 및 서기는 위원장의 명을 받아 징계에 관한 기록과 그 밖의 서류의 작성 및 보관
　　에 관한 사무에 종사한다.

장이 모두 징계혐의자인 경우에는 공수처규칙으로 정하는 공수처검사를 말한다)의 청구에 의하여 시작한다고 규정하고 있다. 처장은 공수처검사가 첫째, 재직 중 정치운동에 관여하거나, 금전상의 이익을 목적으로 하는 업무에 종사하거나, 처장의 허가 없이 보수를 받는 직무에 종사하는 일에 해당하는 행위를 하였거나, 둘째, 직무상의 의무를 위반하거나 직무를 게을리하였거나, 셋째, 직무 관련 여부에 상관없이 공수처검사로서의 체면이나 위신을 손상하는 행위를 하였다고 인정할 때에는 징계청구를 하여야 한다. 이러한 징계의 청구는 징계위원회에 서면으로 제출하여야 한다. 검사징계법 제6조[81]와 동일하다.

Ⅵ. 징계부과금

❶ 법률규정

> **제37조(징계부가금)** ① 제36조에 따라 처장이 수사처검사에 대하여 징계를 청구하는 경우 그 징계 사유가 금품 및 향응 수수, 공금의 횡령·유용인 경우에는 해당 징계 외에 금품 및 향응 수수액, 공금의 횡령액·유용액의 5배 내의 징계부가금 부과 의결을 징계위원회에 청구하여야 한다.
> ② 제1항에 따른 징계부가금의 조정, 감면 및 징수에 관하여는 「국가공무원법」 제78조의2 제2항 및 제3항을 준용한다.

---

81 검사징계법 제7조(징계의 청구와 개시) ① 위원회의 징계심의는 검찰총장의 청구에 의하여 시작한다.
② 검찰총장은 검사가 제2조 각 호의 어느 하나에 해당하는 행위를 하였다고 인정할 때에는 제1항의 청구를 하여야 한다.
③ 검찰총장인 검사에 대한 징계 및 제7조의2에 따른 징계부가금 부과(이하 "징계등"이라 한다)는 법무부장관이 청구하여야 한다.
④ 징계의 청구는 위원회에 서면으로 제출하여야 한다.

❷ 해 설

　공수처장이 공수처검사에 대하여 징계를 청구하는 경우 그 징계사유가 금품 및 향응 수수, 공금의 횡령·유용인 경우에는 해당 징계 외에 금품 및 향응 수수액, 공금의 횡령액·유용액의 5배 내의 징계부가금 부과 의결을 징계위원회에 청구하여야 한다. 이러한 징계부가금의 조정, 감면 및 징수에 관하여는 「국가공무원법」 제78조의2 제2항 및 제3항[82]을 준용한다. 검사징계법 제7조의2[83]와 동일하다.

---

[82]　국가공무원법 제78조의2(징계부가금) ① 제78조에 따라 공무원의 징계 의결을 요구하는 경우 그 징계 사유가 다음 각 호의 어느 하나에 해당하는 경우에는 해당 징계 외에 다음 각 호의 행위로 취득하거나 제공한 금전 또는 재산상 이득(금전이 아닌 재산상 이득의 경우에는 금전으로 환산한 금액을 말한다)의 5배 내의 징계부가금 부과 의결을 징계위원회에 요구하여야 한다.
　　1. 금전, 물품, 부동산, 향응 또는 그 밖에 대통령령으로 정하는 재산상 이익을 취득하거나 제공한 경우
　　2. 다음 각 목에 해당하는 것을 횡령(횡령), 배임(배임), 절도, 사기 또는 유용(유용)한 경우
　　　가. 「국가재정법」에 따른 예산 및 기금
　　　나. 「지방재정법」에 따른 예산 및 「지방자치단체 기금관리기본법」에 따른 기금
　　　다. 「국고금 관리법」 제2조 제1호에 따른 국고금
　　　라. 「보조금 관리에 관한 법률」 제2조 제1호에 따른 보조금
　　　마. 「국유재산법」 제2조제1호에 따른 국유재산 및 「물품관리법」 제2조 제1항에 따른 물품
　　　바. 「공유재산 및 물품 관리법」 제2조 제1호 및 제2호에 따른 공유재산 및 물품
　　　사. 그 밖에 가목부터 바목까지에 준하는 것으로서 대통령령으로 정하는 것
　　② 징계위원회는 징계부가금 부과 의결을 하기 전에 징계부가금 부과 대상자가 제1항 각 호의 어느 하나에 해당하는 사유로 다른 법률에 따라 형사처벌을 받거나 변상책임 등을 이행한 경우(몰수나 추징을 당한 경우를 포함한다) 또는 다른 법령에 따른 환수나 가산징수 절차에 따라 환수금이나 가산징수금을 납부한 경우에는 대통령령으로 정하는 바에 따라 조정된 범위에서 징계부가금 부과를 의결하여야 한다.
　　③ 징계위원회는 징계부가금 부과 의결을 한 후에 징계부가금 부과 대상자가 형사처벌을 받거나 변상책임 등을 이행한 경우(몰수나 추징을 당한 경우를 포함한다) 또는 환수금이나 가산징수금을 납부한 경우에는 대통령령으로 정하는 바에 따라 이미 의결된 징계부가금의 감면 등의 조치를 하여야 한다.

[83]　검사징계법 제7조의2(징계부가금) ① 제7조에 따라 검찰총장이 검사에 대하여 징계를 청구하거나 법무부장관이 검찰총장인 검사에 대하여 징계를 청구하는 경우 그 징계사유가 「국가공무원법」 제78조의2 제1항 각 호의 어느 하나에 해당하는 경우에는 해당 징계 외에 그 행위로 취득하거나 제공한 금전 또는 재산상 이득(금전이 아닌 재산상 이득의 경우에는 금

VII. 재징계 등의 청구

❶ 법률규정

> **제38조(재징계 등의 청구)** ① 처장은 다음 각 호의 어느 하나에 해당하는 사유로 법원에서 징계 및 제37조에 따른 징계부가금 부과(이하 "징계등"이라 한다) 처분의 무효 또는 취소 판결을 받은 경우에는 다시 징계등을 청구하여야 한다. 다만, 제3호의 사유로 무효 또는 취소 판결을 받은 감봉·견책 처분에 대해서는 징계등을 청구하지 아니할 수 있다.
> 1. 법령의 적용, 증거 및 사실 조사에 명백한 흠이 있는 경우
> 2. 징계위원회의 구성 또는 징계등 의결, 그 밖에 절차상의 흠이 있는 경우
> 3. 징계양정 및 징계부가금이 과다한 경우
> ② 처장은 제1항에 따른 징계등을 청구하는 경우에는 법원의 판결이 확정된 날부터 3개월 이내에 징계위원회에 징계등을 청구하여야 하며, 징계위원회에서는 다른 징계사건에 우선하여 징계등을 의결하여야 한다.

❷ 해 설

공수처장은 [1. 법령의 적용, 증거 및 사실 조사에 명백한 흠이 있는 경우, 2. 징계위원회의 구성 또는 징계등 의결, 그 밖에 절차상의 흠이 있는 경우, 3. 징계양정 및 징계부가금이 과다한 경우]의 어느 하나에 해당하는 사유로 법원에서 징계 및 제37조에 따른 징계부가금 부과(이하 "징계등"이라 한다) 처분의 무효 또는 취소 판결을 받은 경우에는 다시 징계등을 청구하여야 한다고 규정하고 있다. 다만, 징계양정 및 징계부가금이 과다한 경우의 사유로 무효 또는 취소 판

> 전으로 환산한 금액을 말한다)의 5배 내의 징계부가금 부과 의결을 위원회에 청구하여야 한다.
> ② 제1항에 따른 징계부가금의 조정. 감면 및 징수 등에 관하여는 「국가공무원법」 제78조의2 제2항부터 제5항까지의 규정을 준용한다.

결을 받은 감봉·견책 처분에 대해서는 징계등을 청구하지 아니할 수 있다.

　　공수처장은 징계등을 청구하는 경우에는 법원의 판결이 확정된 날부터 3개월 이내에 징계위원회에 징계등을 청구하여야 하며, 징계위원회에서는 다른 징계사건에 우선하여 징계등을 의결하여야 한다. 검사징계법 제7조의3[84]과 동일하다.

Ⅷ. 퇴직 희망 공수처검사의 징계 사유 확인 등

❶ 법률규정

> 제39조(퇴직 희망 수사처검사의 징계 사유 확인 등) ① 처장은 수사처검사가 퇴직을 희망하는 경우에는 제32조에 따른 징계사유가 있는지 여부를 감사원과 검찰·경찰, 그 밖의 수사기관에 확인하여야 한다.
> ② 제1항에 따른 확인 결과 해임, 면직 또는 정직에 해당하는 징계 사유가 있는 경우 처장은 지체 없이 징계등을 청구하여야 하며, 징계위원회는 다른 징계사건에 우선하여 징계등을 의결하여야 한다.

84　검사징계법 제7조의3(재징계 등의 청구) ① 검찰총장(검찰총장인 검사에 대한 징계등의 경우에는 법무부장관을 말한다)은 다음 각 호의 어느 하나에 해당하는 사유로 법원에서 징계등 처분의 무효 또는 취소 판결을 받은 경우에는 다시 징계등을 청구하여야 한다. 다만, 제3호의 사유로 무효 또는 취소 판결을 받은 감봉·견책 처분에 대해서는 징계등을 청구하지 아니할 수 있다.
1. 법령의 적용, 증거 및 사실 조사에 명백한 흠이 있는 경우
2. 위원회의 구성 또는 징계등 의결, 그 밖에 절차상의 흠이 있는 경우
3. 징계양정 및 징계부가금이 과다(과다)한 경우
② 검찰총장(검찰총장인 검사에 대한 징계등의 경우에는 법무부장관을 말한다)은 제1항에 따른 징계등을 청구하는 경우에는 법원의 판결이 확정된 날부터 3개월 이내에 위원회에 징계등을 청구하여야 하며, 위원회에서는 다른 징계사건에 우선하여 징계등을 의결하여야 한다.

❷ 해 설

공수처장은 공수처검사가 퇴직을 희망하는 경우 위의 징계사유가 있는지 여부를 감사원과 검찰·경찰, 그 밖의 수사기관에 확인하여야 한다. 확인 결과 해임, 면직 또는 정직에 해당하는 징계사유가 있는 경우 처장은 지체 없이 징계 등을 청구하여야 하며, 징계위원회는 다른 징계사건에 우선하여 징계등을 의결 하여야 한다. 검사징계법 제7조의4[85]와 동일하다.

IX. 징계혐의자에 대한 부본 송달과 직무정지

❶ 법률규정

제40조(징계혐의자에 대한 부본 송달과 직무정지) ① 징계위원회는 징계청구서의 부본을 징계혐의자에게 송달하여야 한다.
② 처장은 필요하다고 인정할 때에는 징계혐의자에게 직무 집행의 정지를 명할 수 있다.

❷ 해 설

징계위원회는 징계청구서의 부본을 징계혐의자에게 송달하여야 한다. 공수 처장은 필요하다고 인정할 때에는 징계혐의자에게 직무 집행의 정지를 명할 수

---

[85] 검사징계법 제7조의4(퇴직 희망 검사의 징계 사유 확인 등) ① 법무부장관은 검사가 퇴직을 희망하는 경우에는 제2조에 따른 징계 사유가 있는지 여부를 대검찰청에 확인하여야 한다.
② 제1항에 따른 확인 결과 해임, 면직 또는 정직에 해당하는 징계 사유가 있는 경우 검찰 총장(검찰총장인 검사에 대한 징계등의 경우에는 법무부장관을 말한다)은 지체 없이 징계 등을 청구하여야 한다.
③ 위원회는 제2항에 따라 징계등이 청구된 경우 다른 징계사건에 우선하여 징계등을 의 결하여야 한다.

있다. 검사징계법 제8조⁸⁶와 동일하다.

X. 징계의결

❶ 법률규정

> 제41조(징계의결) ① 징계위원회는 사건심의를 마치면 재적위원 과반수의 찬성으로 징계를 의결한다.
> ② 위원장은 의결에서 표결권을 가지며, 찬성과 반대가 같은 수인 경우에는 결정권을 가진다.

❷ 해 설

공수처법 제41조는 징계위원회는 사건심의를 마치면 재적위원 과반수의 찬성으로 징계를 의결한다. 위원장은 의결에서 표결권을 가지며, 찬성과 반대가 같은 수인 경우에는 결정권을 가진다고 규정하고 있다.

반면에 검사징계법 제18조는 재적위원 과반수가 아닌 출석위원 과반수의 찬성으로 징계를 의결하도록 규정하고 있으며(동조 제1항), 위원회가 제1항에 따른 징계결정을 할 때 의견이 나뉘어 출석위원 과반수에 이르지 못한 경우에는 출석위원 과반수에 이르기까지 징계혐의자에게 가장 불리한 의견의 수에 차례로 유리한 의견의 수를 더하여 그 중 가장 유리한 의견에 따른다(동조 제2항)고 규정하고 있다. 한편, 징계위원회는 징계사유가 있으나 징계처분을 하지 아니하는 것이 타당하다고 인정되는 경우에는 불문으로 하는 결정을 할 수 있으며

---

86 검사징계법 제8조(징계혐의자에 대한 부본 송달과 직무정지) ① 위원회는 징계청구서의 부본(부본)을 징계혐의자에게 송달하여야 한다.
② 법무부장관은 필요하다고 인정할 때에는 징계혐의자에게 직무 집행의 정지를 명할 수 있다.

(동조 제3항), 검찰총장은 제1항에 따른 징계의결에 앞서 위원회에 의견을 제시
할 수 있다(동조 제4항).

XI. 징계의 집행

❶ 법률규정

> **제42조(징계의 집행)** ① 징계의 집행은 견책의 경우에는 처장이 하고, 해임·면직·
> 정직·감봉의 경우에는 처장의 제청으로 대통령이 한다.
> ② 수사처검사에 대한 징계처분을 한 때에는 그 사실을 관보에 게재 하여야 한다.
> **제43조(다른 법률의 준용)** 이 장에서 정하지 아니한 사항에 대하여는 「검사징계법」
> 제3조, 제9조부터 제17조, 제19조부터 제21조, 제22조(다만 제2항의 "제23조"는
> "제41조"로 본다), 제24조부터 제26조를 각 준용한다. 이 경우 "검사"는 "수사처검
> 사"로 본다.

❷ 해 설

징계의 집행은 견책의 경우에는 처장이 하고, 해임·면직·정직·감봉의 경
우에는 처장의 제청으로 대통령이 한다.[87] 공수처검사에 대한 징계처분을 한 때
에는 그 사실을 관보에 게재하여야 한다. 공수처법 제43조는 본 법에 정하지 아
니한 사항에 대하여는 검사징계법을 준용하고 있다. 견책은 검사로 하여금 직
무에 종사하면서 그가 저지른 잘못을 반성하게 하는 것을 말하며, 정직은 1개
월 이상 6개월 이하의 기간 동안 검사의 직무 집행을 정지시키고 보수를 지급
하지 아니하는 것을, 감봉은 1개월 이상 1년 이하의 기간 동안 보수의 3분의 1
이하를 감액하는 것을 말한다(검사징계법 제3조).

---

87 검찰청법 제37조(검사는 탄핵 또는 금고 이상의 형을 받거나 징계처분 또는 적격심사에 의
   하지 아니하면 파면·퇴직·정직 또는 감봉 등의 처분을 받지 아니한다).

제6절 | 보 칙

I. 파견공무원

❶ 법률규정

제44조(파견공무원) 공수처 직무의 내용과 특수성 등을 고려하여 필요한 경우에는 타 행정기관으로부터 공무원을 파견받을 수 있다.

❷ 해 설

공수처법 제44조는 공수처 직무의 내용과 특수성 등을 고려하여 필요한 경우에는 타 행정기관으로부터 공무원을 파견받을 수 있도록 규정하고 있다.

II. 조직과 운영

❶ 법률규정

제45조(조직 및 운영) 이 법에 규정된 사항 외에 수사처의 조직 및 운영에 관하여 필요한 사항은 수사처 규칙으로 정한다.

❷ 해 설

공수처법 제45조는 본 법에 규정된 사항 외에 공수처의 조직 및 운영에 관하여 필요한 사항은 공수처 규칙으로 정하도록 규정하고 있다.

그러나 공수처규칙 제정권에 대한 헌법적 근거가 없다는 점에서 문제가 있다. 왜냐하면 헌법은 국회에 전속된 법률 제·개정을 제외하고, 대통령(제75조),

총리 및 행정 각부(제95조), 대법원(제108조), 헌법재판소(제113조), 선거관리위원회(제114조), 지방자치단체(제114조)에만 위임입법권을 부여하고 있기 때문이다. 그런데 공수처는 전술(前述)한 것처럼, 대통령·총리·행정 각부 어디에도 소속되어 있지 않다는 점에서, 규칙제정권을 인정하는 것은 곤란하다고 본다.

Ⅲ. 정보제공자의 보호

❶ 법률규정

제46조(정보제공자의 보호) ① 누구든지 고위공직자범죄등에 대하여 알게 된 때에는 이에 대한 정보를 수사처에 제공할 수 있으며, 이를 이유로 불이익한 조치를 받지 아니한다.
② 수사처는 내부고발자에게 「공익신고자 보호법」에서 정하는 보호조치 및 지원행위를 할 수 있다. 내부고발자 보호에 관한 세부적인 사항은 대통령령으로 정한다.

❷ 해 설

공수처법 제46조 제1항은 누구든지 고위공직자범죄등에 대하여 알게 된 때에는 이에 대한 정보를 공수처에 제공할 수 있으며, 이를 이유로 불이익한 조치를 받지 아니한다는 정보제공자에 대한 보호규정을 두고 있다. 그리고 동조 제2항은 공수처가 내부고발자에게 「공익신고자 보호법」에서 정하는 보호조치 및 지원행위를 할 수 있도록 하면서, 내부고발자 보호에 관한 세부적인 사항은 대통령령으로 정하도록 규정하고 있다.

이러한 공수처법 제46조 제2항에 따라 내부고발자 보호에 관한 세부사항은 대통령령에 위임되었다. 이에 따라 2020년 7월 15일 「고위공직자범죄등 내부고발자 보호에 관한 규정」(대통령령 제30831호)이 제정되었다. 주요 내용은 내부고발자 보호와 관련하여 내부고발과 관련한 서류 작성 시 내부고발자의 인적 사항을 기재하지 않도록 하고, 내부고발자의 신변보호를 위하여 필요한 조치를 할 수 있도록 하며, 내부고발과 관련하여 포상금이나 구조금을 지급할 수 있도록 하는 것이다.

(1) 비실명 내부고발과 대리고발

공수처법 제46조 제2항에 따른 내부고발자가 공수처에 고위공직자범죄등에 대하여 내부고발을 하려는 경우에는 자신의 인적사항(성명·연령·주소·직업 등 신원을 알 수 있는 사항)을 밝혀야 한다. 그러나 내부고발자는 자신의 인적사항을 밝히지 않고 변호사로 하여금 내부고발을 대리하도록 할 수 있다. 이 경우 내부고발자의 인적사항은 변호사의 인적사항으로 갈음한다. 이와 같이 대리에 의한 내부고발을 하는 경우 내부고발자 또는 내부고발을 대리하는 변호사는 그 취지를 밝히고 내부고발자의 인적사항, 내부고발자임을 입증할 수 있는 자료 및 위임장을 공수처장에게 함께 제출해야 한다. 제출된 자료는 봉인하여 보관해야 하며, 내부고발자 본인의 동의 없이 이를 열람해서는 안 된다(규정 제2조).

(2) 내부고발자의 신원관리

공수처검사는 내부고발자나 그 친족 또는 동거인이 내부고발을 이유로 피해를 입거나 입을 우려가 있다고 인정되는 경우에는 내부고발과 관련한 조서나 그 밖의 서류를 작성할 때 그 취지를 조서등에 기재하고 내부고발자의 인적사항은 기재하지 않는다. 내부고발자도 공수처검사에게 제1항에 따른 조치를 해줄 것을 신청할 수 있으며, 공수처검사는 특별한 사유가 없으면 그 조치를 해야 한다(규정 제3조 제1항, 제2항).

공수처검사는 조서 등에 기재하지 않은 인적사항을 내부고발자 신원관리카드에 등재해야 한다. 내부고발자는 진술서 등을 작성할 때 공수처검사의 승인을 받아 인적사항의 전부 또는 일부를 기재하지 않을 수 있다(규정 제3조 제3항, 제4항).

신원관리카드는 공수처검사가 관리한다(규정 제3조 제6항). 검사나 사법경찰관이 다른 사건의 수사에 필요한 경우, 변호인이 피고인의 변호에 필요한 경우, 구조금 지급(법 제9조)에 관한 심의 등 공무상 필요한 경우에는 그 사유를 소명하고 공수처검사의 허가를 받아 신원관리카드를 열람할 수 있다. 다만, 공수처 검사는 내부고발자나 그 친족 또는 동거인이 내부고발을 이유로 피해를 입을 우려가 있는 경우에는 열람을 허가해서는 안 된다. 신원관리카드의 열람을 신청한 변호인은 공수처검사의 불허가처분에 대해 서면으로 이의신청을 할 수 있다. 이 경우 처장은 이의신청이 이유가 있다고 인정되면 신원관리카드의 열람을 허가해야 한다(규정 제4조).

(3) 내부고발자 비밀보호조치

공무원은 직무상 알게 된 내부고발자의 인적사항이나 그가 내부고발자임을 미루어 알 수 있는 사실을 다른 사람에게 알려주거나 공개해서는 안 된다. 다만, 내부고발자가 동의한 때에는 그렇지 않다. 처장은 이를 위반하여 내부고발자의 인적사항이나 내부고발자임을 미루어 알 수 있는 사실을 다른 사람에게 알려주거나 공개한 공무원의 징계권자에게 해당 위반사실을 통보할 수 있다. 처장은 내부고발자의 인적사항이나 내부고발자임을 미루어 알 수 있는 사실이 공개되었을 때에는 그 경위를 확인할 수 있다(규정 제5조).

(4) 내부고발자 신변보호조치

공수처검사는 내부고발자나 그 친족 또는 동거인이 내부고발을 이유로 생명·신체에 중대한 위해를 입었거나 입을 우려가 명백하다고 판단하는 경우 직권으로 또는 내부고발자나 그 친족 또는 동거인의 신청에 따라 신변안전에 필요한 조치[88]를 하도록 경찰관서의 장에게 요청할 수 있다. 신변안전조치를 신청하는 사람은 본인과 신변보호가 필요한 대상자의 인적사항 및 신청 사유 등을 적은 문서를 공수처검사에게 제출해야 한다. 다만, 긴급한 사유가 있는 경우에는 구두 또는 전화 등으로 신청할 수 있으며, 신청 후 지체 없이 문서를 제출해야 한다. 신변안전조치를 요청받은 경찰관서의 장은 공수처검사와의 협의를 거

---

[88] 「특정범죄신고자 등 보호법 시행령」 제7조.

처 신변안전조치 중 필요한 조치를 결정하고, 신변안전조치를 했을 때에는 지체 없이 그 사실을 공수처검사에게 통보해야 한다. 신변안전조치를 한 경찰관서의 장은 신변안전조치가 필요 없다고 판단될 때에는 공수처검사와 협의하여 제3항에 따른 신변안전조치를 해제할 수 있다. 공수처검사는 각각 신변안전조치가 취해진 사실, 신변안전조치가 해제된 사실, 신변안전조치의 기간이 종료된 사실이 있으면 신변안전조치를 신청한 사람과 보호대상자에게 지체 없이 통지해야 한다(규정 제6조).

　　내부고발에 대한 수사·소송 등에서 고위공직자범죄등의 혐의를 입증하는 데에 필요한 진술·증언을 하거나 자료를 제공한 사람에 대해서도 동일한 보호조치를 할 수 있다(규정 제12조).

(5) 내부고발자 지원조치

　　내부고발자나 그 친족 또는 동거인이 내부고발로 인하여 중대한 경제적 손실 또는 정신적 고통을 받았을 때, 이사·전직 등으로 비용을 지출했거나 지출할 필요가 있을 때에는 내부고발자나 그 친족 또는 동거인의 신청에 따라 구조금을 지급할 수 있다. 이 경우 처장은 보복의 위험성, 지급대상자의 직업·신분·생활수준, 경제적 손실과 정신적 고통의 정도, 지출비용, 그 밖에 필요한 사항을 고려하여 구조금의 금액을 결정한다. 또한 구조금 지급과 관련하여 구조금 지급 신청인 또는 그 밖의 관계인을 조사할 수 있고, 행정기관 또는 관련 단체에 필요한 사항을 조회할 수 있다(규정 제9조 제1항, 제3항).

　　구조금 지급은 내부고발자구조심의위원회의 심의를 거쳐야 하되, 피해의 구조를 위하여 긴급한 필요가 인정되는 경우에는 심의를 거치지 않을 수 있다. 구조금 지급 여부 및 지급액에 관한 사항을 심의하기 위하여 공수처에 내부고발자구조심의위원회를 둔다. 위원회의 위원장은 공수처 차장이 되고, 위원은 공수처검사 또는 공수처 소속 고위공무원단에 속하는 일반직공무원 중에서 처장이 지명하는 사람 1명, 범죄수사 및 내부고발자 보호에 관한 학식 또는 경험이 풍부한 법률·회계·감정평가 분야의 전문가 중에서 처장이 위촉하는 사람 3명, 위원장 포함 모두 5명으로 구성한다(규정 제11조).

　　내부고발에 대한 수사·소송 등에서 고위공직자범죄등의 혐의를 입증하는
데에 필요한 진술·증언을 하거나 자료를 제공한 사람에 대해서도 동일한 지원
행위를 할 수 있다(규정 제12조).

(6) 내부고발자 포상

　　공수처장은 고위공직자범죄등을 저지른 사람이 내부고발로 인하여 기소유
예, 형의 선고유예·집행유예 또는 형의 선고 등을 받으면 내부고발자구조심의
위원회의 심의를 거쳐 내부고발자에 대하여 포상금을 지급하거나 「상훈법」 등
에 따라 포상을 추천할 수 있다(제9조). 포상금 지급 여부 및 지급액에 관한 사
항을 심의하기 위하여 공수처에 내부고발자구조심의위원회를 둔다(규정 제11조).

Ⅳ. 다른 법률의 준용

❶ 법률규정

> **제47조(다른 법률의 준용)** 그 밖에 수사처검사 및 수사처수사관의 이 법에 따른 직
> 무와 권한 등에 관하여는 이 법의 규정에 반하지 아니하는 한 「검찰청법」(다만, 제
> 4조 제1항 제2호, 제4호, 제5호는 제외한다), 「형사소송법」을 준용한다.

❷ 해　설

　　공수처법 제47조는 공수처검사 및 공수처수사관의 이 법에 따른 직무와
권한 등에 관하여는 이 법의 규정에 반하지 아니하는 한 「검찰청법」(다만, 제4조
제1항 제2호, 제4호, 제5호[89]는 제외)과 「형사소송법」을 준용하도록 규정하고 있다.

89　제4조(검사의 직무) ① 검사는 공익의 대표자로서 다음 각 호의 직무와 권한이 있다.

❸ 문제점

(1) 공수처법상 영장청구와 관련한 '검사' 의제 규정의 부재

　　현행 형사소송법은 사법경찰관에게 수사권과 영장신청권을, 검사에게 수사, 공소제기 및 유지, 영장청구권, 재판집행 지휘·감독권을 부여하고 있으며, 공수처법은 공수처검사가 검찰청법이 정한 검사의 직무를 수행할 수 있고, 직무 등에 관해 형사소송법 등을 준용한다고 규정하고 있으나, 공수처검사의 영장청구와 관련한 명확한 규정이 공수처법에 부재하고 있다. 즉, 공수처법 제29조는 재정신청과 관련하여 형사소송법 제262조 등을 준용하도록 하면서 "이 경우 검사를 공수처검사로 본다"는 의제규정을 명문화하고 있으며, 동법 제43조도 공수처검사의 징계와 관련하여 검사징계법을 준용하도록 하면서 동일한 의제규정을 명시하고 있는 반면, 위 각 의제규정과 달리 영장청구와 관련하여서는 '공수처검사를 검사로 본다'는 의제규정이 공수처법에 부존재한다. 따라서 의제규정을 둔 취지를 반대해석하면, 의제규정이 없는 경우에는 형사소송법을 준용하더라도 공수처검사와 검사를 동일하게 보지 않는다는 취지로 해석함이 타당할 것이다. 즉, 공수처법에 형사소송법 중 영장청구와 관련된 규정에 대하여 "이 경우 검사는 공수처검사로 본다"는 별도의 의제규정이 없는 이상 공수처검사의 영장청구권을 인정하는 것은 어렵다고 본다.

　　더욱이 수사만 하고, 판사·검사·경무관 이상 경찰공무원만 기소할 수 있는 기구는 헌법정신에 비추어 볼 때, 공소제기를 본연의 임무로 하는 '검사'로 볼 수는 없을 것이다. 왜냐하면 공수처검사가 검사가 아님을 전제로 하는 공수

---

1. 범죄수사, 공소의 제기 및 그 유지에 필요한 사항
2. 범죄수사에 관한 사법경찰관리 지휘·감독
3. 법원에 대한 법령의 정당한 적용 청구
4. 재판 집행 지휘·감독
5. 국가를 당사자 또는 참가인으로 하는 소송과 행정소송 수행 또는 그 수행에 관한 지휘·감독
6. 다른 법령에 따라 그 권한에 속하는 사항

처법 제29조, 제43조와 같은 의제규정이 있는 이상, 동법 제47조에 따라 재판집행 지휘·감독권 등이 없는 공수처검사[90]를 검사와 동일한 지위로 보기는 곤란하기 때문이다. 오히려, 공수처법 제26조는 기소가능 범죄를 제외한 범죄에 대해 검찰 송치(송부)의무를 규정하고 있는 바, 공수처검사는 본질적으로 사법경찰과 동일한 지위를 보유한다고 보는 것이 타당할 것이다. 이는 공수처의 위헌 논란을 고려할 때 특별사법경찰로 볼 경우에는 형소법에 있는 특별사법경찰 규정(개정법 제245조의10, 구(舊)제197조)을 공수처의 설치근거로 볼 여지도 있어서 위헌 논란을 경감할 수도 있기 때문이다.

(2) 영장청구 가부에 따른 구속기간 등 문제

검찰 송치대상 사건의 경우 공수처검사는 영장청구가 불가능하다고 본다면, 사법경찰의 지위에 있으므로 공수처검사는 10일간, 검찰은 보충수사 등을 위해 20일(1회 연장)간 구속가능하다고 보는 것이 합리적인 해석이다. 왜냐하면 검찰 송치 대상사건에 관해 공수처검사의 영장청구권을 인정하고, 구속기간도 20일로 인정할 경우 이를 송치받은 검사는 형사소송법에 따라 보완수사 등을 위해 추가로 20일을 구속할 수 있게 되고, 피의자는 총 40일간 구속되는 결과가 초래되어 부당한 인권침해의 소지가 있기 때문이다. 한편, 검찰에 송치된 사건에 관해 검사의 보완수사와 검사의 구속기간(20일) 자체를 부정할 경우 검사는 기소여부 판단을 위해 경우에 따라 피의자를 석방할 수밖에 없는 난제가 등장한다. 물론 공수처법 및 형사소송법에는 검사의 보완수사와 송치 후 구속 유지를 금지하는 어떠한 규정도 없다.

---

[90] 재판은 판결·결정·명령을 포함하는 개념으로 영장청구에 대한 판사의 결정은 재판(2006모646)임이 명백한 바, 재판집행은 형집행은 물론 영장의 집행도 포함될 수밖에 없는데, 공수처법 제47조는 검찰청법 제4조 제1항 제2호(범죄수사에 관한 사법경찰관리 지휘·감독), **제4호(재판 집행 지휘·감독)**, 제5호(국가를 당사자 또는 참가인으로 하는 소송과 행정소송 수행 또는 그 수행에 관한 지휘·감독)를 제외하고 있다.

(3) 공수처 기소 대상사건의 구속기간 문제

공수처 기소 대상사건의 경우 공수처법 등에 구속기간과 관련한 아무런 규정이 없으므로 형사소송법 등 법률 개정을 통해 그 기간을 명확히 하지 아니하는 한 지속적으로 논란이 예상된다. 다만, 피의자 등의 기본권 보장을 위해서는 구속기간을 10일로 한정하여 운용하는 것이 논란의 여지가 없는 합헌적 해석으로 보인다.

(4) 재판의 집행 지휘·감독 권한과 영장청구의 관계

형사소송법 및 검찰청법은 우리 형사사법체계에서 국가기관의 법원에 대한 소송행위(기소, 청구 등)와 그에 따른 법원의 판단, 즉 재판(판결, 결정, 명령)에 대한 집행 지휘·감독권을 검사에게만 전속적으로 부여하고 있다. 즉, 법원에 대한 소송행위와 재판의 집행 지휘·감독은 불가분의 일체로 보는 것이 상당하므로 재판의 집행 지휘·감독권이 없는 경우 영장청구 등 법원에 대한 소송행위도 불가하다고 해석해야 할 것이다. 왜냐하면 우리 형사소송법은 재판의 집행 지휘·감독권이 없는 사법경찰의 영장청구를 불허하기 때문이다.

그런데 공수처법 제28조(검사에 의한 형 집행), 동법 제47조(준용 규정)에 따르면 재판의 집행 지휘·감독에 관한 직무가 공수처검사의 직무가 아님이 명백한 이상, 공수처검사의 영장청구를 인정하는 것은 곤란하다고 본다. 이에 대하여 공수처검사는 소추권이 있으므로 영장청구도 가능하다는 반론이 있을 수 있으나, 소추권과 영장청구는 아무런 관련성이 없고, 오히려 형 집행에 관한 권한을 포기(공수처법 제28조)한 공수처검사가 소추권만 행사하는 것은 우리 형사법체계에 부합하지 아니한 이질적인 내용이라고 할 것이다.

(5) 형사소송법 제312조 개정 및 디지털 포렌식 등 활용여부

우리나라의 경우 2000년대 후반까지만 해도 압수·수색영장을 받아서 관련이 있다고 생각하는 모든 증거물을 확보한 후, 피의사실공표 및 망신주기 수사를 통해 피의자에게 자백을 강요하는 것이 특수수사의 패러다임이었다. 그러나

2010년도에 들어서면서, 형사소송법의 개정(제106조 제1항 및 제3항) 및 정보저장 매체 등의 압수에 관한 판례의 영향[91]으로 관련 증거물만을 압수하는 등 자백 위주의 과거지향적 수사는 많이 개선되었다. 다만, 현재도 일부 검찰청에서 과 거와 같은 특수수사 방식 때문에 피의자가 자살하는 등의 문제점이 나타나고 있으나, 영미식 형사사법 구조로 개편된다면 사후대응적 증거수집방식(Reactive Model of Law Enforcement)이 아닌 사전대응적 증거수집방식(Proactive Model of Law Enforcement), 예컨대 비밀수사(Under Cover)의 활용,[92] 물적 증거의 중시, 증 인에게 출석하여 대배심(grand jury) 앞에서 증언하도록 명령하는 증인소환장 (subpoena ad tesficantum)이나 영장에 지정된 문서를 가지고 증인으로서 법정에 나오도록 명령하는 문서지참소환영장(subpoena duces tecum)의 활용[93] 등 중요 범죄(특히 뇌물사건) 수사에 대한 패러다임이 대폭 바뀌어야 할 것이다.

그런데 개정 형사소송법은 검사작성 조서의 증거능력을 부정하면서(제312 조 제1항), 영상녹화를 할 수 있는 근거규정인 제312조 제2항도 삭제하였다. 더 욱이 경찰은 국립과학수사연구원을, 검찰은 국가포렌식센터를 두고 있는 반면, 공수처는 아무런 기구를 갖추고 있지 않다는 점, 범죄첩보를 수집할 기구가 없

---

91 대법원 2012. 3. 23. 선고 2011도10508 판결.

92 미국의 경우 애스캠(Abscam) 사건(암호명 Abscam은 미국 FBI 비밀수사관들이 아랍의 부
호인 것처럼 가장하여 고위 공무원 및 저명한 정치인들과 교류하면서 비밀카메라를 설치하
여 이들에 대한 뇌물제공 장면을 촬영한 후 증거로 활용한 비밀수사를 지칭하는 것으로,
당시 위 수사기법이 법원의 지지를 받음으로써 화이트칼라 범죄에 대한 비밀수사의 대표적
성공사례로 널리 알려짐) 이후, 비밀수사가 고위 정치인·공직자 비리 등 화이트칼라 범죄
를 수사하는데 가장 효과를 거둘 수 있는 수사방법임이 입증됨으로써 그 영역을 확대시키
고, 다양한 기법을 발전시키는 결과를 가져왔다(황철규, 「미국의 비밀수사 연구」, 해외연수
검사논문집 제14집(1997), 392면 이하 참조)고 한다.

93 대배심절차에 있어서 증인소환이나 증거제출명령에는 연방수정헌법 제4조나 제5조가 적용
되지 않기 때문에 증인소환에 있어 합리적 이유(probable cause)를 소명할 필요가 없으며,
증거제출명령은 연방수정헌법 제4조에 의한 압수·수색의 제한규정도 적용되지 않는다. 게
다가 합리적 이유가 소명되는 경우라도, 이러한 소환영장이 행정적 측면에서 보다 더 유리
한 이점을 갖는 경우도 있다. 예를 들어 다양한 지역에서 많은 양의 기록을 압수·수색하고
자 할 경우 이를 전부 수색한다는 것은 비실용적이므로, 이 경우 증거제출명령장이 있다면,
이를 발부받은 자로 하여금 여러 지역에서 기록들을 모아와 이들을 선별해오도록 하는 의
무를 부과할 수 있다.

다는 점, 개정 형사소송법이 사전대응적 증거수집방식(Proactive Model of Law Enforcement)에 대한 아무런 보완책도 규정하고 있지 않다는 점 등을 고려할 때, 고위공직자범죄에 대한 수사가 제대로 이루어질지 의문이 든다.

———— 제4장

OECD 회원국의 검사와 관련된 헌법규정 등을 통해 본 기능과 역할

제1절 ¦ 서 설

각 국의 형사사법 체계나 수사권 체계는 오랜 세월동안 형성되어 온 당해 국가의 문화나 관습, 법제도, 그리고 국민의식 등에 의하여 정착된 역사적 산물이기 때문에 다른 나라의 형사사법 제도를 참고하기 위해서는 당해 국가의 형사사법 제도 전반에 흐르는 법의식과 실태에 대한 깊이 있는 연구와 이해가 전제되어야 한다. 따라서 단편적 시각으로 다른 나라 제도의 일면적 현상만을 원용하거나 이를 도입하고자 하는 시도는 의미가 없는 수준을 넘어서 상당히 위험한 발상일 수 있다. 대륙법계 체계와 영미법계 체계 중 어느 제도가 더 훌륭한 것인지는 각국의 역사적 배경과 경험, 문화에 기인하여 각각 형성된 것이므로 우열을 가리기 어려울 뿐만 아니라 무엇이 더 나은 제도인지를 판단하는 것도 의미가 없기 때문이다. 따라서 어떤 법체계를 받아들일 것인지 여부는 국민의 몫이라고 본다.

그런데 일부 학계와 경찰을 중심으로 '수사와 기소의 분리가 Global Standard'라는 주장1이 끊임없이 제기되고 있다.2 수사는 경찰이 전담하고 검사는 기소만 전담하는 것이 세계적 표준이므로 검사의 수사 권한과 수사지휘 권한을 폐지하고 경찰에게 수사 관련 권한을 독점하게 하자는 것이다.3 그리고 이제는 전술(前述)한 것처럼, 공수처를 설치하자는 근거로 사용하고 있다.

문제는 위 주장이 독일, 미국, 영국, 일본, 프랑스 등 5개 국가의 수사·기소 제도에 대한 분석에 그 기초를 두고 있고, 그것을 근거로 '수사와 기소의 분

---

1   서보학 등, Global Standard에 부합하는 수사·기소 분리 모델 설정 및 형사소송법 개정안 연구, 경찰청 연구용역보고서(2016); 서보학, "Global Standard에 부합하는 수사·기소 분리", 「견제와 균형을 위한 검찰 개혁 어떻게 할 것인가?」, 국회의원 민병두/소병훈/금태섭/민주사회를 위한 변호사모임 주최 자료집(2017. 1. 24.), 19면 이하.

2   원혜욱/김태명, Global Standard에 부합하는 국가 수사시스템 설계를 위한 수사실태 분석 및 개선방안 연구 – 수사지휘와 영장 절차를 중심으로 –, 경찰청 연구용역보고서(2014).

3   서보학 등, 위의 보고서, 222면(이 보고서에 첨부된 형사소송법 개정안에 이러한 내용이 잘 표현되어 있다).

리'가 'Global Standard'라고 강변하지만, '수사와 기소가 분리'된 나라는 전혀 없다. 논리적으로 보더라도, 수사권한이 없는 기관이 다른 국가기관을 상대로 수사지휘 권한을 행사할 수는 없는 것이다. 따라서 직접수사를 하지 않는다고 하여 수사권이 없다고 하는 것은 논리비약이다. 왜냐하면 수사는 기소를, 기소는 다시 법선언(Rechtssprechung)이라는 의미의 판결을 향해 진행되어가는 역동적인 국가권력적 행위라면, 본질상 사법의 일종으로서 불가분의 관계에 있기 때문이다.4 우리가 수사역할을 담당하는 경찰을 '사법'경찰이라고 불러왔던 것도 이러한 맥락적 차원 때문이다.

　　무엇보다도 'Global Standard'는 문언 그대로 세계적인 표준을 의미한다. 유엔 회원국이 193개국이고 그중 이른바 '선진국 클럽'으로 지칭되는 OECD (Organization for Economic Cooperation and Development, 경제협력개발기구) 회원국만 하더라도 35개국이다. 위 5개국이 우리나라와 밀접한 관련이 있는 나라이고 대부분 법률 선진국인 것은 사실이나 위 5개국의 제도가 전세계(Globe)를 대표한다고 할 수는 없다. 즉 5개국에 대한 분석만으로 내용 여하를 불문하고 'Global Standard'를 단언하는 것은 '성급한 일반화'의 오류인 것이다. 따라서 수사·기소 제도의 Global Standard가 존재하는지, 존재한다면 그것이 무엇인지 확인하기 위해서는 위 5개국 외에 다른 선진국들의 제도도 반드시 살펴보아야 할 것이다. 더욱이 영미법계의 입법례로 수사구조를 개편하건 대륙법계 입법례를 그대로 유지하건 삼권분립의 원리를 수사·소추·재판으로 이어지는 국가형벌권을 실현하기 위한 연속적 절차에까지 유추적용하여 경찰 및 공수처·검찰·법원에 분배해야 한다는 논리는 검찰개혁과 아무런 관련이 없다.

　　이에 선행연구를 기초로 하여,5 대륙법계 국가의 입법체계와 영미법계 국가의 입법체계를 비교·검토한 후, OECD 전 회원국의 검사와 관련된 헌법규정 등을 통해 본 기능과 역할을 살펴보고자 한다. 그리고 헌법 및 조직법상 법률규

4　김성돈, 「검찰외 독립된 특별기구 신설의 필요성과 구체화방안」, 제13회 월송기념 학술심
　　포지엄, 헌법과 형사법, (재)유기천교수기념사업출판재단, 2017, 218면.

5　신태훈, "이른바 '수사와 기소 분리론'에 대한 비교법적 분석과 비판", 형사법의 신동향 통
　　권 제57호(2017. 12.), 대검찰청, 33면 이하 참조.

정(형사소송법이나 검찰청법 등)에 근거가 없는 반부패 특별수사기구를 신설하는 것이 가능한 것인지 여부를 제5장에서 검토하기로 한다.

제 2 절 ∣ 대륙법계 국가의 입법체계

I. 서 설

❶ 의 의

프랑스 및 독일과 같은 대륙법계 형사사법 원리는 첫째, 범인 발견과 증거 수집을 위한 수사활동을 단순한 국가작용(치안질서)이 아닌 형사사법작용으로서 사법관에 의한 사법적 통제 하에 두어야 할 것으로 보는 점, 둘째, 그 주재자를 판사와 동격의 사법관인 검사로 한다는 점에 있다. 이에 따라 종전에 행해지던 광범위한 경찰작용 중 범죄수사와 소추에 관한 영역은 사법작용으로서 법치주의에 기한 사법적 통제를 받게 되고, 그 감시통제 임무는 국가를 대표하는 새로운 사법관인 검사가 이를 맡게 된 것이며, 이것이 프랑스를 시발로 하는 검사제도에 의한 형사사법 구조의 기본원리이다.

❷ 기본원리

(1) 직권주의 소송구조

대륙법계 형사사법은 국가의 형벌권을 전제로 출발하므로 범죄를 개인 간의 불법행위임과 동시에 국가의 법질서 위반행위로 간주하여, 국가는 국법질서 확립을 위해 수사 및 재판을 통하여 진실을 규명하고 범인을 처벌할 권한과 의무를 가진다는 이념과 철학을 바탕으로 하고 있다. 따라서 대륙법계에서는 형

사사법을 담당하는 국가 사법관료(판사, 검사)가 '사실을 규명(확정)'하는 자로서
역할하며 '스스로 조사활동'을 수행하는 형사사법 체계가 형성·정착되어 있다.

(2) 이론적 배경

　　직권주의 형사사법체계는 공판절차를 주재하는 법원과 공판전 절차를 주
재하는 검찰 및 공판전 절차에서 수사활동의 대부분을 담당하는 사법경찰로 권
력이 분배되어 있다. 그런데 직권에 의한 조사 특히 피고인(피의자)에 대한 조사
가 직권주의의 특징인데, 법원의 직권조사가 너무 초기단계부터 시작되어 판결
에까지 이르면 객관성을 유지하기 어려우므로 공판전 조사절차를 두어 사실심
법원으로 하여금 수사활동으로부터 자유롭게 하였으며, 공판전 단계의 조사권
한도 쪼개서 중죄사건의 공판전 조사는 원칙적으로 수사판사6가 하게 하는 등
조사권한을 여러 단계로 나누는데, 프랑스는 이러한 구조를 현재에도 유지하고
있으나, 독일에서는 효율성의 측면에서 수사판사제도를 폐지하고 공판전 조사
절차인 수사절차를 검사가 주재하도록 하였다.
　　경찰조직도 영미법계와 달리 철저한 자치경찰이 아니다. 이러한 구조 아래
서 직권주의적 형사사법체계는 권력을 분점한 법원, 검찰, 사법경찰이 힘의 균
형을 유지하면서 한 기관이 다른 기관을 견제하거나 통제하는 방식으로 기관간
통제구조를 갖는다. 즉 중앙집권적인 사법경찰의 수사를 검찰이 지휘권을 가지
고 통제하고, 검찰의 처분 등을 법원이 통제하며, 예심제도를 두는 경우는 중죄
사건 수사를 담당하는 예심판사를 검사가 통제하고, 예심결과에 의견을 제시한
다. 또한 공판절차에서도 검사가 법원을 견제하고 법원의 오류를 상소권 등으
로 견제하는 것이다.

6　종래에는 예심판사로 번역하는 것이 일반적인 관행이었으나, 프랑스 형사절차상의 예심제
　도는 미국과 달리 실질적으로 수사기능과 다른 점이 없다는 점에서 근래에는 수사판사라는
　용어를 많이 사용하고 있으며(한명관, 「프랑스 형사소송절차 개관」, 법조 제46권 제5호(통
　권 제488호), 법조협회, 1977, 235면), 판사라는 명칭에도 불구하고 우리나라의 검사와 유
　사하게 수색·압수·통신감청, 사법경찰에 대한 수사지휘(공조촉탁의 방식)를 통한 수사, 피
　의자 및 증인신문 등을 한다.

(3) 사법경찰의 개념 및 수사지휘의 형태

전술(前述)한 것처럼, 검사제도가 시작된 프랑스와 이를 계승한 독일, 이탈리아, 스위스 등 대륙법계 국가에서는 검사의 사법경찰에 대한 수사지휘권이 확립되어 있다. 그런데 대륙법계 국가 중 프랑스처럼 사법관인 수사판사가 수사를 직접 담당하여 수사권의 귀속과 개념에 대한 인식이 정착된 나라에서는 수사권독립 논쟁의 소지가 적다. 그러나 독일이나 우리나라처럼 수사판사 제도 없이 대부분의 수사를 검사의 지휘 하에 경찰이 담당하는 체계에서는 경찰이 다시 수사상 큰 권력으로 등장하여 경찰이 독자적 수사권을 행사하던 과거 규문시대로 회귀하려는 시도가 지속될 가능성이 있다. 따라서 독일의 수사권독립 논쟁과정을 보더라도 학자들의 실증적 수사실무 연구를 통해 검사의 지휘가 미치지 못하는 광범위한 경찰수사 영역이 존재함을 확인, 그 폐해를 방지하기 위하여 검사의 수사주재자로서의 지위 강화가 오히려 논의되고 있는 실정이다.

II. 동아시아 2개국[7]

❶ 대한민국(Korea)

(1) 헌법 규정

〈헌 법〉
제12조
③ 체포·구속·압수 또는 수색을 할 때에는 적법한 절차에 따라 <u>검사의 신청에 의하여 법관이 발부한 영장</u>을 제시하여야 한다.
제16조 모든 국민은 주거의 자유를 침해받지 아니한다. 주거에 대한 압수나 수색

---

7   지역별 국가 분류는 유엔의 분류에 따랐다. 〈https://unstats.un.org/unsd/methodology/m49/〉
    참조.

을 할 때에는 <u>검사의 신청에 의하여 법관이 발부한 영장</u>을 제시하여야 한다.

　제89조 다음 사항은 국무회의의 심의를 거쳐야 한다.

　16. 검찰총장·합동참모의장·각군참모총장·국립대학교총장·대사 기타 법률이 정한 공무원과 국영기업체관리자의 임명

　전술(前述)한 것처럼, 우리나라는 검사의 지위나 권한에 대해서는 헌법에 규정이 없는 반면, 영장은 검사의 신청에 의하여 법관이 발부한다는 규정과 검찰총장의 임명에 관한 규정이 있을 뿐이다. 그러나 우리나라의 경우 해방직후부터 1950년대 이승만 대통령의 자유당 정권 하에서 경찰이 인권침해적 수사를 자행했음은 많은 역사적 사실이 뒷받침하고 있다.8 1961년 형사소송법 개정시 검사경유 원칙이 도입되고, 1962년 제5차 헌법개정시에 헌법규정으로 격상된 것은 이러한 역사적 배경이 있었기 때문이다.

(2) 형사소송법 규정

〈개정 형사소송법〉

제195조(검사와 사법경찰관의 관계 등) ① 검사와 사법경찰관은 수사, 공소제기 및 공소유지에 관하여 서로 협력하여야 한다.

② 제1항에 따른 수사를 위하여 준수하여야 하는 일반적 수사준칙에 관한 사항을 대통령령으로 정한다.

제196조(검사의 수사) 검사는 범죄의 혐의가 있다고 사료하는 때에는 범인, 범죄사실과 증거를 수사한다.

제197조(사법경찰관리) ① 경무관, 총경, 경정, 경감, 경위는 사법경찰관으로서 범죄의 혐의가 있다고 사료하는 때에는 범인, 범죄사실과 증거를 수사한다.

② 경사, 경장, 순경은 사법경찰리로서 수사의 보조를 하여야 한다.

〈개정 검찰청법 제4조〉

제4조(검사의 직무) ① 검사는 공익의 대표자로서 다음 각 호의 직무와 권한이 있다.

1. 범죄수사, 공소의 제기 및 그 유지에 필요한 사항. 다만, 검사가 수사를 개시할

8　자세한 내용은 이준보/이완규, 한국검찰과 검찰청법, 박영사, 2017, 176면 이하 참조.

수 있는 범죄의 범위는 다음 각 목과 같다.

가. 부패범죄, 경제범죄, 공직자범죄, 선거범죄, 방위사업범죄, 대형참사 등 대통
령령으로 정하는 중요범죄

나. 경찰공무원이 범한 범죄

다. 가목·나목의 범죄 및 사법경찰관이 송치한 범죄와 관련하여 인지한 각 해
당 범죄와 직접 관련성이 있는 범죄

　　개정 형사소송법(법률 제16924호, 2020. 2. 4., 일부개정) 제195조는 제명을 '검
사와 사법경찰관의 관계 등'으로 하고, '① 검사와 사법경찰관은 수사, 공소제
기 및 공소유지에 관하여 서로 협력하여야 한다. ② 제1항에 따른 수사를 위하
여 준수하여야 하는 일반적 수사준칙에 관한 사항을 대통령령으로 정한다'는
규정을 신설한 후, 기존 제196조 제1항의 '수사관, 경무관, 총경, 경정, 경감, 경
위는 사법경찰관으로서 모든 수사에 관하여 검사의 지휘를 받는다'는 내용을
개정 형사소송법은 제197조 제1항에서 '경무관, 총경, 경정, 경감, 경위는 사법
경찰관으로서 범죄의 혐의가 있다고 사료하는 때에는 범인, 범죄사실과 증거를
수사한다'고 변경하고, 제196조 제3항 '사법경찰관리는 검사의 지휘가 있는 때
에는 이에 따라야 한다. 검사의 지휘에 관한 구체적 사항은 대통령령으로 정한
다'는 규정을 삭제하고 있다. 그리고, 개정법은 제197조의2에 '보완수사요구'
규정과 제197조의3에 '시정조치요구 등'의 규정을 신설하고 있다. 이에 따르면
개정법은 검찰과 경찰 양 기관을 상호협력관계로 규정하여, 검사의 경찰에 대
한 수사지휘권을 폐지하는 대신 그 보완책으로 검사에게 경찰에 대한 보완수사
요구권과 시정조치요구권을 부여하고 있다고 할 것이다.

　　다만 수사개시의 범위와 관련하여, 개정 검찰청법 제4조는 가. 부패범죄,
경제범죄, 공직자범죄, 선거범죄, 방위사업범죄, 대형참사 등 대통령령으로 정
하는 중요범죄, 나. 경찰공무원이 범한 범죄, 다. 가목·나목의 범죄 및 사법경
찰관이 송치한 범죄와 관련하여 인지한 각 해당 범죄와 직접 관련성이 있는 범
죄로 제한하고 있다. 여기서 가목의 '등'과 관련하여 논란이 있으나, 개정법은
'부패범죄' 등의 예시범죄 외에 이와 유사한 종류의 중요범죄를 대통령령으로
정하도록 한 것으로 해석하는 것이 타당할 것이다. 왜냐하면 타법에서 의존명

사 '등'을 사용한 경우에는 그 앞의 열거된 부분을 포함하고 그와 같은 종류의 것을 더 규정한 것으로 확인되는 반면, 앞의 열거된 대상에 대하여 하위법령으로 제한하고자 하는 경우에는 의존명사 '중'을 사용하여 규정하기 때문이다.

그러나 OECD 국가 중에서 법률로 검사의 수사범위를 제한하는 입법례는 없을 뿐만 아니라 죄명이나 범죄유형으로 직접수사의 범위를 정하는 방식은 그 용어의 해석을 두고 많은 논란이 생길 수밖에 없다. 이는 검찰의 직접 수사가 필요한 중대사건에서 죄명의 제약을 받으며 수사를 해야 하고, 소송법적 효력에도 문제가 발생할 가능성이 있다.

❷ 일　본(Japan)

(1) 헌법 규정

헌법에 검찰조직에 관한 명시적인 규정이 없으며, 검찰사무를 관장하는 기관의 조직에 관한 법률에서 이를 규정하고 있다. 즉, 법무성설치법(法務省設置法) 제14조9에 따르면, 일본의 검찰청은 법률상 법무성에 소속된 행정기관이다.10

(2) 검찰제도의 성립

일본의 검찰관제도는 그 기원을 프랑스 법제에서 찾을 수 있다. 즉 검찰관제도가 일본 법제에 도입된 것은 프랑스법 계수기인 1872년(명치 5년)의 '사법직무정제'(司法職務定制)에서 비롯되었다11고 한다. 여기에서 법원과 검사국을 분리

9　法務省設置法 第十四条
　　1 別に法律で定めるところにより法務省に置かれる特別の機関で本省に置かれるものは、検察庁とする。
　　2 検察庁については、検察庁法 （これに基づく命令を含む。）の定めるところによる。
10　법무자료 제261집, 「각국의 법무제도」(대검찰청, 2004), 211면의 '일본 법무성 조직도' 참조.
11　일본 법무부의 조직과 기능, 법무자료 제71집, 법무부, 91면.

하여 검사국에 검찰관에 해당하는 검사를 두어 범죄수사의 감독지령, 형사재판
의 청구 및 재판의 입회 등을 주임무로 하게 하였는데, 사법직무정제 제6장 검
사장정(檢事章程)은 검찰관을 '법헌(法憲)과 인민의 권리를 보장하고, 선을 권장
하고 악을 제거하며, 재판의 당부를 감시하는 직(職)'으로 규정하고, 검찰관의
지휘하에 범죄수사에 종사하는 체부(逮部)를 두었다고 한다. 따라서 이 시기의
검찰의 임무는 판사의 심판을 감시하고 또 사법경찰을 관장하는 것으로 되어
있어, 기소를 독점하는 국가기관으로서의 지위는 부여되지 않았다[12]고 한다. 따
라서 검사의 기소를 기다리지 아니하고 법원이 직권으로 심판을 개시하는 규문
주의적 절차가 행하여졌으며, 수사는 예심판사가 주도하고 검사도 재판소에 소
속된 사법관이었고, 경찰도 형사경찰이 아닌 사법경찰이었다. 그 후 1878년(명
치 11년)의 사법성달(司法省達)에 의하여 국가소추주의에 의한 탄핵주의가 확립되
었으며, 1880년 7월 17일 제정(1882년 1월 1일 시행)된 治罪法(太政官布告 제35호)에
의하여 처음으로 검사가 공소권을 독점하고 불고불리의 원칙이 확립되었다.

　　이와 관련하여 각 기구의 변천과정을 살펴보면, 명치신정부는 명치원년
(1868) 4월 현재의 내각에 해당하는 7개 부서의 太政官(현재의 내각에 해당)을 두
고 그중 군무관(軍務官)으로 하여금 지방의 경비·폭도의 진압 등의 치안유지를,
형법관(刑法官)으로 하여금 범죄의 수사·검거·규탄 등의 사법경찰 및 재판에 관
한 사무를 각 관장하도록 하였으며, 이듬해 관제개혁으로 軍務官을 兵務省으로,
刑法官을 刑部省으로 각 개편하고, 정치적 음모의 정찰만을 전담하는 탄정태(彈
正台)를 창설하였다. 나아가 명치 4년(1871년)에는 형부성 및 탄정태를 폐지하고
司法省을 설치하여 그때까지 형부성 및 탄정태가 관장하던 직무권한을 사법성
에 이관시킴과 동시에, 폐번치현(廢藩置縣)에 따른 兵制의 정리로 병부성이 경찰
관할의 권한을 상실함에 이르러 사법성이 명실상부하게 전국경찰권을 장악하게
되었다고 한다. 명치 8년(1875년)에는 대심원(大審院)설치 및 제재판소직제장정
(諸裁判所職制章程)을 제정하여 사법재판소를 행정권에서 분리시켜 대심원을 최고
법원으로 하고, 그 하부조직으로 東京·大阪·福島·長岐에 상등(上等)재판소를,
각 부현(府縣)에 부현재판소를 설치하는 법원제도의 대개혁이 행해졌으며, 1876

12　三井 誠, 「公訴提起の原則」, 法學敎室(1993.11), 93면 이하.

년에는 부현재판소의 명칭을 바꾸어 23개의 지방재판소가 세워졌고 또 지방재판소 아래에 구(區)재판소가 설치되었다.

한편 명치원년(1868) 江戶를 東京으로 개칭, 東京府를 설치하고, 府에는 경찰사무를 장리(掌理)하는 포망방(捕亡方)을 두어 수도의 치안을 담당시키다가 명치 5년(1872) 사법성에 경보료(警保寮)가 설치되기에 이르러 동경부의 치안책임은 경보료가 관장하게 되었으나,13 불과 2년 후 동경경시청이 창설되어 수도치안의 책임을 맡게 되었으며, 1874년 그때까지 사법성에 설치되어 있던 국가경찰조직인 경보료가 내무성으로 이관되어 경찰기능이 재판기능과 분리됨으로써 일본은 비로소 근대 경찰제도를 가지게 되었다. 이렇게 된 연유는 1873년 정한론(征韓論)을 둘러싼 정치국면 속에서, 정한파인 초대 사법경(司法卿, 후의 사법대신)인 에토 신페이가 정치적으로 몰락하면서 사법성의 위세가 하락하고, 내치우선파가 정부내에서 실권을 장악하면서, 이들의 주도하에 내무성이 설치되고 내무성 휘하에 중앙집권적 경찰기구가 조직되었기 때문이라고 한다. 다만 범죄수사는 사법관헌인 검찰관의 지휘하에 두었으며, 내무성소속경찰의 주된 임무는 행정경찰로서 범죄의 예방, 국사범의 단속에서부터 국민의 일상생활에까지 미치는 광범위한 것이었다.

그리고 이때의 조직원리는 대체적으로 1874년의 사법경찰규칙,14 1880년의 치죄법,15 1890년(明治 23년)의 형사소송법(明治刑事訴訟法)을 거쳐 독일법의 영향하에서 제정된 1922년(大正 11년)의 구(舊)형사소송법(大正刑事訴訟法)에 이르

---

13 사법직무직제는 사법성 내에 경보료(警保寮)를 두고, 사법경의 지휘하에 경보료를 통하여 지방의 경찰을 지휘감독하는 체계를 예정하고 있었으며, 사법성경보료는 그 휘하에 500명의 나졸을 두고 있었는데, 이들은 단순한 수도의 치안유지기구에 그치지 않고 일종의 군사조직으로서 각 지방에 파견되어 소요진압부대로서의 역할을 하고 있었다(橫山晃一朗, 「刑罰·治安機構の整備」, 福島正夫編 日本近代法体制の形成 上卷, 313–315면)고 한다.

14 동규칙에서는 체부(逮部)를 사법경찰관리로 개칭하였다.

15 명치유신 초기의 근대법전편찬에 큰 영향을 미쳤던 파리대학 법학교수 브와소나드(G. Boissonade)의 활동에 힘입어 일본 최초의 근대적 형사소송법전이며 법원조직법전이었던 일본의 치죄법이 제정되었는데, 동법은 프랑스법과 유사하게 범죄를 위경죄·경죄·중죄로 구분하고, 재판소도 治安裁判所·始審裁判所·控訴裁判所로 구분하여 죄의 종류에 따라 재판소를 달리하도록 하였으며, 수사절차와 재판절차를 분리하여 수사는 검사와 검사의 지휘를 받는 사법경찰관에게 맡기는 예심제도를 도입하였다.

기까지 답습되었다고 한다.16 요컨대 여기에서 수사의 주체는 검찰관이었고, 범죄의 수사는 공소권을 행사하기 위한 준비단계로서 행하여지는 것으로서 이해되었는데, 그 이유는 구(舊)형사소송법 제248조가 경찰관을 '검찰관의 보좌로서 그 지휘를 받아' 범죄를 수사하는 검찰관의 수사보조기관으로 규정하고 있었기 때문이다.17 따라서 검찰관은 공소의 제기, 수행에 관하여 권한을 가질 뿐만 아니라 유일한 수사기관으로서 수사절차의 주재자로서의 지위도 아울러 가졌던 것이다.

(3) 구(舊)형사소송법(大正刑事訴訟法)

1922년 구(舊)형사소송법(大正刑事訴訟法; 1912-1926년)은 명치형사소송법(1868-1912년)과는 달리 독일의 영향을 많이 받아 형식적 탄핵주의를 취하였으나, 당시 일본 사회를 풍미한 자유주의와 민주주의 사상의 영향을 받아 종래의 형사소송법보다 자유주의의 색채가 강화되었는데, 예컨대 예심변호제도의 도입, 미결구류기간의 제한과 그 요건의 엄격화, 묵비권의 보장, 수사검찰기관작성조서의 원칙적 증거능력 배제 등이 여기에 해당한다.18 그러나 기소장일본주의를 채택하지 아니하였고 공소제기와 함께 수사에 관한 기록일체를 법원에 제출하고 법원은 공판절차에 있어서 직권주의에 근거하여 절차를 진행하였으므로 검찰관의 공판절차에의 관여는 일반적으로 그렇게 중요한 임무수행이 아니었으므로, 수사

---

16 박종록, 「일본의 사법경찰제도」, 각국의 사법경찰제도, 법무자료 제98집, 법무부, 364면.
17 제246조(검찰관) 검찰관은 범죄가 있다고 사료되는 때에는 범인 및 증거를 수사하여야 한다.
    제248(사법경찰관) 다음 각호에 해당하는 자는 검찰관의 보좌로서 그 지위를 받아 사법경찰관으로서 범죄를 수사하여야 한다.
      1. 청부현(廳府懸)의 경찰관
      2. 헌병인 장교, 준사관 및 하사
    제249조(사법경찰리) 다음 각호에 해당하는 자는 검찰관 또는 사법경찰관의 명령을 받아 사법경찰리로서 수사의 보조를 하여야 한다.
      1. 순사(巡査)
      2. 헌병졸(憲兵卒)
18 김종구, 형사사법개혁론 -새로운 패러다임의 비교법적 모색-, 법문사, 353면.

절차야말로 검찰관이 무엇보다도 힘을 기울이지 않으면 안 되는 분야라고 할 수 있었다. 즉 검찰관의 중심책무는 수사였던 것인데, 명치형사소송법 이후 검사의 신분보장을 판사와 동일하게 하고 수사의 주재자를 검사로 한 것도 범죄수사의 공정성을 담보하고 경찰의 권한남용 방지와 수사책임의 소재를 명확히 하여 사법경찰관에 대한 철저한 교양훈련으로 수사의 능률화를 도모하기 위한 것으로 볼 수 있다.

그러나 현실적으로 통상의 사건은 주로 경찰에 의하여 수사절차가 이루어지고 검찰관은 보충적·2차적 역할을 수행하였음에 지나지 않은 것도 사실이다. 또 실제상 검찰과 경찰은 그 소속 관청을 달리하고 검찰관의 지휘권을 실효성 있게 하기 위한 경찰에 대한 신분상의 감독권을 검찰관에게 부여하지 않는 등 사법경찰직원으로 하여금 검찰관의 지휘·명령을 철저히 수행하도록 하는 보장이 결여되었고 그 결과 현실적으로 수사기관의 이원화 현상을 빚어내고 있다는 자성과 비판이 있었다고 한다.19

한편 검찰은 1900년대 초기의 대규모 부정(不正)사건20과 공안(公安)사건21을 통하여 내각을 붕괴시킬 정도의 수사를 거듭하면서22 일본 사회에서 일본 양심의 상징이며, 정의의 구현자로 인식되어 예심판사의 권한을 형식화하고 실

---

19 박종록, 앞의 논문, 386면.
20 敎科書 疑獄사건, 日糖疑獄사건(代議士, 20명 기소), 씨-멘스 사건(해군 현역장성들이 군함 건조를 둘러싸고 영국의 씨-멘스 회사로부터 거액의 뇌물 수수로 山本, 權兵衛 내각 붕괴), 鐵道疑獄사건(鐵道相 등 구속기소), 勳章疑獄사건(賞勳局 총재 등 구속기소), 朝鮮總督府 疑獄사건(육군대장 등 구속기소) 등이 여기에 해당한다.
21 日比谷 燒打사건(1905년 露·日 講和條約에 반대하던 정치운동사건), 赤旗사건(1908), 大逆사건(1910), 憲政擁護사건(1913) 등이 여기에 해당한다.
22 패전전에는 1914년 씨-멘스사건(山本, 權兵衛 내각), 1933년 帝人사건(帝國人造絹주식회사 주식매매를 둘러싸고 商工大臣, 大藏省 차관 등 고관이 뇌물수수; 齊藤實내각). 패전 후에도 1948년 昭電사건(昭和電工사로부터 전·현직 대신과 국회의원들이 뇌물수수, 芦田내각), 1954년 造船疑獄사건(조선업계로부터 정계 요로에 정치자금 명목으로 뇌물수수; 吉田 내각), 1976년 록히드사건(록히드회사의 전세계적인 정치헌금사건을 일본검찰만이 수사하여 田中角榮 전 총리대신 등 18명 구속; 三木내각), 1989년 리쿠르트 사건(미공개주식 양도방법으로 정계 요로에 뇌물공여, 국회의원 등 17명 기소; 竹田내각, 宇野내각) 등이 여기에 해당한다.

제로는 수사의 주체로 활약하여 사실상 형사사법의 전 분야를 총괄하게 되었는데, 이러한 '규문주의적 검찰관사법'은 국민의 정치적·사회적 자유를 억압하고 전쟁협력을 위한 거국일치체제를 만들기 위한 강력한 무기가 되었으며, 특히 군국일본이 전쟁수행에 매진하면서 검찰은 군국일본의 일익이 되어 전국의 경찰에 대하여 강대한 지휘권을 행사하면서 제국주의적 국가관에 입각한 사상통제의 소용돌이 속에서 이른바 사상검찰로 각인되었으며, 이른바 「검찰파쇼」23 라는 이름과 함께 비판의 초점이 되었다.24

(4) 패전후의 형사절차(新형사소송법; 1948년 형사소송법)

패전 후 미군점령 당시이던 1946년 3월 연합군총사령부측이 형사소송법 개정과 관련하여 영미의 형사소송절차인 당사자주의적 요소25를 대폭 도입하면서 사법경찰관리를 검찰관으로부터 독립된 수사의 주체로 하였다. 즉 맥아더사령부측은 "검사와 사법경찰의 관계에 대하여 범죄수사는 제1차적으로 경찰관의 직무로 하고 검사는 필요하다고 인정되는 범위 내에서 수사를 행하며 그 수사를 행하는데 있어서 사법경찰관에 대하여 지휘·명령하는 것이 아니고 수사의 보조를 청구할 수 있도록 하자"고 제시하였는데, 그 이유는 전후 점령군의 '권

---

23 이 용어는 1933년의 帝人사건 당시 검찰의 무리한 수사에서 유래되었다고 한다. 즉 당시 검찰은 심혈을 기울여 수사하였으나 법원에서는 검사가 조작하여 기소한 것이라는 설시와 함께 무죄가 선고되었는바, 1935. 1. 귀족원에서 동경대 명예교수인 美濃部達吉의원이 검사의 자백강요 등을 비판하면서 '검찰파쇼'라는 말이 등장하였다고 한다. 위 사건 수사를 계기로 소위 '검찰파쇼'를 방지하기 위한 제도적 장치로서 검찰청법에 의회와 국가원수에 대하여 정치적인 책임을 지는 법무대신의 검찰에 대한 지휘·감독권이 규정되었다고 한다 (박영관, 「일본검찰의 수사권운영 역사·실태 및 그 전망」, 해외파견검사연구논문집 제7집, 법무부 법무자료 제124집, 342면).

24 김종구, 앞의 책, 354면.

25 군국주의자의 권력과 군국주의의 영향력을 일본의 정치생활·경제생활로부터 일소하며, 군국주의의 정신을 표시하는 제도는 강력히 억압한다는 1945.9.22.자 미국의 對日本方針 제1부 (2)항에 따라 제2차 세계대전의 수행을 위한 전시동원체제를 뒷받침하였던 일본제국 검찰의 권한을 제약하는 것을 주안으로 형사소송법을 제정하였고, 제약의 수단으로 사용된 것이 당사자주의적 소송구조의 요소였다고 한다(김종구, 앞의 책, 262면).

력의 분사'라는 기본 방침에 따라 자치경찰제가 도입되어 경찰의 지방분권화가 이루어진 반면, 검찰관 동일체 원칙의 지배를 받는 통일적 국가기관인 검찰관이 경찰을 전면적으로 지휘·명령한다는 것은 경찰의 지방분권 원칙에 반할 뿐더러, 구법(舊法)하에서도 실제 운용은 검찰관의 지휘·명령이 반드시 철저하지는 아니하여, 사법경찰관리가 행하는 범죄수사에 대한 책임소재의 불명확화를 초래하였으며, 형사소송절차에 당사자주의가 도입되어 공소관으로서의 검찰관의 책임과 부담이 무거워짐에 반하여, 검찰관에게 필요한 엄격한 자격요건으로 인하여 충분한 수의 검찰관을 확보할 수 없어, 검찰관의 수사책임을 경감할 필요가 있었기 때문이라고 한다. 이 때 검찰권을 약화시키기 위한 논리로 등장한 것이 '공판전종론'(公判專從論)26 내지 '공판전담론'(公判專擔論)27으로 이는 영·미에서와 같이 일체의 수사는 경찰에 맡기고 검사는 공판활동에만 전념하도록 하자는 주장인데, 이는 검사가 당사자주의하의 미국처럼 전국적인 통일 조직체의 일원이 아닌 고소·고발인의 대리인으로서 공소를 제기하고 유지하며, 공소제기를 위한 증거수집의 활동범위 내에서 직무를 수행할 뿐 사법경찰을 지휘할 수 없도록 입안된 것이다.28 이러한 공판전담론은 송치받은 사건으로 불충분한 점에 대한 보충수사를 하는 경우 검찰수사가 종종 경찰의 '덧바르기 수사'가 되고, 직접수사를 하는 경우 선입관으로 인해 객관적 입장에서 기소여부를 결정하기 힘들어진다는 주장을 뒷받침하였으며, 특히 보완수사의 필요성을 전면적으로 부정할 수는 없지만, 피의자 측면에서 보자면, 경찰에서 수사를 받고, 또 검찰이 겹치기 수사를 하여 수사가 비대화·장기화된다는 주장이었다.29

그러나 당시 일본측 법무관계자들이 영·미 법계의 제도가 일본적 전통,

---

26 谷川輝, 「檢察の課題」, 判例時報 456號(1967); 伊達秩雄, 「檢察官 公判專從論」, 判例タ
    イムス 제148號(1963) 참조.

27 공판전담론의 계기는 1959년 고검 검사정 市島成一의 의견서 "검찰의 재건에 관하여" 그
    리고 安部治夫 검사의 "新檢察觀"(中央公論 1963년 5월 162면)에서 시작되었다고 한다
    (노명선, "일본 검찰의 수사지휘권 확립방안 및 수사지휘 실태연구, 대검 정책연구보고서,
    2014, 39면 참조).

28 김종구, 앞의 책, 355면.

29 이정민, "일본의 수사제도 운영과 그 전제", 형사법의 신동향 통권 제60호(2018. 9.), 대검
    찰청 미래기획단, 191면.

이념, 현실과 부합하지 않는다는 점과 경찰은 독직사건이나 경제사건 등에 대한 처리능력이 부족하다는 점 등을 들어 강력히 저항하였으며, 이에 따라 현행제도와 같은 타협적 형사사법구조가 탄생하게 되었던 것이다.

1945년 9월부터 이상과 같은 논의를 거쳐 결국 맥아더사령부의 반강요에 의하여 1948년 제정(昭和 23년)되고 1949년 1월 1일 시행된 신(新)형사소송법은 예심제도를 폐지하면서 경찰관을 사법경찰직원으로 호칭하는 한편, 이를 검찰관과 같은 수준의 독립된 수사기관으로 하였을 뿐만 아니라 나아가 제1차적인 수사기관으로 하였다. 즉 경찰이 독립적 수사기관으로 제1차적으로 범죄수사에 책임을 지고, 다만 검찰관은 수사에 관하여 경찰관에게 필요한 일반적 지휘를 하고 수사의 준칙을 정할 수 있으며, 경찰관에 대하여 수사의 협력을 구하기 위하여 필요한 일반적 지휘를 하고, 경찰관을 지휘하여 검찰관이 행하는 수사를 보조하게끔 할 수 있도록 하였던 것이다.

그러나 원래 범죄의 수사란 수사자체로서 끝나는 것이 아니고 처벌을 궁극적인 목표로 하므로 재판과정을 거치지 않으면 안 된다. 따라서 수사의 최종 목적은 적정한 공소권의 행사 및 유죄판결, 나아가 적정한 양형의 도출에 집중된다 할 것이다. 이 점에서 수사라는 것이 공소제기의 전단계라는 측면을 가지고 있음을 부정할 수 없는 것이다. 더구나 현실적으로 사법경찰관리의 수사는 시간적 제약, 법률적 지식과 소양의 상대적 부족 등으로 말미암아 공소의 제기·불기소 및 양형의 심증형성에 충분한 자료를 반드시 제공한다고 볼 수도 없다. 이러한 관점에서 검찰관에게도 뒤에서 보는 것처럼 수사권을 존치시켜 검찰관은 소추기관임과 동시에 수사기관으로서의 기능도 아울러 가지게 한 것이다(형사소송법 제191조 제1항).

결국 세계에 유례가 없는 유죄율을 유지해 온 일본검찰의 전통은 검사의 직접수사에 기인한 것이라는 이른바 '수사호지론(捜査護持論)'[30]이 강하여, 전후의 형사소송법은 결국 경찰을 범죄수사의 제1차적 수사기관으로 하되, 검찰에도 수사권을 인정하여 제2차적 수사기관으로 하고 양자의 관계를 협력관계로

---

30 出射義夫, 「檢察の實踐的說得機能」, ジリスト 223號(1961); 早川晴雄, 「聲無聲─檢の立場よソ法曹に訴う」, 法曹 154號(1963) 참조.

하는 한편, 공소권을 독점하고 있는 검찰관에게 특정한 경우에 사법경찰관에
대한 일반적 지시권·일반적 지휘권·구체적 지휘권 등 수사지휘권을 인정한 것이
다. 다만 경찰이 제1차 수사기관이고 검찰이 제2차 수사기관이라는 의미가
「경찰이 제1차 수사권을 보유하고 검찰은 보충적인 제2차 수사권을 보유한다」
는 의미가 아니라, 검찰은 인력의 한계 등으로 인하여 많은 사건을 수사할 수
없으므로 「범죄에 대하여 경찰이 제1차적으로 수사할 의무를 부담하며, 검찰은
필요하다고 인정되는 경우 수사한다」는 의미를 말한다.31 아울러 예심제도 아
래에서도 검찰이 일본 제일의 사정수사기관이라는 위치를 확립하였지만, 산업
화의 진행과 함께 범죄가 증가하고 사법예산의 부담이 커지게 된 현실적인 이
유 때문에 1947년 재판소법의 시행과 함께 재판소를 사법성으로부터 분리하고,
재판소 관련사무를 최고재판소로 이양시킨 반면, 재판소의 예심판사 대신 검사
를 수사의 주재자로 규정하고 '재판소로부터의 검사의 독립'을 선언하여 수사
및 공소권과 재판권을 분리하였다.

　　한편 전후 검·경 관계에 대한 형사소송법 개정논의가 다시 제기되었는데,
그 배경에는 첫째, 전후 혼란기에 여러 가지 대형사건이 발생하여 치안정세가 불
안하였음에도 낮은 검거율 등 경찰 수사능력에 대한 문제가 제기되었고, 둘째,
새로 도입된 자치경찰제의 운영이 비능률적이고, 수사에 있어서도 간부의 지도·
교양능력이 부족하다는 것이 사실로 드러났으며, 셋째, 경찰관에게 수사주체로서
재판관에게 직접 체포장을 청구하는 권한이 부여된 결과 체포장의 남용 사례가
빈발하였고, 넷째, 경찰조직이 국가·자치경찰의 2원 체제에서 도도부현경찰로 통

31　비교수사제도론(이동희 외 4인, 박영사, 2005) 709면은 「현행 일본의 수사체계는 경찰관이
　　제1차적 내지 본래적 수사를 담당하고, 검찰관은 경찰이 송치한 이후에 당해 사건에 대한
　　제2차적 내지 보충적 수사를 담당하는 기본적 구조를 취하고 있으며, 이에 대한 異論은 없
　　다」고 설명하는 반면, 716면은 「제2차적·보충적 수사책임이라고 하는 것은 수사권한에 있
　　어서 제2차적 내지 보충적이라는 의미는 아니다」라고 설명하고 있으나, 권한이 있으면 책
　　임도 있는 것이므로 경찰이 제1차적 수사기관이고 검찰이 제2차적 수사기관이라는 의미는
　　'경찰이 제1차 수사권을 보유하고 검찰은 보충적인 제2차 수사권을 보유한다'는 의미가 아
　　니라 검찰은 인력의 한계 등으로 인하여 많은 수사를 할 수 없으므로 '범죄에 대하여 경찰
　　이 제1차적으로 수사할 의무를 부담하며, 검찰은 필요하다고 인정되는 경우 수사한다'는
　　의미로 보아야 할 것이다.

합되어 경찰권한이 강화됨에 따라 이에 대한 체크기능의 필요성이 대두되었으며, 다섯째, 형벌권의 적정 운용을 위하여는 戰前의 검찰관 제도를 부활시키는 정도에는 이르지 않을지라도 경찰관이 갖는 제1차적 수사에 검찰이 관여할 수 있는 제도가 마련되어야 한다는 주장이 검찰에서 대두되었기 때문이라고 한다.

　　이후 검·경의 대립과정을 살펴보면, 「수사의 일반준칙인 범죄수사규범32은 경찰이 제정할 것이 아니라 검찰의 일반적 지시로 제정되어야 한다」는 검찰의 주장을 경찰이 거부하였으며, 파괴활동방지법위반사건의 수사절차에 관한 검찰의 통첩33에 대하여, 경찰은 위 통첩이 형사소송법 제193조 제1항의 일반적 지시권의 범위를 넘었다는 이유로 거부하였고, 1953. 7. 법무성의 형사소송법개정안34에 대하여도, 경찰은 위 개정안은 검찰관이 일반적 지시권과 체포장청구동의를 통하여 경찰수사에 일반적으로 간섭하게 됨으로써, 수사의 실권을 戰前과 같이 검찰관에게 넘기는 것이라며 반발하였던 것인데, 일반적 지시에 관하여는 원안대로 통과되었으나, 중의원 법무위원회는 「위 일반적 지시에 의하여 개별 사건의 수사를 직접지휘하지 않도록 유의할 것」이라는 부대결의를 첨부하였으며, 체포장청구에 대하여는 「검찰관 동의」를 요건으로 하지 아니하는 대신, 체포장청구권자를 공안위원회가 지정하는 경부(警部) 이상의 자로 제한하는 관련 형사소송법 규정을 개정하였던 것이다.

32　패전 전의 사법성훈령의 형태로 정해져 범죄수사의 일반준칙을 규정하였던 '사법경찰직무규범'이 폐지되고 국가지방경찰본부장관의 훈령으로 '범죄수사규범'이 제정되어 1949년 4월 1일부터 시행되었는데, 그 내용에 있어서 불충분한 점이 많아 곧 재검토되어 이듬해인 1950년 4월 개정된 범죄수사규범이 국가공안위원회규칙으로서 제정되어 같은 해 5월 1일부터 시행되었다. 그 후 1953년의 형사소송법 일부개정 및 1954년의 경찰법 전면개정에 따라 새롭게 정비된 현행의 '범죄수사규범'(1957년 7월 11일 국가공안위원회규칙 제2호)이 제정되었다(이동회 외 4인, 앞의 책, 726면)고 한다.

33　사법경찰직원이 수사 단서를 얻었을 때에는 사전에 사안의 개요를 검사정(檢事正)에게 보고하고 그의 승인을 얻어야 한다.

34　일반적 지시에 관하여 종래 「공소를 실행하기 위하여 필요한 범죄수사의 중요한 사항에 관하여 준칙을 정하는 것에 한한다」(형사소송법 제193조 단서)로 되어 있던 것을 「수사를 적정하게 하고 기타 공소의 수행을 완전히 하기 위하여 필요한 사항에 관한 일반적 준칙을 정하는 것에 의하여 행한다」로 개정하고, 사법경찰직원의 체포장청구에 검찰관의 동의가 필요하도록 개정하였다.

(5) 형사소송법 및 검찰청법 규정

〈형사소송법〉[35]

제191조

① 검찰관은 필요하다고 인정하는 때에는 스스로 범죄를 수사할 수 있다.

제192조 검찰관과 都道府縣 공안위원회 및 사법경찰직원은 수사에 관하여 상호 협력하여야 한다.

제193조

① 검찰관은 그 관할구역에 따라 사법경찰직원에 대하여 그 수사에 관하여 필요한 일반적 지시를 할 수 있다. 이 경우의 지시는 수사를 적정히 하고 기타 공소의 수행을 완전히 하기 위하여 필요한 사항에 관한 일반적 준칙을 정하는 것에 의하여 행한다.

② 검찰관은 그 관할구역에 따라 사법경찰직원에 대하여 수사의 협력을 구하기 위하여 필요한 일반적 지휘를 할 수 있다.

③ 검찰관은 스스로 범죄를 수사하는 경우에 필요한 때에는 사법경찰직원을 지휘하여 수사의 보조를 하도록 할 수 있다.

④ 전 3항의 경우에 사법경찰직원은 검찰관의 지시 또는 지휘에 따라야 한다.

제194조

① 검사총장, 검사장 또는 검사정은 사법경찰직원이 정당한 이유 없이 검찰관의 지시 또는 지휘에 따르지 아니하는 경우에 필요하다고 인정하는 때에는, 경찰관인 사법경찰직원에 대해서는 국가공안위원회 또는 都道府縣 공안위원회에, 경찰관 이외의 사법경찰직원에 대해서는 그 자를 징계 또는 파면할 권한을 가진 자에게 각각 징계 또는 파면의 소추를 할 수 있다.

② 국가공안위원회·都道府縣 공안위원회 또는 경찰관 이외의 사법경찰직원을 징계하거나 파면할 권한을 가진 자는 전항의 소추가 이유 있다고 인정하는 때에는 별도의 법률에 규정된 바에 의하여 소추를 받은 자를 징계 또는 파면하여야 한다.

〈검찰청법〉[36]

제6조 검찰관은 모든 범죄에 관해서 수사를 할 수 있다.

---

35   〈http://law.e-gov.go.jp/htmldata/S23/S23HO131.html〉.
36   〈http://law.e-gov.go.jp/htmldata/S22/S22HO061.html〉.

가. 검찰관과 사법경찰직원의 상호협력관계

현행법상 검찰관과 사법경찰직원은 계통적으로 분리된 상호 별개의 수사기관이며, 양자의 관계는 상하관계가 아니다. 즉 일본의 경찰과 검찰간의 관계는 기본적으로 경찰은 독립된 제1차적 수사기관이고 검찰은 제2차적 수사기관으로서 상호 협력관계에 있다. 그러나 수사의 목적에 있어서 양자간에 상위(相違)가 있는 것은 아니므로, 수사와 관련하여 양자의 관계를 어떻게 정립할 것인지 여부가 문제된다.

그런데 일본 검찰청법 제6조 제2항은 「검찰관과 다른 법령에 의하여 수사의 직권을 행사하는 자의 관계는 형사소송법이 정하는 바에 의한다」라고 규정하고 있으며, 특별사법경찰직원도 일반적으로 형사소송법의 규정에 의하여 사법경찰직원으로서의 직무를 행하는 것으로 되어 있으므로(예컨대 해상보안청법 제31조) 검찰관과의 관계도 형사소송법이 정하는 바에 따르게 된다. 이와 관련하여 형사소송법 제192조는 「검찰관과 도도부현공안위원회 및 사법경찰직원은 수사에 관하여 상호 협력하여야 한다」라고 규정하고 있는데, 이는 사법경찰직원의 경우 인적·물적 자원이 충분하여 수사설비면에서 우수하고, 전국 방방곡곡에서 국민과 직접 접촉하고 있으므로 범죄정보에도 신속한 반면, 검찰관은 일반적으로 법률적 소양의 면에서 우수하여 적법절차의 준수라는 측면에서 상대적으로 국민의 신뢰를 더 많이 받고 있고, 고도의 법률지식을 요하는 복잡한 사건의 수사를 담당하기에 적합한 지위에 있다고 볼 수 있으므로 양자의 장·단점을 조화시켜 수사에 있어 상호 협력하게 하는 것이 이상적이라는 데 법의 취지가 있다고 할 것이다. 실제에 있어서도 구체적 사건과 관련된 법률적 자문, 사건의 송치 및 소송수행과 관련된 의견청취를 위하여 사법경찰직원은 검찰관과 긴밀한 연락을 가지며 법률상·사실상 지휘를 받고 있다.

그러나 범죄수사는 형사절차의 제1단계로서 그 다음 단계로 재판과정이 따르게 되고 그 사이에 재판과정을 거칠 것인가 여부의 결정이 접속되어 있다. 따라서 수사를 검찰관 이외의 다른 기관이 담당하는 경우에도 그 다음 단계를 승계하는 검찰관에게 그 준비단계인 수사에 관여할 수 있는 길을 열어놓지 않는다면 그 다음 단계의 추행(追行)에 있어서 불합리한 결과를 초래할 우려가 있는 것이다. 여기에 경찰수사가 조직상 전혀 별개기관의 직무임에도 불구하고 검찰관의 지시·지휘에 따르게 하지 않을 수 없는 근거가 있다. 즉 현행법상 검찰관은 스스로 수사할 수 있음과 동시에, 다른 수사기관을 지시·지휘하여 수사를 적정한 방향으로 이끌고 불충분한 점을 보완케 할 수 있도록 하는 것이 인정된다.

나. 일반적 지시권

형사소송법 제193조 제1항은 「검찰관은 그 관할구역에 따라 사법경찰직원에 대하여 그 수사에 관하여 필요한 일반적 지시를 할 수 있다. 이 경우의 지시는 수사를 적정하게 하고, 기타 공소의 수행을 완전하게 하기 위하여 필요한 사항에 관한 일반적 준칙을 정하는 것에 의하여 행한다」라고 규정하고 있다. 이러한 일반적 지시권을 부여한 이유는, 비록 검찰관과 사법경찰직원의 기본적 관계가 상명하복의 관계는 아니지만, 검찰관이 공소를 제기·유지한다는 관점으로부터 수사의 불비·결점을 보정·보충할 필요성이 있기 때문이라고 한다.[37]

이 일반적 지시권에 근거하는 것으로서 검찰총장이 발하는 서류작성에 관한 「사법경찰직원수사서류기본서식례」(1961. 6. 1. 검찰총장 일반적 지시), 「사법경찰직원수사서류간이서식례」(1963. 6. 1. 검찰총장 일반적 지시), 법무성형사국장의 依命指示에 의해 각 검사정(檢事正)[38]이 관내 일반사법경찰직원에 대하여 발한 「도로교통법위반사건처리를 위한 공용서식」의 사용에 관한 일반적 지시, 사건송치에 관한 「송치절차의 특례에 관한 건」 및 이것에 의거한 각 지방검찰청의 검사정 등의 지시, 즉 「미죄(微罪)처분의 기준준칙」[39]의 일반적 지시 등이 있다.

다. 일반적 지휘권

형사소송법 제193조 제2항은 「검찰관은 그 관할구역에 따라 사법경찰직원

---

37 臼井滋夫 「捜査における檢察と警察の關係」, ジュリスト 刑事訴訟法の爭點 1979, 31면.
38 지방검찰청의 장을 검사정이라고 한다.
39 2015년(平成 27년) 미죄처분으로 처리된 전체 인원은 71,496명인데, 이는 전체 검거인원 (239,355명)의 35.7%에 해당하는 수치라고 한다(이정민, 앞의 논문, 34면).

에 대하여 수사의 협력을 요구하기 위하여 필요한 일반적 지휘를 할 수 있다」라고 규정하고 있다. 이때의 지휘는 법문상 사법경찰직원의 수사 그 자체를 의미하는 것은 아니며, 검찰관의 수사가 행하여지는 것을 전제로 하고 그 수사방침에 따라 검찰관측의 수사에 협력하도록 한다는 취지라고 한다.[40] 즉 검찰관측 수사와의 관계에서 행사되는 권한이라는 점에서 일반적 지시와 다르다. 따라서 구체적 사건의 수사를 전제로 하지 아니하는 경우는 일반적 지시의 방법(제193조 제1항)에 의하여야 한다.

이것은 검사가 구체적 사건에 대하여 수사의 방침 및 계획을 세워 관계되는 사법경찰직원에 대해서 그 방침 및 계획에 의해서 수사의 협력을 구할 경우, 각 사법경찰직원의 구체적 수사의 불균형을 시정·조정하기 위하여 필요에 따라 검사 자신이 당해 사건의 수사를 주재하여 그 시정·조정을 할 경우에 행하여진다. 다만 개개의 사법경찰직원이 아니라 수사의 협력을 구하는 사법경찰직원의 일반에 대한 것이므로 일반적 지휘권이라고 한다. 예컨대 검사가 광역에 걸친 선거위반사범을 수사하고 복수의 사법경찰직원도 동시에 동일범죄의 수사에 착수한 때에 경찰수사 방침이 각각 다르다면 적절한 수사를 기대할 수 없으므로 수사방침 및 계획을 세워 관계 사법경찰관에 대해 사법경찰직원 상호간 수사의 조정을 위해 경찰수사의 계획이나 방침을 통일시키는 지휘를 하는 것이다.

한편, 사법경찰직원이 수사 중인 사건이 검찰관의 협력·요구에 장애가 된다면 검찰관은 사법경찰직원의 수사를 변경, 중지시킬 수 있다.

라. 구체적 지휘권

형사소송법 제193조 제3항은 「검찰관은 스스로 범죄를 수사하는 경우에 필요한 때에는 사법경찰직원을 지휘하여 수사의 보조를 하도록 할 수 있다」라고 규정하고 있다. 또한 검찰관의 수사권에는 관할구역의 제한이 없으므로 수사상 필요한 지역의 사법경찰직원을 지휘할 수 있다.

이 지휘는 개개의 사건, 개개의 사법경찰직원에 대해 행하여지는 점에서 일반적 지시권 및 일반적 지휘권과 구별된다. 다만 이러한 검찰관의 사법경찰

---

40 高田卓爾, 刑事訴訟法Ⅰ, 靑林書院, 579면.

직원에 대한 구체적 지휘는 검찰관이 구체적 사건을 직접 수사중인 경우에 한
하여 허용되므로 사법경찰직원이 직접 수사중인 경우에는 구체적 지휘권의 행
사가 허용되지 아니한다는 견해도 있으나,[41] 경찰의 수사진행중인 개별사건에
대하여 송치이전에 검사가 직접적으로 개입하여 수사에 관한 지휘를 할 수 없
다는 의미이지, 검사가 필요하다고 인정할 때에는 사법경찰직원으로부터 사건
을 인계받아 검사 자신의 지휘하에서 수사를 속행할 수는 있다고 보아야 할 것
이다.[42] 따라서 검찰관이 현재 수사중이면 족하고 수사개시의 원인은 이를 불문
하므로, 검찰관이 직접 수사를 인지하여 수사하거나 고소·고발에 의하여 검찰
관이 수사를 하는 경우[43]는 물론 사법경찰직원으로부터 사건을 인계받아 수사
를 하는 경우에도 사법경찰직원에 대한 구체적 지휘가 허용된다고 본다.

　　이처럼 검찰관이 구체적 지휘권을 행사한 경우 사법경찰직원은 검찰관의
수사를 보조하게 되어 완전히 검찰관의 지휘하에 들어가므로[44] 사법경찰직원의
독자적 수사권이 상실된다고 할 것이다.[45] 이 경우 사법경찰직원이 보조하는 수
사의 종류에는 제한이 없으므로 피의자신문·참고인조사와 같은 임의수사는 물
론 체포·차압(差押)·수사·검증과 같은 강제수사에 대해서도 보조가 허용된다고
보아야 한다.

　　마. 사법경찰직원의 복종의무와 검찰관의 징계권

　　형사소송법 제193조 제4항은 「전항의 경우에 사법경찰직원은 검찰관의 지
시 또는 지휘에 따라야 한다」라고 규정하고 있다. 물론 검찰권의 지시·지휘가
적법한 경우에 한하여 사법경찰직원은 복종의무가 있으며 그 지시·지휘가 위법
인 경우에는 복종의무가 없다.

　　이러한 검찰관의 지시 및 지휘를 실효성 있게 하기 위하여 일본 형사소송

41　安富潔, 演習講座 捜査手續法, 立花書房, 1995, 10면.
42　高野利雄,「捜査における檢察と警察の關係」, ジュリスト 刑事訴訟法の爭點(新版), 有斐
　　閣, 1992, 27면.
43　平場安治/高田卓爾, 注解刑訴(中), 靑林書院新社, 28면.
44　渥美東洋, 刑事訴訟法, 有斐閣, 60면.
45　平場安治/高田卓爾, 앞의 책, 28면.

법 제194조는 복종의무를 규정함과 동시에 사법경찰직원에 대한 검찰관의 징계요구권을 규정하고 있다. 즉, 사법경찰직원이 정당한 이유없이 검찰관의 지시 또는 지휘에 복종하지 않는 경우에는 검사총장(檢事總長), 검사장(檢事長)[46] 또는 검사정(檢事正)은 일반사법경찰직원에 대하여는 국가공안위원회 또는 소속 도도부현공안위원회에, 특별사법경찰직원에 대하여는 징계 또는 파면의 권한을 가진 자에게 각각 징계 또는 파면의 소추를 할 수 있으며(제194조 제1항), 소추를 받은 국가공안위원회 등의 징계하거나 파면할 권한을 가진 자는 위 소추가 이유있다고 인정하는 때에는 별도의 법률이 정하는 바에 의하여 소추를 받은 자를 징계 또는 파면하여야 하는데(동조 제2항), 이에 관한 절차에 관해서는 '형사소송법 제194조에 근거한 징계처분에 관한 법률'[47]이 규정하고 있다.

　　이러한 징계·파면을 위한 소추권을 규정한 일본 형사소송법 제194조는 검찰관과 사법경찰직원의 관계를 철저한 상명하복관계로 하고 있던 구법에서도 없었던 조문으로 체포장의 남용 등 경찰조사에 대한 각계의 비판을 배경으로 1953년의 형사소송법 개정시 신설된 규정이다.

---

[46]　일본 검찰청에는 최고검찰청·고등검찰청·지방검찰청·구검찰청이 있으며, 검찰총장은 최고검찰청의 장이며, 검사장은 고등검찰청의 장이고, 검사정은 지방검찰청의 장이다. 구검찰청에는 상석검찰관이 구검찰청의 장으로서 청무(廳務)를 장리(掌理)한다. 고등검찰청 또는 지방검찰청의 지부에는 지부장을 둔다(일본 검찰청법 제1조 제2항).

[47]　〈형사소송법 제194조에 기한 징계처분에 관한 법률 제1조(징계의 청구)〉
　　형사소송법 제194조에서 정한 소추는 경찰관인 사법경찰직원 중, 국가공무원인 자에 대해서는 국가공안위원회에, 그 외의 자에 대해서는 도도부현공안위원회에, 경찰관인 자 이외의 사법경찰직원에 대해서는 그 자를 징계 또는 파면할 권한이 있는 자에 대해 서면으로 청구하는 것으로 한다.
　　〈형사소송법 제194조에 기한 징계처분에 관한 법률 제2조(징계의 처분)〉
　　전조의 청구를 받은 자가 징계 또는 파면에 관한 처분을 하는 경우에 있어서 처분의 종류, 절차(처분에 대한 심사에 관한 것을 포함) 및 효과에 대해서는 형사소송법에서 정한 것 외 각각 당해 직원에 대한 통상의 징계처분의 예에 의한다.

(6) 운영실태 및 평가

가. 운영실태

먼저 송치후를 살펴보면, 일본은 전건송치주의(全件送致主義)를 채택하고 있으므로 경찰은 입건한 사건을 전부 송치하여야 하며(형사소송법 제246조),[48] 검찰은 경찰로부터 사건이 송치되면 구체적 지휘권에 근거하여 그 송치사건에 관한 보완수사지휘를 자유롭게 할 수 있다고 한다. 즉, 일본에서는 경찰이 피의자를 체포하면 48시간 이내에 석방하거나 검찰관에게 모두 송치해야 하므로 송치하기 전에 경찰에서 필요한 수사를 전부 마치는 것이 어렵고, 따라서 거의 모든 구속사건에서 송치를 받은 후 검찰관이 구체적 지휘권을 행사해서 경찰관으로 하여금 보완수사를 하는 것이다. 통상 미죄처분을 제외하고 75~85% 이상 사건이 검찰로 송치되는데, 검찰관은 직접 고소·고발을 접수하거나 스스로 인지한 사건에 대해서는 경찰에 수사를 시키지 않고 검찰에서 모든 수사를 직접 행하며, 경찰에서 수사하는 것이 적당한 사건은 검찰에서 고소·고발을 접수하지 않고 경찰에 가서 고소·고발시키는 경우가 많다[49]고 한다.

이에 따르면 사법경찰 송치인원은 매년 감소하여 2011년 대비 2015년의 경우 약 20% 감소하였으며, 검사 인지·직수 인원은 매년 증가하여 2011년 대비 2015년의 경우 약 10% 증가하였음을 알 수 있다.

이러한 검찰 기소 관련 주요통계에 따르면, 높은 기소유예율과 낮은 무죄율을 일본 형사사법의 특징으로 볼 수 있을 것이다.

다음으로 송치전을 살펴보면, 송치전에 있어서는 검찰은 일반적 지시로 수사에 사용되는 서식 등을 경찰에 지시하는 외에 경찰의 개별수사에 관하여는 관여하지 아니하는 것을 원칙으로 하고 있다. 다만 전형적·일반적인 사건이 아닌 중요·복잡한 사건 및 고소사건 등에 관하여 경찰은 송치전이라도 상담이라

---

48 형사소송법 제246조(사법경찰원은 범죄의 수사를 한 때에는 이 법률에 특별히 정한 경우를 제외하고는 신속히 서류 및 증거물과 함께 사건을 검찰관에게 송치하여야 한다. 단 검찰관이 지정한 사건에 대해서는 그러하지 아니하다).

49 小池忠太(코이케타다히로; 일본 법무성 검사), "일본에 있어서의 검찰과 경찰 수사에 대하여", 2018년 제1회 형사법아카데미 발표문(2018. 4. 6.), 10면.

[표 4-1] 일본의 검찰 수사 관련 주요 통계50 기준(명)

구 분 / 연 도	총 계	구 수	수 리			
			신 수			
			계	검찰 인지, 직수	사법경찰 송치	기타 (타청 수리등)
2011	1,170,263	11,877	1,158,386	5,608	1,055,699	97,079
2012	1,130,551	13,349	1,117,202	5,941	1,015,459	95,802
2013	1,080,962	16,854	1,064,108	5,518	967,464	91,126
2014	1,012,147	16,368	995,779	5,265	902,701	87,813
2015	964,819	16,569	948,250	6,192	854,813	87,245

[표 4-2] 일본의 기소율 및 무죄율51

구 분	2011년	2012년	2013년	2014년	2015년
기소율 (기소/전체사건)	27.67%	27.04%	26.31%	26.44%	27.08%
기소유예율 (기소유예/전체사건)	47.30%	48.09%	49.20%	49.10%	46.97%
1심 무죄율 (무죄/선고사건)	0.01%	0.01%	0.02%	0.02%	0.01%

는 형식으로 검찰의 지도를 받아 수사를 하는 관행이 성립되어 있고, 체포장 청구에 있어서도 긴급체포·현행범체포가 아닌 통상체포의 경우 같은 방법으로 검찰관과의 상담 후 체포장을 청구하고 있다고 한다. 특히 상담에 대하여 경찰은 말 그대로 사전 상담·지도에 불과할 뿐 지휘는 아니라고 생각하나, 이에 반하여 검찰은 수사는 소추를 위하여 하는 것이므로 소추를 위한 증거수집은 당연히 지시할 수 있고 그 지시에 대하여 경찰은 따르지 않을 수 없다고 생각하고 있어, 양자간의 수사구조론에 대한 인식차이는 아직도 완전히 불식된 것으로는 보이지 않는다.52

---

50 출처: 일본 법무성[2011~2015. 일본 검찰 피의사건 수리·처리통계(도로교통법위반 제외)]
51 출처: 정부통계 종합창구(http://www.e-stat.go.jp/SG1/estat/List.do?lid=000001157683)
52 필자가 면담한 동경지검 형사부 나가사키(長崎) 부부장 및 아즈마(東) 검사에 따르면, 일반

그런데 일본 형사소송법이 송치전 경찰수사에 대한 검찰관의 수사지휘권을 인정하지 아니함으로써, 경찰이 검찰관의 의견을 따르지 아니하는 경우에 사건처리가 문제되는데, 이에 대하여 한때 검찰에서는 방치론(突き放し論), 즉 경찰이 검찰의 지휘에 따르지 않는 경우 그 사건을 기소하지 않으면 된다고 하는 주장이 제기된 바 있었으나, 이 방법은 검찰관으로서 취할 수 있는 적절한 방법이 아니라는 이유로 실제 사용된 적은 없다고 한다. 대신 일본 검찰은 경찰이 검찰의 지시를 충실히 이행하지 아니한 것에 대하여 검찰지휘가 불충분하여 왜 그 수사가 필요한 지를 납득시키지 못하였거나 지휘내용이 불필요한 것까지 요구하였기 때문이 아닌지에 대한 반성을 토대로 경찰의 지휘방법에 대하여 장기간 연구하고 수사능력을 길러 「사전상담」이라는 관행을 확립시켰다고 한다. 그러나 검·경간의 의견대립시 이를 통합·조정할 수 있는 제도적 장치가 없다는 문제점은 여전히 남아있다고 한다.

현재 일본에서 독자적인 수사권을 행사하고 있는 검찰관은 도쿄(東京), 오사카(大阪), 나고야(名古屋) 등 3개 지검의 특별수사부 검사이며, 이들은 고소·고발을 직접 수리하거나(이러한 사건을 直告事件이라고 부른다) 대규모의 증수뢰나 탈세·상법위반 등의 수사를 담당하고 있고, 그 외 部가 설치되어 있는 橫浜, 京都, 新戸, 千葉, 浦和, 高松 등 10개의 지방검찰청에 독자수사의 강화를 위한 특별형사부(공안·특수)가 설치되어 있다.

나. 평 가

일본 형사소송법에서 경찰에게 1차적인 수사권을 부여하고 있음에도 불구하고 독점적이고 배타적인 수사권을 인정하지 않고 공동의 수사권을 검찰과 함께 보유하게 하고 있다. 이처럼 일본에서 1차적인 수사권을 경찰에게 인정하고 있음에도 불구하고, 검찰에게 수사권을 인정하면서 사법경찰직원에 대한 수사지시권

사건의 경우 경찰 입장에서도 자기가 수사한 사건이 기소되기를 원하므로 검사의 법적 조언에 따를 수밖에 없고, 이런 점에서 상호 갈등의 요인은 크게 없으며, 중요사건의 경우 검사가 범행현장 등 초동단계부터 직접 관여하여 체포장 청구시 검사가 실질적으로 가·부를 결정하고, 송치후에는 검사가 대부분 직접 수사한다고 한다(정웅석, 수사지휘에 관한 연구, 대명출판사, 2011, 208면).

및 수사지휘권을 규정하고 있는 이유는 경찰의 특성상 현장에서 광범위하게 수사를 할 수 있는 능력을 높게 사는 반면, 검찰에서는 법적인 검토를 보다 면밀하고 신중하게 잘 할 수 있다고 보고 있기 때문이다. 이는 자칫 현장에서 발생할 수 있는 인권 침해를 동반한 무리한 수사를 최대한 억제하고 인권보장의 책임과 의무 및 권한을 특별히 검찰에게 부여하는 것으로 해석된다. 따라서 위와 같은 각 규정에 대한 해석상 검사의 수사 권한과 사법경찰에 대한 수사지휘 권한이 모두 인정된다고 해석하여야 하고 달리 해석할 여지는 없다. 왜냐하면 규정 내용상 우리나라보다는 수사지휘 권한이 약화되어 있고, 형사소송법 제192조에 검찰관과 사법경찰직원의 협력관계를 규정하고 있다고 하여 검사의 수사 권한 또는 수사지휘 권한이 없다고 할 수 없으며, 실무상 우리나라와 다소 차이가 있다고 하여 만연히 '수사와 기소가 분리'되어 있다고 견강부회를 할 수 있는 것은 아니기 때문이다. 더욱이 일본은 우리나라와 같이 경찰서장이 즉결심판을 청구할 수 있는 제도가 없고, 우리나라와는 달리 구속후 10일 동안을 수사하지 못하고 단지 체포하여 48시간 내에 검찰에 송치하도록 되어 있어 우리나라 경찰의 수사권이 일본의 경찰보다 오히려 강력하다는 점도 간과할 수 없는 대목이다.

III. 서아시아 2개국

❶ 터   키(Turkey)

(1) 헌법 규정

〈헌 법〉[53]
제139조(B. 판사 및 검사의 재직권 보호) 판사와 검사는 해임되지 않고, 그들이 요청하지 않는 한 헌법에 규정된 연령에 달하기 전에 퇴직되지 않는다. 또한 법원 또는 직위의 폐지에 의해서도 그들의 지위와 관련된 급여, 수당 등을 박탈당하지 않는다.

---

[53] 〈https://www.constituteproject.org/constitution/Turkey_2011?lang=en〉.

제140조(C. 판사 및 검사) 판사와 검사는 사법 법원과 행정 법원의 판사와 검사로 복무한다. 이러한 의무는 전문 판사와 검사가 수행해야 한다.

판사는 법원의 독립성 원칙과 판사의 재직권 보장에 따라 그 의무를 수행해야 한다. 판사와 검사의 자격, 임명, 권리와 의무, 봉급과 수당, 승진, 의무 또는 직위의 일시적 또는 영구적 변경, 이들에 대한 징계절차의 발의 및 후속 징계처벌 부과, 이들에 관한 조사 실시 및 그 의무를 수행하는 과정에서 또는 그와 관련하여 행한 범죄를 이유로 이들을 기소하는 후속 결정, 파면을 요구하는 유죄 확정 또는 부적격 권고, 재직 중 교육 및 그 밖에 신분과 관련된 사안은 법원의 독립성 원칙과 판사의 재직권 보장에 따라 법률로 규정해야 한다.

판사와 검사는 65세가 될 때까지 그 의무를 수행해야 한다. 나이에 따른 승진과 군 판사의 퇴임은 법률로 규정해야 한다.

판사와 검사는 법률로 규정된 기능 이외의 공적 또는 공적 직무를 맡을 수 없다. 판사와 검사는 그 행정적 기능을 관장하는 법무부에 소속되어야 한다.

제144조(G. 판사 및 검사 감독) 법률, 규정, 조례 및 회보(판사의 경우 행정 회보)에 따른 그 의무 이행, 의무 이행 과정에서 또는 그와 관련하여 범죄를 행하였는지에 대한 조사, 행위와 태도가 그 신문과 의무에 적합한지 여부, 필요한 경우 판사와 검사에 관련된 질의와 조사와 관련하여 판사와 검사의 감독은 법무부의 허가 하에 사법 감시부에서 수행한다. 법무부는 조사 대상 판사 또는 검사보다 선임인 판사 또는 검사가 조사 또는 질의를 수행할 것을 요구할 수 있다. (그 외 검사에 관한 규정이 다수 있음)

　터키 헌법은 국민에게 자유와 안전을 보장하면서도, 인권의 보호 임무와 기능을 주로 판사에게 부과하고 기대하는 태도를 보이고 있다. 기소에 관한 규정이 있지만 구체적으로 담당기관이 어디인지에 대하여는 공백규정인 형태이며, 개방적인 형태로 헌법을 입법하고 있다. 다만 자유를 박탈당한 자에게 적절한 사법기관에게 재판절차에 따른 신속한 판결이 가능하도록 요청할 수 있는 규정을 두고 있다. 이는 터키의 사법기관이 인권의 보호기능을 담당하고 있다는 것을 규정하고 있다고 볼 수 있다. 특히, 터키 헌법 제139조 등에서 검사의 해임 금지 등 신분의 보장과 임기 등 검사의 독립성을 보장하기 위한 규정이 다수 발견되는 것이 특징이다.

(2) 형사소송법 규정

형사소송법[54]

제160조 ① 검사는 범죄보고 또는 다른 방법에 의해 범죄가 범해졌다는 인상을 창출하는 사실관계를 알게 될 경우, 공소제기 여부를 결정하기 위해 즉시 사실관계를 수사하여야 한다.

② 사실관계를 수사하고 공정한 재판을 확보하기 위해 검사는 그의 지휘를 받는 사법경찰을 통해서 피의자에게 유리하거나 불리한 증거를 수집, 확보하고 피의자의 권리를 보호할 의무가 있다.

제161조 ① 검사는 직접 또는 그의 지휘를 받는 사법경찰을 통해 여하한 종류의 수사를 수행할 수 있다. 또한 검사는 전조에 규정된 목적을 달성하기 위해 모든 공무원으로부터 모든 종류의 정보 제공을 요구할 수 있다……

② 사법경찰은 다루기 시작한 사건, 영장 없이 체포한 사람, 착수한 조치를 그들을 지휘하는 검사에게 즉시 알려야 하고, 검사의 모든 사법적 지시를 지체 없이 이행할 의무가 있다.

터키의 구(舊) 형사소송법에 따르면, 법무부 장관이 검찰총장에게 기소를 요구할 수 있었고 또한 지방 주지사들도 검찰에게 공개적인 기소를 요구할 수 있었다.[55] 이러한 과거의 형사소송법의 태도는 형사소송절차에서 법무부 장관이나 지방 주지사들에 의한 인권침해가 얼마든지 가능할 수 있었다는 점을 반증해 준다.

터키의 구(舊) 형사소송법에 따르면, 수사와 관련해서도 터키 경찰이 수사를 주도하면서 발생했던 피해자들의 인권침해가 결정적인 이유가 되어 개정 형사소송법에서는 검찰이 수사를 지휘하고 지시하도록 개정되었다.[56] 물론 이러한 법의 개정에도 불구하고 여전히 경찰에 의한 수사과정에서의 인권침해 사례들이 종종 발생하였으며, 이로 인하여 터키 경찰은 검찰에게 수사와 조사 사실

---

54 원문: ⟨http://www.ceza-bb.adalet.gov.tr/mevzuat/5271.htm⟩.
      영문: ⟨http://www.legislationline.org/documents/section/criminal-codes/country/50⟩.

55 Article 148/3, CMUK

56 Article 154, repealed CMUK

등에 대한 보고를 반드시 하도록 규정되었다.

　　1992년 개정 형사소송법도 경찰이 모든 범죄에 대하여 즉시 검찰에 신고할 의무를 이행하도록 규정하고 있었다.[57] 그럼에도 불구하고 경찰 수사 과정에서 인권 침해를 효과적으로 방지하고 통제하지 못하였기 때문에 2004년 터키 형사소송법(new Penal Procedure Code)은 사법경찰관들이 검사의 수사 지시와 수사명령에 따르도록 의무지우는 입법을 한 것이다. 따라서 터키의 새로운 형사소송법에 따르면 경찰은 검찰의 특정한 명령이 없이는 수사를 개시할 권한이 없다.[58] 즉, 터키의 경우에는 범죄의 수사에 관하여 철저하게 검찰에게 수사의 개시 결정 권한과 수사의 지시와 지휘 권한을 부여하고 있으며, 경찰에 대하여는 철저하게 인권 침해를 방지할 수 있도록 검찰의 지시와 지휘를 받도록 하고 있다.

　　또한 개정 형사소송법에 따라 사인소추가 폐지되고, 국가소추가 원칙이 되면서 모든 범죄는 국가 이름으로 기소된다. 그리고 이러한 기소에 대하여 검찰청은 정부의 행정부를 대표하여 기소를 담당한다. 이런 점은 사인소추에 의한 인권침해가 터키에서 극심하였다는 것을 반증하는 것으로서 공신력이 있고 법률에 대한 해박한 지식과 인권을 존중하는 방식의 법적 처리 능력을 갖춘 검찰에게 기소를 맡기는 것이 인권보장이라는 근본 목표에 더 부합한다고 보는 것이다.

❷ 이스라엘(Israel)

영미법계 국가에 속하므로 후술한다.

57　Article 154/2, repealed CMUK
58　According to the new Penal Procedure Code, the police have no authority to conduct any investigation unless there is a specific order of the Public Prosecutor (Article 160/1, CMK).

Ⅳ. 서유럽 7개국

❶ 독 일(Germany)

(1) 헌법 규정

독일 연방헌법은 검사에 대하여 별도의 규정을 두고 있지 않으며, 독일에서 검찰의 조직과 검찰에 대한 법적 규제는 법원이나 판사와 함께 법원조직법(Gerichtverfassungsgesetz: GVG)과 독일법관법(Deutsches Richtergesetz: DRiG)에 규정되어 있다. 이러한 사실은 검사가 객관적으로 진실을 수사하는 사법기관이고 형사사법에 대하여 법원과 함께 책임을 부담해야 하기 때문에 자격과 보수의 측면에서 판사와 동일한 지위가 보장되어야 한다는 점에 근거하고 있다고 한다.

전술(前述)한 것처럼 법원조직법에 따르면, 독일 검찰청은 각급 법원관할 내에 설치한다. 그리고 연방대법원에서는 연방검찰총장(Generalbundesanwalt), 고등법원에서는 주(州)검찰총장(Generalstaatesanwalts), 지방법원에서는 검사장인 고등검사(Leitend Oberstaatesanwalt)가 검찰권을 행사한다. 검찰의 위계조직을 살펴보면, 연방에는 연방법무부장관 – 연방검찰총장 – 연방검사의 순으로, 주(州)에는 주(州)법무부장관 – 주(州)검찰총장(Generalstaatesanwalt beim OLG) – 지방검찰청검사장 – 검사로 이어진다.59 연방검찰은 연방법원의 관할사건에 대해서만 검찰사무를 담당하며, 주검찰청의 권한에 속하는 사항에 관해서는 고등검찰청이나 지방검찰청의 검사를 지휘·감독할 권한을 갖지 않는다.60 검찰총장은 연방법무부장관의 제청으로 연방상원의 동의를 거쳐 연방대통령이 임명하는데, 독일에서 살아있는 정치권력이라 할 수 있는 내각수상이나 하원이 인사권이나 지휘감독권을 갖고 있지 않다는 점에서 권력으로부터 독립되어 있다고 볼 수 있다.

---

59 법무자료 제261집, 「각국의 법무제도」(대검찰청, 2004), 137–138면 참조.

60 Gerichtsverfassungsgesetz§ 147. Das Recht der Aufsicht und Leitung steht zu: 1. dem Bundesminister der Justiz und für Verbraucherschutz hinsichtlich des Generalbundesanwalts und der Bundesanwälte.

(2) 형사소송법 규정

형사소송법[61]

제160조 ① 고발이나 그 밖의 수단에 의해 어떤 범죄행위의 혐의를 알게 되는 즉
시 검사는 공소제기 여부를 결정하기 위하여 사실관계를 조사하여야 한다.

제161조 ① 제160조 제1항 내지 제3항에 명시된 목적에 따라 검사는 모든 공공기
관에 대하여 정보를 요구할 수 있고, 그 권한에 대한 다른 특별한 법규정이 없는
한 모든 종류의 수사를 스스로 수행하거나 경찰기관과 경찰직 공무원이 이를 수행
하도록 할 수 있다. 경찰기관과 경찰직공무원은 검사의 의뢰나 지시를 이행할 의
무가 있으며, 이 경우 다른 모든 기관에게 정보를 요구할 권한을 갖는다.

제163조 ① 경찰관청과 경찰공무원은 범죄행위를 조사하여야 하며, 사건의 증거인
멸을 방지하기 위하여 지체해서는 안 될 모든 조치를 하여야 한다. 이 목적을 위해
경찰관청 및 경찰공무원은 다른 법률에 그 권한을 달리 규정하고 있는 않는 한 모
든 관청에 사실관계를 조회할 수 있으며, 급박한 경우는 조회결과를 요구할 수 있
고 모든 종류의 수사행위를 할 수 있다.

독일 형사소송법(StPO) 제161조 제1항은 「검사는 모든 공공기관에 대하여
정보를 요구할 수 있고, 그 권한에 대한 다른 특별한 법규정이 없는 한 모든 종
류의 수사를 스스로 수행하거나 경찰기관과 경찰직 공무원이 이를 수행하도록
할 수 있다. 경찰기관과 경찰직공무원은 검사의 의뢰나 지시를 이행할 의무가
있으며...」라고 하여 검사의 수사 권한과 사법경찰에 대한 수사지휘 권한을 모
두 인정하고 있다.

이에 대하여, 일부 견해는 독일이 "......실무상 수사와 기소의 분리를 가져
오고 있다."고 주장하면서 독일이 '검사 우위형 수사·기소 분리모델'이라고 지
칭하고 있으나,[62] 독일이 '수사와 기소가 실무상 분리'되어 있다고 할 수 있는
것인지는 매우 의문이다. 근거로 제시되는 독일의 법제도와 실무가 모두 우리

---

61 〈https://www.gesetze-im-internet.de/stpo/〉.

62 서보학, "Global Standard에 부합하는 수사·기소 분리", 「견제와 균형을 위한 검찰개혁 어
떻게 할 것인가?」, 국회의원 민병두/소병훈/금태섭/민주사회를 위한 변호사 모임 주최 자
료집, 2017, 46면.

나라와 거의 차이가 없기 때문이다.[63]

　　양국 검찰 사이에 존재하는 단 하나의 실질적인 차이점은 우리나라 검찰이 독일에 비하여 직접 수사를 많이 한다는 점뿐이다. 그런데 독일 검찰이 직접 수사를 많이 하지 않는 이유는 '손발 없는 머리'에 비유되는 독일 검찰의 수사지휘에 '손발'인 사법경찰이 잘 따르기 때문이다. 따라서 검사가 수사를 하여야 할 경우 사법경찰을 지휘하여 수사하면 되므로 굳이 많은 자체 수사인력을 두어 수사를 할 필요가 없는 것이다. 즉, 우리나라 검찰이 직접수사를 많이 하고 독일 검찰이 적게 하는 것은 검경간의 관계에서 비롯된 차이일 뿐, 우리나라 경찰의 자율성이 부족해서가 아니다. 오히려 검사가 자신의 수사요원인 경찰을 활용하여 수사하는 독일보다 다양한 이유를 들어 검사의 수사지휘를 거부해 온 우리나라 경찰이 더 많은 자율성을 향유하고 있는 것이다.

　　결국 독일에서의 수사권논쟁은 사실상 대부분의 사건을 경찰이 처리하는 현실인식에 기초하면서도 수사절차에 있어서의 '검사의 주재자성'은 결코 훼손할 수 없는 원칙임을 전제로 하여 그 안에서 현실적인 문제로서 사법경찰관의 자율성을 얼마만큼 인정하여 줄 것인가에 관한 찬/반 논의인 것으로, 우리나라에서 주장하는 것처럼 검사의 수사지휘를 배제하는 논의는 결코 아니다. 즉 수사의 개시와 진행에 있어서도 강제처분 등 기본권침해의 위험이 있는 부분이나 사건이 복잡한 경우, 중요한 경우 등 일정한 경우는 사건의 송치 이전에 검찰이 개입할 수 있고 검찰의 지휘를 받아야 하는 경우를 인정하는 점에는 전혀 이견(異見)이 없으며, 다만 이를 어떤 식으로 범위를 정하여 나머지 영역에서의 수사의 개시와 진행에 있어서의 경찰의 자율성을 부여할 것인가의 논쟁일 뿐이다.

---

[63] 신태훈, 앞의 논문, 46면.

❷ 프랑스(France)

(1) 헌법 규정

〈헌 법〉[64]

제64조 ① 공화국 대통령은 사법권의 독립을 보장한다.

② 공화국 대통령은 최고사법관회의의 보좌를 받는다.

③ 사법관의 신분은 조직법률로 정한다.

④ 법관은 파면되지 아니한다.

헌법 제65조 ① 최고사법관회의는 판사 관할부와 **검사 관할부**로 구성된다.

② 판사 관할부는 대법원 제1재판장이 주재한다. 또한 판사 관할부는 재판관 5인, 검찰관 1인, 행정최고재판소에 의해 지명된 위원 1인, 변호사 1인, 그리고 의회·사법부·행정부에 속하지 않는 자격 있는 6인으로 구성된다. 공화국 대통령, 국민의회 의장, 상원 의장은 각각 자격 있는 2인을 지명한다. 제13조 마지막 항에서 규정된 절차는 자격 있는 인물의 지명에 적용된다. 국민의원과 상원의 의장에 의해 행해진 지명은 해당 의회의 관계상임위원회의 의견에만 구속된다.

③ 검사 관할부는 대법원 소속의 검찰총장이 주재한다. 또한 검찰관 관할부는 검찰관 5인, 재판관 1인, 그리고 제2항에서 언급한 행정최고재판소 위원, 변호사, 자격 있는 6인으로 구성된다.

④ 최고사법관회의는 대법원 재판관, 항소법원의 제1재판장, 지방법원의 재판장의 임명을 제청한다. 이외의 재판관은 법관 관할부의 동의로 임명된다.

⑤ 최고사법관회의의 검사 관할부는 검사의 임명에 관한 의견을 제시한다.

⑥ 최고사법관회의의 판사 관할부는 재판관의 징계위원회로서 결정을 내린다. 최고사법관회의의 판사 관할부는 제2항에서 정한 구성원 외에 검사 관할부에 속하는 재판관을 포함한다.

⑦ 최고사법관회의의 검사 관할부는 검사의 징계조치에 대한 의견을 제시한다. 최고사법관회의의 검사 관할부는 제3항에서 정한 구성원외에 검사 관할부에 속하는 검사를 포함한다.

---

64 https://www.legifrance.gouv.fr/affichTexte.do?cidTexte=LEGITEXT000006071194.

⑧ 최고사법관회의는 제64조에 따른 공화국 대통령의 의견요구에 답하기 위하여 전체회의가 소집된다. 최고사법관회의는 전체회의에서 사법관의 윤리에 관한 문제와 법무부장관이 제기하는 재판의 기능에 관련된 모든 문제에 대해 의견을 표명한다. 전체회의는 제2항에서 언급한 5명의 판사 중 3명, 제3항에서 언급한 <u>5명의 검사 중 3명</u>, 그리고 제2항에서 언급한 행정최고재판소 위원, 변호사, 자격 있는 6명으로 구성된다. 전체회의는 대법원의 제1재판장이 주재하며, <u>대법원 소속의 검찰총장이 대신할 수 있다.</u>

⑨ 징계문제를 제외하고 법무부장관은 최고사법관회의의 회의에 참석할 수 있다.

⑩ 최고사법관회의는 조직법률에 의해 정해진 조건에 따라 소송당사자에 의해 제소될 수 있다.

⑪ 조직법률은 본 조항의 적용요건을 정한다.

프랑스는 형식적 의미의 헌법(constitution au sens formel)인 헌법전에 검사에 관한 규정을 두고 있다. 헌법 제8장(Titre VIII)에서는 사법권(De l'autorité judiciaire)에 대하여 규정하고 있는데, 여기에서 판사(magistrats du siège)와 검사(magistrats du parquet)를 합하여 사법관(magistrat)으로 보고 있다. 먼저 헌법 제64조에서는 사법관의 신분은 조직법률로 정하도록 하고 있으며, 헌법 제65조에 규정된 최고사법관회의(Conseil supérieur de la magistrature)에서 판사관할부와 검사관할부를 나누어 사법관에 대한 인사를 결정하도록 규정하고 있다. 다만 동조 제4항에서는 "재판관(magistrat du siège)은 파면되지 아니한다"는 규정의 경우에는 검사는 제외된 것으로 본다. 그 이유는 검사는 사법관이기는 하지만 판결을 하지는 않기 때문에 문언에 반할 뿐 아니라, 검사는 집행권을 가진 공무원으로서 법무부장관 및 위계상 상급자에게 종속되어 있기 때문이다. 이를 종합하면 프랑스에서는 검사가 헌법에 규정되어 있기는 하나 재판관에게 보장되는 헌법상 신분보장을 받지는 못한다고 할 것이다.[65]

---

65 유일준, "검사의 헌법상 지위", 공법연구회 편, 『형사법과 헌법이념(제1권)』, 박영사, 2006, 5-6면. 형사절차의 발생 초기에 국가는 피해자에게 복수할 권리를 인정해주고, 개인의 복수를 한 방향으로 유도해주며, 그 진행을 위한 간단한 규칙을 만들고 진행의 적법성(régularité)을 통제하는 공정한 재판관을 제공하는 것에 그친 바, 이러한 절차의 예로 선서후 벌이는 사법결투(combat judiciaire)와 같은 것이 있다. 대법원, 『바람직한 형사사법시스템의

　　한편, 헌법에서 위임한 조직법률에 해당하는 '1958년 12월 22일자 오르도낭스 (ordonnance: 법률대위명령) 제 58-1270호66'와 사법조직법전(Code de l'organisation judiciaire)이 그 구체적인 내용들을 담고 있다. 이에 따르면 프랑스의 검찰은 법원에 부속되어 있는 조직이다. 우리나라의 대법원격인 파기원(Cour de cassation), 고등법원격인 항소법원(Cour d'appel) 및 지방법원격인 대심법원(Tribunal de grande instances)에 설치되어 있다.67 그런데, 이 법원을 관장하는 사법행정의 정점에 법무부장관이 있으며,68 프랑스 검찰은 법무부장관을 정점으로 하는 위계조직을 구성한다.69 검사(magistrat du parquet)는 판사(magistrat du siège)와 함께 사법관단(corps judiciaire)을 구성하며, 상호 인사교류가 이루어진다.70 법무부장관은 전체 검찰조직을 통합하면서 형사정책의 일관성 있는 집행의 감독을 위한 일반적 지시(instruction générale)를 내리는 반면,71 구체적인 사건(affaires individuelles)에 관해서는 지시할 수 없다.72 검찰총장은 대법원에 대응하는 검찰청의 장일

모색 결과보고서(Ⅱ) ― 독일·프랑스·일본의 형사사법시스템』, 대법원, 2004, 345면.

66　Ordonnance n° 58-1270 du 22 décembre 1958 portant loi organique relative au statut de la magistrature.

67　사법조직법전(Code de l'organisation judiciaire) L122-1조, L122-2조, L122-3조. 지방법원에 대응하는 검찰청의 장을 'procureur de la République'이라 하고, 항소법원과 파기원에 대응하는 검찰청의 장을 'procureur général'이라고 한다. 편의상 우리 식으로 각각 검사장, 고등검사장, 검찰총장이라고 부르기로 한다.

68　프랑스 형사소송법 제30조 ① 법무부장관은 정부에 의해 결정된 형사정책을 집행한다. 국토 내에서의 정책 적용의 일관성을 감독한다(Le ministre de la justice conduit la politique pénale déterminée par le Gouvernement. Il veille à la cohérence de son application sur le territoire de la République).

69　1958년 12월 22일자 오르도낭스 제58-1270호(Ordonnance n° 58-1270 du 22 décembre 1958 portant loi organique relative au statut de la magistrature) 제5조: 검사들은 그들의 위계선상 수장의 지휘와 감독 및 법무부장관의 통제 하에 놓인다. (Les magistrats du parquet sont placés sous la direction et le contrôle de leurs chefs hiérarchiques et sous l'autorité du garde des sceaux, ministre de la justice. A l'audience, leur parole est libre).

70　1958년 12월 22일자 오르도낭스 제58-1270호(Ordonnance n° 58-1270 du 22 décembre 1958 portant loi organique relative au statut de la magistrature) 제1조.

71　형사소송법 제30조 제2항.

72　형사소송법 제30조 제3항.

뿐, 검찰조직 일반에 대한 지휘·감독권을 가지지 않으며 고등검찰청의 장이 소속 검사들을 지휘·감독한다.[73]

이처럼 프랑스에서 권력분립은 조직의 분리보다는 독립성(indépendance)에 초점을 두고 있다.[74] 권력분립론의 프랑스적 개념은 집행권(pouvoir exécutif)과 재판기능(fonction juridictionnelle) 간 관계에서 독립성을 지키는 것이 가장 핵심이다.[75] 프랑스는 행정권과 입법권 간 이권분립 형태로 권력분립이 이루어져 있고, 사법권은 법집행 작용으로서 행정권에 속해 있으므로 법원 조직이 법무부에 소속되어 있다.[76] 그러나 이것은 어디까지나 조직상의 의미이고 법무부장관은 사법정책과 사법행정을 총괄할 뿐 재판업무에 관여하지 않는다.

(2) 형사소송법 규정

〈형사소송법〉[77]

제12조 사법경찰권은 검사의 지휘 하에 본편에 정하는 사법경찰관, 공무원 및 사법경찰리가 행사한다.

제13조 사법경찰은 각 고등법원의 관할구역별로 고등검사장의 감독을 받고 제224조 이하에 정한 바에 따라 고등법원 예심부의 통제를 받는다.

제39-3조 ① 사법경찰을 지휘하는 영역에서, 검사는 사법경찰에게 일반적인 지시나 구체적인 지시를 할 수 있다. 검사는 사법경찰에 의해 행해지는 수사절차의 적법성, 사실관계의 본질과 중요도에 따른 수사행위의 비례성, 수사의 방향 및 수사의 질 등을 통제한다.

② 검사는 피해자, 고소인, 피의자의 권리를 존중하는 범위 내에서, 수사가 실체적 진실을 증명하는데 이르고 있는지, 이들에게 불리한 내용 뿐 아니라 유리한 내용

---

73 형사소송법 제35조.

74 Ferdinand Mélin-Soucramanien et Pierre Pactet, Droit constitutionnel, 33e éd., Dalloz, 2014, p. 103.

75 Ferdinand Mélin-Soucramanien et Pierre Pactet, Droit constitutionnel, op. cit., p. 106.

76 전학선/오승규, 프랑스 헌법과 법률을 통해 본 사법관 인사시스템 연구, 대검찰청 연구보고서, 2017, 71면.

77 〈https://www.legifrance.gouv.fr/affichCode.do?cidTexte=LEGITEXT000006071154〉.

에 대해서도 수사가 이뤄지고 있는지를 감독한다.

제41조 ① 검사는 형벌법규에 반하는 범죄의 수사 및 소추를 위하여 필요한 일체의 처분을 행하거나 또는 이를 행하게 한다.

② 전항의 목적을 위하여 검사는 그 지방법원 관할구역 내에서 사법경찰관 및 사법경찰리의 활동을 지휘한다......

④ 검사는 제1권 제1편 제1장 제2절 및 특별법에 따라 사법경찰관에게 부여된 일체의 권한 및 특권을 행사한다.

⑤ 검사는 현행범의 경우에 제68조에 따라 부여된 권한을 행사한다.

제68조 ① 검사가 현장에 도착한 때에는 사법경찰관의 권한은 정지된다.

② 전항의 경우 검사는 본장에 규정된 사법경찰의 일체의 처분을 완성한다.

③ 검사는 모든 사법경찰관에 대하여 이미 행한 조치를 속행할 것을 명할 수 있다.

검사의 구체적인 직무와 권한에 대해서는 형사소송법(Code de procédure pénale)이 규정하고 있다.

검사는 형사소송법상 공소 및 수사의 주재자로서 범죄 수사권을 가지며(동법 제41조 제1항), 사법경찰관은 권한행사를 함에 있어 검사의 지휘를 받아야 한다(동법 제12조). 즉 검사는 수사의 보조자인 사법경찰관에게 기초수사, 중죄·경죄의 현행범에 대한 조사를 행하도록 명령할 수 있고, 범죄혐의자 및 참고인에 대하여 보호유치할 것을 명령할 수 있다. 또한, 사법경찰관에게 특정한 행위나 특정인의 진술을 청취하도록 명령할 수 있고, 사법경찰관은 검사가 지시한 내용에 따라 수행한 내용을 계속적으로 검사에게 보고하여야 한다. 특히 중죄나 현행범사건이 발생한 경우에는 사법경찰관이 현장에 출동하기 전에 신속히 검사에게 이를 보고하여야 한다(동법 제54조 제1항).[78] 이처럼 검사의 수사는 주로 그의 '무장한 팔(bras armé)'[79]인 사법경찰을 지휘함으로써 이루어진다. 지역 관할의 보통경찰기관이 수행하도록 하거나 필요한 경우 특별행정기관 또는 전문

---

78 En cas de crime flagrant, l'officier de police judiciaire qui en est avisé, informe immédiatement le procureur de la République, se transporte sans délai sur le lieu du crime et procède à toutes constatations utiles.

79 Jean-Pierre Dintilhac, Le procureur de la République, L'Haarmattn, 2003, p. 48.

기관이 수사에 참여하도록 지휘할 수 있고 이런 과정을 총체적으로 일관성 있게 지휘하는 것이 검사의 임무이자 존재 이유인 것이다.[80]

결국 프랑스의 형사절차를 우리의 형사절차와 비교해 볼 때 '검사가 직접 수사를 하지 않는다'는 점과 '우리의 검사 수사에 해당하는 수사를 수사판사가 담당한다'는 점이 가장 크게 다르다. 즉, 검사는 사법경찰을 지휘하여 수사를 전개하고 사건을 송치받아 검토한 후 기소·불기소 또는 대체소추 결정을 하게 되는데, 당해 사건이 중죄에 해당하면 필요적으로, 경죄나 위경죄에 해당하면 임의적으로 수사판사에게 예심수사개시를 청구한다. 기소방식도 다양해, 혐의가 명백하고 증거가 충분하면 즉시출두재판이 이루어져 신속하게 사건이 종결될 수도 있고, 미국식의 플리바기닝(plea bargaining)을 모델로 한 '사전유죄인정 제안형 승인제도'도 도입되어 있어, 검사는 범행을 자백하는 피의자에게 일정 범위 내의 형을 제의하고 피의자가 동의하면 법원의 승인을 얻어 사건을 종결지을 수도 있다.

한편 검사의 예심수사개시청구를 받은 수사판사는 독자적인 판단 아래 예심수사를 전개하는데, 이때 구속이 필요하다고 판단되면 검사의 신청을 받아 석방구금판사에게 구속을 청구한다. 예심수사 결과, 범죄혐의인정이 어렵다고 판단되면 수사판사는 무혐의결정을 하고, 그 반대의 경우에는 기록을 판결법원에 이송한다. 형사재판에 증거로 제출된 조서는 증거자유의 원칙에 따라 증거능력인정에 별 다른 제한이 없으며 자유심증주의 원칙에 의해 증거가치가 판단된다.

검사의 사법경찰에 대한 수사지휘 및 통제와 관련하여, 1993년 1월 4일자 법률 제93-2호[81]에 의한 개정을 통해 대폭적으로 이를 강화하는 입법이 이루어졌는데, 첫째, 형사소송법 제41조 제3항[82]을 신설하여 검사의 보호유치(garde à vue)에 대한 통제 및 구속장소 감찰권이 규정되었고, 둘째, 형사소송법 제19-1조[83]를 신설하여 관할내 모든 사법경찰관에 대하여 고등검사장이 근무평정

80　Jean-Pierre Dintilhac, Le procureur de la République, L'Haarmattn, 2003, p. 54.

81　Loi n° 93-2 du 4 janvier 1993 portant réforme de la procédure pénale.

82　Le procureur de la République contrôle les mesures de garde à vue.

83　La notation par le procureur général de l'officier de police judiciaire habilité est prise en compte pour toute décision d'avancement.

을 하도록 하고 이를 사법경찰관의 승진인사에서 반드시 반영하도록 의무화하였으며, 전술(前述)한 것처럼 2016년 6월에는 형사소송법 제39－3조를 신설하여, 검사에게 사법경찰의 수사를 통제할 핵심적인 역할을 인정하면서, 아울러 검사의 객관의무도 확인하고 있다. 위 규정은 검사로 하여금 수사관(enquêteurs)들에게 일반적 혹은 개별적 지시(instructions générales ou particulières)를 내릴 수 있게 하고, 검사가 경찰 수사의 적법성(légalité)은 물론 수사의 비례성(proportionnalité), 수사의 방향(orientation), 수사의 질(qualité)까지 통제하도록 하고 있다. 또한 수사의 진척상황이 진실을 발견하고 있는지 피해자·고소인·피의자의 인권을 존중하면서 진행되고 있는지를 감시하는 것도 검사의 임무로 규정하고 있다. 따라서 수사의 지휘는 인권보호를 목적으로 한 포괄적인 사법작용이라고 볼 수 있다.

물론 주지하듯이 프랑스는 다른 유럽 국가에서는 폐지하는 등 쇠락해 가는 수사판사 제도를 아직 유지하고 있어84 중죄에 대한 수사는 수사판사의 주재 하에 행해진다. 그러나 검사에게 경죄에 대한 수사 권한과 중죄에 대한 예심수사 청구권이 있고,85 위와 같이 사법경찰에 대한 수사지휘 권한이 인정되므로 프랑스가 '수사와 기소가 분리'되어 있는 나라라고 주장한다면 그것이 바로 견강부회의 전형이다. 그리고 프랑스 검사는 형사소송법에 인정되는 수사 권한에 따라 수사의 필요성이 있을 경우 사법경찰관을 활용하여 수사한다. 검사가 사법경찰관을 지휘하여 수사하는 것을 두고 검사의 수사 권한이 없다고 아전인수 할 수 있는 것이 아니다. 왜냐하면 스스로 피의자를 신문하고 참고인을 조사하며 물건을 압수하고 피의자를 체포하여야 수사를 한다고 할 수는 없기 때문이다.

---

84 Gwladys Gilliéron, *Public Prosecutors in the United States and Europe: A Comparative Analysis with Special Focus on Switzerland, France, and Germany*, 2014, Springer International Publishing, p. 59.

85 전체 사건 중 5% 미만이 수사판사에 의한 예심수사의 대상이라고 한다. Juliette Tricot, "France", Katalin Ligeti(ed.), Toward a Prosecutor for the European Union Volume 1 A Comparative Analysis, Hart Publishing, 2013, p. 227.

❸ 네덜란드

(1) 헌법 규정

〈헌 법〉

제57조

① 상원의원과 하원의원은 동시에 겸직할 수 없다.

② 의회의 의원은 장관, 국무장관, 국무위원, 감사위원, 국가행정감찰관 또는 부감찰관, 대법원 판사 또는 대법원의 **검찰총장** 내지 법무장관을 겸직할 수 없다.

③ 상기 규정에도 불구하고 사표 제출 의사를 밝힌 장관 또는 국무장관은 그러한 사의에 대한 결정이 있을 때까지 의회의 의원직을 겸직할 수 있다.

제117조

① 사법을 담당하는 사법부의 구성원, 대법원의 **검찰총장**은 네덜란드 국왕의 칙령에 따라 종신직으로 임명된다.

② 상기의 공직자들은 사임을 할 경우 또는 법률에서 정한 연령에 이르면 각자의 직위를 상실한다.

③ 법률에 규정된 경우 상기 공직자들은 사법부에 속하며 법률로 지정된 법원에 의해 정직 또는 해임될 수 있다.

④ 상기 공직자들의 법적 지위는 법률로 정한다.

네덜란드 헌법에는 검찰총장의 겸직금지 조항만 있을 뿐, 수사권관련 규정은 없다. 다만, 본 규정을 통해서 검찰의 위상이 나타나는데, 의회의 의원은 검찰총장을 겸직할 수 없도록 하고 있고 또한 검찰총장은 종신직으로 헌법에서 규정한 것으로 보아 대법관에 준하는 지위를 인정하고 있는 것으로 보인다. 이는 프랑스 사법체계의 영향을 많이 받아서 나온 결과인 것으로 판단된다.

한편, 네덜란드 검찰은 법무부 장관의 책임 하에 있지만, 법무부 소속은 아닌 특수한 형태로 되어 있다. 검사는 행정부 공무원으로 분류된다. 네덜란드에서는 사법조직법을 근거로 10개의 지방검찰청이 존재하고 있고, 여기에는 검사장(chief prosecutor), 부장검사(senior prosecutor), 검사(prosecutor) 대리검사(substitute prosecutor)와 단독재판부 담당 검사(prosecutor acting in single sessions)가 근무한다. 반면 4개의 고등검찰이 존재하는데 여기에는 검사장(chief advocates-general)과 검사(advocates-general)가 주로 항소심에서 새로 진행되는 수사나 공소제기 등의 업무를 담당한다. 이는 10개의 지방법원과 4개의 고등법원에 상응해서 나온 결과이다. 네덜란드에는 이러한 지방검찰청과 고등검찰청과는 대응하는 법원과 상관없이 국제범죄나 조직범죄 및 테러와 같은 범죄 등을 수사하고 기소하기 위한 별도의 국립검찰청(National Public Prosecutor's office)이 존재한다. 뿐만 아니라 여기서는 특이하게 전국에 걸친 철도, 도로, 항로 등의 교통정책과 관련 법률을 집행하기도 한다.

물론 지방검찰청과 고등검찰청 그리고 국립검찰청은 상호 독립적인 기관으로서 상하관계에 있지 않지 않고, 각자 맡은 임무를 독자적으로 수행한다. 이 세 기관을 전부 통제하는 것은 3명에서 5명으로 구성된 검찰총장위원회이다. 따라서 네덜란드에서의 검찰은 검찰총장 위원회를 최고상급기관으로 한 검사들로 구성된 국가기관으로 평가된다.[86]

(2) 형사소송법 규정

〈형사소송법〉[87]
제149조 검사는 그가 기소하여야 할 책임이 있는 범죄에 관하여 알게 되었을 경우에는 필요한 수사를 개시하여야 한다.
제132a조 "수사"란 형법에 따라 절차를 개시할지 여부에 대한 결정을 하기 위하여 검사가 지휘하는 범죄에 대한 조사를 의미한다.
제141조 다음 사람은 범죄를 수사할 책임이 있다.
  a. 검사
  b. 경찰법 제2조 (a)항에 규정된 경찰 및 경찰업무를 수행하도록 지명된 한도에서 경찰법 제2조 (c) 및 (d)항에 규정된 경찰......

---

86 김주경, 네덜란드 사법개혁과 법조인 양성제도에 관한 연구, 사법정책연구원 연구총서 2016-14, 180면.
87 원문: 〈http://wetten.overheid.nl/BWBR0001903/2017-01-01〉.
   영문: 〈http://www.legislationline.org/documents/section/criminal-codes/country/12〉.

제148조 ① 검사는 그가 지명된 지방법원의 재판 대상인 범죄를 수사하고, 그 법원 관할에서 발생한 다른 지역 법원의 재판 대상인 범죄를 수사할 책임이 있다.

② 이를 위해 검사는 수사할 책임이 있는 다른 사람에게 지시를 할 수 있다.

제149조 검사는 그가 기소하여야 할 책임이 있는 범죄에 관하여 알게 되었을 경우에는 필요한 수사를 개시하여야 한다.

제156조 ① 보조검사가 아닌 형사범죄를 적발한 공무원은 해당 형사범죄와 관련된 공적기록과 신고 또는 통신을 압수된 범죄와 함께 검찰이 직접 지휘하거나 감독하는 검사에게 즉시 전달해야 한다.

② 보조검사는 공적기록과 통신, 압수물 등을 검찰에 즉시 전달해야 한다.

③ 검찰의 허락을 받아 기록, 통신 및 물체의 전달을 생략할 수 있다.

네덜란드 역시 유럽에 위치했기 때문에 로마법 전통을 받아들여 서유럽의 제도와 상당한 유사성을 보이고 있다. 특히 네덜란드는 나폴레옹 시기 프랑스에 병합되면서 프랑스 사법제도를 상당히 많이 받아들일 수밖에 없는 구조였다. 이 시기에 프랑스 민법과 민사소송법 등이 큰 영향을 받게 되는데, 형사소송법 역시 마찬가지였다. 여기서 검찰제도가 처음 나오게 된 프랑스식의 검찰제도도 도입된 것으로 추정된다.

이후 프랑스로부터 벗어나게 되면서 기존의 프랑스 법을 대체할 네덜란드의 독자적인 법률들이 제정되었지만, 프랑스의 영향력으로부터 완전히 벗어났다고 보기에는 어려울 것으로 보인다. 네덜란드 법의 역사는 정치권력의 중앙집중화와 법의 통일성 과정으로 평가되고 있다. 네덜란드의 역사전개 과정에서 정치나 법제도의 경우 통일성과 다양성 그리고 대중주의와 엘리트주의의 지속적인 긴장과 투쟁의 산물이고 이러한 과정은 고스란히 현행 법체계에 녹아있다고 볼 수 있다.[88]

네덜란드 형사소송법 제132조a는 수사의 정의를 "형법에 따라 절차를 개시할지 여부에 대한 결정을 하기 위하여 검사가 지휘하는 범죄에 대한 조사"로 규정하면서, 다만 일정 수준의 경찰에게도 검사와 동일하게 수사책임을 부여하고 있다. 그리고 제148조 및 제149조에서는 검사에게 필요한 수사개시 및 지시

---

88   김주경, 앞의 연구총서, 28면.

권을 규정하고 있다. 이에 따라 네덜란드는 검사, 경찰, 왕립헌병대(Royal military service), 특별수사기관의 수사관을 범죄수사의 주체로 인정하고 있다(제141조, 제142조). 따라서 검사는 공식적으로 수사의 주재자이며, 직접수사권을 갖는다. 하지만 실무적으로는 경찰이 검사의 수사지휘 하에 수사를 담당하고 있고, 경미한 범죄의 경우 검사가 범죄수사에 거의 관여하지 않고 경찰이 자율성을 갖고 수사에 임하고 있다. 반면 검사는 중한 범죄의 경우 범죄수사에 직접 관여하는데, 이는 강제처분과 같은 중요한 수사방법의 사용여부에 대한 결정권한이 검사에게 있고 검사가 범죄수사의 범위와 방법에 대해 결정하기 때문이다.

물론, 네덜란드에서도 수사는 경찰이 실질적으로 수행하고 있다. 따라서 일련의 수사과정인 증거수집 및 증인과 피해자 신문, 체포와 관련 형사기록 등의 작업은 경찰에 의해서 진행된다. 하지만 수사의 궁극적인 책임자는 검사이다. 따라서 모든 수사는 검사의 책임 하에 진행되며 검사는 경찰이 행한 일련의 수사과정이 합법적으로 이루어졌는지를 감독한다. 물론 검사는 절도물에 대한 압수나 현행범이 아닌 피의자 체포와 같은 사안은 경찰에게 권한을 부여하기도 한다. 그러나 법원의 영장을 필요로 하는 감청이나 주거수색 같은 사안에서는 검사의 권한이 제한될 수밖에 없다.[89]

한편, 검사는 경찰에 의한 수사활동에 대해 감독권을 갖고,[90] 수사지휘권을 발동하여 감독권을 행사한다. 검사의 경찰에 대한 수사지휘권은 경찰법 제12조 상에서도 인정되는데, 검사는 경찰에 대한 책임과 권한이 있으므로 경찰에 지휘를 내려 수사를 감독한다. 검사의 구체적인 수사지휘권은 형사소송법 제148조 제2항을 근거로 한다. 검사의 지휘는 경찰에 대하여 구속력을 가지므로 경찰이 검사의 수사지휘에 불응할 수 없다.[91]

네덜란드에서 검사는 기소권도 독점하고 있다. 아울러 네덜란드 형사소송법 제167조의 규정[92]에 따라 검사가 공익을 이유로 기소하지 않을 수 있는 기

---

89 김주경, 앞의 연구총서, 183면.
90 형사소송법 제132a조.
91 실무에서는 검사와 경찰 간의 사전 내지 사후 합의를 거친다(CPEG(2005)09, 113면).
92 네덜란드 형사소송법 제167조(The Dutch Code of Criminal Procedure, CCP) – Article 167
    (1) If the Public Prosecution Service considers on the basis of the results of the criminal

소편의주의도 인정되고 있다. 따라서 검사가 증거부족이나 법리상의 이유로 불기소 결정을 내릴 수 있다.[93]

이러한 기소독점주의와 기소편의주의와 맞물려서 네덜란드에는 협상(transaction)이라는 특이한 제도가 있다. 이는 피의자가 스스로 국가에 일정금액 이상의 비용을 지급하거나 검사가 제시한 조건들을 하나 또는 그 이상 이행하는 경우 기소나 재판을 면해 주는 제도이다. 네덜란드 내에서도 법원의 승인 없이 검사가 형사사건과 관련하여 아무런 제한 없이 이러한 권한을 행사하는 것에 대해서 정의의 관념에 반하고 유죄협상제도(plea bargaining)를 사실상 우회적으로 도입했다는 비판도 없진 않지만, 현재 형사사건의 3분의 1 이상이 이와 같은 협상제도를 통해서 해결되고 있는 것으로 나타나고 있다.[94] 이는 피의자의 경우 혹시 발생할 수 있는 유죄판결을 통한 형사처벌을 미연에 방지할 수 있고, 검찰입장에서는 시간과 비용의 절감이라는 장점이 많이 부각된 것으로 판단된다.

현재 검사는 최고검찰위원회에서 제정하여 시행하는 일반적인 지침(Aanwijzing)[95]을 통해 경찰에 대한 수사지휘를 실행하고 있는데, 이러한 지침은 경찰력의 활용, 형사사건에서 증거수집 방법, 범죄유형에 따른 수사방법 등을 상세하고 규정하고 있다. 또한 검사는 일반지침을 통해 개별사건의 수사에 있어 수사의 우선순위와 방향을 제시한다.[96] 수사에 대한 일반적인 지침 외에도 특정 법률의

---

investigation instituted that prosecution is required by the issuance of a punishment order or otherwise, it shall proceed to do so as soon as possible. (2) A decision not to prosecute may be taken on grounds of public interest. The Public Prosecution Service may, subject to specific conditions to be set, postpone the decision on prosecution for a period of time to be set in said decision.

93 김주경, 앞의 연구총서, 185면.

94 김주경, 앞의 연구총서, 186면.

95 각 검찰청 검사장은 최고검찰위원회와의 협의를 거쳐 법무부가 정하는 국가적 출발점과 우선순위를 전제로 하여 지방검찰청 또는 국가검찰청, 중점검찰청에서 추구해야 할 수사와 소추의 질과 정도(우선순위 포함)에 대한 책임을 진다. 즉 검사의 수사지휘권은 최고검찰위원회–각 검찰청 검사장–검사–경찰이라는 조직상의 위계구조에 따른다. CPEG(2005/09), 113면.

96 2003년 최고검찰위원회가 어떤 범죄에 대해 우선순위를 두어 조사할 것인지에 대하여 정한 지침(Aanwijzing voor de osporing, 2003A002)에 따르면 첫째, 피의자의 인적사항이 확

집행을 구체화한 지침,97 특정분야의 수사와 기소에 대한 내용을 담은 지침도 있다.98 경찰은 검사에게 사건기록을 보내 추가 수사지휘를 받을 수도 있다. 검사는 특정 사건의 수사를 담당하는 경찰관에게 서면 또는 구두의 수사지휘를 함으로써 범죄수사에 있어 보다 적극적인 역할을 담당한다.

다만, 네덜란드에도 프랑스와 동일하게 아직 수사판사제도가 남아 있다는 점이 특징이다.99 즉, 프랑스와 동일하게, 경찰이나 수사판사(examining judge)에 의한 수사나 예비조사(judicial preliminary investigation)가 이루어지고 나면 바로 검찰에 송치된다. 그러나 2000년의 사법조사법 개정으로 인해 기소 이전 단계에서 수사판사의 역할은 점점 더 축소되어 현재는 큰 의미를 지니고 있지 못하며, 주된 일은 필요시 증인에게 증언을 듣거나 피의자의 정신감정 등을 의뢰하는 정도에 불과하다. 그나마도 검사가 수사를 위해서 필요하다고 생각할 때 수사판사에게 의뢰하는 경우 예비조사 등을 실시하고, 이 경우에 경찰에게 도움을 요청할 수도 있다. 현재로서는 수사판사에 의한 활동은 거의 이루어지지 않고 있다고 한다.100

       인된 경우에는 조사가 이루어져야 하고 둘째, 중대 범죄일수록 더욱 강도 높은 수사가 이
       루어져야 한다.
97   마약법상 대마초 판매가 가능하다고 명시하고 있지만 구체적인 허용요건에 대한 규정이 없
       어 1996년 최고검찰위원회에서 마약범죄의 수사와 기소에 대한 지침을 통해 허용요건을
       규정한 경우를 예로 들 수 있다.
98   2010년 최고검찰위원회가 사법조직법 제130조 제4항에 따른 지침으로 성폭력 사건의 수사
       와 기소에 대한 지침을 제정한 경우를 예로 들 수 있다.
99   Idlir Peci, "The Netherlands", Katalin Ligeti(ed.), Toward a Prosecutor for the European
       Union Volume 1 A Comparative Analysis, Hart Publishing, 2013, p. 99.
100 김주경, 앞의 연구총서, 184면.

❹ 룩셈부르크(Luxembourg)

(1) 헌법 규정

〈헌 법〉

제12조

개인의 자유는 보장된다. 법률에 의하여 규정된 경우와 법률이 규정한 형식에 의하지 않고는 어느 누구도 체포되거나 구금될 수 없다. 현행범인 경우를 제외하고, 체포 당시 또는 늦어도 24 시간 이내에 판사가 근거를 제시한 명령서에 의하지 않고는 누구도 체포될 수 없다. 모든 사람은 자신의 자유를 회복하기 위해 사용할 수 있는 법적 불복 수단을 지체 없이 통보받아야 한다.

제86조

법률에 의해서만 법원을 설립할 수 있다. 어떠한 명칭으로도 위원회나 예외법원을 설립할 수 없다.

제87조

대법원의 조직은 법률로 정한다.

제92조

사법조직의 구성원에 대한 처우는 법률로 정한다.

룩셈부르크는 입헌군주국(monarchie constitutionnelle)으로서 공식명칭은 룩셈부르크대공국(Le Grand-Duché de Luxembourg)이고, 나소(Nassau)가문이 군주의 지위를 세습한다. 통치구조는 의회민주주의(démocratie parlementaire) 원칙에 따라 완화된 권력분립 형태인 의원내각제를 채택하고 있어 입법부와 행정부 사이에는 긴밀한 연결 관계가 있으나, 사법부는 기능적으로 완전히 독립되어 있다.[101]

룩셈부르크의 사법구조는 프랑스와 유사하다. 가장 최고의 위치에 헌법재판소(Cour constitutionnelle)가 있고, 사법재판(juridiction judiciaire)과 행정재판(juridiction administrative)이 분리되어 있으며, 그 사이에 중간적 성격의 사회보장재판(juridiction sociale)이 있다.

---

101 http://luxembourg.public.lu/fr/le-grand-duche-se-presente/systeme-politique/

헌법재판소는 '법률의 합헌성(conformité des lois à la Constitution)'을 심사하는 기관102으로서 총 9인의 재판관으로 구성되는데, 헌법재판소장이 따로 있는 것이 아니라 대법원장(Président de la Cour supérieure de justice)이 당연직으로 보임하고, 행정법원장(Président de la Cour administrative), 파기원(Cour de cassation) 판사 2인, 국가원수인 대공(Grand‑Duc)이 지명한 사법관(magistrat) 5인으로 구성된다.103 헌법재판소는 사법재판과 행정재판에서 당사자의 요구 또는 재판부의 직권 판단으로 법률의 합헌성 여부의 문제가 제기되어 재판부가 청구한 경우에 법률의 헌법적합성을 심사한다.104 민사, 형사 및 노동 사건을 재판하는 일반법원인 사법재판은 대법원(Cour supérieure de justice)을 정점으로 하여 지방법원(tribunal d'arrondissement)과 치안법원(justice de paix)으로 구성되어 있다. 우리나라의 법원조직법에 해당하는 「1980년 3월 7일자 사법조직에 관한 법률」(Loi du 7 mars 1980 sur l'organisation judiciaire), (이하 "사법조직법"이라 한다.) 제32조에 따르면, 룩셈부르크 대법원은 파기원(Cour de cassation)과 항소법원(Cour d'appel) 및 대검찰청(Parquet général) 그리고 공동사무국(greffe commun)으로 구성되어 있다.

각 지역 사법관할별로 지방법원(tribunal d'arrondissement)이 설치되어 운영되고 있다. 대부분 우리나라의 지방법원처럼 1심 사건을 주로 맡고 있으나, 노동 사건을 제외하고 치안법원의 판결에 대해서는 항소심을 담당한다.105 가장 낮은 심급으로 치안법원(justices de paix)이 있다. 치안법원은 민·상사사건을 다루는 치안재판소(tribunal de paix), 위경죄(contravention)와 일부 경죄(délit)에 관한 형사사건을 담당하는 경찰재판소(tribunal de police) 및 노동 사건을 다루는 노동재판소(tribunal du travail)의 3개의 재판부로 구성되어 있다.

한편, 룩셈부르크에서 검사의 직무는 공익을 대표하고, 범죄자를 수사하여 소추함으로써 법의 적용을 요구하며, 형벌을 집행하는 것이다.106 이러한 검찰

---

102 1997년 7월 27일자 헌법재판소의 조직에 관한 법률(Loi du 27 juillet 1997 portant organisation de la Cour Constitutionnelle, 이하 "헌법재판소조직법"이라 한다) 제2조.
103 헌법재판소조직법 제3조.
104 헌법재판소조직법 제6조.
105 룩셈부르크 형사소송법(Code de procédure pénale) 제172조.
106 https://justice.public.lu/fr/organisation-justice/ministere-public.html.

의 조직법상 근거는 헌법 제86조와 제87조에 따른 법률인 사법조직법107에 마련되어 있다. 따라서 우리나라에서와 같은 별도의 검찰청법은 없다.

검찰(Ministère public) 조직의 최상위에는 대법원(Supreme Court of Justice, Cour supérieure de justice)에 소속된 대검찰청(Public Prosecutor's Office, Parquet général)의 수장인 검찰총장(State Public Prosecutor, Procureur général d'État)이 있다. 대검찰청은 대법원의 관할권을 따라 전국을 관할하며 검찰총장의 대리인격인 검사(procureur)와 검사보(substituts)들이 지방법원(district court, tribunal d'arrondissement) 소속의 지방검찰청(district prosecutors' office, parquet)을 구성한다. 이러한 검찰조직은 법무부장관(Ministère de la Justice)에게 소속되어 있다. 매년 검사는 사법활동에 관한 연차보고서(rapport annuel)를 법무부장관에게 제출한다.

검찰총장은 대법원(Cour supérieure de justice) 소속의 대검찰청을 지휘하는 검찰의 수장으로서 2인의 부총장(procureur général adjoint)과 여러 차장검사(premier avocat général) 및 대검검사(avocat génér1)들의 보좌를 받는다.108 대검찰청에서는 형벌의 집행, 교화를 위한 사회지원중앙센터(Service central d'assistance sociale) 운영, 사법정보 제공, 민사공정증서(répertoire civil) 관리 등의 일을 소관업무로 하는데, 2018년 11월 1일부터는 금융정보국(Cellule de renseignement financier: CRF)의 활동을 감독하는 일도 맡게 되었다.

결국 룩셈부르크 헌법상 형식적 의미의 헌법에서는 검사에 대하여 직접 규정한 특별한 조문이 없고, 우리나라 헌법의 신체의 자유에 관한 규정에 해당하는 조문, 사법부의 조직에 관한 조문이 검사와 관련 있는 조문이다.

(2) 형사소송법 규정

〈형사소송법〉109
제9조 (L. 16 juin 1989) 사법경찰권은 검사의 지휘에 따라 이 장에서 정한 공무

---

107 Loi du 7 mars 1980 sur l'organisation judiciaire.
108 https://justice.public.lu/fr/organisation-justice/ministere-public/parquet-general.html.
109 〈http://legilux.public.lu/eli/etat/leg/code/instruction_criminelle/20161001〉.

원, 기관에 의해 수행되어야 한다.

제15조의2 (L. 31 mai 1999) 법에 의하여 수사 권한을 부여받은 모든 사법경찰관, 공무원, 기관은 검사의 지휘를 받아야 한다.

제18조 (L. 16 juin 1989) ① 검찰총장은 전 영토 내 형법의 적용을 감시할 책무를 지니고 있다.

② 이를 위해, 검찰총장은 매월 각 검사장들로부터 관할 구역 내 업무 현황을 보고 받는다.

③ 검찰총장은 직무를 수행함에 있어서, 공권력을 직접적으로 요구할 권리가 있다.

제24조 (L. 16 juin 1989) ① 검사는 형법에 위반되는 범죄의 수사 및 기소에 필요한 모든 행위를 수행하거나 수행되게 하여야 한다.

② 이를 위해 검사는 관할 내 사법경찰관 및 공무원의 행위를 지휘한다.

③ 검사는 이 법 제1장 제1절 제2조 및 특별법에 규정된 사법경찰관에 부여된 모든 권한과 특권을 갖는다.

검찰은 그 업무수행을 위해 사법경찰의 지원을 받는데, 사법경찰이 형사법 위반사실을 기록하며, 범죄자를 직접 수사하고 증거를 수집한다.[110] 경찰이 사전적인 수사권을 갖는 정도이므로, 직접적인 수사에 대한 책임은 검찰이 부담한다.[111] 이처럼 사법경찰관은 원칙적으로 주 검찰의 지시에 따라 수사를 진행하지만, 경우에 따라 직권으로 예비조사를 수행할 수 있다(형사소송법 제46조 제1항). 그러나 이러한 경우에도 모든 수사는 검찰총장의 감독 하에 있는 것이다(동법 제46조 제3항). 따라서 기본적으로 수사권은 검사에게 있으며, 사전단계에서 수사기관이 수사하는 경우에도 지휘할 수 있다. 즉, 검사는 형법에 위반되는 범죄의 수사 및 기소에 필요한 모든 행위를 수행하거나 수행되게 하여야 하며(동법 제24조), 검사는 관할 내 사법경찰관 및 공무원의 행위를 지휘한다(동법 제24조 제2항). 또한 검사는 형사소송법 및 특별법에 규정된 사법경찰관에 부여된 모든 권한과 특권을 갖는다(동법 제24조 제3항).

---

110 룩셈부르크 검찰청 사이트: http://www.justice.public.lu/fr/organisation—justice/ministere—public/index.html.

111 CPGE(2005/06), 102면.

수사지휘권도 검사에게 있다. 즉 사법경찰권은 검사의 지휘에 따라 형사소 송법에서 정한 공무원, 기관에 의해 수행되어야 하며(형사소송법 제9조), 수사 권 한을 부여받은 모든 사법경찰관, 공무원, 기관은 검사의 지휘를 받아야 한다(동 법 제15조의2). 실무적으로는 경찰이 직접 수사를 하고 검찰이 보고를 받아 처리 하지만, 중요사건에서는 구체적인 지시를 하는 경우도 있다고 한다.[112] 더불어 검찰은 경찰이 수사에 있어 법과 절차를 준수할 것을 요청할 수 있다.[113] 또한 수사판사(investigating judge)는 개인의 자유가 침해된 모든 경우에 있어 해당 수 사절차가 적법했는지 여부를 판단하여야 한다.[114]

범죄수사 및 공소제기 판단을 위하여 검사는 수사판사(juge d'instruction)에 게 중범죄 또는 복잡한 사건에 관한 예심(instruction préparatoire 또는 information judiciaire)을 청구할 수 있다(형사소송법 24-1조). 검사는 형사절차의 진행을 감독 하고 상소 등 불복절차를 행한다. 형사사법절차 외에도 민사절차에서도 검사가 일정한 역할을 수행한다.

이처럼 검사는 범죄의 피해자로부터의 고소 또는 고발이나 범죄사실을 인 지한 경찰기관으로부터 보고 또는 통보를 받아 수사를 개시하고, 기소 여부를 기소편의주의 원칙(principe de l'opportunité des poursuites)에 따라 독자적으로 결정 한다. 이러한 임무를 수행하기 위한 목적으로 검사는 소속 지방검찰청 관할에 속하는 사법경찰관리의 활동을 지휘하는 것이다.[115] 따라서 모든 사법경찰관리 는 검찰총장의 감독 하에 놓이고, 검찰총장은 사법의 원활한 운영을 위하여 필 요하다고 판단하는 모든 정보에 대한 수집을 사법경찰관리에게 명할 수 있다.

위와 같은 각 규정에 대한 해석상 검사의 수사 권한과 사법경찰에 대한 수사 지휘 권한이 모두 인정된다고 해석하여야 하고, 달리 해석할 여지가 없다. 다만, 프랑스와 매우 유사하고 아직 수사판사 제도도 남아 있다는 점이 특징이다.[116]

---

112   CPGE(2005/06), 102면.
113   CPGE(2005/06), 102면.
114   CPGE(2005/06), 102면.
115   https://justice.public.lu/fr/organisation-justice/ministere-public.html.
116   Martin Petschko/Marc Schiltz/Stanislaw Tosza, "Luxembourg", Katalin Ligeti(ed.), 앞의 책, p.451.

❺ 벨기에(Belgium)

(1) 헌법 규정

〈헌 법〉117

제103조 장관은 직무를 수행함에 있어서 행한 위반행위에 대하여 항소법원에만 회부된다. ..... <u>검사만이</u> 관할 항소법원에 장관에 대한 형사소추를 제기하고 지휘할 수 있다.

제151조 ① 판사는 직무수행에 있어 독립적이다. <u>검사는</u> 장관의 기소를 명하는 권한과 수사 및 기소에 관한 정책을 포함하여 형사정책에 관한 구속력 있는 명령을 하는 권한을 침해하지 않는 범위에서, <u>개별 수사 및 기소에 있어 독립적이다.</u>
② 벨기에 전국에 하나의 사법고등평의회를 둔다. 사법고등평의회는 권한의 행사에 있어서 제1항에 따른 독립성을 존중한다. ....
③ 사법고등평의회는 다음 사항에 대하여 권한을 행사한다.
1. 제4항의 첫 단락의 규정에 따른 법관 및 검사의 임용 후보자의 지명
2. 제5항의 첫 단락의 규정에 따른 검찰청장직에 대한 임용 후보자의 지명
제153조 국왕은 <u>법원에 부치된 검찰청</u> 공무원을 임면한다.

벨기에는 3개 공동체118(la Communauté française, la Communauté flamande et la Communauté germanophone)와 3개 권역119(la Région wallonne, la Région flamande et la Région bruxelloise)으로 이루어진 연방국가(Etat fédéral)이자 입헌군주국이다.120 국왕(Roi)은 헌법에서 정한 바에 따라 연방집행권(pouvoir exécutif fédéral)을 보유하고,121 상원(Sénat) 및 하원(Chambre des représentants)과 공동으로 입법권을 행사한다.122

---

117 〈http://www.senate.be/doc/const_fr.html〉.
118 벨기에헌법 제2조.
119 벨기에헌법 제3조.
120 벨기에헌법 제85조.
121 벨기에헌법 제37조.
122 벨기에헌법 제36조.

사법권(pouvoir judiciaire)은 법원(cour)과 재판소(tribunal)에 속한다.[123] 법원조직은 법률로 정하며,[124] 국가 내 유일한 파기원은 사실에 관한 심리를 할 수 없다.[125]

벨기에헌법은 검찰(ministère public)에 관한 몇 개의 규정을 두고 있다. 헌법 제103조에 따르면, 각부장관들(ministres)은 직무상 행한 범죄에 대해서는 항소법원(cour d'appel)에 의해서 재판을 받는데(제1항), 사건에 대한 관할권을 행사하는 항소법원 소속의 검찰이 독점적으로 기소권과 소추지휘권을 행사한다(제4항).[126] 검찰관(officier du ministère public)은 국왕이 임명하지만,[127] 검찰은 판사와 마찬가지로 독립성을 보장받으며 그에 관한 헌법상 명문의 규정을 두고 있다.[128] 검찰관의 인사 역시 최고사법회의(Conseil supérieur de la justice)에서 심의하여 결정한다(헌법 제151조 제3항).

벨기에의 검사(magistrats de parquet)도 프랑스와 마찬가지로 사법관(magistrat)의 지위를 가지며 검찰(ministère public)을 구성한다.[129] 검찰은 각급 법원에 소속하여 설치되어 직무를 수행[130]하며, 법률이 정한 방식에 따라 공소(action publique)를 실행한다.[131]

재판정에서 검찰은 사회를 대표한다.[132] 가장 주요한 임무는 범죄를 수사하고 소추하는 것이다. 검찰 소속 사법관(magistrats du ministère public), 즉 검사는 수사를 지휘하여 범죄자를 찾아내고 재판에 회부한다. 또한 민사사건, 특히 미성년자사건과 관련해서 의견을 제시하고,[133] 노동 사건에서도 사실의 조회 등 중요한 역할을 수

---

123 벨기에헌법 제40조.
124 벨기에헌법 제146조.
125 벨기에헌법 제147조.
126 Seul le ministère public près la cour d'appel compétente peut intenter et diriger les poursuites en matière répressive à l'encontre d'un ministre.
127 벨기에헌법 제153조.
128 벨기에헌법 제151조.
129 https://www.om-mp.be/fr/propos-mp. 사법법전(Code judiciaire) 제58조의2.
130 사법법전 제137조.
131 사법법전 제138조.
132 https://www.om-mp.be/fr/propos-mp.
133 사법법전 제138조의2.

행한다.134 검찰은 판결을 집행하고,135 법원의 정상적인 운영 여부를 감시한다.136

　　대법원 소속 검찰청은 법무부장관(ministre de la Justice)의 감독 하에 검사장(procureur général)이 운영하고, 수석부장검사(premier avocat général)와 부장검사(avocat générl)들이 보좌한다.137 각 항소법원에 대응하는 검찰청에도 검사장(procureur général) 1인을 두며, 전국을 관할하는 연방검사(procureur fédéral) 1인을 둔다.138 항소법원 소속 검사장들로 구성되는 검사장회의(collège des procureurs généraux)는 법무부장관이 주재하며 형사정책의 연계 및 조정, 검찰조직의 운영, 검사의 보직 배치 등에 관한 중요사항을 결정한다.139 항소법원의 검사장들은 수석부장검사(premier avocat général)와 부장검사(avocat général)들 및 검사보(substitut du procureur général)들이 보좌한다.140 검사보는 기소를 위한 수사보고서를 검토하고 공소장을 작성한다.141

　　법무부장관은 검찰조직의 정점에서 총괄하는 지위에 있다. 검찰청은 법무부장관의 소속 하에 있으며, 장관은 형사정책에 관한 지시사항을 명하고, 이 명령은 검찰의 구성원들을 기속한다.142

　　우리나라의 검찰총장에 비견될 수 있는 직책으로 연방검사(procureur fédéral)가 있다. 연방검사는 연방검찰청(parquet fédéral)을 지휘·감독하며, 사법법전 제144조의3에서 특정한 범죄들에 대한 기소, 공소권행사에 대한 협조 확보, 연방경찰(police fédérale)의 운영에 대한 감독 등의 권한을 행사한다.143 이를 위해 연방검사는 법무부장관의 권한 하에 사법경찰관을 감독한다.144 그리고 이러한

134　사법법전 제138조의3.
135　사법법전 제139조.
136　사법법전 제140조.
137　사법법전 제142조.
138　사법법전 제143조.
139　사법법전 제143조의2.
140　사법법전 제144조.
141　사법법전 제147조.
142　사법법전 제143조의4.
143　사법법전 제144조의2.
144　사법법전 제148조. 이외에는 항소법원 소속 검사장이 사법경찰관과 관계 공무원들을 감독한다.

조직과 관할을 저해하지 않는 범위 내에서, 사법구역(arrondissment judiciaire)별로 국왕검사를 두어 법률에서 따로 정하는 직무를 담당하게 한다.[145]

이에 따르면, 벨기에 검사는 헌법에 의해 수사권과 기소권을 부여받은 사법관이다. 판사와 더불어 사법관의 지위를 보유하고 있으면서 법원에 속한 검찰조직이란 점, 법원조직 역시 법무부장관의 관장 하에 있으며 수사판사(juge d'instruction)가 있다는 점은 프랑스법과 유사하다. 조직법적 근거인 사법법전에서 수사를 검찰의 권한으로 규정함으로써 법적 근거에 관한 논란을 차단하고 있다. 이처럼 벨기에는 헌법에 검사의 수사에 관한 권한 및 검사의 독립성에 관하여 규정하고 있는 것이 특징이다.

(2) 형사소송법 규정

〈형사소송법〉[146]

제22조 검사는 중죄법원, 형사재판소, 경찰재판소의 재판관할 중 형사재판소와 경찰재판소에의 공소가 노동감독관에게 주어지는 경우를 제외하고, 범죄의 수사와 소추를 담당한다.

제26조 경찰의 역할에 대해서는 1992. 8. 5.법 제5조의 폐지 없이, 검사는 관할 사법경찰관의 임무 수행에 있어 필요한 수사지휘를 한다. 지휘내용은 수사판사와 상충되지 않는 한 이행되어야 한다. 지휘내용은 검사장에게 보고된다.

제28조의2 ① 수사는 범죄, 범죄자 및 증거를 조사하고 공소권 행사와 관련된 정보를 수집하는 것을 목적으로 하는 일련의 행위를 지칭한다. 경찰의 독립적인 활동과 관련된 일반원칙은 법률로 정해지고 절차법 제143조a와 143조b에서 따른 지침에 정한 구체적인 규칙들에 부합하여야 한다. 위 문단의 규정에도 불구하고, 수사는 검사의 지시와 권한 하에서 이루어진다. 이는 검사의 책임이다.

제28조의3 ① 검사는 수사에 대한 의무 및 권리가 있다. 절차법 제143조bis와 제143ter에 따라 확립된 원칙에 따라, 검사는 관할 구역에서 발생한 사건에 대해 결정권을 가진다.

---

145 사법법전 제150조.
146 〈http://www.droitbelge.be/codes.asp#ins〉.

② 수사를 개시한 사법경찰은 가능한 신속하게 지휘내용에 부합하는 형식으로 수사진행 상황을 검사에게 보고한다.

③ 검사는 사법경찰의 기능에 관한 법 제2조에 규정된 경찰관의 직무를 요구할 권한, 법에 따라 제한된 경위를 제외하고 수사에 필요한 모든 활동을 사법경찰로 하여금 수행하게 할 권한을 가진다.

④ 검사는 특정 사건 수사에서 사법경찰의 임무를 담당하는 경찰권을 지휘할 수 있고, 예외적인 경우를 제외하고 지휘내용은 수행된다. 만약 복수의 기관이 지휘를 받는 경우 검사는 기관간 상호 조율에 주의를 기울인다.

제47조의12 ① 연방검사는 그 권한을 행사함에 있어 법이 검사에게 부여한 모든 권한을 보유한다. 이러한 틀 안에서 연방검사는 전 영토에서 그 소관의 수사 또는 예심수사 행위, 공소제기를 수행하거나 수행하게 할 수 있다.

벨기에 형사소송법의 공식명칭은 '범죄심리법전(犯罪審理法典, Code d'Instruction Criminelle)'이다. 1808년 11월 17일에 제정될 당시의 명칭을 그대로 사용하고 있다. 여기서는 편의상 "형사소송법"으로 부르기로 한다.

형사소송법 제9조는 사법경찰(police judiciaire)이 항소법원의 권한 하에서, 권한의 분야별로, 검사장의 권한 하에 행사됨을 명시하고 있다. 형사소송법 제22조는 검사가 범죄의 수사와 소추의 주체임을 명시하고 있다. 이어 형사소송법 제26조에서는 검사의 사법경찰에 대한 수사지휘권을 규정하고 있다.

한편, 형사소송법 제28조의2는 수사(information)에 대한 정의규정과 함께 적법절차의 원칙 및 수사가 검사의 권한과 책임에 속하는 사항임을 밝히고 있다. 이어서 형사소송법 제28조의3은 수사에 관한 검사의 권한 및 의무의 내용과 사법경찰과의 관계를 규정하고 있다. 또한 형사소송법 제47조의2는 검찰총장격인 연방검사의 포괄적 수사권과 지휘권을 규정하고 있다. 따라서 위와 같은 각 규정에 대한 해석상 검사의 수사 권한과 사법경찰에 대한 수사지휘 권한이 모두 인정된다고 해석된다. 다만, 형사소송법 제26조에서 보이듯이 아직 수사판사 제도가 남아 있다.

벨기에 형사소송법 제28조의2에 의하면, 수사는 적법한 관할권이 있는 검사의 지휘와 권한에 의하여 이루어져야 하며, 검사가 그 수사에 대하여 책임을 진다고 규정하고 있다. 이로써 벨기에 형사소송법상 검사는 수사절차의 주재자로서 수사권과 수사지휘권을 모두 보유하고 있다.

　검사가 경찰에 대한 수사를 지휘하는 경우에는 상세한 세부지침을 경찰에게 발할 수 있다. 검사는 경찰법 제2조에 규정된 경찰권을 요구할 수 있는 권한과 다른 모든 범죄수사기관에 법에 의하여 규정된 범위내에서 수사를 위한 특별한 활동을 요구할 권한을 가지고 있다. 따라서 경찰권의 발동은 검사의 지시에 부합하여야 하고 당해 사건을 위해 필요한 경찰관들을 지원한다(형사소송법 제28조의3 제3항). 검사는 지시한 수사와 관련하여 어떠한 사건에 대하여 어떤 경찰부서를 지휘할 것인지 자유롭게 결정할 수 있다. 만약 여러 부서가 같은 사건에 결부되어 있는 경우에는 검사가 그 부서들의 업무를 조정한다. 검사가 구체적 사건에서 수사를 지시한 경우 경찰은 그 수사와 관련된 검사의 명령을 따라야 한다. 경찰이 이러한 절차에 따라 수사를 개시한 경우 2주 이내에 검사에게 보고하여야 하고, 40일 이내에 수사를 완료하여야 한다.

　경찰이 자체적으로 범죄를 인지한 경우에는 범죄를 수사한 후 그 수사결과를 즉시 적법한 권한이 있는 사법기관에 보고해야 한다(사법수사법 제28조의3 제4항, 경찰법 제16조). 다만, 경찰이 이른바 (기회제공형) 함정수사를 하고자 할 경우 원칙적으로 수사가 행하여지기 이전에 검사로부터 사전 동의를 서면으로 받아야 한다(형사소송법 제28조 제2항).

　벨기에 형사소송법에 의하면 모든 사건에 대하여 경찰은 검사에게 보고를 해야 한다. 그러나 검사의 업무부담을 경감시키기 위하여 1998년 3월 12일자 법률에서 경찰이 협박, 재물손괴, 명예훼손, 일부 유형의 절도 등과 같은 제한된 범위의 범죄사건의 경우 검사에게 보고함이 없이 독자적으로 수사할 수 있는 재량을 인정하였다(형사소송법 제28조 제1항).

　결국 위와 같은 각 규정에 대한 해석상 검사의 수사 권한과 사법경찰에 대한 수사지휘 권한이 모두 인정된다고 해석하여야 하고, 달리 해석할 여지가 없다. 왜냐하면 프랑스와 동일하게 수사는 사법경찰이 하되, 검사의 지휘와 권한 하에서 이루어지도록 했으며, 최종책임도 검사가 지도록 체계적으로 정리했기 때문이다. 다만, 형사소송법 제26조에서 보이듯이 아직 수사판사 제도가 남아 있다.

❻ 스위스

(1) 헌법 규정

스위스헌법 제1조 및 제3조에 의하면, 스위스는 26개의 주권을 가진 칸톤 (Canton)으로 이루어진 연방이며, 각 칸톤은 연방에 의하여 연방의 권한에 속하지 않는 한, 모든 주권을 행사하므로 형사소송법 및 경찰조직도 주마다 상이하다. 예컨대 독일어를 말하는 칸톤에서는 수사경찰(Kriminal polizei), 보안경찰 (Sicherheitspolizei)과 교통경찰(Verkehrspolizei)의 세 가지 임무에 따른 구분을 하고 있는 반면, 프랑스어를 말하는 칸톤에서는 일반적으로 헌병(Gendarmerie)과 보안경찰(Sûreté)로 구분되어 있는데, 프랑스어권 칸톤의 헌병은 독일어권 칸톤에서의 보안경찰에 해당하고 일반적으로 교통경찰은 보안경찰에 부속되어 있거나 그 하부조직으로 되어 있으며, 프랑스어권 칸톤의 보안경찰은 독일어지역 칸톤에서의 수사경찰과 동일하다.

한편 바젤시 칸톤의 경우에는 수사경찰은 칸톤 검찰청에 소속되어 있고, 보안경찰은 경찰부에 소속되어 있다.147 특히 스위스의 수도인 베른에는 특별규정이 적용되고 있는데, 1972년에 체결된 베른시내에서의 수사경찰 임무의 수행에 관한 베른칸톤과 베른市간의 협정은 베른시가 베른시 지역내의 수사경찰 업무에 대한 책임을 지는 것으로 규정하여 베른시 경찰은 완전한 범위의 경찰 임무를 담당하고 있다.

다만, 헌법에 검찰과 관련된 특별한 규정이 없다. 이와 같이 스위스 헌법은 검찰에 관하여 공백규정을 두고 있는 것이 특징이다. 그러나 헌법은 협의의 성문헌법 뿐만 아니라 형사소송과 관습헌법 및 스위스의 헌법의 역사 등을 총합하여 고려하여 파악하여야 한다.

---

147   각국의 사법경찰제도(Ⅱ), 법무자료 제139집, 법무부, 186면.

(2) 형사소송법 규정

〈형사소송법〉[148]

제15조 경찰 ② 경찰은 자체적으로, 또는 공공기관 구성원들의 신고에 대응하여, 또는 검사의 지휘에 따라 범죄를 수사하고, 범죄를 수사함에 있어 검사의 지휘와 감독에 따라야 한다.

제307조 검사와의 협력 ① 경찰은 중대범죄와 기타 중요한 사건을 검사에게 즉시 보고하여야 한다. 연방 또는 칸톤 검사는 정보를 제공할 의무에 관한 보다 상세한 지침을 발할 수 있다.

② 검사는 언제든 경찰에게 지시 또는 위임을 발할 수 있고 절차수행을 인수할 수 있다. 제1호의 경우에 검사는 보고를 받은 후 가능한 경우에는 최초의 중요 신문을 스스로 수행하여야 한다.

③ 경찰은 그들이 발견한 것과 그들이 취한 조치를 모두 서면보고서로 기록하여야 하고, 수사가 종료될 때에는 범죄보고서, 신문조서, 기타 기록, 압수물을 검사에게 송치하여야 한다.

제309조 수사 개시 ① 검사는 다음의 경우 수사를 개시하여야 한다.

    a. 경찰 보고서, 고소장 또는 자체적인 발견에 의해 범죄가 범해졌다는 합리적인 의심이 있는 경우,

    b. 강제처분을 명할 경우,

    c. 제307조 제1호에 의하여 경찰로부터 정보를 접수한 경우

② 검사는 경찰보고서 또는 고소장이 범죄가 범해졌다는 것을 뚜렷하게 보여주지 않을 경우 경찰이 추가적인 수사를 하도록 그것을 경찰에 돌려보낼 수 있다.

제312조 검사의 경찰에 대한 지시 ① 검사는 수사가 개시된 이후 경찰에게 추가적인 조사를 수행하도록 지휘할 수 있다. 검사는 서면으로 지휘하여야 하고 급속한 경우 구두로 지휘할 수 있으며, 지휘는 분명하게 정의된 이슈로 조사를 국한하여야 한다.

스위스는 1937년 12월 21일에 연방형법을 제정하여 통일된 형법을 적용하

였지만, 형사소송법에 있어서는 각 칸톤마다 서로 다른 약 30개의 상이한 형사소송법이 있었는데, 이 중 4개는 연방의 형사소송법이었고, 26개는 칸톤의 형사소송법이었다.149 이후 사법개혁을 위해 2000년 3월 12일에 헌법 개정을 위한 국민투표가 실시되었고, 이에 따라 연방헌법 제122조150와 제123조151에 근거해 연방은 민사절차법과 형사절차법에 관해 입법할 수 있게 되었다.152

그러나 이미 1994년부터 스위스 연방정부(Bundesrat)는 경제범죄와 조직범죄에 대처하기 위해 스위스 형사절차법을 부분적으로 할 것인지 아니면 전체를 통합할 것인지 여부를 판단하기 위해 위원회를 설립했었다.153 당시의 위원회는 1998년에 스위스의 통일 형사절차법에 관한 기본개념을 공표하였고, 이를 바탕으로 2001년 6월에 스위스 연방경찰청의 위임을 받은 전문가들이 스위스 연방 형사절차법의 가초안(Vorentwurf)을 작성하게 되었으며, 동년 6월 27일에 연방정부는 가초안을 심의에 붙여 2003년 7월 2일에 심의결과를 받아 스위스 연방경찰청에게 스위스 연방 형사절차법의 초안(Entwurf)에 대한 보고서를 작성하도록 하였다.154 이후 2005년 12월 21일에 형사절차법 통일화를 위한 보고서(Botschaft zur Vereinheitlichung des Strafprozessrechts: BVStP)가 완성을 보게 되어 당일 연방의회에 제출하여 의결을 받도록 하였지만, 이후에도 치열한 논쟁은 지속되었고, 마침내 2010년 1월 1일에 스위스 연방 형사절차법이 발효하게 되어 지금에 이르

---

149 이원상. "스위스 형사사법개혁 취지를 통해 살펴본 한국의 검찰개혁", 비교형사법연구 제19권 제3호, 2017.10, 213면.

150 스위스 헌법 제122조(민법)
① 민사 및 민사소송에 관한 법률의 제정은 연방의 권한에 속한다.
② 민사에 관한 법원의 조직 및 행정은 법률에서 달리 정하지 아니하는 한, 주의 권한에 속한다.

151 스위스 헌법 제123조(형법)
① 형사 및 형사소송에 관한 법률의 제정은 연방의 권한에 속한다.
② 형사에 관한 법원의 조직 및 행정, 형벌과 처분의 집행은 법률에서 달리 정하지 아니하는 한, 주의 권한에 속한다.

152 김일수, "독일·오스트리아·스위스의 형사법 개정추이 연구 ─ 특히 수사체계에서 검사의 지위와 역할을 중심으로", 2005년도 법무부 용역과제, 2005, 146면.

153 김일수, 앞의 보고서, 153면.

154 김일수, 앞의 보고서, 153면.

고 있다.155

　이러한 스위스의 형사사법개혁은 스위스 연방의 형사절차법이 제정되면서 구체적으로 일정한 권한이 연방에 주어지게 되었다. 이러한 스위스 형사사법개혁은 크게 두 부분으로 나누어 볼 수 있는데, 하나는 각 칸톤과 연방이 형사절차와 관련된 권력을 나누는 방식이며, 다른 하나는 각 칸톤들이 가지고 있던 다양한 형사절차를 연방 차원에서 통일적으로 규율하는 것이다.156 전자의 경우는 법률에 연방의 권한을 열거함으로써 해결하였고, 후자의 경우는 검찰모델을 채택하여 형사절차법 체계를 구축함으로써 해결되었다.157

　이와 관련하여, 후자의 검찰모델의 채택에 관하여 살펴보면, 종래의 수사체계는 일원적 수사체계와 이원적 수사체계의 구조로 발전해 왔다. 전자인 일원적 수사체계는 사법경찰(Kriminalpolizei)과 수사판사(Untersuchungsrichter)가 수사절차를 담당하는 것으로, 사법경찰은 수사의 개시와 포기가 가능했고, 수사판사는 수사절차에 관여하거나 직접 수사를 할 수 있다. 이러한 일원적 체계는 경찰조직이 가지고 있는 조직적 특성을 활용하는 체계로서 경찰의 수사전문성과 인력 및 과학수사능력 등을 활용하는데 수사의 효율성을 위한 체계라고 할 수 있다. 다만, 일원적 수사체계에서 공소제기나 수사절차의 중단 여부는 수사판사가 결정하고, 강제처분권도 예심판사가 갖게 되어 검찰은 주로 위경죄와 같은 가벼운 범죄에 대한 수사 및 공소유지와 관련된 역할을 수행하게 되었다. 이와 같은 모델을 제1수사판사모델(Untersuchungsrichtermodell I)이라고 한다. 이를 변용한 제2수사판사모델은 수사판사와 검찰이 수사과정에 적극적으로 관여하는 모델이지만, 칸톤에 따라서는 수사판사가 절차중지 및 기소권을 갖는 경우에 절차중지 및 조사·심리권한을 갖는 경우 등 여러 형태가 존재했다.

　반면에 후자인 이원적 수사체계도 두 가지 모델로 제1검찰모델(Staatsanwalt-schaftsmodell I)과 제2검찰모델이 있는데, 제1검찰모델은 사법경찰에 의해 초동

155　이원상, 앞의 논문, 214면.
156　Raphael/Nicole/Andre, Organisation der kantonalen und eidgenossischen Strafbehorden und strafrechtliche Ausfuhrungsbestimmungen, Helbing Lichtenhahn Verlag, 2011 참조.
157　이원상, 앞의 논문, 213면.

수사가 이루어지고, 수사절차는 검찰의 지휘 하에서 이루어지는 것이다. 다만, 수사 이후에 진행되는 예심조사는 수사판사가 담당하게 되어 있다. 이때, 검찰은 예심기간 동안 일방 당사자로서의 역할만을 수행하고, 예심조사가 끝난 후에는 수사판사가 검찰에게 조사서류를 넘겨주게 되고 검사는 공소제기 여부를 결정하게 된다. 이에 반해 제2검찰모델은 수사판사 없이 검찰이 수사의 주재자가 되어 사법경찰의 초동수사부터 예심조사까지 수행하며, 이후 공소제기와 공소유지까지 담당하는 모델이다.

결국 스위스 연방의 형사절차법은 제2검찰모델을 채택하여 검찰이 수사판사의 권한까지 행사할 수 있도록 하고 있고, 검찰의 통제방안으로서 강제처분 법원을 통한 강제처분 제한이나 피의자 방어권 강화를 위한 장치 등에 대하여 스위스 연방 형사절차법에 규정을 두게 되었다.158 이처럼, 스위스는 2011년 형사사법시스템의 전면적인 개혁을 단행하여 통합 형사소송법을 제정·시행하였는데, 그 골자는 수사판사 제도를 폐지하면서 검사를 수사의 주재자로 내세우고, 기존에 없던 검사의 수사 권한과 사법경찰에 대한 수사지휘 권한을 새로이 도입한 것이다. 따라서 각 규정에 대한 해석상 검사의 수사 권한과 사법경찰에 대한 수사지휘 권한이 모두 인정된다고 해석된다.

참고로 전술(前述)한 국제형사재판소(ICC)의 시스템이 스위스의 형사사법개혁에 영향을 미친 것도 주목할 만한 부분이다. 즉, 스위스는 2011년 형사사법시스템의 전면적인 개혁을 단행하는 과정에서 검사의 지위와 역할에 대하여 많은 논의가 있었는데, 이러한 내용으로 개혁한 하나의 근거로 '스위스가 가입 비준한 1998. 7. 17.자 상설국제형사법원의 로마규약도 검찰모델을 취하고 있는 점'을 들고 있다159는 점이다.

한편, 스위스 연방헌법 제123조는 형법 및 형사절차법의 제정을 연방의 권한으로 두고 있지만(제1항), 법원의 조직, 형사사건의 판결, 형벌 및 집행과 관련된 사항은 법률에 특별한 규정이 없어 여전히 칸톤에게 주어져 있다(제2항). 스위스 연방검찰조직에 대해서는 기본적으로 스위스 형사절차법 제1장 제2절 이

---

158 이원상, 앞의 논문, 215면.
159 김일수, 수사체계와 검찰문화의 새 지평, 세창출판사, 2010, 260면.

하에 관련 규정을 두고 있지만, 구체적인 내용들은 「연방형사사법 기관에 대한 연방법률(Bundesgesetz über die Organisation der Strafbehörden des Bundes: StBOG)」과 「연방검찰의 조직 및 행정에 대한 사무규칙(Reglement über die Organisation und Verwaltung der Bundesanwaltschaft)」 등에 규정되어 있다.[160]

그리고 StBOG에 따르면 양원합동회의에서는 연방검사와 연방검사대리를 선출하며(제20조 제1항), 재직연한은 4년이다(제3항). 연방검찰은 초동수사에 있어서는 특히 연방수사경찰(die Bundeskriminalpolizei: BKP)에 대한 지휘권이 있으며, 제한된 경우지만 칸톤의 경찰조직에 대해서도 지휘권을 행사하게 된다.[161] 그리고 연방검찰에 대한 감독은 연방의회에 의해서 지정된 감독기관에 의해 행해진다. 연방검찰의 임무는 크게 연방의 형사소추, 사법공조요청의 집행, 행정적 임무로 나눌 수 있다. 연방검찰은 스위스 연방 형사절차법 제23조와 제24조 및 다른 법률에서 연방검찰의 관할권을 명시해 놓은 범죄에 대해 수사 및 기소를 담당하는 기관이다. 따라서 법률에 명시해 놓지 않은 범죄에 대한 관할권은 각 칸톤의 검찰에게 있기 때문에 연방검찰이 각 칸톤의 검찰을 감독하거나 지휘할 수는 없다. 그러므로 연방검찰과 각 칸톤 검찰들은 서로 협력관계를 맺게 된다.

연방검찰의 관할권은 국가보호(Staatsschutz), 조직범죄·테러리즘·돈세탁·부패범죄, 국제형사법 관련 사건들이며, 스위스 연방 형사 절차법에서는 국제사회의 이익과 관련된 범죄까지도 포함시키고 있다. 또한 연방검찰은 형사사건에 있어 「국제사법공조에 관한 연방법률(Bundesgesetz uber internationale Rechtshilfe in Strafsachen: IRSG)」 제17조 제4항에 따라 사법공조집행을 담당하고 있으며, 연방의 형법 및 형사절차법의 입법과 관련해서 협력을 하고, 연방형사사법 기관의 결정을 집행하며, 경우에 따라서는 칸톤의 판결을 검토하여 상소하는 기능도 하고 있다.

그리고 StBoG 제2장 제2절에 따르면 연방검사는 연방법원에 재판권이 있는 사건에 대해 전문적이고 효과적으로 형사소추를 수행하며, 조직을 합목적으

---

160 스위스 연방검찰은 베른(Bern)에 본원을 두고 있으며, 취리히(Zürich)와 라우자네(Lausanne), 그리고 루가노(Lugano)에 각각 지원을 두고 있다.

161 스위스 연방검찰청 홈페이지 https://www.bundesanwaltschaft.ch/mpc/de/home.html 참고.

로 구성하고 운영해 나가야 하며, 인력이나 재정 및 물품 등을 효과적으로 투입하여야 한다(제9조 제2항). 연방검사는 연방에 속해있는 동료들에게 지시를 할 수 있으며, 부서의 장인 연방검사도 해당 부서의 동료들에게 지시를 내릴 수 있다(제13조 제1항). 지시의 내용을 보면 개별 사건에 대한 절차의 개시, 수행, 종료뿐 아니라 기소의 대리, 항소의 여부에 관한 것들이 있다(동조 제2항). 연방검사가 형사절차를 종결하거나 대체처분을 하는 경우, 또는 중지처분을 하는 경우에는 부서의 장에게, 반대로 부서의 장이 그와 같은 처분을 하는 경우에는 다른 연방검사에게서 동의를 받아야 한다(제14조). 그리고 연방검찰은 독립적인 행정업무를 수행한다(제16조 제1항). 또한 연방검찰은 자신의 행정업무에 대해 스스로 계획하고, 필요한 인력을 고용한다(동조 제2항). 그리고 고유한 회계업무를 수행한다(동조 제3항). 다만, 연방검찰은 연방의회에 보고 될 수 있도록 예산안과 회계보고서를 매년 감독기관에 제출하며, 연방검찰의 업무보고를 한다(제17조 제1항). 업무보고의 내용에는 내부조직, 일반적인 지시사항, 종료되었거나 계속 중인 사건의 종류와 숫자 및 각 부서별 업무부담, 인력·재정·물품의 투입, 연방검찰의 항고 처리와 소송행위의 결과 및 숫자 등에 관한 것이다(동조 제2항).

　　한편, 연방검찰의 독립성보장과 관련하여, 연방검찰에 대한 감독은 매우 중요한 부분이라고 할 수 있다. 이에 연방검찰에 대한 감독은 연방의회에 의해서 지정된 독립된 감독기관에 의해 행해지는데, 연방의 형사절차법에 따르면 "감독기관위원은 양원합동회의의 선거를 통해서 선출되며(제23조 제1항), 감독기관위원의 재직기간은 4년이고(제25조 제1항), 만일 구성원이 재직기간을 모두 채우지 못하게 되는 경우 후임자는 잔여기간 동안만 재직하게 된다(제2항)."고 규정하고 있다. 또한 양원합동회의는 감독기관위원이 고의 또는 중대한 과실로 공무원의 의무를 심각하게 침해하거나 공무수행 능력이 영구히 소멸되지 않는 이상 재직기간 내에는 면직을 할 수 없도록 하여(제26조) 법률적으로 지위를 확고히 하고 있다. 그리고 감독기관은 독자적인 사무국을 운영하며, 인력을 고용할 수 있다(제27조 제2항). 다만, 감독기관은 그들의 업무상황에 대해 연방의회에 보고서를 제출하여야 한다(제29조 제1항). 감독기관은 연방검찰에 대해 일반적인 업무지시만을 할 수 있다. 따라서 개별 사건에 있어서 절차의 개시와 수행 및 종료, 법원에 기소된 사건의 대리, 그리고 상소 등에 대해서는 그 어떤 지시도

할 수 없다(동조 제2항). 그리고 감독기관은 일반 업무지시의 이행을 검토하고 필요한 경우에는 연방검찰에 대해 조치를 취할 수 있다(제3항). 또한 연방검찰에 대해 그들의 업무에 대한 정보 및 추가적인 보고를 요구할 수 있으며, 감찰을 수행할 수 있다(제30조 제1항). 감독기관에 의해 정보의 수집이나 감찰을 위임받은 자는 그들의 위임을 충족시키는 데 필요하다면 절차와 관련된 서류들을 열람할 수 있다(동조 제2항). 그리고 감독기관은 양원합동회의로부터 연방검찰이나 연방검찰 대표의 면직과 관련된 사무를 위임받아 수행한다(제31조 제1항). 또한 공무원 의무위반의 경우 감독기관은 양원합동회의에 의해 선출된 연방검찰의 구성원에 대하여 경고나 견책, 감봉 등의 조치를 취할 수 있다(동조 제2항). 또한 감독기관은 연방정부에 자신들의 예산안과 회계보고서 및 연방검찰의 예산안과 회계보고서를 제출하여야 한다. 다만, 연방정부는 그것들에 대해 그 어떤 통제도 할 수 없고, 단지 연방의회로 송부하는 업무만을 수행하도록 하여(동조 제4항) 감독기관이 연방정부의 통제를 받지 않도록 하고 있다.

현재 스위스의 검찰과 경찰의 수사권 문제는 연방의 형사소송법에 명확하게 규정되어 있는데, 경찰은 스스로 또는 사인 및 기관의 고발, 검찰의 위임에 따라 범죄 수사를 수행하며, 검찰의 감독과 지시에 따라야 한다(제15조 제2항). 다만, 법원에 계류 중인 형사사건의 경우 법원이 경찰에 대한 지시와 위임을 할 수 있다(동조 제3항). 그리고 검찰은 국가의 형벌요구를 공평하게 수행하는 책임을 지고(제16조 제1항), 수사절차를 주재하고(제7조 제1항), 예심절차에서 범행을 추적하며, 기소 및 공소업무를 수행한다(동조 제2항). 특히 검사는 예심절차의 주재자가 되기 때문에 경찰에 대한 지시권과 감독권을 행사할 수 있다. 이처럼 스위스의 연방검찰은 공소권과 수사지휘권을 가지고 있는데, 이는 우리의 경우와 거의 유사하다고 할 수 있다.

결국 위와 같은 각 규정에 대한 해석상 검사의 수사 권한과 사법경찰에 대한 수사지휘 권한이 모두 인정된다고 해석하여야 하고 달리 해석할 여지가 없다. 특히 2011년 형사사법시스템의 전면적인 개혁을 단행하여 통합 형사소송법을 제정·시행하였는데 그 골자는 수사판사 제도를 폐지하면서 검사를 수사의 주재자로 내세우고, 기존에 없던 검사의 수사 권한과 사법경찰에 대한 수사지휘 권한을 새로이 도입한 것이다.162 따라서 스위스의 사법경찰관리와 검사와의 관계는 다른 대륙법계 국가의 경우와 마찬가지로 검사는 수사의 주재자인 반면, 사법경찰관리는 수사의 보조자로서 수사에 있어서 검사의 지휘를 받아야 하는 구조를 취하고 있다. 이와 같은 구조는 공익의 대표자인 검사로 하여금 사법경찰관리의 보조를 받도록 하여 신속하고도 엄정한 사건처리가 가능하도록 함과 동시에 검사에게 사법경찰관리에 대한 강력한 지휘·감독권을 부여하여 사법경찰관리에 의한 불법수사 및 인권침해의 위험을 사전에 예방할 수 있도록 하였다는 점에서 매우 합리적인 구조라고 평가되고 있다.

❼ 오스트리아

(1) 헌법 규정

〈헌 법〉163

제90조의a 검사는 사법기관이다. 검사는 사법적으로 형사처벌이 가능한 행위로 인한 절차에서 수사와 공소를 담당한다. 상급기관의 검사에 대한 지시의 구속력에 대한 보다 자세한 규율은 연방 법률을 통해 이루어진다.

오스트리아 법원의 조직과 구조는 연방헌법(Bundesverfassungsgesetz, B-VG), 법원조직법(GOG) 등에서 규율되고 있는데, 오스트리아 9개 州(Land)에는 각 1개 내지 수 개의 지방법원(Landesgericht, LG)이 설치되어 있으며,164 4대 도시인 비엔나(Wien), 그라쯔(Graz), 인스부르크(Insbruck), 린쯔(Linz)에는 고등법원(Oberlandesgericht, OLG)이 설치되어 있고, 수도인 비엔나에는 대법원(Oberster- Gerichthof, OGH)이 설치되어 있으며, 각 지방법원 관할에는 구법원(Bezirksge- richt, BG)165이 설치되어 있다. 그리고 일반법원의 조직과는 별도로 연방헌법재판소(Bundesgesetzsgerichthof,

---

162   Gwladys Gilliéron, 앞의 책, 172면.

163   〈https://www.ris.bka.gv.at/GeltendeFassung.wxe?Abfrage=Bundesnormen&Gesetzesnummer=10 000138〉.

164   현재 21개의 지방법원이 설치되어 있고 특히 수도인 비엔나에는 소년, 상사, 형사, 민사, 노동사건을 담당하는 5개의 지방법원이 설치되어 있다.

165   2003. 1. 1. 현재 166개의 구법원이 있으며, 전원 단독판사로 구성되어 있고, 보통 법정형이 단지 벌금형과 징역 1년 이하 사건을 관할로 하나 예외적으로 강요죄, 협박죄 및 피의자가 구속된 경우에는 지방법원 단독판사의 관할이 된다.

BvfG), 행정재판소(Verwaltungsgerichthof, VwGH)가 설치되어 있다. 구체적으로 살펴보면, 지방법원의 재판부는 수사판사·예심재판부166·단독판사167·합의부168·참심재판부,169 배심재판부170로 구성되어 있으며, 고등법원171은 모두 3명의 직업법관으로 구성된 합의부로 구성되어 있다. 대법원172은 무효항소와 비상상고를 관할하고 있는데, 전자는 배심 및 참심 재판부의 판결이나 재판절차가 법률에 위반한 경우에 검사나 피고인이 제기하는 불복방법이고, 후자는 판결이 확정된 후 검찰총장이 판결이 법령에 위반함을 이유로 제기하는 불복방법이다.

  오스트리아 검찰구조173는 위에서 언급한 각급 법원에 대응하여 지방검찰청(Staatsanwaltschaft)174·고등검찰청(Oberstaatsanwaltschaft)·대검찰청(General-prokuratur)이 설치되어 있고, 지방검찰청 소속하에 구검사(Bezirksanwalt)175가 파견되어 구법원 관할사건176에 대해서는 검사를 대리하여 검사의 업무를 처리한다. 특히, 9개의 주(州)로 구성된 연방공화국인 오스트리아는 프랑스와 유사한

---

166 예심절차에서 한 수사판사의 결정에 대한 항고, 중요한 결정을 위한 수사판사의 요청 사건을 관할로 한다.
167 통상 법정형이 징역 1년 초과, 5년 이하 사건을 관할로 한다.
168 3명의 법관으로 구성되며 구법원의 판결에 대한 항소사건을 관할로 한다.
169 2명의 직업법관과 2명의 참심원으로 구성되며 통상 징역 5년 초과, 10년 이하 범죄를 관할로 한다.
170 3명의 직업법관과 8명의 배심원(Geschworene)으로 구성되며, 살인·중강도·정치적 범죄, 기타 10년 초과 유기징역 및 무기징역 사건을 관할로 하고 있다.
171 예심 재판부의 결정 및 수사판사의 중요한 결정에 대한 항고사건, 지방법원의 배심재판부, 합의재판부, 단독판사의 판결에 대한 항소 및 전부 항소사건을 관할로 하고 있다.
172 11명의 대법관으로 구성된 강화 재판부와 5명으로 구성된 단순 재판부로 되어 있다.
173 독일이 헌법, 법원조직법, 법관법에서 검찰청의 조직과 구조를 규정하고 있는 것과는 달리 오스트리아 검찰청의 조직과 구조는 대부분 검찰청법(Staatsanwaltgesetz,StAG), 검찰청법 시행령(Verordnung zur Durchführung des Staatsanwaltgesetzes, DV-StAG) 등에서 규율되고 있다. 따라서 검찰청은 조직상, 기능상 법원으로부터 분리된 행정관청이다.
174 2003. 1. 1. 현재 17개의 지검이 있으며, 비엔나에는 소년사건만을 담당하는 소년검찰청이 따로 설치되어 있다.
175 검사의 업무를 보좌하는 연방공무원으로서 정식 검사는 아니므로 검사보(檢事輔)라고도 번역하며 독일의 amtanwalt 제도와 비슷하다.
176 법정형이 벌금형이거나 징역 1년 이하로 규정된 사건을 취급한다.

수사 및 검찰제도를 가지고 있다. 즉 오스트리아 검찰은 헌법상 제3장 연방의
집행권 중 B. 법원의 관할권에 '사법기관(Organe der Gerichtsbarkeit)'으로 규정되
어 있다. 이러한 연방헌법 제90조의a 신설로써 오스트리아의 검찰은 형사소추
와 이를 위한 수사를 담당하는 사법기관으로서의 헌법적 지위가 명문화되었고,
수사주재자로서 검사의 지위가 이제 형사소송법을 넘어서 헌법적으로 보장받게
된 것이다. 그런데 오스트리아 연방헌법상 검사의 사법기관으로서의 지위를 명
확하게 이해하기 위해서는 후술하는 것처럼, 연방헌법 제82조의 권한규정
(Kompetenzbestimmung)과 제94조에서 정하고 있는 권한분할(권한배분) 규정을 고
찰해야 한다. 이처럼 개헌까지 하면서 검사의 수사에 대한 권한을 확립한 것은
특히 주목할 만한 부분이다.[177]

(2) 형사소송법 규정

〈형사소송법〉[178]

제98조. ① 사법경찰과 검사는 가능한 한 협의하여 이 법의 기준에 따라 수사절차
를 진행하여야 한다. 그러하지 못할 경우에는 검사는 사법경찰에게 적절한 지시를
하여야 하며, 사법경찰은 검사의 이 지시에 따라야 한다.

제99조. ① 사법경찰은 직권으로 또는 고발에 근거하여 수사하며, 검찰과 법원의
지시(제105조 제2항)에 따라야 한다.

② 수사상의 처분을 위해 검찰의 지시가 필요한 경우에도 사법경찰은 긴급한 때에
는 그와 같은 지시 없이도 이를 수행할 권한이 있다. 이 경우 사법경찰은 지체 없
이 허가를 요청하여야 한다(제100조 제2항 제2호). 검사의 허가가 없으면 사법경
찰은 수사행위를 즉시 종료하여야 하고 이를 가능한 한 원래의 상태로 복구해야
한다.

---

177 Harald Eberhard & Konrad Lachmayer, "Constitutional Reform 2008 in Austria Analysis
     and Perspectives", p. 10. 〈https://www.lachmayer.eu/wp-content/uploads/2014/05/2008_
     ICL-Journal_No-2_Constitutional-Reform-2008-in-Austria.pdf〉.

178 〈https://www.ris.bka.gv.at/GeltendeFassung.wxe?Abfrage=Bundesnormen&Gesetzesnum
     mer =10002326〉.

③ 그러나 지시가 법원의 승인을 필요로 하는 경우에도 수사상의 처분이 긴급한 때에는 그와 같은 승인이 없더라도 이 법률이 명시적으로 정하고 있는 경우에 한하여 허용된다.

④ 사법경찰은 다음 각 호의 어느 경우에 수사를 연기(Aufschub)할 수 있다.

1. 본질적으로 중요한 범죄의 규명이나 또는 가벌적인 행위의 수행을 주도한 공범자의 발견(Ausforschung)에 지연이 요구되고, 그 지연이 타인의 생명, 건강, 신체적 완전성이나 또는 자유에 대한 심각한 위험과 결부되어 있지 않는 경우 또는

2. 그렇지 않다면, 다른 방법으로는 예방할 수 없는 타인의 생명, 건강, 신체적 완전성이나 또는 자유에 대한 심각한 위험이 발생할지도 모르는 경우

⑤ 사법경찰은 제4항에 따르는 지연에 대해서는 지체 없이 검찰에 통고하여야 한다. 검찰은 제2조 제1항에 따라 수행해야 할 의무를 이행함이 없이, 연방영토에서 또는 이를 통과하는데 거래가 제한되거나 또는 금지된 물품의 운송인 통제배달(kontrollierte Lieferung)의 경우에 유럽연합 가입국과의 형사사법공조에 관한 연방법(EU-JZG) 제71조, 제72조의 규정들이 준용된다.

제100조. ① 사법경찰은 수사의 원인, 실행 및 결과를 사후에 확인할 수 있도록 기록을 통해 확정하여야 한다. 권리 침해와 결부된 강제와 권한의 행사는 이유가 설명되어야 한다.

② 사법경찰은 아래의 경우 즉시 검찰청에 서면으로(제1항) 또는 컴퓨터 기반 데이터 처리방식으로(im Wege automationsunterstützter Datenverarbeitung) 보고하여야 한다.

1. 중한 범죄 또는 그 밖에 특별한 공적인 이해관계(제101조 제2항 제2문)에 관련되는 범죄혐의를 인식하기에 이른 경우(발생/개시 보고; Anfallsbericht),

2. 검찰의 승인, 지시 또는 법원의 결정이 필요하거나 합목적적인 경우 또는 검찰이 보고를 요구하는 경우(원인 보고; Anlassbericht),

3. 보고 없이 3개월이 경과한 수사 혹은 마지막 보고로부터 3개월이 경과한 수사(중간/수시 보고; Zwischenbericht),

4. 사실관계 혹은 행위혐의에 대해 검찰이 기소, 소추 철회, 정지 혹은 절차의 취소 여부를 결정할 수 있을 정도로 규명된 경우(종결 보고; Abschlussbericht).

③ 제2항에 따른 보고는 이러한 상황이 이미 보고되지 않은 한, 아래 사항을 특히 포함하여야 한다.

1. 피의자의 이름, 이름이 알려지지 않은 경우 신원확인 혹은 추적에 필요한 특징,
   범죄혐의를 받고 있는 행위 및 법적 명칭,
2. 고발인, 피해자 및 중요 참고인의 이름
3. 충분히 검토되지 않았거나 유보된 경우에는 사건의 요약 및 계획된 추가 조치
4. 피의자 혹은 다른 절차 참여인의 중요 신청

③의a 사법경찰은 자기의 견해에서 보아 초기혐의(Anfangsverdacht)가 존재하지 않거나 또는 그 존재에 대해 의심이 있는 경우에도 또한 검찰에 보고해야 한다.

④ 각 보고와 더불어 검찰은 사실관계 또는 법적 상황에 대한 판단을 위해 모든 필요한 사법경찰 기록을 전달받거나 또는 전자적 방법으로 접근할 수 있다.

제101조. ① 검찰은 수사절차를 지휘하고, 또한 그 절차의 진행과 종결을 결정해야 한다. 검찰이 수사절차를 개시하지 않거나 그 절차를 정지시키는 결정을 한다면, 이러한 검사의 결정에 대해 사법경찰은 구속된다.

② 검찰은 수사절차를 지휘하고, 또한 그 절차의 진행과 종결을 결정해야 한다. 검찰이 수사절차를 개시하지 않거나 그 절차를 정지시키는 결정을 한다면, 이러한 검사의 결정에 대해 사법경찰은 구속된다.

제103조. ① 이 법에 다른 규정이 없는 한, <u>사법경찰은 검사의 지시를 이행할 책임이 있다.</u> 검찰은 특히 절차의 진행을 위해 수사의 중요성이 인정되는 경우와 같이 그 지시가 법적, 사실적 이유에 의해 적절한 한, <u>사법경찰의 모든 수사에 관여할 수 있고,</u> 사법경찰 직무수행의 책임자에게 개별적인 지시를 할 수 있다.

② <u>검찰은 스스로 수사를 수행하거나</u> 전문가로 하여금 수행하게 할 수 있다.

　　헝가리 지역을 제외한 오스트리아 및 보헤미아의 지방·주에 통일적으로 적용된 오스트리아의 최초의 형사소송법은 1768년 12월 31일에 발효된 테레지아 형사법전(Constitutio Criminalis Theresiana)이라고 할 수 있는데, 이 형사법전은 형법 및 형사소송법이 단일법전으로 되어 있었다. 이 법전의 형사절차는 소추권자 없이 직권으로 특정인에 대해 법률에서 정해진 혐의점들(Inzichten)이 있는 경우에 개시되어 진행되는 규문절차를 따르고 있었다.[179] 이러한 규문재판은

179　이경렬, "오스트리아 검찰의 헌법상 지위와 수사절차에서의 검·경관계", 대검찰청, 형사법의 신동향 제59호, 116면.

기소와 재판이 분리되지 않은 상태에서 규문관인 한 명의 법관에 의해 수행되었고, 서면주의와 밀행주의를 그 특징으로 하였는데, 규문절차로 불리는 조사절차 과정에서 고문이 중요한 역할을 담당하였는데 통상 세 단계로 나뉘어 행해졌다. 첫째는 자백을 하지 않으면 가혹한 고문이 있을 것이라는 경고단계, 둘째는 말로써 고문을 행하는 위협단계, 마지막은 실제로 준비를 통해 고문을 행하는 실행단계이었다.[180]

   그러나 당시의 '자유와 민주의 시대정신'에 부합하는 형사절차는 법원과 분리된 별개의 소추권자(Ankläger)를 필요로 하는 탄핵주의였다. 따라서 프랑스혁명에 따른 구체제의 폐지와 제도의 변혁이 낳은 새로운 법제들은 1808년 나폴레옹 치죄법(治罪法: Code d'instruction criminelle)에 수용되어 실정법에 규정되었다. 이러한 나폴레옹 치죄법의 형사재판절차와 본질적으로 동일한 제도를 오스트리아에서 도입하여 시행할 수밖에 없었던 계기는 1848년 비엔나 혁명의 기본요구사항 속에 이것이 들어있었기 때문이었다.[181]

   그리고 오스트리아는 1848년 3월 비엔나 혁명에서 요구되었던 사항을 빈대학 형사법학자이자 법률실무가였던 글라저(Julius Anton Glaser; 1831~1885)가 법무부장관 재임시절에 초안하여 제정한 1873년 형사소송법(Strafprozessordnung des Jahres 1873)에 수용하여 규정함으로써 비로소 실현되었다. 이러한 1873년 형사소송법은 당시 지배 권력을 대표하는 경찰에 의해 진행되던 수사절차를 시민법적인 (수사)판사에게로 이양시켜 수사절차는 이 예심판사가 직접 주도하였고, 경찰은 예심판사가 지체 없는, 직접 개입할 수 없는 상황에서 그리고 사전에 승인된 (수사)지시만을 실행할 수 있었다. 이와 같이 규문주의 타파를 위해 검찰제도가 규정되었으나 검사는 단지 공소권자로만 기능하고 독자적인 수사권한은 허용되지 않았다.

   이러한 1873년 형사소송법은 1938년 히틀러에 의한 합병과 더불어, 이미

---

180 이경렬, 앞의 논문, 116~117면(오스트리아에서 고문은 1776년에 이르러 폐지되기에 이른다. 그리고 테레지아 형사법은 요셉 형법에 의해(im Josephinischen Strafgesetz) 고문이 완벽하게 삭제된 시기인 1787년까지만 그 효력이 있었다).

181 김일수, 수사체계와 검찰문화의 새 지평, 세창출판사, 2010, 195~196면 참조.

독일제국에서 시행되고 있던 내용과 합병된 오스트리아를 위해 새로이 규정한
내용이 추가된 독일제국 명령(Verordnung)에 의해 대체되었다. 이로써 1873년
형사소송법에 의해 구축된 오스트리아의 독자적이고 근대적인 형사소송절차는
일시에 붕괴되는 결과를 맞이하게 되었고, 종전 후인 1945년 6월 12일 법률에
의해 이른바 '오스트리아 형사령'이 폐지됨으로써, 형사소송 절차는 합병전인
1938년 3월의 상황으로 복귀하게 된다. 그 후 1960년과 1975년 두 번에 걸쳐
법명을 바꾸어 공포되었고 현재의 형사소송법의 근간은 바로 1975년 형사소송
법('Strafprozessordnung 1975')이라고 할 수 있다.

　　현행 1975년 형사소송법의 주요 개정내용을 살펴보면, 1873년 형사소송법
을 근간으로 하여 유지되어 오던 오스트리아의 수사절차는 오래전부터 통일되어
검사에 의해 지휘되고 있는 것이 현실인데, 그러한 수사현실이 법률에 전혀 반
영되어 있지 않는 괴리현상이 있었다. 그리고 법원이 수사를 주재한다는 것은
법원에 고유한 사법판단기관으로서의 지위에 부합되지 않을 뿐만 아니라 사법과
행정 내지 집행이라는 권력분립의 원칙에도 반한다는 비판을 면할 수 없었다.
따라서 법치국가의 위배·법과 현실의 괴리라는 문제점의 인식하에 법무부는
1974년부터 1983년까지 형사소송법 개정을 위한 실무위원회(Arbeitskreis)을 운용
하여, 1998년 4월경에 공판전의 절차를 새롭게 구성한 초안(Diskussionsentwurf)을
제안하였다.

　　그러나 이 초안이 의결되지는 못하였고 많은 토론과 보완 끝에 제22 입법
회기 중 2003년 3월 4일 정부입법제안 25(RV 25)가 다시 제출되었고, 이 정부입
법안은 수정 없이 법사위원회에서 채택된 후, 상·하원의 의결의 거쳐 2004년
2월 26일에 형사소송개혁법(Strafprozessreformgesetz)으로 공포되었다.[182] 이 형사
소송개혁법[183]은 1975년 형사소송법상의 공판전 절차에 해당하는 부분인 제1조
부터 제215조까지의 규정을 수정하는 내용의 입법이었다. 그 주요 내용은 현실

182　1873년 형사소송법 제정 당시 경찰권한의 통제(황제밑에 경찰이 있었음)가 가장 큰 쟁점이
　　　되어 수사판사제도를 도입하였으나, 수사판사의 인력 부족 등으로 법에도 규정이 없는 경
　　　찰의 수사영역 확대 등이 계속 문제되었으며, 그 후 30년간에 걸친 논쟁과 법무부·내무부
　　　간의 검·경 관계 등을 논의한 끝에 개정안이 마련되었다고 한다.
183　BGBl. I 19/2004; NR: GP XXII RV 25 AB 406 S. 51. BR: 6999 S. 706.

과 유리된 수사판사제도를 폐지하고 'Vorerhebung'과 'Voruntersuchung'으로
분리되어 있던 수사절차를 통일하고 법원과 검찰, 경찰 간의 권한과 임무를 새
롭게 분장하여 현실과 상응되게 규율하는 것이었다. 특히 검찰의 수사지휘권을
담보하기 위하여 사법경찰에게 다양한 보고의무(형사소송법 제100조)를 부과하고
있다. 동법의 시행과 함께 다른 한편으로 검찰은 수사절차에서 전문지식이 필
요한 경우 감정인을 선임하여 수사절차를 진행할 수 있도록 정하고 있다(제126
조 제3항). 이처럼 2004년에 개정된 형사소송법은 2008년 발효된 새로운 수사절
차의 지침이 되었다.

　　한편, 2004년 형사소송법의 개정으로 수사판사제도가 폐지됨으로써 이제
오스트리아에서 검사는 수사의 주재자로 자리매김하면서 수사상 지위가 강화되
었다. 이러한 검찰의 수사지휘권(Leitungsbefugnis)의 법적 근거로는 개정 형사소송
법 제99조 제1항, 제100조, 제101조 제1항, 제102조 등을 들 수 있다. 대표적으
로는 동법 제101조 제1항에서는 "검사는 수사절차를 지휘하고, 수사의 계속, 수
사의 종결 여부를 결정한다. 검찰의 명백한 의사에 반하여 수사절차가 개시되거
나 계속되어서는 안 된다"라고 명문화함으로써 검찰의 수사상 지위를 더욱 공고
히 하였다. 또한 이러한 검찰의 수사지휘권을 담보하기 위하여 동법 제100조 제2
항에서는 사법경찰에게 각종 보고의무를 이행하도록 명문화하였는데, 구체적으로
는 사법경찰로 하여금 검사에게 발생보고(Anfallsbericht)·원인보고(Anlassbericht)·
경과보고(Zwischenbericht)·종결보고(Abschlussbericht) 등에 대하여 법적인 의무를
부담시키고 있다. 그런데 이러한 경찰의 각종 보고는 서면 뿐만 아니라 컴퓨터
기반 데이터전송시스템으로도 보고할 수 있도록 함으로써[184] 효율성을 기하고
있으며, 나아가 검찰의 사법경찰에 대한 강제처분의 지시도 원칙적으로는 근거
를 제시하면서 문서로 고지하도록 하고 있으나, 다만 긴급한 경우에는 구두로
지시와 승인을 할 수 있고, 또한 문서 대신 컴퓨터기반 정보처리 장치로 고지할
수 있도록 하고 있다.[185]

　　이러한 형사소송법 개정으로 검사가 수사의 실질적인 주재자로 자리잡게

---

[184] 오스트리아 형사소송법 제100조 제2항.
[185] 오스트리아 형사소송법 제102조 제1항.

되면서 경찰의 수사활동도 보다 구체적으로 세분화되어 개정법에 반영되었다. 그 내용을 보면 첫째, 수사활동 중 경찰이 독자적으로 할 수 있는 것으로서 보전(Sicherstellung)(제110조)·신원확인(Identitätsfeststellung)(제118조 제2항)·변사체검시(Leichenbeschau)(제128조 제1항)·내사(Erkundigungen)(제152조)·신문(Vernehmungn)(153조) 등을 규정하고 있으며, 둘째, 검사의 지시 또는 승인이 필요한 경우로는 부검(Obduktion)(제128조 제3항)·기술적 수단 투입을 통한 감시(Observation durch Einsatz technischer Mittel)(제130조 제2항)·수배(Fahndung)(169조 제1항) 등으로 구체화하고 있다. 이어서 셋째, 검사의 사전영장을 받을 수 없는 긴급한 경우여서 추후 검사의 사후승인이나 법원의 동의가 필요한 경우로는 수색(제120조, 제122조 제1항), 급박한 경우의 일시적 체포(제171조 제2항)를 규정하였으며, 넷째, 검사의 지시와 법원의 동의가 필요한 경우로는 가택수색(Durchsuchungen von Orten)(제120조 제1항)·신체수색(Durchsuchungen von Person)(제123조 제3항)·체포(Festnahme)(제171조 제1항) 등으로, 그리고 다섯째, 검사의 신청을 통한 법원의 동의가 필요한 경우로서 통신감시(Überwachung von Nachrichten)(제135조 제3항)·수사절차에서의 구속(Untersuchungshaft)(제174조 제1항)·압수(Beschlagnahme)(제115조 제2항)·금융정보수색(Durchsuchung von Auskunft über Bankkonten und Bankgeschifte)(제116조) 등을 명문화하였다.

오스트리아의 형사소송법상의 수사절차를 살펴보면, 원칙적으로 범죄의 실체적 진실을 발견하기 위한 조사는 사법경찰의 역할로 일임되어 있고(제18조), 수사절차는 사법경찰과 검찰이 가능한 한 협력(Einvernehmen)하여 수행하지만, 이것이 불가능한 경우에는 검찰이 사법 경찰에 의해 수행되어야 할 필요한 조치를 지시하도록 정하고 있다(제98조 제1항). 그리고 사법경찰은 수사절차에서 독자적인 수사권한과 임무를 부여받고 있는데, 이와 관련하여 형사소송법 제99조 제1항은 "사법경찰은 직권으로 또는 고발에 근거하여 수사하며, 검찰과 법원의 지시(제105조 제2항)에 따라야 한다."고 규정하고 있는데, 이는 사법경찰이 인지하거나 고발된 사건에 대해서 범행의 혐의가 충분하면 수사절차를 개시할 수 있지만 검찰과 법원의 지시에 따라한다는 것이다. 제2항은 "수사상의 처분을 위해 검찰의 지시가 필요한 경우에도 사법경찰은 긴급한 때에는 그와 같은 지시 없이도 이를 수행할 권한이 있다. 이 경우 사법경찰은 지체없이 허가를 요

청하여야 한다(제100조 제2항 제2호). 검사의 허가가 없으면 사법경찰은 수사행위
를 즉시 종료하여야 하고 이를 가능한 한 원래의 상태로 복구해야 한다."고 규
정하고 있는데, 이는 긴급한 사건일 경우에 사법경찰은 검찰의 지시 없이도 우
선 수행할 수 있는 권한이 있음을 규정하고 있지만 지체 없이 검사의 허가를
요청하도록 하고 있고 허가가 없으면 수사행위를 즉시 종료하도록 하고 있다.
그리고 제3항은 "그러나 지시가 법원의 승인을 필요로 하는 경우에도 수사상의
처분이 긴급한 때에는 그와 같은 승인이 없더라도 이 법률이 명시적으로 정하
고 있는 경우에 한하여 허용된다."고 규정하고 있는데, 이는 긴급시 한정된 범
위 내에서 법원의 승인이 없더라도 사법경찰의 수사상의 처분을 허용하고 있
다. 또한 제4항은 "사법경찰은 ① 본질적으로 중요한 범죄의 규명이나 또는 가
벌적인 행위의 수행을 주도한 공범자의 발견(Ausforschung)에 지연이 요구되고,
그 지연이 타인의 생명, 건강, 신체적 완전성이나 또는 자유에 대한 심각한 위
험과 결부되어 있지 않는 경우 또는 ② 그렇지 않다면, 다른 방법으로는 예방할
수 없는 타인의 생명, 건강, 신체적 완전성이나 또는 자유에 대한 심각한 위험
이 발생할지도 모르는 경우에 수사를 연기(Aufschub)할 수 있다."고 규정하고 있
다. 또한 제5항은 "사법경찰은 제4항에 따르는 지연에 대해서는 지체없이 검찰
에 통고하여야 한다. 검찰은 제2조 제1항에 따라 수행해야 할 의무를 이행함이
없이, 연방영토에서 또는 이를 통과하는데 거래가 제한되거나 또는 금지된 물
품의 운송인 통제배달(kontrollierte Lieferung)의 경우에 유럽연합 가입국과의 형사
사법공조에 관한 연방법(EU-JZG) 제71조, 제72조의 규정들이 준용된다"고 규
정하고 있다.

　　이 규정에 의하면 검찰과 법원의 다른 지시가 없는 한 범죄의 혐의를 밝히
고 혐의자를 찾아 추적하는 수사활동에 대해 사법경찰은 자신의 책임 하에 독
자적으로 수행할 수 있도록 규정하고 있으며, 긴급시에는 우선 수사활동을 진
행하고 후에 검사의 허가를 받도록 하고 있으며, 한정된 범위내에서 법원의 승
인없이 수사상 처분을 할 수 있도록 규정하고 있다. 이러한 규정들은 사법경찰
이 검찰의 지시의 준수를 전제로 하고 있지만, 정해진 범위 안에서 언제, 어떤
방식으로 그 지시된 조사와 강제처분을 집행할지는 사법경찰이 스스로 결정할
수 있다.

　　또한 이와 관련하여 검찰은 수사절차를 지휘하고, 그 절차의 진행과 종결을 결정해야 한다. 검찰이 수사절차를 개시하지 않거나 그 절차를 정지시키는 결정을 한다면, 이러한 검사의 결정에 대해 사법경찰은 구속된다(제101조 제1항). 이는 사법경찰에게 자신들의 책임 하에 수사하게 할 것인지 아니면 사법 경찰의 수사활동에 관해 구체적으로 요청(Ersuchen)하여 일정한 방향으로 유도할 것인지, 아니면 법원의 사법적 통제를 청구할 것인지에 대한 결정권한은 검찰에 유보되어 있음을 밝히고 있는 규정이라고 할 수 있다. 그리고 검찰은 현장에서 직접 수사할 수 있을 뿐만 아니라 수사를 지휘할 수도 있으며 경우에 따라서는 감정인으로 하여금 수행하게 할 수도 있다(제103조 제2항).

　　한편, 오스트리아의 헌법 제90조의a는 "검사는 사법기관이다. 재판으로 형벌이 부과되는 절차에서 검사는 수사와 공소업무를 담당한다. 검사의 상급기관의 지시에 대한 구속력에 관하여는 자세한 사항을 연방의 법률로서 정한다."고 규정하고 있어서 검찰의 지위를 헌법기관으로 격상시키고 있으며, 그 권한을 강화시키고 있다. 다만, 오스트리아 검찰의 가장 상부조직인 '대검찰청(Generalprokurator)'은 오스트리아에서만 볼 수 있는 독특한 성격을 갖는다. 왜냐하면 일반적으로 대륙법계에서 대검찰청은 "Staatsanwalt"라는 호칭을 쓰는데 반하여 오스트리아에서는 다르게 부르기 때문이다. 대검찰청은 공소권을 가지지 않으므로 공소관청(Anklägebehörde)에 해당하지 않으며 보다 중립적이고 객관적인 준사법기관으로서 독립된 행정관청(Verwaltungsbehörde)의 지위를 갖는다.[186] 이러한 대검찰청은 형사소추기관이 아니므로 법무부장관의 지시와 감독을 받기는 하지만, 행정직 감독으로부터는 독립된 지위를 갖는 것이다. 이처럼 오스트리아의 헌법이 검찰을 행정부로부터 독립된 사법기관으로 규정하고 있는 것은 검찰을 정치권력으로부터 자유로울 수 있게 하여 검사의 권한 행사를 보다 엄정하고 공정하게 집행될 수 있게 하기 위한 것으로 보인다. 또한 이는 국민의 권리 및 인권보호에 보다 비중을 둔 헌법 개정으로 향후 사법기관으로서 공정성 확보라는 이

186　Fabrizy, StPO und wichtige Nebengesetze, Kurtkommentar, 10.Aufl.(2008), 59면에서는 대검찰청을 "법의 수호자(Hüterin des Rechts)"로 언급하였다고 한다(이에 대해서는 이정봉, 앞의 논문, 164면 참조).

념을 실천적으로 실현시키고자 하는 헌법이념을 구현한 것으로 보인다.

결국 위와 같은 각 규정에 대한 해석상 검사의 수사 권한과 사법경찰에 대한 수사지휘 권한이 모두 인정된다고 해석하여야 하고 달리 해석할 여지가 없다.[187] 특히, 오스트리아도 2008년 개헌을 포함하여 전면적인 형사사법시스템 개혁을 단행하였는데, 스위스와 마찬가지로 기존의 수사판사 제도를 폐지하면서 검사를 수사의 주재자로 내세우고, 검사의 수사 권한, 사법경찰에 대한 수사지휘 권한을 도입하였다는 점이다. 개헌까지 하면서 검사의 수사에 대한 권한을 확립한 것은 특히 주목할 만한 부분이다.[188]

V. 북유럽 9개국

❶ 덴마크(Denmark)[189, 190, 191]

(1) 헌법 규정

헌법에 검찰조직에 관한 명시적인 규정이 없으며, 검찰사무를 관장하는 기관의 조직에 관한 법률에서 이를 규정하고 있다. 현재 덴마크의 검찰체계는 3개의 층위, 검찰총장(Director of Public Prosecutions), 지방검찰청(Regional Public Prosecutors), 경찰청장(Commissioner)으로 구성되어 있는데, 주로 경미한 범죄의 경우에는 경찰청장이 수사와 기소를 함께 관장하고 있다.[192] 뒤의 노르웨이의

---

187 Robert Kert & Andrea Lehner, "Austria", Katalin Ligeti(ed.), 앞의 책, p. 11.

188 Harald Eberhard & Konrad Lachmayer, "Constitutional Reform 2008 in Austria Analysis and Perspectives", p. 10. 〈https://www.lachmayer.eu/wp-content/uploads/2014/05/2008 _ICL- Journal_No-2_Constitutional-Reform-2008-in-Austria.pdf〉.

189 〈https://www.ejn-crimjust.europa.eu/ejnupload/InfoAbout/The_Danish_Prosecution_Service. pdf〉.

190 〈https://www.politi.dk/en/About_the_police/prosecution_service/〉.

191 〈http://www.anklagemyndigheden.dk/Sider/Forside.aspx〉.

192 Administration of Justice Act, Retsplejeloven Kapitel 10 Anklagemyndigheden 및 Kapitel

경우와 유사하게 광의의 검찰체계 안에 경찰조직이 있으며 이들 모두는 법무부
에 소속되어 있다. 다만 법무부는 구체적 사건의 수사에 원칙적으로 관여하지
못하고, 관여하고자 하는 경우에는 서면으로 이를 공개해야 하며 국회에도 이
를 보고하여야 한다.193 또한 법무부는 검찰에 관한 일반적인 정책지침을 발령
하는 등의 형태로 간접적인 지시를 내릴 수 있으며, 검사의 인사권은 법무부에
있다.194

(2) 형사소송법 규정

사법법195

제95조 소추기관은 검찰총장, 국가검사, 지구경찰청장 그리고 형사사건에 관한 법
적 절차에 있어 위 사람들을 보조하는 사람이다.

제101조 ① 국가검사는 고등법원에서 형사사건을 담당한다.

② 국가검사는 경찰의 형사사건 처리를 감독하고 소추에 관한 지구경찰청장의 결
정에 대한 이의사건을 담당한다……

제104조 지구경찰청장과 그에 의해 고용된 검사와 기타 직원은 지방법원에서 형
사사건의 처리를 담당한다……

---

11 Politiet.

193   Gerichtsverfassungsgesetz 98. Stk. 3. Justitsministeren kan give de offentlige anklagere
      pålæg vedrørende behandlingen af konkrete sager, herunder om at begynde eller
      fortsætte, undlade eller standse forfølgning. Et pålæg i medfør af denne bestemmelse
      om at begynde eller fortsætte, undlade eller standse forfølgning skal være skriftligt og
      ledsaget af en begrundelse. Endvidere skal Folketingets formand skriftligt underrettes
      om pålægget. Hvis de hensyn, der er nævnt i § 729 c, stk. 1, gør det påkrævet,
      kan underretning udsættes. Pålægget betragtes i relation til aktindsigt i medfør af §§
      729 a–d som materiale, politiet har tilvejebragt til brug for sagen.

194   § 98. Stk. 2. Justitsministeren kan fastsætte bestemmelser om de offentlige anklageres
      udførelse af deres opgaver.
      § 103. Justitsministeren fastsætter antallet af statsadvokater og fordelingen af forretningerne
      mellem disse.

195   Danish Administration of Justice Act, 〈http://www.themis.dk/synopsis/docs/Lovsamling/
      Retsplejeloven.html〉.

제108조 법무부장관은 경찰의 최고 책임자로서 경찰청장과 지구경찰청장을 통해 권한을 행사한다......

덴마크의 수사·기소 제도는 상당히 독특한데, 상세히 설명하면 다음과 같다. 우선, 검찰과 경찰은 모두 법무부에 소속된 기관이다. 법무부장관 산하에 검찰총장과 경찰청장을 함께 두고 법무부장관이 검찰총장과 경찰청장을 모두 감독한다. 또한 법무부장관은 검찰과 경찰에 대한 일반적 지휘 권한과 구체적 사건에 관한 지휘 권한을 모두 갖는다.

경찰은 경찰청장－지구경찰청장－경찰서의 3단계로 구성된다. 경찰청장은 일반 경찰업무에 관하여 전국 경찰을 지휘한다. 그리고 전국을 12개 경찰지구(Police Districts)로 나누고, 각 경찰지구의 수장인 지구경찰청장이 수사와 기소를 모두 담당하면서 해당 경찰지구 소속 검사196와 경찰관을 지휘한다. 즉, 경찰지구 레벨에서는 검경이 통합되어 있는 특이한 구조이다. 위 12개 경찰지구에 각 경찰서가 소속되어 있다.

검찰도 검찰총장－국가검사－지구경찰청장 및 지구경찰청 소속검사의 3단계로 구성되어 있다. 검찰총장은 대법원 사건을 담당하고 전국 검사를 지휘한다. 국가검사는 3명인데 2명의 '지역 국가검사'(Regional State Prosecutor)는 12개 경찰지구를 6개씩 분담하여 지구경찰청장의 수사 및 기소를 감독하고 배심원 사건 및 고등법원 항소사건을 담당하며 경찰의 비위사건을 수사한다. 1명의 '특정 경제범죄·국제범죄 국가검사'(State Prosecutor for Special Economic and International Crime)197는 중대한 경제범죄 및 국제범죄에 대한 전국적 관할권을 보유하고 있고, 수사 권한과 기소 권한을 모두 보유한다. 마지막으로 지구경찰청장과 경찰지구에 소속된 검사는 지방법원 사건을 담당한다.

각 경찰지구에서의 기소는 해당 경찰지구 소속 검사가 담당하고 수사는 해

---

196 덴마크의 지구경찰청 소속 검사는 비록 경찰에 소속되어 있으나, 호주 등의 경찰소추관과 달리 강제수사를 통제하는 등 수사에 관여할 수 있는 법률적 권한이 있고 지역 국가검사의 지휘를 받는다. 즉, 경찰서에 소속되어 단순 소추업무만 담당하고 검사의 지휘를 받지 않는 호주 등의 경찰소추관과는 차원을 달리 하므로 '검사'로 번역하였다.

197 〈http://www.anklagemyndigheden.dk/Sider/statsadvokaten-for-saerlig-oekonomisk-og-int ernational-kriminalitet.aspx〉.

당 경찰지구 소속 경찰이 담당한다. 경찰지구 소속 검사와 경찰은 원칙적으로 협력관계이나 검사는 경찰 수사의 적법성을 감독한다. 특히 구속, 압수·수색 등의 강제수사는 검사의 승인이 필요하다.

여기서 주목할 부분은 지구경찰청장의 이중적 지위이다. 지구경찰청장은 검사와 경찰관이라는 이중의 지위 및 해당 경찰지구의 경찰과 검찰의 수장이라는 이중의 지위를 보유하고 있다. 즉, 일반 경찰업무에 있어서는 경찰청장의 지휘를 받으나, 수사 및 기소에 있어서는 지역 국가검사의 지휘를 받는 것이다.

한편, 덴마크 검찰청은 검찰총장(the General Prosecutor)이 이끄는 3단계로 구성된 조직체이다. 2단계는 지방 검찰(Regional Public Prosecutors)이라고 불리는 6개의 단위와 심각한 경제 범죄와 특별한 국제 범죄를 다루는 2개의 특수 단위로 구성되어 있다. 지방 차원에서 검찰은 지방경찰청장(Commissioner)이 이끄는 12개 구역으로 나뉘어 있다. 지방경찰청장은 지방 검찰과 지방 경찰을 겸직하고 있다. 이런 종류의 조직은 다른 나라에서는 거의 발견하기 힘든 구조이다. 즉 지방경찰청장은 검사와 경찰이라는 이중의 지위를 지니고 있으며 해당 지역의 검찰 및 경찰의 장의 역할을 담당한다. 검찰과 경찰과 교도소는 법무부 장관의 소관이다. 오늘날 덴마크 검찰은 약 600명의 변호사를 검사로 고용하고 있다. 덴마크 검사들의 50% 이상이 여성이다. 경범죄의 경우, 특별한 교육을 받은 경찰도 검사로서 법정에 출두할 수 있다. 덴마크에서 검사들은 법무부 소속이며, 고위직은 여왕이 형식적으로 임명 하지만 실제로는 법무부가 검찰총장의 추천을 받은 후 임명한다. 이에 따라 법무부 장관이 검찰의 임용에 대해서 책임을 진다.[198]

덴마크는 약 11,000명의 경찰관을 보유한 하나로 통일된 경찰권을 가지고 있다. 경찰은 경찰청장, 지방경찰청장, 경찰서의 3단계로 되어 있다. 경찰청장은 일반 경찰업무에 관하여 전국 경찰을 지휘한다. 덴마크 경찰은 12개의 지방경찰(Police Districts)로 나뉘어져 있는데, 이러한 지방경찰의 장이 지방경찰청장이고 특이하게 검찰수사와 검찰기소를 모두 담당하면서 소속 검사와 경찰관을

---

198 https://www.ejn-crimjust.europa.eu/ejnupload/InfoAbout/The_Danish_Prosecution_Service.pdf

지휘한다. 즉 검경이 융합되어 있는 독특한 구조이다. 여기에서 덴마크의 지방검찰에 소속된 검사는 경찰에 소속되어 있긴 하지만, 법적으로는 실질적으로 수사에 관여할 수 있고 지방검찰의 지휘를 받는다. 지방경찰은 경찰운영에 있어 많은 행정 업무를 수행하는 국가경찰청장(National Commissioner of Police)에 종속되어 있다.

　구체적으로 검찰과 경찰과의 관계를 살펴보면 사건발생 시 수사 단계에서는 경찰이 책임지고 자체적으로 조사를 담당한다. 그러나 수사 중에도 각 경찰에게 법적인 자문을 위한 목적으로 검사가 배정된다. 즉 수사 단계는 궁극적으로 경찰의 책임이지만, 기소단계로 넘어가면 그때부터는 모든 책임이 검사에게 이전된다. 이와 같이 수사권은 경찰에게, 기소권은 검찰에게 있다. 그럼에도 불구하고 같은 사건을 두고 업무는 분담하지만, 의사결정은 같이 내릴 수 있다. 왜냐하면 12명으로 구성되어 있는 지방경찰청장이 수사결과를 최종적으로 검토하고 결정하기 때문이다. 이들은 형사사건에서 수사를 진행한 경찰의 결정과 기소를 책임진 검찰의 결정을 검토해서 이들이 제기한 공소를 취하하기도 하고 보완이나 수정을 요구할 수 있다. 또한 검찰이 불기소한 사건을 경찰이 재수사를 요구하거나 문제를 제기하면 수사를 진행하고 공소를 유지하기도 한다. 이와 같은 방식으로 검찰과 경찰은 서로 유기적으로 연결되어 있다.[199]

　결국 위와 같이 국가검사의 지구경찰청장에 대한 지휘 권한이 인정되는 점, 경찰지구 레벨에서 수사 권한과 기소 권한을 행사하는 지구경찰청장이 검사의 지위를 보유하고 있는 점, '특정 경제범죄·국제범죄 국가검사'의 수사 권한이 인정되는 점 등을 종합하면 덴마크에서도 검사의 수사 권한 및 사법경찰에 대한 수사지휘 권한이 모두 인정된다고 봄이 상당하다.

199 http://nakeddenmark.com/archives/7740

❷ 스웨덴

(1) 헌법 규정

<헌 법>200
CHAPTER 9 감독과 소추
제1조 법무부장관은 언론의 자유에 관해 이 법에 규정된 한계를 벗어나지 않도록 주의한다.

제2조 법무부장관은 언론의 자유 위반 사건을 전담하는 **검사**이다. 법무부장관 외에는 누구도 언론의 자유 위반과 관련하여 불리한 내사를 개시할 수 없다. 이 법에 다른 규정이 없는 이상, 법무부장관과 법원만 그 범죄혐의에 관한 강제 조치를 승인할 수 있다. 정부는 언론의 자유 위반을 이유로 인쇄물을 법무부장관에게 고발할 수 있다. 언론의 자유 위반을 이유로 한 공소제기는 정부의 동의가 있어야만 제기할 수 있음을 법률에 규정할 수 있다. 법무부장관은 언론의 자유 위반 사건뿐 아니라 이 법 위반 사건도 전담한다. 다만 유사한 성격의 사건에서 **검사**의 역할을 하는 의회 옴부즈맨의 권리는 법률로 정한다.

제5조 위반행위에 대해 제8조에 따라 책임질 자가 아무도 없거나, 책임질 자에 대한 소환장을 국내에서 송달할 수 없으면, **검사**나 고소인은 형사절차를 진행하는 대신 인쇄물을 압수해 줄 것을 신청할 수 있다.

CHAPTER 10. 특별 강제 조치
제1조 언론의 자유 위반을 이유로 인쇄물을 압수할 수 있는 근거가 있으면, 소송 계류 중에도 인쇄물을 압수할 수 있다. 제7장 제8조에 따른 경우, 법원의 판결을 기다리는 중에도 정기간행물의 출판을 금지하는 명령을 발할 수 있다.

제2조 위반행위가 형사소추의 범위에 속하면, 법무부장관은 언론의 자유 위반을 이유로 소송을 제기하거나 인쇄물 압수를 법원에 신청하기 전에, 제1조에 따라 인쇄물의 압수 및 출판 금지를 명령할 수 있다. **검사**는 관할지역 내에서 인쇄물 압수를 명령할 수 있다고 법률에 규정할 수 있다.

제3조 법원 명령 없이 압수되면, 압수당한 자는 법원에 이의를 제기할 수 있다.

---

200 〈https://constituteproject.org/constitution/Sweden_2012?lang=en〉.

검사가 인쇄물 압수를 명령한 경우 즉시 법무부장관에게 통지한다. 법무부장관은 그 명령의 승인 여부를 즉시 결정한다.

제4조 법무부장관이 인쇄물 압수를 명령했거나 **검사**의 명령을 승인했으면, 그 결정을 발표한 날로부터 2주내에 형사 소송을 제기하거나 인쇄물 압수 신청을 한다. 이를 위반할 경우 압수명령과 출판을 금지하는 부수명령은 무효가 된다.

대부분 국가의 헌법은 하나의 문서로 되어 있으나, 스웨덴 헌법은 정부조직법(스웨덴어: Regeringsformen, RF), 왕위계승법(스웨덴어: Successionsordningen, SO), 언론자유법(스웨덴어: Tryckfrihetsförordningen, TF), 표현의 자유에 관한 기본법(스웨덴어: Yttrandefrihetsgrundlagen, YFL)과 같은 4개의 기본법으로 구성되어 있다. 그중에서 검사와 관련된 규정은 언론자유법에서 발견된다. 즉, 검사의 명령에 의한 출판물의 압수 등 언론의 자유와 관련된 검사의 직무에 관한 규정이 다수 발견되는 것이 특징이다. 다만, 헌법에 검찰조직에 관한 명시적인 규정이 없으며, 검찰사무를 관장하는 기관의 조직에 관한 법률에서 이를 규정하고 있다.

(2) 형사소송법 규정

〈사법절차법〉[201]

제23장 수사 ③ 수사 개시 여부의 결정은 경찰, 보안경찰 또는 검사가 한다. 경찰 또는 보안경찰이 수사를 개시한 사건이 간단한 성질의 것이 아닌 경우, 검사는 누군가 범죄를 범했다고 합리적으로 의심이 되는 경우 즉시 수사를 수행할 책임을 맡아야 한다. 또한 특별한 사유가 있는 경우 검사는 수사의 수행을 인수하여야 한다. 검사가 수사를 수행할 경우 검사는 경찰 또는 보안경찰에게 수사를 하도록 위임할 수 있다. 검사는 또한 처분의 본질에 비추어 적절한 경우 수사와 관련된 특정 조치를 취하도록 경찰을 지휘할 수 있다.

스웨덴 검찰은 1965년 대대적인 개혁 이후 오늘에 이르렀다. 과거에는 경찰과 검찰이 한 지붕 아래 조직되었다. 하지만 오늘날에는 경찰, 법원 그리고 검찰

---

201 〈http://www.riksdagen.se/sv/dokument-lagar/dokument/svensk-forfattningssamling/ra ttegangsbalk-1942740_sfs-1942-740〉.

이 명확하게 정의되고 분리된 독립체로 구분되었다. 1996년에는 지방 검찰을 6개의 지방 검찰로 통합하면서 또 다른 대대적인 개편이 있었다. 2005년 이들 6개의 지방검찰이 단일기관으로 합병되어 지금의 스웨덴 검찰청을 구성하게 되었다.202

스웨덴 검찰청에는 약 1,350명의 직원이 있다. 900명은 검사이고 다른 직원들은 다양한 지원을 하는 사람들이다. 스웨덴 전역에 32개의 검찰청이 있으며, 본부는 스톡홀름에 있다. 이러한 스웨덴 검찰은 법원과 경찰 두 기관으로부터 독립되어 있으며, 법무부나 다른 부의 소속도 아니다.

한편, 스웨덴 형사소송법 제23장 제3항은 수사개시의 권한을 검사와 경찰(보안경찰 포함)에게 부여하고 있으나, 수사에 대한 책임은 검사가 지도록 규정하고 있다. 따라서 각 규정에 대한 해석상 검사의 수사 권한과 사법경찰에 대한 수사지휘 권한이 모두 인정된다고 해석된다.

구체적으로 살펴보면, 범죄가 경찰의 주목을 받게 되면 예비수사(Preliminary investigation)가 이루어진다. 이때 검사는 특정 개인이 범죄를 저지른 것으로 합리적으로 의심될 수 있는 시점부터 이 수사를 지휘하게 된다. 중대한 범죄가 아닌 경우에는 경찰이 처음부터 끝까지 예비수사(Preliminary investigation)를 진행한다. 예비수사의 지휘관으로서 검사는 가능한 한 최선의 방법으로 범죄를 수사할 책임이 있다. 그리고 경찰은 검사의 지시에 따라 수사를 수행한다. 검사는 지속적으로 수사 과정을 점검하며 어떤 수사 조치와 결정이 필요한지 주기적으로 점검해야 한다. 범죄수사가 심각하거나 복잡한 범죄에 관련된 경우 검사는 종종 범죄 현장 재구성이나 중요한 조사(Interview)에 직접 참여한다. 예비수사 단계에서의 검찰의 의무는 강제적 조치(예컨대 체포, 수색, 압수 등)에 대한 결정을 포함한다. 개인은 수사 도중에 법원의 결정에 의해서 구속될 수 있다. 이 과정에서 검찰은 이들의 혐의와 구금이유를 진술해야 하며, 범죄 피해자의 손해가 적절히 표현되었는지도 확인해야 한다.

이러한 검찰의 사법통제는 스웨덴 사법절차법 제23조 규정에 잘 드러나 있다. 앞에서 언급한 바와 같이 스웨덴의 검찰은 다른 나라에서 찾아보기 힘들

---

202 Swedish Prosecution Authority. Archived from the original on 1 October 2014. Retrieved 20 July 2014.

만큼 막강한 권한을 보유하고 있다. 즉, 수사 개시 여부는 조문 상으로는 경찰과 검사가 한다고 되어 있지만, 그 내용을 보면 전부 검사의 지시에 의해서 수사가 진행되는 것을 확인할 수 있다. 간단한 사건의 경우 경찰이 수사를 진행하기도 하지만, 사건이 조금만 복잡하거나 중대한 범죄의 경우 직접 검찰이 나서서 수사를 지휘하고 있다.

검사의 인권보장적 기능과 관련하여, 특이한 사실은 언론의 자유와 관련해서 검사의 역할을 스웨덴 헌법 중의 하나인 언론자유법에 명시하고 있다는 점이다. 언론자유법 제2조에 의하면 언론의 자유를 침해하는 형사사건의 경우 법무부 장관이 전담 검사로서 수사를 담당한다. 따라서 법무부 장관 이외에는 어느 누구도 언론의 자유 위반과 관련한 사건에 개입할 수 없다. 여기서 단지 법원과 법무부 장관만이 이러한 사건에 수반한 혐의 입증을 위한 강제조치를 승인할 수 있다. 다만 법무부 장관이 언론의 자유를 위반한 사건을 공소제기 하기 위해서는 정부의 동의를 필요로 하고 있다. 여기서 언론의 자유는 스웨덴에서 표현의 자유와 더불어서 가장 중요시하고 있는 기본권임을 알 수 있다. 스웨덴의 경우 우리와 같은 단일 헌법을 가지고 있는 것이 아니라 4개의 개별 법률을 헌법으로 보고 있는데 정부조직법과 입헌군주국이기 때문에 필요로 하는 왕위계승법을 제외하고는 언론자유법과 표현의 자유에 관한 기본법이 사실상 헌법상의 헌법으로 볼 수 있다. 특히 양 기본권은 헌법적으로 인정받고 있는 기본권임을 감안할 때 언론의 자유침해는 사실상 위헌적인 사건이 되는 것이고, 여기에 법무부 장관이 담당 검사로서 담당하게 된다는 것은 그만큼 검찰이 언론의 자유를 지키는 핵심부서로 인정받고 있다는 취지일 것이다. 그래서 언론자유법 제2조 제3항에 의하면 법무부 장관은 언론자유법 위반에 대한 모든 사건을 담당하고 검사들은 역시 언론자유법에 의거하여 강제조치 등을 수행하고 있다. 이는 다른 나라와 비교해 보았을 때 스웨덴에서는 검찰에 대한 신뢰가 상당히 강하다는 것을 알 수 있다.

결국 위와 같은 각 규정에 대한 해석상 검사의 수사 권한과 사법경찰에 대한 수사지휘 권한이 모두 인정된다고 해석하여야 하고 달리 해석할 여지가 없다.203

---

203 Christoffer Wong, "Sweden", Katalin Ligeti(ed.), 앞의 책, p. 745.

특히, 스웨덴의 헌법에서는 검사의 명령에 의한 출판물의 압수 등 언론의 자유
와 관련된 검사의 직무에 관한 규정이 다수 발견되는 것이 특징이다.

❸ 노르웨이

(1) 헌법 규정

헌법에 검찰조직에 관한 명시적인 규정이 없으며, 검찰사무를 관장하는 기
관의 조직에 관한 법률에서 이를 규정하고 있다. 즉, 정부조직상 법무공안부
(Ministry of Justice and Public Security) 안에 소추국(Prosecuting Authority)이 있고,
소추기관으로 검찰총장(Director of Public Prosecutions), 지방검찰청(Regional Public
Prosecution Offices), 경찰 내 소추국(The Prosecuting Authority in the Police)이 있다.
이 중 검찰총장과 지방검찰청을 고등소추국(The Higher Prosecuting Authorities)이
라 하며, 대부분의 경미한 사건에 대해서는 경찰이 수사 및 기소를 모두 수행하
고, 주요한 사건에 관해서만 지방검찰청 또는 간혹 검찰총장이 수사·기소를 한
다.204 사건의 중대성에 따라 경찰과 검찰에 수사 및 기소권이 분산되어 있다는
특징이 있기는 하나, 두 조직 모두 법무공안부 소속이라는 점을 감안할 때 법무
부직속 모델에 속한다고 할 수 있다.

(2) 형사소송법 규정

〈형사소송법〉205
제55조. 소추기관의 구성원은 다음과 같다:

---

204 Lov om rettergangsmåten i straffesaker (Straffeprosessloven), Kap 6. Påtalemyndigheten;
    Kap 7. Påtalen.(노르웨이 소추당국 영문홈페이지, http://www.riksadvokaten.no/no/english/).
205 원문: 〈https://lovdata.no/dokument/NL/lov/1981-05-22-25〉.
    영문: 〈http://www.coe.int/t/dghl/cooperation/ccpe/profiles/norwayCriminalProcedureCode
       _en.asp〉.

1) 검찰총장 및 부검찰총장

2) 검사, 부(副)검사, 검사보

3) 경찰서장, 부경찰서장, 보안청장, 경찰서장보, 경찰검사, 경찰 감독관1, 경찰 감독관2(법학 학위가 있고 소추권이 부여된 직책에 근무하는 경우)

4) 각 관할 보안관

제58조. 소추기관으로서, 각 경찰서장들은 검찰총장 및 지방검사보다 낮은 직위에 위치한다. 검찰총장 및 검사는 경찰관에게 직접 지시를 내릴 수 있다.

제59조. 상급 **검사** 기관은 하위 **검사** 권한으로 내려지는 사건의 수행을 전체 또는 부분적으로 인수하거나 개별 사건의 결정에 따라 다른 하위 **검사** 당국에 이관할 수 있다. **검찰**총장은 일부 사건의 범주에 속하는 수사가 그렇지 않았다면 해당 사건에 해당하지 않았을 임원이 수행해야 한다는 취지의 규정을 제정할 수 있다.

제225조. 범죄수사는 경찰이 개시하고 수행한다......검찰총장 및 담당검사는 수사를 개시할 것과 수사방법을 지시할 수 있고, 수사의 중단을 지시할 수 있다.

검찰은 검찰총장(The Director of Public Prosecution), 일반검사(The Public Prosecutors), 경찰 내 검찰(The Prosecution Authority in the Police)으로 구성된다. 일반검사(The Public Prosecutor)와 검찰총장(The Director of Public Prosecution)은 고등검찰(The Higher Prosecution Authority)이라고 불린다. 2000년대 이후 보통 고등검찰은 대략 150여명 수준의 정규직 직원을 보유하고 있으며, 이는 81명의 검사직과 57명의 행정직으로 나뉜다. 검찰총장(The Director of Public Prosecutor: DPP)은 고등검찰의 모든 행정에 대한 책임이 있다. 검찰역할은 노르웨이의 형사 정책 감독과 형사 사건 처리, 즉 법원에 기소할 사건을 결정하는 조사에 국한된다. 대부분의 사건은 경찰 내 검찰국에 의해 결정되지만, 가장 심각한 범죄에 관한 사건은 검찰관 또는 검찰총장이 결정한다. 검찰총장은 형사 사건의 처리를 지시하는데 이는 검찰관 및 경찰 관할지구의 대상과 우선 사항을 결정하는 것을 의미한다. 지방 검사들은 동일한 지역에 포함된 경찰 관할구역의 활동을 감독한다. 검찰은 또한 국가범죄수사국(NCIS)에서 형사사건 처리를 감독하는 조직범죄 및 기타 중범죄 기소를 담당하는 중앙집권화되고 특수한 기관의 일부와 통합되거나 연결되어 있다. 범죄 소추 처리에 있어서의 전문 기준에 대한 책임이 검찰총장에게 할당되어 있다. 구체적인 형사사건의 처리와 통제수단의 부여

및 우선순위의 지시를 통해 이루어지며 이는 국가형사정책의 방향을 확고히 한
다. 검찰총장은 연례 우선순위 회람(an annual priority circular) 및 기타 다수의 회
람 형태로 발행된 포괄적 지시를 통해 검찰을 지휘하고 있다. 또한 검찰총장은
검사 및 경찰청장과의 회의를 통해 일반집행과 중요지시(priority directive)를 발
동하고 있다.

　　노르웨이에는 검사 중에 고위 검사로서 12명의 일반검사(public prosecutor)
가 있는데, 특히 그중 2개 기관은 "조직범죄와 기타 중범죄를 기소하는 국가기
관(The National Authority for Prosecution of Organised and Other Serious Crime)"과
"노르웨이 경제 및 환경범죄 수사 및 기소하는 국가기관(The Norwegian National
Authority for the Investigation and prosecution of Economical and Environmental
Crime)"이다. 이 두 기관은 필요에 의해서 형성된 기관으로, 조직범죄나 경제범
죄 및 환경범죄와 같이 지능적인 범죄를 관리하고 해외에서 저지른 집단학살이
나 반인륜범죄 등을 단죄하기 위한 조직이다.

　　한편, 노르웨이 검찰은 덴마크 검찰과 매우 유사한 시스템으로 검찰총장―
검사―경찰 소속 검사의 3단계 구조이고, 최하위 지역(local) 레벨에서는 검찰과
경찰이 통합되어 있어 경찰서장이 검사의 지위를 겸유하고, 경찰에 소속된 검
사가 수사를 주도하며, 검찰총장과 검사가 경찰서 소속 검사를 지휘한다.206 다
만, 노르웨이 형사소송법 제225조에 따르면 경찰은 수사를 개시하고 진행할 수
있다. 경찰관은 수사를 더 이상 미룰 수 없는 경우 상급자의 결정 없이 수사를
개시할 수 있다. 그러나 사건이 수사되어야 할 것인가에 관하여는 일반적으로
검사에 의하여 결정된다.207 수사와 관련하여 검사는 수사개시, 수사 방법 및
수사의 중단을 지시할 수 있다(동법 제225조). 검사는 수사와 관련된 모든 사항과
수사절차에 있어서 심문 등과 같은 특정한 수사기법을 사용하는 것과 관련하여
경찰관을 지휘할 수 있다.208 나아가 개시된 수사 또는 제기된 공소에 대하여
상급 검찰은 그 중단을 명할 수 있다(동법 제75조).

206　〈http://www.riksadvokaten.no/no/english/〉.
207　CPGE(2005/06), 116면.
208　CPGE(2005/06), 116면.

　　현재 노르웨이 범죄 정책은 "투 트랙 시스템"으로 되어 있다. 다시 말해 노르웨이 경찰과 검찰은 2개의 시스템에 조직되어 있다는 의미이다. 법무부(Ministry of Justice)와 검찰총장(Director General of Public Prosecution)에게 범죄 소탕 책임이 있다는 의미이다. 검찰총장은 형사사건의 기소에 대한 책임을 지고 있다. 비록 이 책임이 대부분 경찰청장(National Police Directorate)에게 위임되어 있지만, 다른 모든 영역은 법무부의 책임이다. 여기에서 원칙은 검찰은 독립적으로 본인들의 판단에 따른 결정을 내린다는 점이다. 심지어 법무부 장관도 검찰에게 어떠한 지시나 지휘는 내릴 기회를 갖지 못한다.

　　노르웨이의 경찰 서비스는 경찰청장의 지휘 아래 조직된다. 경찰청장은 2001년 창설되었고 노르웨이의 법무부 산하로 조직되었다. 경찰은 법무부 장관 밑에서 헌법적 책임을 담당한다. 경찰청장의 주요 목표는 정부가 설정한 전략과 예산의 한계 범위 내에서 노르웨이 경찰 서비스의 전문적 리더십 함양, 경찰 서비스의 관리 및 발전이다. 경찰청장은 총 1만2000여 명을 고용하고 있는 지역경찰서(police districts)와 특수경찰(special police agencies)을 관리하고 운영한다. 특히 경찰청장은 국제범죄와 조직범죄와 싸우는 데 중요한 역할을 한다. 경찰청장은 약 120명의 직원을 두고 있다. 노르웨이 현지 지역경찰(local police)은 단 하나의 경찰 서비스만 있다. 노르웨이 경찰의 조직은 통합 경찰의 원칙에 주로 바탕을 두고 있는데, 이것은 경찰의 모든 기능이 하나의 조직으로 수렴된다는 것을 의미한다. 노르웨이에서는 법학자로서 교육을 받은 25곳의 경찰서장과 경찰아카데미에서 교육을 받은 2명을 포함한 총 27명의 경찰서장(Chief of Police)이 지휘하는 27곳의 지역경찰서가 존재하고 있다. 경찰서장은 그 지역의 모든 종류의 치안 유지에 전적인 책임이 있다. 각 지역경찰서에는 여러 파출소뿐만 아니라 본부도 있다. 모든 경찰관들은 범죄 수사, 공공질서, 지역치안 등 일반적인 경찰업무의 모든 측면을 충족시킬 수 있도록 전반적으로 훈련된다. 노르웨이에는 지역 경찰 외에도 경찰청장 산하에 7개의 특수기관이 조직되어 있다. 특수기관은 경찰에 전문적 지원을 제공하는 중앙 기관이며, 일부 경우에는 검찰 기관으로서 활동하기도 한다. 대표적인 곳이 바로 "조직범죄 및 기타 중범죄의 기소를 위한 국가기관(The National Authority for Prosecution of Organised and Other Serious Crime integrated in the special agency: NCIS)이다. NCIS의 핵심 요소는 조직적인 범죄와 다른 형태의 심각한 범죄를 예방하고 해결하는 것이다. 이 외에도 살인 및 방화사건 조사에 있어 전술적이고 법의학적 지원과 같은 전문적인 지원을 노르웨이 경찰에 제공한다. 특히 NCIS는 조직범죄와 관련된 중대하고 복잡한 사건들을 수사하고 기소한다. 노르웨이 국립법의학 연구소도 NCIS에 속하며 모든 유형의 범죄 사건에서 나온 대부분의 법의학 증거들을 조사한다. 뿐만 아니라 인터폴이나 유로폴과 같은 국제적인 경찰협력 조직과 연대하여 활동하기도 한다.

노르웨이에 있는 27개의 모든 지역경찰서에 검찰 관계부서의 직원이 나와 있는데, 이 검찰부서의 장은 관할 경찰의 장(Deputy Chief of Police)의 직을 담당한다. 노르웨이에는 약 650명의 경찰검사(police prosecutors)가 있다. 첫 번째 레벨의 기소를 경찰서에서 통합적으로 하는 방안은 노르웨이에서 아주 오래된 전통이다. 다만, 검찰이 경찰에 통합되더라도 이들은 형사사건에 있어서 중요한 권한을 경찰과 공유하지 않는다는 점이다. 구체적인 범죄 사건을 다루는 데 있어서 경찰 검찰은 일반검찰(public prosecutors)과 검찰총장에 종속된다.

휴대전화 도난부터 살인까지 노르웨이에서 발생하는 모든 범죄 사건의 수사 책임자로 경찰검사(police prosecutor)가 임명되고, 모든 절차에 대한 책임을 지게 된다. 이러한 절차는 보통 1주에 한 번씩 작성되는 검찰의 업무계획에 따라 배정된 사건이 등록되자마자 바로 진행된다. 이와 동시에 검찰은 이 사건에 대해서 컴퓨터를 통해 통보받거나 혹은 경찰과의 아침 회의에서 알게 된다. 동시에 이 사건을 주로 수사할 담당경찰이 지명된다. 그리고 순차적으로 검사가 수사의 진행상황과 수준을 용이하게 감독할 수 있도록 사건의 데이터 파일에 모든 수사절차가 기록된다. 검사가 최종적으로 사건을 접수하게 되면 검사는 항상 사건을 담당 수사관에서 되돌려 보낼 수 있으며 추가 수사를 요구할 수 있다. 형사사건의 대부분은 사건이 끝날 때까지 경찰검사(police prosecutor)에 의해 처리된다. 이는 경찰검사가 기소나 불기소에 관한 모든 결정권을 가지는 것을 의미한다. 지역경찰서에서의 실무는 당연히 검찰총장과 지방검찰청(local public prosecutors)에서 받은 지시사항과 지침을 준수해야 한다. 이와 같이 통제와 조사를 통해 특정 활동을 감시하는 것이 일반검찰(public prosecutor)의 업무이다. 이러한 방식으로 경찰검사(police prosecutor)는 법조문에 따라 단순히 1년 이하의 징역에 해당하는 범죄의 기소여부를 결정한다. 또한 단순 절도, 단순 사기, 단순 횡령, 심각한 신체적 위해가 없는 폭행, 회계 정보의 기록과 문서화 조항의 단순 위반, 단순 기물파손 등의 범죄에 대해서도 기소 여부를 결정한다. 수사 중 사전구속이나 기타 강압적 조치에 대해 법원에 소송을 제기하고, 그러한 결정에 대해 항고를 제기하는 것은 경찰검사(police prosecutor)들이다. 경찰검사의 권한은 일반검사(public prosecutor) 권한에 의해 제한된다. 이것은 법에서 규정된 바와 같이 더 심각한 성격의 범죄에 적용된다. 이러한 경우 경찰검사가 기소를 해야 한다고 결론을 내리면 일반검사에게 기소를 제안하는 사건 파일이 송부된다. 만약 일반검사가 이 제안을 수용한다면 그는 기소장을 제출하고 경찰검사는 기소장을 청문절차를 위해 법원에 가져간다. 만약 기소된 사건이 6년 이상의 범죄에 해당한다면 일반 검사는 이 사건을 법원에 직접 기소한다.

이처럼 노르웨이의 검찰제도는 다른 나라에서는 보기 힘든 특이한 구조로 구성되어 있다. 바로 경찰검사이다. 경찰 내에 검사가 있어서 실질적인 수사와 기소를 담당하고 있다는 점이다. 아예 경찰에 검사가 상주하고 있어서 크고 작은 모든 경찰업무에 검사의 지시감독이 이루어지고 있는 것으로 보인다. 더구나 실질적으로는 경찰에 있으면서도 경찰과 수사 및 기소에 있어서 경찰과 논의하는 구조가 아니라 상급기관은 일반검사(public prosecutor)와 검찰총장에 종속되어 있다는 점이다. 따라서 이른바 경미한 범죄의 경우 경찰 검사가 주로 수사와 기소를 담당하고 중대한 사건의 경우 상급기관인 일반검사(public prosecutor)가 담당하고 있어 그 분화가 잘 되어 있다.

노르웨이에서 경찰은 법무부 산하로 되어 있으므로 범죄정책과 관련하여, 법무부 산하의 경찰과 검찰이 이원적으로 담당하지만, 수사와 기소는 거의 전적으로 검찰에 속한다.

결국 위와 같은 각 규정에 대한 해석상 검사의 수사권한 및 검사의 사법경찰에 대한 수사지휘 권한이 인정된다고 해석된다.

❹ 핀란드

(1) 헌법 규정

<헌 법>209
제104조 검사 검찰은 최고위 검사인 검찰총장이 지휘하고, 검찰총장은 대통령이 임명한다. 검찰에 관한 보다 자세한 사항은 법률로 정한다.

핀란드 검찰청(Finnisch Prosecution Service)은 행정부인 법무부 소속으로 대략 540명의 직원이 있으며 이들 중 2/3가 검사이다. 그리고 검찰청 산하에 전국 11개의 지방에 검찰청(the Office of the Prosecutor General)을 두고 있다. 그리고 그 산하에 23개 지역검찰국을 두고 있다. 핀란드 검찰의 지위는 헌법 제104조에서 보장되고 있으며(헌법기관), 검찰의 수장인 검찰총장(the Prosecutor General)은 대통령이 임명한다. 검찰총장은 핀란드 검찰의 중앙행정, 조정, 통제 등의 임무를 담당하며 핀란드 검사들을 지휘·감독한다.

핀란드에서도 형사사건의 경우, 재판전 예비조사단계(the pre-trial investigation)를 거치는데 이러한 예비조사과정에서는 검찰과 법원이 협력하여 혐의사실을 조사하게 된다. 그리고 이때 검사는 피의자에 대한 신문 및 조사당시 수집된 증거를 근거로 기소(charge)여부를 결정하게 된다.

(2) 형사소송법 규정

<범죄수사법>210
제2장 수사의 참여자
제1조 수사기관 ① 수사는 경찰이 행한다.
② 경찰 외에 국경경비대, 관세 또는 군사당국도 국경경비대법, 관세법, 군사훈련법, 방위군의 경찰기능 수행에 관한 법률에 정한 바에 따라 수사기관이다.

---

209   <https://www.constituteproject.org/constitution/Finland_2011.pdf?lang=en>.
210   <http://www.finlex.fi/en/laki/kaannokset/2011/en20110805?search%5Btype%5D=pika &search%5Bpika%5D=investigation>.

③ 수사기관 외에, 검사는 범죄수사에 참여한다.

제4조 수사에 관한 특별조항 ① 경찰관이 직무수행중 범한 범죄의 피의자인 경우에는 검사가 수사를 지휘한다. 경찰관이 범했다고 의심되는 범죄가 직무수행중 범해진 것이 아닌 경우라고 하더라도 검사는 범죄의 중대성 또는 사건의 성질에 따라 수석수사관의 직무를 맡을 수 있다. 위와 같은 경우에 사건의 규명을 위해 필요한 경우에는 경찰관 외에 다른 피의자가 있는 경우에도 수사를 지휘할 수 있다. 검사는 사건이 약식벌금 또는 약식명령에 해당되는 사건으로 간주되는 경우에는 수석수사관의 직무를 맡아서는 아니 된다.

제5장 수사기관과 검사의 협력

제2조 수사에 있어 검사의 권한 ① 검사의 요구에 의해 수사기관은 범죄수사를 하거나 범죄수사를 위한 조치를 수행하여야 한다. 또한 수사기관은 제1장 제2조에 정한 바에 따라 사건을 규명하기 위하여 검사가 발하는 지시에 따라야 한다.

현재 핀란드에서 수사기관은 범죄수사법(Criminal Investigation Act) 제2장 제1조 제2항에 의해 경찰뿐만 아니라, 국경경비대, 세관, 군사당국도 국경경비대법, 관세법, 군사훈련법, 방위군의 경찰기능 수행에 관한 법률에 따라 수사기관의 지위를 보장받는다. 그런데 핀란드 범죄수사법 제2장 제1조는 '수사는 경찰이 행한다'고 하면서, 제4조 제1항은 '경찰관이 직무수행 중 범한 범죄의 피의자인 경우에는 검사가 수사를 지휘한다'고 규정하고 있으므로 각 규정에 대한 해석상 경찰이 피의자인 경우를 제외하고는 검사의 일반적인 수사 권한은 인정되지 않는다고 해석함이 상당하다. 다만, 검사의 사법경찰에 대한 수사지휘 권한에 대하여 보건대, 사법경찰은 공소제기 여부 결정을 위한 사실 규명을 위해 검사가 발하는 지시에 따라야 하는 점, 사법경찰은 수사의 진행상황 등 주요 사항을 검사에게 알려야 하는 점, 검사가 요구할 경우 사법경찰은 수사를 하여야 하는 점, 검사에게 알린 사건은 종결 전에 검사의 의견을 들어야 하는 점 등에 비추어 검사의 수사지휘 권한은 인정된다고 봄이 상당하다.[211]

한편 핀란드 검사도 동법 동조 제3항에 의해 범죄수사에 참여한다고 명문화되어 있으나, 통상적으로 이를 수사권으로 이해하지는 않는다. 다만 경찰관이

---

211 신태훈, 앞의 논문, 63면.

직무수행중 범한 범죄로 피의자가 되는 경우인 경찰의 비위사건에 대해서는 검사에게 수사권이 인정되나(범죄수사법 제2장 제4조 제1항), 이 또한 검사가 직접 수사하는 것이 아니며 '수석수사관(Head Investigator)'212의 지위에서 수사를 지휘하는 것에 불과하다. 이와 관련하여 핀란드에서는 범죄수사법 제5장의 표제어에서 수사기관과 검사의 관계(Cooperation between the criminal investigation authority and the public prosecutor)에 대하여 '협력'(cooperation)으로 규정하고 있는데, 그 내용을 보면 다음과 같다.

첫째, 동법 제5장 제2조 제1항에 의해 수사기관은 검사의 요청이 있으면 이에 따라 범죄수사를 하거나 또는 범죄수사를 위한 조치를 수행하여야 하며, 사건규명을 위해 검사가 발하는 지시에 따라야 한다.

둘째, 동법 제5장 제1조에 의하면 수사기관은 경찰관이 피의자인 사건에 있어서 지체 없이 검사에게 통보하도록 의무지우고 있다. 다만 약식명령으로 다뤄지는 사건의 경우에는 예외로 한다.

셋째, 동법 제5장 제3조 제1항에 의해 수사기관은 범죄수사에 필요한 조치 및 이와 관련된 상황, 그리고 범죄수사의 진행상황 등을 검사에게 통보하도록 규정하고 있으며, 또한 범죄수사 개시와 관련하여 수사기관이 검사에게 통보한 경우, 사건의 성질 및 범위가 검사의 의견개진이 필요하거나 또는 검사에게 송치하지 않고 사건을 종결하려고 하는 경우, 수석수사관은 수사를 완료하기에 앞서 사건이 충분히 규명되었는지 여부에 대해서 검사에게 의견을 듣도록 규정하고 있다. 이에 따라 검사는 제5장 제3조 제2항에 따라 사건이 충분히 규명되었는지 여부를 명확히 가리기 위해 필요한 만큼 수사에 참여하도록 권한을 부여하고 있다.

결국 앞서 살펴본 것처럼 핀란드 검찰은 직접적으로 수사를 담당하지는 않으나, 범죄혐의 명백성을 가리기 위해 필요한 범위 내에서 수사에 참여하도록 하고 있으며, 또한 범죄수사법 제5조에서 수사기관으로 하여금 검사에 대해 수사와 관련하여 많은 의무를 부담지우는 것을 볼 때, 검찰의 경찰에 대한 수사지휘권은 인정되는 것으로 보는 것이 상당할 것이다.

212　이러한 수석수사관의 역할을 수행할 경우 검사는 고위경찰관이 수석수사관의 역할 할 경우와 동일한 권한이 부여되어 있다(범죄수사법 제2장 제4조 (2)).

❺ 아이슬란드

(1) 헌법 규정

헌법에 검찰에 관한 특별한 규정은 없다.

(2) 형사소송법 규정

〈형사소송법〉[213]
제18조 소추관은 국가검사, 지방검사, 지방경찰청장이다......
제21조 검찰총장은 국가의 검찰권 행사에 관한 일반적인 지침과 지시를 발할 수 있다...... 검찰총장은 다른 검사에게 개별사건에 대한 지시를 내릴 수 있고 그 지시는 준수되어야 한다. 검찰총장은 사건의 수사에 관하여 규정할 수 있고, 그 이행을 지시하고 감독한다.
제23조 지방검사는 형법 중 다음 조항 위반에 대한 사건을 담당한다.
　제9절(제99조 및 제101조 제외)
　제12절 내지 제16절......
　지방검사는 지방검사가 제정하는 규칙에 따라 조세법, 경쟁법의 중대한 위반을 담당한다.
　행위가 제1단락 및 제2단락에 따라 지방검사가 담당하는 범죄 외의 범죄와 관련된 경우 지방검사는 그가 직접 담당할 것인지 지방경찰청장이 담당할 것인지 결정한다......
　제21조 제3항에 반하지 않는 한 지방검사는 특정 사건에 관하여 경찰을 지휘할 수 있고 그 지휘는 준수되어야 한다. 지방검사는 사건의 수사를 규정할 수 있고 그 이행을 지시하고 감독한다.

213　원문: 〈http://www.althingi.is/altext/stjt/2008.088.html〉.
　　　영문: 〈https://eng.innanrikisraduneyti.is/laws—and—regulations/nr/1339〉.

〈경찰법〉214

제8조 경찰 수사 ① 경찰은 소추기관과 의논하여 범죄를 수사하여야 한다.

제11조 경찰과 기타 당국 및 기관 간 협력 ① 경찰은 업무에 있어 소추기관을 지원하여야 한다.

제35조 ① 경찰공무원이 업무 중 범한 범죄에 대한 고발은 검찰총장에게 제출되어야 하고, 검찰총장은 그 사건의 수사를 담당하여야 한다.

② 위와 같은 사건의 수사에 있어 검찰총장은 경찰이 일반적으로 갖는 권한을 활용할 수 있다.

③ 경찰은 이 조에 정한 사건의 수사에 관하여 검찰총장을 지원해야 한다.

아이슬란드는 과거에 덴마크의 식민지배를 받은 역사로 인해, 검찰제도도 덴마크와 매우 유사한 형태를 보인다. 즉, 검사에게 직접수사권과 경찰에 대한 수사지휘권이 모두 인정되고 있다. 먼저 아이슬란드 경찰법(Police Act) 제8조(경찰수사) 제1항215에 의하면 "1. 경찰은 소추기관 또는 경찰위원회의 지시에 따라 범죄를 수사하여야 한다"고 규정하고 있다. 또한 동법 제11조216에서는 경찰과 기타 당국 및 기관간의 협력관계를 규정하면서 구체적으로 "1. 경찰은 업무에 있어 소추기관을 지원하여야 한다"고 하여 검찰이 경찰에 대한 지휘권이 있음을 간접적으로 시사해주고 있다.

최근의 동향을 살펴보면, 아이슬란드에서는 조세사건, 경찰비위사건, 범죄수익환수 등과 같은 전문적인 범죄에 보다 능동적으로 대응할 필요성이 제기되어, 2016. 1. 1. 지역검사(District Prosecutor)를 신설하여 이러한 특정범죄에 직접수사 및 공소를 제기할 수 있도록 하였다.217, 218 이 기관은 조세, 관세, 외환,

---

214 원문: 〈http://www.althingi.is/lagas/nuna/1996090.html〉.
      영문: 〈https://eng.innanrikisraduneyti.is/laws-and-regulations/english/police/nr/120〉.
215 Police Act Article 8 [Police investigations.
      1. The police shall carry out investigations of offences under the direction of the National Prosecuting Authority or a commissioner of police.
216 Article 11 (Collaboration between the police and other authorities and institutions)
      1. The police shall assist the prosecuting authority in its work.
217 http://www.hersak.is/english.
218 형사소송법 제22조, 제23조, 제24조.

경쟁법, 증권거래, 신용, 노동현장에서의 건강과 안전, 무역 관련 조직범죄 등에 대한 수사·기소, 사법경찰이 범한 범죄의 수사·기소, 범죄수익환수 등의 업무를 담당하고 있다.[219]

한편 검찰은 경찰공무원의 비위사건에 대해서 수사를 담당하고 있는데, 경찰법 제35조에 의하면, "경찰공무원이 업무 중 범한 범죄에 대한 고발은 검찰총장에게 제출되어야 하고, 검찰총장은 그 사건의 수사를 담당"하도록 명시하고 있다. 이때 검찰총장은 경찰이 갖는 수사시의 권한을 활용할 수 있으며, 경찰은 이러한 수사에 지원하도록 동조에 함께 규정되어 있다. 특히 형사소송법(Law on criminal procedure) 제18조에서 검찰의 역할에 대해 "검찰은 범죄자들을 법적 제재에 따라 처벌받도록" 하는 지위에 있음을 규정하고 있다. 또한 형사소송법 제21조에서는 "검찰총장은 국가의 검찰권 이행에 관한 일반적인 규칙과 지침을 발할 수 있다. 동시에 다른 검사들과 함께 기소권의 집행을 감독한다"[220]고 규정하고 있다.

결국 아이슬란드 검찰시스템은 덴마크와 거의 동일한 구조이므로 덴마크에 대한 분석과 동일한 이유로 검사의 수사 권한, 사법경찰에 대한 수사지휘 권한이 모두 인정된다고 봄이 상당하다.

❻ 영 국

영미법계 입법체계를 가지고 있으므로 후술한다.

---

219 〈http://www.hersak.is/english〉, "The District Prosecutor is one of the branches of the prosecution in Iceland. It exercises prosecuting functions and pleads on behalf of the state in criminal cases before the courts, in addition to handling the investigation of criminal cases as prescribed by law. The authority also operates a Financial Intelligence Unit and handles procedure in cases involving the recovery and confiscation of illicit gains from criminal activities. It also has various other administrative functions."

220 Article 21. The Director of Public Prosecutions issues general rules and instructions on the implementation of the state's prosecuting power. He/she at the same time supervises the implementation of the prosecuting power with other prosecutors.

❼ 아일랜드

영미법계 입법체계를 가지고 있으므로 후술한다.

❽ 라트비아

(1) 헌법 규정

라트비아는 헌법에서 수사나 공소에 관한 규정을 두고 있지 않다.

(2) 형사소송법 규정

〈형사소송법〉[221]
제36조 형사절차에서의 검사 ① 형사절차에서 검사는 수사지휘, 수사, 공소제기, 공
소유지, 그리고 이 법에 규정된 다른 업무를 수행하여야 한다.
② 검사는 법에 규정된 사건에서는 형사절차의 개시에 관하여 결정하여야 하고
스스로 수사를 수행하여야 한다.
제37조 수사를 지휘하는 검사 ① 검찰청의 업무 분장에 따라, 또는 구체적인 범죄
수사에서의 지시에 따라 수사지휘 임무를 지는 검사가 담당 수사지휘 검사가 된다.
② 수사 과정에서, 수사지휘 검사는 다음의 의무가 있다.
　　1) 절차를 담당하는 자가 수사목적을 달성하지 못하거나 타인의 생활에 부당한
　　　간섭을 하거나 수사의 지연을 허용하는 경우에, 절차 종류의 선택, 수사의
　　　방향 및 수사 행위 수행에 관한 지시 하달;
　　2) 지시가 이행되지 않거나 형사 절차의 진행을 방해하는 절차적 위법이 저질
　　　러진 경우 수사관의 상관에게 수사관을 교체할 것을 요구;

221　원문: 〈http://likumi.lv/doc.php?id=107820〉.
　　영문: 〈http://www.legislationline.org/documents/section/criminal-codes/country/19〉.

③ 수사지휘 검사는 다음의 권리가 있다.
　1) 형사절차의 개시 및 수사기관으로의 이첩에 관한 결정;
　2) 하달한 지시의 이행을 요구;
　3) 절차를 담당하는 수사관에게 그 수사행위의 이행에 대하여 사전 고지하고, 수사행위 수행;

제29조 절차를 담당하는 수사관의 의무와 권리 ① 수사관은 다음의 의무가 있다:
　5) 직속 상관, 수사지휘 검사 또는 그보다 상위의 검사의 지시 및 수사 판사의 명령 이행

〈검찰청법〉222
제2조 검사의 기능
검사는
　1) 수사를 지휘하고...
　2) 재판전 예비조사단계를 위한 수사를 행한다.
　3) 공소를 제기하고 수행한다.
　4) 공소를 유지한다.

　라트비아의 검찰조직(The Office of the Public Prosecutor, Prokuratūra)은 3단 구조로 통합·집중되어 있으며(검찰청법 제4조 제1항), 그 수장은 검찰총장(Prosecutor-General, ģenerālprokurors)이다.223 기본적으로 검찰청은 법무부 산하에 있으나(동법 제23조 제1항), 검사는 법관과 마찬가지의 법적 독립성을 갖는다.224 검찰조직은 ① 검찰총장, ② 사법부 검찰청, ③ 지방검찰청, ④ 특별검찰청 등의 기구로 구성된다.225 필요한 경우 검찰총장은 지역 혹은 지방검사와 동일한 지위를 갖는 특별검찰청을 설립할 수 있으며(동법 제28조), 현재 ① 조직범죄 등을 위한 특

222 〈http://likumi.lv/ta/id/57276-prokuraturas-likums/redakcijas-datums/2013/01/01〉.
223 Anyshchenko, Transformation of the Ukrainian public prosecution according to the European democratic standards in comparison with the Baltic states (Master's thesis, University of Twente), 2010, p.41.
224 Anyshchenko, ibid, p.41.
225 EU 회원국의 사법체계 중 "라트비아": https://e-justice.europa.eu/content_legal_professions-29-lv-maximizeMS-en.do?member=1.

별검찰청, ② 광역검찰청, ③ 리가(Rīga)[226] 도로교통 검찰청, ④ 재무, 경제범
죄 조사 전문 검찰청, ⑤ 마약유통 조사 전문 검찰청 등 5개의 특별검찰청이 존
재한다.[227]

【표 4-3】 라트비아 검찰 조직 체계

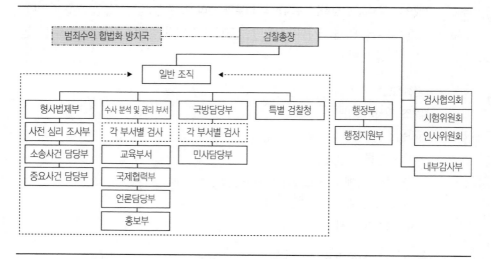

　　또한 검찰총장은 검찰청 외에 검찰청에 배당된 형사사건과 관련된 업무를
수행하는 데 도움을 주기 위한 기구를 설립할 수 있으며, 이 기관은 검찰총장에
의해 설립되고 재편되며 해산한다.[228] 또한 검찰총장은 예산의 범위 내에서 해
당 기관의 조직과 구성원을 결정할 수 있는 권한도 있다.[229] 현재 설립되어 있는
기관은 "자금세탁방지국(Noziedzīgi iegūtu līdzekļu legalizācijas novēršanas dienests)"
뿐이다.[230]

226　라트비아의 수도.
227　Anyshchenko, ibid, p.41.
228　Anyshchenko, ibid, p.41.
229　EU 회원국의 사법체계 중 "라트비아": https://e-justice.europa.eu/content_legal_professions-
　　　29-lv-maximizeMS-en.do?member=1.
230　라트비아 검찰청 자금세탁방지국(http://www.lrp.gov.lv/lv).

검찰총장은 조직 및 기관에 대한 권한뿐만 아니라 검사의 임면권한도 갖는데, 다음의 경우(① 공무원법상 결격사유가 있는 경우, ② 정당에 가입한 경우, ③ 부패방지법을 위반한 경우, ④ 공무를 수행하는 동안 위법한 행위를 하거나 위법한 결과에 대해 과실이 인정되는 경우, ⑤ 검찰청의 명예를 훼손하는 행위를 한 경우)에는 해임당할 수 있다.[231]

라트비아 형사소송법은 검사의 수사지휘권을 명문으로 인정하고 있는데(제36조), 이에 따라 수사검사는 수사지휘를 효과적이고 성공적으로 수행할 수 있도록 경찰관 등에게 지시를 할 수 있음은 물론, 이에 복종하지 않거나 수사를 수행하기에 부적합한 수사관의 교체까지도 요구할 수 있도록 되어 있다(제37조 제2항). 이러한 검사의 수사지휘권을 효과적이고 확실하게 담보하기 위하여 제29조에서는 수사검사나 그의 상급자인 검사로부터 받은 지시를 이행할 의무가 있음을 규정하고 있다. 구체적으로 형사절차에서 검사는 수사지휘·수사·공소제기 및 공소유지, 그리고 형사소송법에 규정된 다른 업무를 수행할 의무를 부담하며(형사소송법 제36조 제1항), 법률에 규정된 사건에 대해 형사절차 개시를 결정할 의무와 수사를 수행할 의무를 부담한다(동법 제36조 제2항).

결국 위와 같은 각 규정에 대한 해석상 검사의 수사 권한과 사법경찰에 대한 수사지휘 권한이 모두 인정된다고 해석하여야 하고 달리 해석할 여지가 없다.

❾ 에스토니아

(1) 헌법 규정

에스토니아 헌법도 검찰과 관련된 규정을 두고 있지 않다. 수사와 기소에 대해서는 헌법에서 규정하고 있지 않고, 법률에서 규정하는 형태를 취한다.

---

231 Anyshchenko, ibid, p.41.

(2) 형사소송법 규정

〈형사소송법〉[232]

제30조 형사절차에서의 검찰 ① 검찰은 수사절차를 지휘하여야 하고 수사의 적법성과 효율성을 보장하여야 하며 법정에서 공소를 대표하여야 한다.

② 형사절차에서 검찰의 권한은 검찰청의 이름으로 검사에 의해 독립적으로 행사되어야 하고 검사는 법에 의해 지배된다.

제213조 수사절차에서의 검찰 ① 검찰은 수사절차를 지휘하여야 하고 수사의 적법성과 효율성을 보장하여야 하며 다음과 같은 권한이 있다.

1) 필요한 경우 절차적인 행위를 수행한다.

2) 절차적 행위의 수행에 참여하고 그 과정에 개입한다.

3) 형사절차를 종결한다.

4) 심사와 확인을 위해 형사기록과 다른 물건을 제출하도록 요구한다.

5) 수사기관에 명령을 발한다.

6) 수사기관의 명령을 취소하거나 변경한다.

7) 형사절차에서 수사기관 수사관을 배제한다.

8) 형사사건에 관한 수사관할권을 변경한다.

9) 수사절차가 종결되었음을 선언한다.

10) 수사기관 수사관에게 절차에 관한 상황에 관하여 구두 또는 서면으로 설명할 것을 요구한다.

11) 보호관찰 감독기관의 수장에게 보호관찰관을 지명할 의무를 할당한다.

12) 이 법에 의해 수사절차에서 발생하는 기타 의무를 수행한다.

② 본조 ① 1)와 2)의 권한을 행사할 때에는 검찰은 수사기관으로서의 권한을 갖는다.

③ 검찰청이 수사절차에서 수사기관의 수사관에 대한 징계사유를 발견할 경우, 검찰은 징계권이 있는 자에게 서면으로 그 수사관에 대한 징계절차가 개시되도록 제안하여야 한다. 징계권자는 제안을 받은 이후 1개월 내에 서면으로 그 제안에 대

---

232 원문: 〈https://www.riigiteataja.ee/akt/782861〉.
영문: 〈https://www.riigiteataja.ee/en/eli/530102013093/consolide〉.

한 결정과 그 근거를 검찰청에 통보하여야 한다.

현재 에스토니아 검찰은 법무부 소속이며, 수장격인 검찰총장(the Prosecutor General)이 이끄는 검찰청과 네 개의 지방검찰청으로 2단계로 조직되어 있다. 검찰총장은 에스토니아 전 지역을 관할하며, 검찰총장은 5년의 임기를 갖는다. 에스토니아 검찰도 상명하복관계를 이루는데, 검찰총장이 전체 검찰청을 지휘하며, 또한 5년의 임기를 갖는 수석검사(chief prosecutor)가 지방검찰을 지휘한다.233 이러한 에스토니아 검찰은 에스토니아 형사절차 전반에 있어서 권한을 행사하는데, 소추기관으로서의 역할 뿐만 아니라, 범죄예방, 범죄감시 등의 전반적인 업무를 수행하고, 나아가 수사기관에 대해서도 수사를 지시하는 등의 역할을 담당하고 있다.

에스토니아에서는 현재 2015년 9월 7일 기준으로 171명의 검사가 활동 중인데, 1명의 검찰총장(the Prosecutor General), 2명의 지방검찰청장(chief state prosecutor), 4명의 수석검사(chief prosecutor) 그리고 13명의 주검사(state prosecutor)와 11명의 선임검사(senior prosecutor), 5명의 전문검사(specialised prosecutor), 56명의 지방검사(district prosecutor)가 있으며, 79명의 보조검사(assistant prosecutor)가 배치되어 있다.234

먼저 검찰의 수사권과 관련하여 살펴보면 에스토니아 형사소송법 제213조 제2항에서는 검찰청의 권한에 대해 상세히 규정하고 있는데, 검찰의 '수사권'과 관련된 내용을 보면, 검찰청은 ① 필요시 형사절차적 행위를 수행하고, ② 형사절차행위의 수행에 참여하고 그 전과정에 개입하며, 또한 ③ 형사절차(criminal proceedings)를 종결하고, ④ 수사절차(a pre-trial proceeding)를 종결함을 선언하는 권한을 갖고 있음을 명시하고 있다. 이처럼 에스토니아 검찰은 수사과정에 있어서 전반적인 권한을 행사하고 있음을 알 수 있다.

경찰에 대한 검찰의 수사지휘권도 형사소송법에서 보장하고 있다. 에스토니아 형사소송법 제30조 제1항 전단에 의하면 "검찰청은 수사절차를 지휘하여

---

233   http://www.prokuratuur.ee/en/prosecutors-office.

234   http://www.prokuratuur.ee/en/prosecutors-office/interesting-facts-about-prosecutors-office.

야 하고 수사의 적법성과 효율성을 보장하여야" 함을 규정하고 있으며, 또한 동법 제213조 제1항에서도 "검찰청은 수사절차를 지휘하여야" 한다고 명시하고 있다. 나아가 제213조 제1항에서는 세부적으로 검찰의 수사지휘내용을 추론할 수 있는 사항들을 명시하고 있는데, ① 심사와 확인을 위해 형사기록 및 기타 자료들의 제출을 다른 수사기관에 요구하여야 하며, ② 수사기관에 명령을 발하고, ③ 수사기관의 명령을 취소하거나 변경할 수 있으며, ④ 형사절차에서 수사기관을 배제할 수 있으며, ⑤ 형사사건에 관한 수사관할권을 변경할 수 있고, 나아가 ⑥ 수사기관의 수사관에게 절차에 관한 상황에 대하여 구두 또는 서면으로 설명할 것을 요구할 수 있는 권한을 부여하고 있다.

이러한 수사지휘권은 또한 사법경찰의 징계권에도 관여함으로써 폭넓게 작용하는 것으로 보인다. 즉 검찰청은 수사관의 비위사실이 발견된 경우, 그 징계권이 있는 자에게 비위수사관에 대하여 징계절차가 개시되도록 제안할 권한을 부여하고 있는데, 이러한 제안은 징계권자에게는 단순히 추상적인 권고가 아닌 지시에 따를 것을 요하는 구속력이 있는 제안에 해당한다. 왜냐하면 징계권자는 이러한 제안을 받은 후 1개월 이내에 서면으로 그 제안에 대한 결정의 결과와 그 근거를 검찰청에 통보하도록 의무지우고 있기 때문이다(형사소송법 제213조 제3항).

에스토니아에서도 형사소송법(law on criminal procedure) 제131조, 제132조에 의해 기본적인 체포, 구속, 압수, 수색 등의 강제수사는 검사의 영장청구로부터 법원의 승인하에 행사될 수 있다. 체포영장발부를 위해 예비수사관(a preliminary investigation)은 범죄파일을 조사하고 구금자를 심문할 수 있다.

결국 위와 같은 각 규정에 대한 해석상 검사의 수사 권한과 사법경찰에 대한 수사지휘 권한이 모두 인정된다고 해석된다.

VI. 남유럽 5개국

❶ 이탈리아

(1) 헌법 규정

〈헌 법〉[235]

제104조 사법부는 자치 조직이며 다른 모든 권력으로부터 독립되어 있다. 최고사법위원회는 대통령이 주재한다. 초대 대법원장과 검찰총장은 최고사법위원회의 당연직 구성원이다. 구성원의 3분의 2는 다양한 범주에 속한 모든 일반 판사 중에서 선출하고, 3분의 1은 양원합동회의가 15년 경력의 법학 교수와 변호사 중에서 선출한다. 최고사법위원회는 의회가 지명한 구성원 중에서 부의장을 선출한다. 선출된 구성원의 임기는 4년이고 연임할 수 없다. 이들은 재임 중 변호사 명부에 등록되거나 의회 또는 주의회에서 일할 수 없다.

제105조 최고사법위원회는 사법부의 조직에 관한 법률에 따라서 법관의 임용, 보직, 전보, 승진, 징계의 권한을 가진다.

제107조 사법부 조직에 관한 규정에 따른 방어권이 보장되고 이유가 명시된 또는 판사 본인의 동의를 받은 최고사법회의 결정에 의하지 않고는 판사는 파면, 해임, 정직되거나 다른 법원 또는 직무에 배치되지 않는다. 법무장관은 징계 조치를 취할 권한이 있다. 판사는 각자의 서로 다른 직무로만 구별된다. 검사는 사법부 조직에 관한 규정에 보장된 검사의 혜택을 누린다.

제108조 사법부의 조직과 판사에 관한 규정은 법률로 정한다. 특별법원의 판사, 특별법원의 **검사**, 그 외의 사법 집행에 참여하는 자의 독립성을 법률로 보장한다.

제109조 사법부는 사법경찰을 직접적으로 이용할 수 있다.

※ 헌법 제4편은 사법부에 관한 규정이고, 검찰에 관한 조항도 제4편에 규정되어 있는 등 검찰은 사법부 소속임

제111조 관할권은 법률에 규정된 적법 절차를 통해 이행된다. 모든 법원 재판은 당사자주의로 진행되며, 당사자들은 제3자 자격의 공정한 판사 앞에서 동등한 조

235 〈https://www.senato.it/documenti/repository/istituzione/costituzione.pdf〉.

건을 적용받을 자격이 있다. 적절한 재판 기간은 법률로 정한다. 형사 재판에서는, 범죄 용의자에게 기소 혐의의 성격과 이유를 즉시 사적으로 통지하고 방어를 준비할 충분한 시간과 환경을 제공하도록 법률로 정한다. 피고인은 고소인을 판사 앞에서 반대신문하거나 반대신문을 하도록 시키고 검사와 동일한 조건으로 방어를 위해 증인을 소환 및 신문할 권리와, 방어에 유리한 여타증거를 제시할 권리를 가진다. 피고인이 재판 절차에서 사용되는 언어를 구사하거나 이해할 수 없는 경우 통역자의 도움을 받을 수 있다. 형사 절차에서 증거 구성은 당사자주의 심리 원칙을 기반으로 한다. 자신의 자유로운 선택으로 피고인이나 변호사의 반대신문을 항상 자발적으로 피한 자의 진술을 토대로 피고인의 유죄를 증명할 수는 없다. 피고인의 동의를 받거나 객관적 불가능성을 확인한 경우 또는 불법행위가 입증됨으로 인해 당사자주의에서 증거가 구성되지 않는 경우는 법률로 정한다. 모든 판결에는 이유를 명시한다. 일반법원과 특별법원이 선고한 개인의 자유에 영향을 주는 조치와 판결이 법률에 위반되는 경우 대법원에 대한 상고는 항상 허용된다. 이 규정은 전시의 군사법원 판결의 경우에만 배제될 수 있다. 국가회의 및 회계감사원의 결정에 대해서는 관할 위반을 이유로만 대법원에 상고할 수 있다.

제112조 검찰은 형사소송 절차를 개시할 의무가 있다.

이탈리아는 헌법에 검사의 사법경찰에 대한 수사지휘 권한 및 형사소송절차 개시의무를 규정하고 있는 것이 하나의 특징이다. 즉, 이탈리아는 1948년 헌법 제107조 제4항에 "검사는 사법조직법이 정하는 바에 따른 보장을 받는다"라고 규정하여 검사를 판사와 완전히 동일한 지위로 인정하였다. 그리고 헌법 제104조에 사법권 독립의 보장기구로 최고사법위원회(Consiglio Superiore della Magistratura, CSM)라는 독립된 헌법기관을 설치하였다. 최고사법위원회는 사법관 시보부터 최고위직에 이르기까지 검사와 판사의 임용, 임명, 승진, 전보, 징계에 관한 사항을 관장한다.[236] 현실에서는 판사와 검사가 같은 건물에서 함께 근무하고 상호 인사교류가 자유롭게 이루어지며 최고사법위원회를 통해 동일하게 인사관리

---

[236] 최고사법위원회는 대통령이 위원장이고, 대법원장, 검찰총장은 당연직 위원이다. 위원 30명 중 20명은 각 사법관회의의 선거로 선출되고, 10명은 각 경력 15년 이상의 변호사, 법학교수 중에서 의회가 선출한다. 부위원장은 의회가 선출한 위원 중에서 선출된다. 위원의 임기는 4년이다.

가 이루어진다.

　　이와 관련하여 이탈리아 헌법 제109조는 "사법부는 사법경찰을 직접 보유
한다"고 규정하여 사법경찰이 사법권 소속임을 명시하고 있다. 여기에서 의미
하는 사법부에는 당연히 검찰도 포함된다. 즉 법원과 검찰은 둘 다 사법부 소속
의 정부조직이고, 판사와 검사는 사법부 내에서 기능적으로만 분리가 되어 있
고, 인사교류가 자유롭게 되어 있다. 이탈리아 헌법 제105조에 의하면 "최고사
법위원회는 사법부의 조직에 관한 법률에 따라서 법관의 임용, 보직, 전보, 승
진, 징계의 권한을 가진다". 아울러 이탈리아 헌법 제104조에 의하면 검찰총장
은 최고사법위원회(Consiglio superiore della magistratura)의 당연직 구성원으로 되
어 있다. 따라서 검찰도 사법부의 일원으로서 결국 경찰에 대한 지휘권을 행사
하게 되어 있는 구조이다. 따라서 이탈리아에서 검사는 헌법 제109조와 형사소
송법 제327조, 제347조 제1항에 의해 3개 사법경찰의 수사를 통합적으로 지휘
하게 된다.[237] 이러한 수사지휘권은 1989년 이탈리아 형사사법의 개혁으로 더
강화되었다. 왜냐하면 이탈리아 경찰조직이 비대화 되어 있기에 이러한 경찰권
을 견제하기 위해서는 사법기관의 권한이 더 강화되어야 힘의 균형을 맞출 수
있기 때문인 것으로 판단된다.

(2) 형사소송법 규정

〈형사소송법〉[238]
제58조. 사법경찰에 대한 지휘권 ① 지방검찰청은 해당 사법경찰 부서를 지휘한다.
항소심에 대응하는 고등검찰청은 해당 지역에 구성되어 있는 모든 사법경찰 부서
를 지휘한다.
② 해당 지역의 판사를 위한 사법경찰 활동은 그에 대응하는 지방검찰청에 설치된
사법경찰 부서에 의해서 수행된다.

237　형사소송법 제327조 검사는 수사를 지휘하고 사법경찰을 직접 활용한다. 제347조 제1항
　　사법경찰은 범죄정보를 입수하면 지체 없이 검찰에 보고하여야 한다.
238　〈http://www.brocardi.it/codice-di-procedura-penale/〉.

③ 사법권은 제1항과 제2항에 규정된 사법경찰 부서의 소속원을 직접 활용하며, 각 사법경찰 기관이나 다른 사법경찰 조직도 역시 활용할 수 있다.

제59조. 사법경찰의 지휘이행 ① 사법경찰 부서는 그 부서가 설립된 사무실을 감독하는 사법관의 지휘에 따른다.

② 사법경찰 기관에 속한 공무원은, 직접 또는 직원을 통해 사법경찰 활동을 수행하는 기관이 설치된 일반형사법원에 대응하는 지방검찰청 검사의 지휘에 따른다.

③ 사법경찰관리들은 형소법 제1항에 규정된 사법경찰 직무에 속하는 것으로서 그 자신에게 부여된 업무를 수행하여야 할 의무가 있다. 사법경찰 부서에 속한 자들은 위 제1항의 지휘를 행하는 사법관의 결정에 의하지 않고서는 사법경찰 업무에서 배제될 수 없다.

제370조. 수사지휘와 수사위임 ① 검사는 직접 모든 수사를 수행한다. 검사는 수사와 구체적으로 위임된 행위를 수행하기 위해 사법경찰을 활용할 수 있다......

19세기 중엽 이후 이탈리아 반도가 통일되기 이전에는 프랑스와 국경을 마주하고 있는 북부를 중심으로 프랑스의 검찰제도가 도입되었다. 이후 이탈리아 각 지역별로 지역에 맞는 검찰제도가 발전하게 된다. 통일 이후에는 중앙집권적인 검찰로 개편된 이래, 2차 대전 당시 파시스트 정권하에서 검찰은 정권의 도구로 이용되기도 하였다. 당시 검찰은 행정부에 소속되었으며, 철저한 상명하복의 구조로 이루어져 있었다. 2차 대전 이후 이러한 폐단을 시정하고자 1946년 법무부장관의 검찰지휘권을 폐지하고 2년 후 1948년 이탈리아 헌법 제107조 제4항에서는 "검사는 사법조직법이 정하는 바에 따른 보장을 받는다"고 규정하여 검사를 판사와 동일한 위치로 규정하였다.[239] 이처럼 이탈리아도 프랑스와 마찬가지로 검사가 법무부 소속이 아닌 사법부 소속으로 전환되었다. 즉, 사법부가 재판부와 수사기소부로 이루어져 있는 것이다. 따라서 검사의 신분도 판사와 동일하게 보장되고 기존의 상명하복관계가 아니라 각각의 독립성을 보장받게 되었다.

물론 역사적인 배경으로 인해 이탈리아도 프랑스와 같은 수사판사(giuduce

---

239 https://m.blog.naver.com/PostView.nhn?blogId=magist418&logNo=220649699753&refer rerCode=0&searchKeyword=%EC%99%B8%EA%B5%25A%E2%80%A6.

istruttore)제도를 두고 있었다. 이러한 수사판사는 1930년부터 있었으나 1989년에 폐지되고 수사기능을 없앤 수사심의 판사(giudice per le indagini preliminari)가 신설되었다. 이는 수사판사의 수사권과 재판권을 분리한 것인데 수사판사의 수사기능은 검사에게 부여한 것이다. 따라서 사실상 검사의 수사권과 사법경찰에 대한 수사지휘권이 모두 인정되고 있다. 이처럼 1989년 이탈리아 형사소송법의 개정으로 인해 수사판사가 폐지되면서 검사가 수사의 주재자가 됨과 동시에 공소자로서의 지위가 강조되었다.

이탈리아 형사소송법상의 특징 중의 하나는 마피아와 같은 중대한 조직범죄에 대응하기 위한 규정을 따로 두고 있다는 점이다. 예를 들어 이탈리아 형사소송법 제171조에 따르면 서로 다른 검찰청간의 협력의무를 규정하고 있는데, 실제 각 지검에는 지역마피아 수사부가, 중앙에는 중앙마피아 수사부가 설치되어 있다. 현재 전국 160개가 넘는 지검 중에 20여개 이상의 검찰청에서 마피아 수사를 전문으로 담당하고 있다. 그리고 정치적인 간섭을 배제하기 위해 검찰사법조직법은 각 검찰청장이 지휘권과 조직에 관한 권한을 가진다고 규정하고 있다. 그러나 이 경우에도 평검사에게는 독립성이 보장되어 있으며 상당한 자율권이 보장되어 있다고 볼 수 있다. 왜냐하면 파시스트 정권하에서 정치권력으로부터 휘둘렸던 역사적 경험을 바탕으로 정치권력으로부터의 독립을 위해 검찰 내부의 상명하복의 위계구조를 완전히 폐지했으며, 조직상으로도 형식적으로는 법무부 장관의 산하에 있지만 각 검찰은 내부적으로 완전히 독립된 기관으로서 활동하고 있기 때문이다. 따라서 고검장은 일반적인 감독권만을 지닐뿐, 이 외의 어떠한 명령도 내릴 수 없는 구조이다. 따라서 이탈리아 검찰과 관련된 헌법과 형사소송법의 특징은 철저한 독립과 분권화로 요약될 수 있다.[240] 이는 마피아라는 이탈리아의 정계와 재계와 깊은 관련을 맺고 있는 범죄조직과의 대응전략 차원에서 마련된 불가피한 선택으로 판단된다.

이와 관련하여, 형사소송법 제58조는 '사법경찰 부서에 대한 지휘권'을 규정하면서, 제59조 제2항은 사법경찰 기관에 속한 공무원은 지방검찰청 검사의 지휘

---

240 https://m.blog.naver.com/PostView.nhn?blogId=magist418&logNo=220649699753&referrerCode=0&searchKeyword=%EC%99%B8%EA%B5%25A%E2%80%A6.

에 따르도록 하였다. 아울러 제370조 제1항은 '검사는 직접 모든 수사를 수행한
다'고 규정하여, 검찰이 수사권의 주체임을 명확하게 하고 있다. 이처럼 검사는
직접수사권을 가지므로 검사가 범죄정보를 취득하여 수사를 개시하고 구체적 수
사를 위임이나 수사지휘를 통해 사법경찰에게 맡기는 것이 통상적이다. 이는 검
사와 동일한 건물에서 근무하면서 검사로부터 직접 지휘를 받는 사법경찰 부서
(sezione)가 존재하기에 가능하다. 사법경찰부서에 속한 사법경찰은 인사에 있어
서도 소속기관의 장이 임의로 결정할 수 없고 담당검사의 의견에 직접 영향을 받
는다는 점 역시 고려되어야 한다. 사법경찰부서 제도를 통해 이탈리아의 검사와
사법경찰은 마치 하나의 조직인 것처럼 운영되고, 검사와 사법경찰이 소속된 각
경찰기관 사이에 일어날 수 있는 여러 갈등들이 방지, 제거되었다고 평가된다.

　　한편, 수사의 개시 및 진행권과 관련하여 이탈리아의 형사소송법은 검사와
더불어 사법경찰의 수사주체성을 인정하고 사법경찰의 독자적인 수사개시·진
행권을 명시하고 있다. 하지만 권한이 아닌 의무로 표현하여 수사의 의무성을
강조하고 있다. 형사소송법 제347조에 따라 사법경찰은 자체개시 수사사건이라
할지라도 범죄정보(notitia criminis)의 취득 후 지체 없이 주된 사실관계, 수집된
증거자료, 수행했던 수사활동의 내용을 검사에게 서면으로 보고해야 할 의무를
부담한다. 이는 검사가 적시에 사법경찰의 수사를 인수하여 수사지휘를 할 수
있도록 하기 위한 것이다. 사법경찰이 독립수사를 하는 참심재판(giudice di pace)
대상사건241의 경우에도 범죄정보의 보고 시기가 사법경찰의 수사종결일로 미
루어질 뿐 여전히 검사에 대한 범죄정보의 보고의무는 인정된다. 사법경찰이
검사에 대한 범죄정보 보고의무를 해태하는 경우에는 형벌242과 징계를 받을
수 있다. 실무에서도 사법경찰은 사안을 다루는 검사와 매일 연락을 취한다(daily
contact)고 한다.243

241　전문법관이 아닌 일반인이 법관(참심원)으로서 재판을 주재하고 판결을 내리는 참심재판
　　제도는 주로 폭행사건 등 경범죄를 대상으로 한다. 미성년자의 형사범죄는 적용대상에서
　　제외된다. 참심재판 절차에서도 다른 절차와 마찬가지로 수사가 이루어지며 이 경우 사법
　　경찰이 독립적 수사권을 갖는다.
242　형법 제361조와 제363조.
243　Council of Europe, CONFERENCE OF PROSECUTORS GENERAL OF EUROPE 6th

이러한 이탈리아 검사의 특징은 정치권의 부정부패 수사에 있어서 과감하게 수사를 진행하기 때문에 국민들에게 전적으로 신뢰를 받고 있다는 점이다. 대표적인 사건이 바로 1992년부터 진행된 '마니 풀리테(깨끗한 손)'운동이었다. 이탈리아 밀라노 지검의 검사가 뇌물사건으로 정치인을 체포하면서 시작된 이 운동은 당시 집권당 소속의 거물급 정치인 수백 명을 기소함으로써 정치지형을 완전히 바꾸어 놓게 되었다. 이러한 살아있는 권력에 대한 검찰권의 발동은 20여년간 이탈리아 정계를 지배한 언론재벌 출신인 벨루스코니 총리도 피해 가지 못했다. 당시 검찰은 탈세와 미성년자 성매매 혐의로 기소하자 입법부를 장악했던 벨루스코니 총리는 현직 총리의 기소를 면제하는 '고위공직자 면책특권법'이라는 법률을 제정했으나 이탈리아 헌법재판소의 위헌결정으로 재판을 피해 가지 못하게 되었다.[244]

이와 같이 정치권에 대한 과감한 수사가 가능한 이유는 검찰의 조직적인 특성과 인사권으로부터의 독립으로 꼽을 수 있다. 앞에서 살펴본 바와 같이 이탈리아 검찰은 사법부 소속이어서 행정부와 완전히 분리되어 있기에 정권의 영향력을 쉽게 물리칠 수 있는 구조이다. 실제로 이탈리아 행정부 소속의 법무부는 검찰의 권한에 어떠한 영향력도 미칠 수 없고 오히려 검찰의 행정지원이나 법안작성 및 입법에 대한 자문 등을 수행하고 있다.[245]

특히 검찰의 인사와 관련해서 이탈리아의 최고사법기구는 순수하게 재판만을 담당하는 대법원(Corte Suprema di Cassazione)과 법관의 인사권을 담당하는 최고사법위원회(Consiglio superiore della magistratura)로 구분된다. 최고사법위원회의 헌법적인 근거는 이탈리아 헌법 제104조로서 최고사법위원회의 설치 목적을 사법부의 독립으로 명시하고 있다. 그리고 최고사법위원회는 자신들이 직접 선출한 위원이 대다수를 차지하는 인사위원회에서 이루어지기 때문에 이른바 같은 검찰이라도 그 윗선에서 입김을 불어넣기 어려운 구조이다. 따라서 이탈리

SESSION, Relationship between Public Prosecutors and the Police, 2005, 81면. 이 문헌은 이하 CPGE(2005/06)로 표기함.

244 https://www.sisain.co.kr/?mod=news&act=articleView&idxno=6447

245 https://m.blog.naver.com/PostView.nhn?blogId=magist418&logNo=220649699753&referrerCode=0&searchKeyword=%EC%99%B8%EA%B5%25A%E2%80%A6.

아 검찰은 정치권의 비리에 대해서 더욱 소신 있고 과감하게 수사를 진행할 수 있게 된다.

결국 사법경찰은 수사개시와 진행의 주체이지만 자체 수사개시 사건을 포함하여 모든 범죄정보에 대하여 검사에게 보고하여야 할 의무가 있고, 검사가 이를 토대로 기소여부를 결정하도록 되어 있으므로 이탈리아 형사소송법상 사법경찰의 수사종결권은 인정되지 않는다. 따라서 각 규정에 대한 해석상 검사의 수사 권한과 사법경찰에 대한 수사지휘 권한이 모두 인정된다고 해석된다. 특히, 헌법에 검사의 사법경찰에 대한 수사지휘 권한을 규정하고 있는 것이 하나의 특징이다.

❷ 스페인(Spain)

(1) 헌법 규정

〈헌 법〉[246]

제70조 ① 선거법은 하원의원 및 상원의원의 결격사유 및 겸직금지의 경우를 정한다. 다음 각 호의 경우에는 의원으로 선출될 수 없다.

　　a) 헌법재판소의 구성원

　　b) 법률이 정하는 국가의 고급공무원, 다만 정부각료는 그러하지 아니하다.

　　c) 호민관

　　d) 현직 재판관 및 검찰관

　　e) 현역 직업군인, 국방대원, 보안 및 경찰기관 종사자

　　f) 선거관리위원회의 위원

② 양원의원의 당선 및 신임장의 유효성은 선거법의 정하는 바에 따라 재판소의 통제에 따른다.

제76조 ① 하원 및 상원, 그리고 경우에 따라서 양원전체회의는 공공의 이익과 관련되는 조사위원회를 임명할 수 있다. 그 결과는 재판소를 구속하지 아니하며 재

246　〈https://www.boe.es/diario_boe/txt.php?id=BOE-A-1978-31229〉.

판소의 결정에 영향을 미치지 아니한다. 다만 조사의 결과는 필요한 경우 적절한 조치를 행하도록 하기 위하여 <u>검찰총장</u>에게 송부한다.

② 양원의 소환이 있으면 출두하여야 한다. 이 의무를 이행하지 아니할 경우의 처벌에 대하여는 법률로 규정한다.

제124조 ① 검찰(El Ministerio Fiscal)은 다른 기관의 기능을 침해하지 않으면서, 직권이든 이해관계자의 요청에 의하든 불문하고, 법의 지배, 시민의 권리, 법에 의해 보호되는 공익을 수호하는 과정에서, 정의의 작동을 촉진하고, 법원의 독립성을 지키며, 사회적 이해관계의 만족을 확보할 의무가 있다.

② 검찰은 모든 사건에서 법의 지배와 공평성을 따르면서, 작용의 동일성 원칙 및 위계적 종속의 원칙에 따라 검찰기관을 통해 그 의무를 수행하여야 한다.

③ <u>검찰의 조직은 법률로 정한다.</u>

④ <u>검찰총장(El Fiscal General del Estado)</u>은 사법부 총평의회의 자문을 거쳐 내각의 제청에 따라 국왕이 임명한다.

제126조 <u>사법경찰은 범죄수사와 범인의 발견 및 체포에 관한 업무 수행에 있어 법률이 정하는 바에 따라 판사, 재판부와 검찰청에 종속한다.</u>

제127조 ① 재판관 및 <u>검찰</u>은 현직에 있는 동안에는 다른 공직을 가질 수 없으며 정당 또는 조합에 가입할 수 없다. 법률은 재판관 및 검찰의 전문직단체의 제도 및 방식을 정한다.

② 법률은 사법부 구성원의 겸직금지의 제도를 정하여 그 완전한 독립성을 보장하여야 한다.

제159조 ① 헌법재판소는 국왕이 임명하는 12인의 재판관에 의하여 구성된다. 그중 4인은 의원 5분의 3의 다수에 의하여 하원이 추천하고, 4인은 동일한 수의 다수에 의하여 상원이 추천하며, 2인은 내각이 추천하고, 나머지 2인은 사법부 총평의회가 추천한다.

② 헌법재판소의 재판관은 15년 이상의 전문경력을 가진 유능한 재판관, <u>검찰관</u>, 대학교수, 공무원 및 변호사 중에서 임명한다.

③ 헌법재판소 재판관의 임기는 9년으로 하고 3년마다 그 3분의 1이 새로 임명된다.

④ 헌법재판소의 재판관은 모든 대의적 직무, 정치적 또는 행정적 직무, 정당 또는 노동조합의 지도적 직무 집행, 정당, 노동조합의 직원, 재판관, <u>검찰관의 직무</u>, 기타 전문직 또는 상업적 활동의 종사자의 지위와 겸할 수 없다. 사법부 구성원의 겸직

금지의무는 헌법재판소 재판관에게도 동일하게 적용된다.

제162조 ① 다음 각 호의 사항은 적법한 것으로 본다.

    a) 총리, 호민관, 50인의 하원의원, 50인의 상원의원, 자치주의 집행기관 및 경우에 따라서는 자치주의회가 위헌소송을 제기하는 것.

    b) 적법한 이익을 가지는 자연인, 법인 및 호민관, 검찰관이 보호청구소송을 제기하는 것.

② 기타의 경우 조직법이 누가 헌법재판소에 제소할 자격이 있는지를 정한다.

스페인은 역사적으로 왕이 임명한 판사가 범죄를 추적하여 피의자를 소추하고 증거를 검토하여 유·무죄를 결정하는 전통을 가지고 있었다. 다시 말해 중세유럽부터 수사, 소추 및 재판권이 검찰이 아닌 법원에 귀속되어 있었다. 즉 검찰과 법원은 서로 분리되어 있지 않았고, 사법기관으로서 법원이 실질적인 수사나 재판 등의 권한을 전속적으로 행사하고 검찰은 법원에 협력하고 상황에 따라서는 통제하는 기관으로서의 역할을 담당했다.[247, 248] 일반적으로 수사권은 검찰에는 부여되지 않고 법원과 사법경찰에만 부여되어 있었는데 나날이 조직적이고 중대한 범죄가 발생함에 따라 이를 효율적으로 대체하기 위해 각종 특별검찰청이 설립하게 되었고 각 특별검찰청마다 필요한 권한을 부여하여 각종 범죄에 대처하게 되었다.[249] 이와 같이 스페인에서 검찰은 법원에 귀속되어 있고 독자적인 수사권도 부여되지 않았으나 점차 필요성에 의해 내용적인 분화가 일어나고 있는 것이 확인된다.

스페인 헌법은 검찰에 대해 명시적으로 규정하고 있다. 가장 대표적인 규정이 바로 스페인 헌법 제124조이다. 여기에서는 "검찰은 다른 기관의 직무를 방해하지 아니하고 합법성, 시민의 권리 및 법률이 보호하는 공공의 이익을 변호하여 소송을 제기하고 법원의 독립을 감시하며 법원에 대하여 사회이익의 만족을 구하는 것을 그 사명으로 한다"고 규정하고 있으며 제2항에서 "검찰은 활

---

247 Alberto Manuel Lopez Lopez, 'EL MINISTERIO FISCAL ESPANOL', COLEX 2001, p 112.

248 노상길, 스페인 검찰조직과 그에 따른 검사의 권한에 대한 소고, 2006, 해외연수검사연구 논문, 1면.

249 노상길, 위의 논문, 2면.

동의 단일성 및 계급적 종속성의 원칙에 의하여 모든 경우에 합법성, 공평성의
원칙에 따라 자체기구를 통하여 그 직무를 수행한다”고 규정하고 있다. 이와 같
이 검찰에 대한 명시적인 헌법조항은 검찰 자체가 헌법기구임을 분명히 하고
있는 것으로 파악할 수 있다. 이러한 헌법 규정을 구체화한 법이 바로 검찰기본
법이다. 스페인 검찰기본법은 제2조 제1항250에서 ‘검찰은, 독자적이며 자치적
인 기능을 가지고 사법권에 구성되어서 행동단일체, 계급조직, 상명하복관계의
원칙에 입각한 고유의 기관을 통하여 그 기능을 수행하되 모든 경우에 있어 합
법성과 공정성의 원칙에 따라야 한다.’라고 규정하고 있다. 이러한 조항을 통해
확인할 수 있는 것은 검찰이 형식적으로는 사법부에 속하면서도 실질적으로는
독립적이고 자치적인 위치에 있다는 점이다.

　　이상을 종합하면 결국 검찰은 자체적으로 활동하고 기능적 독립성을 유지
하면서, 합법성 원칙을 바탕으로 다른 국가기관을 통제하고, 여러 법률이 부여
한 특별한 직무를 수행하는 헌법상의 국가기관으로 볼 수 있다. 이러한 입법배
경으로 스페인 헌법의 검찰관련 규정과 검찰기본법이 나온 것으로 파악할 수
있다.

(2) 형사소송법 규정 등

가. 형사소송법

〈형사소송법〉251

제287조 사법경찰을 구성하는 공무원은 각자의 권한 내에서, 범죄와 범죄자의 수
사를 위하여 검찰청 공무원이 그들에게 위임한 조치와 소송절차 내에서 예심판사
와 재판부에서 위임한 그 밖의 모든 조치를 지체 없이 이행하여야 한다.

250　Artículo 2. (스페인 검찰기본법 제2조 제1항 원문).
　　1. El Ministerio Fiscal, integrado con autonomía funcional en el Poder Judicial, ejerce su misión por medio de órganos propios, conforme a los principios de unidad de actuación y dependencia jerárquica y con sujeción, en todo caso, a los de legalidad e imparcialidad.
251　〈http://www.boe.es/buscar/act.php?id=BOE-A-1882-6036&p=20151006&tn=1#a96〉.

제773조 ② 직접 또는 고소나 조서가 제출되어 검사가 범죄에 관하여 알게 된 경우...... 사실관계 확인 또는 관련자의 책임을 규명하기 위해 직접 또는 사법경찰에게 지시하여 적절하다고 판단되는 조치를 취하여야 한다.

검사의 수사 권한과 관련하여, 아직 수사판사 제도가 남아 있으나, '마약범죄 검찰청', '부패 및 조직범죄 검찰청' 등 특수검찰청은 수사 권한이 인정되고, 통상의 검찰청도 형사사건의 대부분을 차지하는 약식 사건(법정형 9년 이하)에 대한 수사 권한이 인정되므로 검사의 수사 권한도 인정된다고 해석함이 상당하다. 특히 후술하는 검찰조직법 제4조 제4항은 '검사는 사법경찰을 구성하는 모든 사람에게 각 경우에 적절한 명령과 지시를 할 수 있다'고 규정하고 있다. 따라서 각 규정에 대한 해석상 검사의 사법경찰에 대한 수사지휘 권한도 인정된다고 보아야 한다.

나. 검찰조직법

〈검찰조직법〉[252]

제4조 검사는 그 기능의 행사를 위해 다음과 같은 권한이 있다.

④ 사법경찰을 구성하는 모든 사람에게 각 경우에 적절한 명령과 지시를 할 수 있다.

제5조 ② 마찬가지로, 검사는 신고받은 사건이나 경찰이 확인한 조서에 기재된 사건의 내용을 명백하게 하기 위해 예방적 조치 또는 권리의 제한을 수반하지 않는, 형사소송법에 따른 적법한 조치들에 대하여 직접 수사하거나 사법경찰에게 수사를 하게 할 수 있다. 다만, 검사는 예방적 구금을 명령할 수 있다.

제8조 ① 수상은 공익의 수호차원에서 검찰총장에게 법원에 대하여 적정한 사법권의 행사를 조장·촉진토록 관여할 수 있다.

② 수상의 검찰에 대한 관여는 원칙적으로 법무부장관의 중개에 의하여 검찰총장을 통하여 하고 예외적으로 필요한 경우 직접검사에 대하여 할 수 있다. 검찰총장은 수상이 요청한 행위의 실행가능성, 상당성 여부에 관하여 대검찰청 검사장회의를 거쳐 결정하고 그 내용을 이유를 붙여 서면으로 수상에 개진한다.

제19조 ② 마약범죄검찰청과 부패및조직범죄검찰청은 특수검찰청이다.

---

252 〈https://www.boe.es/buscar/act.php?id=BOE-A-1982-837〉.

③ 마약범죄검찰청은 다음의 권한을 행사한다.

　a) 마약·향정신성물질 밀매 및 그 밀매와 관련된 자금세탁과 관련된 모든 절차에 직접 관여한다.

　b) 이 법 제5조에 따라, 전항에 기재된 범죄의 하나를 구성하는 징후를 보이는 사실관계를 수사한다.

④ 부패및조직범죄검찰청은 특별히 중요하고, 검찰총장이 인정하는 다음에 관하여 이 법 제5조에 기재된 절차를 수행하고, 형사절차에 직접 관여한다.

　a) 국고를 해하는 죄, 사회안전을 해하는 죄, 밀매의 죄

　b) 배임의 죄

　d) 공적 자금의 유용

　g) 뇌물죄

　l) 지식·산업재산, 시장, 소비자와 관련된 죄

　m) 기업범죄

　n) 자금세탁……

　o) 사경제부분에서 부패범죄

　p) 위 각 범죄와 관련된 범죄

제22조 ① 검찰청은 스페인 전역에 관할권을 행사하는 유일한 기구이다.

② 검찰총장은 검찰의 수장이고 스페인 전역을 통하여 검찰권을 대표한다. 검찰총장은 직무와 관련하여 명령·지시를 내리고 조직내부에 대한 감독권을 행사하며 지휘·통제한다.

③ 각 검찰청의 검사장은 소속 검찰청을 지휘하며 검찰총장과 상급 검찰청의 검사장 예속하에 소속 검찰청을 대표한다.

제29조 ① 검찰총장의 법률가로서 직업상의 실제경력이 15년 이상인 명망 있는 스페인의 법조인일 것을 요한다.

② 검찰총장의 취임은 국왕앞에서 법률이 정한 선서를 하고 대법원장 및 전 대법원판사가 참여한 가운데 취임식을 갖는다.

다. 검찰평의회 구성과 기능에 관한 왕령

검찰평의회 구성과 기능에 관한 왕령
(1983. 2. 9. 제정, Real Decreto sobre constitucion y funcionamiento del Consejo Fiscal)

제2조

전체회의는 당연직 및 선출직 전원으로 구성되며, 상임위원회는 검찰총장, 감찰부장검사 및 전체회의에서 과반수의 찬성으로 선출된 3명의 위원으로 구성된다. 단 상임위원회의 3명의 선출직 중 1명은 대검찰청 부장검사, 1명은 제2직급의 현직검사, 나머지 1명은 제3직급의 현직검사에서 선출되어야 한다.

제3조

① 검찰평의회 전체회의의 주요 내부 운영기준 수립
② 검찰기구의 구성 및 운영과 관련하여 검찰 활동의 단일성을 확보하기 위한 일반적 기준의 수립
③ 검찰총장이 회부한 의제에 대한 심의 등으로 검찰총장을 보좌
④ 직업검사의 승진 및 재량임명 직책의 임명에 대한 의견제시
⑤ 징계결정을 위한 심리 및 공적에 대한 평가
⑥ 절대적 겸직금지 원칙 위반 여부에 대한 의견제시
⑦ 검사장이 내린 징계결정에 대한 불복 심사
⑧ 검찰기능과 관련한 업무개선안에 대한 심의
⑨ 검사의 정원 및 직제에 관한 의견제시
⑩ 검찰의 계급종속성 및 활동의 단일성에 영향을 줄 수 있는 의견의 불일치에 대한 심사를 통한 검찰총장의 보좌
⑪ 강제전보의 징계결정 여부에 대한 의견제시
⑫ 검사장 면직에 대한 의견제시
⑬ 상대적 겸직금지 원칙 위반여부에 대한 판단
⑭ 파면에 대한 징계결정을 위한 사전의견제시
⑮ 기타 법률규정 및 상임위원회에서 특별한 중요성 또는 복잡성으로 전체회의에서 의결할 것으로 회부한 사안

제4조

① 법정기준에 의하여 실시되는 검사의 승진을 위한 의견서 작성

② 한명 또는 여러 명의 검사들을 특별검찰청 또는 사법관련기관에 파견하는 경우 파견명령의 상당성 여부에 대한 의견제시

③ 검찰기본법 제21조에 의하여 판사 또는 검사의 상호 전직가능여부에 대한 의견제시

④ 검찰기본법 제23조 Artículo 23. (스페인 검찰기본법 제23조 원문)

Los miembros del Ministerio Fiscal son autoridad a todos los efectos. Actuarán siempre en representación de la Institución y por delegación de su jefe respectivo. En cualquier momento del proceso o de la actividad que un Fiscal realice, en cumplimiento de sus funciones, podrá su superior inmediato sustituirlo por otro, si razones fundadas así lo aconsejan. Esta sustitución será comunicada al Consejo Fiscal.(각 검사는 모든 사건에 관하여 독립관청의 성격을 갖는다. 검사는 항상 소속검찰청을 대표하고 소속검찰청 검사장의 위임에 따라 행동한다. 특정검사가 직무수행을 위하여 행하는 직권의 행사 또는 절차의 어떠한 단계에서도 상급자는 상당한 이유가 있을 때에는 다른 검사로 교체할 수 있다.)

에 의한 검사 교체의 정당성 여부에 대한 의견제시

⑤ 특정직책의 임명에 대한 의견제시

⑥ 중징계, 일반징계의 취소에 관한 심사

⑦ 기타 전체회의에서 위임한 사안

제5조

검찰평의회의 의사결정에 대하여는 대법원에 상고할 수 있다.

제6조

전체회의나 상임위원회의 총무는 각 최하위서열 검사가 맡는다. 검찰총장이 부재시에는 전체회의의 경우 대검찰청 차장검사가 의장직을 대행하고, 상임위원회의 경우 감찰부장검사가 의장직을 대행한다.

제10조 후단

검찰평의회의 의사결정은 위원의 과반수로 하나, 위원으로서의 의무에 대한 중대한 불이행 또는 부적격으로 인한 해임에 대한 의결의 경우에는 당사자의 반론절차를 거쳐 전체회의의 위원 3분의 2 다수결로 결정한다.

제14조

선출직 위원은 현직에 있는 직업검사의 보통, 평등, 직접, 비밀투표에 의하여 선출
되며, 우편을 통한 투표도 유효하다.

제18조

입후보자가 되기 위한 필수요건은 현직에 있는 검사이어야 하며 하나의 검사협회
의 추천이나 15인 이상의 현직검사의 추천을 받아야 한다.

제29조

입후보자는 선거 당일로부터 3일전까지 후보직에서 사퇴할 수 있다.

제30조

투표가 실시된 후 지방선거위원회는 부분개표를 실시하고, 중앙선거위원회는 총개
표를 실시하여 당선된 후보를 공표한다.

스페인 헌법 제126조에 의하면 사법경찰은 범죄수사와 범인의 발견 및 체
포에 관한 업무 수행에 있어서 법률이 규정하는 절차와 요건에 따라 판사, 재판
부와 검찰청에 기속된다고 규정되어 있다. 즉 검찰의 지휘를 받고 있다는 점이
헌법에 명시적으로 나타나 있다.

이를 구체화한 스페인 형사소송법 제287조에 의하면 "사법경찰을 구성하
는 공무원은 각자의 권한 내에서, 범죄와 범죄자의 수사를 위하여 검찰청 공무
원이 그들에게 위임한 조치와 소송절차 내에서 예심판사와 재판부에서 위임한
그 밖의 모든 조치를 지체 없이 이행하여야 한다"고 규정함으로써 다시 한 번
사법경찰이 검사의 수사지휘를 받고 있음을 확인하고 있다. 이를 보다 구체화
한 조문은 스페인 형사소송법 제773조이다. 제2항에 의하면 "직접 또는 고소나
조서가 제출되어 검사가 범죄에 관하여 알게 된 경우, 검사는 사실관계 확인 또
는 관련자의 책임을 규명하기 위해 직접 또는 사법경찰에게 지시하여 적절하다
고 판단되는 조치를 취하여야 한다"고 명시하고 있다.

스페인 검찰기본법 제4조에서도 검사의 권한을 규정하고 있는데, 특히 제4
항에 "사법경찰을 구성하는 모든 사람에게 각 경우에 적절한 명령과 지시를 할
수 있다"고 규정하고 있어 분명히 사법경찰에 대한 수시지휘를 명시하고 있다.
같은 맥락에서 스페인 검찰기본법 제5조에 의하면 검사는 신고 받은 사건이나
경찰이 확인한 조서에 기재된 사건의 내용을 명백히 하기 위해 형사소송법에

따른 적법한 조치들에 대하여 직접 수사하거나 사법경찰에게 수사를 하게 할 수 있다.

한편, 검사의 사법통제적 기능은 먼저 검찰의 권한으로부터 확인된다. 지금까지 살펴본 스페인 검찰은 사법권에 대한 협력자로서 헌법에서 부여한 권한을 통해 법치주의 확립에 기여한다. 특히 기능적으로 독립관청으로서의 성격을 지니고 있으며 사법경찰관을 지휘한다. 아울러 검찰기본법 제5조에서 "검사가 수행하고 검사의 지휘아래 수행되는 모든 절차는 진실성의 추정아래 이루어져야 한다"라고 규정함으로써 사실상 검찰의 활동여지를 넓혀 놓음으로써 사법통제적인 기능을 보장하고 있다고 보아야 할 것이다.253

지금까지 살펴본 스페인의 검찰은 인권보장적 기능을 담당하기 위한 제도적인 장치를 마련하고 있다고 판단된다. 가장 주목할 만한 것이 바로 헌법소원에 있어서 검사가 직접 관여할 수 있다는 점이다.

우리나라의 헌법재판소법에 해당하는 스페인 헌법재판소기본법은 "공권력에 의하여 권리의 침해를 받은 모든 자연인 또는 법인은 동법이 정하는 바에 의하여 헌법소원을 제기할 수 있다"고 규정하고 있는데, 여기서 특이하게 검찰에게도 헌법소원을 제기할 수 있는 자격을 부여하고 있다. 즉 검찰은 헌법과 법률에 따라 국민의 인권을 보호하고 법치주의를 실현하기 위한 객관적인 기관이라는 점에서 헌법소원능력을 인정하고 있다. 사실상 검찰의 인권보장적 기능의 대표적인 특성으로 파악할 수 있다.254 이러한 인권보장적 기능은 헌법재판소기본법 제47조 제2항에서도 확인할 수 있는데 이에 의하면 개인이 공권력의 행사로 인한 기본권 침해를 이유로 헌법소원을 제기한 경우에도 합법성, 기본권 존중, 공익의 보호 등을 위해 검사가 적극적으로 관여할 수 있도록 되어 있다.

앞에서 살펴본 바와 같이 스페인 헌법에서 규정한 검찰의 역할을 보다 구체화한 검찰기본법 제3조에서는 검찰의 직무를 구체적으로 규정하고 있다. 이

---

253 Articulo 5 (스페인 검찰기본법 제5조 원문).
　　　Todas las diligencias que el Ministerio Fiscal practique o que se lleven a cabo bajo su dirección, gozarán de presunción de autenticidad.
254 노상길, 앞의 논문, 43면.

에 의하면 검찰은 사법권의 행사가 법률에 따라 효율적으로 수행되고, 소송이 적절한 절차와 수단에 의하여 진행이 되는지 살피고, 법원의 독립을 수호하기 위하여 법률이 부여한 기능을 수행하며, 헌법기관, 기본권 및 공공의 자유를 보호하고, 범죄로 비롯된 민·형사소송을 제기 및 응소하며, 사법당국에 대하여 상당한 형사가처분결정과 범죄행위의 규명을 위하여 필요한 절차를 요청하고 사법경찰에 대하여 범죄행위의 규명을 위하여 필요한 수사 활동의 지휘를 하며, 합법성, 공공 또는 사회 이익의 수호, 국가관련 소송절차 및 검찰기본법이 정한 사항에 대한 소송절차에 참여하고, 무능력자 및 미성년자들의 후견기관으로서 법적으로 이들을 보호하고, 사법의 존엄성 및 법원, 판사의 권한을 지키며, 공공의 이익에 영향을 미치는 사법적 결정의 집행을 감시하고, 헌법소원을 제기하고, 합법성을 수호하기 위하여 법률이 정하는 절차에 따라 헌법재판소의 일정한 심리절차에 관여하며, 헌법소원에 관여하고, 행정쟁송절차에서 합법성을 변호하며, 국제사법공조절차에의 관여하고, 법률이 정한 기타 직무를 수행한다고 규정하고 있다. 이러한 일련의 모든 역할과 직무는 전부 직간접적으로 인권보장을 위한 업무와 관련되어 있다고 볼 수 있을 것이다.

　　결국 위와 같은 각 규정에 대한 해석상 검사의 사법경찰에 대한 수사지휘 권한은 인정된다고 해석하여야 하고 달리 해석할 여지가 없다. 또 검사의 수사 권한에 대하여 보건대, 스페인에는 아직 수사판사 제도가 남아 있으나, '마약 범죄 검찰청', '부패 및 조직범죄 검찰청' 등 특수검찰청은 수사 권한이 인정되고, 통상의 검찰청도 형사사건의 대부분을 차지하는 약식 사건(법정형 9년 이하)에 대한 수사 권한이 인정되므로 검사의 수사 권한도 인정된다고 해석함이 상당하다.

❸ 포르투갈(Portugal)

(1) 헌법 규정

〈헌 법〉[255]

제219조 기능, 지위 및 역할 ① 검찰은 국가를 대표하고 법이 정한 이익을 수호하며, 아래 항에 따라, 그리고 법률이 정한 바에 따라, 주권을 행사하는 주체에 의해 정의된 형사정책의 실행에 참여하며, 적법성의 원칙에 따라 형사처벌을 집행하고, 민주적 법치주의를 수호할 책임이 있다.

② 검찰은 법률에 규정된 바에 따라 자체 규정과 자율성을 갖는다.

③ 군 범죄와 관련된 각 사건에서 검찰청에 제공할 특별한 형태의 지원은 법률로 정한다.

④ 검찰청 공무원은 책임있는 사법공무원이어야 하고, 위계적인 조직을 구성하고 그 조직에 따라야 하며, 법에 규정된 경우를 제외하고는 전보, 정직, 퇴직, 파면을 당하지 않는다.

⑤ 검찰청 공무원의 임명, 보직, 전보, 승진, 징계는 검찰총장의 책임이다.

제220조 검찰총장 ① 검찰총장은 검찰청의 상위 기관에 해당되며, 법률로 정해진 구성 및 제반 책임을 진다.

② 검찰청의 감독은 검찰총장이 담당하고, 검찰총장은 검찰청 최고위원회를 구성한다. 검찰청 최고위원회에는 공화국의회에 의해 선출된 위원과 검사들이 검사들 중에서 선출한 위원들을 포함한다.

③ 본 헌법 제133조 제12호 규정을 침해하지 않는 한, 검찰총장의 임기는 6년으로 한다.

포르투갈 검찰은 형사소추기관으로서 헌법상의 기관이다. 검찰은 국가에 의하여 확정된 형사정책 실행에 참여하고, 국가를 대표하며, 민주적 법치질서를 수호하는 한편, 법에서 인정한 이익을 보호하는 임무를 수행한다(헌법 제219조 제1항). 헌법기관으로서 포르투갈 검찰은 업무수행에 있어 다른 권력기관에 의

---

255 〈https://www.constituteproject.org/constitution/Portugal_2005?lang=en〉.

하여 간섭받지 않으며, 사법부로부터 독립된 지위가 인정된다.256

검찰총장은 전체 검찰을 지휘한다. 검찰총장은 국회의 추천에 의하여 대통령이 임명하며, 임기는 6년이다(동법 제220조 제3항). 검찰총장은 법에서 정한 사유를 제외하고는 면직되지 않으며, 그 직무에서 배제되지 않는다. 포르투갈 검찰은 ① 대검찰청, ② 4개의 고등검찰청(DISTRICT DEPUTY PROSECUTORS GENERAL'S OFFICES), ③ 23개의 지방검찰청(COUNTY DISTRICT PROSECUTORS' OFFICES)의 피라미드형 위계구조로 조직된다(검찰청법 제7조).

포르투갈헌법은 검찰조직에 대하여 직접 규정하고 있다. 검찰조직은 헌법상으로 법원조직과 구별되고, 검사 역시 판사와 완전히 구별된다. 검찰은 국가를 대표하는 공익의 수호자이며 형사정책의 실행자이자 민주주의의 수호자이다. 검찰은 '자체 규정과 자율성을 갖는다'고 규정하여 검찰의 독립성을 강력하게 보장하고 있는 것이 특징이다. 검찰공무원의 신분을 사법공무원으로 정하였으며, 인사권을 검찰총장이 행사하도록 하였다.

헌법에 근거하여 검찰은 조직법적 의미의 자체 규정257을 가지고 있다. 222개의 조문에 달하는 이 규정은 우리나라의 검찰청법에 해당한다고 할 수 있다. 따라서 편의상 여기에서는 "포르투갈 검찰청법"으로 부르기로 한다.

포르투갈 검찰청법은 제1부(PARTE I) 검찰청(Do Ministério Público)과 제2부(PARTE II) 검찰사법관(Da magistratura do Ministério Público)으로 크게 나누어져 있다. 제1부는 다시 제1편에서 검찰청의 구조, 기능 및 개입시스템을 규정하고, 제2편에서 검찰청의 내부조직과 구성원 특히 검사의 직위를 규정하고 있다. 제2부는 검찰공무원의 신분과 인사에 관해 규정하고 있다.

우선 포르투갈 검찰청법 제1조는 검찰의 정의를 내리고 있다. 대부분 헌법 제129조 제1항의 검찰의 기능을 되새기면서 소추를 수행한다는 점을 추가하였다. 제2조는 검찰의 자율성을 천명하고 있으며, 제75조는 검사가 법원과 대등하고 독립적으로 임무를 수행한다는 점을 명시하고 있다. 비록 검찰이 재판권과는 다른 권한을 보유하고 법원에게 인정된 권한에 한정되지는 않지만, 검찰은

---

256 포르투갈 검찰청 홈페이지: http://en.ministeriopublico.pt/.
257 Estatuto do Ministério Público. 영문명은 Statute of the Public Prosecution Service.

사법권과 관련이 있으며 사법 행정에 자율적으로 참여한다.[258] 특히 검찰청법 제3조 제1항에 의해 검찰에 부여된 권한은 다음과 같이 실로 광범위하다.

- 검찰은 국가뿐만 아니라 지역, 지방정부, 법적 무능력자, 주거지가 없는 자 및 소재불명자를 대표한다.
- 검찰은 주권기관에 의해 정의된 형사정책의 집행에 참여한다.
- 검찰은 합법성의 원칙에 따라 기소한다.
- 검찰은 직권으로 노동자와 그 가족의 사회적 권리를 지키기 위해 그들을 대표한다.
- 검찰은 법률의 범위 안에 있는 경우 집단적 및 분산된 이익을 방어한다.
- 검찰은 법원의 권한 내에서 법원의 독립성을 확인하고 헌법과 그에 적용되는 법률에 따라 사법권의 직무가 이행되도록 보장한다.
- 검찰은 그 권한의 범위 내에서 법원의 결정을 집행한다.
- 검찰은 범죄수사를 주도한다.
- 검찰은 범죄 예방 계획을 홍보하고 시행한다.
- 검찰은 입법의 합법성을 감독한다.
- 검찰은 공익이 포함된 사건에 개입한다.
- 검찰은 자문적 기능을 수행한다.
- 검찰은 형사경찰기관의 절차적 활동을 감독한다.
- 법을 사칭하려는 당사자 간의 합의로 결정에 도달 할 때마다 또는 이러한 결정이 법을 명백히 위반하여 제시될 때마다 항의를 제기한다.

검찰조직은 대검찰청(Procuradoria−Geral da República), 고등검찰청(procuradorias−gerais distritais), 지방검찰청(procuradorias da República)으로 구성되며, 검사의 위계는 검찰총장(Procurador−Geral da República), 검찰부총장(Vice−Procurador−Geral da República), 고등검사장(procuradores−gerais−adjuntos), 지방검사장(procuradores da República), 평검사(procuradores−adjuntos)의 순서로 편성된다.

검사는 수직적 위계질서에 복종해야 하는 반면,[259] 법관 수준의 신분보장

---

258 http://en.ministeriopublico.pt/.
259 검찰청법 제76조.

을 받는다.260 법무부장관은 검찰총장을 통해서만 지시나 요구를 할 수 있으며 형사사건에는 개입할 수 없다.261

포르투갈 검찰조직은 그 자체가 헌법기관으로서 법원과 더불어 대등하게 사법부를 구성하는 실체이고, 상당히 독립성과 자율성이 강한 조직임을 알 수 있다. 즉, 검찰은 포르투갈 헌법 제219조에 따라 독립적인 지위를 갖는다.

검사는 사법공무원이며 검찰조직의 위계구조에 속하며, 법률에 정해진 사유를 제외하고는 면직되거나 그의 사무에서 배제되지 않는다.262

한편, 검찰을 지휘하는 검찰총장의 임무는 법에 정해져 있으며, 검찰은 검찰최고위원회를 구성한다. 검찰최고위원회의 구성원은 국회에서 5인, 법무부장관의 임명에 의해 2명, 검사들 중 검사에 의한 선거로 7명 등으로 구성되며, 검찰총장이 위원장이 된다. 포르투갈의 검찰은 조직의 수장으로서 검찰총장과 국회, 정부 및 검찰의 인사로 이루어진 검찰최고위원회에 의하여 지휘된다.263

반면, 법무부장관의 검찰에 대한 영향력 행사는 극도로 제한되어 있다. 법무부장관은 검찰최고위원회에 2명의 위원을 임명한 권한을 갖는다. 또한 법무부장관은 특별한 현안에 대하여 설명하기를 원하는 경우 등에 검찰최고위원회 회의에 참석할 수 있다.264 즉 포르투갈 검찰은 법무부장관으로부터 구체적인 지시는 물론 일반적인 지시로도 지휘를 받지 않는다.

---

260 검찰청법 제78조.

261 검찰청법 제80조.

262 Council of Europe, Consultative Council Of European Prosecutors, Questionnaire with a view of the preparation of Opinion No. 7 on the management of the means of the prosecution services, Replies from Portugal, 2011, 2면(본 문헌은 이하 CCPE(2011/07) Portugal로 표기함).

263 CCPE(2011/07) Portugal, 2면.

264 CCPE(2011/07) Portugal, 3면.

(2) 형사소송법 규정

형사소송법[265]

제53조 절차에서 검사의 지위와 권한

② 특히 <u>검사는</u>

　　b) <u>수사를 실행하여야 한다.</u>

제262조 수사의 목적 및 범위 ① 수사는 범죄실행에 관한 조사, 범인 확인, 책임 확인, 그리고 기소 여부를 결정하기 위한 증거발견 및 수집을 목적으로 하는 법적 조치들로 구성된다.

제263조 수사의 지휘 ① <u>수사는 검사가 지휘하고 사법경찰의 보조를 받는다.</u>

② <u>제1항의 목적을 위해 사법경찰은 검사의 직접적인 감독 및 기능적인 지휘 하에 활동한다.</u>

　　포르투갈 형사소송법에서 검사의 수사는 의무이며 수사의 정의에 대해서도 명확히 규정하고 있다. 수사의 주체가 검사이고 사법경찰은 그것을 보조하는 지위에 있는 점도 분명히 하고 있다.

　　형사소송법 제53조는 절차에서 검사의 권한과 관련하여, '검사는 수사를 실행하여야 한다'고 하면서, 제263조 제1항에서는 '수사는 검사가 지휘하고 사법경찰의 보조를 받는다'고 규정하여 검사의 수사권 및 수사지휘권을 인정하고 있다. 따라서 소추절차를 개시하고 수사를 감독하는 법률적 권한은 검찰청에 있다. 포르투갈 형사소송법 제53조 제2항에서는 검사가 직접 수사를 실행한다고 정하고 있다. 또한 검사는 법에서 정한 범위 내에서 경찰이 수사 활동을 적법하게 수행하는지를 감독한다. 특히 경찰은 자체적으로 예방적 수사수단을 통해 증거를 수집하는 등의 수사 활동에서 검사의 지휘 하에 있다.[266] 수사는 검사가 지휘하고 경찰관은 이를 보조하며, 경찰관은 검사의 직접적인 감독 하에, 그리고 기능적인 지휘 하에 활동한다(동법 제263조).

265　원문: 〈http://www.pgdlisboa.pt/leis/lei_mostra_articulado.php?nid=199&tabela=leis〉.
　　　영문: 〈http://www.gddc.pt/codigos/code_criminal_procedure.html〉.

266　대검찰청, 유럽 국가의 검사와 경찰관계, 2005 유럽검찰총장 회의, 2005, 342면.

범죄행위가 신고 된 경우에 경찰은 검사의 지휘와 관계없이 수사를 실행하고 증거를 수집할 수 있다(동법 제249조). 형사사건의 수사와 관련하여 검사는 세부적 지침을 발할 수 있지만, 수사의 기한이나 구체적인 수사 방법에 관하여는 지시할 수 없다.

물론 포르투갈 형사소송법 제255조는 혐의자가 현행범이고 징역 이상의 형을 받을 범죄를 저질렀다는 인상을 주는 경우 경찰에 의한 긴급체포를 규정하고 있다. 그러나 이러한 긴급체포는 물론 법원 또는 검사에 의하여 체포영장을 발부받을 수 없는 경우에 인정될 수 있는 예외적인 조치이다.267

포르투갈에서 현행범 체포와 같은 긴급조치로서의 체포를 제외한 모든 인신구속은 법원 또는 검찰에서 발부하는 체포영장에 의하여야 한다(동법 제257조 제1항). 체포가 혐의자를 즉결심판 법정에 출두시키기 위하여 행해지거나 구속 사전 절차로 행해지는 경우 경찰은 혐의자를 48시간 동안 유치할 수 있다. 이와 달리 체포가 수사절차에서 수사판사 또는 검찰 출석을 위하여 행해지는 경우에는 24시간을 넘지 못한다(동법 제254조 제1항 b). 혐의자에게 구속사유가 인정되는 경우 법원은 검사의 청구에 따라 구속영장을 발부한다(동법 제194조 제1항).

결국 각 규정에 대한 해석상 검사의 수사 권한과 사법경찰에 대한 수사지휘 권한이 모두 인정된다고 해석된다. 특히, 헌법에 검사의 수사와 관련된 직접적인 규정은 없으나 '자체 규정과 자율성을 갖는다'고 규정하여 검찰의 독립성을 강력하게 보장하고 있는 것이 특징이다.

---

267 European Criminal Bar Association, An analysis of minimum standards in pre-trial detention and the grounds for regular review in the Member States of the EU, PORUTUGAL, 6면.

❹ 그리스(Greece)

(1) 헌법 규정

〈헌 법〉268

제14조 표현과 언론의 자유 ③ 출판 전후 신문이나 다른 출판물의 압수는 금지된다. 검사의 명령에 의한 압수는 다음의 경우에 출판 후에 예외적으로 허용된다.

    a. 기독교 또는 기타 알려진 종교에 대한 범죄

    b. 공화국 대통령에 대한 모욕......

제87조 사법권 독립 ① 재판은 기능적 및 개인적 독립성을 향유하는 일반 판사로 구성된 법원이 행한다.

② 판사는 헌법과 법률에 의해서만 직무를 수행한다. 어떤 경우에도 판사는 헌법을 위반하여 제정된 법규정을 준수할 의무가 없다.

③ 일반 판사는 직급이 높은 판사와 최고 민·형사법원의 검사 및 부검사의 감독을 받는다. 검사는 최고 민·형사법원 판사와 직급이 높은 검사의 감독을 받는다.

제90조 최고법관회의 ① 사법공무원의 승진, 직무 배정, 전임, 파견 및 다른 부서로 전출은 최고법관회의의 사전 결정 후에 대통령령에 의해 발효된다. 이 회의는 법규정에 따라 각 최고법원의 법원장과 동 법원에서 최소한 2년 이상 근무한 판사 중에서 추첨으로 선정된 자로서 구성된다. 법률에 따라 최고 민·형사법원의 검사와 최고 민·형사법원의 검사실에서 최소 2년간 근무한 사람 중에서 추첨된 부검사 2명은 민사 및 형사재판에 대한 최고법관회의에 참여한다. 최고행정법원과 행정재판에 대한 최고법관회의에는 국가총괄위원장이 참여하여 일반 행정법원과 국가총괄위원회의 사법공무원과 관련된 사안을 담당한다. 또한 감사법원에 대한 최고법관회의에도 국가총괄위원장이 참여한다.

〈그 외에 검사의 직무 등에 관한 다수 규정 있음〉

헌법이 검찰의 조직을 직접 규정하고 있지는 않으나, 법관의 독립에 관한 규정(헌법 제87조)에서 "법원의 검사·부검사", 최고사법평의회 규정(헌법 제90조)

에서 "민·형사법원의 검사실 검사" 등에 비추어 볼 때, 법원 내에 검찰청을 둘
것을 예정하고 있다고 볼 수 있으므로 사법부직속 모델이라고 할 수 있다. 현재
그리스 헌법에서 검사의 명령에 의한 출판물의 압수 등 검사의 직무에 관한 다
수의 규정이 발견된다.

　　먼저 수사권과 관련한 법적 근거로는 그리스 헌법 제14조를 들 수 있는데,
동조에서는 출판물에 대한 압수를 원칙적으로 금지하면서, 다만 출판 후 "검사
의 명령에 의한 압수는 … 예외적으로 허용된다"고 규정하고 있음으로써 검사
의 수사권을 제한적으로 인정하고 있다. 보다 더 직접적으로 검사의 수사권 및
수사지휘권을 규정하고 있는 법률은 형사소송법(The Greek Code of Criminal
Procedure; GCCP)이다. 그리스 형사소송법 제31조에서는 '치안법원 검사에게 첫
째, 형사소추개시여부를 결정하기 위한 예비수사권과 범죄를 확인하기 위한 수
사를 할 권한이 있다'라고 명시하고 있으며, 또한 동조에서 '검사는 직접 또는
검사보를 통하여 수사와 관련된 모든 수사행위에 항상 참여할 수 있다'고 규정
함으로써 검사의 수사권을 명시적으로 인정하고 있다.

　　한편, 그리스 검사는 수사기관인 경찰, 해양경찰 및 세관 등에 대하여 수
사지휘권을 가지며, 피고인에 대한 공소권 행사보다는 주로 사건 자체에 대한
해명을 주목적으로 한다고 한다.[269] 먼저 사법경찰에 대한 수사지휘권의 법적
근거로는 형사소송법 제33조, 제246조, 제251조를 들 수 있는데, 형사소송법 제
33조에서는 '수사와 예비수사는 검사의 지시에 따라 이뤄진다'고 규정하고 있으
며, 동법 제246조 제2항에서는 '검사는 기소개시 직후 및 수사의 모든 과정에서
수사관에게 지시할 수 있다'고 하며, 보다 구체적으로 동법 제251조에서 '수사
관과 수사에 종사하는 모든 공무원은 검사의 지시를 받은 경우 지체 없이 범죄
및 범죄에 책임 있는 자에 대한 정보를 수집할 의무가 있다'고 규정함으로써 수
사관 및 수사종사자들 모두 검사의 지휘를 받고 있음을 알 수 있다.

　　또한 이러한 그리스 검사의 수사지휘권은 경찰로 하여금 검사에게 보고할

---

[269] http://grc.mofa.go.kr/webmodule/htsboard/template/read/korboardread.jsp?typeID=15
&boardid=1884&seqno=1334326&c=&t=&pagenum=1&tableName=TYPE_LEGATION&pc
=&dc=&wc=&lu=&vu=&iu=&du=.

의무를 명문화함으로써 구체화되고 있는데, 그리스 형사소송법 제37조에서는, 사법경찰은 수사시 인지한 정보를 관할 검사에게 알려야 하며, 사법경찰 외 다른 공무원도 직무수행상 범죄 관련 정보를 인지한 경우 사법경찰처럼 검사에게 알릴 의무가 있음을 내용으로 하고 있다.[270]

이처럼 그리스에서 사법경찰은 검사로부터 명령을 받으면 수행하여야 하는데, 반면에 예비조사(Preliminary inquiries)와 수사(Investigations)는 치안판사의 지시에 따라 수행하여야 한다.

(2) 형사소송법 규정

형사소송법[271]
제31조
① 치안법원 <u>검사는 다음과 같은 권한이 있다.</u>
　　a) <u>형사소추 개시 여부를 결정하기 위한 예비수사</u>
　　b) <u>범죄를 확인하기 위한 수사</u>
<u>검사는 직접 또는 검사보를 통하여 수사와 관련하여 언제든 모든 수사행위에 참여할 수 있다.</u>
제33조 ① <u>수사와 예비수사는 검사의 지시에 따라 이루어진다……</u>
제246조 ② <u>검사는 기소 개시 직후와 모든 수사의 어느 단계에서든 수사관에게 지시를 할 수 있다.</u>
제251조 <u>수사관과 수사에 종사하는 공무원은 검사의 지시를 받은 경우에 지체 없이 범죄 및 그 범죄에 책임있는 자에 대한 정보를 수집할 의무가 있다.</u>

형사소송법 제33조 제1항은 '수사와 예비수사는 검사의 지시에 따라 이루어진다'고 하면서, 동법 제246조 제2항은 '검사는 기소 개시 직후와 모든 수사의 어느 단계에서든 수사관에게 지시를 할 수 있다'고 규정하여 수사권 및 수사

270　유럽국가의 검사와 경찰관계 - 2005 유럽 검찰총장 회의-, 대검찰청 자료, 279면.
271　원문: 〈http://www.ministryofjustice.gr/site/Default.aspx?alias=www.ministryofjustice.gr/site/ kodikes〉에서 Criminal Procedure Code 선택.

지시권을 인정하고 있다.

그리스 헌법은 1975년 6월에 제정되어 1986년과 2001년에 개정되었는데, 헌법에서 강제수사를 원칙적으로 금하고 있다. 그리스 헌법에서는 그리스 국민은 현행범의 경우를 제외하고는 영장 없는 체포 및 구속이 금지되며, 이러한 영장청구는 검사에 의해서 행해진다.272 현행범의 경우 체포시로부터 24시간 이내에 예심수사판사에게 인치되어야 하고, 예심수사판사는 구속 및 석방여부를 3일내에 결정하여야 한다.

그리스에서는 수사시 원칙적으로 강제적인 수단은 사용할 수 없는데, 강제수단을 사용할 경우 그리스 형법(the penal code) 제239조의 권한남용죄에 해당할 뿐만 아니라, 동법 제137a조에 따른 '고문 및 인간의 존엄성에 대한 기타 범죄'와 동법 제137b조의 '가중범죄'에 따라 처벌될 수 있다. 이처럼 수사시 사법경찰은 특별한 수단을 사용할 수 없으나, 다만 조직범죄 수사를 위해 정보원을 잠입하게 하려는 등의 예외적인 경우에는 검사의 신청에 의해 관할 사법평의회(the competent judicial council)에서 승인명령이 내려지면 가능하도록 하고 있다.

결국 위와 같은 각 규정에 대한 해석상 검사의 수사 권한과 사법경찰에 대한 수사지휘 권한이 모두 인정된다고 해석하여야 하고 달리 해석할 여지가 없다.273 특히, 그리스의 헌법에서는 검사의 명령에 의한 출판물의 압수 등 검사의 직무에 관한 다수의 규정이 발견되는 것이 특징이다.

---

272 CRIMINAL PROCEEDING AND DEFENCE RIGHTSIN GREECE.
273 Replies by country, Greece, 각주 20의 Questionnaire.

❺ 슬로베니아

(1) 헌법 규정

〈헌 법〉274

제135조 검사. 검사는 공소를 제기하고, 그 외에 법에 규정된 다른 권한이 있다. 검찰청의 조직 및 권한은 법률로 정한다.

제136조 검사의 직무의 양립불가능성. 검사의 직무는 다른 국가 조직, 지방자치정부 조직, 정당 조직의 직무와 양립할 수 없고, 법률이 정하는 바에 따라 다른 직무나 활동과도 양립할 수 없다.

슬로베니아는 스탈린시대로 불리는 1940년대에 대규모 정치적 억압으로 인하여 대규모의 투옥과 인권침해가 있었다. 공산주의의 박해로 인하여 많은 사람들이 슬로베니아를 탈출하였다. 1948년에는 티토와 스탈린의 분할과 대립으로 인하여 반대로 공산주의자들이 대규모로 기소되었고, 교도소에 수감되었다. 슬로베니아는 거기다가 1950년까지 나치 협력지식인에 대한 재판으로 인하여 더욱 많은 기소의 남발과 투옥이 반복되었다. 슬로베니아는 이러한 정치적인 흐름에 따라 검찰과 경찰의 수사와 기소의 남발 및 재판의 악용 등으로 인권침해로 얼룩진 역사를 남기게 되었다.

슬로베니아는 민주주의를 열망하는 민주주의 운동과 민족주의 운동 등이 결합되어 결국 유고슬라비아에서 1990년 1월 23일에 독립하게 되었고, 1989년 9월에 헌법 개정을 이루게 된다. 이러한 슬로베니아의 역사를 배경을 통해서 왜 슬로베니아가 검찰을 헌법기관으로 입법하였는지를 이해할 수 있게 된다. 즉, 슬로베니아 헌법은 제f절에서 법원에 대한 헌법 규정들을 두면서 제g절 에서는 별도로 검찰에 대하여 규정을 두고 있는 점이 특징이다.

이처럼 슬로베니아 헌법은 검사에게 공소의 제기와 유지 등에 대한 권한을 귀속시키고 있는데, 비록 검찰에 대한 규정이 두 조문 밖에 없다고 하더라도 이

---

274 〈http://www.us-rs.si/en/about-the-court/legal-basis/constitution/〉.

는 헌법에서 독립된 장으로 입법하겠다는 슬로베니아 헌법 제정자들의 입법적
결단으로 보인다.

(2) 형사소송법 규정

〈형사소송법〉[275]
제45조 ① 검사의 기본적인 권한 및 의무는 범죄자를 소추하는 것이다.
② 직권에 따라 소추되는 범죄에 관하여 <u>검사는 다음의 관할권이 있다.</u>
1. <u>범죄의 인지, 범인의 추적 및 수사절차의 지휘와 관련된 필요한 조치의 수행</u>
2. <u>수사 개시 요구</u>
3. 관할 법원에 대한 정식 기소 또는 약식 기소
4. 확정되지 않은 재판에 대한 항소 제기 및 확정된 재판에 대한 비상 구제수단 청구
제160조 ① <u>검사는</u> 이 법에 따른 권한을 행사함에 있어 범죄와 범인을 발견하거
나 결정을 위해 필요한 자료를 수집하기 위해, <u>구속력있는 지시, 전문가 의견, 경찰
이 그 책임하에 수행하는 정보수집 및 기타 조치의 이행과 관련된 제안 등을 통해
경찰의 업무를 지휘할 수 있다.</u>

슬로베니아 경찰은 원칙적으로 범죄혐의를 포착하는 경우 사건을 해결하
기 위하여 직권으로 수사를 개시할 수 있다. 그러나 경찰은 수사절차에 검사의
참여를 위하여 범죄혐의 포착과 함께 수사를 개시한 경우 이를 검찰에 보고 하
여야 한다. 경찰은 범죄혐의 탐지 3일 이내에 이를 관할 검찰에 알려야 한다.
이 경우 사건의 대부분은 지방검찰청의 검사가 접수하게 된다.[276]

검사는 수사절차에서 자신의 결정으로 경찰의 수사를 지휘할 수 있다. 이
경우 검사는 법적으로 중요한 사실관계에 대한 정보수집과 증거수집의 과정에

---

275 원문: 〈https://www.uradni-list.si/glasilo-uradni-list-rs/vsebina/2003-01-5043?sop= 2003-
01-5043〉.
영문: 〈http://www.legislationline.org/documents/section/criminal-codes/country/3〉.

276 Renier, The Organization and Structure of the State Prosecutor's Service in the Republic
of Slovenia, Judicial Reform The Prosecution Office And Investigation Authorities In The
Context Of Eu, Center For the Study of Democracy, 2008, 100면.

서 구속적인 지시를 내릴 수 있다.277 수사절차에서 검사의 지휘가 없는 경우 경찰은 합법적 범위 안에서 독립적으로 수사를 진행한다. 조직범죄나 경제범죄의 경우 검사는 경찰의 수사에 적극적으로 개입하여 수사를 지휘하는 경우가 많다. 다시 말해 검사가 수사를 지휘할 수는 있지만 모든 경우에서는 아니고, 검사가 일정한 시간 내에 수사 지휘에 대하여 고지하지 않는 경우 경찰이 독자적으로 수사를 진행한다.278

슬로베니아 형사소송법 제45조 제1항은 검사에게 수사와 기소에 대한 권한과 책임을 부여하고 있다. 슬로베니아 검사는 수사의 인지와 개시에 대한 권한뿐만 아니라 수사절차를 지휘할 수 있는 수사지휘권을 가지고 있다. 슬로베니아 검사에게 수사개시와 요구 및 공소권을 인정하면서도 그 반대로 피의자와 피고인을 보호하는 권한과 의무도 부여하여 검사의 객관적이고 중립적인 지위를 인정하고 있다.

그런데 주목할 부분 중의 하나는 슬로베니아의 인권침해의 역사 속에서 검사에게 확정되지 않은 재판에 대한 항소 제기 및 확정된 재판에 대한 비상 구제수단 청구권을 인정하고 있다는 것이다. 미확정 재판에 대한 경우뿐만 아니라 심지어 확정된 재판에 대하여도 비상 구제 청구권을 인정함으로써 슬로베니아 검사에게 혹시라도 있을 수 있는 억울한 인권피해를 막을 수 있는 권한을 부여하고 있는 것이다.

특히 슬로베니아의 인권침해가 또 다시 되풀이 되지 않도록 하기 위하여 일선의 경찰이 책임을 지고 담당하는 정보의 수집 및 기타 조치 등 수사와 관련하여 경찰의 업무를 지휘할 수 있도록 권한을 부여하고 있다. 검사가 경찰에 대하여 가지는 지휘권은 수사지휘권에 국한하지 않고, 여러 가지 업무에 대한 지휘권으로 확장되어 있다는 점이 특징인데, 이 역시 광범위하게 이루어졌던 인권침해의 역사를 되풀이 하지 않으려는 슬로베니아 사회의 합의와 공감대가 바탕을 이루고 있는 입법적 결단으로 보인다.

한편, 슬로베니아 검사는 법원과 더불어서 경찰에게 영장을 발부할 수 있

---

277 Renier, 앞의 논문, 100면.
278 CPGE(2005)06, 138면 이하.

다. 경찰은 일반적으로 판사뿐만 아니라 검사가 발부한 영장에 의해서도 체포와 구속이 가능하다.[279]

검사와 판사가 대등하게 경찰에게 수사에 관한 영장을 발부할 수 있다는 것은 슬로베니아 검찰 제도의 특수한 면을 보여 준다. 슬로베니아에서 얼마나 치열하게 인권 침해가 반복 되었는지를 극명하게 반영하고 있으며, 이러한 인권침해의 역사를 극복하기 위하여 검찰에게 법관과 대등한 헌법적인 책임을 지우고 있는 것이다.

결국 위와 같은 각 규정에 대한 해석상 검사의 사법경찰에 대한 수사지휘권한은 인정된다고 해석하여야 하고 달리 해석할 여지가 없다.[280] 다만, 검사의 수사 권한과 관련하여, 사법경찰 등 공무원이 범한 범죄에 대한 검사의 수사 권한은 인정되지만,[281] 일반적인 수사 권한은 수사판사와 사법경찰의 직무이고, 검사는 수사판사에 대한 수사청구권만 있는 것으로 해석된다.

Ⅶ. 동유럽 4개국

❶ 폴란드

(1) 헌법 규정

〈헌 법〉

제188조

헌법재판소는 다음의 사항에 관하여 결정한다.

1. 법률과 조약의 합헌성

2. 그 비준에 있어서 법률로 부여 되는 사전 동의를 요하는 비준된 조약에 대한

---

279 United States Department of State·Bureau of Democracy, Human Rights and Labor, at 5.

280 Primoz Gorkic, "Slovenia", Katalin Ligeti(ed.), 앞의 책, p. 655.

281 검찰법 제199조, 〈https://www.uradni-list.si/glasilo-uradni-list-rs/vsebina/104629〉.

합헌성

3. 국가기관이 공포한 법규의 합헌성 및 비준된 국제조약, 법률에의 합치성

4. 정당의 목적 또는 활동의 합헌성

5. 제79조 제1항에 정한 기본권 침해에 대한 헌법소원

제191조

① 다음 각 호의 자는 제188조에 정한 사안에 관하여 헌법재판소에 제소할 수 있다.

1. 대통령, 하원의장, 상원의장, 수상, 50명의 하원의원, 30명의 상원의원, 수석대법원장, 최고 행정법원장, **검찰총장**, 감사원장, 국민권리감독관(옴부즈맨)

2. 제186조 제2항이 정한 범위 내에서 국가사법위원회

3. 지방자치단체 단위의 의결기관

4. 노동조합의 전국적 기관, 사용자단체 및 직업단체의 전국적 기관

5. 교회와 종교단체

6. 제79조에 정한 범위 내에서 제79조의 주체

② 제1항 제3호부터 제5호까지의 주체는 법규가 활동 범위에 대한 사항과 관련된 경우에 제소할 수 있다.

헌법에 검찰조직에 관한 명시적인 규정은 없으며, 검찰사무를 관장하는 기관의 조직에 관한 법률에서 이를 규정하고 있다. 2010년~2016년에는 검찰조직을 법률상 법무부로부터 독립시키기도 하였으나, 2016년 법개정으로 검찰청이 다시 법무부의 소속기관이 되었고, 검찰청법 제1조 제2항에서는 검찰총장이 법무부장관(Attorney General)을 겸하고 있음을 규정하고 있다.

다만, 폴란드 헌법은 검찰에게 국민의 기본권 보호를 위한 매우 중요한 의미 있는 조항을 헌법재판과 관련하여 두고 있다. 이러한 점이 폴란드 헌법이 다른 나라의 헌법들과 구별되는 특징적인 점이다. 즉, 폴란드 헌법에서 특이한 것은 검찰총장이 헌법재판소에 국민의 기본권 침해와 법률의 합헌성 등에 대한 헌법소원을 제기할 수 있다고 규정하고 있다. 이런 폴란드 헌법의 태도는 검찰의 인권보장 지위를 인정하고 강조하는 것이라고 평가할 수 있다.

폴란드 헌법 제191조는 특히 기본권 보호 등을 위하여 합헌성 등에 대한 헌법소원을 제기할 수 있는 자로서 검찰총장을 규정하고 있으며, 동시에 대법원장이나 감사원장 등과 나란히 그 지위를 규정하고 있음이 매우 특징적이다.

(2) 형사소송법 규정

〈형사소송법〉282
제15조 ① 형사절차에서 경찰과 다른 수사기관은 법원과 검사의 지시를 이행하여
야 하고, 법에 규정된 제한 내에서 검사의 지휘 하에 조사 또는 수사를 진행하여야
한다.
제311조 ① 수사는 검사에 의하여 수행되어야 한다.
② 검사는 경찰에게 수사의 전부 또는 특정 범위 수사의 수행, 수사의 개별적 행위
의 이행을 위임할 수 있다;

형사소송법 제15조 제1항은 '경찰과 다른 수사기관은 법에 규정된 제한 내
에서 검사의 지휘 하에 조사 또는 수사를 진행하여야 한다'고 규정하고 있고,
동법 제311조 제1항은 '수사는 검사에 의하여 수행되어야 한다'고 하면서, 동조
제2항에서 '검사는 경찰에게 수사의 전부 또는 특정 범위 수사의 수행, 수사의
개별적 행위의 이행을 위임할 수 있다'고 규정하고 있으므로 각 규정에 대한 해
석상 검사의 수사 권한과 사법경찰에 대한 수사지휘 권한이 모두 인정된다고
해석하여야 할 것이다. 다만, 2015년 개정 형사소송법에서는 중한 범죄를 다루
는 사건과 경미한 범죄를 다루는 사건 두 가지로 유형을 나누어서 수사의 관할
을 분할하고 분배하고 있다는 점283이 특징이다. 중한 범죄에 대하여는 검사에
의하여 수사가 개시·진행되고, 경미한 범죄에 대하여는 경찰이나 유사한 수사
기관들에 의하여 진행된다.284

---

282 원문: 〈http://isap.sejm.gov.pl/DetailsServlet?id=WDU19970890555〉.
      영문: 〈http://www.legislationline.org/documents/section/criminal-codes/country/10〉.

283 Provisions of the Polish Code of Criminal Procedure set forth two types of preparatory
      proceedings. Investigation (śledztwo) is more formalised, conducted in serious cases
      and to a greater extent managed by a prosecutor. On the other hand, inquiry
      (dochodzenie) is conducted by the Police (or other law enforcement agency), in
      different kinds of cases and is less formalised than the investigation.

284 Jasiński, POLISH CRIMINAL PROCESS AFTER THE REFORM, Warsaw, June 2015, at 8.

❷ 체 코

(1) 헌법 규정

〈헌 법〉[285]

제80조 ① 검찰청은 형사절차에서 공소를 제기하고 유지하여야 한다. 검찰청은 법률이 정한 바에 따라 다른 기능도 수행한다.

② 검찰청의 지위와 권한은 법률로 정한다.

체코는 법원과 헌법재판소를 사법권에 귀속시키고 검찰은 이와 달리 행정권에 소속된 기관으로 규정하고 있다. 그러면서도 체코는 헌법에서 형사 절차에서 검찰 당국을 대표하는 기관이 검사라고 하는 점을 밝히고 있다. 즉, 체코의 검찰도 헌법 제80조에서 보는 바와 같이 헌법기관이다.

체코 검찰은 행정부인 법무부 소속이다. 그러나 법무부 소속이라 하더라도 법무부나 법무부장관이 우월한 지위에서 검찰청 또는 검사를 지배하는 것은 아니다. 즉 법무부는 검찰이 적절하게 업무를 수행하도록 보조하고, 검찰의 임용, 고용, 처벌 등에 관여할 뿐이다.[286]

한편 체코 검찰청도 각급 법원에 상응하여 같은 법원 내에 설치되어 있으나, 각자의 임무는 독립성을 보장받는다. 체코 검찰은 공공소추법(Act on Public Prosecution) 제6조에 의해 대검찰청(Supreme Public Prosecutor's Office), 고등검찰청(High Public Prosecutor's Offices), 지방검찰청(Regional Public Prosecutor's Offices), 지역검찰청(District Public Prosecutor's Offices)의 조직체계를 갖는다.[287] 이러한 직제에서 체코 검찰도 상명하복관계를 가지고, 대검찰청은 고등검찰청을 지휘감독하고 고등검찰청은 지방검찰청을 지휘감독하며, 지방검찰청은 지역검찰청을 지휘·감독하는 구조를 갖는다.

기본적으로 체코 검찰은 수사권을 보장받으며 경찰에 대한 수사지휘권도

285　〈http://www.psp.cz/docs/laws/constitution.html〉.

286　http://www.nsz.cz/index.php/en/about/public-prosecution-system.

287　http://www.nsz.cz/index.php/en/about/public-prosecution-system.

모두 인정된다. 주요업무로는 소추를 담당하는데, 이러한 공소권의 지위는 헌법 제80조에 의해 보장되고 있다.

(2) 형사소송법 규정

〈형사소송법〉288

제157조 일반 조항 ① 검사와 경찰은 범죄소추의 시의적절성 및 합리성에 효과적으로 기여하기 위하여 그들의 활동을 관리할 의무가 있다.

② 검사는 사건을 명확히 하거나 범인을 확인하기 위해 필요한 것으로서 경찰이 수행할 권한이 있는 행동을 수행하도록 지시할 수 있다. 또한 검사는 범죄가 범해졌다는 것을 나타내는 사실관계를 수사하기 위해 다음과 같은 권한이 있다.

    a) 형사절차가 진행되지 않은 사건을 포함하여 사건기록, 서류, 고소장의 조사 과정에 관한 보고서를 경찰에게 요구할 수 있다.

    b) 경찰로부터 사건을 가져오고, 다른 경찰에게 사건이 배당되도록 조치를 취할 수 있다.

    c) 형사소추의 시작을 일시적으로 중단할 수 있다.

제174조 검사의 감독 ① 검사는 수사절차에서 적법성이 준수되도록 감독하여야 한다.

② 제157조 ② 항에 언급된 권한 외에, 검사는 감독을 수행함에 있어 다음과 같은 권한이 있다.

    a) 범죄수사에 관한 구속력 있는 지시를 발할 수 있다.

    b) 경찰이 시의적절하게 형사소추를 시작하였는지 그리고 적절하게 진행하고 있는지 심사하기 위하여 경찰로부터 사건기록, 서류, 물건, 범죄에 관한 보고서를 요구할 수 있다.

    c) 경찰이 취한 조치의 수행에 참여할 수 있고, 직접 개별적 조치를 취하거나 전체 수사를 진행할 수 있고, 모든 문제에 관하여 결정을 발할 수 있다. 이 경우 검사는 경찰에 적용되는 이 법의 조항에 따라 절차를 진행하고, 경찰의 결정에 관한 이의와 동일한 이의가 검사의 결정에도 가능하다.

---

288 원문: 〈https://www.zakonyprolidi.cz/cs/1961-141〉.

     영문: 〈http://www.legislationline.org/documents/section/criminal-codes/country/35〉.

  d) 보완지시와 함께 사건을 경찰에 되돌려 보낼 수 있다.

  e) 경찰의 위법하거나 부당한 결정이나 조치를 취소하고, 자신의 결정으로 대체
   할 수 있다……

  체코 형사소송법 제1장 제2조 제3항에 의하면 검사는 범죄 사실에 대해서 인지를 했을 때 기소할 의무가 있다고 규정하면서 다른 법률이나 국제조약에서 다르게 규정하는 때에는 기소할 의무를 면할 수 있다고 규정한다.

  한편, 체코 형사소송법 제1장 제2절 제5조에서는 검사를 피고와 대립하는 당사자로서 주장하고 증거를 제출할 수 있다고 하여 공판중심주의의 한 축을 담당하는 소송의 당사자로 보기도 한다. 그리하여 검사를 피고의 유죄를 입증하여야 할 의무를 가진 당사자로 국가를 대표하는 자로 규정하고 있는 것이다.

  체코는 수사와 관련해서도 형사소송법에서 검사에게 폭넓은 권한을 부여하고 있다. 구체적으로 체코 형사소송법 제157조를 보면, 검사에게 범죄를 입증하기 위한 사실관계를 조사할 수 있도록 보장하고 있으며, 이를 위하여 첫째, 아직 형사절차가 진행되기 전의 사건을 포함하여 사건기록, 서류, 고소장의 조사과정에 관한 보고서를 경찰에게 요청할 수 있는 권한이 있다. 둘째, 체코 검찰은 경찰로부터 사건을 가져오게 할 수 있으며, 나아가 다른 경찰에게 사건을 배당하도록 조치를 취할 권한도 가지고 있다. 이처럼 체코 검찰에게는 범죄수사와 관련하여 보다 적극적으로 직접적인 수사권이 인정되는 것을 알 수 있다.

  또한 체코 검사는 사법경찰에 대한 지휘감독권도 법적으로 보장받고 있다. 즉 형사소송법 제174조에 의해 검사는 사법경찰을 "수사절차에서 적법성이 준수되도록 감독"할 권한을 부여받았으며(동조 제1항) 또한 이러한 수사감독을 수행함에 있어서 동조 제2항에서 다음과 같이 권한을 세분화하여 명문화하고 있다. ① 검사는 범죄수사에 관하여 구속력있는 지시를 내릴 수 있으며, ② 경찰이 시의적절하게 형사소추를 착수하고 있는지 또한 적절히 수행해 나가고 있는지를 심사하는데, 이러한 심사를 위해 경찰로부터 사건기록, 서류, 물건 및 범죄 관련 보고서를 요청할 권한을 검사에게 부여하고 있다. 또한 ③ 경찰이 착수한 조치의 수행에 참여할 수 있으며, 직접 개별적인 조치를 취하거나 또는 전체 수사를 진행할 수도 있고, 그리고 모든 문제에 관하여 결정을 내릴 수 있음을 밝히고 있

다. 나아가 ④ 검사는 경찰로부터 보고를 받은 후 보완하도록 지시를 내릴 수 있으며 이러한 보완지시와 함께 사건을 다시 경찰로 되돌려 보낼 수 있는 권한도 가지고 있다. 덧붙여 ⑤ 경찰의 결정이 위법하거나 부당한 경우에는 조치를 취소하고, 경찰의 결정을 검사 자신의 결정으로 대체할 수 있도록 하고 있다.

결국 위와 같은 각 규정에 대한 해석상 검사의 수사 권한과 사법경찰에 대한 수사지휘 권한이 모두 인정된다고 해석하여야 하고 달리 해석할 여지가 없다. 특히, 헌법 제80조에서 보는 바와 같이 검찰이 헌법기관이라는 점이 특징이다.

❸ 헝가리

(1) 헌법 규정

〈헌 법〉[289]

제29조 ① 검찰총장 및 검찰은 독립적이어야 하고, 처벌에 대한 국가의 수요를 독점적으로 집행함으로써 사법에 기여하여야 한다. 검찰은 범죄를 소추하고 기타 불법적인 행위 또는 불이행에 대하여 조치를 취하며 불법행위의 방지에 기여하여야 한다.

② 검찰총장 및 검찰은 다음의 의무가 있다.

    a. 법률이 정한 바에 따라 수사와 관련된 권한을 행사한다.

    b. 법원에서 공소를 대표한다.

    c. 형법의 집행을 감독한다.

    d. 공익의 수호자로서 헌법 또는 법률에 규정된 기능과 권한을 행사한다.

제51조 ① 헝가리 공화국의 검찰총장과 검찰청은 자연인, 법인 및 비법인 단체의 권리를 보호하고 헌정 질서를 유지하며 국가의 안전과 독립을 침범하거나 위태롭게 만드는 모든 행위를 법률에 따라 엄중하게 기소하여야 한다.

② 검찰청은 조사와 관련하여 법률에 의하여 명시된 권리를 행사하고, 법원의 소송절차에서 기소하는 측을 대표하며, 형벌의 적법성을 감독할 책임을 진다.

---

289 〈https://www.constituteproject.org/constitution/Hungary_2013〉.

③ 검찰청은 모든 사람이 법률을 준수하도록 보장하는 일을 지원해야 한다. 법률 위반행위가 발생할 경우 검찰청은 법률에 의거하여 법을 수호하여야 한다.

제52조 ① 국회는 공화국 대통령의 추천에 따라 검찰총장 후보를 선출하여야 한다. 공화국 대통령은 검찰 총장의 추천을 근거로 검찰 부총장들을 선임하여야 한다. 검찰 총장은 국회의 질문에 답변하고 자신의 활동에 대한 보고서를 제출하여야 한다.

② 검찰 총장은 국회의 질문에 답변하고 자신의 활동에 대한 보고서를 제출하여야 한다.

제53조 ① 검사는 헝가리 공화국의 검찰총장이 임명한다.

② 검사는 정당에 소속되어서는 안 되며 정치 활동에 참여해서도 안 된다.

③ 검사는 검찰총장의 지시를 받는다.

④ 검찰청에 관한 법규는 법률에 의하여 결정되어야 한다.

헝가리는 검찰청의 지위와 검사의 지위에 대하여 헌법에서 독립된 장을 두어서 특별한 의미를 부여하고 있다. 즉, 헝가리 헌법에서는 검찰총장과 검찰청에게 기소권이 귀속된다고 명시적으로 규정하고 있다. 이처럼 헝가리 헌법에서는 기소하는 측을 대표하는 것도 검찰청이라고 규정하고 있다. 나아가서 형벌의 적법성을 감독할 책임까지 지우고 있다. 이러한 헝가리 헌법의 규정 취지는 검찰총장을 비롯한 검찰청에게 인권보호책임과 의무가 있다고 보기 때문으로 보인다.

(2) 형사소송법 규정

〈형사소송법〉[290]

제28조 ③ 검사는 공소제기를 위하여 수사를 지휘하거나 수사를 한다.

④ 수사기관이 독립적으로 수사 또는 특정한 수사행위를 할 경우[제35조 ②], 검사는 절차를 통틀어 이 법을 준수하도록 감독하여야 하고 절차에 관여한 자들이 그들의 권리를 행사할 수 있도록 보장한다. 이 점을 고려하여 검사는

---

290   원문: 〈https://net.jogtar.hu/jr/gen/hjegy_doc.cgi?docid=99800019.TV〉.
영문: 〈http://www.legislationline.org/documents/section/criminal-codes〉.

a) 수사를 지시하거나, 수사기관에 수사를 수행하도록 위임하거나, 관할 내에서 수사기관이 추가 수사행위 또는 추가 수사를 하도록 지휘할 수 있고, 검사가 정한 기한 내에 수사를 완료하도록 지휘할 수 있다.

c) 수사기관의 결정을 수정하거나 취소할 수 있고 수사기관의 결정에 대한 이의가 접수된 경우 이를 고려하여야 한다.

d) 고발을 거부하거나, 수사를 종결하거나, 수사기관으로 하여금 수사를 종결하도록 지시할 수 있다.

e) 절차를 인수할 수 있다.

⑤ 검사가 수사할 경우, 수사기관으로 하여금 그 관할 내에서 수사행위를 수행하도록 지휘할 수 있다.......

제165조 ① 수사는 검사의 지시에 따라 수행된다. 검사는 수사기관을 지휘하여야 한다......

② 수사기관은 사건 수사에 관한 검사의 지휘를 이행하여야 한다......

　　헝가리 형사소송법 제17조 제9항에서는 검사의 기소에 의하여 개시되는 법규정을 가장 중요한 사건에서 진행되는 법원의 재판으로 규정하고 있다. 이런 점은 검사의 기소로 재판이 개시되는 것이야말로 공정하고 인권을 보호하는 정식의 재판 절차라는 의미를 내포하고 있다.

　　한편, 헝가리 형사소송법 제18조 제1항에서는 법원의 권한 또는 관할권이 상충하는 경우, 법원은 검찰의 동의를 얻은 후에 지정되어야 한다고 규정하고 있다. 또한 헝가리 형사소송법 제28조 제3항은 검사에 대하여 수사를 지휘할 수 있는 권한과 직접 수사권을 보유하면서 동시에 수사기관에 대하여 수사절차를 통틀어 헌법과 법률이 제대로 준수되고 있는지에 대한 준법 감독을 할 권한과 의무를 부여하고 있다.

　　헝가리 형사소송법은 검사를 단순한 대심 구조의 반대 당사자로만 바라보는 것이 아니라, 피의자나 피고인의 인권을 가장 잘 보호할 수 있으며, 객관적이고, 중립적인 입장에서 법원의 관할권의 경합에 관하여 조언을 할 수 있는 지위에 있는 자로서의 지위를 인정하고 있는 특징을 보이고 있다. 따라서 각 규정에 대한 해석상 검사의 수사 권한과 사법경찰에 대한 수사지휘 권한이 모두 인정된다고 해석하여야 할 것이다.

❹ 슬로바키아

(1) 헌법 규정

〈헌 법〉291

제149조 검사는 국가, 개인, 기업의 법적 권리와 이익을 보호하여야 한다.

제150조 검찰청은 검찰총장이 지휘하고, 검찰총장은 슬로바키아 의회의 조언에 따라 대통령에 의해 임명되고 해임된다.

제151조 검사의 임명, 해임, 권한, 의무, 검찰의 구조에 관한 상세한 사항은 법률로 구체적으로 정한다.

슬로바키아 공화국 헌법 제149조에서 규정하고 있는 헌법의 규정은 인권 침해의 역사를 경험하였던 이 나라의 검찰에게 매우 큰 책임과 역할에 대한 기대를 구하고 있다고 분석할 수 있다. 슬로바키아 공화국 검찰은 헌법에서 주어진 광범위한 재량권한의 범위를 가지고 있다.

슬로바키아 검사는 첫째, 공익을 보호하는 지위를 수행하는데, 법에 위반되는 사례들을 조사하고 공개하며 이를 제거하기도 한다.

둘째, 슬로바키아 검사는 인권을 보호하는 지위에서 인권을 침해하는 그 어떠한 법위반행위로부터도 구제를 하며 또한 인권을 보호하도록 되어 있다.292

셋째, 슬로바키아 검사는 조정자의 지위에서 이러한 지위들을 수행하는 과정에서 적절한 결론과 합의점을 도출해낼 수 있다.

이처럼 슬로바키아 검사는 헌법기관으로서 헌법상 광범위한 재량과 이를 담당할 헌법적 지위를 부여받는다.

슬로바키아 헌법에서 특징적인 것은 제7장에서 사법부에 헌법재판소와 법원을 규정하면서 제8장(슬로바키아공화국 검찰청 및 국민권리보호관)에서 검찰청을 국민권리보호관(옴브즈만)과 더불어 별도의 인권보호기관으로 규정하고 있다는 점이다.

---

291 〈https://www.constituteproject.org/constitution/Slovakia_2014?lang=en〉.

292 Kunosik, The Slovak Prosecution Service, Judicial-Reform-Book, at 104.

(2) 형사소송법 규정

〈형사소송법〉293

제230조 ① 검사는 소추 시작 및 수사절차에서 법이 준수되는지 감독하여야 한다.
② 감독을 수행하는 동안 검사는 다음과 같은 권한이 있다.

    a) 제197조에 따른 절차 진행, 범죄에 대한 수사 및 약식수사의 수행 및 그 집행에 관한 시한을 정하는 구속력있는 지시를 할 수 있다. 그 지시는 기록에 첨부되어야 한다.

    b) 경찰관이 적시에 수사를 시작하였는지 확인하고, 적절한 절차를 수행하기 위하여, 경찰관에게 진행중인 소추사건에 관한 파일, 문서, 자료, 보고서를 제출하도록 요구할 수 있다.

    c) 이 법에 따라 경찰관에 의한 절차의 집행에 참여하고, 개별 절차 혹은 전체 수사 또는 약식 수사를 직접 수행하고, 어떤 사건에서든 결정을 내릴 수 있다; 검사의 결정에 대하여는 경찰관의 결정과 마찬가지로 이의를 제기할 수 있다.

    d) 추가적인 수사 또는 약식수사를 위해 경찰관에게 사건을 반려하고 시한을 정할 수 있다. 검사는 피의자와 피해자에게 이를 알려야 한다.

    e) 경찰관의 위법하거나 부당한 결정 및 조치를 취소하고 그의 결정으로 대체할 수 있다……

    f) 사건을 경찰관으로부터 가져와 다른 경찰관에게 배당할 수 있다.

형사소송법 제230조 제1항은 검사에게 소추 시작 및 수사절차에서 법의 감독자 역할을 부여하면서, 동조 제2항에서는 '경찰관에 대한 수사지휘권'을 규정하고 있다. 즉, 제230조 제2항에서 검사는 소추 시작 및 수사절차에서 법이 준수되는지 여부에 대한 감독을 효과적으로 수행하기 위하여 제2항에서 범죄에 대한 수사 및 약식수사의 수행 및 그 집행에 관한 시한을 정하는 구속력 있는

---

293 원문: 〈https://www.slov-lex.sk/pravne-predpisy/SK/ZZ/2005/301/20170101#paragraf-10.odsek-8.pismeno-a〉.

     영문: 〈https://e-justice.europa.eu/fileDownload.do?id=11f9da19-253e-4f02-9a26-2e2285184e7a〉.

지시를 할 수 있도록 권한을 부여하고 있다. 또한 나아가서 검사는 경찰관이 적시에 수사를 시작하였는지 확인하고, 적절한 절차를 수행하기 위하여, 경찰관에게 진행 중인 소추사건에 관한 파일, 문서, 자료, 보고서를 제출하도록 요구할 수 있는 권한도 가진다.

이처럼 검찰은 모두 형사사건 수사를 직접 실행할 수 있으나, 실무상으로는 검찰이 직접수사하는 경우는 예외적인 상황이며, 경찰이 수사를 진행하고 검찰은 이를 지휘·감독하는 구조로 수사가 이루어진다.294 경찰은 판사의 결정 또는 승인이 필요한 행위나 검사가 요구하는 행위를 제외하고는 독립적으로 수사활동을 진행한다. 검사는 제기된 형사고소를 기각하거나, 경찰에 의하여 시작된 수사활동을 중단시킬 수 있다.295 따라서 각 규정에 대한 해석상 검사의 수사 권한과 사법경찰에 대한 수사지휘 권한이 모두 인정된다고 해석하여야 할 것이다. 특히 슬로바키아 형사소송법 제230조 제2항 e)조에 의하면 검사는 수사에 있어서의 지도적인 지위에서 경찰관의 위법하거나 부당한 결정이나 조치를 취소하고 검사의 결정으로 대체할 수 있다. 또한 검사는 사건에 문제가 있는 경우 경찰관으로부터 이관하여 문제가 없는 경찰관에게 다시 배당할 수 있다.

결국 슬로바키아 검사는 법률 전문가로서 자신이 결정을 내리며 수사기관을 감독하고 권력을 통제하게 된다. 즉, 슬로바키아 형사소송법 제230조 제1항에서 검사는 소추 시작 및 수사절차에서 법이 준수되는지 감독하여야 한다고 하여 감독권을 가지도록 규정하고 있다. 따라서 위와 같은 각 규정에 대한 해석상 검사의 수사 권한과 사법경찰에 대한 수사지휘 권한이 모두 인정된다고 해석하여야 할 것이다.

---

294 Council of Europe, Questionnaire Preparation of the Opinion No. 10 of the CCPE on the relationship between prosecutors and police, Slovak Republic, 2면(이 문헌은 아래에서 CCPE 10 Slovak Republic으로 표기함).

295 CCPE 10 Slovak Republic, 2면.

Ⅷ. 아메리카 4개국

❶ 미　국

영미법계 입법체계를 따르고 있으므로 후술한다.

❷ 캐나다

영미법계 입법체계를 따르고 있으므로 후술한다.

❸ 멕시코

(1) 헌법 규정

〈헌　법〉296

제16조297

① 누구나 개인, 가족, 주거지, 문서 또는 재산을 침해받지 아니하나, 법적 근거 및
해당 조치의 정당한 이유가 기재된 관할 기관의 명령이 있는 경우는 예외로 한다.
구두심리를 원칙으로 정한 재판 및 기타 재판 형태로 진행되는 절차인 경우 어떤
수단을 통해서든 해당 내용과 이 규정을 준수하였음을 적시한 기록을 남기는 것으
로 족하다. (2017.9.15. 개정)

② 모든 국민은 개인자료를 보호받으며 그 자료에의 접근권과 정정권 및 취소권을
가지며, 법률이 정하는 바에 따라 자료의 공개에 이의를 제기할 권리를 가진다. 국
가안보, 공공질서, 공중보건 및 제3자의 권리보호를 이유로 해당 자료의 처리에 적
용하는 원칙에 대한 예외규정은 법률로 정한다. (2009.6.1.신설)

③ 사법기관만이 체포영장을 발부할 수 있다. 체포영장은 항상 법률이 징역형으로

296　〈https://constituteproject.org/constitution/Mexico_2015?lang=en〉.
297　제16조의 동그라미번호는 검토의 편의상 붙인 것임을 밝혀두는 바임.

처벌할 수 있는 범죄로 규정하는 위법행위에 대한 공식적인 기소 또는 고발이 선행되고, 범죄 사실을 입증하는 증거가 있고, 피의자가 해당 범죄를 범하였거나 범행에 가담하였을 가능성이 있어야 한다. (2009.6.1. 개정)

④ 법원의 체포영장을 집행하는 기관은 지체 없이 엄격한 책임 하에 피의자를 판사에게 인계해야 한다. 그렇지 않으면 형법상 처벌을 받는다. 현행범인 경우 누구나 범인을 체포하여 지체 없이 가장 가까운 기관에 구인하여 갈 수 있고 그곳에서는 가급적 신속하게 검찰로 인계하여야 한다. 체포 사실은 즉시 기록하여야 한다.

⑤ 검사는 긴급하고, 범죄가 중대하고, 피의자가 사법 조치를 피할 수 있는 합리적인 위험이 있으며, 시간과 장소 또는 상황으로 인하여 피의자를 사법 기관에 인계할 수 없는 경우에 한하여 구속을 결정하는 사유를 설명하고 자신의 책임 하에 피의자의 구속을 명령할 수 있다.

⑥ 긴급한 경우 또는 흉악범인 경우에는 피의자를 인수한 판사는 법률이 정하는 바에 따라 즉시 구속을 확정하거나 석방을 명령하여야 한다.

⑦ 조직범죄의 경우에 조사가 필요하고 사람 또는 재산을 보호할 필요가 있거나 피의자가 사법조치를 회피할 수 있는 합리적인 위험이 있는 때에는, 사법기관은 **검사의 요청**에 따라 법률이 정한 시간과 장소를 준수하여 피의자를 구속할 것을 명령할 수 있다. 다만 그 기간은 40일을 초과할 수 없고, 검사가 구속이 연장되어야 하는 사유를 증명하는 때에는 연장할 수 있다. 어떠한 경우에도 구속 기간은 80일을 초과할 수 없다. 조직범죄란 해당 법률이 규정하는 바에 따라 범죄를 실행하기 위하여 영구적 또는 일시적으로 3명 이상이 구성한 조직을 말한다.

⑧ 검사는 피의자를 48시간 이상 구속할 수 없다. 이 기한 내에 피의자의 석방을 명령하거나 사법기관에 인계하여야 한다. 법률이 규정하는 조직범죄의 경우에는 이 기한을 두 배로 연장할 수 있다. 이 조항을 준수하지 아니한 때에는 형법에 따른 처벌을 받는다.

⑨ 수색영장은 **검사의 요청**에 따라 사법기관만이 발부할 수 있다. 수색영장에는 수색할 장소, 체포할 대상자 및 압류할 물품을 기재하여야 하고, 그 기재한 내용으로 범위가 제한된다. 수색이 종료된 때에는 수색한 장소의 거주자가 지정한 두 명의 증인이 입회하거나, 그 지정한 증인이 없거나 거부한 때에는 수색 집행기관이 입회하여 현장에서 조서를 작성하여야 한다.

⑩ 사적 통신은 침해되어서는 안 된다. 관련된 당사자가 자발적으로 제출한 경우를 제외하고는 사적 통신의 자유와 프라이버시를 위협하는 행위는 법률에 따른 처

벌을 받는다. 판사는 해당 통신이 범행과 관련된 정보를 포함하고 있는지를 판단하여야 한다. 어떠한 경우에도 법률이 규정하는 비밀 유지의무를 위반하는 통신은 허용되지 아니한다. 전화도청 또는 사적 통신의 방해는 관할 연방 기관 또는 주(州)의 검사의 요청에 따라 연방 사법기관만이 허가할 수 있다. 이를 요청하는 기관은 필요한 도청의 종류, 대상자 및 기간을 기재하여 해당 요청을 하는 법적 사유를 서면으로 제출하여야 한다. 연방 사법기관은 선거, 회계, 상업, 민사 또는 행정업무와 관련되거나 피의자와 변호인간의 통신인 때에는 도청 또는 통신의 방해를 허가할 수 없다. 사법부는 판사가 피의자와 피해자의 권리를 보호하면서 즉시 모든 수단을 이용하여 금지명령 및 수사방법을 해결할 수 있도록 통제하여야 한다. 판사, 검사 및 기타 관할 당국 사이의 모든 통신 기록은 정본을 보관해야 한다. 허가된 도청 및 통신의 방해는 법률에서 정한 요건과 한계의 적용을 받는다. 이 요건을 준수하지 아니한 전화도청 및 통신의 방해 결과는 증거로 인정되지 아니한다.

⑪ 행정 공무원은 위생 및 경찰 규칙 준수 여부를 확인할 목적으로만 개인의 주거에 들어갈 수 있고, 회계 규칙 준수를 입증하는 데 필요한 장부와 서류를 요구할 수 있는데, 후자의 경우 각각의 법률 규정을 준수하고 공식 수색 절차에 따라야 한다.

⑫ 우편으로 발송하는 봉인서신은 수색대상에서 제외되고, 이를 위반한 때에는 법률에 따른 처벌을 받는다.

⑬ 평상시에는 군대의 구성원은 소유자의 동의 없이 개인의 주거지를 숙소로 삼을 수 없고 어떤 의무도 부과할 수 없다. 그러나 전시에는 군대는 적용되는 계엄령이 정하는 바에 따라 숙소, 물품, 음식, 기타 편익을 요구할 수 있다.(2008.6.18. 개정)

제19조

① 사법당국의 재판 이전의 사전구속은 72시간을 초과할 수 없으며, 범죄사실, 장소, 시간 및 범죄 상황과 법률이 범죄로 규정하는 행위가 있었고, 피의자가 해당 행위를 하였거나 가담했을 가능성이 있음을 입증하는 자료를 첨부한 구속영장이 있어야 한다.

② 검사는 다른 예방조치가 피의자의 재판 출석, 조사의 진행, 피해자, 증인 또는 지역사회의 보호에 충분하지 아니 한 경우와 피의자가 재판 중에 있거나 계획적 범죄를 범하여 이미 유죄판결을 받은 경우에 한하여 판사에게 미결구금을 청구할 수 있다. 판사는 조직범죄, 살인강간, 유괴, 마약 거래, 무기 및 폭발물과 같은 폭력 수단을 사용하여 범한 범죄, 국가안보, 자유롭게 인격을 추구할 권리 및 공중보건을 위협하는 중대한 범죄인 때는 형식에 구애받지 아니하고 미결구금을 명령하여

야 한다. (2011.7.14.개정)

③ 판사가 재판의 대상인 사람에게 부여한 자유를 제한할 수 있는 경우는 법률로 정한다.

④ 구금명령의 기간은 법률이 정하는 절차에 따라 피의자의 요청이 있는 경우에 한하여 연장 될 수 있다. 이를 위반하여 구금을 연장한 때에는 형법에 따른 처벌을 받는다. 피의자가 구금된 시설을 관할하는 기관이 첫 번째 문단에 규정하는 기한 내에 미결구금을 명령하는 구속영장 또는 기간 연장 신청서의 정본을 수령하지 아니하는 때에는 담당 판사에게 그 사실을 통지하여야 하고, 통지 후 3시간 이내에 해당 서류를 수령하지 아니하는 때에는 피의자를 석방하여야 한다.

⑤ 모든 법적 절차는 구속영장에 명시된 범죄에 한하여 진행하여야 한다. 법적 절차의 진행 중에 다른 범죄가 확인된 때는 별도로 수사 하여야 하며, 해당되는 경우에는 사건의 병합을 명령할 수 있다.

⑥ 체포 또는 수감 중의 학대, 법적으로 정당한 사유가 없는 괴롭힘, 구치소 내에서 강제 부담금 또는 기부금의 징수는 권한남용을 구성하여 법률에 따라 처벌을 받고 관할 당국의 통제를 받는다. (2008.6.18. 개정)

제21조

① 경찰과 함께 범죄를 수사하는 것은 검찰의 책임이며, 경찰은 검사의 지시에 따라 활동한다.

② 법원에 공소를 제기하는 것은 검찰의 배타적인 활동이다. 시민이라도 법률로 정하는 경우에는 법원에 대하여 형사기소권을 행사할 수 있다.

③ 형벌의 부과 변경 및 형벌 기간을 결정할 권한은 사법기관의 독점적 권한에 속한다.

④ 관할 행정기관은 정부 법령 및 경찰 규정의 위반을 처벌하고, 그 처벌은 벌금, 36시간 이하의 구류 또는 지역사회 노역으로 구성된다. 위반자가 부과된 벌금을 납부하지 아니하는 때에는 36시간을 초과하지 아니하는 범위 내에서 해당하는 구류기간으로 대체할 수 있다.

⑤ 정부 법령 및 경찰 규정의 위반자가 임금 근로자인 때에는 1일 임금을 초과하는 벌금을 부과할 수 없다. 위반자가 자영업자인 때에는 정부 법령 및 경찰 규정의 위반에 대비하여 부과하는 벌금은 1일 수입에 해당하는 금액을 초과할 수 없다.

⑥ 검사는 법률이 정하는 상황과 조건에 따라 형사기소권의 행사에 관한 기준을 정할 수 있다. 연방행정부는 각각의 경우에 상원의 승인을 얻어 국제 형사재판소

의 관할권을 인정할 수 있다.

⑦ 범죄의 예방, 효율적인 수사와 기소, 헌법이 정하는 개별 권한 내에서 법률이 정하는 바에 따른 행정적 위반의 제재를 포함한 공공안전은 연방, 주(州) 및 시(市)가 이행할 의무이다. 공공의 안전을 담당하는 기관의 활동은 적법성, 객관성, 효율성, 전문가 정신, 진실성 및 이 헌법이 인정하는 인권에 대한 존중의 원칙에 따라야 한다. (2016.1.29. 개정)

⑧ 공공의 안전을 담당하는 기관은 민간 형태일 수 있고 법을 준수하여야 하며 전문적으로 운영되어야 한다. 검사와 정부 3부의 경찰 기관은 다음에 규정하는 최소한의 기준에 따라 공공 안전의 목표를 달성하고 국가의 공공안전 시스템을 구성하기 위하여 상호 협력하여야 한다.

  a) 공공안전기관 구성원의 선발, 가입, 훈련, 존속, 평가, 조사 및 인증에 관한 규정이 있어야 한다. 연방, 주(州) 및 시는 각 권한의 범위 내에서 공공 안전 조치를 운영하고 개발하여야 한다.

  b) 공공안전기관에 범죄자 데이터베이스를 둔다. 누구라도 시스템 상에서 적절히 인정되고 등록되어 있지 않으면 공공안전기관에 출입할 수 없다.

  c) 범죄의 예방을 목적으로 한 공공정책을 수립하여야 한다.

  d) 범죄의 예방을 목적으로 한 공공안전기관 및 경찰의 평가 과정에 지역사회가 참가하여야 한다.

  e) 연방정부가 주(州) 및 시에 제공하는 공공안전기금은 해당 목적을 위해서만 사용하여야 한다. (2008.6.18. 개정)

멕시코 헌법에서는 수색영장은 검사의 요청에 따라 사법기관이 발부하도록 규정하고 있다. 검사의 요청을 필수적인 요건으로 규정하고 있다는 점이 멕시코 헌법의 두드러진 특징이다. 또한 수색영장에 대하여 체포영장과 마찬가지로 사법기관이 발부할 수 있도록 함으로써 오직 법원만이 영장을 발부할 수 있는 다른 국가들과 비교되는 특징을 보이고 있다.

이처럼 멕시코 헌법에서는 개인의 자유와 재산권에 대하여 철저한 보호를 규정하면서도 체포와 구속, 압수나 수색 등 인신의 자유 제한에 관한 조직과 절차에 대하여 상세하게 규정을 하고 있다. 형사적인 절차 측면에서 멕시코 헌법은 인신의 자유를 철저하게 보호하기 위하여 선진적인 입법의 형태를 갖추고 있다.

    멕시코 헌법에서는 체포영장을 발부하는 주체를 법원에 국한하지 않고 사법기관으로 확대하여 규정하고 있다는 점이 특징적이다. 다만, 멕시코 헌법에서는 인권의 보호 기능을 강화하기 위하여 현행범이라 하더라도 체포되어 어떠한 기관이든지 구인하더라도 신속하게 검찰로 신병을 인계하여 검찰에 의하여 체포나 구속이 통제되도록 하고 있다. 이 점 역시 검찰의 인권보장 기능을 헌법에서 강조하고 있다고 볼 수 있는 근거가 된다.

    이처럼, 멕시코 헌법에서는 구속의 확정이나 석방명령과 관련하여 판사에게 그 결정권한을 부여함으로써 판사에게 중요한 인권 보호의 지위와 책임을 부여하고 있다. 동시에 검사에게는 합리적인 이유가 있을 때는 구속의 연장을 결정하도록 하고 있다. 이렇게 멕시코 헌법은 법원의 판사와 검찰의 검사에게 인권보호 권한과 책임을 공동으로 부여하고 있다.

    한편, 멕시코 헌법에서는 수사의 목적으로 전화도청이나 통신의 방해행위를 할 필요가 있다고 하더라도 검사의 요청이 반드시 필수적인 요건이 되어야 하며 이에 따라 연방 사법기관이 그 허가를 할 수 있도록 규정하고 있다. 검사가 전화도청이나 통신 방해 행위를 요청하지 않는다면 결국 수사목적이 있고 필요성이 있더라도 전화도청이나 통신방해 행위가 불가능함을 의미한다. 이런 점은 검사를 통신의 자유와 프라이버시 등에 대한 인권의 최후의 보루이자 보호자로서 신뢰하고 선택하고 있음을 헌법에서 보여주고 있다는 것을 의미한다.

    또한 멕시코 헌법은 검사에게 헌법에서 정한 사유가 있는 때는 판사에게 미결구금을 청구할 수 있도록 하고 있다. 이는 검사에게 미결구금에 관한 재량을 주고 있다는 점을 의미하는데, 이 역시 검사에게 인권침해의 막강한 권한을 부여하였다기보다는 검사에게 미결구금에 대한 결정권한을 주고 유보시킴으로써 어느 다른 국가기관보다 인권을 보다 잘 보호할 수 있다는 신뢰를 헌법에서 결단하고 있음을 보이고 있다고 평가할 수 있다.

    특히, 멕시코 헌법 제21조에서는 수사권과 기소권 및 형벌권 등에 대하여 국가기관들 사이에 적절한 권한분배를 명확하게 헌법규정을 통하여 하고 있다. 즉, 멕시코 헌법 제21조 제1항에서 수사권에 대해서는 검사와 경찰에게 공동으로 수사권이 귀속되지만, 경찰은 '검사의 지시 및 통제에 따라야 한다'고 명문으로 규정을 두고 있다.

그러나 멕시코 헌법 제21조 제2항에서 기소권에 대하여는 검사에게 배타적으로 귀속되게 하고 있다. 그러면서 특이한 것은 검사의 기소권의 남용을 보완하기 위하여 경찰에게 기소권을 주는 것이 아니라 법률로 정하는 경우에는 시민들이 기소권을 행사할 수 있다는 점이다.

최근 테러의 발생과 이에 대한 사전 방지 등 안전에 대한 역할이 중요해지자 멕시코 헌법에서는 안전에 대한 민간위탁을 인정하면서 이들 민간단체와 검찰과 경찰이 공동으로 협력하여야 하는 관계에 있음을 제21조에서 명시하고 있다. 이 점 역시 검찰과 경찰은 민간과 더불어 협력적인 관계에 있음을 잘 보여주는 것이다. 그러면서도 멕시코 헌법 제21조는 경찰은 검찰의 지시와 통제를 받아 수사를 하여야 한다는 관계를 명시하고 있다는 점 역시 주목할 부분이다.

결국 검찰의 새로운 역할은 테러 등 공공의 안전을 위협하는 범죄에 대하여 사전에 예방하고 대비하는 역할로 확대되고 있으며, 이러한 역할의 확대는 검찰의 지위가 기본적으로 인권보장에 있고, 그 어떤 기관보다 인권을 보호할 수 있다는 헌법적 결단과 신뢰를 의미하기 때문이다.

(2) 형사소송법 규정

〈형사소송법〉298

제127조. 검찰의 권한. 수사를 행하고, 수사과정에서 경찰과 전문가 업무를 조율하며, 법에 규정된 방식에 따라 형사적 행위의 실현에 관하여 결정하는 것은······ 검찰의 의무이다.

제132조. 경찰의 의무. 경찰은 적법성, 객관성, 효율성, 전문가 정신, 정직성 그리고 헌법이 인정하는 인권에 대한 존중을 고수하면서, 범죄 수사에 관하여 검찰의 지휘와 명령에 따라 활동하여야 한다.

2008년도 사법개혁의 주된 관심사는 형사소송절차에 있어서의 변화이다. 전통적인 멕시코의 구(舊) 형사시스템에 따르면 대부분의 경우 경찰은 범죄를

---

298 〈http://www.diputados.gob.mx/LeyesBiblio/pdf/CNPP_170616.pdf〉.

예방하는 데 역할이 집중되어 있었으며 검찰과 판사의 업무에서 중심적인 지위를 함께 차지할 수는 없었다. 그러나 새로운 멕시코 형사소송법의 개정내용에 따르면 이제 경찰은 자신의 수사 능력과 증거채증 능력을 향상시켜서 판사와 검사들로 하여금 사실관계를 확정짓는 것을 도와서 정의가 실현되도록 하여야 한다.299

결국 위와 같은 각 규정에 대한 해석상 검사의 수사 권한과 사법경찰에 대한 수사지휘 권한이 모두 인정된다고 해석하여야 하고 달리 해석할 여지가 없다. 특히, 멕시코는 헌법에 검사의 수사 권한, 사법경찰에 대한 수사지휘 권한과 함께 검사의 영장신청권에 관하여 규정하고 있는 것이 특징이다.

❹ 칠 레

(1) 헌법 규정

〈헌 법〉300

제83조

독립적이고 계급적 조직인 검찰은 범죄를 구성하는 사실, 기소 여부를 결정하는 사실, 피의자의 무혐의를 입증하는 사실에 대한 수사를 독점적으로 지휘하고, 법률에 정한 바에 따라 소추한다.

또한 검찰은 필요한 경우 피해자 및 증인을 보호하기 위한 조치를 취한다. 다만 어떠한 경우에도 검찰이 재판 기능을 수행할 수는 없다.

범죄 피해자 및 법률에서 정한 다른 자도 검찰과 마찬가지로 기소할 수 있다.

검찰은 조사·수사를 전개하는 동안 치안유지조직에 직접 명령을 하달할 수 있다. 다만 피의자 또는 제3자가 헌법으로 보장된 권리를 행사하지 못하도록 이와 같은 권리를 박탈하거나 제한 또는 방해하는 행위는 법적 승인을 필요로 한다. 검찰 명령을 하달 받은 당국은 추가적인 수속 없이 해당 명령을 이행하여야 하며, 사전에

---

299 Shirk, CRIMINAL JUSTICE REFORM IN MEXICO: AN OVERVIEW, MEXICAN LAW REVIEW, Vol. III, No. 2, at

300 〈https://constituteproject.org/constitution/Chile_2015?lang=en〉.

법적 승인을 제시하도록 요청한 경우를 제외하고는 이와 같은 검찰의 수사명령에 근거나 적절성, 이행하여야 할 판결의 정당성이나 적법성을 평가할 수 없다.

그러나, 군사법원이 관할하는 사안인 경우에는 공적 기소권을 행사하고 처벌 대상에 해당하는 행위에 참여하고, 피의자의 무죄를 입증하는 사실 등 범죄 사실에 대한 조사를 지휘하며 범죄의 피해자와 증인을 보호하기 위한 조치를 취하는 것은 군사재판법 및 관련 법률에서 정한 기관과 관련 책임자에게 속한다.

제84조 ......헌법조직법은 검사가 담당하는 사건의 수사지휘, 소추권 행사에 있어 검사가 갖는 독립성, 자율성, 그리고 책임의 정도에 대하여 규정한다.

제85조 검찰총장(the National Attorney)은 대법원이 작성한 5인의 추천인 명단에서 공화국 대통령이 선택한 후 검찰총장의 승인을 얻기 위해 소집한 상원회의에서 재적의원 3분의 2의 동의를 얻어 임명한다. 공화국 대통령이 제안한 후보를 상원이 승인하지 않은 경우, 대법원은 거부된 후보를 대체할 5인의 후보자를 새로이 추천해야 하며 임명 동의가 이루어질 때까지 전술한 절차를 반복한다.

검찰총장은 투표권이 있는 40세 이상 시민으로서 최소 10년 이상의 변호사 경력이 있어야 하고 검찰총장의 임기는 8년이며 중임할 수 없다. 검찰의 정년에는 제80조 제2문의 규정을 적용한다.

제86조 국가의 행정구역의 따라 주별로 1인의 지방 검사(Regional Attorney)를 배치하지만, 주의 인구 또는 지리적 면적을 고려해 필요한 경우 1인 이상의 지방검사를 들 수 있다. 지방 검사는 해당 주의 고등법원이 제안한 3인의 후보자 명단에서 검찰총장(the National Attorney)이 임명한다. 한 주에 두 개 이상의 고등법원이 있는 경우 후보자명단은 해당 주에서 가장 오래된 고등법원장이 모든 고등법원을 대상으로 회의를 소집해 정한다. 지방 검사는 투표권 있는 30세 이상의 시민으로서 최소 5년의 변호사 경력이 있어야 하고, 임기는 8년이며 중임할 수 없다. 다만, 중임할 수 없다는 규정이 검찰의 다른 직위에 임명되는 것을 금지하지는 아니한다.

제87조 대법원과 고등법원은 해당되는 경우에 따라 5인의 검찰총장 후보와 3인의 지방검사 후보자의 선정을 위하여 공채를 실시하며 이러한 목적을 위하여 특별 소집된 총회에서 절대 다수를 차지한 자를 후보자로 선정한다. 사법부의 현 구성원 또는 연금 수령자는 검찰총장의 5인의 후보자 및 지방 검사의 3인의 후보자가 될 수 없다. 검찰 총장의 5인의 후보자 및 지방 검사의 3인의 후보자는 한 차례의 투

표를 통해 모두 선정하며 이를 위해 총회의 모든 구성원은 각각 3인 또는 2인의 후보에게 투표할 권리가 있다. 해당되는 경우에 따라 검찰총장의 5인 또는 지방검사의 3인의 최다 득표자를 후보자로 선정하며 동수인 경우에는 추첨을 통하여 결정한다.

제88조 검사보는 각 지방 검사가 헌법조직법(constitutional organic law)에 따라 사전에 실시한 공개모집으로 3인의 후보자를 추천하면 검찰총장(the National Attorney)이 후보자 명단에서 선택해 임명한다. 검사보 후보자는 투표권이 있는 시민으로서 변호사 자격을 보유하여야 한다.

제89조 검찰총장 및 지방검사는 자격 상실, 부정행위 또는 직무태만을 이유로 공화국 대통령 또는 하원 의원 10인이 해임을 요구한 경우에 오직 대법원에서만 해임될 수 있다. 대법원은 해임과 관련하여 소집된 특별총회에서 사안을 심의하며 검찰총장 및 지방검사의 해임 결의는 총회 구성원의 과반수이상의 찬성이 필요하다. 지방 검사의 해임은 검찰총장도 요구할 수 있다.

제90조 검찰 총장, 지방 검사 및 검사보에게는 제81조의 규정을 적용한다.

제91조 검찰총장은 위에서 규정한 헌법조직법(constitutional organic law)에 근거하여 직접 효과적으로 검찰조직을 지휘한다.

칠레는 헌법에서 법원에 관한 장을 제6장으로 두고 있으면서 동시에 제7장에서 검찰에 대한 독립된 장을 두고 매우 상세한 규정을 입법하고 있다는 점이 특징이다. 칠레의 경우 검찰의 비중을 매우 높게 두고 있고 검찰의 지위와 역할에 대하여 헌법기관으로서 인권보호기능을 강조하는 입법을 하고 있다. 한편, 칠레 헌법에서는 기소권에 대하여도 검찰에게 명시적으로 귀속시키고 있다. 그러면서도 범죄피해자와 법률에서 정한 다른 자들도 기소권을 가질 수 있다고 하여, 시민 등에 의하여 검찰의 기소권을 보완하는 규정을 두고 있다.

이처럼 칠레 헌법은 법률이 아니라 헌법전 내에서 헌법조직법의 형태로 검사가 보유한 수사지휘권과 공적 기소권에 대하여 독립성, 자율성, 책임성 등을 규정하고 있다. 나아가서 칠레 헌법은 검찰의 조직과 권한 역시 법률이 아니라 헌법에서 규정하고 있어 헌법조직법을 이루게 하고 있다. 이런 칠레 헌법의 입법 태도는 검사의 수사지휘권과 공소권을 법률적 차원이 아니라 헌법적 차원의 규율대상으로 보고 있는 것으로, 매우 특징적인 것이다.

한편, 칠레 헌법에서는 검찰총장은 임명직이 아니라 선거직이며, 검찰총장이 가지는 헌법기관으로서의 임무의 중요성을 고려하여 중임할 수 없도록 하고 있다(제85조). 이처럼 칠레헌법에서는 검찰총장과 지방검사의 엄중하고도 막중한 인권보장 등의 책임을 위하여 그 선출에 대하여 다음과 같은 공정하고 엄격한 절차를 거치도록 하고 있다.

칠레 헌법에서는 검사보의 지위 역시 단순한 법률적 사항으로 보지 않고 헌법조직법으로 규정(제88조)하고 있는데, 이는 그만큼 검사의 지위와 역할이 엄정하고 중요하다는 것을 강조하고 있는 것으로 보인다.

또한 칠레 헌법에서는 검찰총장뿐만 아니라 지방검사의 해임에 대하여도 매우 엄격한 사유와 절차를 요구하고 있다(제89조). 이는 검찰총장을 비롯한 검사의 지위가 인권보장 등을 비롯하여 막중한 책임을 수행하는 자리라고 보고 있기 때문에 검찰총장을 비롯한 검사의 해임사유를 법률에서 규정하는 것이 아니라 헌법에서 규정하고 있는 것이다.

(2) 형사소송법 규정

〈형사소송법〉301

제3조. 범죄수사의 독점. 검찰은 헌법과 법률이 정한 바에 따라 범죄를 구성하는 사실, 기소 여부를 결정하는 사실, 피의자의 무혐의를 입증하는 사실에 대한 수사를 독점적으로 지휘한다.

제77조. 권한. 검사는 법률이 정한 바에 따라 공소를 실행하고, 유지한다. 이 목적을 위하여 검사는 검찰조직법에서 부여한 기본원칙을 엄격히 준수하면서 수사를 성공적으로 이끌 수 있는 모든 업무를 수행하고 경찰을 지휘한다.

제79조. 형사절차에서의 경찰의 역할. 수사경찰은 수사업무에 있어서 검사를 보조하여야 하고, 이 법 특히 제180조, 제181조, 제187조에 규정된 목적을 달성하기 위하여 검사의 지휘에 따라 필요한 업무를 수행하여야 한다.

제180조. 검사의 수사. 검사는 수사를 지휘하고, 사실을 명백히 할 수 있는 것으로

---

301 〈http://www.leychile.cl/Navegar?idNorma=176595&idVersion=2014-06-14〉.

판단되는 <u>모든 수사를 스스로 수행하거나 경찰에 위임할 수 있다.</u>

연혁적으로 볼 때 칠레의 검찰은 1875년 법원조직법상 판사의 이해관계인, 조력자로 규정되었고, 1906년 형사소송법상 형벌권 행사, 기소 및 항소 등 형사소송의 다양한 단계에서 판단을 하는 사법부의 조력기관으로 여겨졌다. 이후 1958년 국가안전법 제27조를 통하여 각 법원의 검사에게 소송절차에서 당사자로서의 지위가 인정되었다.302 1987년 형사소송법 개정을 통해 검찰은 특정한 공무원들을 위한 모욕에 대한 소송을 이끌 권한을 갖게 되었고 모든 항소에 관여할 수 있도록 허용되었다. 칠레공화국은 1997년 헌법개정을 통해 헌법 제7장에 검찰제도(el Ministerio Público)를 도입하였고 헌법 제80조 B에 따라 1999년 검찰조직법(La Ley Orgánica Constitucional del Ministerio Público)을 제정하였다. 그리고 검찰에 대한 규정을 담은 새로운 형사소송법이 2000년 12월에 발효되었다.

한편, 2000년 형사소송법은 1907년 이후 자리잡아온 종래의 서면주의, 비밀주의, 규문주의적 형사소송 제도를 구두주의, 공개주의, 당사자주의 제도로 대체하였다.303 기존의 형사제도 하에서는 범죄사건의 수사, 기소 및 판결의 업무가 수사판사(juez de instrucción)에게 있었으나, 2000년 형사소송법을 통해 검찰의 권한이 새로이 정립됨으로써 형사소송 제도에 큰 변화가 생긴 것이다. 현재 칠레의 검찰조직은 국가검찰(la Fiscalia Nacional)과 간부회의(Consejo Generali), 지방검찰(la Fiscalia Regional), 지역검찰(Fiscalia Local)로 구분된다.

결국 형사소송법 제3조가 '검찰은 수사를 독점적으로 지휘한다'고 하면서, 동법 제77조는 '검사는 수사를 성공적으로 이끌 수 있는 모든 업무를 수행하고 경찰을 지휘한다'고 규정하고 있으므로, 각 규정에 대한 해석상 검사의 수사 권한과 사법경찰에 대한 수사지휘 권한이 모두 인정된다고 해석된다. 특히, 헌법에 검사의 사법경찰에 대한 수사지휘 권한과 검사의 독립성에 관하여 규정하고 있는 점이 특징적이다.

---

302 박현주, 칠레의 검사제도 연구, 2008, 1면.

303 Kauffman, Chile's Revamped Criminal Justice System, Geo. J. Int'l Law: The Summit, vol.40, p. 621.

제3절 ┃ 영미법계 형사사법 구조

I. 서 설

❶ 의 의

　　보통법계에서는 범죄를 국가 구성원인 국민이 저지른 국가에 대한 불법행위로 보지 않고 시민이 국왕을 포함하여 다른 시민에게 가한 일종의 불법행위로 보았다. 이러한 관점에서 비롯된 영국의 형사재판제도는 국가가 범죄를 저지른 범죄자를 색출하여 국가의 입장에서 형벌을 과하는 것이 아니라 서양 중세의 결투 재판과 마찬가지로 가해자와 피해자를 서로 개인 대 개인으로 맞서게 하는 것이었다. 따라서, 보통법계에서는 민사적 불법행위와 형사적 불법행위를 준별하지 않는다. 모든 위법행위는 개인이 다른 개인에 대해 저지른 불법행위였다.

　　형사소송도 기본적으로 피해자와 가해자 사이의 소송이므로 서로 대등한 당사자인 피해자가 가해자를 상대로 수사를 하여 범죄혐의를 밝힌다는 것은 생각할 수 없고, 민사소송처럼 당사자가 증거를 수집하여 법원에 제출하고, 법정에서 구두 변론에 의한 공격과 방어를 통해 피고인의 유·무죄를 가리는 소송절차가 원칙이 되었다. 결국 피해자에 의한 사인소추, 피해자와 가해자가 형사소송에서 대등한 당사자가 되는 당사자주의, 법정에서 양 당사자의 공격과 방어를 통해 범죄혐의를 가리는 공판중심주의가 논리적 귀결이 된다.

　　국가형벌권을 전제로 하는 대륙법계에서는 허위 자백을 통한 국가형벌권의 부당한 행사를 방지하기 위해 피고인이 자신의 범행을 자백하는 경우에도 보강증거 유무를 따져 실제 범인이 맞는지 여부를 확인한 후 유죄를 인정하지만, 보통법계에서는 당사자의 처분권이 인정되어서 피고인이 기소인부절차에서 자신의 유죄를 인정하게 되면 더 이상 사실관계를 확인하지 않은 채 곧바로 유죄인정절차가 종료되고, 양형재판 절차로 넘어가게 된다. 같은 맥락에서 피고인이 부인함에도 유죄를 인정하는 경우에 대륙법계에서는 판결에 유죄를 인정하는 이유를 설시하게 되나, 보통법계 배심재판에서는 유죄인지 무죄인지만 판단하고 어떤 이유로 그런 결론에 이르게 되었는지 따로 설시하지 않는다. 다만 영국과 미국의 경우에 약간의 차이가 존재하므로 이하에서는 나누어서 설명하기로 한다.

❷ 기본원리

(1) 당사자주의 소송구조

영미법계 형사사법은 국가라는 형벌권의 주체를 상정하지 않으므로, 형사재판도 민사소송처럼 사인 간(an individual against an individual) 분쟁, 즉 시민 대 시민, 시민 대 국왕 간의 분쟁과정으로 파악하는 이념과 철학을 바탕으로 하고 있다.304 따라서 영미법계에서는 시민들(대배심)이 직접 "사실을 확인"하며, 사법관은 사인간의 공방절차만을 주재 내지 관여할 뿐 "스스로 조사활동"을 할 수 없는 형사사법 체계가 형성·정착되어 있다.305 왜냐하면 본래 사인소추제도, 당사자주의 및 공판중심주의하에서는 형사절차가 민사절차와 다를 바 없으므로 일방 당사자의 상대방 당사자에 대한 범죄혐의 유무의 규명을 위한 수사는 인정되지 아니하고 일방의 당사자로서 공판정에 제출할 증거의 수집만이 허용되기 때문이다. 그리고 이처럼 국가의 배타적인 형벌권이 인정되지 아니하므로 변호사나 개인의 의뢰에 따라 범죄의 단서를 발견하고 법정에 제출할 증거를 수집하는 사설탐정이 필요하게 되며,306 변호사의 독자적인 조사능력이 소

---

304 당사자주의의 기원에 대하여는 John H. Langbein, *The Origins of Adversary Criminal Trial*, Oxford University Press, 2003 참조.

305 Dammer, Harry R./Albanese Jay S., *Comparative Criminal Justice Systems*, 5th ed., Wadsworth Publishing, 2013, p. 127.

306 사인소추제도하의 영국에서는 누구든지 탐정 간판만 걸면 탐정업을 할 수 있으며, 미국 대부분의 주도 이를 허용하고 있다. 반면, 한국에서는 신용정보업을 하려는 자는 신용조회업(신용조회업무 및 그에 딸린 업무), 신용조사업(신용조사업무 및 그에 딸린 업무), 채권추심업(채권추심업무 및 그에 딸린 업무), 신용평가업(신용평가업무 및 그에 딸린 업무)에 따른 업무의 종류별로 금융위원회의 허가를 받아야 하며, 허가와 관련된 허가신청서의 작성 방법 등 허가신청에 관한 사항, 허가심사의 절차 및 기준에 관한 사항, 그 밖에 필요한 사항은 총리령으로 정하도록 규정하여 엄격한 제한을 가하고 있었다(신용정보의 이용 및 보호

송의 승패에 큰 영향을 끼치게 된다.

또 형의 집행에 있어 검찰주의를 취하고 있는 한국 등 대륙법계 국가는 검사가 형을 집행하지만, 영미에서는 기본적으로 법원의 명령에 따라 교도관 등 형벌집행기관이 담당하는 법원주의의 형식을 취한다. 당사자주의하에서 한쪽의 당사자가 상대방 당사자의 형을 집행한다는 것은 이론적으로 곤란하므로 재판의 집행도 검찰의 업무가 아니라 법원의 업무로 되어 있으며, 보호관찰관 등도 모두 법원에 소속되어 있는 것이다. 따라서 검사의 집행지휘는 있을 수 없고, 판결의 내용에 따라 바로 형벌집행기관이 그 집행책임을 지게 된다.

(2) 이론적 배경

당사자주의 형사사법체계는 피의자에 대하여는 체포 후의 짧은 기간(통상 48시간 이내)까지의 조사만 허용하는 경찰수사와 이후의 법원에 의한 예비심문절차, 그리고 공판정에서의 사실확인으로 이루어지며, 공판정에서의 사실확인과정의 진행을 위하여 당사자로서의 소추관(검사)을 두고 있다. 따라서 형사사법체계상의 권력은 초동단계의 수사권을 행사하는 경찰, 소추권을 행사하는 검사, 그리고 공판정에서 소송지휘권 및 양형권한을 행사하는 판사와 사실판단자로서의 배심원단으로 구성된 법원으로 분배된다.

그런데 이와 같이 법원·검찰·경찰로 권력이 분배된 당사자주의에서는 각 기관들이 모두 독립적이어서 지휘관계나 통제관계가 없는 대신, 이러한 권력기관들을 철저히 분산함으로써 그 자체가 커다란 권력기관으로 등장할 소지를 사전에 차단하며, 나아가 지방자치와 주민자치를 통하여 주민의 철저한 직접통제가 이루어지는 것이 전제되어 있다. 예컨대 미국 내에는 통일된 조직으로서의 국립경찰이 없으며, 연방(Federal), 주(State)·카운티(County)·시(City)별로 다양한

에 관한 법률 제4조). 이에 개정된 신용정보의 이용과 보호에 관한 법률이 2020. 8. 5.부터 시행됨에 따라 '탐정'이라는 명칭을 사용하는 것은 불가능하지만(동법 제40조(신용정보회사 등의 금지사항)가 '정보원, 탐정 그밖에 이와 비슷한 명칭'의 사용을 금지하고 있음), 영리활동은 가능할 것으로 보인다.

경찰조직을 가지고 있을 뿐이고, 이러한 자치단체의 자치경찰은 다른 상급 자치단체의 지휘·감독을 받는 피라미드 구조가 아니다. 법원의 경우도 연방대법원과 주법원 사이에 위계관계가 없고, 주 안에서도 지방법원판사와 항소법원 및 주상고법원의 판사 사이에 관료적 위계관계나 승진개념이 없다.

(3) 사법경찰의 개념 및 수사지휘의 형태

영미법계 국가의 경찰관이 행하는 수사 활동은 사인의 대리인 자격으로 법원에 소추하기 위한 자료를 수집하는 행위가 그 본질이며, Charge307 이후 사실규명(수사) 과정은 전적으로 법원의 절차주도 하에 당사자 간 법정(法廷) 공방으로 진행된다. 배심제도와 사인소추를 원칙으로 하는 당사자주의적 소송구조 하에서, 특정인에게 범죄혐의가 지워진 후에는 사실규명 및 형벌부과를 위한 모든 절차가 법원에서 사인 간 투쟁으로 진행되기 때문이다. 따라서 영미법계에서는 법원·검찰·경찰 등 어떤 기관도 혐의자를 직권적으로 신문하는 사실규명 활동을 할 수 없으며, 영미법계 검사도 소추대리인 자격으로 출발한 일방 당사자의 지위에 불과하므로 법적으로 검사가 경찰의 수사행위를 지휘·통제한다는 것은 애초부터 상정하기 어렵고, 또 그렇게 할 이유도 없다. 예컨대 영국의 경우, 우리나라처럼 검찰이 치안판사법원에 피고인을 기소하여 재판에 회부하는 것이 아니라 사인이나 경찰에 의해서 특정인의 범죄에 관한 정보(information)가 치안판사법원에게 제공되고, 그의 독자적인 판단에 따라 범죄혐의가 있으면 범인으로 지목된 특정인(고소 또는 고발된 자, the accused)에 대하여 소환장(a summons) 내지 체포영장(Warrant for arrest)을 발부하거나, 영장 없이 경찰이 범죄자를 체포하여 법원에 인

---

307 charge란 경찰이나 다른 공소기관이 피고발자를 범죄혐의로 법원에 고발하는 절차를 의미하는데, 위 경찰의 Charge는 사인(私人)의 자격으로 행한 것일 뿐, 경찰에게만 부여된 특별한 권한이 아니다. 일반적으로 영미에 있어서는 경찰 또는 검사(public prosecutor)가 법원에 범죄혐의자에 대한 재판을 청구하는 것을 보통 'charge' 또는 'lay information'이라 하지만, 이를 대륙법계제도와 비교하여 검사의 '기소'로 보는 것보다는 범죄의 피해자 또는 경찰이 법원에 고소 내지 고발하는 것으로 보는 것이 상당하다(김종구 외, 검찰제도론, 법문사, 2011, 408면).

치함으로써 재판절차가 시작되는 것이며,308 범죄혐의가 인정되지 아니하면 소환장을 발부하지 아니하고 면소결정(discharge)을 하는 것이다. 즉 피의자를 체포한 후 정식재판 이전까지의 모든 수사는 법정수사절차에서 계속되며, 중한 범죄에 대한 실질적인 수사만 대배심에서 이루어지는 것이다. 따라서 영미법계 경찰에는 구속권, 피의자신문권, 대질조사권 등 직권적·사법적 수사권한이 전혀 없으며, 영미법계의 '검사'는 대륙법계의 검사와 달리, 사실조사를 하는 수사절차의 주재자가 아니라 피해자 내지 경찰을 대리한 소송의 일방 당사자에 불과하다. 결국 검사가 수사상 경찰을 지휘할 필요도 적은 것이며,309 그러한 연유로 영미법계에서는 본래의 행정경찰과 구별되는 사법경찰이라는 개념 자체가 존재하지 않는다.

그런데 수사권독립을 주장하는 사람들이 이러한 영미법계의 제도를 빗대어 "수사는 경찰, 소추는 검찰"이라는 논리를 전개하고 있으나, 이는 대륙법계의 직권적 수사권(예컨대, 수사기관 구속권, 신문권 등)이 영미법에서는 일체 인정되지 않으며, 소추 역시 검사의 관여가 인정되는 것일 뿐 피해자의 의사·치안판사의 예심 그리고 대배심 등에 의해 최종적으로 결정되는 사법체계의 기본 틀을 이해하지 못한 데서 비롯된 것이다. 영국의 경우 검사제도 자체가 없었던 1985년 이전에도 그 나름의 절차에 따라 형사소추 및 재판을 진행하였다는 점이 이를 뒷받침한다. 따라서 영미법계 경찰에는 구속권, 피의자신문권, 대질조사권 등 직권적·사법적 수사권한이 전혀 없으며, 영미법계의 '검사'도, 대륙법계의 검사와는 달리, 사실조사를 하는 수사절차의 주재자가 아니라 피해자 내지 경찰을 대리한 소송의 일방 당사자의 지위에 불과하다. 이에 검사가 수사상 경찰을 지휘할 필요도 적은 것이며, 그러한 연유로 영미법계에서는 본래의 행정경찰과 구별되는 사법경찰이라는 개념 자체가 존재하지 않는다. 다만 시대의 변화와 함께 수사만을 전담하는 수사경찰이 등장하였는데, 이를 Detective 또는 Investigator라고 부르며 일반 경찰(Police)과는 완전히 별개의 조직으로 운영되고 있다.

308 Criminal Justice Act 1988, §102(11).
309 바람직한 형사사법 구조 모델로 영미식 모델(수사/기소 분리모델)이 타당하다는 견해로는 황운하, "정의롭고 공정한 형사사법시스템의 도입을 위하여", 「견제와 균형을 위한 검찰 개혁 어떻게 할 것인가?」, 국회의원 민병두/소병훈/금태섭/민주사회를 위한 변호사모임 주최 자료집(2017. 1. 24.), 140면.

결국 OECD 35개국 중 약 20%에 달하는 7개국(뉴질랜드, 미국, 아일랜드, 영국(스코틀랜드 제외), 이스라엘, 캐나다, 호주)은 모두 Common Law, 즉 영미법계 국가들이므로 검사는 사법경찰에 대한 구속력 있는 지휘권한이 없다. 다만, OECD 35개국 중 약 20%에 달하는 7개국의 검사들도 비록 구속력 있는 형태는 아니지만 이들 나라에서도 조언(Advice) 등의 형식으로 검사가 사법경찰의 수사에 적법하게 관여하고 있고, 아울러 전문화·복잡화되는 양상에 대응하여 검사의 관여가 강화되는 추세이다.

II. 영미법계 국가 입법례

❶ 영   국

(1) 헌법 규정

영국은 불문법 국가이므로 헌법관련 내용이 없다.

영국(United Kingdom)은 England, Wales, Scotland, Northern Ireland로 구성된 연합왕국이고, 구성국마다 검찰시스템이 각기 다르다. 즉, England와 Wales의 CPS(Crown Prosecution Service, 왕립소추청[310])는 기소 권한만 있고 수사 관련 권한은 없는 반면, SFO(Serious Fraud Office, 중대부정수사처)는 수사 및 기소 권한이 모두 있다. Scotland의 검찰인 COPFS(The Crown Office and Procurator Fiscal Service)는 기소 권한은 물론 중요 범죄에 대한 수사 권한, 그리고 사법경찰에 대한 수사지휘 권한을 보유하고 있다.[311] 한편, Northern Ireland의 PPS(The Public Prosecution Service for Northern Ireland)는 CPS와 유사하게 기소 권한만 있다.[312]

---

310   이 기관에 대한 번역은 다양하나, 문언 그대로 '왕립소추청'으로 번역하였다.
311   〈http://www.copfs.gov.uk/about-us/what-we-do/our-role-in-detail〉.
312   〈http://www.ppsni.gov.uk/Role-5031.html〉.

그런데 해외 사례를 분석하는 논자들이 영국이라고 칭하면서 분석하는 곳은 주로 England와 Wales에 국한되므로 이에 대해서 상세히 살펴본다. England와 Wales는 Common Law에 기반을 둔 국가로서 대륙법계와 같이 범죄를 국가의 법질서에 대한 침해로 보는 것이 아니라 일반 시민인 가해자가 다른 시민인 피해자에게 가한 일종의 불법행위로 파악한다. 이러한 사인소추주의의 전통에 따라 경찰과 일반 행정기관이 수사·기소·공소유지를 독점해 온 것이다. 즉 불과 30년 전만 해도 검찰이라는 개념이나 기관 자체가 존재하지 않았다.

그런데 무고한 사람에 대한 기소와 이에 따른 무죄 속출, 전국적인 폐해를 양산하는 부패범죄 등에 대한 대응 미숙 등 구(舊)체제의 심각한 문제점이 노정되자 경찰의 강력한 반발에도 불구하고, 1980년대에 이르러 국가의 법률업무를 총괄하는 법무총감(Attorney General) 산하에 경찰이 기소한 사건의 공소유지를 담당하는 검찰청(CPS)과 중요 부패사건 등에 대한 수사·기소·공소유지를 담당하는 중대부정수사처(SFO)를 각각 창설하였다.

물론 그 이후에도 여전히 경찰이 경미범죄(전체 사건의 약 72%)에 대한 기소 권한을 행사하고 있다.[313, 314, 315] 그리고 일반경찰 외에도 보건안전위원회(Health and Safety Executive[316]) 등 수사 권한과 기소 권한을 동시에 보유한 경찰기관이 다수 있다.[317]

313　⟨https://www.police.uk/information-and-advice/court-service/the-process/⟩.
314　⟨http://www.cps.gov.uk/about/charging.html⟩.
315　⟨https://www.cps.gov.uk/publications/directors_guidance/dpp_guidance_5.html#a15⟩.
316　⟨http://www.hse.gov.uk/foi/internalops/og/ogprocedures/prosecutions/index.htm⟩.
317　CPS에 의하면 다른 소추기관(Attorney General's Office, Civil Aviation Authority, Department for Business, Innovation and Skills, Department of Work and Pensions, Environment Agency, Financial Services Agency, Food Standards Agency, Gambling Commission, Health and Safety Executive, Maritime and Coastguard Agency, Office of Fair Trading, Office of Rail Regulation, Serious Fraud Office and Service Prosecuting Authority)과의 협업과 조정을 위해 협약을 체결한 상태이다. ⟨http://www.cps.gov.uk/legal/p_to_r/prosecuting_agencies_relations_with_other_agencies/⟩.

(2) 형사소송법 등 규정

영국(United Kingdom)은 각각의 구성국뿐만 아니라 하나의 구성국 내부에서도 수사와 기소에 있어 다양한 스펙트럼이 존재하는바, 구성국의 다양한 검찰기관 중, England와 Wales의 CPS(the Crown Prosecution Service)만 잘라내어 '영국 검찰'의 수사 권한이 없다거나 영국이 '수사·기소가 분리'되어 있다고 주장하는 것은 매우 부적절하다. 왜냐하면 영국의 검사직무규칙 제4조의3 '검찰은 경찰과 긴밀하게 협조하여 함께 일하지만, 기소할 것인지, 사건수사를 계속할 것인지 여부에 대한 최종적인 책임은 검찰에게 있다'318는 규정이 최근 영국에서의 변화된 검찰과 경찰의 관계를 잘 표현하고 있기 때문이다. 나아가 CPS와 마찬가지로 Attorney General의 감독을 받으면서 수사와 기소 권한을 모두 보유하고 있는 SFO를 검찰의 개념에 포함시킬 경우 만연히 검찰에 수사권한이 없다고 단정할 수도 없는 것이다. 이른바 '경찰수사권 독립론'을 주장하면서 England 제도의 계수를 외치는 논자들이 유독 CPS만을 강조할 뿐 SFO를 언급하지 않는 것은 바로 이러한 이유로 보인다. 현재 CPS는 스스로 제1의 소추기관(the principal prosecuting authority)이라고 자칭하고 있는 대표적인 소추기관319으로서 수사와 관련된 공식적인 권한은 없다. 다만, 자문(Consultation), 조언(Advice), 정보제공(the provision of information) 등의 형태로 경찰수사에 관여하고 있다.320 반면에, SFO는 중요 경제범죄, 부패범죄, 뇌물범죄 등에 대한 수사, 범죄수익환수 등을 담당하고 있고, 수사 권한과 기소 권한을 모두 보유하고 있다.321

---

318   The Crown Prosecution Service and the police work closely together, but the final responsibility for the decision whether or not a charge or a case should go ahead rests with the Crown Prosecution Service(The Code For Crown Prosecutors 4.3).

319   〈http://www.cps.gov.uk/about/〉.

320   〈http://www.cps.gov.uk/legal/a_to_c/cps_relations_with_the_police/〉.

321   〈https://www.sfo.gov.uk/download/sfo-organogram/?wpdmdl=2687〉.

❷ 미 국

(1) 헌법 규정

　　헌법에 검찰조직에 관한 명시적인 규정이 없으며, 검찰사무를 관장하는 기관의 조직에 관한 법률에서 이를 규정하고 있다. 즉, 연방 법무부장관(United States Attorney General)이 연방 검찰총장을 겸하고 있고, 법무부장관 밑에 부법무부장관(Deputy Attorney General)이 있고 우리나라 법무차관에 해당하는 Assistant Attorney General, 연방과 관련된 사건에서 연방정부를 대리하는 송무차관(Solicitor General)이 있다. 이들은 모두 미국 의회로부터 청문회를 거치고 승인을 받은 뒤에 임명되는 직책들이다. 미국에는 한국의 대검찰청과 같은 조직이 없으므로 연방 법무부가 그 역할을 담당하게 되고 연방 법무부 밑으로 본격적인 검찰조직이 구성된다. 예컨대, 한국의 고등검찰청과 비슷한 조직으로 연방검찰청(United States Attorney's Office)이 있으며, 각 주에는 한국의 지방고등검찰청이라고 볼 수 있는 State Attorney General를 두고 있다. 미국의 검찰청도 수사를 하기는 하지만 연방수사국(FBI), 마약단속국(DEA), 증권거래위원회(SEC), 국세청(IRS) 등 수사를 전담하는 기관이 있기 때문에 검찰은 송무에 더 집중한다고 할 수 있다.

(2) 형사소송법 등 규정

〈연방법률〉[322]

28 U.S. Code § 547

법에 달리 규정된 경우를 제외하고, 각 연방검사는 그 관할 구역에서

① 미합중국에 대한 범죄를 소추하여야 하고,

④ 수사한 결과 절차진행이 정의에 부합하지 않는다고 판단될 경우를 제외하고는 벌금의 징수, 형벌의 부과, 세법위반에 의해 초래된 몰수 등의 절차를 개시 및 추진

---

[322] 〈http://uscode.house.gov/view.xhtml?req=granuleid:USC-prelim-title28-section547&num=0&edition=prelim〉.

하여야 한다.

⟨변호사협회 기준⟩[323]

기준 3-3.1 검사의 수사기능(Standard 3-3.1 Investigative Function of Prosecutor)

(a) 검사는 혐의를 받는 범죄행위에 대한 수사에 관하여 통상 경찰 또는 다른 수사기관에 의존하나, 의심되는 불법행위가 다른 기관에 의해 적절히 다루어지지 않는 때에는 이를 수사하여야 할 적극적인 책임이 있다.

⟨연방 검사 직무 규정⟩[324]

9-2.001 - 총칙(Introduction)

형사문제와 관련된 연방검사의 권한, 재량권, 책임은 열거된 것에 제한 없이 다음을 포함한다.

① 의심되는 또는 혐의를 받는 미합중국에 대한 범죄의 수사

② 적절한 연방법집행기관으로 하여금 수사가 실행되도록 하는 것

9-2.010 - 수사(Investigations)

...... 연방검사는 해당 관할 구역에서 최고 법집행기관으로서, 적절한 연방수사기구 등에 대하여 연방법위반 사건의 수사를 개시할 것을 명할 수 있다.

이 경우 해당 사건의 수사는 통상 연방 검사가 직접 감독하는 것이 아닌 해당 연방수사기구 자체적으로 수행을 한다.

수사를 명받은 수사기구가 적절한 기한까지 사건수사결과보고를 하지 않는 경우, 법무부 형사부의 협조를 요청할 수 있다. 이 경우 연방검사는 해당 수사기구 등으로 하여금 수사팀을 편성하여 수사하도록 할 수 있다.

연방검사의 수사에는 대배심이 이용될 수 있는 바, 이 경우 관할 수사기구 등과의 상의 후에 사건을 공개할 수 있다.

전술(前述)한 것처럼, 미국의 경우 경찰에 대한 수사지휘권을 검사가 법률상 확보하고 있지 아니하므로 개개사건에 대하여 지휘권을 행사할 수 없다는 점을 고려하면, 검사와 경찰의 관계는 형식적으로 상호 협력관계로 볼 수 있다.

---

[323] ⟨http://www.americanbar.org/publications/criminal_justice_section_archive/crimjust_standards_pfunc_blk.html⟩.

[324] ⟨https://www.justice.gov/usam/usam-9-2000-authority-us-attorney-criminal-division-mattersprior-approvals#9-2.010⟩.

다만, 경찰의 수사방향·증거수집·법률적용 등에 있어서 의견을 제시하고 체포
영장, 압수·수색영장을 검사가 사전에 검토한 후 법원에 청구하는 등 실질적으
로는 우리 검찰과 유사하게 경찰의 수사를 지도하고 있다고 볼 수 있다.

결국 미국은 50개의 주(州)로 구성된 국가이고 주별로 검찰시스템이 다양
하므로 연방검찰만을 살펴볼 때, 위의 각 규정에 대한 해석상 연방검사의 수사
권한은 인정된다고 해석하여야 하고 달리 해석할 여지가 없다.

❸ 캐나다

(1) 헌법 규정

캐나다 헌법은 미국헌법에서 보듯이 기소권이나 수사권에 관한 국가기관
사이의 권한의 배분에 대하여는 개방된 채로 공백규정을 두고 있다고 볼 것이
다. 종래 캐나다의 연방검찰청은 법무부에 속해 있었으나, 2006년 검찰청법(An
Act respecting the office of the Director of Public Prosecutions)의 시행으로 현재는 법
무부로부터 독립한 행정기관이라고 할 수 있다.325 따라서 연방검찰의 수장은
검찰총장이며 법무부장관이 겸직하고 있으나 실제적으로는 연방검찰청의 검찰
청장이 캐나다 연방검찰을 지휘, 감독하고 있다. 검찰청장은 효율적인 권한행사
를 위하여 연방검찰차장(Deputy Attorney General of Canada)을 겸임한다.326 총독
은 검찰청장과의 상의를 거친 검찰총장(법무부장관)의 추천을 받아 경력 10년 이
상의 법조인 중 1명을 검찰부청장(Deputy Director of Public Prosecution)으로 임명
하여야 한다. 다만 캐나다의 주 가운데 노바스코티아, 퀘벡 등 일부 주에서는
연방검찰조직과 별도로 '공공소추국(Office of Director of Public Prosecutions)'이라
는 독자적인 소추기구를 두고 있다.327

---

325 최태원, "캐나다 경찰제도 및 검사와 경찰과의 관계 연구", 「국외훈련검사 연구논문집(III)」
제29집, 대검찰청, 2014, 57면.
326 검찰청장법 제3조 4항.
327 이에 관하여는 김성돈, 「커먼로 국가에서 진행된 검찰기능 및 역할강화에 대한 연혁적 고

(2) 형사소송법 등 규정

　　사인소추주의의 전통을 따른 캐나다 형사법은 누구든지(anyone who) 기소할 수 있다고 규정하고 있으나,328 대부분 사건의 기소는 경찰기관 등 치안공무원이 담당하고 있고 그밖에 검사가 직접 기소하는 경우, 그리고 사인이 소추하는 경우도 있다. 검찰은 경찰기관 등이 기소한 범죄의 공소유지를 담당한다. 즉, 검사의 수사 권한 및 사법경찰에 대한 수사지휘 권한에 관한 규정은 없다. 경찰을 포함하는 개념인 치안공무원(Peace Officer329)이 수사를 담당하고 검찰은 조언, 자문 등의 형태로 수사에 관여하나 구속력 있는 지휘의 형태는 아니다. 이처럼 Common Law 국가인 캐나다는 수사 및 기소는 경찰기관이 담당하고, 신생 조직(연방검찰은 2006년 법무부 산하 부서에서 독립하여 신설)330인 검찰은 공소유지와 일부 범죄에 대한 제한적인 기소 권한을 행사하고 있는바, 아직 검찰제도가 발전단계에 있는 실정이라고 할 수 있다.

찰」, 대검찰청 연구용역보고서, 2012, 40-42면 참조(http://www.prism.go.kr/homepage/theme/retrieveThemeDetail.do;jsessionid=22FA4DFE809BE8CB65A73449352FFDF3.node02?cond_research_name=&cond_organ_id=&cond_research_year_start=&cond_research_year_end=&cond_brm_super_id=NB0001200061201100041870&research_id=1280000-201200058&pageIndex=8&leftMenuLevel=110).

328　Criminal Code 504
　　Any one who, on reasonable grounds, believes that a person has committed an indictable offence may lay an information in writing and under oath before a justice.......

329　Criminal Code
　　2 In this Act,
　　......
　　peace officer includes
　　(a) a mayor, warden, reeve, sheriff, deputy sheriff, sheriff's officer and justice of the peace,
　　(b) a member of the Correctional Service of Canada who is designated as a peace officer pursuant to Part I of the Corrections and Conditional Release Act.......,
　　(c) a police officer, police constable, bailiff, constable, or other person employed for the preservation and maintenance of the public peace or for the service or execution of civil process,

330　〈http://www.ppsc-sppc.gc.ca/eng/bas/index.html#intro〉.

❹ 이스라엘

(1) 헌법 규정

이스라엘은 성문의 단일 헌법을 가지고 있지 않다. 다만 11개의 기본법으로 국가조직, 권력구조 및 기본권 등 헌법적 사항을 규율하고 있다. 일반 법률에 대한 기본법이 더 우월한지에 대하여는 아직 견해가 나뉘고 있다. 다만 이스라엘 대법원은 기본법에 반하는 일반 법률 조항을 수차례 무효화한 바 있다. 한편 전세계 유대인들의 이스라엘 귀환권 및 자동적 시민권 취득을 보장하고 있는 귀환법(Law of Return) 등 일부 법률들은 헌법적 성격을 보유하고 있다고 보여진다.331

(2) 형사소송법 규정

수사권한은 전적으로 경찰기관이 행사한다. 기소 권한은, 중죄에 대하여는 State Attorney가 행사하고, 경죄에 대하여는 경찰에 소속된 약 350명의 경찰소추관이 행사한다.332 즉, 사법경찰관이 원칙적으로 법원의 영장을 발부받아 주거 등을 수색하고 증거물을 압수할 수 있다(형사소송법 시행규칙 제23조 및 제24조 (a)항). 또한 법원은 영장을 발부함에 있어 경찰 이외의 제3자에게 수색 및 압수 절차의 권한을 부여할 수 있다(동규칙 제24조 (a)항). 사법경찰관은 중범죄가 범해지고 있거나, 최근에 범해졌다고 믿을 만한 정황이 존재하는 경우 법원의 영장 없이 수색 및 압수 절차를 진행할 수 있다(동규칙 제32조 (a)항).

다만, 원칙적으로 공소의 제기는 검사가 담당한다(이스라엘 형사소송법 제67조). 그러나 경범죄의 경우에는 경찰서에 소속된 법률가의 자격을 갖춘 경찰이 담당하며, 중범죄의 경우에만 검사가 담당한다.333 이외에 환경범죄, 노동범죄,

---

331 http://world.moleg.go.kr/web/wli/nationReadPage.do?ISO_NTNL_CD=IL.

332 〈https://www.police.gov.il/english_contentPage.aspx?pid=21&menuid=28〉.

333 Weismann, World Fact Book of Criminal Justice System, 12면.

세금범죄 및 소비자 보호와 관련한 범죄의 경우 각 관련 정부기관의 법률가 자격을 가진 변호사에 의하여 공소가 제기될 수 있다.334 즉 이스라엘 검사는 공소를 제기할 권한을 가지고 있으나, 이를 독점하지는 않는다. 한편, 이스라엘에서는 검사가 피고인이나 변호사에게 협상(plea barbaining)을 할 권한을 보유335하고 있기 때문에 기소편의가 일반적으로 인정되는 것으로 이해할 수 있다.

이처럼 이스라엘은 Common Law의 전통을 가진 국가336로서 아직 경찰기관이 수사 권한은 물론 기소 권한까지 행사하고 있는바, 검찰제도가 제대로 정착되지 않은 나라라고 볼 수밖에 없다. 왜냐하면 이스라엘의 검찰로 볼 수 있는 기관인 State Attorney는 수사 또는 수사지휘 권한이 없고, 중죄에 대한 기소와 공소유지만을 담당하기 때문이다.

❺ 아일랜드

(1) 헌법 규정

아일랜드 헌법에는 검찰과 관련된 특별한 규정은 없다. 다만, 아일랜드 헌법에서 특징적인 점은 인권을 보호하는 지위와 기능을 고등법원 판사에게 또는 고등법원에게 담당시키고 있다(동법 제40조 제4항)337는 점이다. 이런 점은 다른 국가들

---

334 Weismann, 앞의 책, 12면.
335 Sebba/Horovitz/Geva, ISRAEL, Criminal Justice Systems in Europe and North America, HEUNI, 2003, 49면.
336 〈https://www.bjs.gov/content/pub/pdf/wfbcjsis.pdf〉.
337 제40조
　　① 모든 국민은 인간으로서 법률 앞에 평등하다. 이것은 국가가 법을 제정 할 때 신체적인 능력과 정신적인 능력 및 사회적 기능의 차이를 충분히 고려하지 않는 것을 의미하는 것은 아니다.
　　② 1. 국가는 귀족의 신분을 부여하지 않는다.
　　　　2. 내각의 사전 승인을 얻는 경우를 제외하고는 어떠한 국민도 귀족이나 높은 신분을 인정받을 수 없다.
　　③ 1. 국가는 국민의 인권을 존중하고, 법률상 실행이 가능한 한 최대한도로 지키고 보호할

것을 법률로 보장한다.

 2. 국가는 권리의 침해가 발생한 경우에 모든 국민의 생명, 인격, 명성 및 재산권을 보호하며, 부당한 공격으로부터 국가가 할 수 있는 최선을 다하여 특히 법률에 의하여 보호한다.

 3. 국가는 모성의 동등한 생명권을 충분히 고려함으로써 태아의 생명권을 인정하며, 해당 권리를 존중하고, 법률상 실행 가능한 최대한도로 지키고 보호할 것을 법률에 의하여 보장한다. 본 호는 국가와 다른 국가 간의 여행의 자유를 제한하지 않는다. 본 호는 법률로 제정될 수 있는 조건하에 다른 국가에서 합법적으로 이용 가능한 서비스와 관련된 정보를 국가 내에서 획득하거나 이용할 자유를 제한하지 않는다.

④ 1. 어떠한 국민도 법률에 의하는 경우를 제외하고는 개인의 자유를 함부로 박탈당하지 않는다.

 2. 불법구금 되어 있음을 주장하는 내용의 고소가 어떤 개인에 의하여 또는 어떤 개인을 대리하여 고등법원이나 고등법원 판사에게 제기되는 경우, 해당 고등법원 또는 고등법원 판사는 즉시 고소 내용을 조사하고 해당 개인을 구금하고 있는 자에게 지명된 날에 해당 개인을 고등법원에 출두하게 하여 구금의 이유를 서면으로 증명할 것을 명할 수 있으며, 고등법원은 해당 개인이 법원에 출두할 때에 해당 개인을 구금하고 있는 자에게 구금의 정당성을 입증할 기회를 부여한 후, 법률에 따라 해당 개인의 구금이 정당화되지 않는 한 해당 개인의 구금해제를 명한다.

 3. 불법으로 구금되어있음을 주장하는 개인이 본 항에 따라 그에 관하여 내려진 명령을 이행하고 고등법원에 출두하는 경우에 해당 개인이 법률에 따라 구금되어 있음에도 불구하고 본 헌법의 규정을 고려할 때 해당 법률이 무료인 것으로 판단되는 경우에는 고등법원은 해당 법률에 효력에 관한 문제를 사건의 설명과 함께 대법원에 회부할 수 있는데, 그와 같은 회부시에는 또한 그 후 언제라도 대법원이 회부된 문제에 대하여 결정을 내릴 때까지 고등법원이 정하는 조건에 따라 해당 개인을 보석으로 방면할 것을 허용할 수 있다.

 4. 불법으로 구금되었음을 주장하는 개인이 본 항에 따라 그에 관하여 내려진 명령을 이용하여 출두하는 경우에 고등법원은 고등법원장이나 또는 고등법원장의 부재 시에는 고등법원의 선임 판사가 특정한 경우에 대하여 아 그와 같이 지시하는 경우에는 세 명의 판사로 구성하여 결정하지만, 그 밖의 다른 모든 경우에는 한 명의 판사만으로 구성되어 이에 대한 결정을 한다.

 5. 그럼에도 불구하고 본 항의 어떠한 규정도 전쟁 또는 무장 반란 시의 국방군의 행동을 금지, 통제 또는 방해하기 위한 근거로 사용될 수 없다.

 6. 중죄로 기소된 사람의 범행을 방지하기 위하여 필요한 것으로 합리적으로 간주되는 경우에는 법원에 의한 해당 개인의 보석을 거부할 수 있는 규정이 법률로 지정될 수 있다.

⑤ 모든 국민의 주거는 함부로 침범할 수 없으며, 법률에 따른 경우를 제외하고는 강제 침입을 당하지 아니 한다.

이 검사나 판사에게 인권보호의 지위와 기능을 담당시키는 것과는 차이가 나는 특징을 가지고 있다. 이러한 점들은 아일랜드의 법의 역사와 무관해 보이지 않는다.

(2) 형사소송법 규정

아일랜드는 Common Law 국가로서 그 전통에 따라 아일랜드의 경찰인 Garda Síochána가 수사 권한은 물론 경죄(보통 1년을 초과하지 않는 구금형에 처하는 범죄[338])에 대한 기소 권한까지 행사하고 있다.[339, 340] 즉, 아일랜드에서 검찰은 직접 수사권도 없고, 나아가 경찰에 대한 수사지휘권도 없다. 일반적으로 아일랜드의 수사권은 아일랜드 경찰인 Garda Síochána가 전적으로 행사한다.[341]

⑥ 1. 국가는 공공의 질서 및 도덕을 준수할 것을 전제로 다음의 권리를 행사할 자유를 보장한다.
   ⅰ. 자신의 신념과 의견을 자유롭게 표현할 국민의 권리
      다만, 여론의 형성이 공익상 매우 중대한 문제에 해당하는 경우에는 국가는 라디오, 언론, 영화 같은 여론 기관에 의한 정부 정책에 대한 비판을 포함하여 정당한 표현의 자유를 보장하도록 노력하는 한편, 위와 같은 공공 여론의 형성 기관이 공공의 질서 또는 도덕 및 국가의 권위를 훼손하는 데 사용되지 아니 하도록 노력한다. 불경스럽거나 선동적이거나 음란한 내용을 공개하거나 또는 유포하는 것은 법률에 따라 처벌 될 수 있는 범죄에 해당한다.
   ⅱ. 비무장 상태로 평화롭게 집회를 열 국민의 권리
      치안의 방해를 야기하거나 일반 대중에 대한 위험이나 혐오를 야기시킬 목적으로 계획된 모임은 법률에 따라 금지 또는 통제를 결정할 수 있고, 국회 양원 부근에서 이 모임을 금지 또는 통제하기 위한 조항은 법률로 제정될 수 있다.
   ⅲ. 단체 또는 조합을 결성할 시민의 권리
      다만 전술한 권리의 행사를 규제하거나 통제하기 위해서는 공익을 위한 목적으로 법률에 의하여 제정될 수 있다.
  2. 단체 및 조합을 결성할 권리와 집회를 열 권리의 행사 방식을 제한하는 법률은 정치적, 종교적 또는 계급적 차별을 포함해서는 안 된다.

338 〈http://www.citizensinformation.ie/en/justice/criminal_law/criminal_offences/classification _of_crimes_in_criminal_cases.html〉.

339 Andrea Ryan, "Ireland", Katalin Ligeti(ed.), 앞의 책, p. 342.

340 〈http://www.garda.ie/Controller.aspx?Page=7981〉.

341 https://www.dppireland.ie/about_us/.

검찰로 볼 수 있는 DPP(The Office of Director of Public Prosecutions)[342]는 1974년 설립된 신생 조직으로 수사 권한 및 사법경찰에 대한 수사지휘 권한은 없고 중대 범죄에 대한 기소 권한만 행사한다. 다만, DPP는 사법경찰에게 일반적 지침이나 조언, 자문을 제공하고 있고, 사법경찰이 요청한 경우 구체적인 지침을 제공한다.[343]

한편, 아일랜드에서는 사소한 경미범죄와 관련하여서는 지방법원에서 대부분 약식기소로 기소를 진행한다. 그러나 중대하고 심각한 범죄에 대해서는 검찰청에 소속된 검사와 지방검찰청에 소속된 검사가 기소를 담당한다.[344]

결국 검찰로 볼 수 있는 DPP가 수사 권한 및 사법경찰에 대한 수사지휘 권한은 없고, 중대 범죄에 대한 기소 권한만 행사한다는 점에서 전형적인 영미식 제도를 답습하고 있다고 볼 수 있다.

❻ 호 주

(1) 헌법 규정

영연방에 속하는 호주는 1787년부터 약 100여년간 영국의 식민지배를 받아왔다. 이러한 역사적 배경에 따라 호주는 영국의 사법제도인 보통법체계(Common Law System)를 자연스레 받아들이게 되었으며,[345] 오늘날에도 형사사법제도의

---

342 ⟨https://www.dppireland.ie⟩.

343 ⟨https://www.dppireland.ie/about_us/⟩, "She enforces the criminal law in the courts on behalf of the People of Ireland; directs and supervises public prosecutions on indictment in the courts; and gives general direction and advice to the Garda Síochána in relation to summary cases and specific direction in such cases where requested."

344 https://www.dppireland.ie/about_us/criminal_process_chart/.

345 전통적으로 영국사법체계를 받아들인 호주의 법원(法源)은 보통법의 전통에 따라 일찍이 판례법이 자리잡았으나, 중간에 판례법 외에도 성문법(statute law), 원주민관습법(aboriginal customary law)도 혼재하고 있다. 현재 호주는 판례법의 비중이 적지 않기는 하나, 퀸즐랜드(Queensland)주를 중심으로 하여 대부분의 주에서는 판례법에서 성문법으로 변경하였다고 한다(이에 대해서는 박장우, 호주의 형사사법제도 개관, 해외연수검사연구논문집, 법무

큰 틀은 영국과 크게 다르지 않다. 따라서 호주도 영국식 사법제도를 도입·발전시킨 관계로 전형적인 영미법 소송제도가 자리잡게 되어, 호주도 당사자주의, 배심재판제도를 채택하고 있으며, 피고인의 방어권보장을 위한 무죄추정원칙, 진술거부권, 합리적 의심의 여지가 없는 증명, 진술거부권 등의 원칙도 그대로 준수되고 있다. 다만, 호주는 영국과는 달리 다양한 민족이 공존하는 연방제국가346이므로 이러한 연방국가의 특성에 기인한 독특한 사법형태가 결합되어 있다. 대표적으로는 이들 다양한 민족의 분쟁을 효과적으로 해결할 수 있도록 법원(Court) 외에 여러 특별재판소(Tribunal)를 설치·운영하고 있다.347

호주는 1900년 연방헌법이 제정됨과 동시에 1901.1.1. 호주 연방이 발족되어 현재는 연방정부와 주정부(6개의 주와 2개의 특별자치구) 그리고 약 700개의 지방정부로 구성되어 있다. 이러한 연방국가의 특성은 사법제도에서도 그대로 드러나는데, 연방과 각 주가 각자 독특한 사법제도를 갖는 이원적 사법시스템으로 운용되고 있다. 먼저 호주에서 법원은 크게 연방 관련 사건을 다루는 연방법원과 각 州 별로 설치된 주법원이 있으며, 주법원은 다시 간이법원(Magistrate Court), 지방법원(District Court), 대법원(Supreme Court)으로 분류된다. 연방법원의 경우 연방보통법원(Federal Court), 연방가정법원(Family Court) 및 연방최고법원(High Court)으로 구분된다.

다만, 호주는 영연방이어서 영국의 보통법(common law)을 계수하면서 대배심(Grand Jury)제도를 오래도록 유지하여 왔으나, 최근 들어 검찰제도를 도입하면서 이러한 전통적인 대배심제를 폐지하고 검찰이 형사사법체계에서 중요한 역할로 자리잡아가고 있다.

연수원, 685면, 참조).

346   퀸즐랜드(Queensland)州, 뉴사우스웨일즈(New South Wales)州, 노던준주(Northern Territory)州, 사우스오스트레일리아(South Australia)州, 웨스턴오스트레일리아(Western Australia) 州, 빅토리아(Victoria)州의 6개의 州로 구성된 호주에서 퀸즐랜드주가 성문법체계가 가장 발달되었다.

347   박장우, 위의 논문, 686면.

(2) 형사소송법 규정

　　호주의 검찰은 연방348이나 주(州)349를 불문하고 수사 권한 및 사법경찰에 대한 수사지휘 권한이 없고, 기소 권한만 있다. 다만, 사법경찰의 수사에 대한 조언(advice)은 당연히 가능하다.350 구체적으로 살펴보면, 대부분의 형사사건을 다루고 있는 주(州)의 경우 경찰이 수사 권한을 행사함은 물론이고 사인소추주의의 전통에 따라 대부분의 사건에 대한 기소 권한을 행사한다. 특히 호주 인구의 약 1/3이 거주하는 뉴사우스웨일즈 州의 경우 경찰에 소속된 경찰소추관351 (Police Prosecutor)이 약 95%의 형사사건을 기소한다.352 연방의 경우, 연방검찰청은 2015.~2016. 연간에 43개 연방수사기관으로부터 3,253건을 접수받아 3,029건을 처리하였으나, 같은 기간 연방국세청(Australian Taxation Office)은 1,900건, 연방증권및투자위원회(The Australian Securities and Investments Commission)가 410명을 기소하는 등, 아직 검찰이 아닌 기관이 기소까지 담당하고 있는 상황이다.353

　　결국 호주는 Common Law의 전통에 따라 경찰기관이 수사 권한은 물론 대부분의 사건에 대한 기소 권한을 행사하고 있고, 신생 조직(1984년 연방검찰 설립354)인 검찰은 공소유지와 일부 범죄에 대한 제한적인 기소 권한을 행사하고 있다. 즉 검찰제도가 발전단계에 있는 실정이라고 할 수 있다. 다만, 호주에

348　⟨https://www.cdpp.gov.au/prosecution-process/steps-prosecution⟩.

349　예컨대 뉴사우스웨일즈 州 검찰, ⟨http://www.odpp.nsw.gov.au/faqs/faq-odpp⟩.

350　PROSECUTION POLICY OF THE COMMONWEALTH 3.3 The DPP does not investigate allegations that offences have been committed. Investigations are carried out by the Australian Federal Police (AFP) or another Government investigation agency or agency with investigative capabilities ("investigative agency"). The DPP may provide advice to the investigative agency on legal issues during the investigation.

351　조직법상 검찰에 소속된 검사가 아니라 경찰에 소속되어 소추업무를 담당하는 경찰관이고 법률적으로 수사에 관한 권한이 공식적으로 부여되지 않은 기관이므로 '경찰소추관'으로 번역하였다.

352　⟨http://www.police.nsw.gov.au/about_us/structure/specialist_operations/police_prosecutions_command⟩.

353　ANNUAL REPORT 2015-16 COMMONWEALTH DIRECTOR OF PUBLIC PROSECUTIONS.

354　⟨https://www.cdpp.gov.au/about-us⟩.

서는 특별수사기구의 기능과 권한이 방대하여 이로부터 발생할 권력남용 및 인권침해 등을 방지하기 위해 수사와 기소를 분리하여 검사에게 기소에 관한 전권을 부여하고 있다. 대표적으로는 연방 차원에서 1982년에 설립된 국가범죄국(National Crime Authority)을 들 수 있으며, 주 차원에서는 1988년 뉴사우스웨일즈(New South Wales)州에 설립된 반부패독립위원회(Independent Commission Against Corruption), 1989년 퀸즐랜드州에 설립된 형사정의위원회(Criminal Justice Commission) 등이 있다.

❼ 뉴질랜드

(1) 헌법 규정

뉴질랜드도 영미법계 국가이므로 헌법상 검찰에 관한 규정이 없다.

(2) 형사소송법 등 규정

뉴질랜드의 경우 경찰이 수사 권한은 물론 대부분의 범죄에 대한 기소 권한까지 행사하고 있고, 경찰에 소속된 212명의 경찰소추관이 기소 권한을 행사한다.355 중범죄에 대한 소추기능을 담당하는 Crown Law Office가 있으나, 이는 그 기관의 다양한 기능 중 일부에 불과하다.356 즉, 뉴질랜드에는 검찰이라고 칭할만한 기관이 따로 없는 형편이다.

한편 뉴질랜드도 England와 같이 중대 경제범죄 등의 수사를 위해 따로 중대비리수사청(SFO, Serious Fraud Office)을 설립하여 수사 권한과 기소 권한을 부여하고 있다.357

결국 뉴질랜드는 아직 Common Law의 전통을 충실히 따르고 있는 국가

---

355 〈http://www.police.govt.nz/about-us/structure/teams-units/police-prosecution-service〉.
356 〈http://www.crownlaw.govt.nz/about-us/law-officers/〉.
357 〈https://www.sfo.govt.nz/our-purpose-and-role〉.

로 수사 권한을 행사하는 경찰이 기소 권한을 행사하고 있고 검찰이라고 칭할 만한 기관도 따로 없는 상황으로 검찰제도 자체가 제대로 발전되지 않은 국가라고 볼 수밖에 없다.

제 4 절 ┃ OECD 회원국의 입법례 비교·분석

Ⅰ. 서 설[358]

세계의 모든 나라는 각 나라의 상황에 따라 실체적 진실발견과 국민의 인권보장 사이의 조화를 위하여 각자의 제도를 발전시켜 왔고, 그에 따라 일찍이 검찰제도를 정착시킨 나라도 있고 최근에 비로소 검찰제도를 창설한 나라도 있으며 아직 검찰제도가 없는 나라도 있다. 위와 같이 다양한 스펙트럼을 보이는 외국의 제도를 분석하여 일응의 표준을 추출하기 위해서는 적어도 그만한 결론을 낼만큼의 적절한 표본을 추출하여야 하고 그 분석도 객관적이어야 한다. 특정 소수 국가만을 대상으로 각국 제도의 역사적 맥락 등은 무시한 채 우리나라와의 차이점만 부각한 다음 '수사와 기소의 분리가 Global Standard'라고 주장하는 것은 분석대상이나 논증 자체에 있어 바람직한 분석이라고 보기 어렵다.

그런데, 위에서 살펴본 바와 같이 약 80%에 이르는 압도적인 다수의 선진국, 다수 국가 간 조약이나 유엔에 의해 창설된 각종 국제형사재판소, 유럽연합 20개국이 총의를 모아 창설한 '유럽검찰청'이 채택한 검찰제도는 검사가 기소 권한은 물론 수사 권한과 사법경찰에 대한 수사지휘 권한을 보유하면서 수사 전반을 통제하는 시스템이다. 바로 이것이 세계적으로도 보편적인 시스템인 것이다. 나아가 검사는 기소만 전담하고 수사는 오직 경찰만이 전담하는 식으로 '수사와 기소가 분리'된 곳은 주권국가든 국제기구든 어디에도 없다. 일부 논자

---

358 이하 내용은 이해의 편의를 위하여 신태훈, '이른바 수사와 기소 분리론'에 대한 비교법적 분석과 비판, 형사법의 신동향 통권 제57호(2017. 12.) 118-120면을 그대로 옮긴 것이다.

들이 계수를 주장하는 England도 마찬가지이다. 나아가 England를 비롯한 영미법계 국가에서도 사법경찰의 수사에 대한 검사의 관여는 날로 강화되는 상황이다. 이를 '지휘'라고 칭하든 '조언'이라고 지칭하든 표현의 문제일 뿐, 검사가 사법경찰의 수사에 개입하고 있고 그 경향이 확대되고 있다는 것은 명백한 사실이다.359 애초에 검사의 수사지휘가 강력한 프랑스에서 경찰수사의 질까지 통제하도록 지휘 권한을 강화한 것이 불과 4년 전이다. 요컨대, 수사·기소 제도의 'Global Standard'가 존재한다면 그것은 검사가 수사 전반을 통합하는 시스템이다. 이것이 세계적인 표준이며 국제적인 추세이다. 즉, '수사·기소 분리가 Global Standard'라는 주장은 '팩트'와는 거리가 멀고, 정치적 슬로건에 가까운 주장이라고 볼 수밖에 없다.

그리고 '수사와 기소의 분리'가 옳은 방향이라면, 왜 절대 다수의 선진국이나 각종 국제형사재판소, 그리고 '유럽검찰청'이 그러한 시스템을 채택하지 않는 것인지 깊이 생각해 보아야 한다. 이들이 일치하여 인권의 중요성을 무시하거나 권력분립의 원칙을 몰라서 그러는 것은 아닐 것이다. 오히려 검사가 수사를 주재하고 경찰을 통제하는 것이 실체진실의 발견과 국민의 인권보호에 더 적합하다는 확고한 인식이 있기 때문이라고 보아야 할 것이다.

우리나라 검찰제도는 우리나라에서 발명한 것이 아니다. 일본을 거쳐 독일과 프랑스 등 대륙법계의 검찰제도를 계수한 것으로, 절대 다수의 선진국에서 채용된 시스템과 유사한 제도이고, 그에 따라 검사가 수사 전반을 통제하는 체제를 보유하고 있는 것이다. 즉, 일부 견해와 같이 전세계적으로 유별난 제도가 아니라 세계적으로 보편적인 시스템의 일부인 것이다. 그럼에도 불구하고 일각에서는 위와 같은 사실을 도외시하면서, 우리 검찰제도가 일제의 잔재라는 뉘앙스를 주기 위하여 앞뒤 다 자르고 우리나라가 일제강점기의 검찰제도를 그대로 유지하고 있다고 주장한다.360

---

359 신태훈, 앞의 논문, 119면.

360 서보학, "Global Standard에 부합하는 수사·기소 분리", 「견제와 균형을 위한 검찰 개혁 어떻게 할 것인가?」, 국회의원 민병두/소병훈/금태섭/민주사회를 위한 변호사모임 주최 자료집(2017. 1. 24.), 20면.

그렇다면 왜 우리나라에서만 유독 검찰이 국민의 혹독한 비판을 받고 검찰개혁 여론이 강력한 것인가? 우리나라와 유사한 시스템을 가진 대다수의 선진국이나 국제형사재판소에서 이런 여론이 발생하지 않는 것을 보면 '수사와 기소가 분리'되지 않아서 발생하는 문제는 아니다. 즉 기본적인 시스템에 거대한 문제점이 있는 것으로 침소봉대하여 해결할 일은 아닌 것이다. 결국 세부적인 제도설계와 운용의 문제라고 할 수밖에 없다. 즉, 검찰이 인권옹호기관으로서 역할을 하지 못한다면 그 역할을 제대로 할 수 있도록 제도와 관행을 고쳐야 할 것이다.

문제는 검찰의 수사 권한과 수사지휘 권한을 박탈하여 이를 공수처 및 경찰에게 부여한다고 하여 국민의 인권이 보장되는 것은 아니라는 점이다. 오히려 존재하는 통제장치마저 제거함으로써 그 반대의 결과가 초래될 것이라고 보는 것이 더 합리적인 예상이다.

이하에서는 OECD 회원국의 영장 규정 등을 비교함으로써 검찰제도의 인권보장적 기능을 살펴보고자 한다.

II. OECD 회원국의 영장 규정 비교·분석

❶ 동아시아 2개국

(1) 한 국

헌법 제12조 및 제16조에서 검사의 신청을 명문으로 규정하고 있다. 그런데 우리 헌법상 검사의 영장청구권 조항의 진정한 가치는, 강제처분에 있어서 경찰의 권한남용을 방지하기 위해서는 단순히 법관의 영장을 받는 제도만으로 하여 법관의 심사만으로는 부족하고, 검사가 영장청구 전에 한 번 더 심사하여 2중의 심사 장치를 만듦으로써 더욱 강력한 통제장치를 만들고자 함에 있다고 보아야 할 것이다.

(2) 일 본

형사소송법에 의하면 검찰·경찰 모두 체포영장(제199조)³⁶¹·압수수색영장
(제218조)³⁶²을 법원에 청구하는 것이 가능하지만, 구류권한은 검찰에게만 인정된
다. 따라서 경찰은 체포 후 48시간 내 검찰에 신병을 인계해야 하며(제203조),³⁶³
검찰은 신병을 인계받아 피의자에게 변명의 기회를 주고 24시간 이내에 구류청
구 및 석방을 결정하거나 곧바로 공소를 제기할 수도 있다(제205조).³⁶⁴ 이와 같
이 체포전치주의를 취하는 이유는 피의자의 신병을 구속하더라도 처음 신병을
구속할 때부터 혐의의 존재와 구속의 필요성을 일의적으로 명백하게 하기는 어
렵고, 또한 처음부터 10일간의 구속을 하기보다는 우선은 체포라는 단기간의
신병구속을 하고 그 사이에 일정한 수사를 진행하여 혐의가 없거나 신병구속이
필요 없는 사람은 석방시키고, 아울러 검찰관이 신병구속의 필요가 있다고 판
단한 사람에 대하여는 체포보다 더 한층 엄격한 요건에 따라 재차 사법심사를
거치게 함으로써, 피의자의 인권을 지키면서 수사의 유동적인 상황에 대처하려

---

361 제199조 ① 검찰관, 검찰사무관 또는 사법경찰직원은 피의자가 죄를 범하였다고 의심하기
에 족한 상당한 이유가 있는 때에는 재판관이 미리 발부한 체포영장에 의하여 체포할 수
있다.
362 제218조 ① 검찰관, 검찰사무관 또는 사법경찰직원은 범죄의 수사를 함에 대하여 필요가
있는 때에는 재판관이 발부한 영장에 의하여 압수, 수색 또는 검증을 할 수 있다. 이 경우
에 있어서 신체의 검사는 신체검사영장에 의하여 하지 아니하면 아니된다.
363 제203조 ① 사법경찰원은 체포장에 의하여 피의자를 체포한 때 또는 체포장에 의하여 체
포된 피의자를 인수한 때는 즉시 범죄사실의 요지 및 변호인을 선임할 수 있다는 취지를
알린 후 변명의 기회를 주고, 유치의 필요가 없다고 사료하는 때에는 즉시 석방하며, 유치
의 필요가 있다고 사료하는 때에는 피의자의 신체를 구속된 때부터 48시간 이내에 서류
및 증거물과 함께 피의자를 검찰관에게 송치하는 절차를 취하지 아니하면 아니된다.
364 제205조 ① 검찰관은 제203조의 규정에 의하여 송치된 피의자를 인수한 때에는 변명의
기회를 주고, 유치의 필요가 없다고 사료하는 때에는 즉시 피의자를 석방하며, 유치의 필요
가 있다고 사료하는 때에는 피의자를 인수한 때로부터 24시간 이내에 재판관에게 피의자
의 구류를 청구하지 아니하면 아니된다.
③ 전2항의 시간의 제한 내에 공소를 제기한 때에는 구류의 청구를 할 것을 요하지 아니한다.
④ 제1항 및 제2항의 시간의 제한 내에 구류의 청구 또는 공소의 제기를 하지 아니한 때
에는 즉시 피의자를 석방하지 아니하면 아니된다.

고 하였기 때문이다.365

　　검찰의 구류기간은 최대 20일이 원칙이고, 내란·외환의 범죄 등 일부 범죄에 한해 최대 25일까지 연장이 가능하다.366 통상 경찰은 구속영장신청권이 없기 때문에 구속사건은 필연적으로 검찰사건이지만, 구속 이후라도 경찰은 검사의 지휘나 스스로 판단에 따라 증거관계에 필요한 내용에 대해서 수사를 진행할 수 있는데, 다만, 경찰이 구속 이후 조사나 압수수색 등 수사를 진행한 경우에는 그 내용 및 결과를 검사에게 보고해야 하며, 검사가 조사할 경우, 경찰사건에 대해서는 피의자를 검찰청으로 호송하도록 한 후 조사하고, 검찰 직접사건에 대해서는 구치소에서 검찰청에 피의자를 호송하지 아니하므로 검사가 구치소에 있는 조사실에 직접 가서 피의자를 조사한다.

❷ 서아시아 2개국

(1) 터 키

　　검사가 수사의 주체이며, 경찰은 검찰과는 독립되어 있는 독자적인 수사권을 가지고 있지 않다. 따라서 검사가 영장청구권을 가지며, 경찰은 독자적 영장청구권을 가지고 있지 않다.

---

365 히라라기 토키오(조균석 역), 일본형사소송법, 박영사, 2012, 130면.

366 제208조 ① 전조의 규정에 의하여 피의자를 구류한 사건에 대하여 구류의 청구를 한 날로부터 10일 이내에 공소를 제기하지 아니한 때에는 검찰관은 즉시 피의자를 석방하지 아니하면 아니된다.
　　② 재판관은 부득이한 사유가 있다고 인정하는 때에는 검찰관의 청구에 의하여 전항의 기간을 연장할 수 있다. 그 기간의 연장은 합하여 10일을 초과할 수 없다.
　　제208조의2 재판관은 형법 제2편 제2장 내지 제4장 또는 제8장의 죄에 해당하는 사건에 대하여는 검찰관의 청구에 의하여 전조 제2항의 규정에 의하여 연장된 기간을 다시 연장할 수 있다. 그 기간의 연장은 합하여 5일을 초과할 수 없다.

(2) 이스라엘

영미법계 국가이므로 '체포'와 별도로 공판 전 수사를 위한 '구속'제도가 존재하지 않는다. 체포영장은 경찰이 법관에게 신청할 수 있다.

❸ 서유럽 7개국

(1) 독 일

독일에서 신병에 관한 제도는 ① 영장에 의한 구속과 ② 영장에 의하지 아니한 가체포(현행범체포, 긴급체포로 나뉘지만, 계속 구금을 위해서는 사후영장이 필요함)로 구별되는데, 이 중 구속(미결구금)은 수사절차(형소법 제112조 제2항 제1호)와 집행절차에서의 피의자(피고인)의 신병확보(형소법 제457조 제2항) 이외에 재범의 위험성을 방지(형소법 제112조a)하고 증거인멸을 막는(형소법 제112조 제2항 제3호) 제도로서, 구속영장367에 의한 미결구금의 부과주체는 예외 없이 판사이다. 다만, 이 중 영장에 의한 체포제도는 별도로 없어 우리와 같이 신병이 확보되지 않은 피의자의 구속을 위해서 먼저 체포영장을 발부받는 방식이 아니라, 가체포하거나 가체포 사유가 없는 경우 판사로부터 구속영장을 발부받아 이를 집행하고 익일까지 판사에게 피의자를 인치하여 구속을 유지할지 여부를 판단받는 방식이다.

현재 독일 형사소송법상 피의자의 출석을 확보하기 위한 제도로 미결구금,368 체포,369 구인,370 체포를 위한 수배명령371이 인정되고 있고, 체포와 구인 및 수배명령의 요건은 부분적으로 미결구금의 요건과 동일하다. 그리고 수사단계

367　서면으로 행해진다(형소법 제114조).
368　구속을 의미 - 형소법 제112조, 제112조a, 제457조 제2항.
369　형소법 제127조, 제127조b, 제128조, 제163조a, 제163조c, 형소법 제230조 제2항 등.
370　형소법 제134조 제1항, 제163조a 제3항 제2문.
371　형소법 제131조, 제131조a.

에서 구속사유는 도망(Flucht) 또는 도망의 위험(Fluchtgefahr),372 증거인멸위험 (Verdunkelungsgefahr),373 범죄의 중대성(bestimmten Straftaten der Schwerkriminalität),374 재범의 위험성(Wiederholungsgefahr)375이다.

　　현재 검사가 수사의 주체이며, 경찰은 검찰과 독립된 독자적인 수사권을 가지고 있지 않다. 따라서 검사가 영장청구권을 가지며 경찰은 독자적 영장청 구권을 가지고 있지 않다. 즉, 검사의 구속영장 청구에 대하여 판사가 피의자를 직접 신문(Vernehmung)하고, 판사는 구속·구속유지결정 또는 구속청구기각·구 속취소결정·구속집행유예376(StPO 제116조, Aussetzung des Vollzugs des Haftbefehls) 결정을 한다. 다만, 우리나라와 달리 독일에서 수사기관의 구속기간에 대하여는 별다른 제한이 없는 바, 수사·재판단계의 구분 없이 구속기간을 6개월로 하되 고등법원의 구속심사를 거치면 계속적인 연장이 가능하며,377 구속되면 판결시 까지 하나의 구속으로 본다.

　　한편, 압수·수색·검증 등과 같은 강제처분에는 원칙적으로 법관의 명령을 필요로 하고, 그 형식은 서면에 국한되지 않고 구두, 전화 또는 팩스로도 가능 하며, 사법경찰의 신청권이 별도로 존재하지 않고, 긴급을 요하는 경우 검사와 그 수사요원(Ermittlungspersonen der Staatsanwaltschaft)은 압수가 가능하다(StPO 제 98조 단서). 전술(前述)한 것처럼 독일은 강제처분의 종류가 다양하고, 그 요건을 죄명에 따라 특색있게 규정하고 있으며, "판사만이 ..." 강제처분권을 가짐을 원

372　형소법 제112조 제2항 제1호, 제2호.

373　형소법 제112조 제2항 제3호.

374　형소법 제112조 제3항(타인의 생명과 신체를 위태롭게 하는 특정한 중범죄(예컨대, 테러단 체조직, 살인, 인종학살, 중상해, 중방화 등)에 한함).

375　형소법 제112조a(강간 등 성범죄, 중상해, 상해치사, 중절도, 강도, 공갈, 사기, 방화 등 특 정한 중범죄에 한함).

376　구속결정은 하되 구속보다 경한 조건을 부과하여 구속을 대체하는 제도로서, 영미법상 보 석제도와 그 실질이 같다고 평가할 수 있다.

377　형소법 제121조 참조(예외 제112조a – 재범위험성을 이유로 한 구속은 1년 초과 불가 / 제130조 – 친고죄의 경우 고소가 없으면 구속은 1주일의 한도 내에서만 허용). 구속연장 을 위한 고등법원의 구속심사는 늦어도 3개월 단위로 반복되어야 한다(형소법 제122조 제 4항).

칙으로 규정하고, 구체적 압수대상에 따라 사법경찰관(검찰의 수사요원)의 처분권을 배제한 채 검사만이 할 수 있는 강제처분권도 규정하고 있다. 특히, 최근 혈액샘플압수명령권한이 형사소송법 개정(StPO 제81조의a 제2항)으로 검사와 그 수사요원에게도 인정되어 법관과 동일한 명령권한을 가지게 되었다.

(2) 프랑스

전술(前述)한 것처럼, 프랑스 형사소송법상 영장378으로 ① 체포유치영장 (mandat de recherche), ② 소환영장(mandat de comparution),379 ③ 구인영장(mandat d'amener),380 ④ 체포영장(mandat d'arrêt), ⑤ 구금영장(mandat de dépôt) 등이 있는데, 구금영장을 제외한 4개의 영장은 수사판사가 발부하며, 필요시 직권으로 발부하는 것이 원칙이고, 구금영장은 석방구금판사가 발부한다. 다만, 체포유치영장은 수사판사 뿐 아니라 검사도 중죄 현행범과 구금형 3년 이상의 경죄 현행범의 경우 발부할 수 있는데(CPP 제70조, 제77조의4), 판사의 개입없이 초동수사 단계에서 직접 검사가 영장을 발부하게 하여 중범죄자를 강제수사할 수 있도록 권한을 강화하였다(2004. 3. 9. 도입, L. nº 2004-204 du 9 mars 2004).

통상 검사가 예심수사 개시청구(réquisitoire introductif) 또는 보완청구(réquisitoire supplétif)를 수사판사에게 청구하면, 수사판사는 검사의 청구를 첨부하여 이유를 붙인 결정으로 석방구금판사에게 구속을 청구한다. 다만, 예외적으로 중죄 또는 10년 구금형에 해당하는 경죄로서 특정 구속사유가 존재하는 경우, 검사는 수사

---

378 대물적 강제처분을 위한 압수수색영장이나 통신제한 조치와 관련된 영장은 없다(김종구 외, 앞의 책, 75면).

379 소환영장과 관련하여서는 예심참고인(témoin-assisté), 예심피의자도 발부대상이고, 영장에 지시된 일시·장소에 영장 기재된 사람을 수사판사 앞에 출석하도록 통지하는 형태이고(형소법 제122조 제3, 4항), 만약 영장을 송달받은 사람이 출석하지 않는다면 구인영장을 발부할 수 있다.

380 체포영장이 주거가 일정치 않고 도주한 피의자에 대한 것인 반면, 구인영장은 주거가 일정한 피의자에 대한 것으로서 수사판사는 구인된 피의자를 즉시 심문하여야 하고(구금영장을 청구한 경우에는 구치소에 구금할 수 있음), 그렇지 못한 경우에는 최대 24시간 동안 구치소에 구금할 수 있고, 이송하여야 하는 경우에는 최대 4일까지 구금이 가능하다.

판사를 경유하지 않고 직접 석방구금판사에게 구속을 청구할 수 있다.

　　프랑스의 경우 수사과정에서 구속기간을 별도로 지정하지 않으나, 경죄의 경우 원칙적으로 4개월을 초과할 수 없고(최대 2년 4개월까지 가능),[381] 중죄의 경우 원칙적으로 1년을 초과할 수 없다(최대 4년 8개월까지 가능).[382]

　　한편, 검사가 수사의 주체이며, 경찰은 검찰과는 독립되어 있는 독자적인 수사권을 가지고 있지 않다. 따라서 검사가 영장청구권을 가지며, 경찰은 독자적 영장청구권을 가지고 있지 않다. 다만, 사법경찰관은 현행범수사[383]의 경우 혐의자에 대한 보호유치, 압수수색 등 폭넓은 권한이 인정되지만, 보호유치시 검사에게 즉시 보고한 후 검사의 통제를 받고, 압수시 압수유지를 위해서는 검사의 동의를 받아야 하며, 예비수사에서의 압수수색은 현행범수사와 달리 검사의 지시 또는 사전 허가를 얻어야 가능하다.

(3) 네덜란드

　　네덜란드 형사소송법상 3일을 최장기로 하는 '구속'(Police custody)은 검사나 보조검사의 명령으로, 그 이상을 기간으로 하는 '재구속'(Detention on remand, 우리나라 형사소송법상의 구속이 이에 해당)은 검사의 청구에 의해 법원이 행한다.[384]

381　형소법(CPP) 제145조의1(예외적인 경우 4개월을 초과하지 않는 기간 동안 연장 가능하며, 국외 범죄나 마약·조직범죄 등에 대해서는 2년까지 연장 가능하고, 나아가 피의자 석방이 사람들과 재산에 관한 안전에 대해 특별하게 심각한 위험을 야기시킬 수 있을 때에는 고등법원 예심부의 결정으로 최장 2년에서 4개월 추가 연장이 가능(총 2년 4개월)하다).

382　형소법(CPP) 제145조의2(6개월 기간으로 구속연장 가능하고, 법정형이 20년 미만인 경우에는 2년, 그 외에는 3년을 초과할 수 없음. 경죄와 마찬가지로 국외 범죄나 마약·조직범죄 등에 대해서는 4년까지 연장 가능하고, 나아가 피의자 석방이 사람들과 재산에 관한 안전에 대해 특별하게 심각한 위험을 야기시킬 수 있을 때에는 고등법원 예심부의 결정으로 최장 4년에서 4개월 추가 연장 가능하고 같은 요건·방식으로 1회 더 갱신이 가능(총 4년 8개월)하다).

383　현행범수사는 8일 동안만 가능하고, 8일 동안 하루라도 수사가 중단되어서는 아니되는 제한이 있다(검사는 중죄 또는 5년 이상의 구금형에 처해지는 경죄의 경우 최대 8일간 연장 결정 가능).

384　하재욱, "네덜란드 형사소송법상 피의자의 지위", 국회훈련검사 연구논문집 제26집, 2011, 304-305면.

따라서 법률상 영장청구권은 검사에게 있다.

(4) 룩셈부르크

검사가 수사의 주체이며, 경찰은 검찰과는 독립되어 있는 독자적인 수사권을 가지고 있지 않다. 따라서 검사가 영장청구권을 가지며, 경찰은 독자적 영장청구권을 가지고 있지 않다.

(5) 벨기에

벨기에 형사소송법상 대인적 강제처분에는 체포와 구속이 있다. 체포에는 영장에 의한 체포와 무영장 체포가 있다. 검사와 검사를 조력하는 경찰관은 현행범 상태의 피의자를 체포할 수 있다(형사소송법 제40조, 제49조, 제50조). 이 경우 자유의 박탈(공식적인 체포를 포함)은 혐의자가 더 이상 이동의 자유를 행사할 수 없게 된 시점부터 24시간을 초과할 수 없다(헌법 7조). 검사가 혐의자를 24시간 이상 체포하여야 할 경우 수사판사에게 체포영장을 발부하여 줄 것을 청구한다. 현행범 이외의 경우에는 수사판사가 이유를 기재해 발부한 영장에 의하여 피의자를 체포할 수 있다. 이 경우 체포영장청구의 주체는 검사이며, 영장발부에 대한 검사의 청구를 수사판사가 기각하더라도 검사는 이에 대하여 불복할 수 없다. 영장에 의한 체포가 가능하기 위해서는 당해 피의사실에 해당하는 범죄의 법정형이 장기 1년 이상이어야 한다.

한편, 구속은 판사에 의하여 결정되는데, 구속영장은 수사판사의 직권으로 또는 검사의 청구에 의하여 발부되고 영장 발부를 거부하는 수사판사의 결정에 대하여 불복방법이 없다. 경찰은 판사에 대한 구속영장발부를 청구할 권한이 없다. 주거에 대한 압수수색의 경우 원칙적으로 수사판사가 발부한 영장에 의하여 이루어져야 한다(형사소송법 제89조). 다만, 현행범의 경우 수사판사의 영장 없이 검사나 경찰이 압수수색할 수 있다(형사소송법 제35조 내지 제39조, 제49조, 제52조). 이에 반해 신체에 대한 압수수색의 경우에는 경찰관의 독자적인 처분이 가능하다. 즉, 경찰관은 안전을 이유로 체포된 사람, 무기 또는 위험한 물건을 소지하고 있다고 믿을만한 합리적인 근거가 있는 사람에 대한 수색을 행할 수 있고, 이 수색에는 소지품뿐만 아니라 의복과 신체에 대한 수색이 포함된다(1992년 8월 5일자 법률 제28조 제1항). 또한 사법경찰의 지시 또는 책임 하에 경찰관은 체포된 피의자 또는 범죄를 입증할 증거물을 소지하고 있다는 의심을 받는 사람을 수색할 수 있다(1992년 8월 5일자 법률 제28조 제2항). 다만, 공판전 구금은 형사소송법이 아닌 '공판전 구금에 관한 법률(Statute on Detention on Remand, SDR)'로 규율하고 있다. 이 법률에 의하면 수사판사에게 구금영장의 발부를 청구할 권한은 경찰이 아닌 검사에게 주어져 있다.385

(6) 스위스

형사소송법에 의하면 검사가 법관에게 구금영장 청구권을 가지고 있다(제224조 제2항).

(7) 오스트리아

영장청구권은 법률상 검사에게 전속한다.386 즉, 오스트리아에서 체포는 원칙적으로는 검찰의 청구에 의한 법원의 승인으로부터 검찰이 사법경찰에 지시를 함으로써 사법경찰이 수행한다. 이때 검찰의 사법경찰에 대한 지시는 문서로 하여야 하나, 급박한 경우에는 구두로도 가능하다. 반면에 검찰지시 없이 사법경찰 스스로 체포할 수 있는 경우가 있다(제171조 제2항). 첫째, 현행범과 관련된 경우로서, 이때에는 사법경찰은 검사의 승인 없이 독자적으로 피의자를

---

385   Kalmthout, et al., *Pre-trial Detention in the European Union: An Analysis of Minimum Standards in Pre-trial Detention and the Grounds for Regular Review in the Member States of the EU*(Wolf Legal Publishers, 2009), 173면.

386   유럽연합의 'GREEN PAPER: Strengthening mutual trust in the European judicial area – A Green Paper on the application of EU criminal justice legislation in the field of detention'에 대한 오스트리아 법무부의 설문응답서(http://ec.europa.eu/justice/newsroom/criminal/opinion/files/110510/grunbuch_-_beantwortete_fragen_en.pdf), 1면.

체포할 수 있다(제170조 제1항 제1호). 둘째, '급박한 경우'[387]로서, 검사의 승인을 받을 시간적 여유가 없는 경우에는 사법경찰 스스로 피의자를 체포할 수 있도록 하고 있다(제171조 제2항). 이러한 급박한 경우시에는 도주우려, 증거인멸우려, 범죄실행위험이 아니라도 체포할 수 있다.

❹ 북유럽 9개국

(1) 덴마크

법률상 사법경찰관이 수사와 기소를 모두 담당하는 경미한 범죄를 제외한 나머지 범죄에 대하여는 검사가 영장청구권을 가진다.[388]

(2) 스웨덴

법률상 검사가 법관에게 공판 전 구금을 청구할 권한을 가지고 있다.[389]

(3) 노르웨이

법률상 협의의 검찰이 영장청구권을 가지고 있으나, 경찰이 광의의 검찰조직(소추당국)에 속해 있다고 볼 수 있고, 실제상으로도 경찰이 대부분의 일반사건을 수사·기소하며 이 경우 영장청구도 경찰이 독자적으로 한다.[390]

387　'급박한 경우'에 대하여, 헌법재판소에서는 피의자를 즉시 체포하지 않으면 도주하거나 은닉하여 실체진실을 발견하기 어렵게 하거나 범행을 반복할 우려가 있는 경우로 판시하였다(VfGJ Slg 1697).

388　유럽연합의 'European Judicial Network' 형사법 부분 홈페이지에 수록된 덴마크 검찰체계 설명자료(https://www.ejn-crimjust.europa.eu/ejnupload/InfoAbout/The_Danish_Prosecution_Service.pdf).

389　"Prosecutor: A Part of the Legal System"(스웨덴 검찰청 안내책자, 2014), 8면.

390　노르웨이 소추당국 영문홈페이지(http://www.riksadvokaten.no/no/english/).

(4) 핀란드

핀란드는 영장청구권을 형사소송법이 아닌 별도의 '강제처분에 관한 법률 (Coercive Measures Act)'에서 규정하고 있다. 동법 제12조 제1항은 사법경찰이 아닌 검찰에 공판 전 구금영장 청구권을 부여하고 있다.

(5) 아이슬란드

법률상 사법경찰관이 수사와 기소를 모두 담당하는 경미한 범죄를 제외한 나머지 범죄에 대하여는 검사가 영장청구권을 가진다.

(6) 영 국

영미법계 국가이므로 '체포'와 별도로 공판 전 수사를 위한 '구속'제도가 존재하지 않는다. 즉, 체포(arrest)가 영국의 유일한 인신구속제도이고, ① 영장없는 체포와 ② 영장에 의한 체포로 나누어지나, 영장없는 체포가 대부분이다.391 따라서 경찰관은 피의자가 범죄를 범하였거나, 범하고 있거나 혹은 범할 것이라고 믿을만한 상당한 이유가 있는 경우에는 체포영장을 발부받지 않고 피의자를 체포하는 것이 가능하다.392 이 경우 체포경찰관은 체포된 자를 경찰서의 '구금담당 경찰관'(Custody Officer)에게 신병을 인계하고, 구금담당 경찰관은 증거 충분 여부 등을 판단하는데, 체포된 피의자는 ① 통상 24시간까지 구금이 가능하나, ② 경찰서장(station superintendent)의 승인이 있으면 36시간까지 구금이 가능하고, ③ 36시간을 초과하기 위해서는 치안법원으로부터 계속구금의 영장(warrant of further detention)을 발부받아야 하며, ④ 치안법원의 허가를 받아 연장이 가능

---

391 정진수, 「인신구속제도의 일원화에 관한 연구 – 주요 선진국의 인신구속제도 비교를 중심으로」, 형사정책연구원 연구총서, 한국형사정책연구원, 2006, 37면.

392 김용진, 영미법해설, 2009, 박영사, 113면; John Sprack, *CRIMINAL PROCEDURE*, 12th, Ed., OXFORD, 13면; Police and Criminal Evidence Act 1984, 24조.

하나, 그러한 경우에도 최대 구금기간은 96시간까지이다.393 따라서 위 구금기간 내에 Charge 여부가 결정되어야 하고, Charge가 이루어지지 않으면 석방되어야 한다.

그러나 사안이 비교적 가벼운 경우에는 구두 또는 서면에 의한 고발(laying of an information)과 절차진행을 위한 영장의 발부(issue of process, 소환장 혹은 체포영장)로 절차가 개시되는 것이 보통이다.394 고발장(information)은 치안판사에게 피의자에 대한 형사절차를 개시하도록 청구하는 문서로서 주로 경찰이 제출하지만, 사인도 제출이 가능하다.395 고발장(information)이 치안판사에게 제출되면, 치안판사는 피의자의 출석을 확보하기 위하여 소환장(summons) 또는 체포영장(warrant)을 발부하는데,396 고발장을 제출받은 치안판사는 ① 고발이 서면고발로서 선서에 의하여 입증되고, ② 피고인이 유소년(juvenile)이거나 소환장에 기재할 피의자의 주소가 명확하지 않거나 혹은 고발장에 기재된 범죄가 징역형에 처할 수 있는 범죄인 경우에 소환장이 아닌 체포영장을 발부하는 것이 가능하다.397

이처럼 체포영장은 경찰이 법관에게 신청할 수 있으나, 공소국장(Director of Public Prosecutions)은 법률의 위임에 따라 경찰의 구금·석방에 대한 가이드라인(Guideline)을 제정할 수 있고,398 경찰은 해당 기준을 준수해야 할 의무가 법정되어 있다.399 또한 경찰은 구금된 피의자에 대한 기소 여부에 대한 결정에 있어서 검찰에 관련 수사기록을 제공해야 하고, 검찰은 기소 가능 또는 불가 의견을 회신하도록 되어 있으므로 검찰의 기소 가부 의견을 반영하여, 경찰은 계속 구금 또는 석방을 결정하게 된다.

---

393   김용진, 앞의 책, 119~212면.

394   김용진, 앞의 책, 123면.

395   정진수, "인신구속제도의 일원화에 관한 연구 – 주요 선진국의 인신구속제도 비교를 중심으로", 형사정책연구원 연구총서, 한국형사정책연구원, 2006, 37면.

396   정진수, 앞의 논문, 37면.

397   김용진, 영미법해설, 2009, 박영사, 129면.

398   Police and Criminal Evidence Act 1984 Part4 37A (1).

399   Police and Criminal Evidence Act 1984 Part4 37A (3).

(7) 아일랜드

영미법계 국가이므로 범죄의 수사기능은 사법경찰(Garda Síochána)의 전속적인 권한으로서, 검찰은 수사권을 가지지 않으며, 검찰은 중죄 전부와 경죄 중 일부에 대하여 검찰청이 기소권을 가진다. 이와 같이 검찰총장 이하 검찰조직은 수사기능을 가지고 있지 않기 때문에, 검찰의 수사과정에서의 영장청구권도 부여되어 있지 않다.[400] 이러한 구속, 체포, 압수, 수색 등의 강제수사는 형사사법법 1984(Criminal Justice Act 1984)를 근거로 허용되고 있다. 이때 구속 및 체포의 권한은 각각 구속위원회(Member in Charge: MIC)와 체포위원회(Arresting Member)에 의해서 결정된다.

(8) 라트비아

검사가 수사의 주체이며, 경찰은 검찰과는 독립되어 있는 독자적인 수사권을 가지고 있지 않다. 따라서 검사가 영장청구권을 가지며, 경찰은 독자적 영장청구권을 가지고 있지 않다.

(9) 에스토니아

검사가 수사의 주체이며, 경찰은 검찰과는 독립되어 있는 독자적인 수사권을 가지고 있지 않다. 따라서 검사가 영장청구권을 가지며, 경찰은 독자적 영장청구권을 가지고 있지 않다.

---

400 아일랜드 검찰청 홈페이지에 수록되어 있는 소책자 *Role of the DPP*(https://www.dppirel and.ie/filestore/documents/victims_directive_publications/ENGLISH_-_Role_of_the_ DPP.pdf), 8–9면.

❺ 남유럽 5개국

(1) 이탈리아

형사소송법상 구금영장의 청구권은 검사에게 부여되어 있다.[401]

(2) 스페인

법률상 검사는 전속적으로 법관에게 영장을 청구할 권한을 가지고 있다.

(3) 포르투칼

형사소송법에 의하면 영장청구권은 검사에게 있다(제194조).

(4) 그리스

그리스는 헌법상 검찰의 영장청구권이나 발부에 관한 규정이 존재하지 않는다. 다만 헌법에서 검사의 권한과 관련하여 예외적인 부분을 일정 언급하고 있고(헌법 제14조 제3항), 형사소송법에 의하면 공판 전 구금은 수사판사가 검사의 동의를 얻어 행한다.

(5) 슬로베니아

검사가 수사의 주체이며, 경찰은 검찰과는 독립되어 있는 독자적인 수사권을 가지고 있지 않다. 따라서 검사가 영장청구권을 가지며, 경찰은 독자적 영장

---

[401] Grazia Parisi, et al., The practice of pre–trial detention in Italy–Research report– (https://www.fairtrials.org/wp–content/uploads/The–practice–of–pre–trial–detention–in–Italy1.pdf), 14면.

청구권을 가지고 있지 않다.

❻ 동유럽 4개국

(1) 폴란드

형사소송법 제244조 제4항에 의하면, 사법경찰이 피의자를 체포한 후에 구속사유가 있는 경우에는 검사에게 구속영장청구를 신청해야 한다. 따라서 법관에게 영장을 청구할 권한은 검사에게 부여되어 있다.

(2) 체   코

검사가 수사의 주체이며, 경찰은 검찰과는 독립되어 있는 독자적인 수사권을 가지고 있지 않다. 따라서 검사가 영장청구권을 가지며, 경찰은 독자적 영장청구권을 가지고 있지 않다.

(3) 헝가리

법률상 영장청구권은 검사에게 부여되어 있다.402

(4) 슬로바키아

형사소송법상 체포 또는 구속영장은 검사의 청구에 의하여 판사가 발부한다(동법 제73조 제1항). 체포영장은 경찰이 집행한다. 주거수색, 압수, 통신감청 등의 강제수사 절차 역시 검찰의 영장청구에 의하여 법원이 영장을 발부하여

---

402 "Pre-Trial Detention in Hungary", Communiqué issued after the meeting of the Local Expert Group (Hungary), Fair Trials International, 2013, 1면.

진행될 수 있다(동법 제99조 이하).

❼ 아메리카 4개국

(1) 미 국

   영미법계 국가이므로 '체포'와 별도로 공판 전 수사를 위한 '구속'제도가
존재하지 않는다. 따라서 체포(arrest)는 미국의 유일한 인신구속제도이며,[403] 전
술한 바와 같이, 체포된 피의자는 24시간(최대 48시간) 이내에 치안판사에게 신
병이 인계되어야 한다.[404]

   미국에서 체포(arrest)란, 형사적 소추(prosecution)나 심문(interrogation)을 목
적으로 사람의 의사에 반하여 그 사람을 구금하는 것을 의미하는데,[405] 이러한
체포는 ① 영장에 의한 체포(arrest with warrant)와 ② 영장 없는 체포(arrest without
warrant)로 구분되며,[406] '영장없는 체포'가 전체 체포의 95%를 차지한다.[407]

   그리고 체포영장(arrest warrant)을 발부받기 위해서는, 피해자나 경찰관의
complaint가 치안판사에게 제출되어야 하고, 치안판사는 피의자 체포에 상당한
이유(probable cause)가 있으면, 체포영장을 발부하는데,[408] ① 범죄가 경찰관 주
변에서 발생하지 않은 경우, ② 범인이 사적인 주거지에 있고, 긴급히 체포할

---

403 정진수, "인신구속제도의 일원화에 관한 연구 – 주요 선진국의 인신구속제도 비교를 중심
       으로", 형사정책연구원 연구총서, 한국형사정책연구원, 2006, 21면.

404 영미법계에서는 경찰의 초동수사권과 그에 필요한 신병확보 차원의 체포행위가 인정되는
       것이지, 대륙법계와 같은 수사과정에서의 수사기관에 의한 구금(즉, 피의자 구속)은 원천적
       으로 배제되어 있다.

405 Rolando V. del Carmen, *Criminal Procedure* – Law and Practice –, 1995, 174면.

406 Rolando V. del Carmen, 위의 책, 37면.

407 Rolando V. del Carmen, 위의 책, 38면.

408 Rolando V. del Carmen, 위의 책, 180–182면; Complaint의 기본적인 목적은 체포영장 신
       청의 기초가 되는 것이고, 치안판사가 피의자를 체포할만한 상당한 이유(probable cause)
       가 있는지 여부를 결정할 수 있게 함; Levenson, *Federal Rules of Criminal Procedure*,
       (Thomson/West, 2003), 30면.

이유가 없는 경우, ③ 경미범죄 피의자 체포를 위하여 주거지에 들어갈 경우 등에는 '영장없는 체포'가 정당화되기 어렵고, 체포영장이 필요하다고 한다.409 다만, 보다 경미한 범죄의 경우, 피의자에게 법원에 출석하도록 하는 소환장(summons, citation)을 발부하고, 피의자가 불출석한 경우에 법원이 체포영장(bench warrant)을 발부한다.410

영장없는 체포(arrest without warrant)는, ① 중죄나 경죄가 경찰관 주변에서 발생한 경우, ② 범죄가 공공장소에서 발생한 경우, ③ 긴급한 상황이 있는 경우, ④ 경찰관에게 위험이 있는 경우 등에 가능하며,411 州 경찰이 피의자를 체포한 후 72시간(캘리포니아 등 일부 주의 경우 48시간이고, 연방은 시간규정 없음) 내에 검사가 기소 여부를 결정해야 한다.

(2) 캐나다

영미법계 국가이므로 우리나라와 같이 '체포'와 별도로 수사단계에서의 '구속'제도가 존재하지 않으며, 체포영장의 신청은 사법경찰관이 독자적으로 할 수 있다.412

(3) 멕시코

헌법에 검사의 수사권한 및 영장청구권에 관하여 규정하고 있는 것이 특징이다. 검사가 수사의 주체이며, 경찰은 검찰과는 독립되어 있는 독자적인 수사권을 가지고 있지 않다. 따라서 검사가 영장청구권을 가지며, 경찰은 독자적 영장청구권을 가지고 있지 않다.

---

409 Rolando V. del Carmen, 앞의 책, 179–180면.

410 Rolando V. del Carmen, 앞의 책, 38–39면; 연방형사소송규칙(Federal Rules of Criminal Procedure) 제4조(a)에서도 동일 내용 규정.

411 Rolando V. del Carmen, 앞의 책, 184–185면.

412 최태원, "캐나다 경찰제도 및 검사와 경찰과의 관계 연구", 국외훈련검사 연구논문집(Ⅲ) 제29집, 2014, 42–43, 46–47면.

(4) 칠 레

형사소송법상 경찰은 검사에게 영장을 신청할 수 있을 뿐이고, 영장청구권은 검사에게 있다.[413]

❽ 오세아니아 2개국

(1) 호 주

영미법계 국가이므로 '체포'와 별도로 공판 전 수사를 위한 '구속'제도가 존재하지 않는다. 체포영장은 경찰이 법관에게 신청할 수 있다.

(2) 뉴질랜드

영미법계 국가이므로 '체포'와 별도로 공판 전 수사를 위한 '구속'제도가 존재하지 않는다. 체포영장은 경찰이 법관에게 신청할 수 있다.

❾ 검 토

위와 같이 조사대상 OECD 35개국의 헌법을 분석한 결과 영장청구권에 대한 헌법규정을 가지고 있는 국가는 멕시코 1개국에 국한되어 있다. 그 외 헌법에 명문규정이 없는 국가들을 분석해보면 우선 대부분의 국가에서 영장청구권은 검사에게 부여하고 있으며, 영미법계 국가들(아일랜드, 캐나다, 호주)이 경찰에게 전속적으로 영장청구권을 부여하고 있다. 그 외 검사와 경찰에게 동시에 영장청구권을 부여하는 경우(덴마크)와 법률상 수사판사에게 강제수사권을 부여하는 경우(그리스)도 있다.

---

413 박현주, 칠레의 검사제도 연구, 대검찰청, 2008, 30면.

결국 수사의 구조 자체가 다른 영미법국가들을 제외하고 대부분의 국가에서 영장청구의 권한은 검사에게 부여되어 있다. 다만, 외국의 헌법례에 비추어 보면 헌법에 검사를 영장청구권자로 명시하는 규정을 두고 있는 경우는 극히 일부에 불과하고 대부분의 국가들에서 이를 법률에서 정하고 있다. 따라서 영장청구권의 소재를 헌법에 명시할지 여부는 헌법정책적인 영역에 해당하므로 향후 헌법개정시 기존의 명문규정을 유지할 것인지 아니면 법률차원의 규정으로 할 것인지 여부는 헌법이론적으로 정해지는 것은 아님을 알 수 있다. 다만, 검사의 수사 또는 수사지휘를 헌법에 규정하고 있는 나라도 7개국이나 되며, 검사가 직접 수사를 한다거나 사법경찰의 수사를 지휘한다는 규정에 영장신청에 대한 통제는 당연히 포함되는 것이므로 우리나라보다 훨씬 강력한 규정을 두고 있다고 보아야 할 것이다. 왜냐하면 헌법에 검사의 수사 또는 수사지휘에 대한 포괄적인 권한을 규정해 놓고 하위규범인 법률에서 검사의 통제 없이 사법경찰이 임의대로 수사하거나 구속영장을 신청하도록 규정할 수는 없기 때문이다.

Ⅲ. OECD 회원국의 인권보장 규정

❶ 검사의 지위와 권한에 대한 헌법규정

검사의 수사 권한 또는 수사지휘 권한을 법령에 명시적으로 규정하고 있는 29개국 중, 7개국은 검사의 수사 또는 수사지휘에 대한 포괄적인 권한을 헌법에 규정하고 있다. 즉, 벨기에, 오스트리아, 헝가리는 헌법에 검사의 수사 권한을 명기하고 있고, 스페인, 이탈리아, 칠레는 헌법에 검사의 사법경찰에 대한 지휘 권한을 규정하고 있으며, 멕시코는 헌법에 검사의 수사 권한과 수사지휘 권한을 모두 규정하고 있고, 특히 검사의 영장신청권까지 규정하고 있다. 또 그리스와 스웨덴은 언론의 자유와 관련하여 검사의 명령에 의한 출판물의 압수 등에 대하여 규정하고 있다. 한편 검사가 헌법상 지위를 갖고 있는 나라는 위 9개국에 더하여 슬로바키아, 슬로베니아, 체코, 포르투갈, 핀란드를 포함하여 14개국이다. 다만, 우리나라는 검사의 지위나 권한에 관하여 헌법에 규정하고 있지 않는 대신, 영장은 검사의 신청에 의하여 법관이 발부한다는 규정이 있을 뿐이다.

❷ 검사의 수사

OECD 회원국 35개국 중 27개국(약 77%)은 헌법이나 법률에 명문으로 검사의 수사 권한에 관하여 규정하고 있다. 앞에서 본 바와 같이 미국은 영미법계 국가임에도 불구하고 검사의 수사 권한을 인정하고 있다. 물론 법제도적 측면에서 검사가 수사할 권한이 있다는 것을 의미하고 실제 어느 정도 검사가 수사를 하는지는 나라마다 각기 다를 것이다.

35개국 중 약 23%에 해당하는 8개국(뉴질랜드, 슬로베니아, 아일랜드, 영국(스코틀랜드 제외), 이스라엘, 캐나다, 핀란드, 호주)은 검사의 수사권한이 명문으로 규정되어 있지 아니하다. 다만, 이들 나라 중 뉴질랜드와 영국에는 우리 검찰의 특수부와 유사한 중대부정수사처(SFO)가 설치되어 뇌물 등 중대범죄에 대한 수사와 기소를 전담하고 있다. 이 기관은 대륙법계의 검찰과 유사한 작용을 하고 있으므로 이들 나라의 경우 중대범죄에 대해서는 검사의 수사 권한이 인정되는 것으로 분류할 여지도 없지 아니하다. 그러나 일반적인 공소기관의 수사 권한이 인정되지 않으므로 일응 위 8개국에 포함시켰다. 한편, 슬로베니아와 핀란드에서는 검사의 일반적인 수사 권한은 인정되지 아니하나 경찰공무원에 대한 수사 권한은 인정된다는 점은 앞에서 본 바와 같다.

❸ 검사의 수사지휘

앞에서 상세히 살핀 바와 같이, OECD 회원국 35개국 중 28개국은 헌법이나 법률에 명문으로 검사의 사법경찰에 대한 구속력 있는 수사지휘 권한을 규정하고 있다. 주로 대륙법계 국가들이고 OECD 회원국의 약 80%에 해당하는 비율이다.

한편, 35개국 중 약 20%에 해당하는 7개국(뉴질랜드, 미국, 아일랜드, 영국(스코틀랜드 제외), 이스라엘, 캐나다, 호주)의 검사는 사법경찰에 대한 구속력 있는 지휘권한이 없다. 모두 Common Law, 즉 영미법계 국가들이고 대륙법계 국가는 한 곳도 없다. 그러나 전술한 것처럼, 비록 구속력 있는 형태는 아니나 이들 나라에서도 조언(Advice) 등의 형식으로 검사가 사법경찰의 수사에 적법하게 관여하고 있고, 아울러 전문화·복잡화되는 범죄의 양상에 대응하여 검사의 관여가 강화되는 추세이다.

❹ 수사·기소 제도 개혁의 국제적 동향

21세기 들어 수사·기소 제도를 전면적으로 개혁한 나라는 오스트리아와 스위스이다. 오스트리아는 2008년에 개헌까지 하면서 수사·기소 제도를 혁신하였고, 스위스는 2011년에 통합 형사소송법을 제정·시행하면서 제도를 대폭 개혁하였다. 그리고 이 두 나라는 모두 개혁입법을 통해 기존에는 인정되지 않았던 검사의 수사 권한과 사법경찰에 대한 수사지휘 권한을 새로이 확립하였다.

결국 이들의 사례는 최근의 세계적인 추세를 보여주는 것으로서 여기에서 충분히 21세기 형사사법개혁의 방향성을 유추할 수 있다고 본다. 정녕 '수사와 기소의 분리가 Global Standard'라면 스위스와 오스트리아에서도 검사가 아닌 경찰에게 수사와 관련된 독점적인 권한을 부여하였을 것이다. 그런데 이들이 모두 그와는 정반대 방향으로 제도를 설계하였다는 점은 시사하는 바가 매우 크다고 할 것이다.

❺ '수사와 기소의 분리' 여부

OECD 회원국 35개국 중, 검사의 수사 권한 또는 수사지휘 권한을 법령에 명시적으로 규정하고 있는 나라는 우리나라를 포함하여 독일, 프랑스 등 29개국이고,[414] 이들 나라에서는 기소 권한을 갖고 있는 검사가 수사 또는 수사지휘

---

414 위에서 살핀 바와 같이 검사의 수사지휘 권한을 인정하는 국가는 28개국, 수사 권한을 인정하는 국가는 27개국이다. 대부분의 국가는 두 권한을 모두 인정하나 둘 중 하나만 인정

를 통해 수사에도 주도적으로 관여한다. 따라서 제도적으로 '수사와 기소가 분리'되어 있지 않다.

검사의 수사 권한과 수사지휘 권한이 법령에 규정되어 있지 않는 국가는 6개국이다. 뉴질랜드, 아일랜드, 영국(스코틀랜드 제외), 이스라엘, 캐나다, 호주가 이에 해당한다. 그리고 검찰제도 도입 이후에도 아직 경찰기관이 수사는 물론 대부분 사건에 대한 기소까지 담당하는 실정이고, 신생조직인 검찰은 중요 사건에 대한 기소와 경찰기관이 기소한 사건의 공소유지만을 담당한다. 즉 이들 나라에서는 위 29개국과는 반대 방향으로 '수사·기소가 분리'되어 있지 아니한 것이다. 따라서 경찰에게 독자적인 수사권이 법적으로 인정되는지 여부 또한 각국의 법체계 전통에 따라 분류될 수 있다. 커먼로의 전통을 갖는 국가들은, 즉 대표적인 국가인 영국을 비롯하여, 미국, 캐나다, 호주, 아일랜드, 뉴질랜드의 경우에는 경찰이 오랜 기간동안 수사기관으로서 자리잡고 있었으므로 오늘날까지도 이러한 전통이 그대로 유지되어 경찰은 독립된 수사기관으로서 독자적인 수사를 진행할 수 있는 근거를 법적으로 명시하고 있다. 이들 국가들에서 수사는 통상적으로 경찰의 업무로, 검찰은 소추기관으로 인식하는 경향이 강하다.

그 외에도 대륙법계 전통을 갖는 스페인, 덴마크, 핀란드, 아이슬란드, 이스라엘, 폴란드, 포르투갈, 슬로베니아, 일본, 룩셈부르크, 네덜란드의 경우에는 검찰이 수사권과 수사지휘권을 가지면서도 동시에 경찰에게도 독자적인 수사권을 인정하고 있다. 나아가 벨기에, 슬로바키아, 스웨덴의 경우에는 일반적인 수사권은 검찰에게 있으나, 경미범죄에 있어서만 경찰에게 법적으로 독자적인 수사를 인정하고 있을 뿐이다. 또한 이탈리아도 참심재판에서는 사법경찰이 독자적인 수사권을 가지나, 참심재판의 경우 전문법관이 아닌 일반인이 재판을 주재하며 그 심판대상이 되는 범죄 또한 주로 폭행사건과 같은 경범죄가 대부분이므로 이들 국가들에서 사법경찰관이 갖는 수사권 범위와 같은 선상으로 이해될 수 있다.

결국 위에서 본 바와 같이 대륙법계·영미법계 국가를 불문하고, 검사는 기소만 전담하고 수사는 오직 경찰이 전담하는 식으로 '수사와 기소가 분리'되어 있는 국가는 단연코 없다는 점이다.

하는 국가도 있는바, 둘 중 하나라도 인정되는 국가가 모두 29개국이라는 것이다.

【표 4-4】OECD 35개 회원국의 수사·기소제도 요약415

순 번	국가 (가나다순)	검사의 수사 권한	검사의 사법경찰에 대한 수사지휘 권한	비 고
1	그리스	○	○	
2	네덜란드	○	○	
3	노르웨이	○	○	
4	뉴질랜드	×(SFO)	×	
5	대한민국	○	○	
6	덴마크	○	○	
7	독일	○	○	
8	라트비아	○	○	
9	룩셈부르크	○	○	
10	멕시코	○	○	헌법에 수사 권한·수사지휘 권한 명기
11	미국	○	×	
12	벨기에	○	○	헌법에 수사 권한 명기
13	스웨덴	○	○	
14	스위스	○	○	
15	스페인	○	○	헌법에 수사지휘 권한 명기
16	슬로바키아	○	○	
17	슬로베니아	×	○	
18	아이슬란드	○	○	
19	아일랜드	×	×	
20	에스토니아	○	○	
21	영국	×(SFO)	×	
22	오스트리아	○	○	헌법에 수사 권한 명기
23	이스라엘	×	×	
24	이탈리아	○	○	헌법에 수사지휘 권한 명기
25	일본	○	○	
26	체코	○	○	
27	칠레	○	○	헌법에 수사지휘 권한 명기
28	캐나다	×	×	
29	터키	○	○	
30	포르투갈	○	○	
31	폴란드	○	○	
32	프랑스	○	○	
33	핀란드	×		
34	헝가리	○	○	헌법에 수사 권한 명기
35	호주	×	×	

---

415 신태훈, 앞의 논문, 121면.

❻ 검찰의 독립성에 대한 보장

　　유럽연합 이사회와 집행위원회는 유럽검찰청을 설치함에 있어 검찰의 독립성이 중요하다는 점을 인식하여 유럽검찰청의 설치에 관한 집행명령 초안을 작업하는 과정에서 유럽검찰의 독립성에 관한 조문을 명시적으로 포함시켰다. 참고로 2014. 5. 21.자 유럽검찰청 설치에 관한 유럽연합 이사회의 집행명령 초안416에 규정되어 있는 유럽검찰의 중립성 관련 규정을 옮기면 다음과 같다.

【표 4-5】 유럽검찰청 설치에 관한 유럽연합 이사회 집행명령 초안

제6조 독립성과 공정성(Independence and accountability)

1. 유럽검찰과 그 전체 구성원은 독립적이다. 유럽검찰총장, 유럽검찰청 차장검사, 유럽검사, 유럽파견검사 및 유럽검찰청의 직원은 전체적으로 법률에 명시되어 있는 유럽연합의 이익을 위하여 업무를 수행하며 이 집행명령의 범위 내에서 그 의무를 이행함에 있어 <u>유럽검찰청 외부에 있는 사람의 지시 또는 회원국이나 유럽연합의 기관, 기구 또는 그 밖의 관서로부터의 지시를 받아서는 아니되며 들어주어서도 아니된다.</u> 회원국과 유럽연합의 기관, 기구 또는 그 밖의 관서는 유럽검찰청의 독립을 존중하며 유럽검찰청이 자신의 임무를 수행함에 있어 영향을 미치려고 시도하지 아니한다(The European Public Prosecutor's Office and all its staff shall be independent. The European Chief Prosecutor, the Deputy European Chief Prosecutors, the European Prosecutors, the European Delegated Prosecutors as well as the staff of the European Public Prosecutor's Office shall act in the interest of the Union as a whole ,as defined by law, and neither seek nor take instructions from any person external to the office, any Member State or any institution, body, office or agency of the Union in the performance of their duties under this Regulation. The Member States and the Union institutions, bodies, offices or agencies shall respect the independence of the European Public Prosecutor's Office and shall not seek to influence it in the exercise of its tasks).

2. 유럽검찰청은 유럽검찰청의 일반적인 활동에 관하여 유럽연합 의회와 이사회 및 집행위원회에 대하여 보고할 의무가 있고, 특히 제70조417에 따라 연례보고서를 제출해야 한다(The European Public Prosecutor's Office shall be accountable to the European Parliament, the Council and the European Commission for the general activities of the Office, in particular by giving an annual report in accordance with Article [70]).

---

416 Council of the Eurorean Union, Proposal for a Regulation on the establishment of the European Public Prosecutor's Office(9834/1/14 REV 1), 21 May 2014.

417 European Commission, Proposal for Council Regulation on the establishment of the European Public Prosecutor's Office, COM(2013) 534, 17 July 2013, p. 47.

제10조 유럽검찰총장과 차장검사(The European Chief Prosecutor and the Deputies)

1. 유럽검찰총장은 유럽검찰청의 수장이어야 한다. 유럽검찰총장은 이 집행명령과 내부절차규정에 따라 유럽검찰청의 업무를 조직하고, 그 활동을 지휘하며, 결정을 내려야 한다(The European Chief Prosecutor shall be the head of the European Public Prosecutor's Office. The European Chief Prosecutor shall organise the work of the Office, direct its activities and take decisions in accordance with this Regulation and the internal Rules of Procedure).

2. [5인의] 차장검사는 유럽검찰총장의 임무 수행을 돕기 위해 임명되어야 하며, 유럽검찰총장이 부재하거나 자신의 임무를 수행할 수 없는 경우에 그를 대신하여 행동한다([Five] Deputies shall be appointed to assist the European Chief Prosecutor in the discharge of his/her duties and act as replacement when he/she is absent or is prevented from attending to his/her duties).

3. 유럽검찰총장은 − 유럽파견검사로부터 얻은 정보나 그 밖의 다른 방법으로 얻은 정보에 기반하여 − 유럽검찰청의 권한 내에 있는 범죄가 행해지고 있거나 행해져 왔다고 믿기에 합리적인 근거가 있는 경우에, 제X조와 내부절차규정에 따라 상설 소추부가 사건을 담당할 것인지 여부를 결정해야 한다. 그런 다음 상설 소추부의 부장은 사건을 유럽검사나 사건에 대해 우려하는 회원국의 유럽검사에게 배정하여야 한다(When the European Chief Prosecutor − on the basis of information received from a European Delegated Prosecutor or otherwise − has reasonable grounds to believe that an offence within the competence of the Office is being or has been committed, it shall, in accordance with Article[X] and the internal Rules of Procedure, decide which Permanent Chamber shall be in charge of a case. The Chair of the Permanent Chamber shall then assign the case to a European Prosecutor or European Prosecutors from Member States concerned by the case).

4. 유럽검찰총장은 유럽연합의 기관, 회원국 및 제3자에 대하여 유럽검찰청을 대표하여야 한다. 유럽검찰총장은 대표행위와 관련된 업무를 차장검사 중 1인에게 위임할 수 있다(The European Chief Prosecutor shall represent the European Public Prosecutor's Office towards the Union Institutions, the Member States and third parties. The European Chief Prosecutor may also delegate his/her tasks relating to representation to one of the Deputies).

5. 유럽검찰총장과 차장검사는 이 집행명령에 따른 임무에 있어서 유럽검찰청 중앙본부 직원의 지원을 받아야 한다(The European Chief Prosecutor and his/her Deputies shall be assisted by the staff of the Central Office in their duties under this Regulation).

제11조 유럽검사들(The European Prosecutors)

1. 유럽검사들은, 사건을 담당한 상설 소추부를 대표하여 상설 소추부의 지시에 따라, 자신들에게 배정된 수사와 소추를 감독한다. 유럽검사들은 상설 소추부와 유럽파견검사 사이의 연락담당과 정보채널로서 기능하여야 한다(The European Prosecutors shall, on behalf of the Permanent Chamber in charge of the case and in accordance with its instructions, supervise investigations and prosecutions assigned to them. They shall function as liaisons and channels of information between the Permanent Chambers and the European Delegated Prosecutors).

2. 유럽검사들은 유럽파견검사와 긴밀히 협의하여 각 회원국들에서의 유럽검찰청 업무 이행을 감시하여야 하고 이 집행명령과 내부절차규정에 따라 검찰청 중앙본부로부터 관련 정보가 유럽파견검사에게 제공되고 있고 마찬가지로 그 반대로도 정보가 제공되고 있다는 것을 보증하여야 한다(The European Prosecutors shall monitor the implementation of the tasks of the Office in their respective Member States in close consultation with the European Delegated Prosecutors, and shall ensure in accordance with this Regulation and the internal Rules of Procedure that all relevant information from the Central Office is provided to European Delegated Prosecutors and vice versa).

3. 유럽검사들은 유럽검찰청의 이익에 저촉되지 않는다면, 일시적으로 자신의 임무를 비상근으로 이행하는 것이 허용될 수 있다. 그러한 허가는 국가 소추 당국의 서면 요청으로, 유럽검찰총장에 의해 최대 6개월까지 부여될 수 있다. [이 기간은 요청에 따라 유럽검찰총장의 새로운 결정에 의하여 연장될 수 있다.] 허가는 관계 당국과 협의 후에 언제든지 취소될 수 있다(The European Prosecutors may temporarily be authorised to discharge their duties on a part-time basis provided that this does not conflict with the interest of the European Public Prosecutor's Office. Such an authorisation may be granted, upon the written request of the national prosecution authorities, by the European Chief Prosecutor for a maximum period of up to 6 months. [This period may upon request be extended by a new decision of the European Chief Prosecutor.] The authorisation may be revoked at any time after consultation with the appropriate authorities).

반면에 우리나라는 검사의 독립성에 대한 선언적인 규정조차 없다. 검찰청법에 있는 검사의 신분보장 규정418과 '법무부장관은……구체적 사건에 대하여는 검찰총장만을 지휘·감독한다.'는 규정419 외에는 특별히 검사가 '부적절한 영향력'이나 '정당화할 수 없는 간섭'에서 자유로울 수 있도록 보장하는 규정이 없는 것이다. 이는 유럽연합의 정책과는 너무 다르다고 하지 않을 수 없다.

---

418 검찰청법 제37조.
419 검찰청법 제8조.

제 5 절 ┃ 국제기구의 검찰관련 규정

Ⅰ. 유럽평의회의 검찰제도에 관한 논의

❶ 의 의

유럽평의회는 47개 회원국들의 사법제도에 관하여 지속적으로 모니터링을 하면서 결의, 권고, 의견 등의 방식을 통하여 회원국의 사법제도를 인권친화적으로 구성하는 데 협력하고 있는데, 유럽평의회가 권고나 의견 등의 형식으로 내놓은 검찰관련 논의는 다음과 같다.

❷ 형사사법체계에서 검찰의 역할에 관한 권고(2000)

유럽평의회는 2000. 10. 6. 각료위원회에서 권고 제19호로 '형사사법체계에서 검찰의 역할'420을 채택하여 검찰의 독립성, 검찰과 타 기관 간의 관계 등 검찰제도 전반에 걸친 기준을 정립하여 각 회원국의 검찰제도가 이 권고에 부합되게 개혁되도록 권고하였다. 이 권고의 내용 중에는 여기서 문제로 되는 검찰의 독립성과 검찰과 경찰 간의 관계도 포함되어 있다.

---

420 Council of Europe, Committee of Ministers, Recommendation Rec(2000)19 of the Committee of Ministers to Member States on the Role of Public Prosecution in the Criminal Justice System (Adopted by the Committee of Ministers on 6 October 2000).

[표 4-6] 형사사법체계에서 검찰의 역할에 관한 권고(2000)

형사사법체계에서 검찰의 역할에 관한
회원국들에 대한 각료위원회의 권고 제19호(2000년)
RECOMMENDATION REC(2000)19
OF THE COMMITTEE OF MINISTERS TO MEMBER STATES
ON THE ROLE OF PUBLIC PROSECUTION
IN THE CRIMINAL JUSTICE SYSTEM

　각료위원회는, 유럽평의회 헌장 15조 b 규정에 따라, 유럽평의회의 목표가 회원국 간의 보다 높은 단일성을 성취함에 있음을 상기하고, 유럽평의회의 또 다른 목표가 진정한 민주주의의 바탕을 이루는 법의 지배를 증진함에 있음을 마음에 새기며, 법의 지배를 보호함에 있어 형사사법제도가 핵심 역할을 수행함을 고려하고, 국내 및 국제적 범죄에 대한 투쟁을 진전시키는 것이 회원국 공통으로 필요로 함을 인식하고, 이를 위해서는, 인권과 기본적 권리보호를 위한 협약상의 원칙을 보호하면서도 국내 형사사법제도의 효율성과 아울러 형사사법 분야 국제협력을 증진시켜야 함을 고려하고, 검찰이 형사사법제도와 형사사법 분야 국제협력에서 핵심역할을 수행함을 인식하고, 이를 위하여 회원국의 검찰과 관련하여 공통의 원칙을 정의하는 것이 장려되어야 함을 확인하고, 각료위원회가 채택한 형사사법에 관한 문건상의 원칙과 규칙들을 고려하여, 회원국 정부에게 다음의 원칙들을 형사사법제도에서의 검찰의 역할과 관련한 입법과 실무에서 기초로 삼을 것을 권고한다(The Committee of Ministers, under the terms of Article 15.b of the Statute of the Council of Europe, Recalling that the aim of the Council of Europe is to achieve a greater unity between its members; Bearing in mind that it is also the Council of Europe's purpose to promote the rule of law; which constitutes the basis of all genuine democracies; Considering that the criminal justice system plays a key role in safeguarding the rule of law; Aware of the common need of all member states to step up the fight against crime both at national and international level; Considering that, to that end, the efficiency of not only national criminal justice systems but also international co-operation on criminal matters should be enhanced, whilst safeguarding the principles enshrined in the Convention for the Protection of Human Rights and Fundamental Freedoms; Aware that the public prosecution also plays a key role in the criminal justice system as well as in international co-operation in criminal matters; Convinced that, to that end, the definition of common principles for public prosecutors in member states should be encouraged; Taking into account all the principles and rules laid down in texts on criminal matters adopted by the Committee of Ministers, Recommends that governments of member states base their legislation and practices concerning the role of public prosecution in the criminal justice system on the following principles):

검사의 기능(Functions of the public prosecutor)
1. "검사"는 사회를 대신해 공공의 이익을 위하여 법 위반행위에 대해, 개인의 권리와 형사사법 제도의 필연적인 효율성을 모두 고려하여 형사상 제제를 보장하는 공공의 기관이다("Public prosecutors" are public authorities who, on behalf of society and in the public interest,

ensure the application of the law where the breach of the law carries a criminal sanction, taking into account both the rights of the individual and the necessary effectiveness of the criminal justice system).

2. 모든 형사사법제도에서, 검사는(In all criminal justice systems, public prosecutors):
   - 소추를 시작 또는 계속할 것인지 여부를 결정하고(decide whether to initiate or continue prosecutions);
   - 법원에 대한 소추를 지휘하고(conduct prosecutions before the courts);
   - 전부 또는 일부의 법원 결정과 관련된 항소를 하거나 항소를 하도록 지휘한다(may appeal or conduct appeals concerning all or some court decisions).

3. 일부 형사사법제도에서, 검사는 또한(In certain criminal justice systems, public prosecutors also):
   - 지방과 지역의 환경에 적합한 적절한 국내 형사정책을 이행하고(implement national crime policy while adapting it, where appropriate, to regional and local circumstances);
   - 수사를 지휘, 지시, 감독하고(conduct, direct or supervise investigations);
   - 피해자가 효과적으로 조력을 받을 수 있도록 보장하고(ensure that victims are effectively assisted);
   - 대체적 소추 여부를 결정하고(decide on alternatives to prosecution);
   - 법원 결정의 집행을 감독한다(supervise the execution of court decisions).

검사의 기능 수행을 위하여 부여되는 보호수단(Safeguards provided to public prosecutors for carrying out their functions)

4. 국가는 검사들이 적절한 법적·조직적 조건과 특히 처분가능한 예산 등 적절한 수단과 관련된 조건하에서 직업적인 의무와 책임 수행을 보장할 수 있도록 효과적인 조치를 취하여야 한다. 이러한 조건들은 검사 대표자들과의 긴밀한 협력하에서 수립되어야 한다(States should take effective measures to guarantee that public prosecutors are able to fulfil their professional duties and responsibilities under adequate legal and organisational conditions as well as adequate conditions as to the means, in particular budgetary means, at their disposal. Such conditions should be established in close co-operation with the representatives of public prosecutors).

5. 국가는 아래 조치를 취할 것을 보장하여야 한다(States should take measures to ensure that):
   a. 검사의 임용, 승진, 전보는 특정 집단의 이해를 반영하는 접근으로부터 보호되고, 성별, 인종, 피부색, 언어, 종교, 정치 기타 의견, 국가 또는 사회적 출신, 국가의 소수자 집단, 재산, 출생, 기타 지위와 관련된 차별을 배제하는, 공정하고 중립적인 절차에 의해 이행된다(the recruitment, the promotion and the transfer of public prosecutors are carried out according to fair and impartial procedures embodying safeguards against any approach which favours the interests of specific groups, and excluding discrimination on any ground such as sex, race, colour, language, religion, political or other opinion, national or social origin, association with a national minority, property, birth, or other status);

b. 검사의 경력, 승진 및 전보는 능력이나 경험과 같은 알려지고 객관적인 기준에 의한다(the careers of public prosecutors, their promotions and their mobility are governed by known and objective criteria, such as competence and experience);

c. 검사의 전보는 또한 기관의 필요에 의해 이루어진다(the mobility of public prosecutors is governed also by the needs of the service);

d. 검사는 핵심적 역할 수행 및 적절한 퇴직연령과 관련하여 보수, 임기, 연금 등 서비스를 합리적인 조건하에 받으며 이러한 조건들은 법률에 의해 규정된다(public prosecutors have reasonable conditions of service such as remuneration, tenure and pension commensurate with their crucial role as well as an appropriate age of retirement and that these conditions are governed by law);

e. 징계절차는 법률에 의해 규정되고 공정하고 객관적인 평가가 보장되어야 하며 그 결정은 독립적이고 중립적인 재심사의 대상이 되어야 한다(disciplinary proceedings against public prosecutors are governed by law and should guarantee a fair and objective evaluation and decision which should be subject to independent and impartial review);

f. 검사는 법적 지위가 영향을 받을 경우 법원에 대한 적절한 제소 등 만족할 수 있는 불복절차에 접근할 수 있어야 한다(public prosecutors have access to a satisfactory grievance procedure, including where appropriate access to a tribunal, if their legal status is affected);

g. 검사는 적절한 임무수행의 결과로 개인적인 안전을 위협받을 경우 그 가족과 함께 당국에 의해 신체적으로 보호받아야 한다(public prosecutors, together with their families, are physically protected by the authorities when their personal safety is threatened as a result of the proper discharge of their functions).

6. 국가는 검사들이 효과적인 표현, 종교, 집회, 결사의 자유를 가질 수 있도록 보장하여야 한다. 특히 검사들은 법률, 사법행정, 인권의 증진과 보호와 관련된 논의에 참여하고, 지역·국가·국제적 기구에 참여하거나 조직하며, 이러한 합법적인 행동 또는 합법적인 기구의 구성원이라는 이유로 직업적인 불이익이 없도록 하며, 개인적인 능력으로 회합에 참여할 수 있는 권리를 가져야 한다. 위에 열거한 권리들은 법률의 규정에 의하여서만 제한될 수 있으며 검사들의 지위는 법률적으로 보호될 필요가 있다. 위 권리들이 침해되었을 경우 효과적인 구제조치가 가능하여야 한다(States should also take measures to ensure that public prosecutors have an effective right to freedom of expression, belief, association and assembly. In particular they should have the right to take part in public discussion of matters concerning the law, the administration of justice and the promotion and protection of human rights and to join or form local, national or international organisations and attend their meetings in a private capacity, without suffering professional disadvantage by reason of their lawful action or their membership in a lawful organisation. The rights mentioned above can only be limited in so far as this is prescribed by law and is necessary to preserve the constitutional1 position of the public prosecutors. In cases where the rights mentioned above are violated, an effective remedy should be available).

7. 교육은 모든 검사들에게 있어 임용 전이나 후를 막론하고 의무이자 권리이다. 따라서 국가는

검사들이 임용 전후에 적절한 교육과 훈련을 받을 수 있도록 하여야 한다(Training is both a duty and a right for all public prosecutors, before their appointment as well as on a permanent basis. States should therefore take effective measures to ensure that public prosecutors have appropriate education and training, both before and after their appointment).

검사는 특히 다음 사항을 숙지하고 있어야 한다(In particular, public prosecutors should be made aware of):

a. 직무와 관련된 원칙과 윤리적 의무(the principles and ethical duties of their office);

b. 피의자, 피해자, 증인의 헌법적·법률적 보호(the constitutional and legal protection of suspects, victims and witnesses);

c. 인권과 기본권을 보호하기 위한 협약상의 인권과 자유, 특히 유럽인권협약 제5조 및 제6조에 규정된 권리(human rights and freedoms as laid down by the Convention for the Protection of Human Rights and Fundamental Freedoms, especially the rights as established by Articles 5 and 6 of this Convention);

d. 사법적 환경에 있어서의 직무, 관리, 인적자원의 조직과 관련된 원칙과 실무(principles and practices of organisation of work, management and human resources in a judicial context);

e. 직무수행에 있어서의 영속성에 기여하는 메커니즘과 물적 수단(mechanisms and materials which contribute to consistency in their activities).

또한 국가는 특히 범죄 형태의 발전과 형사 범죄에 있어서의 국제협력을 감안하고 현재의 조건을 고려하여 특정한 사안 또는 특정한 분야에 대한 추가적인 교육을 실시할 수 있는 효과적인 조치를 강구하여야 한다(Furthermore, states should take effective measures to provide for additional training on specific issues or in specific sectors, in the light of present-day conditions, taking into account in particular the types and the development of criminality, as well as international co-operation on criminal matters).

8. 조직범죄 등 범죄의 발전형태에 적절히 대처하기 위하여 검사의 조직 및 교육, 경력 등에 있어 전문화는 우선순위에 있어야 한다. 다중 훈련 팀을 포함하여 직무수행을 위하여 검사들을 지원하기 위한 전문가 팀의 자원 또한 개발되어야 한다(In order to respond better to developing forms of criminality, in particular organised crime, specialisation should be seen as a priority, in terms of the organisation of public prosecutors, as well as in terms of training and in terms of careers. Recourse to teams of specialists, including multi-disciplinary teams, designed to assist public prosecutors in carrying out their functions should also be developed).

9. 검찰의 조직과 내부 운영과 관련하여, 특히 사건배당 및 재배당과 관련하여, 중립성과 공정성, 형사사법제도 운영에 있어서의 최선의 적절성에 관한 요구, 특히 법률적 결정의 수준, 각 사건에 있어서의 전문성에 대한 요구가 충족되어야 한다(With respect to the organisation and the internal operation of the Public Prosecution, in particular the assignment and re-assignment of cases, this should meet requirements of impartiality and independence and maximise the proper operation of the criminal justice system, in particular the level of

legal qualification and specialisation devoted to each matter).

10. 모든 검사는 그에 대한 지휘를 서면으로 할 것을 요구할 권리를 향유한다. 검사가 지휘를 불법적인 것으로 믿거나 그의 양심에 반한다고 생각할 경우, 직무교체를 할 수 있는 적절한 내부적 절차가 갖추어져야 한다(All public prosecutors enjoy the right to request that instructions addressed to him or her be put in writing. Where he or she believes that an instruction is either illegal or runs counter to his or her conscience, an adequate internal procedure should be available which may lead to his or her eventual replacement).

검사와 행정권, 입법권과의 관계(Relationship between public prosecutors and the executive and legislative powers)

11. 회원국은 검사가 부당한 개입을 받음이 없이 자신의 임무를 완수할 수 있도록 적절한 조치를 취해야 하고, 민·형사 또는 그 밖에 부당한 정도를 뛰어넘어 책임을 지게 될 위험에 놓이지 않도록 적절한 조치를 취해야 한다. 그러나 검찰은 정기적으로 검찰이 행한 모든 활동을 보고해야 하고 특히 검찰이 설정한 우선순위를 어떻게 실행하였는지를 보고해야 한다(States should take appropriate measures to ensure that public prosecutors are able to perform their professional duties and responsibilities without unjustified interference or unjustified exposure to civil, penal or other liability. However, the public prosecution should account periodically and publicly for its activities as a whole and, in particular, the way in which its priorities were carried out).

12. 검찰은 입법부 또는 행정부의 관할사항에 대해 개입하여서는 아니 된다(Public prosecutors should not interfere with the competence of the legislative and the executive powers).

13. 검찰이 정부에 속해있거나 정부의 하위조직으로 구성되어 있는 국가에서는 다음과 같은 내용을 확보하기 위한 모든 조치를 취해야 한다(Where the public prosecution is part of or subordinate to the government, states should take effective measures to guarantee that):

    a. 검찰에 대한 정부의 권한의 종류와 범위를 법률에 분명하게 규정할 것(the nature and the scope of the powers of the government with respect to the public prosecution are established by law);

    b. 정부가 자신의 권한을 투명한 방식으로 행사하고 국제조약, 국내 법규정 및 보편적 법원칙에 따라 행사하도록 할 것(government exercises its powers in a transparent way and in accordance with international treaties, national legislation and general principles of law);

    c. 정부의 모든 일반적인 지휘가 서면의 형식으로 행해지고 적절하게 공개되도록 할 것(where government gives instructions of a general nature, such instructions must be in writing and published in an adequate way);

    d. 정부가 특별한 사건에서 형사소추에 대한 지휘를 발할 권한을 가지고 있는 경우에는 국내 법규정에 상응하게 투명성보장과 상당성보장을 충분하게 갖추고 있을 것. 이 경우 정부의 의무를 예로 들면 다음과 같다(where the government has the power to give instructions to prosecute a specific case, such instructions must carry with them adequate guarantees that transparency and equity are respected in accordance with national law, the government being under a duty, for example):

- 사전에 관할 검찰 또는 형사소추를 실행하는 기관에 대하여 서면에 의한 입장표명을 요청할 것(to seek prior written advice from either the competent public prosecutor or the body that is carrying out the public prosecution);
- 서면에 의한 지휘에 적절한 근거를 제시할 것. 특히 정부의 지휘와 검찰 또는 형사소추를 실행하는 기관의 입장표명이 일치하지 않아서 그 지휘를 직무상의 서열순서대로 이전하는 경우에는 지휘에 대한 적절한 근거를 제시할 것(duly to explain its written instructions, especially when they deviate from the public prosecutor''s advices and to transmit them through the hierarchical channels);
- 공판 이전에 형사소송서류에 정부의 지휘내용과 검찰의 입장표명을 담아서 이를 당사자 공판심리에 제출할 것(to see to it that, before the trial, the advice and the instructions become part of the file so that the other parties may take cognisance of it and make comments);

e. 검찰은 정부의 지휘를 서면으로 반영할 의무가 있는 경우에도 검찰의 선택에 따라 법원에 대하여 모든 법적인 논증을 자유롭게 제출할 권리를 보유한다(public prosecutors remain free to submit to the court any legal arguments of their choice, even where they are under a duty to reflect in writing the instructions received);

f. 형사소추를 하지 말라는 개별적 지휘는 원칙적으로 금지된다. 이러한 경우가 아니라면 매우 예외적인 경우에 행사되어야 할 개별적 지휘는 위의 d.와 e.에 명시된 규정에 따라야 할 뿐만 아니라 특히 투명성을 보장하기 위하여 적절하고 특별한 통제를 받아야 한다(instructions not to prosecute in a specific case should, in principle, be prohibited. Should that not be the case, such instructions must remain exceptional and be subjected not only to the requirements indicated in paragraphs d. and e. above but also to an appropriate specific control with a view in particular to guaranteeing transparency).

14. 검찰이 독립되어 있는 국가에서는 검찰의 독립성의 유형과 범위를 법규정으로 정확하게 명시하기 위한 모든 조치를 취해야 한다(In countries where the public prosecution is independent of the government, the state should take effective measures to guarantee that the nature and the scope of the independence of the public prosecution is established by law).

15. 공정하고 효과적인 형사정책을 증진시키기 위하여 검사는 법률이 규정하는 한도 내에서 정부기관이나 기구들과 협력하여야 한다(In order to promote the fairness and effectiveness of crime policy, public prosecutors should co-operate with government agencies and institutions in so far as this is in accordance with the law).

16. 검사는, 어떤 경우에도, 범죄를 범한 공무원, 특히 부패, 직권남용, 중대한 인권침해 기타 국제법에 의한 범죄를 범한 공무원을 아무런 장애 없이 기소할 수 있는 지위에 있어야 한다(Public prosecutors should, in any case, be in a position to prosecute without obstruction public officials for offences committed by them, particularly corruption, unlawful use of power, grave violations of human rights and other crimes recognised by international law).

검사와 판사와의 관계(Relationship between public prosecutors and court judges)

17. 국가는, 법원 판사의 독립성, 중립성과 관련하여 합리적 의심이 없어야 하는 것처럼 검사의

법률적 지위, 권한, 소송상 역할에 대해 법률로 규정하는 적절한 조치를 취하여야 한다. 일부 국가에서는 한 사람이 동시에 검사와 판사의 직무를 수행할 수 없도록 보장하여야 한다(States should take appropriate measures to ensure that the legal status, the competencies and the procedural role of public prosecutors are established by law in a way that there can be no legitimate doubt about the independence and impartiality of the court judges. In particular states should guarantee that a person cannot at the same time perform duties as a public prosecutor and as a court judge).

18. 그러나, 사법제도가 이를 허용할 경우 국가는 검사의 직무와 판사의 직무를 순차적으로 수행할 수 있도록 적절한 조치를 취하여야 한다. 이러한 직무의 전환은 당사자의 명시적인 요청에 따라 보호조치가 존중되는 가운데 이루어져야 한다(However, if the legal system so permits, states should take measures in order to make it possible for the same person to perform successively the functions of public prosecutor and those of judge or vice versa. Such changes in functions are only possible at the explicit request of the person concerned and respecting the safeguards).

19. 검사는 판사의 독립성과 중립성을 엄격히 존중하여야 한다. 특히 법원의 결정에 대해, 항소권의 실행 또는 진술절차에서 이의를 제기하는 경우는 별도로 하고, 의심을 표명하여서도 안 되고 그 집행을 방해하여서도 안 된다(Public prosecutors must strictly respect the independence and the impartiality of judges; in particular they shall neither cast doubts on judicial decisions nor hinder their execution, save where exercising their rights of appeal or invoking some other declaratory procedure).

20. 검사는 법정 절차에서 객관적이고 공정하여야 한다. 특히 검사는 법원이 사법의 공정한 운영을 할 수 있도록 필요한 모든 관련 사실과 법률적 의견이 제출되도록 보장하여야 한다(Public prosecutors must be objective and fair during court proceedings. In particular, they should ensure that the court is provided with all relevant facts and legal arguments necessary for the fair administration of justice).

검사와 경찰과의 관계(Relationship between public prosecutors and the police)

21. 일반적으로 검찰은 늦어도 형사소추의 개시 또는 계속수행을 결정할 때 경찰이 행한 수사의 적법성을 심사해야 한다. 이 점에 있어서 검찰은 경찰이 인권을 준수했는지도 심사해야 한다(In general, public prosecutors should scrutinise the lawfulness of police investigations at the latest when deciding whether a prosecution should commence or continue. In this respect, public prosecutors will also monitor the observance of human rights by the police).

22. 경찰이 검찰의 하위조직으로 구성되어 있거나 검찰이 경찰의 수사를 지휘 또는 감독하는 국가에서는 다음과 같은 조치를 취해야 한다(In countries where the police is placed under the authority of the public prosecution or where police investigations are either conducted or supervised by the public prosecutor, that state should take effective measures to guarantee that the public prosecutor may):

a. 검찰이 특히 사건을 규명할 때 증거수집의 방법, 투입되는 인력, 수사기간, 검찰에 대한 정

보보고 등 범죄관련 정책에서 우선순위를 효과적으로 적용하기 위한 적절한 지휘를 할 수 있도록 할 것(give instructions as appropriate to the police with a view to an effective implementation of crime policy priorities, notably with respect to deciding which categories of cases should be dealt with first, the means used to search for evidence, the staff used, the duration of investigations, information to be given to the public prosecutor, etc.);

  b. 다수의 경찰관서가 있는 경우에는 검찰이 적절하다고 판단되는 경찰관서에 대하여 개별 사건을 배정하여 수사를 처리할 수 있도록 할 것(where different police agencies are available, allocate individual cases to the agency that it deems best suited to deal with it);

  c. 검찰이 경찰에 대한 지시사항과 경찰의 법규준수 여부를 모니터링하기 위해 필요한 경우 평가와 통제를 수행하도록 할 것(carry out evaluations and controls in so far as these are necessary in order to monitor compliance with its instructions and the law);

  d. 적절한 경우 검찰이 경찰의 위반에 대해 제재를 하거나 제재를 할 수 있도록 할 것(sanction or promote sanctioning, if appropriate, of eventual violations).

23. 경찰이 검찰로부터 독립되어 있는 국가에서는 검찰과 경찰이 적절하고 효과적으로 협력하기 위한 모든 조치를 취해야 한다(States where the police is independent of the public prosecution should take effective measures to guarantee that there is appropriate and functional co-operation between the Public Prosecution and the police).

개인에 대한 검사의 의무(Duties of the public prosecutor towards individuals)

24. 검사는 직무를 수행함에 있어, 특히(In the performance of their duties, public prosecutors should in particular):

  a. 공정하고, 불편부당하고, 객관적으로 직무를 수행하여야 한다(carry out their functions fairly, impartially and objectively);

  b. 인권과 기본권을 보호하기 위한 협약에서 규정하고 있는 바와 같이, 인권을 존중하고 보호하도록 노력하여야 한다(respect and seek to protect human rights, as laid down in the Convention for the Protection of Human Rights and Fundamental Freedoms);

  c. 형사사법제도가 가능한 신속히 운영될 수 있도록 노력하여야 한다(seek to ensure that the criminal justice system operates as expeditiously as possible).

25. 검사는 성별, 인종, 피부색, 언어, 종교, 정치적 또는 기타 견해, 국가적 또는 사회적 출신, 국가 소수자 단체, 재산, 출생, 건강, 장애 기타 지위등에 근거한 차별을 삼가야 한다(Public prosecutors should abstain from discrimination on any ground such as sex, race, colour, language, religion, political or other opinion, national or social origin, association with a national minority, property, birth, health, handicaps or other status).

26. 검사는 법 앞의 평등을 보장하여야 하며, 피의자에게 영향을 미치는 모든 관련 상황을, 그것이 피의자에게 유리한지 불리한지 여부와 관계없이, 알고 있어야 한다(Public prosecutors should ensure equality before the law, and make themselves aware of all relevant circumstances including those affecting the suspect, irrespective of whether they are to the latter's advantage or disadvantage).

27. 검사는 공정한 수사를 거쳐 기소가 이유없다고 보이는 때는 소추를 개시하거나 계속하여서
    는 안 된다(Public prosecutors should not initiate or continue prosecution when an impartial
    investigation shows the charge to be unfounded).
28. 검사는 합리적인 근거에 기해, 그가 법률에 반하는 수단에 의지하여 얻어진 것으로 알고 있
    거나 믿는 증거를 유죄입증의 증거로 제출하여서는 안 된다(Public prosecutors should not
    present evidence against suspects that they know or believe on reasonable grounds was
    obtained through recourse to methods which are contrary to the law. In cases of any
    doubt, public prosecutors should ask the court to rule on the admissibility of such
    evidence.).
29. 검사는 특히 소송절차의 정의에 영향을 줄 수 있는 그가 보유한 어떤 정보라도, 법률에 달리
    보존하도록 규정하고 있지 않는 한, 다른 당사자에게 공개함으로써 무기평등의 원칙을 보호하
    여야 한다(Public prosecutors should seek to safeguard the principle of equality of arms, in
    particular by disclosing to the other parties − save where otherwise provided in the law
    − any information which they possess which may affect the justice of the proceedings).
30. 검사는 공개가 사법적 이익이나 법률의 규정에 의하지 않는 한, 특히 무죄추정과 관련하여
    제3자로부터 얻은 비밀정보를 공개하여서는 안 된다(Public prosecutors should keep
    confidential information obtained from third parties, in particular where the presumption of
    innocence is at stake, unless disclosure is required in the interest of justice or by law).
31. 검사에게 피의자의 기본적 권리와 자유를 침해할 수 있는 조치를 취할 수 있도록 권한이 부여
    된 곳에서는 그 조치에 대한 사법적 통제가 가능할 수 있어야 한다(Where public prosecutors
    are entitled to take measures which cause an interference in the fundamental rights and
    freedoms of the suspect, judicial control over such measures must be possible).
32. 검사는 목격자의 이익에 대해 적절한 고려를 하여야 하며, 특히 그들의 생명, 안전을 보호할
    수 있는 조치를 취하거나, 취할 수 있도록 도와주어야 하고, 그 조치가 취해졌는지 여부를 살
    펴보아야 한다(Public prosecutors should take proper account of the interests of the
    witnesses, especially take or promote measures to protect their life, safety and privacy, or
    see to it that such measures have been taken).
33. 검사는 피해자의 개인적 이익이 영향을 받을 수 있을 때 그의 견해와 우려를 적절히 고려하
    여야 하며, 피해자가 그의 권리와 소송절차의 진행상황에 관한 정보제공을 보장받을 수 있도
    록 조치를 취하거나 이를 도와주어야 한다(Public prosecutors should take proper account of
    the views and concerns of victims when their personal interests are affected and take or
    promote actions to ensure that victims are informed of both their rights and developments
    in the procedure).
34. 승인 또는 증명된 지위의 이해관계자, 특히 피해자는 검사의 불기소 결정에 대해 불복할 수
    있어야 한다. 이러한 불복은 적절한 심급적인 재심사 절차가 종료된 후에, 사법적 방법에 의하
    거나 사인소추를 허용하는 방식으로 할 수 있다(Interested parties of recognised or identifiable
    status, in particular victims, should be able to challenge decisions of public prosecutors not
    to prosecute; such a challenge may be made, where appropriate after an hierarchical
    review, either by way of judicial review, or by authorising parties to engage private

prosecution).

35. 국가는 검사들이 직무를 수행함에 있어 "직무규범"을 준수하도록 하여야 한다. 위 규범 위반
은 제5항의 규정에 따라 적절한 제재가 이루어져야 한다. 검사들의 직무수행은 정기적인 내부
심사 대상이 되어야 한다(States should ensure that in carrying out their duties, public
prosecutors are bound by "codes of conduct". Breaches of such codes may lead to
appropriate sanctions in accordance with paragraph 5 above. The performance of public
prosecutors should be subject to regular internal review).

36. a. 공정하고, 지속적이며 효과적인 검사의 활동을 장려하기 위하여 국가는 다음 사항을 추구
하여야 한다(With a view to promoting fair, consistent and efficient activity of public
prosecutors, states should seek to):
   - 비효율적이거나 방해되는 관료적 구조로 되지 않도록 조직의 위계적 수단에 대한 최상
의 고려를 할 것(give prime consideration to hierarchical methods of organisation,
without however letting such organisational methods lead to ineffective or obstructive
bureaucratic structures);
   - 형사정책의 실행을 위한 일반 가이드라인을 설정할 것(define general guidelines for the
implementation of criminal policy);
   - 개별적인 사건결정에 있어 자의적인 결정이 이루어지는 것을 방지할 수 있도록 참고적
인 방법으로 일반적 원칙과 범위를 설정할 것(define general principles and criteria to
be used by way of references against which decisions in individual cases should be
taken, in order to guard against arbitrary decisionmaking).

   b. 위의 조직수단, 가이드라인, 원칙, 범위는 정부 또는 의회 또는 국내법이 검사의 독립성을
부여하고 있을 경우, 검찰의 대표자가 결정한다(The above-mentioned methods of
organisation, guidelines, principles and criteria should be decided by parliament or by
government or, if national law enshrines the independence of the public prosecutor, by
representatives of the public prosecution).

   c. 국민들은 위의 조직, 가이드라인, 원칙 및 범위에 대해 정보를 제공받는다. 위 사항은 요청
한 누구에게도 통지되어야 한다(The public must be informed of the above-mentioned
organisation, guidelines, principles and criteria; they shall be communicated to any
person on request).

국제협력(International co-operation)

37. 국제사법공조에 관한 역할이 다른 기관에 속해 있더라도, 다른 국가 검찰 과의 직접 접촉은
존재하는 국제협정의 틀 또는 실무적인 협정의 기초 아래 더욱 확대되어야 한다(Despite the
role that might belong to other organs in matters pertaining to international judicial
co-operation, direct contacts between public prosecutors of different countries should be
furthered, within the framework of international agreements where they exist or otherwise
on the basis of practical arrangements).

38. 국제사법협력에 있어서 검찰 간의 직접 접촉을 확대하기 위해 많은 영역에서 조치가 이루어
져야 한다. 그러한 조치들은 특히 다음과 같다(Steps should be taken in a number of areas

to further direct contacts between public prosecutors in the context of international judicial co-operation. Such steps should in particular consist in):

a. 문서적 도구의 확산(disseminating documentation);

b. 접촉리스트 및 전문분야, 책임분야 등을 포함하여 다른 검찰 기구에 있는 관련 접촉 인물의 성명과 주소 수집(compiling a list of contacts and addresses giving the names of the relevant contact persons in the different prosecuting authorities, as well as their specialist fields, their areas of responsibility, etc);

c. 다른 나라 검사들 간의 만남을 정례화하는 것, 특히 검찰총장간의 정기적 모임을 조직화하는 것(establishing regular personal contacts between public prosecutors from different countries, in particular by organising regular meetings between Prosecutors General);

d. 교육, 지식교환을 위한 회합을 조직하는 것(organising training and awareness-enhancing sessions);

e. 외국에 주재하는 법무협력관 기능을 도입하고 발전시키는 것(introducing and developing the function of liaison law officers based in a foreign country);

f. 외국어 교육(training in foreign languages);

g. 전자데이터 통신을 발전시키는 것(developing the use of electronic data transmission);

h. 상호협력 및 공통 범죄이슈와 관련된 문제에 대해 다른 국가와 실무세미나를 개최하는 것(organising working seminars with other states, on questions regarding mutual aid and shared crime issues).

39. 상호공조절차의 합리화와 협력을 증진시키기 위하여 다음과 같은 노력들이 이루어져야 한다(In order to improve rationalisation and achieve co-ordination of mutual assistance procedures, efforts should be taken to promote):

a. 검사들간에 활발한 국제협력에의 참여 필요성에 관한 인식을 제고할 것(among public prosecutors in general, awareness of the need for active participation in international co-operation, and)

b. 국제협력분야 검사들의 전문화(the specialisation of some public prosecutors in the field of international co-operation).

이러한 취지로, 국가들은 국제협력을 담당하는 공조요청국 검사가 그 요청 사항을 실행할 수 있는 피요청국 기관에 직접 공조요청을 할 수 있고, 피요청국 기관은 확보한 증거를 직접 그 검사에게 전달할 수 있도록 조치하여야 한다(To this effect, states should take steps to ensure that the public prosecutor of the requesting state, where he or she is in charge of international co-operation, may address requests for mutual assistance directly to the authority of the requested state that is competent to carry out the requested action, and that the latter authority may return directly to him or her the evidence obtained).

❸ 유럽검사자문회의의 업무를 위한 종합적 행동계획 체계(2006)

2006. 11. 29. 유럽평의회 각료위원회에서 승인된 '유럽검사자문회의의 업무를 위한 종합적 행동계획'421은 2010년에 채택된 유럽평의회 각료위원회 권고 제19호(형사사법체계에서 검찰의 역할)에는 포함되어 있지 않지만, 유럽지역에서 검찰의 임무 및 기능과 밀접한 관련을 맺고 있는 사항들을 포함시켰다. 이 중에서 검찰의 독립성과 관련한 내용을 발췌하면 다음과 같다.

【표 4-7】 유럽검사자문회의의 업무를 위한 종합적 행동계획 체계(2006)

〈검찰과 입법권 및 행정권과의 관계〉
(Relationship between public prosecutors and the executive and legislative powers)

10. 유럽 국가들의 검찰은 입법부 및 행정부와의 관계에서 상당한 차이를 보이고 있다. 일부 국가의 사법제도에서는 검찰이 의회와 정부로부터 완전히 독립되어 있지만 그 밖의 다른 국가에서는 어느 정도 독립성이 보장되기는 하지만 입법부나 행정부에 종속되어 있다. 적어도 유럽평의회 권고 제19호(형사사법체계에서 검찰의 역할)가 채택될 당시만 하더라도 검찰과 입법부 및 행정부의 관계가 조화를 이룰 가능성은 시기상조이지만 현재 다양한 유럽평의회 회원국들의 내부 개혁은 유럽평의회 권고 제19호에서 제시하고 있는 '안전망'의 효과적 이행을 평가해야 할 필요성을 잘 보여주고 있다(Prosecution services in European States represent widespread differences with respect to their institutional relationship with the executive and legislative powers. While in some legal systems the public prosecutor enjoys complete independence from parliament and government, in others he or she is subordinate to one or another while still enjoying some degree of scope for independent action. Although possibilities for harmonisation on this issue seemed premature, at least when Recommendation (2000)19 was adopted, current internal reforms in various member States of the Council of Europe might justify a need to assess the effective implementation of the safety nets enshrined in the Recommendation to avoid possible weaknesses of both models).

11. 유럽평의회 권고 제19호에서 설명하고 있는 제 원칙과 안전망은 모든 사법제도에서 입법부, 사법부 그리고 행정부 간의 권력의 분립이라는 근본적인 원칙을 보장하면서, 한편으로는 검찰이 부당하게 간섭을 받음이 없이 자신에게 주어진 임무를 다할 수 있도록 운영의 자치성

---

421 Consultative Council of European Prosecutors(CCPE), Framnework Overall Action Plan for the Work of the CCPE as approved by the Committee of Ministers at the 981st meeting of the Ministers'Deputies (29 November 2006).

을 확보하고 다른 한편으로는 검찰의 업무수행에 있어 민주적 책임과 징계, 행정, 민사 및 형사에 있어 각각의 문제점들에 대한 법적 책임을 다하도록 하는 데 있다(The principles and safety nets contained in Recommendation (2000)19 aim to guarantee, in all systems, the fundamental principle of the separation of powers between the legislative, the executive and the judiciary while ensuring, on the one hand, a sufficient level of operational autonomy of public prosecutors to perform their duties without unjustified interference and, on the other hand, a sufficient level of democratic accountability for the activities of the prosecution services and liability for individual shortcomings at disciplinary, administrative, civil and criminal levels).

12. 위에서 언급한 맥락에서 보면 다음의 쟁점은 반드시 다루어져야 한다(In the above context, the following issues might be addressed):

    a. 모든 사법시스템에서(In all systems):

        ⅰ. 공무원과 정부관료들이 자행한 위법행위에 대해 검찰이 이들을 기소할 의무를 포함하여 부당한 개입 또는 방해 없이 검찰이 자신의 의무를 수행할 수 있는 검찰의 업무 역량(capacity of public prosecutors to perform their duties without unjustified interference or obstruction, including their duty to prosecute public officials for offences committed by them);

        ⅱ. 검찰의 모든 활동에 대한 검찰의 책임(accountability of the prosecution service for its activities as a whole);

        ⅲ. 검사의 개인적 책임(민사, 형사 또는 기타)(personal liability of public prosecutors (civil, penal or other)).

    b. 검찰이 정부 기관의 일부분이거나 또는 종속되어 있는 시스템의 경우(In systems where the public prosecution is part of or subordinate to the government):

        ⅰ. 법률에 규정된 정부 권한의 본질과 범위(nature and scope of the powers of the government as established by law);

        ⅱ. 특히 정부의 검찰에 대한 지시와 관련한 정부의 권한 행사(the exercise of these powers, in particular with regard to instructions);

        ⅲ. 지시와 관련한 검사와의 협의(consultation of public prosecutors with regard to instructions);

        ⅳ. 검사가 서면으로 지시받은 사항을 반영해야 할 의무가 있을 때에도 검사가 법원에 자신이 선택한 의견을 제시할 가능성(possibility for public prosecutors to submit to the court any legal argument of their choice, even when they are under a duty to reflect in writing the instructions received).

    c. 검찰이 정부로부터 독립된 시스템인 경우(In systems where the public prosecution is independent of the government):

        ⅰ. 법률에 규정된 정부 권한의 본질과 범위(nature and scope of the independence of the public prosecution as established by law);

        ⅱ. 검찰과 정부기관 및 기타 기관과의 업무 관계(working relationship between the public prosecution service and government agencies and other institutions).

한편, 2006년의 '유럽검사자문회의의 업무를 위한 종합적 행동계획'은 검찰과 경찰의 관계에 관해서도 기존의 유럽평의회 각료위원회 권고 제19호(형사사법체계에서 검찰의 역할)의 내용을 다시금 언급하면서도 이를 보완하는 지침을 제공하고 있다.

【표 4-8】 유럽평의회 각료위원회 권고 제19호(형사사법체계에서 검찰의 역할)

〈검찰과 경찰의 관계〉
(Relationship between public prosecutors and the police)

14. 검사와 경찰의 제도상의 연관성과 관련해 경찰이 검사로부터 독립되어 있어 경찰이 수사를 하는 경우뿐만 아니라 종종 기소여부를 결정함에 있어서도 상당한 재량권을 갖고 있는 국가와 경찰이 검사로부터 감독을 받거나 지시를 받는 국가를 구분해야 한다(With regard to the institutional link between public prosecutors and the police a distinction is to be made between States in which the police service is independent of the public prosecution, and enjoys considerable discretion not only in the conduct of investigations but also often in deciding whether to prosecute, and those in which policing is supervised, or indeed directed, by the public prosecutor).

15. 경찰이 검사의 지휘를 받는 국가에서는 다음의 쟁점을 고려해야 한다(In countries where the police are placed under the authority of the public prosecutor, the following issues are to be considered):

   a. 특히 다음의 개별적인 사항을 포함하여, 범죄정책의 적정한 이행을 위해 검사가 경찰에 내리는 지침(instructions by the public prosecutor to the police with a view to an adequate implementation of crime policy priorities, including in particular):

      ⅰ. 최우선으로 다루어야 할 사건(cases to be dealt with as a priority);

      ⅱ. 증거수집의 방법(means used to search for evidence);

      ⅲ. 투입되는 인력(staff used);

      ⅳ. 수사기간(duration of investigation);

      ⅴ. 검사에 대한 정보보고(information to be given to the public prosecutor);

   b. 다수의 경찰관서를 이용할 수 있는 경우 개별 사건을 배정함에 있어 각각의 기관의 적합성(where different police agencies are available, allocation of individual cases to the agency that deems best suited to deal with it);

   c. 검사의 지시 및 법이 정한 범위 내에서 지시의 준수여부를 감독하기 위한 평가와 관리(evaluations and control necessary to monitor compliance with the instructions of the public prosecutor and with the law);

   d. 위반에 대한 제재조치(sanctioning of violations).

16. 경찰이 검찰로부터 독립되어 있는 경우 검찰과 경찰의 효과적이고 실질적인 협력의 가능성을 고려해야 한다(Where the police are independent of the public prosecution, attention

---

should be given to the availability of effective and functional co-operation between the public prosecution and the police).

17. 일반적으로 향후 고려해야 할 검사가 수행가능한 역할은 다음과 같다(In general, the possible role of public prosecutors could be further considered in):

    a. 검찰이 소추판단을 하기 전에 경찰이 행한 수사의 적법성 검토(scrutinising the lawfulness of police investigations before any decision to proceed with public prosecution can be taken);

    b. 경찰의 인권준수에 대한 모니터링(monitoring the observance of human rights by the police).

❹ 사법체계의 독립성과 관련한 유럽표준(2011)

'사법체계의 독립성과 관련한 유럽표준'(European Standards as regards the Independence of the Judicial System)[422]은 유럽평의회의 한 기구인 '법을 통한 민주주의를 위한 유럽위원회'(이른바 베니스위원회)[423]가 2011. 1. 3. 채택한 규범이다. '사법체계의 독립성과 관련한 유럽표준' 제2부에서는 검찰제도에 관한 표준을 명시해두고 있다. 그 주된 내용으로는, 유럽의 경우 일반적으로 검찰이 경찰에 대하여 수사지휘를 하는 등 수사를 통제하고 있으며, 수사와 기소를 분리하는 것이 검찰의 권한남용을 줄일 수는 있지만, 경찰이 권한을 남용하게 될 더 큰 위험을 만들어낸다고 경고하고 있다.

---

[422] Eurprean Commission for Democracy through Law(Venice Commission), Report on European Standards as Regards the Independence of the Judicial System: Part II – The Prosecution Service, Adopted by the Venice Commission at its 85th plenary session (Venice, 17-18 December 2010).

[423] 베니스위원회(법을 통한 민주주의를 위한 유럽위원회)는 1990. 3. 10. 유럽평의회 각료위원회에 의하여 설치된 자문기구로서 특히 동유럽 국가들이 헌법을 수정할 때 헌법적 자문을 하는 것을 핵심적인 업무로 하고 있다. 현재 베니스위원회의 회원국은 총 58개국이다. 47개의 유럽평의회 회원국 이외에 알제리, 브라질, 칠레, 이스라엘, 키르키스탄, 모로코, 페루, 튀니지 등도 회원국이며 대한민국도 베니스위원회의 회원국이다.

【표 4-9】 사법체계의 독립성과 관련한 유럽표준(2011)

III. 모델의 다양성(Variety of models)
7. 형사사법체계는 유럽과 전 세계에 걸쳐 다양하다. 서로 다른 (형사사법)체계들은 서로 다른 법 문화에 뿌리를 두고 있으며, 모든 나라들을 아우르는 통일된 모델은 존재하지 않는다. 예를 들어, 사실상 당사자주의적인 체계와 규문주의적인 체계 사이에, 그리고 사법공무원이 수사를 통제하는 체계와 비사법적인 검사나 경찰이 수사를 통제하는 체계 사이에는 중요한 차이점들이 있다. 소추가 강제적인 체계(기소법정주의)가 있는가 하면, 공공의 이익이 (소추를) 요구하지 않는 경우에 검사가 소추하지 않을 수 있는 재량을 갖는 체계(기소편의주의)도 있다. 일부 체계에서는 형사소송 및 증거 원칙들의 결과로 배심원, 참심원, 시민법관의 참여를 통해 사실확인 및 법률적용 과정에 시민들이 참여하기도 한다. 어떤 체계에서는 사인소추를 허용하지만 다른 체계에서는 사인소추를 허용하지 않거나 사인소추 가능성을 제한적으로만 인정한다. 일부 체계에서는 "사인(私人)당사자"로서 형사소송절차의 결과에 피해자의 참여를 인정하나 다른 체계에서는 공중과 국가를 대표하는 검사와 피고인 간의 다툼만을 인정할 뿐이다(Systems of criminal justice vary throughout Europe and the World. The different systems are rooted in different legal cultures and there is no uniform model for all states. There are, for example, important differences between systems which are adversarial in nature and those which are inquisitorial, between systems where a judicial officer controls the investigation and those where a non-judicial prosecutor or the police control investigations. There are systems where prosecution is mandatory (the legality principle) and others where the prosecutor has discretion not to prosecute where the public interest does not demand it (the opportunity principle). In some systems there is lay participation in the fact-finding and/or law-applying process through the participation of jurors, assessors or lay judges, with consequences for the rules of criminal procedure and evidence. Some systems allow for private prosecution while others do not do so or recognise the possibility of private prosecution only on a limited basis. Some systems recognise the interests of a victim in the outcome of criminal proceedings as a "partie civile" where others recognise only a contest between the prosecutor representing the public or the state and the individual accused).
8. 경찰과 검찰의 관계도 다양하다. 많은 국가에서는 경찰이 사실상 종종 독립적으로 수사를 진행한다 하더라도 원칙적으로 검사의 지시에 종속되어 있다. 일부 다른 국가에서는 경찰이 원칙적으로 독립되어 있다. 제3의 모델에서는 경찰과 검찰이 통합되어 있다(The relationship between police and prosecutor also varies. In many countries the police are in principle subordinate to the prosecutor's instructions, although often in practice enjoying functional independence. In others the police are in principle independent. In a third model the police and the prosecutor's office are integrated).

V. 검사의 자질(Qualities of prosecutors)
14. 검사는, 사회 전체를 대표하여 행동하기 때문에 그리고 형사유죄판결의 중대한 결과로 인하여, 민사사건에서의 소송당사자보다 높은 수준으로 행동해야 한다(The prosecutor, because he or

she acts on behalf of society as a whole and because of the serious consequences of criminal conviction, must act to a higher standard than a litigant in a civil matter).

15. 검사는 공정하고 불편부당하게 행동해야 한다. 검사를 사법부의 일부로 간주하지 않는 체계에서도, 검사는 사법부와 같은 태도로 행동할 것이 기대된다. 어떤 대가를 치르더라도 유죄판결을 받아내는 것은 검사의 기능이 아니다. 검사는 신뢰할 만한 모든 증거를 이용할 수 있게 법정에 제시하여야 하고 무엇이 적합한지를 가려 뽑을 수 없다. 검사는 소추 측 주장에 유리한 증거만이 아니라 관련된 모든 증거를 피고인에게 공개하여야 한다. (예를 들어, 공개하는 것이 다른 사람의 안전을 위태롭게 하기 때문에) 피고인에게 유리한 경향이 있는 증거가 공개될 수 없는 경우에는 소추를 중지하는 것이 검사의 의무가 될 수 있다(The prosecutor must act fairly and impartially. Even in systems which do not regard the prosecutor as part of the judiciary, the prosecutor is expected to act in a judicial manner. It is not the prosecutor's function to secure a conviction at all costs. The prosecutor must put all the credible evidence available before a court and cannot pick and choose what suits. The prosecutor must disclose all relevant evidence to the accused and not merely the evidence which favours the prosecution case. Where evidence tending to favour the accused cannot be disclosed (for example, because to do so would compromise the safety of another person) it may be the duty of the prosecutor to discontinue the prosecution).

16. 개인에 대한 형사재판의 중대한 결과로 인하여, 그 재판이 무죄판결로 귀결된다 하더라도, 검사는 소추 여부와 범죄혐의를 결정하는 데 있어서 공정하게 행동하여야 한다(Because of the serious consequences for the individual of a criminal trial, even one which results in an acquittal, the prosecutor must act fairly in deciding whether to prosecute and for what charges).

17. 검사는, 판사와 마찬가지로, 자신과 개인적 이해관계가 있는 사안에서 행동할 수 없으며 그의 중립성과 진실성을 보호하는 것을 목표로 하는 제한들의 대상이 될 수 있다(A prosecutor, like a judge, may not act in a matter where he or she has a personal interest, and may be subject to certain restrictions aiming to safeguard his or her impartiality and integrity).

18. 이러한 의무들은 모두 높은 지위와 훌륭한 성품에 걸맞는 사람을 검사로 임용할 필요성을 시사한다. 검사에게 요구되는 자질은 판사에게 요구되는 자질과 유사하며, 임명 및 승진을 위해 적절한 절차가 마련될 것을 요한다. 필연적으로, 검사는, 판사와 마찬가지로, 때로 대중매체의 비판의 대상이 될지 모를 그리고 정치적 논란의 대상이 될 수도 있는 인기 없는 결정을 내릴 것이다. 이런 이유로 검사가 인기 없는 결정을 내렸다고 해서 희생되지 않을 수 있도록 보증하는 적절한 임기와 적합한 승진, 징계 및 해임 방식을 확보할 필요가 있다(These duties all point to the necessity to employ as prosecutors suitable persons of high standing and good character. The qualities required of a prosecutor are similar to those of a judge, and require that suitable procedures for appointment and promotion are in place. Of necessity, a prosecutor, like a judge, will have on occasion to take unpopular decisions which may be the subject of criticism in the media and may also become the subject of political controversy. For these reasons it is necessary to secure proper tenure

and appropriate arrangements for promotion, discipline and dismissal which will ensure that a prosecutor cannot be victimised on account of having taken an unpopular decision).

19. 물론, 검사가 요구되는 기준에 미치지 못할 경우에, 공정한 판사가 잘못된 것을 바로잡을 수 있다. 하지만 그와 같은 정정이 있을 것이라는 보장은 없으며 어떤 경우에는 심각한 피해가 야기될 수 있다. 판사에게만 의존하는 시스템보다는 검사와 판사 양자가 가장 높은 수준의 진실성과 중립성으로 행동하는 시스템이 보다 더 나은 인권보호를 제공하는 것은 분명하다 (Of course, where a prosecutor falls short of the required standard, the impartial judge may be able to correct the wrong that is done. However, there is no guarantee of such correction and in any event great damage can be caused. It is evident that a system where both prosecutor and judge act to the highest standards of integrity and impartiality presents a greater protection for human rights than a system which relies on the judge alone).

VII. 검찰조직의 주요 모델들(Main models of the organisation of the prosecution service)

23. 주요 참조 텍스트들은 검찰체계가 행정부로부터 독립되지 않은 체계들을 감안하고 있으며, 그와 같은 체계들과 관련해서는 개별 사건 수준에서 주어진 지시에 관해 투명성이 있을 것이라는 보장의 필요성에 집중한다(The major reference texts allow for systems where the prosecution system is not independent of the executive, and in relation to such systems concentrate on the necessity for guarantees at the level of the individual case that there will be transparency concerning any instructions which may be given).

24. 그럼에도 불구하고, 검찰청이 향유해야 하는 독립의 범위와 정도는 수년간 논의를 불러일으켰다. 이는 다른 국가 조직과 비교하여 유럽 기준이 검찰의 지위를 해결하는 데 있어서 두 가지 다른 방식을 허용하고 있다는 사실에 상당 부분 기인한다(Nonetheless, for years, the scope or degree of independence which the prosecution office should enjoy has evoked discussion. That stems to a large extent from the fact that European standards allow for two different ways of resolving the position of the prosecution vis-à-vis other state organs):

"법률상 유럽은 검찰청이 의회와 정부로부터 완전한 독립을 향유하는 체계와 여전히 어느 정도 범위의 독립적 행동을 누리면서 이러한 (입법·행정) 당국들 중 어느 하나에 종속되는 체계 사이의 이와 같은 핵심 이슈를 두고 갈라진다. 현재 상황에서는 검찰청이라는 단일 개념에 대한 바로 그 유럽의 조화라는 관념은 시기상조인 것 같다는 것이 지배적인 생각으로 보인다(Legal Europe is divided on this key issue between the systems under which the public prosecutor's office enjoys complete independence from parliament and government and those where it is subordinate to one or other of these authorities while still enjoying some degree of scope for independent action. As a prevailing concept, it can be seen, that in the current situation the very notion of European harmonisation round a single concept of a prosecutor's office seemed premature)."

25. 결과적으로 2000년의 형사사법체계에서의 검찰의 역할에 관한 유럽평의회 각료위원회의 권

고 제19호는 다수의 모델을 허용한다. 동 권고 제13항은 검찰이 정부의 일부이거나 정부에 종속된 국가들에 대한 기본 가이드라인을 포함한다(Consequently, Recommendation (2000) 19 allows for a plurality of models. Its paragraph 13 contains basic guidelines for those states where the public prosecution is part of or subordinate to the Government).

26. 그럼에도 불구하고, 단지 유럽평의회에 소속된 몇몇 국가들만이 행정권한의 일부를 구성하거나 법무부에 종속된 검찰청을 갖고 있다(예를 들어, 오스트리아, 덴마크, 독일, 네덜란드). 위원회는 행정부에 종속되거나 행정부와 연계된 검찰청 대신에 보다 독립적인 검찰청을 허용하는 광범위한 경향이 있다는 데 주목한다. 예를 들면, 폴란드에서 최근에 이루어진 검찰청법에 대한 개정은 법무부의 역할과 검찰총장의 역할을 분리하였다. 또한, 그와 같은 간섭에 대항할 공식적인 보호수단이 없을 수 있기에 행정부는 사실상 특히 신중하게 다루어야 할 문제로 남아 있다는 의미에서 일부 국가들에서는 검찰의 행정권한에의 종속은 현실보다는 원칙의 문제가 되고 있다는 점에 주목하는 것이 중요하다. 현재 오스트리아에서 벌어지고 있는 검사를 지휘할 수 있는 행정부의 권한에 대한 논쟁에서 볼 수 있듯이, 간섭 현상은 실제 개입만큼이나 피해를 줄 수 있다(Nonetheless, only a few of the countries belonging to the Council of Europe have a prosecutor''s office forming part of the executive authority and subordinate to the Ministry of Justice (e.g. Austria, Denmark, Germany, the Netherlands). The Commission notes that there is a widespread tendency to allow for a more independent prosecutor's office, rather than one subordinated or linked to the executive. For example, in Poland recent amendments to the Law on the Prosecutor''s Office separated the role of the Ministry of Justice from that of the Prosecutor General. Also, it is important to note that in some countries, subordination of the prosecution service to the executive authority is more a question of principle than reality in the sense that the executive is in fact particularly careful problem remains as there may be no formal safeguards against such intervention. The appearance of intervention can be as damaging as real interference, as can be seen in the current Austrian debate on the power of the executive to give instructions to the prosecutors).

27. 위에서 설명한 경향은 유럽평의회의 대륙법계 회원국들 사이에서만이 아니라 보통법 국가들에서도 보이고 있다. 캐나다 연방검찰은 최근 법무부장관/법무부에 필수적인 부분으로서 기능하는 모델에서 독립적인 검찰총장 모델로 옮겨갔다. 북아일랜드 또한 독립적인 검찰청을 설립하였다. 잉글랜드와 웨일즈 그리고 아일랜드 또한 모두 검찰 편에 서서, 점진적으로 보통법 체계의 전통적 특징이라 할 경찰의 소추권을 배제해 나가고 있는 것으로 보인다(The tendency described above is visible not only among the civil law member states of the Council of Europe but also in the common law world. The federal prosecution service in Canada recently moved from the model of a service as an integral part of the Attorney General/Ministry of Justice to the model of an independent Director of Public Prosecutions (DPP). Northern Ireland has now also established its DPP''s Office as independent. England and Wales and Ireland have also all seen the gradual elimination of police powers to prosecute, which was a traditional feature of common law systems, in favour of a public prosecutor).

28. 이러한 경향들과는 별개로, 검찰청과 달리 판사에게 적용할 경우에 독립성 또는 자율성의 개념을 어떻게 받아들일 것인가에 관해서는 근본적인 차이점이 있다. 사법체계의 일부일 때에도, 검찰청은 법원이 아니다. 사법부의 독립과 행정 권력으로부터의 사법부 분립은 법의 지배의 초석이며, 여기에는 예외가 있을 수 없다. 사법부의 독립에는 두 가지 측면이 있는데, 제도적 측면에서는 사법부 전체뿐만 아니라 (다른 판사들에 의한 영향력으로부터의 독립을 포함해서) 판결을 내리는 개별 판사들도 독립적이다. 하지만 검찰청의 독립성 및 자율성은 현실적으로 법원의 독립성 내지 자율성만큼 단정적이지는 못하다. 기관으로서 검찰청이 독립적이라 하더라도 검찰총장 이외에 그 밖의 검사들의 결정 및 활동에 대해서는 위계적 통제가 있을 수 있다(Apart from those tendencies, there is an essential difference as to how the concept of independence or autonomy is perceived when applied to judges as opposed to the prosecutor's office. Even when it is part of the judicial system, the prosecutor's office is not a court. The independence of the judiciary and its separation from the executive authority is a cornerstone of the rule of law, from which there can be no exceptions. Judicial independence has two facets, an institutional one where the judiciary as a whole is independent as well as the independence of individual judges in decision making (including their independence from influence by other judges). However, the independence or autonomy of the prosecutor's office is not as categorical in nature as that of the courts. Even where the prosecutor's office as an institution is independent there may be a hierarchical control of the decisions and activities of prosecutors other than the prosecutor general).

A. "내부적" 및 "외부적" 독립("Internal" and "external" independence)

29. '독립적'이라기보다는 '자율적'인 검찰총장 이외에 그 밖의 검사들의 지위와 대조적으로 검찰청 또는 검찰총장의 가능성 있는 독립 사이에는 분명한 구별이 존재해야 한다. 검찰청은 종종 '자율적'이라고 언급되며 개별 검사들은 '독립적'이라고 언급될 수 있다(A clear distinction has to be made between a possible independence of the prosecutor's office or the Prosecutor General as opposed to the status of prosecutors other than the prosecutor general who are rather 'autonomous' than 'independent'. The prosecutor's offices are often referred to as 'autonomous' and individual prosecutors would be referred to as 'independent').

30. 검찰청의 '독립'은 바로 그 본질에 의해 판사의 독립과 범위가 달라진다. 검찰청 또는 검찰총장의 그러한 "외부적" 독립의 주요 요소는 개별 사건들에서 행정부가 검찰총장(그리고 물론 직접적으로 기타 다른 검사)에게 지시를 내리는 것에 대한 불허용성에 있다. 일반적 지시, 예를 들어 어떤 유형의 범죄를 보다 엄격하게 또는 신속하게 소추할 것인지는 문제의 소지가 적어 보인다. 이러한 지시는 의회 또는 정부에 의해 적절하게 결정될 수 있는 정책의 한 측면으로 간주될 수 있다(Any 'independence' of the prosecutor's office by its very essence differs in scope from that of judges. The main element of such "external" independence of the prosecutor's office, or for that of the Prosecutor General, resides in the impermissibility of the executive to give instructions in individual cases to the

Prosecutor General (and of course directly to any other prosecutor). General instructions, for example to prosecute certain types of crimes more severely or speedily, seem less problematic. Such instructions may be regarded as an aspect of policy which may appropriately be decided by parliament or government).

31. 그러한 검찰의 독립은 검찰총장 이외에 그 밖의 검사들의 "내부적 독립"과 구별되어야 한다. 위계적 종속 체계에서 검사들은 상급자가 발한 명령, 가이드라인과 지시에 구속된다. 좁은 의미에서, 독립은 검찰총장 이외에 그 밖의 검사들이 법적으로 권한이 부여된 활동들을 행함에 있어서 상급자의 사전 승낙을 얻거나 자신들의 행동을 확인시켜줄 필요가 없는 체계라고 볼 수 있다. 검찰총장 이외에 그 밖의 검사들은 종종 위계적 상급자들로부터의 불간섭에 대한 보증을 어느 정도 향유하기도 한다(The independence of the prosecution service as such has to be distinguished from any "internal independence" of prosecutors other than the prosecutor general. In a system of hierarchic subordination, prosecutors are bound by the directives, guidelines and instructions issued by their superiors. Independence, in this narrow sense, can be seen as a system where in the exercise of their legislatively mandated activities prosecutors other than the prosecutor general need not obtain the prior approval of their superiors nor have their action confirmed. Prosecutors other than the prosecutor general often rather enjoy guarantees for noninterference from their hierarchical superior).

32. 부당한 지시를 피하기 위해서는, 검사의 활동에 대해 이러한 불간섭의 보증 목록을 개발하는 것이 필수적이다. 불간섭은 공판절차에서 검찰의 활동이 외부의 압력뿐만 아니라 소추 체계 내에서의 부당하거나 불법적인 내부 압력으로부터 자유로울 것을 보장하는 것을 의미한다. 이러한 보증은 임명, 징계/해임뿐 아니라 사건운영 및 의사결정 과정에 관한 특정 규칙들을 포함해야 한다(In order to avoid undue instructions, it is essential to develop a catalogue of such guarantees of non-interference in the prosecutor''s activities. Non-interference means ensuring that the prosecutor''s activities in trial procedures are free of external pressure as well as from undue or illegal internal pressures from within the prosecution system. Such guarantees should cover appointment, discipline / removal but also specific rules for the management of cases and the decision-making process).

33. 이 보고서의 다음 장에서, 검찰총장, 그 밖의 다른 검사들과 (소추위원회, 훈련과 같은) 몇 가지 구조적 요소들과 관련된 보증들이 논의될 것이다. 앞에서 지적하였듯이, 본 보고서는 기존의 기준들과 장래 기준들에 대한 제안들 양자에 대해 언급한다(In the following chapters of this report, guarantees relating to the Prosecutor General, other prosecutors and some structural elements (Prosecutorial Council, training) will be discussed. As pointed out above, the present report refers both to existing standards and proposals for future ones).

XII. 사법부의 독립을 위한 검찰청의 과도한 권력의 위험(Dangers of excessive powers of the prosecutor's office for the independence of the Judiciary)

71. 국가권력 소유자들의 이익과 공익 사이에는 구별이 필요하다. 양자가 동일하다는 가정이 상

당수 유럽 체계들에 퍼져 있다. 이상적으로 말해서 (형사소추를 포함하여) 공익 기능의 행사는 현 정부의 이익, 기타 국가기관의 이익 또는 심지어 정당의 이익을 보호하는 기능과 결합되거나 혼동되어서는 안 된다. 많은 나라들에서, 형사소추 영역 이외에, 공익을 주장하는 기능은 옴부즈만이나 핀란드의 사정감독원장과 같은 관료에게 달려 있다. 일부 보통법 국가들에서의 법무부장관 모델과 같이, 국가 이익과 공익을 수호하는 두 기능이 결합된 다수의 민주주의 국가들이 존재한다. 하지만 그러한 체계의 기능은 법문화에 의존한다 하겠는데, 특히 정치적 목적을 위한 소추 남용의 역사를 지닌 덜 성숙한 민주주의 국가들에서는 특별한 예방책이 요구된다(A distinction needs to be made between the interests of the holders of state power and the public interest. The assumption that the two are the same runs through quite a number of European systems. Ideally the exercise of public interest functions (including criminal prosecution) should not be combined or confused with the function of protecting the interests of the current Government, the interests of other institutions of state or even the interests of a political party. In many countries the function of asserting public interest, outside the field of criminal prosecution, would rest with an ombudsman or with an official such as the Chancellor of Justice in Finland. There are a number of democracies where the two functions of defending state interest and public interest are combined, as in the Attorney General model in some common law countries. The functioning of such a system however depends on legal culture, and especially in younger democracies, where there is a history of abuse of prosecution for political goals, special precautions are needed).

72. 개별 국가들에 대한 작업 과정에서, 베니스위원회는 때로 검찰청의 과도한 권한 행사에 비판적인 태도를 취했다. 소비에트 체제에서 검찰청은 사법부를 통제하는 강력한 수단이었으며, 몇몇 국가들에 이러한 체제의 잔재가 남아 있다. 지나치게 강력한 검찰은 책임 없는 제4의 권력이 될 위험이 있다. 이러한 위험요소를 피하는 것이 본 보고서의 목적 중 하나이다(In the course of its work on individual countries, the Venice Commission has sometimes been critical of excessive powers of the prosecutor''s office. In the Soviet system, the prosecutor''s office was a powerful means to control the judiciary and in a few countries remnants of this system linger on. There is a danger that an over-powerful prosecution service becomes a fourth authority without accountability. Avoiding this risk is one of the aims of the present report).

73. 이 쟁점은 검찰이 어떤 권한을 가져야 하는가 하는 문제와 밀접하게 관련되어 있다. 검찰을 형사소추권력으로 제한하고 검찰에게 "(소비에트식 검찰인) 프로쿠라투라" 유형 체계에서 일반적으로 찾아볼 수 있는 일종의 일반감독권한을 부여하지 않아야 한다는 매우 강력한 주장이 있다. 문제는 체계 내에서의 견제와 균형에 있는 것으로 보인다. 어쨌거나, 수색이나 구금과 같이 인권에 영향을 주는 검찰의 행동은 판사의 통제 아래 남아야 한다. 일부 국가에서 '검찰의 편견'은 검사의 그러한 모든 요청에 대한 준-자율적 승인으로 이어지는 것처럼 보인다. 이는 관련당사자의 인권뿐만 아니라 사법부 전체의 독립에 대해서도 위험이 된다(This issue is closely linked to the question of what powers the prosecution service should have. There is a very strong argument for confining prosecution services to the powers

of criminal prosecution and not giving them the sort of general supervisory powers which were commonly found in "prokuratura" type systems. The question seems very much one of checks and balances within the system. In any case, prosecutor''s actions which affect human rights, like search or detention, have to remain under the control of judges. In some countries a 'prosecutorial bias' seems to lead to a quasi-automatic approval of all such requests from the prosecutors. This is a danger not only for the human rights of the persons concerned but for the independence of the Judiciary as a whole).

74. 물론 검찰이 수사를 통제하는 것이 일반적으로 받아들여지고 있다. 그러나 어떤 점에서는 검사가 수사를 통제하지 않는다면 이는 그 자체로 권한을 남용할 수 있는 막강한 소추의 가능성을 줄일 수 있게 된다. 기소와 수사가 분리되는 모델이 약점을 가지고 있기는 하지만 이러한 체계의 장점 중 하나는 권한을 남용하는 막강한 기관의 위험을 줄이는 것이다. 그러나 다른 한편으로 수사와 기소의 분리는 경찰이 그들의 권한을 남용하게 될 더 큰 위험을 만들어 낸다(While it is of course normal and permissible for prosecution services to control the investigation, in some ways where the prosecutor does not control the investigation this in itself reduces the possibility for an over-powerful prosecution which can abuse that authority. While there are weaknesses in the model whereby the prosecutor and investigator are separate, one advantage of such a system is to reduce the risk of an over-powerful institution abusing its powers. On the other hand, it creates a greater risk that the police will abuse their powers).

75. 판사의 독립에 관한 본 보고서의 제1부에서 이미 위원회는 다음과 같이 주장하였다(Already in Part I of the present report on the Independence of Judges the Commission insisted that):

"사법부의 결정은 항소절차를 제외하고서는 어떤 정정의 대상이 되어서는 안 되는바, 특히 항소기간 이외에 검찰이나 기타 국가기관의 이의를 통하여 정정의 대상이 되어서는 안 된다(Judicial decisions should not be subject to any revision outside the appeals process, in particular not through a protest of the prosecutor or any other state body outside the time limit for an appeal)."

76. 이는 검사에게 법률적 측면을 감독하고 심지어 검사가 법률이 부정확하게 적용되었다고 생각한 경우에 (민법에서의 사적 당사자들을 포함하여) 최종심에서 결정된 사안을 재개하는 것을 일반 업무로 부여하는, 소비에트 체계의 검열(nadzor)을 배제한다. 물론, 이러한 권한에 대한 베니스위원회의 강력한 입장은 절차를 재개하도록 법원에 요청하는 것을 배제하지 않는다. 그러나 사건 재개 여부에 대한 결정은 검사가 아니라 법원에게로 돌아가야 한다(This excludes the Soviet system of nadzor, giving the prosecutor a general task to oversee legality and even to re-open cases — including in civil law between private parties — decided in final instance when the prosecutor deems that the law has been applied incorrectly. Of course, the Venice Commission's strong stance against such powers do not exclude a request to a court to re-open proceedings. However, the decision on re-opening a case has to remain with a court, not the prosecutor).

XIII. 결론(Conclusion)

84. 본 보고서의 제1부에서 논의된 판사의 독립에 관한 사안은 명백한 것이다. 권력분립과 공정한 재판을 받을 권리는 독립된 판사 없이는 상상도 할 수 없다. 이는 검사의 경우에 있어서는 덜 명백하다 하겠는데, 특히 독립된 체계에서부터 행정 권력에 전면적으로 통합된 체계에 이르기까지 그 범위가 넓은 체제의 다양성을 고려할 때 그러하다(The case for the independence of Judges, discussed in Part I of the present report is a clear cut one. Separation of powers and the right to a fair trial are inconceivable without independent judges. This is less obvious for prosecutors, especially in the light of the variety of systems ranging from independence to full integration into the executive power).

85. 이러한 다양성을 고려하여, 검찰에 관한 본 보고서의 제2부는 외부 압력으로부터의 검찰의 보증에 초점을 둔다. 특히 검찰이 행정부에 종속된 경우에, 행정부에 의한 부당한 정치적 영향으로부터 검찰을 보호하기 위해서 이러한 보증이 요구되는 것이다. 이 보고서에서 논의된 그 밖의 다른 보증들 중에서 자주 사용되는 수단은 임용, 승진 및 징계를 다루는 독립된 검찰 위원회나 소추위원회의 설립이다(In view of this diversity, the present Part II of the Report on the Prosecution Service focuses on guarantees for the prosecution service from outside pressures. Especially when there is subordination of the prosecution to the executive, such guarantees are required in order to shield the former from undue political influence by the latter. Among other guarantees discussed in this report, a frequently used tool is the establishment of an independent board of prosecutors or prosecutorial council, dealing with appointments, promotion and discipline).

86. 검사의 '독립'은 판사의 독립과 그 성격이 동일하지 않다. 소추 체계에 보다 많은 독립성을 제공하려는 것이 일반적인 경향임에도 불구하고 그에 요구되는 공통 표준은 없다. 독립성과 자율성은 그 자체로 종결되는 것이 아니며 각각의 경우에 이루고자 한 목표를 참조하여 정당화되어야 한다(The 'independence' of prosecutors is not of the same nature as the independence of judges. While there is a general tendency to provide for more independence of the prosecution system, there is no common standard that would call for it. Independence or autonomy are not ends in themselves and should be justified in each case by reference to the objectives sought to be attained).

87. 불간섭에 대한 보증을 제공하기 위하여, 베니스위원회는 다음과 같이 권고하는 바이다(In order to provide for guarantees of non-interference, the Venice Commission recommends):

1. 검찰총장 임명 절차에서, 후보자의 전문 자격에 대한 조언이 (검사를 포함한) 법조계와 시민사회의 대표들과 같은 관련자들로부터 받아들여져야 한다(In the procedure of appointing a Prosecutor General, advice on the professional qualification of candidates should be taken from relevant persons such as representatives of the legal community (including prosecutors) and of civil society).

2. 검찰총장이 의회에서 선출되는 나라들에서, 임명 절차가 정치화될 위험은 의회 위원회에 의한 선출 준비의 제공으로 감소될 수 있다(In countries where the Prosecutor General is elected by Parliament, the danger of a politicisation of the appointment process could be reduced by providing for the preparation of the election by a parliamentary

committee).

3. 검찰총장 선거에 가중다수결을 이용하는 것은 그러한 임용에 대한 폭넓은 합의를 촉진하는 메커니즘으로 간주될 수 있다(The use of a qualified majority for the election of a Prosecutor General could be seen as a mechanism to promote a broad consensus on such appointments).

4. 검찰총장은 종신 임용되거나 상대적으로 장기간 동안 그 기간이 종료되는 때에 연장 가능성 없이 임용되어야 한다. 검찰총장의 임기는 의회의 임기와 일치해서는 안 된다(A Prosecutor General should be appointed permanently or for a relatively long period without the possibility of renewal at the end of that period. The period of office of the Prosecutor General should not coincide with Parliament''s term in office).

5. 임기 만료 뒤에 검찰총장에 대해 추후 임용 조치가 이루어졌다면, 이는 임용 전에 명확하게 밝혀져야 한다. 반면에, 검찰총장의 임기 동안 또는 임기 후에 검찰총장이 다른 공직에 지원하는 것은 일반적으로 금지되지 않는다(If some arrangement for further employment for the Prosecutor General (for example as a judge) after the expiry of the term of office is to be made, this should be made clear before the appointment. On the other hand, there should be no general ban on the Prosecutor General's possibilities of applying for other public offices during or after his term of office).

6. 검찰총장의 해임 사유는 법에 규정되어야 하고 전문가 단체는 충분한 해임사유가 있는지 여부에 대해서 의견을 제시하여야 한다(The grounds for dismissal of the Prosecutor General must be prescribed in law and an expert body should give an opinion whether there are sufficient grounds for dismissal).

7. 검찰총장은 의회에서의 해명을 포함하여, 해임 절차에서 공정한 해명의 기회를 얻어야 한다(The Prosecutor General should benefit from a fair hearing in dismissal proceedings, including before Parliament).

8. 소추 또는 불소추 사건 각각에 있어서 검찰총장의 의회에 대한 책임은 배제되어야 한다. 소추 또는 불소추 여부의 결정은 검찰청 단독으로 행해져야 하는 것이지 행정부나 입법부에 의해 행해져서는 안 된다. 하지만, 소추 정책을 입안하는 일은 입법부와 법무부 또는 정부가 적절하게 결정적인 역할을 할 수 있는 쟁점으로 보인다(Accountability of the Prosecutor General to Parliament in individual cases of prosecution or non-prosecution should be ruled out. The decision whether to prosecute or not should be for the prosecution office alone and not for the executive or the legislature. However, the making of prosecution policy seems to be an issue where the Legislature and the Ministry of Justice or Government can properly have a decisive role).

9. 책임 수단으로서 검찰총장은 의회에 공적 보고서를 제출하라는 요구를 받을 수 있다. 해당될 경우, 그러한 보고서에서 검찰총장은 행정부에 의해 내려진 일반 지시들이 어떻게 실행되었는지에 대해서 명료하게 설명하여야 한다(As an instrument of accountability the Prosecutor General could be required to submit a public report to Parliament. When applicable, in such reports the Prosecutor General should give a transparent account of how any general instruction given by the executive have been implemented).

10. 검사가 소추하지 않기로 결정한 경우에, 책임 (좀 더 정확히 하자면 책임의 결여)라는 가장 큰 문제들이 발생한다. 예를 들어 범죄행위의 피해자로서 개인에 의한, 법적 구제책이 없다면, 무책임이라는 고도의 위험이 있게 된다(The biggest problems of accountability (or rather a lack of accountability) arise, when the prosecutors decide not to prosecute. If there is no legal remedy - for instance by individuals as victims of criminal acts - then there is a high risk of non-accountability).

11. 검찰총장 이외에 그 밖의 자격을 갖춘 검사들의 임용을 준비하기 위해서는, 전문가의 투입이 유용할 것이다(In order to prepare the appointment of qualified prosecutors other than the prosecutor general, expert input will be useful).

12. 검찰총장 이외에 그 밖의 검사들은 퇴직할 때까지 임용되어야 한다(Prosecutors other than the Prosecutor General should be appointed until retirement).

13. 징계사건에서 관련 검사는 심문 받을 권리를 가져야 한다(In disciplinary cases the prosecutor concerned should have a right to be heard).

14. 징계제재에 대하여 법원에 항소하는 것이 가능해야 한다(An appeal to a court against disciplinary sanctions should be available).

15. 이른바 불법 지시들에 대하여 유럽평의회 권고 제19호에 규정된 보호수단은 적절하지 않으며 이른바 불법 지시들이 내려지는 것을 막지 못하기 때문에 좀 더 개발되어야 한다. 하위 검사의 견해를 뒤집는 지시는 논리적으로 판단되어야 하며 지시가 불법적이라는 혐의가 있는 경우에는 법원이나 소추위원회 같은 독립된 기구가 지시의 적법성을 결정하여야 한다(The safeguard provided for in Recommendation 2000 (19) against allegedly illegal instructions is not appropriate and should be further developed because it does not prevent an allegedly illegal instruction from being given. Any instruction to reverse the view of an inferior prosecutor should be reasoned and in case of an allegation that an instruction is illegal a court or an independent body like a Prosecutorial Council should decide on the legality of the instruction).

16. 검사에 대한 전보 위협은 검사에게 압력을 가하는 수단으로 쓰일 수 있고 "불복종하는" 검사는 다루기에 미묘한 사건에서 제외될 수 있다. 소추위원회와 같은 독립 기구나 그와 유사한 단체에 대한 항소는 이용가능해야 한다(Threats of transfers of prosecutors can be used as an instrument for applying pressure on the prosecutor or a "non obedient" prosecutor can be remove from a delicate case. An appeal to an independent body like a Prosecutorial Council or similar should be available).

17. 검사는 일반 면책으로부터 이익을 얻어서는 안 된다(Prosecutors should not benefit from a general immunity).

18. 검사는 다른 국가공직에 재직하거나 다른 국가기능을 수행해서는 안 되며, 이는 판사에게도 마찬가지로 부적절하다 할 것이고 검사는 검사의 중립성 원칙과 충돌하는 공적 활동을 피해야 한다(A prosecutor should not hold other state offices or perform other state functions, which would be found inappropriate for judges and prosecutors should avoid public activities that would conflict with the principle of their impartiality).

19. 소추위원회가 존재할 경우, 소추위원회의 구성은 모든 직급의 검사들뿐만 아니라 변호

사와 법학자들과 같은 다른 관계자들도 포함하여야 한다. 그러한 소추위원회의 구성원들이 의회에서 선출될 경우에는, 되도록이면 가중다수결로 행해져야 한다(Where it exists, the composition of a Prosecutorial Council should include prosecutors from all levels but also other actors like lawyers or legal academics. If members of such a council were elected by Parliament, preferably this should be done by qualified majority).

20. 소추위원회와 사법위원회가 각각 단일 조직이라면, 판사와 검사가 서로의 임명과 징계 절차에 영향을 줄 수 없다는 것이 보증되어야 한다(If prosecutorial and judicial councils are a single body, it should be ensured that judges and prosecutors cannot influence each others'' appointment and discipline proceedings).

21. 수행한 업무의 중요성에 따른 검사의 보수는 효율적이고 공정한 형사사법체계를 위해 필수적이다(Remuneration of prosecutors in line with the importance of the tasks performed is essential for an efficient and just criminal justice system).

22. 소추위원회와 같은 전문가 단체는 훈련 프로그램의 정의에 있어서 중요한 역할을 할 수 있다(An expert body like a Prosecutorial Council could play an important role in the definition of training programmes).

23. 수색이나 구금과 같이 인권에 영향을 미치는 검사의 행동은 판사의 통제 아래 남아야 한다(Prosecutor''s actions which affect human rights, like search or detention, have to remain under the control of judges).

24. 일부 국가에서 '검찰의 편견'은 검사의 그러한 모든 요청에 대한 준-자율적 승인으로 이어지는 것처럼 보인다. 이는 관련당사자의 인권뿐만 아니라 사법부 전체의 독립에 대해서도 위험이 된다(In some countries a 'prosecutorial bias' seems to lead to a quasi-automatic approval of all such requests from the prosecutors. This is a danger not only for the human rights of the persons concerned but for the independence of the Judiciary as a whole).

25. 검찰은 그 주요 초점을 형사법 분야에 두어야 한다(The prosecution service should have its primary focus on the criminal law field).

❺ 검사와 관련한 유럽의 제 규범과 원칙(2014)

유럽검사자문회의는 매년 1건씩 중요 안건에 관한 공식 의견(Opinion)을 채택하고 있다. '검사와 관련한 유럽의 제 규범과 원칙'424은 유럽검사자문회의의

---

424 Opinion No. 9 (2014) of the Consultative Council of European Prosecutors to the Committee of Ministers of the Council of Europe on European norms and principles concerning prosecutors.

가 2014년에 내놓은 공식 의견이다.425 이 공식 의견은 검찰의 역할(동 의견 설명 2), 검사의 역할수행을 위하여 제공되는 검사의 지위와 안전조치(동 의견 설명 3), 검사의 권리와 의무(동 의견 설명 4), 검찰과 타 기관과의 관계(동 의견 설명 5), 검찰청의 조직(동 의견 설명 6) 등에 관하여 세부사항을 명시하고 있다. 그 세부내용 중에서 검찰의 독립에 관한 부분을 언급하면 다음과 같다.

【표 4-10】 검사와 관련한 유럽의 제 규범과 원칙(2014)

로마 헌장(ROME CHARTER)

유럽평의회 각료위원회로부터 검사와 관련한 유럽의 제 규범과 원칙에 관한 참조 문서를 제공하라는 요청을 받은 유럽검사자문회의(CCPE)는 다음과 같은 사항들에 동의하는 바이다(The Consultative Council of European Prosecutors (CCPE), having been requested by the Committee of Ministers of the Council of Europe to provide a reference document on European norms and principles concerning public prosecutors, agreed on the following):

Ⅰ. 모든 법체계에서, 검사는 특히 공정하고 공평하며 효과적인 사법집행에 의해서 모든 경우에 그리고 절차의 모든 단계에서 자신의 권한 범위 내에서, 법의 지배가 보장되는 것을 보증하는 데 기여한다(In all legal systems, public prosecutors (hereafter prosecutors) contribute to ensuring that the rule of law is guaranteed, especially by the fair, impartial and efficient administration of justice in all cases and at all stages of the proceedings within their competence).

Ⅱ. 검사는 사회를 대표하여 그리고 공익을 위해서 특히 인권과 기본적 자유의 보호를 위한 협약과 유럽인권재판소의 판례법에서 규정하고 있는 대로, 인권과 자유를 존중하고 보호하기 위해 행동한다(Prosecutors act on behalf of society and in the public interest to respect and protect human rights and freedoms as laid down, in particular, in the Convention for the Protection of Human Rights and Fundamental Freedoms and in the case-law of the European Court of Human Rights).

Ⅲ. 형사사법 분야의 안팎에 걸쳐져 있는, 검사의 역할과 임무는 가능한 최고 수준으로 법률로 규정되어야 하며, 민주주의 원칙과 유럽평의회의 가치를 최대한 엄중하게 존중하면서 수행되어야 한다(The role and tasks of prosecutors, both within and outside the field of criminal justice, should be defined by law at the highest possible level and carried out in the strictest respect for the democratic principles and values of the Council of Europe).

---

425 2014년의 검사와 관련한 유럽의 제 규범과 원칙에 관한 유럽평의회 각료위원회에 대한 유럽검사자문회의의 의견 제9호는 '로마 헌장(Rome Charter)'이라 불리는 헌장(Charter)과 이 헌장에 나타나는 원칙들에 대한 상세한 '설명(Explanatory Note)'으로 구성된다.

Ⅳ. 검찰의 독립성과 자율성은 사법부의 독립에 따른 불가결한 결과이다. 그러므로, 검찰의 독립성과 효율적 자율성을 향상하려는 일반적 경향은 장려되어야 한다(The independence and autonomy of the prosecution services constitute an indispensable corollary to the independence of the judiciary. Therefore, the general tendency to enhance the independence and effective autonomy of the prosecution services should be encouraged).

Ⅴ. 검사는 의사결정에 있어서 자율적이어야 하며, 권력분립의 원칙과 책임에 유념하면서, 외부의 압력이나 간섭으로부터 자유롭게 직무를 수행하여야 한다(Prosecutors should be autonomous in their decision-making and should perform their duties free from external pressure or interference, having regard to the principles of separation of powers and accountability).

Ⅵ. 검사는 항상 불편부당하고 객관적으로 행동하면서, 가장 높은 수준의 윤리 기준과 전문 기준을 고수하여야 한다. 따라서 검사는 독립적이고 불편부당하고자 노력해야 하고, 독립적이고 불편부당한 것으로 여겨져야 하며, 중립성 원칙과 양립할 수 없는 정치적 활동을 자제하여야 하고 검사 자신의 이익이나 사건 관계자와의 관계가 검사의 완전한 중립성을 방해할 수 있는 경우에는 행동에 나서서는 안 된다(Prosecutors should adhere to the highest ethical and professional standards, always behaving impartially and with objectivity. They should thus strive to be, and be seen as, independent and impartial, should abstain from political activities incompatible with the principle of impartiality, and should not act in cases where their personal interests or their relations with the persons interested in the case could hamper their full impartiality).

Ⅶ. 현대 민주주의 국가에서 검찰 업무에 있어서의 투명성은 필수적이다. 국제적 기준에 기반한, 직업윤리규범 및 직무규범이 채택되고 공표되어야 한다(Transparency in the work of prosecutors is essential in a modern democracy. Codes of professional ethics and of conduct, based on international standards, should be adopted and made public).

Ⅷ. 임무를 수행함에 있어서, 검사는 무죄추정, 공정한 재판을 받을 권리, 무기평등, 권력분립, 최종 법원 판결의 구속력을 존중하여야 한다. 검사는 사회에 봉사하는 데 초점을 두어야 하며 특히 아동 및 피해자와 같은 약자들이 처한 상황에 특별한 주의를 기울여야 한다(In performing their tasks, prosecutors should respect the presumption of innocence, the right to a fair trial, the equality of arms, the separation of powers, the independence of courts and the binding force of final court decisions. They should focus on serving society and should pay particular attention to the situation of vulnerable persons, notably children and victims).

Ⅸ. 검사는 표현의 자유 및 결사의 자유에 대한 권리를 향유한다. 검사와 대중매체 사이의 의사 소통에 있어서, 다음의 원칙들이 존중되어야 한다: 무죄추정, 사생활과 존엄에 관한 권리, 정보 및 출판의 자유에 대한 권리, 공정한 재판을 받을 권리, 방어권, 수사의 진실성·효율성·기밀성 및 투명성의 원칙(Prosecutors enjoy the right to freedom of expression and of association. In the communications between prosecutors and the media, the following principles should be respected: the presumption of innocence, the right to private life and dignity, the right to information and freedom of the press, the right to fair trial, the right to defence, the integrity, efficiency and confidentiality of investigations, as well as the principle of transparency).

X. 검사는 일반 면책으로부터 이익을 얻어서는 안 되며, 직무를 수행함에 있어서 선의로 실행한 행동에 대해서는 기능적 면책으로부터 이익을 얻을 수 있다(Prosecutors should not benefit from a general immunity, but from functional immunity for actions carried out in good faith in pursuance of their duties).

XI. 그 기능을 이행한 결과 신변의 안전이 위협을 받는 때에는, 검사와 그 가족들은, 필요한 경우에, 국가로부터 보호를 받을 권리를 갖는다(Prosecutors and, where necessary, their families have the right to be protected by the State when their personal safety is threatened as a result of the discharge of their functions).

XII. 승진, 전보, 징계조치, 해임 등을 포함하여, 검사의 임용과 경력은 법률로 규제되어야 하며, 어떠한 차별도 배제하고 공정한 검토 가능성을 허용하면서 투명하고 객관적인 기준으로, 공정한 절차에 따라, 관장되어야 한다(The recruitment and career of prosecutors, including promotion, mobility, disciplinary action and dismissal, should be regulated by law and governed by transparent and objective criteria, in accordance with impartial procedures, excluding any discrimination and allowing for the possibility of impartial review).

XIII. 가장 높은 수준의 전문적 기술 및 진실성은 효과적인 검찰의 서비스와 그 서비스에 대한 대중의 신뢰의 전제조건이다. 그러므로 검사는 전문화를 위해 적절한 교육과 훈련을 받아야 한다(The highest level of professional skills and integrity is a pre-requisite for an effective prosecution service and for public trust in that service. Prosecutors should therefore undergo appropriate education and training with a view to their specialisation).

XIV. 대부분의 검찰 조직은 위계적 구조에 기반하고 있다. 위계제의 각각 다른 층위들 사이의 관계는 명확하고 모호하지 않으며 균형이 잘 잡힌 규정들에 의해 관장되어야 한다. 사건의 배당 및 재배당은 중립성 요건을 충족하여야 한다(The organisation of most prosecution services is based on a hierarchical structure. Relationships between the different layers of the hierarchy should be governed by clear, unambiguous and well-balanced regulations. The assignment and the re-assignment of cases should meet requirements of impartiality).

XV. 검사는 신뢰할 수 있고 법정에서 인정될 것으로 합리적으로 생각되는, 근거가 충분한 증거에 입각해서만 소추를 결정해야 한다. 검사는 불법적 방법에 의지하여 획득되었다고 합리적으로 생각되는 증거를 거부하여야 하는데, 특히 그 불법적 방법들이 심각한 인권 침해를 구성하는 경우에 그러하다. 검사는 그와 같은 방법들을 이용한 데 대하여 또는 기타 법률위반에 대하여 책임이 있는 자들에 대해서 적절한 제재가 가해지는 것을 보장하는 데 힘써야 한다(Prosecutors should decide to prosecute only upon well-founded evidence, reasonably believed to be reliable and admissible. Prosecutors should refuse to use evidence reasonably believed to have been obtained through recourse to unlawful methods, in particular when they constitute a grave violation of human rights. They should seek to ensure that appropriate sanctions are taken against those responsible for using such methods or for other violations of the law).

XVI. 소추는 단호하면서도 공정하게 행해져야 한다. 검사는 법원에 의해 공정한 판결이 내려지도록 하는 데 기여하며 효과적이고 신속하며 능률적인 사법체계 운영에 기여하여야 한다

(Prosecutions should be firmly but fairly conducted. Prosecutors contribute to reaching just verdicts by the courts and should contribute to the effective, expeditious and efficient operation of the justice system).

XVII. 소추과정 및 법원에서 재량에 의한 결정이 내려졌을 경우에 일관성과 공정성을 성취하기 위해서는, 특히 소추 여부 결정에 관해서, 명료하게 게재된 가이드라인이 공표되어야 한다. 적합한 경우에는, 법률에 따라 검사는 소추에 대한 대안을 고려하여야 한다(In order to achieve consistency and fairness when taking discretionary decisions within the prosecution process and in court, clear published guidelines should be issued, particularly regarding decisions whether or not to prosecute. Where appropriate, and in accordance with law, prosecutors should give consideration to alternatives to prosecution).

XVIII. 검사는 법의 지배의 핵심이 되는 자신의 임무를 효과적으로 수행하기 위하여, 현대 기술을 포함하여 필요하고 적절한 수단을 갖추어야 한다(Prosecutors should have the necessary and appropriate means, including the use of modern technologies, to exercise effectively their mission, which is fundamental to the rule of law).

XIX. 검찰은 신속하고 적당한 방식으로 자신의 목표를 달성하기 위해서, 검찰의 요구를 평가하고 검찰 예산안을 협상하며, 할당된 재원을 투명한 방식으로 어떻게 이용할 것인가를 결정하는 것이 가능하도록 해야 한다. 검찰에게 자원관리가 맡겨진 경우에는, 검찰은 적절한 훈련을 제공받으면서, 현대적 관리방법을 효율적이고 투명하게 이용하여야 한다(Prosecution services should be enabled to estimate their needs, negotiate their budgets and decide how to use the allocated funds in a transparent manner, in order to achieve their objectives in a speedy and qualified way. Where the prosecution service is entrusted with the management of resources, it should use modern management methods efficiently and transparently, being also provided with adequate training).

XX. 상호 공정한 협력은 국가적 및 국제적 차원에서, 각기 다른 검찰청들 사이뿐만 아니라 같은 검찰청에 소속된 검사들 사이에 있어서도, 검찰의 효율성에 필수적이다. 검사는 자신의 관할권 내에서 국가적 차원에서 자기 업무의 경우와 동일한 성실성으로 국제적 지원 요청을 다루어야 하며 진실되고 효과적인 국제 사법 협력을 촉진하고 유지하기 위해서 훈련을 포함하여 필요한 수단을 원하는 대로 이용할 수 있어야 한다(Mutual and fair cooperation is essential for the effectiveness of the prosecution service at national and at international level, between different prosecution offices, as well as between prosecutors belonging to the same office. Prosecutors should treat international requests for assistance within their jurisdiction with the same diligence as in the case of their work at national level and should have at their disposal the necessary tools, including training, to promote and sustain genuine and effective international judicial cooperation).

2014년 12월 15일 로마에서 유럽검사자문위원회(CCPE)에 의해 승인됨
(Approved by the CCPE in Rome on 17 December 2014)

설명(Explanatory Note)

3.1. 검사의 독립(The independence of prosecutors)

33. 검사의 독립 – 이는 법의 지배의 본질이다 – 은 법으로 보장해야 하며 법관의 독립을 보장하는 것과 같은 방법으로 최대한의 수준에서 이루어져야 한다. 검찰이 정부로부터 독립되어 있는 국가의 경우에는 검찰 독립의 본질과 범위가 법에서 보장될 수 있도록 효과적인 조치를 취해야 한다. 검찰이 정부에 종속되어 있거나 정부의 한 기관일 경우 또는 검찰이 이와는 다른 지위를 갖는 경우 국가는 검찰과 관련하여 정부의 권력의 본질과 범위를 법으로 정하고 정부가 투명하게 국제협약에 따라 그리고 국내법과 보편적 법원칙에 따라 권력을 행사하도록 해야 한다(Independence of prosecutors – which is essential for the rule of law – must be guaranteed by law, at the highest possible level, in a manner similar to that of judges. In countries where the public prosecution is independent of the government, the state must take effective measures to guarantee that the nature and the scope of this independence are established by law. In countries where the public prosecution is part of o r subordinate to the government, or enjoys a different status that the one described above, the state must ensure that the nature and the scope of the latter's powers with respect to the public prosecution is also established by law, and that the government exercises its powers in a transparent way and in accordance with international treaties, national legislation and general principles of law).

34. 유럽인권재판소는 "민주사회에서 법원과 수사기관은 정치적 압력으로부터 자유로워야 한다"는 점을 강조하고 있다. 이와 함께 검찰은 자유롭게 의사결정을 할 수 있어야 하며 동시에 다른 기관과 협력해야 하고 권력분립과 책임성과 관련하여 자신의 의무를 이행함에 있어 의회나 입법부의 개입이나 외압으로부터 자유로워야 한다. 유럽인권재판소는 검찰의 독립을 "검찰의 기능상 독립성을 보장하고 검찰업무의 위계와 사법적 통제로부터 검찰의 기능적 독립성을 보장하는 일반적 안전장치"라는 맥락에서 설명하고 있다(The European Court of Human Rights (hereafter "the Court") considered it necessary to emphasise that "in a democratic society both the courts and the investigation authorities must remain free from political pressure". It follows that prosecutors should be autonomous in their decision making and, while cooperating with other institutions, should perform their respective duties free from external pressures or interferences from the executive power or the parliament, having regard to the principles of separation of powers and accountability. The Court also referred to the issue of independence of prosecutors in the context of "general safeguards such as guarantees ensuring functional independence of prosecutors from their hierarchy and judicial control of the acts of the prosecution service").

35. 검찰의 독립은 검찰의 이익을 보호하기 위해 부여된 특권이 아니라 관계되는 사람의 공적 및 사적 이익을 보호하기 위한 공정하고 공평하며 효과적인 사법을 보장하기 위한 것이다(The independence of prosecutors is not a prerogative or privilege conferred in the interest of the prosecutors, but a guarantee in the interest of a fair, impartial and effective

justice that protects both public and private interests of the persons concerned).

36. 회원국은 어떠한 방해나 괴롭힘 또는 부당한 개입 없이 검사가 자신의 업무를 수행할 수도 있도록 해야 하며 부당하게 민사, 형사 또는 그 밖의 책임을 지는 일이 없도록 해야 한다(States must ensure that prosecutors are able to perform their functions without intimidation, hindrance, harassment, improper interference or unjustified exposure to civil, penal or other liability).

37. 검찰은 어떠한 경우에도 방해 없이 정부관료들이 범한 위반행위, 특히 부정부패, 불법적 권력 행사 및 인권의 심각한 유린 등에 대해 기소할 수 있어야 한다(Prosecutors should, in any case, be in a position to prosecute, without obstruction, public officials for offences committed by them, particularly corruption, unlawful use of power and grave violations of human rights).

38. 검찰은 반드시 입법부와 행정부로부터 독립해야 할 뿐만 아니라 경제, 금융, 언론 등 다른 주체들로부터도 독립해야 한다(Prosecutors must be independent not only from the executive and legislative authorities but also from other actors and institutions, including those in the areas of economy, finance and media).

39. 검찰은 또한 법집행기관, 법원 및 그 밖의 기관과의 협력과 관련해서도 독립되어야 한다 (Prosecutors are also independent with regard to their cooperation with law enforcement authorities, courts and other bodies).

❻ 형사사건의 수사에서 검사의 역할(2015)

유럽검사자문회의가 2015년에 발표한 의견 제10호인 '형사사건의 수사에서 검사의 역할'426에서는 특히 검사와 경찰의 관계를 집중적으로 조명하고 있다. 의견 제10호는 검사의 수사에 대한 감독, 검사가 수사를 하는 상황, 경찰 또는 그 밖의 다른 수사기관이 검찰의 지휘하에 수사를 하는 상황, 수사와 관련하여 경찰이 검사로부터 독립되어 있는 상황, 수사가 진행되는 중에 방어권의 존중과 관련한 검사의 역할, 수사의 기술, 수사에서 검사의 역할을 강화하기 위한 조치 등의 내용을 담고 있다. 이들 내용 중 수사에서 검사와 경찰의 관계에 관한 지침을 발췌하여 제시하면 다음과 같다.

---

426 Opinion No.10 (2015) of the Consultative Council of European Prosecutors to the Committee of Ministers of the Council of Europe on the role of prosecutors in criminal investigations.

【표 4-11】 형사사건의 수사에서 검사의 역할(2015)

형사사건의 수사에서 검사의 역할에 관한 유럽평의회 각료위원회에 대한
유럽검사자문회의의 의견 제10호(2015년)
Opinion No. 10 (2015)
of the Consultative Council of European Prosecutors
to the Committee of Ministers of the Council of Europe
on the role of prosecutors in criminal investigations

Ⅰ. 서론(Introduction)

1. 유럽검사자문회의(CCPE)는 형사사법체계에서 검사의 역할에 관한 회원국들에 대한 각료위원
   회의 권고 제19호(2000)의 이행에 관한 쟁점들에 대한 의견을 제출하는 것을 업무로 하여
   2005년 유럽평의회 각료위원회에 의해 설립되었다(The Consultative Council of European
   Prosecutors (CCPE) was established by the Committee of Ministers of the Council of
   Europe in 2005 with the task of rendering Opinions on issues concerning the
   implementation of Recommendation Rec(2000)19 of the Committee of Ministers to member
   States on the role of public prosecution in the criminal justice system).

2. 각료위원회는 형사사건의 수사에서 검사의 역할에 대해 주목하여 2015년에 의견을 마련하고
   채택할 것을 유럽검사자문회의에 지시하였다. 유럽검사자문회의는 29개 회원국으로부터 받은
   설문지에 대한 응답을 기초로 의견을 마련하였다[427](The Committee of Ministers instructed
   the CCPE to prepare and adopt an Opinion in 2015 for its attention concerning the role of
   prosecutors in criminal investigations. The CCPE has prepared this Opinion on the basis of
   replies to the questionnaire received from 29 member States).

3. 이러한 응답에 따르면, 검사와 수사기관 사이의 관계에 대한 다양한 측면들은 헌법과 국내법
   및 내부 규제 수단(예컨대 검찰총장의 명령 및 지시, 행동준칙, 윤리규범 등)에 의해 결정되는
   것으로 보인다(According to these replies, it appears that the various aspects of relations
   between prosecutors and investigation bodies are determined by the Constitution and/or
   national laws and internal regulatory instruments (e.g. orders and instructions by the
   Prosecutor General, rules of conduct, ethical codes, etc.).

4. 형사사건의 수사에서 검사의 역할은 체계마다 서로 다르다. 어떤 나라에서는, 검사가 수사를
   지휘할 수 있다. 다른 나라에서는 경찰이 검사의 권한과 감독 아래 수사를 수행할 수도 있고
   경찰이나 기타 수사기관이 독립적으로 행동할 수도 있다(The role of prosecutors in criminal
   investigations varies from one system to another. In some countries, prosecutors can

---

427 설문에 대한 회원국들의 답변은 유럽검사자문회의 홈페이지의 예비작업(Preliminary work),
     "형사수사체제 내에서의 검사의 행동(Action of prosecutors within the framework of
     criminal investigation (2015)"에서 찾아볼 수 있다. 유럽검사자문회의 홈페이지, http://www.
     coe.int/en/web/ccpe/opinions/preliminary-works/opinion10.

conduct investigation. In other countries, either the police can conduct investigations under the authority and/or supervision of prosecutors, or the police or other investigative bodies can act independently).

5. 소추체계는 각 회원국들마다 다를 수 있다. 이는 기소법정주의와 기소편의주의에 기반한 것일 수 있다. 더욱이 다양한 소추체계는 전통적으로 직권주의나 당사자주의 모델을 반영하고 있다(The system of prosecution may be different in each member State. It may be based on the principle of mandatory prosecution or discretionary prosecution. In addition, the various prosecution systems have traditionally reflected either the inquisitorial or adversarial models).

6. 최근 유럽에서, 특히 유럽인권재판소의 영향 아래, 이러한 모든 체제에 공유된 기본 가치의 준수를 주요 목표로 하여, 효과적인 수사와 관련당사자의 권리에 대한 존중 양자를 보증하려는 노력으로, 이러한 모델들이 보다 가까워지게 만드는 데 진전이 있었다(There has been an evolution in recent years in Europe, particularly under the influence of the European Court of Human Rights (hereafter the Court), in bringing these models closer together in an effort to ensure both effective investigation and respect for the rights of the persons concerned, with the main goal of compliance of all these systems with shared fundamental values).

II. 형사사건 수사에서 검사의 역할(The role of prosecutors in criminal investigations)

A. 검찰의 수사 감독(Oversight of investigations by prosecutors)

16. 일반적으로, 검사는 늦어도 소추가 시작될 것인지 계속될 것인지 여부를 결정할 때까지 수사의 적법성을 면밀하게 검토하여야 한다. 이 점에 있어서, 검사는 또한 수사가 어떻게 수행될 것인지 그리고 인권이 존중되고 있는지를 감시하여야 한다(In general, prosecutors should scrutinise the lawfulness of investigations at the latest when deciding whether a prosecution should commence or continue. In this respect, prosecutors should also monitor how the investigations are carried out and if human rights are respected).

17. 그렇게 할 권한이 있는 경우에, 검사는 형사법의 실질적 및 절차적 규정뿐만 아니라 유럽인권협약에 의해 보증되는 권리의 준수 또한 보증할 목적으로 수사의 전체 과정이나 특정 수사활동에 관하여 수사기관에 대해 구속력 있는 지시, 조언, 명령 또는 가이드라인을 적절하게 내릴 수 있다(Where they have the power to do so, prosecutors may give binding instructions, advices, directions or guidelines as appropriate to investigative bodies regarding either the entire course of investigations or specific investigative acts with a view to ensuring compliance with both substantive and procedural rules of criminal law, as well as with rights guaranteed by the ECHR).

18. 효과적인 소추를 보증하기 위해서, 이러한 지시 또는 가이드라인은 취득해야 하는 증거, 수사의 전개과정에 있어서 적절한 전략, 증거수집을 위해 사용되는 수단 또는 도구, 명료화되고 입증되어야 하는 사실과 수사 중에 취해져야 하는 조치들을 다룰 수 있다(With a view to ensuring effective prosecutions, these instructions or guidelines may deal with, inter alia, the evidence that must be obtained, the proper strategy in the development of

investigations, the means or tools to be used for the collection of evidence, the facts that must be clarified and proven and measures to be taken during investigations).

19. 검사가 수사를 감독하는 역할을 맡게 된 경우에, 검사는 수사기관이 형사사건 수사의 진행, 검사에게 배당된 형사정책적 우선사항의 실행, 검사 지시의 적용에 대해서 검사에게 지속적으로 정보를 제공한다는 것을 보증해야 한다(Where prosecutors have a supervisory role over investigations, they should ensure that the investigative bodies keep the prosecutors informed of the progress of the investigation of criminal cases, of the implementation of criminal policy priorities that have been assigned to them and of the application of prosecutors' instructions).

20. (관련 사안이) 검사의 권한 내에 있는 회원국들에서, 검사는 다음과 같이 하여야 한다(In member States where it is within their competence, prosecutors should):

   – 검사는 수사가 진실을 규명하고 사건을 명료화하는 것을 유일한 목적으로 하고, 합법적 방식으로 특히 유럽인권협약 제2조, 제3조, 제5조, 제6조와 제8조에서 선언된 인권과 기본원칙들을 존중하면서 행해지고, 객관적으로·불편부당하게·전문적으로 합당한 기간 안에 수행된다는 것이 보증되도록 노력해야 한다. 수사업무를 지휘·통제·감독하는 일을 담당할 경우에, 검사는 가능한 한 자신의 역량과 권한의 틀 안에서 수사관이 기본권뿐만 아니라 동일한 원칙들도 존중한다는 것을 보증하여야 한다(strive to ensure that investigations have the sole aim of festablishing the truth and clarifying the cases, are conducted in a lawful manner with respect for human rights and fundamental principles proclaimed, in particular, in Articles 2, 3, 5, 6 and 8 of the ECHR and are carried out in due time with objectivity, impartiality and professionalism. When in charge of directing, controlling or supervising the work of the investigators, they should ensure, as far as it is possible within the framework of their competence and powers, that the investigators respect the same principles as well as fundamental rights);

   – 검사는 수사 중에 무죄추정과 피고인 측의 권리가 존중된다는 것을 보장하도록 노력하여야 한다. 가능하다면, 수사의 이 단계에서, 피의자의 신원을 공개적으로 밝히지 않도록 하고 피의자의 신변과 존엄권 및 사생활에 대한 보호가 보장되도록 하는 것이 필요하다(strive to ensure that the presumption of innocence and the rights of the defence are respected during investigations. Wherever possible, it is necessary, during this phase of investigation, not to disclose publicly the identity of suspects, and to ensure their personal safety and their rights to dignity and protection of their private life);

   – 수사과정에서 검사는 수사의 진행과 효율성을 위태롭게 하지 않기 위해서 정보의 기밀성이 보장되도록 노력해야 한다(in the course of investigations, strive to guarantee the confidentiality of information in order not to jeopardise the progress and effectiveness of investigations);

   – 검사가 관여된 수사 중에, 검사는 사건의 당사자들, 증인과 기타 참가자들의 권리와 신변안전이 보장되도록 하여야 한다(during the investigations, in which they are involved, ensure that the personal security and the rights of the parties, witnesses and other participants in the case are guaranteed);

- 검사는 피해자와 특히 약자들이 적절한 수단으로 그들의 권리를 존중받으면서 수사의 개시 및 결과에 대해서 고지받도록 보증하여야 한다(ensure that victims, and in particular vulnerable persons, are informed about the initiating and the outcome of the investigations by appropriate means, respectful of their rights);
21. 이러한 과업을 이행하면서, 검사는 자신의 직무를 공정하고, 일관되며, 신속하게 수행하여야 하는바, 이와 같이 하여 적법절차와 형사사법체계의 순조로운 기능을 보장하는 데 기여한다(In fulfilling these tasks, prosecutors should perform their duties fairly, consistently and expeditiously, thus contributing to ensuring due process and the smooth functioning of the criminal justice system).
22. (관련사안이) 자신의 권한 내에 있는 경우에, 검사는 인적 및 재정적 자원을 포함하여, 자원의 효과적인 운용에 관한 문제도 고려하여야 한다. 또한 검사는 불균형한 비용을 피하는 한편으로 법의 지배와 절차적 권리들을 존중하여야 한다(Where it is within their competence, prosecutors should also take into account the questions relating to the effective management of resources, including human and financial resources. They should also avoid disproportionate expenses, while always respecting the rule of law and procedural rights).

B. 검사가 수사를 지휘하는 경우(Situations in which the prosecutors conduct investigations)

23. 검사의 수사가 허용되는 회원국에서, 검사는 합법적으로, 전문성을 갖추고, 공정하고 신속하게, 능력이 미치는 최대한 그리고 누군가에 대한 어떤 편견이나 차별 없이 수사를 지휘하여야 한다. 또한 검사는 피고인 측에 유리할 수 있는 수사방침을 개발하고 이러한 측면에서 증거를 수집하고 공개하여야 한다(In member States where prosecutorial investigation is allowed, prosecutors must conduct investigations lawfully, professionally, fairly, expeditiously, to the best of their ability and without prejudice or discrimination against anyone. They should also develop lines of investigation which may be favourable to the defence and gather and disclose evidence in this respect).
24. 검찰 수사기능의 틀 안에서, 검사는 최소한 다른 수사기관과 동일한 권리와 의무를 가져야 할 뿐만 아니라 검찰 기능의 수행에 필요한 수단을 원하는 대로 이용하여야 한다(Within the framework of their investigative functions, prosecutors should at least have the same rights and obligations as other investigative bodies as well as have at their disposal the means necessary for the accomplishment of their functions).

C. 검찰의 지휘 하에 경찰 또는 다른 수사기관이 수사를 하는 경우(Situations in which the police or other investigation bodies conduct investigations under the authority of prosecutors)

25. 경찰이 검찰의 지휘를 받거나 경찰의 수사가 검찰의 감독을 받는 회원국에서는 검사가 범죄사건의 수사에서 국내법과 국제법에 따라 검사가 수사에 관한 자신의 임무를 완전하게 수행할 수 있도록 보장하기 위한 실효적인 조치를 갖추고 있어야 한다. 또한 수사는 가장 적합하

고 가장 효과적인 방법으로 이루어져야 하며 법의 지배와 절차적 권리를 존중하는 범위에서 이루어져야 한다(In member States where the police is placed under the authority of the prosecution or where police investigations are supervised by the prosecution services, prosecutors should be vested with effective measures to guarantee that they can fully carry out their tasks in criminal investigations, always in compliance with national and international law. They should ensure that investigations are conducted in the most appropriate and effective way and with a continuous respect for the rule of law and procedural rights).

26. 검찰의 업무는 다음을 포함한다(Such tasks may include):
   - 범죄정책의 우선순위의 효과적 이행(ensuring effective implementation of criminal policy priorities);
   - 범죄수사의 개시 시기 및 방법과 관련한 경찰에의 지시(giving instructions to police as to when to initiate and how to carry out criminal investigations);
   - 관련 수사기관에 대한 개별 사건의 배당(allocating individual cases to the relevant investigation agency);
   - 경찰과 검찰 간 유익하고 생산적이며 효과적인 협력 강화 및 다수의 기관들이 있는 경우 수사 조정(promoting a fruitful and effective co-operation between police and prosecution, and coordinating investigation when it concerns several bodies);
   - 법적 문제에 관한 지도의 제공과 지시(giving guidance and instructions on matters of the law);
   - 수사의 적법성과 형평성에 대한 감독(supervising the legality and quality of investigations);
   - 필요한 경우 법의 준수에 대한 사후평가와 관리 실시(carrying out evaluations and control, in so far as this is necessary, of compliance with the law);
   - 국내법에 따라 적합한 경우에는 위반에 대한 제재조치 또는 제재의 강화(and, where appropriate and in accordance with national law, sanction or promote sanctioning of violations).

27. 검사가 수사를 감독하는 회원국에서는 범죄수사가 법을 완전히 준수하면서 동시에 효과적으로 이루어지도록 하기 위하여 검사에게 충분한 절차적 권한이 부여되어야 한다. 특히, 국내법이 정한 바에 따라 검사가 수사를 감독할 권한을 가지고 있는 경우에는 다음의 사항을 유의해야 한다(In member States where prosecutors supervise investigations, they should be vested with sufficiently broad procedural powers, in order to ensure that criminal investigations are carried out efficiently and in full conformity with the law. In particular, in such member States where prosecutors have the power, within the framework of the national law, to supervise investigations):
   - 형사사건의 수사개시, 중단 및 종료의 적법성과 관련해 검사는 수사관이 법을 준수하도록 해야 하며, 피해자와 피의자/피고인을 포함해 모든 당사자의 절차참여권을 고려해야 한다. 이를 위해서 검사는 앞으로 있을 그리고 이미 이루어졌던 수사와 관련해 모든 중요한 결정사항을 알고 있어야 한다. 특히 이러한 결정사항이 형사절차 참여자의 권리와 자유를 엄격하게 제한하는 경우 모든 중요한 사항을 알아야 한다(예를 들면, 신고된 범죄행의 결

과 및 수사와 관련한 중요한 사항(prosecutors should ensure that the investigators respect legal provisions, including those concerning the legality of initiating, suspending and terminating a criminal case, and also take due account of the rights of participants in criminal proceedings, including victims and defence parties. To be able to do so, prosecutors should be duly informed about all important decisions concerning investigations to be made in future and already made, particularly when they involve the possibility of serious limitation of the rights and freedoms of the participants in criminal proceedings (for instance, about the consequences of a reported crime and the main events of the investigations));

- 검사는 수사관의 중요한 결정을 채택하거나 기각시킬 수 있는 권한이 있다(prosecutors should have the power to either approve the adoption of such important decisions by the investigator or to overrule them);

- 형사절차 참여자의 적법한 이익이나 권리와 관련해 검사는 필요하다고 판단되면 이들 절차 참여인들에게 불복할 권리가 있음을 알려주어야 한다(in order for the rights and lawful interests of participants in criminal proceedings to be duly respected, prosecutors should also inform, where appropriate, these participants about their right to appeal before a superior prosecutor or a court);

- 검사는 수사의 기밀을 지켜야 한다. 수사관이나 또 다른 제3자로부터 받은 주요 기밀 정보를 공개해서는 아니 된다. 단, 이러한 정보의 공개가 정의를 위해 또는 법치의 준수를 위해 필요하다고 판단되는 경우는 그러하지 아니하다(prosecutors should observe confidentiality of the investigation. They should not allow disclosure of confidential information received from investigators or third parties, unless disclosure of such information may be necessary in the interests of justice or in accordance with the law);

- 검사는 수사관이 볼 수 있는 모든 범죄수사와 관련된 자료를 자유롭게 그리고 언제든지 볼 수 있는 바, 이는 시간상 수사를 효율적으로 감독할 수 있도록 하기 위함이며 필요에 따라서는 중요한 정보의 멸실을 방지하고 피해자에 대한 사건 수사 파일의 보호와 접근을 보장하고 기소 대상자들이 법망에서 빠져나가지 못하도록 하기 위함이다(prosecutors should have the possibility to get access freely and at any time to all materials relating to criminal investigation available to investigators in order to enable efficient timely supervision of the investigation, if necessary, to avoid the loss of important evidence, to ensure security and access (if the national law so permits) to the case—file for the victims, or to prevent the possibility of escaping from justice of those who should be prosecuted);

- 검사는 수사에 대한 감독권을 정기적으로 행사해야 하는 바, 이는 불법적이거나 근거없는 구금을 방지하기 위함이다prosecutors should exercise supervision over investigations on a regular basis, namely with a view to preventing illegal or ungrounded detention or imprisonment of persons);

- 검사는 국제법과 국내법에 따라 자유의 박탈당하거나 부당한 처우를 받지 않도록 최선을 다해야 하고 이러한 자유의 박탈이나 부당한 처우에 대한 주장은 매우 신중하게 다루어야

한다(prosecutors should strive to protect, according to international and national law, all persons deprived of liberty, from improper treatment on the part of officials and other persons, and they should consider carefully the claims filed in connection therewith);

- 검사는 수사관의 수사의 적법성과 지침의 이행을 평가하고 수사관에 의한 법의 위반을 방지하기 위해서는 법에 근거해 이를 감독할 수 있는 권한을 가져야 한다(prosecutors should have legally established competences enabling them not only to assess the lawfulness of investigators' actions and the fulfilment of their instructions, but also to prevent as far as possible violations of the law by these investigators);

- 수사관들이 불법적인 수사방법을 이용하고 이로 인하여 심각한 인권의 침해가 발생하는 경우 검사는 법을 위반한 수사관을 대상으로 형사기소를 할 수 있는 권한이 있고 관련 기관에 이들에 대한 형사기소나 징계 절차의 개시를 청구할 수 있다(whenever investigators use unlawful investigative methods resulting in serious violations of human rights, prosecutors should have the right to initiate criminal prosecution against such investigators, or to apply before the competent authorities for them to initiate criminal prosecution or disciplinary proceedings towards these investigators).

- 검사는 구금 중인 피의자나 피고인을 언제든지 면담할 수 있다(prosecutors should have the right to freely visit a suspect/defendant held in custody).

D. 경찰이 독립적으로 수사권을 갖는 경우(Situations in which the police is independent as regards conducting investigations)

28. 경찰 또는 그 밖의 다른 수사기관이 독립적으로 수사를 할 권한을 가지고 있는 경우 수사의 적법성을 보장하고 경찰과 그 밖의 다른 수사기관이 공정하고 신속하게 본연의 업무에 맞게 사건을 처리할 수 있도록 적절한 감독 절차를 마련해야 한다(In member States where the police or other investigation authorities investigate independently, the legal systems should have in place appropriate supervisory procedures to ensure the lawfulness of investigations and to ensure that the police and other investigative authorities act professionally, fairly and expeditiously).

29. 어떤 경우에도, 검사는 수사기관과의 적절하고 기능적인 협력을 증진하기 위한 효과적인 조치를 취할 수 있도록 하여야 한다(In any case, prosecutors should be able to take effective measures to promote suitable and functional co-operation with investigative bodies).

권고사항(LIST OF RECOMMENDATIONS)

a. 회원국은 형사사건의 수사체계에 있어서 검사와 수사기관의 권리와 의무를 명확하게 정의하여야 한다(Member States should clearly define the rights and obligations of prosecutors and investigation bodies in the framework of criminal investigations).

b. 일반적으로, 검사는 늦어도 소추가 시작될 것인지 계속될 것인지 여부를 결정할 때까지 수사의 적법성을 면밀하게 검토하여야 한다. 이 점에 있어서, 검사는 또한 수사가 어떻게 수행될 것인지 그리고 인권이 존중되고 있는지를 감시하여야 한다(In general, prosecutors should scrutinise the lawfulness of investigations at the latest when deciding whether a prosecution should commence or continue. In this respect, prosecutors should also monitor how the investigations are carried out and if human rights are respected).

c. 이러한 업무를 수행함에 있어서, 검사는 수사의 적법성을 확인하고 법률위반에 대응하기 위한 법적·재정적·기술적 수단을 갖춰야 한다(In carrying out this task, prosecutors should have the legal, financial and technical means to verify the lawfulness of investigations and to react to any violation of the law).

d. 수사는 언제나 공정하게 수행되어야 하고 수사관으로 하여금 유·무죄에 관한 증거를 찾아서 보관하게 하는 의무를 포함하여야 한다(Investigations should always be carried out impartially and include an obligation on investigators to seek out and preserve evidence relevant to both guilt and innocence).

e. 검사는 이용할 수 있고 신뢰할 만한 모든 증거를 법원에 제출하여야 하며 피고인에게 관련된 모든 증거를 공개하여야 한다(Prosecutors should present all available credible evidence to the court and disclose all relevant evidence to the accused).

f. 검사는 언제나 피고인, 피해자, 증인 그 밖에 다른 소송 관여자의 권리를 존중하여야 한다 (Prosecutors should always respect the rights of the accused, victims, witnesses or persons otherwise involved in the proceedings).

g. 검사와 수사기관은 자신들의 기능 행사에 필수적인 모든 정보를 교환하고 협력해야 한다 (Prosecutors and investigative bodies should cooperate and exchange all information necessary for the exercise of their functions).

h. 검사와 수사기관은, 특히 사건이 피구금자와 관련된 경우에, 가장 효율적이고 신속한 방식으로 자신들의 업무를 이행하여야 하며 수사 수단을 이용함에 있어서 비례성의 원칙을 준수하여야 한다(Prosecutors and investigative bodies should fulfil their tasks in the most effective and expeditious manner, especially when the case concerns detainees, and should respect the principle of proportionality in using the means of investigations).

I. 검사와 수사기관은 법률과 최신 수사기법 양자에 관한 적절한 교육을 받아야 한다(Prosecutors and investigative bodies should have proper training, as appropriate, both as regards the law and the most modern techniques of the investigation).

j. 검사와 수사기관은 가장 효율적인 국제관계와 협력을 발전시켜야 한다(Prosecutors and investigative bodies should develop the most efficient international relations and cooperation).

k. 검사는 자신의 기능과 권한에 대한 정보를 제공함으로써 대중의 신뢰를 쌓는 데 힘써야 하는 바, 그렇게 함으로써 검사의 업무에 대한 풍부한 지식을 함양하는 한편으로 동시에 무죄추정 및 공정한 재판을 받을 권리와 같은 기본권과 원칙들을 존중하는 데 기여한다(Prosecutors should seek to develop public confidence by providing information about their functions and powers, and thereby contributing to fostering a better knowledge of their work while at the same time respecting fundamental rights and principles such as the presumption of innocence and the right to a fair trial).

❼ 테러범죄 및 중대조직범죄에 대한 투쟁을 포함한 검사 업무의 질과 효율성(2016)

유럽검사자문회의가 2016년에 발표한 의견 제11호에서는 '테러범죄 및 중대조직범죄에 대한 투쟁을 포함한 검사 업무의 질과 효율성'428을 조명하고 있다.

【표 4-12】 검사 업무의 질과 효율성에 관한 유럽검사자문회의의 의견 제11호(2016)

제11차 본회의에서 유럽검사자문회의에 의해 채택된
테러범죄 및 중대조직범죄에 대한 투쟁을 포함한 검사 업무의 질과 효율성에 관한
유럽검사자문회의의 의견 제11호(2016년)
(스트라스부르, 2016년 11월 17-18일)
Opinion No. 11 (2016)
of the Consultative Council of European Prosecutors
on the quality and efficiency of the work of prosecutors,
including when fighting terrorism and serious and organised crime
adopted by the CCPE at its 11th plenary meeting
(Strasbourg, 17-18 November 2016)

Ⅰ. 서론(INTRODUCTION)

1. 각료위원회에 의해 위임된 약정서에 따라, 유럽검사자문회의(CCPE)는 테러범죄 및 중대조직범죄에 대한 투쟁을 포함한 검사 업무의 질과 효율성에 관한 의견을 마련하였다. 회원국에서, 검사가 형사사법 이외에 기타 다른 기능을 수행하는 경우에는 본 의견의 원칙 및 권고사항 또한 이러한 기능들에 적용된다(In accordance with the terms of reference entrusted to it by the Committee of Ministers, the Consultative Council of European Prosecutors (CCPE) prepared an Opinion on the quality and efficiency of the work of prosecutors, including when fighting terrorism and serious and organised crime. In member states, where prosecution services perform other functions outside criminal justice, the principles and recommendations of this Opinion apply also to these functions).
2. 그 수가 늘어나고 있는 유럽평의회 회원국들에서, 일반적으로 공공 서비스와 특별하게는 검찰을 포함한 형사사법 분야의 제도에 대해 대중 및 정치가와 대중매체의 관심이 증대하고 있다. 그러므로, 검사는 최고의 현대적 전문성을 갖추고 자신의 직무를 수행한다는 것을 보여줄 필

---

428 Opinion No. 11 (2016) of the Consultative Council of European Prosecutors on the quality and efficiency of the work of prosecutors, including when fighting terrorism and serious and organised crime.

요가 있다(In a growing number of member states of the Council of Europe, the public service in general, and institutions in the field of criminal justice including prosecution services in particular, receive, to an increasing extent, attention from the public, politicians and the media. Therefore, prosecution services need to demonstrate that they fulfil their duties with an utmost and up-to-date professionalism).

3. 본 의견의 목표는 검사가 어떻게 최상의 질과 효율성으로 임무를 수행할 수 있을 것인지를 결정하는 데 있다. 본 의견은 또한 검사가 모든 최신 기술 방법과 수단을 이용하여 현대적 방식으로 어떻게 검사 업무를 구성하는지 그리고 검사 업무의 질과 효율성을 어떻게 평가할 것인지에 대해서 살펴본다. 본 의견의 제2부는 테러범죄 및 중대조직범죄에 대한 투쟁에 있어서 특수한 도전에 직면한 경우에 검사가 어떻게 질적 수준 및 효율성에 대한 증대되는 요구를 충족시킬 것인지에 대해서 다룰 것이다(The objective of this Opinion is to determine how prosecution services can fulfil their mission with the highest quality and efficiency. It also looks into how they should organise their work in a modern manner using all the latest technical methods and means, and how the efficiency and quality of their work can be measured and evaluated. The second part of the Opinion will address how prosecution services can meet the growing demands for quality and efficiency also when facing specific challenges in the fight against terrorism and serious and organised crime).

4. 유럽검사자문회의는 검찰이 복합적 공공 조직이라고 생각한다. 그러므로 보다 훌륭한 공공 서비스 제공에 대한 증대되는 요구, 사회적 과제와 압력에 적절하게 대응하기 위해서는 전반적인 법적·조직적·기술적 체제뿐만 아니라 필요한 재정적 및 인적 자원이 매우 중요하다(The CCPE considers that prosecution services are complex public organisations. Therefore, in order to respond adequately to increasing needs, social challenges and pressure for rendering better public services, the overall legal, organisational and technical framework as well as the necessary financial and human resources are of paramount importance).

5. 유럽평의회의 회원국들은 검찰을 포함하여 다양한 법 체계를 갖고 있다. 유럽검사자문회의는 각 회원국들의 다양성을 존중한다. 그러므로, 본 의견에서 논의되는 모든 요소들이 모든 회원국과 관련되지 않을 수 있다. 그러나, 이러한 모든 요소들은 주로 가능한 한 효율적으로 그리고 높은 질적 수준과 법률 및 인권에 대한 엄격한 존중을 지니고 일하기 위한 검사의 관심사를 다루고 있다(Member states of the Council of Europe have different legal systems including prosecution services. The CCPE respects each of them in their diversity. Therefore, not all the elements discussed in this Opinion may concern all member states. However, they mostly do address the concerns of prosecutors to work as efficiently as possible and with a high quality and strict respect for the law and human rights).

6. 본 의견은 인권과 기본적 자유의 보호에 관한 협약(ECHR)뿐만 아니라 다음과 같은 협약들을 포함하는 기타 유럽평의회의 협약문건에 기초하여 마련되었다: 1959년의 형사사법공조에 관한 유럽협약, 1977년의 테러행위 진압에 관한 유럽협약, 2001년의 사이버범죄에 관한 유럽협약, 2005년의 테러행위 예방에 관한 협약 및 그에 대한 2015년의 추가의정서, 2005년의 범죄수익의 세탁·수색·압수·몰수 및 테러자금 조달에 관한 협약, 2005년의 인신매매에 대항하는 조처에 관한 협약, 2000년의 형사사법체계에서 검찰의 역할에 관한 각료위원회 권고 제19호,

2012년의 형사사법 이외에 검사의 역할에 관한 각료위원회 권고 제11호(This Opinion has been prepared on the basis of the Convention for the Protection of Human Rights and Fundamental Freedoms (hereafter ECHR) as well as other Council of Europe instruments including: European Convention on Mutual Assistance in Criminal Matters of 1959, European Convention on the Suppression of Terrorism of 1977, European Convention on Cybercrime of 2001, Convention on the Prevention of Terrorism of 2005 and its Additional Protocol of 2015, Convention on Laundering, Search, Seizure and Confiscation of the Proceeds from Crime and on the Financing of Terrorism of 2005, Convention on Action against Trafficking in Human Beings of 2005, Recommendation Rec(2000)19 of the Committee of Ministers on the role of public prosecution in the criminal justice system and Recommendation Rec(2012)11 of the Committee of Ministers on the role of public prosecutors outside the criminal justice).

7. 본 의견은 또한 2002년의 인권 및 테러리즘에 대한 투쟁에 관한 각료위원회 가이드라인, 2005년의 테러행위를 포함하는 중대범죄와 관련된 "특수 수사 기법"에 관한 각료위원회 권고 제10호와 특히 2007년의 형사사법 분야에서의 국제협력 증진 방안에 관한 유럽검사자문회의 의견 제1호, 2012년의 검찰 서비스 수단의 관리에 관한 유럽검사자문회의 의견 제7호, 2014년의 "로마 헌장"을 포함하여 검사와 관련된 유럽의 규범과 원칙에 관한 유럽검사자문회의 의견 제9호, 2015년의 형사사건의 수사에서 검사의 역할에 관한 유럽검사자문회의 의견 제10호와 같은 이전 유럽검사자문회의의 의견들에 기초한다(This Opinion is also based on the Committee of Ministers Guidelines on human rights and the fight against terrorism of 2002, Recommendation Rec(2005)10 of the Committee of Ministers on "special investigation techniques" in relation to serious crimes including acts of terrorism, and previous CCPE Opinions, in particular No. 1(2007) on ways to improve international co-operation in the criminal justice field, No. 7(2012) on the management of the means of prosecution services, No. 9(2014) on European norms and principles concerning prosecutors, including the "Rome Charter", No. 10(2015) on the role of prosecutors in criminal investigations).

8. 다음의 유엔 협약문건들도 고려되고 있다: 1997년의 테러리스트의 폭탄공격 진압에 관한 협약, 1999년의 테러자금 조달 억제에 관한 협약, 2000년의 초국가적 조직범죄에 대항하기 위한 협약, 2003년의 반부패협약(The following United Nations instruments have also been taken into account: Convention for the Suppression of Terrorist Bombings of 1997, Convention for the Suppression of the Financing of Terrorism of 1999, Convention against Transnational Organized Crime of 2000, Convention against Corruption of 2003).

9. 유럽검사자문회의는 또한 1999년에 국제검사협회(IAP)에 의해 채택된 전문가로서의 책임 기준 및 검사 본연의 업무와 권리에 대한 성명을 고려한다(The CCPE has also considered the Standards of Professional Responsibility and Statement of the Essential Duties and Rights of Prosecutors, adopted by the International Association of Prosecutors (IAP) in 1999).

10. 본 의견을 준비하기 위해, 유럽검사자문회의는 특히 사무국에서 이러한 목적을 위해 작성한 설문에 대한 30개 회원국의 답변을 분석하였다(답변 모음집은 유럽검사자문회의 웹사이트에서 이용가능하다: www.coe.int/ccpe)(To prepare this Opinion, the CCPE analysed in particular

the replies by 30 of its members to the questionnaire drafted for this purpose by the Secretariat (the compilation of replies is available on the CCPE website: www.coe.int/ccpe)).

II. 검사 업무의 질과 효율성 요인(QUALITY AND EFFICIENCY FACTORS OF THE WORK OF PROSECUTORS)

A. 외부환경(External environment)

11. 검사 업무의 질과 효율성은 검사의 재능과 기술에 의존할 뿐만 아니라 대부분 검사의 통제를 받지 않는 다음과 같은 외부 요인들에 의해서도 상당한 영향을 받는다: 입법부와 법원의 결정, 이용가능한 자원, 사회로부터의 기대. 결과적으로, 이러한 요인들은 그것이 검사 업무의 질과 효율성에 미치는 영향이라는 관점에서 볼 때 특히 주의 깊게 고려될 만하다(The quality and efficiency of the work of prosecutors depend not only on their talent and skills, but are also significantly affected by external factors which are mostly out of control of prosecutors: legislative and court decisions, resources made available and expectations from the society. Consequently, these factors merit a careful consideration particularly from the point of view of their impact on the quality and efficiency of prosecutorial work.

1. 법적 체계, 국가적 전통(Legal framework, national traditions)

12. 법의 지배에 대한 존중은 모든 유럽평의회 회원국들의 의무이다. 또한, 다수의 질적 수준에 관한 요건들이 유럽인권협약에 규정되어 있다. 따라서 동 협약 제6조는 사법부의 독립, 합리적인 기간, 접근성 및 공개성과 같은 형사사법의 질을 보장하기 위한 국가적 법 체계에 대한 중요한 요건을 정한다. 모든 검사가 법 체계 내에서 자신의 기능을 수행하고 있으므로, 입법은 검사 업무의 질과 효율성에 대한 매우 중요한 전제조건이 되고 있다. 법률과, 그리고 대부분의 보통법 체계에서, 판결은 검사에 의해 법원에 제기되는 사건의 유형과 양뿐만 아니라 사건이 처리되는 방식에도 영향을 준다. 이러한 체계는 운용이 명확하고 단순해야 하는데, 예를 들어 분쟁해결을 위한 대안을 수립함으로써, 국가 시스템이 넘쳐나는 사건들에 파묻히지 않도록 보증한다. 한편 빈약한 초안 또는 입법이나 법리에 있어서의 지나치게 빈번한 변화는 논리정연하고 설득력 있는 검찰의 결정에 심각한 장애물이 될 것으로 보인다(Respect for the rule of law is an obligation for all Council of Europe member states. Also, a number of quality requirements have been laid down in the ECHR. Thus, Article 6 sets important requirements for any national legal framework to ensure the quality of criminal justice, such as independence of the judiciary, reasonable time, accessibility and publicity. Since every prosecution service carries out its functions within a legal framework, legislation is a paramount precondition for the quality and effectiveness of its work. Laws and, mostly in common law systems, judgments influence the type and volume of cases brought by prosecutors before the courts, as well as the ways in which they are processed. This framework should be clear and simple to operate, ensuring that national systems are not flooded with cases, for instance by establishing alternative ways of dispute resolution. On the other hand, poor drafting or too frequent changes in the

legislation or jurisprudence may prove to be serious barriers for well-reasoned and convincing prosecutorial decisions).

13. 명확하고 단순한 법체계는 사법에의 접근을 용이하게 하며 이를 효율적으로 만드는 바, 예를 들어 과중한 업무량을 줄이는 것을 도움으로써, 특히 형사사법체계 내에서, 공공 자원을 보다 효과적이고 생산적으로 사용할 뿐만 아니라 공공질서를 심각하게 어지럽히는 범죄들에 보다 많은 시간과 재정 자원을 배정하도록 허용하는데, 특히 테러범죄와 중대조직범죄에 대해서 그러하다. 이와 마찬가지로, 국내법과 사법체계는 기술 발전을 고려하여야 하며, 데이터베이스 및 기타 관련 정보에 대한 검찰의 용이한 접근을 장려하여야 하고, 검사 업무의 질을 개선하기 위한 기반을 제공하여야 한다(A clear and simple legal framework facilitates access to justice and contributes to making it efficient, for instance by helping to reduce the heavy caseload, particularly within the criminal justice system, using public resources more efficiently and productively, as well as allowing for allocation of more time and financial resources for offences that severely disturb public order, in particular for offences of terrorism and serious and organised crime. Likewise, national legislation and justice systems should take into consideration technological development, promote easy access of prosecution services to databases and other relevant information and provide the basis for improving the quality of their work).

14. 정치체계 및 법적 전통 또한 검찰 업무에 직접적인 영향을 준다. 여기에는 검찰의 지위와, 특히, 행정부로부터의 독립이 포함된다. 게다가 여러 국가들이 테러범죄와 중대조직범죄의 증대되는 위협에 직면하고 있는 유럽의 현재 안보상황은 검사 업무의 질과 효율성을 개선하는 것을 목표로 하는 국가 형사정책으로 이어져야 한다(Political systems and legal traditions also have direct impact on the work of prosecutors. This includes the status of the prosecution services and, in particular, their independence from the executive power. Furthermore, the current security situation in Europe where countries face increasing threats of terrorism and serious and organised crime, should lead to national criminal policies aiming to improve the quality and efficiency of prosecutors' work).

15. 국제적 협력은 과거 수십 년 동안 지속적으로 개선되어 왔으나, 때로 다른 국가로부터의 요청에 대응하는 데 지연이 있다는 것은 정당화되지 못할 것으로 보인다. 이는 효율적인 범죄인 인도 및 기타 지원 요청을 저해하고 요청국에서의 검사 업무 및 법원 절차의 효율성을 훼손시킨다. 그러므로 국가들은 상호 신뢰를 바탕으로, 형사사건에서의 즉각적인 초국가적 협력을 위해 계속해서 노력해야 한다(Although international cooperation has been steadily improving in the past decades, sometimes there are delays in answering requests from other states that may seem to be unjustified. This hinders efficient extradition and other requests for assistance and therefore undermines the efficiency of prosecutors' work and the court proceedings in the requesting states. States should thus continue to strive for immediate transnational cooperation in criminal cases, on a basis of mutual trust).

2. 자원(Resources)

16. 회원국에서 재정 자원 및 기타 자원의 이용가능성은 검사 업무의 질과 효율성에 직접적인 영향을 미친다. 이러한 맥락에서, 유럽검사자문회의는 특히 적절한 인적 및 기술적 자원을

보증할 필요성, 적절하고 일관된 훈련에 더하여 검찰 임무의 중요성에 상응하는 검사에게 제공된 사회보장 패키지의 범위를 강조한다. 더욱이 회원국의 상황은 운영과 관련된 대부분의 영역에서 (특히 예산과 관련된) 검찰의 일정 수준의 자율성에 의해 효율성이 증가할 수 있음을 보여준다(The availability of financial and other resources in member states has a direct impact on the quality and efficiency of prosecutors' work. In this context, the CCPE underlines in particular the need to ensure adequate human and technical resources, proper and consistent training, as well as the scope of the social security packages provided to prosecutors that should be commensurate with the importance of their mission. The situation in member states shows furthermore that efficiency can be increased by a certain level of autonomy (in particular regarding the budget) of prosecution services in most areas concerning management).

17. 그러므로 검사는 모든 관련 문제들을 고려하고 검토할 수 있도록 적절한 인적, 재정적, 물적 자원을 갖추어야 한다. 자격을 갖춘 직원의 지원, 충분한 최신 기술 장비 및 기타 자원은 검사의 과중한 부담을 덜어줄 수 있으며 그리하여 검사 업무의 질과 효율성을 개선할 수 있다(Prosecutors should thus have adequate human, financial and material resources in order to be able to consider and examine all relevant matters. The assistance of qualified staff, adequate modern technical equipment and other resources can relieve prosecutors from undue strain and therefore improve the quality and efficiency of their work).

3. 대중으로부터의 영향(Impacts from the public)

18. 검사는 사회의 모든 관련자들로부터 신뢰할 수 있고 포괄적인 정보를 신속하게 제공받을 필요가 있다. 그러므로 사법시스템 안팎의 다른 행위자들(예를 들어, 경찰과 그 밖의 국가 기관, 변호사, 비정부기구)과의 관계는 국가적 및 국제적 차원에서 관련 정보의 효과적 교환에 기반한 근거가 충분한 결정을 신속하게 내리는 검사의 능력에 중요한 역할을 한다. 이러한 목적으로, 검사는 이해관계에 비례하는 방식으로 적합한 결정을 내리는 데 필요한 정보 수집을 허용하는 일관성 있고 충분한 법규범과 절차를 필요로 한다(Prosecutors need receiving quickly reliable and comprehensive information from all relevant players in a society. Therefore, relations with other actors within and outside the justice system (e.g. police and other state authorities, lawyers, NGOs) play a vital role in the capacity of prosecutors to quickly take well-founded decisions based on an effective exchange of relevant information at national and international level. For this purpose, prosecutors need coherent and sufficient legal norms and procedures allowing to gather information needed for taking qualified decisions in ways proportionate to the interests at stake).

19. 회원국은 대중매체로부터의 늘어나는 요구에 부응하고 그리하여 보다 투명하게 업무에 임함으로써 검찰에 대한 대중의 신뢰를 강화하도록 도울 수 있는 유럽인권협약에 규정된 권리들에 따라 조치를 취하여야 한다. 검찰에게 있어서, 현대적 정보 구조와 기법의 이용은 대중에게 신속하고 정확한 정보를 전달하는 데 필수적이다(Member states should take measures in line with the rights set out in the ECHR which can help to strengthen the public trust in prosecution services by responding to growing demands from the media and thus working more transparently. For prosecution services, the use of modern information

structures and techniques is indispensable for delivering quick and accurate information to the public).

20. 형사사건에서 대중매체에 민감한 정보를 누설하는 것은 수사의 효율성을 감소시키고 피해자의 권리를 침해할 뿐만 아니라 무죄추정과 "낙인찍히지 않을" 권리에 대한 위험을 창출할 수 있다. 이를 막기 위해서, 권한이 없는 자가 민감 정보에 접근하는 것은 금지되어야 한다. 수사에 대한 잘못되고 편향된 뉴스는 대중의 신뢰를 배반하고 소추 체계 또는 법원의 독립성·공평성과 진실성에 대한 의심을 불러일으킨다. 그러므로 잘못되고 편향된 뉴스의 공개를 방지하거나 그로 인한 부정적인 효과를 최소화하는 것을 도울 수 있도록 검사와 대중매체 사이에 적절한 의사소통이 확립되어야 한다(The leaking, in criminal cases, of sensitive information to the media may not only reduce the efficiency of the investigation and infringe the victims' rights, but also create risks for the presumption of innocence and the right "not to be labelled". To prevent this, the access of unauthorised persons to sensitive information should be inhibited. False or biased news on investigations might betray the public trust and generate doubts as to the independence, impartiality and integrity of the prosecution system or the courts. Therefore, proper communication between the prosecution services and the media should be established, to help avoiding the publication of false or biased news or minimising the negative effects thereof).

21. 누구나 검사가 취한 조치에 대해서 항의하거나 항소할 권리를 가져야 한다. 검사가 내리는 결정의 질적 수준과 책임을 증대하기 위해서는, 효과적이고 공정한 항의 메커니즘이 확립되어야 하고 공정한 재판을 받을 권리의 관점에서뿐만 아니라 결점 제거 및 실패 방지를 통해 검사 업무의 질을 증진시키기 위해서 항의의 이유와 결과가 분석되어야 한다(Everyone should have a right to complain or appeal against a measure taken by a prosecutor. To increase the quality and accountability of prosecutors' decisions, an effective and impartial complaint mechanism should be established and the grounds and the results of the complaints should be analysed, not only from the point of view of the right to a fair trial, but also to promote the quality of prosecutors' work through eliminating their shortcomings and preventing failures).

4. 과도한 외부 영향(Undue external influence)

22. 검사는 직접적으로든 간접적으로든, 어디로부터든 어떤 이유에서든 외부의 과도한 영향, 권유, 압력, 위협 또는 간섭으로부터 자유롭게 자신의 기능을 행사하여야 한다(Prosecutors should exercise their functions free from external undue influences, inducements, pressures, threats or interferences, direct or indirect, from any quarter or for any reason).

B. 내부 환경(Internal environment)

1. 전략적 비전(Strategic vision)

23. 검사 업무의 질과 효율성은 내부 요인에 의해서도 상당한 영향을 받는다. 검찰 운영진은 전략적 리더십을 제공하여야 한다. 전문적 목표와 인적 및 물적 자원의 운용을 포함하는 전략적 계획이 검사 업무에 방향을 제시해야 한다. 전략 계획은 인적 자원과 사건의 적절한 운용

을 통해 질적 수준과 효율성에 더하여 그 효과의 목표가 된 활동을 개선하는 내부 조치를 제공할 수 있다(The quality and efficiency of the work of prosecutors are also significantly affected by internal factors. The management of the prosecution services should provide strategic leadership. A strategic plan including professional objectives and management of human and material resources should guide the prosecutors' work. It can provide for internal measures to improve quality and efficiency through adequate management of human resources and cases, as well as targeted activities to that effect).

2. 인적 자원의 관리: 검찰의 선발, 임용, 승진 및 훈련(Management of human resources: selection, recruitment, promotion and training of prosecutors)

24. 질적 수준을 제고하기 위해서는, 검사의 선발, 임용, 승진 및 전보가 서면으로 법률 또는 내부 가이드라인에 규정된 명확하고 예측가능한 기준에 기반하는 것이 필요하다(To promote quality, it is indispensable that the selection, recruitment, promotion and relocation of prosecutors be based on clear and predictable criteria laid down in law or internal guidelines in written form).

25. 검사의 결정 또는 기타 다른 행동의 질적 수준은, 여러 요인들 중에서도 검사가 관여된 영구적인 훈련에 달려 있다. 유럽검사자문회의는 검찰청 및 기타 권한 있는 기관(예를 들어 사법연수 기관)의 수장은 검사 업무에 있어서 제고된 질적 수준과 효율성을 제공하는 자신의 기관 내에서, 자기학습을 포함하여 능동적인 훈련 정책에 대해 책임을 져야 한다(The quality of prosecutorial decisions or other actions depends, among other factors, on permanent training of the prosecutors involved. The CCPE is of the opinion that the heads of prosecution offices and/or other competent institutions (e.g. judicial training institutions) should be responsible for an active training policy, including self-education, within their institutions that provides for increasing quality and efficiency in the work of prosecutors).

26. 검사는, 경력의 모든 단계에서, 자신의 전문적 기술을 유지하고 개선하기 위해 지속적인 훈련 프로그램을 이수해야 한다. 또한 그러한 훈련은 정보 기술, 윤리 및 의사소통 기술에 더하여 일반적으로는 이슈 관리 특별하게는 사례 관리를 포함하여야 하고, 모든 직급의 검사들이 이용할 수 있어야 한다. 특정 주제들은 (도움이 될 경우, 다른 기관과의 공통 훈련을 제공하면서) (아래 명시한 바대로, 테러리즘과 같은) 끊임없이 진화하는 문제들을 직시하는 데 필요한 전문 기술을 개선하기 위해 심도 깊게 다루어져야 한다(Prosecutors should have, at every phase of their career, a continuous training programme in order to maintain and improve their professional skills. Such training should also include information technology, ethics and communication skills, as well as management issues in general and case management in particular, and be available for every level of the prosecution service. Specific themes should be addressed in depth (providing also common training with other institutions, when useful) to improve professional skills needed to face constantly evolving challenges (such as terrorism, as specified below).

27. 이전의 몇몇 의견들에서, 유럽검사자문회의는 특히 정기 훈련 기간, 전문적인 행사 및 회의에의 참여를 통해서 검사의 전문성을 증진하는 일이 중요하다는 것을 강조하였다. 이러한 참여를 통해서 보다 고도의 지식을 얻고 기타 자격을 취득하는 것은 검사의 승진, 진급이나 보

다 나은 보수로 이어질 수 있다(In several previous Opinions, the CCPE emphasised the importance of promoting specialisation of prosecutors, especially through participation in regular training sessions, professional events and conferences. Gaining more advanced knowledge through such participation and acquiring other qualifications may lead to promotions, advancement or better remuneration for prosecutors).

28. 시간관리, 적절한 방법론이나 사법행정체계의 다른 행위자들과의 증대되는 협력과 같은 쟁점들에 관한 원칙과 가이드라인은 일상적인 업무를 용이하게 하고 그렇게 함으로써 검사 업무의 질과 효율성을 향상하는 것을 지향해야 한다(Principles and guidelines on issues such as time management, adequate methodology or increased co-operation with other actors of the justice administration system should aim at facilitating everyday work and thus enhancing the quality and efficiency of prosecutorial work).

29. 진실성, 올바른 행위 기준, 그리고 직업적 및 개인적 측면 양자에 대해 그러한 규범이 존재하는 회원국들에서는 검사 윤리에 관한 법규정 또는 윤리규범이 검사 정기 훈련의 일부가 되어야 한다(Integrity, standards of good behaviour, both professional and personal, and, in member states where they exist, legal provisions on ethics or codes of ethics for prosecutors should be part of their regular training).

3. 검찰 운용(Management of prosecution services)

a. 검찰 업무의 구성: 책임, 행정과 권한 분배 등(Organisation of the work of prosecution services: responsibilities, administrative divisions, distribution of competence, etc.)

30. 검사 업무의 효율성과 질은 일반적으로, 검사의 관할권 영역에서 실제 범죄 상황 및 사회 환경에 따라 인적 및 물적 자원을 관리하기 위한 명료하고 적절한 조직 구성, 책임 및 역량을 필요로 한다. 한편, 새로운 범죄적, 사회학적, 경제적 및 국제적 과제에 직면한 경우에, 검찰의 구조와 운용 메커니즘은 적절하고 충분하며 신속하고 합법적인 방식으로 대응하기에 충분할 만큼 유연해야 한다(The efficiency and quality of prosecutors' work call, in general, for clear and adequate organisational structure, responsibilities and competencies to administer human and material resources in line with the actual criminal or social situation in the area of their jurisdiction. On the other hand, when facing new criminal, sociological, economic and international challenges, the structure and working mechanisms of the prosecution services should be flexible enough to respond in an adequate, sufficient, quick and legal way).

31. 특히, 적절한 경우에, 검찰 체계에 전문 부서의 설치(예컨대 테러행위, 마약, 경제범죄, 환경보호 사건을 다루는 검사와 국제협력 분야에서 일하는 검사)를 고려하여야 한다(In particular, establishment, where appropriate, of specialised units in the framework of prosecution services (e.g. prosecutors dealing with cases of terrorism, narcotics, economic crimes, environment protection, and working in the area of international co-operation) should be considered).

32. 더욱이, 검찰은 검사 업무의 질과 효율성을 향상시키기 위해서 적절한 분석 및 방법론적 작업을 체계화하여야 한다(Furthermore, prosecution services should organise proper

analytical and methodological work with a view to enhancing the quality and efficiency of prosecutors' work).

33. 회원국들에서, 일정 유형의 범죄를 다루는 최적관행의 보급뿐만 아니라 사건의 적절한 배분 및 정보 기술의 효과적 이용은, 단일 사건의 운용을 포함하여, 효율성을 증대시키고 보다 나은 질적 수준을 보장할 수 있다. 검찰청 및 기타 권한 있는 기관의 수장은 그러한 운용 수단의 이용을 촉진하고 자기 기관 내에서 최적관행에 대한 지식을 공유하는 데 대해서 책임을 져야 한다(In member states, dissemination of best practices for dealing with certain types of crimes as well as proper distribution of cases and effective use of information technology, including for the management of single cases, may increase efficiency and ensure better quality. Heads of prosecution services/offices and/or other competent institutions, in particular, should be responsible for promoting the use of such management tools and for sharing the knowledge of best practices within their offices).

b. 윤리 규정(Ethical rules)

34. 대부분의 회원국에서, 질적 수준과 효율성을 향상시키기 위해, 검찰은 중·장기적으로 검사와 기타 직원들의 진실성을 평가한다. 이런 평가는 각기 다른 방식으로 행해진다. 법적 또는 일반 기준을 규정해 놓은 체계도 있고, 윤리규범을 채택하는 체계도 있다. 여전히 새로 임용된 검사들에게 선서를 받는 체계도 있다. 이들은 개인적 및 직업적 자질, 공평성과 공정성, 진실성과 윤리적 무결성을 약속한다. 이전에 유럽검사자문회의는 "국제적 기준에 기초한 직업윤리규범 및 행동규범이 채택되고 공개되어야 한다"고 권고하였으며, "검사는 언제나 공정하고 객관적으로 행동하면서 최고 수준의 윤리 및 직업 기준을 고수하여야 한다"고 강조하였다(In most member states, to enhance quality and efficiency, prosecution services evaluate the integrity of prosecutors and other employees over a mid-term or long-term period. This is done in different ways. Some systems have laid down legal or general standards, others have adopted a code of ethics. Others, still, take oaths from newly appointed prosecutors. They commit to personal and professional qualities, impartiality and fairness, integrity and ethical impeccability. The CCPE has previously recommended that "codes of professional ethics and of conduct, based on international standards, should be adopted and made public", having emphasised that "prosecutors should adhere to the highest ethical and professional standards, always behaving impartially and with objectivity").

35. 윤리규범의 주요 목표는 그러한 기준들이 적절하고 독립적인 검사 업무에 필수적인 것으로 인식되도록 하는 것이다. 검찰이 윤리규범을 채택하기로 한 경우, 앞서 언급한 바대로, 이러한 규범은 2000년의 형사사법체계에서 검사의 역할에 관한 유럽평의회 각료위원회의 권고 제19호, 2005년 5월 31일의 유럽검찰총장회의의 검사의 윤리 및 행동에 관한 유럽의 가이드라인(부다페스트 가이드라인), 앞서 인용된 2014년의 검사와 관련된 유럽의 제 규범과 원칙에 관한 유럽검사자문회의의 의견 제9호(로마 헌장)와 그 밖의 관련 국제 협약문건들에 규정된 바와 같은 채택된 공통 국제기준에 따라야 한다(The main aim of a code of ethics would be to promote those standards recognised as necessary for proper and independent work of prosecutors. If prosecution services are to adopt codes of ethics, these should, as mentioned above, be in line with adopted common international standards such as laid

down in Recommendation Rec(2000)19 of the Committee of Ministers of the Council of Europe on the role of public prosecution in the criminal justice system (hereafter Rec(2000)19), the European Guidelines on ethics and conduct for public prosecutors of the CPGE, 31 May 2005 (Budapest Guidelines), CCPE Opinion No. 9(2014) on European norms and principles concerning prosecutors (Rome Charter) quoted above, and other relevant international instruments).

c. (양적 및 질적) 검찰의 직무수행 평가(Measuring the performance of the prosecution services (quantitative and qualitative))

36. 다수의 회원국들에서, 업무량, 검찰청의 업무성과와 관할영역에서의 범죄 상황의 측정을 가능하게 하는 통계가 있다. 많은 회원국들에서, 검사의 평가는 검찰의 질과 효율성을 향상시키는 데 이용된다(In a large number of member states, there are statistics available to measure the quantitative workload, the performance of the prosecutor's office and the criminal situation in the area of its jurisdiction. In many member states, the evaluation of prosecutors is used to enhance the quality and efficiency of the prosecution service).

37. 검찰은 주로 검사가 보다 높은 수준의 전문 업무를 지향하도록 동기를 부여하고자 지표와 후속 메커니즘을 투명한 방식으로 결정하여야 한다. 검찰 내에서의 내부 후속조치는 규칙적이고 비례균형이 맞아야 하며, 법의 지배에 기반하여야 한다(Prosecution services should determine indicators and follow-up mechanisms in a transparent way, primarily to motivate prosecutors to strive for higher levels of professional work. Internal follow-up within prosecution services should be regular, proportionate and be based on the rule of law).

38. 유럽검찰자문회의는 (사건 수, 절차기간 등)과 같은 양적 지표가 검찰의 기능에 있어서든 개별 검사의 업무에 있어서든, 효율성을 평가하는 유일한 관련기준이 되어서는 안 된다고 생각한다. 마찬가지로, 유럽법관자문회의(CCJE)에서도 "사법의 '질'은 단순히 사법체계의 '생산성'에 대한 동의어로 이해되어서는 안 된다"고 언명하였다(The CCPE considers that quantitative indicators as such (number of cases, duration of proceedings, etc.) should not be the only relevant criteria to evaluate efficiency, either in the functioning of the office or in the work of an individual prosecutor. Similarly, it has been stated by the Consultative Council of European Judges (CCJE) "that 'quality' of justice should not be understood as a synonym for mere 'productivity' of the judicial system").

39. 이것이 적절하고 철두철미한 수사(그 수사가 검찰의 권한 내에 있는 경우), 증거의 적절한 사용, 혐의에 대한 정확한 해석, 법원에서의 전문가다운 행동 등과 같은 양적 지표들이 양적 특징이라는 보완지표의 방식으로 고려되어야 하는 이유이다. 신속한 소추의 만족도에 대해서는 유럽인권협약 제6조에 규정된 보호수단이 고려되어야 한다(This is why qualitative indicators, such as proper and thorough investigation (when this is under the prosecutor's competence), appropriate use of evidence, accurate construction of the accusation, professional conduct in court, etc., should also be taken into consideration as a way to complement indicators of a quantitative character. The desirability for speedy prosecutions should also take into account the safeguards provided by Article 6 of the ECHR).

40. 그러므로, 실제 최종 목표로서, 법체계는 유럽인권협약과 그 밖의 다른 국제 협약문건들에 따라, 본질적인 정의의 원칙을 존중하는 검사 업무의 양적 및 질적 지표를 가늠할 수 있는 평가 체계를 제공할 수 있어야 한다(Therefore, as the real and final objective, legal systems should be able to provide for a system of evaluation capable of assessing both quantitative and qualitative indicators of prosecutors' work which respects the essential principles of justice, in line with the ECHR and other international instruments).

41. 테러범죄와 중대조직범죄의 특수성은 위에서 언급된 접근방식을 따르고 존중하는 일이 더한 층 필요해지게 만든다. 이러한 경우에, 2015년의 형사사건의 수사에서 검사의 역할에 관한 유럽검사자문회의 의견 제10호에 규정된 보호조치의 고려가 필요하게 될 것인바, 특히 특별 수사기법이 사용된 경우에 그러한데, 이는 특별수사기법에 상당한 인권 제한의 위협이 수반 되기 때문이다(The special nature of terrorism and serious and organised crime makes it even more necessary to follow and respect the above-mentioned approach. In those cases, it will also be necessary to take into account the safeguards provided in CCPE Opinion No. 10(2015) on the role of prosecutors in criminal investigations, in particular when special investigation techniques are being used, due to the risk of significant human rights restrictions that they entail).

d. (양적 및 질적) 개별 검사업무 평가(Evaluating the work of individual prosecutors (quantitative and qualitative))

42. 검사와 그 업무에 대한 평가는 질적 수준, 효율성 및 전문성에 대한 발전해 나가는 요구를 마주하는 데 필요한 기술을 개선하기 위해서 유용한 전략적 도구가 될 수 있다. 또한 개별 평가는 모든 직급의 검사들에 대해서 가장 적합한 훈련을 개발하는 데 중요한 통계자료를 제공할 수 있다(Evaluation of prosecutors and their work may be a useful strategic tool in order to improve skills necessary for confronting the evolving demands for quality, efficiency and professionalism. Individual evaluations may also provide important input for developing the most relevant training for prosecutors at all levels).

43. 유럽검사자문회의 구성원의 설문에 대한 답변은 공식 및 비공식 평가라는 두 가지 유형의 평가가 사용되고 있음을 보여준다. 공식 평가는 고정된 기간 내에(예컨대 매 3년 또는 5년) 행해진다. 공식 평가는 특별 절차에 의해 관장되며 평가대상이 된 특정 기술에 초점을 둔다. 때로 공식 평가는 다른 동료들과의 비교 및 보다 빠른 승진을 허용하는 등급제와 결합된다. 평가대상인 검사가 공식 평가의 결과를 받아들이지 않는 경우에, 공식 평가의 결과는 사법 심사를 위해 공개된다. 비공식 평가는 대체로 검사 업무의 질과 효율성을 개선하는 방법(예 컨대 이해할 수 있는 혐의의 초안 작성, 공동작업 능력, 기준 위반 방지 등)에 관한 정보 또 는 보다 전략적인 방식으로는, 예를 들어 검사가 자신의 업무를 이행하기 위한 기술을 지녔 는지 여부에 관한 정보를 수집·제공하는 논의이다. 검사 업무에 대한 두 평가 유형의 목표 는 기술 및 업무역량의 발전을 검토하고, 이에 더하여 승진 및 – 일부 국가에서는 – 우대조 치와 상급을 예측하거나 일반적으로 무질서나 위법행위를 방지하고, 잠재적 징계조치를 회피 하는 것이어야 한다(Responses to the questionnaire by members of the CCPE show that there are two types of evaluation used: formal and informal. The formal evaluation is made within a fixed timeframe (e.g. every 3 or 5 years). It is governed by a special

procedure and focuses on specific skills to be evaluated. Sometimes, it is combined with a rating system which allows for comparison with other colleagues and for a quicker promotion. Its results are open for judicial review when they are not accepted by the evaluated prosecutor. The informal evaluation is more or less a discussion to collect and give information about how to improve the quality and efficiency of the prosecutor's work (e.g. drafting an understandable accusation, ability for team working, avoiding violation of standards, etc.) or in a more strategic manner, whether for instance prosecutors have skills to fulfil their duties. The aim of both types of evaluation of the prosecutors' work should be to examine the development of skills and working capacity, as well as to envisage promotion and – in some countries – incentives and awards, or generally to prevent disorder and misconduct, avoiding potential disciplinary measures).

44. 유럽검사자문회는 검사 업무의 평가는 실체적 및 절차적 규정에 관한 명확하고 사전에 공개된 기준에 기초하면서, 투명하고 예측할 수 있어야 한다고 권고한다(The CCPE recommends that the evaluation of prosecutors' work be transparent and foreseeable, having been based on clear and previously published criteria, both as regards substantive and procedural rules).

45. 투명하고 예측할 수 있는 평가란 평가를 받은 검사가 평가 결과에 대해 논의할 수 있거나 적절한 경우에, 상급자나 책임자에 의해 수행된 평가와 자기평가 결과를 비교할 수 있고, 그 결과가 다르다면, 심사를 위해 결과를 제출할 수 있다는 것을 의미한다. 평가 결과는 평가대상이 된 검사의 개인적 진실성과 명예를 침해할 수 있는 방식으로 공개되어서는 안 된다(Transparent and foreseeable evaluation means for the evaluated prosecutor to be able to discuss the results of the evaluation, or, where appropriate, compare the results of a self-evaluation with the evaluation conducted by the superior or by the person responsible, if different, and to submit them for review. The results of the evaluation should not be published in a way that may infringe the personal integrity and honour of the evaluated prosecutor).

46. 평가는 검찰 내에서 동일한 수준에서 동등한 기준에 기반하여 수행되어야 한다. 검찰의 전체 직무수행을 평가하는 경우에서와 같이, 유럽검사자문회의는 검사 업무의 질을 정의함에 있어서는 소추개시 및 소추종결 사건의 수, 결정 및 결과 유형, 소추절차 기간, 사례관리 기술, 구두 및 서면으로 명료하게 주장하는 능력, 현대 기술에 대한 개방성, 다른 언어에 대한 지식, 조직 기술, 검찰 안팎에서 다른 사람들과 협력할 수 있는 능력과 같은 양적 및 질적 요소들을 포함하여야 한다고 생각한다(Evaluation should be conducted on the basis of equal criteria at the same level within the prosecution service. Like in the case of measuring the overall performance of the prosecution service, the CCPE considers that defining quality of prosecutors' work should contain both quantitative and qualitative elements, such as the number of opened and closed prosecution cases, types of decisions and results, duration of prosecutorial proceedings, case management skills, ability to argue clearly orally and in writing, openness to modern technologies, knowledge of different languages, organisational skills, ability to cooperate with other persons within and outside

the prosecutor's office).

4. 사례관리(Management of cases)

47. 검사에 의한 높은 질적 수준의 결정이나 기타 관련 행동들은 이용할 수 있는 자료와 법률을 반영하며 이는 공정하고, 신속하게, 비례적으로, 명확하고 객관적으로 행해진다. 이런 점에서, 검사의 행동은 유럽인권협약 및 기타 관련 국제 협약문건들에 따라, 범죄를 소추함에 있어서 피해자와 피해자의 가족 및 증인의 권리를 존중하고 피고인의 권리와 균형을 이루도록 하는 데 더하여 공익과도 균형을 이루도록 하여야 한다는 것은 명백하다. 그러므로 검사는 이러한 원칙들에 따라 자신의 업무를 수행하도록 노력하여야 한다. 유럽검사자문회의의 의견은 검찰은 다양한 검사의 권한 및 직무 분야에서 사례관리의 우수 관행에 착수함으로써 검사 업무를 지원해야 한다는 것이다. 더 나아가 검사의 결정은 다음과 같은 요소들을 반영하여야 한다(A high quality decision or other relevant action by a prosecutor is one which reflects both the available material and the law, and which is made fairly, speedily, proportionally, clearly and objectively. In this respect, it is obvious that prosecutorial actions should, in line with the ECHR and other relevant international instruments, respect the rights of victims, their families and witnesses and be balanced with the rights of the defendants, as well as with the public interest in prosecuting crimes. Therefore, prosecutors should seek to carry out their work in accordance with these principles. It is the opinion of the CCPE that prosecution services should support prosecutors' work by setting out good practices of case management in various fields of prosecutorial competences and duties. Prosecutors' decisions should further reflect the following elements):

a. 객관성 및 공평성(Objectivity and impartiality)

48. 검사는 언제나 법의 지배, 형사사법체계의 진실성 및 공정한 재판을 받을 권리를 유지하면서, 자신의 기능을 수행하고 이를 행사함에 있어서 독립된 상태로 남아야 한다. 검사는 가장 높은 수준의 윤리적 및 전문적 기준을 고수하여야 하고, 자신의 직무를 공정하게 수행하여야 하며 항상 공평하고 객관적으로 행동하여야 한다(Prosecutors should remain independent in the performance of their functions and exercise them always upholding the rule of law, integrity of criminal justice system and the right to a fair trial. Prosecutors should adhere to the highest ethical and professional standards, should carry out their duties fairly, and always behave impartially and objectively).

49. 검사는 성별, 인종, 피부색, 국가적 및 사회적 기원, 정치적 및 종교적 신념, 재산, 사회적 지위 및 성적 지향을 이유로 하는 것을 포함하여, 어떤 종류의 차별 없이 법 앞에 개인의 평등을 제공하여야 한다(Prosecutors should provide for equality of individuals before the law without any kind of discrimination, including on the grounds of gender, race, colour, national and social origin, political and religious belief, property, social status and sexual orientation).

b. 포괄성(Comprehensiveness)

50. 검사의 모든 결정과 행동은 주의 깊에 고려되어야 한다. 검사는 유·무죄에 관한 증거를 찾아내야 하며 피고인 또는 피의자에게 유리한 증거로 이끄는 것들을 포함하여 모든 적절한

수사방침이 수행되고 있다는 것을 보증하여야 한다. 따라서 검사는 수사에 의해 인도된 증거가 명확하고 포괄적인지 고려하여야 한다. 하지만 이는 수사관에게 불균형적인 자원의 투입에 관여하라고 요청하는 것이 아니라, 각 사건의 사실관계를 합리적으로 그리고 현실적으로 해석하여야 한다는 것이다. 이는 관련이 있다고 생각하는 증거를 찾을 피고인 측 변호인의 책임을 폄하하는 것은 아니다(All decisions and actions by prosecutors should be carefully considered by them. They should seek out evidence relating both to guilt and innocence and should ensure that all appropriate lines of enquiry be carried out, including those leading to evidence in favour of the accused or suspected persons. Thus, they should consider if the evidence delivered by the investigation is clear and comprehensive. This does not, however, require an investigator to engage in a disproportionate commitment of resources and should be reasonably and realistically interpreted on the facts of each case. It does not take away from the responsibility of defence lawyers to seek out evidence they consider relevant).

51. 검사는 신뢰할 수 있고 법정에서 인정될 것으로 합리적으로 생각되는, 근거가 충분한 증거에 입각해서만 소추를 결정해야 하며 인권에 대한 중대한 위반과 관련된 증거의 사용은 거부하여야 한다(Prosecutors should decide to prosecute only upon well-founded evidence, reasonably believed to be reliable and admissible, and refuse to use evidence involving a grave violation of human rights).

c. 추론(Reasoning)

52. 명료한 추론과 분석은 검사 업무의 기본요건이다. 검사는 모든 관련 증거를 충분히 고려하고 수사에 의해서 그리고 당사자들에 의해서 드러난 사실에 입각한 쟁점 및 그 밖의 쟁점들을 검토하여야 한다. 검사의 모든 결정 내지 행동은 그와 같은 관련 증거를 반영하여야 하며, 그 사안에 관하여 존재할 수 있는 법률 및 일반 가이드라인에 부합하여야 한다. 검사의 결정과 행동은 일관되고, 명확하며, 모호하지 않고 모순되지 않는 방식으로 정당화되어야 한다(Clear reasoning and analysis are basic requirements of prosecutors' work. They should fully consider all relevant evidence and examine factual and other issues revealed by the investigation and by the parties. All decisions or actions by prosecutors should reflect such relevant evidence, be in accordance with the law and general guidelines which may exist on the subject. Decisions and actions by prosecutors should be justified in consistent, clear, unambiguous and non-contradictory manner).

d. 명료성(Clarity)

53. 검사에 의해 내려진 모든 지시 내지 명령뿐만 아니라 어떤 공무상의 행동도 검사가 말을 건넨 사람이 명확하게 이해할 수 있는 것이어야 한다. 서면의 경우, 그러한 지시 내지 명령은 매우 명확한 언어표현으로 작성되어야 한다. 이에 더하여, 검사는 쉽게 알아볼 수 있도록 서면 지시와 명령의 구성방식에 특별한 주의를 기울여야 한다(All instructions or directives, as well as any official acts given by prosecutors should be clearly understandable by those to whom they are addressed. Where in writing, such instructions and directives should be drafted in a very clear language. In addition, prosecutors should pay particular

attention to the format of written instructions and directives so that they can be readily identified).

e. 정보의 교환과 협력(Exchange of information and co-operation)

54. 협력은 서로 다른 검찰청 사이에서뿐만 아니라 같은 검찰청에 소속된 검사들 사이에, 그리고 검사와 법집행기관/수사관 사이에, 국내적 및 국가적 차원에서 검찰의 효율성을 위해 필수적이다. 검사의 전문성 향상은 이러한 협력의 효율성을 개선할 것으로 보인다(Co-operation is essential for the effectiveness of the prosecution service both at national and international levels, between different prosecution offices, as well as between prosecutors belonging to the same office, as well as between prosecutors and law enforcement agencies/ investigators. Increasing specialisation of prosecutors is likely to improve the effectiveness of such cooperation).

55. 검사에게 수사 기능이 있는 경우, 검사는 그들 사이에서뿐만 아니라 그들과 법집행기관/수사관 사이에 적절한 방식으로 정보의 효과적인 교환을 보장하도록 노력하여야 한다. 이는 상호 연관되어 있는 사건에서 업무의 중복을 피할 뿐 아니라 다른 검사와 법집행기관의 활동을 보완하는 것을 돕는다(Where prosecutors have an investigative function, they should seek to ensure an effective exchange of information in a due manner among themselves, as well as between themselves and law enforcement agencies/investigators. This should help in avoiding duplication of work, as well as in complementing efforts of different prosecutors and law enforcement agencies in cases which are connected to each other).

56. 검사에게 그러한 수사기능이 없는 경우, 검사는 관련 수사기관과 수사 중에, 특히 관련 조언과 지침을 제공하면서, 적절하게 협력하여야 한다(Where prosecutors do not have such an investigative function, they should, as appropriate, co-operate during investigations with the relevant investigating agency, particularly in furnishing relevant advice and/or guidance).

57. 그와 같은 협력은 모든 관련 정보가 검사에게 이용 가능하고, 적절한 경우에, 피고인 측에 공개되는 것을 보장하기 위해 수사종결 시까지 계속되어야 한다(Such co-operation should continue until the end of investigation, with a view to ensuring that all relevant evidence is made available to the prosecutor and disclosed, as appropriate, to the defence).

58. (누락)

Ⅲ. 테러범죄 및 중대조직범죄에 대한 투쟁에 있어서 질적 수준 및 효율성에 대한 현재의 주요 도전(MAJOR CURRENT CHALLENGES FOR QUALITY AND EFFICIENCY IN FIGHTING TERRORISM AND SERIOUS AND ORGANISED CRIME)

A. 서론(Introduction)

59. 유럽평의회의 회원국 대부분은 중대조직범죄가 보다 복잡해지고 국제화되어가는 것을 주시하고 있다. 테러범죄는 많은 나라들에 심각한 타격을 주었고 현재 검찰 업무의 최우선사항이다. 불법이주는 이러한 맥락에서 테러범죄, 조직범죄 및 인신매매와 같은 영역에 새로운 문제를 제기한다(Most member states of the Council of Europe have observed that serious

and serious and organised crimes have become more complex and international. Terrorism has severely hit many countries and is currently a major priority in the work of prosecution services. Illegal migration poses new challenges in this context such as in the areas of terrorism, organised crime and human trafficking).

60. 검사는 이러한 중대한 범죄를 법원에 소추하는 데 제일선에 있으며 그리하여 공공의 안전을 보호하고 법의 지배를 수호하는 데 있어서 필수적인 역할을 수행한다(Prosecutors are in the first line to pursue the prosecution of these grave crimes in courts and therefore they exercise an essential role in safeguarding public safety and protecting the rule of law).

B. 국가적 차원에서의 테러범죄 및 중대조직범죄에 대한 투쟁(Fighting terrorism and serious and organised crime at national level)

1. 테러범죄 및 중대조직범죄에 대한 투쟁 전략(Strategy of the fight against terrorism and serious and organised crime)

61. 2004년의 테러행위로 야기된 국제평화 및 안전에 대한 위협에 관한 유엔 안전보장이사회 결의 제1566호에 따라, 유럽검사자문회의는 "테러리스트 행위의 자금조달, 계획, 준비 또는 수행에 참여하는 것을 지원하고, 용이하게 하고, 참가하거나 시도하는 사람을 인도하거나 소추하는 원칙에 기반하여 법정에 세우는 것"을 검사의 핵심 의무로 생각한다. 적합하고 효율적인 방식으로 이러한 의무를 이행하기 위해서 검사는 국가적 또는 국제적 차원에서 이 분야의 모든 관련 이해당사자들과 협력하고 충분한 인적·물적 자원을 갖추기 위해 충분한 법적 체계 내에서 행위할 필요가 있다. 테러행위에 대한 새로운 위협(중대조직범죄에 의한 자금조달, 인터넷을 통한 선전, 전사의 모집 및 훈련)은 검사가 사회로부터 점점 더 요구되는 효율성과 질적 수준으로 행위할 수 있도록, 새로운 대응과 새로운 형태의 수사 및 소추 기법과 조치를 요구한다(In line with UN Security Council Resolution 1566 (2004) concerning threats to international peace and security caused by terrorism, the CCPE considers it as a key duty of prosecutors "to bring to justice, on the basis of the principle to extradite or prosecute, any person who supports, facilitates, participates or attempts to participate in the financing, planning, preparation or commission of terrorist acts" or serious and organised crime. To fulfil this duty in a qualified and efficient way, prosecutors need to act within a sufficient legal framework, to cooperate with all relevant stakeholders in this field at national and international levels, and to have sufficient human and material resources. New threats of terrorism (financing by serious and organised crime, propaganda, recruitment and training of fighters through the internet) require new responses, new forms of investigation and prosecution techniques and measures, so that prosecutors are able to act with the efficiency and quality increasingly required by the society).

62. 유럽검사자문회의는 테러범죄 및 중대조직범죄 사건에 대한 검사의 수사 및 소추에 있어서, 검사의 독립과 중립성은 검사가 자신의 의무를 이행하는 데 있어서 특히 보호되어야 한다고 생각한다(The CCPE considers that in the investigation and prosecution of cases of terrorism and serious and organised crime, the independence and impartiality of prosecutors in performing their duties should be particularly safeguarded).

2. 이러한 범죄유형에 대해 제정하기 위한 입법체제, 검사가 이용할 수 있는 조직 및 재정 자원(Legislative framework to set up for these types of crime, and organisational and financial resources to be made available to prosecutors).

63. 테러범죄, 중대조직범죄 및 사이버범죄와 자금 세탁을 포함하여 이들의 자금조달에 대항하기에 부적당한 입법 및 제도적 체계는 테러리스트, 중대조직범죄의 범죄자와 이들의 지지자들이 영토적 경계 없이 행동하고 자신들의 활동을 수행하고 확장하는 데 자신들의 자금을 사용하도록 허용한다. 실질적으로, 검사는 테러리스트에 대한 선전 및 테러리스트 모집 등을 포함하여, 테러활동 및 중대조직범죄에 대한 직·간접적 지원을 구성하는 활동들을 명확하게 범죄화하는 입법에 의존하고 있다. 이는 심각한 형태의 범죄행위를 위해 마련된 법적 수단을 적용함으로써 검찰이 테러범죄 및 중대조직범죄에 대항하는 투쟁에서 검사가 자신의 활동 영역을 넓히도록 허용할 것이다(An inadequate legislative and institutional framework for combating terrorism, serious and organised crime and cybercrime and their financing, including money laundering, allows terrorists, perpetrators in the field of serious and organised crime and their supporters to act without territorial limits and to use their funds to carry out and expand their criminal activities. To be effective, prosecutors depend on the legislation that clearly criminalises any activities which constitute a direct or indirect support to terrorist activities and serious and organised crime, including propaganda for, and recruitment of terrorists, etc. This would allow prosecutors to widen their field of action in the fight against terrorism and serious and organised crime by application of legal instruments set up for severe forms of criminality).

64. 테러와의 투쟁 그리고, 특히 잠재적 테러리스트의 모집, 조직 가입, 테러리스트 선전, 테러 목적의 정보 공유, 테러활동을 위한 훈련과 준비 및 테러 목적의 수송은 초기 단계에서 테러리스트 및 중대조직범죄에 관한 내부 정보를 가지고 있을 필요성을 요구할 것이다. 그러나 기본권 및 자유에 대한 불균형한 제한은 피해야 한다. 같은 이유로, 법률의 비례성에 맞는 적용을 위한 명료한 한계와 기준이 확립되어야 하고, 특히 소추에 앞서 예방적 조치가 취해진 경우, 형사절차에 관한 통상적인 법률의 대상이 된다(The fight against terrorism and, in particular, recruitment of potential terrorists, admission into the organisation, making terrorist propaganda and sharing information with terrorist purposes, training and preparation for terrorist activities and transporting with terrorist purposes would require the need to have at an early stage insider information about terrorist and serious and organised crime. However, disproportionate restriction of fundamental rights and freedoms should be avoided. For the same reason, clear limits and criteria for a proportionate application of the laws should be established, especially when preventive measures are to be brought before the prosecution, and so being subject to regular law of criminal procedure).

3. 수사기법 및 최신 정보 기술을 포함하는 특별 도구 및 수단의 이용(Investigation techniques and using special tools and means including modern information technologies)

65. 대부분의 회원국들에서, 전자감시 및 첩보활동 같은 특별 수사 기법은 테러범죄 및 중대조직범죄에 대항하기 위한 효과적인 수단인 것으로 보인다. 적어도 검사가 수사권을 가지고 있는 국가에서 이러한 수단들은 검찰청이 이용할 수 있게 되고 있다. 이러한 수단들은 피의자뿐만

아니라 수사중인 관련 범죄상황에 필연적으로 관여된 것은 아닌 다른 사람들의 프라이버시
권을 침해하기 때문에, 이러한 조치의 이용은 수사의 결과가 법원과 사회 전반에 의해 받아
들여지도록 절차의 어느 단계에서나 검사에 의한 철저하고 영구적인 고려를 필요로 한다(In
most member states, special investigative techniques such as electronic surveillance and
undercover operations have been shown to be effective tools to combat terrorism and
serious and organised crime. These tools are being made available to prosecution
offices, at least in jurisdictions where prosecutors have investigative powers. As they
infringe the right of privacy not only of suspects but of other persons not necessarily
involved in the relevant criminal situation under investigation, the use of these measures
needs thorough and permanent consideration by prosecutors at any stage of the
proceedings, so that the outcome of the investigation is accepted by courts and society
at large).

66. 적절하고 비례하는 정도까지, 사기업 및 통신회사에 의한 트래픽 정보와 위치 정보의 보유
및 보존은, 국가 및 국제 관할권뿐만 아니라 유럽인권협약과 1981년의 개인정보의 자동처리
와 관련된 개인의 보호에 관한 유럽평의회 협약을 존중하면서, 보장되어야 한다(The retention
and preservation, to an appropriate and proportional extent, of traffic and location data by
private enterprises and communication companies should be ensured, while respecting
the national and international jurisdiction as well as the ECHR and the Council of
Europe's Convention for the Protection of Individuals with Regard to Automatic Processing
of Personal Data of 1981).

67. 설문에 대한 답변은 모든 회원국들이 테러범죄 및 중대조직범죄 사건에서 검사가 내리는 결
정의 질적 수준과 효율성을 향상시키기 위한 조직적 조치를 취하고 있음을 보여준다. 검찰청
내에 전문부서를 두고 있는 나라도 있고, 나라 전체에 대한 이 임무를 한 기관에 이관하는
나라도 있다. 유럽검사자문회의는 형사사건의 수사 및 소추를 전문 부서에 집중시키는 것이
바람직하다고 생각한다. 이는 특별 수사 기법의 이용에서뿐만 아니라 이 분야의 다른 이해관
계자들에 대한 그리고 이해관계자들과의 의사소통을 발전시키는 데 있어서 필요한 전문성을
보장한다. 이는 또한 관련 검사의 특별 훈련을 보장하고 검사가 이용가능한 최신 기술적, 법
적, 조직적 수단을 수용하도록 허용한다. 직접적으로 검찰기관에 종속되거나 검찰기관의 처
분에 맡겨져 있는 전문화된 경찰 부서 또는 전문가는, 적절한 경우, 테러범죄 및 중대조직범
죄에 대항하는 수사의 질적 수준과 효율성을 향상시킬 수 있다. 그와 같은 조직적 체계는 검
사가 완전히 독립적이고 공평하게, 피의자의 인권에 대해 필요한 존중과 피해자, 증인 및 형
사절차에 관여한 그 밖의 사람들에 대한 필수적인 보호와 함께 자신의 임무를 수행하도록
한층 더 도울 것이다(The answers to the questionnaire show that all member states have
taken organisational steps to enhance the quality and efficiency of prosecutorial decisions
in terrorist and serious and organised crimes cases. Some have specialised units within
the prosecution offices, others have transferred this duty to one office for the whole
country. The CCPE considers it desirable to concentrate the investigation and prosecution
of these criminal cases in special units. This can ensure the necessary professionalism not
only in the use of special investigative techniques but in developing the communication to,

and with, other stakeholders in this field. This can also ensure special training of the prosecutors involved and allowing them to receive the most modern technical, legal and organisational means available. Specialised police units or experts, which are directly subordinated to and are at the disposal of the prosecution entities, where appropriate, may enhance the quality and efficiency of the investigations combating terrorism and serious and organised crime. Such organisational framework will further help prosecutors to perform their duties with full independence and impartiality, with the necessary respect for the human rights of suspects, and the necessary protection of victims, witnesses and other persons involved in the criminal process).

4. 사례 관리(Case management)

68. 적절한 사례 관리 방법론은 중대한 범죄가 하나 또는 그 이상의 개인들에 의해서 또는 아직 확인되지 않은 개인이나 개인들의 집단에 의해 행해지거나 준비되거나 준비되고 있다고 믿기에 충분한 근거가 있는 경우에 침입적 성격의 특별 수사 기법은 필수적인 사법 심사의 대상이 되는 것을 조건으로 해서만 사용되어야 한다는 것을 보증한다(A proper case management methodology can ensure that special investigation techniques that are intrusive are only to be used, subject to the necessary judicial oversight, where there is sufficient reason to believe that a serious crime has been committed or prepared, or is being prepared, by one or more individuals or by an as-yet-unidentified individual or group of individuals).

69. 유럽검사자문회의는, 유럽인권재판소의 판례법에 따라, 특별 수사 기법은 비례성의 원칙을 존중하면서만 사용되어야 하고 기밀성·진실성·이용가능성의 최소요건을 충족하여야 한다고 강조한다(The CCPE underlines that, according to the case-law of the European Court of Human Rights (hereafter the ECtHR), special investigations techniques are only to be used while respecting the principle of proportionality and they should meet minimum requirements of confidentiality, integrity and availability).

70. 테러범죄 및 중대조직범죄에 관한 법률이 형사 절차에서의 개인의 권리에 관해 규정하고 있는 경우에, 그러한 제한의 적용을 결정할 검사는 언제나 그것이 비례성의 의무에 관하여 정당화되는지 여부에 대해서 고려하여야 하고, 증거가 고문 및 그 밖의 잔혹하고 비인도적인 또는 굴욕적인 대우를 수단으로 하여 취득되지 않았음을 보증하여야 하며, 유럽인권재판소 판례법에서의 이러한 개념에 대한 해석을 근거로 한다. 테러범죄 및 중대조직범죄의 심각성에도 불구하고, 자격 있고 효율적인 사례 관리는 검찰의 결정이 기한을 존중하면서 내려지고, 객관적이고 공평하며 전문적인 방식으로, 무죄추정과 방어권에 더하여 범죄피해자의 권리를 존중하면서 수행된다는 것을 보증한다. 법집행기관의 절차 전반에 걸쳐 검사가 기본 원칙과 자유의 측면을 감시하는 것은 검사의 권한 중 일부이다(In cases, where the law on terrorism and serious and organised crime provides for the limitation of the rights of individuals in criminal proceedings, prosecutors who decide to apply such a limitation should always consider whether it is justified vis-à-vis the obligation of proportionality, and ensure that evidence is not obtained by means of torture or other cruel, inhuman or degrading treatment, taking as a basis the interpretation of these concepts in the case-law of the ECtHR. Notwithstanding the gravity of the offences of terrorism and

serious and organised crime, a qualified and effective case management ensures that prosecutorial decisions are taken with respect for the time limits and are carried out in an objective, impartial and professional manner, respecting the presumption of innocence and the right to defence, as well as the rights of victims of crime. It is part of their competences, that prosecutors should monitor the respect of these fundamental principles and freedoms throughout the proceedings of law enforcement agencies).

71. 피해자와 증인이 자신의 익명성을 보존하는 것이 허용된 경우, 피고인의 권리와의 올바른 균형이 지켜져야 한다(If victims and witnesses are allowed to preserve their anonymity, the right balance should be preserved with the rights of accused persons).

72. 적절한 절차가 피해자, 증인 및 검사 그 자신과 검사의 가족을 포함해서 그 밖에 절차에 관여된 사람들에 대하여 적용되어야 한다(Appropriate protection should be applied towards victims, witnesses and other persons involved in the proceedings including prosecutors themselves and their families).

5. 훈련(Training)

73. 2000년의 유럽평의회 권고 제19호는, 새로운 형태의 범죄 출현과 형사 문제에 있어서 지속적인 국제적 협력의 필요성을 고려할 때, 검사의 지속적인 훈련에 특별한 주의를 기울여야 한다고 지적한다. 가장 효율적인 소추를 수행하기 위해서, 검사는 모든 형태의 테러범죄와 중대조직범죄를 수사하고 소추하는 데 있어서 끊임없이 업데이트되고 전문화되고 있다. 이러한 범죄 영역에서의 특별한 필요와 관련하여, 검사의 훈련은 특히 지역적, 국가적 및 국제적 차원에서의 증거의 수집 및 이용, 이해관계인의 협력 형태와 기술, 경험 및 최적관행의 교환, 가능성 있는 인권 위반에 대한 이해, 잠재적 테러리스트 모집에 있어서 소셜미디어의 역할과 대중매체와의 적절한 의사소통에 초점을 두어야 한다(Rec(2000)19 indicates that special attention should be paid to continuous training of prosecutors, given the emergence of new forms of crime and the necessity of continuing international cooperation in criminal matters. To carry out the most efficient prosecution, prosecutors have constantly to be updated and specialised in investigating and prosecuting terrorism and serious and organised crime in all their forms. As regards special needs in these fields of criminality, training of prosecutors should in particular focus on the collection and use of evidence at regional, national and international levels, forms and techniques of co-operation of stakeholders, exchange of experience and best practices, understanding of possible violations of human rights, the role of social media in recruitment of potential terrorists, and proper communication with the media).

74. 이러한 분야에서의 훈련은 관련된 국가적 및 국제적 법적 수단과 인권재판소의 판례법도 포함해야 한다는 것이 유럽검사자문회의의 의견이다(The CCPE is of the opinion that training in this field should also cover relevant national and international legal instruments and the case-law of the ECtHR).

6. 정보관리(교환, 협력)(Information management (exchange, cooperation))

75. 관련 부서와의 증거 내지 정보의 공유는 테러범죄 및 중대조직범죄와의 투쟁에 있어서 가장

중요한 요소 중 하나이다. 이러한 정보는 특히 정보 부서, 보안 부서, 법무 부서 그리고 적절한 경우, 수차례에 걸쳐 테러활동의 표적이 된 기관과 공유되어야 한다. 더욱이 필요하고 유익하다고 생각되는 경우, 테러리스트와 관련된 증거와 정보는 대중에게도 직접 공개될 수 있다(Sharing of evidence or information with relevant units is among the most important elements of fighting terrorism and serious and organised crime. Such information should especially be shared with intelligence and security units, judicial units and, where appropriate, institutions that have been targeted numerous times by terrorist activities. Moreover, if deemed necessary and beneficial, evidence and information regarding terrorists may be directly disclosed to the public as well).

76. 경찰과 기타 법집행 당국 및 정보 당국이 입수된 관련 정보를 적시에 공유하지 못하는 때에 수사에서 있을 수 있는 약점 중 하나가 발생한다. 이러한 문제를 방지하기 위해서, 관련 검찰 당국과 경찰 당국 사이에 합동 수사를 장려하는 것이 바람직할 수 있다. 검사에게 수사권이 있는 회원국에서, 검사는 이러한 행동을 조직화하고 관리하여야 한다(One of the possible weaknesses in investigations occurs when the police and other law enforcement and intelligence authorities do not share relevant received information with prosecutors at the right time. To avoid this problem, it could be advisable to promote joint investigations between relevant prosecutorial and police authorities. In member states, where prosecutors have investigative powers, they should coordinate and manage these actions).

77. 효율성 증대 목적으로, 협력 및 활동 중에 일어난 특정 문제의 공동 해결 외에, 검찰이 참가한 다양한 분야의 전문가들로 구성된 자문회의를 개최하는 것이 효과적이라고 판명된다(For the purposes of greater efficiency, besides cooperation and joint resolution of specific problems in the operations, it has been proved to be effective to hold consultative meetings with members of multidisciplinary groups with the participation of prosecutors).

78. 유럽검사자문회의는 집중적이고 체계적이며 일관된 접근방식을 통해서 테러범죄와 중대조직범죄의 재정시스템을 수사하고 소추하는 효율성을 향상시킬 필요성을 강조한다. 우선, 국가 데이터 기반 정보시스템을 통해서 정보를 교환할 필요가 있다. 게다가 법집행기관과 은행, 이에 더하여 기타 사법인과 개인(보험회사, 중개업, 공증인, 변호사, 집행관 등) 사이에는 긴밀한 협력을 확립할 필요가 있다. 또다른 점점 더 중요해진 수사 접근방식은 가상화폐와 디지털화폐를 추적하기 위한 인터넷 서비스 제공자와의 협력이다(The CCPE stresses the necessity to enhance the efficiency of investigating and prosecuting the financing systems of terrorism and serious and organised crime through an intensive, systematic and consistent approach. First of all, there is a need to exchange information through a national data based information system. Furthermore, it is necessary to establish close cooperation between law enforcement agencies and banks, as well as other private legal entities and individuals (insurance companies, brokerages, notaries, lawyers, bailiffs, etc.). Another increasingly important investigative approach is the cooperation with internet service providers to follow virtual or digital money).

C. 국제적 차원에서의 테러범죄 및 중대조직범죄에 대한 투쟁(Fighting terrorism and serious and organised crime at international level)

79. 검사들 사이의 국제적 협력은 증가하는 국가간 범죄 수로 인하여, 특히 테러범죄를 포함하여 중대조직범죄에 필수적인 도구가 되고 있다. 세계화와 현대적 통신수단에 의해 가능해진 범죄단체와 개인 간 관계의 국제적 규모는 그러한 범죄를 수사하고 소추할 뿐만 아니라 이를 방지하고자 하는 단일 국가적 대응만으로는 충분하지 않다는 것을 의미한다(International cooperation between prosecutors has become a vital tool due to the increasing number of transborder crimes, in particular severe and serious and organised crime, including terrorism. The international scale of the relations between criminal groups and individuals, facilitated by globalisation and modern means of communications, means that a solely national focus on investigating and prosecuting those crimes, as well as preventing them, is not sufficient).

80. 유럽검사자문회의에 의해 확인된 바와 같이, 검사는 항상 자발적으로 협력하는 모습을 보여야 하고 "자신의 관할권 내에서 국가적 차원에서 자기 업무의 경우와 동일한 성실성으로 국제적 지원 요청을 다루어야 하며 진실되고 효과적인 국제 사법 협력을 촉진하고 유지하기 위해서 훈련을 포함하여 필요한 수단을 원하는 대로 이용할 수 있어야 한다"(As affirmed by the CCPE, prosecutors should always show willingness to cooperate and "should treat international requests for assistance within their jurisdiction with the same diligence as in the case of their work at national level and should have at their disposal the necessary tools, including training, to promote and sustain genuine and effective international judicial cooperation").

81. 테러범죄 및 국제적 중대조직범죄로 야기된 공격수준과 문제점들을 고려하면서, 이러한 요건들을 이행하는 것은 오늘날 특히 시급해지고 있다. 효과적인 국제적 협력은 이러한 범죄의 예방을 위해서 뿐만 아니라 이러한 범죄의 가해자들을 수사·소추·입증하고 법적으로 처벌하기 위해서 그리고 범죄수익을 몰수하고 이를 되찾기 위해서도 불가피하다. 이러한 목적들은 범죄단체 및 개인의 자금 조달, 이들의 병참 및 작전기지, 위조문서·무기·폭발물의 공급을 탐지하고 파괴하기 위한 최대한의 노력 분담을 상정한다. 현대 범죄자로 인한 큰 과제는 (소셜미디어, 인터넷 네트워크를 포함하여) 이들의 현대적 통신수단의 이용에서 유래하는바, 이에 대한 감시와 합법적 감청은 국제적인 공조를 요한다(Fulfilling these requirements has become particularly urgent today, taking into account the level of attacks and challenges raised by terrorism and international serious and organised crime. Effective international cooperation is unavoidable not only to prevent, but also to investigate, prosecute, prove and legally punish perpetrators of those crimes and to confiscate and recover criminal proceeds. These objectives presume a shared maximum effort to detect and destroy the financing of criminal groups and individuals, their logistical and operational bases, the supply of false documents, weapons and explosives. A great challenge by modern criminals comes from their use of modern means of communication (including social media and networks in the internet), whose monitoring and legal interception require a global action).

82. 국가 검찰 사이의 직접 접촉은, 법적 지원 요청에 응답함으로써 뿐만 아니라 병행수사에서 비롯된 정보 교환을 촉진함으로써 그리고 때로 합동수사팀을 설치함으로써, 국경을 넘어선 형사 사건들에 있어서 효율성과 질적 수준을 높이는 효율적이고 적절한 방법이다. 유럽검사 자문회의는 회원국들이 직접적 협력을 위한 법적 근거를 개선하고 테러범죄 내지 중대조직 범죄와 같은 특정 유형의 범죄에 관한 국가적 중점사항 지정을 통해서 그리고 다른 나라에 법무협력관을 임명함으로써 신속하고 유연한 협력을 증진하도록 장려한다(Direct contacts between national prosecution services are an efficient and adequate way to raise efficiency and quality in cross—border criminal cases, not only by responding to requests for legal assistance, but also by promoting exchanges of information originating from parallel investigations and sometimes by setting up joint investigation teams. The CCPE encourages member states to improve legal basis for direct co—operation and to promote quick and flexible cooperation through the appointment of national focal points on certain types of crime like terrorism or serious and organised crime and/or by appointing liaison magistrates in other countries).

83. 범죄행위의 법적 분류와 절차의 적법성 양측면에 관하여, 국내 입법과 국제법적 기준을 조화롭게 하는 것은 국경을 넘어선 협력을 상당히 수월하게 만들 것이다. 이는 국내법률의 가능성 있는 체계화와 조화에도 동일하게 적용된다. 그러므로 국가 문화에서 비롯된 장애요인들을 극복하기 위해 전력을 다하여야 하는바, 형법에서의 자율성을 각 국가 형사체제의 정체성의 귀중한 일부로서 고려하여야 한다(Harmonising national legislation with international legal standards, regarding both legal classification of criminal acts and the legality of the proceedings, would significantly ease cross—border cooperation. The same applies to the possible systematisation and harmonisation of national laws. A strong effort should thus be made to overcome obstacles arising from national cultures, which consider autonomy in criminal law as a valuable part of the identity of each national criminal system).

84. 국제적 협력을 개선하고 용이하게 만들기 위해서는, 다음과 같은 세 가지 주요 측면이 고려되어야 한다: 순조롭고 효과적인 협력의 법적 근거; 모든 참여국들에서의 국제적 법적 수단의 적절한 시행; 실용적이고 운용가능한 수단의 창설(In order to improve and facilitate international cooperation, three main aspects should be considered: the legal basis for a smooth and effective cooperation; an adequate implementation of international legal instruments in every participating state; creation of practical and operational instruments).

85. 국제협력의 장애요인들은 제거되어야 한다. 국경 저편의 동료를 알지 못하고, 동일한 언어로 말하지 못하고, 다른 문화를 이해하지 못하는 것은 범죄와의 투쟁에서 함께 일하는 것을 자연스럽게 주저하게 만든다. 그러한 목적으로, 국제협력기관 및 네트워크가 제도적으로 그리고 비공식적으로 설립되었다. 유럽형사경찰기구와 국제형사경찰기구 같은 법집행 단계에서의 공식적 네트워크 조직과 유렵형사사법협력기구와 유럽사법네트워크 같은 사법 단계에서의 공식적 네트워크 조직은 법체계, 문화, 언어 사이의 틈을 메우면서 국경을 가로지르는 법적 협력을 발전시키는 신속하고 효율적인 방법이다. 국가는 순조롭고 성공적인 국제적 지원을 위해 필요한 능력을 이러한 기관들에 제공하여야 한다. 검찰 기능의 행사와 관련된 국제적 기준을 체계화하고 무수한 접점들을 통해서 세계 도처의 검사들과 연결되는 데 기여한(예

컨대, 2015년에 테러사건을 다루는 검사 네트워크가 설립되었고, 2010년에 사이버범죄를 다루는 검사 네트워크가 창설되었다) 국제검사협회와 같은 덜 공식적인 조직 또한 국경을 넘어선 범죄와의 투쟁에 유용할 수 있다(Obstacles to international cooperation should be removed. Not knowing the colleagues on the other side of the border, not speaking the same language, not understanding other cultures in fighting crime cause natural hesitation to work together. For that purpose, international cooperation bodies and networks have been set up, both institutional and informal. Formal network organisations at law enforcement level, such as Europol and Interpol, and at judicial level, such as Eurojust and the European Judicial Network, are swift and efficient ways to develop legal cooperation across borders, bridging gaps between legal systems, cultures and languages. States should provide those organisations with capacities needed for smooth and successful international assistance. Less formal organisations can also be useful in fighting crime across borders, like the International Association of Prosecutors, which contributes to systematising international standards related to the exercise of prosecutorial functions, and to connecting prosecutors all over the world through thousands of contact points (e.g. network of prosecutors dealing with terrorist cases established in 2015, and the network of prosecutors dealing with cybercrime created in 2010)).

권고사항(RECOMMENDATIONS)

1. 투명성과 책임에 대한 대중의 요구에 응답하기 위해서, 검찰은 검사 업무에 있어서 가능한 최고 수준의 질과 효율성을 보장하려는 목적으로 전략적으로 행동해야 한다(In order to respond to public demands for transparency and accountability, prosecution services should act strategically with a view to ensuring the highest possible level of quality and efficiency in the work of prosecutors).

2. 모든 검사가 법 체계 내에서 자신의 기능을 수행하고 있으므로, 입법은 검사 업무의 질과 효율성에 대한 매우 중요한 전제조건이 되고 있다(Since every prosecution service carries out its functions within a legal framework, proper legislation is a paramount precondition for the quality and effectiveness of its work).

3. 국제적 협력을 개선하고 용이하게 만들기 위해서는, 범죄인 인도, 법적 지원 및 범죄수익의 회수를 포함하여, 다음과 같은 세 가지 주요 측면이 고려되어야 한다: 순조롭고 효과적인 협력의 법적 근거; 모든 참여국들에서의 국제적 법적 수단의 적절한 시행; 실용적이고 운용가능한 수단의 창설(In order to improve and facilitate international cooperation, including in extradition, legal assistance and recovery of criminal proceeds, three main aspects should be considered: legal basis for smooth and effective cooperation; adequate implementation of international legal instruments in every participating state and creation of practical and operational tools).

4. 검사의 중립성은 인권보호의 질적 수준을 개선하는 데 중요한 요건이다. 그러므로 회원국은 검사가 직접적으로든 간접적으로든, 어디로부터든 어떤 이유에서든, 과도한 영향, 권유, 압력,

위협 또는 간섭으로부터 자유롭게 자신의 기능을 행사할 수 있도록 보장하여야 한다(The impartiality of prosecutors is an important requirement for improving the quality of human rights protection. Therefore, member states should ensure that prosecutors can perform their functions with maximum independence, free from undue influences, inducements, pressures, threats or interference, direct or indirect, coming from any quarter or for any reason).

5. 검사 업무의 질은 검사와 그 가족의 신변 안전에 대하여 제공되는 보장에 달려 있다. 특히 검사가 테러범죄 및 중대조직범죄 사건에 관여된 경우, 검찰은 검사의 생명, 건강, 자유, 신체적 완전성과 재산의 보호를 위한 사전예방 조치를 취해야 한다(The quality of prosecutors' work depends also on guarantees provided for the personal safety of prosecutors and their families. In particular, when prosecutors are involved in cases of terrorism and serious and organised crime, prosecution services should take proactive measures for the protection of their lives, health, freedom, physical integrity and property).

6. 수사에 대한 잘못되고 편향된 뉴스는 사법의 질적 수준에 대한 대중의 신뢰를 저해하고 소추체계와 법원의 독립성·공평성과 진실성에 대한 의심을 불러일으킨다. 그러므로 대중매체와 대중에 대한 능동적인 정보 정책을 성취하여야 한다(False or biased news on investigations might betray the trust of the public in the quality of justice and generate doubts as to the independence, impartiality and integrity of the prosecution system and the courts. Therefore, one should achieve an active information policy towards the media and the public).

7. 대중이 기대하는 효율성과 질적 수준으로 행위하기 위해서, 검사는 검찰 체계 내의 전문 부서를 포함하여, 사건을 고려함에 있어 모든 관련 문제들에 적절한 주의를 기울이기 위해서 적절한 인적, 재정적, 물적 자원을 갖추어야 한다. 자격을 갖춘 직원의 지원, 초기훈련 및 지속적 훈련, 중앙 집중 데이터베이스 시스템을 포함한 충분한 최신 기술 장비 및 기타 자원의 제공은 검사의 과중한 부담을 덜어줄 수 있으며 그리하여 검사 결정의 질적 수준과 검찰의 효율성을 제고한다. 이러한 모든 조치들은 중·장기적 전략적 관점 내에서 달성되어야 한다(In order to act with the efficiency and quality expected by the public, prosecutors should have adequate human, financial and material resources in order to give appropriate attention to all relevant matters in considering their cases, including specialised units in the framework of prosecution services. Providing them with the assistance of qualified staff, initial and continuous training, adequate modern technical equipment including centralised database systems, and other resources can relieve prosecutors from undue strain and therefore increase the quality of their decisions and the efficiency of prosecution services. All these measures should be encompassed within a mid-term or long-term strategic view).

8. 유럽검사자문회의는 검사 업무와 검사의 질적 수준을 정의하는 기준은 소추개시 및 소추종결 사건의 수, 결정 및 결과 유형, 소추절차 기간, 사례관리 기술, 구두 및 서면으로 명료하게 주장하는 능력, 현대 기술에 대한 개방성, 다른 언어에 대한 지식, 조직 기술, 검찰 안팎에서 다른 사람들과 협력할 수 있는 능력과 같은 양적 및 질적 요소들을 포함하여야 한다고 생각한다(The CCPE considers that standards for defining quality of the work of prosecution services and of prosecutors should contain both quantitative and qualitative elements, such

654 고위공직자범죄수사처 법과 제도의 이해

as number of opened and closed prosecution cases, types of decisions and results, duration of prosecutorial proceedings, case management skills, ability to argue clearly in speaking and in writing, openness to modern technologies, knowledge of other languages, organisational skills, ability to cooperate with other persons within and outside the prosecutor's office).

9. 명료한 추론과 분석은 검사 업무의 질적 수준에 대한 기본요건이다. 그러므로 검사는 모든 관련 증거를 충분히 고려하고 수사에 의해서 그리고 당사자들에 의해서 드러난 사실에 입각한 모든 관련 쟁점 및 그 밖의 쟁점들을 검토하여야 한다. 검사의 모든 결정 내지 행동은 그와 같은 관련 증거를 반영하여야 하며, 그 사안에 관하여 존재할 수 있는 법률 및 일반 가이드라인에 부합하여야 한다. 검사의 결정과 행동은 일관되고, 명확하며, 모호하지 않고 모순되지 않는 방식으로 정당화되어야 한다(Clear reasoning and analysis are basic requirements for the quality of prosecutors' work. Therefore, they should fully consider all relevant evidence and examine all relevant factual and other issues revealed by the investigation and by the parties. All decisions or actions by prosecutors should reflect such relevant evidence, be in accordance with the law and general guidelines which may exist on the subject. Decisions and actions by prosecutors should be justified in consistent, clear, unambiguous and non-contradictory manner).

10. 적절한 경우에 국내 입법에 따라, 검찰은 소추의 개시와 수행에 있어서 길잡이 역할을 하는 원칙들을 일반적인 용어로 설명하는 검사를 위한 가이드라인을 공표하여야 한다. 그와 같은 가이드라인은 공정하고 논리정연하며 일관된 정책이 검찰의 개입을 뒷받침하도록 소추의 각기 다른 단계에서 고려되어야 할 요인들을 설명하여야 한다. 검찰은 주로 검사가 보다 높은 수준의 전문 업무를 지향하도록 동기를 부여하고자 지표와 후속 메커니즘을 투명한 방식으로 결정하여야 한다. 검찰 내에서의 내부 후속조치는 규칙적이고 비례균형이 맞아야 하며, 법의 지배에 기반하여야 한다(Where appropriate and in line with national legislation, prosecution services should publish guidelines for prosecutors setting out in general terms the principles which should guide the initiation and conduct of prosecutions. Such guidelines should set out the factors to be taken into account at different stages of a prosecution, so that a fair, reasoned and consistent policy underpins the prosecution intervention. Prosecution services should determine indicators and follow-up mechanisms in a transparent way, primarily to motivate prosecutors for higher levels of professional work. Internal follow-up within prosecution services should be regular and based on the rule of law).

11. 검사 업무의 질적 수준을 제고하기 위해서, 관련 이해당사자들과 함께 수행되는 효과적이고 공평한 항의 체제와 정기적 설문은 체계에 있을 수 있는 결점을 인지하는 측면에서 유익하다는 것을 보여준다. 검사의 결정을 감시하는 통제 메커니즘은, 특히 고소인이나 피해자가 없는 범죄에 관하여, 수사 및 소추 단계 중에 일어날 수 있는 실수를 바로잡는 것을 가능하게 할 수 있다(To increase the quality of prosecutors' work, an effective and impartial complaint system and periodical questionnaires carried out with relevant stakeholders have been shown to be beneficial in terms of identification of possible deficiencies in the system. A control mechanism monitoring the prosecutors' decisions, especially as

regards offences without a complainant or victim, may make it possible to redress possible mistakes made during the investigation and prosecution phases).

12. 자격 있고 효율적인 사례 관리는 검찰의 결정이 기한을 존중하면서 내려지고, 객관적이고 공평하며 전문적인 방식으로, 무죄추정과 방어권에 더하여 범죄피해자의 권리를 존중하면서 수행된다는 것을 보증한다. 법집행기관의 절차 전반에 걸쳐 검사가 이러한 기본권과 자유의 측면을 감시하는 것도 검사의 권한 중 일부이다(Qualified and effective case management ensures that prosecutorial decisions are taken with respect for any time limits and are carried out in an objective, impartial and professional manner, respecting the presumption of innocence and the right to defence, as well as the rights of victims of crime. It is part of their competences that prosecutors should also monitor respect for these fundamental rights and freedoms throughout the proceedings of law enforcement agencies).

13. 테러범죄 및 중대조직범죄 사건에 있어서, 회원국은 검사에게 특별 수사 기법의 이용을 허용하는 적절하고 비례에 맞게 균형감 있는 조치를 취하여야 한다(cases of terrorism and serious and organised crime, member states should take appropriate and proportional measures to allow prosecutors the use of special investigation techniques).

❽ 유럽회의·평의회 회원국가들의 검찰·검찰청의 독립성과 중립성에 관한 보고서(2020)

　　2020년 3월 30일 발간된 2019년판 유럽회의·평의회(Council of Europe)의 회원국가들의 검찰·검찰청의 독립성과 중립성(the independence and impartiality of the prosecution services)에 관한 보고서에 따르면, 유럽검찰자문위원회는 다음과 같은 내용을 유러피언 스탠더드(european standards)로 정리하고 있다.**429** 핵심내용만 발췌해서 정리하면 다음과 같다.

---

429 Bureau of the consultative council of european prosecutors, Report on the independence and impartiality of the prosecution services in the Council of Europe member states (2019 Edition), Strasbourg, 30 March 2020, pp. 6.

(1) 중요한 유러피언 스탠더드의 개관

가. 행정권, 입법권 그리고 다른 권력기관들로부터 검찰청의 조직적 독립성
(Organisational independence of the prosecution services from the executive and legislative powers and other actors)

【표 4-13】검찰·검찰청의 독립성과 중립성에 관한 보고서(2020)

---

15. 형사사법체계는 유럽 전반을 통해 다양한 모습을 보인다. 이러한 서로 다른 체계는 상이한 법적 문화에 뿌리를 두고 있고, 모든 국가에 대해 동일한 모델은 존재하지 않는다. 예를 들어 형사절차의 기본 틀에서 그 본질에서 대립당사자주의와 규문적 절차 사이의 차이점이 존재한다. 그럼에도 불구하고 수 세기를 거쳐 오면서 다양한 유럽의 형사사법체계는 서로 다른 쪽의 것들을 광범위하게 차용하였고, 결국 오늘날은 외부로부터 다른 중요한 요소들을 받아들이지 않은 순수한 체계는 존재하지 않는다고 할 수 있다. 이러한 체계들 간의 차용은, 비록 항상 인정되는 것은 아니지만, 일정 수준 수렴되는 결과를 가져왔다고 볼 수 있다.

16. 가장 중요한 수렴현상·내용이자 사실상 모든 형사사법체계가 함께 하는 것은 법의 지배와 사법의 독립성을 위한 전제 조건으로서 검찰청 독립의 요구이다. 심지어 결과적으로 석방으로 종결된 경우라도 형사소송절차가 개인에게 주는 심각한 결과 때문에 검사는 반드시 기소 여부를 결정하고 어떤 범죄의 책임을 물을 것인지를 결정하는 데 공정하게 행위해야만 한다. 검사는 판사와 같이 그의 개인적인 이해가 문제되는 사건에서는 행위해서는 안 되며, 그의 비당파성과 염결성을 확보하는 것을 목적으로 하는 특정 제약에 종속될 수 있는 것이다.

17. 따라서 검찰청의 독립성과 자율성은 사법의 독립성의 당연한 귀결이며, 그러한 검찰청과 검사들의 독립성과 자율성을 위한 일반적인 경향은 보다 더 장려되어야만 하는 것이다. 그러한 독립성은 법률에 의해 반드시 보장되어야만 하고, 가능한 가장 높은 수준에서, 판사의 그것과 유사한 방식으로 이루어져야만 한다. 검찰청이 정부로부터 독립된 나라들에서, 국가는 이러한 독립성의 속성과 범위가 법에 의해 확립될 것을 보장하기 위한 효과적인 조치를 반드시 취해야만 한다.

18. 검찰청이 정부의 일부이거나 정부에 배속된 나라에서는, 혹은 위에서 언급된 것과는 다른 어떤 지위를 누리고 있는 국가에서는 그 국가가 반드시 검찰에 관련하여 정부의 권한의 본질과 범위도 명확하게 법률에 의해 규정될 것을 보장해야만 하고 정부의 권한사용은 투명한 방법으로 그리고 국제 조약과 기준, 국가의 법률 그리고 법의 일반원칙에 부합되게 이루어져야만 한다.

19. 유럽인권법원(ECtHR)은 민주주의 사회에서 법원과 수사관청은 반드시 정치적 압력에서부터 자유로워야만 한다는 것을 강조할 필요가 있다고 생각했다.**430** 검사들은 다른 기구들과 협업

---

430 ECtHR *Guja v. Moldova* (Grand Chamber), no. 14277/04, para 86; Bureau of the consultative council of european prosecutors, Report on the independence and

함에 있어서 그들의 의사결정에서 자율적이어야만 하고, 권력분립과 책임원칙을 고려하여 행정권과 의회로부터의 간섭 혹은 외부적 압력으로부터 자유롭게 그들의 의무를 수행해야만 한다. 유럽인권법원은 또한 그들의 위계관계로부터 검사의 기능적 독립성과 검찰청의 행위의 사법적 통제를 확보하는 안전장치와 같은 일반적인 안전판이라는 맥락에서 검사의 독립성이라는 주제를 주목하였다.

20. 회원국가의 전통과 문화는 무시되어서는 안 되는 중요한 요소들이다. 강한 독립성의 전통은 검사들을 보호할 수 있다. 몇몇 회원 국가들에서는 특히 아주 최근에 제정된 헌법들에서 검사의 독립성(알마니아)과 검찰청의 독립성(크로아티아, 그리스, 헝가리, 포르투갈, 슬로베니아 등)이 헌법에서 보장되었다. 다른 회원국가들에서는 제정 법률(에스토니아, 폴란드, 루마니아, 러시아, 우크라이나)에서 보장되고 있다. 몇몇 국가들에서는 각각 다른 권한을 가진 분리된 검찰위원회들이 존재(알바니아, 크로아티아, 포르투갈)하고 있고, 또 다른 국가들에서는 판사와 검사를 위한 공동위원회가 설치(벨기에, 보스니아, 헤르체고비나, 불가리아, 프랑스, 이탈리아, 루마니아, 스페인, 터키 등)되어 있기도 하다.[431]

21. 특정 사건에 관한 행정부에 의한 지휘·지시는 일반적으로 바람직하지 못한 것이다. 이러한 맥락에서 특정 사례에서 기소하지 말라는 지시·명령(instructions)은 원칙적으로 금지되어야만 한다. 그렇지 않은 경우, 그러한 지시는 반드시 예외적인 것에 그쳐야 하고 일련의 요구조건들 뿐만 아니라 특히 투명성 보장을 위한 관점에서 적절한 특정 통제를 받아야만 한다.

22. 검사들의 불편부당성을 보증하기 위하여 검찰청이 다른 국가 권력으로부터 외적인 독립성은 물론이고, 검사들이 검찰시스템 내에서 부적절한 압력으로부터 자유롭게 객관적인 판단을 할 수 있는 능력을 고려하는 것이 중요하다. 유럽검찰자문위원회(CCPE)는 검사들의 활동에 비개입의 적절한 보장책을 발전시키는 것이 필수적이라는 점에서 베니스 위원회에 동의하고 있다. 비 간섭·비 개입(non interference)은 검사들의 활동들, 특히 소송절차에서의 활동들은 외적인 압력으로부터 자유로울 뿐만 아니라 검찰체계 내에서부터 부적절하거나 불법한 내적 압력으로 부터도 자유로운 것을 보장한다는 것을 의미한다.

23. 이런 관점에서 CCPE는 위계적 구조는, 그들이 수행하는 과업의 본질을 고려할 때 대부분의 검찰청의 통상적인 측면임을 언급했다. 위계의 상이한 층들 사이의 관계는 반드시 명확하고 모호하지 않고 잘 균형잡힌 규정들에 의해 통제되어야만 하고, 적절한 견제와 균형의 체계가 이를 위해 반드시 제공되어야만 한다. 법의 지배에 의해 통치되는 국가에서는 검찰청의 구조가 위계적인 경우, 검찰의 효율성은, 검사와 관련하여, 권위, 책임성, 예측가능성의 투명한 라인으로 강하게 결속되어야만 한다. 위계적 시스템에서는 검사장(검찰청장, superior prosecutor)은, 개인 검사들의 권리의 적절한 보장책을 조건으로, 반드시 검찰의 결정에 대해 적절한 통제를 행사할 수 있어야만 한다.

---

impartiality of the prosecution services in the Council of Europe member states (2019 Edition), Strasbourg, 30 March 2020, p.7.

431 Bureau of the consultative council of european prosecutors, Report on the independence and impartiality of the prosecution services in the Council of Europe member states (2019 Edition), p.8 각주들 참조.

24. 나아가, 국가들은 반드시 검사들이 위협, 방해, 괴롭힘, 부적절한 개입 혹은 부당한 민사, 형사 혹은 다른 책임에 노출됨이 없이 그들의 기능을 수행할 수 있도록 보장하여야만 한다. 검사들은 방해없이, 공무원에 의해 범해진 범죄에 대해, 특히 부패, 권한의 오남용, 그리고 인권의 중대한 침해와 같은 사건에서, 그 공무원을 기소하는 지위에 있어야만 한다.

25. 검사들은 반드시 행정기관과 입법기관으로부터 독립되어야만 할 뿐만 아니라, 경제, 재정 그리고 언론의 영역에서 관계자들이나 기관을 포함하여 다른 관계자들과 기관들로 부터도 독립되어야만 한다. 검사들은 또한 반드시 법집행기관들, 법원 그리고 다른 기구들과의 협업에서도 독립적이어야만 한다.

나. 기능적 독립성: 검사의 임명과 정년보장(Functional independence: appointment and security of tenure of prosecutors)

26. CCPE는 판사와 검사의 임무의 밀접하고 유사한 속성이 그들의 지위 그리고 근무의 조건들, 특히 채용, 교육, 경력개발, 보수, 훈육과 이동(이것들은 반드시 법률에 따라 혹은 그들의 동의에만 영향을 받을 수 있다), 직무배제(파면) 등에서 유사한 요구조건과 보장들을 만들어 낸다는 것을 강조한다. 이러한 이유 때문에 적절한 정년을 보장하고, 승진, 징계, 해고 등의 적절한 준비가 보장되어야만 한다.

27. 회원 국가들은 그들의 외적 독립성과 내적 독립성을 보장하는 검사의 지위를 보장해야만 하고, 이것은 가장 높은 수준의 법규에 의해 그리고 명확하고 동의된 과정과 절차에 의해 규제되는, 특히 임용, 경력, 징계를 위한 검찰위원회와 같은 독립적인 기구에 의해 그 적용이 보장되는 것이 좋다.

28. 특히, 회원 국가들은 다음 각 호를 보장하기 위한 조치를 취해야만 한다.

    a) 검사의 임용, 승진 그리고 이동이 공정하고 불편부당한 절차를 통해 수행되고 성별, 인종, 피부색, 언어, 종교, 정치적 견해 혹은 다른 입장, 출생국 혹은 사회적 신분이나 출생, 국가적 소수자와의 연대, 성적 취향, 부, 출생 혹은 다른 지위를 이유로 한 차별을 배제하는 절차에 따라 수행된다.

    b) 검사들의 경력, 그들의 전문직업적 평가, 그들의 승진과 이동은, 역량과 경험과 같은 투명하고 객관적인 기준에 의해 통제된다. 임용기관은 역량과 기술을 기초로 하여 선별되어야만 하고 그들의 기능은 비당파적이고 객관적인 기준에 기초하여 이행해야만 한다.

    c) 검사의 이동은 근무의 필요성에 의해 관리되어야만 한다.

29. 어떠한 형태로든 검사의 채용, 경력 전망들을 관리해야만 하는 비당파성·중립성을 성취하기 위해 노력하면 결국 전문직업에 들어가는 경쟁적 시스템을 위한 준비를 하게 되고 전체의 사법을 위한 혹은 단지 검사들만을 위한 최고위원회(High Councils)의 설립에 이르게 될 수 있다.

30. 검사들은 은퇴할 때까지 임용되어야만 한다. 재임용의 가능성을 지닌 기간제 임명은 검사가 자신의 판단을 법률에 기초하는 것이 아니라 인사권자의 눈치를 보며 행동할 가능성을 높일 위험이 있다.

31. 검찰총장이 임명되고 해임되는 방법은 검찰청의 옳은 기능을 보장하는 체계에서는 중요한 역할을 한다. 만약 정부가 검찰청의 장의 임명에 어떤 통제를 행사하는 경우라면 중요한 것은 그 선정의 방법이 대중의 확신과 존중을 얻고, 사법체계와 검찰체계 그리고 법적 직업인의 구성원의 확신과 존중을 얻는 것이다. 검찰총장은 그의 재임기간의 안정성을 보장하고 그의 정치적 변화에 대한 독립성을 보장하기 위하여 충분하게 긴 임명기간을 보장하거나 영구적으로 임명되어야만 한다.

32. 언급한 바와 같이 외적 독립성(external independence)에 더하여, 회원국가들은 검사들의 내적 독립성(internal independence)도 보장해야만 한다. 이 맥락에서 만약 지시(instructions)가 위계에 의해 검사에게 주어진다면 그 지시들은 문서로 행해져야만 하고, 완전하게 투명한 방식으로, 그리고 항상 권리와 자유를 존중하면서 법의 적용의 목적으로 하고, 추구되는 합법적인 목적에 균형이 맞지 않은 제한 없는 식으로 행해져야만 한다.

Ⅲ. 국제기구의 검찰관련(수사·기소) 규정

❶ 각종 국제형사재판소

(1) 국제형사재판소

국제형사재판소(The International Criminal Court, ICC)는 1998년 7월 17일에 유엔 전권 외교 사절 회의에서 채택되어 2003년 3월 11일 집단살해죄(genocide), 반인도적 범죄(crime against humanity), 전쟁범죄(war crime), 침략범죄(the Crime of Aggression)의 처벌을 위해 다자 조약인 '국제형사재판소에 관한 로마규정'(Rome Statute of the International Criminal Court)432에 근거하여, 네덜란드 헤이그에 설치되었다. 이 재판소는 뒤에 언급될 다른 재판소와는 달리 상설재판소이다.433

---

432 국제형사재판소에 관한 로마규정(Rome Statute of the International Criminal Court)은 현재 120여개 당사국이 가입되어 있는 다자 조약으로, 우리나라는 2003. 2. 1. 로마규정을 비준하였고, 2007. 12. 21. 실행입법인 '국제형사재판소의 관할 범죄의 처벌 등에 관한 법률'을 제정하였다.

433 제1조(재판소) 재판소는 상설적 기구이며, 국제적 관심사인 가장 중대한 범죄를 범한 자에 대하여 관할권을 행사하는 권한을 가지며, 국가의 형사관할권을 보충한다.

① 재판소장단(the Presidency),434 ② 상소심 재판부, 제1심 재판부 및 예심 재판부(An Appeals Division, a Trial Division and a Pre－Trial Division), ③ 검사부(the Office of the Prosecutor), ④ 사무국(the Registry)으로 구성되어 있다.435

【표 4-14】 국제형사재판소에 관한 로마규정

Rome Statute of the International Criminal Court
Article 42 The Office of the Prosecutor ① The Office of the Prosecutor shall act independently as a separate organ of the Court. It shall be responsible for receiving referrals and any substantiated information on crimes within the jurisdiction of the Court, for examining them and for conducting investigations and prosecutions before the Court. A member of the Office shall not seek or act on instructions from any external source.
② The Office shall be headed by the Prosecutor. The Prosecutor shall have full authority over the management and administration of the Office, including the staff, facilities and other resources thereof......

국제형사재판소에 관한 로마규정
제42조 검사부 ① 검사부는 재판소의 별개 기관으로서 독립적으로 활동한다. 검사부는 재판소에 회부되는 관할범죄와 그 범죄에 관한 구체적 정보를 접수하며, 이를 조사하고 수사하여 재판소에 기소를 제기하는 데 대한 책임을 진다. 검사부의 구성원은 외부로부터 지시를 구하거나 지시에 따라 활동하여서는 아니 된다.
② 검사부의 장은 검찰관(Prosecutor)으로 한다. 검찰관은 직원, 시설 및 다른 자원을 포함하여 검사부의 관리 및 행정에 전권을 가진다......

위 규정에서 보는 것처럼, 국제형사재판소도 검사부(The Office of the Prosecutor)가 수사 및 기소를 모두 관장한다. 즉 체결국 회의(ASP, Assembly of States Parties)에서 선출한 검사부의 장인 수석 검찰관(Chief Prosecutor)이 인사와 시설, 검사부의 수사 및 기소, 공소유지 등을 지휘하고, 수사관을 임명한다.436

---

434 인원은 3명으로 모두 상근이며, 18명의 판사 전원의 과반수 투표로써 선출된다. 임기는 9년이다.
435 로마 규정 제34조.
436 로마 규정 제44조.

(2) 구 유고슬라비아 국제형사재판소

'구 유고슬라비아 국제형사재판소'(The International Criminal Tribunal for the former Yugoslavia, ICTY)는 유엔 안전보장이사회 결의 제827호에 의해 1993년 5월 네덜란드 헤이그에 설치된 국제형사재판소이다. 1991년 이후 구(舊)유고슬라비아 영역 내에서 행해진 민족 청소, 집단 강간 등의 책임자에 대한 소추와 처벌을 위해 설립되었다. 2017년 12월 31일부로 모든 제1심 재판을 마치고 해산하였는데, 조직은 재판부(3개의 제1심 재판부와 1개의 상소심 재판부; three Trial Chambers and an Appeals Chamber), 검사부(the Prosecutor), 사무국(the Registry)으로 구성되었다.437

[표 4-15] 구 유고슬라비아 국제형사재판소 개정 규정

Article 16 The Prosecutor ① The Prosecutor shall be responsible for the investigation and prosecution of persons responsible for serious violations of international humanitarian law committed in the territory of the former Yugoslavia since 1 January 1991.
구 유고슬라비아 국제형사재판소 개정 규정
제16조 검사 ① <u>검사는</u> 1991년 1월 1일부터 구 유고슬라비아 영역에서 범해진 심각한 국제인도법 위반행위에 책임이 있는 사람에 대한 <u>수사와 기소에 대한 책임이 있다</u>.

위 규정에서 보는 것처럼, 구(舊)유고슬라비아 국제형사재판소도 검사(the Prosecutor)가 수사 및 기소 모두 관장하였다.

(3) 르완다 국제형사재판소

'르완다 국제형사재판소'(The International Criminal Tribunal for Rwanda, ICTR)는 유엔 안전보장이사회 결의 955호에 의해 1994년 11월 탄자니아 아루샤에 설치되어 2015년 12월경 활동을 종료하였고, 1994년 1월 1일부터 1994년 12월 31일까지 르완다 및 주변 국가에서 자행된 집단학살 등의 책임자(장 캄반다 전 르완

---

437 '구 유고슬라비아 국제형사재판소 개정 규정'('Updated Statute of the International Criminal Tribunal for the Former Yugoslavia') 제11조.

다 총리)에 대한 소추와 처벌을 담당하였다. ① 3개의 제1심 재판부와 1개의 상소
심 재판부(three Trial Chambers and an Appeals Chamber), ② 검사부(the Prosecutor),
③ 사무국(the Registry)으로 구성되어 있었다.438

【표 4-16】 르완다 국제형사재판소 규정

Statute of the International Tribunal For Rwanda
Article 15: The Prosecutor ① The Prosecutor shall be responsible for the investigation and
prosecution of persons responsible for serious violations of international humanitarian law
committed in the territory of Rwanda and Rwandan citizens responsible for such violations
committed in the territory of neighbouring States, between 1 January 1994 and 31 December
1994.
르완다 국제형사재판소 규정
제15조 검사 ① 검사는 1994년 1월 1일부터 1994년 12월 31일까지 르완다에서 범해진 국제인
도법의 심각한 위반행위에 책임이 있는 사람, 르완다 및 인접 국가에서 범해진 위와 같은 위반행
위에 책임이 있는 르완다人에 대한 수사와 기소에 대한 책임이 있다.

위 규정에서 보는 것처럼, 르완다 국제형사재판소에서도 검사(the Prosecutor)
가 수사 및 기소를 모두 관장하였는데, 인류 역사에서 지속적으로 벌어진 대량
학살 책임자를 국제재판에서 최초로 처벌했다는 데 큰 의미가 있다.

(4) 시에라리온 특별재판소

'시에라리온 특별재판소'(The Special Court for Sierra Leone)는 유엔 안전보장
이사회 결의 1315호 및 유엔과 시에라리온 정부간 협정에 의해 2002년 서부 아
프리카 연안에 있는 시에라리온 프리타운에 설치되어 2013년 12월경 활동을 종
료하였고, 1996년 11월 30일 이후 시에라리온에서 발생한 국제인도법 위반자에
대한 소추와 처벌을 담당하였다.439 조직은 ① 1개 또는 수개의 제1심 재판부

---

438 '르완다 국제형사재판소 규정'(Statute of the International Tribunal For Rwanda) 제10조.
439 신태훈, "이른바 '수사와 기소 분리론'에 대한 비교법적 분석과 비판", 형사법의 신동향 통
      권 제57호, 대검찰청 미래기획단, 98면.

및 1개의 상소심 재판부(one or more Trial Chambers and an Appeals Chamber), ② 검사부(the Prosecutor), ③ 사무국(the Registry)으로 구성되어 있었다.440

[표 4-17] 시에라리온 특별재판소 규정

Statute of the Special Court for Sierra Leone
Article 15 The Prosecutor ① The Prosecutor shall be responsible for the investigation and prosecution of persons who bear the greatest responsibility for serious violations of international humanitarian law and crimes under Sierra Leonean law committed in the territory of Sierra Leone since 30 November 1996......
시에라리온 특별재판소 규정
제15조 검사 ① <u>검사는</u> 1996년 11월 30일 이후 시에라리온에서 범해진 국제인도법위반 및 시에라리온법에 의한 범죄에 대하여 가장 큰 책임이 있는 사람에 대한 <u>수사와 기소에 대한 책임이 있다</u>......

위 규정에서 보는 것처럼, 시에라리온 특별재판소에서도 검사(the Prosecutor)가 수사와 기소 모두 관장하였다.

(5) 레바논 특별재판소

'레바논 특별재판소'(The Special Tribunal for Lebanon)는 유엔 안전보장이사회 결의 1757호에 의해 2009년 3월 네덜란드 헤이그 부근 Leidschendam에 설치되어 현재도 활동 중이다. 2005년 발생한 폭탄테러(레바논 전 총리이자 당시 야당 지도자였던 라피크 하리리(Rafiq Hariri)를 포함한 22명이 사망)의 책임자에 대한 소추와 처벌을 목적으로 설립되었다. ① 1명의 예심판사, 1개의 제1심 재판부와 1개의 상소심 재판부(a Pre-Trial Judge, a Trial Chamber and an Appeals Chamber), ② 검사부(the Prosecutor), ③ 사무국(the Registry), ④ 변호인 사무실(The Defence Office)로 구성되어 있다.441

---

440 '시에라리온 특별재판소 규정'(Statute of the Special Court for Sierra Leone) 제11조.
441 '레바논 특별재판소 규정'(Statute of the Special Tribunal for Lebanon) 제7조.

【표 4-18】 레바논 특별재판소 규정

Statute of the Special Tribunal for Lebanon
Article 11 The Prosecutor ① The Prosecutor shall be responsible for the investigation and prosecution of persons responsible for the crimes falling within the jurisdiction of the Special Tribunal......
② The Prosecutor shall act independently as a separate organ of the Special Tribunal. He or she shall not seek or receive instructions from any Government or from any other source.

레바논 특별재판소 규정
제11조 검사 ① <u>검사는</u> 본 특별재판소의 관할에 속하는 범죄를 범한 자들에 대한 <u>수사와 기소에 관한 책임이 있다</u>......
② <u>검사는 특별재판소의 분리된 기관으로서 독립적으로 활동한다. 그는 어떠한 정부 기타 타인 에게도 지시를 구하거나 받아서는 안 된다.</u>

위 규정에서 보는 것처럼, 레바논 특별재판소에서도 검사(the Prosecutor)가 수사 및 기소 모두 관장한다.

(6) 기 타

위 5개의 국제형사재판소 외에 과거 제2차 세계대전 당시 전범의 처벌을 위해 설치된 뉘른베르크 전범재판소[442]와 도쿄 전범재판소[443]도 모두 검사가 수사 및 기소를 통할하였다.
결론적으로 주목할 것은 그동안 설치된 국제형사재판소 중 '수사와 기소가 분리'된 곳은 단 한 곳도 없다는 점이다.[444]

---

[442] "Agreement for the Prosecution and Punishment of the Major War Criminals of the European Axis, and Charter of the International Military Tribunal, 82 U.N.T.S. 280, entered into force Aug. 8, 1945", Article 15.

[443] "International Military Tribunal for the Far East, Special proclamation by the Supreme Commander for the Allied Powers at Tokyo January 19, 1946" Article 8.

[444] 신태훈, "이른바 '수사와 기소 분리론'에 대한 비교법적 분석과 비판", 형사법의 신동향 통권 제57호, 대검찰청 미래기획단, 100면.

[표 4-19] 각종 국제형사재판소의 수사·기소 제도 요약

국문 명칭	영문 명칭	설치 근거	수사 권한	기소 권한	상설 기관 여부
국제형사재판소	The International Criminal Court	다자 조약	검사	검사	상설
구 유고슬라비아 국제형사재판소	The International Criminal Tribunal for the former Yugoslavia	유엔 안전보장이사회 결의	검사	검사	임시
르완다 국제형사재판소	The International Criminal Tribunal for Rwanda	유엔 안전보장이사회 결의	검사	검사	임시
시에라리온 특별재판소	The Special Court for Sierra Leone	유엔 안전보장이사회 결의 및 유엔과 시에라리온 정부간 협정	검사	검사	임시
레바논 특별재판소	The Special Tribunal for Lebanon	유엔 안전보장이사회 결의	검사	검사	임시

❷ 유럽연합에서 유럽검찰청의 설치에 관한 논의

(1) 의 의

1950년대 이후로 유럽연합이 지속적으로 발전되어 왔음에도 형사사법 분야는 유럽연합 회원국간의 협력의 방식으로 이루어지고 있을 뿐 유럽연합이 독자적으로 형벌권을 행사할 수 없다. 그러나 유럽연합 자체의 고유한 이익을 확보하기 위하여 이미 1990년대 초반부터 유럽연합의 독자적 형벌권이 논의되기 시작하였다. 유럽검찰청의 설치에 관한 논의도 이와 직접 관련되어 있다.

(2) 유럽검찰청 도입을 위한 논의 배경

유럽검찰청이란 유럽연합으로부터 독립된 기관으로서 유럽연합의 재정적 이익에 손해를 끼친 범죄를 척결하기 위한 목적으로 설립될 검찰청을 말한다.

그 근거는 리스본조약이라고 불리는 유럽연합의 기능화에 관한 조약(the Treaty on the Functioning of the European Union) 제86조이다. 현재 유럽검찰청이 설치되어 있는 것이 아니라 설치를 위한 논의가 막바지 단계에 와 있다. 2017. 6. 8. 유럽연합 회원국 법무부장관들의 회동에서 총 28개 회원국 중 20개 회원국이 룩셈부르크에 유럽검찰청을 설치하기로 정치적인 합의에 도달하였다.

　　유럽연합이 유럽검찰청 설치를 논의하게 된 현실적인 배경은 유럽연합의 예산에서 지출되는 보조금이나 교부금 등 자금집행을 둘러싸고 사기, 조세포탈, 배임, 뇌물, 자금세탁, 관세범죄 등과 같은 범죄가 적지 않게 발생하고 있기 때문이다. 이들 범죄로 인하여 유럽연합에 매년 500억 유로(한화 약 65조)의 손실이 발생하는 것으로 추산되고 있다.[445] 유럽연합 회원국은 자국의 형법에 사기죄, 보조금사기죄, 조세포탈죄, 문서위조죄 등과 같은 범죄구성요건을 갖추고 있기 때문에 국내 형사절차를 통하여 이러한 범죄를 소추할 수 있지만 회원국의 형법규정이 상이하게 구성되어 있다는 것이 문제가 되었다. 예를 들어 미수의 가벌성이나 법인의 형사처벌 가능성 등이 회원국마다 다르기 때문이다. 유럽연합 회원국들의 상이한 형법규정은 조직범죄에 대한 기소와 유죄의 가능성을 낮추어 결국 범죄조직에게 매력적인 기회를 제공해 주었다. 유럽연합 자체의 재정적 이익을 보호하기 위한 단일한 형법규범의 제정이 필요한 이유도 바로 이 때문이었다. 그 뿐만 아니라 유럽연합 회원국들이 유럽연합에서 집행되는 예산을 이른바 '눈먼 돈'으로 보아 국내 예산을 집행하는 경우와 동일한 정도로 주의를 기울이지 않는다는 경향도 나타났다.[446]

　　결국 유럽연합 자체에서 집행되는 예산을 둘러싸고 조직적으로 범해지는 사기, 조세포탈, 문서위조 등과 같은 범죄가 유럽의 통합에 중대한 걸림돌로 작용하기 때문에 이를 실효적으로 소추할 수 있는 시스템을 구축해야 한다는 것이 유럽검찰청 설치 논의의 취지이다.

---

[445]　「EU-Staatsanwalt könnte künftig Mehrwertsteuer-Betrüger verfolgen」, Bild, 14 Oktober, 2016, http://www.bild.de/geld/aktuelles/wirtschaft/eustaatsanwalt-koennte-kuenftig-mehr wertsteuerbetrueger-48289684.bild.html (2017. 9. 30. 최종검색).

[446]　Nürnberger, Silke, 「Die zukünftige Europäische Staatsanwaltschaft - Eine Einführung」, ZJS, 2009, S. 495.

이에 따라 유럽연합은 2007년 '유럽연합 기능조약' 제86조에 '유럽검찰청' 창설에 관한 근거규정을 입법하였으며, 유럽연합 집행위원회(European Commission)는 2013년 7월 '유럽검찰청' 창설을 공식 제안하였고,447 유럽 의회(European Parliament)는 2015년 4월 29일448 및 2016년 10월 5일449 2회에 걸쳐 '유럽검찰청' 창설을 촉구하는 결의안을 통과시킨 바 있다. 이후 최근까지 '유럽검찰청'이 창설될 경우 각 회원국의 주권을 일부 제한하게 되는 점 등에 관하여 회원국간 이견이 있어 계속 논의 중이었고, 네덜란드·스웨덴·폴란드·헝가리는 반대, 덴마크·아일랜드·영국은 Opt Out,450 독일·프랑스 등 나머지 20여개 국가는 찬성하는 것으로 알려져 있다.451, 452

【표 4-20】 유럽연합 기능조약

Treaty on the Functioning of European Union[453]
Article 86 ② The European Public Prosecutor's Office shall be responsible for investigating, prosecuting and bringing to judgment, where appropriate in liaison with Europol, the perpetrators of, and accomplices in, offences against the Union's financial interests, as determined by the regulation provided for in paragraph 1. It shall exercise the functions of prosecutor in the competent courts of the Member States in relation to such offences.

---

447 Proposal for a Council Regulation on the establishment of the European Public Prosecutor's Office(2013. 7. 17.), 〈http://eur-lex.europa.eu/legal-content/EN/TXT/?uri=celex:52013PC0534〉.

448 European Parliament resolution of 29 April 2015 on the proposal for a Council regulation on the establishment of the European Public Prosecutor's Office (COM (2013)0534 – 2013/0255(APP)), 〈http://www.europarl.europa.eu/sides/getDoc.do?type=TA&reference=P8-TA-2015-0173&language=GA〉.

449 European Parliament resolution of 5 October 2016 on the European Public Prosecutor's Office and Eurojust (2016/2750(RSP)), 〈http://www.europarl.europa.eu/sides/getDoc.do?pubRef=-//EP//TEXT+TA+P8-TA-2016-0376+0+DOC+XML+V0//EN〉.

450 유럽연합의 특정 정책에 불참하는 것을 의미한다.

451 〈http://www.politico.eu/article/new-eu-prosecutors-will-crack-down-on-cross-border-fraud〉.

452 〈http://www.politico.eu/article/france-and-germany-make-new-push-for-eu-prosecutor〉.

453 〈http://eur-lex.europa.eu/legal-content/EN/TXT/?uri=celex%3A12012E%2FTXT〉.

유럽연합 기능조약

제86조 ② 유럽검찰청은, 적절한 경우 유로폴과 협력하여, 제1호에 따른 규칙에 의해 결정되는 유럽연합의 재정적 이해를 침해하는 범죄의 행위자와 공범을 수사하고, 기소하며 재판을 받도록 할 책임이 있다.

위와 같이 각 회원국이 만장일치에 이르지 못하자[454] 유럽연합을 주도하고 있는 독일, 프랑스 등이 이른바 'enhanced cooperation'[455]에 따라 '유럽검찰청'의 창설을 강력히 추진해 왔고, 그 결과, 2017년 10월 12일 유럽연합 회원국 28개 국가 중 20개국[456]이 참여하여 '유럽검찰청' 창설을 확정지은 상황이다.[457] 유럽의회에 따르면 '유럽검찰청'은 2020년 내지 2021년에 활동에 돌입할 계획이고, 본부는 룩셈부르크에 설치될 예정이라고 한다.[458]

【표 4-21】 각료이사회 규칙(2017)

COUNCIL REGULATION (EU) 2017/1939 of 12 October 2017 implementing enhanced cooperation on the establishment of the European Public Prosecutor's Office ('the EPPO') Article 4 Tasks. The EPPO shall be responsible for investigating, prosecuting and bringing to

454 위 'EU 기능조약' 제86조에 의하면 원칙적으로 만장일치로 '유럽검찰청'을 창설하도록 되어 있다.

455 위 'EU 기능조약' 제86조, 회원국 중 9개국 이상이 찬성할 경우 찬성국끼리 독자적으로 추진 가능하다.

456 유럽연합 회원국 28개 국가 중, 그리스, 독일, 라트비아, 루마니아, 룩셈부르크, 벨기에, 리투아니아, 불가리아, 스페인, 슬로바키아, 슬로베니아, 에스토니아, 오스트리아, 이탈리아, 체코, 크로아티아, 키프로스, 포르투갈, 핀란드, 프랑스 등 20개국이 참여하였고, 네덜란드, 덴마크, 몰타, 스웨덴, 아일랜드, 영국, 폴란드, 헝가리는 불참하였다. 다만, 최근 네덜란드가 합류하기로 결정하였다는 보도가 있었다. 〈http://www.dutchnews.nl/news/archives/2017/10/the-netherlands-will-join- eu-fraud-prosecution-office-after-all/〉.

457 COUNCIL REGULATION (EU) 2017/1939 of 12 October 2017 implementing enhanced cooperation on the establishment of the European Public Prosecutor's Office ('the EPPO'), 〈http://eur-lex.europa.eu/eli/reg/2017/1939/oj〉.

458 〈http://www.europarl.europa.eu/news/en/press-room/20171002IPR85127/ep-green-light-for-setting-up-eu-prosecutor-to-fight-fraud-against-eu-funds〉.

judgment the perpetrators of, and accomplices to, criminal offences affecting the financial interests of the Union which are provided for in Directive (EU) 2017/1371 and determined by this Regulation. In that respect the EPPO shall undertake investigations, and carry out acts of prosecution and exercise the functions of prosecutor in the competent courts of the Member States, until the case has been finally disposed of.

2017년 10월 12일 유럽검찰청 창설에 관한 '고양된 협력' 절차의 집행을 위한 각료이사회 규칙 제4조 임무. 유럽검찰청은 지침 2017/1371호 이 규칙에서 정한, 유럽연합의 재정적 이해에 영향을 미치는 범죄의 행위자와 공범을 수사하고, 기소하며 재판을 받도록 할 책임이 있다. 그 점에서 유럽검찰청은 사건이 최종 종결될 때까지 수사를 맡고, 소추행위를 수행하며 각 회원국의 법원에서 검사의 역할을 수행한다.

(3) 유럽검찰청 설치안

유럽연합 이사회는 특별입법절차에 따라서 유럽연합 의회와 만장일치로 집행명령을 통하여 유럽검찰청을 설치할 수 있다(유럽연합의 기능화에 관한 조약 제86조 제1항). 지금까지 채택된 유럽연합 집행위원회와 이사회의 유럽검찰청 설치안을 간략하게 설명하면 다음과 같다.

첫째, 유럽검찰청은 1명의 유럽검찰총장, 5명의 차장검사, 회원국에서 지명되어 유럽연합 이사회에서 선출되는 유럽검사, 회원국에서 임명되는 유럽파견검사로 구성된다. 현재 115명 정도의 검사가 유럽검찰청을 구성할 것으로 예상되고 있다.[459]

둘째, 유럽검찰청의 임무는 유럽연합의 재정적 이익에 손해를 끼친 범죄행위를 범한 행위자와 공범을 수사하여 기소하고 경우에 따라서는 상소를 제기하는 것이다. 유럽검찰청은 이러한 범죄에 대한 수사를 지휘하고 감독하며 수사와 기소 및 상소에 대한 책임을 부담한다. 특히 유럽검찰은 유럽연합의 재정적 이익에 손해를 끼친 범죄를 수사하고 기소함에 있어 회원국의 관할 법원에서

[459] 「EU-Staatsanwaltschaft kommt nach Luxemburg: 115 Mitarbeiter sollen den grenzüberschreitenden Steuerbetrug bekämpfen」, Luxemburger Wort, 8 Juni 2017, https://www.wort.lu/de/politik/neue-europaeische-institition-eu-staatsanwaltschaft-kommt-nach-luxemburg-59392d73a5e74263e13c187c# (2017. 9. 30. 최종검색).

국내 검찰의 임무를 수행한다.

셋째, 유럽검찰청이 자신의 임무를 수행하기 위한 실체법적 전제조건은 어떠한 행위가 유럽연합의 재정적 이익을 침해하는 것인지 범죄구성요건으로 사전에 확정되어 있어야 한다는 점이다. 현 시점까지 이에 관한 구체적인 범죄구성요건이 확정되지는 않았지만 유럽연합 차원에서는 이미 1990년대 중반 이후로 유럽연합의 재정적 이익을 침해하는 유럽연합의 재정적 이익을 보호하기 위한 형법규정의 제정에 관한 입법제안이 나왔고,460 그동안 유럽연합 차원에서 부패, 내부자거래 및 주가조작, 통화위조, 마약류범죄, 테러, 인종주의 및 혐오주의, 도박 등의 개별 범죄별로 다수의 협약이 체결되었다. 이 점에서 유럽검찰청이 활동하기 위한 실체법적 근거가 되는 형법규정을 제정하는 데는 큰 문제가 없을 것으로 보인다.

(4) 구조 및 권한

'유럽검찰청'은 본부(Central Office)와 각 회원국에 배치되는 '유럽검찰청 수임검사'(the European Delegated Prosecutors)로 구성된다. 본부는 '검사협회'(the College), '상설위원회'(the Permanent Chambers), '유럽검찰청 검사장'(the European Chief Prosecutor), 2명의 '유럽검찰청 부검사장'(the Deputy European Chief Prosecutor), '유럽검찰청 검사'(the European Prosecutor), '사무국장'(the Administrative Director)으로 구성된다.461 '유럽검찰청 검사장'은 유럽 의회와 각료이사회가 합의로 지명하고 임기는 7년이다.462

위 각 규정에서 보는 바와 같이 '유럽검찰청'은 유럽연합의 재정적 이해관계를 침해하는 범죄에 대한 수사, 수사지휘, 기소에 대한 책임이 있다. 그 외의 범죄는 기존대로 각 회원국이 담당한다. '유럽검찰청'의 수사 및 기소는 '유럽

---

460 Delmas-Marty, Mireille(Hrsg.), 「Corpus Juris der strafrechtlichen Regelungen zum Schutz der finanziellen Interessen der Europäischen Union」, Carl Heymanns Verlag, 1988 참조.

461 위 REGULATION의 Article 8 Structure of the EPPO.

462 위 REGULATION의 Article 14 Appointment and dismissal of the European Chief Prosecutor.

검찰청 수임검사'가 담당[463]하고, '유럽검찰청 검사'가 지휘한다.[464] '유럽검찰청 수임검사'는 직접 수사하거나 회원국 수사기관을 지휘하여 수사하고, 회원국의 수사기관은 '유럽검찰청 수임검사'의 지휘를 따라야 한다.[465] 한편, '유럽검찰청'에서도 업무수행에 있어 '유럽검찰청' 자체와 그 구성원의 독립성이 강조된다.[466]

---

[463] 위 REGULATION의 Article 13 The European Delegated Prosecutors.

[464] 위 REGULATION의 Article 12 The European Prosecutors.

[465] 위 REGULATION의 Article 28 Conducting the investigation.

[466] 위 REGULATION의 Article 6 Independence and accountability.

—— 제5장

외국의 반부패 특별수사기구

제1절 | 서 설

공수처에 대한 현 정부의 정책자료에 따르면, 세계 각국은 각자의 역사적 배경에 따라 검찰 또는 별도의 부패방지기구를 운영하면서 상호견제를 통해 부패 사각지대를 없애려는 제도적인 노력을 하고 있는데, 공수처는 세계에서 가장 강력한 수사와 기소 독점권을 갖는 검찰제도에서 나타난 문제점을 보완하기 위해 설치되는 기관이다.[1]

또한 정책자료에 따르면 공수처는 홍콩 염정공서, 싱가포르 탐오조사국 등 국가적 반부패 풍토 조성에 성공한 기관을 모델로 삼았다고 한다. 게다가 이름과 역할에 다소 차이가 있지만, 공수처와 유사한 부패방지기구가 있는 국가가 영국·호주·캐나다·프랑스 등 56개국이라는 연구결과를 인용하고 있다.[2]

통상 고위공직자의 권한 남용은 수사권 발동 자체를 어렵게 하고, 특히 수사기관인 경우 이해관계의 충돌로 수사 자체가 불가능할 때도 있다. 고위공직자의 권한남용은 부패문제와 구조적으로 비슷하고, 권한남용에 대한 견제는 곧 공권력을 견제한다는 의미가 있다. 효과적인 반부패 대책 중의 하나가 독립적인 전담기구의 설치로 2003년 10월 제58차 유엔 총회에서 채택된 반부패협약(UNITED NATIONS CONVENTION AGAINST CORRUPTION)[3]은 전문에서 "부패를 효율적으로 방지·척결하기 위해서는 포괄적이고 다각적인 접근이 요구됨을(a comprehensive and multidisciplinary approach is required to prevent and combat corruption effectively)"

---

1 대한민국정책브리핑, 공수처(고위공직자범죄수사처) (http://www.korea.kr/special/policyCurationList.do).

2 대한민국정책브리핑, 공수처(고위공직자범죄수사처) (http://www.korea.kr/special/policyCurationList.do).

3 한국은 2003년 12월 10일 서명하여, 2008년 4월 26일부터 발효되었다. 발표와 동시에 동 협약 이행을 위한 부패재산의 몰수 및 회복에 관한 특례법이 시행되었다. 현재 국민권익위원회가 한국의 반부패전담기구로서 유엔 반부패협약 당사국총회와 이행점검그룹회의에 한국을 대표하여 참석하고 있다.

밝히고, 제6조에서 독립성이 보장된 반부패기구를 두도록 규정하고 있다.[4]

　　이에 따라 많은 국가에서 반부패전담기구 내지 특별수사기구를 설치 및 운영하고 있다. 본장에서는 주요국의 반부패 특별수사기구 실태를 비교법제적으로 분석해 봄으로써 향후 공수처의 발전적 개선방향을 모색하고, 정책적 시사점을 찾아보고자 한다.

　　이하에서는 주요국의 반부패 특별수사기구를 영미법계 국가와 대륙법계 국가로 구분하여 검토한 다음, 아시아 국가 및 기타 국가의 반부패 특별수사기구를 검토한다.

제 2 절 ㅣ 영미법계 국가의 반부패 특별수사기구

I. 미국의 연방수사국(FBI)

❶ 설치경위

　　미연방 헌법은 연방범죄의 수사와 기소에 대한 책임을 행정부에 두고 있는데, 이에 따라 1870년에 설치된 법무부는 공직부패·화이트칼라범죄·조직범죄를 비롯한 연방법률위반범죄를 수사하고 기소하는 책임을 지고 있다.[5]

4　제6조 [부패방지기구] 1.각 당사국은 자국 법체계의 기본 원칙에 따라 적절한 경우 다음과 같은 방법으로 부패를 방지하는 기구가 하나 이상 존재하도록 보장한다.
　　가. 이 협약 제5조에 언급된 정책의 시행과 적절한 경우, 그러한 정책의 시행에 대한 감독과 조정
　　나. 부패방지에 관한 지식의 확충과 보급
　2. 각 당사국은 자국 법체계의 기본원칙에 따라 이 조 제1항에 언급된 기관이 부당한 간섭을 받지 않고 효과적으로 그 임무를 수행할 수 있도록 필요한 독립성을 부여한다. 필요한 물적 자원, 전문성을 갖춘 직원, 그리고 이러한 직원이 임무를 수행하기 위하여 필요로 하는 훈련이 제공되어야 한다.
5　1908년 창설된 이래, 1924년 젊은 변호사인 에드거 후버가 FBI 국장으로 임명되면서 본격적

미(연방) 법무부는 연방검찰청(the Offices of U.S. Attorneys), 연방수사국(Federal Bureau of Investigation: FBI), 마약청(Drug Enforcement Administration: DEA), 이민귀화국(Immigration and Naturalization Service: INS), 국경순찰(Bureau Patrol)을 비롯한 주요 수사기관과 형사국(the Criminal Division)을 포함하는 39개의 부서 및 기관들로 구성되어 있다.6 다만 연방수사국은 지방의 자치경찰로 구성된 경찰과는 구분되므로 경찰(police)이 아니라 미연방법률을 집행하는 별도의 기구 중 하나로서, 미연방 형사법 위반행위에 대한 일반적인 수사권한을 보유하고 있는 일반수사기구에 해당한다.

❷ 구 성

연방수사국(FBI)은 대통령이 지명하고 상원의 인준을 받아 임명7되는 연방수사국장(the Director)이 통할하는데,8 현재 워싱턴 D.C.에 위치한 연방수사국 본부를 중심으로 56개의 지부(field offices)와 381개의 분사무소(satellite office or resident agency), 서울을 포함한 78개의 해외주재관사무소(Legal Attaches and Sub-Office)를 두고 있고, 총 460명에 이르는 특별부패수사반(specialized corruption squads)

으로 발전하기 시작하였는데, 임명되자마자 곧바로 FBI 개혁에 착수하여 무능한 요원을 해고하고, 과학수사의 기틀을 마련하는 한편, 각종 범죄자료를 수집하거나 요원 양성기관을 설립하는 등 48년 동안 FBI 국장으로 재직하면서 질적·양적 측면에서 비약적으로 발전시켰다. 우리나라의 경우 수사기관의 장이 법정 임기(2년)도 거의 채우지 못한 채, 중도 사퇴하는 것을 볼 때, 후술하는 국가수사청을 신설한다고 달라질 것이 있을까 회의가 드는 것은 사실이다.

6 정웅석, 「주요 선진국의 수사 초기단계에서의 효율적 증거 취득방법 및 도입방안 연구」, 2007년도 대검찰청 용역과제, 38면.

7 The Omnibus Crime Control and Safe Streets Act §1101. "... the Director of the Federal Bureau of Investigation shall be appointed by the President, by and with the advice and consent of the Senate, ..."(1968년 제정).

8 연방수사국장은 법무부장관과 차관의 지휘·감독하에 있으며, 법무부 내에서 부차관(Associate Attorney General)과 차관보(Assistant Attorney General)의 중간서열에 해당한다. 국장 재임기간은 최장 10년이고 단임제인데, 이는 FBI 역사상 가장 오랫동안(48년) 재임한 에드거 후버(J. Edgar Hoover) 국장의 영향 때문이라고 한다.

들을 두고 있다. 2020. 12. 31.을 기준으로 특별수사관(special agents) 및 전문지원 인력(support employees)을 포함해 약 35,000명에 달하는 직원으로 구성되어 있다. 특별수사관과 전문지원인력은 모두 법률·회계·공학·전자·재무 및 다른 전문 분야에 대하여 훈련을 받고 경험을 쌓으며, 각 전문 분야에 대한 기관 내 수요는 주기적으로 분석·집계되고, 신규 채용 프로그램은 그에 따라 이루어진다[9]고 한다.

❸ 권 한

연방법 위반사건[10]의 수사를 통하여 미연방법률을 지지하고, 외국의 정보활동과 테러리스트 활동으로부터 미국을 보호하며, 연방, 주정부, 지역 및 국제기관들에게 지도력과 법집행상의 조언을 제공하는 것을 그 임무로 하고 있다. FBI의 수사범위는 크게 국가안보사범과 일반형사사범 수사 두 가지로 나누어지는데, 국가안보사범은 다시 대 테러(Terrorism), 방첩(Counter intelligence),[11] 사이버범죄(Cyber Crime)[12] 수사로, 일반형사사범은 공직부패(Public Corruption), 인권침해사범(Civil Rights),[13] 조직범죄(Organized Crime), 화이트칼라 범죄(White-Collar Crime), 폭력 및 절도사범(Violent Crime and Major Thefts)으로 분류된다. FBI의 주요 역할은 다음과 같다.

- 테러리스트로부터 미국을 보호하는 일
- 외국 정보요원이나 간첩을 적발해 내는 일
- 사이버 범죄나 고도의 기술 범죄조사
- 반부패 활동
- 인권 보호

---

9 *Evaluation Report on the United States of America(2003),* p.15.

10 연방범죄는 18 U.S.C. 제1장 제2절 이하 제119절까지 약 600조에 걸쳐 규정되어 있다.

11 방첩활동(Counterespionage), 핵확산방지(Counterproliferation), 경제스파이(Economic Espionage).

12 해킹(Computer Intrusions), 인터넷 사기(Internet Fraud), 신원도용(Identity Theft).

13 증오범죄(Hate Crime), 인신매매(Human Trafficking), 직권남용(Color of Law), 공공의료서비스 침해범죄(Freedom of Access to Clinics).

- 조직 및 기업범죄 적발
- 화이트칼라 범죄 조사
- 중대한 폭력 범죄 조사
- 연방, 주, 지역 및 국제 업무 지원
- 임무 수행을 위한 기술 개발 등[14]

II. 영국의 중대부정수사처(SFO)

❶ 설치경위

영국은 1979년부터 1984년까지 사기사건 및 부정·부패 사건 등의 종합적인 사건처리 절차 등을 조사한 중대부정재판위원회(Fraud Trials Committee)의 보고서(1988년 발간, Lord Roskill이 위원장이어서 Roskill 리포트라고 함)의 권고에 따라 중요 부패사건 등에 대한 수사·기소·공소유지를 담당하는 중대부정수사처(SFO, Serious Fraud Office; '특별수사청'이라고도 번역됨)[15]를 창설하였다.[16] 즉, 경제범죄

---

14 U.S. Department of Justice Federal Bureau of Investigation, *TODAY'S FBI FACTS & FIGURES 2013–2014*(2014), p.7.

15 "During the 1970s and early 1980s, there was considerable public dissatisfaction with the UK system for investigating and prosecuting serious or complex fraud. The Government established the independent Fraud Trials Committee in 1983. Chaired by Lord Roskill, it considered the introduction of more effective means of fighting fraud through changes to the law and to criminal proceedings. Its main recommendation was to set up a new organisation responsible for the detection, investigation and prosecution of serious fraud cases. The organisational structure it proposed, in which investigators and prosecution work together from the start of a case, is called the Roskill model and is the structure adopted for the SFO.", 〈www.sfo.gov.uk〉.

16 1987 형사사법법(Criminal Justice Act 1987)
  1. ① 잉글랜드, 웨일즈, 북아일랜드를 위해 중대부정수사처를 창설한다.
    ③ 청장은 합리적인 근거 하에 중대하고 복잡한 비리와 관련된 것으로 보이는 의심되는 모든 범죄를 수사할 수 있다.
    ④ 청장은 적절하다고 생각되는 경우, 경찰 또는 청장의 의견에 따라 적당하다고 생각

에 대한 심각성이 나타나자, 검찰제도 도입 2년 후 형사사법법(The Criminal Justice Act 1987) 제1조 제3항 SFO[17] 규정[18]에 따라 중대부정수사처가 신설되었으며,[19] 1988. 4.부터 공식적인 업무를 개시하였다.[20] Roskill 리포트에서는 중대 사기사

하는 사람과 함께 수사를 실행할 수 있다.
  ⑤ 청장은
    (a) 관련되어 있다고 생각되는 모든 종류의 형사절차를 개시하거나 실행할 수 있고,
    (b) 어느 단계에서든 그 절차를 인수할 수 있다.
1. ① A Serious Fraud Office shall be constituted for England and Wales and Northern Ireland.
  ③ The Director may investigate any suspected offence which appears to him on reasonable grounds to involve serious or complex fraud.
  ④ The Director may, if he thinks fit, conduct any such investigation in conjunction either with the police or with any other person who is, in the opinion of the Director, a proper person to be concerned in it.
  ⑤ The Director may—
    (a) institute and have the conduct of any criminal proceedings which appear to him to relate to such and
    (b) take over the conduct of any such proceedings at any stage.

17 영국정부는 1987년 형사사법법(The Criminal Justice Act 1987)을 제정하여 1988년 중대부정수사처(the Serious Fraud Offfice)를 설립하였는데, SFO는 법무총감(Attorney General) 산하에 설치되고, 수사처장(the director of the Serious Fraud Offfice)도 법무총감(Attorney General)이 임명한다. 이러한 SFO는 중요 사기범죄, 부패범죄 등에 대하여 독자적인 수사권과 기소권을 보유하고 있다.

18 Criminal Justice Act 1987
제1조 (중대부정수사처)
③ 처장은 중요하고 복잡한 사기범죄와 관련된 상당한 근거가 있다고 여겨지는 어떠한 의심스러운 범죄에 대하여 수사할 수 있다.
⑤ 처장은 (a) 중대하거나 복잡한 사기사건과 관련되어 있다고 보여지는 사람에 대한 형사절차를 개시하거나 수행할 수 있고, (b) 어떤 단계에서 어느 절차에서라도 형사소송 수행을 인수할 수 있다.
⑧ SFO의 구성원은 형사절차의 개시나 진행과 관련하여 그 지위에 따라 맡겨진 역할에 따라 국장의 모든 권한을 행사할 수 있다. 다만, 처장의 지휘 아래에서 권한을 행사하여야 한다.
제2조 (처장의 수사권한)
② 처장은 서면으로 특정 장소에서 특정시간 또는 곧바로 피조사자 또는 관련 정보를 가지고 있다고 믿을 만한 이유가 있는 참고인에게 문답을 요구하거나 수사 중인 사건과 관계된 정보 제출을 요청할 수 있다.

19 영국 중대부정수사처 홈페이지(https://www.sfo.gov.uk/).

20 이정수, 「영국 특별수사청(SFO) 개관」, 형사법의 신동향 제6호(2007. 2.), 대검찰청 미래기

건은 사안 자체가 복잡하여 전문성이 필요하다는 고려하에 민간 경제전문가로 구성된 배심원과 고등법원 전문 판사 등이 참여한 중대사기사건전문법원의 설치도 권고[21]하였으나, 정부의 반대로 인해 설립에까지는 이르지 못하였다.[22]

❷ 구 성

중대부정수사처는 법무총감(Attorney General)[23] 산하의 독립 외청으로 독립성이 보장된다.[24] 처장은 법률상 법무총감(the Attorney General)의 감독을 받도록 되어 있으나,[25] 사건에 대해서는 거의 관여를 받지 않는다. 중대부정수사처의 2018-2019 예산은 약 53,600,000 파운드이다.[26] 구성원으로는 변호사·회계사·금융전문가·컴퓨터전문가·파견 경찰관·그래픽디자이너 등이 팀을 이루어 효과적으로 수사를 하는데, 현재 약 290명의 정규직원과 10명의 비정규직 직원이 있으며, 직원은 아니지만 59명의 유관기관 직원과 13명의 컨설턴트를 계약직으로 고용하고 있다.

경제범죄의 경우 보통 지역경찰이나 국가범죄수사청(NCS), 국세청 등이 조사를 하고 국가기소청(CPS)에 사건을 송치하는 구조로 이루어져 있지만, 중대부정수사처는 수사와 기소를 같이 하는 독특한 기관으로 설계되었다. 영국 내에서 중대부정수사처와 유사한 기관으로는 금융감독원(Financial conduct authority, FCA)이 있으며, 금융거래와 관련한 범죄에 대해 수사권과 기소권을 갖는다.[27] 즉, 수사가 끝나고 나면 기소해서 유죄판결을 받을 수 있을 만큼 충분한 증거가

획단, 31면.

21 Lord Roskill, Fraud Trials Report, 1988, p.27.

22 〈http://www.legislation.gov.uk/ukpga/1987/38〉.

23 형사소송법(Criminal Justice Act 1987) 제38장 제1조 제2항 참조.

24 Attorney General's Office, Framework agreement between the Law Officers and the Director of the Serious Fraud Office, 2019.1.21, p.2.

25 The Criminal Justice Act 1987, Art.1(2).

26 https://www.sfo.gov.uk/about-us/#ourfundingandbudget.

27 https://www.fca.org.uk/about/the-fca.

있는지와 기소하는 것이 공익에 부합하는지를 검토한 후, 이 두 가지가 충족되면 기소하는데, 이는 일반 검찰청의 기소기준인 승소가능성과 공익성이라는 두 가지 기준을 반영하고 있다.[28] 예컨대 승소가능성에는 그 증인이 현실적으로 나이가 너무 많거나 하여 그 사건이 끝나기 전에 사망하는 경우도 포함된다. 또한 사건을 조사하는 데 비용이 과다하게 요구된다면 공익에 어긋날 수도 있으며, 그 경우에는 기소를 하지 않을 수 있다. 이 두 가지 기준이 충족되면 기소가 결정된다.

중대부정수사처에 대한 비판의 중점은 다른 수사기관들은 내무부(Home secretary) 산하에 있는데 중대부정수사처는 법무총감 아래에 있어서 내무부의 견제를 받지 않는다는 점에 있었다. 하지만 그 후 수상 산하의 위원회에서 국가범죄수사청과 중대부정수사처, 금융감독원 같은 기관들의 실적들을 비교해 본 결과, 중대부정수사처의 성과가 상당하다는 점을 확인한 후 비판은 철회되었고 기관이 유지되게 되었다.

법무총감은 처장을 공채절차를 통해서 선출하여 임명한다. 처장은 공무원으로서, 회계책임자로서 역할도 맡고 있으며,[29] 관련 절차는 공무원임명규칙(civil service appointment rules)에 따른다. 법무총감은 국무조정실(cabinet office) 및 인사위원회(civil service commission)와 협의하여 임명절차를 진행한다. 법무총감은 처장을 임의로 파면할 수 없다. 중대부정수사처는 처장의 인사와 관련된 모든 비용을 처리한다. 처장은 직원을 임명할 권한을 가진다. 처장의 임기는 3년이며 6년까지 연장이 가능하다.

❸ 권　한

중대부정수사처의 수사대상 사건이 되기 위해서는 중대하거나 복잡하여 일선 경찰에서 감당하기 어려운 기망성 범죄여야 하고 경미한 사건은 처리하지

---

28 The Code for Crown Prosecutors, 2018.10.26., 4.2.

29 Attorney General's Office, Framework agreement between the Law Officers and the Director of the Serious Fraud Office, 2019.1.21, p.4.

아니하는데, 중대하고 복잡한 사기사건30의 기준(Case Acceptance Criterion)은 다음과 같다. 즉, ⅰ) 사기 피해금액이 100만 파운드(약 21억원)가 넘는 경우, ⅱ) 사기 범행이 상당히 국제적으로 관련되어 있는 경우, ⅲ) 광범위하게 공익이 관련된 경우, ⅳ) 수사함에 있어 금융시장에 대한 지식과 같이 상당한 전문지식이 필요한 경우, ⅴ) 중대부정수사처(SFO)의 막강한 권한행사가 필요한 경우 등이 여기에 해당한다.

관할은 잉글랜드, 웨일즈, 북아일랜드에서 발생한 사기범죄, 뇌물범죄, 대규모 경제범죄나 기업범죄 중 중대하고 복잡한 사건을 주로 처리한다. 사기범죄에는 투자사기, 주식사기, 기업사기 등이 포함된다.31

중대부정수사처는 관할 범죄에 대해 수사개시를 결정하고 기소를 하는 데 있어서 독립적으로 결정할 권한을 갖는다. 처장은 처 내 적절한 직원에게 권한을 위임할 수 있으며, 그 결정에 대해 책임을 진다. 법무총감은 처장의 독립적인 의사결정을 보호할 책임이 있다.32 하지만 예외적으로 국가안보 보호 목적에 한하여 법무총감이 사건에 대한 수사나 기소를 시작하지 않거나 진행되었다면 중단하는 의견을 제시할 수 있다.33

중대부정수사처는 법률에서 독립성이 보장되고 있으므로 법무총감이 사건

30　영국에는 포괄하여 '사기죄'라는 단일 죄명이 존재하지 않고 보통 기망성 경제범죄를 포괄하여 사기(fraud)라고 부른다. 즉, 우리나라에는 형법 제347조에서 사기죄에 대하여 규정하고 있으나, 영국에는 그러한 포괄 규정이 없다. 즉 영국에서의 사기(fraud)는 포괄적 개념에 불과하고 어떤 사건에서 어떤 범죄가 구체적으로 어느 범죄에 해당하는지 다음 중에서 특정해야 한다. 가령, ① 사기성 범죄(Conspiracy to defraud), ② 절도성 범죄(Theft), ③ 기망에 의한 재산취득, 재산이동, 금전적 이익 취득(Obtaining property/Money transfer/Pecuniary advantage by deception), ④ 회계 조작(False Accounting), ⑤ 부정 내부자거래(Fraudulent Trading), ⑥ 문서위조(Forgery), ⑦ 뇌물(Corruption), ⑧ 범죄재산 세탁(Money Laundering), ⑨ 기업담합(Cartel Offence) 등이 기망성 범죄의 예이다. 다만 여기에 나열된 죄들만 사기(fraud)에 해당하는 것은 아니고, 세금포탈도 여기에 해당한다(이정수, 앞의 논문, 37면)고 한다.

31　https://webarchive.nationalarchives.gov.uk/20150331150233/http://www.sfo.gov.uk//fraud/what-is-fraud.aspx.

32　Attorney General's Office, Framework agreement between the Law Officers and the Director of the Serious Fraud Office, 2019.1.21., p.9.

33　Attorney General's Office, Framework agreement between the Law Officers and the Director of the Serious Fraud Office, 2019.1.21, p.10.

에 대해 지시를 하거나 마음대로 변경할 수 없으며, 단순히 감독자 역할만을 하고 있다. 기관 간 관계 합의에 따라 국가기소청(CPS)과 중대부정수사처(SFO) 모두 법무총감이 내각에 책임을 지고 있다.[34]

❹ 중대조직범죄수사청(SOCA)의 신설

광역화되고 있는 강력사건에 대처하기 위해서 1998년에 기존의 지방자치경찰 위주의 경찰조직과는 별도의 국가경찰 조직인 국립범죄수사대(NCS, National Crime Squad)를 신설하였다. 그 후 마약과의 전쟁을 선포하고 조직화된 마약범죄 퇴치를 위해 미국의 FBI를 벤치마킹하면서, 2006. 4. 1.자로 기존의 국립범죄수사대(NCS), 국립범죄정보청(NCIS, National Criminal Intelligence Service), 세관과 이민국 내 조직범죄 및 마약 조사팀(Investigate units at Customs and Excise and the Immigration service)을 통합한 중대조직범죄수사청(SOCA, Serious Organised Crime Agency)을 신설하였다. 즉 그동안 마약밀매범죄법과 형사법원법에 의하여 규율되어오던 범죄수익의 몰수에 대하여 총 12개의 장, 462개 조문으로 되어 있는 2002년 범죄수익법(Proceeds of Crime Act 2002; POCA)이 제정[35]되면서, 이 법률 Part Ⅰ에 근거하여 설립되어 2003년 2월부터 운용에 들어간 자산회수국(The Assets Recovery Agency; ARA)이 설립되었는데, 사실상 범죄수익 몰수에 대한 자산회수국의 역할이 기대에 못 미치고 그 실효성에 대한 비판이 제기되자,[36] 조직범죄를 척결하기 위한 21세기 국가전략의 하나로서 2005년 4월 총 17개의 장과 179개 조문으로 되어 있는 「중대조직범죄 및 경찰법」(The Serious Organised

---

34 Attorney General's Office, Framework agreement between the Law Officers and the Director of the Serious Fraud Office, 2019.1.21. 등.

35 동법은 2002년 6월 31일 국왕의 재가(royal assent)를 얻었으나 ARA 관련 규정은 2003년 2월 24일부터, 몰수와 구금규정은 2003년 3월 24일부터, 재산압류규정은 2002년 12월 30일부터, 돈세탁과 수사규정은 2003년 2월 24일부터 단계적으로 발효되었다.

36 2007년 2월 21일자 감사원(National Audit Agency) 보고서에 따르면 2003년에 조사에 들어간 사건의 절반이 2006년 8월까지도 계속 조사 중이며, 단지 52건에 대해서만 자산발견이 이루어졌다고 한다.

Crime and Police Act, SOCPA)이 제정되었으며, 이에 따라 2006년 4월 1일부터 영국의 FBI로 명칭되는 중대조직범죄수사청(Serious Organised Crime Agency, SOCA)이 설립되어 그 활동을 시작한 것이다.[37]

　이러한 중대조직범죄수사청(SOCA)의 창설은 조직화된 범죄사업을 저지하기 위하여 4,500명의 전문가들이 동원될 것이라고 하는데, 중대조직범죄수사청은 경찰청과 별도의 조직이며 내무부 산하이기는 하지만 업무에 있어 장관의 지휘를 받지 않기 때문에 독립성을 보장받는다. 물론 중대조직범죄수사청이 수사한 후, 기소와 공소유지는 검찰청의 몫이다.

　특히 동법(SOCPA)은 중대조직범죄수사청(SOCA)에 강력한 조사권한을 부여하고 있는데, 증인에게 질문에 대답할 것을 강요하거나 서류나 기타 정보를 제공할 것을 요구할 수 있으며, 이러한 강제적인 조사권한은 이미 중대한 사기사건에서 그 유효성이 나타나고 있다[38]고 한다.

III. 아일랜드의 가르다경제범죄부(GNECB)

❶ 설치경위

　아일랜드는 Common Law 국가로서 그 전통에 따라 아일랜드의 경찰인 가르다경제범죄부(Garda Síochána; 일명 '평화의 수호자')가 수사권한은 물론 경죄(보통 1년을 초과하지 않는 구금형에 처하는 범죄[39])에 대한 기소 권한까지 행사하고 있다.[40] 즉, 아일랜드에서 검찰은 직접 수사권도 없고, 나아가 경찰에 대한 수사지휘권도 없다. 따라서 부패방지에 있어서 가장 밀접한 기관은 공무표준위원

37　The Serious Organised Crime and Police Act 2005, Tim Owen QC, Julian B. Knowles, Alison MacDonald, Matthew Ryder, Debbie Sayers, Hugh Tomlinson QC, OXFORD, p.1.

38　The Serious Organised Crime and Police Act 2005, Ibid, p.2.

39　〈http://www.citizensinformation.ie/en/justice/criminal_law/criminal_offences/classification_of_crimes_in_criminal_cases.html〉.

40　〈http://www.garda.ie/Controller.aspx?Page=7981〉.

회(the Standards in Public Office Commission, SIPO)와 가르다경제범죄부(the Garda National Economic Crime Bureau, GNECB)이다. 공무표준위원회는 선거법, 윤리법 및 2015년 로비규제법의 시행을 담당하지만 독립적인 부패방지위원회에 비해 법집행이나 조사권한이 매우 제한적이다.

　　Garda Síochána의 원래 전신은 더블린 경찰(Dublin Metropolitan Police: DMP)인데, 아일랜드 더블린 경찰은 영국런던의 Metroplitan Police를 롤모델로 하여 설립되었다. 이후 개혁을 거듭하여 1923년에 "평화의 수호자(the Guardian of the Peace)"란 뜻의 Garda Síochána로 조직의 이름을 변경하였다. 현재 약 13,000명 정도가 아일랜드의 동부 · 북부 · 남부 · 남동부 · 서부 및 더블린(Dublin) 6대 대도시에 설치되어 있으며, 이들이 범죄 수사 및 예방, 도로안전 및 지역경찰의 역할 뿐만 아니라, 외교와 국경을 통제하는 폭넓은 역할을 수행하고 있다.[41]

　　가르다경제범죄부장은 특수범죄수사국(Special Crime Operations, SCO)의 부국장에게 보고한다. 이 부는 전국단위 범죄를 다루며 사기범죄 수사관들에게 가이드를 제공한다. 가르다경제범죄부장은 두 명의 관리관과 부서 내 팀을 운영하는 여러 명의 수사관들의 도움을 받아 부를 운영한다. 현재 이 기관은 타부패방지기관과는 달리 훨씬 광범위한 범죄를 담당하고 있다[42]고 한다.

❷ 소　속

　　가르다경제범죄부(GNECB)는 아일랜드 국가경찰의 특수 부서로 경제범죄를 수사하며 평화의 수호자(Garda Síochána)라고 불린다. 가르다경제범죄부는 가르다특별수사국의 한 부서이며, 기관 내 다른 부서와 함께 사건을 조사한다.[43]

41　http://www.garda.ie.

42　John Devitt, Submission to the Department of Justice and Equality Review Group consultation on anti-fraud and anti-corruption structures and procedures, Transparency International Ireland, 2019: https://transparency.ie/sites/default/files/19.04.26_ti_ireland_wcc_submission_final.pdf.

43　Garda National Economic Crime Bureau Wikipedia: https://en.wikipedia.org/wiki/Garda_National_Economic_Crime_Bureau.

가르다경제범죄부장은 인사위원회를 통해 선출되며, 이 인사위원회는 의장
과 경찰청의 의장, 경찰안보회의 부의장, 은퇴한 북아일랜드 경찰청(PSNI) 공무
원 및 고위공무원이 포함된다.[44]

❸ 권 한

경제범죄부는 단일 수사방식을 취한다. 경제범죄부는 아일랜드 국가경찰의
전문부서로 경제범죄를 수사한다. 이 부서는 가르다특별수사국의 일부이며 기
업범죄수사청의 일부로서 기능한다. 경제범죄부는 중대한 금융사기와 부패범죄
에 대한 수사권을 가지고 있다. 경제범죄부는 재정전문가 및 법률전문가, 포렌
식 전문가를 포함한 특수 수사요원들로 구성되어 있다.[45]

한편, 경제범죄부는 다음 기준에 따른 중대하고 복잡한 경제범죄를 수사한
다. 경제범죄부는 첩보와 금융정보(FININT)를 수집할 수 있는 권한이 있으며, 이
러한 정보에는 테러자금, 함정수사를 통한 범죄정보 수집도 포함된다.[46]

경제범죄부의 역할은 다음과 같다.[47]

- 중대하고 복잡한 경제범죄 수사
- 대중의 관심을 받는 금융범죄 수사
- 지역 및 지방 수사관들에 대한 지원
- 사기예방 및 조사에 적극적 역할 수행
- 법률에 의한 모든 외국 뇌물수수 및 부패사건 수사

---

44 O'Keeffe, Cormac, 15 senior gardaí on panel to be chief superintendent, https://www.
irishexaminer.com/ireland/15-senior-gardai-on-panel-to-be-chief-superintendent-454
235.html.

45 Garda National Economic Crime Bureau Wikipedia: https://en.wikipedia.org/wiki/Garda_
National_Economic_Crime_Bureau.

46 Garda National Economic Crime Bureau Wikipedia: https://en.wikipedia.org/wiki/Garda_
National_Economic_Crime_Bureau.

47 Garda National Economic Crime Bureau Official Website: https://www.garda.ie/en/about-
us/specialist-units/garda-national-economic-crime-bureau/.

- 사기관련 정보의 수집

경제범죄부는 각 전문분야를 담당하는 수사과장(Detective Superintendent) 또는 조사관(Detective Inspector)들로 구성된 여러 부서로 나뉘어진다.**48**

- 평가과(Assessment Unit)
- 중대경제범죄수사과(Serious Economic Crime Investigation Unit)
- 반부패과(Anti-Corruption Unit)
- 자금세탁조사과(Money Laundering Investigation Unit; MLIU)
- 금융정보과(Financial Intelligence Unit; FIU)
- 결제범죄 및 화폐위조 조사과(Payment Crime and Counterfeit Currency Investigation Unit)
- 기업범죄수사과(Corporate Enforcement Unit)

Ⅳ. 기 타

검찰제도가 발달하지 못한 호주에서는 특별수사기구의 기능과 권한이 방대하여 이로부터 발생할 권력남용 및 인권침해 등을 방지하기 위해 각 주마다 부패방지기구를 가지고 있다. 대표적으로는 연방차원의 법집행청렴위원회(Australian Commission for Law Enforcement Integrity, "ACLEI")와 주차원에서는 뉴사우스웨일즈의 반부패위원회(Independent Commission Against Corruption, 1988, "ICAC"), 퀸즈랜드의 범죄부정위원회(Crime & Corruption Commission, 1991, "CCC"), 웨스턴오스트레일리아의 부패범죄위원회(Corruption & Crime Commission, 1992, "CCC"), 태즈매니아의 청렴위원회(Integrity Commission, 2010, "IC") 등을 들 수 있다.

이 중 뉴사우스웨일즈 주의 반부패위원회(ICAC, Independent Commission Against Corruption)를 중심으로 설명하면, 반부패위원회는 1980년대 후반 노동당

48　Garda National Economic Crime Bureau Wikipedia: https://en.wikipedia.org/wiki/Garda_National_Economic_Crime_Bureau.

집권 당시 뉴사우스웨일즈 주 공직사회에 만연해 있는 부패행위로 인한 국민들의 불신과 극심한 비난에서부터 출발하였다. 주로 교정기관의 장이 뇌물을 받고 죄수를 방면하거나, 판사가 뇌물을 받고 재판에서 부당한 판결을 내리는 부패행위가 일어났으며, 경찰·교통부·보건부 공무원들이 금품수수의 대가로 사립탐정과 민간회사에 정보를 파는 등의 비밀정보 교환도 호주에서 벌어지는 흔한 비리범죄였다. 이러한 암적 행위가 지속되던 1988년, 당시 야당이던 자유당이 부정부패를 청산하자는 분위기 속에서 집권에 성공하여 부패방지법(The ICAC Act)을 제정하였고, 1989년 3월 반부패위원회가 설립되었다.[49] 출범 초기 치안판사, 주 정부장관의 구속 및 경찰청 부청장 파면 등 고위공직자에 대한 조사에 중점을 둠으로써 뉴사우스웨일즈 주 내 정치, 사법, 행정의 투명성을 제고하였으며, 국민들의 신뢰를 점차 회복하게 된 계기가 되었다.

반부패위원회(ICAC)는 뉴사우스웨일즈(NSW) 주의 공직자나 공공 단체가 관련되거나 (영향을 받는) 고의 또는 의도적인 부정행위, 예컨대 ① 공직자가 지식과 권력 또는 자원을 부당하게 이용하여 본인이나 다른 사람을 조력하는 행위, ② 공직자가 공적 직무를 부정하게 수행하여 공신력을 저해하거나 직위를 이용해 획득한 정보나 자료를 남용하는 행위, ③ 일반인이 공직자에게 영향을 끼쳐 부정하거나 편파적인 방법으로 해당 공직자의 직위를 이용하는 행위, ④ 공직자나 일반인이 행정의 공신력을 해치는 행위에 가담하여 담합 입찰, 특정 허가 신청과 관련한 사기, 사적 이익을 위한 공금유용, 공무원 신분으로 국고 재원의 사취나 부당이득 또는 자리보전 등에 관여하는 경우 등을 관할범죄로 하고 있는데, 퀸즈랜드의 범죄부정위원회(Crime & Corruption Commission, 1991, "CCC") 등 대부분 주의 부패행위 유형이 이와 유사하다.

뉴질랜드 역시 부패와의 전쟁을 위하여, 1990년 중대부정수사처법에 따라 뇌물 및 부패범죄를 포함한 중대한 금융범죄를 조사하고 기소하는 중대부정수사처(the Serious Fraud Office, SFO)를 설치하였다. 중대부정수사처는 숙련된 53명

49 Angela Gorta, The NSW independent commission against corruption's experience in minimising corruption, Asian Journal of Political Science, 2003: https://doi.org/10.1080/02185370308434216.

의 직원들이 팀을 구성해 업무를 수행하고 있으며, 사무소는 오클랜드에 위치하고 있다. 직원 대부분은 범죄의 가능성을 조사하고 침해에 대해 적절하게 기소할 수 있는 금융범죄수사전문가로 구성되어 있다.[50] 이러한 중대부정수사처는 필요한 정보 획득을 위하여 위법행위 혐의자들 뿐만 아니라 수사와 관련이 있다고 판단되는 자들에게 문서의 제출, 정보의 제공, 그 외 문서들의 존재 또는 소재에 대해 질문하여 답변을 요구할 수 있다. 그리고 기관에 출석하여 답변하는 자는 자신에게 불리한 경우에도 반드시 진술해야 하며, 중대부정수사처법은 엄격한 법적 직무특권을 제외하고는 모든 직무상의 비밀보호 의무를 제척하고 있다. 또한 중대부정수사처의 직원은 법원의 영장 없이 신분증의 제시만으로 비리혐의자 뿐만 아니라, 제3자, 민간기관이라 할지라도 조사요원의 자료수집, 증거 및 증언확보 등 비리조사에 필요한 모든 사항에 대해 협력을 요청할 수 있다. 한편, 법무부 소속인 중대범죄수사처는 중대하거나 복잡한 사기사건(중대경제범죄 및 뇌물범죄, 부패범죄), 사기로 인한 피해자(보통은 투자자임)가 다수인 경우, 관련자들이 신뢰에 있어서 중요한 지위에 있는 경우, 거래행위가 다른 법집행기관들의 정보에 따르면 상당히 법적 또는 재정적으로 복잡한 경우, 뇌물과 부패범죄의 고발이 있는 경우 등을 수사하는데,[51] 중대하거나 복잡한 사기사건에 대해서는 수사권과 기소권을 가지고 있다.[52]

---

50   SFO Official Website: https://www.sfo.govt.nz/our-organisation.

51   https://annualreport2018.sfo.govt.nz/our-role-and-people/.

52   중대부정수사처법(Serious Fraud Office Act 1990)
제4조 이 편에 의한 권한의 행사. 어떤 사람의 일에 대한 수사가 중대하거나 복잡한 사기범죄를 드러나게 할 것이라고 의심할만한 이유가 있는 경우 청장은 이 편에 규정된 모든 권한을 행사할 수 있다(4 Exercise of powers under this Part. Where the Director has reason to suspect that an investigation into the affairs of any person may disclose serious or complex fraud, the Director may exercise any power conferred by this Part).
제48조 중대부정기소부 ① 중대하거나 복잡한 사기범죄와 관련된 절차가 신속히 취해질 수 있도록 중대부정기소부를 설치한다(48 Serious Fraud Prosecutors Panel ① There shall be a Serious Fraud Prosecutors Panel for the purpose of enabling proceedings relating to serious or complex fraud to be taken expeditiously).

제3절 | 대륙법계 국가의 특별수사기구

I. 독일의 경제사범 전담부(Sonderwirtschaftsabteilung)

❶ 설치경위

독일의 경우 별도의 반부패수사기구는 없다. 다만, 제2차 세계대전 이후 경제범죄가 광역화·전문화되고, 범죄로 인한 피해규모가 점점 커지는 등 새로운 상황변화에 따라 경제범죄의 해결을 위한 새로운 가능성을 모색하게 되었으며, 이에 따라 경제범죄를 취급하기 위하여 이미 슈투트가르트 검찰청에 설립되어 있던 특수부가 모델로서 인용되었다.[53]

그 후, 1963년에 연방범죄수사국(Bundeskriminalamt, BKA)이 개최한 경제범죄연구발표회(Arbeitstagung für die Bekämpfung der Wirtschaftskriminaltät)에서 재량권이 있는 전문가들을 포함해서 좀 더 잘 양성된 검사들에 대한 필요성이 제기되었으며,[54] 특히 물더(Mulder)가 이 회의에서 베네룩스 국가들의 그러한 특수부에 대한 긍정적인 경험을 보고한 이후부터 적극적으로 논의되기 시작하였고,[55] 연방법무부측에서도 당시 달걀장려법에 따른 조정금액을 지원하던 보조금 사기, 곡물피해의 보조금 사기, 독일연방군의 신규장비 도입과 관련된 부정과 가격담합과 관련된 범죄들의 빈번한 발생에 대응하여 개선된 설비와 경제관련 분야에 익숙한 부기계원, 회계검사원 내지 이른바 경제전문가들과 같은 인력을 확보할 필요성을 느끼게 되어, 이러한 현대사회의 경제범죄에 대응하여 철저하고 신속한 수사가 이루어지려면 경제분야에 관한 고도의 전문지식과 경험 및 광역수사체제의 확립이 필요하다는 인식에서 중점특별수사부가 도입된 것이라

53 주 법무성은 슈투트가르트 지방검찰청에 "합리적인 수사방법을 장려하고, 전적으로 경제범죄를 담당하는 전문가들에게 재량권이 주어져야 한다"고 권고하고, 이에 따라 슈투트가르트 지방검찰청이 경제범죄를 담당하는 6명의 전문가로 된 특수부를 두게 된 것이라고 한다 (Lorenz, *Aufklärung und Verfolgung von Wirtschaftsstraftaten*, 1957, S.98).

54 Bundeskriminalamt, *Grundfragen der Wirtschaftskriminalität*, Wisbaden, 1963, S.10. 이하.

55 Bundeskriminalamt, a.a.O., S.251-259.

고 한다.56

❷ 구 성

현재 독일은 전국의 16개 주(Land)57에 115개의 지방검찰청58이 설치되어
있는데, 각 주마다 몇몇 검찰청을 선별하여 그 검찰청에 경제사범 전담검사와
경제 분야 전문가를 수사요원으로 집중배치하고, 그들로 하여금 경제범죄의 수
사 및 소추를 전담케 함과 아울러 다른 지방검찰청의 관할에 속하는 경제사건
까지 함께 수사할 수 있도록 하고 있는바, 이것이 바로 중점특별수사부 제도이
다. 따라서 독일의 중점특별수사부는 각 주의 지방검찰청에 설치된 경제사범 전
담부서를 개편하여 그 구성원과 조직을 강화하고 전문화하는 방식으로 만들어진
것이며, 기존의 검찰청과는 다른 새로운 특수검찰청을 창설한 것은 아니다. 즉,

---

56 최기식, 「독일의 "중점특별수사부"에 관한 고찰」, 각국의 특별수사기구 연구, 미래기획단
연구총서 Ⅳ, 검찰미래기획단, 32면.

57 1990. 10. 3. 동·서독의 통일이 이루어지고 난 후 구 서독지역의 11개주에 구동독 지역의
5개주가 편입되어 통일독일은 모두 16주로 구성되었는데, 새로 편입된 5개주는 브란덴부
르크(Brandenburg), 작센안할트(Sachsen-Anhalt), 메클렌부르크 포포메른(Mecklenburg-
Vorpommern), 작센(Sachsen), 튀링엔(Thüringen) 등이고, 동베를린은 서베를린과 재통합하
였다.

58 독일은 연방국가로 검찰조직이 연방검찰청(Bundesanwaltschaft)과 주검찰청(Landesanwaltschaft)
으로 이원화되어 있는데, 연방검찰청은 법원조직법 등에 규정된 특정한 사항, 예컨대 국가
보안 관련사건, 연방법원에 계류 중인 상고사건, 주검찰청간의 관할쟁의가 있는 경우 관할
검찰청의 결정 등의 업무만 처리할 뿐 주검찰청의 상급기관이 아니며, 일반형사사건에 대
하여는 주검찰청이 관할권을 가지므로 주검찰청이 독일 검찰조직의 근간을 이루고 있다.
주검찰청으로는 주최고검찰청(Staatsanwaltschaft bei dem Oberlandesgericht), 지방검찰청
(Staatsanwaltschaft bei dem Landesgericht), 구검찰청(Amtsanwaltschaft bei dem Amtsgericht)
이 있다. 독일의 각 주에는 관할구역이 다른 1개 내지 3개의 고등법원(주의 최고법원)이 있
으므로 이에 따라 주 최고검찰청인 고등검찰청도 각 주에 1개 내지 3개가 설치되어 있다.
고등검찰청 산하에 여러 개의 지방검찰청이 있는데 우리나라의 지방검찰청과 거의 동일하
다. 구검찰청은 구법원에 대응하여 설치된 것으로 독일에서 독자적인 구검찰청이 설치된
곳은 Berlin과 Hessen주뿐이며 그 외의 주에서는 지방검찰청에서 구법원의 검찰업무를 함
께 수행하고 있다(최기식, 앞의 논문, 33면)고 한다.

강화된 경제사범 전담부(Sonderwirtschaftsabteilung)에는 원래보다 검사 수를 증원하고, 경제전문가인 경제전문요원(Wirtschaftsreferent)과 회계검사원(Buchhalter)을 배치하여 전문지식을 통하여 검사의 경제사건 수사 활동을 지원하게 하며, 소속 검사는 오직 경제 사건만을 전담하도록 업무분담(Geschäftsverteilungsplan)을 조정함으로써 수사의 집중화와 전문화를 도모하는 데 그 특징이 있다.

❸ 권   한

중점검찰청의 중점범죄, 즉 특별한 전문분야로는 경제, 도핑, 군인, 조세, 부패, 컴퓨터, 인터넷, 국경, 조직, 금전세탁, 식료품, 동물보호, 아동포르노, 마약, 의료 및 건강, NS 및 SED 범죄 등 다양한데, 경제범죄 집중검찰청의 예를 들어 보면, 연방 내의 16개 주에 설치된 115개의 지방검찰청 중에서 각 주마다 특정 지방검찰청을 선별하여 그 검찰청에 경제사범 전담검사와 경제 분야 전문가를 수사요원으로 집중 배치하고, 그들로 하여금 경제범죄의 수사 및 소추를 전담하게 하고 있다. 이들은 다른 지방검찰청의 관할에 속하는 경제사건까지 함께 수사할 수 있다.[59]

현재 법원조직법(Gerichtsverfassungsgesetz; GVG) 제74조c 제1항에 규정된 범죄[60]는 모두 중점검찰청의 수사대상이며, 다만, 이러한 사건에 대하여 일반검찰

---

[59] 법원조직법 제143조 제4항에 따라 여러 주에 관할권이 중첩되는 사건이나 연방의 관할에 속하는 사건에 대하여도 주검찰이 수사를 할 수 있도록 법적 근거를 마련해 두고 있다.

[60] ① 특허법, 실용신안법, 반도체보호법, 식물종자보호법, 상표법, 의장법, 저작권보호법, 부당경쟁방지법, 주식법, 특정기업 및 콘체른 회계감사에 관한 법률, 유한회사법, 상법, 유럽경제연합을 위한 유럽경제공동체규정 실행에 관한 법률, 조합법 위반사건, ② 은행법, 신탁법, 증권거래소법, 신용제도법, 보험감독법, 유가증권법 위반사건, ③ 1954년 경제사범처벌법, 대외무역법, 외환관리법, 금융독점규제법, 조세법 및 관세법 위반사건 ④ 포도주법, 생활필수품법 위반사건, ⑤ 보조금사기, 투자사기, 신용사기, 파산범죄, 채권자 및 채무자비호범죄 ⑥a 입찰에서의 경쟁제한적 담합 및 거래에서의 증수뢰 범죄, ⑥a 사기, 컴퓨터사기, 배임, 폭리행위, 이익공여, 뇌물, 노임의 부당확보 및 횡령 범죄, ⑥b 피용자대출법 및 사회법전 제3권에 의한 범죄(6호 단서는 '단, 사건의 판단을 위해서 경제생활상의 특별한 지식이 요구되는 행위에 한한다.'고 규정하여 범위를 제한하고 있다).

청도 관할권을 가지게 되면 혼란을 가져올 수도 있다. 이를 방지하기 위하여 법무부령(Rechtsverordnung)에 의하여 어떠한 경제사건이 중점검찰청이 아닌 일반 검찰청에 계속되면 그 검찰청의 검사장은 지체 없이 소속 검찰총장에게 보고하고, 검찰총장은 그 사건에 대한 수사를 중점특별수사청에 맡길 것인지 또는 법원조직법 제145조 제1항에 따라서 보고한 검찰청 또는 다른 검찰청에 맡길 것인지 여부를 신속히 결정하여 관할을 조정할 수 있도록 하고 있다.[61]

그 외에 실무적으로 노동사범, 환경공해사범, 식품위생사범, 해운사범, 항만사범 등도 수사대상으로 하고 있는데, 경제범죄사건은 일반 형사사건과는 달리 중점검찰청에서 검사가 직접 수사하는 경우가 많다고 한다.

이러한 중점특별수사부에는 그 부(Hauptabteilung)를 맡는 부장검사(Oberstaatsanwalt)가 있고, 그 아래 3~4개의 과(Abteilung)를 책임지는 부부장검사(Staatsanwalt als Gruppenleiter)가 있으며, 각 과에 여러 명의 검사들이 소속되어 있는데, 각 중점특별수사부마다 3~5명의 경제전문요원과 회계검사원이 배치되어 있는 것이 일반적이라고 한다.

결국 독일의 중점검찰청은 각 주의 지방검찰청에 설치된 경제사범 전담부서를 개편하여 그 구성원과 조직을 강화하고 전문화한 것이지 기존의 검찰청과 다른 특수검찰청을 만든 것은 아니다. 즉, 별도의 조직이 아니라 검찰청 내부에 특정 범죄에 대한 전담부를 설치하고, 담당부서장의 직급과 권한, 조직, 인력 등을 대폭 강화한 형태라고 할 수 있다.

II. 프랑스의 재정경제전담 거점수사부(Pôle financier)

❶ 설치경위

프랑스의 경우도 별도의 반부패수사기구는 없다. 다만, 복잡하고 새로운

---

61   최기식, 「독일의 "중점특별수사부"에 관한 고찰」, 각국의 특별수사기구 연구, 대검찰청 미래기획단 연구총서 Ⅳ, 2007, 47~48면.

재정경제관련 범죄가 급증하고 이들 범죄로 인한 사회적 폐해가 심각하여 이를
효과적으로 진압하기 위하여 재정경제전담 거점수사부(Pôle financier)를 설치하
였는데, 재정경제수사를 전담하는 거점수사조직(Pôle financier)의 기원은 1975년
부터 시작된 재정경제범죄수사의 전문화에서 비롯된다.

　　그 후, 1994. 3. 25. 법률 제94-259호로 설치할 법원과 관할이 명시되었
고, 1998. 7. 2. 법률로 Pôle financier의 재정경제수사를 지원할 전문자문관에
관한 규정이 형사소송법에 마련되었으며 1999년과 2000년에 파리 외에 리용
(Lyon), 마르세이유(Marseille), 바스티아(Bastia)에 확대 설치되었는데, 2004. 3. 9.
형소법 개정을 통해 Pôle financier는 재정경제범죄 수사의 핵심기관으로 더욱
그 역할과 권한이 강화되었다[62]고 한다.[63] 이러한 Pôle financier는 검찰만의 특
별수사기구가 아니라 재정경제범죄수사에 전문적 지식을 갖춘 검사와 수사판사
를 배치하고 전문자문관(assistant spécialisé) 등 인적 지원과 각종 관련 정보데이
터베이스 등 물적 지원을 집중시켜 재정경제범죄수사를 검찰과 수사법원 차원
에서 집중화·전문화한 거점수사기구이다.

❷ 구 성

　　현재 Pôle financier는 재정경제범죄가 문제되는 주요 고등법원 관할구역
내에 설치되는데 현재 파리, 마르세이유, 리용, 바스티아[64] 등 4곳에 설치되어
있으며, 보르도(Bordeaux), 포르 드 프랑스(Fort-de France), 낭테르(Nanterre)[65]는

62　상세한 개정배경에 관하여는 http://recherche.assemblee-nationale.fr의 국민의회보고서
　　　n.856 Rapport portant adaption de la justice aux évolutions de la criminalité par
　　　M.Jean-Luc Warsmann TOME 1 Chapitre Ⅲ 참조.

63　김종민, 「프랑스 재정경제범죄 수사시스템에 관한 연구」, 각국의 특별수사기구 연구, 미래
　　　기획단 연구총서 Ⅲ, 검찰미래기획단, 9면.

64　코르시카 섬에 있는 지역으로 이탈리아와 인접하여 마피아와 관련된 조직범죄의 자금세탁
　　　등 범죄가 심각하여 설치된 것이라 한다.

65　파리 북쪽 라데팡스가 있는 지역으로서 신도시 건설과 함께 국내외의 많은 기업과 금융기
　　　관들이 입주하여 있고 탈세, 자금세탁 등 재정경제관련 범죄가 집중적으로 발생하는 곳으

Pôle financier가 정식으로 설치되어 있지 않지만 재정경제 관련 전문자문관이 근무하면서 실질적인 Pôle financier 역할을 하고 있다.[66]

❸ 권 한

파리고등검찰청 소속으로서 전국 관할을 갖는 독립된 금융검찰(procureur de la Répulic financier)의 신설은 종합적인 형사정책적 고려의 산물이다. 그러나 금융검찰은 미국의 특별검사와 같이 검찰 외부에 검찰과 별도로 설치된 독립수사기관이 아니라 검찰 내에 특별관할을 갖는 금융경제 분야 특별수사검찰로 설치되었다.

현재 금융검찰 검사장은 결국 파리고등검찰청 소속이지만, 고등검사장의 지휘를 받지 않는 독립된 검찰이다. 이처럼 금융검찰은 파리지방법원에 설치되기는 하였으나, 전국적 범위를 관할하며 독자적인 수사를 진행하고, 대형 금융범죄·탈세범죄·뇌물범죄 등에 효율적으로 대처하기 위해 전문역량을 갖춘 16명의 검사를 배치하였다.[67]

권한과 관련하여, 2004년 이전에는 F1(일반재산관련범죄, 지능범죄), F2(보험, 조세, 외환, 기업도산, 자금세탁 등 재정관련범죄), F3(경쟁법, 소비자보호법, 산업관련 등 경제·사회관련범죄), F4(회사, 상사관련 범죄) 등 4개부로 구성되어 있었다. 그러나 2004년부터 Pôle financier의 역할과 기능을 대형·중요 재정경제범죄에만 집중하도록 하여 재정경제관련범죄를 전담하는 F1과, 회사, 상사관련범죄를 전담하는 F2만 두고 나머지 재정경제 관련 사건은 5차장실 산하 S1과 S2에서 전담하도록 조직개편과 업무조정이 이루어졌다고 한다.

로 파리지방검찰청과 함께 재정경제 관련 수사의 핵심거점지역이다.

66 김종민, 앞의 논문, 10면.
67 한제희, "프랑스 검사의 지위와 기능, 검찰제도의 비교법적 검토를 통해서 본 한국검찰의 나아갈 방향", 서울대학교 법학연구소/한국형사정책연구원/한국형사소송법학회 2016년도 동계공동학술대회 발표자료집, 2016, 50면.

Ⅲ. 오스트리아의 경제·부패검찰청(WKStA)

❶ 설치배경

오스트리아도 점증하는 대규모의 경제사범과 국제적인 관련성을 가진 사건의 증대로 인해 10여년 이전부터 대책마련의 필요성을 절감했고, 복잡화·전문화되어가는 이러한 사건들에 대응하기 위해서, 즉 이러한 영역에 효과적이고 효율적인 수사기관의 투입과 성과를 위해서는 새로운 개념과 구조가 필요하다는 인식을 갖기 시작했다.[68]

결국 2011년 9월 1일 독립된 조직으로 발족한 경제·부패검찰청(Zentrale Staatsanwaltschaft zur Verfolgung von Wirtschaftsstrafsachen und Korruption; WKStA)은 독일의 중점검찰청과 비슷한 형태라고 할 수 있지만, 구조적으로는 어느 검찰청에 소속된 전담부의 형식이 아니라 하나의 독립된 검찰청의 형태로 되어 있다는 것이 독일의 중점검찰청과 다른 특징이다.

❷ 구 성

오스트리아 검찰은 대법원에 해당하는 Oberster Gerichtshof에 대응한 Generalprokuratur,[69] 4개의 고등법원에 해당하는 Oberlandesgerichte에 대응하는 비엔나(6개 지방검찰청), 그라츠(3개 지방검찰청), 린츠(5개 지방검찰청), 인스부르크(2개 지방검찰청)에 설치된 4개의 고등검찰청, 20개의 지방법원(하위 116개역 구역법원)에 대응하는 16개의 지방검찰청으로 구성되어 있다.

경제범죄와 부패범죄를 담당하는 검찰청은 고등검찰청과 같은 수준으로

---

68 https://www.justiz.gv.at/web2013/wksta/zentrale_staatsanwaltschaft_zur_verfolgung_von_wirtschaftsstrafsachen_und_korruption/allgemeine_informationen~2c94848525f84a6301321fd924e3540b.de.html.

69 비상항고권과 같은 형사사법영역에서의 법질서의 통일성을 확보하기 위한 항고권과 같은 제한된 범위의 권한을 가지고 있을 뿐 독자적인 기소권 등의 권한은 없다.

배치되어 있다. 검사장(Leitende Staatsanwältin, VRABL–SANDA) 1인과 2인의 차장
검사(Erste Stellverterter, Oberstaatsanwalt)와 1인의 사무국장이 배속되어 있다.

　　2016년 4월 기준으로 31명의 검사들이 있으며, 인적 구성이 점진적으로
확대되고 있으며, 경제범죄 및 부패행위의 소추를 위한 중점검찰청에는 금융,
경제, IT정보영역의 전문가들이 참여하고 있는 것과 공익신고시스템을 갖추고
있는 것이 특징이다.[70]

❸ 권　한

　　현재 경제·부패범죄중점검찰청(WKStA)[71]의 관할은 중대한 직무범죄와 5백
만 유로 이상의 손해를 발생시킨 부패범죄, 사기·파산채무 관련범죄(대기업에 있
어서 대차대조표조작 등 회계범죄), 형법 제304조에서 제309조 사이의 부패범죄 등
으로 하고 있다.

　　한편, 연방 부패행위 예방 및 방지청(Bundesamt zur Korruptionsprävention und
Korruptionsbekämpfung)[72]은 부패행위의 예방 및 방지를 위해 설립되었는데, 경
제범죄와 부패범죄의 기소를 위해 중앙검찰청과 해외 부패방지기구(인터폴, 유럽
연합의 관련 기구 및 유럽연합 내 회원국의 수사기구 등)와 긴밀한 협력관계를 유지하
는 역할을 담당하고 있다.

　　연방 부패행위 예방 및 방지청은 3개의 국으로 구성되어 있으며, 제1국은
재원, 지원, 법률 사무를 제2국은 예방, 교육, 국제협력업무를, 제3국은 특수분
야를 담당한다. 청장은 헌법재판소장, 행정법원장, 최고재판소장의 청문 후 연
방 내무부장관이 임명하며, 임기는 5년이다.

70　https://www.justiz.gv.at/web2013/wksta/zentrale_staatsanwaltschaft_zur_verfolgung_v
　　on_wirtschaftsstrafsachen_und_korruption/allgemeine_informationen~2c94848525f84a6
　　301321fd924e3540b.de.html (2017.7.25.최종방문)

71　https://www.oesterreich.gv.at/themen/dokumente_und_recht/gerichtsorganisation_der_
　　justiz/3/Seite.2310010.html.

72　https://www.bak.gv.at/102/start.aspx.

관할 범죄는 다음과 같다.

- 직권남용
- 부정처사 후 뇌물공여
- 뇌물 증수뢰, 뇌물 공여, 증뢰 또는 수뢰의 예비
- 직위를 이용하거나 공직자가 관여한 배임
- 직원을 통한 선물취득
- 공공계약상 불공정 행위
- 공무원 또는 공무수탁자를 통한 선물취득
- 돈세탁
- 형법과 형법의 부수법률에서 처벌되는 행위

Ⅳ. 노르웨이의 경제·환경범죄 수사·기소청(ØKOKRIM)

❶ 설치경위

노르웨이에서는 1989년 검찰총장 산하에 'ØKOKRIM'73이라는 경제·환경 범죄 수사·기소청를 설치하였는데, 특별경찰과 검찰이 결합한 국가기관으로 수사 및 기소 권한을 가지고 있다. 이를 설치한 이유는 경찰과 검찰 당국이 중앙 국가 차원의 조직에 높은 수준의 역량을 제공함으로써 부패를 포함하여 심각하고 복잡한 경제 및 환경 범죄에 대응할 수 있게 하는 데 있었다.

그 후, 1994년 노르웨이 당국은 경제·환경범죄 수사·기소청이 부패방지에 대한 국가차원의 기능을 수행해야 한다고 결정하였으며, 같은 해에 경제·환경

---

73 〈http://www.okokrim.no/about-oekokrim〉, "ØKOKRIM was established in 1989 as the central unit for investigation and prosecution of economic and environmental crime. In addition to being a specialist agency under the National Police Directorate, ØKOKRIM is a public prosecutors' office with national authority under the Office of the Director of Public Prosecutions."

범죄 수사·기소청 내에 부패방지팀을 조직하였다.[74]

❷ 소 속

　　경제·환경범죄 수사·기소청은 경찰내 6개의 특수 수사기관 중 하나이며, 12개의 지방검찰청 중 하나이다. 경제·환경범죄 수사·기소청장은 수석치안관(chief constable) 또는 경찰청장(politimester) 및 수석검사(førstestatsadvokat)의 지위를 겸하고 있다. 경제·환경범죄 수사·기소청의 직원수는 약 120명이다. 경제·환경범죄 수사·기소청내의 반부패팀은 수석검사 1명, 경찰검사 1명, 기업범죄수사 경력이 있는 특수수사관 2명, 경찰경력이 있는 4명의 수사관 및 관리자 1명으로 구성된다.[75]

　　경제·환경범죄 수사·기소청장은 자신의 판단으로 사건에 대한 수사를 개시할 수 있다. 뿐만 아니라 지방경찰청장이나 검사나 감사기관의 요청이나 검찰총장의 명령으로 수사가 개시될 수도 있다. 수석검사들(Chief public prosecutors)은 각각의 특수수사팀의 장이 되어 팀을 이끈다. 이 팀들은 경찰경력을 가진 특수수사관과 상거래 또는 회계 경력을 가진 특수수사관 등 여러 분야의 전문가로 구성된다.[76]

　　각 팀들은 특정한 영역에 대한 권한을 가지고 있다. 대부분의 팀들(보조팀 제외)은 자신의 형사사건에서 수사와 기소를 수행한다. 팀은 특수수사관들로 구성되며, 이들 중 일부는 법률가이며, 일부는 경제 및 환경범죄 수사경험을 가진 사람들로 구성된다. 팀장 대부분은 선임(senior) 검사가 이끌며, 경찰검사도 포함된다.

　　노르웨이에서 부패범죄를 수사하고 기소하는 절차는 다른 범죄와 동일하다. 모든 지역 경찰의 권한이 부패범죄수사에 사용될 수 있다. 그러므로 형사소송법에서 규정하는 형사 사건 수사에 관한 모든 일반적인 조항이 적용된다. 기

74　Specialised Anti-Corruption Institutions Review of Models: Second Edition, p.127.
75　Specialised Anti-Corruption Institutions Review of Models: Second Edition, p.131.
76　Specialised Anti-Corruption Institutions Review of Models: Second Edition, p.128.

본적으로 법원의 허가를 받아 체포 및 구속, 압수 및 수색, 압류, 감청, 피고인
의 재산 관리, 출국금지, 추적장치, 함정수사 등 방법이 부패사건의 수사에 사
용된다. 그러나 범죄의 중대성에 따라 다양한 수사 방법을 사용할 수 있으며,
이러한 중대성은 형법에 규정된 제재의 정도에 따라 결정된다.[77] 다만, 사건에
대해 기소를 하는 경우 경제·환경범죄 수사·기소청장은 검찰총장(the Director
General of Public Prosecutions)에게 보고하는데,[78] 개별사건과 관련해서는 검찰총
장에게 권한이 있기 때문이다.

❸ 권 한

경제·환경범죄 수사·기소청은 경제 및 환경범죄의 수사 및 기소를 위한
중앙기관이다. 이 기관은 특수수사기관이면서 동시에 기소기관이다. 경제·환경
범죄 수사·기소청은 전국에서 발생하는 특정 범죄에 대한 관할을 가지고 있으
며, 노르웨이 전역의 경제, 환경 및 컴퓨터 범죄 중 주요하고 복잡하며 중대한
사건을 수사하고 기소한다.[79] 경제·환경범죄 수사·기소청이 관할하는 경제범
죄는 다음과 같다.[80]

- 중대 피해 사기(gross fraud)
- 사회보장사기/정부보조금 남용(social security fraud/misuse of the governmental
  subsidies)
- 회계법 위반(violation of the Accounting Act)
- 파산법 위반(violation of the Insolvency Act)
- 탈세(tax evasion)
- 주식 시장 및 증권거래와 관련된 범죄(offences related to stock market and

---

77 Specialised Anti—Corruption Institutions Review of Models: Second Edition, p.128.
78 Specialised Anti—Corruption Institutions Review of Models: Second Edition, p.131.
79 Specialised Anti—Corruption Institutions Review of Models: Second Edition, p.127.
80 Specialised Anti—Corruption Institutions Review of Models: Second Edition, p.128.

securities trading)

- 공정거래법 위반(violation of the Competition Act)
- 부패, 배임, 횡령(corruption, breach of trust, and embezzlement)
- 자금세탁(money laundering)

또한, 경제·환경범죄 수사·기소청은 경찰과 검찰이 결합한 특별수사기관
으로 기소지침(the Prosecution Instructions) 제35장에 따라 다음과 같은 업무를 수
행한다.

- 범죄를 내사, 수사 및 기소, 공소유지(to detect, investigate and prosecute
  crimes, and appear for the prosecution in court)
- 국내외 법 집행기관 및 검찰청 지원(to assist domestic and foreign law
  enforcement agencies and prosecuting authorities)
- 경찰 및 검찰 직원들의 전문지식 수준 향상 및 정보 보급(to increase the
  level of expertise among the employees of the police and prosecuting authorities
  in Norway, and to disseminate information)
- 범죄 정보 수집 및 의심스러운 거래 보고서 분석(to gather criminal
  intelligence and to receive and process suspicious transaction reports)
- 국가 및 감독 당국의 협의체 역할 수행(to act as a consultative body for
  national and supervisory authorities)
- 국제협력기구에 참가(to participate in international co−operation initiatives)

경제·환경범죄 수사·기소청의 또 다른 업무 중 하나는 자금세탁 범죄의
의심에 대한 보고서를 받아서 분석하는 것이다. 금융기관(예컨대 은행, 증권거래
회사, 보험회사), 변호사, 부동산중개인, 주에서 공인하고 등록된 공인회계사, 장
부관리인(book−keepers), NOK 40,000 이상[81]의 가치가 있는 물건의 중개인 등
은 경제·환경범죄 수사·기소청에 금융거래를 보고할 의무가 있다. 경제·환경
범죄 수사·기소청과 그 밖의 경찰은 이 보고서를 수사에 있어서 정보로 사용

---

[81]   노르웨이크로네(NOK)가 현재 130원 정도 하므로 약 520만 원에 해당한다.

한다.[82]

V. 스페인의 부패·조직범죄 특별검찰청(POCOC)

❶ 설치경위

1970년대 민주주의가 확립되면서 스페인 사회정치 지형에 테러리즘을 제외한 중요한 문제가 등장했다. 즉, 새로운 민주국가는 이전 정치 체제에서는 불가능했던 나날이 조직적이고 중대한 범죄가 발생함에 따라 이를 효율적으로 대체하기 위해 각종 특별검찰청을 설립하게 되었고 각 특별검찰청마다 필요한 권한을 부여하여 각종 범죄에 대처하게 되었다.[83] 즉, 1990년대 초 고위 공직자가 연루된 일부 악명 높은 부패 사례가 공개된 후, 부패에 대한 새로운 형사입법과 반부패특별검찰청(Anti-Corruption Specialized prosecution office) 설치 등 여러 가지 부패방지책을 채택하는 결과를 낳았다. 마약범죄특별검찰청(Special Prosecution Office Against Illegal Drug Trafficking)도 동일한 선상에서 설치된 것이다.

2007년 10월 9일 검찰조직법(The Public Prosecution Organic Statute) 개정[84]은

---

82 Specialised Anti-Corruption Institutions Review of Models: Second Edition, p.129.

83 노상길, "스페인 검찰조직과 그에 따른 검사의 권한에 대한 소고", 해외연수검사논문집 제22집 제2호(2006), 2면.

84 검찰조직법 제8조
① 수상은 공익의 수호차원에서 검찰총장에게 법원에 대하여 적정한 사법권의 행사를 조장·촉진토록 관여할 수 있다.
② 수상의 검찰에 대한 관여는 원칙적으로 법무부장관의 중개에 의하여 검찰총장을 통하여 하고 예외적으로 필요한 경우 직접 검사에 대하여 할 수 있다. 검찰총장은 수상이 요청한 행위의 실행가능성, 상당성 여부에 관하여 대검찰청 검사장회의를 거쳐 결정하고 그 내용을 이유를 붙여 서면으로 수상에 개진한다.
제22조
① 검찰청은 스페인 전역에 관할권을 행사하는 유일한 기구이다.
② 검찰총장은 검찰의 수장이고 스페인 전역을 통하여 검찰권을 대표한다. 검찰총장은 직무와 관련하여 명령·지시를 내리고 조직내부에 대한 감독권을 행사하며 지휘·통제한다.

부패방지 전문 기관에 현재의 틀을 제공했는데, 검찰조직법 개정 결과 특수부에는 부패·조직범죄 특별검찰청(Prosecution Office Against Corruption and Organized Crime, POCOC)이라는 새로운 이름이 붙었다.[85]

❷ 구 성

부패·조직범죄 특별검찰청은 청장에 의해 운영되며, 청장은 검찰총장의 제청(검찰총장은 스페인 국왕에 의해 임명 및 면직됨)에 따라 검찰위원회(Prosecutor-General Council)의 협의 후 정부에서 임명한다.[86] 부패·조직범죄 특별검찰청은 검찰청의 다른 기관의 검사장과 같은 권한과 임무를 가지고 있다.[87]

부패·조직범죄 특별검찰청은 수석검사(The Chief Prosecutor), 차장검사(The deputy Prosecutor), 그리고 주 마드리드의 수도에 위치한 중앙청에 본부를 둔 13명의 검사들로 구성되어 있다. 이와 함께 각 자치단체에는 15명의 위임 검사가 있으며, 부패 및 조직범죄에 대한 특별검찰청(POCOC)의 권한에 해당하는 업무를 조정하고 운영하는 부패 및 조직범죄에 대한 수석검사의 제안으로 검찰총장이 임명한다.[88]

부패·조직범죄 특별검찰청 소속 검사와 직원은 모두 법무부에 종속돼 있으며, 이들의 업무를 감독하고 조정하는 권한을 위임받은 사람은 검찰총장이다. 법무부는 부패·조직범죄 특별검찰청의 예산편성과 인사지원 등을 관리한다. 부

---

③ 각 검찰청의 검사장은 소속 검찰청을 지휘하며 검찰총장과 상급 검찰청의 검사장 예속 하에 소속 검찰청을 대표한다.

85 ANTI-CORRUPTION SPECIALISATION OF PROSECUTORS IN SELECTED EUROPEAN COUNTRIES(2011. 9.), p.78.

86 검찰조직법 제29조 ① 검찰총장은 법률가로서 직업상의 실제 경력이 15년 이상인 명망 있는 스페인의 법조인일 것을 요한다.
    ② 검찰총장의 취임은 국왕앞에서 법률이 정한 선서를 하고 대법원장 및 전 대법원판사가 참여한 가운데 취임식을 갖는다.

87 Specialised Anti-Corruption Institutions Review of Models: Second Edition, p.105.

88 ANTI-CORRUPTION SPECIALISATION OF PROSECUTORS IN SELECTED EUROPEAN COUNTRIES, p.78.

패·조직범죄 특별검찰청의 예산은 검찰의 일반 예산에 통합되어 있고, 부패·조직범죄 특별검찰청장(Chief Prosecutor)은 경영상의 책임이 없으며, 예산안이나 요청도 상정할 수 있다.89

❸ 권 한

검사는 사법경찰을 구성하는 모든 사람에게 적절한 명령과 지시를 할 수 있다(검찰조직법 제4조). 1995년 제정되어 2003년과 2007년에 개정된 검찰조직법(The Public Prosecution Organic Statute)에서는 부패·조직범죄 특별검찰청에 다음과 같은 범죄에 대한 수사권한을 부여하고 있다.90

- 뇌물죄(Offences of bribery)
- 국고, 사회보장 및 밀수 범죄(Offences against the Public Treasury, Social Security and smuggling)
- 기망범죄(왜곡, 사기, 범죄은폐행위)(Prevarication offences; act of distortion and deception, and concealing of a crime)
- 특권정보의 남용이나 부정사용죄(Offences of abuse or illicit use of privileged information)
- 공적자금 유용(Misappropriation of public funds)
- 사기 및 가격 조작(Fraud and price fixing)
- 부당한 영향력을 행사한 행위(Offences of exercise of undue influence)
- 공무원에 대한 금지된 거래(Negotiations forbidden to civil servants)
- 자산 은닉(Concealment of assets)
- 파산(Bankruptcy)

89 ANTI-CORRUPTION SPECIALISATION OF PROSECUTORS IN SELECTED EUROPEAN COUNTRIES, p.80.
90 ANTI-CORRUPTION SPECIALISATION OF PROSECUTORS IN SELECTED EUROPEAN COUNTRIES, p.80.

- 경매 가격의 조작(Disruption of prices in auctions)
- 지식·산업재산, 시장, 소비자와 관련된 범죄(Offences related to intellectual and industrial property, offences against the free market and against the consumers)
- 기업 내부자 범죄(Offences committed within a corporation by its own members)
- 돈세탁 및 관련 범죄(Money laundering and related crimes)
- 국제상거래의 부정부패행위(Offences of corruption in international commercial transactions)
- 사적 영역에서의 부패행위(Offences of corruption in the private sector)
- 위에 언급된 범죄와 관련된 행위(Other offences related to the above mentioned crimes)

또한 검사는 신고받은 사건이나 경찰이 확인한 조서에 기재된 사건의 내용을 명백하게 하기 위해 예방적 조치 또는 권리의 제한을 수반하지 않는, 형사소송법에 따른 적법한 조치들에 대하여 직접 수사하거나 사법경찰에게 수사를 하게 할 수 있다. 다만, 검사는 예방적 구금을 명령할 수 있다(검찰조직법 제5조 제2항).

2007년 개정된 검찰조직법 제19조 제4항[91]에 따르면, 부패·조직범죄 특별

---

[91] 제19조 ② 마약범죄검찰청과 부패및조직범죄검찰청은 특수검찰청이다.

③ 마약범죄검찰청은 다음의 권한을 행사한다.
    a) 마약·향정신성물질 밀매 및 그 밀매와 관련된 자금세탁과 관련된 모든 절차에 직접 관여한다.
    b) 이 법 제5조에 따라, 전항에 기재된 범죄의 하나를 구성하는 징후를 보이는 사실관계를 수사한다.

④ 부패및조직범죄검찰청은 특별히 중요하고, 검찰총장이 인정하는 다음에 관하여 이 법 제5조에 기재된 절차를 수행하고, 형사절차에 직접 관여한다.
    a) 국고를 해하는 죄, 사회안전을 해하는 죄, 밀매의 죄
    b) 배임의 죄
    d) 공적 자금의 유용
    g) 뇌물죄
    l) 지식·산업재산, 시장, 소비자와 관련된 죄
    m) 기업범죄
    n) 자금세탁……

검찰청은 조직범죄 집단이 관여하는 법적 사업, 거래, 주식 이동, 자산 또는 자본, 자금의 흐름과 해외 자산 등에 대해서도 수사할 권한을 가지고 있다. 또한 이와 관련된 범죄에 대해서도 부패·조직범죄 특별검찰청은 언제나 수사할 수 있다.[92]

VI. 헝가리의 중앙검찰수사청(CICPO)

❶ 설치경위

헝가리의 경우 수사감독을 위한 시스템의 구성만으로는 새로운 형태의 범죄에 대한 조치의 효율성을 보장하기에는 불충분하자, 시장 경제의 기능 보호, 경제범죄에 대한 적절한 기소 및 유럽 연합의 재정적 이익을 보호하기 위해 부패사건의 개혁에 초점을 맞추었다. 이에 2001년 개혁 과정에서 수사감독부가 개편되었고, 특수범죄수사부(The Department for Special Criminal Cases)를 검찰청에 신설하였으며, 2003년 7월 1일 특수범죄수사부는 독립조직의 지위를 부여받게 되었다. 부패범죄에 대한 효율적인 수사와 기소를 위해 2001년 중앙검찰수사청(Central Investigative Chief Prosecution Office, CICPO)도 설립되었다.[93]

현재 검찰 내부에 부패방지를 전담하는 부서를 설치하여 운영하고 있는데, 특수범죄수사부(Department for Special Cases)와 중앙검찰수사청(CICPO)이 부패에 대한 수사 및 기소를 담당한다.

---

o) 사경제부분에서 부패범죄
p) 위 각 범죄와 관련된 범죄

92 ANTI-CORRUPTION SPECIALISATION OF PROSECUTORS IN SELECTED EUROPEAN COUNTRIES(2011. 9.), p.80.
93 ANTI-CORRUPTION SPECIALISATION OF PROSECUTORS IN SELECTED EUROPEAN COUNTRIES, p.23.

❷ 소 속

중앙검찰수사청은 2006년에 현재의 형태와 권한을 가진 기관으로 개편되었으며, 그 활동은 대검찰청(The Office of Prosecutor General) 내의 특수 사건 부서(The Department for Special Cases)에 의해 감독을 받는다. 중앙검찰수사청은 카운티 단위에 분사무소가 설치되어 있다. 2001년에 중앙검찰수사청이 설립됨으로써 검찰 반부패 전문성도 확보되었고, 2006년에는 독립적 지위를 획득하면서 더욱 강화되었다.[94]

현재, 19명의 검사들과 1명의 수사관이 중앙검찰수사청에서 근무하고 있다. 반부패 전문 검사들을 포함한 모든 검사들은 헝가리 검찰총장(The Prosecutor General)에 의해 임명되고 해임된다.[95]

공석은 검찰의 관보에 게재되는 공모경쟁을 통해 채워진다. 검찰총장의 승인 아래 관할 부서에서는 지원자의 자격을 공고한다. 중앙검찰수사청 내에서 직책을 수행하는 데 필요한 최소 자격 요건은 다음과 같다.[96]

a) 수석 검사로서(being a senior prosecutor)
b) 경제범죄를 다룬 경험이 있는 사람(having experience with economic crime cases)
c) 대학원 석/박사 학위를 취득한 자 우대(having a post−graduate degree is an advantage)

일반적으로 중앙검찰수사청장은 모든 지원자를 면접하고 검찰총장에게 후보자를 제출한다. 검찰총장회의도 이 제안을 검토해 검찰총장에게 의견을 제출

---

94 ANTI−CORRUPTION SPECIALISATION OF PROSECUTORS IN SELECTED EUROPEAN COUNTRIES, p.25.
95 ANTI−CORRUPTION SPECIALISATION OF PROSECUTORS IN SELECTED EUROPEAN COUNTRIES, pp.24, 27.
96 ANTI−CORRUPTION SPECIALISATION OF PROSECUTORS IN SELECTED EUROPEAN COUNTRIES, pp.27−28.

하지만 최종 결정권한은 검찰총장에게만 있다.97 부서장도 같은 절차를 거쳐 임명된다.

검찰총장은 의료상의 이유 등 직무수행을 제대로 하지 못하거나, 기본적 복무요건을 이행하지 못하거나(범죄기록 부재, 정당미가입 등), 정확한 재산기록사실을 제출하거나 유지하지 못하는 등 다양한 이유로 검사를 해임할 수 있다. 또한 검찰총장은 근무개편의 과정에서 또는 인원감축으로 인해 검사를 해임할 수도 있다. 관리자의 임명은 검찰총장이 언제나 임의로 철회할 수 있다.98

❸ 권 한

경찰은 검사의 감독 하에 범죄에 대한 수사를 진행한다. 한편 형사소송법 제29조에서 열거된 범죄는 검사만이 수사를 할 수 있다. 형사소송법 제29조에 열거된 범죄들에 대해 검찰총장이 지방수사검찰청에서 수사할 범죄와 중앙검찰수사청에서 수사할 범죄로 구분한다. 그러한 사건을 수사하는 검찰청은 관할 사건에 대해 기소권도 가진다.99

중앙검찰수사청의 부패전담 검사들의 운영과 방법론적인 업무를 규제하는 별도의 규정은 없다. 그들의 책임에는 범죄에 대한 수사개시, 그들이 수집한 정보, 형사소송법에 따라 그들의 권한 내에 있는 사건의 수사, 그리고 수사 결과 그들이 범죄가 발생했다고 신뢰하는 때에는 – 일부 예외를 제외하고는 – 법정에 그러한 사건들을 기소하게 된다. 지방수사검찰청은 중앙검찰수사청과 함께 사건을 수사하고 일반적으로 기소하기도 한다.100

97　ANTI-CORRUPTION SPECIALISATION OF PROSECUTORS IN SELECTED EUROPEAN COUNTRIES, pp.28.

98　ANTI-CORRUPTION SPECIALISATION OF PROSECUTORS IN SELECTED EUROPEAN COUNTRIES, p.28.

99　ANTI-CORRUPTION SPECIALISATION OF PROSECUTORS IN SELECTED EUROPEAN COUNTRIES, p.24.

100　ANTI-CORRUPTION SPECIALISATION OF PROSECUTORS IN SELECTED EUROPEAN COUNTRIES, pp.25-26.

❹ 관할 범죄

(1) 특수범죄수사부

이 부에서는 공판전 단계에서 다음과 같은 범죄의 수사를 담당한다.[101]

- 공공의 정의에 반하는 범죄(형법 제15장 제12절 부패범죄)(Crimes against public justice; Chapter XV, Title VII of Criminal Code-corruption cases)

- 국제법에 반하는 범죄(형법 제15장 제13절 국제관계 부패범죄)(Crimes against international justice; Chapter XV, Title VIII of Criminal Code-corruption cases in international relations)

- 테러에 관한 범죄(형법 제261조)(Acts of terrorism; Section 261 of Criminal Code);

- 조직범죄 연루(형법 제263조C)(Affiliation with organized crime; Section 263/C. of Criminal Code);

- 환경훼손(형법 제280조)(Damaging of the Environment; Section 280 of Criminal Code);

- 천연자연환경 훼손(형법 제281조)(Damaging of the Natural Environment; Section 281 of Criminal Code)

- 폐기물 관리규정 위반(형법 제281조A)(Violation of waste management regulations; Section 281/A. of Criminal Code)

- 경제범죄(형법 제17장)(Economic crimes; Chapter XVII of Criminal Code)

- 범죄단체가 범한 모든 범죄행위(형법 제137조 제8항)(Any criminal offences, committed by criminal organization; Section 137, item 8 of Criminal Code)

- 검사장 또는 검찰총장에 의해 특수범죄담당부서의 관할로 지정된 모든 범죄(All criminal offences, referred to the competence of the Department for

101   ANTI-CORRUPTION SPECIALISATION OF PROSECUTORS IN SELECTED EUROPEAN COUNTRIES, p.22.

Special Cases by the Prosecutor General or the Deputy Prosecutor General of Hungary)

특수범죄수사부는 두 개의 과로 나누어져 있다.

- 경제범죄수사과(Division for the Economic Crime Cases)
- 조직범죄 및 부패범죄 수사과(Division for the Organized Crime and Corruption Cases)

(2) 중앙검찰수사청102

중앙검찰수사청은 전국적인 관할권을 가지고, 다음과 같은 범죄에 대하여 수사한다.

- 국내적 또는 국제적 면책특권을 가진 용의자 또는 피해자(the suspect or victim is a person with national or international immunity)
- 살인, 고살(국제법상 규정된 과실치사), 납치, 판사 내지 검찰청 직원에 대한 폭행이나 강도사건(the case concerns murder, international manslaughter, kidnapping, assault or robbery of a judge or professional employee of the Prosecution)
- 수사검사나 사법행정과 관련된 평판사가 행한 범죄(the offences are committed by an investigative prosecutor and by the lay judge in connection with the administration of justice)
- 공무집행 중 또는 공무집행으로 발생한 경찰관 살인(the murder of a policeman is committed during or because of his fulfillment of duties)
- 판사 또는 검찰청 직원이 범한 뇌물죄(bribery of a judge or an employee of Prosecution is committed)

---

102 ANTI-CORRUPTION SPECIALISATION OF PROSECUTORS IN SELECTED EUROPEAN COUNTRIES, p.23.

- 고위직 경찰, 관세 및 재정공무원, 국가안보 및 교도소와 기관에 근무하는 고위공무원이 행한 범죄(모든 부패범죄를 포함함)(offences (including all corruption crimes) are committed by a high ranking officer of the Police, Custom and Finance Guard, Special Service for National Security and Prisons and its institutions)

Ⅶ. 라트비아의 부패예방투쟁국(KNAB)

❶ 설치경위

라트비아의 반부패 정책은 1995년도에 "부패방지법"을 제정하면서 시작되었다. 그 후, 1997년에는 16개 주를 대표하는 기관으로 반부패회의가 조직되었으며, 의장은 법무부장관이 맡았다. 독립된 반부패 기관 설립 논의는 계속되어 왔는데, 2000년에는 정부 부패예방 프로그램 내에 그러한 내용이 포함되었다. 이 기관은 홍콩 모델을 바탕으로 한 것이었다. 기관은 최초 설계시에 포괄적인 부패방지, 수사 및 교육을 그 기능으로 하였으며, 주로 정치자금의 통제에 초점을 맞추었다. 그러한 기능에 따라서 세 가지 방식의 설립안이 제시되었는데, 의회가 장을 임명하는 독립적인 기구, 정부에서 장을 임명하는 법무부 산하 기구, 검찰청장이 장을 임명하는 검찰청 산하 기구가 그것이며, 최종적으로 첫 번째 방안인 독립적인 기구로 결정되었다.103

이에 2000년 10월 부패예방투쟁국 법률안이 성안되었고, 법률안은 2002년 4월에 의회를 통과하였으며, 2002년 5월에 발효되었고,104 부패예방투쟁국 (Korupcijas novJNršanas un apkarošanas birojs, KNAB)은 다목적 반부패기관으로 설립되었다.

---

103 Specialised Anti-Corruption Institutions Review of Models: Second Edition(2013), p.76.
104 Specialised Anti-Corruption Institutions Review of Models: Second Edition, p.76.

❷ 소 속

2011년 기준 부패예방투쟁국에는 2명의 부국장과 10명의 부서장 등을 포함하여 약 137명의 직원이 근무하고 있다. 부패예방국장의 임기는 5년이며, 내각이 제청하고 의회에서 임명된다. 제청을 위해 전문적인 선정위원회가 설치되는데, 의장은 법무부장관(The Head of the State Chancellery)[105]이 되며, 대법원장과 검찰총장 그리고 헌법수호국장과 치안국장이 참여하며, 국제투명성위원회 라트비아 지부도 옵서버로 참여한다. 2011년 기준 13명이 지원하였으며, 그 이름과 이력은 공개되고 토론에 붙여졌다. 2012년 기준 부패예방국장은 라트비아 의회 의원 100명 중 92명의 찬성표를 받아 임명되었다.[106]

부패예방투쟁국은 형법, 형사소송법, 수사절차법, 행정구제법, 공공기관분쟁예방법, 정치기관자금법 등의 적용을 받는다. 부패예방투쟁국은 행정부 내에 속하는 재판 전 수사기구(pre-trial investigation body)로서(형사송법 제386조), 검사의 통제 하에 정치자금 및 공적 영역에서의 부패(형사소송법 제387조 제6항)를 포함한 범죄행위를 조사할 수 있다.[107]

---

105 라트비아 총리실 공식 홈페이지 내용(The State Chancellery is a central public administration institution directly subordinated to the Prime Minister. The State Chancellery is headed by its director, who is a top-rank official appointed to and dismissed from the post by the Cabinet order and upon recommendation of the Prime Minister. The Director and other civil servants of the State Chancellery are appointed to the post in line with the "State Civil Service Law")을 고려하여 법무부 장관으로 해석한다.

106 Specialised Anti-Corruption Institutions Review of Models: Second Edition, p.79–80.

107 Specialised Anti-Corruption Institutions Review of Models: Second Edition, p.77.

[표 5-1] 라트비아 조사기관 체계

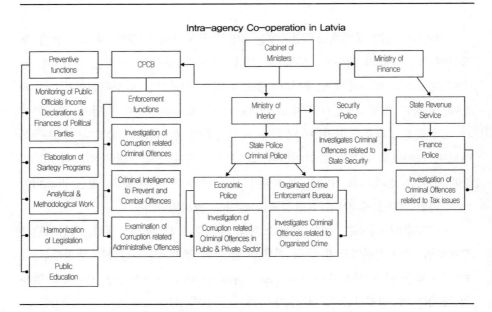

Intra-agency Co-operation in Latvia

Note: KNAB is referred to as CPCB in the above chart
Source: Corruption Prevention and Combating Bureau(Latvia).

❸ 권 한

　　부패예방투쟁국은 처음에 법무부의 감독 아래 있었지만, 2004년부터는 총리가 직접 감독을 하고 있다. 총리는 불법적인 결정을 취소할 권한이 있지만, 소속공무원이나 국장에게 직접 명령을 내릴 권한은 없다. 부패예방투쟁국은 활동보고서를 6개월 마다 총리와 의회에 제출할 의무가 있다. 이 활동보고서에는 예방활동, 범죄조사, 행정위반 사항 등 활동 사항이 담겨있다. 또한 부패예방투쟁국은 매년 국가 반부패프로그램 이행에 관한 보고서를 작성한다.108 현재 부패예방투쟁국의 주요 역할은 다음과 같다.109

108　Specialised Anti-Corruption Institutions Review of Models: Second Edition, p.82.
109　Specialised Anti-Corruption Institutions Review of Models: Second Edition, pp.77-78.

(1) 부패방지

- 총리의 승인을 받은 국가 반부패 전략의 이행 및 중기 이행 프로그램의 개발 및 조정(Develop and coordinate the implementation of the national anti-corruption programme approved by the Cabinet of Ministers)
- 시민들이 제기한 청원에 대한 접수 및 처리. 대통령, 장관, 내각, 의회 또는 검찰총장의 요청 수행(Receive and process complaints of citizens, and carry out inquiries upon request of the President, the Cabinet of Ministers, the Parliament or the Prosecutor General)
- 공공기관이 조사한 청원, 문의, 선언, 부패방지관행, 위반 결과에 대한 분석과 관련부처 및 주 행정관청에 개선방안 제안(Analyse results of complaints, inquiries, declarations, corruption prevention practice and violations detected by public institutions and suggest improvements to ministries and the State Civil Service Administration)
- 지방 및 국가 공공기관 및 민간 부문의 부패방지 방법론 개발(Elaborate methodology for corruption prevention in local and national public institutions and in the private sector)
- 기존 법률 분석과 개정안 제안, 새로운 법률안 작성(Analyse existing laws and suggest amendments and draft new laws)
- 공무원의 활동 및 공무원의 제한과 관련된 기타 법률행위에 대한 이해상충방지법 적용 통제(Control the application of the Law "On Prevention of Conflict of Interest in the Activities of Public Officials" and other legal acts relating to restrictions of public officials, including check the declarations of public officials)
- 시민교육, 부패경향 및 법률위반 결과 홍보, 여론 조사 및 분석(Educate the public on their rights and ethics, disseminate information regarding trends in corruption and detected violations, carry out public opinion surveys and analysis)
- 국제 원조 프로젝트 개발 및 조정, 국제 협력(Develop and coordinate international assistance projects, coordinate international cooperation and analyse

experience of other countries)

- 부패 및 범죄예방 위원회의 요청에 따른 부패방지 정보 제공(On request of the Corruption and Crime Prevention Council, provide information and suggestions on corruption prevention)

(2) 부패범죄수사

- 형법과 형사소송법에 따라 공공부패와 관련된 범죄 조사 및 수사(Detect and investigate criminal offences related to corruption in public service as set out in the Criminal Law and in accordance with the Criminal Procedure Law)
- 관련 공무원에 대한 행정적 제재 부과(Hold public officials administratively liable and impose sanctions for administrative violations related to corruption prevention)
- 법률에서는 다른 기관이 부패예방투쟁국의 조사를 지원할 의무(The Law provides also that other relevant authorities with investigatory powers are obliged to assist the KNAB in investigations)

(3) 사전선거운동 및 정당 재정에 관한 규칙 시행 통제

- 정당(당사자)의 자금조달 및 사전선거운동의 제한 준수에 관한 법률의 적용 통제(Control the application of the Law On Financing of Political Organisations (Parties) and the conformity with the restrictions for pre-election campaigns)
- 정당자금 및 사전선거운동 위반에 대한 개인에 대한 행정책임 부과 및 행정적 제재 부과(Hold persons administratively liable and impose administrative sanctions for violations regarding political party financing and pre-election campaigning)
- 형법에 규정된 정치조직의 자금조달에 관련된 규칙 위반과 관련된 범죄 행위를 탐지하기 위한 조사 및 조사활동 수행; 국가보안청이 관할권을 가지고 있는 경우 제외(Investigate and conduct investigatory operations to detect

criminal offences related to violations of rules relative to financing of political organisations and their unions set out in the Criminal Law except when state security services have jurisdiction)

- 시민의 불만 접수 및 처리, 대통령·내각·의회 또는 검찰총장의 요청 수행 (Receive and process complaints of citizens, and carry out inquiries requested by the President, the Cabinet of Ministers, the Parliament or the Prosecutor General)
- 정당이 제출한 재무 활동에 대한 정보 및 탐지된 관련 범죄행위의 분석 (Centralise and analyse information in financial declarations submitted by political organisations and their unions and on relevant violations detected)
- 기존 법률 분석과 개정안 제안, 새로운 법률안 작성(Analyse existing laws, suggest amendments and draft new laws)
- 여론 조사 개발 및 분석(Develop public opinion surveys and analysis)
- 정당의 자금조달 및 사전선거운동의 규칙에 대한 대중 교육 및 정보 제공, 위반 및 예방 조치 마련(Educate and inform the public on the rules on financing political organisations and pre-election campaigns, violations committed and preventive measures taken)

Ⅷ. 폴란드의 중앙부패방지국(CBA)

❶ 설치경위

폴란드는 2006년부터 중앙부패방지국(Centralne Biuro Antykorupcyjne, CBA)을 설립하여 운영하고 있는데, 중앙부패방지국은 다양한 기능을 수행하는 반부패 기구로 범죄에 대한 수사와 예방, 공공교육을 하고 있다.

중앙부패방지국에는 2011년 기준으로 779명의 직원이 근무하고 있으며 그들의 주요 업무는 부패범죄에 대한 수사에 초점이 맞추어져 있다.[110]

---

110 Specialised Anti-Corruption Institutions Review of Models: Second Edition, p.87.

중앙부패방지국의 임무는 소득신고감시, 부패수사, 폴란드 부패 연구 수행, 부패에 대한 대중 교육 등을 포함하여 부패를 방지하는 것이다. 주로 공공 및 지방정부기관을 중심으로 공공 및 경제생활의 부패에 초점을 맞추고 있다. 또 중앙부패방지국은 폴란드의 경제적 이익에 반한다고 간주되는 활동들과 전쟁을 벌이고 있다.111

❷ 소 속

중앙부패방지국장은 의회의 특별활동위원회, 대통령의 동의를 받아 총리에 의해 임명되고 소환될 수 있다. 임기는 4년이며, 1회에 한하여 연장이 가능하다.

중앙부패방지국법 제50조는 직원 채용에 대해 규정하고 있다.112 채용절차관련 규정은 총리에 의해 결정된다. 중앙부패방지국 직원에 대해서는 3년의 수습기간이 적용되며(제53조), 이 기간은 연장되거나 단축될 수 있다. 수습직원은 6개월마다 평가를 받으며, 상임직원의 경우에는 2년마다 평가를 받는다. 이 법에는 강등, 정직 또는 해고 관련 규정도 두고 있다. 부패방지국 직원과 관련하여서는 몇 가지 제한 사항이 있다. 즉 부패방지국장이나 소속 직원은 정당에 가입할 수 없으며, 정당활동을 할 수 없다. 또한 노동조합가입도 금지된다.

중앙부패방지국은 직접 수상에게 보고하며, 주요 활동은 하원(the lower house of the Polish parliament, Sejm)이 통제한다. 중앙부패방지국장은 매년 중앙부패방지국의 활동에 대하여 수상과 의회의 특별활동위원회에 보고하는데, 그 활동보고서는 하원과 상원(the upper house)에 제출되어야 한다. 다만, 법률에 따라 이 보고서에는 기밀정보가 포함되어 있지 않다.

중앙부패방지국은 중앙정부 행정기관으로 국장은 총리의 감독을 받는다. 총리 또는 총리가 지명한 각료회의의 위원은 중앙부패방지국의 업무에 대한 지

---

111 Specialised Anti-Corruption Institutions Review of Models: Second Edition, p.87.

112 Specialised Anti-Corruption Institutions Review of Models: Second Edition, p.89.

침을 제공하고 매년 업무 계획 승인을 통해 그 업무를 조정한다.113

　　중앙부패방지국의 구조는 총리의 정책에 의해 결정된다. 그 구조는 일반적으로 행정부서와 수사부서, 보안부서, 기획부서, 분석부서, 기술부서, 법률부서, 재정부서, 인사 및 교육부서, 물류부서, IT부서, 통제부서, 감사부서, 국장실로 나누어진다.

❸ 권　한

　　중앙부패방지국법 제11조에 따르면 수상에게 중앙부패방지국의 조직과 활동에 관한 지침을 정하도록 규정하고 있다. 비록 수상이 지침을 정하도록 규정하고 있지만, 제11조에서는 중앙부패방지국의 자체 규정을 통해 국장이 그 활동범위를 내부적으로 규율할 수 있도록 하고 있다.114 중앙부패방지국은 다기능 반부패기구로 수사, 예방, 부패방지교육 등의 업무를 수행한다. 대부분의 사안에서 기소는 균형을 유지하기 위해 다른 기관에 부여된다. 중앙부패방지국의 법적인 기반은 2006년에 제정된 법률에 기인한다.

　　중앙부패방지국은 다음과 같은 4개 영역으로 조직되어 있다.115

(1) 운영 및 수사활동

　　여기에는 공공기관과 지방정부의 활동, 법무부, 정당의 자금조달 및 재정의무에 대한 범죄의 예방과 탐지가 포함된다. 범죄를 수사하는 과정에서 중앙부패방지국은 도청, 비밀정보원의 활용(undercover operation), 보안감시(technical surveillance) 등 특별한 수사기법을 사용할 수 있는 권리를 포함한 경찰권한을

113　ACT of June 2006 ON THE CENTRAL ANTI-CORRUPTION BUREAU Art. 5.(https://cba.gov.pl/ftp/dokumenty_pdf/ACT_on_the_CBA_October_2016.pdf.

114　ACT of June 2006 ON THE CENTRAL ANTI-CORRUPTION BUREAU Art. 11.(https://cba.gov.pl/ftp/dokumenty_pdf/ACT_on_the_CBA_October_2016.pdf.

115　Specialised Anti-Corruption Institutions Review of Models: Second Edition, pp.87-88.

가지고 있다.

(2) 통제활동

이는 "공적인 기능을 수행하는 사람에 의한 사업활동 수행에 관한 자산신고
서나 진술서"의 검증은 물론, 특히 민영화(Privatisation)·기업화(Commercialisation),
재정지원의 범위 내에서 발행·달성한 결정의 범위 내에서 법을 어기는 행위를
탐지·적발하는 행위를 포함한다.

(3) 분석활동

여기에는 중앙부패방지국의 권한 범위 내에 있는 활동에 관한 분석의 수행
과 더불어 위의 수사 및 통제활동과 관련된 정보를 폴란드 공화국의 의회, 대통
령 및 총리에 제출하는 것이 포함된다. 이는 총리의 결정에 따라 총리실(the
Chancellery of the Prime Minister, KPRM)에서 관할하는 '반부패 방패(anti-corruption
shield)'안에서 중앙부패방지국의 활동을 포함한다. 이 '방패'의 주된 목표는 주
요 기업의 민영화와 공공조달의 비리를 방지하는 것이다. 반부패 방패의 범위
내 활동은 총리실의 조정으로 이루어진다.

(4) 공교육을 포함한 부패방지 활동

중앙부패방지국은 부패방지교육포털(www.antykorupcja.gov.pl, www.antykorupc
ja.edu.pl.)을 통해 일반적인 부패사례와 부패를 방지하기 위한 활동과 생활태도
등에 대한 정보를 제공한다. 2010년부터 부패사건에 관한 정보를 대중에게 공
개하기 위한 부패 핫라인(hotline)을 운영 중에 있다.

IX. 벨기에의 중앙부패조사청(OCRC)

❶ 설치경위

벨기에의 중앙부패조사청(Office Central pour la Répression de la Corruption, OCRC)[116]의 기원은 19세기 초, 당시 철도 행정부에서 심각한 비리가 드러나자, 정부는 상황을 처리하고 새로운 범죄 행위를 방지하기 위해 감독기관을 만들기로 결정한 후, 1910년 10월 30일의 왕실 법령(MB 05-11-1910)에 의해 설립되었으며, "상위 통제위원회"(Comité Supérieur de Contrôle; CSC)라는 이름으로 명칭되었다. 처음에는 3명의 고위 공무원과 3명의 행정관으로 구성된 통제위원회는 수사기관의 도움을 받아 철도, 우편 및 전신부 내에서 조사권한을 가졌으며, 수사기관의 도움을 받아 신속하게 처리하였다. 이것이 벨기에 최초의 부패방지기구의 탄생이다.

1921년부터 CSC의 권한은 1926년에 창설된 SNCB(Société Nationale de Chemins de Fer Belges)와 RTT(Régie des Télégraphes et Téléphones)와 같은 공공기관뿐 아니라 모든 장관급 부서로 확대되었으며, 1940년에는 CSC는 총리기구로 통합되었다. 1998년 CSC의 수사기구가 연방경찰 산하로 통합되면서, 사법조사를 수행할 수 있게 된 것이다. 2001년 경찰 병력의 근본적인 개편 이후, 중앙부패조사청은 연방 사법경찰에 속하는 경제금융범죄국(ECOFIN)의 일부분이 되었다.[117]

❷ 구 성

연방경찰 산하에 통합된 중앙부패조사청(OCRC)은 공공조달계약·공공보조금·경제부분의 세 가지 부서로 구성되어 있으며, 수사관은 약 60여 명이다. 관련 법률은 형법(Criminal Code)과 범죄수사법(Code of Criminal Investigation)이다.[118]

---

116 https://www.police.be/5998/fr/a-propos/directions-centrales/office-central-pour-la-repression-de-la-corruption-ocrc-0.

117 OECD, Specialised anti-corruption institutions: Review of Models(2008), p. 97.

118 OECD, Specialised anti-corruption institutions: Review of Models(2008), p. 98.

❸ 권 한

중앙부패조사청은 모든 부패범죄에 대한 수사권을 가지고 있다. 기소권은 별도로 부여되어 있지 않다.[119]

관할범죄는 공공 및 민간과 관련된 복잡하고 중대한 범죄 및 기타 범죄로, 관할범죄에 대한 사법경찰 지원. 공공조달계약 및 공공보조금과 관련된 범죄를 수사하거나 수사를 지원한다. 유럽 주요 기관이 벨기에에 위치하고 있는 관계로 유럽공동체 관계자와 관련된 부패사건도 조사할 수 있는데, 이들 사건은 브뤼셀에 자리를 잡은 유럽부패방지청(European Anti-Fraud Office; OLAF)과 긴밀한 공조 하에 조사된다. 특수한 문서에 대한 보관과 분석도 함께 수행한다. 다만, 중앙부패조사청은 검찰청의 요청이 있을 때만 이러한 업무를 수행하며, 자체·주도적으로 행동하지 않는다. 기능적으로, 중앙부패조사청은 사법경찰국장에게 회답한다. 사법경찰은 법무부장관과 사법당국의 권한(1998. 12. 7. 통합경찰활동법 제97조)에 따라 설치된다.[120]

제 4 절 ┃ 아시아국가의 특별수사기구

I. 인도네시아의 부패근절위원회(KPK)

❶ 설치경위

인도네시아의 부패근절위원회(Corruption Eradication Commission; KPK)는 1997년 동남아시아의 경제위기 및 31년간 통치해온 수하르토(Soeharto) 대통령의 실각 이후, 부패근절[121]을 위해 2003년 홍콩의 염정공서를 모델로 대통령

---

119   OECD, Specialised anti-corruption institutions: Review of Models, p.98.

120   OECD, Specialised anti-corruption institutions: Review of Models, p.98.

121   인도네시아는 세계 부패를 감시하는 비정부기구(NGO) 국제투명성기구(TI)가 발표한 '2016

직속의 독립기관으로 설립되었다.

❷ 구 성

위원은 5인이며(대통령 직속),[122] 위원 중 4인이 부위원장으로 4개 부서(예방국·통제국·정보자료국·내부감독민원국)를 담당하고 있는데, 위원의 임기는 4년(1차에 한하여 연임 가능)이며, 2012년 말 현재 법집행부 190명을 포함, 총 670명으로 구성되어 있다.[123] 60~70명 이내(수사처검사 25명 이내＋수사처수사관 45명 이내)로 구성될 한국의 수사처에 비하면 인력은 10배 이상 많지만, 자체적으로 검사와 수사관을 보유하지 못하고 검찰과 경찰에서 파견된 인력만 수사를 맡고 있다는 차이가 있다.

임무는 부패행위를 담당하는 각 감독기관(검찰청, 경찰청, 금융개발감독원, 최고감사원, 감찰청, 지역감독청 등)의 조정, 공무원 관련 부패사건에 대한 1차적 수사 및 기소(KPK 파견검사가 전담),[124] 공무원 재산변동 신고조사 등을 담당하고 있다. 이에 따라 공무원의 재산변동신고 및 각종 공기업 직원과 일부 공무원이 금품이나 향응을 받았을 경우 이에 대한 신고업무도 수행하고 있다.

년 국가별 부패인식지수(CPI)' 보고서에서 100점 만점에 37점의 낮은 점수로 전체 176개국 중 90위를 차지한 바 있는데, 이는 조사대상국 평균인 43점을 밑도는 점수이다. 한국도 100점 만점의 절반 수준인 53점에 그쳤는데, 이는 2015년도보다 15단계나 떨어진 순위이나, 50위를 기록했던 2003년을 제외하면 최근 20년간 30~40위권을 유지하고 있다.

122 대통령이 10명을 추천하며, 그중에서 국회의 의결로 선출된다(조균석/박용철, 부패방지기구에 대한 비교법적 검토와 개선방안, 2013년도 대검찰청 용역과제 보고서, 32면).

123 조균석/박용철, 위의 연구보고서, 34면.

124 이윤제 교수는 인도네시아 부패근절위원회(KPK)가 수사권과 기소권을 모두 갖고 있는 독립기구로 우리나라의 수사처에 해당한다(이윤제, 「국민의 수사처 VS 검찰의 수사처」, "검찰개혁방안과 고위공직자범죄수사처(가칭)의 신설여부", 2017년 5개학회 연합 특별세미나 자료집, 27면)고 보고 있으나, KPK 파견검사가 기소를 전담하므로(조균석/박용철, 위의 연구보고서, 34-37면 참조) KPK는 수사권만 가지고 있다고 보는 것이 정확한 표현이라고 본다.

❸ 권   한

인도네시아 KPK의 업무 중 핵심은 부패범죄의 수사와 기소이다(KPK법 제7조 a항). KPK는 법집행관, 공무원,125 법집행관과 공무원이 범한 부패행위와 관련된 개인에 대한 부패사건, 중요한 사회적 관심을 불러일으킨 부패사건, 정부에 100만 IDR(약 US 10,000$)의 손실을 초래한 사건을 담당한다.126 KPK법은 대상사건이 경찰과 검찰에 의하여 기소되지 않은 경우에도 해당 사건의 기소 등의 절차를 인수할 수 있음을 규정함으로써 부패범죄사건에 있어서 KPK의 1차적인 관할을 인정하고 있다(KPK법 제8조 내지 제10조). 특히, (a) 시민이 신고한 부패범죄가 수사기관에 의하여 무시된 경우, (b) 정당한 이유 없이 부패범죄 수사가 지연된 경우, (c) 부패범죄 수사가 해당 부패범죄자를 보호하도록 조작된 경우, (d) 부패범죄 수사 자체가 부패한 경우, (e) 해당 부패범죄의 수사가 행정부, 입법부 또는 사법부의 방해로 제대로 이루어지지 못한 경우, (f) 그 밖의 사정으로 경찰 및 검찰이 해당 부패사건을 책임감 있게 충분히 수사하지 못하는 경우에는 KPK가 해당 부패범죄사건을 대신 수사 및 기소할 수 있다(KPK법 제9조).

그러나 인도네시아의 경우 KPK 외에 타 수사기관도 부패범죄의 수사가 가능하므로 경찰과 수사 중복시 먼저 수사 개시한 기관에 수사우선권을 부여하는 방식으로 MOU를 체결하여 운영 중이지만, 부패범죄에 대한 수사 진행시마다 경찰과 갈등이 발생한다고 한다. 이는 1차 도마뱀(KPK) 대 악어 사례127 및 2차

---

125 KPK는 군인을 포함한 모든 공무원의 부패범죄를 수사할 수 있는 권한이 있으나, 부패범죄의 피의자가 군인의 경우에는 수사만 가능하고 기소는 군형법상 군검찰에 의하여만 가능하도록 규정하고 있다(조균석/박용철, 앞의 연구보고서, 35면)고 한다.

126 조균석/박용철, 위의 연구보고서, 35면.

127 2009. 5. KPK가 인도네시아 센트리은행의 구제금융 스캔들과 관련하여 경찰국장에 대한 수사계획을 발표하자, 경찰은 KPK 위원장을 살인교사 혐의로, 부위원장을 출국금지처분 관련 권한남용 및 수뢰 혐의로 체포한 사건이다. 부도 위험에 처한 센트리은행이 국가로부터 구제금융을 받을 때 고위공직자가 연루되어 실제 필요한 금액보다 막대한 금액을 지원받았다는 의혹이 출발점이었다. 결국 이 '센트리금융 사건'을 수사하려 했던 당시 KPK 위원장 안타사리는 어느 사업가에 대한 살인교사 혐의로 유죄가 확정되었으나, 부위원장에 대한 공소는 중지되었고, 센트리은행의 구제금융 스캔들 사건은 미제로 남았다.

도마뱀(KPK) 대 악어 사례128가 단적인 예이다. 특히 위에서 언급한 것처럼, KPK는 부패수사 이외에도 공무원재산등록심사, 교육홍보 등 업무도 수행하는데 (총 인원 1,100여명), 수사과·기소과 등이 있지만 수사관은 91명에 불과하며, 수사 인력 중 80%를 검찰과 경찰로부터 파견 받고 있다129고 한다. 실제 인도네시아 경찰은 정치적인 측면에서 부패근절위원회가 가지지 못하는 자원을 많이 가지고 있고, 소속 경찰관 또한 400,000명에 육박하고 있어 1,100여명으로 구성된 부패 근절위원회와는 규모 면에서 비교가 되지 않는다는 평가를 받고 있다고 한다.

한편, 예비조사, 수사, 기소 단계 모두 위원회 명령에 의하여 통제되나, 통상 경찰 또는 검찰 출신이 위원장 또는 부위원장으로 선임되며, 법원의 영장 없이 감청 및 금융정보 요구 등이 가능하므로 위원장이 원한관계 인사에 대한 감청지 시로 물의를 빚기도 한다고 한다. 이처럼 KPK의 권력이 비대해지고, 수사기관 사이에 힘 겨루기가 계속되면서 인도네시아 국회에서는 KPK조사법을 개정해야 한다는 움직임이 나왔는데, 동 개정안에는 KPK를 감독할 수 있는 감독위원회를 신설하는 내용이 담겨 있다. 개정안의 의도는 KPK가 합법적인 방법으로 조사를 하는지 여부를 따져보자는 것이지만, 결국 권력기관을 견제하기 위해 또 다른 감 시기관을 만든다는 점에서 비효율적이라는 점을 간과해서는 안 될 것이다.

결국 2020. 9. 5. KPK 집행처가 수사, 도청, 압수 등의 수사 행동을 개시 할 경우에는 KPK 감독위원회의 동의를 구해야 한다는 내용의 개정법안이 통과 되었으며, '각종 도청은 감독위원회의 허락을 받아야 한다'라는 내용이 규정되 었다. 이 개정법안 통과에 인도네시아 대학생들과 시민들은 'KPK는 죽었다(RIP

---

128 2012. 12. 2012년에는 KPK가 교통경찰국장이 운전면허 시험장비 설치 업체로부터 거액 의 뇌물을 받았다는 혐의로 수사에 착수했다. KPK는 해당 경찰관 사무실을 압수수색하기 위해 경찰청에 들이닥쳤지만 경찰관들이 KPK 직원들을 에워싸고 물리적인 충돌을 벌이는 사태를 낳았다. 뒤이어 경찰은 KPK의 수사팀장의 과거를 파헤친 '표적 수사'를 벌였고 KPK 사무실로 들이닥쳐 수사팀장을 강제연행하려 시도했다. 뒤이어 KPK에 파견된 경찰관 들을 복귀시키기까지 했고, KPK는 업무마비에 가까운 상황을 겪어야 했다. 2015년에는 KPK가 경찰청장 후보자를 비리 수사대상으로 지목하자 경찰은 이에 대한 보복성으로 KPK 부위원장을 비롯해 KPK 인사들을 수사했다. 경찰과 KPK의 대립이 극심해지자 결국 대통 령이 KPK 위원들을 교체했고, 이후 경찰청장에 대한 수사는 종결됐다.

129 조균석/박용철, 앞의 연구보고서, 34면.

KPK)'는 피켓을 들고 거리 시위에 나서기도 했다[130]고 한다.

Ⅱ. 홍콩의 염정공서(ICAC)

❶ 설치경위

홍콩의 염정공서(Independent Commission Against Corruption, ICAC)는 1960 – 1970년대 인구 증가와 산업 발전으로 부패와 촌지 관행이 사회 전체에 만연한 상황을 개선하고자, 1974년 행정장관 직속으로 설립된 민간과 공공분야의 부패 범죄 수사를 전담하는 기구로 출범하였다.[131]

❷ 구 성

염정공서(廉政公署)의 수장은 홍콩 행정장관의 추천을 받아 중화인민공화국 의회에서 임명하는데, 수사는 염정공서 집행처에서 담당하고 있으며, 2013년 6월 현재 총 직원은 1,280여명이다. 그리고 염정공서에서 수사한 사건은 율정 사(법무부)로 보내져 율정사 형사검공과 소속 검사가 기소하는 형태이다.[132] 즉, 수사상 사법경찰관 역할을 수행하므로 독립적 수사권이 보장되지만, 기소 및 공소유지는 검사의 권한이며, 검사는 법무부 지침에 따라 '공공의 이익'을 기준 으로 기소여부를 결정한다고 한다. 재정도 홍콩 행정부의 소관이 아니며 행정 수반만이 직접 독립 예산을 조정할 수 있게 되어 있다.

---

130 주간조선 2590호, 인도네시아판 공수처 KPK가 부른 갈등(2020. 1. 6.).

131 1973년 홍콩 주룽반도의 부경찰국장이던 피터 가드버(Peter Fitzroy Godber)가 뇌물죄로 수사받던 중 영국으로 도주한 사건이 발생했다. 이 사건으로 많은 홍콩 시민들이 분노하자, 이를 계기로 1974년 2월 염정공서조례(The Independent Commission Against Corruption Ordinance)에 근거하여 부패방지기구인 염정공서가 출범하게 된 것이다.

132 염정공서 집행처와 율정사(법무부) 형사검공과는 공공부문 담당부서와 민간부문 담당부서 로 나누어져 있다.

❸ 권 한

　임무는 뇌물범죄, 선거범죄 및 공직남용행위 등(단, 주류 및 간단한 유흥접대(款待)는 수사대상에서 제외)이지만, 실무상 주 수사대상은 민간부분 종사자라고 한다. 즉, 아래 표에서 보는 것처럼, 최근 5년간 연평균 공무원 28명(11.8%), 일반국민 208명(88.2%)을 기소하였는데, 뇌물수수 등 전형적인 뇌물사건으로 기소된 공무원은 연평균 3.4명에 불과하다.

【표 5-2】 기소인원 중 공무원/일반국민 비율(일반국민 비율 88.2%)

연 도	총 기소인원	공무원·공공기관 종사자	일반국민133
2015	213명	19명　(8.9%)	194명 (91.1%)
2014	223명	54명 (24.2%)	169명 (75.8%)
2013	220명	19명　(8.6%)	201명 (91.4%)
2012	245명	15명　(6.1%)	230명 (93.9%)
2011	283명	33명 (11.7%)	250명 (88.3%)

【표 5-3】 뇌물 관련 기소된 공무원의 수

연 도	총 기소인원	죄 명
2015	4명	뇌물요구·수수·알선
2014	3명	뇌물요구·수수·알선
2013	2명	뇌물요구·수수·알선
2012	1명	뇌물공여
2011	7명	뇌물요구·수수·알선

---

133 5년간(2011~2015년) 총 1,184명 기소인원 중 일반국민이 1,044명(88.2%)이며, 공무원, 공공기관 종사자 등은 140명(11.8%)이다(염정공서의 홈페이지(www.icac.org.hk)에 게시된 annual report에 근거함).

수사체계는 영미법계의 사법체계와 동일하다. 즉, 수사관은 부패범죄와 선거범죄 등 대상범죄를 범하였다고 합리적으로 의심되는 자를 영장 없이 체포할 수 있으며(염정공서조례 제10조 제1항 내지 제3항), 체포된 피의자는 집행부 내의 구금센터(Detention Center)에 구금되며, 피체포자는 보석 등으로 석방되지 않으면 48시간 이내에 영장전담판사에게 인치된다(염정공서조례 제10A조 제6항). 보석에 의하여 석방된 피체포자가 보석조건 등을 위반한 경우에는 영장 없이 재체포할 수 있으며(염정공서조례 제10AA조 제1항), 재체포한 경우 24시간 이내 영장전담판사에게 인치된다(동조 제2항).

한편, 염정공서는 부패범죄에 대한 효율적 수사를 위하여, 모든 피의자에 대한 신문을 영상녹화하고 있으며, 증인보호·잠입수사·컴퓨터 포렌식·금융수사 등 전문팀을 운영하고 있다[134]고 한다.

그러나 실제 현황을 살펴보면, 2006년 이전에는 염정공서의 수사관은 행정장관의 행정명령만으로 감청 및 감시가 가능(2006년 법개정으로 감청에 대한 법관의 영장 필요)했으며, 이에 2005년 호텔 레스토랑 귀빈실에 도청장치 및 몰래카메라 설치 사건, 의뢰인과 변호인과의 미팅 도청 등 사건으로 사회적 파장이 발생한 바 있다. 또한 염정공서 내 부적법한 수사방식에 대한 통제 인력이 부족하여 문제가 발생하기도 하는데, 2003. 4.에는 주요 증인에게 위증을 하도록 회유 및 협박(위증죄 처벌)한 바 있으며, 2012. 4. 부패사건에 대한 재판과정에서 증인을 15차례나 불러 기존 진술을 반복해서 읽게 하고, 증언 내용을 코치(사법방해죄 및 직권남용죄 처벌)한 적도 있다고 한다.

현재 활동심사위원회를 설치하여 운영 중이지만, 대부분 비법조인 출신으로 구성되어 수사의 적법성을 검토하기에는 역량이 불충분하다는 비판이 있다. 이에 검사들이 배치되어 있는 율정사(법무부) 형사검공과의 역할을 강화하여 염정공서의 수사방식을 통제해야 한다는 견해가 제기되고 있는 실정이다.

---

134 조균석/박용철, 위의 연구보고서, 26면.

Ⅲ. 싱가포르의 탐오조사국(CPIB)

❶ 설치경위

싱가포르는 1940-1950년 '관계'를 중시하는 중국 문화의 영향을 받아 부패가 일상화되고 이에 따른 아편강탈 관여 등 경찰부패가 만연하자, 1952년 검찰총장(Attorney General) 산하에 탐오조사국(Corrupt Practices Investigation Bureau: CPIB)을 설치한 후, 1970년부터 총리 직속기구로 개편하였다.[135] 싱가포르의 탐오조사국(貪汚調査局)은 세계 최초 부패전담 독립기관으로, 지위 고하를 막론한 모든 부패사건에 관련한 부패전담기관이며, 싱가포르 검찰과 경찰은 탐오조사국 활동을 보조하는 정도에 그치고 있다.

❷ 구 성

국장 1인은 총리가 지명하여(싱가포르는 의원내각제 국가임) 대통령이 임명하며, 총리실의 사무차관에 대해 직접적 책임을 진다. 대통령은 부국장, 보좌관 및 특별조사관(special investigator)을 임명할 수 있다. 탐오조사국은 크게 수사부(조사부), 운영부, 협력부 등 3개 부서로 구성되는데, 핵심부서는 특별조사관들이 근무하는 수사(조사)부로 특별수사팀 등 5개 팀으로 나누어져 있다.

2018년 말 현재 탐오조사국 직원 수는 국장 포함 108명이며, 이 중 특별조사관만 72명에 달한다. 탐오조사국 특별조사관은 헌법기관인 공무원인사위원회(Public Service Commisson)[136]에서 공개 채용하는데, 특별조사관의 응시자격은

---

[135] 원래 탐오조사국은 설립 당시 싱가포르 대법원에 소속된 직원 13인의 소규모 기관이었으며, 당시 영국의 식민지였던 관계로 탐오조사국장은 먼저 식민지 총독부에 직접 보고하는 체계였으나, 1959년 6월 영국의 식민지로부터 독립하여 부패 척결을 강조한 인민행동당(People's Action Party)의 리콴유(李光耀) 수상이 집권하면서부터 상황이 급변하여 1960년 부패방지법(Prevention of Corruption Act)이 제정되고, 수차례의 개정을 통하여 탐오조사국의 권한이 더욱 강화되었다고 한다(조균석/박용철, 앞의 연구보고서, 13면).

[136] 싱가포르 헌법 제10장에 의해 구성된 공무원인사위원회(PSB)는 공무원(탐오조사국 포함)의

4년제 대졸자로서 정의감·성실성·정직성·공정성·청렴성·준법성·책임감을 테스트하는 직무적성 검사와 인성검사가 우선되는 등 일반 공무원 선발절차보다 까다롭다고 한다.

❸ 권 한

탐오조사국 국장 또는 특별 조사관은 영장없이 부패방지법 위반과 관련되었다는 믿을만한 정보나 합리적인 신고에 의해 부패방지법을 위반하였다고 인정되는 모든 사람을 체포할 수 있다(무영장체포권). 체포된 자는 탐오조사국이나 경찰서로 보내진다. 국장과 특별조사관은 체포된 사람이 소유한 물품등이 범죄의 결과이거나 증거라고 생각된다면 수색하거나 압수할 수 있다. 탐오조사국 국장, 부국장, 부국장보, 특별조사관등은 임무의 효율적 수행을 위해 무장할 수 있다(무기소지권).

또한 탐오조사국 국장 또는 특별수사관은 검사의 지시 없이 형사소송법상 범죄행위와 관련한 경찰수사권 전부 또는 일부를 행사할 수 있다. 누구든 부패방지법 위반혐의가 있으면 영장없이 그들의 계좌를 추적할 수 있으며 그의 집이나 사무실을 미리 알리지 않고 압수나 수색할 수 있다. 부패행위와 관련한 기록, 물품 재산 등이 있다고 생각되는 장소에 영장없이 압수 수색권을 행사할 수 있다(무영장 압수수색권). 혐의자의 예금 인출 등 임의적 재산 처분행위를 제한할 수 있다(계좌추적권).

임무는 형법상 형법 제165조 및 제213조 내지 제215조에서 규정하고 있는 뇌물수수죄, 부패방지법상 부패범죄 및 그 예비·음모죄 등에 대하여 연루된 공무원 및 관련 민간인이다. 이러한 탐오조사국의 수사는 경찰의 수사에 준하고, 탐오조사국 국장 및 특별수사관은 수사에 있어 경찰관으로 간주되므로 독립적 수사권이 보장된다.137 다만, 검사의 명령으로 탐오조사국장 등에게 수사권한이 부여되므로(수

비리에 대한 책임을 조사하기 위해 조사위원회를 임명한다. 탐오조사국 국장등 직원의 유죄가 인정되면, PSB는 해임 및 강제퇴직을 포함한 징계조치를 취할 수 있다.
137 싱가포르는 영미법계 국가로서, 수사는 경찰 외에 탐오조사국, 중앙마약국, 국내치안국 등

사주체의 결정은 검사의 권한)¹³⁸ 부패범죄에 대한 전속관할이 인정되는 것은 아니다.

　　이러한 탐오조사국의 수사는 부패범죄인 경우에는 경중을 불문하고, 지위 고하를 막론하고, 증뢰자와 수뢰자 모두를 처벌하고, 공무원과 민간인을 구별하지 않으며, 원칙적으로 이첩수사 대신 직접수사를 행하고, 익명 신고(고발)에도 의존한다는 특징을 가지고 있다.¹³⁹ 그리고 탐오조사국은 부패범죄만을 담당하는 것은 아니고 이와 관련 있는 다른 범죄의 수사도 담당한다. 다만, 탐오조사국은 독자적인 기소권이 없으므로 탐오조사국은 검찰총장에게 사건을 송부하고, 검찰총장이 기소에 관한 결정을 한다(기소에 대한 검사 승인).

【표 5-4】기소인원 중 공무원/일반국민 비율(일반국민 비율 89.9%)¹⁴⁰

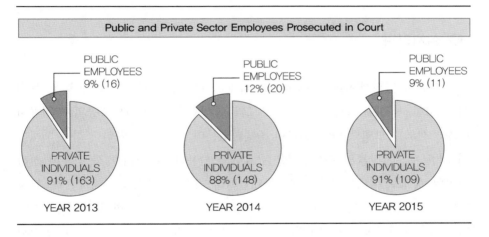

특별수사기관에서 담당한다.

138 싱가포르 부패방지법 제18조: "검사는 부패방지법에 따른 범죄행위가 행하여졌다고 믿을 만한 상당한 이유가 있는 경우, 명령으로 탐오조사국장 또는 특별수사관 등에 대하여 금융 거래정보를 조사할 수 있는 권한을 부여할 수 있다."
　　싱가포르 부패방지법 제19조: "검사는 명령으로 탐오조사국장 또는 특별수사관으로 하여금 형사소송법에 규정된 사법경찰관의 권한의 전부 또는 일부를 수행하도록 할 수 있다."

139 조균석/박용철, 앞의 연구보고서, 16면.

140 3년간(2013~2015년) 총 467명 기소인원 중 일반국민이 420명(89.9%)이며, 공무원, 공공기관 종사자 등은 47명(10.1%)이다(탐오조사국의 홈페이지(www.cpib.gov.sg)에 게시된 annual report에 근거함).

　　최근의 현황을 살펴보면, 2015년 877건의 신고가 접수되었고, 그중 132건이 입건되고 120명이 기소되었는데, 입건의 89%, 기소의 90%가 민간부문이라고 한다. 최근에는 탐오조사국의 자체 비리 및 정부비판인사에 대한 탄압문제가 발생한 바 있다. 즉, 탐오조사국 부국장이 공금유용 및 공문서위조 혐의로 기소되었으며, 정부를 비판한 싱가포르 국립대 법대교수를 제자로부터 성상납을 받은 혐의로 수사하였으나 무죄가 선고되었는데, 정치적 목적의 기획수사라는 주장이 제기된 것이다.

Ⅳ. 대만의 염정서(AAC)

❶ 설치경위

　　대만의 염정서(Agency Against Corruption; AAC)는 법관이 뇌물을 받고 무죄를 선고한 사건을 계기로[141] 싱가포르의 탐오조사국(CPIB)과 홍콩의 염정공서(ICAC) 제도를 모델로 하여 2011년 출범하였는데, 기존 제도와의 조화를 꾀하면서 기존 수사기관들의 수사인력을 유효하게 활용한다는 차원에서 법무부 산하기관의 형태로 설립되었다. 이에 부패범죄의 기소는 '주서(駐署)검찰관'이 담당한다. 즉, 지방검찰청 소속 검찰관을 염정서(廉政署)에 파견하여 수사개시부터 기소까지 주서검찰관이 염정관(수사관)을 직접 지휘하는데(15명 파견 중), 염정서 주서검찰관은 자신이 소속된 검찰청 상사의 결재를 받아 소속 검찰청 검사 자격으로 공소제기(구속영장, 압수수색영장 등 강제처분도 소속 검찰청 검사 자격으로 청구)를 한다. 이는 기소는 검사만 할 수 있다는 원칙을 견지한 것으로, 주서검찰관은 일주일 중 4일은 염정서에서 근무하고 1일은 소속 검찰청에 복귀하여 사건을 처리하는 형태이다.

---

141 2010년 7월 국민당 5선 입법위원 출신의 허즈후이(何智輝) 먀오리(苗栗)현장이 수뢰 혐의로 19년형을 선고받았다가 판·검사들에게 뇌물을 뿌리고 향응을 제공해 무죄판결을 받은 사실이 적발된 사건으로 판사 3명, 검사 1명이 구속되었다.

❷ 구 성

염정서 설립 이후 지금까지 염정서장은 모두 검사 출신이 임명되었는데, 염정서의 인원은 2015. 12. 기준으로 212명 규모로 운영되고 있으며(정원 254명),[142] 인원의 상당수를 경찰 및 법무부 조사국에서 확충하고 있다. 그러나 2012년 27건 기소, 2015년 59건 기소에 그치고 있으며, 자체 과학수사시설을 갖추고 있으나 고급설비가 부족하여, 법무부 조사국 포렌식 시스템에 의존하고 있는 관계로 세간의 이목을 끄는 고위직에 대한 수사의 경우는 대검찰청 소속의 특별수사부에서 담당하고 있다고 한다.

❸ 권 한

2016년 11월 대검찰청 특별수사부가 폐지된 후에도 세간의 이목을 끄는 고위공직자들에 대한 수사는 각 지방 검찰청에서 직접 담당할 가능성이 크다고 보는 것이 일반적인 견해라고 한다. 그리고 현재도 법무부 조사국(지방검찰청 등 법무부 소속 수사기관)은 오랜 경험과 전국적인 규모의 수사인력, 첨단과학수사 장비 등을 바탕으로 여전히 부패수사에 있어서 중추적인 역할을 하고 있는데, 이에 따라 염정서는 반부패 예방 및 교육에 중점을 두고 수사기능은 미미해졌다는 주장이 있다. 그리고 동일한 사건을 염정서와 법무부 조사국에서 동시에 수사하게 되는 경우, 협의 및 조정을 통하여 먼저 수사를 시작한 기관에서 수사를 진행하는 것이 원칙이지만(중복수사의 문제 발생시 주서검찰관이 조정), 원활한 조정이 어려운 경우 고등검찰청이 개입한다고 한다.

---

142 김태우, 「고위공직자비리수사처 입법론 검토」, 형사법의 신동향 통권 제54호(2017. 3.), 대검찰청 미래기획단, 98면.

V. 중국의 국가감찰위원회(SCS)

❶ 설치경위

2018. 3. 11. 제13기 전국인민대표대회 1차 회의 제3차 전체회의에서 「중화인민공화국 각급 감찰위원회는 국가의 감찰기관이다」라는 조항을 헌법에 넣고 국가기관 제1장에 감찰위원회(監察委員会)를 추가한 헌법 개정안이 통과된 후,143 2018. 3. 20. 중국 전국인민대표대회 제8차 전체회의에서 헌법 제124조 제4항에 따라, 감찰법 초안144을 표결하여 「중화인민공화국 감찰법」을 제정하였다.145 그리고 동법을 근거로 하여 공산당원 뿐만 아니라 비공산당원인 공무

---

143 헌법 제3장 '국가기구' 중에 하나의 절을 추가하며, 이를 제7절 '감찰위원회'로 삼는다. 5개의 조문을 추가하여 제123조 내지 제127조로 삼으며 내용은 다음과 같다.
제123조 중화인민공화국 각급감찰위원회는 국가감찰기관이다.
제124조 ① 중화인민공화국은 국가감찰위원회와 지방각급감찰위원회를 설립한다.
② 감찰위원회는 다음과 같이 구성된다: 주임, 부주임 약간명, 위원 약간명
③ 감찰위원회 주임의 임기는 해당 인민대표대회의 임기와 같다. 국가감찰위원회 주임의 연임은 2회를 초과할 수 없다.
④ 감찰위원회의 조직과 권한은 법률로 정한다.
제125조 ① 중화인민공화국 국가감찰위원회는 최고감찰기관이다.
② 국가감찰위원회는 지방각급감찰위원회의 업무를 영도하고, 상급감찰위원회는 하급감찰위원회의 업무를 영도한다.
제126조 국가감찰위원회는 전국인민대표대회와 전국인민대표대회상무위원회에 대해 책임을 진다. 지방각급감찰위원회는 해당 위원회를 구성한 국가권력기관과 직상급감찰위원회에 대해 책임을 진다.
제127조 ① 감찰위원회는 법률에 따라 독립적으로 감찰권을 행사하고, 행정기관·사회단체 및 개인의 간섭을 받지 않는다.
② 감찰기관은 직무위법(职务违法)과 직무범죄(职务犯罪) 사건을 처리하고, 심판기관·검찰기관·집행부문(执法部门)과 상호 협력·견제여야 한다.
144 감찰법 초안의 내용에 보면, 감찰법은 총 9개의 장으로 구성되는데, 이는 각, 총칙, 감찰기관과 그 직책, 감찰범위와 관할, 감찰권한, 감찰절차, 반부패국제협력, 감찰기관 및 감찰인원에 대한 감독, 법률책임 및 부칙이며, 총 69개 조문으로 구성되어 있다.
145 2018년 3월 11일 개최된 제13기 전국인민대표대회 제1차 회의에서 새로운 시대적 요청을 반영한다는 대의(大義) 아래 개정된 헌법의 핵심내용을 살펴보면, 헌법 서문에서는 "과학발전관"과 더불어 "시진핑 신시대 중국 특색 사회주의사상"을 국가 지도이념으로 추가하

원, 공공기관 종사자, 공무 담당자를 대상으로 부패를 감시하는 국가감찰위원회 (State Committee of Supervisory; SCS)를 공식으로 설립하였으며, 시진핑 친위세력 인 '시자쥔(習家軍)'으로 분류되는 양샤오두 공산당 중앙기율검사위원회(中央纪律 检查委员会) 부서기를 감찰위 초대 주임으로 임명하였다.146

중국의 경우 바로 공산당이 유일한 집권당으로 국가운영의 주요 의사를 결 정하고, 국무원 등 행정기관이 이를 집행하는 구조를 가진 국가이다. 특히 중국 공산당의 여러 조직 중 당과 국가기관의 주요 인사를 임면하는 조직부, 이데올로 기 선전 및 각종 매체를 담당하는 선전부, 중국 공산당의 기율을 위반한 당원을 초법적 수단으로 조사·처리하는 기율위원회가 특히 중요하다. 시진핑주석이 집 권한 이후 추진한 강력한 반부패운동에서 가장 큰 역할을 했던 기관이 바로 기율 위원회이며 그 수장이 우리에게도 익숙한 '왕치산(王岐山)'현 국가 부주석이다.

그런데 국가기관인 공안, 검찰 등의 기관이 아닌 기율위원회의 당원에 대한 초법적 수단인 쌍규(雙規) 조치147는 이미 국내외로부터 인권침해에 해당한다는 지적과 비판을 받았을 뿐만 아니라 그 대상 또한 공산당의 당원으로 한정되었 다. 이에 중국공산당은 이러한 인권침해의 논란을 회피하고, 나아가 공산당 당원 은 물론 비당원에 대한 감찰을 강화하기 위해 신설한 기구가 바로 '국가감찰위

여 명문화하였고, 본문에서는 "중국공산당의 영도는 중국 특색 사회주의에서 가장 본질적 인 특징"임을 명시하였으며, 특히 중국 국가주석의 임기에 관한 제한규정(연속하여 2기를 초과할 수 없다)이 삭제되었다는 점을 들 수 있다.

146 중국공산당의 최고감찰기관인 중앙기율검사위원회의 부서기가 국가감찰위원회의 주임을 겸하고 있다. 그 외에도 국가감찰위원회의 부주임과 위원 대부분은 최고감찰기관인 중앙기 율검사위원회의 상무위원회 위원이다.

147 '쌍규'는 공산당 기율위원회가 당원을 정식 형사 입건하기 전에 구금 상태로 조사하는 관 행을 말하는데, 영장심사나 조사기간 제한 등이 보장되지 않아 그동안 인권침해 논란이 끊 이지 않았다. '정해진 시간'에 '정해진 장소'에서 조사를 받아야 한다는 뜻의 쌍규 처분이 내려지면 그 순간부터 피의자의 모든 직무가 정지되고 인신자유가 박탈된다. 압수, 압류, 계좌추적과 동시에 피의자의 모든 재산도 동결된다. 심지어 쌍규 기간에는 일반인은 물론 가족과 변호사의 접견조차 제한된다. 일반적으로 쌍규 기간은 3~4개월이나 사안이 중대한 경우 2년까지 연장이 가능하다. 쌍규 이후에는 공직과 당직을 모두 박탈당하는 쌍개 처분 이 기다리고 있다. 그리고 쌍규 이후에는 다시 사법기관의 정식 조사를 받아야만 한다고 한다(손한기, 중국의 헌법개정 - 2018년 중국헌법개정의 주요 내용과 그에 대한 평가를 중심으로 -", 법학논고 제61집(2018. 04), 경북대학교 법학연구원, 51면).

원회'이다. 즉, 국가감찰위원회는 사실 중국공산당 기율위원회와 같은 조직이지만, 단지 그 이름만을 달리할 뿐이다. 다만, 이러한 국가감찰위원회가 헌법기관으로 새롭게 신설됨으로써, 중국 국가기구의 구조가 기존의 일부양원(一府兩院)[148] 체제에서 일부일위양원(一府一委兩院)[149] 체제로 변경된 것으로 볼 수 있다.[150]

결국 '「중화인민공화국감찰법」에 관한 설명서'에 따르면, 감찰위원회의 신설은 중국 감찰체계에 존재하는 문제점을 해결하기 위한 것으로, 첫째, 행정기관 및 소속 공무원으로 한정되었던 감찰대상을 정부기구 및 국유기업에서 공무를 수행하는 모든 담당자까지 포함하도록 감찰범위를 확대하였다는 점이다.[151]

둘째, 중국 공산당 기율 위반행위는 중국 공산당 기율검사위원회(中国共产党中央纪律检查委员会)가 조사하고, 행정기관 공무원의 법률 및 기율 위반행위는 행정감찰법에 따라 행정감찰기관(行政监察机关)이 조사하며, 검찰기관(检查机关)은 형사소송법(刑事诉讼法)에 따라 국가공무원의 범죄행위에 대하여 조사하는 등 업무 중복·역량 분산이 나타나던 문제를 극복하여 반부패 역량을 통합하였다는 점이다.

셋째, 국가적 차원에서 이에 대응하는 전담조직이 없었다는 점에서, 감찰법 제정을 통하여 각급 감찰위원회는 감찰직능을 책임지고 전담하는 기관임을

---

148 여기서 '일부(一府)'는 중앙과 지방 각급 인민정부(人民政府)를 말하고, '양원(兩院)'은 중앙과 지방 각급의 인민법원(人民法院) 및 중앙과 지방 각급의 인민검찰원(人民检察院)을 가리킨다. 하지만 일반적으로 일부란 '국무원'을, 양원이란 '최고인민법원'과 '최고인민검찰원'을 가리키며, 이들 일부양원은 모두 전인대에서 선출되어 구성되며, 전인대에 책임을 지고 감독을 받는다. '전인대(全人大)'는 중앙과 지방 각급의 인민대표대회(人民政府)를 가리킨다.

149 여기서 '일부일위양원'이란 정부, 감찰위원회, 인민법원, 인민검찰원을 가리키는 용어이다.

150 손한기, 위의 논문, 51면.

151 감찰법 제15조. 감찰기관은 아래와 같은 공직자 및 관계자에 대해 감찰을 진행한다.
  (1) 중국공산당 기관, 인민대표대회와 그의 상무위원회 기관, 인민정부, 감찰위원회, 인민법원, 인민검찰원, 중화인민정치협상회의 각급 위원회 기관, 민주당파 기관, 공상업연합회 기관의 공무원 및 〈중화인민공화국 공무원법〉를 참조하여 관리하는 인원.
  (2) 법률 법규의 수권(授权) 혹은 국가기관의 법에 따른 의뢰를 받아 공공사무를 관리하는 조직에서 공무에 종사하는 인원.
  (3) 국유기업 관리인원.
  (4) 국립 교육, 과학연구, 문화, 의료위생, 체육 등 기관의 관리 담당 인원.
  (5) 기층 대중적인 자치 단체관리 담당 인원.
  (6) 법에 따라 공직을 수행하는 기타 인원.

명시하고, 효율적인 감찰 체제를 갖추어 책임전담을 구현하도록 하는 등 감찰 기관의 통일성을 목표로 하였다는 점이다. 즉, 감찰기관의 통일성 부족 문제를 2018년 「헌법」일부개정 및 「중화인민공화국감찰법」에 지방각급검찰위원회를 규정하여 해결한 것이다. 특히, 중국공산당 당장(中国共产党章程) 제46조 "당의 각급기율검사위원회(各级纪律检查委员会)는 당 내의 감독(監督)전담기관이다"에 대응하여, 「중화인민공화국감찰법」 제3조는 "각급감찰위원회(各级监察委员会)는 국가감찰기능을 행사하는 책임기관(专责机关)이다"라고 규정하였다.152

　　이러한 국가감찰위원회는 국가기관 서열상 국무원과 중앙군사위원회 다음 이며, 이는 국무원 감찰부·국가예방부패국·인민검찰원 반부패 수사조직을 통 합한 거대 사정기구다. 헌법상 행정기관·사법기관과 동일한 지위를 부여받은 국가감찰위원회는 「감찰법」에 따라 감찰대상을 조사·심문·구금하거나 재산 동 결·몰수153할 권한을 가진다.

❷ 구 성

　　중화인민공화국 국가감찰위원회가 최고감찰기관이며, 성·자치구·직할시· 자치주·현·자치현·시·시 관할(직할)구에 감찰위원회를 설립한다(감찰법 제7조). 국가감찰위원회는 전국인민대표대회에서 선출되며, 전국의 감찰업무를 책임지 는데, 주임·부주임 및 위원 약간 명으로 구성된다. 주임은 전국인민대표대회에 서 선출하고, 부주임과 위원은 국가감찰위원회 주임의 제청으로 전국인민대표 대회 상무위원회에서 임명 및 해임한다. 국가감찰위원회 주임의 임기는 전국인

152　정연부, "중국 2018년 헌법개정에 대한 小考 – 연혁·주체 및 주요 내용에 대한 분석을 중 심으로 –", 중국법연구 제36집(2018. 11. 30.), 한중법학회, 24면.

153　감찰법 제23조. 감찰기관은 횡령, 뇌물 수수, 직무 유기 등 심각한 직무상 위법행위 또는 직무범죄 혐의를 조사할 때 필요 시 규정에 따라 사건과 관련된 기관 및 개인의 예금, 송 금, 채권, 주식, 펀드 할당액 등 재산을 조회할 수 있으며 동결할 수 있다. 해당 기관과 개 인은 협조해야 한다.
　　동결된 재산이 사건과 관련 없는 것으로 밝혀졌으면 밝혀진 날부터 3일 이내에 동결을 해 제하여 반환해야 한다.

민대표대회의 임기와 같으며, 2번 이상 연임하지 못한다. 국가감찰위원회는 전
국인민대표대회 및 그 상무위원회에 대하여 책임지고 그의 감독을 받는다(감찰
법 제8조). 지방 각급 감찰위원회는 해당급 인민대표대회에서 선출하고 해당 행
정구역내의 감찰업무를 책임진다. 그 구성 및 임기는 국가(해당급)감찰위원회와
동일하다(감찰법 제9조).

❸ 권　한

「감찰법」 전문을 보면 알 수 있듯이, 동 법률은 감찰위원회에게 감독, 조
사, 처벌 이 세 가지 직권을 부여하고 12개의 집행 조치를 정했다. 이에 더해
부패를 예방하는 조사권, 감사권, 경고권, 건의권, 불법행위에 대한 조사권, 처
분권과 부패 범죄자를 대상으로 하는 수사권, 예심권 등 권력을 향유한다. 이
규정은 홍콩 염정공서(廉政公署)와 유사하게 조사권, 수사권, 압류권, 체포권, 자
료 획득권 등을 강조하였고 큰 권력을 부여하였다.

조사권을 제외하여 비교적 많이 나타난 것이 감찰위원회의 처분권과 유치
권이다. 감찰위원회의 처분권은 크게 네 가지 내용이 있다.[154] 첫째, 위법 공직
자에게 법에 따라 정무적 처분을 준다. 즉 감찰위원회 직원들이 조사결과에 의
거하여 경고, 과실 기록, 큰 과실 기록, 강등, 해직, 면직 등 정무적인 처벌을
결정한다. 둘째, 직무상 오류를 범하거나 책임을 다하지 못한 지도자를 문책한
다. 셋째, 직무범죄 혐의자의 경우는 그의 조사결과를 인민검찰원으로 이송하여
심사하며 공소를 제기한다. 넷째, 검찰대상자의 소속 기관에게 감찰 제안을 제
시할 수 있다. 이러한 감찰 제안은 법적 효력이 있기에 만일 소속 기관이 적당
이유없이 제안을 이행하지 않으면 응분의 법적 평가를 받게 될 것이라고 밝혔
다. 다른 한편, 유치권의 본질은 '혐의조사'수단이 당내에서 국가로 범주를 확
대시키고 적용된 것이다. 이는 '혐의조사' 수단을 법정화하는 방식이다. 다만,

---

154 장도(저)/고비(역), "감독체제 개혁배경 하의 검찰원 직권 개선방안", 중국법연구 제36집
    (2018. 11. 30.), 한중법학회, 462면 이하 참조.

감찰위는 기소권이 없으므로 감찰위가 조사결과를 인민검찰원에 이송하면,155 인민검찰원156이 별도의 조사 및 공소 제기를 결정한다.157

그런데 중국공산당 기관지 인민일보에 따르면, 국가감찰위가 출범한 2018년 3월 이래 조사한 각종 비리사항은 모두 63만8000여건으로, 이 중 62만1000명이 각종 처분을 받았으며, 기율위반을 인정해 자수한 사람만 무려 2만7000명에 달한다158고 한다. 중국 공직사회가 국가감찰위원회로 인해 살얼음판을 걷고 있다는 사실을 짐작할 수 있는 것이다.

---

155 감찰법 제45조. 감찰기관은 감독 및 조사 결과에 의해 법에 따라 아래와 같이 처리한다.
  (1) 직무상의 위법행위가 있지만 범정이 가벼운 공직자에 대해 관리 권한에 따라 직접 혹은 관련 기관 및 관계자에게 의뢰하여 담화, 비판 교육, 반성 명령, 경고 격려를 진행한다.
  (2) 법을 어긴 공직자에 대해 법에 의한 절차에 따라 경고, 과실 기록, 중과실 기록, 좌천, 면직, 해고와 같은 정무 처분을 내린다.
  (3) 직무를 수행하지 않거나 제대로 수행하지 않는 서 책임이 있는 고위급 인사에 대해 관리권한에 따라 문책 결정을 바로 내린다. 또는 문책 결정을 내릴 권력이 있는 기관에 문책 건의를 제시한다.
  (4) 직무범죄 혐의를 받는 공직자에 대해 감찰기관에서 조사를 거쳐 범죄 사실이 명확하며 증거가 확실하고 충분하다고 주장할 경우 법에 따라 심사하고 공소를 제기하도록 작성한 기소의견서를 사건 자료, 증거와 같이 인민검찰원에 이송한다.
  (5) 감찰 대상 소속 기관의 청렴정치 건설 및 업무 수행 과정에서 나타난 문제 등에 대해 감찰 건의를 제시한다.
   감찰기관에서 조사를 거쳐 피조사인의 위법행위 혹은 범죄행위를 입증할 수 없는 경우 사건을 철회하고 피조사인의 소속기관에 통보해야 한다.
156 중국 헌법 제136조. 인민검찰원이 법과 규정에 따라 검찰권을 행사한다.
157 감찰법 제47조. 감찰기관으로부터 이송된 사건에 대해 인민검찰원은 〈중화인민공화국형사소송법〉에 근거하여 피조사인에게 강제조치를 취한다.
   인민검찰원에서 심사를 거쳐 범죄 사실이 규명되고, 증거가 확실하고 충분하며 법에 따라 형사 책임을 물어야 한다고 주장할 경우 기소 결정을 내려야 한다.
   인민검찰원에서 심사를 거쳐 자료 보완 및 확인이 필요하다고 주장할 경우 보완 수사를 하도록 감찰기관에 반송해야 하며 필요 시 인민검찰원에서도 보완 수사를 진행할 수 있다. 보완수사가 필요한 사건에 대해 한 달 이내에 보완 수사를 완성해야 하며 보완 수사 최대한 두번을 할 수 있다.
   인민검찰원은 〈중화인민공화국형사소송법〉에서 규정된 불기소 상황에 대해 상급 인민검찰원의 승인을 거쳐 법에 따라 불기소 결정을 내린다. 감찰기관은 불기소 결정이 잘못되었다고 주장할 경우 상급 인민검찰원에 재심의를 요청할 수 있다.
158 인민일보 한국어판, 2019. 3. 4.자.

제 5 절 ┃ 반부패특별수사기구에 대한 비교법적 검토

Ⅰ. 공수처와의 비교

위의 외국 입법례를 살펴볼 때, 미국·영국·독일·프랑스·일본 등 우리가 비교법적으로 주요국가로 참고하는 국가의 경우 공수처와 같이 특정 공직신분 자만을 대상으로 하는 독립된 부패범죄 특별수사기구를 두는 경우는 찾아보기 어렵다. 특히 거의 모든 국가가 헌법상 평등원칙과 형사사법의 통일적 적용을 이유로 기소기관을 검찰로 일원화 하고 있으며, 기소권을 2개 이상의 기관에 분리한 사례는 1985년 검찰제도를 도입한 영국159을 제외하고는 거의 찾아보기 어렵다.

OECD 국가들의 부패범죄 전담수사기구의 조직과 권한 제도현황을 분석해 보면, 수사권과 기소권을 함께 행사하고, 조직과 직무수행의 독립성이 법적으로 보장되는 경우가 다수다. 또한 대상사건을 판사, 경찰, 검찰 등 법집행기관 공무원을 포함한 고위공무원을 대상으로 하는 범죄로 제한을 두는 경우가 대부분 이다. 검찰조직내 반부패 전담기구를 둔 경우 그 설치목적이 경찰의 부패범죄 통제에 있다는 점에서 기관간 상호감시와 견제를 목적으로 운영되는 경우도 찾 아볼 수 있다.160

한편 아시아지역 반부패 특별수사기구는 대부분 경찰의 권한이 강하고 검 찰은 기소업무수행에 한정된 상황에서 수사권만 보유하면서 검사를 파견 받거

---

159 영국의 경우 사소제도가 그대로 유지되고 있고, 공적 소추기관도 ① 경찰 및 경찰에 의해 소추를 개시할 수 있는 권한이 부여된 자, ② 중대부정수사처 수사국장 및 해당국에서 소추개시권한이 부여된 자, ③ 법무총감(Attorney General) 및 그에 의해 소추개시권한이 부여된 자, ④ 국무장관(Secretary of State) 및 그에 의해 소추개시권한이 부여된 자, ⑤ 내부 재정위원회 위원(Commissioners of Inland Revenue) 및 그들에 의해 소추개시권한이 부여된 자, ⑥ 관세, 국세위원회 위원(Commissioners of Customs and Excise) 및 그들에 의해 소추개시권한이 부여된 자, ⑦ 국무장관의 명에 의한 자 및 명령을 받은 자로부터 소추개 시권한이 부여된 자 등이 있는바 수사와 소추권한이 매우 분산되어 있는 것이 특징이다 (Criminal Justice Act 2003, 제29조 제5항 참조).

160 박준휘 외, 고위공직자범죄수사처에 관한 연구, 형사정책연구원, 2019, 211-212면.

나 검사와 협력하는 시스템을 구축하고 있으며, 법무부 등의 산하기관으로서 행정권의 지휘·감독이 가능한 체계를 구축하고 있다는 점에서, 우리나라의 공수처와는 다른 형태이다.161 이에 일부 전문가는 정부여당이 밀어붙이는 공수처의 원형을 중국의 감찰위원회에서 찾을 수 있다고 보면서, 공수처와 수사권 조정으로 권한이 강화된 경찰을 기반으로 '중국식 공안통치 체제의 완성'을 노린다는 견해162도 있다.

II. 반부패 특별수사기구의 독립성 보장

기관의 소속을 기준으로 분류하면 법무부 산하에 설치된 경우는 영국의 중대부정수사처, 뉴질랜드의 중대부정수사처, 네덜란드의 국립검찰청 등이 있으며, 경찰청 산하에 설치된 경우는 노르웨이의 경제·환경범죄 수사·기소청, 아일랜드의 가르다경제범죄부, 체코 공화국의 금융범죄방지부서, 벨기에의 중앙부패조사청이 있다.

검찰청 산하에 설치된 경우는 스페인의 부패 및 조직범죄 검찰청, 헝가리의 중앙검찰수사청, 루마니아의 국립반부패국, 오스트리아의 연방 부패행위 예방 및 방지청, 같은 국가의 경제범죄 및 부패행위를 소추하기 위한 중앙검찰청이 있다. 그 밖에 총리산하에 설치된 기관으로는 폴란드의 중앙부패방지국이 있으며, 호주의 독립부패방지위원회는 정부로부터 독립하여 운영되고 있다.

---

161 김태우, 앞의 논문, 100면.
162 김종민, 공수처, 기구적·인적·실질적 정당성 결여... '중국식 공안통치' 흡사, 문화일보(2020. 11. 24.자).

Ⅲ. 비교법적 검토의 정책적 시사점

❶ 영미법계 형사구조를 도입하기 위한 전제조건

　　공수처 도입논의 과정에서 비교법적 검토가 특히 활발하게 논의된 바 있다. 이는 외국 반부패 특별수사기구의 조직구성 및 활동성과를 모범으로 삼고자 하였기 때문이다.163 그런데 예컨대 홍콩, 싱가포르 등 반부패 특별수사기구가 반부패 성과를 달성했다는 모범사례들의 실상을 살펴보면, 검사가 수사의 주체인 우리나라의 형사사법 체계와는 달리 경찰이 수사를 담당하는 영미법계 국가로서 유죄협상제도(Plea Bargaining)와 수사과정에서의 허위진술죄(False statement) 처벌, 영장 없는 감청(예컨대 싱가포르 탐오조사국의 무영장 체포권, 무영장 압수·수색권과 계좌추적권 등) 등의 특별한 권한이 부여되어 있었기 때문이라고 볼 수 있다. 더욱이 민간영역의 부패도 수사대상으로 하는 기구들로서 공무원 부패범죄보다는 일반 국민에 대한 수사와 기소가 더 큰 비율을 차지하고 있다164는 점도 고려해야 한다.

　　또한 공수처 상당부분을 모델로 삼은 영국 중대부정수사처(SFO)165의 경우 영미법계 국가인 영국의 제도적·정책적 배경을 염두에 두고 비교해 보아야 한다.

---

163 2019. 4. 26. 백혜련 의원을 비롯한 12명의 의원들이 발의한 법안(소위 '백혜련안')에 '고위공직자의 직무 관련 부정부패를 엄정하게 수사하기 위한 독립된 수사기구의 신설 필요성이 제기되고 있음… 실제 이런 취지와 기조로 설치된 홍콩의 염정공서, 싱가포르의 탐오조사국은 공직자 비위 근절과 함께 국가적 반부패 풍토 조성에 성과를 거두고 있는 것으로 나타나고 있음'이라고 적혀 있다.

164 염정공서(2011~2015년 5년간 평균)의 경우 연 236명 기소 중 공무원 28명, 일반국민 208명이고(88.2%), 탐오조사국(3년간 평균)은 연 155명 기소 중 공무원 15명, 일반국민 140명(89.9%)이라고 한다.

165 자세한 내용은 이정수, 「영국 특별수사청(SFO) 개관」, 형사법의 신동향 제6호(2007. 2.), 대검찰청 미래기획단, 28면 이하 참조.

【표 5-5】 영국의 수사시스템(특별수사기구 포함)

사건유형	수사기관	기소·공소유지기관
일반사건	경찰청(Police)	국가기소청 내지 공소청(CPS)
강력사건	국가범죄수사청(NCA)	국가기소청 내지 공소청(CPS)
특수사건	중대부정수사처 또는 특별수사청(SFO)	

무엇보다 영미법계 형사구조를 도입하기 위해서는 다음과 같은 전제조건이 충족되어야 한다.166 첫째, 범죄자처벌의 국가기관 역할에 대한 인식의 전환이 필요하다. 즉, 영미법계 체계를 취하는 경우, 범죄를 국법질서 침해행위로 보지 않고 피해자에게 가한 일종의 불법행위로 파악하므로 수사기관이 범죄자를 수사의 객체로 삼아 혐의유무를 가리고, 법원에 공소제기를 한다는 것은 "당사자주의"에 반하여 허용될 수 없을 뿐만 아니라 피해자나 그를 대리하는 소추인의 고발에 따라 법정에서 진실을 규명하는 "공판중심주의"가 필연적으로 수반되며, 이것은 민사소송과 마찬가지로 당사자(또는 변호인)의 역량에 좌우된다는 점이다. 이는 변호사의 역할증대 및 사설탐정업이 도입될 수밖에 없는 구조이므로, 사법의 대표적 병폐인 '유전무죄' '무전유죄'의 현상이 심화되는 것을 감내해야 할 것이다.

둘째, 수사기관의 구속기간이 폐지되어야 한다. 영미법계 국가의 경우 체포시부터 48시간 이내에 치안판사에게 인계해야 하므로, 우리나라의 경우도 30일간의 구속기간(형사소송법 제202조, 제203조, 제205조)이 삭제되어야 할 것이다.167

---

166 자세한 내용은 정웅석, 앞의 논문, 38면 이하 참조.
167 대륙법계 국가인 독일의 경우 구속기간의 제한이 없고, 다만 재범의 위험성을 이유로 한 구속의 경우 1년을 초과할 수 없다(StPO 제122조의a). 재범의 위험성을 이유로 구속한 경우 구속기간이 1년으로 제한되나 구속의 근거를 다른 사유로 변경하는 때는 다시 구속기간의 제한이 없으므로 계속 구금이 가능하다. 프랑스의 경우 일반 형사범죄 사건의 원칙적 구속기간은 4개월이지만(CPP 제145조-1조 제1항), 혐의범죄가 10년 이상의 법정형에 해당하는 경우 또는 범죄사실이 국외에서 행해지거나 마약거래, 테러, 조직범죄, 조직매춘, 탈세 또는 범죄단체조직 등에 해당하는 때에는 2년까지 연장할 수 있다(CPP 제145-1조 제2항). 중죄사건의 경우 피의자는 원칙적으로 1년을 초과하여 수사상 구속을 할 수 없다. 다만 석방구금판사는 예심수사를 계속하여야 할 특별한 사유가 있는 때에는 6개월을 초과하

특히 치안판사에게 인계된 후, 보석이 필요적으로 고지되고(무죄추정의 원칙) 일정한 보석금 내지 보석보증금을 내면 석방되는 불구속재판 구조를 감내해야 할 것이다.

셋째, 공판중심주의 원칙상 공판정에서 진술을 얻기 위한 면책조건부 증언제도(Immunity), 유죄협상제도(Plea Bargaining), 기소사실인부제도(Arraignment)는 물론 피의자를 포함하여 수사기관 등에서 거짓진술을 한 경우에 처벌하는 위증죄(Perjury and False Declaration) 및 허위진술죄(False statement) 등이 도입되어야 한다.168

넷째, 대폭적으로 무죄가 선고되는 상황을 감내해야 한다. 일례로 당사자주의 체계를 취하는 영국의 경우 16.9% 정도의 무죄선고율을 보여주는 반면,169 직권주의 체계를 취하는 독일은 2016년 기준 3.74%(728,441명 중 27,272명)의 무죄선고율170을 보여주고 있어서 이는 단지 영국의 법정에서 많은 억울한 사람이 그 소원을 풀었구나 하는 측면에서 파악할 것이 아니라, 철저한 당사자주의를 시행할 경우에 엄청난 숫자의 사람들이 기소의 대상이 되어 불필요한 재판을

지 아니하는 범위내에서 구속기간을 연장할 수 있다. 이 연장결정은 구속결정과 마찬가지로 심문을 거쳐야 한다(CPP 제145-2조 제1항).

168 각 제도의 자세한 내용은 정웅석, "주요 선진국의 수사 초기 단계에서의 효율적 증거 취득 방법 및 도입방안 연구", 2007년 대검찰청 용역과제 참조.

169 몇몇 일상적인 범죄(routine offences) 및 경찰이 공판회부 결정을 할 필요가 있는 사건을 제외한 중요 범죄에 대한 공판회부결정(Charge) 권한이 검찰로 이관된 이후, 영국 검찰청(CPS) 홈페이지에서 다운로드 가능한 연례보고서(annual report, 2015-2016)에 따르면, 대상기간(2015. 4.~2016. 3.)동안 전체 소추사건은 637,798건이고, 그중 유죄선고 사건은 530,199건(유죄율: 83.1%)으로 기술하고 있으므로 무죄선고율이 16.9% 정도가 될 것이다. 한편, 미국의 경우 각 해당 회계연도의 미국 연방검찰청 연간 통계 보고서(Annual Statistical Reports)에 따르면, 연방지방법원의 형사재판 유죄율은 1990년대에 80%대에 머물렀으나 2000년 이래 90%대를 유지하고 있으나, 특기할 점은 미국의 유죄판결 중 절대 다수가 유죄답변을 통해 이루어지고 있다(2011회계연도에는 81,228명, 2012회계연도에는 78,647명, 2013회계연도에는 73,397명에 대한 절차가 유죄답변을 통해 종결되었는데, 이는 각 회계연도 당 유죄판결을 받은 형사피고인의 97%에 해당한다)는 점이다(미국 연방검찰청 홈페이지, https://www.justice.gov/usao/resources/annual-statistical-reports 참조).

170 출처: Statistisches Bundesamt, 「Rechtspflige: Strafgerichte」, 각 해당연도 4.3 Art der Erledigung für die einzelnen Beschuldigten 참조.

받는 구조를 받아들여야 하는 것이다.171

【표 5-6】 우리나라의 제1심 선고사건 무죄율 추이(2009~2015년)172

연 도	무죄인원	무죄율
2009	4,447	0.35
2010	5,268	0.47
2011	5,594	0.61
2012	5,935	0.57
2013	5,003	0.52
2014	5,264	0.56
2015	5,084	0.58

【표 5-7】 제1심 형사공판사건 무죄인원수 및 무죄율 누년비교표173

연 도	판결인원수	무죄인원수	무죄율(%)
2006	192,772	2,314	1.20
2007	214,005	3,166	1.48
2008	237,234	4,025	1.70
2009	248,704	6,240	2.51
2010	241,105	21,229	8.80
2011	246,619	47,947	19.44
2012	257,091	60,399	23.49
2013	230,691	32,543	14.11
2014	239,960	21,014	8.76
2015	230,559	11,858	5.14

171   차동언, 「한국 형사사법의 미래를 생각하며」, 형사소송법 개정안 공청회 – 국민을 위한 바람직한 형사사법절차의 모색 –, 대검찰청(2005.5), 18면.
172   출처: 법무부, 「(2013년도 국정감사) 법제사법위원회 위원 요구자료 (Ⅲ)」, 2013, 199면; 법무부, 「(2016년도 국정감사) 법제사법위원회 위원 요구자료 (Ⅷ)」, 2016, 39–40면.
173   출처: 법원행정처, 2016 사법연감, 2016, 659면.

〈표 5-6〉의 우리나라의 제1심 선고사건 무죄율은 무죄선고인원/제1심 선고인원(약식명령 포함)으로 확정 기준이 아니라 선고를 기준으로 산정한 것으로, 여기서 무죄선고인원은 검찰처분인원을 기준으로 하고 재심, 재정신청사건에서 무죄가 내려진 경우는 제외한 것이다.174 1%가 채 되지 못하는 미미한 비중이지만, 제1심 선고사건의 무죄율은 2000년대 이후 상승세를 기록하고 있다. 2000년에 0.08%였던 무죄율은 해마다 늘어,175 2011년에는 0.61%까지 치솟게 된다. 그러나 〈표 5-7〉의 제1심 형사공판사건 무죄율을 살펴보면, 공판중심주의를 강조한 2006년 이래 지속적으로 상승하고 있으며, 2015년에는 5.14%까지 치솟게 된다.

❷ 검찰 외 독립된 특별수사기구 신설의 타당성

우리나라의 경우 그동안 권력형비리사건이 터질 때마다, 늘상 기존의 검찰은 제쳐놓고 특별검사를 통한 해법을 모색해왔다. 대통령과 고위 공무원에 의한 권력형비리사건에서 대통령과 법무부의 지휘와 감독을 받지 않게 하려면, 검찰청 소속의 검사의 개입이 처음부터 배제되어야 하기 때문이다. 더욱이 검찰의 정치적 중립성은 검찰이 그 본연의 역할과 기능을 수행함에 있어 태도 내지 입장의 중립성을 의미하는 것일 뿐, 검찰이 조직체계상 독립적 지위를 획득하여야 하는 차원과는 의미차원이 다르다는 점에서, 수사권과 기소권이라는 검찰권을 중립적으로 행사할 수 있는 독립된 주체를 내세워야 하다는 발상의 전환이 필요하다는 견해176도 있다. 사안별 특검이든 제도특검이든 또는 상설특

---

174 산정기준이 다른 까닭에 검찰의 제1심 선고사건 무죄율 추이와 법원의 제1심 형사공판사건 무죄율 추이 사이에는 상당한 차이가 발생한다. 2010년부터 무죄율이 급등한 데에는 2009년에 헌법재판소가 도로법 등의 양벌규정에 대해서 위헌결정을 내림으로써 재심청구사건이 급증한 것이 원인으로 작용했다.

175 「검찰기소 무죄율 해마다 증가…서울중앙지검 2년새 2.4배」, 경향신문 2009. 9. 13.자, http://news.khan.co.kr/kh_news/khan_art_view.html?artid=200909131807105&code=940301#csidxe6f32525f36e4b894f30076dae90484.

176 김성돈, 「검찰외 독립된 특별기구 신설의 필요성과 구체화방안」, 제13회 월송기념 학술심

검이든 공수처든 그 이름이 무엇으로 불리어지든 핵심 키워드는 '중립성'에서 '독립성'으로 바뀌어야 한다는 것이다. 즉, 비대한 검찰권력의 분산이라는 차원에서 권력분할과 권력통제를 동시에 충족시키기 위해서는 수사와 기소의 분리라는 방향성, 즉 수사권 및 수사주체의 분할 내지 분점이 아니라 수사 대상사건을 분할하여 수사권과 함께 기소권까지도 검찰과 독립된 특별기구에게 분점하게 하는 방향성이 타당하다는 것이다.

그러나 새로운 특별수사기구인 공수처는 그 기능면에서나 조직구조상 검찰과 다를바 없을 뿐만 아니라 검찰기능이 제대로 운용된다면 아무런 존재의미가 없게 될 것이다. 더욱이 야당의 비토권을 없앤 개정된 공수처법에 따르면, 대통령의 눈치를 보는 또하나의 권력기관만 만드는 일일 뿐이다. 왜냐하면 제도 하나를 도입하는 것은 어려운 일이 아니지만, 제도의 성공을 권력자의 선의(善意)에 맡겨둘 수는 없기 때문이다. 출발점이 선하고 좋은 의도를 가졌다고 하더라도 권력을 잡으면 누군가는 부정을 저지르기 마련이며, 특히 감시받지 않는 권력은 절대적으로 부패한다는 사실이다. 공수처(특별수사기구)의 신설은 검찰개혁방안과 부정부패의 척결이라는 두 마리 토끼를 모두 잡은 방안이라고 하지만,177 기능적 독립성을 모두 갖춘 공수처가 부패하면 어떻게 통제할 것이지 의문이다. 또다시 이러한 논거를 근거로 '초공수처'를 만들어야만 하는 것인가?

결국 제도는 한 번 도입하면 쉽게 돌이키기 어렵다는 점에서 과연 그 제도를 도입할 필요가 있는지, 필요가 있다면 어떤 형태로 도입해야 할 것인지에 대하여 그 분야 전문가들의 충분한 논의를 거쳐야 할 것이다.

포지엄, 헌법과 형사법, (재)유기천교수기념사업출판재단, 2017, 205면.

177 김성돈, 위의 논문, 244면.

───── 제6장

공수처의 바람직한 운영과 개선방안

제 1 절 ┃ 우리나라 검찰제도의 연혁 및 발전과정

I. 의 의

우리나라는 현재 검사 약 2,200명[1]이 약 20,000명의 경찰(사법경찰; 수사경찰)을 지휘하여[2] 연간 250만 명 이상의 피의자를 수사하고 있으며,[3] 검찰의 1년 예산도 약 9천억 원에 이르고 있고,[4] 3,200명 내외의 판사[5]가 이를 처리하고 있으므로 세계에서 유래가 없을 정도로 저비용으로 운영되고 있다고 할 수 있다.

반면에 공판절차를 중시하는 영미법계 국가인 미국의 경우 2001년[7] 기준 연방법무부 예산이 약 30조 원,[6] 연방법원 예산이 약 7조 원이고,[7] 각 주별로 따지면 약 4천만 명 정도의 인구를 가지고 있는 캘리포니아 주의 경우도 법무

---

1. 2019년 1월 1일 현재 전국 검사의 정원은 2,292명이다: 검사정원법 제1조(검사의 정원) 「검찰청법」 제36조 제1항에 따라 검사의 정원을 2,292명으로 한다.

2. 2016년도 기능별 경찰공무원 정원을 살펴보면, 수사경찰은 20,427명으로 전체 경찰인원 (114,658명)의 17.8%를 차지하고 있다(경찰청, 2016년 경찰통계연보, 2017, 8면).

3. 2016년 검찰이 처리한 인원은 2,581,748명이다. 검찰처리인원의 추이를 살펴보면, 1997년에 2,110,436명이었던 검찰처리인원은 2008년에 2,736,064명, 2009년에 2,820,395명으로 크게 늘어났다가 2010년에 2,398,984명으로 줄어들어 현재까지 220만~250만선을 유지하고 있다(대검찰청, 2017 검찰연감, 2017, 786면).

4. 2016년도 검찰 일반회계 세출예산 총액은 9,116억 557만 원으로 법무부 일반회계 세출예산의 29.9%를 차지하고 있다(대검찰청, 2017 검찰연감, 2017, 751면). 2006년도 검찰 일반회계 세출예산 총액은 5,238억 2,685만 원으로 이 중 557억 7,439만 원이 수사활동에 사용되었다(2005년도 검찰 일반회계 세출예산 총액 4,924억 2,208만 원, 수사활동 561억 1,246만 원)(대검찰청, 2007 검찰연감, 2007, 492면; 대검찰청, 2006 검찰연감, 2006, 439면). 2007년 이후 일반회계 예산 세항별 내역이 검찰행정/검찰청운영/수사활동에서 인건비성경비/청운영기본경비/세부사업비로 바뀌어 현재 수사활동에 어느 정도의 예산이 소요되고 있는지 통계상으로는 알 수 없으나, 대략 예산의 10% 내외가 수사활동에 사용되고 있는 것으로 사료된다.

5. 2019년 1월 1일 현재 각급 법원의 판사정원은 3,214명이다.

6. 미국 법무부 홈페이지, https://www.justice.gov/doj/budget-and-performance.

7. 미국 연방법원 홈페이지, http://www.uscourts.gov/about-federal-courts/governance-judicial-conference/congressional-budget-summary.

부 예산이 약 9,000억 원, 법원 예산이 약 3조 8천억 원이 사용되고 있으므로8 캘리포니아 주가 미국 GDP의 약 10%를 부담한다는 점에 비추어 볼 때, 주에서 는 대략 47조 원, 연방에서는 37조 원 도합 84조 원을 사법예산으로 사용하고 있다. 영국9에서도 재판을 진행하는 판사가 모두 3만 명가량 있다10는 점에 비 추어 볼 때, 적어도 우리나라 사법예산의 10배는 필요하다고 판단된다. 직권주 의 국가인 독일11의 경우에도 우리나라의 2배 정도 되는 연간 500만 건(2016년) 을 처리하면서12 판사 2만 명, 검사 6천 명을 필요로 하여13 비율상 판사는 우 리보다 7.7배, 검사는 2.7배를 더 고용하고 있다.

2002년을 기준으로 하더라도 독일의 경우 우리나라의 2배가 조금 안 되는 연간 4,598,322건을 처리하면서 판사 2만 명, 검사 6천 명을 필요로 하여 비율 상 판사는 우리보다 5배, 검사는 2배를 더 고용하고 있다. 그리고 일본의 경우 에는 검찰이 실제로 거의 수사를 하지 않고 공소관으로서만 기능하고 있음에 도 불구하고, 판사는 3천 명(2002년), 검사는 부검사 포함 2,500명을 운용하고 있으며, 예산은 법원이 3조 3천억 원, 검찰이 1조 원 정도를 사용하고 있다.

이처럼 우리나라의 수사 및 재판은 세계에서 유래가 없을 정도로 저비용으 로 운영되고 있으며, 반면에 무죄율은 세계에서 제일 낮을 정도로 고효율을 보 여주고 있다.14 그럼에도 우리나라 수사 및 재판에 대한 뿌리 깊은 불신이 남아

---

8 캘리포니아 주 입법분석실(Legislative Analyst's Office, LAO) 홈페이지, The Budget — Judicial Branch, Dpartment of Justice 참조, http://www.lao.ca.gov/Budget?year=2017.

9 2012년 기준으로 영국 인구는 약 6,300만 명이라고 한다(네이버 백과사전).

10 영국 법원 홈페이지, https://www.judiciary.gov.uk/publications/judicial-statistics-2017/ (2018. 5. 28. 최종검색). 2017년 4월 1일을 기준으로 법원(Court) 판사 3,134명, 재판소 (Tribunal) 판사 5,236명, 잉글랜드와 웨일즈의 치안판사 16,129명이 있다.

11 2013년 기준으로 독일 인구는 약 8,115만 명이라고 한다(네이버 백과사전).

12 Statistisches Bundesamt, Rechtsflege: Staatsanwaltschaften 2016(Fachserie 10 Reihe 2.6), 2017, S.13.

13 Statistisches Bundesamt, Finanzen und Steuern: Personal des öffentlichen Dienstes 2016(Fachserie 14 Reihe 6), 2017, S.78. 2016년 6월 30일을 기준으로 판사는 22,735명, 검사는 5,835명이 있다.

14 미국의 인구 10만 명당 수감자는 753명으로 한국 97명의 7.76배에 이름에도 불구(2008-2009)하고, 미국의 10만 명당 살인사건은 5.0건, 10만 명당 강도사건은 133건으로, 한국

있고 경우에 따라서는 권력기관 상호간의 감정적인 분쟁으로까지 비화되고 있다. 그러나 우리나라 수사 및 재판에 관한 문제는 무엇보다도 먼저 국민의 기본권을 최대한으로 존중하여야 한다는 기본입장에서 검토되지 않으면 안 된다. 즉 수사 및 재판의 문제를 국가기관간의 권한대립의 문제로 볼 것이 아니라 형사사법정의의 실현에 유익한 것인가라는 측면에서 논의해야 할 것이다. 따라서 먼저 우리나라 검찰제도의 연혁을 살펴본 후, 공수처의 바람직한 운영 및 개선방안을 검토하고자 한다.

II. 갑오개혁과 근대 검찰제도의 도입

❶ 재판소구성법

우리나라는 조선조 말엽에 이르기까지 근대적 의미의 검찰제도는 없었다. 물론 그 이전에도 범죄의 소추를 담당하는 기구가 없었던 것은 아니지만 그 당시까지는 국왕을 정점으로 하여 행정권과 사법권이 명확히 구분되지 않은 채 일반 관리들이 행정사무와 겸하여 재판사무를 취급하였을 뿐만 아니라, 재판절차도 일반 관리들이 직접 범죄 및 범죄자를 일방적으로 심리 · 재판하는 전근대적인 규문절차이었기 때문에 탄핵주의적인 소송구조를 전제로 하는 근대적 의미의 검찰제도는 아니었다. 따라서 우리나라에 검찰제도가 최초로 등장한 것은 1894년부터 시작한 갑오개혁때 국정전반에 걸친 일대개혁을 단행하면서 사법제도를 근대화하기 위하여 1895년 3월 25일 법률 제1호로 「재판소구성법」을 제정 · 공포하고, 이어 동년 4월 16일 법부령(法部令) 제2호로 「검사직제」를, 동년 4월 29일 법부령 제3호로 「민 · 형사소송규정」을 제정 · 공포한 이후로 보아야 할 것

2.9건의 1.7배, 13건의 10.2배를 기록(2010–2012)하고 있다(Nick Cowen, Nigel Williams, Comparisons of Crime in OECD Countries, CIVITAS Institute for the Study of Civil Society 2010–2012, 4–8면)고 한다(이민, 「검찰개혁 과제와 방향」 국회세미나(2016. 7. 18.) 토론문, 금태섭/백혜련/송기헌/조응천, 77면).

이다. 왜냐하면 이 「재판소구성법」과 「검사직제」 및 「민·형사소송규정」은 대
륙법계를 계수한 일본제도를 모방하여 완전한 형태는 아니었으나, 재판을 담당
하는 판사와 범죄의 조사 및 소추를 담당하는 검사의 직무상 분화를 전제로 하
는 근대적 탄핵주의 형사절차의 도입을 의미한 것으로 볼 수 있기 때문이다.

    이러한 「재판소구성법」은 제1조에서 재판전담기관으로 지방재판소, 한성
(漢城) 및 인천 기타 개항장재판소, 순회재판소, 고등재판소, 특별재판소 등 5종
의 재판소를 설치하도록 하고, 제2조는 각 재판소의 위치와 관할구역은 법부대
신15이 정하며, 제7조는 법부대신이 지방실정에 따라 지방재판소 지청을 설치
할 수 있도록 하고, 제8조는 재판소 직원으로 판사·검사·서기 및 정리를 배치
하여 검찰권을 행사하도록 하였는데, 이처럼 각급재판소에 검사를 두도록 함으
로써16 우리나라의 최초로 "검사"라는 용어와 관직이 등장하게 되었으며, 그 결
과 재판을 전담하는 판사와 소추를 담당하는 검사를 분별하는 근대적 검찰제도
의 발아를 보게 된 것이다.17 그리고 동법 제38조는 "檢事는 令狀의 發付, 證據
의 蒐集 及 裁判의 執行 其他 檢察의 事務를 行ᄒᆞ미 可ᄒᆞ고 又는 監獄에 臨檢
ᄒᆞ여서 無故로 捕獲 及 拘留ᄒᆞ는 事의 有無를 法意ᄒᆞ미 可ᄒᆞ고 旦 拘留人은 其
審訴를 速行ᄒᆞᄅᆞᆯ 務ᄒᆞ미 可흠"이라고 규정하고, 동법 제39조는 "檢事는 其 職
務로 司法警察에게 命令ᄒᆞᄅᆞᆯ 得함"이라고 규정하여 사법경찰관에 대한 수사지

15 1894년 6월 25일 고종은 일본의 강압에 못이겨 국정개혁의 중추기관으로 오늘날 입법기관
    에 해당하는 군국기무처를 설치하였는데, 군국기무처는 새로운 국가통치체제로 근대국가적
    행정기구를 답습하여 의정부 산하에 내무·외무·재무·군무·법무·학무·공무 및 농상 아문
    의 각 부서를 두고 각 아문 하에 국을 설치하여 의정부를 8아문 56국의 행정기구로 만들었
    다. 이후 1895년 3월 관제개혁에 따라 종전의 법무아문이 법부로 개칭되었으며, 법부대신은
    사법행정, 은사·복권에 관한 사무, 검찰사무를 지휘하며, 특별법원·고등재판소 이하 각 지
    방재판소를 감독하고, 고등재판소의 재판장과 특별법원의 재판장이 되며, 법부 산하에 있는
    법관양성소에 대한 감독권도 갖게 되었다고 한다(김일수, "대한민국 검찰이 나아갈 방향과
    독일 검찰제도가 주는 시사점", 독일형사법연구회 2014년 춘계발표회 자료집, 20면).
16 재판소구성법 제3조(각 재판소의 직원 및 그 인원수에 관한 총칙규정), 제8조(지방재판소
    직원으로서의 검사) 및 제13조(한성 및 인천 기타 개항장재판소 직원으로서의 검사), 제20
    조(순회재판소 직원으로서의 직원), 제24조(고등재판소 직원으로서의 검사) 등에서 우리나
    라 사법사상 최초로 '검사'의 용어를 사용하고 있다.
17 송해은, "한국검찰의 연역에 관한 고찰", 저스티스 제27권 제2호, 한국법학원, 28면.

휘권의 근거를 마련하였다. 다만 법원과 별도로 검찰청을 설치하지 않고 검사를 판사, 서기, 정리와 함께 재판소의 직원으로 규정한 것이 특색인데, 이 구상은 판사에 대한 사법행정상의 지휘권을 법부대신에게 부여하는 구상(동법 제4조, 제9조 등)등과 함께 독일식의 모델[18]이 일본법의 영향하에 채택된 것으로 보인다. 이처럼 당시의 검사는 독자적인 지위와 직무권한을 가지고 있었으나, 조직체계상으로는 각급 재판소의 직원으로서 현재와 같이 독립된 조직과 기구를 갖고 있지 아니하였다.

그러나 이러한 「재판소구성법」의 제정으로 말미암아 제도사적으로 사법권을 행정권으로부터 분리·독립시킴과 동시에 재판을 전담하는 판사와 범죄수사 및 소추를 담당하는 검사의 역할을 분리시킴으로써 근대 서구의 개혁된 형사소송법에서 등장한 탄핵주의가 우리나라에도 도입된 것은 그 의미가 매우 크다고 할 것이다.

❷ 재판소처무규정통칙

1895년 3월 25일 칙령(勅令) 제50호로 재판소처무규정통칙(裁判所處務規程通則)을 제정·공포하였는데, 그 중 검사의 사무처리에 관한 규정을 살펴보면, ① 재판소에 수인의 검사가 있으면 수석검사(首席檢事)가 사무분담을 정할 수 있고, ② 피고인신분이나 사건의 본질에 비추어 중대한 경우에는 수석검사가 掌理하고 만약 친히 掌理하지 못할 경우에는 특별한 주의를 요하고, ③ 중대한 범죄에 대한 공소장, 고소사건에 대하여 기소를 하지 아니하는 통첩서(通牒書), 감독상관에게 제출하는 서류, 검사의 辨理[19]에 대한 항고의 판정서(判定書), 각 부 및 지방관서간의 왕복서(往復書)의 각 正本上에 수석검사가 서명날인을 하여야 하고, ④ 수석검사가 사고가 있을 때에는 기히 수석검사의 지명을 받은 검사가 대

---

18 독일의 입법례에서 언급한 것처럼 독일의 법무부(Justizministerium)는 글자 그대로 사법(Justiz)부이다. 법원행정과 법무행정을 엄격히 분리하는 우리와는 달리 독일은 판사와 검사가 공히 법무부장관에 의하여 임명되며, 검찰에 관한 규정도 법원조직법(GVG)내에 두고 있다.

19 일을 판별하여 처리한다는 의미로 결정이나 처분을 의미한다.

리하고, ⑤ 검사는 범죄의 고소가 있을 때 필요하면 범죄현장에 나가 임검할 수 있고, ⑥ 검사는 처리하는 사건에 대하여 수시로 법부대신에게 보고할 수 있고, ⑦ 수석검사는 매 6월과 12월에 그 재판소에서 반년간 掌理한 사무의 성적 및 폐해가 있을 때에는 그 교정하는 방법을 갖추어 법부대신에게 보고하여야 하고, ⑧ 검사는 개정시각전에 사진기(仕進記)20에 날인하고 수석검사가 입즉조사(立卽調査)한 후 검인하고 만약 不進者가 있으면 不進한 이유 및 결말을 사진기(仕進記)에 주기(注記)하고 그 초록(抄錄)은 수석검사가 법부대신에게 제진(堤進)하여야 하고, ⑨ 검사가 문서를 접수하였을 때에는 그 처리안을 여백이나 별지에 적어 서기에게 교부하고 바로 처리하지 못할 때에는 후일 제출할 기한을 예상하여 서기에게 교부하여야 하고, ⑩ 수석검사는 각기 주장(主掌)에 관한 제표(諸表)의 조제(調製)를 장리(掌理)하여 법부대신에게 제진(堤進)하여야 하고, ⑪ 수석검사는 검사의 고적(古蹟)21에 대하여 매년 말에 법부대신에게 보고하여야 하고, ⑫ 수석검사는 소속서기의 분담을 정하여 그 중 1인을 감독서기로 명할 수 있고, ⑬ 검사의 사무장리(事務掌理)에 대한 항고는 그 감독상관이 판정하고 최종의 항고는 법부대신이 판정한다는 것 등이 있다.

　　특이한 점은 수석검사가 재판소의 소속직원에 대한 고과(考課)를 매년 말에 법부대신에게 보고하도록 하고 있음에도 불구하고 이러한 수석검사의 고과보고 대상에서 검사를 제외하고 수석검사가 검사에 대한 고과를 하였다는 점을 들 수 있고, 이는 비록 검사가 재판소의 소속직원으로 되어 있으나 업무처리에 있어서는 판사와 별도로 독자성을 보유하면서 궁극적으로는 당시 사법행정의 수장격인 법부대신의 감독과 지휘를 받았다는 것을 의미한다.22

❸ 검사직제 및 민·형사소송규정

　　재판소구성법 제38조에서 규정한 검사의 일반적인 직무권한 규정 이외에

20　사진(仕進)은 벼슬아치가 정해진 시각에 출근한다는 의미이므로 사진기는 출근부를 뜻한다.
21　관리의 성적을 詳考하는 것으로 考課라고도 한다.
22　송해은, "한국검찰의 연역에 관한 고찰", 저스티스 제27권 제2호, 한국법학원, 30면.

1895년 4월 16일 법부령 제2호로 공포한 "검사직제"에서 더욱 구체적으로 검사의 직무에 관하여 규정하고 있는데, 그 내용을 요약하면 검사는 ① 범죄의 수사, 공소제기 및 공소불제기, ② 형사상 법률의 정당한 적용의 감시, ③ 형벌과 부과형의 집행청구 및 그 집행에 임검(臨檢) 감시(監視), ④ 법부대신의 지휘를 받아 사형집행, ⑤ 민사상 유자(幼子)나 부녀에 관한 소송, 실종자와 대를 이를 사람이 없는 유산에 관한 소송, 증서위조에 관한 소송 등에의 입회(立會), ⑥ 범죄의 고소 고발의 수리, ⑦ 관리의 부정부당한 행위를 발견하였을 때에 증거를 수집하여 징계처분을 구하는 한편 공소를 제기하는 것, ⑧ 제마음대로 체포나 구류를 자행하는 사람이 없도록 주의하고 피고인이 오래 구금되지 않도록 주의하는 것, ⑨ 판사에 대한 피고사건의 선사청구(先査請求), ⑩ 피고사건의 취초(取招)를 위한 피고인의 인치 및 구류, ⑪ 범죄에 관한 증거수집과 증인신문, ⑫ 행흉(行兇)23현장에 임하여 관계인 및 현장에 있는 자의 신문, ⑬ 범죄성질과 행흉정황(行兇情況)을 알기 위한 때에 특별기술자를 입회시키는 것, ⑭ 증거발견을 위하여 피고인 및 관계인의 가택수색, 증거물건의 압수, ⑮ 범죄수사, 영장집행, 피고인 인치 등과 관련한 사법경찰관의 지휘 등을 주요직무로 규정하고 그 밖에도 직무집행에 있어서 分力할 것, 검사는 재판소에 대하여 독립하여 사무를 행할 것 등을 규정하고 있다.

한편, 1895년 4월 29일 법부령 제3호로 「민·형사소송규정」이 제정되고 같은 해 5월 2일 관보에 게재되어 공포되었는데, 「민·형사소송규정」이 비록 동일한 법규정 안에 민소·형소를 함께 포괄하고 있었다고 하더라도, 제1장 민사, 제2장 형사로 나누어 총 44개조에 걸쳐 각 소송절차를 체계적으로 설시한 최초의 절차법이라는 점에서 그 의미가 크다. 이러한 「민·형사소송규정」 중 검사의 직무와 관련된 중요한 부분을 요약하면 ① 공소장은 서식에 따라 검사가 작성하고, ② 검사는 고소·고발을 받아 수사를 전개하고 유죄로 인정될 때에는 공소장을 작성하고 증거물과 함께 재판소에 심판을 청구하고, ③ 검사는 공판정에서 피고사건에 대하여 진술하고 증거를 제출하며 법률적용에 관한 의견을 진술하고, ④ 검사는 사형을 제외하고는 상소기간이 경과한 후 곧 형벌의 집행을

---

23 사람을 죽이는 것을 말한다.

명하고 이에 입회하고, ⑤ 상소는 검사·피고인·피해자가 할 수 있으며 상소제기기간은 3일내이고, ⑥ 재판소가 상소를 포기하였을 때에는 원재판소검사에게 통첩하여 형집행절차를 취하도록 한다고 규정하고 있다.

❹ 개정 재판소구성법

　　수년간의 편법과 시행착오를 거치면서 1899년 5월 30일 법률 제3호로 개정된 재판소구성법은 재판소의 심급에 관한 조정(재판소 조직을 지방재판소, 한성부 및 개항시장재판소, 순회재판소, 평리원(고등재판소의 개칭), 특별법원의 5종으로 함)을 시도한 이외에 새로운 형사사법제도를 종래의 구제도와 절충시켜 현실성을 제고하려는 노력을 나타내고 있다. 즉 개정 재판소구성법은 잠정적 조치로서 지방재판소를 각도(各道) 관찰청(觀察廳)에 權設하고 관찰사가 판사를 겸임하며(동법 제59조) 각 개항장재판소는 각(各) 항시서(港市署)에 兼設하고 판사는 監理로 겸임토록 하고(동법 제60조), 또 순회재판소를 설치하지 않기로 하였다(동법 제61조). 또 동년 법부훈령(法部訓令) '開港場裁判所 判事를 例兼하는 各港府尹의 所管地 方命案은 該港警務官으로 하여금 初檢事務를 담당케 하고 覆劍以上은 該管下郡守로 하여금 담당케 하는 件'을 발하여 검찰업무의 변칙적 처리를 허용하였는데,24 이때 개정된 재판제도의 특색은 갑오개혁 당시의 본뜻과는 달리 재판기관을 모두 지방행정기관에 합설하게 하고, 판사도 지방관으로 충당하게 함으로써 복고의 길을 걷게 했다는 점이다.

　　한편 동법은 종전의 검사직무와 대동소이한 검사의 직무에 관한 사항(동법 제42조)과 검사가 사법경찰관에 대해 지휘권을 행사할 수 있다(동법 제43조)는 규정을 두고 있었으며, 이와 같은 법상태는 일제의 통감부가 설치되기까지 유지되었다.

24　신동운, 「韓國檢察의 沿革에 관한 小考」, 검찰 통권 제100호 기념특집호, 대검찰청, 44면.

III. 통감부시대의 검찰제도

❶ 신재판소구성법

1905년 11월 17일 일본의 강압에 의하여 이른바 을사조약이 체결되고, 같은 달 20일 통감부가 설치됨에 따라, 일본의 영향을 받아 1907년 12월 23일 법률 제8호로 새로운 「재판소구성법」(신재판소구성법)과 법률 제9호로 「재판소구성법시행법」이 제정·공포되었는데, 신재판소구성법에 의하면 재판소의 종류를 대심원(大審院)·공소원(控訴院)·지방재판소(地方裁判所)·구재판소(區裁判所)의 4종으로 하고, 각 재판소에 대하여 검사국을 두고(동법 제3조 제1항) 이에는 檢事長(大審院 檢事局에는 檢事總長)을 두었으며 재판소 및 검사국의 행정업무와 검찰업무는 법부대신의 감독에 속하도록 함으로써(동법 제6조) 최초로 검사에 대한 조직체제를 재판소와 병치(代置)25하는 검사국의 형식으로 분리하였다.

그리고 검사의 일반적인 직무권한에 관하여는 동법 제3조에 검사는 공익을 대표하여 형사에 관하여 공소를 제기하고 판결의 집행을 감독하며, 민사에 대하여는 필요한 때에 통지를 구하여 의견을 진술할 수 있다고 규정하여 공익의 대표자로서의 검사의 지위를 최초로 천명하였으며, 사법경찰관과 기타 행정관리는 검사의 요구에 의하여 그 직무를 방조하여야 한다고 규정하여 검사의 사법경찰에 대한 지휘·명령권을 명시하였다.

❷ 민·형사소송규칙

1908년 7월 13일 법률 제13호로 제정된 「民·刑事訴訟規則」은 검사의 직무에 관하여 다음과 같은 규정을 두고 있는데, 검사에게 범죄수사권 및 사법경찰관에 대한 지휘권 그리고 인신구속에 있어서 영장을 요구한 점에서 특색이 있다.

25 병치란 검찰이 법원의 소속이라는 말이 아니라 각 법원에 대응하여 각 검찰을 둔다는 것이다. 예컨대 서울지방법원에 대응하여 서울지방검찰청을 둔다는 의미이다. 따라서 통감부시대에는 총독부 법무부 소속인 각 재판소와 총독부 법무부 소속인 각 검사국이 있었던 것이다.

【표 6-1】 민·형사소송규칙

제149조: 檢事는 犯罪가 有홈으로 思量훈 時는 其 搜査를 行홈이 可흠
제150조: 警觀·警部는 司法警察官이라 ᄒᆞ야 檢事의 指揮를 受ᄒᆞ야 犯罪를 搜査ᄒᆞ이 可흠
　　　　巡査는 司法警察吏라 ᄒᆞ야 檢事 及 司法警察官의 指揮를 受ᄒᆞ야 犯罪搜査의 補助를
　　　　行ᄒᆞ이 可흠
제151조: 司法警察官은 司法警察事務에 關ᄒᆞ야 檢事의 命令을 從ᄒᆞ이 可흠
제153조 제1항: 搜査에 當ᄒᆞ야는 被告의 訊問·逮捕·拿引·拘留, 證人의 訊問·拿引, 鑑定, 檢
　　　　　　　證, 家宅搜索 及 物件押收를 行홈을 得흠 旦 司法警察官은 檢事의 許可를 有
　　　　　　　치 아니ᄒᆞ면 十日以上 被告를 拘留홈을 得지 못흠
제158조 제1항: 拿引이나 拘留를 命홈에는 令狀을 發홈이 可흠

❸ 사법경찰관집무규정

　　1909년 4월 17일 법부령 제2호로 사법경찰관집무규정(司法警察官執務規程)을 제정하여 같은 달 20일·22일·5월 20일 관보에 게재하여 공포함으로써 검사의 사법경찰관에 대한 지휘·명령권에 따른 사법경찰관의 업무처리준칙을 확립하였는데, 동규정은 全文 제69조로 구성되어 있고, 제1장 총칙, 제2장 수사, 제3장 사건송치, 제4장 영장집행, 제5장 군인·군속에 관한 특별수속, 제6장 장부 및 서류로 구분되어 각 장별로 세부적인 지침을 규정하고 있다. 중요한 사항을 열거하면 다음과 같다.[26]

【표 6-2】 사법경찰관집무규정

① 사법경찰관은 검사의 지휘를 받아 범죄를 수사한다.
② 사법경찰관은 순사를 지휘하여 그 직무를 보조하게 하며, 필요한 때에는 순사를 경부대리로 명하여 사법경찰사무를 집행하게 할 수 있다. 이때에는 소관 경찰서장은 신속히 그 명단을 소관 지방재판소 검사장 및 구재판소 검사에게 보고해야 한다.
③ 사법경찰관은 다음과 같은 범죄가 발생하였을 때에는 신속히 이를 소관 지방재판소 검사장 및 사건 소관청의 검사에게 보고해야 한다.

26　김일수, "대한민국 검찰이 나아갈 방향과 독일 검찰제도가 주는 시사점", 독일형사법연구회 2014년 춘계발표회 자료집, 25면.

- 관리, 4등 이상 대훈자, 2품 이상의 유위자, 변호사의 금옥 이상에 해당하는 범죄
- 형법대전 제4편 제1장 반란에 대한 범죄
- 인명에 관한 범죄
- 화폐위조에 관한 범죄(경미범죄 제외)
- 신문지법에 관한 범죄(경미범죄 제외)
- 보안법에 관한 범죄(경미범죄 제외)
- 위 이외에 공안에 중대한 관계가 있는 범죄

④ 사법경찰관은 매월 처리한 범죄건수와 범죄원인에 관한 월표를 작성하여 다음달 10일 이내에 소관 지방재판소 검사장에게 제출한다.

⑤ 사법경찰관이 피고인을 구금한 후 검사에게 송치함이 없이 9월을 경과하면 이를 석방해야 하나, 사건 소관청 검사의 허가를 얻은 때에는 석방하지 않고 계속 수사할 수 있다.

⑥ 친임관이나 칙임관을 체포·인치 또는 구류하고자 할 때에는 사건 소관청의 검사에게 이를 보고하여 지휘를 받아야 하고, 주임관을 체포·인치 또는 구류한 때는 신속히 사건 소관청의 검사에게 그 뜻을 보고해야 한다.

⑦ 사법경찰관이 피고사건에 대한 수사를 종결한 때에는 원칙적으로 그 사건을 검사에게 송치해야 하나, 고소나 관청으로부터 고발받은 사건을 제외하고 피고사건이 경미하여 처벌할 실익이 없다고 사료하는 때에는 피고인에게 훈계를 가한 후, 사건을 검사에게 송치하지 않을 수 있다. 그러나 그 사실을 사건 소관청 검사에게 보고해야 한다.

⑧ 영장의 집행에 있어 재판소나 판사가 발부한 영장을 검사가 집행지휘서나 검인을 찍어 사법경찰관에게 집행지휘를 한다. 사법경찰관은 구인장이나 체포장을 집행했을 때 영장과 함께 그 지휘를 한 검사에게 압송하고, 구류장을 집행했을 때는 지정한 감옥이나 유치장에 압송한 후, 그 영장은 집행지휘한 검사에게 제출한다.

❹ 통감부재판소령

통감부재판소령이 시행됨으로써 다시 한 번 근대적 재판제도로의 발전을 향한 진통속에서 재판제도의 변혁을 겪게 되었는 바, 그 변혁된 주요골자를 요약하면, ① 종래의 각급재판소와 검사국이 대한제국 내각의 법부에 속하여 법부대신의 지휘·감독을 받았으나, 통감부재판소령에 의하여 통감의 지휘·감독을 받도록 하였고(제1조,제9조), ② 종전의 대심원(大審院)을 고등법원으로 개칭하고, 그 원장은 고등법원의 행정사무를 지휘·감독할 뿐이고 전국의 행정상의 지휘·감독권은 통감이 직접 행사하도록 하였으며(제12조), ③ 통감은 지방재판소의 사무의 일부를 취급하기 위하여 관할구역내의 구(區)재판소에 지방재판소의 지부를 설치할 수 있고(제5조), ④ 통감은 지방재판소나 그 지부의 재판권에 속하는 형사사

건의 예심을 명할 수 있고, 고등법원장도 일정한 경우에 고등법원 또는 하급재
판소의 판사에게 예심을 명할 수 있게 하여 소위 "예심제도"를 창설하였다(제8조).
이와 관련하여 한국인 출신 판·검사에 대한 재판권 행사를 제한한 것이 특이한
점인데, 즉 한국인 출신 판·검사는 민사에 있어서 원·피고가 모두 한국인인 경
우, 형사에 있어서는 피고인이 한국인인 경우에 한하여 재판할 수 있고, 일본인
에 대하여는 일본인 판사만이 재판할 수 있게 하여 같은 재판소의 판·검사이면
서도 차별대우를 명문화하였다(제25조)는 점이다.

　　한편 통감부재판소령의 시행에 의하여 종래에는 대심원 검사국의 검사총
장이 법부대신의 명을 받아 전국 검찰사무를 지휘·감독하던 것을 대심원 검사
국의 검사총장의 명칭을 고등법원 검사국 검사장으로 변경하고, 고등법원 검사
국 검사장이 통감의 지휘·감독을 받아 검사국의 사무를 장리(掌理)하고 하급사
무국을 지휘·감독하도록 하였으며(제17조), 지방재판소 검사국의 검사장을 檢事正
으로 명칭을 변경하였다(제19조). 또한 검사는 검찰사무에 대하여 상관의 명령에
복종하여야 한다(제9조)고 규정하여 검사동일체의 원칙을 확립하였다.

【표 6-3】 통감부재판소령(統監府裁判所令)

제2조 統監府裁判所를 나누어 區裁判所, 地方裁判所, 控訴院 및 高等法院으로 한다.
　　統監府裁判所의 설치, 폐지 및 관할구역은 통감이 이를 정한다.
　　統監府裁判所에 통감부판사를 설치하되, 판사는 勅任 또는 奏任으로 한다.
제9조 統監府裁判所에 檢事局을 倂置한다.
　　檢事局은 統監의 관리에 속하며 조선에 있어서의 검찰사무를 관장한다.
　　檢事局의 관할구역은 이를 병치하는 재판소의 관할구역과 같다.
　　檢事局에 統監府검사를 두고 검사는 勅任 또는 奏任으로 한다.
　　檢事는 검찰사무에 대하여 상관의 명령에 복종하여야 한다.
제17조 高等法院檢事局에 고등법원검사장을 둔다. 고등법원검사장은 統監의 지휘·감독을 받아
　　그 국의 사무를 掌理하고 하급검사국을 지휘·감독한다.
제26조 區裁判所檢事의 직무는 統監府警視, 統監府警部 또는 統監府裁判所書記로 하여금 이를
　　행하게 할 수 있다.

❺ 한국에 있어서의 범죄즉결령

1909년 10월 16일 칙령(勅令) 제240호로 "한국에 있어서의 犯罪卽決令"을 제정하고 같은 달 18일 관보에 게재하여 공포하고 같은 해 11월 1일부터 시행 하도록 하였는데, 이는 일정한 범죄에 대하여 사법경찰관의 즉결심판권을 인정 하여준 제도였다.

[표 6-4] 범죄즉결령(犯罪卽決令)

제1조 統監府警視 又는 統監府警部로서 韓國의 警察署長, 分署長인 職務를 有한 者 又는 其代 理를 하는 者는 警察署 又는 分署의 管轄區域內에서 左의 범죄를 卽決함을 得함.
一. 拘留 又는 科料의 刑에 處할 罪
二. 韓國法規에 의하여 笞刑,27 拘留 又는 三十圓 以下의 罰金刑에 處할 罪

여기서 주목할 점은 사법경찰관에게 경미범죄에 대한 고유의 즉결처분권 을 부여하고 검사 및 판사의 사법적 통제를 배제함으로써 근대적 형사사법체계 의 정신에 배치되는 인권의 사각지대를 조장하였고, 즉결의 대상이 되는 범죄 를 행위유형별로 특정하지 않고 법정형이 아닌 처단형을 기준으로 일반범죄에 도 적용할 수 있도록 하였다는 점이다.28

Ⅲ. 조선총독부시대의 검찰제도

❶ 형사사법제도의 재편

1910년 8월 29일 한일합방을 단행한 일본에 의하여 설치된 조선총독부는

---

27 1905년 4월 29일 대한제국의 형법이 제정되어 같은 해 5월 29일 관보에 게재·공포되었 는 바, 동법 제93조에 주형을 死刑, 流刑, 役刑, 禁獄刑, 笞刑의 5종으로 한다고 규정하고 있다.
28 신동운, 앞의 논문, 50–51면.

1910년 10월 1일 제정 제5호로 「朝鮮總督府裁判所令」을 제정·공포하였다. 그 후 일제는 1911년 조선총독부의 命令, 制令에 법률과 같은 효력을 부여하는 일본국 칙령 제324호 「朝鮮에 施行할 法令에 관한 件」을 제정하여 식민지사법조직의 구축을 마련한 후 식민통합의 불가결한 도구인 형사사법제도의 재편에 본격적으로 착수하였다. 이 작업은 ⅰ) 조선총독부재판소령의 전면개정, ⅱ) 조선형사령의 제정 및 ⅲ) 조선태형령의 제정[29]이라는 세 가지 입법을 통하여 이루어졌다. 특히 검사의 공소권과 관련하여 위에서 언급한 것처럼 1909년 「韓國에 있어서의 犯罪即決令」에 따라 경찰관에게 경미범죄에 대한 고유의 즉결처분권이 부여됨으로써 검사 및 판사가 전혀 개입하지 않는 형사사법체계가 이 땅에 도입되는 계기가 되었고, 이는 1910년 12월 「犯罪即決例」로 대체되는데 그 구상은 「韓國에 있어서의 犯罪即決令」과 같았으나 그 적용대상을 행정법규위반죄까지 확대한 점이 주목된다. 이에 따라 경찰서장이나 그 직무를 취급하는 자인 헌병분대장, 헌병분견소장에 의하여 즉결언도를 받아 많은 한국인들이 처벌을 받았고, 특히 태형은 한국인에게만 적용된 탄압의 수단이었으며, 헌병·경찰은 한국인을 불법으로 체포하고 고문하여 정식재판을 이용하지 않고 언도를 하는 방법으로 항일운동을 규제하는 데 범죄즉결례를 악용하였던 것이다.

【표 6-5】 범죄즉결례(犯罪即決例)

제1조 경찰서장 또는 그 직무를 취급하는 자는 그 관할구역 내에 있어서 좌(左)의 범죄를 즉결할 수 있다.
　1. 拘留 또는 科料의 형에 처할 죄
　2. 3월 이하의 징역 또는 백 원 이하의 벌금 또는 과료의 형에 처할 도박의 죄 및 구류 또는 과료의 형에 처할 형법 제208조[30]의 죄
　3. 3월 이하의 징역, 금고 또는 구류 또는 백 원 이하의 벌금 또는 과료의 형에 처할 행정법규 위반의 죄
제2조 ① 즉결은 재판의 정식을 사용하지 않고 피고인의 진술을 듣고 證憑을 취조하여 즉시 그 언도를 하여야 한다.
　② 피고인을 호출할 필요가 없는 때 또는 그를 호출하여도 출두하지 아니한 때에는 즉시 그

29　조선형사령은 일제에 의하여 1912년 3월 18일 制令 제11호로 제정된 이래 1945년 우리 민족의 해방에 이르기까지 12회에 걸쳐 개정되었다.

言渡書의 등본을 본인 또는 그 주소에 송달할 수 있다.
제7조 징역 또는 그 금고의 언도를 받은 피고인에 대하여는 경찰서장 또는 그의 직무를 취급하
는 자는 拘留狀을 발할 수 있다.
제8조 구류의 언도를 할 경우에 있어서 필요한 때에는 제5조에 정한 기간31 내에 피고인을 유치
할 수 있다. 단 언도한 형기에 상당한 일수를 초과할 수 없다.

그 후 1911년에는 이 칙령을 일본국 법률 제30호로 격상시켰으며, 형사법
제와 관련해서는 1912. 3. 18. 제령 제1호 조선형사령이 기본이 되었고, 조선형
사령에 의해 시행된 일본법률로 형법, 형법시행령, 형사소송법 등이 있었다.

❷ 조선총독부재판소령

1912년 조선총독부재판소령은 종래의 재판소제도를 폐지하면서 '항소원(控
訴院)'을 '복심법원(覆審法院)'으로($\substack{제21\\조}$), 구재판소(區裁判所)를 '지방법원지청(地方
法院支廳)'으로 개칭하였으며($\substack{제26\\조}$), 조선총독부재판소를 지방법원·복심법원 및
고등법원의 삼심삼급제(三審三級制)를 채택하였으나($\substack{제2조\\제1항}$), 검찰조직에 대하여는
지방법원지원을 설치할 때에 그 지원에 검사분국을 설치한다($\substack{제9조\\제1항}$)는 규정 이외
에는 통감부시대와 큰 차이가 없다. 즉 최고 정점에 검사가 아닌 조선총독이 존
재하고, 경찰이 검사의 직무를 대리할 수 있다는 점 등은 통감부시대와 동일하다.

---

30 당시 시행중이던 일본형법 제208조는 "폭행을 가한 자가 사람을 상해함에 이르지 아니한
때에는 1년 이하의 징역 혹은 50원 이하의 벌금 또는 구류 혹은 과료에 처한다. 전조의 죄
는 고소를 기다려서 이를 논한다"라고 규정되어 있다.
31 정식재판청구기간인 3일 또는 5일을 말한다.

【표 6-6】 조선총독부재판소령

제2조 朝鮮總督府裁判所를 나누어 地方法院, 覆審法院 및 高等法院으로 한다.
　(이하 동일함)
제9조 朝鮮總督府裁判所에 檢事局을 倂置한다. 지방법원지원을 설치할 때에는 그 지원에 검사
　분국을 설치한다.
　檢事局은 조선총독의 관리에 속하며 조선에 있어서의 검찰사무를 관장한다.
　檢事局의 관할구역은 이를 병치하는 재판소의 관할구역과 같다.
　檢事局에 조선총독부검사를 두고 검사는 勅任 또는 奏任으로 한다. 검사는 검찰사무에 관하여
　상관의 명령에 복종하여야 한다.
제17조 高等法院檢事局에 고등법원검사장을 둔다. 고등법원검사장은 조선총독의 지휘·감독을
　받아 그 국의 사무를 掌理하고 하급검사국을 지휘·감독한다.
제21조 중 「控訴院」을 「覆審法院」으로 바꾼다.
제26조 중 「區裁判所」를 「地方法院支廳의」로 바꾼다.

---

❸ 1912년 조선형사령

　　조선형사령은 일본의 형사법령을 이 땅에 '依用'하도록 함으로써 근대형사
법령으로서 당시 일본의 1907년 형법, 1890년 형사소송법(소위 明治刑事訴訟法)이
일단 기본적인 형사재판의 준칙으로 사용되게 되었다. 그러나 표면상의 근대형
사법전의 시행에도 불구하고 식민지 형사사법의 편의를 꾀하기 위하여 각종 독
소조항(동법 제12조 등)이 일본 형법, 형사소송법에 대한 소위 특례로서 규정되어
근대적 형사소송법의 핵심부분, 특히 강제수사권에 관한 제반 규제를 완벽하게
배제함으로써 인권보장을 그 출발점으로 하는 서구식 근대형사사법의 근간을
형해화하였다. 특히 조선형사령은 식민지통치를 목적으로 사법경찰관에게 구류
장발부의 권한을 제외하고는 검사와 거의 대등한 강제수사권을 부여하면서 한
편으로는 검사와 동일한 직권을 가지는 조선총독부경무총장(朝鮮總督府警務總長)
을 정점으로 기능하는 한편 검사의 수사보조자로서 검사의 명령에 복종한다는
이원적 명령체계에 따르고 있었다.32
　　더욱이 위에서 보는 것처럼 조선형사령 제12조가 사법경찰관리 작성의 조

32　송해은, 앞의 논문, 45면.

서에도 절대적 증거능력을 인정함으로써 일단 사법경찰관리가 작성한 조서에 자백이 기재되어 있기만 하면 그것으로 유죄의 증거가 확보된 것이었다. 이와 같이 절대적 증거능력이 인정된 일건(一件) 수사서류는 검사의 공소유지에 있어서 아무런 어려움을 남기지 않았으며, 법관의 입장에서도 일본어로 재판되는 공판의 실제에서 한국인 피고인의 법정진술을 통역하거나 번역하는 번거로움을 피하기 위하여 수사서류를 중심으로 심리를 행하는 것이 일반적이었다. 그리고 이러한 관행은 특히 일제말 전시형사특별법(戰時刑事特別法)[33]의 발효에 따라 순수한 서면심리에 의한 형사재판이 가능하게 됨으로써 본격적인 조서재판제도의 완성을 보게 된 것이다.[34]

【표 6-7】 조선형사령

제4조: 朝鮮總督府警務總長은 사법경찰관으로 하여금 범죄를 수사함에 대하여 지방법원검사와 동일한 직권을 갖는다.

제5조: 左 記載한 官吏는 檢事의 補佐로 하여 그 지휘를 받아 사법경찰관으로서 범죄를 수사하여야 한다.
   一. 朝鮮總督府警務部長
   二. 朝鮮總督府警視, 警部
   三. 憲兵將校, 准士官, 下士
   전항의 사법경찰관은 검사의 직무상 發한 命令에 따른다.

제12조: 검사는 현행범 아닌 사건이라도 수사의 결과 급속한 처분을 요할 것으로 思料하는 때에는 공소제기전에 한하여 영장을 발하여 檢證, 搜索, 物件差押을 하고 被告人, 證人을 신문하거나 또는 감정을 명할 수 있다. 단 벌금, 과료 혹은 비용배상의 言渡를 하거나 또는 宣誓를 하게 할 수는 없다.
   前項의 規定에 의하여 檢事에게 許한 職務는 司法警察官도 또한 假로 이를 행할 수 있다. 단 拘留狀을 發할 수는 없다.

제15조 檢事가 피고인을 勾留한 경우에 20일 이내에 기소의 절차를 밟지 아니하는 때에는 이를 석방하여야 한다. 형사소송법 제146조 제2항의 규정[35]은 이를 적용하지 아니한다.

제16조 檢事는 범죄의 수사를 종료하여 유죄로 사료하는 때에는 공판을 구하여야 한다. 단 구류 또는 과료에 해당하는 사건을 除한 외 사건이 繁雜할 때에는 豫審을 구할 수 있다.

---

33 戰時刑事特別法 제22조의3(裁判所 또는 豫審判事가 상당하다고 認定한 때에는 證人 또는 鑑定人의 訊問에 대신하여 書面의 提出을 하게 할 수 있다).

34 신동운, 「韓國 檢察制度의 現況과 改善策」, 서울대 법학 제29권 제2호, 40면.

35 明治刑事訴訟法 제146조 제2항은 「만일 被告人에 대하여 拘留狀을 發한 때에는 3日內에

❹ 1912년 조선태형령

조선형사령은 1907년 일본형법을 의용하기로 하면서 구한말(舊韓末)의 법령이었던 형법대전(刑法大典)을 폐지하였는데, 일제가 대한제국의 법령이었던 형법대전을 그때까지 사용하였던 것은 그 봉건적 형벌체계, 특히 태형을 활용하기 위함이었다. 그런데 형법대전이 폐지되면 태형의 법적 근거로 소멸하게 될 것이므로 이에 대비하여 일제는 「朝鮮笞刑令」을 발하여 종래의 봉건적 태형제도를 유지하여 식민지 지배를 위한 야만적, 비인간적, 폭압적 직접 강제수단을 확보하였던 것이다. 이것이 바로 근대적 경찰기구가 이 땅에 들어오면서 우리 민족에 대하여 체벌(體罰), 즉 매질을 가하는 기관 내지 장소로 일반인들이 인식하게 되었다는 사실을 의미한다.36

【표 6-8】 조선태형령

제1조: 3月 以下의 징역 또는 拘留에 處해야 할 것은 그 情狀에 의하여 笞刑에 處할 수 있다.
제3조: 百圓 以下의 罰金 또는 科料의 言渡를 받은 자가 그 言渡確定後 5日內에 이를 完納치 아니할 때에는 檢事 또는 卽決官署의 長으로 그 情狀에 依하여 笞刑으로 換刑할 수 있다. 但 笞刑執行 中 아직 執行하지 아니한 笞數에 相當하는 罰金 또는 科料를 納付한 때에는 笞刑을 免함.
제11조: 笞刑은 監督 또는 卽決官署에서 秘密히 이를 執行함.
제13조: 本令은 朝鮮人에 限하여 이를 適用함.

起訴의 節次를 行하여야 한다」라고 규정하고 있다.

36 신동운, "일제하의 형사절차에 관한 연구", 박병호 교수 화갑기념(Ⅱ), 한국법사학논문집 (1991), 408-409면(...(중략)... 이 조선태형령은 범죄즉결례와 결합하여 일제식민지통치의 첨병인 경찰, 헌병 등에게 태형을 수반하는 즉결처분권을 부여하였고, 일제는 이를 통하여 식민지 지배에 있어서 절대적 공포분위기의 조성과 극도의 소송경제라는 이중의 효과를 거둘 수 있었다... (중략)... 식민지 경찰은 태형을 통하여 합법을 가장한 고문을 가할 수 있었고, 이 때문에 일제가 이땅에 근대적 경찰기구를 도입하는 초기부터 우리 민족은 경찰을 매질을 하는 기관으로 인식하게 되었다...).

❺ 1922년 조선형사령

조선형사령에 의하여 依用되는 일본의 형사소송법이 1922년 5월 4일 법률 제75호로 전면개정되자(소위 大正 刑事訴訟法), 이의 시행에 맞추어 1922년 12월 7일 조선형사령도 制令 제14호로 전면개정되었는데, 그중 검찰에 관한 부분을 살펴보면 다음과 같다.

첫째, 대정(大正) 형사소송법 제279조가 「범인의 성격, 연령 및 환경과 범죄의 정황 및 범죄후의 정황에 의하여 소추를 필요치 않을 때에는 공소를 제기하지 않을 수 있다」고 규정하여 기소편의주의를 도입하였다는 점이다.

둘째, 조선형사령 제13조에 의하여 사법경찰관의 유치기간이 10일로 단축되었고, 제15조에 의하여 검사의 구류기간도 10일로 축소되었다.

셋째, 1912년 조선형사령과는 달리 1922년 조선형사령 제12조는 금고 이상의 형에 해당하는 사건에 한하여 급속한 처분을 허용하고 있다.[37]

❻ 검사의 사법경찰관리에 대한 지휘·명령권에 관한 법령

검사는 범죄수사의 주체로서 검사와 사법경찰관리간에는 엄격한 상명하복의 관계에 있었으므로 사법경찰관리는 검사의 직무상 발한 명령에 복종하여야 하였다. 그에 관한 법령으로는 조선형사령 제5조[38] 및 그에 따라 의용된 일본 형사

---

[37] 제12조: 검사는 형사소송법에서 규정한 경우 외에 사건이 금고이상의 형에 해당하며 급속의 처분이 필요하다고 인정하는 때에는 공소의 제기전에 한하여 압수, 수색, 검증 및 피의자의 구인, 피의자 혹은 증인의 신문, 감정, 통역 또는 번역의 처분을 할 수 있다. 전항의 규정에 의하여 검사에게 許한 처분은 사법경찰관 또한 이를 할 수 있다. 형사소송법 제87조 제1항(구인사유), 제88조(구인장) 및 제131조(기타 준용규정)의 규정은 전 제2항의 勾引에, 형사소송법 제1편 제13장 내지 제15장(증인신문, 감정, 통역에 관한 장) 중 검사 또는 사법경찰관이 하는 처분에 관한 규정은 전2항의 증인의 신문, 감정, 통역 또는 번역의 처분에 대하여 이를 준용한다.

[38] 1912년 조선형사령은 후에 다음과 같이 개정된다.
제5조: 左에 記載된 官吏는 檢事의 補佐로서 그 指揮를 받아 司法警察官으로서 犯罪를 搜査한다.

소송법 외에도 "司法警察官吏의職務를行할者및職務의範圍"(1924년 府令 제33호)³⁹
와 "司法警察官吏執務規程"(1923년 訓令 제52호)를 공포하여 사법경찰관리가 범죄
를 수사함에 있어 지켜야 할 여러 준칙을 정하는 외에 검사와의 관계에 있어서
중요범죄가 발생하였거나 비상상태에 있어 범죄가 일어날 우려가 있을 때의 보
고의무, 변사사건(變死事件)의 보고의무 등을 상세히 규정하고 있는데, 그 본질
적인 내용은 1909년 4월 법부령 제2호 "사법경찰관 직무규정"의 정신을 그대로
답습한 것이라고 할 수 있다. 이하에서는 검사와의 관계에 관한 규정만을 요약
하도록 한다.

【표 6-9】 사법경찰관리집무규정⁴⁰

① 사법경찰관은
- 형법 제2편 제1장 내지 제4장 및 제8장에 규정된 죄.
- 형법 제2편 제16장 및 "외국에 있어서 유통되는 화폐·지폐·은행권·증권의 위조·변조에 관한 법률"위반죄(경미사건 제외)
- 형법 제154조 내지 제158조 및 제164조 내지 제166조의 죄(경미사건 제외)
- 살인의 죄
- 강도의 죄
- 보안법 및 "정치에관한범죄처벌의건"위반죄
- 군기 및 요새지대에 관한 죄
- 신문지 및 출판물에 관한 죄
- 폭발물에 관한 죄
- 선거에 관한 죄
- 공무원, 有爵者 및 從四位, 勳三等, 功三級 이상의 자가 범한 벌금 이상에 해당하는 죄

一. 警務部長인 朝鮮總督府道事務官
二. 朝鮮總督府道警視, 道警部, 道警部補
三. 憲兵將校, 准士官, 下士
前項의 司法警察官은 檢事의 職務上 發한 命令에 따른다.

39 府令 제33호는 地方法院 檢事正은 地方法院 檢事局 또는 地方法院支廳 檢事分局의 書記 또는 雇員을 司法警察官吏로 指名하여 受理事件에 관하여 司法警察官吏의 職務를 행하게 할 수 있고, 監獄·山林·專賣 등 특수직원에 대하여는 소속장관과 管轄 檢事正이 협의하여 특별 사법경찰관리로 지명하여 특수분야에 관련된 범죄에 대해 사법경찰관리의 직무를 행하도록 규정하고 있다.
40 대검찰청, 한국검찰사, 1976, 176-178면.

- 외국인에 관한 죄(중국인 및 경미사건 제외)
- 기타 사회의 이목을 끄는 범죄
  등이 발생하였거나 또는 비상상태에 있어 범죄가 일어날 우려가 있다고 사료하는 때에는 신속히 관할지방법원 검사정 및 사건 소관청의 검사에게 보고하여야 한다.

② 사법경찰관이 변사자 또는 변사의 의심있는 사체를 발견한 때에는 신속히 所轄 검사에게 보고하여 그 지휘를 받아야 한다.

③ 사법경찰관이 검증을 함에 있어 사체의 해부나 분묘의 발굴이 필요한 때에는 검사의 허가를 받아야 한다.

④ 사법경찰관은 구금 중의 피의자 또는 피고인이 도주하거나 사망했을 때는 신속히 이를 所轄 지방법원 검사정 및 사건 소관청의 검사에게 보고해야 하고 도주한 피의자 또는 피고인을 체포했을 때도 역시 이를 보고해야 한다.

⑤ 사건송치 후의 수사자료, 발견한 전과 등도 소관청 검사에게 送付·報告해야 한다.

⑥ 검사가 기소중지처분한 사건은 검사의 지휘가 있는 경우에 한하여 계속 수사하고 검사로부터 기록을 첨부하여 수사명령을 받은 사건에 대하여 그 기간 내에 피의자를 검거하지 못한 때에는 즉시 관계서류를 첨부하여 검사에게 보고하여야 한다.

⑦ 사법경찰관은 수사를 종료한 결과, 사건이 경미하여 처벌의 실익이 없다고 사료하는 때에는 피의자에 대해 訓戒를 하고 기타 필요한 조치를 취한 후 이를 검사에게 송치하지 않을 수 있는데 이러한 경우에도 그 처분한 뜻을 管轄地方法院 檢事正 및 事件 所管廳의 검사에게 보고해야 한다.

IV. 미군정시대 및 정부수립 후 검찰제도

❶ 미군정 초기의 상황

1945년 8월 15일 일본이 패망하고 남한에 미군정이 실시되자, 근대 형사사법제도의 위대한 유산들이 우리나라에 본격적으로 도입되기 시작하였다. 다만, 우리의 힘으로 일본을 물리친 것이 아니었으므로 우리가 일본으로부터 통치권의 인수를 받을 수 없는 상황이었다. 일본의 식민지 통치기구로서 총독부 기구들이 폐지되고 일본인 관료들이 모두 본국으로 돌아갈 것이 예정된 상황에서 국내적으로도 이를 대체할 국가기구가 없었다.

❷ 군정 초기의 치안문제와 중앙집권적 경찰기구의 형성

1945. 9. 7. 태평양 미육군총사령부 사령관 맥아더 장군이 사령부 포고 제1
호 '조선 국민에게 고함'을 발하여 미군정 실시를 선언하였는데 국가기관들은 일
단 그대로의 기능을 수행하도록 하였다. 1945. 9. 20. 미군정청의 조직 편제가 구
성되었고 10월 초경까지 서울시내 경찰서장을 발령하였다. 당시 서울시내 10개서
에 발령된 경찰서장은 모두 일제 때 경찰관이거나 군수를 지낸 사람들이었다.[41]

1945. 9. 7. 자 포고 제1호는 공무원들에 대한 원대복귀명령이기도 하였는
데 초기에는 일본인 경찰관들은 90%정도 복귀하였으나 조선인 경찰관들은 20%
정도만 복귀하는 상황이었으며,[42] 10월 말경에 이르면 조선인 경찰관들이 대부
분 복귀하는 상황이 되었다.[43]

1945. 10. 21. 군정청에 중앙경찰기관으로 경무국(警務局)을 창설하였고 군
정청이 1945. 12. 27. 국립경찰의 조직에 관한 건을 발표하였는데 이 안은 경무
국장이 전국경찰을 지휘감독하고 기존의 도지사의 권한에 있던 경찰행정권을
분리시켜 예산과 인사 등 중요한 권한을 경무국장에게 부여하는 내용으로서 중
앙집권적인 국립경찰을 만드는 것이었다.

1946. 4. 11. '국립경찰에 관한 건'에 의해 기존의 각 도 경찰부가 관구경
찰청으로 변경되었고 계급도 중앙의 경무부장을 제외하고는 경찰청장, 경찰부
청장, 총경, 감찰관, 경감, 경위, 경사, 순경으로 변경되었다. 이에 따라 8개의
관구경찰청이 생겼고 1946. 9. 18. 서울특별시가 설치되어 서울이 제1관구경찰
청에서 분리되어 수도관구경찰청이 창설되었다.

이러한 조직 개편은 경찰행정권을 도지사의 권한으로부터 분리하여 독립
된 경찰부를 설치하는 결과를 가져오게 되었고, 해방 후의 한국 경찰은 미군정
하에서 자치경찰제도를 확립한 일본과는 달리 자치경찰을 일체 인정하지 않는
중앙집권적 국립경찰체제로 방향을 잡게 되었다. 즉, 조직의 면에 있어서 미군

41 　경향신문, 1977. 2. 28. 비화한세대(80), 군정경찰(11) 민주적 서장선출.
42 　경향신문 1977. 2. 25. 비화한세대(79), 군정경찰(10) 미군의 진주.
43 　경향신문 1977. 2. 25. 비화한세대(79), 군정경찰(10) 미군의 진주.

정은 경찰기구의 재건과 치안유지, 좌우익간의 이념대결과 좌익에 대한 대응 등의 필요에 따라 중앙집권적인 군정경찰을 구성하였고, 이에 따라 자치경찰에 의한 분권화나 분야별로 다양한 수사경찰기구를 창설하는 등의 분권화는 추진되지 못하였으며 이 부분도 후대로 넘겨지게 되었다.

❸ 군정초기의 검찰기구 형성

(1) 해방 직후의 검찰 상황

1945. 8. 15. 당시 총독부 검사국의 검사는 139명이었으며 그중 조선인은 10여명에 불과하였다.[44] 해방에 따라 일본인 검사가 귀국하게 되어 있었으므로 일본인 검사들의 귀국에 따른 공백을 해결하려면 시급히 한국인 검사를 임명할 필요가 있었다. 1945. 10. 11. 38도선 이남의 전 일본인 판사 및 검사에 대한 면직 발령이 있었고,[45] 1945. 10. 11.부터 1945. 12. 20.까지 5회에 걸쳐 각급 법원 검사국의 검사 92명을 신규로 임명 또는 전보발령하였는데 시급한 인력 충원의 필요로 서기특별채용의 방법도 사용되었다.

(2) 검사국의 체제

검사국의 검사와 직원들을 시급히 충원하면서 검찰기구를 재건하던 중 1945. 11. 2. 군정법률 제21호 '이전 법령등의 효력에 관한 건'이 공포되었는데, 이 법률에서는 그동안 폐지된 것 이외에는 종전 법률의 효력을 유지한다고 하면서 종래 조선총독이 행사한 모든 권한행사는 군정장관이 행사하며(제1조), 남한 내 모든 재판소는 육군점령재판소를 구성한다고 하여(제2조) 조선총독부재판소는 육군점령재판소가 되었다.

---

44 문준영, 법원과 검찰의 탄생, 역사비평사, 2010, 451면.
45 대검찰청, 앞의 책, 215면.

그런데 1945. 10. 1.경부터는 법원의 명칭에 대해 최고법원인 조선고등법
원을 영문 임명사령에서 Supreme Court로, 복심법원을 Court of Review로 표
시한 것을 번역문에서 대법원, 공소원으로 호칭하기 시작하여 법원의 명칭이
일제시대의 고등법원, 복심법원, 지방법원에서 대법원, 공소원(控訴院), 지방법원
으로 변경되었다. 이에 따라 검사국도 대법원 검사국, 공소원 검사국, 지방법원
검사국으로 변경되었으며 대법원 검사국의 장은 대법원 검사국 검사장이라고
하다가 검사총장으로 변경되었다.46 조선전시형사특별령, 조선총독부재판소령
전시특별례 등이 효력을 유지하고 있었으므로47 지방법원이 1심, 공소원, 대법
원이 2심을 담당하는 2심제가 유지되었다.

검찰의 지휘관계도 조선총독부재판소령이 유지되므로 검사총장을 정점으
로 하여 검사총장, 공소원 검사국 검사장, 지방법원 검사정 등으로 이어지는 지
휘체계가 유지되었다. 그런데 새로이 재건되는 상황인데다가 구성원들도 새로
임명되는 사람들이 많아 혼란이 있을 수밖에 없었다.

❹ 미군정의 사법개혁

우선 검찰과 관련하여 최초로 주목되는 미군정의 사법개혁은 1945년 10월
9일자 軍政法令 제11호이다. 이 제11호 군정법령은 정치범처벌법·예비검속법·
치안유지법·출판법·정치범보호관찰령·신사법(神社法)·경찰의 사법권에 관한 규
정 등 일제하의 각종 악법을 우선적으로 폐지함을 주 목적으로 하고 있었는데,
그 가운데에서도 경찰의 사법권을 폐지한 것48이 주목된다. 즉 일제하의 범죄즉
결례(犯罪卽決例)가 위 미군정법령 제11호에 의하여 폐지됨으로써 전근대적 식민
형사사법의 상징이었던 경찰서장의 범죄즉결권이 이 땅에서 사라지게 되었다.

그러나 법생활의 계속성을 위하여 미군정청은 같은 해 11월 2일 군정법령

---

46 대검찰청, 앞의 책, 216면.

47 조선전시형사특별령은 1948. 4. 1. 폐지, 조선총독부재판소령전시특별례는 1948. 5. 법원
    조직법 제정, 공포로 효력을 상실하였다.

48 미군정법령 제11호는 제1조 제1항 (사)목에서 경찰의 사법권이 폐지대상임을 명시하였다.

제21호 제1조에 의거, 조선총독부재판소령을 포함한 일본법령이 당분간 유효함을 확인하여 각급법원 및 검사국도 변동이 없었으나, 명칭만은 조선고등법원이 'Supreme Court'(대법원)로, 복심법원이 'Court of Review'(공소원)로 각각 개칭되었다.[49] 그리고 1946년 12월 16일 사법부부령에 의해 법원과 검사국의 명칭을 각각 대법원-고등심리원-지방심리원 및 대검찰청-고등검찰청-지방검찰청으로 변경함과 동시에 판사와 검사의 직명도 각각 심판관과 검찰관으로 변경하고 1947년 1월 1일부터 신제도를 시행하게 된다. 즉, 조선총독부재판소령이 1948. 5. 4. 군정법령 제192호 법원조직법과 1948. 8. 2. 군정법령 제213호 검찰청법이 제정·공포될 때까지 그대로 효력을 유지하게 되어, 검찰제도의 근본적인 변화는 미군정 초기에 없었다.

한편 검찰과 경찰의 관계는 미군정의 훈령과 통첩들에서 보이는 표현의 애매함 때문에 검찰과 경찰이 서로 다른 해석을 하면서 혼란이 있었으며, 이러한 문제는 지금까지도 논란이 되고 있다. 즉 1945년 10월 30일자 미군정법령 제20호에 의하여 군정청 경무국[50] 형사조사과를 설치하여 형사조사과의 임무를 "군정청에 의해 의뢰된 범죄사건의 수사실행"(Conducting investigation of criminal matters which are referred to it by Military Government)이라고 규정한 것(동법령 제1조 3호)과 1945면 12월 29일자 미군정 法務局長 메트 테일러(Matt Taylor)소령 명의의 "법무국검사에 대한 訓令 제3호"(Instructions to prosecutors No.3.)가 대표적인 것이다.

먼저 전자의 경우를 살펴보면 형사조사과의 임무로 (가) 군정청에서 교부한 형사사건의 조사를 행할 것, (나) 범인의 조사 및 체포에 관하여 청구가 있을 때에는 육군경찰, 역정보단 및 조선경찰을 원조 협력할 것, (다) 내국지문록(內國指紋錄)의 형사조사제(刑事調査制)[51]를 설정 유지할 것을 직무로 하고 있으므

---

49 대검찰청, 앞의 책, 216면.

50 1945.10.21. 미군정청에 조선인으로 구성된 경찰조직을 관장하는 경무국(The Police Bureau)이 창설되었고, 조병옥박사가 동일자로 경무국장에 취임하였다.

51 이 형사조사과의 설치와 함께 종래 조선총독부 법무국 형사과 지문계가 가지고 있던 제반 지문에 대한 직무, 직능, 문서, 재산 및 직원이 경무국으로 이관되었으며, 그 결과 경무국은 범죄수사에 필수적인 지문록 및 형사조사제도의 수립과 유지의 기능을 확보하게 된 것이다 (경찰청, 경찰 50년사, 65면).

로, 이처럼 경무국 형사조사과가 행정경찰작용인 치안질서의 유지가 아니라 형
사사건의 조사를 행하는 기관이었다는 점에서 독자적인 수사권을 가지는 경찰
조직으로 보는 견해가 있는 반면,52 권한에 관한 규정만으로 독자적 권한이 부
여되었다고 보는 것은 적절하지 않다는 견해53도 있다.

　　후자의 규정에 대해서도 舊法令으로서 효력을 유지하고 있었던 依用 大正
刑事訴訟法上 검사의 수사주재자로서의 지위에 일대 수정을 가하여 검사를 단
순히 공소제기권자로 파악하려고 한 것으로. ⅰ) 수사권독립에 의한 검찰·경찰
의 분리, ⅱ) 경찰의 자치경찰화를 통한 통일성의 해체와 지방분권화, ⅲ) 사법
행정분야에 있어서 법원·검찰의 분화에 기한 법원의 독립성확보 등 미군에 의
한 일본검찰·경찰제도의 재편성과 같은 맥락이라고 하면서,54 아래의 법무국훈
령 제3호 제2항 (나)와 (마)에서 통상적인 수사활동(routine investigation)은 경찰
이 담당하고, 검사는 법률적 분석을 요하는 부분에 한하여 수사에 관여하도록
하고 있는데(Engage, if necessary, only in that part of an investigation that actually
requires legal analysis), 이처럼 검사의 수사관여영역이 제한적이고 예외적으로 인
정된다는 점에서 이 훈령에 의하여 '일반적으로 경찰이 수사권을 보유'하며, 검
사는 '예외적으로', 그것도 '법리적 분석을 요하는 부분에 대해서만 제한적으로'
수사권을 보유하게 되었다고 해석하는 견해도 있다.55 실제로 이러한 해석가능
성대로 당시 경찰이 독자적 수사권으로 해석하여 검찰과 충돌하는 사태가 벌어
지는데, 그것이 1945년 12월 발생한 홍 형사사건56이다.

<hr/>

52　신동운. "수사지휘권의 귀속에 관한 연혁적 고찰(Ⅰ) －초기 법규정의 정비를 중심으로－",
　　서울대 법학 제42권 제1호(2001. 5), 197면.
53　이완규. 검찰제도와 검사의 지위, 성민기업, 246면.
54　신동운. "한국검찰의 연혁에 관한 소고". 검찰 통권제100호기념특집호, 대검찰청, 66면.
55　신동운. "수사지휘권의 귀속에 관한 연혁적 고찰(Ⅰ) －초기 법규정의 정비를 중심으로－",
　　서울대 법학 제42권 제1호(2001. 5), 210면.
56　경기도 경찰부의 홍 형사과장이 검사의 양해와 지휘에 의하여 피의자를 검거하였는데, 경
　　찰부장이 오히려 홍 형사과장의 구속명령을 취소시키고 도리어 홍 형사과장을 구속하여 군
　　정재판에 회부하고 처벌한 사건이다(자유신문, 1945. 12. 1.).

【표 6-10】 법무국검사에 대한 훈령 제3호

1. 검사의 선결직무는 관할재판소에 사건을 공소함에 있음. 세밀한 조사는 검사의 책무가 아님. 검사의 특별한 교양은 법적 직무에 관할 때 일층 중요성을 유(有)함(The primary function of all prosecutor is the successful prosection of cases before a Court of competent jurisdiction. The detail of investigations are a burden, which Prosecutors should not be required to assume. The specialized training of is vastly more important when directed to the legal aspects of their office).
2. 재판소의 검사는 수사시간의 절용(節用)과 일층 조흔 효과를 득(得)하기 위하야 좌기(左記) 훈령을 준수할 사(事)(In the interests of time saving and better efficiency, the prosecutors of all courts shall observe the following instructions :).
   (가) (생략)
   (나) 검사는 경무국이 행할 조사사항을 경무국에 의뢰할 사, 차(此)는 경찰관의 직무요 검사의 직무가 안임(Request routine investigations be conduc- ted by the Police Bureau. This is a function of the Police, not the Prosecutor's).
   (다) 검사는 법정(法定) 구비조건에 만전을 기하기 위하야 경찰관보고서를 검토할 사(Analyze Police report for legal sufficiency).
   (라) 검사는 증거의 불비를 경찰관에 지적하고 될 수 있으면 증거의 정정(訂正)을 의뢰할 사 (Point out to police any deficiencies of evidence and request they be corrected, if possible).
   (마) 검사는 실제로 법적 검토를 요하는 조사에 관하여 필요하다면 관여할 사(Engage, if necessary, only in that part of an investigation that actually required legal analysis).
   (바) 검사는 조사에 부수되는 사건에 관하야 경찰서장과 연락을 취할 사, 사법재판소에서 만족히 공소하는 때 필요한 증거에 관련한 사항에 관하여 특히 연락을 취함. 검사는 자유로 조선의 법률시행의 수준을 향상하기 위하야 협력할 사(Maintain liaison with Police chiefs on all matters incident to investigation. Especially, in regard to matters related to the evidence necessary to satisfactorily prosecute in a court of law. Prosecutors and police must work together to raise the standard of law enforcement in liberated Korea).
   (사) 상기 훈령의 운영을 원조함을 검사장의 임무로 함(It is duty of chief prosecutors to assist in the administration of these instruction).
3. 상기 훈령은 검사의 법정권한(法定權限), 특권, 위신 혹은 지위를 개정, 변경, 축소치 못함. 상기령(上記令)은 검사, 경찰관이 각자 책무를 명확히 함. 법무국의 방침사항에 관하야 절대적 복종을 자(玆)에 지령함(These instructions are not intended to modify, change or reduce the lawful authori- ty, prerogatives, prestige or station of any prosecutors. They are intended to clarify the respective responsibilities of the Prosecu- tors and the Police. As a matter of policy for the Bureau of Justice, full compliance is hereby directed).
4. 법무국과 경무국에 관한 사건에 관한 전술사항은 관계당사자가 인정 우(又)는 정합(整合)햇다. 경무국통첩 제1호, 검사와의 관계에 관한 건은 법무국이 필요한 때 검사에 제시됨(The aforementioned, being a matter of concern to both the Bureau of Justice and the Police

---

Bureau, same was approved and coordinated by all parties concerned. Bureau of Police Memorandum No.1, Relations with Prosecutors, will be forwarded to prosecutors when it is made available to this Bureau).

　　그러나 이러한 해석은 일본의 예를 그대로 적용한 해석론으로 보이는데, 일본의 미군정이 일본에 대해 가지고 있었던 방향성과 한국의 미군정이 가지고 있었던 방향성의 차이를 간과한 것으로,57 미군정은 전쟁을 발발하였던 일본에 대해서는 그 군국주의적 기반을 철저히 파괴하여 다시는 미국을 위협하거나 그 지역의 안정을 해치지 못하게 만들되 경제적으로는 자급을 유지하고 그 지역의 부흥에 어느 정도 기여할 수 있게 만든다는 기본적 구상하에 철저한 대비를 하여 정책을 펴나갔는바,58 특히 미국식의 철저한 분권화정책 특히 지방자치정부를 위주로 하는 지방분권화를 도모하여 국가권력의 탈중앙집권화를 추진하고 있었고, 이에 따라 점령 초기부터 경찰에 대하여도 경찰의 지방분권화가 추진되었던 것이다. 그러나 한국에 대해서는 지정학적 위치가 전략적으로 중요하고 주변국 간의 이해관계가 복잡하게 얽혀있어 어느 한 강대국의 독주를 막고 미국 주도하의 지역안보체계를 마련한다는 기본구상을 가지고 있었으며,59 소련국의 참전으로 소련의 남진이 급박해지자 일본의 항복이후 일단 신속히 일본군의 무장을 해제하고 소련의 전 한반도 점령을 막기 위해 남한을 그 보루로 만드는 것이 급한 현안이 되었던 것이다.60 그리하여 1945년 10월 중순 맥아더와 하지 중장61에게

57　물론 법무시책 등을 입안한 미국사령부 법무감 푸레시컷트 대령 등 법무장교들의 지식과 사고가 영미법적인 테두리를 벗어나기 어려운 반면, 한국의 실정에 비교적 어두워 한국의 검찰제도나 형사소송제도를 근본적으로 이해하지 못했을 뿐더러 총독부 치하의 형사소송제도는 비민주적이고 인권보장절차를 결한 것으로 단정하고, 이러한 관념이 그들의 시책에 수시로 반영된 점을 무시할 수는 없을 것이다(대검찰청, 앞의 책, 220면).
58　정용욱, 해방전후 미국의 대한정책, 서울대학교 출판부, 31면.
59　정용욱, 앞의 책, 33면.
60　정용욱, 앞의 책, 129면.
61　하지는 1945년 8월 19일 태평양 방면 미육군사령관 맥아더로부터 한반도점령 작전계획을 하달받고, 이 날로 미육군남조선주둔군(US Army Force in Korea) 사령관으로 임명된 자이다(정용욱, 앞의 책, 127면).

전달된 삼부조정위원회(SWNCC, State-War-Navy Coordination Committee)[62]의 지령에서는 일본으로부터 한국의 완전한 정치적·행정적 분리, 일본의 사회적·경제적·재정적 통제로부터 한국의 완전한 자유 획득을 민정의 목표로 제시하면서「이 목표의 실현을 위하여 기존의 행정기구와 실정법을 활용할 것」을 지시하였는바, 국가권력의 탈중앙집권화를 추진하고 있던 주일미군정의 접근방법과는 서로 다른 기반에 서 있었다고 볼 수 있다.[63]

무엇보다도 동 훈령이 경찰에게 독자적 수사권을 인정하고 있다는 해석은 검사가 수사절차의 주재자로서 사법경찰에 대한 수사지휘권을 가진다고 할 때, 그 수사지휘권의 의미를 모든 수사활동을 일일이 구체적으로 완전히 통제하는 의미로 이해하는 데에 기인한 것 같다. 그러나 검사가 사법경찰관에 대하여 수사지휘권을 가진다는 의미는 사법경찰관은 검사의 구체적·개별적·사전적 지휘가 없더라도 독자적으로 수사권(수사행위의 주체)을 행사할 수 있으며, 다만 그러한 수사권 행사는 검사의 수사지휘를 전제로 하여 이루어지고 있다는 의미에 불과하다. 즉 사법경찰관은 검사의 수사지휘권이라는 연결고리를 통하여 일반적으로 위임된 수사권을 가지는 것으로, 다만 그 수사권을 행사함에 있어 수사절차의 주재자로서 검사가 일정한 경우에 발하는 지시에 따라야 한다는 것이므로 독자적 수사권 또는 독립된 수사권이 아니라는 것일 뿐이다.

결국 검사의 수사지휘권은 사법경찰관의 개개의 수사활동에 일일이 지시나 명령을 내림으로서 행사되는 것이 아니라, 통상적인 경우는 사법경찰의 수사활동을 스스로의 판단에 의하도록 위임하고, 강제처분 등 인권침해 소지가 있는 경우이거나 법률적으로 복잡한 경우 등 필요한 경우에만 개별적 지시를 하는 것이며, 이는 인력 등 현실적인 면에서도 어쩔 수 없는 것이다. 따라서 검사의 수사지휘권하에 있다는 의미는 사법경찰관이 필요한 경우 내려지는 검사의 지시에 따르라는 것을 의미하는 바 사법경찰관이 전혀 수사권이 없다든가

---

62 미국 국무부·육군부·해군부의 합동 위원회로서, 군부와 국무부의 정책 조정과 협조를 위해 만들어졌다고 한다(정용욱, 앞의 책, 28면).

63 이완규, 「검사의 지위에 관한 연구 - 형사사법체계와의 관련성을 중심으로 -」, 서울대학교 박사학위논문(2005. 2), 252면.

경미한 사건까지도 독자적으로 수사하지 못하고 일일이 지시를 받아야만 수사
할 수 있는 것이라는 식으로 이해하는 것은 적절하지 않다고 본다.[64]

　　이러한 관점에서 법무국 훈령 제3호를 다시 보면, 제2항 (나)와 같이 통상
적인 수사활동은 사법경찰이 하도록 하고(routine investigation be conducted by the
Police), 훈령 제2항 (다)와 같이 검사는 사법경찰의 보고서(그것이 송치전이든 송치
후든 관계없이)를 분석하여 증거관계 등이 법률적으로 충분한지 검토하며, 훈령
제2조 (라)항과 같이 증거가 불충분하면 그 보완을 지시하여 보완하게 하는 것
은 현재 한국의 검사들이 일반적인 사건에 있어 송치전에 하는 수사지휘의 전
형적인 모습이다.[65] 용어상으로도 제2항 (나)의 번역문에는 경찰관의 직무로 해
석되어 있으나, function은 말 그대로 기능 또는 역할의 의미로서 검사는 사건
의 소추에 주된 역할이 있으니 검사가 일상적인 조사활동에 일일이 나서는 것
은 검사의 역할에 비추어 적절하지 않으므로 경찰에 지시하여 하게 하라는 것
에 불과한 것이며, 이는 제1항의 '세밀한 조사는 일종의 짐으로 검사가 맡도록
해서는 안 된다(The details of investigations are a burden, which Prosecutors should
not be required)'라는 문구을 보더라도 명백하다. 더욱이 법무국 훈령 제3호에서
"상기훈령은 검사의 법적 권한, 특권, 위신 혹은 지위를 개정·변경·축소치 못
함. 상기령은 검사·경찰관이 각자 책무를 명확히 함"이라고 규정하고 있다는
점에서도 이러한 해석은 문제가 있다고 생각된다.

　　연역적으로도 훈령 제3호가 하달되기 이전의 1945년 12월 18일자 미군정 경
무국장 챔퍼니(Auther S. Champeny) 명의로 경부보 이상의 경찰관 및 공안담당 미
국인 군정관에게 발한 지령통첩 제1호 "검사와의 관계"(Instruction Memorandum
No.1 Subject: Relation with Prosecutor)를 살펴보면, 이 통첩은 수사가 이루어지는
경우로 세 가지를 상정하고 있는데,[66] 첫째 경찰에서 사건을 수리하여 수사가
시작되는 경우로 이 경우 경찰관은 검사와 긴밀한 연락을 유지하면서(경무국장

64　이완규, 앞의 논문, 253면; 한국형사정책연구원, 「국민의 시각에서 바라본 미래검찰의 기
　　능과 역할」, 대검찰청 연구용역과제, 14면.
65　이완규, 앞의 논문, 253면.
66　이완규, 앞의 논문, 249-250면.

통첩 제1호 검사와의 관계 제2항 (가)) 수시로 검사에게 여러 가지 형태의 혐의사실을 뒷받침하는 데 필요한 증거를 결정하기 위해 자문을 구하고(제2항 (나)), 검사로부터 지적된 불비사항에 대하여 그 요구에 따라 즉시 이를 정정하며(제2항 (다)), 송치 후라도 검사의 추가요구가 있으면 이에 응하여야 한다(제2항 (라))는 것이다. 한마디로 표현하면, 수사에 있어 공소제기여부를 결정하기 위한 검사의 요구에 송치전이나 송치후를 불문하고 따라야 한다는 것이다. 이는 독일 법원 조직법상의 「지시에 따라야 한다(verpflichtet, den Anordn‒ung... Folge zu leisten)」는 경우와 다르지 않으며 현행 검찰청법상의 명령에 복종하여야 한다는 것과 차이가 없다. 왜냐하면 '요청에 응하여 그 요청에 해당하는 사항을 이행하는 것'이나, '지시에 따르는 것'이나 '명령에 복종하는 것' 등이 형식에 있어서 어감상 표현의 차이일 뿐이지 실질에 있어서는 차이가 없기 때문이다. 둘째, 검사가 사건을 수리한 경우 검사가 직접 수사하지 않고 사건을 경찰에 이첩하거나, 검사가 수사하더라도 통상적인 조사활동을 경찰에게 '의뢰'하는 경우가 있는데 (제2항 (바)), 이 경우는 첫 번째와 같은 방식으로 진행될 것이다. 셋째, 특별한 법적 분석을 요하여 검사가 직접 조사활동을 하는 경우인데 이때에도 검사의 요구가 있으면 경찰의 책임자는 검사의 요구에 따라 검사를 보조할 경찰관을 검사에게 파견하여 도와주게 되는 것(제2항 (마))이다. 그런데 이 세 가지의 진행 상황은 현재 검사들이 사법경찰관에 대하여 수사지휘권을 행사하는 방식과 아무런 차이가 없다.

[표 6-11] 경무국장 통첩 제1호 검사와의 관계

1. 경찰관의 중요한 의무는 구인된 사람의 형사기소를 도옵기 위해 검사에게 제출할 필요한 증거를 수집하는데 있다(An important duty of the necessary evidence to be prepared to a prosecutor, to support the criminal changes against a person arrested).
2. 이 의무를 완수키 위해서 경부보이상의 지휘권이 있는 경찰관은 맛당히 좌기 지시를 열심 이행할 것이다(To accomplish this duty efficiently, Commanding Officer of police, to include assistant Inspector, should:).
   (가) 관할지역의 검사와 밀접한 연락을 보지할 것(Maintain close liaison with the prosecutors in their area of jurisdiction).
   (나) 여러 가지 기소를 도옵는데 필요한 증거의 확정을 기(期)해서 수시로 검사에 자문협조 할 것(Consult frequently with the prosecutor to determine the evidence necessary to

support the various categor- ies of charge).

(다) 검사로부터 지적된 증거에 불비한 것이 있으면 신속히 정정할 것(Correct promptly any deficiencies of evidence pointed out by the prosecutor).

(라) 사건을 검사에게 송치한 후이라도 검사의 요구하는 당해사건의 추가증거를 수집할 것 (After a case is in the hands of the prosecutor, obtain such additional evidence he may request).

(마) 특별한 법적분석 탐구를 요하는 사건에 있어서 검사의 요구로 선발되어 경찰취조인의 자 격으로 검사의 일시적 직무를 대행함으로써 검사를 보좌할 것(Assist the prosecutor in those cases which required special legal analysis, by detailing on temporary duty with prosecutor, at his request, qualified police investigators).

(바) 검사가 경찰에게 의뢰하는 조사는 상규관례에 의하야 취급할 것(Conduct routine investigation referred to the police by the prosecutor).

3. 경찰의 고급관리의 임무는 각자의 지위계급에 따라 이 지령에 순응할 것이라고 본다(It is the duty of the superior officers of the Police, each in his respective rank, to see that these instruction ar followed).

4. 경찰관과 검사는 맛당히 해방조선의 법적기준의 향상을 위해서 상호협조력할 것이다(Police and prosecutors must work together to raise the standards of law enforcement in liberated Korea).

또한 1946년 4월 8일 군정청 경찰부장 김태일 명의의 공안담당 미군장교, 각 관구 경찰부장 및 수사과장에게 발한 "검사에 대한 형사의 임무"(Assignment of Detectives to Prosecutors)지령을 살펴보면, 1945년 12월 18일자 통첩 "검사와 의 관계"의 취지를 재확인하면서, 경무국 형사가 수사책무를 이행하기 위하여 항상 범죄수사에 관하여 "검사의 지휘하에, 검사에 대해 책임을 지"는(they are under the orders of, and responsible to, the Prosecutors to whom they are assigned) 형 사의 인원수를 검찰당국과 협조하여 결정하고, 경찰관이 당번제근무하는 것을 예정하고 있다는 점이다. 물론 '검사의 지휘하에 있고, 검사에 대해 책임을 진 다'라는 말이 반드시 검사와 형사가 상하관계에 있음을 의미한다고 단정할 수 는 없지만, 적어도 '지휘'(order)라는 표현을 고려해 볼 때, 검사가 수사지휘권을 갖는 기존의 체제를 부정하는 것은 아니라고 할 것이다.[67]

---

[67] 문준영, "한국검찰제도의 역사적 형성에 관한 연구", 서울대학교 박사학위논문(2004. 2.), 186면.

그리고 이론적으로도 권한에 관한 규정만으로 독자적 권한이 부여되었다고 보는 것은 문제가 있다고 보여진다. 왜냐하면 권한부여의 규정과는 별도로 조직법상의 지시·명령관계가 설정되면 이는 독자적이라고 할 수는 없는 것이므로 조직법적 규정까지도 정립되어야 독자적이라는 말을 사용할 수가 있는 것인데, 당시에도 이미 조선형사령의 의용에 따라 사법경찰관이 검사의 지시에 따라야 하는 관계가 적용되고 있는 상황이었기 때문이다.[68] 만약 권한부여 규정만으로 독자적 수사권이라고 말한다면 현행의 경찰법은 제3조에 경찰의 임무로서 '수사'를 규정하고 있는바,[69] 그렇다면 경찰이 이 법규에 의해 독자적 수사권을 가진다는 논리도 가능할 것이다. 그러나 형사소송법과 검찰청법 제53조[70]에 의하여 경찰의 수사권은 검사와의 관계에 있어 지휘를 받는 관계, 즉 수사에 관하여 검사의 지시가 있으면 따라야 하는 관계가 전제되므로 독자적인 수사권을 부여하였다고 해석하지 않는 것처럼, 단순한 권한부여 규정이 법무국 검사에 대한 훈령 제3호에 있다고 하여 이를 독자적인 수사권부여로까지 해석하는 것은 문제가 있다.

결국 1945년 11월 2일 군정법령 제21호 제1조에 의거 조선형사령의 의용에 따른 기존 법령의 유효성 및 동년 12월 18일 경무국장 통첩 제1호 '검사와의 관계'와 동년 12월 29일 법무국장 테일러 명의의 법무국검사에 대한 훈령 제3호, 그리고 1946년 4월 8일자 군정청 경찰부장 김태일 명의의 공안담당 미군장교, 각 관구 경찰부장 및 수사과장에게 발한 '검사의 대한 형사의 임무' 등 관련법규를 종합해 볼 때, 목적론적 해석상[71] 법무국검사에 대한 훈령 제3조가 경찰에게 독자적인 수사권을 부여한 규정이었다고 보는 것은 적절하지 않다고 생각된다.

---

68 이완규, 앞의 논문, 248면.
69 제3조(경찰의 임무) 경찰은 국민의 생명·신체 및 재산의 보호와 범죄의 예방·진압 및 수사, 치안정보의 수집, 교통의 단속 기타 공공의 안녕과 질서유지를 그 임무로 한다.
70 제53조(사법경찰관리의 의무) 사법경찰관리는 범죄수사에 있어서 소관 검사가 직무상 발한 명령에 복종하여야 한다.
71 목적론적 해석이란 법률의 의미내용에 상이한 해석의 여지가 있는 경우에 그 규정의 발생사를 고려하여 의미의 목적에 따라 해석하는 것을 말한다.

[표 6-12] 검사에 대한 형사의 임무

1. 수사국은 재판에 부치는 근거가 되는 증거의 획득, 확보, 제출을 포함한 범죄사건의 수사책임이 유함. 검사는 구류자에 대한 재판에 유용한 증거를 준비할 책임이 유함. 검사는 자기 시간내에 할 일이 대단히 많음으로 그의 수사직무는 경감되어야 함. 이러한 것은 경무부의 형사가 함. 1945년 12월 18일부 훈령 제1호 「검사와의 관계」를 참조할 것(The Detectives Division is charged with the responsibility for investigation of criminal metters which includes the acquiring, safeguarding, and presentation of evidence to the prosecuting authority for trial. Prosecutors are responsible for the preparation of this evidence for use in the trial against the person arrested. Because of the many demands made upon his time, the prosecutors should be relieved of all investigative responsibilities. These will be accomplished by detectives of the Police Department.
   Reference: instruction Memorandum No.1, SUBJECT: Relations with Prosecutors, date 18 December 1945).

2. 경찰부장, 수사과장은 사법부의 대표자, 검사와 직시(直時) 타합하야 범죄사건의 수사상 필요한 직무를 이행하는데 필요한 형사의 인원수를 상호간에 결정할 것. 그 후에 이 일에 대하야 적합한 유자격자인 형사가 검사에게 할당될 것임(Police and Detective Chiefs will immediately contact Department of Police representative and Prosecutors and determine mutually the required criminal matters. Detectives suitably qualified for this work will then be assigned to the Prosecutors).

3. 그렇게 할당된 형사는 그 직무의 수행상 다음의 지령에 의하여 행동함을 요함(In the accomplishment of their mission, Detectives so assigned must comply with the following instructions:).

   (가) 소정의 경찰행정을 제외코는 자기가 소속한 검사의 지휘 하에 잇고 검사에 대하여 책임을 져야 함(Except for routine Police Department administration they are under the orders of, and responsible to, the Prosecutors to whom they are assigned).

   (나) 자기임무의 비밀성 특별히 재판전의 수사에 관해서는 기밀을 확보할 것(They must safeguard the confidential character of their assignment, particularly pre-trial investigation).

4. 이 지령으로써 형사는 검사에 대한 임무에 의하야 경찰부와는 분리된다는 해석은 성립치 않음. 그들은 계속하여 형사에 유임하고 경찰부의 모든 규칙과 취체법에 복종해야 함. 그러나 그들은 자기의 직무에 의하여 검사에게 범죄사건을 기초조사하고, 재판할 수 있도록 검사가 필요하다고 요구한 직무를 수행할 것. 이렇게 할당된 형사는 이 직무와 근무 중인 형사와 교대함을 요함(Nothing will be construed in this instruction that Detectives will be separated from the Police Department by virtue of assignment to Prosecutors. They will continue to be Detectives and subject to all rules and regulations of the Police Department. They will, however, perform such duties required of them by the Prosecutors thereby permitting Prosecutors to prepare and try criminal cases in accordance with their mission. Commanding Officer of Detectives so assigned should rotate detectives on this duty).

그런데 이와 같은 영미식 검찰·경찰의 관계모델은 그동안 수사보조자로서 검찰의 지속적인 지휘·감독을 받아왔던 경찰측으로 보아서는 일대 희소식이 아닐 수 없었는데, 여기에서 수사지휘권을 둘러싼 검찰·경찰의 각종 대립상태가 발생하게 되었던 것이다. 즉 이 훈령의 취지에 대하여 경찰은 수사를, 검사는 공소를 책임지면서 서로 대등한 지위에서 협력한다는 미국법적인 시각에 따라 "경찰에게 수사권을, 검사에게 공소의 제기 및 유지의 권한을 각각 분배"하여 "검사의 사법경찰에 대한 수사지휘권을 배제"하려고 하였다고 해석되었기 때문이며,[72] 따라서 검찰의 초미의 관심사였던 검찰·경찰의 관계는 여러 가지 형태로 문제가 제기되었다[73]고 한다.

첫째, 사법경찰관의 조직재편성에 관한 문제였다. 검찰측은 1947년 7월 검찰총장으로부터 군정장관에게 보내는 "司法警察官을 檢察機關에의 直屬에 관한 件"이라는 요망문을 통하여 사법경찰관리가 행정경찰에 속하고 있는 당시의 조직을 개편하여 사법경찰을 검찰기관에 이관하여 검사의 수사주재자로서의 지위를 명실상부한 것으로 만들어 주도록 요청하였다.[74]

한편, 1947년 6월 대검찰청·서울고등검찰청·서울지방검찰청이 합동명의로 러취군정장관에게 제출한 건의서, 다음달 7월 이인 검찰총장이 역시 러취군정장관에게 제출한 건의서에서 사법경찰기구를 검찰에 직속시키는 방안을 건의하였는데, 특히 3검찰청 합동명의의 건의서에는 대검찰청에 사법경찰총감부를 설치하여 전국의 사법경찰관을 통할지휘한다는 내용을 담고 있었다고 한다.[75] 또한 1947년 6월초 사법부고문 코넬리(John W. Connelly Jr.)를 통하여 군정장관에게 제출된 제안서에서도 행정경찰과 사법경찰의 분리, 사법부장관과 검찰총장의 통제를 받는 사법경찰청의 설치를 내용으로 하고 있었다. 구체적으로 내용을 살펴보면, ① 경무부수사국을 사법부 또는 검찰청으로 이관할 것, ② 각

---

72 신동운, 앞의 논문, 210면.
73 신동운, 「한국검찰의 연혁에 관한 소고」, 검찰 통권 제100호 기념특집호, 대검찰청, 67면.
74 대검찰청, 「수립될 신정부의 사법, 검찰기구에 관한 건」 검찰제요 自紀元四二七八年八月 至紀元四二八一年三月, 부록, 72면.
75 신동운, "수사지휘권의 귀속에 관한 연혁적 고찰(I) −초기 법규정의 정비를 중심으로−", 서울대 법학 제42권 제1호(2001. 5), 219−221면.

경찰관구내 수사과와 정보과는 이를 분리하여 각 도별로 사법경찰청을 설치할
것, ③ 각 경찰서의 수사계와 사찰계는 이를 분리하여 사법경찰서를 설치할 것,
④ 모든 사법경찰관의 임명은 사법부장 또는 검찰총장이 보유할 것 등이다.

그러나 아직 검찰청과 법원이 조직상으로 완전히 분화·독립되지 아니하
여 종래의 독일식 내지 총독부식의 사법부체계하에서 1947년 10월 경무국, 사
법부, 검찰청의 수뇌회의를 거쳐, 1947년 11월 10일 각 경찰청과 경찰서에서
검찰관의 지휘사건을 담당할 사법경찰관 상당수를 지명배치하는 것을 司法部長
(김병로)과 警務部長(조병옥)이 협의하여 "搜査事務擔當警察官에 關한 件"이라는
다음과 같은 타협의 결과가 司法部長으로부터 檢察總長에게 通牒되었다고 한다.

【표 6-13】 수사사무담당경찰관에 관한 건

---

(1) 各警察廳 및 警察署에 檢察官의 指揮事件을 擔當할 司法警察官 相當員數를 指名配置할 것.
(2) 各警察廳 및 警察署의 搜査主任은 檢察官의 指揮事件을 所定期間內에 迅速處理할 것.
(3) 各搜査主任 또는 司法警察官은 前一, 二號擔當事務를 怠慢한 時는 適正한 行政處分을 行
　　할 것.
(4) 各搜査主任 또는 檢察官의 指揮事件을 擔當한 司法警察官의 異動이 有할 時는 遲滯없이
　　所管檢察廳에 通報할 것.

이 구상은 현재의 사법경찰관운용실태와 매우 유사한 것이어서 오늘날 제
도의 모태를 이 당시의 위 타협안에서 찾아 볼 수 있으나, 당초 이인 검찰총장
은 일정 수의 사법경찰관을 지방검찰청에 배치하고 배치경찰관의 인사와 상벌
에 관하여 지방검찰청장의 승인을 얻을 것을 요하는 내용의 안을 제출하였으
나, 사법경찰관리의 검찰청 배치는 남한의 실정상 경찰의 통합력을 분해할 수
있으므로 불가하다는 경찰측의 반대로 보류되었다.76

그런데 협정이 있은 후, 12월 5일 김병로 사법부장은 이인 검찰총장의 건
의를 채택할 것을 밝혔는데, 즉 사법경찰관리를 지방검찰청에 배속하는 방식을
채택하는 방향으로 선회한 것이다. 그러나 이에 대해 1948년 2월 조병옥 경무

76　검찰예규에 관한 기록, 「수사사무담당경찰관에 관한 건」(1947. 11. 10. 사검(司檢) 제82호
　　사법부장 통첩), 229면.

국장은 검찰총장의 안은 애초의 협정의 범위를 넘어가므로 결코 응낙할 수가 없다고 하면서, 본래 협정과 같이 각 관구경찰청과 경찰서 단위로 검찰관의 수사지휘를 받는 사법경찰관을 지명하는 방침을 시행할 것임을 사법부에 통보하였는데,77 1946년 4월의 군정청 경찰부장 지시 '검사에 대한 형사의 할당'이 예정하였던 조치가 2년 뒤인 1948년 2월에 되어서야 실현을 보게 된 것이다.78

둘째, 1948년 2월 20일자로 검찰총장이 군정장관에게 보낸 "犯罪搜査에 관한 指揮命令의 件"79이라는 건의문을 통하여 검사의 권한을 공소제기와 유지에만 국한하기로 해석될 수 있는 1945년 12월 29일자 法務局長의 「檢事에 대한 訓令 제3호」 및 警察局通牒 제1호를 폐지할 것을 강력히 요청했다80는 점이다. 다만 검찰측은 법무국 훈령 제3호의 의미를 검사의 수사지휘권을 부정한 것으로 보지는 않았으며, 검찰측이 주로 문제삼은 것은 경찰측의 오해와 비협조로 훈령의 본래의 취지가 실효를 거두지 못하고 있다는 점이었고, 따라서 법무국 훈령 제3호와 경무국장의 지령통첩 제1호를 폐지하고 '경찰관은 검찰관의 보좌(保佐)로서 검찰관의 지휘와 명령을 받아 사법경찰로서 범죄를 수사한다는 점을 명확히 할 것'을 요구하였던 것이다.81

그 후 1948년 3월 20일 군정법령 176호 '형사소송법의 개정'이 공포되어 법관의 영장에 의한 인신구속(최초로 법관영장제 도입), 구속기간 제한, 불법인신구속에 대한 구속적부심제도의 도입, 검찰관의 유치장감찰권의 명문화, 수사 및 공판단계에서의 보석 인정, 피고인과의 교통권 등 인권보장을 위한 제도가 도입됨을 계기로 하여, 1948년 5월 4일에는 군정법령 제194호 '법원조직법'이 제정·공포되어 사법권의 독립이 이루어졌으며, 1948년 8월 2일에는 군정법령 제203호로 '검찰청법'이 제정·공포되어 검찰청이 법원으로부터 분리되는 효시가

---

77 검찰예규에 관한 기록, 「사법경찰관배치에 관한 건」(1948.2.16, 사검 제10호, 검찰총장에 대한 사법부장통첩; 「사법경찰관배치에 관한 건」(1948.2.11, 경수총(警首總) 제92호, 사법부장에 대한 경부부장답신), 전주지방검찰청, 38-39면.
78 문준영, 앞의 논문, 196면.
79 대검찰청, 검찰제요, 부록 99면.
80 신동운, 「한국검찰의 연혁에 관한 소고」, 검찰 통권 제100호 기념특집호, 대검찰청, 68면.
81 문준영, 앞의 논문, 187면.

되었고, 이것이 우리 검찰제도 창설의 모태가 되었다고 해도 과언이 아니다. 이에 따라 1945년 12월 29일자 법무장관의 「검사에 대한 훈령 제3호」는 검찰청법 제32조 가항의 규정에 의하여 폐지되었으며, 동법 제6조 제1호는 "범죄수사에 관하여 사법경찰관을 지휘감독함"을 명시하였다.

【표 6-14】 검사에 대한 훈령 제3호

① 검찰관의 직무와 권한(제6조)
  • 범죄수사, 공소제기 및 유지에 필요한 행위
  • 사법경찰관에 대한 수사지휘 및 감독권
  • 법원에 대하여 법령의 정당한 적용청구
  • 재판의 집행 지휘감독
  • 다른 법령에 의해 검찰관의 권한에 속한 사무처리
② 검찰관의 신분보장(제18조, 제19조, 제22조)
③ 검찰관의 상명하복과 검사동일체의 원칙(제12조)
④ 부장의 검찰사무의 일반적 지휘감독권과 개별사건에 관한 한 검찰총장에게 그 조사와 처분지휘(제14조)

이 양대 법률에 의하여 지금까지 사법부의 소관이었던 법원행정이 대법원으로 넘어가게 되었으나, 역으로 검사국(檢事局)이 법원에 병치(倂置)되었던 구법의 조직체계는 종료되고 조직상으로 검찰이 법원으로부터 완전히 독립된 계기가 되었다. 이렇게 하여 법원과 검찰을 司法(Justiz)이라는 개념하에 통합적으로 조직을 관리·운용하는 독일식 내지 구법체계는 종료하였으며, 이제 종래의 사법행정이라는 개념이 법원행정과 법무행정으로 분화되게 되었고 후자의 한 분야로서 검찰행정이 자리잡게 된 것이다.[82]

이와 관련하여 사법경찰이 구속영장을 신청함에 있어 검찰관을 경유하느냐 법원에 바로 신청하느냐의 문제로 검찰과 경찰간에 논란이 야기되었는데, 검찰에서는 군정법령 제176호 개정 형사소송법 제8조에서 사법경찰이 구속기간 연장결정 신청시 검찰관을 경유하도록 한 취지로 보아 구속영장 신청 역시 검

---

82 신동운, 「수사지휘권의 귀속에 관한 연혁적 고찰(Ⅱ)」, 253면; 신동운, 「한국 검찰의 연혁에 관한 소고」, 검찰 100호(1990), 68–69면.

찰관 경유가 순리라고 본 반면, 경찰은 명문규정이 없음을 이유로 이와 다른 입장을 취했다. 이에 1948. 3. 31. 법령 제180호(법령 제176호의 보충) 제5조 구속영장 신청절차에서 '사법경찰 및 기타 관헌은 소관 검찰청에 청구하며, 검찰관은 이를 재판소에 신청한다'고 명시함으로써 이 문제는 일단락되었다.[83]

❺ 정부수립 후 검찰제도

사법제도와 관련하여 1947. 1.부터 대법원을 비롯한 각급 법원이 삼심제의 부활, 사법부로부터 법원의 분리 등을 요구하는 건의서를 군정 당국에 제출하였는데 미군정은 이러한 건의를 받아들여 1947. 2. 법안기초를 위한 법률가들로 구성되는 사법제도에 관한 법규편제위원회를 구성하였다. 이와 별도로 김용무 대법원장의 지시에 의하여 1947. 2.부터 대법원에 대법관 및 서울고등심리원 원장 및 판사, 서울지방심리원장 등으로 '법원조직법 기초위원회'를 구성하여 법원조직법 초안을 기초하였다.[84]

검찰은 1946. 5. 대법원 검사국 검사총장에 취임한 이인이 검찰 분리화를 언급하였고 법원에서 법원조직법 기초위원회를 구성하여 법원조직법 초안을 기초하는 움직임에 대응하여 검찰도 검찰기구에 관한 준비를 하였다. 1947. 6. 20. 서울지역 검찰청이 연명으로 군정당국에 '수립될 신정부의 사법·검찰 등 기구에 관한 건'을 제출하였다.

1947. 6. 30. 남조선과도정부 행정명령 제3호에 의하여 법전기초위원회(세칭 법전편찬위원회)가 구성되었고 위원장 대법원장 김용무, 위원에 사법부장 김병로, 검찰총장 이인이 임명되었다(제5조). 한편, 미국에 사법제도시찰단을 보내 사법제도 관련 구상을 하게 하였는데 1947. 7. 미국사법제도시찰단이 보고서를 제출하였다.

1947. 11. 14. 유엔총회는 남북한 총선거안을 채택했고, 이에 따라 1948. 1. 8. 유엔임시한국위원단이 서울에 도착, 활동을 개시했으나 38선 이북에 주둔한 소

83　대검찰청, 한국검찰사, 1976, 250면.
84　법원행정처, 『사법부의 어제와 오늘 그리고 내일(上)』, 사법발전재단, 2008, 109면.

련군사령관의 방해로 북한에서의 활동은 봉쇄되었다. 1948. 1. 24.부터 3일간 개최된 유엔임시총회는 「한국의 가능한 지역에서 유엔감시단의 선서실시」를 거듭 결의하고, 1948. 3. 1. 유엔임시한국위원단은 위원단이 들어갈 수 있는 한국의 일부지역에서 늦어도 같은 해 5. 10.까지 선거를 실시한다고 발표함에 따라, 1948. 3. 17. 미군정 법령 제175호 국회의원선거법이 공포되고, 1948. 5. 10. 역사적인 총선거가 실시되었다. 이어서 1948. 5. 31. 제헌국회가 개원되었고, 같은 해 7. 12. 대한민국헌법이 국회를 통과했고, 같은 해 7. 16. 정부조직법이 제정되어 헌법과 정부조직법이 1948. 7. 17. 공포되었다. 같은 해 7. 20. 국회에서 이승만이 초대 대통령으로 선출되었고, 이승만 대통령은 1948. 8. 2. 과도정부 대검 총장인 이인을 초대 법무부장관에, 같은 해 8. 7. 과도정부 사법부차장이던 권승렬을 초대 법무부 차관에 각각 임명한 후, 1948. 8. 15. 대한민국 정부수립을 공표하였다.

　　그 후 신생정부는 정부조직법과 국회법 그리고 '법원조직법'(1948. 9. 26. 법률 제51호), '변호사법'(1949. 11. 7. 법률 제63호)에 이어 '검찰청법'(1949. 12. 20. 법률 제81호)을 제정·공포하였으며, 이것이 우리나라 검찰제도의 근간을 담은 것으로 전문 제44개조에 달했다. 물론 전술(前述)한 것처럼, 당초 미군정 말기인 1948. 8. 2. 법령 제213호로 검찰청법이 제정·공포되어, 검찰조직이 처음으로 법원에서 분리되긴 했으나, 이는 미군정 하의 과도기적 입법이었으므로 정부수립 후 민선 입법기관에서 새로 이를 제정할 필요성이 있었던 것이다.

　　10개월 차이를 두고 제정된 검찰청법 사이에는 다른 부분도 많지만, 가장 중요한 검찰조직의 기본성격과 검찰의 기능 및 역할에 관한 기본골격은 그대로 유지되었다. 즉, 검사를 공익의 대표자로 명시한 뒤 그 직무와 권한으로 범죄수사, 공소제기와 그 유지에 필요한 행위, 범죄수사에 관한 사법경찰관리의 지휘감독 등은 신·구 검찰법상 차이가 없다. 더 나아가 검사의 신분보장도 검사의 정년이 구법보다 인하된 것 외에는 별 차이가 없다. 다만 검찰기구에서 검사를 보좌하며 그 지휘를 받아 범죄수사를 하는 수사관제도가 새로 신설된 것은 외국의 법제에서도 유례가 드문 특기사항이라 할 것이다.[85] 그리고 구검찰청법상 제도인 간이검찰청이 폐지됨에 따라 그와 연계되었던 검사보제도도 폐지되었다. 그

---

[85]　김일수, 앞의 논문, 35면.

밖에도 법무부장관의 지휘감독권과 검사동일체의 원칙도 구법의 규정내용과 같다. 다만, 검사의 불기소처분에 대한 항고제도(제12조)와 사법경찰관에 대한 체임요구권(제36조)은 새롭게 규정된 것이다. 항고제도는 고소인의 권익을 보호하려는 제도로서, 일본의 검찰기관 아닌 외부인에 의한 검찰심사회를 두어 검사의 불기소처분의 당부를 심사하게 하지만, 여기에서는 그 심사를 상급청 검사에게 맡긴 것이 특색이다. 그리고 사법경찰의 검사수사지휘에 대한 복종의무(제35조)와 체임요구권은 미군정시절 경찰이 수사에 관한 검사의 정당한 명령에 순응하지 않은 사례가 빈발했던 전례에 비추어 이를 제어하기 위한 것이었다.

　　마지막으로 1954. 9. 23. 영미법적 인권보장제도를 대폭 도입한 '형사소송법'이 법률 제341호로 제정·공포됨에 따라 우리나라 검찰제도의 근간이 이루어졌고, 그 후 부분적인 변경이 수차 있었으나 기본적인 변경없이 오늘에 이르게 되었다.

V. 우리나라 검찰제도의 연혁을 통해서 본 검사의 기능

❶ 수사지휘(수사통제)의 의미

　　전술(前述)한 것처럼, 1895년 3월 25일 법률 제1호로 「재판소구성법」을 제정·공포한 후, 우리나라의 최초로 "검사"라는 용어와 관직이 등장하게 되었으며, 동법 제39조는 "檢事는 其 職務로 司法警察에게 命令ᄒᆞ믈 得함"이라고 규정하여 사법경찰관에 대한 수사지휘권의 근거를 마련하였다. 이처럼 우리나라에 검찰제도가 도입된 시초부터 검사는 사법경찰관에 통제에 중점을 두었다.

　　그런데 이러한 검사의 수사지휘가 피지휘자인 사법경찰관의 모든 수사권 발동을 일일이 구체적으로 완전히 통제한다는 의미가 아님에도 불구하고 검사가 경찰의 모든 수사권 발동을 완전히 통제하는 것인 양 오해되고 있는 것이 현실이다. 이에 따라 검사의 수사지휘권 문제를 검찰이 경찰을 지배하고 경찰은 검찰에 복종한다는 수직적인 사고방식으로서 권위주의적 발상[86]이라고 매도

86　서보학, 「수사권의 독점 또는 배분 – 경찰의 수사권 독립 요구에 대한 검토 –」, 형사법연구

하는 경우도 비일비재하다.

　　그러나 현행법상 검사의 수사지휘권은 사법경찰관의 독자적 의사결정에 의한 자율적인 수사권 행사를 인정하면서, 법률 전문가인 검사가 일반적 지침과 일반적 또는 구체적 지시를 통해 사법경찰관의 수사활동을 법적으로 조정·통제하고, 둘 사이에 의견의 불일치가 생긴 경우 검사의 의사가 우월하다는 의미에 불과하다. 즉, 어떠한 유형의 통제관계에 있어서도 그것의 궁극적인 점은 '명목상'의 지휘자가 그 지휘를 받는 자와 서로 다툼이 있는 경우 '누구'가 그 의사를 강제할 수 있는가에 있으며, 입법자는 그 수사에 대한 결정권을 검찰에 부여한 것이다. 따라서 어떤 용어를 사용하건(수사통제 또는 사법적 통제 등) 수사권조정문제는 검찰과 경찰이라는 국가기관 사이의 권한배분의 문제가 아니라, 구체적 범죄사실이 발생한 경우 그 사건을 수사하는 '사법경찰관'과 그 사건을 지휘 내지 사법적 통제하는 '개개 검사'와의 기능적 관계에 불과할 뿐이며, 그 사건이 처리되면 둘 사이의 관계는 끝나므로 그 사법경찰관이 수사지휘를 하는 그 검사를 견제한다거나 권력적 균형이 필요하다는 말 자체가 성립하지 않는다.

　　결국 사법경찰관은 검사의 구체적·개별적·사전적 지휘가 없더라도 독자적으로 수사권을 행사할 수 있으며(수사행위의 주체), 다만 그러한 수사권 행사는 사법기관인 검사의 수사지휘를 전제로 하여 이루어지고 있을 뿐이다. 즉 "수사권의 귀속주체인 검사로부터 유래되는 수사권(사법권)을 개개의 사법경찰관에게 위임하고 있으므로 본래적(본원적) 주체인 검사의 지휘에 맞게 수사권을 행사하라"는 의미가 수사지휘의 개념인 것이다.

제12권, 한국형사법학회, 399면.

❷ 검사의 수사지휘권 배제시 문제점

(1) 방대한 국가경찰조직에 대한 통제 곤란

우리나라는 중앙집권적 국가경찰제를 채택하여 강력한 경찰을 국가 통치의 물리적 수단으로 이용하므로 그 결과 수사에서 검찰의 지휘를 받고 있음에도 경찰은 양적인 팽창과 함께 경찰권의 강화·중앙집권화로 방대한 조직과 정보망을 구축하고 있다.

그런데 이처럼 방대한 조직을 갖추고, 수사권 외에도 제한없는 정보수집권과 무장병력을 보유하고 있는 경찰의 수사권에 대한 유일한 견제장치인 검사의 수사지휘권까지 배제될 경우, 경찰의 자의적인 수사권 행사 등 권한 남용에 대한 견제가 불가능하게 되어 경찰권의 비대화 내지 경찰국가화 등 심각한 부작용을 초래할 우려가 있다. 왜냐하면 경찰의 수사권이 독립되어 검사로부터 지휘를 받지 아니하면 경찰의 방대한 정보기능과 수사기능이 결합되어 경찰의 권한이 지나치게 막강하게 되어 그때는 어느 누구도 경찰을 견제할 방법이 없게 될 것이며, 이러한 수사권의 비대화는 국가기관간의 견제와 균형의 원칙에 위배되고 국민의 인권보장에 중대한 위협이 되기 때문이다.

이에 대하여 우리나라를 '검찰공화국'이라고 부르게 할 만큼 거대한 국가권력으로 성장한 검찰이 다른 기관의 비대화와 권력남용을 우려하면서도 스스로는 견제받지 않는 권한을 계속 유지하겠다는 것은 사리에 맞지 않는다는 견해도 있다.[87] 그러나 치안은 경찰이 담당하고 사정은 검찰이 담당하고 있는 현행 법체계에서 치안과 사정을 경찰에게 집중시키게 되면 결국 치안·사정·정보 등 대부분의 공권력이 경찰에 집중되어 상상하기 힘든 초권력기관이 탄생하게 되는데, 유독 수사분야만을 놓고 검찰권과 경찰권간 균형이 없다고 주장하는 것은 타당하지 않으며, 만약 검찰권의 비대화에 대한 우려가 있다면 이는 검찰의 독립성 강화나 재정신청 확대 등의 사법적 통제를 통해 해결할 문제이지 경

---

[87] 서보학, 앞의 논문, 409면.

찰권의 비대화[88]로 이어질 검사의 수사지휘권 폐지가 검찰권의 비대화 우려에 대한 해결책이 될 수는 없다.

(2) 행정경찰의 사법경찰 지배

검찰에서는 조사 단계부터 법률전문가인 검사가 개입하지만, 경찰은 하위직 경찰이 실제 조사를 전담하고 있고, 더구나 행정경찰인 경찰간부가 수사를 지휘하고 있으므로 수사의 전문성과 공정성에 많은 문제와 부작용이 발생할 가능성이 존재한다. 왜냐하면 엄격한 신분보장을 받고 변호사 자격이 있는 검사와 달리 경찰의 경우 소신있는 사법적 결정을 담보할 만한 제도적 장치가 미비하고, 현실적으로도 인사권을 가진 행정경찰간부에 예속되어 정책적 판단이 우선할 가능성이 상존하기 때문이다.

(3) 국가형벌권의 효율적 행사에 지장 초래

수사와 소추는 국가형벌권의 효율적 행사라는 단일 목표를 지향하는 상호보완적 복합기능이므로 관련기관들이 밀접한 관련을 맺고 유기적으로 활동하는 것이 효율적이다. 따라서 소추관인 검사가 국가형벌권을 효율적으로 행사하고 형사사법정의를 실현하기 위하여는 그 전제가 되는 수사에 적극 개입하고 사법경찰을 지휘·감독하지 않을 수 없다.

그런데 편의상 사법경찰업무를 수행하는 경찰이 수사의 개시나 진행을 사실상 독자적으로 행사하고 있는 부분이 있다고 해서 전적으로 검사의 수사지휘를 배제하겠다고 나서는 것은 우리 형사사법체계의 근간을 뒤흔드는 발상으로서 법률가인 검사만이 영장을 청구할 수 있도록 한 주권자인 국민의 헌법적 결단에 정면으로 배치된다. 더욱이 수사의 본질은 단순하게 국가공권력의 행사라는 실력작용에 그치는 것이 아니라 법률의 해석작용과 범죄행위의 법률적 구성

---

88 2020. 12. 14. 국가정보원법 개정안이 국회를 통과함에 따라 대공수사권도 3년의 유예기간을 거쳐 경찰로 이관된다.

등 법률적 평가작용이 당연히 수반되므로 고도의 법률적 지식을 갖춘 검사로
하여금 사법경찰관리의 수사에 대한 법률적 감시기능을 수행하도록 하는 것이
타당하다고 본다. 왜냐하면 수사가 법률전문가인 검사의 관여없이 이루어짐으
로써 법률에 적합한 수사전개나 필요한 증거수집에 지장을 초래하여, 결국 범
죄자에 대한 효과적인 처벌이 어렵게 되고 국가형벌권의 약화로 종국적으로는
형사사법정의의 실현이 크게 위협받게 될 것이고, 특히 전문지식을 요하는 지
능범죄나 신종범죄에 대처하기는 더욱 어려울 것이기 때문이다.

(4) 즉결심판청구권의 문제

현재 경찰이 법원에 소추하여 국민의 신체의 자유·재산을 박탈하는 경우
는 역사적으로 공중소추의 제도를 유지해 오고 있는 영국의 경우를 제외하면
거의 그 예를 찾아보기 어렵다. 특히 한국 경찰은 최장 30일 미만의 구류형을
과할 수 있는 즉결심판을 법원에 청구할 수 있는 권한을 가지고 있으며, 현재도
즉결심판을 통해 검사의 통제없이 6만 건 이상의 사건을 처리중이다.

원래 '즉결(卽決)'이라는 용어는 전술(前述)한 일제치하의 '범죄즉결례(犯罪卽
決例)'에서 유래하는 것으로, 나아가 현재 즉결심판의 집행을 확보하기 위하여
행해지는 '유치명령(留置命令)'도 조선형사령하의 사법경찰관의 강제처분권의 일
종으로 행해졌던 유치명령의 용어와 동일하다.[89] 그런데 검찰의 지휘로부터 독
립하여 수사권을 행사하게 되면서 동시에 즉결심판청구권을 종래와 같이 유지
한다면 그것은 경찰이 수사기관임과 동시에 소추기관이 되는 것을 의미한다.
거기에다가 현재와 같은 즉결심판절차의 운용상황, 즉 경찰작성의 범죄사실조
사서만을 기초로 하여 전문증거에 관한 법칙이나 자백의 보강법칙에 관한 증거
법칙이 배제된 가운데 소위 30초 재판으로 진행되는 즉결심판의 현상[90]을 더해

---

[89] 朝鮮刑事令 제13조 제1항: 司法警察官은 前條 제2항의 規定에 의하여 被疑者를 訊問한
후 刑事訴訟法 제87조 제1항 각호(구속사유: 필자 주)에 規定한 事由가 있다고 사료한 때
에는 10일을 넘지 않는 기간 이를 留置할 수 있다.

[90] 즉결심판절차에 대한 임상적 보고로는, 이재홍, 「형사재판실무상의 몇가지 문제점」, 대한변
호사협회지(1988. 1), 38면 이하 참조.

본다면 그것은 법관이라는 형식적 관여자를 매개로 한 경찰사법의 등장을 의미
하게 될 것이다.[91] 이처럼 30일 미만이라는 결코 짧지 않은 기간동안 국민의 신
체의 자유를 제한할 수 있는 즉결심판절차가 검사의 관여가 배제된 채 진행된
다는 것은 심각하게 재검토해 보아야 하는 문제가 아닐 수 없다. 일본이 모든
불기소사건을 검찰에 송치하고, 즉결심판사건의 경우도 우리나라에서처럼 경찰
서장이 하는 것이 아니라 검찰에서 기소하여 종국처리하는 것도 이러한 이유
때문이다.

❸ 검   토

전술(前述)한 것처럼, 촛불집회를 계기로 집권한 문재인 정부는 수사구조의
개편(수사권/기소권 분리)과 공수처의 설치를 통해서 고강도의 검찰개혁을 추진하
고 있다. 그러나 검/경 수사권조정의 올바른 해법은 수사권과 수사지휘(수사통제)
및 기소권의 분리이며, 설령 수사권의 분리를 위하여 고위공직자의 수사를 위
한 별도의 기구를 설치하고자 하는 경우에도 위헌적 요소를 해소할 필요가 있
다고 본다. 따라서 이하에서는 위헌적 요소 해소를 위한 관련법 개정문제를 살
펴보기로 한다.

---

91   신동운, 「한국 검찰제도의 현황과 개선책」, 서울대 법학 제29권 제2호, 54면.

제2절 ┃ 위헌적 요소 해소를 위한 관련법 개정문제

Ⅰ. 헌법적 문제의 보완

❶ 의 의

　　헌법 제66조 제4항에 따르면 행정권은 국민이 직접 선출한 대통령을 수반
으로 하는 정부에 속한다. 이에 행정부는 '총리와 행정 각 부'로 구성되며, 수사·
기소 담당기관은 삼권분립 원칙에 따라 법무부에 속한다.

　　정부조직법 제2조 제2항에 따르면 중앙행정기관은 특별한 규정이 없는 한
부·처·청을 뜻한다. 따라서 중앙행정기관은 반드시 대통령, 총리, 행정각부 중
한 곳에는 소속되어야 한다. 처는 헌법상의 기관단위가 아니므로 처를 설치하
려면 헌법상 기관인 국무총리나 행정 각부 산하로 편성해야 한다. 현행 정부조
직법상 법제처(제23조), 국가보훈처(제22조의2), 인사혁신처(제22조의3), 식품의약품
안전처(제25조)가 국무총리 산하에 설치되어 있다. 그렇다면 공수처를 정부조직
단위로서 처로 하려면, 국무총리 산하로 설치해야 마땅하다.

　　그런데 현행 공수처법 제3조 제1항에 따르면 필요한 직무를 수행하기 위
하여 고위공직자범죄수사처를 둔다고 규정하고, 제2항은 권한에 속하는 직무를
독립하여 수행하도록 보장한다. 동법 제22조(정치적 중립 및 직무상 독립)에 따르
면 공수처 소속 공무원은 정치적 중립을 지켜야 하며, 그 직무를 수행함에 있어
외부로부터 어떠한 지시나 간섭을 받지 아니한다.

　　생각건대 공수처의 직무는 고위공직자범죄등에 관한 수사와 특정 고위공
직자범죄 및 관련범죄의 공소제기와 그 유지다. 앞서 예로 든 법제처, 보훈처,
인사혁신처, 식약처와는 달리 국민의 기본권을 제한할 수 있는 권력기관이다.
그럼에도 공수처는 헌법상 설치근거가 명확한 검찰청, 검찰총장, 검사 등과 달
리 헌법상 설치근거가 없다. 정부조직법에도 근거가 없다. 공수처법 제3조가 자
체적으로 공수처 설치 근거규정을 두었을 뿐, 입법(헌법 제40조)·사법(헌법 제101
조 제1항, 제111조)·행정(헌법 제66조 제4항) 중 행정부에 속한다는 내용은 없다. 독
립성 보장은 직무수행의 독립성이지, 어디에도 속하지 않고 스스로 존재하며,

아무런 통제, 즉 지시나 간섭도 받지 않는다는 의미에서 고립적인 독립기관을 뜻하는 것은 아닐 것이다.

헌법상 행정권의 행사와 관련하여 국회에 대한 책임은 국무총리와 국무위원이 진다(헌법 제63조). 그러나 공수처는 입법·사법·행정 중 어디에도 속하지 아니하여 공수처장에 대한 국회의 해임 의결이 불가능하다. 공수처법상 탄핵의 결권(제14조)과 공수처장의 국회에 출석·보고의무(제17조 제2항) 만이 규정되어 있을 뿐, 공수처장에 대한 해임건의 등의 내용은 없다. 국회에 대한 정치적 책임을 물을 방법이 없다. 헌법기관이 아니기 때문에92 권한쟁의심판의 당사자적격도 없다. 따라서 공수처법에 대한 위헌법률심판 외에는 헌법적 통제도 어렵다.

물론 헌법재판소의 다수의견처럼, 「수사처를 대통령 등 기존의 행정조직에서 독립된 형태로 설치한 것은 수사처로 하여금 행정부의 통제로부터 가능한 벗어나 독립적이고 중립적으로 그 과제를 완수하도록 하고, 정치적 환경의 변화에도 불구하고 조직적 지속성을 보장받도록 하기 위한 것이므로, 수사처가 기존의 행정조직에 소속되어 있지 않다는 사정만으로 공수처법상 수사처의 설

---

92 헌법재판소 2010. 10. 28. 선고 2009헌라6 결정(권한쟁의심판은 국회의 입법행위 등을 포함하여 권한쟁의 상대방의 처분 또는 부작위가 헌법 또는 법률에 의하여 부여받은 청구인의 권한을 침해하였거나 침해할 현저한 위험이 있는 때 제기할 수 있는 것이다. 그런데 <u>헌법상 국가에게 부여된 임무 또는 의무를 수행하고 그 독립성이 보장된 국가기관이라고 하더라도, 오로지 법률에 설치근거를 둔 국가기관이라면 국회의 입법행위에 의하여 존폐 및 권한범위가 결정될 수 있으므로, 이러한 국가기관은 '헌법에 의하여 설치되고 헌법과 법률에 의하여 독자적인 권한을 부여받은 국가기관'이라고 할 수 없다.</u> 즉, 청구인이 수행하는 업무의 헌법적 중요성, 기관의 독립성 등을 고려한다고 하더라도, 국회가 제정한 국가인권위원회법에 의하여 비로소 설립된 청구인은 국회의 위 법률 개정행위에 의하여 존폐 및 권한범위 등이 좌우되므로, 헌법 제111조 제1항 제4호 소정의 헌법에 의하여 설치된 국가기관에 해당한다고 할 수 없다. <u>법률에 의하여 설치된 기관의 경우는 그 권한을 둘러싼 분쟁이 헌법문제가 아니라 단순한 법률문제에 불과하다. 따라서 권한쟁의심판의 당사자능력을 법률에 의하여 설치된 국가기관으로까지 넓게 인정한다면 헌법해석을 통하여 중요한 헌법상의 문제를 심판하는 헌법수호기관으로서의 헌법재판소의 지위와 기능에도 맞지 아니하고 헌법재판소와 법원의 관할을 나누어 놓고 있는 헌법체계에도 반한다.</u> 또한, 청구인은 중앙행정기관에 해당하고 타 부처와의 갈등이 생길 우려가 있는 경우에는 피청구인의 명을 받아 행정 각부를 통할하는 국무총리나 피청구인에 의해 분쟁이 해결될 수 있고, 청구인의 대표자가 국무회의에 출석해 국무위원들과 토론을 통하여 문제를 해결할 수 있는 점에 비추어서도 청구인이 헌법 제111조 제1항 제4호 소정의 "국가기관"에 해당한다고 보기 어렵다).

치가 권력분립원칙에 반한다고 보기 어렵다. 나아가 전통적으로 권력분립원칙은 입법권, 행정권, 사법권의 분할과 이들 간의 견제와 균형의 원리이므로, 설령 수사처의 설치로 말미암아 수사처와 기존의 다른 수사기관과의 관계가 문제된다 하더라도 동일하게 행정부 소속인 수사처와 다른 수사기관 사이의 권한 배분의 문제는 헌법상 권력분립원칙의 문제라고 볼 수 없다」93는 입장도 경청할만 하다.

그러나 공수처법에 소속 관련규정이 전무하다는 점에서 헌법상 권력분립원칙과 삼권분립원칙에 반할 우려가 있다는 점, 공수처가 권력을 남용하거나 부당한 업무수행을 하는 경우에 국민의 대표인 국회가 이에 대해 통제하고 정치적 책임을 물을 수 있는 법제도적 장치가 없으므로 헌법상 민주주의 원칙에서 도출되는 실질적·민주적 정당성을 결여한다는 점 등을 고려할 때, 위헌적 요소를 해소하는 방향으로 개정을 하는 것이 타당할 것이다.

❷ 헌법적 근거규정 신설

전술(前述)한 것처럼, 공수처가 행정 각부에 편성되어야만 삼권분립의 원칙 및 실질적·민주적 정당성의 문제가 해결될 수 있다면, 공수처를 '수사부'로 하여 그 장(長)을 장관으로 하는 방안이나 공수처를 특정한 부의 장관의 소속으로 하는 방안 등이 있다. 그런데 검찰청·경찰청과 동등한 권력기관적 성격이면서도 공수처 자체의 기능과 규모를 고려해 볼 때, 장관급 기관으로서의 승격은 오히려 위헌적 요소 해소를 위한 법개정의 취지에 부합되기 어렵다고 본다. 따라서 행정부 소속으로 하고, 외청으로 두는 방안이 현실적일 것이다. 그렇다면 공수처는 그 직무 성격상 행정부에서는 법무부 소속이 가장 타당하고도 현실적일 것이다. 법무부의 외청으로서 검찰청과 마찬가지로 고위공직자범죄수사청으로 그 설치근거와 지위를 분명히 하는 방안이다.

---

93 헌법재판소 2021. 1. 28. 선고 2020헌바264, 681(병합) 결정(고위공직자범죄수사처 설치 및 운영에 관한 법률 위헌확인).

다만 고위공직자범죄수사의 직무독립성 보장 취지는 유지되어야 할 것이다. 따라서 현행 검찰청법상 제7조(검찰사무에 관한 지휘·감독)와 같이 소속상급자의 지휘·감독에 따르도록 하는 규정, 제8조(법무부장관의 지휘·감독)와 같이 법무부장관이 고위공직자범죄수사사무의 최고 감독자로서 일반적으로 공수처검사를 지휘·감독하고, 구체적 사건에 대하여는 공수처장을 지휘·감독할 수 있도록 하는 규정은 두지 아니할 필요가 있다.

반면, 현행 공수처법상 제17조(처장의 직무와 권한) 제2항에 따라 국회에 출석하여 공수처의 소관 사무에 관하여 의견을 진술할 수 있다는 규정, 제3항에 따라 소관 사무와 관련된 안건이 상정될 경우 국무회의에 출석하여 발언할 수 있으며, 그 소관 사무에 관하여 법무부장관에게 의안 제출을 건의할 수 있도록 한 규정, 제6항에 따라 공수처의 예산 관련 업무를 수행하는 경우에 국가재정법 제6조 제2항에 따른 중앙관서의 장으로 본다는 규정은 고유 직무의 독립성 보장을 위해 유지할 필요가 있을 것이다.

❸ 헌법상 영장청구권자의 침해문제 해소

(1) 법개정의 필요성

현행 공수처법은 공수처검사에게 고위공직자범죄등의 수사권과 대법원장 및 대법관, 검찰총장, 판사 및 검사, 경무관 이상 경찰공무원의 고위공직자범죄에 대한 기소권 및 공소유지권을 부여하고 있다(제3조 제1항, 제20조 제1항).

그러나 우리 헌법은 제12조 제3항에서 체포·구속·압수 또는 수색을 할 때에는 적법한 절차에 따라 검사의 신청에 의하여 법관이 발부한 영장을 제시하여야 한다. 그리고 제16조에 따르면 주거에 대한 압수나 수색을 할 때에는 검사의 신청에 의하여 법관이 발부한 영장을 제시하여야 한다. 이에 따라 현행 형사소송법은 예컨대 제200조의2(영장에 의한 체포)에서 검사는 관할 지방법원판사에게 청구하여 체포영장을 발부받아 피의자를 체포할 수 있고, 사법경찰관은 검사에게 신청하여 검사의 청구로 관할지방법원판사의 체포영장을 발부받아 피의자를 체포할 수 있도록 하였고, 제201조(구속)에서 검사는 관할지방법원판사에게 청구하여 구속영장을 받아 피의자를 구속할 수 있고 사법경찰관은 검사에게 신청하여 검사의 청구로 관할지방법원판사의 구속영장을 받아 피의자를 구속할 수 있도록 한다. 이와 같은 형사소송법상 영장청구권은 검찰청법 제4조 제1항에 따른 검사의 직무와 권한에 속한다.

따라서 검사의 영장청구권은 헌법이 규정한 사항이라는 점을 고려할 때, 현행 공수처법이 자체적으로 제8조 제4항에서 공수처검사는 직무를 수행함에 있어서 검찰청법 제4조에 따른 검사의 직무를 수행할 수 있다고 규정하였다고 하더라도 검찰청법과 형사소송법상 영장청구권을 행사할 수 있는지는 검토가 필요한 것이다. 즉, 헌법상의 '검사의 신청'이라 할 때 검사가 검찰청법 제29조의 검사가 아니라 검사라는 명칭과 권한을 부여하는 법률규정을 만들기만 하면 수사 및 기소권을 행사할 수 있는지에 대한 면밀한 분석과 검토가 필요하다.

그런데 현행 공수처법은 공수처검사가 검찰청법이 정한 검사의 직무를 수행할 수 있고, 직무 등에 관해 형사소송법 등을 준용한다고 규정하고 있으나, 공수처검사의 영장청구와 관련한 명시적 규정이 없다. 다만, 동법 제29조가 재정신청과 관련하여 형사소송법 제262조 등을 준용하도록 하면서 "이 경우 검사를 수사처 검사로 본다"는 의제규정을 두고, 동법 제43조도 공수처검사의 징계와 관련하여 검사징계법을 준용하도록 하면서 동일한 의제규정을 두고 있다는 점을 볼 때, 공수처검사가 헌법과 검찰청법 및 형사소송법상 검사가 아니라는 점을 말해준다. 또한 영장청구와 관련하여 '수사처 검사를 검사로 본다'는 의제규정이 없다는 것은 공수처검사에 대하여 검사와 같은 영장청구 권한이 인정되지 않았다는 해석에 이르게 한다. 그 이유는 다음과 같다.

첫째, 공수처법 제29조, 제43조와 같은 의제규정을 둔 것은 공수처검사가 검사가 아님을 전제로 한다.

둘째, 공수처법 제47조에 따르면 검찰청법 제4조 제1항 제2호(범죄수사에 관한 사법경찰관리 지휘·감독), 제4호(재판 집행 지휘·감독), 제5호(국가를 당사자 또는 참가인으로 하는 소송과 행정소송 수행 또는 그 수행에 관한 지휘·감독)는 검찰청법 준용 대상에서 제외하고 있다. 영장 청구에 대한 판사의 결정은 '재판'이므로, 재판집행은 형집행은 물론 영장의 집행도 포함되는바 재판집행 지휘·감독권 등이 없는 공수처검사는 검사와 동일한 지위에 있지 아니하는 것이다. 그렇다면 공수처법 제26조는 공수처가 기소할 수 있는 특정범죄를 제외한 범죄에 대해 검찰 송치(송부)의무를 규정하고 있는 바, 공수처검사는 본질적으로 사법경찰관과 같은 지위에 있다고 볼 수 있고, 기소권을 가진 범죄에 대하여는 소추기관으로서의 지위를 갖는다고 해석할 수 있을 것이다. 다만, 검사와 유사한 소추기관 지위를 가진다고 하더라도 소추와 영장청구가 별개인 이상 소추기관이라고 하여 곧 영장청구권도 인정된다고 할 수는 없다.

　　이에 대하여 헌법재판소는 「공소제기 및 유지행위가 검찰청법상 검사의 주된 직무에 해당한다고 할 것이나, 앞서 살펴본 바와 같이 헌법에서 검사를 영장신청권자로 한정한 취지는 검사가 공익의 대표자로서 인권을 옹호하는 역할을 하도록 하는 데에 있고, 검사가 공소제기 및 유지행위를 수행하기 때문에 검사를 영장신청권자로 한정한 것으로 볼 수는 없다. 즉 헌법상 공소권이 있는 검사에게만 반드시 영장신청권이 인정되어야 하는 것은 아니다. 수사처검사가 공익의 대표자로서 수사대상자의 기본권을 보호하는 역할을 하는 한 수사처검사가 영장신청권을 행사한다고 하여 이를 영장주의원칙에 위반된다고 할 수 없고, 공소권의 존부와 영장신청권의 행사 가부를 결부시켜야 한다는 주장은 직무와 지위의 문제를 동일하게 본 것으로 받아들이기 어렵다」[94]는 입장이다.

　　그러나 현행 법체계상 법원의 판단, 즉 재판(판결, 결정, 명령)에 대한 집행 지휘·감독권은 검사에게만 전속적으로 부여되고 있으며, 재판의 집행 지휘·감독권이 없는 경우 영장청구 등 법원에 대한 소송행위도 불가하다. 이는 재판의 집행 지휘·감독권이 없는 사법경찰의 영장청구가 허용되지 아니하는 것과 같은 이치다.

　　셋째, 공수처법 제21조 제2항에 따르면 공수처수사관은 고위공직자범죄등에 대한 수사에 관하여 형사소송법 제196조 제1항에 따른 사법경찰관의 직무를 수행한다. 동조 제1항에 따르면 공수처수사관은 공수처검사의 지휘·감독을 받아 직무를 수행한다. 그렇다면 공수처수사관은 어디에 영장을 신청하는가? 공

94　헌법재판소 2021. 1. 28. 선고 2020헌바264, 681(병합) 결정(고위공직자범죄수사처 설치 및 운영에 관한 법률 위헌확인).

수처검사에게 영장청구권이 있다고 하면 공수처수사관은 공수처검사에게 영장을 신청하고, 공수처검사는 판사에게 청구해야 한다. 그러나 우리 헌법과 형사소송법 체계상 공수처검사에게 영장청구권이 인정되지 않는다면, 공수처수사관은 공수처검사의 지휘를 받아 또는 공수처검사가 검찰청법상의 검사에게 영장을 청구해야 한다고 해석할 수밖에 없다.

문제는 공수처에 검사를 비롯한 고위공직자범죄에 대한 수사와 공소제기(공수처법 제3조 제1항) 권한을 부여한 이유가 경찰과 검찰로부터 독립된 효과적인 고위공직자범죄수사와 소추에 있다는 점을 고려한다면, 예컨대 검사의 고위공직자범죄 수사과정에서 공수처가 영장을 검사에게 신청하여 청구케 해야 하는 경우가 발생하게 된다는 점에 있다.

그러므로 현행 공수처법 제47조가 검찰청법과 형사소송법을 준용토록 하면서, 공수처검사에게 검사의 직무와 권한 중 범죄수사, 공소의 제기 및 그 유지에 필요한 사항과 법원에 대한 법령의 정당한 적용 청구의 권한을 인정하면서 재판집행 지휘·감독의 권한은 인정하지 아니도록 하였는데(검찰청법 제4조 제1항), 이는 공수처검사의 영장청구권 허용여부를 불분명하게 하여, 헌법상 검사의 영장청구권 규정에 반하는 위헌적 요소가 인정될 수 있다. 따라서 검사의 영장청구권을 유지하되, 공수처검사의 고위공직자범죄에 대한 영장신청의 독립성을 일정부분 보장함으로써 위헌적 요소를 해소할 수 있도록 법개정 검토가 필요하다.

(2) 형사소송법의 개정

가. 제안이유

수사기관과 기소기관 상호간 견제와 균형의 원리가 실질적으로 작동하게 하도록 함으로써, 특정기관의 권력독점으로 인한 국민의 사법 불신을 해소하고 고위공직자범죄수사기관인 고위공직자범죄수사청의 책임성을 강화하며 기소기관인 검사가 객관적·중립적 입장에서 영장청구권을 행사할 수 있도록 하려는 것이다. 이러한 개정은 위의 정부조직법 일부개정법률안과 고위공직자범죄수사처 설치 및 운영에 관한 법률 전부개정법률안의 입법을 전제로 한다.

나. 주요 내용

검사가 수사청검사 또는 수사청수사관이 신청한 영장을 정당한 이유 없이 판사에게 청구하지 아니한 경우 수사청검사 또는 수사청수사관은 관할 고등검찰청에 영장 청구 여부에 대한 심의를 신청할 수 있고, 이를 심의하기 위하여 각 고등검찰청에 영장심의위원회를 둔다. 영장심의위원회는 중립적 외부 위원으로 구성하고, 수사청검사 또는 수사청수사관이 심의위원회에 출석하여 의견을 개진할 수 있다(안 제221조의5 개정).[95]

II. 조직법적 문제의 보완

❶ 정부조직법의 개정

(1) 제안이유

현행 고위공직자범죄수사처는 행정부 소속 근거가 없다는 점에서 헌법상 권력분립원칙과 삼권분립원칙에 반할 뿐만 아니라, 공수처가 권력을 남용하거

---

[95] 제221조의 5를 다음과 같이 개정한다.
제221조의5(사법경찰관이 신청한 영장의 청구 여부에 대한 심의) ① 검사가 사법경찰관이 신청한 영장을 정당한 이유 없이 판사에게 청구하지 아니한 경우 사법경찰관은 그 검사 소속의 지방검찰청 소재지를 관할하는 고등검찰청에 영장 청구 여부에 대한 심의를 신청할 수 있다.
② 제1항에 관한 사항을 심의하기 위하여 각 고등검찰청에 영장심의위원회(이하 이 조에서 "심의위원회"라 한다)를 둔다.
③ 심의위원회는 위원장 1명을 포함한 10명 이내의 외부 위원으로 구성하고, 위원은 각 고등검찰청 검사장이 위촉한다.
④ 사법경찰관은 심의위원회에 출석하여 의견을 개진할 수 있다.
⑤ 본 조의 경우 고위공직자범죄수사청 검사와 수사관은 본 조 제1항과 제4항의 '사법경찰관'으로 본다.
⑥ 심의위원회의 구성 및 운영 등 그 밖에 필요한 사항은 법무부령으로 정한다.

나 부당한 업무수행을 하는 경우에 국민의 대표인 국회가 이에 대해 통제하고 정치적 책임을 물을 수 있는 법제도적 장치가 없으므로 정부조직법상 설치근거를 명확하게 마련하고자 한다.

(2) 주요 내용

가. 법무부장관 소속의 고위공직자범죄수사청 설치

법무부장관은 검찰·행형·인권옹호·출입국관리, 고위공직자범죄수사 그 밖에 법무에 관한 사무를 관장한다(안 제32조 제1항 개정).

고위공직자범죄수사청 검사에 관한 사무를 관장하기 위하여 법무부장관 소속으로 고위공직자범죄수사청을 둔다(안 제32조 제3항 신설).

나. 고위공직자범죄수사청 조직과 직무범위의 법률적 근거

검찰청과 고위공직자수사청의 조직·직무범위 그 밖에 필요한 사항은 따로 법률로 정한다(안 제32조 4항 개정).

❷ 고위공직자범죄수사처법의 개정

(1) 제안이유

현행 고위공직자범죄수사처는 행정부 소속 근거가 없다는 점에서 헌법상 권력분립원칙과 삼권분립원칙에 반할 뿐만 아니라, 공수처가 권력을 남용하거나 부당한 업무수행을 하는 경우에 국민의 대표인 국회가 이에 대해 통제하고 정치적 책임을 물을 수 있는 법제도적 장치가 없으므로, 개정 정부조직법상 법무부 소속의 고위공직자범죄수사청으로 설치하면서(정부조직법 개정안 제32조 3항), 동 개정안 제32조 제4항에 따라 고위공직자범죄수사청 운영에 관하여 필요한 사항을 개정하고 규정한다. 이러한 전부개정법안은 위의 정부조직법 일부개정 법률안의 입법을 전제한 것이다.

(2) 주요 내용

가. 법명 개정

고위공직자범죄공수처 설치 및 운영에 관한 법률을 고위공직자범죄수사청법으로 개정한다.

나. 고위공직자범죄수사청법의 목적

이 법은 고위공직자범죄수사청의 조직, 직무 범위 및 인사와 그 밖에 필요한 사항을 규정함을 목적으로 한다(안 제1조).

다. 고위공직자범죄수사청의 독립성

고위공직자범죄수사청은 「정부조직법」 제2조에 따른 중앙행정기관으로서 그 권한에 속하는 직무를 독립적으로 수행한다(안 제3조 제1항).

라. 명칭 변경

제4조 내지 제47조에서 '공수처', '처장', '공수처검사', '공수처수사관'은 각각 '수사청', '청장', '수사청검사', '수사청수사관'으로 한다.

마. 조직 및 운영에 관한 규정

이 법에 규정된 사항 외에 수사청의 조직 및 운영에 필요한 사항은 법무부령으로 정한다(안 제45조).

제 3 절 ┃ 공수처 제도개선을 위한 법개정 방향

Ⅰ. 공수처의 정치적 중립성 및 독립성 보장

❶ 공수처장 선정과 관련된 기존 개정안

(1) 2020년 8월 개정안(김용민 의원 대표발의안)

2020년 7월 15일로 출범예정이었던 고위공직자범죄수사처가 기약 없이 표류하고 있는 상황이므로 공수처장 후보추천위원회 관련 규정을 정비하여, 고위공직자범죄수사처가 신속히 출범하여 기능할 수 있도록 하고자 하는 법안이다 (안 제6조 제4항 제4호·제5호, 제6조 제5항).[96] 이에 따라 현행법 제6조 제4항 제4호 중 "대통령이 소속되거나 소속되었던 정당의 교섭단체가 추천한 2명"을 "국회에서 추천하는 4인"으로 하고, 제5호를 삭제하며, 같은 조 제5항 중 "위원 6인 이상의"를 "재적위원 3분의 2 이상의"로 한다는 것이다.

즉 현행법상 국회의장이 고위공직자범죄수사처장후보추천위원회의 위원으로 여야 각 2인씩 임명하도록 규정되어 있는 내용을 여당 4인으로 하고, 모두 7명인 위원중 의결정족수 6인을 5명 이상으로 축소하는 안이다. 법무부장관, 법원행정처장, 대한변호사협회장과 여당의원 4명으로 구성되는 후보추천위원회에서 5명의 의결로 공수처장이 추천되는 것이다.

법제정 당시 공수처의 독립성 보장을 위한 첫 단계인 공수처장 후보추천단계에서의 정치적 중립성 보장 장치를 둔 취지는 분명하다. 하나의 의안에 불과하지만, 국민의 대표인 국회의원들이 이러한 취지를 정면으로 무시하는 개정안을 단지 공수처 출범지연의 이유로 제출하는 행태는 이해불가한 일이라 아니할 수 없다.

---

96 고위공직자범죄수사처 설치 및 운영에 관한 법률 일부개정법률안(의안번호 2103199호 김용민 의원 대표발의 2020년 8월 24일).

(2) 2020년 9월 개정안(박범계 의원 대표발의안)

　　고위공직자범죄수사처를 신설하는 내용으로 법이 시행됨에도 불구하고 법상 "대통령이 소속되거나 소속되었던 정당의 교섭단체 외의 교섭단체"가 고위공직자범죄수사처장후보추천위원회 위원 2명을 추천하도록 규정되어 있음에도 해당 교섭단체가 이러한 추천을 하지 않아 공수처가 출범조차 하지 못하고 있다. 이와 같은 행위는 현재 시행되고 있는 현행법상의 위원 추천 의무 및 위원회 구성의무를 이행하지 않는 행위에 해당할 뿐만 아니라, 위원 추천 권리를 스스로 포기하고 고위공직자범죄수사처장 후보자 추천과 관련한 비토권 역시 스스로 거부한 것으로 볼 수 있다. "권리 위에 잠자는 자는 보호받지 못한다"는 법언 등을 고려할 때 현재와 같은 스스로의 권리 포기 행위 및 법상 의무 불이행과 같은 행위 등에 의해 위원회가 구성되기 어려워지는 것을 방지할 필요가 있다. 이에 이 법 시행 후 국회의장이 일정한 기간을 정하여 각 교섭단체에게 위원회 위원을 추천하도록 통고하고, 해당 기간 내에 위원을 추천하지 않는 교섭단체가 있는 경우에는 「법원조직법」상의 "대법관후보추천위원회"의 위원으로 구성되는 사람 중 하나인 "사단법인 한국법학교수회 회장"과 "사단법인 법학전문대학원협의회 이사장"을 해당 교섭단체의 추천을 갈음하여 위원으로 임명 또는 위촉하도록 법으로 규정하여 고위공직자범죄수사처장 인사가 원활하게 이루어지고, 고위공직자범죄수사처의 구성과 정치적 중립성 및 독립성을 확보할 수 있도록 위원회 위원의 구성 등을 변경하려는 것이다.97

　　그러나 "사단법인 한국법학교수회 회장" 및 "사단법인 법학전문대학원협의회 이사장" 모두 로스쿨이 장악한 상태에서 양 단체 사이에 무슨 차이가 있는 것인지 의문이다. 차라리 형사법관련 5개 학회에 공동추천을 의뢰하는 것이 더 타당할 것이다.

97　고위공직자범죄수사처 설치 및 운영에 관한 법률 일부개정법률안(의안번호 2103614호 박범계 의원 대표발의 2020.9.14.).

(3) 2020년 9월 개정안(백혜련 의원 대표발의안)

고위공직자의 직무 관련 부정부패를 엄정하게 수사하기 위한 독립된 수사기구인 고위공직자범죄수사처를 신설하는 내용으로 법이 시행되었는데도 고위공직자범죄수사처장후보추천위원회 위원 추천권을 지닌 교섭단체의 비협조로 인해 고위공직자범죄수사처장 임명 및 공수처 출범이 지연되고 있다. 이는 현행법상의 위원 추천 의무를 해태해 헌법기관인 국회의원 스스로 입법부의 권능을 무력화하는 것으로 보완 입법이 불가피한 상태라고 판단된다. 이에 국회의장이 서면으로 각 교섭단체에 10일 이내의 기간을 정하여 위원 추천을 요청할 수 있도록 하고, 해당 기간 내에 위원을 추천하지 않은 교섭단체가 있는 경우에 국회의장은 해당 교섭단체의 추천에 갈음하여 "사단법인 한국법학교수회 회장"과 "사단법인 법학전문대학원협의회 이사장"을 위원으로 임명하거나 위촉할 수 있도록 한다(안 제6조 제5항 및 제6항 신설).

또한 공수처장 후보자 추천절차가 장기화되는 것을 방지하기 위해 위원회가 소집되면 30일 이내에 공수처장 후보자 추천 의결을 마치도록 하였고, 단 1회에 한하여 위원회 의결이 있을 경우 10일 이내로 연장할 수 있도록 한다(안 제6조 제8항 신설). 이를 통해 최장 50일 이내에는 공수처장 후보자 추천을 위한 위원회 구성과 의결이 마무리될 수 있도록 하려는 것이다.[98]

❷ 개정 공수처법 내용

전술(前述)한 것처럼, 2019년 12월 30일 검찰개혁의 일환으로 독립된 수사기관인 공수처 신설을 위한 고위공직자범죄수사처법 역시 통과되었다. 그런데 공수처장 후보자를 추천하기 위한 공수처장후보추천위원회의 의결정족수와 관련하여, 그동안 여당과 야당이 계속 대치하다가 2020. 12. 10. 기존의 "위원 6

---

[98] 고위공직자범죄수사처 설치 및 운영에 관한 법률 일부개정법률안(의안번호 2103837호 백혜련 의원 대표발의 2020.9.14.).

인 이상의"를 "재적위원 3분의 2 이상의"로 하는 내용 등 「고위공직자범죄수사처 설치 및 운영에 관한 법률」 일부개정법률안(대안)이 통과되었다. 이에 따르면, 위원 7인 중 5인 이상이면, 공수처장 추천이 가능하므로 야당의 비토권은 사실상 무의미하게 되었다고 볼 수 있다.

그러나 특별수사기구인 공수처의 성공여부는 권력형 비위사건에 대한 외부영향력을 차단하는 것이 관건이다. 따라서 공수처의 설치목적이 검찰권의 견제 및 현재의 집권세력에 대한 부패수사에 있다면, 야당 추천 공수처장을 적극적으로 검토해 보아야 할 것이다. 현재의 집권세력을 통제하려면 두 권력(검찰과 공수처) 기관장의 임명절차가 달라야 하기 때문이다.

결국 검찰총장은 대통령이 임명하고, 공수처장은 야당 추천 인사로 임명하는 방식이야말로 공수처의 정치적 중립성과 독립성을 보장하는 합리적인 방안이라고 본다.

II. 대상범죄 및 조직과 인원의 적정화

❶ 제도적 문제점과 개정방향

공수처를 설치하는 근본적 목적이 '검찰 구성원의 부패'에 대한 대안으로 설치하는 것이라면, 검찰 구성원을 포함한 사법기관의 부패범죄 수사만을 전담하게 하는 방안이 타당하다[99]고 본다. 그리고 이에 따라 공수처의 조직 및 인원도 조정되어야 할 것이다. 이렇게 하는 것이 검찰비리를 포함한 사법비리를 방지할 수 있는 가장 효과적인 방법으로 보인다. 즉, 일반 형사사건은 경찰이 수

---

[99] 2020. 10. 20. 국민의힘 유상범 의원은 2020. 10. 20. 보도자료를 통해 "독소조항을 삭제한 고위공직자범죄수사처 설치 및 운영에 관한 법률(공수처법) 개정안을 대표 발의했다"고 밝혔는데, 동 개정안은 현행법에 따른 공수처는 자의적인 법 적용의 여지가 큰 직무관련 범죄를 빌미로 편향적인 고위공직자 사찰기구로 악용될 가능성이 높은 만큼 공수처 최초 설립 취지인 부패범죄로 수사대상을 한정하는 것이 타당하다는 점에서 수사대상에서 직무관련 범죄를 제외하였다.

사를 담당하고(검사는 수사지휘), 특수사건(인지사건)은 별도의 수사청이 담당하며, 이러한 수사기관 등의 비리는 공수처에서 담당하도록 함으로써 상호 견제를 할 수 있을 뿐만 아니라 위헌성의 시비는 물론 수사권의 이원화도 방지할 수 있을 것이다.

❷ **2020년 8월 개정안**(김용민 의원 대표발의안)

본 법안은 현재 시행하고 있는 법률은 공수처가 사건을 적절히 처리할 수 있는 인사와 조직을 갖추어 독립기구로서 중립성을 가지고 효율적으로 업무를 수행하기에 미비한 점이 있어 이를 보완·개선하고자 하는 것으로, 고위공직자 등의 범죄에 속하는 범위를 확대하는 안이다(안 제2조 제3호 나목·라목).[100]

이에 따르면 고위공직자범죄가 타인의 형사사건 또는 징계사건에 관한 증거를 인멸, 은닉, 위조 또는 변조하거나 위조 또는 변조한 증거를 사용한 행위(형법 제155조), 변호사가 아니면서 금품·향응 또는 그 밖의 이익을 받거나 받을 것을 약속하고 또는 제3자에게 이를 공여하게 하거나 공여하게 할 것을 약속하고, 소송 사건, 비송 사건, 가사 조정 또는 심판 사건, 행정심판 또는 심사의 청구나 이의신청, 그 밖에 행정기관에 대한 불복신청 사건, 수사기관에서 취급 중인 수사 사건, 법령에 따라 설치된 조사기관에서 취급 중인 조사 사건 등에 관하여 감정·대리·중재·화해·청탁·법률상담 또는 법률 관계 문서 작성, 그 밖의 법률사무를 취급하거나 이러한 행위를 알선한 행위(변호사법 제109조), 판사·검사, 그 밖에 재판·수사기관의 공무원에게 제공하거나 그 공무원과 교제한다는 명목으로 금품이나 그 밖의 이익을 받거나 받기로 한 행위 또는 제공하거나 교제한다는 명목의 비용을 변호사 선임료·성공사례금에 명시적으로 포함시키는 행위(변호사법 제110조)까지 포함하게 되는 것이다.

또한 전문성을 갖춘 공수처검사와 공수처수사관의 인력확보를 위하여 자

100　고위공직자범죄공수처 설치 및 운영에 관한 법률 일부개정법률안(의안번호 2103199호 김용민 의원 대표발의 2020년 8월 24일).

격제한을 낮춰 다양한 인재가 모일 수 있도록 하는 안이다(안 제8조 제1항 부터 제
3항까지, 제10조 제2항·제3항).[101] 이에 따라 현행법상 변호사 자격을 10년 이상
보유요건을 5년으로 축소하고(안 제8조 제1항), 공수처검사는 처장과 차장을 포함
하여 25명 이내에서 30명 이상 50명 이내로 되는 것이다(안 제8조 제2항). 또한
현행법상 공수처수사관은 40명 이내로 하고, 검찰청으로부터 검찰수사관을 파견
받은 경우에는 이를 공수처 수사관의 정원에 포함하는데, 이를 50명 이상 70명
이내로 하고 검찰수사관 정원포함 단서규정을 삭제하는 것이다(안 제10조 제2항,
제3항).

III. 기소배심 내지 대배심의 설치

❶ 제도적 문제점과 개정방향

한국의 경우 그동안 기소독점주의, 기소편의주의에 더하여 검사동일체의
원칙까지 인정되어 검찰의 기소재량권에 대한 효과적인 통제수단이 존재하지
않았다. 이에 대하여 권력형 범죄나 독직 및 직권남용 등의 범죄·선거관련 사
건 등에 대하여 제한적으로 기소법정주의를 채택하자는 양당 합의안도 있었으
나, 현행 형사소송법 체계와 충돌하는 문제가 있다. 따라서 공수처 검사의 기소
판단시 일본식의 검찰심사회제도[102]나 기소배심(대배심) 같은 시민위원들의 심
사를 거치는 방안을 마련하는 것이 오히려 타당하다고 본다. 왜냐하면 사법에
대한 국민참여는 이제 거스를 수 없는 시대적 대세이며, 수사업무에 대한 투명

---

101 고위공직자범죄수사처 설치 및 운영에 관한 법률 일부개정법률안(의안번호 2103199호 김
  용민 의원 대표발의 2020년 8월 24일).

102 일본의 검찰심사회제도는 미국의 대배심제도를 일본식으로 수정한 것으로, 공소권 행사의
  적정을 도모하기 위하여 지방재판소와 지부의 소재지에 두며 임기는 6월이고, 관할 구역내
  중의원 선거권자 중에서 추첨으로 선출한 11인의 검찰심사원으로 구성된다. 의결은 통상
  과반수로 결정되지만, 기소상당의 의결을 하는 경우에는 11인 중 8명 이상의 찬성이 있어
  야 한다.

성과 객관성을 높여주는 지름길이기 때문이다. 더욱이 앞에서 언급한 것처럼, 공수처 신설에 대하여 국민의 87%가 찬성한다면, 이러한 기구는 국민의 기구로 만들어져야 그 정당성을 더욱 확보할 수 있을 것이다.

❷ 2020년 8월 개정안(김용민 의원 대표발의안)

본 법안은 현재 시행하고 있는 법률은 공수처가 사건을 적절히 처리할 수 있는 인사와 조직을 갖추어 독립기구로서 중립성을 가지고 효율적으로 업무를 수행하기에 미비한 점이 있어 이를 보완·개선하고자 한다는 취지이다. 이에 따라 공수처검사에게 모든 수사대상 고위공직자범죄등에 대한 수사권, 기소권, 공소유지 권한을 부여하는 안이다(안 제3조 제1항, 제20조 제1항, 제26조, 제30조).[103]

이에 따라 현행법상 고위공직자범죄등에 관한 수사, 제2조 제1호 다목, 카목, 파목, 하목에 해당하는 고위공직자로 재직 중에 본인 또는 본인의 가족이 범한 고위공직자범죄 및 관련범죄의 공소제기와 그 유지에 필요한 직무를 수행하기 위해 공수처를 둔다는 공수처 설치에 관한 규정(제3조 제1항)을 다음과 같이 개정한다는 것이다.

현행법	개정안
① 고위공직자범죄등에 관하여 다음 각 호에 필요한 직무를 수행하기 위하여 고위공직자범죄수사처를 둔다. 1. 고위공직자범죄등에 관한 수사 2. 제2조제1호다목, 카목, 파목, 하목에 해당하는 고위공직자로 재직 중에 본인 또는 본인의 가족이 범한 고위공직자범죄 및 관련범죄의 공소제기와 그 유지	① 고위공직자범죄등에 관하여 수사와 공소의 제기 및 그 유지에 필요한 사항을 독립하여 수행하기 위하여 고위공직자범죄수사처를 둔다.

---

103 고위공직자범죄수사처 설치 및 운영에 관한 법률 일부개정법률안(의안번호 2103199호 김용민 의원 대표발의 2020년 8월 24일).

이러한 안은 현행법에서 공수처의 기소권한을 대법원장 및 대법관, 검찰총장, 특별시장·광역시장·특별자치시장·도지사·특별자치도지사 및 교육감, 판사 및 검사에 한정한 것을, 고위공직자 전체에 대한 범죄의 기소권한으로 확대하는 것을 의미한다.

또한 현행법 제3조 제2항에서 공수처는 그 권한에 속하는 직무를 독립하여 수행한다는 규정과 본 안 제3조 제1항의 독립하여 수행한다는 내용이 중복된다.

❸ 기소배심 내지 대배심제도 도입여부

(1) 의 의

미국 검사들도 실무상 기소여부의 판단과 공소유지 활동을 위하여 필요한 경우에는 사건관계인들을 다양한 방식으로 면담 또는 조사한다. 그런데, 미국 연방검사의 경우104에는 우리나라와 달리 대배심(Grand jury)을 활용하여 수사를 진행하기도 하는데, 연방 및 각 주의 내용은 후술하기로 하고, 여기서는 일반론만 살펴보기로 한다.

(2) 대배심의 수사권

가. 대배심 수사권의 근거 및 범위

연방대배심은 증언과 문서제출을 강제할 수 있는 광범위한 권한을 보유하고 있다. 이러한 권한은 연방 형사소송규칙 제17조에 근거한다. 대배심의 수사활동을 정당화하기 위하여 범죄가 발생하였다는 점에 대한 어떠한 입증책임도 필요하지 않다. 불법행위가 저질러졌다는 단순한 의혹이나 범죄가 발생하지 않

---

104 연방관할 사건이 아니더라도 대배심을 운용하는 주나 대배심에 의하여야 하는 사건의 경우에 있어서도 마찬가지이다.

았다는 사실을 단순히 확인하기 위해서도 수사할 수 있다.105 수사의 단서가 첩보, 풍문, 검사가 제시한 증거, 배심원의 개인적 지식이 될 수도 있다.106 나아가 대배심은 수사진행과정에서 증거법에 의한 제약을 받지 않는다.107 따라서, 전문증거도 허용되고,108 증인은 대배심의 관할위반을 근거로 소환에 불응할 수 없고,109 자신이 갖고 있는 정보가 수사와 무관함을 주장할 수도 없다.110 또한, 미국 연방대법원은 미국 연방 제4차 수정헌법111이 대배심 단계에서는 대부분 인정되지 않는다는 취지로 판결하여 왔다. 즉, 대법원은 대배심의 증거제출요구서가 실질적으로 위 수정헌법상의 압수에 해당한다는 주장을 배척하였다.112 다만, 대법원은 증거제출요구서가 지나치게 광범위할 경우에는 비합리적일 수 있다는 입장을 견지하여 왔다.113 또한, 대법원은 증거배제법칙이 대배심 단계에서는 적용되지 않기 때문에 증인은 소환장이 경찰의 불법행위에서 비롯되었다는 점을 이유로 증언을 거부하거나 증거제출을 거부할 수 없다고 판결하였다.114

나. 대배심 수사권의 한계

증거제출요구서(subpoena duces tecum)의 경우, 제출을 요구받은 당사자는 연방 형사소송규칙 제17조를 근거로 하여 '제출을 요구받은 자료의 범위가 지

---

105 United States v. Morton Salt Co., 338 U.S. 632, 642–43, 70 S.Ct. 357, 364, 94 L.Ed. 401 (1950).

106 Costello v. United States, 350 U.S. 359, 362, 76 S.Ct. 406, 408, 100 L.Ed. 397 (1956).

107 United States v. Dionisio, 410 U.S. 1, 17, 93 S.Ct. 764, 773, 35 L.Ed.2d 67 (1973).

108 Costello v. United States, 350 U.S. 363, 76 S.Ct. 408.

109 Blair v. United States, 250 U.S. 282–83, 39 S.Ct 471.

110 United States v. R. Enterprises, Inc., 111 S.Ct. 722, 112 L.Ed.2d 795. (1991).

111 '신체, 주거, 서류, 소지품에 대한 불합리한 압수·수색으로부터 안전할 권리는 침해되지 않는다. 상당한 이유가 있고 선서 등에 의하여 혐의가 소명되며, 압수·수색할 장소, 신체, 물건이 특정되지 아니하는 한 압수·수색영장이 발부되어서는 아니된다.'는 내용이다.

112 United States v. Dionisio, 410 U.S. 1, 93 S.Ct. 764, 35 L.Ed.2d 67 (1973).

113 Hale v. Henkel, 201 U.S. 43, 26 S.Ct. 370, 50 L.Ed. 652 (1906).

114 United States v. Calandra, 414 U.S. 338, 343, 94 S.Ct. 613, 617. 다만, 미국연방 법무부는 정책적으로 위헌적 방법으로 취득한 증거를 대배심에 제출하는 것을 금하고 있다.

나치게 광범위함'을 주장할 수도 있고, 단순히 증인에게 고통을 주기 위한 목적으로 증거제출요구서가 발부되었음을 주장할 수도 있다. 또한, 기소 후 여죄발견을 위하여 발부된 증거제출요구서, 대배심의 수사와 관련 없는 문제에 관하여 검사 또는 사법경찰관에게 진술하거나 증거를 제출하도록 강요하는 증거제출요구서는 대배심 권한의 남용으로 금지된다.

다. 대배심 수사에 있어서 검사의 역할

대배심의 독립은 형사절차에 있어 근본적인 원칙이다. 형식적으로 보면, 대배심 절차에 있어서 검사는 법률적 조언자이고 대배심의 심리를 위하여 증거를 제출하는 역할을 맡는다.[115] 하지만, 실제에 있어서는 검사가 수사할 내용과 소환할 증인을 선정하고, 소환장을 발부하며, 증인들이 대배심에 출석하기 전에 증인들을 사전에 면담하고, 대배심에서 전적으로 질문[116]하는 등 검사가 대배심에 많은 영향을 미친다.[117] 이에 대해 '대배심이 검사의 수사상 무기가 되어왔다'는 비판이 제기되기도 한다.[118]

한편, 검사는 피의자에게 유리한 증거를 대배심에 제출할 의무가 없으나,[119] 미국 연방법무부는 "검사가 피의자의 범죄혐의를 직접 조각할 충분한 증거를 알게 된 경우 대배심의 기소판단을 구하기 전에 그러한 증거를 대배심에 제출하여야 한다."는 지침을 마련하여 시행하고 있다.[120]

라. 출석의 강제

대배심의 증인출석요구서는 미국 내에서 어디든 송달이 될 수 있고,[121] 소

115 DOJ Manual §9–11.020 (1989); United States v. Kleen Laundry & Cleaners, Inc., 381 F.Supp. 519, 521 (E.D.N.Y.1974). 위 판결에 의하여 검사가 대배심에 증거와 증인을 제시할 권한이 부여되었다.
116 피의자나 피의자의 변호인은 대배심에 출석한 증인을 상대로 반대신문할 권리가 없다.
117 In re Grand Jury Proceedings(Schofield I), 486 F.2d 85, 90 (3rd Cir.1973).
118 In re Melvin, 546 F.2d 1, 5(1st Cir. 1976).
119 United States v. Williams, 112 S.Ct. 1735, 118 L.Ed.2d 352 (1992).
120 Harry I. Subin et al., 앞의 책, 181면.
121 미국 연방 형사소송규칙 제17조 제(e)항.

환대상자가 미국 국적이거나 거주자이며 그 증언이 필요한 경우에는 외국에 소
재하는 자에게도 송달될 수 있다.[122]

마. 증인을 위한 면책권(immunity)

증인출석요구서가 발부된 증인이라도 미국연방 제5차수정헌법상의 자기부
죄금지 특권을 주장하며 그 요구에 적법하게 불응할 수 있다. 검사가 그러한 증
인에게 증언을 강제하기 위해서는 법원에서 면책결정(immunity order)을 얻어야
한다. 면책 관련 법률규정에 의하면 "면책결정에 의하여 강제된 증언과 이에서
직·간접적으로 파생된 정보를 형사사건에 있어서 그 증인에게 불리하게 사용하
여서는 아니 된다."라고 규정하고 있다.[123]

위 법률규정에 의하면, 검사는 법무부로부터 승인을 얻은 이후 법원에 서
면으로 증인의 증언이 공익을 위하여 필요하고, 그 증인이 자기부죄금지 특권
을 근거로 증언을 거부하고 있거나 거부할 가능성이 있음을 주장하도록 하고
있다.

실제에 있어서는, 검사가 증인의 증언거부 가능성을 미리 알고 있는 것이
통상이다. 그런 경우, 검사는 증인의 대배심 출석일 이전에 법원의 면책결정을
얻겠다는 점에 관하여 미리 법무부의 승인을 얻은 후 출석일에 증인이 출석하
여 자기부죄금지 특권을 주장하면 검사가 법원에 증인에 대한 면책 결정을 신
청한다. 그러면, 법원의 심리가 열리는데 검사가 미리 법적 요건을 구비하여 두
었기 때문에 심리는 사실상 형식적이고 통상 면책결정이 이뤄진다.[124]

바. 대배심 명령의 강제수단

① **민사상 법정모독(Civil Contempt)**: 정당한 이유 없이 증인출석요구에 불
복하는 자는 법정모독으로 판단될 수 있는데, 그런 사건은 연방 민사상 법정모
독 규정에 의해 규율된다. 이에 의하면, 증인이 명령에 따를 때까지 또는 대배

---

122 28 U.S.C.A.(United States Code Annotated) §1783 (1926).

123 18 U.S.C.A. §6003(b)(1970).

124 In re Grand Jury Investigation, 657 F.2d 88, 90–1(6th Cir. 1981).

심의 회기가 만료될 때까지 증인의 구금이 가능하다. 그러나, 어느 경우이든 구금기간이 18개월을 넘지 못한다.[125]

　② **형사상 법정모독**(Criminal Contempt): 법원 명령의 불이행은 한편으로는 벌금이나 구금으로 처벌되는 형사상 범죄에 해당한다.[126] 검사가 형사사건으로 나아간 경우에는 피고인에게 대배심의 심사, 배심재판 등 모든 권리가 보장된다.[127] 다만, 대법원은 대배심 증인들을 우선적으로 민사상 법정모독으로 규율하고 만약 민사상 법정모독에 의한 강제가 불충분한 경우에만 형사상 법정모독으로 처벌하도록 강력히 권고하고 있다.[128]

(3) 미국 연방 대배심제도

가. 기원과 발전과정

　영국 청교도들이 1630년 미국에 정착하기 시작했고, 1635년 처음으로 그들의 대배심원 제도를 시행하기 시작하였다.[129] 이때의 대배심원은 시민들의 자발적인 참여로 이루진 것이 특징이며, 시민에 의해 구성된 위원회에서 대배심원을 선출하였다. 초기의 대배심원은 영국 식민지 상황에서 활동하였기에 애국적인 차원에서 정치적 발언에도 앞장섰다.[130] 대표적으로 필라델피아 대배심원들은 영국의 식민지 미국에 대한 세금에 대해 비판하였다.[131]

125　박세현, 미국의 기소배심(Grand Jury) 실무 연구", 「국외훈련검사 연구논문집· 제24집 1권, 2009, 72면.

126　18 U.S.C.A. §401(3) (1948). 연방 법률 중에서 유독 벌금 액수나 구금기간에 대한 제한이 없으나(United States v. Gracia, 755 F.2d 984, 988–89(2d Cir. 1985)), 미국연방 제8차수정헌법상의 '잔인하고 예외적인 처벌 금지' 조항은 적용된다.

127　Simkin v. United States, 715 F.2d 34, 37–38(2d Cir. 1983).

128　Yates v. United States, 355 U.S. 66, 74, 78 S.Ct. 128, 133, 2 L.Ed.2d (1957).

129　NEWCASTLE COURANT: WITH NEWS FOREIGN & DOMESTICK, Mar. 26, 1712, at 4, https://www.newspapers.com/image/404008545.

130　John Gibson, P.A. GAZETTE, Sept. 27, 1770, at 3, https://www.newspapers.com/image/39402060/.

131　Id.

또한 식민지의 대배심원들은 각각의 사건에 있어 중요한 판결을 내었는데, 이들은 영국법을 어긴 용의자에 대해 기소결정을 내지 않았으며, 또한 미국 독립에 관한 사건에 대해 기소를 하지 않았다.[132] 영국을 위한 기소거부와 정치범에 대한 기소거부로 인해 영국은 미국 식민지의 대배심원들의 권한을 약화시키기 위해 부단한 노력을 하였음에도 불구하고, 그들은 영국에 대한 반식민지 정책에 대해 저항하였다.[133]

영국으로부터의 독립한 미국은 역사적으로 정치적으로 식민지 시절 대배심원이 처했던 상황에도 불구하고, 최초의 헌법에는 대배심원의 보호에 관한 내용을 담지 않았다.[134] 따라서 후에 헌법 개정의 요구가 일어나게 되어 수정헌법 제5조를 탄생시켰으며, 오늘날 미국의 대배심원의 권한을 헌법에 명시하게 된 것이다.

결국 미국의 대배심원제도는 개인이 가져야 할 마땅한 권리를 쟁취하기 위한 시민들의 부단한 노력으로부터 제도가 시행되었고, 후에 영국으로부터의 압제에 대한 저항으로 그 역할을 하였다. 미국 독립의 주체이며, 미국의 권력이 국민으로부터 나온다는 사실을 명백히 보여주는 제도라고 할 수 있다.

나. 대배심원의 헌법적 가치 – 수정헌법 제5조

미국 헌법은 총 27차례 수정되어 국가의 권력이 국민으로부터 나온 것이며, 국민이 정부기관을 규제하는 주체임과 동시에 국민의 자유와 재산 그리고 생명은 적합한 절차가 아니고서는 침해될 수 없다는 것을 확인하였다. 따라서

---

132 St. Christophers, March 14, 1772, MD. GAZETTE, Oct. 1, 1772, at 1, https://www.news papers.com/image/41042874/.

133 Presentment of the Philadelphia Grand Jury, 3 January 1745, in 3 THE PAPERS OF BENJAMIN 9–12 (Leonard W. Larabee, ed., 1961), William Bell, FRANKLIN://founders. archives.gov/?q=%22grand%20jury%22&s=1111311111&sa=&r=5&sr=#BNFN-01-03-02-0002-fn-0012-ptr.

134 James Madison, for instance, called rights provisions "parchment barriers" that would prove least effective "on those occasions when its most needed." Sanford Levinson, America's Other Constitutions: The Importance of State Constitutions for Our Law and Politics, 45 TULSAL. REV. 813, 818 (2013).

국민에 의해 권력이 사용되어야 한다는 기본 전제와 헌법정신에 입각하여 대배
심원 제도를 운영하고 있다.

　　이러한 미국의 수정헌법 제5조는 미국 권리장전의 일부이며, 정부의 권한
남용을 막고 적법한 절차에 의한 집행을 국민이 정부로 하여금 강제하는 조항
이다. 특히, 형사사건에 대한 부분에 있어서 수정헌법 제5조는 '형사사건에 대
하여서는 대배심원의 고발이나 공소제기에 의하지 아니하고는 어느 누구도 강
제될 수 없다'135고 명시되어 있다. 즉, 미국 사회의 공공질서를 저해하는 자들
에 대한 심판은 국민에 의해서만 행하여져야 한다는 것이다.

　　미국의 연방대법원 역시 수정헌법 제5조에 입각하여 개인의 범죄사실에
대한 자백을 하지 않을 권리가 보장된다고 판시하였고 이에 따라 강압에 의한
자백은 법적 효력이 없다는 것, 공판중심주의, 범죄사실 입증의 책임은 정부가
진다는 것 등을 추가적으로 판시하였다.136 다만, 이러한 대배심 규정은 미국
연방 제14차 수정헌법의 적법절차조항(due process of law clause)에 의하여 각 주
에 모두 적용되지 아니하고,137 이에 따라 미국에서는 약 20개의 주에서만 대배
심 제도를 채택하고 있다.

　　다. 대배심원의 선정과 역할

　　대배심원 제도는 미국 사법부 역사의 한 축을 담당하면서 중요한 역할을
수행해왔으며, 국민의 자유수호와 정부의 압제에 대한 저항의 수단이라 볼 수
있다.138 연방대배심의 구성에 관하여는 연방형사소송규칙 제6조에서, 배심원의
자격이나 선정절차 등에 관하여는 『The Jury Selection and Service Act of

135　See Grand Jury Practice§6.01.
136　Malloyv. Hogan, 378 U.S. 1, 9, 84 S. Ct. 1489, 12 L.Ed.2d 653 (1964) (quoting Boyd
　　　v.United States, 116 U.S. 616, 632 n.7, 6 S.Ct. 524, 29 L.Ed. 746 (1886)). Seealso,
　　　Ullmann v. United States, 350 U.S. 422, 426–428, 76 S.Ct. 497, 100 L.Ed.511 (1956).
137　Hurtado v. California, 110 U.S. 516, 538, 4 S.Ct. 111, 122(1884); George R. Dekle,
　　　Sr., 앞의 책, 57면.
138　United States v. Sells Engineering Inc., 463 U.S. 418, 103 S.Ct. 3133, 77 L.Ed.2d
　　　743(1983). See also, Wood v. Georgia, 370 U.S. 375, 82 S Ct. 1364, 8 L.Ed.2d
　　　569(1962); In re Groban, 352 U.S. 330, 352–353, 77 S.Ct. 510, 1 L.Ed.2d 376(1957).

1968』에서 규정하고 있다.[139] 대배심원의 선정은 16명에서 23명이 무작위로 지역사회의 구성원들 중에서 선정되며, 선정과정 모두를 기록으로 남긴다. 미국 시민권자이며, 18세 이상의 법적 자격[140]이 충족되면 법원은 사건과 이해관계가 있는지, 참석을 못 할 사정에 대한 조사 후 결격 사유가 없는 한 선서를 통해 대배심원을 최종적으로 선정한다.

선정된 대배심원은 잠재적인 형사사건 피의자에 대한 기소 여부를 상정하고 심의하며, 수사과정에서 수집된 증거[141]를 바탕으로 기소 여부를 결정한다. 이때 검사는 대배심원들이 실질적인 기소에 대한 토의장소를 제외하고는 참석하여 사건과 관련된 모든 정보와 관련 진술을 제출한다. 또한 일반 시민들 중 무작위로 선정되었기에 검사는 대배심원을 상대로 일정한 법적 지식을 전달하는 교육을 제공하기도 한다.

이때 잠재적인 형사사건 피의자('피의자')에게 기소 여부가 제기되었다는 사실을 알리지 않는다는 것을 전제로 하며, 만약 그 사실을 알았을 경우 피의자는 대배심원을 상대로 자신의 변론을 제기할 권리는 없다. 만약 피의자가 심의에 참고인 자격으로 출석하게 된다면, 변호사 선임의 권리는 있으나 변호사는 대배심원을 상대로 변론할 수 없다.

라. 대배심의 운용

① **대배심의 성격**: 대배심은 통상 검사가 제출하는 증거에 의하여, 변호인의 변론은 듣지 아니한 채 피의자가 중죄(felony)[142]혐의로 재판을 받아야 하는지 여부에 대하여 판단한다. 대배심이 범죄혐의에 관한 상당한 이유가 있다

---

139 박세현, "미국의 기소배심(Grand Jury) 실무 연구", 「국외훈련검사 연구논문집·제24집 1권, 2009, 11~12면.

140 여기서 법적 자격이라 함은 법률적 지식을 소유한 자를 의미하는 것이 아니라, 금치산자나 중범죄의 기록이 있는지 등의 보통 시민으로써 자격을 갖추었는지를 말한다(United States v. Busch, 795 F. Supp. 866, 868(N.D. Ill. 1992)).

141 이때 제출된 증거들은 수사기관에서 수집된 증거들로써 증거법에 근거하여 적합성 여부를 판단 받지 않은 상태의 것이며 차후 기소가 제기되면 증거력에 대한 판단은 법원에서 증거법에 근거하여 판단된다.

142 통상 1년 이상의 자유형을 선고할 수 있는 범죄를 의미한다.

는 평결을 하더라도 검사의 서명이 없으면 기소의 효과가 발생하지 않고, 법원이 검사로 하여금 기소장(indictment)에 서명하도록 명령할 수도 없다.[143] 또한, 대배심에서 기소하지 않기로 결정(no true bill)하더라도 검사가 기소할 수 없는 것은 아니다. 즉, 검사는 다른 대배심에 사건을 회부하거나 검사의 단독기소(information)가 허용되는 주라면 검사의 단독기소로써 사건을 재판에 회부할 수도 있다.[144]

한편, 대배심원은 법률에 의하여 엄격한 비밀유지 의무를 진다. 그 이유는 배심원을 피의자나 그 관련자로부터 보호하고, 피의자의 도주를 방지하며, 증인이 대배심 앞에서 충분하고 진실한 정보를 제공하도록 하고, 증인이 증언을 하기 전에 진술을 조작하는 것을 방지하며, 증인에 대한 위협을 차단하고, 향후 수사가 아무런 결실을 얻지 못하였을 때 피의자에게 단순히 수사대상이 되었다는 사실만으로 오명이 씌워지는 것을 막기 위함이다.[145]

배심원은 대배심실에서 있었던 문제들에 관하여 검사에게만 공개할 수 있으나 평의 및 찬반투표 과정에서 있었던 일에 관하여는 검사라 하더라도 이에 관하여 고지하여서는 아니 된다. 배심원은 법원의 명령이 있는 경우에만 대배심에서 발생한 문제들에 관하여 외부에 공개할 수 있다. 그 외에는 배심원의 친구, 가족, 배우자 등 누구에게도 공개하여서는 아니 된다.

② **정족수**: 연방대배심의 정족수는 23인 중 16인의 참석이다. 만약, 일시라도 정족수에 미달할 경우에는 즉시 대배심을 중단하여야 한다.[146]

③ **대배심 앞에서의 증거**[147]: 대배심은 기소가 정당한지 여부를 가리기 위하여 증인의 증언을 듣고 문서나 다른 증거들을 검토하는 데 많은 시간을 할애한다. 통상의 경우에는 검사가 대배심에 범죄혐의와 관련된 증거를 제출한다. 또한 검사는 대배심원들에게 소환이 필요한 증인과 제출되어야 할 문서가 무엇

---

143 United States v. Cox, 342 F.2d 167(5th Cir. 1965).

144 George R. Dekle, Sr., 앞의 책, 57면.

145 Administrative Office of the United States Courts(미국 법원행정처), Washington, D.C., Handbook for Federal Grand Jurors(연방대배심원을 위한 안내서), 6면.

146 미국 법원행정처, 동 안내서, 4면.

147 미국 법원행정처, 동 안내서, 4면.

인지에 관하여 조언한다. 대배심은 필요한 경우 추가 증인을 소환할 것을 요청할 수도 있다. 검사는 대배심원들이 기소여부를 평의(deliberation)하고 찬반투표(vote)하는 동안 평의실에 남을 수 없다.

④ **증인신문**[148]: 증인은 한 사람씩 소환된다. 각 증인은 선임 배심원 앞에서 선서한 후 신문에 응하게 된다. 증인신문은 보통 검사가 먼저하고, 선임 배심원, 기타 배심원이 순차로 이어서 한다. 비밀유지 필요성으로 인하여 증거가 제시되는 동안 권한 있는 사람 이외에는 대배심에 참석할 수 없다. 즉, 대배심원, 검사, 신문대상인 증인, 속기사, 통역인만이 참석할 수 있는데, 권한 없는 자가 참석할 경우 대배심의 기소가 무효로 될 수도 있다. 때때로 증인이 질문에 대답을 하기 전에 변호인과 상의하기 위하여 잠시 대배심실에서 나갈 수 있도록 요청하기도 하는데, 증인에게는 변호인과 상의할 권리가 있으므로 이러한 요청은 허용되어야 한다.

나아가, 증인이 제5차 수정헌법상의 자기부죄금지 특권을 주장하며 대답하기를 거부하는 경우, 대배심이 증인에게 질문을 강요할 수 있는지 여부에 관하여 법원의 결정을 얻어야 한다. 이러한 경우 증인으로부터 답변을 얻을 수 있는 한 가지 방법은 증인에게 증언의 대가로 면책권을 부여하는 것이다.

⑤ **수사상 증인소환**[149]: 보통의 경우에는 피의자나 피의자측 증인들이 대배심에 출석하지 않는다. 하지만, 피의자 측의 서면에 의한 요청이 있는 경우 대배심에 출석할 기회가 주어지기도 한다. 대배심에 출석한 피의자는 헌법상 자기부죄금지 특권으로 인해 진술을 강요받지 않는다. 만약, 대배심이 피의자의 진술을 강제하려 한 경우에는 대배심의 기소가 무효화될 수 있다. 피의자의 대배심 출석으로 인해 법률상 복잡한 문제들이 초래될 수 있기 때문에, 대배심이 피의자의 출석을 요구하거나 피의자의 요구를 받아들여 출석하도록 하기 전에 검사와 상의하거나 필요하다면 법원과 상의하여야 한다. 피의자가 자발적으로 진술하고자 하더라도 피의자에게 진술거부권이 고지되어야 하고, 진술거부권을 포기한다는 문서에 서명할 것이 요구되기도 한다.

---

148 미국 법원행정처, 동 안내서, 4면.
149 미국 법원행정처, 동 안내서, 5면.

⑥ **기소 결정**(true bill)**을 위해 필요한 증거**150: 대배심의 임무는 범죄가 발생하였고 피의자가 그 범죄를 저질렀다고 믿을 만한 상당한 이유(probable cause)가 있는지 여부를 가리는 것이다. 대배심은 피의자가 합리적 의심을 넘어서(beyond a reasonable doubt) 유죄인지 여부를 결정하는 것이 아니다. 또한 대배심실에서 대배심 앞에 제시된 증거에 의하여만 기소여부를 결정할 수 있다.

⑦ **평의**(deliberation)151: 대배심이 일정한 혐의에 관한 모든 증거를 수집하게 되면 배심원 이외의 모든 사람은 대배심이 평의를 시작할 수 있도록 대배심실을 떠나야 한다. 그렇지 않으면 대배심의 기소가 무효화될 수 있다. 이후 선임 배심원의 요청으로 평의와 찬반투표를 하게 된다. 모든 배심원은 자신의 의견을 표명할 권리가 있고, 결정 전에 모든 배심원의 의견을 들어야 한다. 각 배심원에게 의견표명의 기회가 주어진 후 찬반투표가 진행된다. 대배심의 기소를 위해서는 최소 16명의 출석과 12명의 기소의견이 있어야 한다.

선임 배심원은 기소의견에 찬성하는 배심원의 숫자를 기록하여 법원직원에게 제출하여야 한다. 기소 평결이거나 불기소 평결인 경우 공개법정에서 판사나 치안판사에게 이를 고지하여야 한다. 불기소 평결인 경우 피의자가 즉시 석방되거나 보석상태에서 자유로워질 수 있도록 즉시 서면으로 법원에 고지하여야 한다.

마. 대배심원 비공개

대배심원의 비공개 원칙은 크게 증인의 보호와 증인의 솔직한 증언을 얻기 위해서이다.

대배심원 비공개의 이유

완전한 증인들의 협조를 구하기 위함
대배심원의 자유롭고 진정성 있는 결정을 내기 위한 환경 조성을 위함
대배심원 증인 소환에 있어 무고한 증인이 있기에 그들을 보호하기 위함

---

150 미국 법원행정처, 동 안내서, 5면.
151 미국 법원행정처, 동 안내서, 5면.

바. 증거배제원칙의 비적용

대배심원은 재판에서 허용될 수 없는 증거일지라도 기소 여부를 판단하는 근거로 사용할 수 있으며, 비합법적으로 얻은 증거라는 이유로 답변을 거부할 수 없다. 또한 소송 당사자가 가족이나 친척일지라도 증언을 거부할 수 없다.

사. 변호사의 역할 제한

한국의 검찰 수사심의위원회가 변호사와 검사의 역할과 입장을 동등하게 보고 검찰과 변호사 모두 증거를 제시하는 반면, 미국의 대배심원에서는 일반 적으로 검사가 정식 기소장안을 제출하면 심리가 이루어지기 때문에 변호사의 역할이 제한되거나 전무하다는 점에서 큰 차이를 보인다.

연방 대배심원의 경우 대배심원에 의해 소환된 증인에 대해서는 변호사 선임권과 미란다 고지의 의무가 없기 때문에 변호인이 동석하여 변호를 받을 수 없다. 단, 대배심원 심리장 밖에서의 변호사의 조력은 허용한다.

아. 대배심원과 심리배심(형사재판배심)원의 차이

대배심원과 심리배심원의 가장 큰 차이는 첫째, 대배심원은 형사사건에 있어 용의자에 대한 기소 유무를 심리하는 것이고, 심리배심원은 기소된 용의자에 대한 범죄사실이 있는지 판단하는 것이다. 따라서 대배심원은 용의자가 형사사건에 가담하였는지에 대한 사실관계를 파악하기 위한 심리로써 증거력이 부족한 증거들까지 접근이 가능한 반면, 심리배심원은 증거법에 의해 필터링된 증거를 바탕으로 용의자의 범죄사실을 판단한다.

둘째, 대배심원은 기소 여부를 심리하기 때문에 검사 주도로 심리가 이루어진다. 검사에 의해 준비된 증거와 증인을 바탕으로 기소 여부를 결정한다. 이에 비해 심리배심원은 변호사를 선임할 수 있으며, 변호사는 증거법에 근거하여 피고인에게 불리한 증거를 가려내고 피고인에게 유리한 증거를 제시하며 변론한다.

셋째, 대중에 대한 공개 여부에서도 차이가 있다. 우선 대배심원의 경우 특정 용의자가 범죄에 가담하였다는 어떠한 법적 판단을 받지 않은 상태이다.

또한 어떠한 법적 판단이 나지 않은 상태이기 때문에 대배심원 혹은 검사에 의해 소집된 증인의 경우 사건과 무관할 수 있는 경우가 있으므로 이들을 보호하기 위한 조치로써 대배심원 심리는 비밀성을 원칙으로 한다. 반면에 형사재판은 국민의 알 권리에 바탕한 헌법적 근거에 의해 공개재판을 원칙으로 하며, 특수한 사안에 대해서만 비공개로 진행할 수 있다.

　　마지막으로, 캘리포니아 주를 비롯한 몇 개 주에서는 대배심원이 지방 정부에 대한 감사 역할도 수행한다. 이러한 대배심원 권한으로는 자체적 수사권을 가지고 있으며, 정부 문서를 비롯한 정부 인사에 대한 소집권도 가진다.

【표 6-15】 대배심원과 심리배심원의 차이

차 이	대배심원	심리배심원
구성규모	23명	12명에서 16명 사이
배심원 활동 기간	2주에서 3달 사이	재판이 끝날 때까지
증거 제출	검사 단독	검사 외 변호사
변호사 출석	단지, 용의자가 대배심원의 증인으로 소환되었을 경우에 한함. 그러나 반대, 의견 소명 제시를 못하며, 대배심원을 상대로 어떠한 질문도 하지 못함.	피고가 스스로 변호하지 않는 한 재판 기간 내내 동석하여 피고를 변호함.
판사 참석	판사는 단지 대배심원 선정 절차에 참여하며, 증거 심의 동안에는 참석하지 못함. 그러나 대배심원의 질문이 있을 경우 답변할 수 있음.	재판 기간 내 참석하여 재판을 관장함.
증거 심의에 필요한 정족수	최소 16명	12명 모두 참석 필요
결정 사항	기소 여부	검사가 범죄 사실에 대해 어떠한 의혹 없이 범죄를 증명하였는가
결정 채택 가능 정족수	최소 16명이 참석하여야 기소 여부를 결정 할 수 있으며, 그중 최소 12명이 사건에 중요한 증거와 법적 요구에 동의하여야 한다.	최소 12명 출석에 만장일치로 결정됨.
대중 공개 여부	비공개 원칙으로 하며, 심의 진행에 필수 인원만 참석 가능.	공개 원칙으로 하되, 배심원의 심의 과정만 비공개로 진행. 단, 판사 재량에 의해 비공개 재판도 가능함.

자. 연방 대배심원

미국의 사법체계의 발전과 함께 각 주는 각기 다른 판례법(Case Law)을 발전시키면서 각 주의 특유의 대배심원 제도를 발전시켜왔다. 따라서 대배심원의 세부적인 관련 법들은 주마다 조금씩 다르다. 실례로 뉴욕과 캘리포니아 대배심원을 비교하여 보더라도 그 차이를 쉽게 찾아볼 수 있다.

캘리포니아의 경우 대배심원이 지방 정부에 대한 감사권을 가지고 있는 반면, 뉴욕은 감사권이 없다. 이처럼 다양한 대배심원의 주법을 통합하는 차원에서 연방법이 만들어졌으며, 연방차원에 해당하는 사건에 적용되며, 일부 주는 연방 대배심원법을 따르기도 한다.

【표 6-16】 미국의 대배심원제도의 전반적 내용과 절차152

대배심원(Grand Juries)	
The Fifth Amendment right to indictment by grand jury has not been incoporated into the Fourteenth Amendment, but some state constitutions require grand jury indictment.	수정헌법 제15조에서 보장하는 대배심원에 의한 기소이기에 수정헌법 제14조와 관련이 없다. 그러나 일부 주의 헌법에서 대배심원 제도 시행을 요구하고 있다.
1. Charging Grand juries The charging grand jury determines probable cause to prosecutor by returning the bill of indictment submitted by the prosecutor as "true bill." Western states generally charge by filing an information, a written accusation of crime prepared and presented by the prosecutor. Informations also are used when the defendant waivers her right to grand jury indictment.	1. 대배심원의 역할 대배심원의 역할은 검사가 정식 기소장안('The bill of indictment')을 제출하면 이것을 심리하여 기소될 수 있는 상당한 근거('Probable cause')가 있는가를 결정한다. 대배심원의 심리 후 기소될 상당한 근거가 있으면 검사의 정식 기소장안을 정식기소장('True bill')으로 승인하여 기소를 인정한다. 서부의 주들은 일반적으로 검사가 준비한 기소장('Information')을 제출함으로써 기소할 수 있다. 이렇게 작성된 기소장은 피고가 대배심원에 의한 기소 권리를 포기하였을 때 사용된다.
2. Special or Investigative Grand Juries Special or investigative grand juries are used almost everywhere. This type of grand jury investigations, on its own motion, crime in the	2. 특별 혹은 조사 대배심원 특별 혹은 조사 대배심원 제도는 널리 미국에서 사용된다. 이러한 형태의 대배심원은 특정 사법 관할권에서 자발적으로 기소권 행사에 의해 형

---

152 출처: Administrative Office of the U.S. Courts; Handbook for Federal Grand Jurors.

대배심원(Grand Juries)	
particular jurisdiction, and can initiate a criminal case by bringing an indictment.	사사건을 시작할 수 있다.

대배심원 절차(Grand Jury proceedings)	
a. Secrecy and Defendant's Lack of Access Grand Jury proceedings are conducted in secret. In most Jurisdictions, a defendant has no right to notice that grand jury is considering an indictment against her, to be present, and confront witnesses at the procedeeing, or to introduce evidence before grand Jury.	a. 비공개 원칙과 피고에 대배심원에 회부되었음을 통지받을 권한은 없다. 대배심원의 심의는 비공개 원칙으로 한다. 대부분 사법관할권에서 피고는 대배심원이 피고를 상대로 기소 여부를 결정하는 과정에서 변론할 수 없으며, 증인으로 참석하지 못한다. 또한 대배심원에게 자신이 준비한 증거 역시 제출할 수 없다.
b. Particularized Need Required for Prosecutor's Access to Grand Jury materials. The "particularized need" standard generally required under Rule(6) of the Federal Rule of Criminal Procedure in order to obtain access to grand jury materials must be shown by state attorneys general. [Illinois v. Abott, 460 U.S. 557 (1983), as well as Justice Department attorney [United States v. Sells Enginerring, Inc., 463 I.S. 418 1983)]. The disclosure of such materials to the Internal Revenues Service for the purpose of assessing tax liability, rather than for litigation, is not permitted. [United States v. Baggot, 463 U.S 476 (1983).]	b. 대배심원 자료에 대한 검사의 접근권은 특정화된 필요가 요청된다. '특정화된 필요'기준은 일반적으로 연방 형사소송절차규칙(6)- 대배심원의 자료의 접근을 받기 위해서는 ..보여져야 한다. 소송이 아닌 과세 책임을 평가하기 위한 목적으로 국제 관세 서비스 자료를 열람하는 것은 허용되지 않는다. [United States v. Baggot, 463 U.S 476 (1983).]
C. Subpoena Powers of Grand Jury The grand Jury may use its subpoena power to investigate the matters before it or to initiate criminal investigation of its owen. Rather than returning an indictment, grand juries sometimes issue a report. 1) Government need not prove relevance A grand jury subpoena may be quashed only if the opposing party can prove that there is no reasonable possibility that the material sought will be relevant to the grand Jury	C. 대배심원의 증인 소환권 대배심원은 심의와 자발적 범죄 수사의 시작을 목적으로 증인 소환권을 사용할 수 있다. 기소 여부에 대한 답변서를 제출하지 않는 대신 대법원은 때때로 보고서를 제출할 수 있다. 1) 정부는 관련성에 대하여 증명할 필요가 없다. 증인 소환 대상자가 대배심원 조사에서 자신과 관련성이 없다는 것을 증명 할 때만 대배심원의 증인 소환이 기각될 수 있다. 정부는 증인 소환에 있어 관련성에 대한 증명책임이 없다. [United States v. R. Enterprises, Inc., 498 U.S.

대배심원 절차(Grand Jury proceedings)	
investigation, The government has no initial burden of proving that the material is relevant. [United States v. R. Enterprises, Inc., 498 U.S. 292 (1992)]. 2) Defamatory Reports If the defendant or any other person believers that she has been defamed by a grand jury report, she may make a motion to seal the report.	292 (1992)]. 2) 명예훼손의 내용이 있는 보고서 만약 피고나 기타 다른 이들이 대배심원들의 보고서에 의해 명예훼손을 당하였을 경우, 그들은 리포트 파기('motion to seal')를 법원에 신청할 수 있다.
d. No right to Counsel or Miranda Warnings A witness subpoenaed to testify before a grand jury does not have the right to receive the Miranda warnings, and the witness may be convicted of perjury despite the lack of warnings if she testifies falsely. A grand jury witness does not have the right to have an attorney present, but she may consult with an attorney outside the grand jury room. [United Staes v. Manjujano, III.D.2.a.2), supra; United States v. Wong, III.D.2. a.2)b), supra].	d. 변호사 선임권과 미란다 고지의 의무가 없다. 대배심원에 의해 소집된 증인은 미란다 고지를 받을 권리를 가지지 않는다. 따라서 증언을 거부할 권리를 가지지 못한다. 또한 증인이 대배심원을 상대로 거짓 증언을 할 경우 위증의 책임을 진다. 대배심원에 의해 소환된 증인은 그의 변호인이 동석하여 변호를 받을 수 없다. 그러나 증인은 대배심원 심의장 밖에서 변호사의 조력을 받을 수 있다. [United Staes v. Manjujano, III.D.2.a.2), supra; United States v. Wong, III.D.2. a.2)b), supra].
e. No right to "Potential Defendant" warnings A witness who is under investigation and may well become a defendant is not entitled to a warning that she is a "potential defendant" when called to testified before the grand Jury. [United States v. Washington, 431 U.S. 181 (1977)].	e. 피고로의 신분 전환 가능성에 대한 고지를 받을 권리는 없다. 대배심원이 심리에 필요에 의해 소환된 증인이 증언을 할 때 증인은 자신이 피고로 신분이 전환될 수 있음에 대한 고지를 받을 권리가 없다. [United States v. Washington, 431 U.S. 181 (1977)].
f. No right to Have Evidence Excluded A grand jury may base its indictment on evidence that would not be admissible at trial [Costello v. United States, 350 U.S. 359 (1956)]. and a grand jury witness may not refuse to answer question on the grounds that they are based upon unconstitutionally obtained evidence [United States v. Calandra, 414 U.S. 338 (1974)]. Nor may an indicted defendant have the indictment quashed on the grounds that it is based upon illegally obtained evidence.	f. 증거배제의 원칙이 적용되지 않는다. 대배심원은 법원 재판에서 사용될 수 없는 증거를 사용하여 기소 여부를 결정할 수 있다. [Costello v. United States, 350 U.S. 359 (1956)]. 대배심원에 의해 소환된 증인은 비헌법적으로 습득된 증거를 바탕으로 대배심원이 질문할 경우에도 증언을 거부할 수 없다. [United States v. Calandra, 414 U.S. 338 (1974)]. 기소가 불법적으로 취득한 증거에 의하여 결정되었다는 이유로 기소를 기각할 수 없다.

대배심원 절차(Grand Jury proceedings)	
g. No right to Challenge Subpoena on Fourth Amendment Grounds. A suspect-witness (or any withness, for that matter), subpoenaed before g grand jury cannot attack the subpoena on the ground that the grand jury lacked "probable cause"-or any reason at all-to call her for questioning. No such attack can be made even if the subpoena also requires the witness to provide a handwriting exemplar, a voice sample, or otherwise cooperate with law enforcement officials in a manner not violating the self-incrimination privilege.	g. 수정헌법 제4조에 근거하여 발부된 소환장에 대해 의의를 제기할 권리는 없다. 대배심앞에 소환된 피의자-증인은 대배심원이 상당한 이유 혹은 심문을 위한 어떠한 이유가 부재하다는 이유로 소환을 반박할 수 없다. 소환이 증인이 필사한 기록, 목소리 샘플 제공이 요청되거나 자기부죄금지특권이 위배되지 않는 방법내에서 경찰과 협력해야 하는 경우라도 소환에 대해 반박할 수 없다.
H. Exclusion of Minorities. Minorities may not be excluded from grand jury service. A conviction resulting from an indictment issued by a grand Jury from which members of a minority group have been excluded will be reversed without regard to the harmlessness of the error. [Vasguez v. Hillery, 474 U.S. 254 (1H986)] Note that the defendant and the excluded members need not be of the same race. [Campbell v. Louisiana, 523 U.S. 392 (1998)].	H. 소수인종 내지 소수자의 배제 대배심원 선정에 미국 사회에서 소수의 그룹에 속한다고 배제되지 않는다. 만약 소수 그룹이 의도적으로 대배심원 선정에 배제되고 대배심원의 결정이 내려진다면, "사소한 절차상 하자('the harmlessness of the error')"로 인식하지 않고 바로 대배심원의 심의결과를 기각한다. [Vasguez v. Hillery, 474 U.S. 254 (1986)]. 같은 인종으로 대배심원이 구성된다고 해서 기각이 이루어지는 것은 아니다. [Campbell v. Louisiana, 523 U.S. 392 (1998)].
I. Dismissal seldom required for procedural Defect An indicted defendant is seldom entitled to dismissal of an indictment upon a showing that procedural error occurred during the grand jury proceedings. Generally, she is entitled to dismissal only upon a showing that the error substantially influenced the grand jury's decision to indict. [Bank of Nova Socotia v. United States, 487 U.S. 250(1988)]-(defendant failed to show that prosecutorial misconduct before grand jury substantially influenced its decision to indict)	I. 사소한 절차상 오류로 인한 기소 기각 기소된 피고는 간혹 대배심원 심의 과정에서 절차상 오류의 내용을 증명한다면 기소를 기각시킬 수 있다. 일반적으로, 기소의 기각이 이루어지기 위해서는 대배심원 기소 결정에 절차상 오류가 중대하게 영향을 주었다는 것을 증명하여야 한다. [Bank of Nova Socotia v. United States, 487 U.S. 250(1988)]-(피고인은 배심원 앞에서의 사소한 절차상의 오류가 실제로 기소 결정에 영향을 미쳤는가에 대해는 증명하지 못했다).
J. Exculpatory Evidnece An indictment may not be dismissed by a federal	J. 무죄 증거 검사가 피고에게 유리한 증거를 제출하지 않는

대배심원 절차(Grand Jury proceedings)	
court for a prosecutor's failure to present exculpatory evidence to the grand jury unless the prosecutor's conduct violates a preexising constitutional, legislative, or procedural rule. [United States v. Williams, 504 U.S. 36 (1992)]	것이 헌법이나 법률 그리고 절차규칙을 위반한 것이 아닌 경우에는 기소는 기각되지 않는다. [United States, v. Williams, 504 U.S. 36(1992)].

차. 실무상 대배심의 존재의의

애초에 대배심은 검사의 자의적 기소를 방지하기 위한 검찰권 견제 장치로서 출발하였으나, 미국에서 대배심의 존치를 희망하는 기관은 다름 아닌 검찰이라고 한다. 그 이유는 유명 정치인 관련 사건, 기업 관련 사건, 대형 부정부패 사건 등 사회적으로 이목이 집중되는 사건 수사에 있어서 검찰이 공정성 시비에 휘말리는 것을 막아주기 때문이다. 또한, 대배심의 증인출석요구, 문서제출요구 등을 이용하여 자발적으로는 출석·진술하지 않으려는 참고인들의 출석·진술, 문서제출을 강제할 수 있고, 이는 법원의 영장이 없이도 강제수사를 할 수 있는 강력한 수단이 되며, 대배심이 출석한 증인의 증언을 고정시키는 역할까지 하고 있기 때문이다. 다만, 대배심은 법률지식에 문외한인 일반 시민들로 구성되기 때문에 법률전문가인 검사가 거의 전적으로 영향력을 미칠 수 있다는 비판적 지적도 많이 제기되고 있다.[153]

(4) 뉴욕 주 대배심제도

뉴욕 대배심원은 결격사유가 없는 일반 시민 23명으로 구성되며, 형사사건에 대한 기소 여부를 심리한다. 심리에 있어서는 전적으로 검사 주도로 이루어

---

153 2014. 12. 6.자 조선일보 인터넷판, 2014. 11. 25.(미주리 주 퍼거슨 대배심은 18세의 흑인 청년을 총으로 사실한 경찰관에 대하여 불기소 결정을 한 데 이어 2014. 12. 3. 뉴욕 주 스태튼아일랜드 대배심이 마약밀매 혐의를 받고 있던 흑인을 체포 과정에서 목졸라 숨지게 한 경찰관에 대하여 또다시 불기소 결정을 하자, 미국 내에서는 시민들의 항의시위와 함께 검사가 심리과정을 사실상 주도하고 인적 구성상 백인이 배심원 다수를 차지하는 이러한 대배심 제도를 개혁해야 한다는 여론이 강하게 일고 있다).

진다. 판사는 대배심원 선정에 관여할 뿐 대배심원의 요청이 있을 경우에만 제
한적으로 참여한다.

【표 6-17】 뉴욕 대배심원 제도

선정 기준	대배심원은 18세 이상의 시민권자로서 영어 소통에 불편함이 없어야 하며, 중범죄로 기소된 적이 없어야 한다.
직무 기간	형사사건 개시와 상관없이 주기적으로 선임되어 2주에서 길게는 몇 달간 직무를 수행한다.
주도 기관	검사에 의해 대배심원 교육 및 증거 제시가 이루어진다.
직 무	검사에 의해 제기된 형사 사건에 대한 기소 심리

특이사항: 증인의 면책특권을 포기한 자는 변호사를 선임할 권리를 가진다.

가. 사법제도에서의 대배심원의 역할

뉴욕 사법제도에 있어서 대배심원은 시민들로 구성되어 있으며, 상당히 중
요한 위치에 있다. 대배심원의 역할은 피고에 대한 죄의 유무를 판단하는 것이
아니라 기소 여부를 판단한다. 뉴욕 관할 검사는 선정된 대배심원의 법률교육
을 실시하고, 대배심원이 기소 여부를 결정하는 데 중요한 증거물들을 제공한
다. 대배심원은 검사에 의해 제공된 증거물로만 기소여부를 결정하여야 한다.

나. 대배심원 자격

대배심원은 18세 이상의 시민권자로서 영어 소통에 불편함이 없어야 하며,
중범죄로 기소된 적이 없어야 한다. 한 번 대배심원으로 선정된 인원은 향후
6년간 법정 배심원 혹은 대배심원으로 선정되지 않는다. 11일 이상 대배심원으
로 선정된 인원의 경우에는 향후 8년간 대배심원으로 선정되지 않는다.

다. 대배심원 선정 및 수행기간

대배심원의 자격 요건을 갖춘 시민들 중 법원 출석요구서를 받게 되면 출
석요구서를 받은 시민은 법원으로 출석하게 되며, 대배심원에 관한 비디오를
시청하고, 배심원 위원회에서 추가로 교육을 실시한다. 사전 교육을 마친 후 대

배심원 위원회 혹은 판사의 주관 하에 대배심원이 선정되는데, 23명의 인원이 무작위로 선정된다.

선정된 대배심원은 2주에서 몇 달간 대배심원 직을 수행하며, 한 주에 하루 혹은 이틀 동안 대배심원 심리에 참석한다. 배심원 위원회(Commissioner of Jurors)에서 선정된 대배심원에게 일정을 비롯한 참석기간 등의 상세한 일정을 제공하며, 대배심원들에 대한 교육을 실시한다.

라. 대배심원 구성 인원

23명이 대배심원으로 선정되며, 대배심원의 심리154에 있어 정족수는 16명으로 한다. 대배심원의 결정 사항이 투표로 이어질 경우 반드시 12명의 대배심원이 중요성이 강조된 증거에 대해 고지받아야 하며, 또한 법적 지시사항에 대한 고지를 받아야 한다. 12명의 대배심원이 고지를 받지 못하였을 경우 대배심원의 결정은 무효가 된다.

마. 대배심원 대표 선정

대배심원의 선서 이후, 판사는 대배심원 중 대표를 선정한다. 대표는 소집된 증인들에 대한 선서를 관장하며, 대배심원 심리에 있어서 위원장의 역할을 수행한다. 대배심원의 결정은 반드시 서면으로 이루어져야 하며, 판사에게 전달된다. 작성된 서면 결정문에는 반드시 대배심원 대표의 사인이 들어가야 한다. 만약 대배심원 심리에서 결정되지 못한 사안이 있다면 대배심원 대표는 판사에게 이 사실을 알려야 한다. 판사는 대배심원 대표의 부재 시 대신할 인원을 임명하여야 한다.

바. 대배심원 서기(Secretary)

대배심원은 대배심원 심리 동안 기록할 서기를 임명해야 한다. 임명된 서기는 판사에게 서기로써 책무를 성실히 수행하겠다는 선서를 하여야 한다.

---

154 증거 심의(hearing evidence)를 비롯한 검사에 의해 제공된 증거물 심의 및 증인 신문 등의 기소 결정이 아닌 대배심원의 절차를 말한다.

사. 대배심원 심리

대배심원은 죄의 여부를 판단하는 것이 아니라 용의자에 대한 기소 여부만을 판단한다. 대배심원 심리에 있어 검사는 대배심원에게 증거물을 제공하며, 판사는 대배심원 심리 과정에 참석할 수 없다. 단 대배심원의 요청이 있을 경우, 판사는 사건에 핵심 쟁점을 정리해 준다. 또한, 대배심원의 필요에 의한 질문사항이 있을 경우 답할 수 있다.

아. 대배심원의 비밀성(Secrecy)과 증인의 면책특권

대배심원 심리에 관한 모든 과정은 비밀성이 보장된다. 비밀성을 보장하는 이유로는 첫째, 소집된 증인들의 성실한 협력을 구하기 위함이다. 둘째, 대배심원의 결정에 있어 외부의 간섭에서 자유롭게 하기 위함이다. 셋째, 무고한 증인들에 대한 보호 차원이다.

대배심원 심리기간 동안 대배심원은 사건에 대한 의견을 대배심원 심리 과정에 관련된 인원 외에 외부인들과 나눌 수 없다. 그러나 대배심원과는 달리 증인들은 비밀준수의 의무를 지지 않는다. 따라서 증인은 심리 이외의 장소에서는 외부인과 의견을 나눌 수 있다. 증인 외의 대배심원에 속한 인원은 비밀준수의 의무를 지기 때문에 이를 위반할 경우 법적 책임을 질 수 있다. 또한 대배심원 심리과정에 참여하는 증인의 경우 면책특권155을 가진다.

---

155 A witness who gives evidence in a grand jury proceeding receives immunity unless: (a) He has effective waived such immunity pursuant to section 190.45; or (b) Such evidence in not responsive to any inquiry and is gratuitously given or volunteered by the witness with knowledge that it is not responsive. (C) The evidence given by the witness consists only of books, papers, records or other physical evidence of an enterprise, as defined in subdivision one of section 175.00 of the penal law, the production of which is reqired by a subpoena duces tecum, and the witness does not possess a privilege against self-incrimination with respect to the production of such evidence the witness to immunity except as provided in subparagraph (a) and (b) of this subdivision.

자. 대배심원 심리 참석 가능 인원

법으로 대배심원 심리에 참석할 수 있는 인원을 제한한다. 서기를 비롯한 대배심원 심리에 행정에 필요한 인원을 포함한 대배심원, 검사 등으로 제한한다. 대배심원의 심리 결정에 있어 투표를 행사할 때는 대배심원 이외의 인원은 참석하지 못한다. 단, 수화 통역사가 필요할 경우에만 참석을 허용한다.

대배심원 심리 참석 가능 인원	
대배심원	법원에 고용된 대배심원 수행 요원
검사	유아 증인을 도울 전문가
증인	심리 비디오 녹화 기사
증인의 법률대리인156	도움이 필요한 증인을 도울 공무원
속기사	통역사

차. 대배심원 질의

대배심원은 법에 관한 질의를 할 수 있으며, 출석한 증인을 상대로 증거에 대하여 질의할 수 있다. 대배심원 질의사항에 있어 검사는 질의내용을 사전에 체크하여 사건과 관련성이 있는지, 법적으로 가능한 것인가를 판단한다. 질의내용이 관련요건에 허용된 사항이면 질문을 허용한다. 대배심원과 검사들과 대화를 비롯한 대배심원들 간의 대화, 그리고 판사들과의 대화 내용은 속기사에 의해 모두 기록된다.

카. 대배심원 메모

일주일에 하루 이틀 정도 심리에 참석하고, 많은 사건에 대해 심리를 하는 관계로 대배심원들에게 개인적인 메모를 허용한다. 메모는 사건에 관련된 것으로 한정하며, 대배심원 개인의 의견만을 적어야 하며, 메모로 인해 다른 대배심원에게 영향을 주어서는 안 된다. 또한 대배심원이 작성한 메모는 심리장 밖으

---

156 증인 면책특권을 포기한 경우 증인은 법률대리인과 같이 대배심원 심리에 참석할 수 있으며, 법률자문을 받을 수 있다.

로 유출되어서는 안 되며, 심리기간이 종료된 시점에서 폐기된다.

타. 용의자의 역할(The accused Person's Role)

용의자는 대배심원을 상대로 자신의 의견을 제시하지 못하며, 용의자의 행위에 대해 수사 받고 있다는 사실을 몰라야 한다. 만약 사건의 용의자가 증인으로 소환된다면, 용의자의 법률대리인은 대배심원 심리에 참석할 수 있다.[157] 참석한 법률대리인은 대배심원을 상대로 어떠한 질문도 허용되지 않으며, 대배심원을 상대로 반대 또한 할 수 없다.

파. 증인 선정

소환될 증인에 관한 사항은 전적으로 검사의 판단에 의해 결정된다. 검사는 사건과 관련되었다고 판단될 때, 누구도 소환할 수 있다. 대배심원은 검사에 의해 지명된 증인들에 대해서만 대배심원 심리에 참석을 요구할 수 있다. 용의자 또는 용의자의 변호사는 특정 인물에 대해 증언의 필요성을 제기할 수 있으며, 소환요청을 신청할 수 있다. 요청을 접수한 대배심원은 소환 여부에 대해 결정을 내리고, 소환이 필요한 경우에는 검사에게 대상 증인소환(Subpoena)을 요청할 수 있다. 요청을 받은 검사는 사건과 관련성을 바탕으로 제한 혹은 기각을 판사에게 요청할 수 있으며, 판사는 공공의 이익(Public Interest)을 고려하여 검사의 요청을 기각 혹은 수용한다.

하. 기소 결정

기소 결정에 대한 투표에 있어 대배심원의 정족수 16명이 반드시 참석하여야 한다. 대배심원에 의한 최종 기소 결정에 대한 투표가 진행되기에 앞서, 검사는 대배심원을 상대로 범죄성립의 요건 등을 다시금 상기시키고 대배심원들로부터 있을 질의에 대해 답하며, 대배심원들은 기소에 관한 사항들에 대해 서로 의견을 나눈다. 기소 결정이 이루어지기 위해서는 12명의 대배심원의 투표가 있어야 한다.

---

[157] 법률대리인은 용의자의 질의 시간 동안만 참석을 허용하며, 용의자가 의견을 제시할 동안만 용의자에게 법률 조력을 할 수 있다.

대배심원들의 숙고과정 이후 대배심원들은 투표를 진행하게 되는데, 이때 투표 장소에는 대배심원 외에 어느 누구도 참석이 제한된다.158

【표 6-18】 뉴욕 주 주요 대배심원 관련 법령159

Section 190.20	〈대배심원 구성 및 선서〉 대배심원 선임은 관련 법에 의해 관장되며, 대배심원은 독립성이 보장된다. 선임된 대배심원은 대배심원의 대표와 서기를 선출하여야 하며, 법원에서 대배심원의 의무에 대한 선서를 한다. 선서를 마친 대배심원에 한해 법원은 대배심원 직무 및 관련 법령들을 대배심원에게 전달하여야 하며 이와 관련된 교육을 실시한다.
Section 190.25	〈대배심원 일반적 심리 절차〉 최소 16명의 대배심원이 심리에 참석하야야 하며 심리에 있어 증인을 비롯한 검사, 그 외에 필수 인원 이외엔 참석이 불가하며 기소 결정에 있어서는 반드시 대배심원과 수화 통역사를 제외하곤 참석을 허용하지 않는다.
뉴욕 대심원 심리에 관련 법령	
Section 190.30	〈대배심원에게 제출되는 증거〉 대배심원에게 제출되는 보고서는 반드시 공무원 혹은 공무원에 의해 임명된 인원(의사, 총기 식별전문가, 생체 전문가 등)에 의해서 작성되어야 한다. 또한 대배심원 심리에 소환된 증인은 선서를 한다.
Section 190.32	〈영상 증거〉 12세 이하의 형사 피해자 및 12세 이상의 형사 피해자이나 사건으로 인한 심한 정신적 장애를 겪고 있는 경우를 비롯해 거동에 불편함이 있는 경우에 한하여 영상 증거로 대체 할 수 있다.
Section 190.40	〈대배심원 심리 대상 증인〉 증인은 대배심원 요구에 의한 증거 제출 요구에 반드시 순응해야 하며, 자신에게 불리한 증거라 해서 거부할 수 없다. 증거를 제출한 증인은 면책 대상자로써 보호를 받는다.
Section 190.45	〈증인의 면책 특권 포기〉 증인의 면책 특권을 포기하였을 경우 반드시 서면으로 제출하여야 한다. 면책 특권 포기는 불리한 진술을 강요받지 않을 권리를 포기하는 것도 포함한다.
Section 190.50	〈증인 소환〉 증인으로 소환된 자는 소환에 거부할 수 없으며 소환 될 증인은 검사에 의해 사건과 관련성이 있다고 판단된 자이다.

---

158 만약 수화 통역이 필요한 경우 수화 통역사는 입장이 허용된다.
159 출처: New York State Court, Grand Juror's Handbook.

뉴욕 대심원 심리에 관련 법령	
Section 190.52	〈변호사 선임권〉 증인의 면책 특권을 포기한 자는 변호사를 선임할 수 있다. 참석한 변호사는 증인에게 법률자문만을 할 수 있다.
Section 190.55	〈대배심원 증거 심리〉 대배심원은 검사에 의해 제출된 증거만을 가지고 기소 결정을 한다.
Section 190.60	〈대배심원 심리 결정〉 대배심원은 증거를 검토 후 기소 유무를 결정한다.
Section 190.75	〈불기소〉 검사가 제출한 증거를 바탕으로 심리한 결과 용의자가 범행에 가담했다는 충분한 법적 근거가 부족하다고 판단될 때, 즉시 불기소 처분을 법원에 제출한다.
Section 190.80	〈대배심원 심리 지연〉 용의자가 구금된 상태로 대배심원 심리가 진행될 경우 45일을 초과해서 용의자를 구금할 수 없으며, 용의자의 동의 혹은 심리 지연에 충분한 이유가 없을 경우 반드시 구금 상태를 해제하여야 한다.

(5) 캘리포니아 대배심제도

일반 시민으로 구성된 캘리포니아 대배심원은 비밀성이 보장된 위원회에서 검사(District Attorney)가 준비한 증거물을 가지고, 용의자가 형사재판 기소에 있어 충분한 증거가 있는지에 대한 여부를 심의한다. 또한 캘리포니아는 대배심원에게 수사권을 부여하여 지역 사회의 문제에 대한 자체 수사를 진행할 수 있으며, 정기적으로 캘리포니아 주정부에 보고한다.

캘리포니아 대배심원 협회(The California Grand Jurors' Association 'CGJA')가 시민들로 구성된 대배심원의 정부 감시자 역할을 할 수 있도록 교육 및 정보 제공을 맡는다.

【표 6-19】 캘리포니아 대배심원 제도

선정 기준	18세 이상의 미시민권자로서 영어 사용에 어려움이 없어야 하며, 중범죄로 기소된 적이 없으며, 금치산자 혹은 한정치산자가 아니어야 한다.
직무 기간	7월에 선정에 다음 해 6월까지 직무를 수행한다(1년).
보 수	주정부의 예산으로 대배심원 보수를 지급한다.

직 무	1. 형사 기소 직무	2. 공공 감시자 직무(Civil Watch Dog)
	• 배심원 위원 사무소(Office of Jury Commissioner)에서 대배심원 관련 직무 수행 • 형사 사건 기소 전담	• 캘리포니아 대배심원 협회에서 대배심원 관련 직무 수행 • 캘리포니아 시와 군(County) 단위의 행정 단위의 지방 정부 감사 전담

특이사항: 뉴욕을 비롯한 여러 주들은 대배심원들이 형사 기소 직무를 수행하는 데 비해 캘리포니아 주는 정부 감시자의 역할을 같이 수행한다.

가. 대배심원법 관련 규정

캘리포니아 대배심원의 권한은 캘리포니아 형법(Penal Code)과 판례(Case Law)에 의해 보장된다. Monroe 판례는 통해 캘리포니아 대배심원 독립성과 권한에 대해 판시하였다.[160]

① **형사 기소**(Criminal Indictments): 검사 주도로 소집된 대배심원들은 비밀성이 보장된 위원회에서 용의자의 기소 심의가 시작된다. 비밀성을 목적으로 하기 때문에 위원회에 참석하는 인원[161]은 제한되며, 참석하는 인원은 반드시 선서 후에 참석한다. 증인의 경우 참석 시 변호사를 동반하지 못하며, 변호인을

---

160 원문은 다음과 같다.
  In our system of government a grand jury is the only agency free from possible political or official bias that has an opportunity to see operation of the government on any broad basis. It performs a valuable public purpose in presenting its conclusions drawn from that overview. The public may, of course, ultimately conclude that the jury's fear were exaggerated or that its proposed solutions are unwise. But the debate which reports, such as the one before us, would provoke could lead only to a better understanding of public governmental problems. They should be encouraged and not prohibited.(See, Monroe v Garrett (1971), 17 Cal App 3d 280).

161 대배심원 이외에 위원회에는 검사, 증인, 법원서기가 참석하며, 특히 검사와 법원서기는 대배심원의 비밀에 대한 선서를 한다.

동반하였을 경우 변호인은 위원회 밖에서 대기하며, 밖에서의 법률 조력은 허용된다.

위원회 심의과정에서는 검사가 참석하며, 검사 주도로 대배심원을 상대로 증거물을 제시한다. 또한 검사는 검사에게 불리한 증거가 있을 경우 대배심원에게 제시하여야 하며, 대배심원은 기소 심의과정 중 검사를 상대로 증거물에 대한 의문점162을 제기 할 수 있으며, 검사는 대배심원의 요청에 답할 의무를 진다. 기소의 원칙은 대배심원에 의한 서면 고발이다.163

② **공공감시자로서의 대배심원**: 캘리포니아 형법 제916조는 대배심원에게 자체적인 수사권을 보장하여 대배심원이 사회 감사자(Civil "Watchdog" Oversight)로서의 역할을 수행하도록 하고 있다. 또한 캘리포니아 형법 제925조는 대배심원의 수사대상 및 영역에 대해 구체적으로 기술하고 있는데, 법 조항은 다음과 같다.

대배심원은 시와 군 단위의(County)의 행정, 회계, 그리고 기록 등과 시 공무원과 관련된 기록들을 조사할 수 있다. 또한 대배심원은 캘리포니아 형법에 의거 공무원들의 부정부패, 공무원과 연계된 여러 단체들에 대한 수사권을 가지고 있다. 하지만 주정부를 비롯한 연방정부 그리고 개인 사업체에 대해서는 그 수사권이 제한된다.

③ **시 공무원에 대한 고발**(Accusation): 캘리포니아 형법 제919조 c항에 의거 대배심원에게 시 공무원의 불법행위에 대한 수사권이 인정된다. 또한 정부법(Government Code) 제3060조에 의거하여 기소권을 행사할 수 있으며, 해당 공무원에 대한 탄핵에 관련된 재판을 회부시킬 수 있다.164

---

162 대배심원 기소 심의에 제시된 증거물은 적법성을 판명 받지 않은 상태이기에 대배심원은 검사에게 서면으로 증거법에 의한 적법한 증거물인지에 대한 물음을 요청할 수 있다.

163 Penal Code Section 889. An indictment is an accusation in writing, presented by the grand jury to a competent court, charging a person with a public offense.

164 원문은 다음과 같다.
   An accusation in writing against any officer of a district, county, or city, including any member of the governing board or personnel commission of a school district or any humane officer, for willful or corrupt misconduct in office, may be presented by the grand jury of the county for or in which the officer accused is elected or appointed. An

대배심원의 자체적인 조사에 의해 고발이 이루어지면 검사에게 기소 사실을 통보하며, 검사는 즉각적으로 공무원 탄핵 재판이 열리도록 하여야 한다. 대배심원은 조사 및 기소권 외 정기적으로 캘리포니아 대법원 판사에게 공무원 감사보고서를 제출하게 되어있다.

나. 대배심원 선정 및 교육

캘리포니아 주에 속한 58개의 시와 군(county)은 매년 7월과 8월 사이 새로운 대배심원을 선정한다. 대배심원의 정족수는 시의 인구에 의해 조정되며, 만약 시의 인구가 이만 명 미만의 경우에는 대배심원은 통상 11명이 선정된다.165 대배심원 선정과 심의 과정을 포함한 모든 제반에 소요되는 예산은 법원이 아닌 캘리포니아 시 정부 예산으로 운영된다.

대배심원의 선정 기준은 18세 이상의 시민권자로서 기타 결격사유가 없을 경우 선정된다.166 대배심원으로 선정된 자는 재판에 관련된 배심원으로 선정될 수 없으며, 공무원 면책특권을 가진다. 또한 대배심원으로 선정된 기간 동안 선출직 공무원으로 선임될 수 없다.

선정된 대배심원들은 주로 판사에 의해 일정 수준의 법률 지식을 교육을 받으며, 추가적으로 필요를 요구할 경우 시 소속 변호사, 그리고 검사가 대배심원들을 추가적으로 교육을 한다.

---

accusation may not be presented without the concurrence of at least 12 grand jurors, or at least eight grand jurors in a county in which the required number of members of the grand jury is 11.

165 관할 위원회의 결정에 따라 19명까지 대배심원이 선정될 수 있다. 또한 로스엔젤레스와 같은 규모가 큰 시는 23명이 대배심원에 선정되며, 캘리포니아 주에서 150,000명이 대배심원으로 한해에 선정된다.

166 A citizen of the United States 18 years or older; a resident of the county for one year immediately prior to being selected; in possession of their natural faculties; of ordinary intelligence, sound judgment, and fair character; and possessed of sufficient knowledge of the English language. These subjective criteria are dealt with during the vetting and interview process.

다. 대배심원 직무

선정된 대배심원은 판사 앞에서 대배심원으로써 역할에 충실하겠다는 선서를 마치면, 정식으로 대배심원으로써 역할을 수행하게 된다. 선서를 마친 대배심원들 중 대표(Fore Person)를 선정하여 대배심원의 의장으로 선출하여 대배심원 심의에 있어 필요한 모든 행정을 관장한다. 또한 대표는 1년의 임기 끝난 후 45일간 새로이 선정된 대배심원들의 직무 수행에 있어 조력자(Coordinator)로써 역할을 수행한다.

대배심원의 직무를 수행함에 있어 필요한 인력 또한 대배심원에 의해 선정되며, 선정된 인원은 대배심원의 회기 동안 직을 수행한다. 선정된 대배심원 중 일부는 자신의 사무실을 가지고 직을 수행하는데, 이때 사무실의 위치는 대외에 알려지지 않는 것을 원칙으로 하며, 비서를 비롯한 사무실 운영에 필요한 인력을 배치하여 대배심원이 직을 수행함에 있어 어려움이 없게 한다.

라. 대배심원 자체 수사권

대배심원은 독립성을 보장받고 있으며, 자체 수사권을 가지고 있다. 따라서 법원을 비롯한 어느 누구도 대배심원에게 수사를 지시할 수 없다. 대배심원은 시민들의 제보와 대배심원 위원회 건의 사항들을 검토하여 수사권을 발동한다. 이때 2명 내지 필요시 그 이상의 대배심원이 사안에 대한 수사를 시행하며, 수사 후 사안에 대한 수사보고서를 발표한다. 대배심원의 수사행위에 있어 어떠한 법적 책임을 지지 않는다.

대배심원의 수사권에는 사건에 관련된 인물에 대한 증인소환(Subpoena)을 행사할 수 있으며, 증인의 증언내용을 녹음할 수도 있다.

① **대배심원의 수사보고서**: 자체적인 수사권을 통한 수사 후 대배심원은 사건의 권고사항을 포함한 수사보고서를 발표하여야 한다. 사건에 대한 권고사항에 대해서 강제할 권한은 없지만, 수사보고서가 대중매체를 통해 발표되는 관계로 사건에 대한 후속조치가 취해진다.

② **대배심원의 비밀 준수**: 모든 대배심원의 수사는 비밀성이 보장되어야 하기에 대배심원은 비밀성에 대한 선서를 반드시 하여야 한다. 대배심원 수사

과정에서 제시된 증거와 증언내용 그리고 수사과정에서 오고간 대화 내용에 대한 비밀의무를 준수하여 한다.167 또한 대배심원은 수사과정에서 있어 생긴 의문이나 기타 사안에 대해 외부의 법률조력을 받을 수 없다.

(6) 한국의 검찰수사심의위원회와 비교

검찰수사에 있어 국민의 신뢰 제고를 목적으로 2018년 9월 20일 검찰수사심의위원회 운영지침에 관한 법률이 시행되었는데,168 검찰수사심의위원회는 미국의 대배심원제도를 모델로 하였다고 전 문무일 검찰총장이 밝힌 바 있다.169

【표 6-20】 검찰수사심의위원회와 미연방 대배심원 제도 비교표

구 분	검찰수사심의위원회	미연방 대배심원 제도
목 적	검찰수사의 절차 및 결과에 대한 국민의 신뢰를 제고	국민에 의한 기소
변호사 역할	변호사 검찰과 동등한 입장	변호사 역할은 제한적 혹은 전무함
증거 제시	검찰, 변호사	검찰 주체
증거배제원칙	–	증거배제의 원칙이 적용되지 않음
변호사 선임권 및 미란다	–	변호사 선임권 및 미란다 고지 의무 없음
심 의 대 상	• 수사 계속 여부 • 공소제기 또는 불기소 처분 여부 • 구속영장 청구 및 재청구 여부 • 공소제기 또는 불기소 처분된 사건의 적정성·적법성 등 • 기타 검찰총장이 위원회에 부의하는 사항	• 기소 여부

---

167 단, 대배심원의 최종수사보고서에 대한 비밀 준수 의무는 없다.
168 국가법령정보센터 (2020. 7. 21. 방문) 〈http://www.law.go.kr/행정규칙/검찰수사심의위원회운영지침/〉.
169 서울 신문 (2020. 7. 21. 방문) 〈http://www.seoul.co.kr/news/newsView.php?id=20100612016015〉.

구 분	검찰수사심의위원회	미연방 대배심원 제도
구 성 방 식	검찰총장의 직위에 의한 위촉	시민들 중 무작위 선별
시 행 방 법	사건관계인의 신청	연방의 경우 필수 절차
심 의 운 영 방 법	검사와 사건관계인 혹은 법률대리인에 의한 의견서 제출 및 소명 진술	필터링 없는 사건 관련 정보 및 증언
효 력	주임검사는 현안위원회의 심의의견 존중하나 구속력 없음	심의 결과에 의한 기소 유무 결정

한국의 검찰수사심의위원회는 미연방 대배심원(Grand Jury) 제도와 유사점을 많이 가지고 있다. 미연방 대배심원 제도는 '국민이 기소를 한다'라는 취지에서 국민에 의한 정의사회 구현을 목적으로 운영되고 있으며, 헌법에서 보장하고 있다. 따라서 사법부의 독립된 구성체로써의 권한을 가지고 있다.

반면, 검찰수사심의위원회 운영지침에 관한 법률 제3조를 보면 위원회는 1. 수사 계속 여부, 2. 공소제기 또는 불기소 처분 여부, 3. 구속영장 청구 및 재청구 여부, 4. 공소제기 또는 불기소 처분된 사건의 수사 적정성·적법성 등, 5. 기타 검찰총장이 위원회에 부의하는 사항, 총 다섯 가지 역할을 수행한다. 이에 비해 미연방의 대배심원에서는 잠정적 피의자에 대한 기소 여부 한 가지만 판단한다. 반면, 한국의 검찰수사심의위원회 역할의 비중으로 인해 동 법률 제4조에 명시된 것과 같이 사법제도에 대한 상당한 지식을 가지지 않고서는 사안에 대한 심의가 어렵다.

절차상 요건을 보면 미연방 대배심원 제도와 달리 고소인 혹은 변호인을 포함한 사건관계인이 위원회 소집을 신청하여야 심의를 받을 수 있으며, 심의과정에서 보면, 제출된 30면을 넘지 않는 의견서를 바탕으로 주임검사와 신청인이 현안위원회에 출석하여 각각 30분 이내로 해서 사건에 대한 설명과 의견을 개진하여 전문인으로 구성된 위원들이 심의하는 과정으로 진행된다. 특히, 의견을 개진하는 과정에 신청자의 변호사자격을 가진 법률대리인이 심의과정에 참여한다는 특징이 있다. 이는 미 대배심원 제도와는 달리 한국의 검찰수사심의위원회 심의위원들이 판사 역할을 하고, 검사와 피고인을 비롯한 법률대리인 양방이 참여하는 일종의 약식재판의 형식을 보이고 있다.

생각건대 우리나라의 형사법기관의 관행, 수사 및 재판시스템 개혁을 단행하는 데 있어서 국민의 눈높이와 법의식을 공정하고 객관적으로 반영할 필요가 있다. 물론 그동안 검사의 공소권통제에 대한 시민참여제도로 검사의 불기소처분에 대하여 항고를 담당하는 고등검찰청에 설치된 '항고심사위원회', 재정신청사건에 대한 '공소심의위원회', 가해자와 피해자가 중립적인 제3자의 중재 하에 형사소송절차를 거치지 않고서도 피해에 따른 원상회복 내지 분쟁해결의 기회를 제공하는 '형사조정위원회', 공소제기여부와 관련된 사실관계를 분명하게 하기 위하여 직권이나 피의자 등의 신청에 의해 전문수사위원을 수사절차에 참여하게 하는 '수사자문위원회'(형사소송법 제245조 내지 제245조의4), 구속취소 내지 재구속영장청구가 있을 때 참여국민의 의견을 반영하는 '구속심사위원회'는 물론 개정 형사소송법상 '영장심의위원회'도 설치될 예정이지만, 검찰활동에 대한 시민참여의 경우 발전과 보완을 위한 진정한 '참여'보다는 형식적인 '들러리'에 가까운 경우가 많았다는 비판이 제기되고 있다. 따라서 검찰의 수사 및 공소권에 대한 통제수단으로 공수처보다는 실질적인 시민참여수단인 '기소배심 내지 대배심제도'의 도입이 더 절실하게 보인다. 왜냐하면 검사의 수사지휘가 폐지되고 직접수사 범위가 특정범죄로 제한되었으며, 사법경찰 단독으로 불송치 결정을 내리고 사건을 잠정적으로 종결할 수 있는 권한이 인정된 개정 형사소송법 하에서 미국식 당사자주의의 추종에 따라 검찰이 기소기관으로 자리매김을 하고 있는 현 상태에서는 기소에 대한 통제수단을 강구하는 것이 더 바람직하게 보이기 때문이다.

Ⅳ. 별도의 수사청 설립

❶ 필요성(정보와 수사의 분리)

순수 국가형벌권 실현작용인 사법경찰 기능은 검찰·행형 등 형사사법업무를 담당하는 법무부에 편입하는 것이 일반적 조직구성원리에 부합한다. 왜냐하면 행정경찰과 사법경찰은 기본적으로 상이한 법규, 지도원리에 따라 행해지는 이질적 작용이며, 사법경찰에 대한 수사지휘권과 인사·감독권이 분리되어 있어, 사건 수사에 있어서도 법률적인 관점보다 신분상의 감독권을 가진 행정경찰간부의 지시를 따르는 경우가 많아, 사실상 사법경찰이 수사에 관여해서는 안 되는 행정경찰로부터 지휘·감독을 받고 있는 실정이기 때문이다. 연혁적인 측면에서도 사법경찰과 행정경찰은 분리됨이 상당한데, 수사는 근세 이전 규문주의 시대부터 판사가 담당하던 형사사법 영역 중의 일부로서, 국민의 생명·신체에 직접 영향을 미치는 사법작용인 점에서, 공공질서와 치안유지를 목적으로 하는 경찰 행정작용과는 근본적으로 다르며, 강력한 중앙집권적 국가경찰제의 토대위에서 방대한 조직을 갖추고 있는 행정경찰이, 제한없는 정보수집권과 무장병력까지 보유한 상태에서 사법경찰을 지휘할 경우 발생할 수 있는 인권침해 및 경찰권 비대화 우려를 해소할 필요가 있기 때문이다. 이에 공수처를 설치하는 대신, 경찰도 검찰도 아닌 제3자의 독립된 수사청을 신설하여 수사경찰과 검사(검찰수사관)를 여기에 소속시킨 후, 수사경찰은 수사를 담당하고, 검찰은 기소만 담당하게 하자는 주장이 있다.170

이러한 국가수사청 설립은 한편으로는 검찰에 과도하게 집중되어 있는 권한을 조정하여 국민으로부터의 신뢰를 회복하고, 다른 한편으로는 수사권 조정 논의를 통해 경찰에 독립적인 수사권을 인정하게 되는 경우 자칫 경찰에 지나치게 비대한 권력이 집중됨으로써 인권이 침해되는 현상이 나타나는 것을 막는 통제장치로 작용할 것이다. 더욱이 경찰청의 수사관(사법경찰관리)과 검찰의 수사관을 묶어서 국가수사청(지방수사청 포함)을 신설하면, 국가수사청은 수사만을 전담하게 되고, 경찰청은 치안(예방 및 진압) 및 정보분야를 담당하게 되므로 정보와 수사가 자연스럽게 분리될 수 있을 것이다. 아울러 그동안 검찰의 직접수사로 인해 검찰수사관의 숫자가 불필요하게 증대되었는데,171 이들에 대한 처

---

170 정승환, "형사소추기관의 구조개혁과 수사기관의 일원화", 형사정책 제24권 제2호(2012),
       22면.

171 황문규, "검사의 직접수사권에 관한 검토 – 검사 직접수사권의 제한 또는 폐지의 관점에서–,
       한국형사소송법학회 월례발표회(2018. 10. 19.) 자료집, 88면(2013년 현재 검찰공무원은
       7,870명이며, 이 중 수사부서에 근무하는 것으로 볼 수 있는 인원은 약 5,500명으로 추산

리문제도 해결될 것으로 보인다.

이에 대하여 독립된 수사청을 두더라도 검찰의 권한을 축소하는 차원에서 수사권을 검찰로부터 독립시킬 수는 있지만, 외부 정치영향력으로부터의 독립성이라는 차원은 전혀 고려하지 못하는 한계가 있을 뿐만 아니라 검찰에게 있는 수사권을 수사청으로 이동시키고 그 수사청의 독립성을 어떻게든 보장하는 디자인을 한다고 하더라도 권력형 비리사건에 대한 외부영향력으로부터의 독립성 문제는 여전히 해결되지 않는다는 견해도 있다.[172] 독점적 기소권을 가진 검찰이 여전히 외부권력에 예속되어 있는 비독립적 기관으로 남아 있는 한, 문제 해결은 다시 원점으로 돌아가고 말기 때문이라는 것이다.

❷ 연 혁

앞에서 언급한 것처럼 1947년 6월 대검찰청, 서울고등검찰청, 서울지방검찰청이 합동명의로 러취 군정장관에게 제출한 건의서, 다음 달 7월 이인 검찰총장이 역시 러취 군정장관에게 제출한 건의서에서 사법경찰기구를 검찰에 직속시키는 방안을 건의하였으며, 특히 3개 검찰청 합동명의의 건의서에는 대검찰청에 사법경찰총감부를 설치하여 전국의 사법경찰관을 통할지휘한다는 내용을 담고 있었다.[173] 또한 1947년 6월초 사법부고문 코넬리(John W. Connelly Jr.)를 통하여 군정장관에게 제출된 제안서에서도 행정경찰과 사법경찰의 분리, 사법부장관과 검찰총장의 통제를 받는 사법경찰청의 설치를 내용으로 하고 있었다.

1947년 7월에는 대법관 이상기(李相基), 과도입법원 사무총장 김규홍(金奎弘), 서울지방심리원장 장경근(張景根), 사법부 변호사국장겸법무국장 강병순(姜柄順),

---

되고 있으며, 검찰의 직접수사는 전체 형사사건의 5%이내에서 이루어지고 있다)고 한다.
172 김성돈, 「검찰외 독립된 특별기구 신설의 필요성과 구체화방안」, 제13회 월송기념 학술심포지엄, 헌법과 형사법, (재)유기천교수기념사업출판재단, 2017, 221면.
173 대검찰청, 「수립될 신정부의 사법, 검찰기구에 관한 건」, 검찰제요, 부록 13면; 신동운, 「수사지휘권의 귀속에 관한 연혁적 고찰(Ⅰ) —초기 법규정의 정비를 중심으로—」, 서울대 법학 제42권 제1호(2001. 5), 219–221면.

서울고등검찰청검찰관 이호(李澔) 등이 미국사법제도를 직접 시찰한 결과를 담아 보고서를 제출하였다.174 동 보고서는 한국의 현행 형사소송제도가 무엇이 문제이며, 이 문제를 미국제도는 어떻게 해결하고 있는지를 언급하면서, 원칙적으로 대륙법계의 제도위에 대륙법계가 미흡한 부분에 한하여 영미법계의 제도를 수정·적용시켜 받아들인다는 관점에서 형사사법제도의 개혁방향을 제시한 바 있는데, 이 중에서 검찰제도와 사법경찰제도에 관한 부분만 소개하면 다음과 같다.

【표 6-21】 미국사법제도시찰보고서(1947)

제4장 검찰제도와 사법경찰제도
(1) 검찰제도와 경찰제도의 민주화와 인권보호하기를 위하여
   (가) 사법경찰관은 48시간, 검찰관은 10일간 피의자를 구속치 못하게 할 것.
   (나) 검찰관이 10일을 초과하여 피의자를 구속할 필요가 있는 경우에는 재판관에게 요청하여 구류장을 발부하도록 하는 방법을 취할 것.
제7장 검찰관직속의 사법경찰제도
(1) 검찰관직속의 사법경찰관을 설치함이 가하다고 사료함. 단 일반경찰관리도 사법경찰관리로서 검찰관에 보조하는 것은 종전과 같이함.
(2) 검찰관의 검찰권행사에는 그 보조기관으로 경찰이 필요한바, 현재와 같은 우니제도하에서는 인사권 등이 없는 관계로 명령계통이 확립되지 않아 검찰권운용에 지장이 다대한 바 차 사태를 개선하기 위하야 검찰사무를 보조하는 현재의 일반경찰 이외의 검찰관 직속의 사법경찰제도를 신설하야
   (가) 인사권과 신분감독권이 유한 검찰관의 명령에 절대복종하는 사법경찰관리로 하여금 구애없이 활약시키도록 하며
   (나) 여사한 직속사법경찰관리를 훈련하야 일반경찰이 모범이 되도록 할 것.
   (다) 수사에 대하야 일반경찰의 검찰당국의 검찰권운용에 협력치 않는 경우에라도 검찰권을 유효히 행사할 수 있도록 함이 절실히 필요되는 바이다.

1948년 4월 사법부의 법전편찬위원회 형사소송법분과위원회는 대륙법에 의한 심판양식을 변경하여 영미법에 의한 미국식 공판중심주의의 심판양식으로 시정할 것을 4대 3으로 가결하였는데,175 형사소송법분과위원회가 작성하여 법

---

174 미국사법제도시찰단, 「미국사법제도시찰보고서」(1947), 법정 제2권 제9호, 47면, 50–53면.
175 조선일보, 1948. 4. 26.

전편찬위원회 제5회(1949. 1. 8.), 제6회(1949. 1. 22.) 총회에 회부된 형사소송법요 강안에서도 그러한 기조가 유지되고 있었으며,[176] 동 요강안은 검찰직속의 사 법경찰을 창설한다는 내용도 포함되어 있었다.

[표 6-22] 법전편찬위원회 형사소송법분과위원회 형사소송법요강안

4. 검찰관 직속의 사법경찰을 창설하는 동시에 직속 사법경찰 이외의 일반 경찰에 대하여도 검 찰관의 범죄수사상의 지휘명령권을 명백히 규정할 것.

그 후 검찰청조직법안(1947년 8월)은 "수립될 신정부에 사법, 검찰기구에 관 한 건"이라는 건의서에서 검찰조직의 분리독립, 사법경찰기구의 검찰직속 등을 주장하였으며, 과도검찰청법안(1948년 7월)에서는 사법경찰기관의 직속에 관한 규정은 사라졌으나, 대신 '사법경찰관리는 소속검찰관 및 그 검찰관의 상사가 발한 직무상 명령에 복종하여야 한다'($\frac{제36}{조}$), '지방검찰청 검사장은 사법경찰관 리직무집행이 적당치 않다고 인정하는 때는 직무집행의 정지를 명하여 우(又)는 그 소속장관에게 체임을 요구할 수 있다($\frac{제37}{조}$)'는 규정이 신설되었다. 아마 이는 경찰측의 반발로 사법경찰기구의 검찰직속 구상이 좌절되자, 사법경찰관에 대 한 지휘감독권을 강화하는 방향으로 선회한 것으로 보여진다. 이 중 제37조의 직무집행정지명령권과 체임요구권은 과도검찰청법에서는 사라지지만, 1949년의 제정검찰청법에서 다시 부활하게 된다.

❸ 기대효과

첫째, 효율적 수사시스템의 구축으로 형사사법기능의 극대화가 가능하다. 즉 검찰과 경찰이 중복적으로 수행하고 있는 주요 범죄 담당 수사인력과 기구를 통합 하여 전문화함으로써 전통적 범죄에 대하여 효율적으로 진압하고, 지능화·흉폭화 ·광역화·첨단화 해가는 현대의 신종범죄에 대하여 신속히 대처할 필요가 있다.

---

[176] 「법전편찬위원총회의사록(초)」, 법률평론 제1권 제1호(1949. 1), 33–34면.

둘째, 막강한 정보력을 독점하고 있는 행정경찰이 사법경찰을 지휘함으로 써 발생할 수 있는 인권 침해 위험 및 경찰권 비대화가 방지될 것이다.

셋째, 행정경찰 간부의 수사간섭 등에 따른 사법경찰의 사기저하 문제가 해소된다. 즉 경찰 인사에 있어 사법경찰의 특수성이 고려되지 않고 있어 사법 경찰이 정보분야 등 행정경찰에 비하여 상대적으로 받고 있던 불이익이 해소되 며, 사법경찰의 수사과정에서 발생할 수 있는 행정경찰의 부당한 간섭을 배제 하여 진정한 수사의 자율성을 회복함으로써 사법경찰의 사기저하도 방지될 것이 다. 실제로 수사를 담당하고 있는 일선 사법경찰들은 내부결재 라인에 있는 행정경찰로부터의 자율성 확보를 최우선 과제로 생각하고 있다고 한다.

넷째, 검찰과 경찰의 수사권문제를 둘러싼 갈등이 종식될 것이다.

다섯째, 양 기관의 불필요한 경쟁 및 대립으로 인하여 각각 운영되고 있는 경찰청 소속의 국립과학수사연구원과 검찰청 소속의 포렌식센터(베리타스)는 물 론 유전자정보은행의 합리적 운영방안의 모색이 가능하다. 이에 따라 시설·장 비 공동 이용에 따른 예산 절감 효과도 기대되고 있다.

❹ 개정안

2018년 11월 14일 발의된 국가수사청법안(곽상도 의원 대표발의)은 법무부 소속 범죄수사 전담기관인 수사청을 신설하고, 검사가 가지고 있는 기소권과 수사권 중 수사권을 분리하여 국가수사청 소속 수사관리에게 이전하는 것을 주 요 내용으로 한다.[177] 이러한 국가수사청법안은 한편으로는 검찰에 과도하게 집중되어 있는 권한을 조정하여 국민으로부터의 신뢰를 회복하고, 다른 한편으 로는 수사권 조정논의를 통해 경찰에 독립적인 수사권을 인정하게 되는 경우 자칫 경찰에 지나치게 비대한 권력이 집중됨으로써 인권이 침해되는 현상이 나 타나는 것을 막기 위한 것으로 이해된다.

---

177 한국형 FBI를 도입하자는 주장은 오래 전부터 있었다("민주, 한국형 FBI '국가수사국' 추진", 머니투데이, 2012. 3. 6., http://www.mt.co.kr/view/mtview.php?type=1&no=201203061048 1951692&outlink=1).

【표 6-23】 국가수사청법안 내용[178]

안 건	주 제	주요 내용	사개특위 검토보고	관계기관 의견
국가수사청 법안	수사청 신설	범죄의 수사 업무를 수행하도록 하기 위하여 수사청을 설치	입법정책적으로 판단할 사항	• 법무부: 신중 검토(현재 계류 중인 수사권 조정 및 자치경찰제 관련 법안들과 함께 심도있게 논의필요) • 경찰청: 신중 검토(행정경찰·사법경찰은 법집행과정에서 그 기능을 분리하기 어려움. 경찰의 수사기능 분리는 경찰공무원의 수사상 권한을 박탈하는 것으로, 범죄 대응기관으로서의 법집행을 불가능하게 할 우려가 있고, 범죄의 진압 및 수사업무의 단절로 치안유지 체제가 무력화될 것으로 예상) • 검찰청: 신중 검토(형사사법 제도 근간을 바꾸는 것으로 심도 있는 논의 필요. 수사청의 수사관은 기존의 사법경찰에게 부여된 수사권한을 그대로 허용하나, 검사의 사법통제(수사지휘)를 폐지 변경하게 된다면, 사법통제를 받지 않는 수사청의 수사관에게 사법적 권한을 그대로 허용하기 곤란함(곽상도 의원 형소법 개정안 관련).
	소속	법무부장관 소속	• 입법정책적으로 결정할 필요 • 입법례 및 국민적 공감대 등을 종합적으로 고려	• 법무부: 입법 취지에 공감(수사청 설치를 전제로 할 때, 수사는 본질적으로 사법 기능이므로 행정부 중 사법과 관련된 업무를 담당하는 법무부 소속으로 두고, 국회에 대하여 법무부 장관이 책임을 지도록 하는 것이 타당)

---

178 곽상도 의원 대표 발의(의안번호 16553), "수사청법안" 참조(2018. 11. 14.).

안 건	주 제	주요 내용	사개특위 검토보고	관계기관 의견
				• 경찰청: 신중 검토(수사청을 법무부 산하에 두는 것은 견제와 균형을 통한 사법개혁 취지에 역행할 우려가 있음. 법무부 소속으로 수사청을 둘 경우, 법무부 장관의 지시·명령에 의해 수사청과 검찰이 밀접하게 연결될 수 있으므로, 상호 견제가 불가능한 구조이며, 수사와 기소가 결합될 우려가 있음)
	조직 구성	* 수사청장(수사 총감) 1인: 15년 이상 판·검사·변호사 또는 법률학 조교수 이상 경력, 후보자추천위의 추천을 받아 법무부 장관의 제청으로 대통령이 임명(국회인사청문), 임기 3년, 1회 연임 * 차장(수사정감) 1인 및 하부조직	• 검찰총장의 경우 변호사 자격이 있는 사람을 요건으로 하나, 경찰청장은 특별한 치안, 수사 경험 등의 일정 자격요건X. • 수사청의 하부조직, 지방수사청은 현행 「경찰법」과 유사한 체계를 두고 있으며, 「정부조직법」에 함께 반영되어야.	• 법무부: 입법 취지 공감 – 수사청 설치 법안 전체에 대한 의견과는 별론으로 수사청 설치를 전제로 할 때, 국민의 인권에 직결되는 수사 절차를 총괄하고 소속 공무원 및 소속 기관의 장을 지휘·감독하는 수사청장에게는 높은 법률적 소양 및 풍부한 실무 경험이 요구된다는 점에서 일정한 자격 요건과 정치적 중립성을 갖춘 추천 및 임명 절차를 규정하고, 현행 경찰법에 규정된 것과 유사한 내용으로 수사청의 하부조직, 지방수사청의 조직 등을 구성할 필요가 있다는 입법 취지에 공감. • 경찰청: 신중검토 – 법조인만 수사청장이 될 수 있도록 할 경우, 수사·기소·재판 전 영역의 법조인 연대를 강화함으로서 법조비리를 강화시킬 우려가 있으며, 전관예우를 근절하자는 현 사법개혁 방향과 배치됨.

안 건	주 제	주요 내용	사개특위 검토보고	관계기관 의견
	수사 공무원 및 결격 사유	• 수사공무원의 임용, 복무 등에 관하여 「경찰공무원」법 준용 • 결격사유에 해당하는 경우 당연퇴직하도록 함 • 수사공무원에 권한 남용 금지 의무 부과	• 수사공무원을 특정직 공무원으로 하여 신분보장, 징계, 소청 등 인사 절차에 따를 수 있도록 「국가공무원법」에 "수사공무원" 규정 필요. • 결격사유 시 당연퇴직하는 조항은 별다른 문제가 없음. • 권한남용금지 조항 별다른 문제 없음.	• 법무부: 입법 취지 공감 - 수사청 설치 법안 전체에 대한 의견과는 별론으로 수사청 설치를 전제로 할 때, 현행 경찰공무원 등에게 적용되는 것과 유사한 내용으로 수사공무원의 계급·결격사유·권한남용금지 의무 등을 규정할 필요가 있다는 입법 취지에 공감함.

❺ 특별수사청 신설시 고려사항

2018년 국가수사청법안은 검사의 수사관리에 대한 수사지휘를 부정하고 있다. 그러나 검사의 수사지휘를 부정한다면 영미식의 사법체계에 따라 지체없이 사건을 법원에 송치하여 공판정에서 유·무죄를 다투는 시스템(공판중심주의)으로 변경되어야 할 것이다.

———— 제7장

맺음말

　　그동안 한국 사회는 지역·계층·세대 간에 치열한 내부적 대립과 갈등 속에서 성장해 왔다. 그러한 우리의 현대사는 한민족을 강인하게 만들었지만 한편으로는 많은 국민들을 지나치게 격렬하고 편향적으로 만들었다는 지적이 있는 것도 사실이다. 식자들조차 사회적인 주요 쟁점에 대하여 자신이 뿌리내리고 있는 토양에 충실한 결론부터 먼저 내린 후, 그 결론을 사수하기 위한 논리를 개발하는 모습을 보이는 경향도 없지 않다.

　　무엇보다도 검찰 통제를 위하여 수사권은 경찰에 부여하고 검찰은 기소권만 갖도록 해야 한다고 주장하면서도 수사권과 기소권을 전속적으로 갖는 공수처를 탄생시키는 근거는 무엇이며, 공직비리는 상당부분 민간부문의 부패와 연계되는데, 이를 무 자르듯 잘라 공수처와 검찰이 나눠 수사를 하게 되면 수사권의 이원화가 초래될 뿐만 아니라 수사의 역동성을 훼손시켜 부패 범죄인들이 빠져나갈 기회만 주게 될 우려도 있다. 또 새로 설립된 기구가 그렇듯 공수처가 자신의 존재가치를 수사성과로 입증해야 하는 부담 때문에 적법절차를 무시하는 인권유린행위를 하거나 집권세력의 친위대로 변신해 수사대상자에 대한 상시적인 미행, 감시 및 사찰활동을 일삼는 법치주의에 대한 도전행위를 자행할 위험성도 크다고 할 것이다. 이는 선거를 통하여 다수당이 청와대를 포함한 행정기능은 물론 입법기능과 사법기능까지 독식할 경우에 그 위험성은 더 크다고 할 것이다. 왜냐하면 현재의 상황은 별론으로 하고, 다수당의 힘의 논리에 따라 정치적 소용돌이에 빠져들 수 있는 공수처법을 볼 때, 공수처가 고위공직자 부패사건을 처리하는 데에 있어서 기존의 검찰보다 더 중립성이 보장될 수 있을 것인지 의문이 들기 때문이다. 더욱이 공수처법이 시기상 제한없이 '고위공직자' 개념에 재직 중인 사람은 물론 그 직에서 퇴직한 사람까지 포함시키고 있으므로 정치적 압력은 물론 보복용(손보기)으로 작용할 수 있다는 점도 문제될 수 있다.

　　물론 국민의 인권을 보호하고 권익을 증진하기 위하여 현재의 수사제도나 관행보다 더 훌륭한 시스템이 있다면 개선책을 마련해야 한다는 점에 대해서는 누구나 공감할 것이다. 공수처 설치문제도 부패범죄에 대한 수사를 보다 효율적으로 행사하도록 함으로써 우리나라에 만연해 있는 부패범죄를 발본색원할 수 있는 개선방안을 마련하자는 데 그 의미가 있다고 볼 수 있다. 다만 검찰개혁은 수사의 총량을 유지하면서 소위 '특별수사청' 등으로 수사권을 분산하면서, 권한통제를 강화하는 방향으로 추진되어야지, 오히려 민주적 통제장치를 없애버리고 권한을 더욱 집중시킨 '공수처'라는 새로운 권력기관을 만드는 방식으로 진행되는 것은 문제가 있다고 할 것이다. 더욱이 공수처의 성패는 어떻게 정치적 중립성을 지키면서 부패범죄를 전담할 수 있는 기구로 기능할 수 있는지에 달려 있는데, 이는 최종적으로 '대통령의 의지'에 달려 있다고 볼 수밖에 없다. 진정 '공수처 인사에 대한 청와대 등 권력집권층의 간섭배제'가 이루어질 수만 있다면 어떤 공수처법이라도 그 의미가 있기 때문이다. 그동안 특별감찰관제도, 특별검사제도는 물론 기존의 검찰제도 조차도 그 기능을 망가뜨린 주범은 권력집권층이었기 때문이다.

따라서 검찰의 정치적 중립성 및 독립성을 보장하기 위한 특별한 제도적 장치가 마련되지 않는 상태에서 새로운 기구의 설치만으로 이 문제를 해결할 수 있다고 보는 것은 순진한 발상으로 보인다.[1] 이는 법무·검찰개혁위원회(이하 "개혁위")가 2020. 7. 27. 검찰총장과 법무부 장관 간 권력의 균형을 잡겠다는 의도에서 '검찰총장의 수사지휘권을 폐지하고 이를 6개 지역 고등검사장에게 분산하고, 법무부장관이 이들 고등검사장에게 구체적 사건에 대한 수사지휘권를 행사할 수 있도록 한다'는 내용의 권고안을 발표한 것을 보더라도 권력층의 의도를 잘 알 수 있다. 법무부 장관이 임명한 개혁위 위원의 면면을 고려하더라도, 어용 위원회를 구성하여 권고안을 발표하도록 하는 것 자체가 권력기관의 속성인 것이다.[2] 왜냐하면 검찰총장과 법무부장관은 모두 인사청문회를 거쳐 대통령이 임명한다고 하더라도 검찰총장은 검찰총장후보추천위원회의 검증과

---

1   현 검찰총장(윤석렬)이 말을 잘 듣지 않는다고 청와대 쪽에서 지속적으로 불만을 표시하고 있지만, 처음에는 그토록 칭송하다가 조국 법무부장관의 수사를 계기로 입장이 바뀐 것을 국민들은 잘 알고 있다. 따라서 국민들이 보기에는 본인들이 실수로 윗사람의 눈치를 보지 않을 사람이라는 점을 모르고 검찰총장으로 임명해 놓고는 남의 탓만 하고 있는 것으로 보일 뿐이다.

2   한국형사소송법학회 성명서(2020. 8. 10.), "검찰의 정치적 중립성 훼손하는 개혁위 권고안 등, 학계와 사회 각계 논의 수렴해 재고(再考)해야 한다" 참조.

추천을 거쳐 그 임명에 사회 각층의 의견이 수렴되는 반면, 법무부장관은 사실상 대통령의 의지만으로 임명되고 있다는 점에 큰 차이가 있다. 그럼에도 불구하고 법무부장관이 오히려 구체적 사건에서 검찰총장보다 더욱 확대된 권한을 가지는 것은 누가 보더라도 부당하기 때문이다. 더욱이 검찰청법 제6조는 '검사의 직급은 검찰총장과 검사로 구분한다'고 규정하고 있으므로 고등검찰청 검사장 역시 개별 검사에 해당하며, 권고안에 따르면 법무부장관이 구체적 사건에 관하여 개별 검사인 고등검사장을 지휘하여 모든 사건을 사실상 직접 처리할 수 있는 것인데, 정치인인 법무부장관이 이처럼 기소절차에 직접 관여하고 간섭하게 하는 것은 검찰의 준사법기관적 속성에 배치될 뿐더러 정당에 가입할 수 없는 검찰총장과 달리, 법무부장관은 현행 헌법상 당적을 보유할 수 있고 국회의원을 겸직하여 의정활동도 할 수 있다. 따라서 정당의 이익을 대변하게 될 우려가 큰 법무부장관이 직접 수사지휘를 할 경우, 정당이 수사권을 장악하게 되는 위험한 상황이 초래될 수 있는 것은 불을 보듯 뻔한 것이다.

더욱이 검찰을 믿을 수가 없어서 공수처를 만든다고 하면서 공수처장 역시 검찰총장과 마찬가지로 현 집권층(대통령)의 의도대로 임명하는 입법안을 만든다면, 그러한 법률안을 두고 정치권력으로부터 정치적 중립성 및 독립성을 유지하는 새로운 수사기관을 설치하기 위한 대안이라고 하기는 어려울 것이다. 그보다는 검찰이 권력 실세의 의도를 잘 따르지 않으니 확실하게 순종적인 수사기관을 하나 만들어보자는 의도가 아닌가 의심할 수밖에 없다. 현재의 검찰이 그나마 조금이라도 독립적인 행보를 걷는 것처럼 보이는 것은 지금까지 정치권의 눈치를 보다가 너무나 많은 비난을 받아서 검찰 스스로 노력하여 이루어진 성과 중 하나라고 볼 수 있을 것이다. 그러나 이러한 성과는 제도적 보완이 이루어지지 않는 한, 정부가 정치적 성향이 강한 사람을 검찰총장으로 임명하는 순간 그대로 무너져 버릴 수 있는 약한 속성을 가지고 있다.[3]

그런데 제3장(공수처법과 제도의 주요 내용)에서 논의한 것처럼, 공수처장은 대통령이 임명하도록 되어 있다. 공수처장추천위원회의 추천을 전제로 하는 임명이라고 하지만, 그 위원회는 국회 다수당 중심으로 구성하도록 되어 있다. 따

---

3 세계일보(2020. 7. 3.) 이성윤 중앙지검장 '검사장 회의 불참'…"윤석열과 갈등 심화". 참조.

라서 현 집권세력의 정치인들 뜻에 따라 구성될 것인데, 정치적 중립성 및 독립성을 가지게 될 것인지는 누구도 장담할 수 없다. 반면, 검찰의 경우에는 오랜 기간 정치적 종속성으로 인한 험악한 비난을 감내하면서 어느 정도 정치적 독립성을 확보하여야 한다는 당위론을 수용하는 문화가 자체적으로 형성된 상태이다. 이에 비해 공수처 설치는 검찰이 말을 안 듣는다는 현 진보정권의 불만을 기반으로 꾸준히 논의되는 상황에서 밀어붙이고 있으므로 정치적 종속성이 심각하게 문제가 될 가능성이 매우 농후하다.[4]

더욱이 공수처 설치가 애초에는 고위공직자의 부패행위를 방지하기 위한 제도적 장치로 고안된 것이었으나, 지금에 이르러서는 마치 검찰을 견제하기 위한 제도적 장치로 추진되고 있는 것 같은 분위기이다. 이는 초기 법률안의 제안이유와 현재 발의된 법률안의 그것을 비교해 보면 잘 알 수 있다. 제15대에 제출되었던 「부패방지법안」의 제안이유는 '총체적이고 구조적인 부정부패를 근본적으로 제거하기 위한 제도적 장치 마련'을 핵심내용으로 하고 있었다. 이에 비해 제20대에서 신속처리안건으로 지정된 법률안은 모두 '고위공직자의 부정부패를 엄정하게 수사할 독립된 수사기관의 필요성'을 핵심적인 제안이유로 하고 있다.

고위공직자의 부정부패를 척결하기 위해서 독립된 수사기관이 필요하다고 한다면 이는 현재 운용되고 있는 수사기관이 독립성을 유지하지 못하고 있음을 의미한다. 즉, 현행 형사소송법상 수사의 주재자는 '검사'인데(형사소송법 제195조), 검사들로 구성된 전국 단일 조직인 검찰이 독립성을 확보하고 있지 못하다는 말이다. 이처럼 검찰이 독립성을 확보하지 못하고 있다면 정치권력의 최상층부를 구성하는 집단으로부터 자유롭지 못하다는 것 외에 다른 사유는 있을 수 없

---

4 김성천, "고위공직자범죄수사처의 형사사법체계 정합성에 관한 고찰", 중앙법학 제21권 제4호(2019), 50면(수사기관의 정치적 독립성을 확보하기 위한 실효성 있는 제도적 장치에 대한 고려는 뒷전으로 한 채 새로운 수사기관을 설치하고자 한다면 그 취지가 무엇인지 도저히 이해가 가지 않기 때문에 겉으로 드러나지 않는 숨겨진 의도가 있는 것이 아닌가 하는 생각에 이르게 된다. 청와대가 연일 자신들의 뜻대로 움직이지 않는다는 이유로 검찰을 비난하고 있는 것과 연결이 되면 청와대의 의중에 따라 잘 움직이는 새로운 수사기관을 만들고자 하는 것 아닌가 하는 의구심을 떨칠 수 없다).

다. 검찰이 무소불위의 권력을 가지고 있다고 하는데, 실제로 그러하다면 누구의 눈치도 보지 않아야 말이 된다. 그러나 현실은 정치권 실세의 눈치를 보는 것이 문제가 되고 있는데, 이는 정치권력의 핵심인 대통령이 검찰에 대한 인사권과 지휘권을 가지고 있기 때문이다.5

공수처 도입을 주장하는 측은 '엄정하게 수사할 독립된 수사기관'이 필요하기 때문에 이를 도입해야 한다고 주장하지만, 공수처가 수사기관의 독립성을 보장할 수 있는 특별한 제도적 장치를 갖추고 있는지에 대한 확인이 먼저 이루어져야 할 것이다. 기존의 수사기관인 검찰의 정치적 종속성은 그대로 놔두고 정치적 독립성을 보장받는 새로운 수사기관을 설치한다는 것 자체가 근본적인 문제 해결 방안이 될 수 없다고 생각하지만, 그래도 그나마 새로운 수사기관이 정치적 독립성을 확보할 수 있는 특별한 장치를 갖추고 있다면 한 번 추진해 볼 가치는 있을 것이다. 만약 그것이 아니라면 공수처 신설은 국가적, 사회적으로 불필요한 소모전에 그칠 것이기 때문이다. 정치적 독립성을 확보하기 위한 제도적 장치도 마련하지 않은 채 똑같은 문제를 안고 있는 수사기구를 하나 더 만든다는 것은 도저히 그 이유를 이해할 수 없는 것이다.

물론 현재 논의되는 공수처 논란은 제5장 외국의 반부패 특별수사기구에서 검토한 것처럼, 수사는 대륙법계 체계를 취하고 있는 반면, 재판은 공판중심주의라는 미명하에 영미법계 체계를 추종하는 데서 발생하고 있는 점을 부인할 수 없다. 따라서 이러한 논의의 전제조건으로 우리나라 형사사법체계를 영미법 체계로 할 것인지 아니면 대륙법 체계로 할 것인지를 먼저 결정한 후, 만약 수사도 영미법 체계로 변경하고자 한다면, 전술(前述)한 제5장 영미의 반부패 특별수사기구편에서 언급한 것처럼 새로운 기구의 신설도 의미가 있을 것이다. 반면에 대륙법 체계를 고수한다면 새로운 기구의 신설보다는 검찰의 사법기관성을 회복하는 새로운 방안을 모색해야 할 것이다. 즉 검찰을 헌법상 법원과 나란히 사법부로 독립시키고 검찰과 법원을 통괄하는 '최고사법회의'와 같은 기구

---

5 검찰청법 제8조에 따라 법무부장관이 검찰총장에 대한 지휘권한을 가지고 있지만, 어차피 법무부장관은 대통령의 뜻에 따라 움직이는 참모기관이므로 사실상 대통령이 지휘권한을 가지고 있다고 할 수 있다.

를 두면서 그 최고사법회의에서 검사와 판사의 임용 및 신분보장을 하고, 기능적으로만 검찰과 법원이 분리되도록 설계한다면, 공수처와 같은 신설기구는 불필요하다고 본다. 따라서 현 형사구조 하에서 공수처를 설치해야 한다는 어떤 논거도 그 타당성을 인정할 수 없으며, 차라리 검찰의 사회적 역할을 통해서 검찰의 바람직한 방향을 정립하는 것이 옳다고 본다. 즉, 새로운 기구의 신설에 대한 새로운 논의가 아니라 검찰본연의 모습인 **'준사법기관으로서의 성격'**을 회복하는 데서 출발해야 한다. 아직도 정경유착 관행의 잔존 및 대규모 국책사업·개발사업 등 대형 권력형 비리가능성이 상존하는 현 상황에서, 공수처 인원과 조직을 볼 때, 60년 이상의 역사를 가진 검찰보다 더 부패행위를 근절할 수 있다고 볼 수는 없기 때문이다.6

　　무엇보다도 다수당의 힘의 논리에 따라 정치적 소용돌이에 휘말릴 우려가 있는 공수처법을 볼 때, 공수처가 고위공직자 부패사건을 처리하는 데에 있어서 검찰보다 더 중립성이 보장될 수 있을 것인지 의문이 든다. 왜냐하면 고위공직자인 전(前) 법무부장관 및 그의 가족에 대한 수사 및 재판을 두고 정치적 이해관계를 달리하는 세력들이 집회를 통한 세과시는 물론 재판의 결과에도 승복하지 않은 우리나라의 특수한 상황에서, 공수처가 어떤 수사 결과물을 내놓는다고 하더라도 자기와 입장이 다르면 승복을 하지 않을 것이기 때문이다. '검찰개혁'이라는 그 자체로는 누구나 동의할 수 있는 좋은 명분이지만, 사건의 유·불리에 따라 60년 이상의 역사를 가진 검찰도 끊임없이 비난받는 상황에서, 공수처 역시 공정성 시비에서 자유로울 수 없는 것이다. 더욱이 신설 초기에 현 대통령과 여당이 원하는 대로 공수처장을 임명하고, 현 대통령이 임명한 공수처장이 원하는대로 차장을 포함하여 24명 이내의 검사를 임명할 수 있으며(공수처법 제8조 제2항), 공수처검사의 임기는 3년이지만 연임하는 경우 최대 9년까지 가능하다(동법 제8조 제3항)는 점에서, 권력을 다시 찾고자 하는 야당 입장에서는 대통령 퇴임 후 안전판으로 조직된 '대통령의 친위대'라는 정치적 주장을 할 수

6　최순실 사건을 조사한 서울중앙지검 특별수사부의 경우 파견을 포함하여 55명의 베테랑 검사가 참여하였다. 그런데 통상 서울중앙지검 특별수사부 검사로 근무하기 위해서는 수사경력 7–8년 이상이 되어야 하며, 수사관도 10년 이상이 되어야 근무할 수 있다고 한다.

밖에 없는 상황인 것이다. 고위공직자의 부패척결 및 공직사회의 신뢰성 제고가 공수처법의 목적이라면, 부패는 **'야당 추천의 공수처장을 임명'**하는 것이 정도(正道)이기 때문이다. 공수처가 검찰이 고위공직자 수사에 대해서 가지는 내재적 한계를 극복하기 위한 새로운 수사기관으로 설계된 조직이라고 볼 수 없는 이유도 여기에 있다.

물론 문재인 정부에서 적폐로 몰린 검찰 조직과 달리 공수처는 '선량한 검사 및 검찰수사관으로 구성된 기구'가 되어 '민주개혁 정부 20년'을 함께 해 나갈 것으로 진심으로 믿는 사람도 있을 것이다. 그러나 수사와 기소, 특히 고위공직자에 대한 수사와 기소를 담당하는 기관은 선량하지 않은 권력을 전제로 두고 설계되어야 한다. 즉, 선량하지 않은 세력 또는 우리 편이 아닌 세력이 집권할 경우에도 형사사법체계는 정상적으로 작동해야 하는 것이다. 정권의 친위대나 호위무사를 만드는 것이 검찰개혁이나 공수처 설립의 목적이 되어서는 절대 안 된다.

결론적으로 권력기관의 개혁은 힘을 분산하고 견제하는 방향으로 이루어져야 한다는 점에서, 현재 검찰보다 더 센 기관을 만들어 검찰을 견제하겠다는 발상에서 신설된 공수처는 사법개혁과 정반대되는 방향으로 내딛는 것이라는 점을 경고하고 싶다.

참고문헌

Ⅰ. 국내문헌

1. 단행본

김용진, 『영국의 형사재판』, 청림출판사, 1995.

김종구, 『형사사법개혁론 - 새로운 패러다임의 비교법적 모색 -』, 법문사, 2015.

김종구/김종민 외, 『검찰제도론』, 법문사, 2011.

박주선, 『영국의 사법경찰제도』, 법무부 법무자료 제98집, 1988.

이완규, 『2020년 검찰개혁법 해설』, 박영사, 2020.

이재상/조균석, 『형사소송법』(제11판), 박영사, 2017.

이준보/이완규, 『한국 검찰과 검찰청법』, 박영사, 2017.

정웅석, 『수사지휘에 관한 연구』, 대명출판사, 2011.

정웅석/최창호, 『형사소송법』, 대명출판사, 2018.

표성수, 『미국의 경찰과 한국의 검찰』, 육법사, 2000.

2. 논 문

금태섭, "Plea Bargaining 제도와 그 도입문제", Plea Bargaining 제도에 관한 연구, 미래
기획단 연구총서Ⅰ.

김남순, "영국의 면책조건부 증언취득제도", 형사법의 신동향, 제20권, 2009.

김남준, "고위공직자범죄수사처 설치의 의미와 앞으로의 방향", 국민을 위한 수사개혁방향
심포지엄, 대한변호사협회 주최 발표자료집, 2020.

김동률, "경찰 내부고발자 보호 한계에 관한 연구: 미국 연방대법원 판례 비교 분석", 법학
논총, 제22권, 2015.

_____, "바람직한 검경 관계모델에 대한 연구", 한국공안행정학회보 제23권 제4호, 한국공
안행정학회, 2014.

김봉수, "검찰개혁, 어디로 가고 있는가?", 비교형사법연구 제22권 제3호, 한국비교형사법
　　　학회, 2020.

김석우, "독일의 형벌감면부 진술제도(이른바 '공범증인 면책제도')에 대한 고찰", 참고인진
　　　술 확보방안 연구, 미래기획단 연구총서 Ⅲ, 검찰미래기획단.

김선수, "독립적 고위공직자비리 수사·공소기구(약칭 '공수처')법안 검토", 「고위공직자비리
　　　수사처입법토론회」, 민변/박범계 의원실/이용주 의원실/노회찬 의원실 공동주최
　　　자료집, 2016.

김성돈, "검찰외 독립된 특별기구 신설의 필요성과 구체화방안", 제13회 월송기념 학술심
　　　포지엄, 헌법과 형사법, (재)유기천교수기념사업출판재단, 2017.

김성룡, "헌법상 검사 영장청구권의 현대적 의미", 한국의 형사사법개혁Ⅱ: 강제처분의 현
　　　대적 의미와 인권보호, 한국형사정책연구원/서울대학교 법학연구소/한국공법학회
　　　공동학술세미나 자료집, 2017.

김성천, "고위공직자범죄수사처의 형사사법체계 정합성에 관한 고찰", 중앙법학 제21권 제
　　　4호, 중앙법학회, 2019.

_____, "수사권한이 조정의 대상인가?", 형평과 정의 제33집, 대구지방변호사회, 2018.

김영기, "사법협조자 형벌감면제도에 대한 고찰", 형사법의 신동향 제23권, 대검찰청 미래
　　　기획단, 2009.

김영기, "새로운 진술증거 확보방안에 관한 연구: 수사패러다임의 변화를 모색하며", 형사
　　　소송이론과 실무 제2권, 한국형사소송법학회, 2010.

김영중, "공수처와 유사한 해외 사례 - OECD 국가를 중심으로 -", 고위공직자범죄수사처
　　　에 관한 연구, 한국형사정책연구원, 2019.

김인회, "검찰개혁과정에서 발생하는 몇 가지 의문, 불안에 대하여", 법조언론인클럽 10주
　　　년 기념 세미나, 「국민을 위한 법조개혁, 어떻게 할 것인가?」, (사)법조언론인클럽
　　　자료집, 2017.

_____, "견제와 분산을 위한 검찰개혁과제 재검토", 민주법학 제43호, 민주주의법학연구
　　　회, 2010.

_____, "상설 특별검사제도 도입 법률안 시론", 인하대학교 법학연구 제16권 제2호, 2013.

김진환, "사법개혁의 방향", 저스티스 통권 제118호, 한국법학원, 2010.

김재훈, "미국 지방검찰청의 조직운영과 수사실무", 해외연수검사논문집 제22권 제1권, 법
　　　무연수원, 2006.

김종민, "프랑스 재정경제범죄 수사시스템에 관한 연구", 형사법의 신동향 제6호, 대검찰청
　　　미래기획단, 2007.

_____, "프랑스 사법경찰제도에 관한 연구", 법조 통권 제594호, 2006.

_____, "프랑스 형사사법 개정 동향", 형사법의 신동향 통권 제3호, 대검찰청, 2006.

김태우, "고위공직자비리수사처 입법론 검토", 형사법의 신동향 통권 제54호, 대검찰청 미래기획단, 2017.

김태현, "프랑스 형사소송법 소추제도", 해외파견검사연구논문집 제7집, 법무부, 1989.

김한수, "영국 검사의 지위와 기능", 검찰제도의 비교법적 검토를 통해서 본 한국검찰의 나아갈 방향, 2016년도 동계 공동학술대회 자료집, 한국형사소송법학회/서울대학교 법학연구원, 2016.

김후곤, "FBI 연구", 각국의 특별수사기구 연구, 미래기획단 연구총서 Ⅳ, 검찰미래기획단.

권창국, "내부고발자 보호제도에 관한 연구", 형사정책, 제24권, 2012.

노명선, "새로운 진술증거를 확보하기 위한 입법적 개선", 형사법의 신동향 제29권, 대검찰청 미래기획단, 2010.

노상길, "스페인 검찰조직과 그에 따른 검사의 권한에 대한 소고", 해외연수검사논문집 제22집 제2호, 2006.

류전철, "형사소송에서 유죄협상제도(Plea Bargaining)의 도입 가능성", 비교형사법연구 제7권 제1호, 한국비교형사법학회, 2005.

박미숙, "미국의 사법방해죄에 관한 연구", 한국형사정책연구원, 1999.

박용철, "미국의 유죄협상제(Plea Bargaining)에 대한 제고", 비교형사법연구 제7권 제1호, 한국비교형사법학회, 2005.

박찬걸, "경찰권과 검찰권의 조정을 통한 '국가수사청' 설치에 대한 시론", 비교형사법연구 제20권 제1호, 2018.

백종수, "뉴욕검찰 운영 및 사건처리에 관한 실무적 고찰", 법조 제562호, 법조협회, 2003.

반지, "영국의 검찰과 경찰 상호간의 관계 연구", 국외훈련검사 연구논문집Ⅲ 제32집, 법무연수원, 2017.

서보학, "수사권의 독점 또는 배분? - 경찰의 수사권 독립 요구에 대한 검토 -", 형사법연구 제12권, 한국형사법학회, 1999.

_____, "글로벌 스탠더드에 부합하는 수사·기소 분리", 「견제와 균형을 위한 검찰 개혁 어떻게 할 것인가?」, 국회의원 민병두/소병훈/금태섭/민주사회를 위한 변호사모임 주최 자료집, 2017.

성중탁, "특별검사의 임명 등에 관한 법률, 특별감찰관법에 대한 입법평가", 입법학연구 제14집 제1호, 한국입법학회, 2017.

손한기, "중국의 헌법개정 - 2018년 중국헌법개정의 주요 내용과 그에 대한 평가를 중심으로 -", 법학논고 제61집, 경북대학교 법학연구원, 2018.

송해은, "한국검찰의 연역에 관한 고찰", 저스티스 제27권 제2호, 한국법학원.

신태훈, "이른바 '수사와 기소 분리론'에 대한 비교법적 분석과 비판", 형사법의 신동향 통권 제57호, 대검찰청 미래기획단, 2017.

신현기, "영국경찰제도의 구조와 특징에 관한 연구", 한국유럽행정학회보, 제7권 제1호, 2010.

안미영, "우리 헌법상 검사의 영장신청권 조항의 의의", 형사법의 신동향 통권 제24호, 대검찰청 미래기획단, 2010.

오병두, "독립적 특별수사기구의 도입방안에 대한 연구 - '고위공직자비리수사처' 법안들을 중심으로 -", 형사정책 제24권 제2호, 한국형사정책학회, 2012.

오영근, "영국의 검찰과 경찰", 법학논총, 제16권, 1999.

윤동호, "공수처의 기능 강화와 검찰권 견제", 비교형사법연구 제22권 제3호, 한국비교형사법학회, 2020.

_____, "고위공직자비리수사처 신설의 정당성과 필요성", 형사정책연구 제22권 제1호, 한국형사정책학회, 2011.

윤영철, "검찰개혁과 독립된 특별수사기관의 신설에 관한 소고", 홍익법학 제13권 제1호, 홍익대 법학연구소, 2012.

윤태범, "권력형 부패에 대한 효과적 대응을 위한 제도적 개선방안: 고위공직자비리조사처 설치를 중심으로", 여의도연구소 주최 토론회 자료집, 여의도연구소, 2010.

이경렬, "강제처분에 대한 검사의 영장청구권 규정의 함의", 형사법의 신동향 통권 제56호, 대검찰청 미래기획단, 2017.

_____, "오스트리아 검찰의 헌법상 지위와 수사절차에서의 검·경관계", 형사법의 신동향 제59호, 대검찰청 미래기획단, 2018.

이승우, "독일의 검찰과 경찰 간의 관계", 해외연수검사연구논문집 제14집, 법무연수원.

이영상, "면책조건부 증언취득제도 도입 시론", 형사법의 신동향 제4호, 대검찰청 미래기획단, 2006.

이윤제, "국민의 공수처 VS 검찰의 수사처", 형사법연구 제29권 제4호, 한국형사법학회, 2017.

_____, "검찰개혁과 고위공직자비리수사처", 형사법연구 제29권 제1호, 한국형사법학회, 2017.

이완규, "민주적 정당성의 관점에서 본 현행법상 수사권 구조와 지휘체계", 법조 통권 제701호, 2015.

_____, "헌법상 검사의 영장청구권 규정의 연혁과 의의", 형사소송 이론과 실무 제9권 제

1호, 한국형사소송법학회, 2017.

이원상, "스위스 형사사법개혁 취지를 통해 살펴본 한국의 검찰개혁", 비교형사법연구 제 19권 제3호, 한국비교형사법학회, 2017.

이정배, "플리바게닝, 사법협조자 형벌감면제도 도입 필요성에 관한 고찰", 경남법학, 제25 권, 2010.

이정수, "영국 특별수사청(SFO) 개관", 형사법의 신동향 제6호, 대검찰청 미래기획단, 2007.

이주희, "고위공직자 부패장치에 관한 형법적 고찰", 한양법학 제24권 제3집(통권 제43집), 한양법학회, 2013.

이준명, "영국 검찰제도상 수사의 공정성 및 정확성 확보를 위한 장치", 해외연수검사연구 논문집(Ⅱ) 제16집, 법무연수원, 2006.

이진한, "프랑스 수사판사제도에 관한 고찰", 해외연수검사연구논문집, 법무연수원, 1999.

이철희, "프랑스의 유죄인정(plaider coupable)제도", Plea Bargaining 제도에 관한 연구, 미래기획단 연구총서 Ⅰ, 검찰미래기획단.

이 헌, "초법적 수사기구 도입으로 민주주의 후퇴 가능성", 국회보 제524호, 2010. 7.

임병규, "한국과 미국의 특별검사제도", 인권과 정의 제379호, 대한변호사협회, 2008.

임지봉, "고위공직자비리수사처 법안들에 대한 입법평론", 입법학연구 제15집 제2호, 한국 입법학회, 2018.

장도(저)/고비(역), "감독체제 개혁배경 하의 검찰원 직권 개선방안", 중국법연구 제36집, 한중법학회, 2018.

장영수, "검찰개혁과 독립수사기관(고위공직자비리수사처)의 설치에 관한 검토", 형사정책 연구 제28권 제1호(통권 제109호), 한국형사정책연구원, 2017.

전승수, "각국의 특별수사기구 연구", 미래기획단 연구총서 Ⅳ, 검찰미래기획단.

정승환, "형사소추기관의 구조개혁과 수사기관의 일원화", 형사정책 제24권 제2호, 한국형 사정책학회, 2012.

정연부, "중국 2018년 헌법개정에 대한 小考 - 연혁·주체 및 주요 내용에 대한 분석을 중 심으로 -", 중국법연구 제36집, 한중법학회, 2018.

정우일, "고위공직자비리수사처 설치방안 검토", 한국공안행정학회보 제26권 제2호, 한국공 안행정학회, 2017.

정웅석, "고위공직자범죄수사처법의 해석과 운영방향", 형사소송 이론과 실무 제12권 제1 호, 한국형사소송법학회, 2020.

_____, "자치경찰제도와 수사권조정", 형사소송 이론과 실무 제11권 제2호, 한국형사소송 법학회, 2019.

_____, "검경 수사권조정 개정안의 주요 내용에 대한 비교 분석 및 대안", 형사법의 신동향 통권 62호, 대검찰청 미래기획단, 2019.

_____, "검사의 직접수사의 개념과 수사지휘와의 관계 - 비교법적 관점에서 본 수사와 기소 분리의 허구성에 대하여 -", 형사법의 신동향 통권 61호, 대검찰청 미래기획단, 2018.

_____, "우리나라 수사절차 구조 개편에 관한 연구 - 형사사법체계 관점에서 본 검/경 수사권조정 합의문의 문제점을 중심으로 -", 형사소송 이론과 실무 제10권 제1호, 한국형사소송법학회, 2018.

_____, "사법경찰에 독자적인 수사종결권 부여시 문제점", 형사법의 신동향 통권 59호, 대검찰청 미래기획단, 2018.

_____, "수사지휘에 관한 쟁점과 과제", 형사법의 신동향 통권 58호, 대검찰청 미래기획단, 2018.

_____, "헌법상 검사의 영장청구의 의미와 가치에 관한 연구", 형사소송 이론과 실무 제9권 제2호, 한국형사소송법학회, 2017.

_____, "고위공직자범죄수사처의 신설에 관한 비판적 고찰", 형사법의 신동향 통권 57호, 대검찰청 미래기획단, 2017.

_____, "검찰 개혁의 바람직한 방향", 형사법의 신동향 통권 54호, 대검찰청 미래기획단, 2017.

정웅석/최윤이, "우리나라 수사절차 구조에 관한 연구", 형사소송 이론과 실무 제10권 제1호, 한국형사소송법학회, 2018.

_____, 사법경찰의 광역수사에 대한 통제방안, 법조협회, 2010.

정상환, "사법방해와 허위진술", 해외연수검사연구논문집(Ⅱ), 제13집, 법무연수원, 1997.

조동석, "허위진술죄의 도입제안", 법조 통권 제537호, 법조협회, 2001.

조재현, "공직자부패통제방안으로서 특별검사제와 고위공직자비리수사처의 설치에 관한 제언", 한국부패학회보 제15권 제4호, 한국부패학회, 2010.

최경원, "독일에 있어서의 중점검찰청 제도에 관한 고찰", 해외파견검사 연구논문집 제3집, 법무부, 1981.

최기식, "독일의 '중점특별수사부'에 관한 고찰", 각국의 특별수사기구 연구, 미래기획단 연구총서 Ⅳ, 검찰미래기획단, 2007.

최영승, "고위공직자범죄수사처 설치에 따른 바림직한 입법방향의 모색", 형사법연구 제29권 제4호, 한국형사법학회, 2017.

최호진, "한국형 수사와 기소분리모델의 전망과 경찰의 과제", 비교형사법연구 제19권 제1

호, 한국비교형사법학회, 2017.

한상진, "영국 검찰의 권한 변화와 전망 - 경찰에 대한 통제 및 수사지휘권을 중심으로
        -", 해외연수검사 연구논문, 2006.

한석훈, "수사권조정 및 고위공직자수사처 설치 법안의 평가", 성균관법학 제31권 제4집,
        성균관대학교법학연구원, 2019.

한인섭, "한국 검찰의 정치적 중립성 - 풀리지 않는 숙제? -", 서울대 법학 제40권 제3호,
        서울대학교 법학연구소, 1999.

한제희, "프랑스 검사의 지위와 기능 - 최근 동향을 중심으로", 형사소송 이론과 실무 제9
        권 제1호, 한국형사소송법학회, 2017.

허 황, "독일에서의 수사구조론 - 특히 검찰과 경찰의 관계를 중심으로 -", 형사소송 이
        론과 실무 제10권 제1호, 한국형사소송법학회, 2018.

박준휘/김영중/한상훈/정한중/최유진/문준영, 고위공직자범죄공수처에 관한 연구, 형사정책
        연구원, 2019

조균석/박용철, 부패방지기구에 대한 비교법적 검토와 개선방안, 대검찰청 용역과제 보고
        서. 2013.

II. 외국문헌

Best A., *EVIDENCE*, 4th ed., 2001.

Buckley/Jayne, *ELETRONIC RECORDING of INTERROGATIONS*, 2005.

Cole, George F., *The American System of Criminal Justice*, 4th ed, 1986.

John E. Reid, *ELETRONIC RECORDING of INTERROGATIONS*, 2005.

John Sprack, *CRIMINAL PROCEDURE*, 12th. ed., OXFORD.

McConville, M. & Wilson, G., *The Handbook of The Criminal Justice Process*, Oxford:
        Oxford University Press, 2002.

Rolando V. del Carmen, *Criminal Procedure* -Law and Practice-, 1995.

Stephen R. Wilson, *English Legal System*, 3rd Edition, 1995.

Terence Ingman, *THE ENGLISH LEGAL PROCESS*, 2nd ed, 1987.

LaFave, Wayne R. 외 2인, *Criminal Procedure*, 4th ed, 2004. West.

R.C. White, *The English Legal System in Action, The Administration*, 3rd Edition,

Oxford: Oxford University Press, 1999.

Waldron, *The Criminal Justice System(Law Enforcement in the United States)*, An Introduction Third Edition, P.140.

Eryl H. Williams, *The Role of the Prosecutor*, London: Avebury, 1988.

M. Baer, Who Is The Witness to an Internet Crime: The Confrontation Clause, Digital Forensics, and Child Pornography, Santa Clara High Technology Law Journal, 2013.

R. Berkower, Sliding Down a Slippery Slope? The Future Use of Administrative Subpoenas in Criminal Litigations, Fordham Law Review, 2005.

J.J. DeGaine, Digital Evidence, Army Lawyer, 2013.

L. Echazu et al., Why not Adopt a Loser-Pays-All Rule in Criminal Litigation?, Int'l Review of Law & Economics, 2012.

E. Fuld, Foundations of Digital Evidence by George L. Paul 450 PP., Colorado Lawyer, 2010.

P.W. Grimm, Authenticating Digital Evidence, American Bar Association, 2014.

P.W. Grimm et al., Back to the Future: Lorraine v. Markel American Insurance Co. and New Findings on the Admissibility of Electronically Stored Information, Akron Law Review, 2009.

R. Grometstein et al., Backing Out Of a Constitutional Ditch: Constitutional Remedies for Gross Prosecutorial Misconduct Post Thompson, Albany Law Review, 2011-2012.

M.J. Hannon, An Increasingly Important Requirement: Authentication of Digital Evidence, Journal of the Missouri Bar, 2014.

M.J. Johns, Reconsidering Absolute Prosecutorial Immunity, Brigham Young University Law Review, 2005.

S. Koppell, An Argument against Increasing Prosecutors' Disclosure Requirements beyond Brady, Georgetown Journal of Legal Ethics, 2014.

C.A. Lynn III, You've Been Served: Corporate Response to Grand Jury Subpoenas & Search Warrants for Electronically Stored Information, Sedona Conference Journal, 2008.

L. McMillan, The Business Judgment Rule as an Immunity Doctrine, William & Mary Business Law Review, 2013.

J.L. Mitchell, Responding to Subpoenas Received by Businesses, Alabama Lawyer, 2015.

A.D. Moore, Who Is Keeping the Gate? What Do We Do When Prosecutors Breach the Ethical Responsibilities They Have Sworn to Uphold?, South Texas Law Review, 2006.

W.M. Oliver, Present and Future Regulation of Plea Bargaining: A Look at Missouri v. Frye and Lafler v. Cooper, Cato Supreme Court Review, 2011-2012.

G.L. Paul, Systems of Evidence in the Age of Complexity, Ave Maria Law Review, 2014.

E.S. Podgor, Making 'Materiality' an Element of Obstruction of Justice, Champion, 2005

J. Quinn et al., Obstruction of Justice, American Criminal Law Review, 2013.

J. Randolph, How To Get Away With Murder: Criminal and Civil Immunity Provisions in "Stand Your Ground" Legislation. Seton Hall Law Review, 2014.

C. Slobogin, Subpoenas and Privacy, DePaul Law Review, 2005.

K.R. Taylor, Obstruction of Justice Nexus Requirement after Arthur Andersen and Sarbanes-Oxley, Cornell Law Review, 2008.

S.W. Teppler, Testable Reliability: A Modernized Approach to ESI Admissibility, Ave Maria Law Review, 2014.

Karlruher Kommentar, Strafprozeßordnung, 5.Aufl., 2003.

Lutz Meyer-Goßner Strafprozeßordnung, 48.Aufl., 2005.

Peter, K., Strafprozeß, 4.Aufl., 1985.

Roxin, C., Strafverfahrensrecht, 25.Aufl., 1998.

Detter, Der Zeuge vom Hörensagen - eine Bestandsaufnahme, NStZ 2003, Dreier · Wittreck, Grundgesetz, 6. Aufl., 2011.

Eisenberg, Beweisrecht der StPO, 8. Aufl., 2013.

Engisch, Einführung in das juristische Denken, 10. Aufl., 2005.

Geppert, Der Grundsatz der Unmittelbarkeit im deutschen Strafverfahren, 1979.

Goethe, Paralipomena zu Faust, in: Goethes poetische Werke völlständige Ausgabe 5. Band. Die grossen Dramen, 1659.

Greco, Tugend im Strafverfahren, in: Zöller u. a. (Hrsg.), Gesamte Strafrechtswissenschaft in internationaler Dimension, FS-Wolter zum 70. GT., 2013.

Guirao, Die Abwertung des Rechts auf konfrontative Zeugenbefragung, in: Zöller u.a. (Hrsg.), Gesamte Strafrechtswissenschaft in internationaler Dimension, FS-Wolter zum 70. GT., 2013.

Habermas, Faktizität und Geltung. Beiträge zur Diskurstheorie des Rechts und des demokratischen Rechtsstaat, 1992.

Hassemer, Einführung in die Grundlagen des Strafrechts, 2. Aufl., 1990.

Hassemer, Grenzen des Wissens im Strafprozess, ZStW 121, 2009.

Joachim, Der Hörensagenbeweis im Strafverfahren, 1991.

Krausbeck, Konfrontative Zeugenbefragung. Vorgaben des Art. 6. Abs. 3 lit. d EMRK für das deutsche Strafverfahren, 2010.

Kroeschell, Deutsche Rechtsgeschichte, Bd. 1, 13. Aufl., 2008.

Kühne, Der Beweiswert von Zeugenaussagen, NStZ 1985.

Kühne, Die Instrumentalisierung der Wahrheitsfindung im Strafverfahren, GA 2008.

Langbein, Historical Foundation of the Law of Evidence: A View from the Ryder Sources, Columbia Law Review, 96, 1996.

Michael, Der Grundsatz in dubio pro reo im Strafverfahrensrecht, 1981.

Michel, Kein Vorrang für Gleichheit, ARSP 2009.

Miller·Wright, Criminal Procedures. Cases, Statutes, and Executive Materials, 2003.

Ormerod, et al., Blackstone's Criminal Practice, 2008.

Popp, Verfahrenstheoretische Grundlagen der Fehlerkorrektur im Strafverfahren. Eine Darstellung am Beispiel der Eingriffsmaßnahmen im Ermittlungsverfahren, 2005.

Richardson·Thomas, Archbold Criminal Pleading. Evidence & Practice, 2008.

Rolinski, Der Grundsatz der Unmittelbarkeit: Garant der Wahrheitsfindung?, in: Esser,u. a. (Hrsg.), FS-Kühne zum 70 GT., 2013.

Sowada, Zur Notwendigkeit der Verteidigerbeiordnung im Ermittlungsverfahren, NStZ 2005.

Spencer, Hearsay Evidence in Criminal Proceeding, 2. ed., 2014.

Strier, Reconstructing Justice. An Agenda for Trial Reform, 1996.

Thomas, Das Recht auf Einmaligkeit der Strafverfolgung, 2002.

고위공직자범죄수사처 설치 및 운영에 관한 법률(약칭: 수사처법)

[시행 2020. 7. 15] [법률 제16863호, 2020. 1. 14, 제정]

제1장 총칙

제1조(목적) 이 법은 고위공직자범죄수사처의 설치와 운영에 관하여 필요한 사항을 규정함을 목적으로 한다.

제2조(정의) 이 법에서 사용하는 용어의 정의는 다음과 같다.

1. "고위공직자"란 다음 각 목의 어느 하나의 직(職)에 재직 중인 사람 또는 그 직에서 퇴직한 사람을 말한다. 다만, 장성급 장교는 현역을 면한 이후도 포함된다.

　가. 대통령

　나. 국회의장 및 국회의원

　다. 대법원장 및 대법관

　라. 헌법재판소장 및 헌법재판관

　마. 국무총리와 국무총리비서실 소속의 정무직공무원

　바. 중앙선거관리위원회의 정무직공무원

　사. 「공공감사에 관한 법률」 제2조제2호에 따른 중앙행정기관의 정무직공무원

　아. 대통령비서실·국가안보실·대통령경호처·국가정보원 소속의 3급 이상 공무원

　자. 국회사무처, 국회도서관, 국회예산정책처, 국회입법조사처의 정무직공무원

　차. 대법원장비서실, 사법정책연구원, 법원공무원교육원, 헌법재판소사무처의 정무직공무원

　카. 검찰총장

　타. 특별시장·광역시장·특별자치시장·도지사·특별자치도지사 및 교육감

　파. 판사 및 검사

　하. 경무관 이상 경찰공무원

　거. 장성급 장교

　　너. 금융감독원 원장·부원장·감사

　　더. 감사원·국세청·공정거래위원회·금융위원회 소속의 3급 이상 공무원

2. "가족"이란 배우자, 직계존비속을 말한다. 다만, 대통령의 경우에는 배우자와 4촌 이내의 친족을 말한다.

3. "고위공직자범죄"란 고위공직자로 재직 중에 본인 또는 본인의 가족이 범한 다음 각 목의 어느 하나에 해당하는 죄를 말한다. 다만, 가족의 경우에는 고위공직자의 직무와 관련하여 범한 죄에 한정한다.

　　가. 「형법」 제122조부터 제133조까지의 죄(다른 법률에 따라 가중처벌되는 경우를 포함한다)

　　나. 직무와 관련되는 「형법」 제141조, 제225조, 제227조, 제227조의2, 제229조(제225조, 제227조 및 제227조의2의 행사죄에 한정한다), 제355조부터 제357조까지 및 제359조의 죄(다른 법률에 따라 가중처벌되는 경우를 포함한다)

　　다. 「특정범죄 가중처벌 등에 관한 법률」 제3조의 죄

　　라. 「변호사법」 제111조의 죄

　　마. 「정치자금법」 제45조의 죄

　　바. 「국가정보원법」 제18조, 제19조의 죄

　　사. 「국회에서의 증언·감정 등에 관한 법률」 제14조제1항의 죄

　　아. 가목부터 마목까지의 죄에 해당하는 범죄행위로 인한 「범죄수익은닉의 규제 및 처벌 등에 관한 법률」 제2조제4호의 범죄수익등과 관련된 같은 법 제3조 및 제4조의 죄

4. "관련범죄"란 다음 각 목의 어느 하나에 해당하는 죄를 말한다.

　　가. 고위공직자와 「형법」 제30조부터 제32조까지의 관계에 있는 자가 범한 제3호 각 목의 어느 하나에 해당하는 죄

　　나. 고위공직자를 상대로 한 자의 「형법」 제133조, 제357조제2항의 죄

　　다. 고위공직자범죄와 관련된 「형법」 제151조제1항, 제152조, 제154조부터 제156조까지의 죄 및 「국회에서의 증언·감정 등에 관한 법률」 제14조제1항의 죄

　　라. 고위공직자범죄 수사 과정에서 인지한 그 고위공직자범죄와 직접 관련성이 있는 죄로서 해당 고위공직자가 범한 죄

5. "고위공직자범죄등"이란 제3호와 제4호의 죄를 말한다.

제3조(고위공직자범죄수사처의 설치와 독립성) ① 고위공직자범죄등에 관하여 다음 각 호에 필요한 직무를 수행하기 위하여 고위공직자범죄수사처(이하 "수사처"라 한다)를 둔다.

1. 고위공직자범죄등에 관한 수사

2. 제2조제1호다목, 카목, 파목, 하목에 해당하는 고위공직자로 재직 중에 본인 또는 본
   인의 가족이 범한 고위공직자범죄 및 관련범죄의 공소제기와 그 유지

② 수사처는 그 권한에 속하는 직무를 독립하여 수행한다.

③ 대통령, 대통령비서실의 공무원은 수사처의 사무에 관하여 업무보고나 자료제출 요구,
지시, 의견제시, 협의, 그 밖에 직무수행에 관여하는 일체의 행위를 하여서는 아니 된다.

제 2 장   조직

제4조(처장·차장 등) ① 수사처에 처장 1명과 차장 1명을 두고, 각각 특정직공무원으로
보한다.

② 수사처에 수사처검사와 수사처수사관 및 그 밖에 필요한 직원을 둔다.

제5조(처장의 자격과 임명) ① 처장은 다음 각 호의 직에 15년 이상 있던 사람 중에서 제
6조에 따른 고위공직자범죄수사처장후보추천위원회가 2명을 추천하고, 대통령이 그 중
1명을 지명한 후 인사청문회를 거쳐 임명한다.

1. 판사, 검사 또는 변호사

2. 변호사 자격이 있는 사람으로서 국가기관, 지방자치단체, 「공공기관의 운영에 관한 법
   률」 제4조에 따른 공공기관 또는 그 밖의 법인에서 법률에 관한 사무에 종사한 사람

3. 변호사 자격이 있는 사람으로서 대학의 법률학 조교수 이상으로 재직하였던 사람

② 제1항 각 호에 규정된 둘 이상의 직에 재직한 사람에 대해서는 그 연수를 합산한다.

③ 처장의 임기는 3년으로 하고 중임할 수 없으며, 정년은 65세로 한다.

④ 처장이 궐위된 때에는 제1항에 따른 절차를 거쳐 60일 이내에 후임자를 임명하여야
한다. 이 경우 새로 임명된 처장의 임기는 새로이 개시된다.

제6조(고위공직자범죄수사처장후보추천위원회) ① 처장후보자의 추천을 위하여 국회에 고
위공직자범죄수사처장후보추천위원회(이하 "추천위원회"라 한다)를 둔다.

② 추천위원회는 위원장 1명을 포함하여 7명의 위원으로 구성한다.

③ 위원장은 위원 중에서 호선한다.

④ 국회의장은 다음 각 호의 사람을 위원으로 임명하거나 위촉한다.

1. 법무부장관

2. 법원행정처장

3. 대한변호사협회장

4. 대통령이 소속되거나 소속되었던 정당의 교섭단체가 추천한 2명

5. 제4호의 교섭단체 외의 교섭단체가 추천한 2명

⑤ 국회의장은 제4항제4호 및 제5호에 따른 교섭단체에 10일 이내의 기한을 정하여 위원의 추천을 서면으로 요청할 수 있고, 각 교섭단체는 요청받은 기한 내에 위원을 추천하여야 한다.

⑥ 제5항에도 불구하고 요청받은 기한 내에 위원을 추천하지 않은 교섭단체가 있는 경우, 국회의장은 해당 교섭단체의 추천에 갈음하여 다음 각 호의 사람을 위원으로 위촉한다.

1. 사단법인 한국법학교수회 회장

2. 사단법인 법학전문대학원협의회 이사장

⑦ 추천위원회는 국회의장의 요청 또는 위원 3분의 1 이상의 요청이 있거나 위원장이 필요하다고 인정할 때 위원장이 소집하고, 재적위원 3분의 2 이상의 찬성으로 의결한다.

⑧ 추천위원회 위원은 정치적으로 중립을 지키고 독립하여 그 직무를 수행한다.

⑨ 추천위원회가 제5조제1항에 따라 처장후보자를 추천하면 해당 추천위원회는 해산된 것으로 본다.

⑩ 그 밖에 추천위원회의 운영 등에 필요한 사항은 국회규칙으로 정한다.

제7조(차장) ① 차장은 10년 이상 제5조제1항 각 호의 직에 재직하였던 사람 중에서 처장의 제청으로 대통령이 임명한다.

② 제5조제2항은 차장의 임명에 준용한다.

③ 차장의 임기는 3년으로 하고 중임할 수 없으며, 정년은 63세로 한다.

제8조(수사처검사) ① 수사처검사는 7년 이상 변호사의 자격이 있는 자 중에서 제9조에 따른 인사위원회의 추천을 거쳐 대통령이 임명한다. 이 경우 검사의 직에 있었던 사람은 제2항에 따른 수사처검사 정원의 2분의 1을 넘을 수 없다.

② 수사처검사는 특정직공무원으로 보하고, 처장과 차장을 포함하여 25명 이내로 한다.

③ 수사처검사의 임기는 3년으로 하고, 3회에 한정하여 연임할 수 있으며, 정년은 63세로 한다.

④ 수사처검사는 직무를 수행함에 있어서 「검찰청법」 제4조에 따른 검사의 직무 및 「군사법원법」 제37조에 따른 군검사의 직무를 수행할 수 있다.

제9조(인사위원회) ① 처장과 차장을 제외한 수사처검사의 임용, 전보, 그 밖에 인사에 관한 중요 사항을 심의·의결하기 위하여 수사처에 인사위원회를 둔다.

② 인사위원회는 위원장 1명을 포함한 7명의 위원으로 구성하고, 인사위원회의 위원장은 처장이 된다.

③ 인사위원회 위원 구성은 다음 각 호와 같다.

1. 처장

2. 차장

3. 학식과 덕망이 있고 각계 전문 분야에서 경험이 풍부한 사람으로서 처장이 위촉한 사람 1명

4. 대통령이 소속되거나 소속되었던 정당의 교섭단체가 추천한 2명

5. 제4호의 교섭단체 외의 교섭단체가 추천한 2명

④ 제3항제3호부터 제5호까지의 규정에 따른 위원의 임기는 3년으로 한다.

⑤ 인사위원회는 재적위원 과반수의 찬성으로 의결한다.

⑥ 그 밖에 인사위원회의 구성과 운영 등에 필요한 사항은 수사처규칙으로 정한다.

제10조(수사처수사관) ① 수사처수사관은 다음 각 호의 어느 하나에 해당하는 사람 중에서 처장이 임명한다.

1. 변호사 자격을 보유한 사람

2. 7급 이상 공무원으로서 조사, 수사업무에 종사하였던 사람

3. 수사처규칙으로 정하는 조사업무의 실무를 5년 이상 수행한 경력이 있는 사람

② 수사처수사관은 일반직공무원으로 보하고, 40명 이내로 한다. 다만, 검찰청으로부터 검찰수사관을 파견받은 경우에는 이를 수사처수사관의 정원에 포함한다.

③ 수사처수사관의 임기는 6년으로 하고, 연임할 수 있으며, 정년은 60세로 한다.

제11조(그 밖의 직원) ① 수사처의 행정에 관한 사무처리를 위하여 필요한 직원을 둘 수 있다.

② 제1항에 따른 직원의 수는 20명 이내로 한다.

제12조(보수 등) ① 처장의 보수와 대우는 차관의 예에 준한다.

② 차장의 보수와 대우는 고위공무원단 직위 중 가장 높은 직무등급의 예에 준한다.

③ 수사처검사의 보수와 대우는 검사의 예에 준한다.

④ 수사처수사관의 보수와 대우는 4급 이하 7급 이상의 검찰직공무원의 예에 준한다.

제13조(결격사유 등) ① 다음 각 호의 어느 하나에 해당하는 사람은 처장, 차장, 수사처검사, 수사처수사관으로 임명될 수 없다.

1. 대한민국 국민이 아닌 사람

2. 「국가공무원법」 제33조 각 호의 어느 하나에 해당하는 사람

3. 금고 이상의 형을 선고받은 사람

  4. 탄핵결정에 의하여 파면된 후 5년이 지나지 아니한 사람

  5. 대통령비서실 소속의 공무원으로서 퇴직 후 2년이 지나지 아니한 사람

  ② 검사의 경우 퇴직 후 3년이 지나지 아니하면 처장이 될 수 없고, 퇴직 후 1년이 지나지 아니하면 차장이 될 수 없다.

제14조(신분보장) 처장, 차장, 수사처검사는 탄핵이나 금고 이상의 형을 선고받은 경우를 제외하고는 파면되지 아니하며, 징계처분에 의하지 아니하고는 해임·면직·정직·감봉·견책 또는 퇴직의 처분을 받지 아니한다.

제15조(심신장애로 인한 퇴직) 수사처검사가 중대한 심신상의 장애로 인하여 직무를 수행할 수 없을 때 대통령은 처장의 제청에 의하여 그 수사처검사에게 퇴직을 명할 수 있다.

제16조(공직임용 제한 등) ① 처장과 차장은 퇴직 후 2년 이내에 헌법재판관(「대한민국헌법」 제111조제3항에 따라 임명되는 헌법재판관은 제외한다), 검찰총장, 국무총리 및 중앙행정기관·대통령비서실·국가안보실·대통령경호처·국가정보원의 정무직공무원으로 임용될 수 없다.

  ② 처장, 차장, 수사처검사는 퇴직 후 2년이 지나지 아니하면 검사로 임용될 수 없다.

  ③ 수사처검사로서 퇴직 후 1년이 지나지 아니한 사람은 대통령비서실의 직위에 임용될 수 없다.

  ④ 수사처에 근무하였던 사람은 퇴직 후 1년 동안 수사처의 사건을 변호사로서 수임할 수 없다.

제 3 장   직무와 권한

제17조(처장의 직무와 권한) ① 처장은 수사처의 사무를 통할하고 소속 직원을 지휘·감독한다.

  ② 처장은 국회에 출석하여 수사처의 소관 사무에 관하여 의견을 진술할 수 있고, 국회의 요구가 있을 때에는 수사나 재판에 영향을 미치지 않는 한 국회에 출석하여 보고하거나 답변하여야 한다.

  ③ 처장은 소관 사무와 관련된 안건이 상정될 경우 국무회의에 출석하여 발언할 수 있으며, 그 소관 사무에 관하여 법무부장관에게 의안(이 법의 시행에 관한 대통령령안을 포함한다)의 제출을 건의할 수 있다.

  ④ 처장은 그 직무를 수행함에 있어서 필요한 경우 대검찰청, 경찰청 등 관계 기관의 장에게 고위공직자범죄등과 관련된 사건의 수사기록 및 증거 등 자료의 제출과 수사활동

의 지원 등 수사협조를 요청할 수 있다.

⑤ 처장은 제8조에 따른 수사처검사의 직을 겸한다.

⑥ 처장은 수사처의 예산 관련 업무를 수행하는 경우에 「국가재정법」 제6조제2항에 따른 중앙관서의 장으로 본다.

제18조(차장의 직무와 권한) ① 차장은 처장을 보좌하며, 처장이 부득이한 사유로 그 직무를 수행할 수 없는 때에는 그 직무를 대행한다.

② 차장은 제8조에 따른 수사처검사의 직을 겸한다.

제19조(수사처검사 직무의 위임·이전 및 승계) ① 처장은 수사처검사로 하여금 그 권한에 속하는 직무의 일부를 처리하게 할 수 있다.

② 처장은 수사처검사의 직무를 자신이 처리하거나 다른 수사처검사로 하여금 처리하게 할 수 있다.

제20조(수사처검사의 직무와 권한) ① 수사처검사는 제3조제1항 각 호에 따른 수사와 공소의 제기 및 유지에 필요한 행위를 한다.

② 수사처검사는 처장의 지휘·감독에 따르며, 수사처수사관을 지휘·감독한다.

③ 수사처검사는 구체적 사건과 관련된 제2항에 따른 지휘·감독의 적법성 또는 정당성에 대하여 이견이 있을 때에는 이의를 제기할 수 있다.

제21조(수사처수사관의 직무) ① 수사처수사관은 수사처검사의 지휘·감독을 받아 직무를 수행한다.

② 수사처수사관은 고위공직자범죄등에 대한 수사에 관하여 「형사소송법」 제196조제1항에 따른 사법경찰관의 직무를 수행한다.

제21조(수사처수사관의 직무) ① 수사처수사관은 수사처검사의 지휘·감독을 받아 직무를 수행한다.

② 수사처수사관은 고위공직자범죄등에 대한 수사에 관하여 「형사소송법」 제197조제1항에 따른 사법경찰관의 직무를 수행한다. 〈개정 2020. 2. 4.〉

제22조(정치적 중립 및 직무상 독립) 수사처 소속 공무원은 정치적 중립을 지켜야 하며, 그 직무를 수행함에 있어 외부로부터 어떠한 지시나 간섭을 받지 아니한다.

제 4 장　수사와 공소의 제기 및 유지

제23조(수사처검사의 수사) 수사처검사는 고위공직자범죄의 혐의가 있다고 사료하는 때에는 범인, 범죄사실과 증거를 수사하여야 한다.

제24조(다른 수사기관과의 관계) ① 수사처의 범죄수사와 중복되는 다른 수사기관의 범죄수사에 대하여 처장이 수사의 진행 정도 및 공정성 논란 등에 비추어 수사처에서 수사하는 것이 적절하다고 판단하여 이첩을 요청하는 경우 해당 수사기관은 이에 응하여야 한다.

② 다른 수사기관이 범죄를 수사하는 과정에서 고위공직자범죄등을 인지한 경우 그 사실을 즉시 수사처에 통보하여야 한다.

③ 처장은 피의자, 피해자, 사건의 내용과 규모 등에 비추어 다른 수사기관이 고위공직자범죄등을 수사하는 것이 적절하다고 판단될 때에는 해당 수사기관에 사건을 이첩할 수 있다.

④ 제2항에 따라 고위공직자범죄등 사실의 통보를 받은 처장은 통보를 한 다른 수사기관의 장에게 수사처규칙으로 정한 기간과 방법으로 수사개시 여부를 회신하여야 한다.

제25조(수사처검사 및 검사 범죄에 대한 수사) ① 처장은 수사처검사의 범죄 혐의를 발견한 경우에 관련 자료와 함께 이를 대검찰청에 통보하여야 한다.

② 수사처 외의 다른 수사기관이 검사의 고위공직자범죄 혐의를 발견한 경우 그 수사기관의 장은 사건을 수사처에 이첩하여야 한다.

제26조(수사처검사의 관계 서류와 증거물 송부 등) ① 수사처검사는 제3조제1항제2호에서 정하는 사건을 제외한 고위공직자범죄등에 관한 수사를 한 때에는 관계 서류와 증거물을 지체 없이 서울중앙지방검찰청 소속 검사에게 송부하여야 한다.

② 제1항에 따라 관계 서류와 증거물을 송부받아 사건을 처리하는 검사는 처장에게 해당 사건의 공소제기 여부를 신속하게 통보하여야 한다.

제27조(관련인지 사건의 이첩) 처장은 고위공직자범죄에 대하여 불기소 결정을 하는 때에는 해당 범죄의 수사과정에서 알게 된 관련범죄 사건을 대검찰청에 이첩하여야 한다.

제28조(형의 집행) ① 수사처검사가 공소를 제기하는 고위공직자범죄등 사건에 관한 재판이 확정된 경우 제1심 관할지방법원에 대응하는 검찰청 소속 검사가 그 형을 집행한다.

② 제1항의 경우 처장은 원활한 형의 집행을 위하여 해당 사건 및 기록 일체를 관할 검찰청의 장에게 인계한다.

제29조(재정신청에 대한 특례) ① 고소·고발인은 수사처검사로부터 공소를 제기하지 아

니한다는 통지를 받은 때에는 서울고등법원에 그 당부에 관한 재정을 신청할 수 있다.

② 제1항에 따른 재정신청을 하려는 사람은 공소를 제기하지 아니한다는 통지를 받은 날부터 30일 이내에 처장에게 재정신청서를 제출하여야 한다.

③ 재정신청서에는 재정신청의 대상이 되는 사건의 범죄사실 및 증거 등 재정신청을 이유 있게 하는 사유를 기재하여야 한다.

④ 제2항에 따라 재정신청서를 제출받은 처장은 재정신청서를 제출받은 날부터 7일 이내에 재정신청서, 의견서, 수사 관계 서류 및 증거물을 서울고등법원에 송부하여야 한다. 다만, 신청이 이유 있는 것으로 인정하는 때에는 즉시 공소를 제기하고 그 취지를 서울고등법원과 재정신청인에게 통지한다.

⑤ 이 법에서 정한 사항 외에 재정신청에 관하여는 「형사소송법」 제262조 및 제262조의2부터 제262조의4까지의 규정을 준용한다. 이 경우 관할법원은 서울고등법원으로 하고, "지방검찰청검사장 또는 지청장"은 "처장", "검사"는 "수사처검사"로 본다.

제30조(처장의 재정신청에 대한 특례) 〈삭 제〉

제31조(재판관할) 수사처검사가 공소를 제기하는 고위공직자범죄등 사건의 제1심 재판은 서울중앙지방법원의 관할로 한다. 다만, 범죄지, 증거의 소재지, 피고인의 특별한 사정 등을 고려하여 수사처검사는 「형사소송법」에 따른 관할 법원에 공소를 제기할 수 있다.

제 5 장   징계

제32조(징계사유) 수사처검사가 다음 각 호의 어느 하나에 해당하면 그 수사처검사를 징계한다.

1. 재직 중 다음 각 목의 어느 하나에 해당하는 행위를 한 때
   가. 정치운동에 관여하는 일
   나. 금전상의 이익을 목적으로 하는 업무에 종사하는 일
   다. 처장의 허가 없이 보수를 받는 직무에 종사하는 일
2. 직무상의 의무를 위반하거나 직무를 게을리하였을 때
3. 직무 관련 여부에 상관없이 수사처검사로서의 체면이나 위신을 손상하는 행위를 하였을 때

제33조(수사처검사징계위원회) ① 수사처검사의 징계 사건을 심의하기 위하여 수사처에 수사처검사징계위원회(이하 "징계위원회"라 한다)를 둔다.

② 징계위원회는 위원장 1명을 포함한 7명의 위원으로 구성하고, 예비위원 3명을 둔다.

제34조(징계위원회 위원장의 직무와 위원의 임기 등) ① 징계위원회의 위원장은 차장이 된다. 다만, 차장이 징계혐의자인 경우에는 처장이 위원장이 되고, 처장과 차장이 모두 징계혐의자인 경우에는 수사처규칙으로 정하는 수사처검사가 위원장이 된다.

② 위원은 다음 각 호의 사람이 된다.

1. 위원장이 지명하는 수사처검사 2명

2. 변호사, 법학교수 및 학식과 경험이 풍부한 사람으로서 위원장이 위촉하는 4명

③ 예비위원은 수사처검사 중에서 위원장이 지명하는 사람이 된다.

④ 제2항제2호에 따라 위촉된 위원의 임기는 3년으로 한다.

⑤ 위원장은 징계위원회의 업무를 총괄하고, 회의를 소집하며, 그 의장이 된다.

⑥ 위원장이 부득이한 사유로 직무를 수행할 수 없을 때에는 위원장이 지정하는 위원이 그 직무를 대리하고, 위원장이 지정한 위원이 부득이한 사유로 직무를 수행할 수 없을 때에는 위원장이 지명하는 예비위원이 그 직무를 대리한다.

제35조(징계위원회의 사무직원) ① 징계위원회에 간사 1명과 서기 몇 명을 둔다.

② 간사는 위원장이 지명하는 수사처검사가 되고, 서기는 수사처 소속 공무원 중에서 위원장이 위촉한다.

③ 간사 및 서기는 위원장의 명을 받아 징계에 관한 기록과 그 밖의 서류의 작성 및 보관에 관한 사무에 종사한다.

제36조(징계의 청구와 개시) ① 징계위원회의 징계심의는 처장(처장이 징계혐의자인 경우에는 차장을, 처장 및 차장이 모두 징계혐의자인 경우에는 수사처규칙으로 정하는 수사처검사를 말한다. 이하 이 조 및 제38조제1항, 제39조, 제40조제2항, 제42조제1항에서 같다)의 청구에 의하여 시작한다.

② 처장은 수사처검사가 제32조 각 호의 어느 하나에 해당하는 행위를 하였다고 인정할 때에는 제1항의 청구를 하여야 한다.

③ 징계의 청구는 징계위원회에 서면으로 제출하여야 한다.

제37조(징계부가금) ① 제36조에 따라 처장이 수사처검사에 대하여 징계를 청구하는 경우 그 징계 사유가 금품 및 향응 수수, 공금의 횡령·유용인 경우에는 해당 징계 외에 금품 및 향응 수수액, 공금의 횡령액·유용액의 5배 내의 징계부가금 부과 의결을 징계위원회에 청구하여야 한다.

② 제1항에 따른 징계부가금의 조정, 감면 및 징수에 관하여는 「국가공무원법」 제78조의2제2항 및 제3항을 준용한다.

제38조(재징계 등의 청구) ① 처장은 다음 각 호의 어느 하나에 해당하는 사유로 법원에서 징계 및 제37조에 따른 징계부가금 부과(이하 "징계등"이라 한다) 처분의 무효 또는 취소 판결을 받은 경우에는 다시 징계등을 청구하여야 한다. 다만, 제3호의 사유로 무효 또는 취소 판결을 받은 감봉·견책 처분에 대해서는 징계등을 청구하지 아니할 수 있다.

1. 법령의 적용, 증거 및 사실 조사에 명백한 흠이 있는 경우
2. 징계위원회의 구성 또는 징계등 의결, 그 밖에 절차상의 흠이 있는 경우
3. 징계양정 및 징계부가금이 과다한 경우

② 처장은 제1항에 따른 징계등을 청구하는 경우에는 법원의 판결이 확정된 날부터 3개월 이내에 징계위원회에 징계등을 청구하여야 하며, 징계위원회에서는 다른 징계사건에 우선하여 징계등을 의결하여야 한다.

제39조(퇴직 희망 수사처검사의 징계사유 확인 등) ① 처장은 수사처검사가 퇴직을 희망하는 경우에는 제32조에 따른 징계사유가 있는지 여부를 감사원과 검찰·경찰, 그 밖의 수사기관에 확인하여야 한다.

② 제1항에 따른 확인 결과 해임, 면직 또는 정직에 해당하는 징계 사유가 있는 경우 처장은 지체 없이 징계등을 청구하여야 하며, 징계위원회는 다른 징계사건에 우선하여 징계등을 의결하여야 한다.

제40조(징계혐의자에 대한 부본 송달과 직무정지) ① 징계위원회는 징계청구서의 부본을 징계혐의자에게 송달하여야 한다.

② 처장은 필요하다고 인정할 때에는 징계혐의자에게 직무 집행의 정지를 명할 수 있다.

제41조(징계의결) ① 징계위원회는 사건심의를 마치면 재적위원 과반수의 찬성으로 징계를 의결한다.

② 위원장은 의결에서 표결권을 가지며, 찬성과 반대가 같은 수인 경우에는 결정권을 가진다.

제42조(징계의 집행) ① 징계의 집행은 견책의 경우에는 처장이 하고, 해임·면직·정직·감봉의 경우에는 처장의 제청으로 대통령이 한다.

② 수사처검사에 대한 징계처분을 한 때에는 그 사실을 관보에 게재 하여야 한다.

제43조(다른 법률의 준용) 이 장에서 정하지 아니한 사항에 대하여는 「검사징계법」 제3조, 제9조부터 제17조까지, 제19조부터 제21조까지, 제22조(다만, 제2항의 "제23조"는 "제42조"로 본다), 제24조부터 제26조까지의 규정을 준용한다. 이 경우 "검사"는 "수사처검사"로 본다.

제 6 장 보칙

제44조(파견공무원) 수사처 직무의 내용과 특수성 등을 고려하여 필요한 경우에는 다른 행정기관으로부터 공무원을 파견받을 수 있다.

제45조(조직 및 운영) 이 법에 규정된 사항 외에 수사처의 조직 및 운영에 필요한 사항은 수사처규칙으로 정한다.

제46조(정보제공자의 보호) ① 누구든지 고위공직자범죄등에 대하여 알게 된 때에는 이에 대한 정보를 수사처에 제공할 수 있으며, 이를 이유로 불이익한 조치를 받지 아니한다. ② 수사처는 내부고발자에게 「공익신고자 보호법」에 따른 보호조치 및 지원행위를 할 수 있다. 내부고발자 보호에 관한 세부적인 사항은 대통령령으로 정한다.

제47조(다른 법률의 준용) 그 밖에 수사처검사 및 수사처수사관의 이 법에 따른 직무와 권한 등에 관하여는 이 법의 규정에 반하지 아니하는 한 「검찰청법」(다만, 제4조제1항제2호, 제4호, 제5호는 제외한다), 「형사소송법」을 준용한다.

부칙 〈제16863호, 2020. 1. 14.〉

제1조(시행일) 이 법은 공포 후 6개월이 경과한 날부터 시행한다.

제2조(수사처 설립에 관한 준비행위) 수사처 소속 공무원의 임명 등 수사처의 설립에 필요한 행위 및 그 밖에 이 법 시행을 위하여 필요한 준비행위는 이 법 시행 전에 할 수 있다.

[저자 약력]

정웅석
• 연세대학교 법과대학 졸업
• 연세대학교 대학원 수료(법학박사)
• 한국형사소송법학회 회장
• 4차산업혁명융합법학회 부회장
• 한국의료분쟁조정중재원 비상임위원
• 법무부 형사소송법개정 특별위원회 위원
• (전) 한국법학교수회 수석부회장
• (전) 한국법학원 부원장
• 사법고시 및 입법고시 출제위원
• (현) 서경대학교 공공인재학부 교수

저 서
• 新형사소송법(공저)
• 형법총/각론(공저)
• 사례 형사소송법
• 수사지휘에 관한 연구

고위공직자범죄수사처 법과 제도의 이해
– 각국의 검찰제도와 비교법적 관점에서

초판발행   2021년 3월 5일

지은이   정웅석
펴낸이   안종만·안상준

편 집   장유나
기획/마케팅   오치웅
디자인   이미연
제 작   고철민·조영환

펴낸곳   (주) **박영사**
                서울특별시 금천구 가산디지털2로 53, 210호(가산동, 한라시그마밸리)
                등록 1959. 3. 11. 제300-1959-1호(倫)
전 화   02)733-6771
f a x   02)736-4818
e-mail   pys@pybook.co.kr
homepage   www.pybook.co.kr
ISBN   979-11-303-3820-0 93360

정 가   43,000원